Dietz

Lutz Niethammer

Deutschland danach

Postfaschistische Gesellschaft
und nationales Gedächtnis

Herausgegeben von Ulrich Herbert
und Dirk van Laak
in Zusammenarbeit mit
Ulrich Borsdorf, Franz-Josef Brüggemeier,
Alexander von Plato, Dorothee Wierling
und Michael Zimmermann

Verlag J. H. W. Dietz Nachfolger

Gedruckt mit Unterstützung der Hans-Böckler-Stiftung

Die Deutsche Bibliothek – CIP-Einheitsaufnahme

Niethammer, Lutz:
Deutschland danach : Postfaschistische Gesellschaft und nationales Gedächtnis /Lutz Niethammer.
Hrsg. von Ulrich Herbert und Dirk van Laak
in Zusammenarbeit mit Ulrich Borsdorf ... – Bonn: Dietz, 1999
ISBN 3-8012-5027-X

Copyright © 1999 by Verlag J.H.W. Dietz Nachfolger GmbH
In der Raste 2, D-53129 Bonn
Lektorat: Dorothee Wahl und Christine Buchheit
Umschlaggestaltung: Manfred Waller, Reinbek
Satz: SATZPUNKT Bayreuth GmbH
Druck und Verarbeitung: Koninklijke Wöhrmann B.V., Zutphen
Alle Rechte vorbehalten
Printed in the Netherlands 1999

Inhaltsverzeichnis

Vorwort   8

Deutsche Erwägungen   17

War die bürgerliche Gesellschaft 1945 am Ende oder am Anfang?   18

Rekonstruktion und Desintegration
Zum Verständnis der deutschen Arbeiterbewegung zwischen
Krieg und Kaltem Krieg   36

Schule der Anpassung
Die Entnazifizierung in den vier Besatzungszonen   53

Nach dem Dritten Reich ein neuer Faschismus?
Zum Wandel der rechtsextremen Szene in der Geschichte der Bundesrepublik   59

Traditionen und Perspektiven der Nationalstaatlichkeit für die BRD
(unter Mitarbeit von Ulrich Borsdorf)   74

Die SED und „ihre" Menschen
Versuch über das Verhältnis zwischen Partei und Bevölkerung als
bestimmendem Moment innerer Staatssicherheit   170

Geht der deutsche Sonderweg weiter?   201

Vergleichende Perspektiven   225

Faschistische Bewegungen der Zwischenkriegszeit in Europa   226

Aufbau von unten
Die Antifa-Ausschüsse als Bewegung   250

Alliierte Internierungslager in Deutschland nach 1945
Vergleich und offene Fragen   265

Strukturreform und Wachstumspakt   293

Defensive Integration
Der Weg zum EGB und die Perspektive einer westeuropäischen Einheitsgewerkschaft   340

Zum Verhältnis von Reform und Rekonstruktion in der US-Zone am Beispiel der Neuordnung des öffentlichen Dienstes   368

Zeitgeschichte als Notwendigkeit des Unmöglichen?
Zu Ernst Noltes „Deutschland und der Kalte Krieg"   380

Zum Wandel der Kontinuitätsdiskussion   394

Über Kontroversen in der Geschichtswissenschaft   414

Flucht ins Konventionelle?
Einige Randglossen zu Forschungsproblemen der deutschen Nachkriegsmigration   424

Die Liebe zum Detail   433

Schwierigkeiten beim Schreiben einer deutschen Nationalgeschichte nach dem Zweiten Weltkrieg   434

Anmerkungen zur Alltagsgeschichte   450

Ein Sessel im KZ
Über Abbild, Inbild und Legende   465

Widerstand des Gesichts?
Beobachtungen an dem Filmfragment
„Der Führer schenkt den Juden eine Stadt"   484

Bürgerliche Wechseljahre – zur Konjunktur erinnerter Gefühle einer Klasse   498

Jean Monnet und die Modernisierung Europas   511

Zur Ästhetik des Zitats aus erzählten Lebensgeschichten   523

Geschichte und Gedächtnis   535

Nachgedanken zum Posthistoire   536

Orte des kollektiven Gedächtnisses   555

Diesseits des „Floating Gap"
Das kollektive Gedächtnis und die
Konstruktion von Identität im wissenschaftlichen Diskurs   565

Erinnerungsgebot und Erfahrungsgeschichte
Institutionalisierungen im kollektiven Gedächtnis   583

Die postmoderne Herausforderung
Geschichte als Gedächtnis im Zeitalter der Wissenschaft   593

Drucknachweise   608

Schriftenverzeichnis   611

Curriculum Vitae   620

Die Herausgeber   623

Vorwort

Die deutsche Zeitgeschichtsforschung ist aufgrund ihrer Entstehungsgeschichte im Gefolge von „Drittem Reich" und Zweitem Weltkrieg methodisch nie besonders avanciert gewesen. Vergangenheit ist im Deutschland nach Hitler und nach der vollständigen Niederlage zu einer durchweg problematischen Kategorie geworden. Auch die Geschichtswissenschaft hat nicht einfach an Traditionen anknüpfen können und mußte sich neu verorten. Eine „Ideologie des deutschen Weges", der in der Zwischenkriegszeit viele der deutschen Historiker angehangen hatten, war nicht fortzuführen. Namentlich die Zeitgeschichte wurde jetzt als integraler Bestandteil der „Demokratiewissenschaften" verstanden. Sie hatte nicht nur über die deutsche Vergangenheit, das Scheitern Weimars und die Etablierung des Nationalsozialismus aufzuklären und sich dabei aktivem Verdrängen oder unwillkürlichem Vergessen entgegenzustellen. Sie mußte sich auch gegen Mythen- und Legendenbildungen behaupten, mit denen Betroffene und Belastete in der Nachkriegszeit ihre Verantwortung für das gerade Vergangene zu vernebeln versuchten. Und nicht zuletzt hatte die Geschichtswissenschaft ihre Eigenständigkeit gegenüber politischen Vereinnahmungen zu erweisen.

Lutz Niethammer, ein Angehöriger der zweiten Generation westdeutscher Zeithistoriker, hat sich diesen Herausforderungen offensiv wie wenig andere gestellt. Als ein Schüler *Werner Conzes* und *Hans Mommsens*, aber ohne ausgeprägte Schulzugehörigkeit, hat er dabei im professionellen Zugriff eine ganz eigenständige Handschrift ausgebildet. Anders als etwa der Politikwissenschaft geht es ihm in seinen Forschungen nicht um eine normative Genealogie der Demokratie in einer postfaschistischen Gesellschaft. Statt dessen hat er sich den realen Chancen der Neugründung einer bürgerlich-liberalen Gesellschaft in der Situation des „danach" zugewandt. Gerade das Scheitern aller Versuche, hierbei mit autoritativen Vorstellungen regulierend einzugreifen, ist ihm dabei zum beherrschenden Thema geworden.

Seine ersten Beiträge hierzu entstanden in einem Umfeld, das sich des Erfolges der Zweiten Republik noch keineswegs sicher war. In den sechziger Jahren hatten steigende Wahlerfolge rechtsradikaler Parteien darauf verwiesen, daß sich die Kontamination der westdeutschen Gesellschaft durch das Gedankengut des Nationalsozialismus nur langsam abbaute, auch wenn die sich daraus ergebenden Befürchtungen durch um so lautere Bekundungen gebannt werden sollten, daß „Bonn nicht Weimar" sei. Die seit den fünfziger Jahren und nun noch einmal verstärkt geförderte Zeitgeschichtsforschung hatte sich daher zunächst auf den Zusammenbruch der Weimarer Republik und die „Machtübernahme" der Nationalsozialisten konzentriert: Wie war es möglich, daß eine anspruchsvoll und ausgewogen konstruierte Demokratie in einer der modernsten Gesellschaften der Welt in so kurzer Zeit in eine atavistisch anmutende Diktatur hatte verwandelt werden können? Die richtigen „Lehren aus Weimar" zu ziehen, bedeutete hier auch, frühzeitig auf solche Tendenzen aufmerksam zu werden, die die westdeutsche Demokratie abermals gefährden konnten. Erneuten

Versuchungen zum Totalitären sollte durch zeitgeschichtliches Wissen vorgebeugt werden.

Demgegenüber schien die Erforschung der Frühphase der Bundesrepublik von solchen auch politischen Fragestellungen weitgehend unberührt. Vor allem im Zulauf auf das Entscheidungsjahr 1945 war sie geradezu luftdicht abgeschlossen, schon weil die These von der „Restauration des Kapitalismus" in den sechziger Jahren umso lautstärker abgewiesen wurde, denn sie begann sich aus der DDR über die Neue Linke auch in den Westen auszubreiten und wurde nicht zu Unrecht als Angriff auf den Nerv der Republik begriffen.

Hier trafen im wesentlichen zwei Positionen aufeinander: Zum einen wurde postuliert, es habe in der unmittelbaren Nachkriegszeit so etwas wie eine soziale Revolution stattgefunden, die dann aber durch die gemeinsame Anstrengung der alten deutschen Eliten und der Westalliierten weitgehend rückgängig gemacht worden sei. Statt eine neue, sozialistische Gesellschaft aufzubauen, sei die alte bürgerliche restauriert worden. Vor allem die personellen Kontinuitäten zwischen „Drittem Reich" und Bundesrepublik, die namentlich in den Eliten geradezu unübersehbar waren, wurden als Beleg dafür angesehen, daß sich die westdeutsche Gesellschaft nur in ihren Erscheinungsformen, nicht aber in ihrer Struktur verändert habe.

Gegen diese Thesen und ihre liberaleren Variationen hatte sich schon früh eine Gegenposition herausgebildet, die nun ihrerseits die Bundesrepublik als einlinige Erfolgsgeschichte von Anfang an beschrieb. Die zweite Demokratiegründung habe vornehmlich gegen die Widersacher der Regierungspolitik Adenauers verteidigt werden müssen; die Kontinuität zur NS-Zeit wurde demgegenüber entweder vollständig negiert oder als bereits in den fünfziger Jahren nicht mehr wirksam beschrieben. In der Verteidigung der Republik gegen ihre Gegner und Kritiker entwickelte sich hier unverkennbar die Tendenz, Westdeutschland als eine Gesellschaft ohne Geschichte darzustellen. Dies korrespondierte mit einem spezifischen, seit den fünfziger Jahren in Westdeutschland dominierenden Bild vom Nationalsozialismus, das von einer verbrecherischen Regimespitze, bestehend aus Hitler und einer vergleichsweise kleinen Gruppe von Spitzenfunktionären ausging, und dieser ein vom Regime früh diktatorial unterjochtes Volk gegenüberstellte. Die Jahre der NS-Diktatur erschienen auf diese Weise wie eine Geschichte ohne Gesellschaft.

Hier setzten die frühen Arbeiten Niethammers an. Sie argumentierten gegen die Parole von der politischen Kontinuität zwischen NS-Regime und Bundesrepublik wie gegen das entgegengesetzte Postulat von der gesellschaftlichen Diskontinuität gleichermaßen. In seinen ersten großen Studien beschrieb und analysierte er diese Widersprüche aus unterschiedlichen Perspektiven. Schon in seiner Arbeit über den „Angepaßten Faschismus. Politische Praxis der NPD" hob er die Bedeutung historischer und generationeller Erfahrungen heraus.[1] Eine Beschreibung der Verarbei-

---

1 Lutz Niethammer: Angepaßter Faschismus. Politische Praxis der NPD, Frankfurt a.M. 1969.

tungs- und Verdrängungsprozesse der jüngeren deutschen Vergangenheit schien für eine Erklärung des Phänomens neofaschistischer Tendenzen unerläßlich.

Für die zunächst maßgebliche politische Generation der Bundesrepublik hatte die Entnazifizierung eine der einschneidensten Nachkriegs-Erfahrungen dargestellt. In einer großen Arbeit zur Politik und Praxis der Entnazifizierung, die bis heute Maßstäbe setzt, konnte Niethammer am bayrischen Beispiel zeigen, wie die hehren Absichten der Amerikaner, die Deutschen über diese Maßnahme zu einer wenigstens der Form nach „geklärten" Vergangenheit zu verhelfen und sie dabei, gleichsam durch Einsicht, zu Demokraten zu erziehen, im Konstellationswandel des Kalten Krieges Schritt um Schritt zurückgefahren wurden. Unter deutscher Ägide degenerierte das Verfahren dann insgesamt zu einer „Mitläuferfabrik".[2]

Diese „Schule der Anpassung" mochte aus der Perspektive der Demokratietheorie eine frustrierende Feststellung sein, wurde für Niethammer jedoch fortan zum Ausgangspunkt weiteren Fragens nach den tieferliegenden Motiven für die „vergangenheitspolitische" Abwehr von Bestrebungen, die deutsche Gesellschaft über solche Demokratisierungs-Programme zu beeinflussen. Gleichzeitig warf sie aber auch die Frage nach einer sich unpolitisch gebenden „Ideologie des Überlebens" auf. Zugunsten von unsicheren und potentiell desintegrierenden Strukturreformen hatte eine Mehrheit der Arbeitnehmer sich auf einen materiell sehr viel aussichtsreicheren Wachstumspakt mit den Arbeitgebern eingelassen und so nach und nach den eigenen klassenkämpferischen Traditionen eine Wendung in die Bürgerlichkeit verliehen.

Der Befund warf vielfältige Fragen nach den Mechanismen der Integration und der Ausgrenzung in der frühen Bundesrepublik auf, nach dem Wechselspiel zwischen den stabilisierenden Strukturen und den Sicherheitsbedürfnissen der Einzelnen. Dabei stand für Niethammer nie primär die Geschichte von Institutionen oder die Mechanismen ihres Funktionierens im Vordergrund des Interesses. Seine Aufmerksamkeit galt vielmehr dem, was die Menschen in der Anwendung daraus machten. Wie wurden politische und soziale Vorgaben mit Leben gefüllt? Wie sind Einrichtungen der gesellschaftlichen Betreuung und Kontrolle in der Praxis aufgenommen, umgedeutet oder unterlaufen worden? In vielen Studien hat Niethammer den Eigensinn der historischen Akteure und die Binnenlogik gesellschaftlicher Klassen und ihrer Verbände, aber auch das individuelle Scheitern ambitionierter Absichten an den gesellschaftlichen Superstrukturen konstatiert. In einer historischen Miniatur stellte er beispielsweise dar, wie die komplexe Dynamik der Urbanisierung die infrastrukturellen Ordnungsvisionen eines Communalbaumeisters im Ruhrgebiet überrollte und dieser schließlich nicht viel mehr als „seelische Störungen" davontragen konnte.[3]

---

2 Lutz Niethammer: Entnazifizierung in Bayern. Säuberung und Rehabilitierung unter amerikanischer Besatzung, Frankfurt a.M. 1972. Die zweite Auflage erschien 1982 unter dem Titel „Die Mitläuferfabrik" (Berlin/Bonn 1982).
3 Lutz Niethammer: Umständliche Erläuterung der seelischen Störung eines Communalbaumeisters in Preußens größtem Industriedorf. Die Unfähigkeit zur Stadtentwicklung, Frankfurt a.M. 1979.

Niethammer stieß auf zahlreiche Belege dafür, daß sich die Erfahrungen der Vielen gegen allzu rasche Vereinnahmungen durch interessierte Funktions- und Deutungs-Eliten immer wieder sperren. Diese Geschichte des „Volkes" – gemeint sind hier in einem ganz unromantischen Verständnis die Adressaten gesellschaftlicher Planungsvorgaben – und sein Versuch, diesen Begriff gegen die völkische Vereinnahmung mit neuem Sinn zu füllen, sind dann 1989 auf unerwartete Weise bestätigt worden, als mit der Erinnerung an den eigentlichen Souverän das ambitionierte Betreuungssystem der DDR abgeschüttelt wurde, das den sozialen Realitäten nicht mehr gerecht zu werden vermochte. Erneut erwies sich, daß das „Volk" von eigenen Rhythmen bestimmt ist, eigene Wertorientierungen und habituelle Ausprägungen hervorzubringen pflegt.

Um diesen Eigenheiten nachzuspüren, war mit bewährten Theorien und Methoden nicht weiterzukommen, statt dessen mußte man sich ihnen mit gleichsam ethnologischem Zugang auf die Fährte setzen. Weder die klassische Politikgeschichte, noch die Historische Sozialwissenschaft hatten sich diesen Ebenen bislang zugewandt, hatten den Blick „von unten" wirklich gewagt. Vielmehr waren sie weiterhin auf die Macht im Widerspiel historischer Potenzen fixiert geblieben. Aus dem alltagsgeschichtlichen Ansatz, nicht aus den begrifflichen Vexierspielen der sich von der postmarxistischen Sozialgeschichte zur postmodernen Kulturgeschichte stetig neu erfindenden Perspektive der historischen Systembauer, gingen die entscheidenden Impulse zur Erweiterung der deutschen Geschichtswissenschaft in Richtung auf Kategorien wie Erfahrung, Mentalität und Anthropologie hervor.

Eines der durchgängigen Themen Niethammers ist die Frage, wie eine problematische National-Geschichte hergerichtet wird, um sie für unterschiedliche Bezugsgrößen – Bewegungen, Klassen, Nationen – doch wieder traditions- und anschlußfähig zu machen. Eine nationalstaatliche Historie im klassischen Sinne schien ihm vor den fundamentalen gesellschaftlichen Wandlungen der Nachkriegszeit kaum noch möglich. Wohl aber eine „deutsche Nationalgeschichte", die sich trotz der 45jährigen Teilung der gemeinsamen und der trennenden Erfahrungen der west- und ostdeutschen Gesellschaften annimmt. Und zu diesen Erfahrungen sind vor allem weithin verdrängte Folgen von Krieg und Kaltem Krieg zu zählen, namentlich Flucht und Vertreibung, Kriegsversehrtheit und -gefangenschaft, oder die weit in die Nachkriegszeit hineinreichenden Lagererfahrungen der politisch Internierten.

Gegenüber traditionellen oder volkspädagogischen Zurichtungen der deutschen Geschichte hat sich Niethammer auch auf die Suche nach verdrängten Alternativen und nach den substantiell prägenden Erlebnissen der meisten Deutschen begeben. Denn deren Generationserfahrungen fanden sich in den historischen Legitimationsangeboten der fünfziger bis achtziger Jahre gar nicht wieder. Statt dessen war die NS-Vergangenheit als dysfunktionale, auch politisch nicht erwünschte Individualrelikte ins Private, in den „Sickerschacht der Geschichte", abgedrängt worden. Hier war sie in allen möglichen Metamorphosen sublimiert worden und fand sich etwa in zahlreichen Partikeln wie Fetische in die bundesdeutsche Warenwelt eingeschrieben.[4] Gerade auch im internationalen Vergleich war dabei vor allem das Widerspiel von Erfahrung und Erwartung festzustellen, von Wohlstandshoffnung und historischen Rückschlägen, ja Zumutungen, die das eigentümlich verdrängende Verhältnis zu Geschichte in Deutschland lange Jahrzehnte überhaupt ausmachte, um dann mit um so größerer Macht zurückzukehren.

Niethammers Versuch, die Erfahrungen der Vorgeschichte von Bundesrepublik und DDR als konstitutives Element der deutschen Geschichte selbst zu verstehen und sie auf die Jahre von Krieg und Diktatur rückzubeziehen, griff methodisch auf Fragestellungen der Psychologie und der Sozialwissenschaften zurück. Damit setzte er sich unvermeidlich der Kritik aus den Reihen der deutschen Geschichtswissenschaft aus, der konservativen wie auch der sozialdemokratisch orientierten. Allerdings ist wohl niemand mit den Wagnissen methodischer Erweiterungen härter ins Gericht gegangen als er selbst; jeden Einwand scheint er schon im vorhinein zu ahnen: Die Fallen der Alltagsgeschichte, die Gefahr des naiven Zutrauens in die Aussagekraft mündlicher Quellen, die depolitisierenden Verstiegenheiten der kulturgeschichtlichen Reduktion sind von ihm immer gleich mitbedacht und kritisch diskutiert worden, so daß ein Kritiker einmal davon sprach, daß man bei Niethammer unweigerlich in das Spiel vom „Hasen und Igel" gerate, wenn man sich mit ihm auseinandersetze.[5]

Auch die Entwicklung der deutschen Geschichtswissenschaft begleitete er mit einer spezifischen Aufmerksamkeit – Kontroversen wurden von ihm nicht lediglich konstatiert und kommentiert, sondern wiederum auf einer höheren Ebene reflektiert und analysiert. Auf aktualisierte Deutungsmuster, etwa die These vom deutschen Sonderweg in die Moderne, hat er sich nicht einlassen mögen, sondern die Kontinuitäten und Brüche erfahrungsgeschichtlich, und das heißt in zum Teil gänzlich anderen als den üblichen Zeiteinteilungen, wahrgenommen. Auch aus dem politischen Tagesgeschäft des Historikers, dem Schreiben von Rezensionen oder Auftritten bei Historikertagen, hat sich Lutz Niethammer meist herausgehalten. Seine reflektierten Interventionen zielen auf untergründige oder Meta-Ebenen in Diskussionsverläufen. Er präpariert die in Kontroversen oft verborgenen Kernfragen heraus und zielt auf diachrone Perspektiven. Dabei ist er seit jeher für eine produktive Entgrenzung der Disziplinen eingetreten.

Zugleich aber hat sich Niethammer gegen eine abstrakte Theoretisierung historischer Befunde gewandt, gegen philosophisierende Entwürfe, die sich der Geschichte nur gleichsam als eines Materials zur Konstruktion historischer Systeme bedienen. So hat er sich etwa sehr früh gegen Ernst Nolte und dessen Konstruktion eines „liberalen Weltsystems" gestellt. Die lange Zeit mit Bravour gespielte Rolle Noltes als anregen-

---

4 Lutz Niethammer: „Normalisierung" im Westen. Erinnerungsspuren in die 50er Jahre, in: Gerhard Brunn (Hg.): Neuland. Nordrhein-Westfalen und seine Anfänge nach 1945/46, Essen 1987, S. 175-206.
5 Rainer Wirz: Lese-Erfahrungen mit mündlicher Geschichte. Die drei Bände des Essener Forschungsprojekts: „weiß man nicht, wo man die heute hinsetzen soll", in: Sowi. Sozialwissenschaftliche Informationen 15 (1986), Heft 3, S. 33-43, hier S. 34.

der, irritierender Außenseiter hat Niethammer gleichwohl in vielem auch übernommen. Dagegen hat er sich seit den siebziger Jahren für eine „kommunikative Geschichtswissenschaft"[6] eingesetzt, die nicht nur den Alltag von oben und auf akademische Weise analysiert, sondern vielmehr Geschichte und Alltag auch lebensweltlich wieder stärker miteinander verschränkt. Einen wichtigen Beitrag dazu hat er mit der Vermittlung der Oral History nach Deutschland geleistet. Die trug nicht nur dazu bei, die methodische Basis der Zeitgeschichte zu erweitern und ihrer Definition als „Geschichte der Mitlebenden" (*Hans Rothfels*) eine neue Dimension abzugewinnen. Niethammer verband damit die Überzeugung, daß eine demokratische Zukunft einer Vergangenheit bedürfe, „in der nicht nur die Oberen hörbar sind."[7]

Dabei nutzte er diese Chancen zu lebensgeschichtlichen Interviews nicht als gleichsam originäre „Stimme der Vergangenheit", sondern dazu, vorgegebene Deutungen des Geschichtsverlaufs durch die Analyse der vielfach gebrochenen Erfahrungen und Erinnerungen mit gegenläufigen Entwicklungen zu kontrastieren. Auf diese Weise entwindet er scheinbar unbedeutenden Wendungen des Schicksals ihre Bedeutung, weil sich in ihnen die entscheidenden Partikel menschlicher Wirklichkeit und Erfahrung widerspiegeln. Niethammer drängt hier gleichsam auf das Vetorecht der Details, die sich oft widerspenstig und querlaufend zu gängigen Wertungen und Periodisierungen verhalten.

Lebensgeschichtliche Untersuchungen hat Niethammer mit jeweiligen Teams im Ruhrgebiet und in der späten DDR durchgeführt. Sie wurden nicht nur beispielhaft in ihrer Durchführung, sondern zu überzeugenden Dokumenten dafür, daß sich solche Interviews als zeit- und mentalitätsgeschichtliche Quellen ersten Ranges bewähren. Oral History ist zwar oft begierig als originäre historische Quelle von starker Unmittelbarkeit aufgegriffen worden. In Niethammers Verständnis taugt sie jedoch überwiegend als methodisches Korrektiv gegenüber anderen empirischen Erhebungsformen und als eine Intervention in den Prozeß historischer Bewußtseinsbildung. Sie wirft vor allem Fragen auf und stellt vorgefaßte Klassifizierungen in Frage. Dabei hat sich immer wieder – und vor allem für die Arbeitergeschichte – bei den Bearbeitern ein „Enttypisierungsschock" eingestellt, den Niethammer sehr früh als einen der wesentlichen Erträge von Alltagsgeschichte überhaupt beschrieb.

Auch in den hier abgedruckten Aufsätzen zeigt sich, daß aus den Blickwinkeln der Betroffenen dichotomische Unterscheidungen zwischen Fortschrittlichem und Rückständigem oder sogar zwischen Tätern und Opfern verschwimmen. Gerade die Diskrepanzen zwischen autoritativem Entwurf und massenhafter Erfahrung bieten Ansatzpunkte für weiterreichende Analysen. Das Alltägliche, so eine wiederkehrende Feststellung Niethammers, sperrt sich gegen seine Konzeptionierung; gleichwohl bedarf es der Analyse und begrifflichen Zuspitzung von Alltag und Erfahrung,

---

[6] Lutz Niethammer: Anmerkungen zur Alltagsgeschichte, in: Geschichtsdidaktik 5, 1980, S. 231–242.
[7] Lutz Niethammer: Lebenserfahrung und kollektives Gedächtnis. Die Praxis der Oral History, Frankfurt a.M. 1980, Vorwort, S. 7.

sollen sie nicht zu intellektuell unerreichbaren und somit wertlosen Kategorien werden, die zu jedem Zweck verwendet werden können.

In der Hinwendung zum Realen und zum Detail jedoch zeichnen sich nachhaltige Verschiebungen im Geschichtsverständnis ab und werden die Historiker auf neue Aufgaben verwiesen. Nicht mehr nur die Rekonstruktion und Analyse vergangener Wirklichkeiten sind ihr Metier, sondern auch das Aufspüren der Brechungen und subjektiven Niederschläge der historischen Prozesse in den Biographien und ihren Deutungen. Die Historiker werden dadurch zu Erinnerungsarbeitern, aber gerade nicht in dem Sinne, daß sie Identitäten oder gar historischen Sinn stiften, sondern es mit immer schon vorgegebenen Sinnangeboten zu tun haben, die sie als selbst historisch wirkungsmächtig herausarbeiten und kritisieren. Sie werden dadurch in Niethammers Verständnis zu Dienstleistern am kollektiven Gedächtnis einer Gesellschaft, zu Wahrern methodischer Standards und Wissensniveaus. Bei der geradezu begierigen Aufnahme immer neuer historischer Deutungsangebote, die der These Nahrung gibt, es hierbei mit einer Kompensation zur fortschreitenden Entfremdungserfahrung zu tun zu haben, sind eben solche Standards und tradierten Kenntnisfelder immer wieder gefährdet.

Während also viele Historiker noch in den Schützengräben zwischen Alltags- und Strukturgeschichte verharrten oder sich mit einer gewissen Nonchalance von der Geschichte überhaupt verabschiedeten, spürte Niethammer einer immer nachwachsenden Mythen- und Legendenproduktion nach, die in unserer „rationalen" Gesellschaft nicht verschwunden ist, sondern sich in immer neuen Verkleidungen äußert und bevorzugt an historisch-politische Signalvokabeln heftet.[8] Sein Interesse hat sich immer auch auf „rettende Kritik" (im Sinne *Walter Benjamins*) gerichtet, die das historisch Unterlegene oder Gescheiterte in seinen Potentialen wahrnimmt und auf Verwendbarkeit hin prüft. So hatte eines seiner frühen Projekte die Antifa-Ausschüsse aus ihrer nahezu vollständigen Vergessenheit gerissen und sie in ihrer symptomatischen Qualität für die Möglichkeiten des Jahres 1945 in Erinnerung gerufen. Diese Sympathie des Einfühlens ist von historistischer Beliebigkeit weit entfernt, aber sie versagt sich auch schnellen theoretischen oder politischen Vereinnahmungen oder philosophischen Reduktionen. Niethammer sieht Geschichte nicht als normative Begründungswissenschaft, sondern als eine kritische Begleitwissenschaft demokratischer Gesellschaften. Die Aufgabe der Historiker ist für ihn nicht Sinnstiftung oder Legitimationsarbeit, sondern die historische Analyse und die kritische Würdigung des Überkommenen.

Lutz Niethammer hat sich nie strategisch und selten für den Tag geäußert. Seine Texte, oft genug Kabinettstücke der historischen Zunft, sind bisweilen abseits der professionellen Kommunikationszentren veröffentlicht worden. Wer sie heute liest,

---

[8] Lutz Niethammer: Posthistoire. Ist die Geschichte zu Ende? Reinbek 1989. Ders.: Kollektive Identität. Zu ihren heimlichen Quellen und ihrer unheimlichen Konjunktur (unter Mitarbeit von Axel Doßmann), Reinbek (im Erscheinen).

wird bemerken, wie stark sie selbst ihre anregenden Potentiale zu bewahren vermochten. Sie beruhen auf seinem Gespür für utopische Hoffnungen, in seiner Aufmerksamkeit für Untergründiges und Gegenläufiges. Trägt man seine Befunde der letzten drei Jahrzehnte zusammen, wird sichtbar, daß ohne ein solches Sensorium weite Teile der widerspruchsvollen Zeitgeschichte des 20. Jahrhunderts unverstanden bleiben.

Freiburg/Jena, im Juni 1999 *Ulrich Herbert*
Dirk van Laak

Deutsche Erwägungen

War die bürgerliche Gesellschaft in Deutschland 1945 am Ende oder am Anfang?

Zunehmend wird die deutsche Geschichte nach dem Zweiten Weltkrieg unter den Gesichtspunkten eines der Nachfolgestaaten des „Großdeutschen Reiches" betrachtet: der Entfaltung des westdeutschen Nachkriegskapitalismus und seiner liberaldemokratischen Ordnung[1], des bürokratischen Aufbaus einer sozialistischen Gesellschaft in der DDR[2] oder der österreichischen Identität[3]. In bald einem halben Jahrhundert sind diese Bezugsgrößen den Betroffenen vertraut geworden. Insofern sollen auch in diesem einführenden Überblick nur einige exemplarische Probleme aus der Geschichte der Bundesrepublik Deutschland betrachtet werden, denn ein aus ihrer Problematik gespeistes historisches Interesse hat uns ja die jüngere deutsche Geschichte unter dem Gesichtspunkt bürgerlicher Gesellschaft thematisieren lassen.

Indessen kann man die Geschichte des Reiches nicht umstandslos in die eines seiner nachfolgenden Teile münden lassen. Denn dazwischen liegt die Phase alliierter Verfügung über Deutschland, die in der Regel mit der Besatzungszeit 1945–1949 gleichgesetzt wird. Sie gehört zu den kompliziertesten Abschnitten der deutschen Geschichte, insofern in einem interdependenten Prozeß, an dem alle Weltmächte beteiligt waren und auf den sich alle deutschen gesellschaftlichen Kräfte beziehen mußten, soziostrukturelle, ordnungspolitische und staatliche Entscheidungen von langfristiger Tragweite zustande kamen. Das Studium dieses Prozesses, der sich nicht auf wenige Ereignisse oder Strukturen reduzieren läßt, kann in unserem Zusammenhang nur empfohlen[4], aber nicht vollzogen werden. Statt dessen soll durch eine Zwi-

---

1 Vgl. als liberal-konservative Darstellung auf hohem Niveau die „Geschichte der Bundesrepublik Deutschland" hrsg. von K. D. Bracher u.a., 5 Bde. Stuttgart 1983ff. Als Taschenbücher bringt eine Pluralität von Einzelaspekten zusammen Wolfgang Benz (Hg): Die Geschichte der Bundesrepublik Deutschland, Bd. 1 bis 4, Frankfurt a.M. 1989, und einen ersten Überblick gibt Dietrich Thränhardt: Geschichte der Bundesrepublik Deutschland, Frankfurt a.M. 1986.
2 Vgl. Dietrich Staritz: Geschichte der DDR 1949–1985, Frankfurt a.M. 1985; Hermann Weber: Geschichte der DDR. München 1985; Rolf Badstübner u.a.: Geschichte der Deutschen Demokratischen Republik, Berlin (DDR) 1981.
3 Vgl. Erika Weinzierl u. Kurt Skalnik (Hg.): Österreich. Die zweite Republik, Graz 1972.
4 Die beste Anleitung hierzu gibt Christoph Klessmann: Die doppelte Staatsgründung. Deutsche Geschichte 1945–1955, Göttingen 1982; fortgesetzt durch ders.: Zwei Staaten, eine Nation. Deutsche Geschichte 1955–1970, Göttingen 1980. Materialien für ein solches Studium bei Rolf Steininger; Deutsche Geschichte 1945–1961, 2 Bde. Frankfurt a.M. 1983; Manfred Overesch: Deutschland 1945–1949. Vorgeschichte und Gründung der Bundesrepublik; ein Leitfaden in Darstellung und Dokumenten. Königstein 1979; Jürgen Weber (Hg.): 30 Jahre Bundesrepublik Deutschland, Bd. 1 bis 3, München 1978ff; Überblick über den internationalen Zusammenhang am besten bei Wilfried Loth: Die Teilung der Welt.

schenüberlegung die gesellschaftliche Weichenstellung, als welche die Besatzungszeit im Übergang „vom Reich zur Bundesrepublik"[5] erscheint, charakterisiert werden.

Etappen deutscher Nachkriegsgeschichte

Ein solche Überlegung wird dadurch erleichtert, daß man sich zunächst die Rohdaten vergegenwärtigt.[6] Die wesentlichen Voraussetzungen dieser Periode sind die totale militärische Niederlage Deutschlands, das durch seine kontinental-imperialistische Expansion die führenden Weltmächte zu einem zeitweiligen Zweckbündnis zusammengedrängt hatte, und seine Diskreditierung als geschichtliche und sittliche Größe infolge der NS-Politik zur Vernichtung der Juden und zur Unterjochung des größeren Teils Europas, insbesondere Osteuropas. Diskreditierung und Niederlage machten Deutschland zum Objekt alliierter Disposition mit der Folge einer territorialen Neugliederung Mitteleuropas (Unterstellung der deutschen Ostgebiete unter polnische bzw. sowjetische Verwaltung und Wiederherstellung der österreichischen Republik) und der Übernahme der Regierungsgewalt im Rumpf des Bismarck-Reiches durch den Alliierten Kontrollrat im Sommer 1945.

In der ersten Nachkriegsphase 1945–1947 erwies sich die Konsensgrundlage dieses interalliierten Regimes (Entmilitarisierung und Entnazifizierung) als geringer als seine internen Interessengegensätze in bezug auf das deutsche wirtschaftliche Potential (insbesondere Reparationen) und die ordnungspolitische Form des gemeinsamen Ziels einer Demokratisierung. Wo immer sich der Kontrollrat nicht einigen konnte, gingen die Besatzungsmächte in ihren Zonen selbständig vor, wodurch die Demarkationslinien – besonders zur sowjetischen, teilweise auch zur französischen Zone –

Forsetzung von Fußnote 4:
  Geschichte des Kalten Krieges 1941–1955, München 1980; vgl. auch Wolfgang Benz u. Hermann Graml (Hg.): Europa nach dem Zweiten Weltkrieg (Fischer Weltgeschichte Bd. 35) Frankfurt a.M. 1983; Andreas Hillgruber: Europa in der Weltpolitik der Nachkriegszeit 1945–1963, München u. Wien 1981. Konträre Gesamtinterpretationen versuchten Ernst Nolte: Deutschland und der Kalte Krieg, München 1974 und aus der Sicht der DDR Rolf Badstübner u. Siegfried Thomas: Entstehung und Entwicklung der BRD. Restauration und Spaltung, 1945–1955, Köln 1975.
5 Eine Studie dieses Titels von Hans-Peter Schwarz (Neuwied u. Berlin 1966) erschloß die politische Dimension dieser Weichenstellung.
6 Die Einzelforschung, auf die hier nicht eingegangen werden kann, ist durch neuere Berichte und Problematisierungen gut erschlossen. Für Westdeutschland vgl. vor allem Ludolf Herbst (Hg.): Westdeutschland 1945–1955, München 1986; Anselm Doering-Manteuffel: Die Bundesrepublik Deutschland in der Ära Adenauer. Außenpolitik und innere Entwicklung, Darmstadt 1983 und neuerdings Rudolf Morsey: Die Bundesrepublik Deutschland: Entstehung und Entwicklung bis 1969, München 1987; zur DDR Hermann Weber: Die DDR 1945–1986, München 1988 und laufende Berichterstattung in der Zs. „Deutschland-Archiv" sowie den Überblick über die Selbstforschung der DDR im Sonderband 1980 der ZfG „Historische Forschungen in der DDR 1970–1980", S. 310ff. Speziell zur Entnazifizierung und Wiedergutmachung Agnes Blänsdorf: Zur Konfrontation mit der NS-Vergangenheit in der Bundesrepublik, der DDR und Österreich, in: APuZG B 16–17/87, S. 3ff.

Grenzcharakter bekamen. Die Unfähigkeit zur Einigung über Deutschland als wirtschaftliche und politische Einheit dokumentierte sich 1947 im Scheitern der interalliierten Moskauer Außenministerkonferenz, der Münchener Ministerpräsidentenkonferenz sowie des Versuchs zur Bildung einer nationalen Repräsentation deutscher Parteien gegenüber den Alliierten.

Die zweite Phase 1947–1949 wird durch die Initiative der USA zur Eindämmung des sowjetischen Einflusses und zur Konsolidierung des übrigen Europas unter amerikanischer Führung (Marshall-Plan) eingeleitet. Sie führt einerseits zur Unterordnung der beiden übrigen Westmächte unter die amerikanische Politik und zum Zusammenschluß der Westzonen Deutschlands als marktwirtschaftliche Einheit (Bizone, Währungsreform) und als Staat mit föderativer, rechtsstaatlicher und parlamentarisch-demokratischer Struktur (Frankfurter Dokumente, Grundgesetz). Andererseits wird sie von der Sowjetunion mit der Selbstabschottung ihres Einflußbereichs in Europa und dessen beschleunigter ordnungspolitischer Veränderung nach sowjetischem Vorbild beantwortet (Gründung des Kominform 1947, Prager Umsturz 1948). Im Zuge dieser Reaktion wird auch in der SBZ eine „volksdemokratische" Ordnung durchgesetzt und staatlich verselbständigt (DDR-Gründung), nachdem territoriale Alternativlösungen (Blockade West-Berlins; Verhinderung der Konstituierung der Bundesrepublik durch die Volkskongreßbewegung) gescheitert waren.

Die erste Hälfte der 1950er Jahre bildete eine dritte Phase, insofern diese zunächst provisorischen Entscheidungen im Ergebnis nicht revidiert, sondern bis zur – wenn auch im Fall der Bundesrepublik und der DDR durch Vorbehaltsrechte der Alliierten eingeschränkte – Souveränität aller drei Staaten 1955 weiterentwickelt werden. Während Österreich jedoch in seiner Zwitterstellung zwischen einem befreiten und einem besetzten Land seine Einheit durch Bündnisfreiheit erreichen kann (Staatsvertrag), werden Bundesrepublik und DDR wiederbewaffnet und in gegeneinander gerichtete Militärbündnisse (EVG 1952 bzw. NATO und Warschauer Pakt 1955) integriert. Zugleich entwickeln sie sich ordnungspolitisch und ökonomisch zu Musterschülern ihrer Führungsmächte in den beiden Blöcken (deutsch-amerikanische bzw. deutsch-sowjetische Freundschaft), wobei sich die Lebensverhältnisse im Westen wesentlich zügiger verbessern, nicht zuletzt, weil die sowjetischen Reparationsforderungen an Kontrollrats-Deutschland im wesentlichen aus der SBZ/DDR befriedigt werden.

Etwa ein Sechstel ihrer Bevölkerung wandert unter diesen Bedingungen nach Westen, nachdem bereits über zwei Drittel der Vertriebenen aus den Ostgebieten in der Bundesrepublik aufgenommen worden sind. Die Oder-Neiße-Grenze wird von der DDR 1950 anerkannt; das Saarland kehrt 1955 von Frankreich an die Bundesrepublik zurück. Die Verklammerung beider deutscher Staaten in Berlin blieb ungelöst und damit ein alliierter Reservatbereich in Deutschland erhalten. Ein formeller Friedensvertrag mit Deutschland oder beiden deutschen Staaten kommt nicht zustande, sondern wird substantiell in einem Prozeß von Einzelregelungen zwischen den Kriegsgegnern bzw. zwischen den deutschen Staaten teilweise ersetzt. Neben der

Konstituierung der Staaten 1949 und ihrer Entlassung aus alliierter Kontrolle 1955 sind hier die entscheidenden Schwellen in der ersten Hälfte der 50er Jahre (Londoner Schuldenabkommen und Wiedergutmachung an Israel; Rückgabe der sowjetischen Aktiengesellschaften an die DDR) und Anfang der 70er Jahre (Neue Ostpolitik, Viermächteabkommen über Berlin und Grundlagenvertrag).

Das Ende bürgerlicher Autonomie

Als die Alliierten im Frühjahr 1945 Deutschland besetzten, ließen sie bis zum Sommer einen Landkreis unbesetzt; Schwarzenberg, ein abgelegener, stark industrieller Teil des Erzgebirges. Im Westen stand die US-, im Osten die Rote Armee. Obwohl ein solcher Rest nicht einfach für das Ganze genommen werden darf, ist es doch interessant zu betrachten, wie sich die deutschen politischen Kräfte verhielten, wenn ihnen nicht befohlen wurde: Wer handelte nach dem Zusammenbruch des NS-Regimes? Gab es eine gemeinsame Alternative? Grob gesprochen entstand in Schwarzenberg – und diese Konstellation läßt sich auch in den meisten besetzten Städten wieder auffinden – eine Doppelherrschaft zweier Eliten mit unterschiedlichen Perspektiven, während die Masse der Bevölkerung sich individuell um alltägliche Überlebensprobleme kümmerte und politisch passiv blieb und die rückflutenden Wehrmachtsangehörigen und NS-Funktionäre auf der Flucht einen erheblichen Unsicherheitsfaktor darstellten.

Der bürgerliche Teil handlungswilliger Eliten war schmal und handelte aus der Autorität bestehender Institutionen (Verwaltung, Kirche, selten Betriebe); durch eine unpolitische Notverwaltung wollte er das Chaos überbrücken und setzte auf eine Stabilisierung der Verhältnisse und den Einmarsch der Amerikaner. Die andere Gruppierung war ebenfalls begrenzt, wenn auch größer: es handelte sich um sog. Antifa-Ausschüsse aus ehemaligen Funktionären der Arbeiterbewegung auf kommunaler und betrieblicher Ebene, die in Räteform ebenfalls Aufgaben einer Notverwaltung übernehmen, diese aber mit einer antifaschistischen Säuberung der Öffentlichkeit, mit der Aufklärung und Mobilisierung der Bevölkerung sowie mit dem Aufbau politisch-gewerkschaftlicher Organisationen verbinden wollten. Vor allem das praktische Handlungspotential beider Gruppierungen war begrenzt, ihre Perspektiven – politische Überbrückung oder Nutzung der Krise – waren gegensätzlich, und da beide nicht den erhofften Widerhall in der Bevölkerung fanden, suchten sie Rückhalt bei den jeweiligen Besatzungsmächten, um sich mit abgeleiteter Macht durchzusetzen. In diesem Fall gewann die Antifa zunächst die Oberhand, da im Sommer die Russen einmarschierten, aber damit war ihr Ansatz auch überholt, da das Personal sich nun in die von der Militärverwaltung vorgegebenen Organisations- und Befehlsstrukturen umgruppieren mußte und sich nicht viel an der politischen Passivität der Bevölkerung änderte, von der Abwanderung vieler Bürgerlicher nach Westen abgesehen.[7]

Die Schwarzenberger Konstellation gibt einen Einblick in den Rohzustand einer bürgerlichen Gesellschaft, deren Traditionsvoraussetzungen durch den Faschismus und seinen Zusammenbruch unterbrochen sind. Hierdurch unterscheidet sich das Ende des Zweiten Weltkriegs in Deutschland von 1918. Auch damals gab es die Konstellation einer Doppelherrschaft, aber die tragenden gesellschaftlichen Kräfte waren angesichts des Fortbestehens staatlicher Gewalt einerseits und der Massenbasis der Arbeiterbewegung und ihrer partiellen Bewaffnung andererseits zu einem anfänglichen Kompromiß gezwungen worden, um den Bürgerkrieg zu begrenzen und eine gegenüber den Siegern handlungsfähige Regierungsgewalt aufrechtzuerhalten. 1945 jedoch war der Kontakt zwischen den Funktionären der Arbeiterbewegung und ihrer Basis über ein Jahrzehnt weitgehend abgerissen und konnte allenfalls durch Organisation, Überzeugung und Anpassung schrittweise wiederhergestellt werden. Gegen einen Bürgerkrieg stand nicht nur die Autorität der Alliierten, sondern auch die Friedenssehnsucht und Perspektivlosigkeit der Masse der Besiegten.

War den Kerngruppen der ehemaligen Arbeiterbewegung zwar nur ein enger Handlungsspielraum, aber doch die Perspektive, ein Streben nach Vereinigung der Kräfte und meist auch ein gutes Gewissen verblieben, so bestand eine autonome Perspektive des Bürgertums nur noch als Fiktion. Das verbreitete Konzept, durch eine Art Verwaltungsdiktatur die revolutionären Risiken der Zusammenbruchskrise zu überbrücken und Politik erst wieder unter konsolidierten Verhältnissen zuzulassen, war angesichts des Zusammenbruchs des Staatsapparats und seiner Zwangsmittel nur noch als von den Besatzungsmächten abgeleitete Macht denkbar. Da insofern die jeweiligen Alliierten ohnehin direkt herrschten und das bürgerliche Konzept den Interessen der Linken im Ansatz zuwiderlief, entfiel auch der konsensuale Boden, die nationalen Interessen gegenüber den Siegern zu repräsentieren.

Der Verlust bürgerlicher Autonomie in der Ausbildung einer nachfaschistischen Alternative reicht aber weiter zurück als die Unangemessenheit des Überbrückungskonzepts im Zusammenbruch. Dieses Konzept stammt aus den Planungen des konservativen Widerstands gegen Hitler[8], die ihrerseits auf die Phase der Präsidialkabinette vor Hitler zurückverweisen. Die kleinen bürgerlich-aristokratischen

---

[7] Zu Schwarzenberg vgl. eine der ersten nachkriegsgeschichtlichen Untersuchungen W. Gross: Die ersten Schritte. Der Kauf der Antifaschisten in Schwarzenberg während der unbesetzten Zeit Mai/Juni 1945, Berlin (DDR) 1961 sowie die Romankollage aus Zeugenberichten von Stefan Heym: Schwarzenberg, Frankfurt a.M. 1987. Zur Antifa-Bewegung generell vgl. Lutz Niethammer, Peter Brandt u. Ulrich Borsdorf (Hg.): Arbeiterinitiative 1945, Antifaschistische Ausschüsse und Reorganisation der Arbeiterbewegung in Deutschland, Wuppertal 1976.

[8] Dazu grundlegend Hans Mommsen: Gesellschaftsbild und Verfassungspläne des deutschen Widerstands, in: Walter Schmitthenner u. Hans Buchheim (Hg.): Der deutsche Widerstand gegen Hitler, Köln u. Bonn 1966, S. 73ff; Peter Hoffmann: Widerstand, Staatsstreich, Attentat. Der Kampf der Opposition gegen Hitler, München 1969. Zur Interpretation des Überbrückungskonzepts Lutz Niethammer: Die Mitläuferfabrik. Die Entnazifizierung am Beispiel Bayern, Berlin u. Bonn 1982, S. 70ff, 159ff.

Initiativgruppen, die sich seit der Kriegswende vermehrt zum Putsch entschlossen, standen vor dem doppelten Problem, daß sie bei einem Zusammenbruch der Macht- und Loyalitätsstrukturen des Dritten Reiches mit einer Revolution von Links rechneten, während die Massenbasis bürgerlicher Politik zu den Nazis übergelaufen war und enttäuschte und resistente Kräfte allenfalls von den Kirchen aus hätten neu formiert werden können. Insofern blieb für die Übergangsphase nach dem Putsch nur der Weg einer Militärdiktatur. Dieser Weg war aber wieder mit einem doppelten Risiko verbunden. Einerseits hofften die wenigen Repräsentanten der Linken, die an diesen Planungen beteiligt waren, daß eine solche Diktatur auf tönernen Füßen stehen werde, denn wenn die Verhältnisse erst einmal in Fluß gekommen seien, würden sie eine revolutionäre Dynamik entfalten, die von einigen Generalstabsoffizieren nicht mehr gesteuert werden können. Daß das Militär auch durch innere Führung an den NS rückgebunden sei und sich seinem instrumentellen Einsatz gegen das Dritte Reich verweigern werde, dieses andere Risiko war realer. Schon der Hauptmann eines der ersten Truppenteile, die am 20. Juli 1944 durch den Befehl der Militäropposition in Berlin bewegt werden sollten, verweigerte den Befehl und brachte den Putsch im Ansatz zum Scheitern.

Zwar haben zahlreiche Bürgerliche als Einzelperson Widerstand geleistet oder sich vom NS-Regime ferngehalten; das Bürgertum als gesellschaftsgeschichtliche Kraft drohte aber, mit dem Faschismus unterzugehen. Das politische Personal des Dritten Reiches war wesentlich aus dem Kleinbürgertum rekrutiert; das Groß- und Bildungsbürgertum war die funktionale Stütze seines Funktionierens in Kultur, Wirtschaft, Bürokratie und Militär gewesen. Wollte es das Ende des Dritten Reiches überleben, mußte es den nationalen Rahmen überwinden, sich vom Faschismus lösen und im Anschluß an die Westalliierten einen Ort in einer künftigen internationalen bürgerlichen Ordnung suchen. Diese im Verhältnis zum heroischen nationalen Widerstand realistischere Perspektive wurde gegen Ende des Krieges von führenden Managern der Industrie und von wirtschaftspolitischen Planern (sowohl von SS-Angehörigen als auch von NS-Gegnern) ausgearbeitet.[9] Zwar ließ sie sich bei Kriegsende nicht bruchlos verwirklichen, da gerade die Amerikaner die Masse des einschlägigen Personals als „Wehrwirtschaftsführer" zunächst einmal in Arrest nahmen. Aber es war damit eine entwicklungsfähige Grundlage für die langfristige Orientierung der deutschen Großindustrie nach dem Krieg geschaffen, jedenfalls soweit sie im Einflußbereich Amerikas zu liegen kam.

Freilich verblieben vier Hauptprobleme einer solchen Umorientierung auf den Westen als externen Garanten bürgerlicher Interessen in einer neu im Verbund mit dem Westen zu schaffenden bürgerlichen Gesellschaft. Sie zeigen die unmittelbare Abhängigkeit bürgerlicher Perspektiven von den Alliierten. Nur wenn (1) die repara-

---

9 Vgl. Ludolf Herbst: Der totale Krieg und die Ordnung der Wirtschaft: Die Kriegswirtschaft im Spannungsfeld von Politik, Ideologie und Propaganda 1939–1945, Stuttgart 1982; Olaf Groehler: Großindustrielle Nachkriegskonzeptionen, in: Journal für Geschichte, 1985, H. 3., S. 44ff.

tions- und ordnungspolitische Mitsprache der Sowjetunion zurückgedämmt wurde und wenn (2) die westliche Entnazifizierung zu keiner dauernden Depossedierung der deutschen Kapitaleigner oder zur Lähmung ihres Managements führte, würde es mittelfristig überhaupt noch verteidigungswerte bürgerliche Interessen geben. Die beiden anderen Probleme lagen in den politischen Rahmenbedingungen einer bürgerlichen Gesellschaft: in den industriellen Nachkriegsplanungen war nämlich – unrealistisch genug und abweichend vom westlichen Konsens – keine selbständige politisch-gewerkschaftliche Organisierung des Produktionsfaktors Arbeit (3) vorgesehen. Und war diese erst einmal entstanden, so bedurfte es im politischen Raum (4) einer breiten antisozialistischen und doch nicht NS-kompromittierten Sammlung, wenn die westliche Ordnung nicht zum Gefäß autonomer Sozialisierungspolitik werden sollte.

Zunächst schien alles für diese letztgenannte Möglichkeit zu sprechen. Zwar wollten die Bürgerlichen in den deutschen Auftragsverwaltungen der Alliierten in aller Regel 1945 mit ihrem Konzept unpolitischer Überbrückung den sozialistischen Zug der Zeit aufhalten; analytisch waren sie sich aber mit den Vertretern der Linken einig, daß dies der Zug der Zeit sei. Als Mitte 1945 zunächst die Sowjets und dann die Amerikaner aber Parteien zuließen, wurde das Konzept bürokratischer Überbrückung obsolet, wenn die zügige parteipolitische Reorganisation der Linken nicht diese zur einzigen Repräsentantin nicht-nationalsozialistischer deutscher Politik machen sollte. Der Spielraum zwischen Entnazifizierung und Sozialismus schien aber zunächst schmal, und die Versuche zur Reorganisation alter bürgerlich-liberaler Parteien entfalteten keine Massenwirksamkeit. Als erfolgversprechende neue Kraft jenseits der alten Linken erwies sich allein die christliche Sammlungsbewegung, deren innerer Funktionärsstamm aus einem Brückenschlag zwischen dem Zentrum und Teilen der Deutschnationalen und der Liberalen hervorging. Sie wurde von den Kirchen gestützt, die von den Westalliierten weitgehend als antinationalsozialistische Kräfte anerkannt wurden.[10]

Diese Sammlung war aber keineswegs von vornherein auf bürgerliche Interessen oder Identität festgelegt. 1945 überwogen vielmehr zunächst „christlich-sozialistische" Vorstellungen aus der katholischen Arbeiterbewegung und aus dem christlichen Widerstand, und der Massenzulauf speiste sich eher aus religiösen und regionalen Motiven, agrarischen Interessen und aus der vagen Suche nach einer Alternative zur Linken als aus bürgerlicher Programmatik oder Lebensform. Diese Lebensform war bereits im Faschismus politisch mediatisiert und durch die Wahllosigkeit, mit der die Kriegsfolgen (Menschenverluste, Kriegsschäden, Vertreibung) in allen Gesellschaftsschichten fühlbar wurden, materiell durchlöchert. In der „Zusam-

---

10 Vgl. Alf Mintzel: Die CSU: Anatomie einer konservativen Partei 1945–1972, Opladen 1975; Günter Buchstab u. Klaus Gotto (Hg.): Die Gründung der Union: Traditionen, Entstehung und Repräsentanten, München 1981.

menbruchgesellschaft" schien sie vollends „vor die Hunde" zu gehen.[11] Zudem waren große Teile des selbständigen Mittelstands und vor allem der Beamtenschaft, die bürgerlichen Positionen erst die nötige Breite geben konnten, als ehemalige Trägerschichten des NS von der Entnazifizierung bedroht und vor der Hand vom Wahlrecht und als funktionstüchtige Stützen von Verwaltung und Versorgung ausgeschlossen.

Insofern war zunächst völlig offen, ob es über die formale Grundlegung eines parlamentarischen und rechtsstaatlichen Regierungssystems in den einzelnen Ländern hinaus auch zu jener inhaltlichen Auffüllung einer bürgerlichen Gesellschaft kommen würde, die einerseits in der Trennung von Privatwirtschaft und öffentlicher Rechtsetzung und andererseits in der Ablösung von Fremdherrschaft durch die Selbstverwaltung der Gesellschaftsmitglieder bestehen mußte. Als 1946/47 die Parlamente in zwei Ländern – damals noch unter Beteiligung der CDU – durch Willensbekundungen zur Sozialisierung der Grundstoffindustrie Einschränkungen des ersten Grundsatzes beschlossen, erwies sich auch der zweite Grundsatz als unwirksam, denn die amerikanische Militärregierung ließ diese Beschlüsse nicht in Kraft treten.[12] Darin kam zum Ausdruck, daß sie gesonnen war, in ihrem Einflußbereich eine bürgerliche Gesellschaft einschließlich einer kapitalisitischen Marktwirtschaft zu etablieren, und zwar ungeachtet der derzeitigen politischen Kraft eines autonomen Bürgertums in Deutschland, das in ihr einen übermächtigen Stellvertreter fand.

Die Polarisierung

Dem Versuch der Alliierten, Deutschland durch den Kontrollrat gemeinsam zu regieren, entsprachen auf deutscher Seite Auftragsverwaltungen, die schrittweise durch eine pluralistische, aber einheitlich handelnde Repräsentation der deutschen politischen Kräfte, die sog. Lizenzparteien, auf Länder- oder Zonenebene abgelöst werden sollten.[13] Da davon ausgegangen werden mußte, daß die Mehrheit der Deutschen noch stark vom Nationalsozialismus geprägt sei, versprach ein solches Regime ein kontrolliertes Einwachsen der politischen Kräfte des „anderen Deutschlands" und die Vermeidung einer nationalistischen Opposition gegen die alliierte Politik. Für ein

---

11 Zur Zusammenbruchsgesellschaft siehe Niethammer u.a., Arbeiterinitiative 1945, S. 164ff; Klessmann, Doppelte Staatsgründung, S. 37ff. Bürgerliche Depressionen über ein künftiges „unbürgerliches Leben" aus den Jahren 1946/46 sind z.B. dokumentiert bei Niethammer, Mitläuferfabrik, S. 172f; Wolfgang Benz: Von der Besatzungsherrschaft zur Bundesrepublik. Stationen einer Staatsgründung, Frankfurt a.M. 1984, S. 17f. Adenauers Optimismus „Das bürgerliche Zeitalter wird nie zu Ende sein" (Schwarz, S. 439) war noch ziemlich einsam.
12 Dazu knapp Steininger, Deutsche Geschichte, S. 317ff mit weiterer Literatur.
13 Dem „antifaschistisch-demokratischen Block" in der SBZ (Hermann Weber [Hg.]: Parteiensystem zwischen Demokratie und Volksdemokratie, Köln 1982) entsprachen in den Westzonen die „starren Koalitionen" (Dolf Sternberger), die in den oft auf alliierten Druck entstandenen Allparteienregierungen auf allen Ebenen zu finden waren, bevor im Sommer 1947 in der Bizonenverwaltung zum Regierungs-Oppositions-Modell übergegangen wurde, das dort die SPD isolierte (vgl. Benz, Besatzungsherrschaft, S. 65ff).

solches einheitliches Vorgehen sprachen – neben den gemeinsamen Zielen einer Entmilitarisierung und Entnazifizierung Deutschlands – auf alliierter Ebene vor allem die Interessen der Sowjetunion an Reparationen aus dem gesamten deutschen Wirtschaftspotential und der anfängliche amerikanische Versuch, durch eine gemäßigte Kooperationspolitik den Zerfall der deutschen Wirtschaftseinheit und den Verlust westlichen Einflusses jenseits der Elbe zu verhindern.

Auf deutscher Ebene gab es gleichfalls Argumente für das, was Kommunisten die „antifaschistisch-demokratische" Einheit nannten: für die anfänglich schwache Rechte gewährte sie eine Mitsprache, die sie im Falle von Mehrheitsregierungen außerhalb agrarischer Gebiete nirgends erwarten konnte, solange eine gemeinsame Kontrolle der Anti-Hitler-Koalition anhielt. Für die Linke versprach sie die Einbindung der Rechten in einen subsidiären Erziehungs- und Umstrukturierungsprozeß der deutschen Gesellschaft. Speziell die Kommunisten als die einzige Partei, die unmittelbar mit einer der alliierten Mächte koordiniert war, wollten keine organisierte Opposition gegen eine antifaschistische Erziehungsdiktatur und ihre These von der abgestuften Kollektivschuld bzw. -verantwortung des deutschen Volkes als Grundlage der sowjetischen Reparations- und Gebietsforderungen entstehen lassen und boten dafür bündnispolitisch die einstweilige Zurückstellung ihrer früheren revolutionären Programmatik an.[14]

Die Belastungen eines solchen Einheitsregimes machten sich aber von Anfang an bemerkbar und wuchsen sich innerhalb von zwei Jahren vollends zu einer Blockierung aus. Schon 1945 schätzten britische politische Planer eine Kooperation mit der Sowjetunion als Illusion ein, und die mit ihren Sicherheits- und Reparationswünschen isolierten Franzosen blockierten jegliche positive Maßnahme des Kontrollrats.[15]

Beides mag nicht entscheidend gewesen sein, aber es verhinderte das Wachsen einer gemeinsamen Praxis als Gegengewicht gegen die weltpolitische Rivalität der USA und der UdSSR. Noch bevor 1947 deren größere geostrategische Gegensätze auch in Deutschland wirksam wurden[16], kam ihre Konfrontation vor allem auf zwei Gebieten zum Ausdruck.

Auf ökonomischem Gebiet wehrten sich die USA dagegen, das Industriepotential Deutschlands auf das Niveau der Sowjetunion herunterdemontieren zu lassen, da sie befürchteten, im Anschluß die Deutschen aus politischen und humanitären Gründen ernähren und damit indirekt die Reparationen bezahlen zu müssen. Da sich die ökonomische Kontrolle der anderen Alliierten auf die SBZ als unwirksam erwies, stopp-

---

14 Vgl. dazu Günter Benser: Die KPD im Jahre der Befreiung. Vorbereitung und Aufbau der kommunistischen Massenpartei (Von der Jahreswende 1944/45 bis Herbst 1945), Berlin (DDR) 1985, S. 148ff.
15 Vgl. die von Claus Scharf u. Hans-Jürgen Schröder hrsg. Sammelbde.: Die Deutschlandpolitik Großbritanniens und die britische Zone 1945–1949, Wiesbaden 1979; Die Deutschlandpolitik Frankreichs und die französische Zonen 1945–1949, Wiesbaden 1983.
16 Dazu im internationalen Vergleich Othmar Nikola Haberl u. Lutz Niethammer (Hg.): Der Marshall-Plan und die europäische Linke, Frankfurt a.M. 1986.

ten die USA die Reparationen aus dem Westen. Auf politischem Gebiet setzten die Amerikaner dem sowjetischen Konzept einer Erziehungsdiktatur durch einen starren Parteiblock, in dem der KPD die Schlüsselrolle zukam, eine Mobilisierung durch beständige Wahlkämpfe entgegen, die die Linke aufspalten und die Kommunisten isolieren mußte. Als darauf in der SBZ mit dem Anschluß des sozialdemokratischen Potentials an die kommunistische Führung in Gestalt der SED-Gründung reagiert wurde, war auch hier der Austrag der Konflikte in je besondere territoriale Strukturen zerfallen. Ähnlich, wenn auch vielleicht nicht ebenso irreversibel, territorialisierte sich die Auseinandersetzung um die Frage, ob gesellschaftliche Strukturreformen mit der politischen Säuberung in Zusammenhang gebracht werden sollten oder nicht. Entsprechend weitreichend fielen in der SBZ die Bodenreform und die Überführung industrieller Anlagen in volkseigenen oder sowjetischen Besitz sowie der Personalaustausch in staatlichen und kulturellen Einrichtungen aus, während die USA die Personalsäuberung in einen abgeltbaren Sühneprozeß mit nur geringen dauernden Auswirkungen auf die Sozialstruktur münden ließen und Sozialisierung und Bodenreform in der Bizone davon abgetrennt und verzögert wurden, um schließlich weitgehend im Sande zu verlaufen.[17]

Der Verlierer dieser Territorialisierung der Antworten auf die deutsche Frage nach dem Dritten Reich war der demokratische Sozialismus, der zunächst als gemeinsamer Nenner einer autonomen Antwort auf den totalitären und imperialistischen Charakter des NS-Regimes hätte erscheinen und im nationalen Zusammenhang eine erhebliche Breitenwirkung entfalten können. Im Osten verschwand er aber als selbständiger politischer Faktor und damit sein demokratischer Impuls, im Westen verpuffte seine Ausgleichsfunktion und damit die Chance zu einer sozialistischen Umgestaltung. Zwar war die innere Kohärenz des demokratischen Sozialismus gering, wie sich im Winter 1945/46 an der Kompromißunfähigkeit zwischen Schumacher und Grotewohl – trotz weitgehender programmatischer Übereinstimmung – zeigte.[18] Im Kern ist er aber als nationale Position in der Polarisierung zwischen Ost und West zerrieben worden, die sich seit 1947 im sog. Kalten Krieg zunehmend irreversibel verhärtete.[19]

Deutsche Politik wurde nun wesentlich als Ausgestaltung der Position einer der beiden Führungsmächte wirksam und mußte sich von daher legitimieren. Ob man nun sagt, unter dem Druck der alliierten Polarisierung habe keine nationale Alternative zum NS gefunden und ausdiskutiert, ausgehandelt und ausgekämpft werden können, oder ob man umgekehrt die Ansätze zu einer solchen Position in der Gesellschaft des Zusammenbruchs für so schwach hält, daß die wenig verankerten politischen Eliten des „anderen Deutschland" nur bei bereits in territoriale Alternativen auseinan-

---

17 Vgl. John Gimbel: Amerikanische Besatzungspolitik in Deutschland 1945–49, Frankfurt a.M. 1971; Dietrich Staritz: Sozialismus in einem halben Land. Zur Programmatik und Politik der KPD/SED in der Phase der antifaschistisch-demokratischen Umgestaltung in der DDR, Berlin 1976.
18 Vgl. Frank Moraw: Die Parole der ‚Einheit' und die Sozialdemokratie, Bonn 1973.
19 Wie Anm. 16.

dergefallenen Perspektiven ihrer jeweiligen Schutzmächte ausgestalten konnten[20] – beides zeigt im Rückblick denselben charakteristischen Befund: Der gesellschaftliche Zerfall, der zum Faschismus geführt hatte und durch seine Expansionsmaschinerie überformt worden war, war an seinem Ende so weit fortgeschritten, daß er keine gesamtgesellschaftlichen Konsequenzen in nationaler Kontinuität erlaubte. Vielmehr knüpften die beiden in der Folge in Deutschland entstandenen Nachkriegsordnungen zugleich mit der Nachahmung ihrer „Schutzmächte" an partielle Konsenselemente des „anderen Deutschland" an – hier den anti-totalitären, dort den anti-imperialistischen Konsens. Aber die ausgeschlagenen Teile des Erbes hängen beiden Systemen bis heute an und verweisen sie unentrinnbar immer wieder auf die gemeinsame Vergangenheit.

Konturen deutscher Erbteilung

Der wichtigste Teil des Erbes, das Volk, schien zunächst auf beiden Seiten dasselbe zu sein, wenn auch in sehr unterschiedlichen Zahlen (die DDR hat etwas mehr Einwohner als Nordrhein-Westfalen und Hamburg). Es war dasselbe Volk, das zu einem großen Teil Hitler zugejubelt und sich vor den Zumutungen des Regimes ins Privatleben zurückgezogen hatte, das den Krieg getragen und die Niederlage erduldet hatte, das das Verschwinden der Juden registriert und die Beschäftigung von Millionen Zwangsarbeitern in der Kriegswirtschaft als Aufstieg durch „Unterschichtung" erfahren hatte.[21] Über ein Drittel des Volkes war nun direkt oder über Familienangehörige indirekt von der Entnazifizierung betroffen, fast ein Viertel betrug der Anteil der Flüchtlinge und sonstigen Zwangsmobilen, größer noch war die Zahl derer, die infolge des Krieges Verwandte verloren oder ihre Habe eingebüßt hatten. Von diesem Volk hatten sich die jetzt aktiven Politiker, soweit sie dem politischen Widerstand oder der inneren oder (selten) der äußeren Emigration angehört hatten, im letzten Jahrzehnt isoliert gefühlt. Dieser Graben mußte nun überbrückt werden – was bei den freien Wahlen im Westen notwendiger war als im Osten, wo das Blockwahlsystem einen Zuspruch fingieren half, der im Alltag fehlte. Daß in beiden Systemen alle Ansätze zur direkten Demokratie bei der Verfassungsgebung vermieden wurden, bringt diesen Graben aber noch heute in den Blick: vor der Hand und zur Not sollte

---

20 Vgl. Manfred Overesch: Gesamtdeutsche Illusion und westdeutsche Realität. Von den Vorbereitungen für einen deutschen Friedensvertrag zur Gründung des Auswärtigen Amtes der Bundesrepublik Deutschland, Düsseldorf 1978.
21 Vgl. Ulrich Herbert: Zur Entwicklung der Ruhrarbeiterschaft 1930 bis 1960 aus erfahrungsgeschichtlicher Perspektive, in: Lutz Niethammer u. Alexander von Plato (Hg.): „Wir kriegen jetzt andere Zeiten". Auf der Suche nach der Erfahrung des Volkes in nachfaschistischen Ländern, Berlin u.Bonn 1985, S. 19ff; Ian Kershaw: Der Hitler-Mythos, Stuttgart 1980; Marlies G. Steinert: Hitlers Krieg und die Deutschen. Stimmung und Haltung der deutschen Bevölkerung im 2. Weltkrieg, Düsseldorf u. Wien 1970.

die Demokratie in ihrer alltäglichen Praxis nicht von den Meinungen dieses Volkes abhängen.[22]

Volksvertreter, die nicht aus der Identität der Erfahrung heraus sprechen konnten, mußten sich in anderen Sprachen verständlich zu machen versuchen, wenn sie angesichts weitverbreiteter Orientierungslosigkeit in der Integrationskrise deutscher Politik nach der Besatzungszeit bestehen wollten.[23] Sie mußten von den existentiellen Erfahrungen der jüngsten Vergangenheit, die auch ihnen so sinnlos erschienen, wie die Literaten aller Couleur nun den Krieg beschrieben[24], ablenken, in abstrakten größeren Zusammenhängen, die der Entschuldung ihrer Klientel dienen konnten, um das Volk werben und sich um seine alltäglichen Überlebenssorgen kümmern. Dieser politische Diskurs über die Geschichte unter den Zwängen der Abstraktion und der Entschuldung hatte die langfristige Wirkung, daß die private Geschichtserfahrung mit ihrer ganzen affektiven Prägekraft ungedeutet blieb und von öffentlichen Geschichtsbildern überformt wurde, deren labile Abstraktheit sie für ständige Nachfragen und Revisionen anfällig machte.

Merkwürdig mußte auf einen unvoreingenommenen Beobachter auch die pragmatische Arbeitsteilung wirken, mit der die beiden entstehenden Systeme die Erblasten des Nationalsozialismus auf sich nahmen: die kleine östliche Hälfte hatte für die Schäden der großen Sowjetunion aufzukommen, die wesentliche entschloß sich mühsam für ein Wiedergutmachungsangebot an die Juden und den Staat Israel. Wer keinen Fürsprecher hatte, kam auf keiner Seite zu seinem Recht, so die Zwangsarbeiter oder die Zigeuner.[25] Auch ideell erwiesen sich die Systeme in ihrer selektiven Geschichtswahrnehmung[26] als aufeinander angewiesen: der Westen nahm den „Hitler in uns", den Totalitarismus, den Hitler-Stalin-Pakt auf sich, der Osten die Kapitalisten und Junker als Steigbügelhalter Hitlers, als Militaristen und Kriegsgewinnler. Erst aus einer gewissen Entfernung machte der Stereoton gesamtdeutscher Geschichtsbewältigung Sinn.[27]

Die durch vielerlei gemeinsame Erfahrungen und Verwandtschaften verwobene Nachbarschaft verhärtete und erleichterte zugleich die Entwicklung auseinanderstrebender Gesellschaftssysteme in beiden deutschen Staaten. Für diese Ambivalenz ist die innerdeutsche Grenze besonders bezeichnend. Viele, die sich von der gesellschaft-

---

22 „Das Mißtrauen gegenüber dem Demos bestimmte die Überzeugung vieler Ratsmitglieder", sagt zusammenfassend Volker Otto: Das Staatsverständnis des Parlamentarischen Rates. Ein Beitrag zur Entstehungsgeschichte des Grundgesetzes für die Bundesrepublik Deutschland, Düsseldorf 1971, S. 173.
23 Für Westdeutschland vgl. Heino Kaack: Geschichte und Struktur des deutschen Parteiensystems, Opladen 1971, S. 202ff.
24 Vgl. Joachim Pfeiffer: Der deutsche Kriegsroman 1945–1960. Ein Versuch zur Vermittlung von Literatur und Sozialgeschichte, Königstein 1981, S. 171 ff.
25 Vgl. Agnes Blänsdorf, Konfrontation.
26 Wie gering der geschichtsprogrammatische Konsens der Opposition war, habe ich an der Vorgeschichte der Entnazifizierung zu zeigen versucht (Niethammer, Mitläuferfabrik, S. 68ff).
27 Zur gegenseitigen Wahrnehmung vgl. Werner Bertold u. Gerhard Lozek (Hg.): Unbewältigte Vergangenheit, Berlin (DDR) 1970; Dieter Riesenberger: Geschichte und Geschichtsunterricht in der DDR. Aspekte und Tendenzen, Göttingen 1973.

lichen Umwälzung im Osten unmittelbar oder in ihren Lebensperspektiven betroffen fühlten, konnte vor dem Bau der Mauer ohne die besonderen Erschwernisse einer Emigration in eine fremde Kultur die Seite wechseln. Das hat der DDR viel von dem eigentlich zu erwartenden Widerstand genommen und die Opfer – im Verhältnis zu anderen revolutionären Gesellschaften – in Grenzen gehalten. Auf der anderen Seite hat der ständige Aderlaß an Initiative und Herausforderung den sozialistischen Aufbau von oben mit dem Grauschleier autoritärer Hinnahme überzogen, während die verwandtschaftlichen Bindungen an den Westen wuchsen und dem Vergleich der sich entwickelnden Lebensniveaus eine besonders kränkende und persönliche Note verliehen. Als die Führung der DDR sich schließlich gezwungen sah, diesen Aderlaß an Arbeitskraft und Nachwuchskadern durch den Mauerbau zu stoppen, zwang sie zwar ihre Bevölkerung zur praktischen Orientierung ihrer Perspektiven auf die eigene Gesellschaft, konnte in ihr aber nicht jene Initiative wecken, die aus freier Zustimmung erwüchse. Seither ist ihr Legitimationsdefizit versteinert.

Für den Westen war diese „Abstimmung mit den Füßen" ein propagandistischer Dauererfolg, aber die Zuwanderung hatte auch Probleme für die soziale und politische Kultur. Einmal enthielt der Zustrom im ersten Nachkriegsjahrzehnt einen unverhältnismäßig großen Anteil an NS-Belasteten (auch unter den weiterwandernden Vertriebenen), der den peinlichen Geschmack des Restaurativen an der Liberalisierung in Westdeutschland verstärkte und der dem offiziellen Antifaschismus als Ersatzlegitimation der DDR auch dann noch empirischen Anhalt bot, als dieser zunehmend von deren tatsächlichen Problemen abzulenken begann. Zweitens wurde der Wiederaufbau in der Bundesrepublik mit einem unerschöpflich erscheinenden Nachschub an Qualifikationen versorgt, der eine quantitative ohne eine qualitative Modernisierung der Gesellschaft erlaubte und den Irrglauben einwurzelte, daß es auch in einer dynamischen Gesellschaft das Beste sei, „keine Experimente" zu machen. Schließlich wurde die Bundesrepublik mit einer externen antitotalitären Legitimation versorgt, die sich nicht nur als Entwicklungshemmung der Linken auswirkte, sondern auch interne Diskussionen um Legitimation und Identität so lange vertagte, bis einer nachfolgenden Generation das ganze System trotz liberaler Institutionen und wachsender Prosperität hohl erschien.

Dieses Beispiel mag hier dafür genügen, daß sich die deutsche Nachkriegsgeschichte kaum ausreichend einer systematischen Betrachtungsweise wie dem verbreiteten Systemvergleich zwischen der Bundesrepublik und der DDR erschließt, da sich der Bezug aufeinander und auf die gemeinsame Vergangenheit nicht als ein quasi externer Faktor aus der Wirkungsweise der Gesellschaftsordnungen isolieren läßt. Andererseits können die nationalen Bezüge diese Ordnungen nicht erklären, weil die Eingriffe der Besatzungsmächte, die in der Logik des Zusammenbruchs des nationalsozialistischen Deutschlands lagen, eine Kontinuitätsvermittlung hervorbrachten, die auf ordnungspolitische Neuanfänge zielten.

Nachklänge des deutschen Sonderwegs

Dabei muß man zunächst noch einmal hinter die Entgegensetzung von Kapitalismus und Sozialismus, parlamentarischem Rechtsstaat und Diktatur des Proletariats (bzw. einer diesbezüglichen Partei) zurückgreifen, da die historische Einschätzung des deutschen Wegs im letzten Jahrhundert in den ersten Nachkriegsjahren durchaus gemeinsame Elemente aufwies.

1948 wurde allenthalben in Deutschland auf das Jahrhundert seit der 48er Revolution zurückgeblickt und häufig auch auf die 30 Jahre seit dem Ende des Kaiserreichs. Bei aller Unterschiedlichkeit der historischen Blickwinkel war hier ein gemeinsames Leittheema der Traditionsbildung durchaus noch erkennbar, nämlich daß das Dritte Reich nicht als ein Endstadium deutscher Geschichte im bürgerlichen Zeitalter betrachtet wurde, sondern als eine Abart, die sich aus dem gescheiterten Durchbruch einer bürgerlichen Gesellschaft in der Revolution von 1848 im preußisch-deutschen Sonderweg ergeben habe. Der Rückgriff hinter die Reichsgründung auf die Ansätze bürgerlicher Demokratie hatte schon in der Emigrationsprogrammatik eine zentrale Rolle gespielt, etwa wenn Heinrich Mann von den Berlinern 1945 forderte, sie hätten endlich ihre Revolution zu machen, oder wenn die kommunistische Selbstkritik die bürgerliche Demokratie als Verteidigungsbastion gegen den Faschismus entdeckte.[28] Nach dem Zweiten Weltkrieg war der deutsche Militarismus besiegt, Preußen zerstückelt, die Junkerklasse vertrieben oder enteignet – mit einem Wort: was die langfristige deutsche Gesellschaftsentwicklung vom Entwicklungspfad einer bürgerlichen Gesellschaft abgebracht haben mochte, war seinerseits geschichtlich zu Ende gegangen.

Die These vom deutschen Sonderweg enthielt ja aber nicht nur diesen negativen Aspekt, dessen Abgelebtheit ihr in der Bundesrepublik einen zunehmend affirmativen Charakter verlieh. Sie diagnostizierte auch ein – im Verhältnis zu westlichen Gesellschaften – schwaches Bürgertum, zu schwach jedenfalls, um sich zur herrschenden Klasse aufzuschwingen und die Grundlagen und Prinzipien einer bürgerlichen Gesellschaft durchzusetzen. Das Ende Preußens war aber nicht gleichbedeutend mit einem Durchbruch des Bürgertums, sondern – wie wir gesehen haben – mit seiner tiefsten Krise. Wo es wieder zu Kräften kommen sollte, verdankte es dies den Westalliierten, insbesondere den Amerikanern, an deren ordnungspolitische Konzeption es sich anpassen mußte.[29] Insofern war in dieser externen Restabilisierung und Restrukturierung einer bürgerlichen Gesellschaft im größeren Teil Deutschlands ein Teil des zu Ende gegangenen Sonderwegs, nämlich der Mangel an Autonomie und

---

28 Vgl. Arnold Sywottek: Deutsche Volksdemokratie. Studien zur politischen Konzeption der KPD 1935–1946, Düsseldorf 1971.
29 Vgl. Volker R. Berghahn: Unternehmer und Politik in der Bundesrepublik 1949–1984, Frankfurt a.M. 1985.

politischer Kraft des Bürgertums, aufgehoben und die oft gestellte Frage „Neubeginn oder Restauration?"[30] obsolet.

Denn war der deutsche Sonderweg mit Hilfe der Alliierten zur Sackgasse gemacht worden, so stellte sich nun erneut die Frage von 1918 nach dem Verhältnis zwischen demokratischer Selbstverwaltung und gesellschaftlichen Machtstrukturen, da die Fiktion des ökonomisch selbständigen Individuums als politischen Subjekts durch die Entwicklung der kapitalistischen Klassengesellschaft überholt war. Der Ansatz der Republik von Weimar, diesen Widerspruch durch einen Kompromiß der organisierten Interessen von Kapital und Arbeit zu neutralisieren, hatte sich als instabil erwiesen, da dieser Kompromiß der Politik vorausging und sie von seiner Entwicklung abhängig machte. Nun, nach dem Faschismus, waren diese Interessen unklar und selbst auf der Seite der Arbeiterbewegung nicht auf höherer Ebene wirksam organisiert; insbesondere gab es keine handlungsfähige Vertretung der Kapitalseite oder des in seinem Klassencharakter in Frage gestellten Bürgertums. Die Machtstrukturen waren vorübergehend in letzter Instanz überhaupt nicht aus der Gesellschaft des Zusammenbruchs, sondern von den alliierten Militärregierungen bestimmt, die als Treuhänder gesellschaftlicher Gruppierungen wirken, ihre Konstellation beeinflussen und ihre eigenständige Organisation als Machtfaktoren gegenüber der politischen Ebene verzögern konnten. In diesem Primat der Politik, dem bereits vor dem Kriegsende mit der Mediatisierung gesellschaftlicher Interessenorganisationen durch die politische Führung des Dritten Reiches vorgearbeitet war, lag der entscheidende Unterschied zu Weimar.

Ein solcher Primat der externen politischen Faktoren umfaßte aber auch bei einer Territorialisierung der alliierten Perspektiven keine völlige Dispositionsfreiheit, sondern enthielt gesellschaftliche Zwänge. Zwar konnte man die gesellschaftliche Schwäche des Bürgertums zu einer weitgehenden Verstaatlichung und zur Etablierung einer stalinistisch formierten Machtelite aus Führungskadern der Arbeiterbewegung nutzen, wie die Sowjetunion das in ihrer Zone tat. Eine solche beschleunigte Transformation von oben hatte aber den doppelten Nachteil, daß damit auch das Bürgertum aus der Verantwortung für die Nachkriegslasten entlassen war und der Aufbau eines Sozialismus von oben zusätzlich mit den Problemen der Reparationen und der Teilung belastet wurde, dadurch schwerlich populär und im nationalen Vergleich konkurrenzfähig werden konnte, mithin die DDR als Sicherheitsvorfeld der Sowjetunion nach Westen sicher ebensoviel Probleme schaffte wie sie löste. Außerdem wurden dadurch die autoritären Strukturen in der Gesellschaft nicht unterbrochen und die Wahrnehmung von Politik als zentralstaatliche Verfügung fortgesetzt. Schließlich wurde die bündnispolitische Glaubwürdigkeit im internationalen Rahmen langfristig unterhöhlt, denn wer würde nach der Erfahrung der ostmitteleuropäischen Volksdemokratien die kommunistische These von der nachzuholenden bürgerlich-demokratischen Revolution noch ernst nehmen?

---

30 Zur Diskussion Doering-Manteuffel, Die Bundesrepublik Deutschland.

Auch die Etablierung einer liberalen Gesellschaft im Westen und Süden Deutschlands war nicht ohne Abstriche möglich, wenn auch nach allen Kriterien der Selbststabilisierung und der Prosperität wesentlich erfolgreicher. Die Besatzungsmächte mußten auf dem Weg dahin mehrfach freie Parlamentsentscheidungen desavouieren und sich als Treuhänder unterrepräsentierter bürgerlicher Interessen zu erkennen geben. Und als im Zuge der Korea-Krise die Interessenorganisation der politischen Systemgründung nachwuchs und sie ergänzte und leistungsfähig machte[31], entsprachen ihr hochentwickelter korporativer Zusammenhalt und die personelle Kontinuität gegenüber dem Dritten Reich in diesen Bereichen wie auch in der Beamtenschaft keineswegs einem liberalen Leitbild. Es war nur eine Frage der Zeit, bis die ursprünglich handverlesenen politischen und publizistischen Eliten auf diese korporativen und restaurativen Trends einschwenken würden.

Neue Normalität

Angesichts des politischen Primats der Systemgründung mag es merkwürdig anmuten, daß die erste knappe wirtschaftsgeschichtliche Synthese anhebt: „Die Bundesrepublik gleicht einer Wirtschaft auf der Suche nach ihrem politischen Daseinszweck."[32] Der Satz akzentuiert, was die westdeutsche Gesellschaft bis heute zusammenhält und wo ihre Unsicherheiten liegen. Die meisten Interpreten der Nachkriegszeit sind sich einig, daß die Ausbildung einer eigenständigen Identität und der Westorientierung der Westdeutschen und die Konventionalisierung des parlamentarisch-demokratischen Regierungssystems der expansiven Dynamik des wirtschaftlichen Wiederaufbaus zu verdanken ist. Dafür lassen sich mindestens drei wichtige Faktoren nennen: die günstigen Bedingungen der Rekonstruktion, ein internationaler Rahmen, der die Fortsetzung wirtschaftlicher Expansion über den Wiederaufbau hinaus erleichterte, und eine Perspektive, in der sich Systemdynamik und alltägliche Erwartungen verbanden.

Die meisten europäischen Länder haben ein Wirtschaftswunder erlebt, nämlich das Wiederzusammenfügen des verbliebenen Kapitalstocks mit einem qualifizierten Arbeitsvermögen unter den Bedingungen unendlich erscheinender Bedürfnisse. In Westdeutschland waren die Voraussetzungen dazu besonders günstig: in der Bilanz hatten die Bomber die deutsche Industrie nicht ausgelöscht, sondern ihre Expansion im Krieg abrasiert, die Menschen- und Qualifikationsverluste des Krieges wurden durch den Zuzug aus dem Osten und die Leistungsbereitschaft der auf ein elementares Existenzniveau herabgedrückten Bevölkerung mehr als ausgewogen. Dadurch

---

31 Heiner R. Adamsen: Investitionshilfe für die Ruhr. Wiederaufbau, Verbände und soziale Marktwirtschaft 1948–52, Wuppertal 1981; Werner Abelshauser: Ansätze „korporativer Marktwirtschaft" in der Korea-Krise der frühen 50er Jahre, in: VfZ, 30, 1982, S. 715ff.

32 Werner Abelshauser: Wirtschaftsgeschichte der Bundesrepublik Deutschland 1945–1980, Frankfurt a.M. 1983, S. 8. Dort weitere Hinweise auch zum Folgenden.

waren zunächst die objektiven Faktoren für einen dynamischen Aufbau gegeben, besonders wenn der Prozeß ihrer Optimierung durch den Abbau von Restriktionen gefördert und durch strukturelle und substantielle Eingriffe nicht gestört, sondern durch Selbstorganisation unterstützt wurde. Diese Bedingungen ergaben sich durch den Zusammenschluß der westlichen Zonen, die Aussetzung von Strukturreformen, die Kürzung von Reparationslasten, die Währungsreform ohne Lastenausgleich, die Reintegration des Ruhrgebiets und die korporative Verflechtung der Wirtschaftsinteressen Anfang der 50er Jahre.[33]

Besonders unter den Bedingungen versagter Rüstungsproduktion und anfänglicher internationaler Isolierung konnten solche Faktoren im Schoße des Wiederaufbaus eine Orientierung von Produktion und Verteilung auf die Entwicklung des inneren Marktes bewirken. Diese erleichterte dann weiteres Wachstum, auch wenn die Zerstörungen des Krieges und die Lähmung der Nachkriegszeit überwunden waren, die Wirtschaft also wieder auf ihren – wie die Ökonomen sagen – in der Regel flacher ansteigenden „Wachstumspfad" aus der Zeit vor den Weltkriegen zurückgekehrt war. In der Bundesrepublik, in der diese Bedingungen anfangs bestanden, geschah beides: Einerseits wurde der innere Markt durch die Hebung der Massenkaufkraft entwickelt, andererseits weitete sich durch den Korea-Boom, die Wiederaufrüstung, die Einbeziehung in den Welthandel der westlichen Welt und die Europäische Wirtschaftsgemeinschaft die Nachfrage stark aus.

Obwohl aus zwei Sonderkonstellationen herausgewachsen, verbanden sich die Wirkungen dieser doppelten Expansion im zeitgenössischen Begriff der „Amerikanisierung" und verhalfen Westdeutschland insofern zur Vorreiterrolle eines europäischen Juniorpartners im Rahmen der Westintegration. Auf der Ebene der Lebenshaltung ergab sich daraus eine lang anhaltende Phase der Verbesserung, die trotz beständiger und häufig wachsender sozialer Ungleichheit eine Aufwärtsbewegung fast aller umfaßte und nicht nur gegenüber der Trümmergesellschaft von 1945 zu intensiven Fortschrittserfahrungen verhalf, sondern auch für untere und mittlere Schichten besonders seit der zweiten Hälfte der 50er und in den 60er Jahren weit über den Lebensstandard und die soziale Sicherheit der Vorkriegszeit hinausführte.[34] Aber sie knüpfte sich an die seit Mitte der 30er Jahre in Sicht gekommenen Erwartungen auf Einkommensverbesserung, Arbeitsplatzsicherheit, Technisierung, Urlaub

---

[33] Den Grundgedanken dieser sog. Rekonstruktionsthese hat zuerst Werner Abelshauser: Wirtschaft in Westdeutschland, Stuttgart 1975 vorgetragen. Dies hat zu einem Sturm („Entmythologisierung der Entmythologisierer") von liberalen und konservativen Kritikern geführt, die an der Gloriole wirtschaftlicher Liberalisierung in der Währungsreform als Startschuß und wesentliche Grundlage des Wirtschaftswunders festhalten wollten. Am vernehmbarsten Rainer Klump: Wirtschaftsgeschichte der Bundesrepublik Deutschland. Zur Kritik neuerer wirtschaftshistorischer Interpretationen aus ordnungspolitischer Sicht, Wiesbaden 1985, bes. S. 37ff, aus einem informativen Überblick über die Debatte zieht Morsey: Die Bundesrepublik Deutschland, S. 146–149 den tendenziösen Schluß, die Rekonstruktionsthese sei „fundiert widerlegt".

[34] Eine Zusammenstellung entsprechender Materialien bei Werner Abelshauser: Die langen 50er Jahre. Wirtschaft und Gesellschaft der Bundesrepublik Deutschland 1949–1966, München 1988, Kap. 2 u. 3.

und Massenkommunikation. Dieser reale Materialismus ließ alle marxistischen Einsprüche („relative Verelendung") als Nörgelei erscheinen und wurde später unter dem Titel „Konsumdemokratie" enger mit der Nachkriegsordnung verbunden. Daß er tatsächlich eingelöst wurde, liegt an der im verlängerten Wiederaufbau entwickelten Wachstumsmaschinerie der „langen 50er Jahre"[35], in der die Optimierung der Kapitalverwertung mit der Hebung der Massenkaufkraft Hand in Hand ging und den Gewerkschaften die Etablierung sozialer Besitzstände ermöglichte. Daß die Wertorientierung und die Leistungsbereitschaft des Wiederaufbaus – trotz ungleicher Teilhabe und trotz wachsender humaner und ökologischer Kosten – weitgehend im Konsens aufrechterhalten wurden, als es längst nicht mehr um Grundbedürfnisse ging, ist nicht nur dem Lerneffekt des Wiederaufbaus, sondern auch der affektiven Leere des öffentlichen Lebens und der zwischenmenschlichen Räume in der nachfaschistischen Gesellschaft zuzuschreiben.[36]

Von diesen Anfängen kann sich die bürgerliche Gesellschaft im nachbürgerlichen Deutschland entfernen, aber nicht lösen. Freilich besteht aber ihre Problematik immer weniger in Rückbezügen auf ihre Entstehung und immer mehr in der in ihr Struktur gewordenen Dynamik. Erfolg und Mediatisierung gesellschaftlicher Machtträger haben diese zu Berücksichtigungspotentialen einer Politik versachlicht, die durch vielfältige Gewaltenhemmung und internationale Verflechtung nur wenig wirksame Entscheidungsmöglichkeiten hat. Sie geht deshalb meist den Weg kumulativer Problemlösungen, aus denen Wachstum auch dann resultiert, wenn es keinen Sinn hat oder schadet. Dieser Expansionsdrang des Systems meint weniger räumliche oder militärische Ausdehnung als vielmehr eine Ausdehnung gleichsam nach innen, die den Zugriff der Gesellschaft auf ihre natürlichen und humanen Voraussetzungen erweitert. In dem Maße, in dem die Transformation der Gesellschaft in einen – wie Kant sagte – Automaten, der sich selbst erhält, in greifbare Nähe zu rücken scheint, entwickeln sich Ängste, daß Selbststeuerung Unsteuerbarkeit heißen könnte, daß sinnlose Opfer für sinnlose Erträge gefordert werden und das Restrisiko der Selbstvernichtung wächst.

---

35 Gemeint ist die Spanne von der Währungsreform bis zur Rezession von 1967.
36 Alexander u. Margarete Mitscherlich: Die Unfähigkeit zu trauern. Grundlagen kollektiven Verhaltens, München 1963.

Rekonstruktion und Desintegration
Zum Verständnis der deutschen Arbeiterbewegung zwischen Krieg und Kaltem Krieg

Der Zeitgeschichte der deutschen Arbeiterbewegung in der Besatzungszeit mangelt es – wie der Zeitgeschichte seit 1945 überhaupt – an sozialgeschichtlicher Vertiefung und Einordnung. Neben vielen verdienstvollen Einzeluntersuchungen zur Organisations- und Programmgeschichte der Gewerkschaften, der Sozialdemokratie und der Kommunisten – Untersuchungen, die deskriptiv vorgingen oder sich begrenzte Spezialfragen vornahmen – wurden analytische Gesichtspunkte vor allem im Verhältnis zwischen Programmatik und Praxis gesucht, woraus eine Art politischer Oberflächenkritik entstand, wie sie in innerorganisatorischen Auseinandersetzungen üblich ist. In den letzten Jahren ist eine zunehmende Aufmerksamkeit für die Rahmenbedingungen hinzugekommen, welche die alliierte Besatzung auch für die Entfaltung von Parteien und Interessengruppen setzte. Beides ist für das Verständnis der Arbeiterbewegung in dieser kritischen Phase der Reorganisierung und Transformation unerläßlich, aber es reicht nicht aus. Können in früheren Phasen heuristische Gründe für die Verengung des Problems der Arbeiterbewegung auf die Politik ihrer Führungen verantwortlich gemacht werden, so trifft dieses Argument auf die Nachkriegszeit nicht zu: Hier würden zeitgeschichtliche Massendokumentationsverfahren eine Erweiterung unserer Kenntnis über die „Basis", ihre Arbeits- und Lebensbedingungen, ihre Zusammensetzung, ihre Erfahrungen, ihre Milieus, durchaus erlauben. Der Verzicht scheint mir eher in einer gewissen Hilflosigkeit gegenüber der Frage zu gründen, unter welchen Gesichtspunkten eine sozialgeschichtliche Vertiefung sinnvoll wäre.

Dabei hat sich als wenig hilfreich erwiesen, daß synchron zur historischen Forschung eine sozialwissenschaftlich-politische Diskussion über Organisationsprinzipien und Theorie der Arbeiterbewegung, Staat und Kapitalismus ablief, weil sie überwiegend auf einer abgehobenen Ebene sozialistische Klassiker zu aktualisieren versuchte, aber kaum Ansätze für eine historische Vermittlung bot. Das soll nicht heißen, daß diese Diskussionen nicht auch zu wichtigen Einsichten für Historiker hätten führen können, aber das Umwälzen der Klassiker befreite nicht aus der nationalen Enge des Blickwinkels und unterstellte oft anachronistische Kategorien, wo gerade ihre jeweilige heuristische Fruchtbarkeit und inhaltliche Füllung zur Debatte gestanden hätte. Der leitende Begriff „Arbeiterbewegung" ist nur die wichtigste unter diesen fraglichen Kategorien. Aber auch die sozialgeschichtliche Zuwendung zur Erfahrung der Betroffenen stillt nicht einfach diesen Bedarf, so erfreulich diese Wende zur Konkretisierung und zur ernsthaften Einbeziehung der Masse der

Subjekte im historischen Erkenntnisfeld ist. Denn sie trägt die Gefahr der Degeneration zu einer sozialromantischen Literaturgattung ohne historisch-politischen Erkenntnisgewinn in sich – dann, wenn es dem fragenden Forscher an Gesichtspunkten der Nachfrage und Koordinaten der Auswertung mangelt.

Zu einem solchen, die Auswahl und Zielrichtung der empirischen Arbeit stützenden Gerüst kann man gewiß auf unterschiedlichen Wegen gelangen. Am verbreitetsten ist die historische Rückversicherung einer aktuellen soziopolitischen Frage bzw. die Rückführung einer derzeitigen Gesellschaftseinschätzung auf ihre Entstehungsbedingungen. So ist unser Gegenstand unter Gesichtspunkten wie der deutschen Spaltung, der Liberalisierung, Amerikanisierung, Modernisierung Westdeutschlands und – seit der Renaissance linker Traditionen im Zuge der Studentenbewegung – der „Restauration" des Kapitalismus (nach einer virtuell schon gewonnenen sozialistischen Hegemonie) sowie dem Alternativpotential direkter Demokratie untersucht worden. Solche aktuellen Antriebe haben wichtige Forschungen motiviert, unterliegen andererseits aber der Gefahr kurzschlüssiger Verengung und des Verlusts wesentlicher Informationen. Sie bedürfen der Erweiterung und Korrektur durch die Betrachtung vergleichbarer Entwicklungen und längerfristiger Zusammenhänge.

Sieht man die Geschichte der deutschen Arbeiterbewegung in der Besatzungszeit im Zusammenhang mit der Entwicklung der gesamten europäischen Linken, so nimmt sie sich als eine durch die unmittelbare Herrschaft der Besatzungsmächte behinderte und verlangsamte Variante eines der erstaunlichsten Diskontinuitätsphänomene der Zeitgeschichte des Kontinents aus: Die durch den Sieg über den Faschismus freigesetzte Dominanz der Linken wurde innerhalb von zwei bis drei Jahren zerschlissen und ihr Ende durch die im Gefolge der Entscheidung über den Marshall-Plan vollzogene Integration europäischer Länder in einen Ost- und einen Westblock sanktioniert.

Bei allen Unterschieden im einzelnen war es für die Linke nach dem Krieg charakteristisch, daß ihr Erfolg nicht Stück für Stück errungen, sondern ihr eher im Zuge der Diskreditierung der Rechten durch den Faschismus und einer allgemeinen Erwartung eines nun fälligen, irgendwie sozialistischen Aufbaus zugefallen war. Im Rahmen der von den Großmächten vorgegebenen, aber von der Linken voll übernommenen nationalstaatlichen Struktur wiederholten sich Land für Land die Tendenzen zur Einheitsgewerkschaftsbildung, zur Allparteienregierung mit linkem Übergewicht, zur mixed economy, zum nationalen Aufbaupakt und zu einem Überhang kriegswirtschaftlicher Bewirtschaftung, der vielfach als Vorform gesamtwirtschaftlicher Planung mißdeutet wurde. Diese Linke wurde von abgehobenen, auf oberster Ebene wieder eingesetzten Führungen geleitet, deren Teilhabe an den Erfahrungen der Massen in Faschismus und Krieg unterschiedlich, meist aber sehr gering war. Auf der Welle plebiszitärer Zustimmung bemühten sich ihre Führungskartelle um pragmatische, mit den jeweiligen internationalen Bedingungen vermittelte Kompromisse zwischen partiellen Strukturreformen und Wiederaufbaueffizienz. Alle bekannten sich zu einem quasi-wirtschaftsdemokratischen Gradualismus. Alle wollten vorfaschistische Fehler gutmachen, aber auch an vorfaschistische Organisationstraditionen anknüpfen. Und diese Organisationen fügten sich beinahe wie von selbst wieder zusammen und hatten einen großen Zulauf, während die Rechte zwar z.T. administrative Machtpositionen hielt, sich in der öffentlichen Artikulation aber schwer tat. In diesem günstigen Sozialklima fühlten sich quer durch den Kontinent die parteipolitischen Eliten stark genug, auf parteigebundene Gewerkschaften und Kampf-, Kultur- und Verbraucherorganisationen zu verzichten, um diese als vereinigte Großorganisationen zur Grundlage des ganzen nationalen Aufbaus zu machen. Sie gingen dabei aber das Risiko ein, daß die Gewerkschaften zum Medium parteipolitischer Auseinandersetzungen wurden und die Massenorganisationen dem proletarischen Kulturmilieu entfremdet wurden. Denn tatsächlich waren diese politischen Führungskartelle instabil und schwach. Sie bauten nicht auf konsolidierten Anhängerschaften auf, sondern konkurrierten um Einfluß auf Gesellschaften, deren Schichtung, soziokulturelle Binnenorganisation und Traditionen im Krieg in Bewegung gekommen und vielen für eine Neuverteilung der Karten zur Disposition zu stehen schienen. Angesichts der durchaus schwierigen bis katastrophalen wirtschaftlichen Lage war aber eine solche Konkurrenz mit parteipolitischen Mitteln prekär, so daß zugleich Rückversicherung im internationalen Raum gesucht wurde, dessen Führungsmächte durch Armeen, UNRRA (= United Nations Reconstruction and Rehabilitation Administration) – und andere Kredite und z.T. sogar durch die Ausübung unmittelbarer Regierungsgewalt in den meisten Ländern präsent waren. Teilweise konnte die Hilfe internationaler Partner in der Konkurrenz um den Masseneinfluß benutzt, teilweise konnte der alternative Legitimierungsmodus auch unmittelbar gegen die unsichere Basis ausgespielt werden. Dadurch wurde eine kämpferische Konsolidierung der unbestimmt linken Erwartungen der Umbruchzeit in der Folge unterlaufen und die Einheit und Dominanz der Linken zerfiel seit 1946 zunehmend; mit der Zustimmung der europäischen Sozialdemokratie zum Marshall-Plan und der Gründung des Kominform wurde sie vollends gebrochen. Der Zerfall der einheitsgewerkschaftlichen Ansätze schloß diese Einordnung der Arbeiterbewegung in den Frontverlauf des Kalten Krieges ab. Mit der Ablösung des nationalstaatlichen Grundmusters durch die Regionalisierung in Ost und West verlor zugleich die historische Zusammenordnung von Nation und Sozialismus, die den Erwartungshaltungen des Kriegsendes zugrunde gelegt hatte, ihre zukunftsweisende Überzeugungskraft. Im Westen verband sich der Rekonstruktionsboom mit den ordnungspolitischen Prinzipien, für die die Amerikaner mit ERP und NATO standen. Im Osten verband sich der Sozialismusbegriff mit jener Wiederaufbauverzögerung und bürokratischen Mängelwirtschaft, die aus der Abwälzung der sowjetischen Reparationsbedürftigkeit auf überwiegend erst in der Entwicklung befindliche Wirtschaften entstand.

Diese schematische Herausarbeitung gemeineuropäischer Elemente der Scheinhegemonie der Linken nach Kriegsende kann hier nicht durch einen ins einzelne gehenden Vergleich differenziert werden. Die Bedeutung der Unterschiede ergibt sich aber schon bei einem oberflächlichen Blick auf die langfristigen Auswirkungen ihres

Zusammenbruchs in Westeuropa. Überall sind die kommunistischen Parteien isoliert worden, aber in Frankreich und Italien in einer Größenordnung, daß sie die führenden Organisationen der Arbeiterbewegung bleiben, die größten Gewerkschaften leiten und ein dem älteren sozialdemokratischen vergleichbares Vereinswesen entfalten konnten. Fast überall, wo es ältere richtungsgewerkschaftliche Traditionen gab, ist die Gemeinschaft von Sozialdemokraten, Kommunisten und Katholiken in der Gewerkschaftsbewegung aufgeflogen, aber nur in Deutschland hat diese Spaltung eine territoriale Form angenommen und zugleich die größte „Einheitsgewerkschaft" der westlichen Welt produziert. Fast überall sind die Sozialdemokraten über kurz oder lang von der Regierung verdrängt worden, aber in einzelnen Ländern wie England konnten sie ihre traditionelle Identität als politischer Ausdruck einer syndikalistischen Arbeiterbewegung bewahren, während sie in Westdeutschland den bestimmenden Einfluß in der nationalen Regierung gar nicht erringen und erst dann an der Regierungsführung mitwirken konnten, als sie tragende Elemente ihrer ideologischen und organisatorischen Tradition aufgegeben hatten. Schon diese allergröbsten Unterschiede, die sich bei einer näheren Betrachtung auch in der Ausformung der Haltung und Konflikte in der unmittelbaren Nachkriegszeit als wesentliche Elemente erweisen würden, fordern die Untersuchung der unterschiedlich langfristigen Voraussetzungen.

In der diachronen Ergänzung des synchronen Vergleichs geht es indessen, soll als Ergebnis ein Orientierungsrahmen für eine sozialgeschichtlich vertiefte empirische Forschung entstehen, um eine andere Dimension als Führungsmodelle und internationale Konstellationen; zwar werden auch diese Führungsmodelle durch langfristig vorgeprägte Denk- und Verhaltensmuster mitbestimmt, aber bei der – gerade in Deutschland langen – Unterbrechung ihrer organisierten Form darf die Bedeutung dieser Vorprägungen nicht überschätzt werden. Versteht man Arbeiterbewegung nicht einfach als eine beliebige Vereinigung beliebiger Lohnempfänger zu beliebigem Zweck, sondern in der Dimension eines historisch wirksamen Kollektivsubjekts, so erscheinen die relative Einheit der Arbeits- und Lebensbedingungen der Mehrheit der Bevölkerung, die Erfahrbarkeit dieser Einheit und ihre Umsetzbarkeit in eine gesamtgesellschaftliche Ordnungsperspektive als zentrale Meßgrößen. Daß gerade die popularisierten Schriften von Marx eine stetige Vergrößerung und Vereinheitlichung der Arbeiterklasse durch die gesetzmäßige Entwicklung des Kapitalismus, ihre Selbsterfahrung als Identität und ihre künftige Durchsetzung als gesellschaftsstrukturierende Kraft unterstellten, dürfte die große Attraktivität des Marxismus auf die Arbeiterorganisationen, die sich als sozialistische Bewegung verstanden, ausgemacht haben. Tatsächlich ist die Geschichte der Arbeiterbewegung im 20. Jahrhundert aber von einer zunehmenden Dekomposition dieser Einheitserfahrungen und Hegemonieerwartungen begleitet gewesen. Mit der alten Sozialdemokratie des Kaiserreichs und der Zerschlagung aller sozialistischen Organisationen im Faschismus ist diese Vorstellung von Arbeiterbewegung als historisches Kollektivsubjekt in Deutschland zugleich am stärksten verankert und infrage gestellt worden. Diese Erfahrung prägt unsere Begriffe und unser Verständnis, wenn wir Geschichte der Arbeiterbewegung im Nachkriegsdeutschland untersuchen; sie würde verdrängt, wenn wir es mit abstrakten Kategorien versuchten.

Für das Proletariat des 19. Jahrhunderts war das Leben nur in Solidarstrukturen zu bewältigen, die ein Arrangement mit kollektiver Not darstellten und Marktunfähigkeit kompensieren sollten. In diese Beziehungsmuster gingen Elemente der Herkunftsbereiche der Arbeiter als Handwerk und ländlicher Unterschicht ein, zugleich aber auch Reflexe der unmittelbaren Arbeits- und Wohnsituation: Ausbeutung, Disziplinierung und Versachlichung durch die Eigentümer aller Produktions- und Reproduktionsmittel; Kollektivität und Körperlichkeit als eine die arbeitende Klasse umfassende Dimension aller Handlungen; die elementare Bedeutung reziproker Hilfsleistungen am Subsistenzniveau. Die gemeinsame Erfahrung gründete aber auch auf dem Gefühl des Verlusts älterer Rechte, Lebensformen und Umstände und auf einer hochgradig mobilen Lebensbewältigung, in der Arbeit in Produktion und Reproduktion eine relative Einheit und ein alltägliches Kontinuum darstellten. Dabei war z. B. das Zusammenwirken mit relativ fremden Klassengenossen nicht nur eine Zwangsfolge kollektiver Arbeitsprozesse, sondern auch familiarer Sozialisationsfaktor und wies insofern über den Augenblick hinaus.

Die Selbständigkeit des bürgerlichen Privatbereichs gegenüber der Öffentlichkeit und dem Staat bestand bei Arbeitern als einzelnen nicht, sondern nur in der Form spontaner Kooperation oder der Organisation. Darüber hinaus gab es bei Arbeitern nur in geringem Maße die bürgerliche Trennung von Beruf und Familie. Die kürzere Zeit der Kinderaufzucht, die häufige Erwerbstätigkeit der Frau, die Präsenz von Arbeitskollegen als Schlafgänger im Intimbereich, die beschäftigungsabhängige Mobilität, fabriknaher Wohnplatz usw. wirkten einer Abschließung der Kleinfamilie und ihrer Seßhaftigkeit entgegen. Trotz der zunehmenden räumlichen Auseinanderlagerung von Arbeiten und Wohnen bildeten beide Bereiche ökonomisch und kulturell eine relative Einheit elementarer Lebensbewältigung in für fremde Klassengenossen offenen Solidarstrukturen. Die Unterbrechungen dieses alltäglichen Kontinuums – und zwar der Feiertag so gut wie der Streik oder politische Kampf – stützten sich einerseits auf die Solidarstrukturen und Körperlichkeit des Alltags und überhöhten sie, andererseits hatten sie Festcharakter: eruptive Verausgabungen, die die gemeinsame Regeneration und Identitätsbildung förderten.

Das über diesen Lebensbedingungen und teilweise aus ihnen heraus gebildete Arbeiterorganisationswesen, das die beruflich stabilsten und höchstqualifizierten Arbeiterhandwerker trugen, nahm eine vermittelnde Stellung zwischen der Sozialstruktur der Proletarier und der Bürger ein dergestalt, daß es die Sozialstrukturen partiell formalisierte und stabilisierte, andererseits aber die bürgerliche funktionale Differenzierung von Herrschen, Verdienen und Verbrauchen organisatorisch widerspiegelte und in der Lebenswirklichkeit von Arbeitern zur Geltung brachte. Die Mehrheit der Arbeiter war natürlich nicht Mitglied im sozialdemokratischen Organisationsgeflecht, aber sie konnte sich in ihm, da es ihre eigenen Solidarstrukturen in die Perspektive einer künftigen allgemeinen Kultur, Wirtschaftsstruktur, Gesellschaftsordnung zu heben versprach, als Anhänger wiederfinden. Dies insbesondere solange, als die funktionale Aufgliederung der Organisationen in Partei, Gewerkschaft und Genossenschaftsbereich in ihrer Wirkung staatlich abgeblockt blieb – und das war bis zum Ersten Weltkrieg in Deutschland im wesentlichen der Fall.

Neben der Arbeiterkultur, die also nicht in sich, sondern in einer spezifischen Klassenkampflage eine relative Einheit darstellte, war der Zusammenhang von ökonomischer und ideologischer Perspektive ein tragendes Element der Arbeiterbewegung als historisches Kollektivsubjekt. Marx ging ursprünglich von einer gesetzmäßigen Entwicklung zur Vergrößerung, Verelendung, Homogenisierung und Aktivierung der Arbeiterklasse aus. Vor dem Hintergrund der Industriellen Revolution in England und der 48er Revolution auf dem Kontinent könnte dies als eine glückliche Verbindung zwischen realistischem Ökonomismus und demokratischem Optimismus erscheinen. Für die populäre Auffassung jedoch blieb die Verelendungstheorie ein Kernstück des Marxismus, auch als Marx sie zugunsten einer an Einsicht und Kämpfen orientierten Klassentheorie aufgegeben hatte, da sich die naturwüchsige Ausbildung einer revolutionären Arbeiterklasse im Zuge der kapitalistischen Entwicklung immer weniger mit den Erfahrungen in England nach 1850, in Frankreich nach 1860 und in Deutschland wieder ein Jahrzehnt später vereinbaren ließ – steigende Reallöhne, innere Differenzierung der Klasse und eine in ihrer Organisationsentwicklung gerade im industriellen Bereich stockende, überwiegend unrevolutionäre Arbeiterbewegung.

Ihre obere Schicht, handwerklich qualifiziert und familiengebunden, eher gebildet, seßhaft, ökonomisch gesicherter und aufsteigend, trug ein funktional differenziertes Organisationsgeflecht, dessen bürokratische Leitung die Interessen seiner Mitglieder im Rahmen der gegebenen Bedingungen voranbringen wollte und sich im Stil repräsentativer Demokratie legitimierte. Auf der anderen Seite die untere Schicht der Un- und Angelernten, fluktuierend, unqualifiziert und ökonomisch am Subsistenzniveau stagnierend: Sie – und gerade die hier überwiegend jungen Arbeiter – war spontan ansprechbar und ad hoc mobilisierbar, aber nicht kontinuierlich zu organisieren. Auf sie reflektierte eine theoretisch agitatorische Elite, die den stagnierenden proletarischen Lebensverhältnissen eine dialektische Zukunft zuschrieb, in der sie zugleich materiell überwunden und kulturell bestimmend werden sollten, und in die Richtung einer plebiszitären und schließlich theorie-legitimierten Diktatur driftete.

Die erste Variante gedieh unter politisch liberalen Bedingungen eines expansiven Kapitalismus, die zweite unter der staatlichen Repression eines stagnierenden feudalkapitalistischen Mischsystems. Unser Bild von der klassischen Arbeiterbewegung ist von jener historischen Phase geprägt, in der beide Varianten koexistierten und ineinander übergingen, unter den Bedingungen kapitalistischer Expansion und staatlicher Repression im deutschen Kaiserreich. Dieses Leitbild der zweiten Internationale stellte eine in sich spannungsvolle, aber doch als ganze alternative Kultur dar. Vom zentristischen Marxismus bestärkt, konnte sie sich im Einklang mit dem Gang der

Geschichte und den Entwicklungsgesetzen des Kapitalismus glauben und in der Perspektive ihrer künftigen Hegemonie leben.

Der negativen Integration dieser Arbeiterbewegung, die sich schon im Wilhelminischen Reich angesichts der spontanen Politisierung alltäglicher Sozialstrukturen in den für die Organisationen inkommensurablen Streikbewegungen vor allem bei den Bergleuten, aber auch bei den Hafen-, Bau-, Textil- und anderen angelernten Arbeitern als brüchig erwiesen hatte, entzogen Verlauf und Ende des Ersten Weltkrieges in Deutschland die Grundlage. Wie durch Schübe von innen zersetzte sich die Einheit der alten Sozialdemokratie.

Als sie für den Burgfrieden gebraucht und seit der Mitte des Krieges ihr institutionelle Mitwirkungsmöglichkeiten eröffnet wurden, entzweite sich die Führungsschicht über ihre Orientierung an der Klassentradition oder an der Gesamtgesellschaft im Kriege; und diese strategische Kluft vertiefte sich unter dem Eindruck der Oktoberrevolution. Das Kriegsende setzte den zweiten Schub frei und brachte in der Auseinandersetzung mit den Räten eine horizontale Zersetzung des Funktionärskörpers. Während die obere Schicht der Mehrheitssozialdemokratie in charakteristischer Trennung der ökonomischen und öffentlichen Aktionsbereiche im Bündnis mit den Unternehmern und dem Militär die Verhältnisse stabilisieren und als Grundlage für lange erwartete sozial- und verfassungspolitische Reformen nutzen wollte, organisierte sich das lokale und betriebliche Funktionärskorps, das selbst in unterschiedliche parteipolitische Orientierungen sich aufzulösen begann, zu Institutionen einheitlichen, aber lokalisierten und orientierungslosen Handelns in der Erwartung unmittelbarer Verbesserungen der Arbeits- und Lebenssituation der Arbeiter durch den Aufbau einer neuen Gesellschaftsordnung. Als diese Organe, die in der Perspektive der alten Arbeiterbewegung als Vermittlung zwischen den funktionalen Organisationsspitzen und den vorpolitischen Solidarstrukturen und Erwartungen des proletarischen Alltags verstanden werden können, angesichts ihrer Funktionslosigkeit im Stabilisierungs- und Reformkonzept der MSPD zu Agitationsmedien der konkurrierenden Parteiführungen zu werden drohten, wurden sie von der MSP-Führung teils zerredet, teils zerschlagen. Nachdem diese vermittelnde Ebene ausgeschaltet war, polarisierte sich die Zersetzung der alten Arbeiterbewegung. In einem dritten Schub der Enttäuschung politisierten sich die proletarischen Solidarstrukturen der Unorganisierten in ihren Konzentrationsgebieten (vor allem im Bergbau) zur unmittelbaren Aktion, zum Massenstreik, zum Bürgerkrieg – teils unter kommunistischer, teils unter syndikalistischer, teils ohne alle Führung. Nachdem auch das niedergeschlagen war, war das Leitbild der zweiten Internationale ein Scherbenhaufen. Die Zusammenhänge der unterschiedlichen Arbeitermilieus, ihrer Alltagserfahrungen mit der Perspektive einer Klassenhegemonie war zerbrochen.

In der Folge wurden aus den horizontalen und vertikalen Zersetzungen der alten Arbeiterbewegung zwei Organisationsmilieus unter politischen Gesichtspunkten zusammengefügt, in denen zwar die ältere Schichtung der Arbeiterbewegung noch teilweise durchschien, aber ohne daß es zu einem engen soziopolitischen Zusammenhang gekommen wäre. Immerhin konnte das sozialdemokratische Organisationsgeflecht sich als Heimat der stabileren, qualifizierten Arbeiter weitgehend konsolidieren, für die es in seinen politischen, gewerkschaftlichen und genossenschaftlichen Funktionsbereichen spürbare, wenn auch ungesicherte Reformfortschritte erzielte. Aber es war eine Kultur der Teilhabe ohne Alternative: der Teilhabe am Staat, am Wachstum, an der Entscheidung, am Markt, an der Bildung und an der Kleinfamilie und an der für das Bürgertum charakteristischen Aufgliederung der Lebensbereiche: ein zunehmend immobiles und defensives Organisationsmilieu mit wachsenden Altersdurchschnitten, das nichts mehr gegen seine Entmachtung im Vorfeld des Faschismus mobilisieren konnte und dessen gewerkschaftliche und genossenschaftliche Bereiche soweit entpolitisiert waren, daß sie ihr Überleben in der Anpassung und der Einheitsgewerkschaftsbildung nach rechts zu sichern suchten.

Die Kommunisten organisierten die Tradition der Alternative und waren – trotz eines sozial ähnlichen Funktionärskaders – insofern für die weiterbestehenden und sich im Zuge der Rationalisierung und der Wirtschaftskrise verbreitenden Schichten des nicht marktfähigen, fluktuierenden, un- und entqualifizierten, jungen Proletariats attraktiver. Aber die Einheitskultur, die sie boten, nahm dem Alltagszusammenhang des proletarischen Lebens ebenfalls seine autonome Transzendenz und ersetzte sie durch theoretische Legitimierungen und dann zunehmend durch die Treue zur Sowjetunion, also eine Art nationale Transzendenz, die sie zur Isolierung und Ohnmacht verurteilte.

Nachdem diese Organisationssysteme vom Faschismus beinahe ohne Gegenwehr hinweggefegt und auch im Widerstand trotz großer und heroischer Opfer nicht wieder aufgebaut werden konnten, verblieben die nach dem Ersten Weltkrieg in ihrer politischen Dimension zerschlagenen Widerstandspotentiale des lokalen Funktionärskörpers und des total entrechteten, nicht marktfähigen Proletariats. Sie dürfen nicht an spektakulären Einzelaktionen gemessen werden, sondern an jener weitverbreiteten passiven Resistenz, die das System zur unendlichen Ausuferung seines Terrors trieb. Dieses Sich-Ducken und Verbindung-Halten, diese Verweigerung der opportunistischen Versuchung des Mitmachens und das Warten auf ein Ende, diese Witze und das Langsamarbeiten enthalten ein gutes Stück Arbeiterbewegungsidentität und historischen Optimismus. Über diese proletarischen Massenerfahrungen im Faschismus wissen wir immer noch viel zu wenig. Es ist offensichtlich, aber noch kaum erforscht, daß sich Struktur, Qualifikation, Erwerbsquote, Geschlechtsproportion und nationale Zusammensetzung des Arbeitskräftepotentials unter nationalsozialistischer Herrschaft und vor allem im Krieg erheblich verändert haben. Vor allem wissen wir aber fast nichts darüber, welche Erfahrungen die Betroffenen mit diesen Umschichtungen, mit der Einreihung in die militärischen Verbände des Zweiten Weltkrieges oder mit dem Aufrücken in der Betriebshierarchie nach der Einbeziehung von Frauen, Ausländern und Sklavenarbeit in der Rüstungsproduktion gemacht haben. Und wir können nur vermuten, daß die Zerschlagung der gewerkschaftlichen und genossenschaftlichen Bereiche der Arbeiterbewegung, die zuvor einen kollektiven Schutz vor der individuellen Verlorenheit am Arbeits- und Verbrauchermarkt aufzubauen versucht hatten, die Orientierung auf die individuelle Durchsetzungsfähigkeit am Markt auch bei den Lohnabhängigen verstärkt hat. Und diese Umorientierung dürfte in der Phase akuten Arbeitskräftemangels Ende der 30er Jahre auch durch partielle Erfolge belohnt worden sein. Immerhin läßt sich so viel sagen: Die Dekomposition der Arbeiterbewegung als historisches Subjekt ist in dieser Zeit weitergegangen, aber das Arbeitermilieu ist in seinem Kern erhalten geblieben, wenn auch Tendenzen zur Inividualisierung unübersehbar sind.

Voraussetzungen, die sich aus dieser Lage für die Nachkriegszeit ergaben, seien im folgenden in vier Hypothesen zusammengefaßt:

1. Die organisatorischen Eliten der Arbeiterbewegung, die – soweit sie überlebten – im Faschismus in Emigration und Haft weitgehend isoliert waren, haben an den Massenerfahrungen jener Zeit kaum teilgenommen, sondern standen in der Lage 1945 mit dem vorfaschistischen oder einem abstrakten Problembewußtsein gegenüber.
2. Die breite Schicht der lokalen Kader aller Zweige der Arbeiterbewegung ist im Faschismus weder übergelaufen, noch seiner Fähigkeit zum kollektiven Handeln völlig entkleidet worden. Sie hat vielmehr innerhalb kürzester Frist nach Kriegsende in den Antifa-Ausschüssen die Initiative zur Verbürgung einer elementaren Allgemeinordnung in lokaler Isolierung ergriffen, war aber darüber hinaus weitgehend orientierungslos und auf Führung angewiesen.
3. Die brutalsten Formen des gesellschaftlichen Antagonismus erfuhren neben den KZ-Häftlingen die Zwangsrekrutierten der Kriegsproduktion: hauptsächlich die Fremdarbeiter, aber auch die Frauen. Demgegenüber machten viele deutsche Arbeiter im Krieg eine Aufstiegserfahrung in der Betriebshierarchie oder sie wurden als Soldaten militärischem Drill, faschistischer Propaganda und – vor allem im Rußlandfeldzug – der existentiellen Gegnerschaft gegen die Sowjetunion unterworfen.
4. Nach der Heimführung der Zwangsarbeiter und der Wiederausgliederung der meisten Frauen aus der Produktion mußten die Plätze der un- und angelernten Arbeiter wieder von deutschen Männern eingenommen werden. Für die meisten Arbeiter war dies wie für die Vertriebenen und Flüchtlinge und eine gewisse Gruppe von Entnazifizierten eine Abstiegserfahrung, die sie als Auswuchs nationaler Strafe und der Niederlage gegenüber dem Kommunismus verstanden. Zwar gab es auch jetzt ein „Proletariat", das extrem fluktuierte und z.T. kurzfristige Selbsthilfe in reziproken Hilfsleistungen am Subsistenzniveau praktizierte. Aber seine Sozialisationsvoraussetzungen waren ganz andere als nach dem Ersten Weltkrieg: Es kannte keine Solidarstrukturen und versuchte, sobald es ging, sich individuell durchzuschlagen. Mit anderen Worten, es verarbeitete seine Lage tendenziell nach rechts.

Zum Verständnis der deutschen Arbeiterbewegung zwischen Krieg und Kaltem Krieg sind also mindestens drei interpretatorische Dimensionen notwendig: die spezielle Lage Deutschlands unter alliierter Verwaltung; die gemeineuropäische Woge der linken Konjunktur samt ihrem Zusammenbruch; die langfristigen Tendenzen zur

Dekomposition der deutschen Arbeiterbewegung seit dem Ersten Weltkrieg. In Paranthese sei dahingestellt, ob dabei für die Nachkriegszeit noch sinnvoll von Arbeiterbewegung gesprochen werden kann, weil nach einer Verständigung über die Sache nur noch ein Streit um Worte verbliebe. Ich verwende den Begriff, obwohl er in den zeitgenössischen Quellen rar ist und mir die nur theoretische Postulierung eines historischen Kollektivsubjekts wenig fruchtbar erscheint, um seiner historischen Perspektivik willen.

Wie immer der Name, jedenfalls lassen sich *drei* Rekonstruktionsphasen nach dem Faschismus unterscheiden: Die *erste*, sehr kurze, war die lokale Initiative in den Antifaausschüssen und lokalen Einheitsgewerkschaften des Frühjahrs 1945. Die *zweite* umfaßt den Wiederaufbau und die Dominanz der Großorganisationen vom Sommer 1945 bis zur zweiten Hälfte 1947, mit einer wichtigen Etappe Anfang 1946, als im Osten die SED gegründet und im Westen die Parteienkonkurrenz durch Wahlkämpfe forciert wurde. Die *dritte* reicht von der Entscheidung über den Marshall-Plan, die Herausdrängung der SPD aus der Bizone und der Aufgabe der interzonalen Gewerkschaftszusammenarbeit bis zur Wahlniederlage der SPD bei den ersten Bundestagswahlen, der Verselbständigung des DGB in den Auseinandersetzungen um Montanmitbestimmung und Westintegration und seiner Niederlage beim Betriebsverfassungsgesetz. Diese Stufen sind aber mit den genannten politischen Ereigniszusammenhängen nur ganz äußerlich und vorläufig voneinander abgegrenzt. Der Sinn dieser Stufen erschließt sich bei einer sozialgeschichtlichen Betrachtung mit Hilfe der erwähnten drei Dimensionen als Etappen zur Rekonstruktion gewerkschaftlicher und parteipolitischer Organisationen der Linken, die zugleich Etappen zur erneuten, weiteren Desintegration der Arbeiterbewegung als historischem Kollektivsubjekt waren.

Zwischen dem Sieg der alliierten Armeen über den deutschen Faschismus und ihrer effektiven Übernahme der unmittelbaren Regierungsgewalt entstand an den einzelnen Orten in Deutschland ein Macht- und soziales Leistungsvakuum, das durch die Selbstorganisationskraft der am Ort verbliebenen lokalen Kader der Arbeiterbewegung überwunden wurde. Parallel zu den Fabrikkomitees, Befreiungsräten und Partisanenrepubliken in den von deutscher Besetzung befreiten Ländern, aber mit wesentlich geringerer Dynamik, Aggressivität und historischer Legitimation versuchten sie, durch die Aktivierung der Solidarstrukturen der Arbeiterbewegung und durch antifaschistische Sicherungs- und Umverteilungsmaßnahmen Voraussetzungen sowohl für den gesellschaftlichen Aufbau als auch für seine Leitung bzw. Beeinflussung durch einheitliche Organe der – zur antifaschistischen Bevölkerung arrondierten – Arbeiterbewegung zu schaffen. Solche Aktionsausschüsse konnten auch die Form des Betriebsrates, der Obleutebewegung und der Gewerkschaftsgründung annehmen, ohne daß sich dadurch an der Form und aktuellen Zielrichtung der Tätigkeit große Unterschiede feststellen ließen; sicher war es aber nicht nur ein Reflex des von den Alliierten verhängten Verbots politischer Betätigung, daß sich in dieser Phase fast überhaupt keine Ansätze zur Reorganisation von Arbeiterparteien feststellen lassen. Für die unmittelbar anstehenden Aufgaben und den lokalen Handlungsrahmen wären sie wenig geeignet erschienen; eine großräumige und langfristigere Perspektive konnte von der Basis nicht entwickelt werden und schien noch offen. Diesen Aktionsausschüssen mißtrauten aber alle Alliierten, weil ihr Potential und ihre Aktionsform schwer zu kontrollieren waren, und sie verboten sie. Auch die aus Emigration, Gefängnissen und innerer Emigration zurückkehrenden höheren Funktionäre der ehemaligen Organisationen suchten diese von einer höheren Ebene nach unten wieder aufzubauen und sahen in der lokalen Aktion einen Störfaktor, den sie unterbinden und aus dem sie ihr Potential herausziehen wollten. Entscheidend für unseren Zusammenhang ist nicht so sehr, daß die Alliierten die Antifakomitees unterdrückt haben und daß diese auch kaum Ansätze zeigten, sich aus sich selbst heraus zu einer autonomen gesamtgesellschaftlichen Organisationsform zu entwickeln, sondern daß das Selbstorganisationspotential, begrenzt wie sein Ansatz im lokalen Rahmen immer sein mochte, nicht aufgenommen und weiterentwickelt, sondern sowohl von den antifaschistischen Siegermächten als auch von den vorfaschistischen Eliten der Arbeiterbewegung total frustriert wurde. Denn damit war für die kommenden Jahre die Politisierbarkeit der unmittelbaren, noch verbliebenen Solidarstrukturen dementiert und diese, wo nicht die konkrete Lebensbewältigung auf private Durchsetzung umorientiert wurde, in einen vorpolitischen Raum zurückgedrängt. Gleichwohl blieb die Erwartung erhalten, daß in den Trümmerbergen auch die alte gesellschaftliche Ordnung versunken und ein Neubau nur nach irgendwie sozialistischen Grundsätzen möglich sei. Dafür wurde nun eine Führung gesucht, die nicht durch ihre Teilnahme am Nationalsozialismus belastet war, also im wesentlichen die verbliebenen politischen Eliten der Arbeiterbewegung, des Linkskatholizismus und des Linksliberalismus.

Damit war der Weg frei für eine schnelle Rekonstruktion der früheren Großorganisationen, wie sie von regionaler oder nationaler Ebene aus von ehemaligen Führungsfunktionären in Angriff genommen und von den Besatzungsmächten zugleich unterstützt und durch Lizenzierungsauflagen kanalisiert wurde. Diese Kontrollmaßnahmen betrafen die Zahl, Programmatik und innere Struktur der Parteien, die politische Überprüfung der Führungen, die Form der Gewerkschaften, die Verordnung einer scheinbar stufenweisen Entwicklung von unten nach oben – vor allem in der amerikanischen und französischen Zone – und den Versuch zur Vorprägung gegensätzlicher Parteientypen in den Zonen der beiden Hauptalliierten. Die Sowjets begünstigten die Bildung eines erziehungsdiktatorischen Kartells von Parteieliten, die aus ihrer Zone heraus im gesamten nationalen Raum wirksam werden sollten. Die Amerikaner stellten die Parteienentwicklung von Anfang an unter das Gesetz des permanenten Wahlkampfes, wodurch die Hauptenergie der Parteiführungen auf ihre Rivalität verwandt wurde und die Parteien nicht den Bewußtseinsstand der Bevölkerung prägen konnten, sondern von ihm geprägt wurden. Angesichts dieser Gegensätze gewannen die Organisationsführungen der britischen Zone ein vermittelndes

Übergewicht, da sie sich ebenso großräumig wie die der sowjetischen Zone, aber unter dem Prinzip der Konkurrenz wie in der amerikanischen entfalteten.

Die Dominierung der neuen Parteien und Gewerkschaften durch die Organisationsspitzen der sowjetischen und der von der Laborregierung geführten britischen Zone unterstützte die Erwartungen sozialistischer Strukturreformen. Dies und der Wahlrechtsentzug gegenüber den von der Entnazifizierung Betroffenen förderte die Dominanz der Linken und löste einen Band-Wagon-Effekt aus. Die unter diesen Bedingungen erfolgte Rekonstruktion der Organisationen von oben erzielte einen enormen Mitgliederzulauf (vor allem Gewerkschaften und SPD) und zog eine Anpassung der bürgerlichen Führungen der CDU/CSU an die sozialistische Atmosphäre und auch noch Ende 1946/47 beträchtliche Wahlerfolge der SPD und der KPD nach sich. Die Kommunisten mochten zwar noch größere Erwartungen gehegt haben, aber angesichts ihrer großen Verluste an Funktionären, der antibolschewistischen Dauerberieselung im Faschismus, der Zahl der deutschen Kriegsgefangenen in der Sowjetunion, der Annexion der Ostgebiete und der Vertreibung erzielte sie mit durchschnittlich 8,5 % in den Landtagswahlen der Westzonen 1946/47 ein gutes Ergebnis (SPD durchschnittlich 31 %). Ein Jahr früher haben keine Wahlen stattgefunden. Aber es ist kaum zweifelhaft, daß 1945 bei weitgehend unkonsolidierten bürgerlichen Parteigründungen die Linke einen weit größeren Einfluß ausübte, als er in den späteren zwei Fünfteln der Stimmen zum Ausdruck kommt.

Mittlerweile war nämlich die (auch in anderen Ländern zu findende) partielle Neigung zur „Wiedervereinigung" der Arbeiterbewegung durch eines der erstaunlichsten Ereignisse der Nachkriegszeit in eine unversöhnliche Feindschaft zwischen östlichen Kommunisten und westlichen Sozialdemokraten verwandelt worden: die Gründung der SED in der Ostzone. Im Westen meinte man, sich zwischen „Einheit oder Freiheit" entschieden zu haben, im Osten hoffte man: „Vereint sind wir alles." Der Wirklichkeit näher dürfte man kommen, wenn man hier die verunglückte Interaktion zweier ihrer Basis unsicherer Organisationsführungen mit nationalem Anspruch sieht, die mit einem fait accompli endete, das von größter Bedeutung für die Entwicklung der nationalen Spaltung werden sollte. Nachdem die Kommunisten bis zum Sommer 1945 ihre erstaunte Basis aus den Antifa-Ausschüssen zurückgerufen, gegen Ansätze zu einer unmittelbaren Einheitspartei gefeit, organisatorisch diszipliniert und auf ein Volksfrontprogramm eingeschworen hatten, fühlten sie sich stark genug, von der russischen Zone aus einen nationalen Einigungsversuch zu unternehmen, in dem ihre organisatorische Stärke ihre numerische Schwäche kompensieren sollte. Das sich gerade zur Organisationsspitze in den Westzonen aufschwingende Büro Schumacher unternahm alles, um diese Kampagne im Westen im Keim zu ersticken, die seine Vorherrschaft vernichtet und seine Konzeption, durch Nationalismus und Antikommunismus einen breiten Einbruch in die verunsicherten bürgerlichen Zwischenschichten zu erzielen, kompromittiert hätte. Eine ihrer Basis sicherere Führung hätte die Vereinigung als eine große Chance zu einer umfassenden Arbeiterpartei begreifen können, die einen tatsächlichen dritten Weg anzustreben und die Bindungen ihrer Partner an die Besatzungsmacht in der Ostzone durch ihr weit überwiegendes Potential in den Westzonen zu neutralisieren in der Lage gewesen wäre, wie es der sozialdemokratische Zentralvorstand in Berlin hoffte. Auch abgesehen von seinen sonstigen Vorbehalten gegen die Kommunisten mochte Schumacher ein solches Risiko nicht eingehen, da er mit dem Instrument der Volkspartei das Ghetto der Arbeiterkultur verlassen und ein integratives sozialistisches Angebot an die Mittelschichten richten wollte.

Auch die Kommunisten hatten sich vor demselben sozialen Dilemma gesehen, auf die sozialistische Entfaltung der Arbeiterkultur verzichtet und mit Volksfront und Massenorganisationen auf taktischere Weise den Ausbruch aus dem Ghetto mit der Wahrung der eigenen Identität zu vermitteln versucht. Nachdem schnell deutlich wurde, daß Schumacher die Partei im Westen zusammenzuhalten verstand und darin von den Besatzungsmächten so unterstützt wurde, daß noch nicht einmal eine nennenswerte Abspaltung zustande kam, wirft die schnelle Vollendung der Kampagne im Osten neue Fragen auf. Denn eine auf die Ostzone begrenzte SED war nicht das Ziel gewesen und Ulbricht, dem offenbar die Bedingungen in den Westzonen völlig fremd waren, beklagte sich noch Monate später bei Führern der westdeutschen KPD über ihr Versagen in der Einheitskampagne. Vermutlich hatte man sich doch eine Art Magnetwirkung der einmal vollzogenen Einheit im Osten, nämlich eine Spaltung der SPD im Westen, versprochen; tatsächlich isolierten die gewaltsamen Züge der Vereinigung im Osten aber die KPD im Westen total. Während durch die nunmehr vertiefte parteipolitische Spaltung der deutschen Arbeiterbewegung, die den territorialen Zerfall zu einer Zeit vorwegnahm, zu der die Hauptalliierten schon aus wirtschaftlichen Gründen noch an der Einheit Deutschlands festhielten und in anderen europäischen Ländern das spannungsvolle Zusammenwirken der Linksparteien anhielt, die desintegrativen Tendenzen besonders frühzeitig und tiefgreifend zum Ausdruck kamen, sind sie auf anderen Gebieten zunächst gar nicht erkannt worden. Besonders der von den westlichen Besatzungsmächten erheblich verzögerte Aufbau politischer Einheitsgewerkschaften, in denen Sozialdemokraten, Kommunisten und Linkskatholiken ihre richtungsgewerkschaftlichen Traditionen überwanden, galt und gilt nicht umsonst als ein epochaler Fortschritt in der deutschen Gewerkschaftsgeschichte. Er wurde durch die unmittelbare Ausübung der Regierungsgewalt durch die Alliierten insofern erleichtert, als die Gewerkschaften in dieser Phase einerseits in vielerlei Funktionen des öffentlichen Bereichs einbezogen, andererseits aber von wichtigen, im engeren Sinn gewerkschaftlichen Aufgaben unter den Bedingungen von Lohnstop und Bewirtschaftung ausgeschlossen blieben und sich insofern auf ihren schrittweisen organisatorischen Aufbau konzentrierten. Als in anderen Ländern die Ansätze zu Einheitsgewerkschaften, die auf nationaler Ebene die Mitverantwortung für die Lohndisziplin in den Aufbauwirtschaften übernommen hatten, durch wilde Streiks und ähnliche Basisaktionen erheblich belastet wurden, kämpften die deutschen Gewerkschafter noch gemeinsam um ein nationales Organisationsniveau. Die synchronen Vorgänge wachsender parteipolitischer Konkurrenz und zunehmender

Überwindung der parteipolitischen Traditionen im gewerkschaftlichen Raum verursachten eine besonders tiefgreifende funktionale Desintegration der gewerkschaftlichen und parteipolitischen Organe der Arbeiterbewegung, insofern sich die SPD zunehmend der Gewinnung von Statusgruppen außerhalb der Arbeiterschaft zuwandte, während die Gewerkschaften in immer umfassenderer Weise die unmittelbaren Interessen von Lohnabhängigen im Produktionsbereich organisierten. Dies sollte sich als ein wichtiger vorbereitender Schritt zur weiteren Auflösung des alltäglichen Kontinuums der Arbeiterkultur erweisen; in der Phase 1945–47 wurde es jedoch durch die (quer durch Europa zu beobachtende) gesamtpolitische Orientierung der Gewerkschaften und durch die noch ausstehende Einlösung strukturreformerischer Ziele, in denen sich alle Organe der Arbeiterbewegung einig waren (vor allem die Sozialisierung der Montanindustrie) überdeckt. Im Vergleich mit der Entwicklung in der SBZ wird die Besonderheit der westdeutschen Konstellation aber deutlicher: dort korrespondierten Einheitspartei und Einheitsgewerkschaft und vermochten auch alle Massenorganiosationen zu dominieren. Zwar läßt sich auch hier wenig finden, was als autonome Entfaltung älterer Arbeiterkultur interpretiert werden könnte; aber die Einheit der Bewegung blieb durch den bürokratisch organisierten Zusammenhalt der Lebensbereiche erhalten.

In den Westzonen findet sich dieser Zusammenhalt mit der organisierten Selbsthilfe im Kultur- und Reproduktionsbereich sehr viel weniger. Der Verzicht auf den Wiederaufbau des Arbeitervereinswesens und basisnaher Genossenschaften gründete bei Kommunisten wie bei Sozialdemokraten – ähnlich wie im Fall der als sozialistischer Ordnungsfaktor konzipierten Einheitsgewerkschaft – in der Illusion, daß der Kapitalismus bereits abgewirtschaftet habe und der sozialistische Aufbau zum Sachzwang werde. Die Kommunisten strebten 1945 auf allen Bereichen der Kultur, des Sports, der Jugend-, Frauen- und Freizeitarbeit überparteiliche Massenorganisationen an. Sie hofften, diese zu einem Transmissionsriemen ihres nationalen Einflusses machen zu können. Die Sozialdemokratie vermied eine Rekonstruktion des Arbeitervereinswesens, um anstelle der subkulturellen Arbeiterghettos die sozialistische Nationalkultur zu entwickeln. Die Genossenschaften für Konsum, Wohnungs- und Daseinsvorsorge wurden aus ihrer lokalen und klassenmäßigen Enge und ihrem Experimentiercharakter herausgelöst und unter den Gesichtspunkten der Effizienz in der Notlage und der entstehenden Gemeinwirtschaft zu leistungsfähigen Großbetrieben verselbständigt. Im Rahmen der Annahme der Zeitgenossen, daß nunmehr eine Phase der sozialistischen Hegemonie angebrochen sei, konnten diese Entscheidungen abgehobener Führungen, die den Sozialismus von der Geschichte, den Besatzungsmächten und ihrem eigenen Organisationstalent, nicht aber von ihrer unüberblickbaren, zugelaufenen Basis erwarteten, als richtungsweisende Weichenstellungen erscheinen. Aber sie waren nicht umkehrbar, nicht fehlerfreundlich, wenn sich die Grundannahme als irrig erweisen sollte.

Daß nach der Absage an die Antifabewegung als Versuch zur Politisierung der Reste der überkommenen Arbeiterkultur auch der Wiederaufbau ihres organisierten

Teils vermieden wurde, war nicht nur konsequent, sondern erhielt auch ein gutes Stück Realismus, der sich durch das vorübergehende elementare Lebensniveau des Zusammenbruchs naheliegender Arbeiterromantik versagte. Die arbeitenden Massen, die es jetzt zu organisieren galt, hatten zu einem großen Teil keine Erfahrungen mit der organisierten Arbeiterkultur und zu einem beträchtlichen Teil auch nicht mit den älteren Solidarstrukturen des vororganisatorischen Bereichs gemacht: Fast eine Generation von Arbeitern, die in ihrem Erwerbsleben nur die DAF kennengelernt hatten; die Zugewanderten aus den Ostgebieten, überwiegend proletarisierte Bauern; das wachsende Heer der Angestellten; die in der Kriegswirtschaft mobilisierten Frauen. Dazu hatten die auch im Nationalsozialismus weiterentwickelte Sozialpolitik die Rollenteilung der Lebensbereiche und die Kernfamilie weiter verbindlich gemacht – wenn es auch kriegsbedingte Gegenentwicklungen gab. Die Ausdifferenzierung der Betriebshierarchien war weitergegangen. Beides hatte auch in den älteren Hochburgen der Arbeiterschaft die Tendenz zur Verwandlung der älteren materiellen Arbeiterkultur in einen Traditionsüberhang gefördert. Die Linke konnte dieses Zerfließen der vorpolitischen Voraussetzungen der alten Arbeiterbewegung nicht ungeschehen machen; aber die Neigung, an die klassenunspezifische, nationale Organisationsform des Reproduktionsbereichs im Nationalsozialismus anzuschließen und sie von oben her progressiv umzumünzen, enthielt die Gefahr, unter veränderten Rahmenbedingungen von dieser unspezifischen Basis abgesprengt oder in eine ungewollte Richtung gedrängt zu werden.

Seit 1947 ist dies in Westdeutschland mehr als in den Nachbarländern geschehen, worin sich der unmittelbare Einfluß der Amerikaner und die größere Diskontinuität der Arbeiterkulturentwicklung ausdrückt. Die Sozialdemokraten, insbesondere in der Gewerkschaftsführung, wurden zu einer treibenden Kraft für die Annahme des Marshall-Planes. Drei Gründe dürften dafür vor allem maßgebend gewesen sein: Einmal versprach die Regionalisierung der amerikanischen Hilfe für Europa – dies, und nicht die Höhe der auch vorher schon gewährten Kredite, war der Kern des Marshall-Planes – die westdeutsche Wirtschaft aus ihrer unterdrückten Lage zu befreien und vor allem die französische Behinderung eines weiteren Aufbaues auszuräumen. Zweitens hatten die Gewerkschaften aus der Auseinandersetzung um das Punktesystem im Ruhrbergbau (einen mit unmittelbarer Nahrungszufuhr prämierten Akkord) gelernt, daß ein sozialistischer Widerstand der Führung dann vergebens war, wenn er den allerunmittelbarsten Lebensinteressen der einzelnen in ihrer zusammengewürfelten Basis widersprach und von ihnen unterlaufen wurde. Der Marshall-Plan schien diese Konstellation in einer umfassenden Weise zu wiederholen, und es erschien der Gewerkschaftsführung sinnvoller, in den Prozeß der Verteilung der Mittel eingeschaltet zu sein, als sich von den Amerikanern mit einem großen Carepaket die Aktionsfähigkeit der noch immer im Aufbau befindlichen Gewerkschaftsorganisation auseinanderdividieren zu lassen. Schließlich erfuhren sie im Rahmen ihres Eintretens für den Marshall-Plan eine nachdrückliche Unterstützung der amerikanischen Gewerkschaften bei der Militärregierung in Deutschland in der Frage eines ungehinderten Organisationsaufbaus, der schließlich zur Konstituierung des trizonalen DGBs führte. Demgegenüber wurde durchaus realistisch gesehen, daß der Marshall-Plan und seine indirekten Folgewirkungen zur Liberalisierung von Wirtschaft und Währung und zum unmittelbaren Einfluß der Amerikaner in ganz Westdeutschland einen Einbruch, zumindest eine Verzögerung in der Perspektive sozialistischer Strukturreformen bewirken werde. Aber im Anschluß an Hilferdingsche Positionen tröstete man sich über diesen Rückschlag mit der Erwartung, daß über den Umweg eines unmittelbaren Einflusses des hochentwickelten „organisierten Kapitalismus" der USA auch in Europa ein übernationaler Reformkapitalismus mit starken Elementen staatlicher Intervention und Planung entstehen werde, der für einen „dritten" wirtschaftsdemokratischen Weg entwicklungsfähig sei.

Auch für die Sozialdemokratie selbst gab es keine Alternative zum Marshall-Plan, da den neu zu gewinnenden Zwischenschichten ein Verzicht auf die amerikanische Hilfe aus sozialistischer Überzeugung nicht hätte erklärt werden können und die Rückzugsposition einer politisierten Arbeiterkultur nicht mehr bestand. Sie hat die Wendung von sozialistischer Strukturreform zum Wachstum-Reformismus weitgehend schweigend vollzogen, weil sie – anders als die Gewerkschaften – nicht von einer innerorganisatorischen Opposition zu einer öffentlichen Auseinandersetzung provoziert war und zugleich die Wirkungen des unmittelbaren amerikanischen Einflusses am deutlichsten zu spüren bekam: Durch die Suspendierung des nordrhein-westfälischen Sozialisierungsgesetzes, durch die von den Amerikanern in der zweiten Bizonenstufe durchgesetzte Brechung ihres Einflusses, durch die Währungsreform ohne Lastenausgleich, durch föderalistische Auflagen zum Grundgesetz. Sie tröstete sich über ihre Niederlagen durch den plebiszitären Traum, daß der ganze Restaurationsspuk durch ihren Wahlsieg bei den ersten Bundestagswahlen weggewischt werden könne; aber Schumachers Vision der Bekehrung der Mittelschichten zum Sozialismus durch antikommunistische und nationale Rhetorik blieb eine Fata Morgana. In der Folge verrannte sich die Sozialdemokratie in die Sackgasse nationaler Prioritäten, die sie nicht nur daran hinderte, politisch wirksam zu werden, sondern auch die Vertretung politischer Arbeiterinteressen in den vorparlamentarischen, überparteilichen Gewerkschaftsbereich entließ. Dessen Druck erwirkte die Montanmitbestimmung von der Regierung Adenauer; seine Zustimmung zu den ersten Schritten der Adenauerschen Westintegrationspolitik (zum Petersberger Abkommen, zur Montanunion) und seine Zurückhaltung in der Frage der Wiederaufrüstung nahm der sozialdemokratischen Opposition den gesellschaftlichen Sprengstoff.

Auch die deutschen Kommunisten vermochten in der Phase des verschärften Kalten Krieges nicht mehr, durch die Anknüpfung an die ältere Arbeiterkultur eine Alternative aufzubauen. Sie gerieten nach der Gründung des Kominform, dem Prager Umsturz, der Berliner Blockade nur immer tiefer in eine hoffnungslose Isolation, ließen sich aus den Gewerkschaften drängen, und auch die überparteilichen Massenorganisationen wandten sich bereits gegen sie. Auch in den romanischen Ländern wurde der Kommunismus nach der Gründung des Kominform ghettoisiert; aber hier konnte er Grundelemente der älteren Arbeiterbewegung bewahren und z.T. erst richtig entwickeln: Die Verankerung in autonomen Arbeitertraditionen, einen bedeutenden gewerkschaftlichen Einfluß, ein Vorfeld von Massenorganisationen und Publikationsmedien, das Partei und Gewerkschaften eng verbunden blieb. Diese Zusammenordnung der Funktionsbereiche ist auch in der SBZ/DDR erhalten geblieben, aber nicht in der Form einer autonomen Bewegung, sondern der bürokratischen Anweisung und Integration. Gleichwohl deutet vieles darauf hin, daß hier, wo die elementare Not gerade auch der Arbeiter länger andauerte, Formen der älteren Arbeiterbewegung Bedeutung behielten; aber sie trugen die nun herrschenden Organisationen nicht, sondern schützten vor deren Allgewalt.

Schule der Anpassung
Die Entnazifizierung in den vier Besatzungszonen

Die Entnazifizierung war eine der großen politischen Säuberungen des 20. Jahrhunderts. Zeitweilig war fast ein Drittel der deutschen Bevölkerung in ihren Berufsperspektiven betroffen; rund 350 000 Personen wurden interniert, oft für mehrere Jahre. Unter den Zeitgenossen war die Gesinnungsprüfung umstritten: Kritikern in den alliierten Ländern ging sie nicht weit genug, viele Deutsche sahen in ihr ein Unrecht. Nicht wenige Nachgeborene halten sie für einen großen Fehlschlag. Zu ihren Legenden gehört, daß sie im Osten wesentlich gründlicher betrieben worden sei als im Westen und dort eine antifaschistische Gesellschaft begründete, während sie im Westen die „Restauration" nicht verhindert habe. Die Entnazifizierung war eine Erfindung der Amerikaner, bei der sachverständige Emigranten aus Deutschland zur Hand gingen – oft jüdischer Herkunft und sozialistischer Orientierung. Die anderen Besatzungsmächte übernahmen und variierten die Washingtoner Grundsätze.

Insbesondere die Sowjetunion scheint vor Kriegsende keine eigenständige Entnazifizierungspolitik ausgebildet, sondern im wesentlichen eine nationalstaatliche Interessenpolitik verfolgt zu haben: Westverschiebung Polens, Reparationen, Deportation deutscher Arbeitskräfte zum Wiederaufbau der im Krieg verwüsteten sowjetischen Regionen, bestimmende Mitsprache bei allen mitteleuropäischen Regelungen.

Die Amerikaner wollten hingegen das nach außen und innen gerichtete, für zwei Weltkriege verantwortliche Aggressionspotential der deutschen Politik bannen und das Machtkartell aus politischen Kadern der NS-Organisationen, aus hoher Bürokratie, militärischer Führung und industriellen Eliten zerschlagen. Neben einer Politik der Entmilitarisierung, der Verminderung und Dekonzentration des Rüstungspotentials trat die Planung einer gleichsam innenpolitischen Abrüstung.

US-Geheimdienste stellten Fahndungslisten mit den Namen der Hauptverantwortlichen sowie Listen all jener Schlüsselfunktionen zusammen, deren Inhaber als dem Kartell zugehörig verdächtigt wurden und in „automatischen Arrest" zu nehmen waren; zahlreiche führende Nazis waren allerdings in den Untergrund oder ins Ausland abgetaucht. Zudem sollte, wer ein öffentliches Amt, eine gesellschaftliche Machtposition bekleidete oder sich um einen solchen Posten bewarb, auf seine Teilhabe am Dritten Reich durchleuchtet werden. Das implizierte eine „künstliche Revolution": Das Führungspersonal des Dritten Reiches sollte „einfache Arbeit" leisten und aus leitenden Funktionen entfernt werden – Nazi-Organisationen und die Wehrmacht wurden ganz abgeschafft. Die Frage, woher qualifizierter Ersatz für die Führungsetage in Bürokratie und Industrie kommen sollte, blieb allerdings offen.

Im Winter 1945 saßen allein in der US-Zone fast 120 000 Personen in Internierungshaft. 1,2 Millionen wurden per Fragebogen überprüft, in jedem vierten Fall ordneten die Amerikaner Amtsenthebung an.

Im Öffentlichen Dienst lag die Entlassungsquote bei über 42 Prozent. Die Vorstellung, in dieser Größenordnung qualifiziertes Ersatzpersonal ohne politische Verstrickung im Dritten Reich finden zu können, erwies sich als illusionär, so daß die Entlassungspolitik in Widerspruch zum Aufbau der Demokratie geriet.

Überdies verstummte die Kritik an der Säuberung nicht. Unter den Deutschen gab es nämlich keinen Konsens, wer als Nazi betrachtet werden sollte und wer nicht. Einigkeit bestand allerdings darin, daß zugleich zu viele und zu wenige betroffen seien, mit einem Wort: die falschen. Apologeten und Denunzianten fanden sich reichlich.

So nahm die Entnazifizierungspolitik eine neue Form an: die Einzelfallprüfung, die sich als eine Rehabilitationsmaschinerie erwies.

Zunächst wurden von der Besatzungsmacht die Internierten überprüft. Etwa die Hälfte wurde Mitte 1946 entlassen. Ein unter amerikanischem Druck entstandenes „Befreiungsgesetz" der Länder der US-Zone schuf mit deutschen Antifaschisten besetzte politische Säuberungsauschüsse.

Diese sogenannten Spruchkammern sollten die gesamte deutsche Bevölkerung überprüfen, die Hauptschuldigen und Belasteten in Einzelfallprüfung herausfiltern, ausschalten, bestrafen und „Mitläufer" nach Ableistung einer geringen Buße – etwa in der Größenordnung einer heutigen Strafverfügung wegen Geschwindigkeitsübertretung – wieder in ihren Berufen und Ämtern zulassen.

Die ehrbaren Laiengerichte der Spruchkammern waren mit dieser Aufgabe jedoch völlig überfordert. Sie kamen schon mit der bloßen Rechtsanwendung nicht zurecht, versagten vollends bei der Ermittlung von Verbrechen, die zur Überweisung an ordentliche Gerichte hätten führen können, und hielten sich die Masse der Fälle am liebsten durch pauschale Amnestien und Mitläuferbescheide vom Halse.

Außerdem widmeten sie sich, zum Verdruß der Amerikaner, aus sozialen Gründen zunächst den geringfügig Belasteten, um sie wieder in Amt und Brot zu bringen. Während des Kalten Krieges kämpften die Laiengerichte schließlich gegen den Rest der Gesellschaft darum, die aufgeschobenen schwerwiegenden Fälle (darunter viele weiterhin Internierte) doch noch einer gerechten Sühne zuzuführen.

Die bestand in der Internierungshaft, die die Betroffenen bereits abgesessen hatten, bevor sie 1947 oder 1948 erstmals rechtliches Gehör erlangten. Der Großteil dieser sozusagen mit überlanger Untersuchungshaft Bestraften waren mittlere Funktionäre der NSDAP und SS-Angehörige.

Soweit sie nicht rehabilitiert wurden, bildeten sie in der sozialen Gründungskrise des Weststaates als sogenannte „Entrechtete" postfaschistische Kadergruppen, die durch die Konstitution rechtsradikaler und die Unterwanderung bürgerlicher Parteien wieder in Kontakt zu ihrer einstigen Basis zu kommen versuchten, was im ganzen scheiterte.

Der westdeutsche Rechtsradikalismus wurde so für lange Zeit zu einem Organisationsdickicht, in das sich all jene schlugen, denen die Spruchkammern die berufliche Rehabilitierung verweigert oder nur zögernd zuerkannt hatten.

Wer als Nazi eine Schlüsselposition innehatte, kam glimpflich davon, nachdem die Säuberung in deutsche Hände übergegangen war. Zwar klagten die Amerikaner in Nachfolgeprozessen zum Nürnberger Gerichtshof Leitfiguren der deutschen Großindustrie und Spitzenbürokratie an, aber die Urteile überdauerten nur selten die Besatzungszeit. An deren Ende waren die meisten Industriellen bereits wieder zu Stützen der Gesellschaft geworden.

Der neue Bundestag reparierte mit der Gesetzgebung zu Artikel 131 des Grundgesetzes die meisten Beamtenkarrieren, während die Militärs noch bis zur Gründung der Bundeswehr 1955 warten mußten, bis sie reintegriert werden konnten. Im Jahre 1949 hatten die Spruchkammern der US-Zone die Meldebögen der Bevölkerung durchgearbeitet und rund 27 Prozent als vom Befreiungsgesetz betroffen festgestellt. Nach dessen Kriterien waren rund zwei Drittel „formalbelastet" – als Hauptschuldige, Belastete oder Minderbelastete.

Schon in erster Instanz wurde über ein Drittel amnestiert und fast die Hälfte zu Mitläufern erklärt. In letzter Instanz sah die Bilanz noch deutlicher aus: Nicht einmal jeder Hundertste war den Kategorien Hauptschuldige und Belastete mit bleibenden Beschränkungen zugeordnet.

Zwischen ein und zwei Prozent der Deutschen in Bayern, Württemberg-Baden und Hessen wurden wegen erwiesener Nachteile im Dritten Reich entlastet, rund 90 Prozent amnestiert oder zu Mitläufern erklärt und der Rest in die Bewährungsgruppe der Minderbelasteten eingruppiert. Dieser Status führte in der Regel nach einer Wartezeit ebenfalls zum Mitläuferbescheid.

Die Rehabilitierungsphase der Entnazifizierung war eine Schreibstubenangelegenheit. Nicht einmal 0,5 Prozent der erwachsenen Bevölkerung hatten ein öffentliches Spruchkammerverfahren zu bestehen.

In der britischen und französischen Zone wurden die Überspitzungen der Amerikaner vermieden. Weder ließen sich Engländer und Franzosen von der öffentlichen Meinung daheim in eine Säuberungshysterie treiben, noch überließen sie die Entnazifizierung völlig den Deutschen. Sie verhafteten deutlich weniger Nazi-Belastete als die Amerikaner, aber wen sie ins Lager gesteckt hatten, den ließen sie auch nicht so schnell summarisch wieder frei.

Die französische Militärregierung war mit harten Urteilen extrem zurückhaltend und verurteilte überhaupt nur 13 Hauptschuldige (US-Zone: 1654). Ähnlich wie die Sowjetunion verfolgte Frankreich vorwiegend nationalstaatliche Sicherheits- und Reparationsinteressen gegen Deutschland. Die Franzosen hatten Arbeitskräftebedarf und hielten sich deshalb eher an den Kriegsgefangenen schadlos, die ihnen von den USA überstellt worden waren, als an den verhältnismäßig wenigen politischen Internierten.

Die Sowjetunion verfolgte zwar eine ähnliche Entnazifizierungspolitik, deren Praxis aber war für viele Betroffene tragisch. Auch die Sowjets internierten NS-Belastete nicht in derselben Zahl wie die Amerikaner, das Schicksal der Häftlinge in den sogenannten Sonderlagern der Sowjetzone war jedoch wesentlich härter. Sie wurden mit derselben rechtlichen und moralischen Unempfindlichkeit behandelt wie die Insassen der Gulags.

Vor der Kapitulation hatte die Sowjetunion in den Ostgebieten arbeitsfähige Deutsche ohne Rücksicht auf ihre NS-Belastung inhaftiert, um sie zu Reparationsarbeiten in die Sowjetunion zu deportieren. Weil die anderen Alliierten jedoch eine solche Beutepraxis nicht mittrugen, hielten die Sowjets sich wie die Franzosen an den deutschen Kriegsgefangenen schadlos, die bei Kriegsende in ihre Hand geraten waren.

Dessenungeachtet deportierten sie 1947 rund zehn Prozent der Sonderlager-Häftlinge, die in halbwegs guter körperlicher Verfassung waren, als Arbeitskräfte in die Sowjetunion. Unter den Inhaftierten waren jedoch nur relativ wenige hohe NS-Funktionäre – die meisten waren vor dem Zugriff der Roten Armee in westliche und südliche Richtung geflohen.

Bis 1948 schotteten die Sowjets die Lager von der Außenwelt völlig ab, überprüften und entließen fast niemanden, sondern verhafteten immer weitere Personen, die sie für „antisowjetische Elemente" hielten und ohne viel Federlesens ebenfalls als „Faschisten" abstempelten, darunter Sozialdemokraten und sogar einzelne frühere KZ-Häftlinge.

In der Sowjetzone konzentrierte sich die Entnazifizierung auf einen weitgehenden Personalaustausch im Öffentlichen Dienst (einschließlich der Schulen). Die deutschen Kommunisten betrachteten dies als ein Mittel, um den Staatsapparat unter ihr Kommando zu bringen, und als Instrument, um gesellschaftliche Führungsschichten zu enteignen, so sie denn nicht bereits in den Westen gegangen waren – vor allem Großgrundbesitzer, weniger systematisch aber auch Selbständige und Gewerbetreibende.

Das Management der Großindustrie mit seinen anonymen Eigentumsverhältnissen war weit weniger betroffen, weil die Reparationsbedürfnisse der Besatzungsmacht Priorität hatten. Und da die UdSSR die wichtigsten Industrien als Reparationsbetriebe ausbeutete und an deren effektiver Produktion interessiert war, verhielt sie sich sehr tolerant mit Ausnahmegenehmigungen für politisch belastete Spezialisten und Manager sowjetischer Aktiengesellschaften.

Entgegen einem weit verbreiteten Vorurteil war auch die SED, der es im Kern um die Anerkennung ihrer Macht und um Strukturveränderungen in der Eigentumsfrage ging, auffallend flexibel bei Entnazifizierungsfragen.

Bereits 1945 hatten die Kommunisten der vom Dritten Reich geprägten und enttäuschten Jugend das umfassende Angebot gemacht, in die antifaschistischen Jugendausschüsse überzutreten, die sich seit 1946 zum Einheitsverband Freie Deutsche Jugend (FDJ) entwickelten – sie wurden als organisierte Zukunft mit Aufstiegschancen angepriesen.

Die SED war die erste Partei, die 1946 nicht nur durch einzelne Agitatoren, sondern per Parteibeschluß dafür eintrat, die sogenannten kleinen Nazis unbehelligt zu lassen oder zu reintegrieren. Sie befürworteten ein Jahr später offiziell den Abbruch der Entnazifizierung, so wie die SMAD die erste Militärregierung in Deutschland war, die kurze Zeit später tatsächlich die regulären Entnazifizierungsverfahren einstellte. (Das hinderte sie indessen nicht, den größeren Teil der Internierten noch zwei weitere Jahre, meist ohne Verfahren, in ihren Sonderlagern zu kasernieren.)

SMAD und SED waren auch die einzigen politischen Kräfte in Deutschland, die 1948 unter der Leitung eines Altkommunisten eine eigene Partei, die National-Demokratische Partei Deutschlands (NDPD), als Auffangbecken für umorientierungswillige frühere Nazis und Wehrmachtsoffiziere gründeten.

Schließlich dürfte die SED nach den Säuberungen von 1949/51 auch diejenige deutsche Partei mit den meisten ehemaligen Angehörigen der NSDAP unter ihren Mitgliedern gewesen sein. Nach einer parteiinternen Erhebung gehörten ihr 1954 insgesamt 106377 ehemalige NSDAP-Mitglieder an – plus 224209 ehemalige Angehörige von NS-Gliederungen einschließlich HJ und BDM. Jedenfalls hatte die SED mindestens 8 Prozent ehemalige Nationalsozialisten in ihren Reihen – hingegen nur 6,5 Prozent ehemalige Sozialdemokraten. Wesentlich größer dürfte auch der Anteil der ehemaligen Kommunisten in der SED nicht gewesen sein.

Als die Masse der Sonderhäftlinge 1950 endlich freikam (mehr als 3000 wurden in den sogenannten Waldheimer Prozessen von der neuen DDR-Justiz in skandalösen Schnellverfahren zu oft langjährigen Haftstrafen verurteilt), bekamen manche ehemaligen HJ-Funktionäre als erstes eine Position bei der Volkspolizei angeboten. Die damals gegründete Stasi suchte dringend polizeilich und geheimdienstlich vorgebildetes Personal – eine solche Spezialisierung konnte nur im Dritten Reich erworben worden sein.

Die SED hatte sich in der Nazi- und Militär-Frage keineswegs besonders rigoros im antifaschistischen Sinn verhalten. Im Gegenteil: Es war ihre kontinuierliche Politik, der Masse der ehemaligen Nazis auf unterer Ebene Integrationsangebote zu machen, solange sie die kommunistische Führung anerkannten.

Von Ausnahmen abgesehen, vermied die SED es aber deutlicher als bürgerliche Parteien und Regierungskonstellationen im Westen, die Repräsentanten des Dritten Reiches wieder zu gesellschaftlichem oder politischem Einfluß kommen zu lassen. Und als diktatorische Macht war die SED-Führung zu einer solchen Personalsteuerung auch imstande.

Im Westen wurden Nazi-Eliten durch den Prozeß der alliierten Säuberung und Rehabilitierung nicht gebrochen, wohl aber die politische Säule diese Kartells und zum Teil auch die militärische.

Die Entnazifizierung begünstigte die Etablierung vor- und nichtnationalsozialistischer Führungsschichten. Nach einem kurzen Boom kleinerer rivalisierender postfaschistischer Gruppierungen von 1948 bis 1953 verteilte sich die zu Mitläufern erklärte Nazi-Gefolgschaft auf alle Parteien, vermehrt auf die bürgerlichen.

Repräsentanten des Widerstandes gegen die Nationalsozialisten, von den Alliierten 1945/46 in Schlüsselpositionen gehievt, konnten sich allerdings nur im Ausnahmefall in der neuen Demokratie etablieren. Sie hatten es in den fünfziger Jahren auch in der DDR oft schwer, wenn sie sich nicht vorbehaltlos der Moskauer Emigranten-Fraktion der KPD unterordneten. Immerhin erlaubten die diktatorischen Strukturen mehr antifaschistische Kontinuität.

Die Situation im Westen ist oft als „Restauration" kritisiert und die Verschiebung einer wirklichen Erforschung der NS-Verbrechen auf die Zeit seit den sechziger Jahren als „zweite Schuld" gebrandmarkt worden. Anderseits wurde das kommunikative Beschweigen der Vergangenheit in der Mitläufergesellschaft geradezu als Bedingung gerechtfertigt, die den Weg zur Demokratie erst ermöglichte.

Dabei werden aber die Kosten für die politische Kultur übersehen – erst nach 1968 öffnete sich das kollektive Gedächtnis Westdeutschlands schrittweise für eine wirkliche Aufarbeitung der Verbrechen des Dritten Reiches. Seither ist auch der politische Restaurationsvorwurf aus der Welt, das gesellschaftliche und kulturelle Kontinuitätsproblem aber ist geblieben.

Nun erscheint die Entnazifizierung als eine Schule der Anpassung, in der sich das Unpolitische bewährte.

Einer bayerischen Stichprobe zufolge wurden um so mehr Entschuldigungsgründe und Entlastungszeugnisse („Persilscheine") im Spruchkammerverfahren beigebracht, je höher die politische Belastung war. Nazis standen fast nie zu ihrer Sache; nur jeder zehnte räumte ein, er habe sich, aus jugendlicher Unreife oder Idealismus, im Nationalsozialismus engagiert. Ebenso klein war die Gruppe derer, die behaupteten, sie hätten NS-Verfolgten geholfen oder wenigstens zur Kirche gestanden.

Eine gängige Ausrede lautete, man sei aus beruflichen Gründen NS-Organisationen beigetreten, oder man habe sich politisch passiv verhalten. Jeder zweite brachte Persilscheine bei, und zwar im Schnitt rund zehn – je schwerwiegender die Vorwürfe, je höher die soziale Schicht, desto mehr.

Insofern hatte sich 1946 die politische Säuberung in einer Feier der kontinuitätsverbürgenden Werte und Netzwerke des Unpolitischen verwandelt. Mit ganz wenigen Ausnahmen war die Anerkennung als Mitläufer das Schlimmste, was NS-Belasteten drohte. Den allermeisten ermöglichte dieses politische Armutszeugnis, die Schule der Anpassung erfolgreich abzuschließen. Es eröffnete ihnen, nach einer Phase unsicheren Wartens, alle sozialen Chancen.

Nach dem Dritten Reich ein neuer Faschismus? Zum Wandel der rechtsextremen Szene in der Geschichte der Bundesrepublik

Die rechtsextreme Szene hat die Öffentlichkeit der Bundesrepublik immer dann, aber auch nur dann, beschäftigt, wenn Teile der Szene in die Lage zu kommen schienen, Macht auszuüben: institutionelle Macht durch Wahlgewinne, Verschwörungen oder die Unterwanderung etablierter Parteien; Medienmacht durch antisemitische Schmieraktionen, die Hitler-Welle oder die Provokationen der Neonazis; oder jene Macht, die aus den Gewehrläufen kommt. Derzeit entstammt das Interesse am Rechtsextremismus aus den Einwirkungen der Hitler-Welle auf einen Teil der Jugend und aus dem zunehmenden Terrorismus von rechts.

Diese unstete Aufmerksamkeit macht uns das Verständnis des Neofaschismus schwer; wir verstehen die Kontinuitäten und Veränderungen dieser Szene nicht, nicht ihren Zusammenhang mit der allgemeineren Geschichte dieser Republik; wir bilden uns keine Vorstellung von künftigen Entwicklungen, es sei denn von apokalyptischen, die dann allemal glücklich gebannt werden. Wie Nachtmahre unserer Verdrängungen erscheinen Hakenkreuze auf Mauern und Grabsteinen, huschen paramilitärische Formationen über unsere Bildschirme, detonieren Bomben und schaffen ein Polizeiproblem. Das können nur einzelne gewesen sein, heißt es dann, vielleicht Wahnsinnige, wahrscheinlich sogar verkleidete Linke oder vom Osten gesteuerte, die uns und der Welt, unseren Kunden, weismachen wollen, der Faschismus sei nicht tot in seiner Epoche. Und wir haben uns daran gewöhnt, daß plötzlich, nachdem von „exekutiven Maßnahmen", von der „Solidarität der Demokraten", von den Interessen der Exportindustrie, von ewig Gestrigen und der politischen Erziehung unserer Jugend die Rede war, der ganze symbolische Spuk aus unserem Gesichtsfeld verschwindet und der Verfassungsschutz mit Meldungen über abnehmende Mitgliederzahlen und zunehmende Zersplitterung im rechtsradikalen Lager Entwarnung gibt. Man kann wieder aufwachen und die Augen schließen.

Verdrängtes aber verschwindet nicht einfach; es schafft Wiederholungszwänge. Seit die rechtsextremen Kader jüngere Altersdurchschnitte als selbst die Nazis in Weimar aufweisen, sind wir unsicher in unserer zynischen Erwartung geworden, die Frage der alten Nazis werde sich biologisch erledigen. Jahrelang schien es zu genügen, die rechte Ecke mit den „ewig Gestrigen" (als ginge es um eine überlebte Mode) zu identifizieren, um sie von einer Gesellschaft zu isolieren, die den Blick zurück scheute – das kann nun offenbar nicht mehr das Problem sein. Deshalb sollte hier der Blick auf die Veränderungen der rechtsextremen Szene und ihrer gesellschaftlichen Bedingungen in der Geschichte der Bundesrepublik gelenkt werden, um die Einschätzung der Dynamik des Faschismus-Problems zu erleichtern.

Bei aller gebotenen Kürze soll dabei ein Weg der behutsamen Einordnung und abwägenden Beurteilung verfolgt werden, um drei Fehler zu vermeiden, mit denen der Weg der Faschismus-Analysen in der Bundesrepublik gepflastert ist und bei denen Verharmlosung und Hysterie nahe beieinanderliegen. Wenn der Begriff des Faschismus einen Sinn machen soll, darf man neofaschistische Tendenzen nicht einfach als Aufhänger dazu benutzen, die Bundesrepublik als faschistisches System zu begreifen. Nachdem heute die Unfruchtbarkeit dieser Diskussionsebene wieder weitgehend unbestritten ist, kann man genauer die politischen Konstellationen und sozialen Probleme, die die rechtsextreme Szene begünstigen, erkennen und bekämpfen. Zweitens kann es nicht darum gehen, die „Gefahr von rechts" entweder zu dementieren oder sie so zu dramatisieren, als stünde morgen eine neue „Machtergreifung" an. Die Geschichte des Neofaschismus ist vielmehr vor allem ein seismographisches Instrument, um die Wirksamkeit historischer Belastungen und aktueller Erschütterungen der westdeutschen Gesellschaft vom brüchigen Rand her festzustellen. Und schließlich sollte man sich davor hüten, die Neofaschisten und ihr Umfeld so zu beschreiben, als seien sie Frankensteins Horde oder kämen von einem anderen Stern. Das sind meist gutgemeinte, aber trügerische Manipulationen, um die antifaschistische Abwehr zu mobilisieren, die bei der konkreten Auseinandersetzung in der Schule, am Arbeitsplatz, in der Familie oft brüchig wird und wenig leistet.

Beim Blick zurück auf drei Jahrzehnte des Rechtsextremismus in der Bundesrepublik bietet es sich an, den Überblick auf drei Schwerpunkte zu konzentrieren, die – ohne genaue chronologische Festlegung – in jeweils einem jener Jahrzehnte den Akzent setzen.

In den fünfziger Jahren hieß das Leitthema „Postfaschismus", Auseinandersetzung um die Erbschaften des Dritten Reiches. In den sechziger Jahren begegnete in Gestalt der NPD und ihrer Wahlerfolge eine Woge rechtsextremistischen Protests, der von außen weitgehend in den Kategorien des Postfaschismus („alte Nazis") verstanden und bekämpft wurde. In historischer Perspektive ist seine Bedeutung jedoch eher darin zu sehen, daß hinter dem postfaschistischen Erscheinungsbild eine neofaschistische Szene auftauchte, die jedoch in den siebziger Jahren der Konkurrenz mit der CDU/CSU als Opposition nicht standhalten konnte, jedenfalls nicht als Massenphänomen. Auf der Ebene der Kader bildeten sich jedoch vier Gruppierungen mit zum Teil ganz neuen Orientierungen heraus, deren Entwicklungspotentiale bei einer möglichen Veränderung der sozio-politischen Rahmenbedingungen abschließend zu erwägen sein werden.

Besatzung, Postfaschismus und Bürgerblock

Als der Faschismus in Deutschland von den alliierten Armeen niedergekämpft war, waren auch seine innenpolitischen Bindekräfte weitgehend erschöpft. Der Macht- und Ordnungsopportunismus seiner Anhängerschaft wurde durch das Chaos der nationalen „Katastrophe" selbst widerlegt. Nachdem der Befehlszusammenhang des NS-Regimes unterbrochen war, bestätigte sich die Erwartung der Alliierten nicht, in Deutschland auf eine verschworene nationalsozialistische Gemeinschaft und eine Art Guerilla-Widerstand zu treffen. Soweit es so etwas wie einen Nazi-Untergrund gab, der sich dem Zugriff der Besatzungsmächte entziehen konnte, erschöpfte er sich just in diesem Ziel: der gegenseitigen Beihilfe, unterzutauchen oder sich sonst der Verantwortung zu entziehen. Auf der anderen Seite trafen die Alliierten in den bürgerlichen Schichten zwar auf verbreitete autoritäre Einstellungen und eine mehr oder minder freiwillige politische Desinformation, sie waren aber zugleich von der allgemeinen Bereitschaft frappiert, die Autorität der Sieger anzuerkennen und sich ihr anzupassen – und dies galt nicht nur, aber doch vor allem für die Westmächte.

Vor allem die Amerikaner hatten die Entnazifizierung ersonnen, die im Kern die Einschrumpfung antifaschistischer Reformen auf eine personalpolitische Säuberung, begleitet von einer strafrechtlichen Verfolgung von Kriegs- und Humanitätsverbrechen, intendierte. Bürokratisch konzipiert und mit der Machtvollkommenheit des Siegers – ohne Mobilisierung einer antifaschistischen Alternative auf deutscher Seite – durchgeführt, verfingen sich die Entnazifizierungsmaßnahmen an der Massenhaftigkeit der Nazis im öffentlichen Leben und insbesondere im öffentlichen Dienst. Zunehmend erfuhren die Militärregierungen 1945 den Widerspruch, daß die deutschen Organe, die ihre Befehle ausführen sollten, ihrer Fachleute und damit ihres Sachverstandes beraubt wurden oder sich entvölkerten, während der automatische Arrest der höheren Belastungskategorien die Internierungslager anfüllte und niemand genau wußte, was mit den Inhaftierten oder auch nur mit den Entlassenen geschehen und wer sie ersetzen sollte.

Dies führte in einer zweiten Phase zur Umkehrung der alliierten Entnazifizierungspolitik durch die Einrichtung von Spruchkammern, in denen Deutsche die ganze Bevölkerung durchsieben und in Schafe und Böcke scheiden sollten. Von außen sah dies zunächst wie eine Verschärfung der Säuberung aus; tatsächlich wurde jedoch durch die Überprüfung des Einzelfalls, seine Gesamtwürdigung und die Auferlegung von Bußen eine Maschinerie in Gang gesetzt, die über 95 Prozent der früheren Nazis amnestierte oder durch die Einstufung als Mitläufer nach einer kleinen Geldbuße im Endeffekt rehabilitierte. Nach diesem Reinigungsakt konnte man wieder seine früheren Positionen zurückbekommen, namentlich in der Beamtenschaft, wenn auch nicht in der Politik, jedenfalls nicht unter der Militärregierung. Und je stärker sich 1947 der Kalte Krieg auf die Haltung der Besatzungsmächte und die deutsche Innenpolitik auswirkte, um so schneller und umfassender gestaltete sich dieser Rehabilitierungsprozeß – unter dem erstaunlichen Namen einer „Befreiung vom

Nationalsozialismus…": befreit wurde nicht mehr Deutschland von den Nazis, sondern die Nazis von der Vergangenheit.

Es war nur eine relativ kleine Gruppe, die im Zuge dieser bürokratischen Massenrehabilitierung das bürgerliche Klassenziel, sich in die nunmehr gegebenen Machtverhältnisse erneut einzufügen, verfehlte. Sie stellte später die Kader der postfaschistischen Szene. Allerdings wären auch von ihr die allermeisten zu fast allen Anpassungsleistungen bereit gewesen. Vor den Spruchkammern gab es keine braunen Helden, so gut wie überhaupt kein Bekenntnis zum Nationalsozialismus, vielmehr wurde das einstige Engagement, soweit überhaupt zugegeben, fast regelmäßig als Jugendtorheit oder Bevölkerungsvoraussetzung entpolitisiert. Langfristig inkriminiert wurden auch keineswegs die gesellschaftlichen Oberschichten, die das Funktionieren des Dritten Reiches durch ihre Kooperation erst ermöglicht hatten. Herausgegriffen wurde vielmehr eine Sündenbockherde aus kleinen und mittleren Funktionären der ideologischen und der terroristischen Staats- und Parteiorgane. Sie wurden meist als die eigentlichen Nazis identifiziert; folglich wurde ihnen die Rehabilitierung verweigert und damit ein guter Grund für die Erneuerung ihrer einstigen Begeisterung für antidemokratische Organisationen gegeben, wenn auch jetzt als selbststilisierte Märtyrer.

Die politischen Parteien, die von den Besatzungsmächten schrittweise zur Legitimierung der aufzubauenden demokratischen Ordnung zugelassen worden waren, begriffen schnell, daß sie gegenüber der Entnazifizierung auf Distanz gehen mußten, wenn sie über ihre Hausmacht hinaus expandieren wollten, denn die Mitläufer bildeten das zu gewinnende Wechselwählerpotential des Kalten Krieges. Mit der agitatorischen Ausrede, es gehe ihnen allein um den kleinen, formalen, verführten oder nicht aktiven Nazi, wurde so die ehemalige Klientel Hitlers von allen Seiten umworben, insbesondere natürlich von der christlich-konservativen Sammlungsbewegung, die sich noch konsolidieren mußte, und von den Liberalen, deren Anhänger am Ende der Weimarer Republik in Scharen zu den Nazis übergelaufen waren. Und da jede Partei die großen und die kleinen Nazis nach anderen Kategorien unterschied, hatte fast jeder Nazi – ausgenommen jener Rest mittlerer Funktionäre, denen durch die Entnazifizierung die Rehabilitierung verweigert wurde – eine gute Chance, von einer demokratischen Partei als kleiner Verführter, als Umerziehungsobjekt, kurz, als Wähler willkommen geheißen zu werden.

Mit der Entscheidung, das Modell der Bürgerblock-Regierung, wie es sich im Wirtschaftsrat herausgebildet hatte, bei der Gründung der Bundesrepublik fortzuführen, waren zugleich die Weichen in der historisch-politischen Grund-Orientierung gestellt: Die Einheit von linkem Antifaschismus und nationaler Kontinuität ging nicht in den Grundkonsens der Bundesrepublik ein, sondern wurde in Gestalt der KPD ausgegrenzt und ließ sich in der Gestalt der Schumacherschen SPD auf eine widersprüchliche Minderheitenposition im Kalten Krieg festlegen.

Für die Regierung aus Union, Liberalen und rechten Splitterparteien stellte sich die Frage, welche Traditionselemente des Nationalsozialismus bekämpft und welche integriert werden sollten, nicht in historisch-politischen oder moralischen, sondern in juristisch-administrativen Kategorien. Die Versuche zur Wiederanknüpfung an die politischen Organisationsformen des Nationalsozialismus wurden unterbunden, schließlich durch das Verbot der Sozialistischen Reichspartei (SRP) kriminalisiert. Auf der anderen Seite wurde mit den ehemaligen Nationalsozialisten kooperiert, soweit sie als Wähler gewonnen werden konnten oder als Funktionäre kleinerer bürgerlicher Parteien als Bündnispartner auftraten. Dieselbe Ambivalenz zwischen sozialen Kontinuitätselementen und politischer Abgrenzung fand sich auch in anderen gesellschaftlichen Lebensbereichen, am deutlichsten im öffentlichen Dienst, wo die Gesetzgebung zu Artikel 131 des Grundgesetzes die Schleusen für die Rückkehr der Masse der bürokratischen Funktionsträger des Dritten Reiches öffnete, aber ungebrochene Nazi-Ideologen und -Symbolfiguren in der Regel aussperrte. Die Widersprüche dieser Position begleiteten die Restauration der Bürokratie, des Militärs und des kapitalistischen Managements mit einer Serie von Personalskandalen, die aber in der Regel im Ergebnis nicht zu einer Läuterung, sondern zur Darstellung der Verdrängung im öffentlichen Bewußtsein führten.

Der innere Mechanismus der Bürgerblock-Regierung und der im wesentlichen erfolgreichen Versuche, ihn in eine Sammlungspartei umzuformen, trug erheblich zur Stabilisierung des Traditionsmilieus bei. Die kleineren Rechtsparteien, zu denen nicht nur partikularistische Kräfte wie die Niedersächsische Landespartei/Deutsche Partei und die Bayernpartei, die in bestimmten Regionen mit der Union um dieselben Bezugsgruppen konkurrierten, sondern damals auch die FDP gehörte, öffneten sich unter dem Druck der Fünf-Prozent-Klausel wenig wählerisch zur Naziszene. Und von dort wurde die Unterwanderung des Funktionärskörpers der bürgerlichen Parteien zum Teil über Bruderschaften, Kreise ehemaliger Gauleiter und andere Gruppen zu steuern versucht.

Zwar kamen solche Verschwörungen nach einem Eingriff der britischen Besatzungsmacht vor der Bundestagswahl 1953 im Zuge der Stabilisierung der Kanzlerdemokratie weitgehend zum Erliegen. Aber die meisten, die sich auf solch indirekten Wegen im Parteiensystem etabliert hatten, kamen schließlich doch ans Ziel, spätestens als die Union wesentliche Teile der Zerfallsprodukte ihrer Juniorpartner, die sich ihr gegenüber nicht mehr profilieren konnten, in der zweiten Hälfte der fünfziger Jahre übernahm. Einen anderen Teil der Restbestände übernahm fast regelmäßig der Lumpensammler des Postfaschismus, die Deutsche Reichspartei (DRP).

Bei ihr landeten schließlich auch Führungsreste einer der interessantesten Parteien der fünfziger Jahre, des Blocks der Heimatvertriebenen und Entrechteten (BHE), der seit seiner Gründung 1950 meist mit dem Bürgerblock, gelegentlich aber auch gegen ihn koaliert hatte. In ihm sahen viele Vertriebene eine Möglichkeit, den von den Einheimischen immer wieder verzögerten und minimalisierten Lastenausgleich zu betreiben und Veto-Power gegen ein Arrangement mit der deutschen Teilung aufzubauen. In seinem nach rückwärts gerichteten Milieu konnten sich leicht ehemalige NS-Volkstumsfunktionäre und Entnazifiziertenvertreter etablieren. Die einheimischen Partner störte dies wenig, half es doch dazu, die größte deutsche Gruppe von NS-Geschädigten auf Volkstanz und Antikommunismus abzulenken und ihre materiellen Ansprüche in der Öffentlichkeit zu diskreditieren.

Die Sonderorganisation der Vertriebenen im BHE zersplitterte zunächst die Opposition gegen die Westintegrations- und Wiederbewaffnungspolitik und erzwang dann im Zuge der Verarbeitung des 17. Juni 1953 und des Scheiterns der Europäischen Verteidigungsgemeinschaft die Verfestigung der Politik der nationalen Rechtsansprüche, die die Bundesrepublik in ihrer Formationsperiode der Ära Adenauer von einer aktiven Ostpolitik entlastete und die Anhänger einer Neutralitätspolitik in extremistische Zirkel verbannte. Auch hier bot sich, nachdem der Neutralismus als politische Alternative bereits tot war, die DRP als Sammelbecken zu spät gekommener Funktionäre.

Die NPD und die Widersprüche des angepaßten Faschismus

Am Ende dieser Verdrängungsperiode schienen die Verbindlichkeiten der Nazierbschaft erfolgreich beseitigt. Getragen von der Wohlstandswelle des Wiederaufbaubooms waren die Wechselwählerpotentiale der ehemaligen Nazis und der Vertriebenen weitgehend verteilt und überwiegend bei der Union gelandet, die SRP als deutlichste Nachfolge-Organisation der NSDAP verboten, konkurrierende bürgerliche Parteien bis auf die FDP aufgerieben und ihre Kaderreste in eine Sackgasse des Extremismus verbannt. Doch die Kölner Hakenkreuzschmierereien von Weihnachten 1959 und die folgende antisemitische Welle machten klar, daß das nicht alles gewesen war. Jenseits von Tricks und Anpassung war die öffentliche, die historische, die moralische Aufarbeitung der NS-Erfahrung unterblieben.

Nach der Rückgabe der von den Amerikanern beschlagnahmten NS-Dokumente wurde in den sechziger Jahren die historische Erforschung des Dritten Reiches erst richtig ermöglicht. Zugleich begann die Verfolgung von NS-Verbrechen durch deutsche Gerichte. Die Kultusminister zwangen das Thema in den Geschichtsunterricht, und eine neue Generation begann, unbefangene Fragen an die Verdrängungen der älteren zu stellen.

Es waren freilich dieselben frühen sechziger Jahre, in denen die *Deutsche National-* (und *Soldaten-*)*Zeitung* mit ihrem antisemitischen Schmierjournalismus immer höhere Auflagen erzielte, in denen sich die Hoffnung auf „Wieder-Vereinigung in Frieden und Freiheit" an der Berliner Mauer brach, Franz Josef Strauß aus den katholischen, liberalen und partikularistischen Honoratioren der CSU einen modernen Kampfverband des aggressiven Nationalkonservatismus machte und Ludwig Erhard das Ende der Nachkriegszeit verkündete und sich von einem Adepten Carl Schmitts die Ideologie der „Formierten Gesellschaft" ersinnen ließ.

In der Phase dieser öffentlichen Orientierungskrise war die rechtsextreme Szene, die damals wenig Beachtung fand, von einem merkwürdigen Widerspruch gekennzeichnet. Auf der einen Seite schrumpfte die Zahl der Mitglieder rechtsextremer

Organisationen nach den Beobachtungen des Verfassungsschutzes immer weiter zusammen: waren es 1954 noch fast 80 000 gewesen, so war diese Zahl bis 1960 fast halbiert und bis 1964 auf ein Viertel gefallen, wobei die Zahl der Organisationen keineswegs abnahm, sondern immer mehr Führer Scheingefolgschaften zu befehligen versuchten.

Allerdings schälte sich die DRP in diesem Zeitraum als die beherrschende politische Partei unter den zersplitterten Rechten heraus. In einer Größenordnung von 10 000 vermochte sie ihre Mitgliedschaft trotz abenteuerlicher Kurswechsel mit aufwärtsgerichtetem Trend zu stabilisieren. Das Geheimnis ihrer Blüte im Reich der Nachtschattengewächse war ihr postfaschistischer Pragmatismus: mit kurzen Unterbrechungen war ihr Apparat in den Händen von Profis, meist altgedienten NS-Funktionären, die von einem wenig belasteten und programmatisch unendlich flexiblen Jungtürken (Adolf von Thadden) koordiniert wurden. Sie verfügte über einen funktionsfähigen Verlag, in dem alte NS-Publizisten routiniert ihr Handwerk betrieben, und über eine, später zwei regelmäßig erscheinende Zeitungen. Die Professionalität des organisatorischen Managements und der Wunsch der Altnazis, überhaupt im politischen Geschäft zu bleiben und ungeachtet ihrer Ausgrenzung durch die Entnazifizierung doch noch ein Stückchen Macht und Ansehen zu erhaschen, erlaubte ihr zwei in der rechten Szene ungewöhnliche Haltungen: ein ständiger Drang nach Fusion mit anderen im Niedergang befindlichen Splittergruppen bei denkbar großer programmatischer Flexibilität, solange nur der Apparat in ihren Händen blieb und sich über wenige Symbole in alter Treue verständigen konnte.

Auf der anderen Seite entwickelte sich um die schrumpfenden Organisationen eine Vielfalt von Publikationen mit ständig steigenden Auflagen – Ausdruck eines in der ausgehenden Ära Adenauer zwischen den etablierten und den rechtsextremen Parteien fluktuierenden Potentials der sogenannten heimatlosen Rechten. Die durchschnittliche Wochenauflage solcher Organe stieg von etwa 150 000 im Jahr 1960 auf zirka 225 000 im Jahr 1963. Für das Potential der Szene hieß das, daß 1960 auf ein Mitglied einer rechtsextremen Organisation nur 3,5 Bezieher entsprechender Periodika gekommen waren, 1963 hingegen schon zehn. Diese Daten über eine publizistisch zusammengehaltene, aber schwach organisierte Gemeinde im Vorfeld der NPD-Erfolge seit 1966 sind von einer gewissen Aktualität, denn seit 1975 hat sich eine vergleichbare Lage ergeben: die Mitglieder-Leser-Relation hat sich seither wieder bei eins zu zehn eingependelt, nachdem sie zwischenzeitlich auf eins zu sechs gefallen war. Damals signalisierten sie ein ideologisches Potential, dessen organisatorische Unsicherheit durch Veränderungen in den gesamtgesellschaftlichen Rahmenbedingungen (Wirtschaftsrezession, große Koalition) kurzfristig überwunden wurde. Damals liefen der NPD innerhalb von drei Jahren um die 20 000 Mitglieder und in den Landtagswahlen zwischen fünf und zehn Prozent der Wähler zu.

An der NPD selbst kann das kaum gelegen haben. Zwar gab sie sich als neuer Hecht im braunen Karpfenteich aus, aber jeder Eingeweihte wußte, daß es sich wieder einmal nur um den alten DRP-Apparat handelte, der sich mit einigen abgewirtschafteten

Sprengseln der Deutschen Partei aus Bremen, einer deutschnationalen Gruppe aus Nordhessen und einiger versprengter alter Nazis aus dem BHE zusammengeschlossen und umetikettiert hatte. Die Postfaschisten waren vor der Pensionierung noch einmal zum letzten Gefecht angetreten und über ihren Erfolg eher noch überraschter als die bundesdeutsche Öffentlichkeit.

Der Wahlerfolg der NPD resultierte aus der Überlagerung mehrerer Motivationsprozesse: Zunächst gab es durch geschickte Regie eine gewisse Sammlung des „heimatlosen" Postfaschismus, aber quantitativ hätte dies keineswegs zur Überwindung der Fünf-Prozent-Klausel gereicht. Viel wichtiger war eine Protestwählerschaft, der sich die scheinbar neue Kraft der Rechten als Ausdrucksmittel anbot. Ihre Motive lagen hauptsächlich im „ökonomischen Pessimismus", in der Furcht also, daß mit der Rezession von 1965/66 das Wirtschaftswunder endgültig zu Ende sei und eine persönliche Verschlechterung der wirtschaftlichen Verhältnisse drohe. Die faschistoide Ausrichtung dieses Protests war durch seine Trägerschichten programmiert, die sich mit Merkmalen wie kleinstädtisch, kleinbürgerlich, männlich, protestantisch und halbgebildet charakterisieren läßt. In diesen Gruppierungen wurden die Erosion der Kultur des Kalten Krieges durch die Krise der Union nach Adenauers Abgang, den Schock der Berliner Mauer, die Anfänge der internationalen Jugendkultur, der Frauenemanzipation und der sexuellen Entkrampfung, die zunehmende Beschäftigung von ausländischen Arbeitern, die neue Kapitalismuskritik und die wieder in Gang gekommene „Bewältigung der Vergangenheit" als besonders bedrohlich empfunden.

Dieses Milieu, das „alte Nazis" mitumgriff, aber keineswegs auf diese allein festzulegen war, sondern fließende Übergänge zur Klientel aller Parteien, insbesondere aber zur Union hatte, reagierte besonders empfindlich und lautstark auf den Verlust seiner unpolitischen Selbstverständlichkeiten der Ära Adenauer. Das Zusammenrücken der großen Parteien in der großen Koalition goß zusätzliches Wasser auf die Mühlen der NPD.

Dieses neue, sich nicht aus einer unmittelbaren Traditionsbindung an den Nationalsozialismus ergebende Engagement der Masse der NPD-Wählerschaft und einer zunehmenden Fraktion ihrer Funktionäre und Abgeordneten, ist deshalb so wichtig zu betonen, weil die Erosion der Kultur des Kalten Krieges und die Rückkehr des Kapitalismus zu seiner alten Krisenanfälligkeit den Wurzelboden für einen genuinen Neofaschismus lockerte. Hier ging es nicht mehr um späte Rechtfertigungsversuche, um alte Nazis, die im Kammerton die Grundwerte des Grundgesetzes flöteten, um die Kameraderie der Ehemaligen mit guten Manieren aus schlechtem Gewissen. Wer in der NPD auf der Straße und im Landtag für Rabatz sorgte, konnte meist ganz glaubwürdig für sich in Anspruch nehmen, mit dem Nationalsozialismus wenig zu tun zu haben, dafür aber die Selbstverständlichkeiten der Ära Adenauer gegen seine Nachfolger einzuklagen oder einen neuen technokratisch-konservativen Nationalismus zu vertreten, der sich von seinen etablierteren Blutsbrüdern allenfalls durch Lautstärke, Unbekümmertheit und den typisch faschistischen Glauben, daß sich bei veränderter Einstellung alle Sachprobleme wie von selbst auflösen würden, unterschied. Dieser

Neofaschismus im Schoße der NPD war vor allem in den süddeutschen Ländern zu Hause, in denen die DRP traditionell schwach war und die mit Kiesinger und Strauß die konservativen Exponenten der großen Koalition stellten. Je länger desto deutlicher kämpften innerhalb der NPD zwei Flügel, deren Dynamik genau entgegengesetzt war und die die Partei in den frühen siebziger Jahren spalten sollten: die einen kamen vom Nationalsozialismus und wollten sich endlich in privilegierter Position an das System der Bundesrepublik anpassen und von ihm angenommen werden. Die anderen kamen aus der Anpassung des Kalten Krieges und exponierten sich, um dieses System mit einer faschistischen, aber nicht der nationalsozialistischen Alternative zu kurieren. Ihr Führer war der stellvertretende Parteivorsitzende und Chef der bayrischen Landespartei Siegfried Pöhlmann. Er repräsentierte das Fußvolk der Protestpartei, aber der postfaschistische Flügel konnte den Parteiapparat im Griff behalten.

In der Bundestagswahl 1969 scheiterte die NPD außer am Nachlassen des ökonomischen Pessimismus an einer gemeinsamen Kampagne aller anderen Parteien, die auf diese neofaschistische Dynamik überhaupt nicht einging, sondern der NPD vorwarf, daß sie unverbesserliche alte Nazis repräsentiere und insofern die Exportinteressen der deutschen Industrie schädige.

Hinzugekommen war freilich ein weiteres Merkmal faschistischer Selbstdarstellung: Gewalt in der Politik. Mit der Bildung des „Ordnerdienstes" wollte die NPD ursprünglich die Durchführung ihrer Veranstaltungen sichern und ihr ‚Law and Order'-Image aufrechterhalten. Aber die von ihr rekrutierten neofaschistischen Schlägertypen dementierten dieses Bild und hieben wie einst die SA der NSDAP munter drein; als schließlich noch in Kassel kurz vor der Bundestagswahl der Chef des „Ordnerdienstes" die Pistole zog und anschließend untertauchte, waren Post- und Neofaschisten gleichermaßen isoliert.

Aber ihr Kampf ging nach der Wahlniederlage weiter und konzentrierte sich, nachdem die erste Depression überwunden war, gegen die neue Ostpolitik der sozialliberalen Koalition. Der alte DRP-Apparat trieb wieder einmal eine Sammlung der zu spät Gekommenen zusammen, die „Aktion Widerstand", aber die Neofaschisten waren mit lahmen Fusionen nicht zufrieden, und ihr Gewaltpotential wurde mit Schlägertrupps und Transparenten („Wehner und Brandt, an die Wand") mediennotorisch. In der Konkurrenz mit der Opposition der CDU/CSU gegen die Ostverträge konnte die NPD nur überdrehen oder untergehen. Sie tat beides und fand sich im Abseits wieder.

Pöhlmann scheiterte im Machtkampf der Flügel, zog aus und fiel zwischen der Über-CSU der *National-Zeitung* des Dr. Frey und der „nationalrevolutionären" APO von rechts, seinen jungen Bündnispartnern von der Theoriefraktion des Neofaschismus, ins Nichts. Der alte DRP-Apparat opferte von Thadden und überantwortete sich einem blassen Jugendfunktionär, dem Rechtsanwalt Dr. Mußgnug aus Baden-Württemberg, dem es aber nicht gelang, die Partei trotz Anbiederung an mögliche Partner wie die „Grünen" aus der Zone des Vergessens herauszuführen.

Im Rückblick mag der Aufstieg der NPD wie eine Episode in der Geschichte der Bundesrepublik erscheinen. Ihr Niedergang schien das Schicksal der alten Nazis besiegelt und der westdeutschen Demokratie ein Reifezeugnis ausgestellt zu haben. Doch dieser Anschein trog. Die eigentliche Bedeutung der NPD für die Entwicklung der rechtsextremen Szene bestand vielmehr darin, daß die Partei eine Kadererneuerung ermöglichte. Der Niedergang des alten Postfaschismus wurde durch das Entstehen verschiedener Varianten eines Neofaschismus überlagert.

Jenseits der Opposition: die Inkubation des Neofaschismus

In den siebziger Jahren konnte sich die rechtsextreme Szene hinter dem Schleier öffentlich attestierter Bedeutungslosigkeit entwickeln. Parlamentarische Erfolge wurden nicht mehr errungen, die Mitgliederzahlen schrumpften, die organisatorische Zersplitterung und das für den Faschismus so charakteristische Führungschaos nahmen wieder zu. Was sich freilich nicht reduzierte, war das für rechtsextreme Positionen ansprechbare Potential in der Bevölkerung. Das kann man schon daran erkennen, daß die rechtsextremen Publikationsmedien in der Phase des Niedergangs der NPD nicht signifikant an Auflage verloren haben. Wer es genauer wissen will, kann auch neuesten, auf breiter Basis im Auftrag der Bundesregierung angestellten sozialwissenschaftlichen Untersuchungen entnehmen, daß es wie zur Boomzeit der NPD nach wie vor ein erstaunlich resistentes Potential von zwischen 10 und 15 Prozent der Bevölkerung gibt, das sich zu aggressiv autoritären und nationalistischen Einstellungen bekennt, und daß ein weiteres Drittel der Bevölkerung in abgeschwächter Form mit solchen Positionen sympathisiert. Ein Hoffnungsschimmer ist die deutliche Überrepräsentation der älteren Generation in diesem Bevölkerungsteil.

Dieses Potential ist also nicht verschwunden. Es hat sich nur in Wahlen anders entschieden, hauptsächlich zugunsten der Union als Opposition, die in der Polarisierung mit der sozialliberalen Regierung nach rechts ausgriff und sich als wirksameres Protestinstrument im Vergleich zu den Rand-Organisationen anbot. Jahrelang wurde in der Union sogar erwogen, zur Ausschöpfung des rechtsextremen Potentials eine eigene fellow-traveller-Organisation in Gestalt einer bundesweiten Strauß-Bewegung, die sogenannte Vierte Partei, aufzubauen. Es ist bezeichnend, daß diese Strategie nur deshalb scheiterte, weil die CDU zu große Einbrüche in ihre eigene Wählerschaft befürchten mußte und deshalb die CSU mit einer Spaltung ihrer Landesorganisation in Bayern bedrohte.

Im Ergebnis hatte man dann den Teufel mit Beelzebub ausgetrieben und die ganze Union als Strauß-Bewegung zur Verfügung gestellt. Politisch hätte sich nichts mehr bewegt, weil die Glaubwürdigkeitslücke am rechten Rand nicht gestopft und zusätzlich eine neue in der Mitte aufgerissen wurde. Diese Harzburger Front „von unten" hat zwar die traditionellen Organisationen der rechtsextremen Szene isoliert, aber ihr Potential konsolidiert und vom Stigma des Extremismus befreit. Im Gegenteil: dieses

Potential wurde gepflegt, in der Union nahestehenden Medien (am deutlichsten von der „Deutschland-Stiftung e. V.", dem ZDF-Magazin, dem *Bayernkurier* etc.) wurde ihm nach dem Munde geredet. Allenthalben begannen die Konservativen nach dem Verlust von Macht und Naivität ihre Positionen im Sinne eines „neuen Konservatismus" zu theoretisieren und damit zu radikalisieren, so daß ein Teil der rechtsextremen Szene über ihre indirekten Wirkungen auf die große Politik befriedigt war und ein anderer in immer extremere Agitations- und Aktionsformen auswich.

Die Verbreitung solcher Tendenzen wurde durch die Rückwirkungen der neuen Ostpolitik auf Teile der Öffentlichkeit und durch eine neue Einstellung zum Dritten Reich, die in den Medien als Hitler-Welle sichtbar wurde, unterstützt. Im ersten Fall fühlte sich ein Teil der Vertriebenen durch den Zusammenbruch alter Parolen (wie ‚Dreigeteilt – niemals') betrogen, und Angehörige nationalistischer Jugendgruppen fühlten sich im Recht, gegen die angeblichen „Vaterlandsverräter" mit gewaltsamen Provokationen wie Ohrfeigen für Bundeskanzler Brandt, Verbrennung der DDR-Fahne beim innerdeutschen Gipfel in Kassel mediengerecht vorzugehen. Das mögen vorübergehende Protestformen gewesen sein. Tiefer ging die wachsende Distanz zur historischen Erfahrung des Dritten Reiches: Sie löste früher von den Nazis Begeisterten die Zunge, ermöglichte den Rückgriff auf verdrängte Erfahrungen, spülte Nazisymbolik auf die Flohmärkte, brachte die Filmschnulzen des Dritten Reiches auf den Bildschirm und holte die alte Hitler-Faszination in einer scheinkritisch-aufgeputzten Biographienschwemme auf die Bestseller-Listen. Auf kompliziertere und zuweilen erschreckendere Weise wurde die Nazisymbolik auch in einer neuen Generation Heranwachsender benutzt, die in ihrer Lebensgeschichte nicht mehr von der Erfahrung des Dritten Reiches und seiner Folgen gezeichnet war und geringe historische Kenntnisse mit einem wachen Sensorium für die empfindlichen Verdrängungen der älteren Generation verband. Neugierde und die Bereitschaft zu einem antifaschistischen Engagement waren bei den einen die Folge; Punk-Provokationen, Judenwitze, nationalistische Kameradschaften und neonazistisches Rockertum bei anderen. Neofaschistische Verlage und Versandstellen mischten sich auf dem Markt mit scheindokumentarischem NS-Propagandamaterial und mit pseudohistorischer Literatur, die eine neue Kriegsschuldfrage aufwerfen und die Judenvernichtung hinweglügen wollte.

Erst Ende der siebziger Jahre, nachdem führende Sozialdemokraten vor dieser Schmähliteratur und der braunen Nostalgie gewarnt hatten, begannen offizielle Stellen, mit Mitteln des Jugendschutzes, der Zollfahndung und schließlich der Polizei gegen sie vorzugehen. Jahrelang war das Auge des Staatsschutzes, dessen Stärke ohnehin eher im Rückblick als in der Analyse und Prognose zu liegen scheint, nach links gebannt. Deshalb fehlte es auch an zeitiger Aufmerksamkeit für die veränderte Bedeutung internationaler Faktoren im Umfeld der rechtsextremen Szene. Die beiden wichtigsten für unseren Zusammenhang sind die sogenannte Ölkrise und eine neue braune Internationale.

Die wirtschaftliche Depression der siebziger Jahre ist dazu angetan, bei einem Teil der Bevölkerung nationalistische und autoritäre Affekte zu mobilisieren, weil sie weitgehend als internationaler Konflikt erfahren wird, sei es daß Rohstoff- und Energielieferanten die Leistungs- und Verteilungsspielräume des ökonomischen Systems beschneiden, sei es daß Billiglohnkonkurrenz in Gestalt von Produktionsverlagerungen ins Ausland oder von ausländischen Arbeitern im Inland strukturelle Beschäftigungsprobleme verstärkt beziehungsweise im Nahbereich kulturell erfahrbar macht. Beide Varianten bedeuten eine tiefe Kränkung unserer imperialistischen Arroganz im Nord-Süd-Verhältnis, öffnen Ventile, um soziale Konflikte in nationale umzudefinieren, verstärken die Aggressionen gegen die soziokulturellen Gettos der „Gastarbeiter" und prädestinieren diese zur kapitalistischen Sündenbockjagd. Im Vergleich zur Attraktivität des Nationalsozialismus in der Weltwirtschaftskrise deutet heute aber vieles auf eine Verschiebung diesbezüglicher Konfliktpotentiale vom Kleinbürgertum, dessen sozialpolitische Stabilisierung große Fortschritte gemacht hat, zu von Arbeitslosigkeit bedrohten Schichten in der Jugend und in der Arbeiterschaft hin, deren einstiger Halt in politisierten Arbeiterkulturen mittlerweile weitgehend entfallen ist. Diese Verlagerungstendenzen bedeuten gewiß keine aktuelle Gefahr eines proletarischen Faschismus, oder auch nur, daß die rechtsextreme Szene nicht nach wie vor kleinbürgerlich dominiert wäre. Indizien wie die Rekrutierung der provokativen Neonazi-Gruppen aus nicht bürgerlichen Jugendlichen oder die wachsende Ausländerfeindschaft unter konkurrierenden deutschen Arbeitern verdienen jedoch die Aufmerksamkeit der Gewerkschaften.

Die andere internationale Dimension, die in den siebziger Jahren den Neofaschismus verändert hat, ist die zunehmende internationale Verflechtung und Beeinflussung der rechtsextremen Szene. Amerikanische Neonazis stehen in einer Art Patenschaftsverhältnis zu entsprechenden deutschen Gruppen und übernehmen für sie Herstellung und Versand von Propagandamaterialien. Paramilitärische Übungen werden zu ausländischen Parallelorganisationen nicht nur in den Ardennen, sondern offenbar bis hin zur libanesischen Falange verlagert. Terroraktc finden quer durch Europa Nachfolgetäter. Die inner- und außerparlamentarischen politischen Organisationen der einzelnen Länder, von den italienischen Neofaschisten bis zur englischen National Front, stehen in mehr oder weniger enger Fühlung miteinander und tauschen praktische Erfahrungen und ideologische Perspektiven aus. Das läßt sich zum Beispiel an der in mehr als einem Land zu findenden Renaissance antisemitischer Agitation, an der Parallelität ausländerfeindlicher Aktionen, an den auf eine allgemeine Verunsicherung gerichteten Terrorakten oder auch an den ideologischen Anleihen ablesen, die neofaschistische junge Intellektuelle in der Bundesrepublik bei der bis weit in die etablierte Rechte in Frankreich hineinreichenden Vichy-Apologetik und sozialdarwinistischen „Biopolitik" machen. Nichts könnte deutlicher machen, daß die Phase des national-borniertn Postfaschismus vorüber ist und sich neofaschistische Potentiale entwickeln, die durch internationale Rückkoppelung ihre derzeitige politische Randstellung in der deutschen Innenpolitik überdauern werden.

Man muß aber bewußt im Plural von Potentialen sprechen, weil die rechtsextreme Szene trotz mancherlei Fühlungnahmen zwischen den einzelnen Gruppen stark zersplittert ist. Man würde sie verkennen, suchte man hier die Keime einer einheitlichen totalitären Führerbewegung, die nur noch nicht ihren Hitler gefunden hätte. Gewiß, würde durch eine große Koalition oder durch die Regierungsübernahme der Union am rechten Rand wieder eine größere Protestwählerschaft organisierbar, wären auch erneute Vereinheitlichungstendenzen auf der Ebene der Kader zu erwarten. Wichtig erscheint derzeit aber vor allem der gewisse experimentelle Spielraum, in dem sich vier unterscheidbare Grundrichtungen der rechtsextremen Szene bewegen und Einfluß auf bestimmte andere, größere Gruppen zu gewinnen suchen.

Organisatorisch wird die rechtsextreme Szene von zwei Publikations- und Organisationsskeletten dominiert, die sich durch unermüdliche postfaschistische Agitationsroutine gegen die Erosion ihrer Anhängerschaften zu wehren versuchen und auf den Tag warten, da ihnen neue Protestgruppen zulaufen werden. Zunächst gibt es immer noch die alte DRP/NPD, heute ein noch funktionsfähiger, aber zunehmend ausgezehrter, schwer verschuldeter Apparat, dessen Mitgliedschaft angesichts ständiger Mißerfolge an der Wahlurne auf etwas über 7 000 zusammengeschrumpft ist und dessen innerparteiliche Jugendopposition auf eine radikalere Gangart drängt. Der aktivere Teil der NPD sind die „Jungen Nationaldemokraten", neben der Wiking-Jugend wohl der wichtigste Durchlauferhitzer des Neofaschismus, der aber immer weniger die Partei und immer mehr die Neonazi-Szene und die nationalrevolutionären Gruppierungen zu beschicken scheint. Mit einem differenzierten Publikationsapparat erreicht die NPD je nach Anlaß immer noch zwischen 30 000 und 100 000 Leser, kann sie aber mit ihrem diffusen Gemisch von deutschnationalen, völkischen, antilinken, zuweilen antisemitischen und „lebensschützerischen" Parolen immer weniger zusammenhalten. Der Apparat aber hält aus, teilweise weil er sich Selbstzweck geworden ist, teilweise weil er auf eine neue Konjunktur an Protestwählern wartet.

Die *Deutsche National-Zeitung* erscheint mit einer Auflage von über 100 000 Exemplaren pro Woche. Aus ihren Lesern hat ihr Verleger Gerhard Frey die größte Organisation der rechtsextremen Szene, die „Deutsche Volksunion" mit etwa 10 000 Mitgliedern, aufgebaut, um eine „Volksbewegung für Generalamnestie" (für NS-Verbrecher) ergänzt und mit einigen anderen Gruppen in einem „Freiheitlichen Rat" (offenbar in Anlehnung an österreichische Vorbilder) zusammengeschlossen, zu dem auch die ältere Generation des früheren neofaschistischen Flügels der NPD gehört. Ansonsten gibt es offenbar aus verlegerischen Konkurrenzgründen keine Zusammenarbeit zwischen den beiden Gruppierungen, und das politische Ziel des „Freiheitlichen Rates" ist unklar. Die *National-Zeitung* vertritt einen aggressiven Nationalkonservativismus, der seine besondere Note durch fortgesetzte antisemitische Hetze in der Form von Anspielungen erhält. Sie bestreicht das gesamte Gebiet zwischen den unorganisierten ‚alten Nazis' und einem radikalen Rest der Vertriebenen, der Neonazi-Szene und der CSU.

Die in den letzten Jahren spektakulärste und aktivste Gruppierung ist keine Organisation, sondern ein Geflecht von kleinen Zirkeln, Jugendgruppen, Zeitschriften und Buchverlagen, von Freizeit-Freikorps wie der Wehrsportgruppe Hoffmann und von Gemeinden, die um Einzelpersonen geschart sind, wie die „Deutsche Bürgerinitiative" um den amoklaufenden ehemaligen CDU-Saubermann Manfred Roeder, die „Bürger- und Bauerninitiative" um Thies Christophersen, der unter erheblichem Aufsehen Auschwitz in eine humane Arbeiterkolonie umfälschen will, oder der „Kampfbund Deutscher Soldaten" um Erwin Schönborn, einen altgedienten Profi des Postfaschismus, dessen linksfaschistische Aktivitäten sich bis auf die „Deutsche Arbeitsfront" zurückverfolgen lassen. Dieses Geflecht, in dem Gewalt-, Militär- und Nazisymbolik (inklusive entsprechender Symbolfiguren) eine besondere Rolle spielen, wird jedoch überwiegend nicht von ehemaligen NS-Funktionären getragen, sondern von Angehörigen der jungen und mittleren Generation, die auf öffentliche Provokationen, Gewaltausübung und vergleichbare Aggressionsentladungen ausgehen und sich dabei der Identifikation mit dem Nazismus sozusagen als sicherstem Sprengstoff bedienen. Für die Öffentlichkeit ist das durch die Versuche zu NSDAP-Aufbauorganisationen auf lokaler, nationaler und internationaler Ebene am deutlichsten geworden.

Die Neonazi-Szene ist weniger eine politisch bedeutsame oder bedrohliche Kraft als ein Desorientierungsphänomen, sozusagen eine Fortsetzung der Psychopathologie mit politischen Mitteln. Diese Gruppierungen leben von parasitärer Publizität und genießen die Gegnerschaft der Medien. Sie verdienen eine stillere und wirksamere Form der Aufmerksamkeit, und das aus drei Gründen: Einmal sind sie die Spitze jenes Eisbergs der verbreiteten Judenwitze in der Jugend, der Hakenkreuzschmierereien in den Schulen, der erfahrungslosen Kriegs- und Gewaltbegeisterung und anderer Aggressionsentladungen jugendlicher Gruppen, die keine Zukunft sehen. Zweitens ist die Neonazi-Szene das soziale Umfeld des wachsenden braunen Terrors, der von Einzelgängern aus diesen Gruppen verübt wird und sich gegen alle richtet. Drittens findet sich bei diesen Gruppen wie auch bei den großen postfaschistischen Organisationen immer wieder eine beunruhigende Affinität zu den Ordnungs- und Sicherheitskräften des Staates. Werden entsprechende Gruppen ausgehoben, kommen häufig Verbindungen zu Bundeswehrangehörigen oder dort erworbenen Erfahrungen, gelegentlich sogar zur Kriminalpolizei ans Licht.

Davon hebt sich die letzte Gruppierung deutlich ab, die zahlenmäßig sicher die kleinste ist; ihr scheint es bisher aber am besten gelungen zu sein, aus ihrem Getto auszubrechen. Gemeint ist der „linke" Flügel des Neofaschismus, jene häufig von jungen Intellektuellen angeleiteten Gruppen der „Nationalrevolutionäre", die von den Maoisten beeinflußt sind und 1972 die Ideologie zur Abspaltung des neofaschistischen Flügels von der NPD lieferten. Gemeint sind die „Solidaristen" und die verschiedenen ökofaschistischen Richtungen, die mittlerweile mehr als nur ein Bein in der „alternativen Szene" haben. In der Regel haben sie weder große Organisationen noch sind sie gewalttätig; von den alten Nazis und der NS-Symbolik halten sie wenig, weil sie bereits von ihnen enttäuscht worden sind. Aber sie haben eine Ideologie auf „wissenschaftlicher" Grundlage entwickelt – ihr Chefideologe ist der Stuttgarter Universitätsdozent und Historiker Henning Eichberg –, die den gefühlsmäßigen Identitätskult in der ökologischen Bewegung „biopolitisch" zu untermauern und in die Perspektive eines fortschrittlichen Nationalismus jenseits der Blöcke zu bringen verspricht. Sie sprechen von einer antiimperialistischen Identität und vernebeln die gesellschaftliche Wirklichkeit. Sie plädieren für die Anerkennung „natürlicher" Gegebenheiten in der Politik, von klassenübergreifender Solidarität und von Leistungseliten und stellen sich damit in die Tradition des Sozialdarwinismus und der konservativen Revolution.

Die Berührungen zwischen den Nationalrevolutionären und Ökofaschisten einerseits und den Alternativen andererseits sind ein Indikator für die Armut unserer Gesellschaft an glaubwürdigen Traditionen und gesellschaftlichen Perspektiven. Eine Armut, die jenseits der gesellschaftlichen Wirklichkeit eine Rückversicherung an harmonischer Nostalgie und objektiver Natur provoziert und danach Frustration, Aggressivität und das Verlangen nach autoritärer Stabilisierung avisiert. Der Brückenschlag zwischen rechts und links in der alternativen Szene jugendlich intellektueller Sensibilität kündigt die Realitätsflucht und die Verwirrungen größerer künftiger Gruppen an, sobald diese in einer historischen Krise aus den sozialen Verkrustungen des Systems gestoßen werden, aus denen heute die avantgardistischen Randkulturen fliehen.

Traditionen und Perspektiven der Nationalstaatlichkeit für die BRD

(unter Mitarbeit von Ulrich Borsdorf)

Zwischen gesamtdeutscher Tradition und europäischer Integration

Nationalstaatlichkeit ist nicht nur per definitionem die Voraussetzung internationaler Politik, sondern bei der gegenwärtigen Struktur der politischen Institutionen und Einstellungen in Europa auch der Rahmen demokratischer Willensbildung. Deshalb könnte es naheliegen, bei der Frage nach den Optionen demokratischer Außenpolitik von vornherein Nationalstaatlichkeit zu unterstellen. Damit wäre jedoch die wirkliche Lage der BRD im Ansatz verfehlt. Denn ihre Bevölkerung steht nicht nur – wie die übrige westeuropäische Gesellschaft – vor der Herausforderung des Regionalismus als einem Problem der Demokratie, sondern die Überführung einzelstaatlicher Außenbeziehungen in regionale Innenorganisation ist hier auch durch eine noch immer ungeklärte nationale Selbstidentifikation vorbelastet.

Die Entwicklung multinationaler Großunternehmen und die militärische Blockbildung im euroatlantischen Bereich haben den nationalstaatlichen Raster gesprengt und eine ökonomisch-militärische Verflechtung eingeleitet, welche die einzelnen Staaten Westeuropas ihrer Entscheidungsgewalt über Krieg und Frieden entkleidet und zunehmend ihren Spielraum vor allem im zentralen soziökonomischen Lenkungsbereich einschränkt. Das bedeutet zugleich, daß diese Kompetenzen sich demokratischer Willensbildung immer weiter entziehen und die nationalen Regierungen zu Maklern zwischen internationalen Organen und Interessengruppen werden, solange das Politikmonopol der Nationalstaaten – verfestigt durch bürokratische Apparate, politische Parteien und traditionelle Einstellungen – nicht von transnationalen demokratischen Organisationen gebrochen wird. Die derzeitige westeuropäische Integration läßt wirksame demokratische Organe auf supranationaler Ebene vermissen und höhlt durch Entzug der zentralen Zuständigkeiten die demokratische Komponente der parlamentarischen Regierungssysteme der Einzelstaaten zusätzlich aus. Diese Entwicklung droht, die nationalstaatlichen Demokratien auf die Aufgaben subsidiärer Verwaltungskontrolle und Personalauslese für die technokratische Exekutive supranational sich organisierender Wirtschaftsinteressen zu reduzieren.[1] Um

---

[1] Nach Gerda Zellentin: Der Wirtschafts- und Sozialauschuß der EWG und Euratom, Leiden 1962, und David Coombes: Politics and Bureaucracy in the European Community, London 1970, ist davon auszugehen, daß sich der Willensbildungsprozeß in der EWG in dem Dreieck zwischen Mitgliedsregierungen,

der Gefahr zuvorzukommen, daß die irreversible ökonomische Integration die derzeit daraus folgende Entdemokratisierung zum Sachzwang macht, müssen die Chancen transnationaler politischer Organisation ermittelt und ihr günstige, latente Einstellungsstrukturen in der Bevölkerung untersucht werden.

Dieser Aspekt der Nationalstaatlichkeit – von Europa her betrachtet: der „einzelstaatliche" – ist von dem zweiten nicht zu trennen, der traditionale Nationalität bzw. staatsgesellschaftliche Integration meint, ja bei den meisten EWG-Partnern handelt es sich sogar bei beiden Aspekten um ein und dieselbe Sache. Anders bei der BRD, deren soziale Integration „national" unbestimmt bleibt und traditionale oder bewußt offengehaltene gesamtdeutsche Optionen mitumgreift. Auch und gerade wenn man davon ausgeht, daß sich keine internationalen Bedingungen abzeichnen, die eine Restauration des Reiches ermöglichen,[2] oder wenn man dies sogar für nicht wünschenswert hält, gibt es wegen des Erbes zahlreicher gestörter verwandtschaftlicher und freundschaftlicher Bindungen in Deutschland, wegen der labilen Lage Berlins und wegen der schwierigen Anpassung der Vertriebenen genug „nationale" Sonderaufgaben für die Politik der BRD auch in den kommenden Jahren. Aber das Problem ist nicht mit einem Katalog praktischer Ziele erledigt. Die Nachwirkung des Nationalsozialismus und seiner Folge, der deutschen Teilung, kann ein Hemmnis bei der Klärung der außenpolitischen bzw. „einzelstaatlichen" Rolle der BRD wie auch auf dem Weg zu demokratischem und sozialem Fortschritt in Europa werden.

Bei ungeklärter nationaler Selbstidentifikation ist dem außenpolitischen Entscheidungsprozeß, in dem gewöhnlich ein jeweiliges „nationales Interesse" definiert wird, in der Praxis die Frage vorgeordnet, wer das im internationalen Verkehr zu vertretende Subjekt überhaupt sei. Über sie kann nicht in derselben Weise wie über einen Handelsvertrag entschieden werden. Entstehung, Umdefinition und Ablösung nationaler Selbstidentifikation werden in der ganzen Gesellschaft – also auch bei den politisch Handelnden – von soziokulturell spezifischen Kommunikations- und Be-

---

Fortsetzung von Fußnote 1:
Kommission und institutionale Lobby abspielt, während das Europäische Parlament als konsultative Repräsentation der Parteien keine wichtige Rolle spielt. Dadurch ermangelt die supranationale Politik nicht nur der Formen demokratischer Legitimation, sondern es fehlt darüber hinaus überhaupt an zentraler Lenkung und Innovation, selbst technokratischer Art. Die treibenden Kräfte der Integration liegen nicht im Bereich politischer Institutionen, sondern in der Wirtschaft, und zwar – worauf Jean-Jacques Servan-Schreiber: Die amerikanische Herausforderung, 4. Aufl., Hamburg 1969, hingewiesen hat – nicht einmal der europäischen. Die demokratische Herausforderung Europas beinhaltet also nicht etwa nur das Problem einer Bürokratie über den Parteien, sondern auch das der Konzerne über den Staaten.

2 Wir gehen im folgenden von dieser Voraussetzung aus. Widerspruch dagegen gibt es im Grunde nur noch mit Blick auf chinesisch-sowjetische Auseinandersetzungen. Das Alter dieser Illusion hat nicht zur Ausreifung ihres Inhalts beigetragen: Entweder handelt es sich um eine bloße mechanistisch-geopolitische Spekulation ohne Begriff von der Qualität der Auseinandersetzungen zwischen den kommunistischen Staaten oder es wird die Möglichkeit westlicher Gewaltanwendung impliziert, was in Europa nicht nur den Erklärungen aller Regierungen, sondern vor allem auch sowohl den subjektiven wie objektiven Friedensinteressen fast der gesamten Gesellschaft zuwiderliefe.

wußtseinsinhalten bestimmt, die als Ergebnisse von Sozialisations- und Traditionsprozessen langsamer und unbestimmter als zum Beispiel ökonomische Interessen auf Veränderungen ihrer Voraussetzungen reagieren.³ Die Verinnerlichung überkommener nationaler Einstellungen im Europa des 20. Jahrhunderts führte im Falle drastischer internationaler und wirtschaftlicher Veränderungen einer Gesellschaft mehrfach zu einer Kluft zwischen Anspruch und Wirklichkeit, zu einem „lag" der bis in Beruf und Familie hinein gültigen Werte gegenüber den tatsächlichen Funktionsbedingungen der Gesellschaft und den objektiven Interessen ihrer Mitglieder. Besonders wenn solche Veränderungen wie die deutsche Teilung von vornherein als Verlust und Unwert erfahren wurden, bot die Folgephase gesellschaftlicher Desorientierung besonders günstige Einwirkungsmöglichkeiten für konservative Gruppen, weil sie traditionelles Bewußtsein durch bloße Affirmation gegen die neue Wirklichkeit ausspielen und damit die in ihr enthaltenen sozialen Spannungen verdecken konnten.⁴

Nimmt man beide Problemkomplexe – die gesamtdeutsche Tradition nach der deutschen Teilung und die transitorische Einzelstaatlichkeit im europäischen Integrationsprozeß – zusammen und weicht der Erkenntnis nicht aus, daß sie irreversible Voraussetzungen geschaffen haben, so ergibt sich eine Reihe offener Fragen der Nationalstaatlichkeit für die BRD. Welche Optionen „internationaler" Politik hat überhaupt ein Staat, der sich schon von seiner Verfassung her als ein subnationales Phänomen versteht und zahlreiche Rechte klassischer nationalstaatlicher Souveränität nicht (bzw. nicht mehr allein)⁵ ausüben kann? Welche gesellschaftlichen Folgen hat der Widerspruch zwischen dem industriellen Potential und dem internationalpolitischen Status der BRD? Welche Faktoren werden künftig das Verhältnis zwischen „nationaler" Tradition, staatsgesellschaftlicher Integration und transnationalen Interessen bestimmen? Wird die BRD selbst eine Nation, und was könnte eine solche Entwicklung des kollektiven Bewußtseins ihrer Bevölkerung für deren soziale Lage, politische Verfassung und Außenbeziehungen bedeuten? Wo liegen die praktischen Bedürfnisse, die sich aus der deutschen Teilung ergeben? Gibt es auf seiten der BRD Chancen zur Demokratisierung der EWG?

Sollen künftige Entwicklungstendenzen empirisch wahrscheinlich gemacht und Optionen realistisch eingegrenzt werden, müssen der häufig mit starken Werthaltun-

---

3 Vgl. Leonhard W. Doob: Patriotism and Nationalism: Their Psychological Foundations, New Haven, London 1964, bes. S. 23, die Schematisierung für nationale Traditionalität und Veränderbarkeit nationaler Selbstidentifikation.

4 Vgl. z. B. Hans Dieter Müller: Der Springer-Konzern, München 1968, S. 271 ff. „Nationalismus als Markt."

5 Der Beitrag „Grenzen der Souveränität" von Wilhelm Kewenig, in: Außenpolitische Perspektiven des westdeutschen Staates, Band 1: Das Ende des Provisoriums, München 1971, S. 137 ff., problematisiert zwar die Bedeutung dieses Begriffs, klammert dann jedoch (S. 141) das Regionalismus-Problem aus und behandelt nur die sich aus den deutsch-alliierten Beziehungen ergebenden Beschränkungen der Vergangenheit. In Zukunft aber werden die gesellschaftlichen und regionalen Bedingungen in erster Linie bestimmen, inwiefern die BRD überhaupt noch „nach unten Herr und nach oben nicht mehr Untertan" sein kann. Im folgenden können aus diesem Problembereich nur subjektive gesellschaftliche Faktoren genauer betrachtet werden.

gen und Gefühlen besetzte Bereich des „Nationalen" versachlicht, die Triebkräfte des Nationalismus herausgearbeitet und in ihrer quantitativen Verteilung berücksichtigt werden. Eine Tendenzanalyse kann dabei nicht von einem Meinungsquerschnitt eines beliebigen Stichtags ausgehen, sondern muß zugleich einen historischen Begriff von der Entwicklung der Nationalstaatlichkeit, vom Wandel ihrer sozialen Funktion, von den mit ihr in Deutschland gemachten Erfahrungen und eine Einsicht in Vorentscheidungen, die künftige Optionen bedingen, vermitteln. Dementsprechend werden im folgenden vier Arbeitsschritte unternommen:

Zunächst werden in sehr groben Strichen ein sozialgeschichtliches Modell der Triebkräfte und Wirkungen von Nationalismus als kollektiver Selbstidentifikation und Integrationsideologie „staatsrelevanter Großgruppen" skizziert und die deutschen Grunderfahrungen mit Nationalstaatlichkeit als internationalem Ordnungsprinzip und mit Nationalismus als gesellschaftlicher Ideologie in knappster Form in Erinnerung gerufen. Dabei sei vorab betont, daß „Nationalismus" hier ganz ohne den im alltäglichen Sprachgebrauch häufigen pejorativen Sinn als ein sozialgeschichtlicher Sammelbegriff gebraucht wird. Ein epochales Strukturprinzip und Einstellungsmuster a priori abwerten zu wollen hätte keinen Sinn; etwas ganz anderes ist es, nach seiner jeweiligen sozialen Bedeutung zu fragen, zu prüfen, ob es einer spezifischen Gesellschaft noch angemessen ist, und sein Weiterschleppen in neue Entwicklungsepochen zu kritisieren.

Zweitens wird ein Überblick darüber gegeben, wie und aufgrund welcher sozialen und internationalen Bedingungen die politische Elite der BRD bislang das Problem der Nationalstaatlichkeit behandelt und welche Vorentscheidungen sie dabei getroffen hat.

Drittens wird mit quantitativen Methoden aufgrund demoskopischen Materials (einschließlich einer eigenen Repräsentativerhebung vom Februar 1971)[6] den Einstellungen der Bevölkerung zum gesamtdeutschen Komplex, zur staatsgesellschaftlichen Selbstverständigung der BRD und zu den europäischen Dispositionen nachgespürt, ihren Trends seit der frühen Nachkriegszeit, ihren Motiven, ihren Inhalten und ihrer Intensität.

Abschließend werden aus Erfahrungen, Vorentscheidungen und Meinungstrends politische Konsequenzen gezogen. Dabei wurde die wirtschaftliche Entwicklung als Bedingung des Handlungsspielraums und der Einstellungen auch im nationalpolitischen Bereich ausgeklammert, weil sie in einem anderen Beitrag[7] so abgehandelt wird, daß dessen wesentliche Ergebnisse hier als Annahmen zugrunde gelegt werden konnten. Auch die institutionelle „linkage" zwischen innerer und internationaler

---

6 Feld- und Rechenarbeiten erfolgen durch das INFAS-Institut Bad Godesberg. Für Fragen und Durchschnittsergebnisse vgl. Anhang. Angaben aus unserer Umfrage in den Abschn. V und VI werden mit „U" sowie der Nr. der Frage im Fragebogen ausgewiesen.

7 „Wirtschaftliche und technologische Faktoren" (S. 199 f.). Vgl. neuerdings auch Karl P. Sauvant: Multinational Corporations and the Transformation of the Present Nation-State System, hektographiert, Deutsche Vereinigung für politische Wissenschaft, Mannheim 1971.

Politik wird hier nur in groben Zügen behandelt. Einerseits fehlt es auf diesem Gebiet noch immer an ausreichenden Vorarbeiten. Andererseits muß die Untersuchung politischer Motivationen in Interessen und Mentalitäten Vorrang vor der ihrer Kanalisierung und Organisation haben. Gerade daß Nationalstaatlichkeit keine dynamischen Kräfte für die demokratische Entwicklung der BRD entbinden, sondern diese institutionell und ideologisch behindern wird, soll im folgenden gezeigt werden.

Der gescheiterte Nationalstaat als historische Voraussetzung

Nation als Prinzip und Ideologie

Eine Beurteilung der nationalen Problematik der Zukunft kann nicht in den problematischen Begriffen der nationalen Vergangenheit erfolgen. Zu selbstverständlich ist die Diskussion immer wieder von ungeschichtlichen Vorstellungen (wie der „Natürlichkeit" nationaler Zusammengehörigkeit oder der Selbstverständlichkeit nationalstaatlicher Gliederung) in die Sackgasse bloßer wirklichkeitsfremder Wünsche geführt worden. Deshalb seien zu Anfang – notwendig in sehr abstrakter Verkürzung – die historische Bedingtheit und gesellschaftliche Bedeutung des nationalen Prinzips, ihre Wandelbarkeit und ihre Problematik anhand von Ergebnissen und begrifflichen Instrumenten der Sozialgeschichte und Entwicklungsforschung zusammengefaßt.[8]

Die Bedeutung der vorherrschenden nationalen Einstellungen in einer Gesellschaft ist für deren außenpolitische Möglichkeiten keine fixe Größe über lange Zeiträume hinweg. Denn die Nationen selbst und die sie integrierenden Kräfte sind geschichtliche Erscheinungen verhältnismäßig jungen Datums und sowohl in ihrer Struktur wie in der Entwicklung ihres sozialen Inhalts einem dauernden Wandel ausgesetzt. Schematisch läßt sich folgende Grobeinteilung geben: Auf eine emanzipatorische Phase der liberalen Nationen folgte in Europa eine imperialistisch-faschistische – seither sind die Nationen in den kapitalistischen Industriegesellschaften zu einer Art Kommunikations- und Organisationssystem erstarrt, worin beide vorausgegangenen Phasen

---

[8] Die derzeit besten Forschungs- und Literaturübersichten in knapper Form finden sich in den Artikeln „Nationalstaat" sowie „Nationalismus, Nationalitätenfrage" von P. Burian bzw. H. Mommsen u. A. Martiny, in: Sowjetsystem und demokratische Gesellschaft. Eine vergleichende Enzyklopädie, Band 4, Freiburg i. Br. 1971, Sp. 714–740 bzw. 623–695. Das allgemeinere Verständnis der nationalen Problematik ist durch das Zusammentreffen nationaler Entlastung in Europa nach dem Zweiten Weltkrieg mit der Durchsetzung modifizierter Nationalstaatlichkeit an den „Verwaltungsnationen" (Sulzbach) der ehemaligen Kolonialdistrikte ermöglicht und durch die Entwicklungsforschung befruchtet worden. Grundlegend Karl W. Deutsch, Nationalism and Social Communication, 2. Aufl., Cambrigde, Mass., London 1966; zum „sozialen Wandel" in den Entwicklungsländern vgl. den Überblick bei Peter H. Merkl: Theoretische Perspektiven des Studiums der Politik der Entwicklungsländer, in: Politische Vierteljahresschrift, 7, 1966, S. 289ff. Wichtig für die vergleichende Analyse: E. H. Carr u. a.: Nationalism, 2. Aufl., London 1963; Rupert Emerson: From Empire to Nation, 3. Aufl., Cambridge, Mass. 1967; Eugen Lemberg: Nationalismus, 2 Bde., Reinbek 1964; K. H. Silvert (Hg.): Expectant Peoples, Nationalism and Development, New York 1967; Louis L. Snyder, The New Nationalism, Ithaca, N. Y. 1968.

aufgehoben sind und als latente gesellschaftliche Positionen fortwirken. Gleichwohl haben sich bis heute Grundelemente der Frühphase erhalten: nämlich der zumindest nach innen durchgesetzte Anspruch souveräner politischer Selbstgestaltung einer in einem gemeinsamen Territorium zusammenwohnenden, durch Grundgemeinsamkeiten in den Werten, Symbolen, Verhaltensmustern und Interessen zusammengehaltenen und nach außen abgegrenzten, partizipatorischen Gesellschaft. Diese verbindenden Elemente machen es sinnvoll, auch weiterhin etwa die große Mehrheit der Gesellschaften der in den „Vereinten Nationen" zusammengeschlossenen Staaten als Nationen zu bezeichnen.

Auch ist ungeachtet der Verknüpfung unseres alltäglichen Sprachgebrauchs von „deutscher Nation" mit den Traditionen des Bismarck-Reiches die bundesrepublikanische Gesellschaft in dem hier beschriebenen Sinn weit eher eine Nation als die „gesamtdeutsche Bevölkerung". Im Unterschied zur Nation verstehen wir Nationalität als eine Gruppe mit meist vorwiegend kulturellem Zusammengehörigkeitsgefühl, die politisch nicht primär völkerrechtliche Souveränität, sondern staatsrechtliche Autonomie (zum Beispiel als Personenverband) erstrebt. Dabei ist zu beachten, daß solche Definitionen historisch gebunden sind: Die Nationalitäten des Habsburgerreichs haben sich überwiegend zu Nationen entwickelt, die derzeitigen westeuropäischen Nationen würden in einem vollintegrierten Bundesstaat nur noch eine Nationalitätenrolle spielen. Gemeinsame objektive Merkmale (Bevölkerung eines Raumes, einer Sprache usw.) allein definieren dagegen politisch überhaupt nichts, wenn sie sich auch zur soziologischen Klassifikation eignen mögen.

Die Entstehung politischer Integrationsideologien des nationalen Typs ist nicht auf ein ursprüngliches Zusammengehörigkeitsbewußtsein zu bestimmten Rassen oder Räumen zurückzuführen, denn urtümliche Gesellschaften zeichnen sich durch das Fehlen eines die Sippe übergreifenden Gemeinbewußtseins aus,[9] während der geopolitische und „zoologische Patriotismus" typische Spätkonstruktionen aus der imperialistischen Ära sind.[10] Nationale Ideologien sind vielmehr erst als Produkte einer bestimmten, durch gesellschaftliche Strukturwandlungen charakterisierten Phase der Hochzivilisation wirksam geworden. Sie sind typisch für den Übergang von agrarischen zu industriellen Gesellschaften, politisch gesprochen: von feudalen oder autokratischen zu parlamentarischen oder plebiszitären Regimen. Gesellschaftlich wird diese Übergangsphase gekennzeichnet durch die Egalisierung des rechtlichen Status aller Gesellschaftsmitglieder, Mobilisierung der wirtschaftlichen, gesellschaftlichen und intellektuellen Ressourcen des Landes, Konzentration der wichtigsten politischen Entscheidungen und bürokratisch-militärischen Machtmittel in Zentralinstitutionen, Herstellung eines großräumigen einheitlichen Marktes für Waren, Leistungen und Meinungen, dessen Ausdehnung von der zentralen politischen Macht gesi-

---

9 Vgl. z. B. Ludwig Hamburger: Fragmentierte Gesellschaft, in: Kölner Zeitschriften für Soziologie und Sozialpsychologie, 17, 1965, S. 49ff., und zu den funktional verschiedenen „Integrationsformen segmentärer Gesellschaften" Christian Sigrist: Regulierte Anarchie, Olten, Freiburg i. Br. 1967, S. 60ff.
10 Vgl. Hannah Arendt: Elemente und Ursprünge totaler Herrschaft, Frankfurt a.M. o. J., S. 336ff.

chert und befriedet werden kann. Als Korrelat kapitalistischer Industrialisierung, Bevölkerungsvermehrung und sozialer Mobilisierung, des wachsenden Personalbedarfs des Staats für Verwaltung und Militär, der Säkularisierung religiös-traditionalen Milieus zugunsten staatlicher Schulen und bürgerlicher Bildung erscheint Nationalbewußtsein in Europa als Produkt rapide steigender Innenkommunikation[11] in einer „Großgruppe, die durch die Kombination mehrerer Arten von Beziehungen charakterisiert wird"[12] – und das heißt: nicht durch Homogenität.[13] Freilich ist Nationalismus keine bloße Funktion erhöhter Mobilität und Kommunikation in einem gegebenen Raum, sondern diese sind seine Voraussetzungen. Daß und wie Nationalismus in einer Großgruppe entsteht, hängt von ihren spezifischen Voraussetzungen und Interessen ab. Während zum Beispiel beim Bürgertum des 19. Jahrhunderts sich die aufstrebende Mobilität in eine Einheit von Nationalismus, Liberalismus und Kosmopolitismus umsetzte, hat die Bedrohung agrarischen und zünftigen Milieus durch Industrialisierung und dann verstärkt durch industrielle Konzentration autoritäre und xenophobe Varianten eines defensiven Nationalismus hervorgerufen. Solche Reaktionen konnten sich auch gegen Vorherrschaft von außen wenden und haben zum Beispiel im napoleonischen Deutschland und in Ostmittel- und Osteuropa die herrschenden Nationalideologien von Anfang an mitgeprägt. Im ökonomisch absteigenden Mittelstand der ersten Hälfte des 20. Jahrhunderts haben sie viel zur ideologischen Prädisponierung für den Faschismus beigetragen.

Die politisch und wirtschaftlich aufstrebende Schicht, im Europa des 19. Jahrhunderts das liberale Bürgertum, propagiert ihren Führungsanspruch gegen das jeweilige „ancien régime" nicht primär mit ihren eigenen Interessen, sondern legitimiert sich als das Volk schlechthin oder als dessen Repräsentant. Dies ist die Quelle der emanzipatorisch-integrativen Ambivalenz des Nationalismus.

So wird das Zusammengehörigkeitsgefühl aus Merkmalen der Nation, die deren Homogenität unterstellen, oder aus dem gemeinsamen Bekenntnis zu den Werten und Symbolen der nationalen Eliten motiviert; erst in diesem Kommunikationsvorgang wird die Nation nach Umfang und Zielen politisch definiert. Gemeinsame Sprache oder Geschichte, eine liberale Verfassung, aber auch gemeinsame Selbsteinschätzung oder ein spezifischer „way of life"[14] können einzeln oder zugleich zu inte-

---

11 Als entscheidenden Faktor nationaler Assimilation und Differenzierung in den größeren Ländern hat Deutsch, Nationalism, S. 123ff., die soziale Mobilisierung herausgearbeitet. Auch von ökonomischer Seite ist betont worden, daß der Nationalismus erst in einer zweiten Stufe seiner Entwicklung seinerseits zur Triebkraft der Industrialisierung der europäischen Nationalstaaten geworden sei. Vgl. Arcadius Kahan: Nineteenth Century European Experience with Politics of Economic Nationalism, in: H. G. Johnson (Hg.): Economic Nationalism in Old and New States, Chicago 1967, S. 17ff.
12 Miroslav Hroch: Die Vorkämpfer der nationalen Bewegung bei den kleinen Völkern Europas, Prag 1968, S. 14.
13 Vgl. die Kritik an der Abstraktion des „nation-building" als einer homogenen Vergemeinschaftung oder einer einlinigen Systemevolution bei Walter L. Bühl: Evolution und Revolution, München 1970, S. 35ff.
14 Nationale Selbstverständigung über die Praxis eines eigentümlichen „way of life" hat Hans Rothfels 1952 in die Diskussion eingeführt („Grundsätzliches zum Problem der Nationalität", in: Zeitgeschichtliche Betrachtungen, Göttingen 1959, S. 89ff.).

grierenden Bewußtseinsinhalten werden. Neben Wappen, Flaggen und politischen Heroen mögen ebensogut spezifische Kulturgüter, Sozialisationsinhalte (Struwwelpeter) oder auch Markenartikel Nationales symbolisieren und das Gefühl der Gemeinsamkeit stiften. Ethnische Ähnlichkeiten – wiewohl aus dem Kreis möglicher Definitionsmerkmale keineswegs ausgeschlossen – sind kein notwendiges Konstituens, wie sich an ethnisch gemischten (zum Beispiel Schweiz) oder nur Teil-Völker umgreifenden (zum Beispiel Österreich) Nationen erfassen läßt. Ist eine „staatsrelevante Großgruppe"[15] bzw. deren Elite – meist durch gemeinsame unter Druck und im Zuge schneller gesellschaftlicher Veränderungen gemachte Erfahrungen – zu einem eigenen (zugleich Sonder- und Gemein-)Bewußtsein gekommen, so wird sie insofern zu Nation, als sie den Anspruch auf politische Selbstgestaltung erhebt und konkrete Anstrengungen zu dessen Durchsetzung unternimmt, sei es in der Form der Revolution oder der nationalen Einigung bzw. Sezession. Wesentlich für das nationale Selbstverständnis sind nicht bestimmte gemeinsame Merkmale einer Gruppe, sondern ihr hoher innerer Kommunikationsgrad, der freilich zu einem Bewußtsein gemeinsamer Eigenschaften führen oder eine Folge davon sein kann, und ihr politischer Selbstbestimmungswunsch bzw. derjenige ihrer Eliten.[16] Die Integration von Nationen erfolgt ideologisch also entweder durch gruppenspezifische Wertvorstellungen der Führungsschicht oder durch solche Homogenitätsmerkmale, die gerade das, was keine gesellschaftlichen Konflikte auslösen kann in den Mittelpunkt stellen. Sie beruht jedoch auf einem geschichtlichen Lernprozeß. Nur eine „effective past" (Karl W. Deutsch), eine akzeptierte und weiterwirkende Überlieferung vergangener

---

15 Dieser Begriff Lembergs (Nationalismus, Bd. 3, S. 25ff.) ist fruchtbar, solange er im Sinne des historischen Phänomens „Staat" verstanden wird.

16 So definiert Raoul Girardet: Autour de l'Ideologie Nationaliste, in: Revue française de science politique, 15, 1965, S. 423ff., den Nationalismus in Anlehnung an das Dictionnaire de l'Académie Française („la volonté d'une collectivité, ayant, par suite de circonstances diverses, pris conscience de son indiviualité historique de créer et de développer son propre Etat souverain") als den Willen, die Rechtswirklichkeit Staat mit der soziologischen Wirklichkeit einer mit ihrer Individualität bewußt gewordenen nationalen Gruppe zur Deckung zu bringen (S. 430f.). In der Nationalismusforschung ist diese politische Dynamik der Nation meist zu einem spezifisch westeuropäischen Merkmal nationaler Selbstindifikation verkümmert. Von Friedrich Meineckes Kultur- und Staatsnationen (Weltbürgertum und Nationalstaat, München 1908, S. 2ff.) über Hans Kohns westlichen und mittel-osteuropäischen Nationalismus (Die Idee des Nationalismus, Frankfurt 1962, S. 309ff.), Otto Pflanzes, State-nation und Nation-state (Nationalism in Europe 1848–1871, in: The Review of Politics, 28, 1966, S. 129ff.) bis zu Lembergs rationalem und romantischem Strukturmodell (Nationalismus, Bd. 1, S. 86ff.) ist die dichotomische Begriffsbildung wesentlich aus dem Bedürfnis nach Erklärung des deutschen Sonderweges zu verstehen. Darüber hinaus aber bleibt die ideologische Typisierung eine Abstraktion ohne sozialgeschichtlichen Erkenntniswert. (Vgl. Aira Kemiläinen: Nationalism. Problems concerning the Word, the Concept and Classification, Jyväskylä 1964, S. 139ff. zu Kohn). Weiter führen hingegen die Strukturtypen Theodor Schieders (Typen und Erscheinungsformen des Nationalstaats in Europa, in: Historische Zeitschrift, 202, 1966, S. 58ff., der drei europäischen Hauptlinien nationaler Dynamik in zeitlicher Folge – Revolution im Westen, Integration in der Mitte und Sezession im Osten – unterscheidet und auf die jeweiligen staatlichen und gesellschaftlichen Voraussetzungen zurückführt. Ähnlich Konstantin Symmons-Symonolewicz: Nationalist Movements: An Attempt at a comparative Typology, in: Comparative Studies in Sociology and History, 7, 1961–65, S. 221f.; Theodor Schieder (Hg.): Sozialstruktur und Organisation europäischer Nationalbewegungen, München, Wien 1971.

Gemeinsamkeit stiftet dauerhafte nationale Selbstidentifikation. Dies bedingt in der weiteren Entwicklung die traditionale Affinität des Nationalismus.

Auf der anderen Seite enthielt er aber anfänglich unzweifelhaft auch fortschrittliche Elemente, insbesondere den Anspruch, traditionale obrigkeitliche Herrschaft durch die Selbstbestimmung der ganzen Gesellschaft abzulösen. Gerade damit das Bürgertum sich durchsetzen konnte, mußte es seine Interessen als die der ganzen Gesellschaft fassen, die Gesellschaft im Prinzip als eine Einheit von Gleichen propagieren. Durch diese egalitäre Projektion der Nation konnte deren tatsächliche Klassenstruktur von den nachdrängenden Emanzipationsbestrebungen des Kleinbürgertums und der Arbeiterschaft auf eine künftige auch soziale Homogenität hinrelativiert werden, ohne die Nation als Strukturprinzip notwendig in Frage zu stellen. Dadurch wurde sozialistischen und antiimperialistischen Bewegungen im 20. Jahrhundert wie auch den sozialistischen Ländern eher Anschluß an das ursprünglich bürgerliche nationale Ordnungsprinzip und an den Nationalismus als klassentranszendierende Ideologie ermöglicht.[17] Darüber hinaus bot der emanzipatorische Gehalt des Nationalismus aber auch in kapitalistischen Gesellschaften, wo koloniale Expansion oder frühe konsumgesellschaftliche Ausrichtung die inneren sozialen Spannungen reduzierten (angelsächsische Länder), die Möglichkeit zu einer schrittweisen Redefinition des sozialen Inhalts der Nation und zu einem auch von der Arbeiterschaft weitgehend mitgetragenen Konsens über Grundfragen der politischen Ordnung.

Die beiden im Ursprung des Nationalismus angelegten Strukturelemente – emanzipatorische Projektion und ideologische Integration – lassen sich auch so beschreiben, daß Nationalismus vormalige sub- und transnationale ideologische und soziale Bindungen (wie religiöse Normen, Reichsorientierung, Landespatriotismus, Standesgefühl, Untertänigkeit und Leibeigenschaft) auf eine einzige und als solche inhaltlich unbestimmte Ebene – nämlich die des Staates – projiziert, auf der eine wesentlich gefühlsmäßige Identifikation mit einer vorgegebenen und als selbständig, als oberster Wert in sich gedachten gesellschaftlichen Einheit vollzogen wird. Während nationale Selbstidentifikation insofern Voraussetzung sozialer und politischer Emanzipation aus personaler Herrschaft ist, stellt sie ihre abstrakte, formale, traditionale und emotionale Struktur zugleich in ein Spannungsverhältnis zu den materiellen, finalen und rationalen Komponenten der Demokratisierung. Nationalismus hat keinen notwendigen sozialen Inhalt, sondern kann sich ebensogut mit demokratischer Politik wie mit plebiszitärer Herrschaft verbinden. Insofern konnte in desintegrierten Gesellschaften eine Pluralität von Nationalismen entstehen, indem verschiedene Subkultu-

---

17 Werner Conze: Nation und Gesellschaft, in: Historische Zeitschrift, 198, 1964, S. 1ff.; Theodor Schieder: Der Nationalstaat in Europa als historisches Phänomen, Köln 1964, S. 25f.; Manfred Bensing: Die deutsche Nation im Prozeß des sozialen Typenwandels, in: Manfred Kossok (Hg.): Studien über die Revolution, Berlin (Ost) 1969, S. 474ff.

ren ihr soziales Selbstverständnis auf den Gesamtverband bezogen bzw. spezifische Interessen gesamtgesellschaftlich verbindlich machen wollten.[18]

Auf diesem Boden kann integraler (oder radikaler oder extremer) Nationalismus[19] entstehen, eine ideologische Struktur, in der mit fetischisierten Integrationssymbolen ein kleinster gemeinsamer Nenner nationalen Wesens jenseits des Interessenpluralismus gesucht und die Befriedigung der Interessen nach außen auf Gegner und Minderheiten, auf Kolonien oder Nachbarländer verwiesen wird. Eine solche Ablösung einer bereits eingeübten nationalistischen Ideologie von den unmittelbaren Interessen der großen Mehrheit der Gesellschaft wie von generellen Werten entfesselt bei bleibend hoher emotionaler Bindekraft eine rein auf Außenbeziehungen formalisierte Gruppendynamik, die sich selbst keine traditionellen oder normativen Schranken setzt. Diese Ideologiestruktur hat es in der imperialistisch-faschistischen Phase überall gegeben, aber dort, wo schwere soziale Einbrüche in hochindustrialisierten Gebieten ohne koloniales Ventil blieben, die Statusängste in den Mittelschichten sich verschärften und als Ergebnis internationaler Diskriminierung rationalisiert werden konnten, hat sie eine besonders explosive Kraft in der Mobilisierung pauschaler Protest- und Ressentiment-Bewegungen gewonnen. Insgesamt ist der Nationalismus in den europäischen Führungsmächten seit dem letzten Drittel des 19. Jahrhunderts aus einer gesellschaftlichen Mobilisierungsideologie und einem zwischenstaatlichen Ordnungsgedanken zu einem Phänomen gesellschaftlicher Desorientierung geworden und hat den Aufbau kolonialer Imperien und kontinentaler Hegemonien gesellschaftlich legitimiert. Dies war in seinem Charakter als Integrationsideologie bereits angelegt.

Im Verhältnis zur Relevanz des Nationalismus als innenpolitischer Ideologie ist die wirkliche Bedeutung des Nationalstaatsprinzips im Bereich der auswärtigen Beziehungen sehr bescheiden geblieben, obwohl es sich formell durchgesetzt hat. Jedenfalls gilt dieses Urteil, wenn man auch die restriktiven Züge nationalstaatlicher Ordnung berücksichtigt. Die meisten kleineren Nationen haben zwischen den Großmächten nie ihre volle Selbständigkeit durchsetzen, sondern nur ihre partielle Abhängigkeit in souveräne Formen kleiden können. Die ursprüngliche liberale Vorstellung von einer befriedeten Weltgesellschaft gleichrangiger Nationalstaaten hat zu keiner Zeit die internationale Wirklichkeit bestimmt, da sie den unterschiedlichen historischen Voraussetzungen und der Ungleichmäßigkeit der politischen und wirtschaftlichen Ent-

---

18 Vgl. Girardet, Idéologie Nationaliste, S. 438, mit einer Aufzählung der gegensätzlichen sozialen Inhalte der französischen Nationalismen am Ende des 19. Jahrhunderts.
19 Integraler Nationalismus ist ursprünglich ein Begriff aus dem Selbstverständnis der protofaschistischen „Action française". Vgl. Lemberg, Nationalismus, Bd. 1, S. 195ff., und bes. Carlton J. H. Hayes: the Historical Evolution of Modern Nationalism, New York 1931, S. 165ff. Da dieser Begriff am besten die von sozialem Emanzipationsinhalt entleerte integrative Struktur dieser Ideologie beschreibt, werden wir ihn im folgenden verwenden. In Deutschland sind andere Begriffe für strukturell gleiche Sachverhalte (wenn auch andere Formen und Aussagen der Ideologie) üblich. Vgl. Konrad Schilling: Beiträge zu einer Geschichte des radikalen Nationalismus in der Wilhelmischen Ära 1890–1909, phil. Diss. Köln 1968; Rainer M. Lepsius: Extremer Nationalismus, Stuttgart 1966.

wicklung nicht entsprach. Darüber hinaus aber hat die kapitalistische Wirtschaftsstruktur der europäischen Führungsmächte das nationalstaatliche Prinzip zerrüttet. Paradox könnte man formulieren, daß dort, wo der innere Nationalismus gebändigt blieb, imperiale Ausbreitung in anderen Kontinenten nationale Selbstbestimmung ausschloß, während dort, wo solche Ausbreitung nicht gelang, innere soziale Spannungen sich durch einen integralen Nationalismus entluden, der die nationalstaatliche Ordnung in Europa selbst sprengte.

In dem Maße, wie sich die nationalstaatliche Gliederung der Weltgesellschaft im 20. Jahrhundert formell durchgesetzt hat, ist ihre labile, extrem-pluralistische Struktur von Blockbildungen, Hegemonien, Regionalismen, wirtschaftlichen Abhängigkeiten unterlaufen worden, so daß gerade in der „internationalen" Politik das nationalstaatliche Prinzip zwar juristische und diplomatische, aber wenig politische und wirtschaftliche Bedeutung hat, wenngleich es ein Moment der Beweglichkeit, aber auch der Unsicherheit in die „Systemblöcke" bringt. Gleichwohl hat der Nationalstaat gerade dadurch, daß er in gewissem Sinne nur formell und ideologisch existiert, große sozio-politische Bedeutung. Er gibt durch Formalisierung von Beziehungen zum Beispiel den wirtschaftlich schwachen Ländern einen gewissen Schutz. Mehr aber noch kann der Nationalismus in der Dritten Welt wiederum als Mobilisierungs- und antiimperiale Ideologie seine ursprüngliche modernisierende und emanzipatorische Funktion erfüllen. In den hochindustrialisierten Ländern Europas dagegen ist die Bedeutung der alten symbolorientierten nationalistischen Ideologie im Schwinden, das nationale Selbstverständnis ist zu einer beharrenden Konvention, der Nationalstaat zu einem organisatorisch-ideologischen Regelsystem geworden, das als „politische Kultur"[20] vorgeprägt, unpathetisch, ja stillschweigend und hocheffizient die politische Vermittlung der von kontinuierlichem Wirtschaftswachstum geschaffenen sozialen Integration leistet.[21] Diese ökonomische Voraussetzung aber ist längst über den Nationalstaat hinausgewachsen und läßt ihn als inkongruenten Überbau, als ideologische Organisationsform partizipatorischer Demokratie erscheinen.

Deutsche Nationalstaatlichkeit als „pathologischer Lernprozeß"

Nationalismus und Nationalstaat als deutsche Erfahrung weichen von den geschilderten ambivalenten Grundtendenzen der Epoche in zweifacher Weise ab: Erstens gelang es nicht, eine staatlich organisierbare nationale Selbstverständigung herbeizu-

---

20 Zur Grundlegung des Verständnisses „politischer Kultur", das gerade für die Selbstidentifikation der BRD-Gesellschaft fruchtbare begriffliche Hilfen geben kann, vgl. Sidney Verba: Comparative Political Culture, in: Lucien W. Pye und Sidney Verba (Hg.): Political Culture and Political Development, Princeton, N. J., 1965, S. 512ff.
21 Vgl. Stanley Hoffmann: Obstinate or Obsolete?, in: J. S. Nye Jr. (Hg.): International Regionalism, Boston 1968, S. 177ff.; Godfried van Bentheim van den Bergh: Contemporary Nationalism in the Western World, in: Daedalus, 95, 1966, S. 828ff.

führen, so daß der Nationsbegriff stets den Staat transzendierte und andererseits, das Kaiserreich, die quasinationalstaatliche Grunderfahrung der Deutschen, insofern es fremde Nationalitäten umfaßte, Preußens vor- und übernationale Rolle fortführte und erweiterte. Zweitens kam das fortschrittlich-egalitäre Element des Nationalismus (sein gesellschaftlicher Inhalt) von vornherein gegenüber seinem traditional-ideologischen Element (seiner integrierenden Form) nicht zum Zuge. Die historischen Voraussetzungen Deutschlands und seine gesellschaftliche Enwicklung im 19. Jahrhundert haben die Assimilation des politischen Nationalismus und die defiziente Nationalstaatsbildung von oben zu einem „pathologischen Lernprozeß" (Karl W. Deutsch)[22] gemacht, dessen Ergebnisse im integralen Nationalismus der NS-Bewegung und im kontinentalen Imperialismus des NS-Regimes die nationalstaatliche Entwicklung in ganz Europa zerrüttet und in Deutschland beendet haben. Diesen Weg im einzelnen nachzuzeichnen ist hier weder möglich noch nötig, zumal dies in der neueren Literatur bereits mehrfach in fruchtbaren Längsschnitten geschehen ist.[23] Im folgenden seien nur gleichsam Stichworte für jene sieben Hauptweichenstellungen in Erinnerung gerufen, über welche die deutsche Nation aufs Abstellgleis der Teilung gelangte.

Nationalbewußtsein bereitet sich in Deutschland durch die Wirksamkeit einer Bildungsschicht aus, die unter dem morschen und bald verfallenen Dach des alten Reiches politisch an die Partikularstaaten gebunden war und ihr verbindendes Element in gemeinsamer Kultur und Sprache erfuhr. Diese unter den Deutschen vorherrschende (und von hier in Ost- und Südosteuropa übernommene) ethnisch-kulturelle Selbstidentifikation begründete ein grundsätzliches Spannungsverhältnis zwischen Nation und Staat. Denn in ihr kam nicht primär der politische Anspruch eines machtvoll aufstrebenden Bürgertums zum Ausdruck, und sie entzog sich obendrein angesichts der ethnischen Gemengelage an allen Grenzen des alten Reiches einer territorialstaatlichen Organisation ohne nationale Vergewaltigung bzw. Unerfülltheit. Diese im Ursprung angelegte Eigentümlichkeit des deutschen Nationalbewußtseins wurde durch seine Politisierung in den Befreiungskriegen bestärkt, als zwar Elemente der Französischen Revolution aufgenommen, aber in eine charakteristische harmonisierende, bürgerlichen Repräsentationsansprüchen zuvorkommende Reform umgewandelt wurden und Nationalismus als gesamtgesellschaftliche Verteidigungsideologie gegen revolutionäre Fremdherrschaft diente. Nationale Mobilisierung

---

22 Karl W. Deutsch: Politische Kybernetik, Freiburg 1969, S. 240f., 329.
23 Helmuth Plessner: Die verspätete Nation, 4. Aufl., Stuttgart 1966; Werner Conze: Die deutsche Nation, Göttingen 1963; Helga Grebing: Nationalismus und Demokratie in Deutschland, in: Iring Fetscher (Hg.): Rechtsradikalismus, Frankfurt a.M. 1967, S. 31ff.; Andreas Hillgruber: Kontinuität und Diskontinuität in der deutschen Außenpolitik von Bismarck bis Hitler, Düsseldorf 1969; Karl-Dietrich Bracher: Über das Verhältnis von Nationalbewußtsein und Demokratie, in: FS Hans Rosenberg (Hg. G. A. Ritter), Berlin 1970, S. 166ff.; Christian von Krockow: Nationalismus als deutsches Problem, München 1970; Theodor Schieder: Das Deutsche Reich in seinen nationalen und universalen Beziehungen 1871–1945, in: ders. u. Ernst Deuerlein (Hg.), Reichsgründung 1870/71, Stuttgart 1970, S. 422ff.

sollte nicht die Herrschaft eines hier noch schwachen Bürgertums etablieren, sondern Einigungsmomente jenseits der politischen und sozialen Gliederung der Gesellschaft finden, sie als Ganzes nach außen abgrenzen, aktionsfähig machen. Diese Grunderfahrung hat statt der sozialemanzipatorischen die integrativen und defensiven Züge dieser Ideologie im Bewußtsein verankert. Die französischen Rheinansprüche 1840 und die Unfähigkeit, 1848 besonders in der Polen-Frage das kulturnationale Selbstverständnis mit den nationalstaatlichen Ansprüchen zu vermitteln, haben diese Tendenz verstärkt, emotionalisiert und früh auch bürgerliche Demokraten zum machtstaatlichen Bündnis mit den alten Gewalten bewogen. Zur Durchsetzung eines expansiven Nationsverständnisses mußten sie sich schon in der Paulskirche wechselnder Argumente auch aus dem Reservoir historischen und einzelstaatlichen Rechts und sozialdarwinistischer Slogans bedienen.[24]

Daß sich das Nationalverständnis territorial nicht abgrenzen ließ und daß man angesichts der ablehnenden Haltung der europäischen Großmächte gegen die Bildung einer einheitlichen Gewalt in Mitteleuropa auf die Unterstützung der deutschen Führungsmächte angewiesen war, sind aber nicht die einzigen Gründe, an denen die bürgerliche Revolution von 1848 scheiterte. Es war in diesem Stadium der Frühindustrialisierung zugleich das begrenzte Ausmaß und die fehlende politische Konsolidierung der bürgerlichen Nationalbewegung, mit einem Wort: ihre Schwäche, die Deutschland ohne die westliche Urerfahrung eines sich selbst als Nation, als allgemeinen Stand setzenden Bürgertums ließ. Durch die Zollunion hatte das Besitzbürgertum erste Entfaltungsmöglichkeiten gefunden: die „Revolution von oben"[25] der liberalen Bürokratie in den Einzelstaaten hatte seine sozio-ökonomische Position gefestigt; die Angst vor einem Umschlagen der nationalen in eine soziale Revolution der ländlichen und städtischen Armut ließ ihm die Anlehnung an die etablierten Gewalten geraten erscheinen. Die deutsche Bourgeoisie brauchte den „starken" Staat mehr als den „nationalen." Aber auch im reduzierten Bereich eines zu revolutionierenden Überbaus, an dem sich die Bildungsschicht besonders engagierte, gab es alles andere als Einigkeit. Im Nachwirken älterer Landespatriotismen, in den Anhängerschaften der beiden deutschen Großmächte, in sozialen, doktrinären und auch konfessionellen Aufspaltungen machte sich der Mangel an einem politischen Verklärungsprozeß verhängnisvoll bemerkbar, den die Kleinstaaterei und das Metternichsche Polizeisystem verhindert hatten. Der Sieg der Reaktion war doppelt erfolgreich: Die alte Führungsschicht gewann die Gewaltmittel für eine nunmehr militärische Variante der Revolution von oben zurück, und im Bürgertum setzte sich angesichts der Niederlage vollends die Ansicht durch, das nationale Ziel durch ein instrumentales Bündnis mit dem als reaktionäre Macht wiedererstarkenden Preußen erneut anzusteuern.

---

24 Vgl. Rudolf Buchner: Der Durchbruch des modernen Nationalismus in Deutschland, in: FS Harald Steinacker, München 1955, S. 309ff.; Wolfgang Hallgarten: Studien über die deutsche Polenfreundschaft in der Periode der Märzrevolution, München, Berlin 1928.

25 Als Leitthema der Vorgeschichte des Bismarck-Reiches betont bei Wolfgang Sauer: Das Problem des deutschen Nationalstaates, in: Politische Vierteljahresschrift, 3, 1962, S. 159ff.

Bismarcks Politik zeigte freilich, wer Roß, wer Reiter war. Bürgerliche Interessen wurden zwar befriedigt, der für die Industrialisierung notwendige große Markt und der Rechtsstaat geschaffen, aber die Zügel blieben nach der Vorentscheidung des Verfassungskonflikts in der Hand der militärisch-agrarischen Führungsschicht Preußens. Der „kleindeutsche" Nationalstaat von 1871 war von Anfang an mit den Hypotheken seiner Entstehung belastet. Er war in einem Moment des Desinteresses der imperialistischen Großmächte an Mitteleuropa auf die preußischen Waffen gegründet, begann mit einer nationalen Teilung (der Austreibung Österreichs aus Deutschland), bezog mit preußischen Polen und Dänen sowie für Frankreich optierenden Elsässern widerstrebende nationale Minderheiten ein, schuf im Reich nur ein Dach über dem unbereinigten Fortbestand der ungleichgewichtigen Bundesstaaten, verstärkte die soziale Desintegration der deutschen Gesellschaft bis zur Bildung von Subkulturen (insbesondere der Katholiken und der Arbeiterschaft), verhinderte durch nur taktische Bündnisse der halb monarchischen, halb plebiszitären Führung die Bildung einer selbstbewußten Repräsentation des Bürgertums und bewahrte die normative Prägekraft einer gesellschaftlich überständigen, sinkenden Führungsschicht. Von einem Nationalstaat nach den Begriffen der nationalen Bewegungen des 19. Jahrhunderts kann bei diesem fragilen Gebilde ohne bleibende außenpolitische Partner, ohne soziale Integration, ohne dynamische Führungsschicht, ohne liberales Regierungssystem kaum die Rede sein. Zwar konnten die nationalen Mängel dieses Staates durch die Betonung seines Charakters als Kaiserreich, also durch Anschluß an vornationale Traditionen, teilweise ideologisch ausgeglichen werden, aber es blieb nach dem ersten Rausch doch das Bewußtsein eines unvollendeten Nationalstaats zurück.[26] Zwar konnten politische Emanzipationsansprüche abgefangen werden, indem Bismarck die Gruppen, die sie erhoben, in wechselnden Konstellationen zu Reichsfeinden erklärte oder teilweise durch präventive Interessenbefriedigung entpolitisierte, aber dadurch wurden Mobilität und Integration verhindert; das Gleichgewicht der Gruppen blieb prekär. Gleichwohl darf man nicht übersehen, daß durch die Verbindung industrieller Expansion mit Reichsnationalismus, „Primat der Außenpolitik", Sozialimperialismus und anderen ideologischen Integrationsversuchen die Erfahrung des Bismarck-Reiches die „politische Kultur" Deutschlands in einer einheitlicheren Weise geprägt hat, als es der historische Blick auf seine labile und zerklüftete Struktur erwarten lassen könnte. Nachdem sich Einheit und Freiheit zugleich als unerreichbar erwiesen hatten, erlaubte die verminderte Version beider, die Preußen der Nationalbewegung schenkte, ein zunächst hohes Maß an Identifikation mit diesem Staat bis in die Arbeiterbewegung hinein, mit seinem „Raumbild" und mit den sozialen Einstellungs- und Verhaltensmustern der residualen Führungsschicht Preußens, zumal sich Reichsorientierung mit Gruppenpartikularismus verbinden ließ.

Die labile Struktur des Reiches und der Mangel an einem inhaltlichen Konsensus der Gesellschaft höhlten die Begeisterung der Gründerjahre jedoch bald aus, als der

---

26 Theodor Schieder: Das deutsche Kaiserreich von 1871 als Nationalstaat, Köln 1961.

Druck der großen Depression die Balance der Gruppen schwieriger machte und der Bündnispartner der Reichsgründung, das liberale Bürgertum, in der Opposition stand. An seine Stelle trat nun der preußisch-agrarische Konservativismus, der sich nur widerstrebend mit dem Nationalstaat abgefunden hatte und in seiner Vorstellung das Nationale auf Kaiser, Heer und Flotte reduzierte, also auf äußere Repräsentation und Gewaltmittel. Dem Bürgertum wurden seit den achtziger Jahren als Integrationsersatz weltpolitische Ziele, schließlich auch die Einrichtung von Kolonien geboten.[27] Solche sozialimperialistischen Manipulationen konnten auf die Dauer nicht verhindern, daß sich nationalistische Gruppen bildeten, die – obwohl in ihren Grundeinstellungen mit den wilhelminischen Reichsregierungen einig – an die Unerfülltheit des Reiches als Nationalstaat anknüpften und irredentistische Traditionen mit der imperialistischen Schubkraft industrieller Expansion zum kontinentalimperialistischen Programm verbanden. Ähnlich wie der Kolonialerwerb mußte erst recht die Absicht einer Vergrößerung des Reiches auf Kosten seiner Nachbarn die außenpolitische Brüchigkeit des von Bismarck noch austarierten Gleichgewichtssystems bedrohen. In der Ära des Imperialismus verbanden sich die Subkulturenstruktur der deutschen Gesellschaft, der Reichsnationalismus und das unerfüllte völkische Element, das Streben nach Expansion und Weltgeltung, nach Weltmärkten und einer deutschen Kulturmission zu einem integralen Nationalismus. In ihm trafen sich ganz unterschiedliche Interessen und Traditionen in der Wertschätzung fetischisierter nationaler Symbole und in einer grundsätzlichen Einigkeit darüber, daß das Reich der Deutschen noch nicht groß und bedeutsam genug sei, daß seine Nationalitäten sich der deutschen Nation unterzuordnen hätten, daß seine Wirtschaftskraft einen Platz an der Sonne neben den anderen imperialistischen Weltmächten beanspruchen könne. Insidern war klar, daß solche Ziele ohne militärisches Risiko schwerlich zu erreichen waren. Dieses Grundeinstellungsmuster[28] hatte von den Alldeutschen – einem kleinen, aber wirksamen überparteilichen Kartell – nach links gewiß deutliche Abstufungen der Intensität und Ausschließlichkeit, aber es bestimmte die „politische Kultur" des Wilhelminismus derartig, daß es selbst innerhalb der diskriminierten Arbeiterbewegung wiederzufinden ist.[29] Im August 1914 kam die latente ideologische Grundgemeinsamkeit im Burgfrieden auch praktisch zum Ausdruck, aber das erstarrte, nur ideologisch integrierte System hielt der Belastung des Krieges auch unter Zuhilfenahme von

---

27 Hans-Ulrich Wehler: Bismarck und der Imperialismus, Köln, Berlin 1969.
28 Schilling, Nationalismus in der Wilhelminischen Ära; Fritz Stern: The Politics of Cultural Despair, Garden City, N. Y. 1965.
29 Hans-Ulrich Wehler: Sozialdemokratie und Nationalstaat, 2. Aufl., Göttingen 1971. Die Haltung der Sozialisten wäre als Rückwirkung des imperialistischen Nationalismus allerdings ganz unbefriedigend erklärt; es gab vielmehr bei ihnen starke Traditionen der nationalen Emanzipationsbewegung. Vgl. Werner Conze u. Dieter Groh: Die Arbeiterbewegung in der nationalen Bewegung, Stuttgart 1966; Hans-Josef Steinberg: Sozialismus, Internationalismus und Reichsgründung, in: Schieder u. Deuerlein, Reichsgründung, S. 319ff., sowie Hans Mommsen: Die Sozialdemokratie und die Nationalitätenfrage im Habsburgischen Vielvölkerstaat, Wien 1963.

Militärdiktatur und einer integral nationalistischen Sammlungsbewegung (Vaterlandspartei) nicht stand.

Nach den hochgespannten Erwartungen der Vorkriegszeit und den kontinentalimperialistischen Kriegszielen bedeuteten der Verlust der Monarchie, des Integrationssymbols des Systems und Garanten seiner Führungsschicht, der Kriegsschuldparagraph und die Reduzierung des Reiches auf eng verstandene nationale Grenzen sowie seine durch die Reparationslast auch in der Innenpolitik ständig virulente Unterordnung unter seine einstigen Konkurrenten eine Frustration ohnegleichen für die integral-nationalistischen Aspirationen der Ober- und Mittelschichten. Dies gab dem Nationalismus in Deutschland erst seine Starre, seine Parole (Revision von Versailles), seine allgemeine Verbindlichkeit. Hinzu kam nun die Angst vor der Sozialrevolution, die seit der Gründung der Sowjetunion und den Rätebewegungen den Status der Mittelschichten und den Besitz der Oberschicht konkreter als zuvor in Frage zu stellen schien. Von wenigen Gruppen abgesehen, wurde die Wendung gegen links (wovon der Antibolschewismus nur der populärste Teil war) seit dieser Zeit vollends zu einem Wesensbestandteil des deutschen Nationalismus, womit Bismarcks Unterdrückung der „Reichsfeinde" und Wilhelms II. Front gegen die „vaterlandslosen Gesellen" systematisiert wurde. Auch die antisemitische Tradition der deutschen und österreichischen Vorkriegszeit wurde weitergeführt, verbreitet, brutalisiert, zumal sie sich im Gewand von Verschwörertheorien dazu eignete, die doppelte Front des Mittelstands gegen Kapital und Arbeit als nationale Selbstverteidigung erscheinen zu lassen. Bei alledem hatte sich an der zerklüfteten Struktur der deutschen Gesellschaft mit ihren großen rückständigen Segmenten wenig geändert. Aber die Demobilisierung, die Inflation, die Agrarkrise während der wirtschaftlichen Erholungsphase haben absteigende soziale Mobilität ausgelöst und die mittelständische Statusfurcht angesichts wachsender Kapitalkonzentration und industrieller Rationalisierung verschärft. Sie vor allem motivierte die Anhänger der nationalsozialistischen Bewegung und der zahlreichen anderen Versuche zur Mobilisierung und Organisation des Nationalismus und Konservativismus.[30] Aber selbst in der Stabilisierungsphase der Weimarer Republik war die Kontinuität der nationalistischen Tradition keineswegs auf radikale Außenseiter beschränkt. Auch bei Repräsentanten des „Reiches als Republik" fanden sich ihre spezifischen Elemente der Orientierung an obrigkeitlicher Ordnung, der Inkongruenz von Nation und Staat und der Unverbindlichkeit übernationaler Werte und Ordnungsvorstellungen: Man denke nur an die Verteidigung der „Ordnung" durch die Führer der SPD gegen die Arbeiter in den Räten, an die nationalen Revisionsmotive hinter Stresemanns Erfüllungspolitik, an den Integrationsversuch der Mitte mittels Hindenburg als Ersatzkaiser, an die Leitbilder der Monarchie und des autoritären Regiments Bismarcks bei Brüning. Diese Grundeinstellungen waren in den Partikulargruppen und Subkulturen nicht minder verbreitet, und als

---

30 Vgl. z. B. Hans Fenske: Konservativismus und Rechtsradikalismus in Bayern nach 1918, Bad Homburg 1969.

deren vermittelnde Funktion unter dem wirtschaftlichen Druck der Krise zerbrach, wurden die autoritären und nationalistischen Ressentiments sozusagen reichsunmittelbar und große verunsicherte Gruppen im alten und neuen Mittelstand, in der Jugend, unter den Bauern, Handwerkern bis hin zur (verhältnismäßig resistenten) Arbeiterschaft, für die Manipulateure des integralen Nationalismus organisierbar.[31] Während das Reich zum ersten Mal so etwas wie ein Nationalstaat geworden war, hatte es doch keinen konsolidierten Platz in der europäischen Ordnung gefunden und wurde in seiner parlamentarischen Struktur und republikanischen Form von wachsenden Teilen der Gesellschaft abgelehnt. Desorientiert vom Nationalismus mit seinen in einem langen Lernprozeß erworbenen expansiven, autoritären, militaristischen an vorindustriellen Leitbildern geschulten, antiemanzipatorischen Zügen wurde die Lösung der Krise des internationalen Kapitalismus überwiegend nicht in progressiver Umgestaltung der wirtschaftlichen Struktur, sondern in regressivem Umsturz der politischen Ordnung gesucht.

Die Motive der NS-Anhängerschaft wären viel zu diffus und widersprüchlich, in gewissem Sinne „unpolitisch" für eine Machtergreifung aus eigener Kraft gewesen, ganz abgesehen von der beschränkten Rekrutierungsbasis mittlerer Schichten. Zur Durchsetzung war es notwendig, daß sich die industrielle, militärische, großagrarische und bürokratische Führungsschicht Deutschlands von der „nationalen Revolution" eine Stabilisierung ihrer Stellung, die Befriedigung ihrer außen-, militär- und wirtschaftspolitischen Interessen, die Durchbrechung der internationalen Diskriminierung sowie die Ausschaltung der organisierten Macht der Arbeiterschaft versprach. Die Widersprüche dieses Bündnisses zwangen das faschistische Regime zu immer neuen expansiven Erfolgen, die nicht bei einer Revision des Versailler Vertrags stehenbleiben konnten, weil jeglicher äußere Stillstand innere Konsolidierung, damit eine Entscheidung zwischen den sozialen Interessen der klein- und großbürgerlichen Bündnispartner und eine Legitimierung der plebiszitären Führermacht, das heißt den Zerfall des Systems, notwendig gemacht hätte.[32] Nicht eine Verschwörung lumpenproletarischer Ideologen hat also Deutschland in einen Krieg mit allen relevanten Mächten verwickelt und damit sein Ende als Nationalstaat besiegelt, sondern die historisch gewachsene Struktur seiner damaligen Gesellschaft.[33] Dabei war dem integralen Nationalismus als einer weite Bereiche der Gesellschaft verbindenden Einstellung die Rolle eines ideologischen Mediums zugefallen, das imperialistische Expansionsinteressen mit nationaler Frustration, die Wünsche nach ungehinderter wirtschaftlicher Konzentration mit den davon ausgelösten antikapitalistischen Ressentiments der Betroffenen, den kapitalistischen Plan zu einer „Formierung der Gesellschaft" durch staatliche Zwangsmittel und die Hoffnung bedrängter Kleinbürger auf ihre Emanzipation in einer „nivellierten Mittelstandsgesellschaft" unter den

---

31 Zusammenfassend Lepsius, Extremer Nationalismus.
32 Zusammenfassend Martin Broszat: Soziale Motivation und Führer-Bindung des Nationalsozialismus, in: Vierteljahrshefte für Zeitgeschichte, 18, 1970, S. 392ff.
33 Klaus Hildebrand: Deutsche Außenpolitik 1933–1945, Stuttgart 1971.

spezifischen Bedingungen der Zwischenkriegszeit vermittelte. Längst als das Dritte Reich die nationalstaatliche Ordnung Europas zerschlagen und den Aufbau eines Kontinentalimperiums mit einer Hegemonie über die Randstaaten begonnen hatte, bewährten sich im Innern noch die Tugenden des integralen Nationalismus wie Treue, Pflichtbewußtsein, Hingabe, Gehorsam und seine nach außen und gegen Minderheiten gerichtete Aggressivität als Integrationsmittel selbst bei jenen Mittelschichten, deren Niedergang unter diesem von ihnen mit herbeigeführten Regime sich wesentlich beschleunigt hatte.

Der pathologische Lernprozeß, den Deutschlands Erfahrung mit der Nation als Prinzip und Ideologie bis zur außenpolitischen Selbstzerstörung, zur Judenausrottung, zur Unterdrückung und Desorientierung der Mehrheit seiner Bürger durchgemacht hatte, weist jedoch über die Kulminationspunkte von Auschwitz, Stalingrad und Potsdam hinaus und bedingte am Ende selbst die Versuche der Gegner des Nationalsozialismus zu einer Neuorientierung. Dies gilt nicht zuletzt für wichtige, wenn auch nicht dominante Gruppen bei den Siegermächten (insbesondere die Vansittartisten in England und die Morgenthau-Anhänger in den USA), welche die Selbstdarstellung des Nationalsozialismus als Ausdruck deutschen Wesens umgewertet übernahmen, also die geschichtlichen und sozialen Gründe der deutschen Fehlentwicklung übergingen, und weltpolitische Sicherheit nur durch vollständige Unterdrückung oder Lähmung der Deutschen zu gewinnen meinten. Es gilt aber auch in einem gewissen Sinn für die Hauptrichtungen der gesellschaftlichen Grundkräfte im und nach dem Krieg in Deutschland.[34] Auf der Seite des Bürgertums war alsbald die Flucht vor allem Nationalen und der Rückgriff auf vornationale Orientierungen und Einstellungen die beherrschende Tendenz, denn nur so konnte es den Konsequenzen der Fehlentwicklung ausweichen, die seine Gegner in einer grundsätzlichen Umgestaltung der Gesellschaftsstruktur sahen. Der Verlust der Souveränität, die Ungewißheit der zukünftigen, von außen dominierten Gesellschaftsordnung und das Vordringen der Sowjetunion nahmen der Nationalstaatlichkeit die politische Priorität und der integral-nationalistischen Ideologie ihren Wert als Integrationsinstrument. Westlich-europäische Orientierung sollte das Bürgertum aus der nationalen „Katastrophe" und ihren sozialen Konsequenzen herausführen und im internationalen Maßstab eine Abwehrfront gegen die Sowjetunion aufbauen. Mit sub- und transnationalen Orientierungen auf Europa, auf die alten Länder, auf „Verchristlichung" und „Entmassung" wollte die alte Elite der Weimarer bürgerlichen Parteien ihre Differenz vom Nationalsozialismus vor Besatzungsmächten und Wählern dokumentieren. Auf der anderen Seite setzte sich in der Emigration und im Widerstand in beiden Zweigen der Arbeiterbewegung die Orientierung an der Nation als dem Rahmen emanzipatorischer sozialer Entwicklung durch, der zugleich auf internationale Zusammenarbeit mit west- bzw. osteuropäischen Ländern bezogen blieb. Fixiert auf die „Fehler von 1918" und auf die Fehleinschätzung der faschistischen Dynamik,

---

[34] Zum folgenden vgl. zusammenfassend Wolf-Dieter Narr: CDU-SPD, Stuttgart 1966, Kap. III u. IV.

glaubten die Sozialisten nun, enttäuschte Mittelschichten durch nationale Strategien für ihr soziales Programm als Bündnispartner gewinnen zu können, was sich als eine völlige Fehleinschätzung der internationalen und sozialen Bedingungen der Nachkriegszeit erweisen sollte. Zugleich wollten die Sozialisten die Arbeiterbewegung als die wahre Repräsentantin der „anderen" Nation darstellen, als Hauptopfer der faschistischen Herrschaft, und in diesem Anspruch, die emanzipatorische Tradition des Nationalismus zu vertreten, hatten sie recht.[35] Jedenfalls wurde es zu einer der Grundvoraussetzungen der Ära Adenauer, daß Nationalstaatlichkeit aus einer Form und einem Instrument bürgerlicher Herrschaft als Konsequenz des Faschismus in ein Strukturelement sozialistischer Strategie verwandelt worden war.

Deutsche Zweistaatlichkeit als verdrängte Erfahrung

Die Hinterlassenschaft der faschistischen Herrschaft hat die Ausgangssituation Deutschlands nach dem Zweiten Weltkrieg bestimmt. Zu ihr gehörten auch jene verhältnismäßig homogenen Grundeinstellungen der meisten Deutschen, die erst die Möglichkeit gaben, eine Rückgewinnung partieller nationaler Selbständigkeit durch verstärkte teilstaatliche Anpassung zu betreiben. In den Westzonen war diese Politik, welche die Stabilisierung der sozialen Verhältnisse und der internationalen Lage sowie die Vermehrung nationaler Souveränität nationalstaatlicher Einheit überordnete, von den USA als Besatzungsmacht eingeleitet worden und wurde den Westdeutschen in der Folge von Adenauer als Weg zu wirtschaftlichem Erfolg, zur Rehabilitation in der westlichen Welt und zur Sicherheit vor sowjetischer Revolutionierung und Herrschaft vermittelt.[36]

---

35 Erich Matthias: Sozialdemokratie und Nation, Stuttgart 1952; Werner Röder: Die deutschen sozialistischen Exilgruppen in Großbritannien, Hannover 1968; Horst Laschitza: Kämpferische Demokratie gegen Faschismus, Berlin 1969; Arnold Sywottek: Deutsche Volksdemokratie, Düsseldorf 1971.

36 Im Unterschied zu der hier vorgetragenen Interpretation, die sich an der Unterscheidung von Konsensus und Konsent – vgl. Gerhard Lehmbruch: Strukturen ideologischer Konflikte bei Parteienwettbewerb, in: Politische Vierteljahresschrift 10, 1969, S. 285ff. – orientiert, wird in den wichtigsten außenpolitischen Darstellungen zur frühen BRD *Adenauers* Erfolg nicht als Entsprechung bürgerlicher Interessen und Ergänzung allgemeiner Prädispositionen gesehen, sondern apriorisch gesetzt bzw. als erste Einpassung in die weltpolitischen Auseinandersetzungen aus diesen abgeleitet, als wären diese statische Größen. „Im Anfang war Adenauer" – beginnt Arnulf Baring: Außenpolitik in Adenauers Kanzlerdemokratie, München 1969, S. 1, und derselbe Satz findet sich bei Waldemar Besson: Die Außenpolitik der Bundesrepublik, München 1970, S. 55; weniger biblisch formuliert auch schon bei Hans-Peter Schwarz: Vom Reich zur Bundesrepublik, Neuwied, Berlin 1966, S. 425f. Dieser von der Gesellschaft abstrahierende, im emphatischen Sinn „außenpolitische" Ansatz ist jetzt breit in einer deutsch-gaullistischen Interpretation *Adenauers* in dem Dreieck Washington, Paris und Moskau entwickelt bei Bruno Bandulet: Adenauer zwischen West und Ost, München 1970. In der kritischen Frage der „linkage" zwischen Außen- und Innenpolitik orientieren wir uns eher an Wolfram F. Hanrieder: Die stabile Krise, Düsseldorf 1971, dessen Schlüsselbegriffe innenpolitischer „Konsensus" und außenpolitische „Vereinbarkeit" freilich noch zuwenig materiell bleiben.

Homogenität und Polarisierung im Nachkriegsdeutschland

Die Grundtendenzen politischer Wertsetzung in der deutschen Gesellschaft nach dem Zusammenbruch des Faschismus lassen sich vergröbert mit drei Negativpositionen bezeichnen, die gesellschaftliche Kontinuität über den Einschnitt von 1945 hinweg erkennbar machen: Distanzierung vom Nazismus bei Vermeidung einer Auseinandersetzung mit seinen Ursachen; Abwehr der sozialistischen Grundsatzalternative durch ihre Identifikation mit der russischen „Bedrohung aus der Steppe" bzw. dem roten „Totalitarismus"; Delegation politischer Verantwortung bei Konzentration aller Energie auf einen als unpolitisch gedachten Aktionsraum wirtschaftlicher Leistung und privaten Erfolgs. Zwar waren diese nicht auf das Bürgertum beschränkten Einstellungen nicht allgemein verbindlich, und es gab aktive kleine Gruppen, die ihnen entgegenwirkten, aber die Beengungen des Besatzungssystems für die Antifa-Bewegung, für eine Parteientwicklung von unten nach oben und eine freie Regierungsbildung, für eine unzensierte Meinungsbildung und eine konzentrierte gewerkschaftliche Organisation ließen ihre Potenzen gar nicht erst wirklich zur Geltung kommen. Deshalb blieben das unausgetragene Verhältnis zum Faschismus, der Antikommunismus und die politische Reserve bei hoher wirtschaftlicher Leistung Grundeinstellungsmuster, in denen eine weitgehende nationale Homogenität ideologischer Prädispositionen zum Ausdruck kam, die teilweise auch durch Meinungsumfragen empirisch erfaßt wurden.[37]

Nachdem Frankreich aus nationalstaatlichen Sicherheitserwägungen den Kontrollrat obstruiert und damit die ohnehin prekäre Bewahrung der deutschen Einheit durch eine gemeinsame Regierung der Besatzungsmächte schon im Ansatz verhindert (dadurch freilich die Chancen der Nationalstaatlichkeit als europäisches Ordnungsprinzip radikal vermindert) hatte, wirkte die Ost-West-Polarisierung unvermittelt auf Deutschland ein. Ein amerikanischer Analytiker der deutschen Szene beobachtete damals, daß die Polarisierung des deutschen politischen Lebens als regionalisierte Form des der deutschen Gesellschaftsstruktur inhärenten Antagonismus in dem Maße beherrschend werde, als „die internationale Auseinandersetzung innig mit dem historischen Klassenantagonismus Deutschlands verquickt" worden sei.[38] In der sowjetischen und in den angelsächsischen Besatzungszonen fielen jeweils partikulare Vorentscheidungen wie die Gründung der SED im Osten und des konstitutionellen Föderalismus im Westen, dann die Benutzung der Säuberung zu Bodenreform und Teilsozialisierungen im Osten sowie die Stornierung von Sozialisierung und Dekar-

---

37 Anna J. u. Richard L. Merritt: Public Opinion in Occupied Germany, Urbana, Chicago, London 1970, S. 15–57 u. passim; Hadley Cantril u. Mildred Strunk (Hg.): Public Opinion 1935–1946, Princeton 1951, S. 132, 266ff., 504ff., 871; Elisabeth Noelle u. Erich Peter Neumann (Hg.): Jahrbuch der öffentlichen Meinung 1947–1955, 2. Aufl., Allensbach 1956, S. 125ff. u. 313ff. (Dieses Jahrbuch des Instituts für Demoskopie wird fortan „IfD Jb I" bzw. II [1957, Allensbach 1957], III [1958–1964, Allensbach 1965], IV [1965–1967, Allensbach 1967] zitiert).
38 Carl E. Schorske: The Dilemma in Germany, in : Virginia Quarterly Revue 24, 1948, S. 29ff., 41f.

tellisierung im Westen. Obwohl solche Vorentscheidungen zunächst noch offenließen, ob sie modellbildend für Gesamtdeutschland wirken oder die jeweiligen Teile in die Blöcke integrieren würden, erwiesen sie sich auf die Dauer als Schritte zur Polarisierung. Diese Auseinanderentwicklung der Ostzone und der Bizone würde falsch verstanden, wollte man sie nur als eine den Deutschen aufgezwungene Teilung durch die Besatzungsmächte begreifen. Sie wird vielmehr erst vor dem Hintergrund jener dominanten Grundeinstellungen der Mehrheit der Bevölkerung, ihrer politischen Passivität und ihrer Bereitschaft, sich durch Anpassung private Lebensmöglichkeiten zu sichern, verständlich als eine durch die Besatzungsmächte geförderte Polarisierung in den von ihnen kontrollierten politischen Eliten Deutschlands. Bevor die Unterschiede zwischen dem Verhalten der einzelnen Alliierten unterstrichen werden, muß man sich die relative Ähnlichkeit der den jeweiligen Besatzungsmächten konformen Elitenrekrutierung, die geringe Repräsentativität der deutschen Führungschicht in Verwaltungen und Parteispitzen und ihren Mangel an demokratischer Verankerung in der Bevölkerung vergegenwärtigen. Sie wird auch nicht durch die frühen Wahlen im Westen widerlegt, denn diese fanden noch vor einer eigenständigen deutschen Meinungsbildung und vor der Durchsetzung der antifaschistischen Reformansätze statt und neigten zur Bestätigung der von den westlichen Besatzungsmächten nach Weimarer Muster restaurierten Parteiverhältnisse, soweit dies nach der Umgruppierung des protestantischen Konservativismus und des politischen Katholizismus möglich war. Die strukturelle Parallele der je systemkonformen Vorentscheidungen noch vor dem offenen Ausbruch des Kalten Krieges kann indes nicht daran vorbeiführen, daß in Ziel und Methode deutliche Unterschiede bestanden und daß die Maßnahmen im Westen erheblich mehr Zustimmung in der Bevölkerung fanden, während sie im Osten großenteils auf Ablehnung stießen oder resigniert hingenommen wurden. Dort verteidigte sich die Führung mit dem Argument, daß antifaschistische Reformen eine objektive Notwendigkeit seien und nicht von der Zustimmung einer noch vom Faschismus geprägten Öffentlichkeit abhängig gemacht werden dürften. Aber das Übergewicht der Wanderungsbewegung über den Eisernen Vorhang hinweg wies zu eindeutig nach Westen, als daß die Gewaltsamkeit der Vereinigung von KPD und SPD, der Absetzung der CDU-Führung und der Enteignungen und sozialen Diskriminierungen in Vergessenheit geraten wäre. Dabei spielte freilich mit, daß die Sowjetunion am meisten auf Reparationen aus Deutschland angewiesen war, während die nachteiligsten Folgen entsprechender westeuropäischer Forderungen durch Nahrungsmittel-, später Kapitalimporte aus den USA ausgeglichen wurden. Die verhältnismäßig günstigeren materiellen Lebensbedingungen und die für das damalige Deutschland relativ große persönliche Freiheit haben mehr als das Bekenntnis zu demokratischen Grundwerten zur Attraktivität der westlichen Lösung beigetragen.[39]

---

[39] Wertvoll die zeitgenössischen Analysen von Franz L. Neumann: Die Umerziehung der Deutschen, in: Das sozialistische Jahrhundert 2 (1946/47), S. 292ff., 329ff.; ders.: Military Government and the Revival of Democracy in Germany, in: Journal of International Affairs 2, 1948, S. 3ff.; ders.: German De-

Das Scheitern der Antifa-Block-Politik als nationale Strategie

Heute kann als sicher gelten, daß im Anfang der Nachkriegszeit die beiden führenden Besatzungsmächte zunächst von Deutschland als einer, wenn auch territorial reduzierten, Einheit ausgingen und daß die Spaltung für die Sowjetunion, ihre ökonomischen Interessen und ihre Mitbestimmung an einer gesamtdeutschen Entwicklung, die „zwischen den Begriffen der bürgerlichen und der proletarischen Demokratie stehen"[40] sollte, einen empfindlicheren Rückschlag bedeutete als für eine der Westmächte. Der Bruch mit dem nationalstaatlichen Prinzip mußte die aus der Volksfronttaktik weiterentwickelte Strategie nationaler Klassenbündnisse im Rahmen des stalinistischen Konzepts antifaschistischer Demokratien unterlaufen, ihm schon in Mitteleuropa ein Ende bereiten und hat seit 1948 zur beschleunigten Sowjetisierung der Volksdemokratien hinter dem Eisernen Vorhang geführt. Die Polarisierung der politischen Eliten, deren Kompromißlosigkeit zum Beispiel 1947 in der Auseinandersetzung um die „nationale Repräsentation" und die Münchner Ministerpräsidentenkonferenz deutlich wurde,[41] hat insbesondere seit der Verschärfung des Kalten Krieges den Kommunisten und ihrer „trojanischen Kavallerie" der Volkskongresse, Nationalen Front und ähnlicher nationaler Taktiken westlich der SBZ keine Chance gelassen. Mit dem Fehlschlag ihrer nationalen Strategie scheiterte ihre neue prozeßhafte Vorstellung von der Vollendung der bürgerlichen „Umbildung von 1848" als erstem Schritt zum Sozialismus in Deutschland; die auf die SBZ reduzierte Variante dieser Konzeption behielt eine nach Westen offene Flanke.[42] Es ist hier nicht der Ort, die weitere Entwicklung des Aufbaus des Sozialismus in der DDR unter der besonderen Hypothek der Teilstaatlichkeit und ihre im Vergleich zu anderen Volksdemokratien besondere Problematik eines hohen technisch-ökonomischen Entwicklungsstands bei geringer staatsgesellschaftlicher Integration zu analysieren. Es mag genügen, darauf hinzuweisen, daß die gesamtdeutsche Strategie, für die Anfang der

---

Fortsetzung von Fußnote 39:
mocracy 1950, in: International Conciliation 461, 1950, und von Leonard Krieger: The Interregnum in Germany, March–August 1945, in: Political Science Quarterly 64, 1949, S. 507ff. Für die amerikanische Integrationspolitik in Westdeutschland vgl. Schwarz, Vom Reich zur Bundesrepublik, S. 37ff.; Walter Vogel: Deutschland, Europa und die Umgestaltung der amerikanischen Sicherheitspolitik 1945–1949, in: Vierteljahrshefte für Zeitgeschichte 19, 1971, S. 64ff. (hier Literatur zur allgemeinen US-Außenpolitik der Periode); John Gimbel: Amerikanische Besatzungspolitik in Deutschland 1945–1949, Frankfurt 1971. Die Folgen der Westintegration lassen sich besonders deutlich in West-Berlin fassen, wo sich die Viermächte-Verwaltung länger als in den Westzonen zunächst in fortschrittlichen gesellschaftspolitischen Reformansätzen niedergeschlagen hatte, die bei der Einbeziehung in den Rechts- und Finanzbereich der BRD gestoppt bzw. rückgängig gemacht werden mußten; Jürgen Fijalkowski u. a.: Berlin – Hauptstadtanspruch und Westintegration, Köln 1967, S. 170ff.

40 V. Glondarjewski u. V. Rossmann (Hg.): Ein bedeutendes politisches Dokument des illegalen antifaschistischen Kampfes der KPD, in: Beiträge zur Geschichte der deutschen Arbeiterbewegung, Berlin (Ost), 8, 1966, S. 644ff.; zit. S. 672.
41 Marie-Louise Schröter: Föderalistische Politik 1945–1947, phil. Diss. (masch.), Heidelberg 1971.
42 Die Orientierungsmöglichkeiten der sowjetischen Deutschland-Politik sind diskutiert bei Schwarz, Vom Reich zur Bundesrepublik, S. 201ff.; Gerd Meyer: Die sowjetische Deutschlandpolitik im Jahre 1952, Tübingen 1970.

fünfziger Jahre noch ein hoher Einsatz gewagt worden war, immer mehr zu einer Nebenlinie der sowjetischen und der SED-Politik herabsank, zumal sie in Westdeutschland keine relevanten Ergebnisse zeitigte, und zur zwischenstaatlichen Polemik gegen die Bundesregierung degenerierte. Dagegen lag die Priorität der Praxis seit dem Eintritt der BRD in die NATO zunehmend und seit der Entstalinisierung fast ganz auf der allseitigen Ausgestaltung der DDR als Staat und Gesellschaft und auf ihrer Integration in das östliche Militär- und Wirtschaftssystem. Zwar blieb stets das verbale Bekenntnis erhalten, daß die DDR der Ausgangspunkt für eine sozialistische Entwicklung in ganz Deutschland sei, aber es war praktisch kaum mehr als eine Antwort auf den Alleinvertretungsanspruch der BRD. Jedenfalls wurden keine Maßnahmen bekannt, mit denen die DDR-Führung eine sozialistische Entwicklung in ganz Deutschland auf Kosten der DDR als Staat gefördert hätte. Der Vorrang staatlicher Konsolidierung vor nationaler Aufgabe und sozialistischer Attraktivität hat sich in der Berliner Mauer unübersehbar dokumentiert. Seither schoben sich langsam und als Reaktion auf die neue Ostpolitik der BRD verstärkt Tendenzen in der DDR in den Vordergrund, den gesamtdeutschen Begriff der Nation zu liquidieren und die Staatsgesellschaft der DDR selbst als eine neue geschichtliche Nation zu verstehen. Diese pragmatische und zugleich defensive Haltung verrät eher mehr Realismus als die ältere offensive Fixierung auf die BRD, hat sich aber noch nicht voll durchgesetzt.[43]

Die gesellschaftlichen Bedingungen der Westintegration

In den Westzonen hob sich die weitgehende Homogenität der ideologischen Prädispositionen der Bevölkerung scharf von der Tatsache ab, daß die Klassenstruktur der deutschen Gesellschaft über Faschismus, Krieg und „Nachkrieg" hinweg im Grundsatz erhalten geblieben war. Aber es gab Modifikationen, die für die Angleichung an die führenden westlichen Länder von großer Bedeutung waren. Insbesondere hatte das junkerliche Element, das lange die Normen und Einstellungen der Oberschicht Preußen-Deutschlands geprägt hatte, nach der Niederschlagung des 20. Juli, nach der Abtrennung der Ostgebiete, der Vertreibung und der Bodenreform in der SBZ seine soziale Rolle nahezu ausgespielt, wodurch die Etablierung einer moderneren, durch Besitz und Leistung gekennzeichneten Führungsschicht und eine pragmatische Erfolgsorientierung als soziale Norm ermöglicht wurden. Vertreibung, Zerstörung

---

43 Reiches Zitatmaterial für die Vorstellung der DDR, sozialistischer Kernstaat der deutschen Nation zu sein und Traditionssymbole für die eigene Staatsintegration einsetzen zu müssen, sind mit einem erstaunlichen Mangel an Augenmaß und politischer Perspektive kommentiert bei Fritz Kopp: Kurs auf ganz Deutschland? Die Deutschlandpolitik der SED, 2. Aufl., Stuttgart 1965. Die Interpretation der DDR als sozialistischer Staat deutscher Nation, wie sie in der Verfassung von 1968 noch einmal niedergelegt wurde, ist unter dem Eindruck der außenpolitischen Initiative der sozialliberalen Koalition seit *Ulbrichts* Pressekonferenz vom 19. Januar 1970 in den Hintergrund gedrängt und durch die defensive Formel „sozialistischer deutscher Nationalstaat" ersetzt worden. Vgl. jetzt Peter Christian Ludz: Zum Begriff der „Nation" in der Sicht der SED, in: Deutschland Archiv 5, 1972, S. 17ff.

von Besitz, Entmilitarisierung, vorübergehend auch die Entnazifizierung erzwangen gerade im Bürgertum, aber auch in anderen Gruppen Mobilität, brachen starre traditionale Milieus auf und ebneten das Bewußtsein von Standesunterschieden (außerhalb der Arbeiter- und Bauernschaft) zu einem Kontinuum „Mittelschicht" ein. Unter diesen Voraussetzungen konnten sich seit der Währungsreform die Tendenzen zur konsumorientierten Industriegesellschaft nach dem Muster des angelsächsischen Kapitalismus schneller und durchgreifender durchsetzen als zum Beispiel in Frankreich. Doch diese modernisierenden Elemente, die in Deutschland nicht selbst erkämpft, sondern nur als Ausfluß äußerer Einwirkungen wie Kriegsfolgen, Besatzungsherrschaft und amerikanischen Kapitalimports hinzunehmen waren, verschliffen zwar das Bewußtsein gesellschaftlicher Differenzierungen außerhalb der Arbeiterschaft und orientierten auch diese auf die Grundnormen Leistung und Konsum, aber sie änderten nichts am grundsätzlichen Antagonismus der kapitalistischen Gesellschaft, ja im Grunde haben sie diesen eher von den residualen Herrschafts- und Bewußtseinsstrukturen der preußisch-deutschen Tradition entschlackt. Empirische Untersuchungen haben gezeigt, daß sich die in abhängiger, insbesondere körperlicher Arbeit Stehenden auch der Tatsache wohl bewußt blieben, daß sie nicht einer sich als pluralistisch verstehenden „nivellierten Mittelstandsgesellschaft" angehörten, sondern „unten" waren und die anderen „oben."[44] Diese gesellschaftliche Dichotomie hat die politischen, insbesondere außen- und deutschlandpolitischen Auseinandersetzungen in der BRD in dem Maße bestimmt, in dem die Sozialdemokratie politische Arbeiterbewegung blieb und der „Union" samt den allmählich in ihr aufgehenden bürgerlichen Parteien und Interessengruppen die politische Repräsentation der übri-

---

44 Kontinuierliche bzw. restaurative Tendenzen in der Entwicklung der Gesellschaftsstruktur in Westdeutschland in der Besatzungszeit werden betont z. B. bei Frank Deppe u. a.: Kritik der Mitbestimmung, Frankfurt 1969, S. 58ff.; Rolf Badstübner: Restauration in Westdeutschland 1945–1949, Berlin (Ost) 1965, S. 177ff. Dagegen interpretiert Ralf Dahrendorf: Gesellschaft und Demokratie in Deutschland, München 1971, insbes. S. 431ff., die objektiven Folgen der NS-Herrschaft, des Krieges und der Besatzung als Aufhebung der „Verwerfungen" der älteren deutschen Sozialstruktur und „zweideutige Modernisierung" im Sinne von Voraussetzungen für die Industriegesellschaft der Nachkriegszeit. Diese industrie- und massengesellschaftliche Entwicklung sehen auch Daniel Lerner u. Morton Gordon: Euratlantica: Changing Perspectives of the European Elites, Cambridge, Mass., London 1969, S. 13ff., als gemeineuropäische Modernisierung im Sinne einer „Amerikanisierung." Ob aus längerer sozialgeschichtlicher Perspektive als unfreiwillige Liberalisierung charakterisiert oder aus den Reformhoffnungen von 1945 heraus als Restauration bewertet, bleibt indessen die wesentliche Kontinuität der Eigentumsordnung und der funktionellen Eliten bei erhöhter sozialer Mobilität und einer relativen Homogenität der gesellschaftlichen Normen dieselbe. Zum dichotomischen Gesellschaftsbild der Arbeiter vgl. H. Popitz u. a.: Das Gesellschaftsbild des Arbeiters, Tübingen 1961. Zur Kontinuität und pragmatischen Einstellung funktionaler Eliten vgl. Lewis J. Edinger: Post-Totalitarian Leadership, in: American Political Science Review, 54, 1960, S. 58ff.; Wolfgang Zapf: Wandlungen der deutschen Elite, 2. Aufl., München 1966; ders. (Hg.): Beiträge zur Analyse der deutschen Oberschicht, 2. Aufl., München 1965; für den außenpolitischen Apparat der BRD siehe die Beiträge von S. Wahrhaftig u. John Hert, in: Hans Speier u. W. Philipps Davison: West German Leadership and Foreign Policy, Evanston, Ill., White Plains, N. Y., 1957, S. 7ff., 96ff.; Karl W. Deutsch u. Lewis J. Edinger: Germany Rejoins the Powers, Stanford 1959, Teil II, sowie Wilhelm Haas: Beitrag zur Geschichte der Entstehung des Auswärtigen Dienstes der BRD, Bonn 1969.

gen Gruppen zufiel. Diese schematische Grundeinteilung hilft die grundsätzlichen Standpunkte der Parteien verständlich zu machen.

Es ist für den sozialen Rollenwechsel nationaler Programmatik nach dem Faschismus charakteristisch, daß der Nationalismus Kurt Schumachers von seiner gesellschaftspolitischen Strategie nicht abzulösen ist. Welche individuellen Motive des Parteiführers und welche historischen Reminiszenzen der SPD immer für diese Konzeption verantwortlich gemacht werden mögen, eine nur akzidentielle Bedeutung wird man ihr nicht zuschreiben können, denn sie blieb unter den drei sozialdemokratischen Nachkriegsvarianten – Alternativen boten der Berliner Zentralausschuß (pragmatische Zusammenarbeit mit der Sowjetunion und den Kommunisten) und der Ministerpräsidentenflügel (pragmatische Zusammenarbeit mit den westlichen Besatzungsmächten und bürgerlichen Parteien) – die beherrschende Orientierung und bestimmte auch in den fünfziger Jahren noch die Weiterentwicklung der Parteilinie, obwohl sie zu keinem Erfolg geführt hatte. Schumacher beanspruchte für die Sozialdemokratie als die stärkste antifaschistische Kraft und als Vertreterin der Arbeiterklasse, die als geschichtliche Konsequenz aus dem Faschismus das abgewirtschaftete Bürgertum ablösen müsse, die Führung der Nation, wodurch diese, umgestaltet zur sozialistischen Gesellschaft und zum demokratischen Rechtsstaat, ihr souveränes Selbstbestimmungsrecht gegenüber den Siegern zurückerwerben und als gleichberechtigtes Glied in einem europäischen Zusammenschluß westlich-sozialistischer Staaten zu einer dritten Kraft gegen Kommunismus und Kapitalismus werden könne. Solange die Besatzungsherrschaft andauere, müsse die SPD dafür sorgen, daß die Nation nicht durch die Stärkung konservativer Partikulargewalten, die Restauration des Kapitalismus oder durch Arrangements deutscher Teilgewalten mit einzelnen Besatzungsmächten zerrissen werde oder in einen nur retuschierten Status quo ante zurückfiele und damit ihr geschichtliches Recht zur Selbstbestimmung verliere. Die abstrakte Schlüssigkeit dieses Entwurfs hielt der Wirklichkeit nicht stand. Das im Grund revolutionäre Ziel fiel den historisch Legitimierten ohne einen revolutionären Kampf gegen die kapitalistische Gesellschaftsordnung und die kapitalistischen Besatzungsmächte nicht in den Schoß. Aber für einen solchen Kampf gab es in der SPD keine Voraussetzungen. Die Ablehnung eines Bündnisses mit den Kommunisten, denen als Agenten einer fremden Macht jede nationale Legitimation abgesprochen wurde, engte das revolutionäre Potential weiter ein und manifestierte die Gegnerschaft zur vierten Besatzungsmacht, die sich nach der Gründung der SED zur unversöhnlichen Feindschaft steigerte. Aber auch bei verminderter territorialer Reichweite hätte der nationale Führungsanspruch der SPD in ihrer antikommunistischen, grundsätzlich westlichen Orientierung und mit Schumachers Absage an jede Beschränkung der Souveränität und des Territoriums des Reiches noch die notwendige Volksbewegung auslösen können, hätte er nicht im Widerspruch zu den Prädispositionen der Masse der Bevölkerung gestanden. Außerhalb des harten Kerns der Arbeiterbewegung wurde eine Auseinandersetzung mit dem Faschismus mit dem Ziel gesellschaftlicher Konsequenzen abgelehnt; also blieb die historische Legitimation der SPD ohne politische Wirkung, so daß die Entscheidung der Wähler wesentlich darüber fiel, ob die von ihr propagierte Gesellschaftsform unmittelbaren wirtschaftlichen Ertrag für den einzelnen versprach. Als der „band-wagon"-Effekt des in den ersten beiden Jahren allgemein vermuteten Linksrutsches abgeklungen war und zunehmend deutlicher wurde, daß schnelle wirtschaftliche Erholung von amerikanischen Investitionen abhing, daß die USA aber Sozialisierungen (in Hessen und dann an der Ruhr) verhinderten und Schumacher – übrigens wegen der Diskreditierung des Nationalismus durch den Nationalsozialismus nicht einmal sonderlich wirksamer – nationalistischer Agitation ziehen, blieb die SPD nach der Währungsreform bei ihrem nur geringfügig arrondierten Wählerstamm stecken. Anstatt die große nationale Volksbewegung zu repräsentieren, stand sie als Traditionspartei einer ungefähr gleich großen bürgerlichen Sammlungsbewegung gegenüber, die im Bündnis mit kleineren Rechtsparteien im ersten Bundestag eine knappe Mehrheit erwerben konnte.[45]

Gegenüber dem Fiasko des nationalen Sozialismus, aus dem sich die SPD ein volles Jahrzehnt nicht herauswinden konnte, war die Unionspolitik besonders in ihrer zugespitzten Adenauerschen Variante nationalpolitisch außerordentlich bescheiden, von vornherein auf die Interessen der westalliierten Träger der deutschen Souveränität bezogen und vor dem Hintergrund der defensiven und resignativen Haltung des Bürgertums 1945 unvergleichlich erfolgreich. Daß die Sowjetunion, mit der ein Kompromiß in der wirtschaftlichen und politischen Grundordnung Deutschlands grundsätzlich abgelehnt wurde, sich in Mitteldeutschland festgesetzt hatte, war für Adenauer, wie Baring gezeigt hat,[46] nicht der einzige Grund dafür, schon 1945 den kleindeutschen Nationalstaat als Bezugsgröße künftiger Politik abzuschreiben: Rheinische und katholische Traditionen sowie Affekte gegen die junkerliche Führungsschicht und die sozialdemokratische Mehrheit Preußens kamen hinzu. Dem konträren nationalpolitischen Ausgangspunkt entsprach auch ein gesellschaftspolitisches Kontrastprogramm zur SPD: Auch hier wollte die Mehrheit der Union den „Status quo minus Nazis"[47] im Grundsatz nicht ändern, vielmehr die Gesellschaftsordnung durch internationale Verflechtung mit dem Westen stabilisieren und von lähmenden Kontrollen durch sicherheitsbedürftige Nachbarn entlasten, ihre wirtschaftliche Funktionsfähigkeit durch westliche Kapitalhilfe ankurbeln und sie durch eigenes Militär im westlichen Bündnis sichern. Auch für Adenauer spielte zwar die Perspektive deutscher Souveränität eine wichtige Rolle, aber sie war für ihn kein kompromißloser nationaler Anspruch, sondern der schrittweise zu öffnende Zugang zu eigenen staatlichen Machtmitteln und zu einem partnerschaftlichen Mit-

---

45 Schwarz, Vom Reich zur Bundesrepublik, S. 483ff.; Waldemar Ritter: Kurt Schumacher, eine Untersuchung seiner politischen Konzeption und seiner Gesellschafts- und Staatsauffassung, Hannover 1964; Theo Pirker: Die SPD nach Hitler, München 1965, Kap. 1 u. 2; Lewis J. Edinger: Kurt Schumacher, Stanford, London 1965.
46 Baring, Außenpolitik, S. 48ff.; ähnlich schon Schwarz, Vom Reich zur Bundesrepublik, S. 426ff.
47 Mit dieser Formel kennzeichnet Schorske, Dilemma, S. 31, die gesellschaftspolitische Entwicklung in den Westzonen.

spracherecht im westlichen Bündnis. Der Ursprung dieser elastischen Politik, welche den alliierten Auffassungen über die Verantwortung der Deutschen für den Nationalsozialismus mehr entgegenkam als das sozialdemokratische Selbstbewußtsein, lag wiederum darin, daß Souveränität für Adenauer keine Voraussetzung zur Erreichung von national- und gesellschaftspolitischen Zielen war, welche die Westalliierten nicht teilten, sondern nur ein weiteres Mittel sein sollte, auch aus deutscher Eigenverantwortung heraus den territorialen und sozialen Status quo im Verbund mit dem Westen zu konsolidieren und funktionsfähig zu machen. Dagegen war eine völlige Souveränität, die eine grundlegende nationalistische oder sozialistische Option ermöglicht hätte, nicht nur kein Ziel für Adenauer, sondern er wollte eine so weitgehende Selbstbestimmung seiner Landsleute aus dem übergeordneten Gesichtspunkt, auf die Dauer eine parlamentarisch-rechtsstaatliche und kapitalistische Entwicklung in einem befriedeten und gesicherten Westeuropa zu begründen, gerade ausgeschlossen sehen. Die Verteidigung der freiheitlichen Ordnung und die praktische Ablösung des minderprivilegierten Status der Westdeutschen waren die primären Ziele des CDU-Führers. Notwendige und/oder geeignete Instrumente hierzu waren die Überwindung der deutsch-französischen Spannungen als des gefährlichsten Schwächemoments in Westeuropa, die Bindung der USA als einstweiligen Sicherheitsgaranten an den Kontinent und der Aufbau einer weltpolitisch relevanten Macht in Westeuropa. Demgegenüber war die Orientierung auf Europa bzw. das Abendland als eine Art kontinentaler Großnation mehr ein Element politischer Mobilisierung, welche die Begeisterung der frühen Europa-Bewegung aufnahm. Angesichts der katastrophalen Ergebnisse des deutschen Nationalismus, mehr noch wegen der Potenz der Sowjetunion und der Möglichkeit nationaler Sozialisierung erschien den führenden bürgerlichen Kräften der Nationalstaat als überaltertes Prinzip, internationale Verflechtung und supranationale Entscheidung in Westeuropa dagegen als um so geeigneteres Mittel militärischer und gesellschaftspolitischer Absicherung, als sie zugleich Wege zur Ablösung der unmittelbaren Herrschaft der westlichen Besatzungsmächte eröffneten.[48]

Der innenpolitische Erfolg dieser Grundkonzeption lag nicht nur in der sehr nüchternen Einschätzung der bürgerlichen Interessen in Westdeutschland, denn das Bürgertum allein hätte keiner Partei oder Parteienkonstellation zur Mehrheit verhelfen können. Vor allem entsprach sie genau den grundlegenden ideologischen Prädispositionen der Bevölkerung: Ihr Antikommunismus stand dem Schumachers in nichts nach, war aber nicht durch eine sozialistische Perspektive kompromittiert. Sie begnügte sich mit der Distanzierung von der NS-Ideologie und den NS-Verbrechen und ersparte eine tiefere Auseinandersetzung mit den gesellschaftlichen Ursachen des Faschismus. Sie brauchte schließlich von der Masse der Bevölkerung statt demokratischen Engagements nur Akklamation durch Stimmabgabe und sicherte die wirtschaftliche Hilfe des Westens für die schnelle Wiederaufnahme der kapitalistischen

---

48 Wie Anm. 46, s. a. Besson: Außenpolitik, S. 56ff., 75ff.

Produktion, so daß die Befriedigung der ersten Konsumbedürfnisse der Bevölkerung durch keine Strukturreformen verzögert wurde.[49]

Die nationale Abstützung der Westintegration

Obwohl das Kanzlerkonzept den verbreiteten Prädispositionen der Bevölkerung entsprach, konnte es nur in erheblicher Form auf internationaler Ebene zur Geltung gebracht und in der CDU selbst durchgesetzt werden. Die Hemmungen der westeuropäischen Integration hatten ihre Ursachen in den unterschiedlichen Voraussetzungen Westdeutschlands und seiner potentiellen Bündnispartner, die weniger unmittelbar mit der Sowjetunion konfrontiert waren, nicht unter dem Druck einer Besatzungsdiktatur standen und als Hauptfeind die deutsche Aggressivität erfahren hatten. Auch waren Nationalstaat und bürgerliche Gesellschaftsordnung in den einst vom Faschismus besetzten Ländern weit weniger als in seinen Ursprungsgebieten zum Widerspruch geworden. Die Ungleichheit der Ausgangsbedingungen dokumentierte sich vor allem im Scheitern der EVG im französischen Parlament und in der stockenden politischen Integration während der noch von Europa-Begeisterung getragenen ersten Nachkriegsjahre. Dadurch wurde die europäische Vereinigung nicht nur verzögert, sondern überhaupt auf ein anderes Gleis, den ökonomischen Funktionalismus, geschoben.[50]

Die Hindernisse, auf die Adenauers Konzeption in seiner eigenen Partei stieß, zielten in dieselbe Richtung nationaler Reorientierung, in die auch die europäische Stagnation zu weisen schien. Dabei waren vor allem vier Faktoren zu berücksichtigen: Der wichtigste war die der Zentrumstradition entstammende Beteiligung der katholischen Arbeiterbewegung an der CDU. Sie erstrebte national- und gesellschaftspolitisch eine zwischen Ost und West vermittelnde Gesellschaftsordnung für ganz Deutschland bei grundsätzlich westlicher Option, aber nach der Absetzung Jakob Kaisers als CDU-Vorsitzenden der SBZ waren innen- und außenpolitische Voraussetzungen für den Erfolg der Brückenkonzeption vollends verschwunden. Zweitens gaben auch Teile des protestantischen Konservativismus der ehemaligen Deutschnationalen, Liberalen und der Repräsentanten des konservativen Widerstands im Dritten Reich der Bewahrung bzw. Wiedererlangung des Nationalstaats Priorität, aber ihre im Vergleich mit dem Zentrum weit geringere gesellschaftspolitische Flexibilität ließ ihre Option nur als einen unrealistischen nationalen Traditionalismus erscheinen. Nicht zuletzt mußte die bürgerliche Sammlungsbewegung berücksichtigen, daß ihr in

---

49 Zur Problematik des Konsensus der Prädispositionen und des Konsents zur Westintegrationspolitik vgl. Deutsch/Edinger, Germany, Kap. 2 u. 3; Speier/Davison, West German leadership, Kap. 8; Wolfram F. Hanrieder: West-German Foreign Policy 1949–1963, S. 93ff.; und allgemein Rudolf Wildemann: Macht und Konsens als Problem der Innen- und Außenpolitik, 2. Aufl., Köln 1968.
50 Vgl. die zusammenfassenden Analysen von Stanley Hoffmann, Obstinate or Obsolete? und Ernst B. Haas: The Uniting of Europe, Stanford 1958.

(zunächst kleinen) Gruppen aus deutschnationaler und nationalsozialistischer Provenienz wie auch in Teilen der Liberalen und der evangelischen Kirche bürgerliche Konkurrenten mit unterschiedlichen neutralistischen Programmen erstehen konnten, die zwar keine dominanten bürgerlichen Interessenströmungen repräsentierten, jedoch geeignet erschienen, die überständige Ideologie der nationalen Tradition in mittelständischen, bäuerlichen und militärischen Gruppen zu organisieren, zumal den Neutralisten außenpolitischer Realismus in bezug auf die Sowjetunion nicht ganz abgesprochen werden konnte. Schließlich mußte den Vertriebenen auch nach der Gründung des BHE, sollte dieser zu einer autonomen Interessenorganisation in der Kanzlergefolgschaft entpolitisiert werden, trotz materieller Integrationshilfen das Gefühl genommen werden, als sei die forcierte Westintegration Westdeutschlands eine Art Rheinbundpolitik.[51]

In der ersten Hälfte der fünfziger Jahre wurde es immer dringender, das Gewicht dieser Faktoren aufzufangen. Schon Adenauers eigenmächtige Vorwegnahme der ersten Grundentscheidung bundesdeutscher Außenpolitik, indem er den Westalliierten die deutsche Wiederaufrüstung im Alleingang ohne Konsultierung selbst seines Kabinetts anbot, hatte zur Sezession der GVP Heinemanns geführt, der freilich nur in der Taktik gegen die Aufrüstung opponierenden SPD Schumachers Munition geliefert und der antimilitärischen Stimmung im Land Auftrieb gegeben (die Gewerkschaften mußten mit der Montan-Mitbestimmung zum Stillhalten bewogen werden).[52] Die Erschütterung der Machtbasis Adenauers infolge seiner apriorischen Ablehnung der östlichen Wiedervereinigungsangebote zwang dann vollends dazu, eine eigene, posi-

---

51 In der Gründungsphase der CDU waren die „linken" Gruppen in der Vorhand gegenüber dem verunsicherten, zum Teil auf „unpolitisches" Spezialistentum ausweichenden Establishment, weshalb die Kölner, Berliner, Frankfurter, München-Würzburger Gründungsprogramme der Union alle zunächst nach links deuteten; seit 1947 ging aber der Einfluß der katholischen Arbeiterbewegung in der Union rapide zurück. Zur nationalpolitischen Konzeption zweier ihrer Protagonisten vgl. Werner Conze: Jakob Kaiser, Politiker zwischen Ost und West 1945–1949, Stuttgart, Berlin, Köln, Mainz 1969, S. 62ff., 133ff., 241ff. und jetzt besonders Erich Kosthorst: Jakob Kaiser, Bd. 4, Stuttgart 1972; Schwarz, Vom Reich zur Bundesrepublik, S. 299ff.; Peter Hüttenberger: Arnold, Nordrhein-Westfalen und die Gründung der BRD, in: Rheinische Vierteljahresblätter 33, 1969, S. 155ff. Für den protestantischen Konservativismus und die Reste des konservativen Widerstands in der Union fehlen bisher zusammenfassende Untersuchungen; man beachte Männer wie Schlange-Schöningen, Friedensburg, Gerstenmeier, Steltzer, Josef Müller, Robert Lehr. Zur postfaschistischen und nationalneutralistischen Konkurrenz, deren Ränder zur Union zum Teil fließend waren, vgl. Kurt P. Tauber: Beyond Eagle and Swastika, German Nationalism since 1945, Middletown, Conn. 1967 (2 Bde.), Kap. 5 u. 6; Peter Molt: Die neutralistische Opposition in der BRD, vor allem der Gesamtdeutschen Volkspartei 1949–1954, phil. Diss. (masch.), Heidelberg 1956. Zur nationalen Priorität der Koalitionspartner zur Zeit der Westintegration der Bundesregierung vgl. Hermann Meyn: Die Deutsche Partei, Düsseldorf 1956, Kap. I/3; Jörg Michael Gutscher: Die Entwicklung der FDP von ihren Anfängen bis 1961, Meisenheim 1967, Kap. 4; Franz Neumann: Der Block der Heimatvertriebenen und Entrechteten 1950–1960, Meisenheim 1968, Kap. II/3 u. 4.
52 Nachweis bei Baring, Außenpolitik, S. 198f.; so auch Besson, Außenpolitik, S. 107. (In der Literatur über die Gewerkschaften ist der nationalpolitische Preis der Mitbestimmung bislang ziemlich konsequent ausgeklammert und insofern ein überprogressistisches Bild von ihr als dem einsamen, durch Massenstreikdrohungen der Restauration abgetrotzten Sieg der Arbeiter gezeichnet worden. Vgl. z. B. Eberhard Schmidt: Die verhinderte Neuordnung 1945–1952, Frankfurt 1970, S. 182ff.)

tive Position in der Deutschland-Politik zu verdeutlichen. Sicher sollten die östlichen Vorschläge von 1950, 1952 und 1954 zunächst die Konsolidierung der antikommunistischen Front im Westen verhindern, aber sie sind zugleich als Bestandteil eines längerfristigen sowjetischen Entwurfs für eine nationalstaatliche Sicherheitsordnung in Europa mit einer neutralisierten, fortschrittlich-demokratischen Mitte ohne kommunistische Führung zu interpretieren. Die Nichtbefassung mit diesen Vorschlägen, worin sich die Führer beider großen Parteien wiederum grundsätzlich einig waren, ist durch ihre vom forcierten Antikommunismus verzerrte Perzeption als bloße Taktik bolschewistischer Offensive verständlich. Bei Adenauer wird man neben seiner Furcht vor einer Diskreditierung seiner Politik bei den westlichen Schutzmächten in der Atmosphäre des Korea-Konflikts freilich auch geringe Neigung unterstellen dürfen, für die nationalstaatliche Einheit das Risiko einzugehen, die durch die Westverflechtung und die Konfrontation mit dem Osten stabilisierte Gesellschaftsordnung durch veränderte Mehrheitsverhältnisse und etwaige erneute antifaschistische Reformen in Anlehnung an die sowjetische Interpretation des Potsdamer Abkommens erneut zur Disposition der ganzen Nation zu stellen. Die Union kam erst nach dem 17. Juni 1953 durch ihre Interpretation der Arbeiterrevolte in der DDR als Symbol der Unzertrennlichkeit von Wiedervereinigung und Antikommunismus aus der deutschlandpolitischen Defensive heraus.[53]

Unter dem Druck dieser Bedingungen interpretierte Adenauer seit 1952 die Westintegration – ursprünglich zugleich Mittel zur Emanzipation aus der Besatzungsherrschaft und Leitbild langfristiger Orientierung – öffentlich als Instrument der Wiedervereinigung im Sinne des Anschlusses zumindest der DDR an die BRD. Heute ist noch kaum zu entscheiden, ob es sich bei dieser „Politik der Stärke" (bzw. bei Dulles „Roll back" der sowjetischen Vorherrschaft in Osteuropa) um eine tatsächlich aggressive Politik oder um eine rhetorische Figur handelte, mit der die beschleunigte Konsolidierung der nach wie vor dem „Containment" verpflichteten westlichen Integration in der EVG bzw. der NATO popularisiert werden sollte. Nicht nur die Entstehung dieser Formeln zu einer Zeit, als das amerikanische Atomwaffenmonopol

---

[53] Die westliche Entscheidung zur Remilitarisierung und europäischen Integration Westdeutschlands und die sowjetische Antwort neutralistischer Wiedervereinigungsvorschläge sind der bestuntersuchte Abschnitt der deutschen Nachkriegsgeschichte überhaupt. Neben Baring, Außenpolitik und Besson, Außenpolitik, Kap. II, siehe Gerhard Wettig: Entmilitarisierung und Wiederbewaffnung in Deutschland 1943–1955, München 1967; Manfred Dormann: Demokratische Militärpolitik, Freiburg 1970, S. 143ff.; Laurence W. Marin: The American Decision to Rearm Germany, in: Harold Stein (Hg.): American Civil Military Decisions, Brimingham/Ala. 1963, S. 643ff.; Axel Christian Azzola: Die Diskussion um die Aufrüstung der BRD im Unterhaus und in der Presse Großbritanniens Nov. 1949–Juli 1952, Meisenheim 1971; Klaus v. Schubert: Wiederbewaffnung und Westintegration. Die innere Auseinandersetzung um die militärische und außenpolitische Orientierung der BRD 1950–1952, Stuttgart 1970; Udo F. Löwke: Für den Fall, daß ... Die Haltung der SPD zur Wehrfrage 1949–1955, Hannover 1969; Klaus Erdmenger: Das folgenschwere Mißverständnis. Bonn und die sowjetische Deutschlandpolitik 1949–1955, Freiburg 1967; Gerd Meyer: Deutschlandpolitik; für den Prioritätenkatalog der BRD (Stabilität im Westverbund vor Einheit) Werner Feld: Reunification and West-German-Soviet Relations, The Hague 1963.

verlorenging, spricht für die zweite Lesart, sondern auch ihre verstärkte Propagierung nach dem Scheitern der EVG, als die Bundesrepublik unter dem „Primat militärischen Denkens" in die weltpolitische Isolierung und Defensive zu geraten drohte.[54] Entsprechend hat Besson[55] die Wiedervereinigungsversprechen Adenauers als verhängnisvolle propagandistische Entlastungsoffensiven verstanden, die freilich die Wiedervereinigungspriorität in Teilen sowohl der CDU-Anhängerschaft wie auch der Öffentlichkeit im allgemeinen nicht ganz neutralisierten, vielmehr zugleich dieses Ziel erst richtig als tabuisiertes Stereotyp in der öffentlichen Meinung verankerten. Wenn es sich in den fünfziger Jahren bei der Wiedervereinigungspolitik der Bundesregierung, die ihren Mangel an Instrumenten und Partnern durch die Bekräftigung einer Serie verbaler Ansprüche – des Alleinvertretungsanspruchs, des Anspruchs auf die Grenzen von 1937, des Rechts auf Heimat – auffangen wollte, zugleich um eine fiktive Propaganda-Alternative zum Neutralismus und um ein Mittel zur Integration der Union handelte, würde dies auch erklären, warum die immer geringeren Erfolgschancen der „Politik der Stärke" als national-politischen Druckmittels gegen die Sowjetunion das Vorantreiben der Westintegration auf deutscher Seite nicht zu bremsen vermochten.[56]

Auch daß die Regierung bei der Geschwindigkeit der Aufrüstung, bei der Atombewaffnung der Bundeswehr und bei der Aufnahme von Beziehungen zu Polen zurückstecken mußte, hatte seinen Grund nicht in einer neuen „nationalen" Priorität, sondern war ihr von solchen innenpolitischen Kräften abgehandelt worden, an denen die CDU nicht ohne Gefahr für ihre eigene Stellung vorübergehen konnte. Im ersten Fall wollte die Rüstungsindustrie verhindern, daß entweder die Ausrüstung der Bundeswehr ganz überwiegend aus dem Ausland beschafft oder ihr eigener Produktionsapparat für einen in diesem Umfang nur zeitweiligen Bedarf überdehnt

---

54 Dormann: Militärpolitik, S. 216ff., schildert das schiefe Verhältnis Adenauers und Strauß' zur Aufrüstung der BRD in der Phase internationaler Rüstungsverminderungen als Instrument der Gleichberechtigungspolitik, worin sich eine der Varianten jenes Übergewichts militärischen Denkens (v. Bredow) niederschlägt, in dem politische Vernunft und strategisches Instrument gleichermaßen versäumt werden. Die wesentliche Grundorientierung der BRD-Außenpolitik an dem Militärpotential, durch das man sich dem Westen wichtig machen könne, führte nicht nur dazu, daß der wichtigste nationalpolitische Erfolg der Ära Adenauer eher trotz als wegen des Kanzlers erzielt wurde (vgl. Jacques Freymond: Le conflit sarrois 1945–1955, Brüssel 1959), sondern daß nach Bessons einfühlsamer Analyse Adenauer außenpolitisch mit der EVG gescheitert und die zweite Hälfte seiner Ära von einer Serie von Ersatzhandlungen gekennzeichnet war (Außenpolitik, Teil III).

55 Außenpolitik, S. 129, 202 u. ö. Bandulet, a. a. O., S. 31ff. bzw. 47ff. nimmt dagegen aus seiner engeren Perspektive heraus „roll back" und „Politik der Stärke" als Wiedervereinigungsstrategie ernst, datiert Adenauers entsprechende Haltung aber auch erst nach 1952 (S. 48).

56 Die doppelte Ambivalenz der Zielsetzung in den deutschen Eliten (Europa – Amerika; Westintegration – Wiedervereinigung), welche die Regierung in der zweiten Hälfte der fünfziger Jahre in der Schwebe zu halten vermochte („keine Experimente"), die jedoch in der Folge der Handlungsfreiheit beschnitten und deren Verzögerung spätere Prioritätsentscheidungen nachgerade aufzwang, kommt gut in jenen Panoramen zum Ausdruck, welche im Ausland bei Eintritt der BRD in die vermehrte Souveränität von den Einstellungen der deutschen Führungsschicht entworfen wurden. Vgl. neben den zit. Werken von Deutsch/Edinger und Speier/Davison auch Alfred Grosser (Hg.): Les relations internationales de l'Allemagne occidentale, Paris 1956.

würde.[57] Im zweiten Fall stand zu befürchten, daß das durch den Protest der Atomwissenschaftler ausgelöste „single purpose movement" gegen die Atombewaffnung eine Solidarität des akademischen Establishments und wichtiger Teile der Kirchen mit den Gewerkschaften und sekundär mit der SPD einleiten könnte und damit bedeutsame meinungsbildende Eliten gegen die Regierungspolitik mobilisiert würden.[58]

Im dritten Fall wollte das Auswärtige Amt der amerikanischen Anregung folgen und Beziehungen zu Polen vorbereiten, aber die Pressure-Group der Vertriebenen konnte beim Kanzler ihre „Veto-Power" durchdrücken, so daß dieser zunächst auf Industriekanäle zur vorsichtigen Sondierung des osteuropäischen Geländes ausweichen mußte.[59] Ähnlich gab es auch Fälle, in denen regierungsamtliche Initiativen zur Westintegration gelähmt wurden, weil eine der Interessengruppen aus der Kanzlergefolgschaft auszuscheren drohte.[60] Auf der anderen Seite ging die Verbandsmacht aber nicht so weit, daß eigene Initiativen durchgesetzt werden konnten, wenn diese der von der Großindustrie mit großer Mehrheit geforderten westlichen statt nationalen Priorität[61] oder der Glaubwürdigkeit der antikommunistischen Frontstellung und nationalen Ansprüchen der CDU entgegenstanden. So konnte Adenauer zum Beispiel 1953 eine Initiative der Vertriebenenverbände für Verhandlungen mit der Sowjetunion abblocken[62] und während seiner ganzen Regierungszeit einen schwelenden Kleinkrieg mit der Schwerindustrie über den Osthandel wenigstens so weit für sich entscheiden, daß das Engagement der deutschen Industrie in Ostblockländern keine spektakulären Formen annahm.[63] Im Fall des Röhrenembargos wußten Adenauer und das Auswärtige Amt – offenbar unter hartem Druck amerikanischer Interessen – sogar den Widerstand aller Parteien und beider „Sozialpartner" niederzukämpfen.[64]

---

57 Gerhard Brandt: Rüstung und Wirtschaft in der BRD, Witten 1966, insbes. Kap. III.
58 Hans Karl Rupp: Außerparlamentarische Opposition in der Ära Adenauer: Der Kampf gegen die Atombewaffnung in den fünfziger Jahren, Köln 1970, Kap. III–V. Zur Atombewaffnung allgemein Besson, Außenpolitik, S. 178ff.; James L. Richardson: Deutschland und die NATO, Köln 1967, Kap. 3 u. 10, insbes. S. 49ff.
59 Vgl. Manfred Max Wambach: Verbändestaat und Parteienoligopol. Macht und Ohnmacht der Vertriebenenverbände, Stuttgart 1971, S. 121f. mit Gerard Braunthal: The Federation of German Industry in Politics, Ithaka, N. Y. 1965, S. 312.
60 Vgl. z. B. die Fallstudie über die Festsetzung des europäischen Getreidepreises von Paul Ackermann: Der Deutsche Bauernverband im politischen Kräftespiel der Bundesrepublik, Tübingen 1970. Da der DBV ohne verbandliche Gegenmacht blieb, aber im Rahmen der Kanzlergefolgschaft ein kritisches Potential repräsentierte, konnte er die Entscheidung der Regierung erst sehr lange verzögern und diese dann zu erheblichen Gegenleistungen veranlassen.
61 Braunthal, Federation, S. 286–294.
62 Wambach, Verbändestaat, S. 84f.
63 Braunthal, Federation, S. 305ff.; die FDP neigte dagegen stärker den Osthandelsinteressen der Schwerindustrie zu. Erst die Zurück- und Verdrängung der CDU aus dem Auswärtigen Amt hat die Regierung mit diesen Industrieinteressen versöhnt.
64 Kurt P. Tudyka: Gesellschaftliche Interessen und auswärtige Beziehungen. Das Röhrenembargo, in: Die anachronistische Souveränität, Sonderheft 1 der Politischen Vierteljahresschrift, 1969, S. 205ff.

Auf der anderen Seite hatte die SPD nach Schumacher ihre abweichende Meinung über die Methoden der Westintegration während der Auseinandersetzungen um die EVG, den Deutschland-Vertrag, die NATO und die EWG zu einer westlichen Variante des Rapacki-Plans ausgebaut bzw. modifiziert, bot aber keine wirkliche politische Alternative. Denn ihr (obschon tieferer und kompromißloser) Antikommunismus erschien auf der Höhe des Kalten Krieges gegenüber der „Politik der Stärke" als die weniger konsistente Variante. Auch konnte die SPD ihren Gegensatz zu den Prädispositionen der Masse der Bevölkerung um so weniger überwinden, als diese sich mit der Politik der bürgerlichen Koalition zu den epochalen Erfolgen des „Wirtschaftswunders", der Kanzlerdemokratie, militärischer Sicherheit und ökonomischer Stabilität, der rechtsstaatlichen Absicherung der Privatsphäre und der Rehabilitation der gesellschaftlichen Trägerschichten des Dritten Reiches ergänzten. Erst diese Unmöglichkeit eines gesellschaftlichen Durchbruchs und einer politischen Mehrheitsbildung mit den Positionen der SPD der fünfziger Jahre macht deren objektive nationalpolitische Funktion transparent. Die für sie konstitutive Spannung zwischen der Priorität gesellschaftlichen Fortschritts für die ganze Nation und kompromißloser Distanz zum Kommunismus und zur DDR mußte im Kalten Krieg die verzögerte Anpassung des national-fortschrittlichen Potentials an die sozialen Hauptergebnisse der teilstaatlichen Westintegration bedeuten. Wehners berühmte Rede vom 30. Juni 1960 war insofern nicht nur programmatische Wende, sondern auch realistische Konsequenz.[65]

Wenn es für die Ära Adenauer nach dem Scheitern der EVG charakteristisch ist, daß die ursprüngliche Prioritätensetzung des Kanzlers einer etwas stärkeren Betonung des Wiedervereinigungsanspruchs im Image der CDU nachgab und daß diese wie die Opposition – im damaligen Sprachgebrauch – „Freiheit vor Einheit" rangieren ließ, daß also die Minderheit der Union wie die Mehrheit der Sozialdemokratie nolens volens die verzögerte Anpassung traditioneller nationaler Orientierung an die Westorientierung organisierten, so war das Kuratorium „Unteilbares Deutschland", wie es 1954 auf Betreiben Jakob Kaisers entstand, das Surrogat der unterlegenen Teile der politischen Elite, die es verstanden, die ganze Prominenz wenn schon nicht auf nationale Politik, so doch auf nationale Propaganda zu verpflichten. Als überparteiliches Kartell von Spitzenverbänden sollte das Kuratorium nicht nur die propagandistische Aktivität der „Nationalen Front" und des „Ausschusses für deutsche Einheit" der DDR konterkarieren, sondern wollte ein offiziöses gesellschaftliches Gegengewicht gegen die dominanten Strömungen der Westintegration in Regierung und Gesellschaft bilden und die „gesamtdeutsche Aufgabe" auf der Tagesordnung halten.

---

65 Wiedergedruckt in: Herbert Wehner: Wandel und Bewährung, hg. von H. W. v. Finckenstein u. G. Jahn, Frankfurt, Berlin, Hannover 1968, S. 232ff. Vgl. Abraham Ashkenasi: Reformpartei und Außenpolitik. Die Außenpolitik der SPD, Berlin, Bonn, Köln 1968, Kap. 5–7, sowie Pirker, SPD, S. 167f.

Dabei hielt es sich aber streng an den antikommunistischen Konsensus seiner Träger und schloß mehr an die Pflege der nationalen Überlieferung an, jene vermeintliche Unteilbarkeit Deutschlands, als daß es ein Zweckverband mit einem positiven politischen Ziel (wie der nationalstaatlichen Ordnung Europas) hätte sein können und wollen. Insofern konnte das Kuratorium auch jenen nützlich erscheinen (und ihre Zustimmung ermöglichte erst seine Entstehung und weitverbreitete offiziöse Propaganda), die eine nationale Priorität ablehnten, eben weil es den Dissens zur Regierungspolitik überparteilich abfing und dessen Organisation als politische Alternative verhinderte. Aber das Kuratorium ließ sich nicht ganz auf diese Ventilfunktion beschränken, sondern entwickelte in seinen propagandistischen Wirkungen zumal bei der Gestaltung des gesamtdeutschen Staatsfeiertags und als interne Clearingstelle für eine überparteiliche gesamtdeutsche Politik ein Eigengewicht. Damit wurde – entgegen der auch damals schon unterschwellig fortschreitenden Bi-Nationalisierung – künstlich die „Verbundenheit mit den Brüdern und Schwestern in der Zone" und das Stereotyp einer als Abschaffung der DDR gedachten „Wiedervereinigung in Frieden und Freiheit" in der Bevölkerung erhalten, gestärkt, emotionalisiert. Dies hat zugleich die politisch-demokratische Orientierung auf den wirtschaftlichen Lebensbereich der EWG verzögert und die Ignorierung der nationalpolitischen Folgen des Nationalsozialismus und der weltpolitischen Tatsachen verlängert. Doch auch diese Organisierung einer entdynamisierten Variante des integralen, von der gesellschaftlichen Wirklichkeit in die gefährliche Illusion ablenkenden Nationalismus sollte die Konfrontation mit den tatsächlichen Verhältnissen, die im kommenden Jahrzehnt Schritt für Schritt zuerst außen-, dann innen- und gesellschaftspolitisch die ideologische Integration der späteren fünfziger Jahre ablöste, nicht überleben.[66]

---

[66] Das Kuratorium hat in den folgenden Schriften eine zusammenfassende Darstellung seiner Tätigkeit gegeben und seine ideologische Ausrüstung dokumentiert: W. W. Schütz (Hg.): Bewährung im Widerstand, 3. Aufl., Stuttgart 1956; Kuratorium unteilbares Deutschland: Bericht und Ausblick, o. O. u. J. (Bonn 1957); dass., Antworten auf die deutsche Frage, Berlin, Bonn 1960 (Herbert Hupka, auf S. 3: „All die Deutschen … verlangen nach der Freiheit, weil die Unfreiheit ihnen die Einheit versagt." W. W. Schütz S. 26f.: „Wir werden uns von den zimperlichen Leuten … nicht davon abhalten lassen, … für die deutsche Wiedervereinigung und Berlin auch auf die Straße zu gehen." – „Das Recht des deutschen Volkes auf Selbstbestimmung ist identisch mit dem Recht auf staatliche Einheit."); Herbert Hupka (Hg.): 17. Juni – Reden zum Tag der deutschen Einheit, o. O. (Bonn) 1964. In den zahlreichen Schriften des Geschäftsführers Schütz läßt sich zwar ein völliger Wandel in der politischen Strategie, aber eine Kontinuität der nationalen Illusionen erkennen: Interpretierte er in der Blüte des Kuratoriums die Politik der Stärke als nationale Politik, so ist er nach dem Niedergang seiner Organisation im Bereich der „Anerkennungspartei" aufgetaucht und erwartet sich nun die Kontinuität der gesamtdeutschen Nation durch vertragliche Verklammerung der beiden deutschen Staaten unter Wahrung der unterschiedlichen Gesellschaftsordnungen.

Orientierungskrise

Der Abbau der teils von den Folgen des Faschismus, teils vom Kalten Krieg bestimmten ideologischen Integration der Westdeutschen dauert bis heute an: Drei Phasen lassen sich unterscheiden: In den letzten fünf Jahren der Kanzlerschaft Adenauers veränderten sich die internationalen und wirtschaftlichen Voraussetzungen bundesdeutscher Politik wesentlich, ohne jedoch zu erheblichen Verschiebungen im öffentlichen Meinungsbild zu führen. In der mittleren Phase machten sich die Auswirkungen dieser Veränderungen sowohl auf die sozialen Verhältnisse wie auf die internationalen Beziehungen der BRD nachdrücklich bemerkbar; das prägte die Regierungen Erhards und zum Teil die der Großen Koalition. Seither sind zwar praktische Folgerungen aus der veränderten Lage gezogen worden, aber eine neue Ordnungsvorstellung für Europa ist als Leitbild außenpolitischer Orientierung der BRD noch nicht greifbar geworden.[67]

Das Ende der Ära Adenauer

Zuerst wandelten sich die internationalen Voraussetzungen der bisherigen Orientierung der BRD. Das militärische Patt der Supermächte stärkte deren Neigung, den weltpolitischen Status quo anzuerkennen und zu sichern. Auf der anderen Seite wurde die Dekolonisierungskrise insbesondere Frankreichs nicht zu einem Antrieb europäischer Vereinigung, sondern zunächst innenpolitisch durch Forcierung nationaler Tradition aufgefangen. Die unterschiedlichen Voraussetzungen und die ungleichmäßige Entwicklung der westeuropäischen Einzelstaaten verlangsamten ihre supranationale Integration zugunsten eines Rückgriffs auf die nationalstaatliche Ordnung Europas. Zugleich ließen es die internationalen Entspannungsbemühungen zu, daß der Status quo in Berlin buchstäblich zementiert wurde, womit sich immer deutlicher zeigte, daß der BRD eine den Nachbarn vergleichbare Rückkehr zur nationalstaatlichen Tradition verwehrt war. Angesichts dieser Lage mußten die bislang erfolgreichen doppelzüngigen Versprechungen, Adenauers Politik führe gleichermaßen zu Westintegration und Wiedervereinigung, zu einem Dilemma doppelter Aussichtslosigkeit werden. Die Antwort der politischen Eliten Bonns auf die Infragestellung ihrer gemeinsamen außenpolitischen Grundziele war jener Streit zwischen „Gaullisten" und „Atlantikern", der nicht nur ohne Breitenwirkung in der Bevölke-

---

67 Da für die sechziger Jahre noch keine zeitgeschichtliche Monographien zur Außenpolitik der BRD vorliegen, sei insgesamt auf Besson, Außenpolitik, Kap. IV u. V, sowie auf Alfred Grosser: Deutschlandbilanz, München 1970, verwiesen. Heino Kaack u. Reinhold Roth: Die außenpolitische Führungselite der Bundesrepublik Deutschland, in: Aus Politik und Zeitgeschichte, B 3/72 vom 15. Januar 1972, zeigen jetzt den Zerfall der außenpolitischen Führungsrolle Adenauers seit Mitte der fünfziger Jahre im Zuge einer fortschreitenden Dezentralisierung der außenpolitischen Elitestruktur, die in der Zeit des zweiten Kabinetts Erhard am weitesten fortgeschritten war.

rung, sondern überhaupt wirre Episode blieb, weil er sich vor allem durch die Unterschiede in den Motiven zwischen de Gaulle und deutschen Gaullisten bzw. den USA und deutschen Atlantikern auszeichnete. Zwar wurde eine besondere deutsch-französische Zusammenarbeit vereinbart, ihre gaullistische Lesart aber durch deutsche Unterstützung für NATO und LWG abgelehnt. Schließlich einigte sich Bonn darauf, daß die Frage falsch gestellt und westliche Bündnispolitik als Wahl zwischen Amerika und Frankreich für die BRD ein Irrweg sei. Offenbar mußten die Klärung der deutschen Voraussetzungen und die Wiedergewinnung außenpolitischer Handlungsfähigkeit in einer der nationalstaatlichen Souveränität vergleichbaren, aber für die BRD möglichen Form nicht im Westen, sondern im Osten gesucht werden. Aber jeder CDU-Kanzler mußte es schwer haben, der eigenen Vergangenheit – der Politik der Stärke – so radikal abzuschwören; auch Kiesinger verteidigte nur die Kontinuität mit formalen Zugeständnissen und konnte keine aus dem Dilemma herausführende Perspektive aufzeigen.[68]

Andere Faktoren kamen hinzu, die man damals als „Ende der Nachkriegszeit" und als „Normalisierung" beschrieb. Aufsehen hat vor allem die Ablösung der unter den besonderen Kriegs- und Nachkriegsbedingungen erwachsenen skeptischen Generation durch eine unbeschwerte, weniger angepaßte Jugend hervorgerufen. Ihre Grunderfahrung der Pax americana war nicht die Hoover-Speisung, sondern der Vietnam-Krieg: Sie verglich die Lebensbedingungen in der BRD nicht mit denen unter dem Faschismus, sondern empfand die pragmatische Konsum- und Leistungsorientierung der älteren Generation als Lähmung menschlicher Kommunikation und sozialer Emanzipation, Adenauers Patriarchat als demokratische Herausforderung und die Notstandsplanungen der Regierung Erhard als drohende „NS-Gesetze."

Ein zweiter wichtiger Faktor der „Normalisierung" war die Konsolidierung der DDR hinter der Mauer und ihre Entwicklung zu einer leistungsfähigen Industriegesellschaft mit wachsendem Wohlstand und zunehmender persönlicher Freiheit. Nicht mehr ständig durch Alternativen des Westens in Frage gestellt, wurde ihre unter den sozialistischen Ländern herausragende Leistungskraft im wachsenden Selbstwertgefühl der DDR-Bürger nicht unbeträchtlich mit dem Fortschritt der DDR auch als Staat, insbesondere mit dem größeren politischen Gewicht ihrer Führung im östlichen Bündnis identifiziert. Das Ende der Abwanderung aus der DDR brachte nicht nur ihre einheimischen Leistungsreserven, sondern auch die Folgen der gesellschaftlichen Umstrukturierung wie größere Kollegialität und soziale Sicherheit und die außerordentliche Erhöhung der Qualifizierungschancen für Arbeiter und Bauern

---

68 Zur europäischen Krise neben St. Hoffmann, Obstinate or Obsolete?, Karl W. Deutsch, Lewis J. Edinger, Roy C. Macridis, Richard L. Merritt: France, Germany and the Western Alliance. A Study of Elite Attitudes on European Integration and World Politics, New York 1967; Lerner, Gordon, Euratlantica, Kap. 2; Gilbert Ziebura: Die deutsch-französischen Beziehungen seit 1945, Pfullingen 1970, S. 94ff.; F. Roy Willis: France, Germany and the New Europe, Stanford, Oxford 1964, S. 273ff. Bandulet, Adenauer, Teil E., vgl. S. 161ff., verteidigt Adenauers gaullistische Option als Antwort auf die „Mauer", hinter der er eine sowjetisch-amerikanische Vereinbarung zu Lasten der Deutschen sieht.

ins Bewußtsein der DDR-Bevölkerung. Die DDR wurde zum ersten Mal eine ernst zu nehmende Vergleichsgröße für die BRD, deren „Bildungskatastrophe" umgekehrt nach dem Zuwanderungsstopp qualifizierter DDR-Flüchtlinge fühlbarer wurde.[69]

Schließlich näherte sich der durch die Wiederaufrüstung verlängerte Wiederaufbauboom der BRD, der die Konjunkturzyklen der Nachkriegszeit mit der Erfahrung des „Wirtschaftswunders" verdeckt hatte, seinem Ende und mußte in die Normalsituation kapitalistischer Industriegesellschaften übergeleitet werden. Damit wurde aber auch die Kritik an dieser Gesellschaftsordnung von der vormaligen besonderen Belastung des Nachkriegswiederaufbaus entbunden: Per saldo wog das kräftig angewachsene Machtgefühl, (wieder) einer der stärksten unter den Industriestaaten der Welt geworden zu sein („Wir sind wieder wer"), nicht genug, um die Defizite auf jenen Gebieten, die nicht vom privaten Profitstreben vorangetrieben worden waren, vergessen zu machen: Ausbildung, Gesundheitswesen, Fürsorge für Alte und Außenseiter, Umweltschutz, Raum- und Städteplanung, Verkehr, kurz all jene „Gemeinschaftsaufgaben" dynamischer Daseinsvorsorge und Umwelthumanisierung, welche von der CDU-Wirtschafts- und Sozialpolitik gegenüber der Förderung privater Kapitalbildung und der Stützung des Mittelstands hintangestellt worden waren.[70] In (kleinen) Minderheiten wuchs auch die Erkenntnis, daß die internationale wirtschaftliche Struktur den Zusammenhang zwischen der Bereicherung der Reichen und der Verelendung der armen Länder eher enger gemacht als überwunden hatte. Auch innerhalb der Gesellschaft war zwar der gesamte Standard angehoben, die gegensätzliche Eigentums- und Vermögensentwicklung von Kapital und Arbeit aber nur im Bewußtsein und auch da nicht in allen Teilen der Gesellschaft verwischt. Ihre Diskrepanz wuchs im Gegenteil in dem Maße, in welchem dem steigenden Anteil der unselbständig Arbeitenden an der Bevölkerung ein Rückgang ihres Einkommenanteils am Bruttosozialprodukt entsprach. Diese „relative Verelendung" mußte die Hoffnung, daß der Wohlfahrtsstaat „jenseits des Kapitalismus" liege und die Eigentumsfrage irrelevant mache, enttäuschen und schärfere gesellschaftliche Auseinandersetzungen vorbereiten.[71]

Zusammengenommen waren diese Faktoren geeignet, die gesamtgesellschaftliche Verbindlichkeit der Moralisierung des Ost-West-Konflikts, der Vorstellung von „Wiedervereinigung" als Befreiung verarmter und unterjochter Brüder und Schwestern

---

69 Zur Konsolidierung der DDR vgl. insbes. Hanns Werner Schwarze: Die DDR ist keine Zone mehr, Köln, Bonn 1969, und Reiseberichte wie Hans Apel: Ohne Begleiter, Köln 1965; Marion Gräfin Dönhoff, R. W. Leonhardt, Theo Sommer: Reise in ein fernes Land, Hamburg 1964, und mit geringer Durchdringung Wolfgang Plat: Begegnung mit den anderen Deutschen, Reinbek 1969.
70 Die zunehmende Disproportion der Einkommens- und Vermögensverhältnisse in der BRD, in der die Reichen einen wachsenden Anteil des nationalen Reichtums kassieren und der selbständige Mittelstand dennoch relativ resistent bleibt, ist nicht nur als „naturwüchsiges" Ergebnis liberaler Marktwirtschaft zu interpretieren. Die steuernde und gestaltende Hand der Regierung und des Bundesgesetzgebers gerade der Ära Adenauer haben im einzelnen herausgearbeitet: Karl W. Roskamp: Capital Formation in West Germany, Detroit 1965, Kap. IV u. V; Hans-Hermann Hartwich: Sozialstaatspostulat und gesellschaftlicher status quo, Köln 1970, S. 119–272.
71 Vgl. die Zusammenstellung bei Jörg Huffschmid: Die Politik des Kapitals, Frankfurt 1969, S. 14f.; 29.

sowie jener Zielvariante einer Vereinigung „Kleineuropas", das seine Gegner wie Klerikalismus, Konservativismus, Kapitalismus buchstabierten, zu unterlaufen und die Homogenität der ideologischen Prädispositionen der Bevölkerung der BRD aufzulösen.[72] Dabei setzte sich in der ersten Phase die internationale, deutschlandpolitische und wirtschaftliche Unerfülltheit der in der Ära Adenauer erworbenen Ziele nicht unmittelbar in einen Trend der öffentlichen Meinung zu neuen Zielen um, sondern es trat eine für die Spannungen in der BRD Mitte der sechziger Jahre charakteristische „Meinungsschere" auf. Zum Beispiel bekannte man sich zwar nach wie vor in beinahe unveränderter Weise zu den alten Zielen (Wiedervereinigung, Westintegration, wirtschaftliche Stabilität), zugleich machte sich jedoch immer mehr Skepsis breit, ob diese Ziele überhaupt oder doch in absehbarer Zeit erreicht bzw. gewährleistet werden könnten. Ähnlich wuchs nach der Berlin-Krise noch der Wunsch der Bevölkerung nach militärischer Sicherheit durch enges Zusammenwirken mit den USA, während in zunehmendem Umfang das tatsächliche militärische Verhalten Amerikas im indochinesischen Krisengebiet von einer großen Mehrheit der Bevölkerung zuerst distanziert und dann ablehnend beurteilt wurde. Die unveränderte Anerkennung der amerikanischen Führung im Westen wurde ihres politisch-moralischen Fundaments beraubt und auf einen resignierenden Realismus in Anbetracht des militärischen Abschreckungspotentials der USA reduziert. Elisabeth Noelle-Neumann hat jüngst gezeigt, daß diese Kluft zwischen manifesten Zielen und beginnender Desillusionierung in der Mehrheit der Bevölkerung erst durch die Erschütterung und Polarisierung der politischen Meinungen in der zweiten Phase im Sinne ernüchternder politischer Zielsetzung abgebaut worden ist. Die Anwälte der traditionellen Ziele in den meinungsbildenden Eliten hatten zuwenig Argumente, um den wachsenden Zwiespalt zwischen Wunsch und Wirklichkeit glaubhaft zu überbrücken.[73]

---

72 Besonders schwerwiegend waren die Rückwirkungen auf die Ideologie der Bundeswehr, die sich nicht anpaßte, sondern in einer „Phase der Konsolidierung" in die gesellschaftliche Isolierung steuerte. Wie jetzt Siegfried Grimm: ... der Bundesrepublik treu zu dienen. Die geistige Rüstung der Bundeswehr, Düsseldorf 1970, zeigt, sind seit 1958 die Baudissinschen Prinzipien abgebaut worden und ist „Gehorsamssicherung statt Erziehungsdenken" in den Vordergrund getreten, nicht zuletzt weil dies zunächst eine betriebliche Vereinfachung ist. Da der Degeneration geschichtlicher Einsichten zur Pflege überlebter Traditionen durch die internationale Verflechtung der Bundeswehr und die Aufnahmewilligkeit ihrer Rekruten gewisse Grenzen gesetzt waren, konzentrierte sich die „geistige Rüstung" vor allem auf Indoktrinierung mit militantem Antikommunismus sowie darauf, Bereitschaft zur disziplinierten Unterordnung zu schaffen.
73 Elisabeth Noelle-Neumann: Urteile über Bonn, in: Die Zeit, 26. März 1971, S. 3. Während sich die Meinungsschere öffnete, wurden in der Publizistik die alten Illusionen der Deutschland-Politik zerstört: Karl Jaspers: Freiheit und Wiedervereinigung, in: ders.: Lebensfragen der deutschen Politik, München 1963, S. 171ff.; Peter Bender: Offensive Entspannung, 4. Aufl., Köln 1964; Erich Müller-Gangloff: Mit der Teilung leben, München 1965; Eberhard Schul: An Ulbricht führt kein Weg mehr vorbei, Hamburg 1967; W. W. Schütz: Deutschland-Memorandum, Frankfurt 1968; Peter Bender: Zehn Gründe für die Anerkennung der DDR, Frankfurt 1968, bis hin zu L. Froese u. a. (Deutschlandpolitischer Arbeitskreis): 30 Thesen für eine neue Deutschlandpolitik, Hamburg 1969; eine Zwischenbilanz deutschlandpolitischer Publizistik in der Anthologie Theo Sommer (Hg.): Denken an Deutschland, Hamburg 1966.

Rezession und Große Koalition

An der Berliner Mauer brach sich die „Politik der Stärke": Zunächst von der Öffentlichkeit noch nicht voll bemerkt, bahnte sich der Zusammenbruch der CDU-Deutschland-Politik seit 1963 durch die Passierscheinabkommen des Berliner Senats an. Als Egon Bahr die neue, mit den USA konzertierte Politik Willy Brandts auf die Formel „Wandel durch Annäherung"[74] brachte, hatte ihr die neue Regierung außer Mißerfolgsmeldungen allenfalls zögernde Ansätze zur Normalisierung der Beziehungen mit ausgewählten osteuropäischen Ländern entgegenzusetzen und erhielt mit Adenauers Feststellung, die Sowjetunion sei eine friedliche Macht geworden,[75] Beschuß von unvermuteter Seite. In der Öffentlichkeit wurde die Lage erst 1965 kritisch, als sich beim Debakel der deutschen Nahost-Politik die sogenannte Hallstein-Doktrin als Bumerang erwies. Einst war sie als diplomatische Variante des Alleinvertretungsanspruchs nach Adenauers Moskau-Reise noch rechtzeitig formuliert worden, bevor die BRD fester in die internationale Arbeitsteilung des Westens einbezogen wurde, um die durch Suez diskreditierten „höheren westlichen Interessen" in den arabischen Staaten zu vertreten.[76] Nun aber zeigte sich, daß mit ihr nicht nur die Aufwertung der DDR nicht verhindert werden konnte, sondern daß sie die deutsche Handlungsfreiheit, insbesondere eine sachgemäße Entwicklungspolitik gefährdete. Noch im gleichen Jahr taten die maßgeblichen Kräfte der evangelischen Kirche weithin sichtbare Schritte zur Versöhnung mit Polen auf der Basis des Status quo. Verhalten und zögernd folgten die katholischen Bischöfe, später entschiedener katholische Laien.[77] Mit anderen Worten: Trägergruppen der CDU verließen an einer wichtigen Stelle den Boden der nationalen Rechtsansprüche, die damit wegen ihres prinzipiellen Charakters von Grund auf in Frage gestellt wurden. Diese negative Bilanz wurde durch die elastischere Ostpolitik Schröders in der Öffentlichkeit nicht ausgeglichen, zumal offenblieb, ob sie nicht nur der Isolierung der DDR diente, mithin eine statische Fiktion durch eine dynamische ablöste.[78] Der einzige deutschlandpolitische Erfolg der

---

74 Boris Meissner (Hg.): Die deutsche Ostpolitik 1961–1970, Köln 1970, S. 45ff.
75 Ebd., S. 119.
76 Vgl. jetzt Jörg Seelbach: Die Aufnahme der diplomatischen Beziehungen zu Israel als Problem der deutschen Politik seit 1955, Meisenheim 1970, insbes. S. 31f.
77 „Die Lage der Vertriebenen und das Verhältnis des deutschen Volkes zu seinen östlichen Nachbarn, eine evangelische Denkschrift" sowie der Briefwechsel der katholischen Bischöfe Polens und Deutschlands, in: Reinhard Henkys (Hg.): Deutschland und die östlichen Nachbarn, Stuttgart 1966, S. 176ff., 218ff.; später aus dem katholischen Bereich eindeutiger als der Episkopat: Bensberger Kreis (Hg.): Ein Memorandum deutscher Katholiken zu den polnisch-deutschen Fragen, 2. Aufl., Mainz 1968.
78 Anders Besson, Außenpolitik, S. 347, der Schröder außenpolitische Leistungen attestiert, die wir erst bei den folgenden Regierungen zu erkennen vermögen. („Die westdeutsche Außenpolitik, wie Gerhard Schröder sie verstand, ohne sie jedoch formulieren zu können, bedeutete in der Tat nichts anderes als das nüchterne Geschäft, unter den Bedingungen der sechziger Jahre ein dauerhaftes Fundament für die Selbstbehauptung der Bundesrepublik auf der internationalen Bühne zu schaffen.") Vgl. die Kritik von H.-P. Schwarz: Zwischen Bismarck und de Gaulle, in: Frankfurter Allgemeine, 18. Sept. 1970, S. 13: „Bei allem Vergnügen an dem dialektischen Geschick, mit dem der Autor einstigen Idealen abschwört und sich zugleich der Kontinuität rühmt, wird man aber doch vorsichtig fragen müssen, ob

Union, die Anerkennung Ost-Berlins durch westliche Mächte und von ihnen abhängige Staaten verhindert zu haben, hatte den Deutschen in der DDR nichts genützt und war denen im Westen teuer zu stehen gekommen.

Die Große Koalition sollte „schmerzliche" nationalpolitische Grundsatzentscheidungen vor der Öffentlichkeit oppositionslos verantworten, Verfassungsänderungen durchsetzen und Mittel für die drängende Reform der Infrastruktur („Gemeinschaftsaufgaben") auftreiben.[79] Erwartungsgemäß zeigte sich schnell, daß der gesellschaftliche Antagonismus nicht durch ein Elitenkartell zu überwinden und statt Grundentscheidungen nur Anpassungen und Auflockerungen zu erreichen waren. Nationalpolitisch bahnte die Große Koalition immerhin zwei Wege, ohne sie freilich selbst zu beschreiten. Sie entsprachen dem sozialdemokratischen Regierungselement, banden jedoch auch die Kanzlerpartei; beide wirkten der drohenden Isolierung entgegen und förderten die staatliche Selbstidentifikation der Gesellschaft der BRD. Die Überwindung der Rezession und die Förderung informeller und planerischer Instrumente staatlicher Wirtschaftssteuerung gewannen die ökonomische Funktionalität des Systems zurück, nahmen autoritären und protektionistischen Bestrebungen den Wind aus den Segeln und legten den Grund dafür, daß auf dem Gebiet der inneren Reform neben modernisierender Anpassung auch wirkliche staatliche Umverteilung zugunsten der abhängig arbeitenden Bevölkerungsmehrheit als Alternative zu autoritärer Formierung der Gesellschaft im Interesse kapitalistischer Expansion politisch überhaupt denkbar wurde. In den auswärtigen Beziehungen trennte sich die Große Koalition praktisch von der dilatorischen Politik der Rechtsansprüche, verdeutlichte ihren Wunsch nach Beziehungen zu den osteuropäischen Ländern und akzeptierte die DDR wenigstens als staatliches Phänomen.[80]

Dem politischen Elitenkartell und seinen zögernden Schritten zur Anpassung der Regierung an veränderte gesellschaftliche und internationale Bedingungen gegenüber formierte sich der latente Protest von Gruppen, die sich grob als alarmierte Vorhut des faschistischen und des sozialistischen Potentials in der Bevölkerung deuten lassen. Als Vorhut repräsentierten sie nicht den Gegensatz zwischen Kapital und Arbeit, sondern hatten ihr Schwergewicht in empfindlicheren gesellschaftlichen Situationen,

---

Fortsetzung von Fußnote 78:
    diejenigen, für die diese Brücke wohl gebaut wurde, sie wirklich allesamt beschriten werden ... Manchmal will es erscheinen, als ob bereits die Bewegung als solche lobenswert erscheint; die psychologische Parallele zum Epochengefühl der nachbismarckschen Ära drängt sich auf. Wenn im Schlußabschnitt zur ‚Fahrt in die freien Gewässer der Weltpolitik' aufgerufen wird, so ist der wilhelminische Zungenschlag unüberhörbar."

79 Die Erwartungen, die bereits seit Jahren in ein Elitenkartell der großen Parteien gesetzt worden waren, sind besprochen bei Lutz Niethammer: Wider eine große Koalition, in: Der Monat 18, 1966, Heft 214, S. 24ff.

80 Ernest Mandel: Die deutsche Wirtschaftskrise, Frankfurt a.M. 1969; Urs Jaeggi: Macht und Herrschaft in der Bundesrepublik, Frankfurt 1969, S. 135ff.; Materialien zum Meinungsmilieu beim Sturz Erhards sind mit Mitgefühl aufbereitet bei Karl-Georg von Stackelberg: Attentat auf Deutschlands Talisman, Stuttgart 1967, Texte zur Ostpolitik der großen Koalition bei Meissner, Ostpolitik, Kap. II.

namentlich im traditionalen Mittelstandsmilieu einerseits und in der akademischen Jugend andererseits. Von den vielfältigen Wirkungen dieser Erscheinung interessieren hier nur zwei: Zunächst führte das beinahe synchrone Anschwellen des linken und rechten Protests zu einer verstärkten und bewußteren Polarisierung in Gesellschaft und Politik, der sich die großen Parteien nicht entziehen konnten. Dadurch wurden die Protestbewegungen in einer zweiten Stufe mehrheitlich in die Anhängerschaft der großen Parteien reintegriert und minderheitlich in zum Teil sektiererische Kaderorganisationen verdrängt. Während die Linke dazu neigte, die Relevanz nationalstaatlicher Probleme hinter diejenigen gesellschaftlicher Reformbedürftigkeit zurücktreten zu lassen, bediente sich auf der anderen Seite die rechte Abwehr sozialer Demokratisierung des tradierten antikommunistischen Konsensus und verband ihn mit den konservativen bzw. integralen Nationalismustraditionen.

Die Rückkehr des Nationalismus war kein Produkt der NPD. Deren Erfolg war nur der regressivste Ausdruck einer breiten konservativen Strömung, welcher nach dem Verlust der vom Kalten Krieg geschaffenen atlantischen und europäischen Einheitsgesinnung und der relativ homogenen ideologischen Prädispositionen der Bevölkerung nur der Rückgriff auf vormalige nationalstaatliche Vorstellungen, auf das autoritär-traditionale Einstellungs- und Normsyndrom und auf formale Nationalideologien zur sozialen Integration blieb.[81] Die Analyse auch der subtileren technokratischen Modellvorschläge konservativer Ideologen, die seit dieser Zeit vermehrt vorgetragen wurden, hat ergeben, daß sie mit der künstlichen Erregung und Manipulierbarkeit nationalistischer und traditionalistischer Einstellungen stehen und fallen.[82] Der Begriff „Nation" bezeichnete dabei freilich keine konkrete geschichtliche Erfahrung mehr, war schillernd und verwaschen und ließ ebensogut die Schicksalsgemeinschaft Preußen-Deutschlands als Trägerin des Wiedervereinigungswillens assoziieren wie auch ohne Abgrenzung daneben das Substrat der wirtschaftlichen Interessen der BRD bzw. ihrer gesamtgesellschaftlichen Infrastrukturbedürfnisse.[83] Allerdings hat der von der NPD ausgelöste Schock, obwohl deren politisches Angebot in postfaschistischen Organisationen und Publikationsorganen auch zuvor längst bestanden hatte, die Diskussion über die Rückkehr des Nationalismus verstärkt, ihr als Antwort progressive Varianten, in denen Konzentration auf innere Reformen als

---

81 Die gesellschaftlichen Voraussetzungen und die fließenden Grenzen der NPD zum konservativen Establishment betonen für die Ideologie Reinhard Kühnl u. a.: Die NPD, Frankfurt a.M. 1969; für die politische Praxis in den Landtagen Lutz Niethammer: Angepaßter Faschismus, Frankfurt a.M. 1969; und für die Wählerbewegung John D. Nagle: The National Democratic Party, Berkeley, Los Angeles, London 1970.
82 Helga Grebing: Konservative gegen die Demokratie, Frankfurt 1971, z.B. S. 409; Reinhard Opitz: Formierte Gesellschaft, Köln 1966.
83 Materialsammlung zu den Interpretationen der Begriffe Nation in der BRD Albrecht Langner: Nationalismus in der Bundesrepublik, Köln 1969; Ursula und Rolf Schmiederer: Der neue Nationalismus in der politischen Bildung, Frankfurt a.M. 1970, S. 51 u. passim, haben herausgearbeitet, daß seit Mitte der sechziger Jahre verstärkt auf formale national-autoritäre Erziehungsziele zurückgegriffen wurde (obwohl eine erhebliche Unsicherheit gegenüber Begriff und Inhalte der nationalen Tradition festzustellen ist), offenbar weil sich der Nationalismus am besten als formale Integrationsideologie eignet.

wohlverstandenes Nationalbewußtsein interpretiert wurde,[84] abgenötigt und bei der CDU/CSU aus wahltaktischen Gründen die Neigung gefördert, in der Orientierungskrise auf den Nationalismus zurückzugreifen. Bemerkenswert an dieser Diskussion bleibt, daß eine sozialistische Nationalismusvariante von nennenswerter Breitenwirkung nicht mehr aufgetaucht ist. Zu eng war die DKP an die staatlichen Interessen der DDR gebunden; zuwenig konnten sich sehr kleine linke Gruppen wie die Trotzkisten, welche zur Revolution gegen Brandt und Ulbricht gleichermaßen aufforderten, in der Öffentlichkeit Gehör verschaffen. Indessen bliebe zu prüfen, ob nicht die nationale Strategie der Arbeiterbewegung der frühen Nachkriegszeit trotz aller pragmatischen Verwandlung als eine der Triebkräfte der neuen Ostpolitik auch heute noch nachwirkt.

Sozialliberale Koalition und Polarisierung

In der dritten Phase der Orientierungskrise, die im Bundestagswahlkampf 1969 zum Durchbruch kam, entwickelte sich eine politische Polarisierung über die praktische Ausgestaltung der von der Großen Koalition angebahnten Möglichkeiten in der Innen- und Außenpolitik. Erst die Auflösung des politischen Elitenkartells und die Rückkehr zum modifizierten Zweiparteiensystem in der BRD, worin die FDP wiederum Juniorpartner und nicht Zünglein an der Waage ist, hat eine den frühen fünfziger Jahren vergleichbare entschiedene außenpolitische Priorität ermöglicht. Im Rollentausch der politischen Führungskräfte bestätigte sich der Charakter dieses Regierungssystems allerdings auch darin, daß die großen Plattformparteien in sich eine Mannigfaltigkeit von Meinungen und Interessen einschließen, die – obwohl ihre tendenzielle Divergenz den Antagonismus der Gesellschaft durchscheinen läßt und auf Teilgebieten der praktischen Politik entschiedene Schritte ermöglicht – längerfristige und grundsätzliche Aussagen ihrer Repräsentanten ziemlich unbestimmbar macht. Dies gilt für Regierung wie Opposition.[85]

---

84 Vgl. neben dem zitierten Beitrag von Bracher, Nationalbewußtsein, Christian von Krockow: Nationalbewußtsein und Gesellschaftsbewußtsein, in: Politische Vierteljahresschrift 1, 1960, S. 141ff.; Georg Picht: Grundlagen eines neuen deutschen Nationalbewußtseins, in: Merkur 21, 1967, S. 1ff.; Karl Otmar Freiherr von Aretin: Über die Notwendigkeit kritischer Distanzierung vom Nationsbegriff in Deutschland nach 1945, in: Hans Bolewski (Hg.): Nation und Nationalismus, Stuttgart 1967, S. 26ff.; Kurt Sontheimer: Die Wiederkehr des Nationalismus in der Bundesrepublik, in: K. Sontheimer, E. Stammler, H. Heigert: Sehnsucht nach der Nation?, München 1966, S. 7ff. Für eine Literaturübersicht (einschließlich der Plädoyers von rechts für einen „geläuterten" Nationalismus) siehe Karl-Heinz Naßmacher: Deutscher Nationalismus heute, in: Bildungswerk Europäische Politik (Hg.): Nation, Nationalismus und übernationale Gemeinschaft, Köln 1967.

85 Vgl. zum Folgenden die Dokumentation bei Meissner, Ostpolitik, Kap. II. Brandt sagte zum Abschluß der Debatte über den Bericht zur Lage der Nation 1970 (ebd., S. 442), daß die Vermeidung nationalpolitischer Festlegungen Regierung und Opposition verbinde. „Die Opposition ... ist die Antwort darauf schuldig geblieben, was denn heute konkret unter ‚Wiederherstellung staatlicher Einheit' zu verstehen ist. Auch sie, die Opposition, bekennt sich offenbar nicht zur einfachen Wiederherstellung des Deut-

Die neue Ostpolitik der Bundesregierung hat endgültig mit der „Politik der Stärke" gebrochen, um durch die Anerkennung der als Folge des Zweiten Weltkriegs entstandenen Grenzen in Europa Voraussetzungen für gesicherte und fruchtbare Beziehungen zwischen der BRD und den sozialistischen Ländern zu schaffen; dies schließt die Akzeptierung der DDR als Partner zwischenstaatlicher Verträge ein. Außenpolitische Entspannung bedeutet dabei zugleich einen Schritt zur inneren Modernisierung und eine Vorbedingung innerer Reformen in der BRD, weil die zuvor vom Kalten Krieg verdeckte gesellschaftspolitische Wirklichkeit in der Öffentlichkeit nüchterner diskutiert werden kann. Ebenso ist die Desillusionierung in der Deutschland- und Ostpolitik – von der Regierung mit entschlossener Aktivität betrieben und von einer Zweidrittelmehrheit der Bevölkerung grundsätzlich getragen – international zweifellos ein realpolitischer Fortschritt, der die Handlungsfreiheit der BRD in dem von den Alliierten gesetzten Rahmen erheblich erweitert und ihr erst eigene Aktivität im Verhältnis zu den sozialistischen Ländern, vom Anerkennungsjunktim entschlackte Wirtschaftsbeziehungen zur „Dritten Welt" sowie einen neuen Anlauf zur westeuropäischen Integration ermöglicht. Zwar ist die BRD damit nachträglich in den grundsätzlichen Entspannungstrend der Großmächte eingeordnet, aber es ist bisher nicht hinreichend deutlich geworden, mit Blick auf welche Konzeption europäischer Ordnung diese Chancen genützt werden sollen. Priorität der Friedenssicherung, Verankerung im Westen, Umorientierung auf eine solidarische Entwicklungshilfe sind als Ziele manifest; betont wird weiterhin die westeuropäische Integration, aber ihr Umfang, ihr Strukturprinzip und ihr Verhältnis zu einer gesamteuropäischen Friedensordnung sind als eigene deutsche Zielvorstellungen offengeblieben. In der Deutschland-Politik scheint man sich mit dem Status quo zu arrangieren, um die Kommunikation der BRD mit West-Berlin zu sichern und mit der DDR zu fördern. Aber die zunehmenden Bekundungen gerade des Bundeskanzlers,[86] daß BRD und DDR nur teilstaatliche Organisationsformen ein und derselben, vom politischen Willen zur Einheit zusammengehaltenen Nation seien, lassen sich kaum als eine taktische Wendung gegen die starre Haltung Ost-Berlins und die nationalistische Agitation von rechts hinreichend interpretieren, weil sie diese Tendenzen ja zugleich bestärken müssen, indem sie sie unterlaufen wollen. Daß es genuin nationale Motive für die neue Ostpolitik geben muß, ist unzweifelhaft, aber über ihren Inhalt kann man nur Hypothesen aufstellen. Hinweise geben die Berliner Vergangenheit Brandts, die sozialdemokratische Neigung derer, die durch persönliche Beziehungen in die DDR am meisten von der Zweistaatlichkeit berührt sind, die Tradition Schumachers in der

---

Fortsetzung von Fußnote 85:
    schen Reiches, eines deutschen Nationalstaates. Auch sie spricht von europäischen Lösungen im Rahmen einer Friedensordnung. Aber es gibt keine konkrete Aussage über das, was gemeint ist. Es kann auch keine geben, weil ... diese Entwicklung offen ist, und ... auch offenbleiben muß." Kaack u. Roth, S. 43ff., zeigen jetzt, daß sich die Polarisierung in der Struktur der außenpolitischen Elite schon in der Großen Koalition vorbereitet hatte.
86 Als Beispiel: Das Interview R. Breitensteins mit Willy Brandt: „Ich kenne keinen entnationalisierten Staat", in: Frankfurter Rundschau, 19. Februar 1971, S. 3.

SPD und nicht zuletzt ihr bleibendes antifaschistisches Bekenntnis zur nationalen Haftungsgemeinschaft. Die rege Anteilnahme an Brandts Ehrerbietung im Warschauer Ghetto als einem in der deutschen Geschichte unerhörten Symbol nationaler Demut deutet darauf hin, daß diese Komponente der neuen Ostpolitik in der BRD weithin intuitiv erfaßt, wenn auch gewiß nicht durchweg gebilligt wird. Angesichts all dieser Anzeichen mag die in letzter Zeit verstärkte Furcht der SED-Führung vor einem neuen, anderen „Sozialdemokratismus" als Gespenst langfristiger gesamtdeutscher Kontinuität und innerdeutscher Konvergenz nicht völlig aus der Luft gegriffen erscheinen.

Auf der anderen Seite ist es freilich noch ungleich schwieriger, aus dem vielstimmigen Chor der Opposition klare Auskünfte herauszuhören. Im allgemeinen dominieren hier eine defensivere, überwiegend an Militärpotential orientierte Variante von Friedenssicherung, eine kleineuropäisch-föderalistische Forcierung westeuropäischer Integration, eine größere Übereinstimmung mit dem Konservativismus in Amerika und eine geringere Neigung, durch praktische Schritte die Ost-West-Spannung, welche der gesellschaftlichen Integration des kapitalistischen Aufbaus in der Ära Adenauer so sehr zu Hilfe gekommen war, abzubauen. Passivität in der Deutschland- und Ostpolitik betont trotz einer erheblichen Zunahme an Flexibilität die kontinuierliche Grundeinstellung der Union seit den fünfziger Jahren. Es bleibt dabei dunkel, wie die Beziehungen der BRD zu den sozialistischen und zu den Entwicklungsländern in der Praxis aussehen könnten. Im einzelnen freilich lassen sich vor allem zwei Grundhaltungen in der Opposition unterscheiden: Auf der einen Seite stehen Kräfte, welche städtische, jugendliche und Arbeiterwähler der Union repräsentieren; sie stehen der Regierung als retardierendes und kontrollierendes Element gegenüber, akzeptieren aber grundsätzlich deren außenpolitische Richtung. Auf der anderen Seite hat eine in sich äußerst divergierende Konstellation von industriellen, agrarischen und Vertriebeneninteressen ihren zugespitzten Ausdruck in der Agitation mit einem alles andere überdeckenden Antikommunismus und mit der pauschalen Forderung nach Revision der deutschen Politik gefunden.[87] Wenn das verstärkte industrielle Bedürfnis nach transnationaler Kapitalverflechtung mit der EWG-Furcht mittelständischer Bauern die Regermanisierung der polnisch gewordenen Gebiete als plakatives Ziel rechter Vertriebenen-Funktionäre mit der Abneigung bodenständiger Bayern gegen Preußen und soziale Veränderungen demagogisch so verbunden werden, daß die Union zugleich auch für die NPD-Anhänger attraktiv wird, so entsteht ein explosives Gemisch aus Versatzstücken des integralen Nationalismus und des Adenauerschen Konservativismus. Die Wirksamkeit etablierter Demagogen stellt eine viel größere desorientierende Gefahr dar als abseitige Manöver wie die „Aktion Widerstand", in deren Anonymität die NPD-Führung zu überwintern trachtete,

---

87 Als Beispiel: Das Spiegelgespräch mit Alfred Dregger: „Seite an Seite mit Franz Josef Strauß", in: Der Spiegel, 8. März 1971, S. 36ff.

obschon die an ihren Rändern zunehmende Neigung zur Gewalttätigkeit die brutalen Folgen der emotionalen nationalistischen Propaganda ankündigt.[88]

Die Orientierungskrise ist noch nicht zum Abschluß gekommen. Insbesondere die Frage der Nationalstaatlichkeit oder – mit Besson – die Lage der BRD zwischen gesamtdeutscher „Nation und Integration" in Westeuropa ist in der politischen Programmatik noch nicht entschieden. Damit muß unsere Untersuchung auf die Meinungsentwicklung der Bevölkerung selbst zurückgreifen, um ihre Richtung und die in ihr angelegten Möglichkeiten für die Durchsetzung einer spezifischen außenpolitischen Option zu präzisieren. Dabei kombinieren wir demoskopische Daten, die eine quantitative Vorstellung von der Meinungsverteilung in der Bevölkerung geben, und anderes für die Einstellungen der Bevölkerung relevantes Material zu bewußt vergröberten, generalisierenden Interpretationen. Sie sollen (auf die Gefahr hin, daß Ausnahmen, Nebenentwicklungen und gegenläufige Trends bei Minderheiten, die hier meist nicht behandelt werden können, Angehörigen solcher Gruppen unsere Aussagen als fraglich bis pauschal erscheinen lassen) die wesentlichen Bestimmungsfaktoren und Entwicklungsrichtungen der Einstellungen der Bevölkerung der BRD deutlich machen.[89]

Wiedervereinigungsideologie und Anpassung an die Zweistaatlichkeit

Wiedervereinigung als Bekenntnis ohne Bedürfnis

Die Westdeutschen bekannten sich in der Nachkriegszeit stets zu dem Wunsch, Deutschland möge wiedervereinigt werden: In der Besatzungszeit waren es 96 v. H.,[90] und dieser Anteil ist nur sehr langsam gefallen; auch heute verneinen erst 14 v. H. jegliches Interesse an diesem Ziel.[91] Auch in der klassischen Zeit der Westintegration war die Wiedervereinigung für mehr als die Hälfte, oft sogar mehr als zwei Drittel der Bevölkerung vorrangig gegenüber der europäischen Vereinigung, während deren Priorität nur von einem Viertel der Befragten gefordert wurde.[92]

---

88 Lutz Niethammer: Integration und „Widerstand" – die NPD und die Umgruppierung der Rechten, in: Gewerkschaftliche Monatshefte 22, 1971, S. 136ff.
89 Vgl. Anm. 7. Unsere Absicht, gesamtgesellschaftliche Trends aufzuspüren, unterscheidet sich grundsätzlich von den differenzierenden demoskopischen Analysen der Wahlforschung mit ihrem besonderen Interesse am Wechselwähler und „marginal vote". Zwar sind diese Gruppen für die aktuelle Durchsetzung politischer Maßnahmen von großem Interesse, ihr Verhalten läßt sich aber nicht auf die mittelfristige Sicht der Erwägungen dieses Projekts vorauskalkulieren.
90 Vgl. die allerdings nicht repräsentativen Ereignisse bei Merritt u. Merritt, Public Opinion, S. 241.
91 „Auf gar nichts verzichten. Will keine Wiedervereinigung", in: U 24.
92 Vgl. die hierzu mitgeteilten EMNID-Ergebnisse 1949 bis 1965 bei Klaus D. Eberlein: Was die Deutschen möchten. Politische Meinungsumfragen in der BRD, Hamburg 1968, S. 112f. Zugleich plädierten immer mehr (zuletzt eine absolute Mehrheit) dafür, daß es die glücklichere Zukunftslösung sei, wenn

Die Gemeinverbindlichkeit des gesamtdeutschen Bekenntnisses darf aber nicht darüber hinwegtäuschen, daß dahinter bei der Mehrheit kein wirkliches Bedürfnis stand. In der Konfrontation mit näherliegenden Wünschen bzw. den für die Wiedervereinigung notwendigen Zugeständnissen verblaßt das nationale Bekenntnis zu einem „Schön-Wetter-Ziel".

Vorrang gegenüber wirtschaftlichen Problemen gewann die Wiedervereinigung erst nach dem Beginn der wirtschaftlichen Konsolidierung in der Mitte der fünfziger Jahre, und je günstiger die wirtschaftlichen Verhältnisse wurden (1959 erschienen sie nur noch 15 v. H. als das dringendste politische Problem), desto häufiger wurde „Wiedervereinigung" an die oberste Stelle des bundesdeutschen Prioritätenkatalogs gestellt (18 v. H. im Oktober 1951; 45 v. H. im Januar 1959). Sobald jedoch die Privatsphäre gefährdet schien, war es mit dem nationalen Bekenntnis vorbei. Schon als sich 1960 geringe Anzeichen wirtschaftlicher Stagnation bemerkbar machten, verkehrte sich der Trend, und während der Berlin-Krise 1961 hatten diese und die von ihr ausgelöste Kriegsfurcht alles Interesse an sich gezogen und das umfassendere nationale Problem verdrängt. Als das Vertrauen in die Sicherheit des Westens nach der Kuba-Krise zurückkehrte und die Tunnelbau-Romantik zunächst die Konfrontation mit der Wirklichkeit der Mauer verzögerte, zugleich der in der europäisch-atlantischen Krise wieder zu Ehren gekommene Nationalismus an der Formung der öffentlichen Einstellungen mitzuwirken begann, betonten 1964/65 noch einmal über 40 v. H. der Bevölkerung die Priorität des Wiedervereinigungsziels. Aber die Rezession beanspruchte unmittelbar darauf alle Aufmerksamkeit für sich; schon ein Jahr später ängstigten sich zwei Drittel der Bevölkerung vor allem um Arbeitsplatz und Preise, während kaum mehr ein Fünftel an der Wiedervereinigung als wichtigstem Ziel festhielt.[93]

Anders als in der Zwischenkriegszeit bewährte sich die Ablenkung wirtschaftlicher Krisenfurcht in nationalen Revisionismus nun nur noch sehr begrenzt. Während die damalige Starre, Rückständigkeit und nationalistische Ideologie der Gesellschaft die Umsetzung von Status- und Krisenangst in nationalen Protest zum epochalen Ereignis gemacht hatte, blieb diese Reaktion nunmehr auf rückständige und wirtschaftlich labile Randschichten – das „NPD-Potential" der Wahlforschung mit ungefähr 15 v. H.[94] – begrenzt, während die Masse der Westdeutschen für wirtschaftliche

---

Fortsetzung von Fußnote 92:
   Deutschland nicht als selbständiger Nationalstaat wiederhergestellt, sondern in eine europäische Vereinigung gleichberechtigt einbezogen werde. Daraus läßt sich erschließen, daß die größte Meinungsgruppe die Wiedervereinigung für vordringlicher als die Westintegration hielt, Wiedervereinigung jedoch nicht als nationale Restauration verstand, sondern Gesamtdeutschland in die Integration einbringen wollte. Dadurch ergibt sich auch für die Bevölkerung die oben für die Eliten geschilderte ambivalente Zielsetzung der späteren fünfziger Jahre, welche Adenauers „Politik der Stärke" reflektierte.
93 IFD Jb I, S. 392; II, S. 45; III, S. 250f., 482; IV, S. 387.
94 Konservative Prädispositionen bei geringer Integration z. B. in Kirchen oder Gewerkschaften, hohe soziale Spannungsbereiche wie berufliche Tätigkeit in mittelständischen Betrieben bzw. Berufen oder Wohnung in schwach industrialisierten Gebieten mit hohem Vertriebenenanteil sowie ökonomischen

Probleme wirtschaftliche Lösungen sehen wollte und diese honorierte.[95] Zwar sollte der geringe Umfang des wirtschaftlichen Einbruchs von 1966/67 vor einer Überschätzung dieser Pragmatisierung warnen, zumal der etablierte Konservativismus damals noch keine oppositionelle Agitation entfaltete. Aber die grundsätzliche Einstellungsstruktur ist doch bei der Mehrheit verwandelt. Einst war es leicht, Versailles und die in den USA ausgelöste Wirtschaftskrise als zwei Ausdrucksformen derselben internationalen Diskriminierung anzuprangern. Nach der Erfahrung der deutschen Teilung als Phase eines beispiellosen Booms in der BRD haben gesamtdeutsche und soziale Ansprüche bei den Westdeutschen offenbar auch einen umgekehrt proportionalen Motivzusammenhang. Die Dynamik wirtschaftlicher Integration und die zunehmende Erkenntnis, daß eine friedliche Revision der Kriegsfolgen unmöglich ist,[96] erlaubte großen Teilen der Gesellschaft nur dann die Priorität auf die Wiedervereinigung zu legen, wenn unmittelbare Interessen wie Friede und Wohlstand nicht tangiert wurden und derzeit keine besondere Aufmerksamkeit forderten. Nach der Rezession war dieser Zusammenhang klar; schon insofern ist die Konzentration auf äußere Sicherheit und innere Reformen geblieben. Es ist schwerlich vorstellbar, daß der Wiedervereinigungsanspruch in seiner traditionellen Form noch einmal zu einer größeren politischen Mobilisierung in der BRD dienen könnte.[97]

Eine andere Methode, den Wiedervereinigungswunsch auf seine Intensität und Konsistenz zu prüfen, führte schon 1964 zu demselben Ergebnis: „Wir wollen die Einheit. Viele ‚Realisten' glauben nicht mehr daran. Die Jugend hat sich am besten mit der Teilung abgefunden. Opfer für die Wiedervereinigung will nur eine Minderheit bringen – ob es sich um Sicherheit oder Geld handelt. Aber wir alle sind bereit,

---

Fortsetzung von Fußnote 94:
  Pessimismus haben als Bestimmungselemente der NPD-Stimmabgabe herausgearbeitet: Erwin K. Scheuch u. Hans. D. Klingemann: Material zum Phänomen des Rechtsradikalismus in der BRD 1966, (verv.) Köln 1967, und Klaus Liepelt: Anhänger der neuen Rechtspartei, in: Politische Vierteljahresschrift 8, 1967, S. 237ff.

95 Vgl. Werner Kaltefleiter u. a.: Im Wechselspiel der Koalitionen. Eine Analyse der Bundestagswahl 1969, in: Verfassung und Verfassungswirklichkeit, Köln 1970, S. 141ff.

96 Auch das relativ hohe Bekenntnis zur Wiedervereinigung Mitte der sechziger Jahre war ein Firnis, der den im Zeitalter der Entspannung und des Status quo gewachsenen Realismus nur noch übertünchte. An eine Wiedervereinigung auf friedlichem Wege glaubten 1955 19 v. H., 1960 32 v. H., 1961 45 v. H. nicht mehr. Noelle-Neumann: Urteile über Bonn, a. a. O.; IfD Jb III, S. 482. 1968 glaubten nur noch 25 v. H. der nichtakademischen und 18 v. H. der akademischen Jugend an eine Wiedervereinigung innerhalb der nächsten zwanzig Jahre (Max Kaase, Demokratische Einstellungen in der BRD, in: Sozialwissenschaftliches Jahrbuch für Politik, 2 [1971], S. 119ff., hier: 295f.).

97 Auch E. Noelle-Neumann, Urteile, glaubt, daß „Verrats"- und „Verzichts"-Parolen bei der Masse der Bevölkerung nicht mehr verfangen. Vgl. auch die bei Klingemann, Phänomene des Rechtsradikalismus, S. 53, wiedergegebene Getas-Umfrage von 1968/69, wonach in der Prioritätenfolge der von den Wählern als die wichtigsten bezeichneten politischen Aufgaben Wiedervereinigung mit dem 10. Platz (nach 8 inneren Reformen bzw. Stabilitätsanliegen sowie der Ostpolitik auf Platz 6) das Schlußlicht war. Bei unkonkreten Pauschalfragen schneidet die Wiedervereinigung besser ab. Vgl. Kaase, Demokratische Einstellungen, S. 287ff. Aber auch dabei wird deutlich: Je jünger und gebildeter die Befragten sind, desto weniger Wert messen sie heute dem Ziel Wiedervereinigung zu; das heißt, diese hat keine Zukunft.

die Einheit hinzunehmen – als Geschenk."[98] Durchgehend läßt sich feststellen, daß die Wiedervereinigung den Westdeutschen in ihrer Mehrheit keinen ernsthaften Preis wert war und daß sie dies gewöhnlich mit dem Alibi verschleierten, in Fragen wie Einheit und Freiheit könne es keine Kompromisse geben. Weil oder obwohl der Zweifel daran, daß die Besatzungsmächte die Einheit Deutschlands bewirken würden, von 15 v. H. (1946) auf 80 v. H. (1948) gewachsen war, stimmten damals beinahe drei Viertel der Bewohner der US-Zone einer Staatsbildung nur im Westen zu.[99] Zur selben Zeit zeigten Einzelerhebungen den überwältigenden Mißerfolg der von der SBZ ausgehenden Volkskongreßbewegung; vier Fünftel der Befragten lehnten eine Wiedervereinigung bei sowjetischem Einfluß überhaupt ab.[100] In den fünfziger Jahren fand sich stets eine Mehrheit für „Sicherheit vor den Russen" als Alternative zur „Einheit Deutschlands".[101] Selbst ein so weitgehend aus dem westlichen Selbstverständnis gemachter Vorschlag wie der Rainer Barzels, daß die DDR bei fortdauernder Truppenstationierung aller vier Alliierten in Deutschland durch freie Wahlen an die BRD angeschlossen werden sollte, konnte 1966 hier keine Mehrheit gewinnen.[102] Im selben Jahr zeigte eine Befragung, daß zwar in der BRD nicht mehr (wie Mitte der fünfziger Jahre)[103] die Revision der sozialen Reformen in der DDR zur Voraussetzung von Wiedervereinigung gemacht wurde, daß aber gleichwohl nur eine geringe Konzessionsbereitschaft für dieses Ziel bestand: 60 v. H. meinten, es sei mit finanziellen Hilfen an „Ostdeutschland" getan, wolle man der Wiedervereinigung näherkommen; 41 v. H. wollten nun immerhin die Beibehaltung der „ostdeutschen Errungenschaften auf dem sozialen Gebiet" konzedieren; bei der Anerkennung der Oder-Neiße-Grenze waren es jedoch nur noch 34 v. H. und der DDR selbst nur 26 v. H. Noch geringer war die Neigung, Änderungen in der BRD als Preis für die Wiedervereinigung vorzunehmen: Selbst für ein in diesem Rahmen nebensächliches Detail wie die Wiederzulassung der KPD erwärmten sich nur 37 v. H., 20 v. H. zogen eine Verstaatlichung der Grundstoffindustrie in Betracht und 11 v. H. hielten eine Stationierung russischer Truppen in Westdeutschland im Falle der Wiedervereinigung für tragbar. Im Querschnitt waren nur 1,5 v. H. (davon zwei Drittel SPD-Anhänger) in allen diesen Fragen konzessionsbereit und damit sehr wiedervereinigungswillig; dagegen lehnten 12,5 v. H. jede Konzession ab (davon über die Hälfte CDU/CSU- und NPD-Anhänger).[104]

Auf die hypothetische und durch realistischere Antwortmöglichkeiten erschwerte Frage, worauf wir „am ehesten verzichten [könnten], wenn uns das die Wiederverei-

---

98 Resümee bei Erich Weede: Zur Frage der Ost-West-Differenzierung des deutschen Autostereotyps, Psych. Vordipl. Arbeit (masch.), Universität Hamburg 1964, S. 51.
99 Merritt u. Merritt, Public Opinion, S. 24.
100 Ebd., S. 241f.
101 IfD Jb III, S. 484.
102 IfD Jb IV, S. 399.
103 IfD Jb I, S. 321.
104 Institut für angewandte Sozialwissenschaft (INFAS): Politogramm „Innerdeutsche Beziehungen, Die westdeutsche Öffentlichkeit und die gesamtdeutsche Politik", Bad Godesberg, Jan./Feb. 1967, S. 25ff.

nigung brächte", lehnten 14 v. H. der Befragten 1971 eine solche Erwägung bzw. das Ziel überhaupt ab und 29 v. H. wollten sich nicht damit befassen; ein Viertel wollte am ehesten auf die NATO verzichten, ein Fünftel Abstriche am hohen Lebensstandard hinnehmen, während ein Austritt aus der EWG (9 v. H.) oder gar eine grundsätzliche Änderung der politischen (4 v. H.) bzw. der sozio-ökonomischen (2 v. H.) Ordnung der BRD nur noch von sehr kleinen Minderheiten am ehesten in Erwägung gezogen wurden.[105] Der traditionelle Nationalstaat ist also kein Ziel, um dessentwillen diese Gesellschaft wesentliche Änderungen ihrer Struktur und ihrer wirtschaftlichen Integration in Europa hinnehmen würde; nur der militärische Neutralismus und die namentlich von den Springer-Zeitungen anerzogene Opfergesinnung (daß man nur den Gürtel enger schnallen müsse, um Deutschland wiederzuvereinigen) wirken noch nach, haben aber auf der internationalen Bühne wenig Gewicht. Gerade die westdeutsche Illusion, daß sich Deutschland freikaufen könne, zeigte auch schon 1959, an wie geringen Belastungsproben der Wiedervereinigungswille selbst auf seinem höchsten Stand versagte. Damals lehnte die Mehrheit einen hypothetischen Vorschlag ab, wonach die Wiedervereinigung durch eine Geldsumme erkauft werden sollte, deren Umlage eine progressiv gestaffelte Mehrbesteuerung zwischen 4 und 22 v. H. auf die Dauer von drei Jahren notwendig gemacht hätte.[106] Schon damals waren der Nationalstaat und die Einbeziehung der Mitteldeutschen in die westliche Ordnung der Mehrheit in der BRD kaum eine Konsumreduktion wert.

Daß „Wiedervereinigung" als jenes abstrakte Ziel einer Restauration des Reiches „in Frieden und Freiheit" der Ernüchterung der sechziger Jahre nicht standhalten konnte, zeigte sich zunächst daran, daß es nicht nur in der publizistischen Diskussion[107] auseinanderdividiert wurde. Während sich zwischen 1956 und 1963 jenes Drittel der Befragten, die sich allmählich an die Teilung Deutschlands gewöhnt hatten, sie also nicht mehr als einen „unerträglichen Zustand" (zwischen 52 und 61 v. H.) empfanden, nur unwesentlich veränderte,[108] läßt sich ein ständiger Trend erkennen, sich mit der Oder-Neiße-Grenze abzufinden: Zustimmung fand dieser prinzipielle Einbruch in die deutschlandpolitische Position aller Bundestagsparteien 1956 nur bei 9 v. H., 1959 bei 12 v. H., 1962 bei 26 v. H.[109] Hier stagnierte dieser Wert bis zur Großen Koalition, um dann zügig zuzunehmen und nach Bildung der sozialliberalen Regierung im November 1969 51 v. H. zu erreichen[110]; ein Jahr später waren selbst

---

105 U 24.
106 Vgl. Erich Peter Neumann: Wiedervereinigung und öffentliche Meinung, in: Die Politische Meinung 9, 1964, S. 19–31.
107 Die wichtigste Einzelleistung in diesem Bereich war gewiß: Hansjakob Stehle: Nachbar Polen, Frankfurt 1963, u. ders. Deutschlands Osten – Polens Westen?, Frankfurt 1965; vgl. auch oben Anm. 74 und 78.
108 IfD Jb III, S. 491.
109 Der Anteil jener, die glaubten, die Ostprovinzen seien für immer verloren, war indessen noch sehr viel steiler von 11 v. H. (1953) über 32 v. H. (1959) auf 45 v. H. (1962) angewachsen. Ebd., I, S. 313; II, S. 315; III, S. 504f.; IV, S. 411.
110 Der Spiegel, 4. Mai 1970, S. 32 (nicht abfinden wollten sich nur noch 32 v. H.).

die unmittelbar betroffenen Vertriebenen in ihrer Mehrheit zu dieser Einstellung gekommen.[111] Wieder ein halbes Jahr später wird der Warschauer Vertrag von der Hälfte der Bevölkerung gutgeheißen und nur von einem Viertel abgelehnt[112]; selbst bei den Vertriebenen scheint dies nur noch eine Generationsfrage zu sein (62 v. H. der Vertriebenen unter 50 Jahren votieren für die neue Ostpolitik).[113] Schon 1965 bekannte die Mehrheit der Bevölkerung, daß sie sich unter Wiedervereinigung nicht die Wiederherstellung der Grenzen von 1937 (34 v. H.), sondern die Vereinigung der BRD mit der DDR (51 v. H.) vorstelle. Diese Entscheidung korrelierte mit den Merkmalen „Jugend" und „höhere Bildung", tendierte also zu weiterer Durchsetzung. Auch die Hälfte der Flüchtlinge und Vertriebenen hatte die Ostgebiete abgeschrieben,[114] deren Provinzen nur noch ein starkes Drittel der Bevölkerung hatte aufzählen können[115]. Bei der erwähnten geringen Neigung, für die Wiedervereinigung Zugeständnisse zu machen, muß die Tatsache, daß es im Februar 1966 nur ein Viertel der Bevölkerung ablehnte, als Preis die Oder-Neiße-Grenze anzuerkennen, als Hinweis darauf verstanden werden, daß die Ostgebiete als Handelsobjekt nichts mehr wert erschienen[116]. Dieses Auseinanderdividieren der deutschen Frage ist seitdem unaufhaltsam vorangeschritten. Obwohl uns darüber keine Umfrageergebnisse vorliegen, kann unterstellt werden, daß heute bereits die große Mehrheit der Bevölkerung für eine wirklich langfristige Sicherung der Beziehungen zwischen West-Berlin und der BRD, die mehr als nur ein dilatorisches Arrangement wäre, die Anerkennung der DDR hinzunehmen bereit wäre, für die ohnehin bereits 44 v. H. eintreten[117]. Auch dies ist nur ein Durchgangsstadium. Die Gesellschaft der BRD ist auf dem Wege, die deutsche

---

111 Nach einer Umfrage des Ifak-Instituts in Wiesbaden wollten im Herbst 1970 55 v. H. der Gesamtbevölkerung und 50 v. H. der Vertriebenen aus Ostdeutschland die Oder-Neiße-Grenze anerkennen, dagegen waren 40 bzw. 48 v. H., keine Angaben 5 bzw. 2 v. H. Die Entscheidung „pro" korrelierte mit Jugend, „kontra" mit Alter (Der Spiegel, 26. Oktober 1970, S. 124). Nach einer INFAS-Untersuchung ging unter Vertriebenen zwischen Oktober 1969 und Dezember 1970 der Anteil derer, die eine Anerkennung der Oder-Neiße-Grenze ablehnen, von 57 v. H. kontinuierlich auf 34 v. H. zurück (Der Spiegel, 26. Juli 1971).
112 Nach Umfragen, die im Dezember 1970 für die Bundesregierung unternommen wurden, wird der Warschauer Vertrag von 49 v. H. der Bevölkerung unterstützt, 24 v. H. lehnen ihn ab (vgl. Frankfurter Rundschau und Süddeutsche Zeitung, 17. März 1971). Für eine mehr von der Opposition her gedachte Fragestellung, ob die Oder-Neiße-Grenze „zur endgültigen Grenze Polens" erklärt werden solle, ergaben sich zurückhaltendere Werte (eine hohe Weiß-nicht-Quote); offenbar waren viele der Meinung, daß dies nicht die zur Debatte stehende Frage sei. Vgl. Noelle-Neumann, Urteile, (im September 1970 waren 35 v. H. dafür, 32 v. H. dagegen, 33 v. H. unentschieden).
113 Umfrage der Wickert-Institute Tübingen im März 1971 (Stichprobe 1797 Vertriebene) für den Westdeutschen Rundfunk, Fernsehen.
114 IfD Jb IV, S. 388.
115 Ebd., S. 408.
116 Ebd.
117 Im Januar 1971 waren 44 v. H. dafür und 43 v. H. dagegen, die DDR als zweiten deutschen Staat anzuerkennen. Grundsätzlich dagegen sind jedoch nur 22 v. H.; für eine Anerkennung ohne Gegenleistung sind 14 v. H., und weitere 57 v. H. wollen die DDR bei einem Entgegenkommen von dieser Seite anerkennen. Das heißt, 71 v. H. der Bevölkerung votierten im September 1970 für eine Anerkennung, wenn diese Fortschritte in Berlin oder in der Kommunikation zwischen der BRD und der DDR bringt. Klammert man also die interalliierten Bedingungen aus, so kann man feststellen, daß in der

Frage als solche zu liquidieren und in einen Komplex konkreter Interessen, Bedürfnisse und Teilziele zu verwandeln, unter denen Frieden, gute Wirtschaftsbeziehungen auch mit sozialistischen Ländern und die Sicherung West-Berlins obenan stehen.[118] Bereits heute assoziieren Bundesbürger bei dem von Politikern aller Parteien seit einigen Jahren wieder häufig gebrauchten Ausdruck „unsere nationalen Interessen" eher die BRD allein als den Komplex beider deutscher Staaten (41 v. H. gegenüber 33 v. H.).[119]

Die gesamtdeutsche Tradition als Kommunikationsproblem

Als Anzeichen der Entschlackung und Konkretisierung der Beziehungen zwischen BRD und DDR springt zunächst ins Auge, daß das Bild der Westdeutschen von der DDR im ganzen differenzierter und wirklichkeitsnäher geworden ist. Während in den fünfziger Jahren geringe Kenntnis der dortigen Verhältnisse mit einer völlig pauschalen Abwertung der Gesellschaftsordnung der DDR Hand in Hand ging und noch 1965 nur selten mehr als ein Drittel der Befragten allgemeine Sachfragen über die DDR („Wie hieß Karl-Marx-Stadt früher?") richtig beantworten und zum Beispiel nur 6 v. H. angeben konnten, wer Willi Stoph ist[120], hat nicht nur dieser nach Erfurt und Kassel eine Bekanntheit erreicht, die manche Bundesprominenz mit Neid erfüllt, sondern es wächst – dank besserer Information zum Beispiel im Fernsehen – langsam

---

Fortsetzung von Fußnote 117:
  BRD ein außerordentlich hohes Potential für einen Ausgleich zwischen BRD und DDR auf deutscher Ebene vorhanden ist (vgl. Noelle-Neumann, Urteile). Ifak stellte 43 v. H. pro Anerkennung der DDR und 52 v. H. kontra fest, wobei erschwerend war, daß die Frage das Wort „völkerrechtlich" enthielt und nicht von daraus resultierenden Verbesserungen der Lage in Deutschland sprach. Pro korrelierte wieder mit Jugend, Kontra mit Alter (vgl. Anm. 112).
118 Frieden ist in der BRD stets von der Bevölkerung als d i e Bedingung der Außenpolitik angesehen worden, was in Meinungsumfragen allerdings nur in friedensbedrohenden Krisen ganz deutlich wurde. Zum Wunsch nach allseitiger Zusammenarbeit s. u. Brauchbare Umfragen zur Einstellung der Bevölkerung der BRD zu den einzelnen Komplexen der Berlin-Frage sind unserer Kenntnis nach in den letzten Jahren nicht publiziert worden; die letzten Ergebnisse sind überholt, und die Anfang 1971 vom ZDF veröffentlichten Ergebnisse, die eine hohe Identifikation der Berliner Bevölkerung mit der Bundespräsenz in Berlin nahelegten, sind wertlos, weil sie einerseits die Konsequenzen und Probleme dieser Wünsche und andererseits die übergeordneten Interessen der Bevölkerung in bezug auf West-Berlin ausklammern. Da die Meinungsentwicklung hier im Fluß ist und eine Momentaufnahme mit Hilfe weniger Indikationsfragen nicht weiterhilft, wurde die Berlin-Frage sowohl aus U wie auch aus der vorliegenden Erörterung herausgenommen. Mit „informierter Willkür" kann jedoch geschätzt werden, daß der einstige Hauptstadtanspruch Berlins in der BRD keinen Widerhall mehr findet und die Bevölkerung jedes Arrangement über West-Berlin mehrheitlich unterstützen wird, das die Frikationen um den Berlin-Verkehr ausschaltet und die wirtschaftliche Lebensfähigkeit West-Berlins fördert, solange der Quasi-Landesstatus West-Berlins erhalten bleibt. Insofern erscheinen die Annahmen Mahnckes im Beitrag „Verantwortung für Berlin" (Bd. 1, S. 130f.) zur Begründung der Interessen der BRD in Berlin als sehr unwahrscheinlich.
119 U 3.
120 IfD Jb IV, S. 405f.

die Kenntnis der Verhältnisse der DDR und ihre differenzierende Beurteilung. In dem Maße, wie die DDR als etwas anderes, Fremdes beurteilt wird, tritt die Kluft zwischen der „Verbundenheit mit den Landsleuten drüben" und der Verurteilung ihrer Ordnung zurück, und es entsteht ein entlasteter Spielraum, insbesondere für konkretere Abwägung von Einzelinformationen. Allerdings kann diese Distanz auch bei bestimmten Gruppen den gegenteiligen Effekt anschauungsloser pauschaler Vorurteile haben. So wächst sich unter weniger gebildeten Einheimischen, die keinen Kontakt in die DDR haben, der Antikommunismus zuweilen zu einer völlig abstrakten Frontstellung aus, hinter der man überhaupt kein mitmenschliches oder gar mitbürgerliches Gesicht mehr ahnen kann. In der nationalistisch-antikommunistischen Agitation, zum Beispiel im partikularistisch-antipreußischen Traditionsmilieu Bayerns, wird etwas von der Fremdheit als Vorbedingung für Verurteilung und Vereinnahmung greifbar.[121] Die Distanz kann auf der anderen Seite aber auch bei Gruppen, die der Entwicklung in der BRD sehr ablehnend gegenüberstehen und ein sozialistisches Gegenbild vertreten, zu einer pauschalen Positivverzerrung der Lebenswirklichkeit der DDR führen, weil dort hier angestrebte Grundreformen der Eigentumsordnung bereits verwirklicht sind, die das tägliche Leben in der DDR prägende bürokratisch-provinzielle Praxis aber von hier aus nicht erfahren wird. Für sozialistische Jugendgruppen aus dem Westen ist deshalb ihr erster DDR-Besuch zuweilen ein Schock.

Neben dieser Wirkung auf Randgruppen ist die Bedeutung der innerdeutschen Entfremdung jedoch in der Hauptsache darin zu sehen, daß sie die Bedingung der Möglichkeit ist, daß die Masse der Westdeutschen die DDR differenzierter und realistischer beurteilt. Anerkennung wird zum Beispiel heute der Sport- und Jugendpolitik, dem Bildungswesen und den niedrigen Preisen für Grundnahrungsmittel und Mieten in der DDR gezollt. Solche Differenzierung – und nicht etwa eine Option – kommt auch darin zum Ausdruck, daß 1969 immerhin zwei Fünftel der Bevölkerung sich vorstellen konnten, unter Umständen auch in einem kommunistisch regierten Land zu leben, und zwar war diese Vorstellung unter Arbeitern sowie insbesondere unter den Gebildeten (Personen mit Abitur 57 v. H.) weiter verbreitet als bei weniger Gebildeten und Angehörigen der Mittelschicht. Zwar wird der Kommunismus „nach wie vor und auch für die Zukunft" von 57 v. H. der Bevölkerung (CDU-Anhänger 69 v. H., CSU-Anhänger 86 v. H.) als „die größte Gefahr für die westlichen Demokratien" angesehen, auf der anderen Seite aber erwarten 39 v. H. (SPD-Anhänger 50 v. H.) in 20 Jahren eine weitgehende Angleichung der Lebensverhältnisse in Ost und West[122]. Wachsende Neigung zu abwägender Beurteilung aufgrund eines verhältnismäßig hohen Informationsstandes ohne eine politische Option für die DDR

---

121 In verschiedenen Umfragen läßt sich durch Korrelationsanalysen bei einheimischen Bayern bzw. bei CSU-Anhängern im Vergleich mit CDU-Anhängern ein besonders militanter Antikommunismus, geringe Kenntnisse oder stereotype Urteile über die DDR, geringe Pflege des Kontakts in die DDR und nur eine geringe Neigung zur Wiedervereinigung feststellen.
122 Infratest: Das Publikum der Sendereihe Kontraste, München 1970 (hekt), S. 6ff. (Die hier zitierten Ergebnisse sind repräsentativ für die Gesamtbevölkerung.)

enthüllt die Gegenüberstellung von Meinungsprofilen über BRD und DDR von 1969[123]. Hinter der unveränderten Verurteilung von totalitären und militaristischen Herrschaftsformen werden positive Urteile teils über die soziale Leistungsfähigkeit, teils über die stärkere Kontinuität der nationalen Ordnungstradition in der DDR deutlich.

Tabelle 1. *Meinungsprofile der BRD und der DDR in der Bevölkerung der BRD*

Eigenschaft trifft zu auf	BRD v. H.	DDR v. H.
Viel persönliche Freiheit	88	4
Staat nimmt zuviel Einfluß auf Privatleben	8	81
Glück und Zufriedenheit	55	8
Mißtrauen unter den Menschen	33	78
Hohe Kriminalität	78	13
Viele Ehescheidungen	66	15
Viele Selbstmorde	43	14
Erziehung zum Egoismus	46	29
Militaristisch	35	81
Fortschrittlich	80	51
Förderung von Wissenschaft und Technik	76	75
Gleiche Bildungsmöglichkeiten für alle	51	59
Tut viel für die Jugend	38	76
Großer Unterschied zwischen arm und reich	66	26
Gerechte Einkommensverteilung	24	28
Sichere Arbeitsplätze	63	53
Gute Sozialleistungen	73	36
Gutes Gesundheitswesen	78	62
Billige Grundnahrungsmittel	34	47
Niedrige Mieten	7	57

Quelle: Infratest 1970 / Repräsentativerhebung.

Im allgemeinen macht sich die Entlastung von der nationalen Verpflichtung auch in optimistischeren Einschätzungen der wirtschaftlichen Leistungsfähigkeit und politischen Integration der DDR bemerkbar. Auf die 1971 gestellte Frage, wie sich der Abstand zwischen DDR und BRD auf wirtschaftlichem Gebiet in den siebziger Jahren entwickeln werde, vermuteten 43 v. H., er werde sich verringern, 2 v. H., er werde sogar verschwinden, während 32 v. H. erwarteten, er werde gleichbleiben; nur

---

[123] Ebd. S. 14f. Diese Stereotype waren dort konfrontiert mit parallelen Einschätzungen bezüglich der USA und der UdSSR bzw. des Westens und des Ostens im allgemeinen. Dabei ergibt sich, daß das Bild vom Osten oder Westen eher mit dem der beiden deutschen Staaten übereinstimmt als mit dem der Führungsmächte.

8 v. H. rechneten mit seiner Vergrößerung. Eine für die DDR günstige Beurteilung korrelierte wiederum mit höherer Bildung, Dienstleistungsberufen sowie positiver Einschätzung der persönlichen wirtschaftlichen Lage und Chancen. Nähere Bekanntschaft mit der DDR durch persönlichen Kontakt führte dagegen zur Polarisierung, das heißt einer entweder sehr günstigen oder sehr ungünstigen Einschätzung (dies insbesondere bei Befragten mit nahen Verwandten in der DDR)[124]. Auch die politische Stabilität der DDR wird heute höher bewertet als noch vor vier Jahren, als 37 v. H. sagten, die Bevölkerung der DDR wünsche nicht deren Anerkennung durch die BRD, und nur 21 v. H. diesen Wunsch unterstellten, 42 v. H. jedoch keine Angaben zu machen wußten[125]. Nun glauben nur noch 8 v. H., niemand in der DDR wolle die Anerkennung, 29 v. H. dagegen halten sie für den Wunsch „sehr vieler" Mitteldeutscher, und von jenen 40 v. H., die diesen Wunsch immerhin „wenigen" DDR-Bürgern unterstellen, tendieren jeweils die Hälfte zu einer eher günstigen bzw. ungünstigen Einschätzung der ökonomischen Entwicklung der DDR im Verhältnis zur BRD[126]. Bei aller interpretatorischer Vorsicht läßt sich absehen, daß in einiger Zeit die Mehrheit hierzulande der Meinung sein wird, daß ein beachtlicher Teil der DDR-Bürger die Anerkennung ihres Staates durch die BRD wünsche. Ein gewisses Maß unterstellter Selbstbestimmung aber ist, wie Klaus D. Eberlein[127] aus anderen Erhebungen einsichtig gemacht hat, die wesentliche Voraussetzung dafür, daß die Westdeutschen die DDR als Sezession akzeptieren und kein Vertretungsrecht für Mitteldeutsche mehr beanspruchen.

Die Objektivierung der Betrachtungsweise, durch die den Mitteldeutschen eine eigene, von der unsrigen verschiedene Existenzform zugebilligt wird, gründet in der Entfremdung von denen „drüben". Erst das Abflauen eines gesamtdeutschen „Wir"-Gefühls als notwendige Folge der unterbrochenen Kommunikation und der andauernden Zweistaatlichkeit schafft die Möglichkeit, daß die DDR wie die anderen sozialistischen Staaten akzeptiert wird. Zwar ist die heute schon faßbare, krasse Distanz westdeutscher Kinder und Jugendlicher von den Mitteldeutschen (und umgekehrt) noch nicht für die Bevölkerung repräsentativ und wird auch bei den heute Jungen später durch die Aufnahme von Information in ein differenzierteres Bild verwandelt werden, aber in der Grundtendenz, die Bewohner der DDR nicht als Teil von „uns" zu empfinden, wird auch hier der Jugend die Zukunft gehören. Fest steht jedenfalls,

---

124 U 23. Ökonomisch übertreffen die Zuwachsraten der BRD insbesondere im Konsumbereich nach wie vor die der DDR (vgl. Gert Leptin: Die deutsche Wirtschaft nach 1945, ein Ost-West-Vergleich, Opladen 1970, S. 70, 78); insofern könnte der Meinungstrend als bloße Fehlinformation erscheinen. Wahrscheinlich geht die Bevölkerung nicht von solchen abstrakten Kriterien aus, sondern davon, ob es möglich ist, seine Bedürfnisse zu befriedigen. Da aber die westdeutsche Wirtschaft zu einem beträchtlichen Teil ihren Zuwachs durch Befriedigung künstlich provozierter Konsumwünsche erzielt, erscheint das Urteil der Bevölkerung weniger ein Zeichen ökonomischer Ignoranz als des gesunden Menschenverstands.
125 IfD Jb IV, S. 391.
126 U 22.
127 Politische Meinungsumfragen, S. 138.

daß die DDR und ihre Bevölkerung in der BRD vor allem von Jugendlichen sowie von Einheimischen ohne DDR-Kontakt als etwas Fremdes empfunden wird; der Gedanke an die Wiedervereinigung löst bei ihnen kaum freudige Gefühle aus. Bisher gibt es nur Teil- bzw. nicht repräsentative empirische Erhebungen über die innerdeutsche Entfremdung[128], aber auch sie lassen die Wirkungen der Zweistaatlichkeit und der im allgemeinen geringen Kommunikation deutlich hervortreten[129].

Im letzten Jahr schrieben zum Beispiel zehnjährige Kölner Kinder Aufsätze über das Typische unserer Nachbarn in Ost und West. Über die Holländer wußten sie aus den Ferien gut Bescheid, und die waren ihnen auch sehr sympathisch, weil sie so sauber seien. Häufig aus eigener Anschauung waren auch die Stereotype über Frankreich geprägt; immerhin klagten die Schüler hier über welschen Schmutz und den Mangel der Französin an Mutti-Eigenschaften. Schon die Engländer waren der eigenen Vorstellung entrückt und traten nur noch in drei männlichen Klischees auf: als Beatles, als englischer Entdeckungsreisender und in einer Mixtur aus Gentleman und Börsenjobber mit Schirm, Times und Melone. Die DDR hingegen war das schlechthin andere; hier beherrschten – die Kinder schrieben an einem drückend-heißen Junitag – Nebel und Schnee die Szene, wichtigstes Kleidungsstück der Mitteldeutschen war ein Lammfellmantel. Und selbst wo sich das ewige sibirische Eis hob, pfiff noch der Wind der Taiga durch die norddeutsche Tiefebene; die DDR erschien als ein Land ohne Kühlschrank und Fernseher, beherrscht von ständiger Angst und frühmorgendlicher Kehrwoche (mit der Schneeschaufel), trist, doch ordentlich – „Sie sind halt von den Polen gefangengenommen" – und jeder Anklang der Gemeinsamkeit war in Moll gesetzt: In der DDR „sind die meisten stur", „sehen sie streng aus", „einen aus der DDR könnte ich mir vorstellen wie einen Deutschen, aber er hat ein trauriges Gesicht"[130].

---

128 1967 glaubten 79 v. H. mehr oder weniger, „daß sich die Deutschen in der Ostzone und die Deutschen in der Bundesrepublik immer mehr entfremden und auseinanderleben" (IfD. Jb. IV, S. 393).

129 Vgl. insbesondere die Untersuchung von Erich Weede, Ost-West-Differenzierung, daneben P. Munkelt u. E. Othmer: Die Jugend und die Wiedervereinigung Deutschlands, Berlin 1962, die auch den Unterschied zwischen in der BRD einheimischen und in der BRD aus der DDR geflohenen Jugendlichen untersuchten und selbst hier deutliche Distanzen der Einstellung und der politischen Meinung fanden, z. B. eine wesentlich positivere Einstellung der jungen Flüchtlinge zur DDR, insbesondere ihre Anerkennung. Die Distanz zum jeweils anderen System ist Sozialisationsinhalt, wobei z. B. die Schulbücher in der BRD denen der DDR in der Abqualifizierung und geringen Information bezüglich des jeweils anderen Teils Deutschlands nur wenig nachstehen; vgl. Horst Siebert: Der andere Teil Deutschlands in den Schulbüchern der DDR und der BRD, Hamburg 1970. Eine empirische Erhebung unter Leipziger Oberschülern zeigte, daß auch dort unter den Nationalstereotypen sich dasjenige der BRD von dem der DDR abgehoben hat, und zwar stärker bei Oberschülern als bei Berufsschülern, was auf den längeren schulischen Einfluß bzw. den stärkeren Einfluß westlicher Massenmedien zurückgeführt wurde. Ulrike Siegel: Nationale Gruppen im Urteil Jugendlicher, in: Jugendforschung 4, 1967, S. 103ff.; Forschungsbericht darüber bei Irmhild Rudolph: Jugendforschung in der DDR, in: Deutschland-Archiv 2, 1969, S. 765ff. (775f.).

130 Hans Conrad Zander: Von den noblen Engländern, den schmutzigen Franzosen und den frierenden Menschen in der DDR, Kölner Schüler urteilen über die Nachbarn der Bundesrepublik, Rundfunkmanuskript des WDR, 2. Programm, 2. Dezember 1970.

Diese Kinder verliehen dem Zerfall des gesamtdeutschen Autostereotyps in zwei »Rumpfstereotype«, wie sie in verschiedenen Studien Peter R. Hofstätters und seiner Schüler herausgearbeitet worden sind, ohne die Bedenken und Abschwächungen der Erwachsenen Ausdruck. Ganz allgemein entspricht „dem durch eine ‚Mauer' reduzierten Kontakt ... eine verringerte Sympathie, allmählich vielleicht sogar Antipathie ... Die Bewegung führt ... aus der freundlichen Region ... hinüber in die aggressive Zone der Minoritäten oder hinab zur Lahmheit des Konsumentenstereotyps." Bei Jugendlichen nahm sich das durchschnittliche Bild vom Bewohner der DDR – ob man Ostzone sagte, machte keinen Unterschied – als „ziemlich genau ein Gegenbild des in der BRD anzutreffenden deutschen Autostereotyps" aus[131].

Erwachsene dagegen stehen noch häufig unter dem Eindruck, daß sie eigentlich die Mitteldeutschen nicht so abschreiben dürften, wie sie es in praxi tun. Als zum Beispiel Strauß 1966 kundtat, daß er nicht glaube, daß es noch einmal zum Deutschen Reich oder auch nur zur Wiedervereinigung von BRD und DDR komme, meinte zwar über ein Drittel der Befragten, er habe recht, aber von diesen stellte ein Sechstel zugleich fest, obschon er recht habe, hätte er dies nicht zum Ausdruck bringen dürfen[132]. Ähnliche Perplexität vor der gesamtdeutschen Wirklichkeit fanden wir 1971, als gefragt wurde, ob man eher mit der eigenen sozialen Schicht im Ausland oder mit anderen Schichten im Inland Gemeinsamkeit habe: Wurde statt Ausland DDR eingesetzt, verdoppelte sich die Zahl der Meinungslosen, die eine solche Präzisierung des Bezugspunkts ihrer nationalen Loyalität also verweigerten[133]. Versuchte man diese Hemmungsschwelle zu unterlaufen und durch Polaritätsprofile die emotionale Disposition gegenüber der BRD- und der DDR-Gesellschaft auszuloten, so ergab sich freilich auch für Heranwachsende und Erwachsene, daß Mitteldeutsche im Vergleich zu Westdeutschen erheblich schlechter abschnitten, weil auf sie die abfälligen Urteile der Bundesbürger über Kommunisten und Slawen ausstrahlten[134].

Der Zerfall des Bewußtseins nationaler Zusammengehörigkeit läßt sich auch auf anderen Gebieten nachweisen. Konstruiert man zum Beispiel eine moralische Belastungsprobe nationaler Verbundenheit und prüft, wieweit sich die gesamtdeutsche „Nation" als Haftungsgemeinschaft bewährt, so stimmen dreimal so viele der Meinung zu, die NS-Verbrechen an den Juden seien eine Schande für uns alle in Deutschland, wie der Ansicht, daß die Beteiligung von DDR-Truppen an der Besetzung der CSSR eine Schande auch für uns in der BRD sei (31 gegenüber 10 v. H.); 73 v. H. hal-

---

131 Peter R. Hofstätter: Einführung in die Sozialpsychologie, 4. Aufl., Stuttgart 1966, S. 449f.; zur Technik der Auslotung emotionaler Prädispositionen für die Distanz zu und Identifizierung mit Gruppen durch Polaritätsprofile vgl. auch ders., Eliten und Minoritäten, in: Kölner Zeitschrift für Soziologie und Sozialpsychologie 14, 1962, S. 59ff.; Durchführung bei Weede, Ost-West-Differenzierung.
132 IfD. Jb. IV, S. 156f.
133 U 12–15, vgl. die „Keine Angabe"-Quote.
134 Weede, Ost-West-Differenzierung, S. 22ff., und Alois Hüser, Heinz E. Wolf: Empirische Untersuchungen zum Problem der Regionalvorurteile bei deutschen Jugendlichen, in: Kölner Zeitschrift für Soziologie und Sozialpsychologie 14, 1962, S. 155ff.

Tabelle 2: Identifikation deutscher Gruppen mit Eigenschaften, die früher als „typisch deutsch" angesehen wurden

U (8–10), alles in v. H.
BRD: Bevölkerung der BRD
FV: Deutsche aus der SBZ/DDR und Vertriebene in der BRD
DDR: Bevölkerung der DDR

	Fleiß Tüchtigkeit	Ausdauer Zähigkeit	Ordnungsliebe, Zuverlässigkeit, Sauberkeit	Intelligenz Erfinderischer Geist	Treue	Gutmütigkeit Vertrauensseligkeit	Mut Soldatische Fähigkeiten	Uneinigkeit, Mangel an Nationalbewußtsein*	Überheblichkeit Unduldsamkeit*	Neid, Selbstsucht Keine Hilfsbereitschaft*	Weiß nicht, keine Angabe*	Durchschnitt (ohne weiß nicht, keine Ang.)	Sympathie-Index**
(Vergleichsumfrage von 1952) Als kennzeichnend für „Deutsche" erscheinen	72	8	21	9	11	22	7	29	19	11	–	20,9	–
Alle Befragten (U) beurteilen BRD	79	53	48	46	40	30	24	19	19	19	8	37,7	23,2
F/V (ausgedrückt als Abweichung von BRD)	– 8	– 1	–14	–14	–10	– 7	– 2	–10	– 6	– 7	+10	– 7,9	– 3,9
DDR (ausgedrückt als Abweichung von BRD)	–20	0	–19	–12	–21	–15	– 1	– 7	–11	– 9	+17	–11,5	– 7,1
BRD wird beurteilt von allen Befragten davon Abweichung:	79	53	48	46	40	30	24	19	19	19	8	37,7	23,2
Befragte, die meinen, „Nationaleigenschaften sind angeboren"	+ 4	+10	+ 1	+ 7	+ 6	+10	+ 7	+ 1	– 3	+ 2	– 4	+ 4,5	+ 4,5
Vertriebene	+ 1	+ 8	– 2	+ 4	– 1	– 2	0	+15	+ 3	+ 5	+ 2	+ 3,1	– 1,6
Deutsche aus SBZ/DDR und Einheimische mit DDR-Kontakt jüngere Generation (bis 35 Jahre alt)	+ 2	+ 4	+ 3	– 1	– 1	– 4	0	+ 4	+ 5	+ 1	– 3	+ 1,3	– 0,4
	– 3	– 4	– 4	– 5	– 6	– 5	– 4	+ 1	+ 1	– 1	– 1	– 3	– 2,8
F/V werden beurteilt von allen Befragten davon Abweichungen:	71	52	34	32	30	23	22	9	13	12	18	29,8	19,3
einheimische Bayern ohne DDR-Kontakte	+ 1	+ 9	– 4	+ 2	– 7	– 4	– 4	+ 3	+12	+ 6	– 1	+ 1,4	– 2,5
jüngere Generationen (bis 35 Jahre alt)	– 2	– 4	– 3	– 6	– 9	– 2	– 1	0	+ 1	– 1	0	– 2,7	– 2,5
Vertriebene	+10	+12	+14	+16	+21	+22	+12	+ 3	– 5	– 4	– 5	+10,1	+10,7
DDR wird beurteilt von allen Befragten davon Abweichungen:	59	53	29	36	19	15	23	12	8	10	25	26,4	16,3
einheimische Bayern ohne DDR-Kontakt	+ 5	+ 2	– 1	+ 6	– 2	+ 2	+ 4	– 4	– 1	– 2	+ 1	+ 0,9	+ 2
Deutsche aus SBZ/DDR und Einheimische mit DDR-Kontakt jüngere Generation (bis 35 Jahre alt)	+ 5	+ 2	+ 7	+ 3	0	0	– 4	– 1	+ 1	+ 1	– 7	+ 1,4	+ 1,7
	– 4	– 2	– 4	– 1	– 7	– 2	– 1	+ 1	+ 2	– 1	0	– 1,9	– 2,1

*Vgl. letzte Spalte • Sympathieindex **Durchschnitt der Differenz zwischen der Summe der Positiva und der Summe der Negativa, Inkl. keine Angaben.

ten dies jedoch für eine Schande für die DDR[135]. Daß sich die Bundesrepublikaner weit weniger mit der gesamtdeutschen Gegenwart als mit der nationalen Tradition identifizieren, ist um so bemerkenswerter, als die jüngste Geschichte des deutschen Nationalstaats mittlerweile doch im ganzen als sehr belastend empfunden wird: So fällen heute sicher mehr als in der Besatzungszeit ein durchgehend negatives Urteil über den Nationalsozialismus (damals weniger als 40 v. H.)[136]. Die Anhänger der Ansicht, Deutschland sei allein am Zweiten Weltkrieg schuld, sind zum Beispiel zwischen 1951 und 1967 kontinuierlich von 32 v. H. auf 62 v. H. angewachsen[137].

1971 wurden die Befragten mit einer Liste von Eigenschaften konfrontiert, welche 1952 bei einer Umfrage als die für die Deutschen kennzeichnendsten ausgewählt worden waren[138]. Die Befragten sollten angeben, welche dieser traditionellen Autostereotype heute noch jeweils auf die Bundesrepublikaner, auf die Vertriebenen und Flüchtlinge sowie auf die Bevölkerung der DDR zuträfen. Eine Zusammenstellung dieser Einschätzungen ergibt, daß die Hierarchie dieser Eigenschaften für alle drei Bezugsgruppen sehr ähnlich und auch die Varianz isolierter Befragtengruppen wie Jugendliche, einheimische Bayern usw. trotz kennzeichnender Unterschiede im Detail gering bleibt. Zugleich identifizieren sich die Westdeutschen aber mit diesen Traditionseigenschaften sehr viel mehr, als sie deren Gültigkeit auch für die Bevölkerung der DDR einschätzen. Ironischerweise trifft dies auch für jene zu, die glauben, Nationaleigenschaften seien eine Sache des Blutes.

Die größte Varianzbreite erreichen Werte der Innerlichkeit und des Gefühls (Treue, Gutmütigkeit), gefolgt von der Einschätzung des Nationalbewußtseins und der Intelligenz der Bezugsgruppen. Die negativen und positiven Extremwerte zeigen einmal die große Distanz der Jugend in der Identifikation der DDR-Bevölkerung mit deutschen Traditionseigenschaften, von deren werthafter Gültigkeit sich die Jüngeren jedoch kaum distanzieren: Auch für die Bundesrepublik und für die Vertriebenen

---

135 U 2 und 22.
136 Merritt u. Merritt, Public Opinion, S. 33. Zur NS-Beurteilung vgl. die Polaritätsprofile bei Scheuch/Klingemann, Phänomen des Rechtsradikalismus, S. 46. Allerdings treten dabei Begriffe wie Führung, Ordnung, keine Schwerfälligkeit, keine Korruption, kein Wirrwar als für den Nationalsozialismus kennzeichnend hervor, alles Begriffe, die einerseits von einem großen Teil der Bevölkerung als Positiva genommen werden und andererseits – wie die historische Erforschung des Nationalsozialismus immer deutlicher zeigt – für den Faschismus spezifisch untypisch sind. Walter Jaide: Das Verhältnis der Jugend zur Politik, 2. Aufl., Neuwied 1964, hat empirisch unter Jugendlichen der „Bewältigungs-ära" eine besonders hohe Identifikation Jugendlicher, die im Dritten Reich noch nicht (oder nicht politisch bewußt) lebten, mit der Verantwortung für den Nationalsozialismus festgestellt, und daraus den Schluß gezogen, daß „diese Einstellung zur Mitverantwortung die edelsten Wurzeln eines neuen Nationalgefühls" erkennen lasse (S. 110). Indessen zeigen mittlerweile Jugenduntersuchungen, daß Schüler in einem hohen Ausmaß die NS-Apologie ihrer Eltern und Lehrer übernommen haben. Vgl. z. B. Hans Jaide u. a.: Jugend und Demokratie, München 1970, S. 30.
137 Trend in IfD. Jb. IV, S. 146.
138 IfD. Jb. I, S. 126; U 8–10. Man beachte, daß die Werte nicht vergleichbar sind, da die Urbefragung nach den besten und schlechtesten Eigenschaften der Deutschen fragte, die neue Umfrage jedoch danach, ob diese Eigenschaften – die damit schon vorausgesetzt waren – noch gelten. Die 10 Eigenschaftsbereiche sind zusammengefaßt aus den einst am meisten genannten „besten" und „schlechtesten" Eigenschaften.

und Flüchtlinge schätzen sie sie nur wenig geringer ein, als dies der Durchschnitt tut. Zweitens übersteigt die Geltung dieser Eigenschaften (abzüglich der als negativ angesehenen) bei den Vertriebenen in ihrer Selbsteinschätzung alle anderen Projektionen dieser Fragestellung, wobei jedoch zu berücksichtigen ist, daß dieses Urteil das einzige Gruppenautostereotyp im engeren Sinne und insofern eine hohe Sympathiequote zu erwarten ist. Dies kommt noch deutlicher zum Ausdruck, wenn die Daten in einen Indexwert umgerechnet werden, der die Beziehung zwischen Traditionsnormen und bestimmten Bezugsgruppen als werthafte Identifikation der Befragten quantifiziert. Darin wird zugleich die Distanz bzw. Sympathie zwischen Bezugs- und Befragtengruppen zumindest in der Form eines indirekten Hinweises greifbar.

Der Grundtrend der Haltung in der BRD zur „deutschen Frage" läßt sich insgesamt als ein zunehmendes Desinteresse kennzeichnen, dem eine wachsende Konzentration auf die inneren und äußeren Probleme der BRD korrespondiert. In der Lebenswirklichkeit der Westdeutschen spielen die DDR und ihre Bürger nur am Rande eine Rolle; gefühlsmäßig werden diese kaum noch zur ingroup gerechnet. Diese Entwicklung entlastet jedoch zugleich von den Emotionen und Verpflichtungen aus der Zeit des Kalten Krieges und gibt bei den meisten einen nüchterneren Blick auf die Wirklichkeit der DDR frei. Die gemeinsame soziokulturelle Prägung wird durchaus noch als eine – wenn auch sich abschwächende – Tradition empfunden, allerdings bedeutet sie weniger eine politische Verpflichtung als einen Überhang paralleler privater Eigenschaften und Werte wie Fleiß, Zähigkeit und Ordnung. Der Bestand der DDR wird immer selbstverständlicher, die Oder-Neiße-Grenze ist es schon. Die gefühlsmäßige Entfremdung sowohl von der Reichstradition wie von den Bürgern der DDR weit über die Jugend hinaus läßt sich als Entwicklung einer Bi-Nationalisierung in Deutschland verstehen. Wenn eine Nation durch hohe Innenkommunikation auf allen Gebieten und als Folge davon durch gemeinsame Werte und Einstellungen sowie durch einen kollektiven Willen zur politischen Selbstgestaltung als Einheit ausgezeichnet wird, so entsprechen die Bevölkerungen der DDR und der BRD zusammen diesem Begriff nicht mehr, wohl aber in wachsendem Maße jede einzeln, wenn auch im Fall der DDR mit einer deutlichen Phasenverzögerung. Erich Mende hatte recht, als er – wohl als erstes Regierungsmitglied – am 16. Juni 1965 in den USA von der Entwicklung eines eigenen DDR-Nationalbewußtseins sprach.

Innerdeutsche Kontaktgruppe und Vertriebene:
Kern eines nationalen Potentials?

Indessen gibt es zwei Minderheiten in der BRD, welche die Kommunikation in die DDR pflegen (Kontaktgruppe) bzw. für welche die gesamtdeutsche Tradition noch ein tragendes Element des Selbstverständnisses ist (Vertriebene, besonders ältere). Entgegen einem verbreiteten Fehlurteil sind diese beiden Gruppen nach geschichtlicher Erfahrung, sozialer Motivation und politischer Ausrichtung deutlich unterschieden, beide nicht als dynamische gesamtdeutsche politische Kräfte zu verstehen und beide durch Bedürfnisse gekennzeichnet, die auch in Zukunft noch berechtigte Ansprüche an die Politik der BRD stellen. Beide brauchen allerdings keine nationalen Versprechungen, durch die bisher die Befriedigung ihrer Bedürfnisse verzögert worden ist, sondern die Kontaktgruppe durchlässigere Grenzen, die Vertriebenen soziale Anpassungshilfen.

Auf der Suche nach der Ursache für die zunehmend pragmatische Einstellung gegenüber der DDR stößt man auf ein Paradox: Auf der einen Seite wird die Sicht auf die DDR, die bisher von den gesamtdeutschen Dogmen verstellt war, in dem Maße freier (aber auch weniger interessant), wie die beiden deutschen Staatsgesellschaften auf dem Wege sind, je eigene Nationen zu werden, ohne davon bereits ein artikuliertes Bewußtsein zu haben. Auf der anderen Seite konzentrieren sich jedoch Anwälte differenzierter und pragmatischer Betrachtungsweise in jener immer kleiner werdenden Gruppe besonders, deren verwandtschaftlicher oder freundschaftlicher Kontakt in die DDR im Widerspruch zur gesamtdeutschen Desintegration und Bi-Nationalisierung zu stehen scheint[139]. Zwei gegensätzliche Kommunikations- und Mobilitätstendenzen ergänzen sich zum nämlichen Effekt.

Zunehmend handelt es sich bei den menschlichen Beziehungen zwischen BRD und DDR um gefühlsmäßige Bindungen im engeren Sinne, auf die auch die getrennten Familien regredieren, weil ihre institutionellen und wirtschaftlichen Funktionen kaum noch wirksam werden können. Andere innerdeutsche Beziehungen, wie zum Beispiel der Handel, haben sich zwar im einzelnen als interessant, im ganzen aber als weit weniger lebenswichtig als der Austausch mit dem jeweiligen systemkonformen Ausland erwiesen[140]. Dennoch hat persönlicher Kontakt in die DDR politische Bedeutung. Bei Untersuchungen des Informationsniveaus und der Einstellungen im Bereich der innerdeutschen Beziehungen zeigte sich nach dem Zusammenbruch der „Politik der Stärke" (Ende 1966 wurde sie nur noch von 19 v. H. unterstützt[141]), daß sich zwar im einzelnen für einen hohen Grad an Information über die DDR und für die Befürwortung der Politik der kleinen Schritte auch positive Korrelationen mit dem progressiven Merkmals- und Einstellungssyndrom (zum Beispiel „Beamte und Angestellte", „SPD-Anhänger", „höhere Ausbildung" usw.) ergaben, daß aber das durchgängigste Bestimmungselement die Pflege von Kontakten in die DDR war. Andere Korrelationen lassen sich darauf zurückführen: Höhere Mobilität und höhere Ausbildung sind sehr oft die Voraussetzungen persönlicher Bindungen in die DDR;

---

139 Vgl. unten Anm. 142 f.
140 Zusammenfassend Leptin, Wirtschaft, S. 57ff.; allerdings hat der innerdeutsche Handel auf beiden Seiten recht unterschiedliche Bedeutung. 1969 betrugen die Ausfuhren der BRD in die DDR rund 2 v. H. des gesamten Exportvolumens der BRD, während diejenigen der DDR in die BRD rund 9 v. H. des gesamten Exportvolumens der DDR ausmachten, obwohl der absolute Wert der DDR-Lieferungen mehr als ein Viertel geringer war als derjenige der BRD-Lieferungen. Vgl. Bundesministerium für innerdeutsche Beziehungen (Hg.): Bericht der Bundesregierung und Materialien zur Lage der Nation 1971, o. O. 1971, Tabellen A 1, A 4, A 8.
141 INFAS: Innerdeutsche Beziehungen, S. 35.

diese wiederum sind häufig ein Bestimmungsgrund für die Zuwendung zur SPD, was sich als Absage der besonders Interessierten an die deutschlandpolitische Passivität der Union verstehen läßt. Nur in der Kontaktgruppe glaubten 1966 noch fast zwei Drittel (im Vergleich zu 19 v. H. in der Bevölkerung), daß die Wiedervereinigung für sie persönlich von Vorteil wäre; für mehr als drei Viertel der Bevölkerung war sie dagegen damals schon zu einem abstrakten, dem persönlichen Erfahrungsbereich entzogenen Ziel verblaßt[142].

Die Motive der Kontaktgruppe liegen sowohl in ihrem Interesse für Menschen und Verhältnisse in der DDR als auch in ihrer persönlichen Betroffenheit von der deutschen Teilung durch erzwungene Mobilität und Familientrennung. Wollte man nur das Motiv der „Betroffenheit" von Teilung und Vertreibung berücksichtigen, ergäbe sich ein größerer Kreis (heute etwa 30 v. H. der Bevölkerung), dessen politisches Verhalten ambivalenter ist, weil hier bei einer Minderheit eine betont antikommunistische Reaktion auf Eigentums- und Statusverluste während der Vertreibungen aus Ostdeutschland und den Enteignungen in der SBZ/DDR politisches Urmotiv geblieben ist. Vergleicht man indessen die Einstellungen der „Betroffenen" zu unterschiedlichen politischen Problemen mit den Meinungen jener, welche die DDR für ökonomisch leistungsfähig und politisch relativ stabil halten, so zeigen sich dieselben Überrepräsentationen, die auch die durch „Interesse" qualifizierte Kontaktgruppe charakterisieren, jedoch in abgeschwächter Form: „modernere" Sozialmerkmale wie erhöhte Mobilität, Urbanität, Tätigkeit im Tertiärsektor, positive Einschätzung der persönlichen wirtschaftlichen Lage, progressivere politische Meinungen. Diese abgeschwächte Form bedeutet konkret, daß weniger mobile Vertriebene, die einst im Primärsektor tätig waren, die fortschrittliche Grundströmung der Gesamtgruppe „Betroffene" bremsen[143]. Während Spaßvögel zuweilen argumentieren, der Anteil der Vertriebenen und Flüchtlinge an der Bevölkerung vergrößere sich ständig durch Heirat und Vermehrung (aber kontinuierlich bekennen sich nur 10 v. H. der Bevölkerung als Vertriebene), vermindert sich die Kontaktgruppe offenbar unabhängig von objektiven, zum Beispiel verwandtschaftlichen Kriterien. Der Anteil der Befragten, der glaubt, Kontaktpersonen in der DDR zu haben, hat sich seit 1950 auf ein Viertel halbiert[144].

Wenn in der BRD persönlicher Kontakt in die DDR das intensivste Motiv für eine differenzierende Beschäftigung mit „drüben" und für den Wunsch nach Durchlässigkeit der Grenze (früher nach Überwindung der Zweistaatlichkeit) ist, so mußte dieser Faktor „Kontakt" erst recht auf der anderen Seite ungeachtet der ambivalenten Folgen des bürokratischen Aufbaus des Sozialismus in der DDR deren staatsgesellschaftliche Integration erheblich verzögern. Selbst bei vorsichtiger Kalkulation müssen den über 10 Millionen der innerdeutschen Kontaktgruppe der BRD auf der anderen Seite

---
142 Ebd., S. 3ff., 24 und passim.
143 Ergebnis von Korrelationsanalysen der Fragen U 4–6, 22–23 mit allen anderen Fragen U.
144 IfD. Jb. I, S. 3, 313; U 4–6; INFAS: Innerdeutsche Beziehungen, S. 4.

jedenfalls deutlich mehr als die Hälfte der Erwachsenen der DDR gegenüberstehen, die persönliche Beziehungen zu Westdeutschen haben. Eine Würdigung dieses Faktors könnte manche Unterschiede im Verhältnis Führung/Bevölkerung zwischen der DDR und anderen sozialistischen Ländern Osteuropas erklären. Zwar nimmt die Kontaktgruppe auch in der DDR beständig ab, aber nicht nur wegen ihrer Größe stellt sich ihr Problem doch anders als in der BRD dar. Es ist nämlich nicht abzutrennen vom sogenannten „Wettkampf der Systeme", in dem das Ausmaß des Wirtschaftswachstums und der Konsumsteigerung über die Stabilität der staatsgesellschaftlichen Integration entscheidet. So haben empirische Untersuchungen aus der DDR gezeigt, daß nur bei längerer und höherer Schulbildung Einstellungen entstehen, wie sie im Unterricht angestrebt werden. Gerade bei Arbeitern ist die sozialistische Bewußtseinsbildung in der DDR bislang offenbar wenig erfolgreich gewesen; traditionelle Einstellungen zur Familie und zur Arbeit haben sich als resistent erwiesen. (Zum Beispiel nimmt die Berufstätigkeit der Frau mit wachsendem Verdienst des Ehemannes ab, die Arbeitsmotivation ist auch in der DDR überwiegend konsumorientiert[145].) Unter dem Einfluß westlicher Massenmedien gelingt eine emotionale Abgrenzung der DDR gegenüber der BRD bei Jungarbeitern sehr viel weniger als bei Oberschülern[146]. Häufig ist in der DDR auch die Tendenz anzutreffen, mangels genauerer Kenntnis die Verhältnisse in der BRD als weniger problematisch zu betrachten, als sie von jugendlichen Zuwanderern aus der DDR dann erfahren werden. Denn in diesem Fall erweist sich oft sozialistische Erziehung als wirksamer als vorher geglaubt und insofern die Erfahrung von Konkurrenz, Leistungsstreß und „Konsumzwang" als Strukturprinzipien der westlichen Gesellschaft als abstoßend, insbesondere in ihren Rückwirkungen auf die privaten zwischenmenschlichen Beziehungen[147].

Angesichts der Konfrontation mit dem gleichsprachigen westlichen Vergleichsmodell, der nur partiellen Wirksamkeit der sozialistischen Bewußtseinsbildung und der durch die Fluchtbewegung zwischen 1945 und 1961 weit größeren Bedeutung der Kontaktgruppe in der DDR sind die Zukunftsperspektiven des „menschlichen Kontakts" zwischen Bürgern der BRD und der DDR sehr kompliziert. Wenn auch die konsumgesellschaftliche Integration in der DDR seit der Mauer große Fortschritte gemacht hat, so ist sie im Vergleich zur BRD doch zurückgeblieben. Mag man zum Beispiel den abnehmenden Anteil der Arbeiter und Angestellten am Volkseinkommen der BRD auch hier als „relative Verelendung" betrachten, so sind doch die durchschnittlichen Einkommen selbst dieser Gruppe dem Durchschnittseinkommen der DDR gerade in der letzten Dekade weit davongelaufen, und diese Diskrepanz wird

---

145 Vgl. die Befragungsergebnisse bei Dieter Voigt: Montagearbeiter in der DDR. Eine empirische Untersuchung über Industriebauarbeiter in den volkseigenen Großbetrieben, phil. Diss. Gießen 1971, insbes. S. 48, 91.
146 Ulrike Siegel, Nationale Gruppen, S. 122f.
147 Neben Munkelt u. Othmer, Jugend und Wiedervereinigung, vgl. jetzt auch die 12 Interviews bei Barbara Grunert-Bronnen: Ich bin Bürger der DDR und lebe in der Bundesrepublik, München 1970. Gerhard Schröter: Jugendliche Flüchtlinge aus der SBZ, (infratest).

durch die niedrigeren Lebenshaltungskosten in der DDR keineswegs aufgewogen[148]. Umgekehrt ist politisches Interesse und soziales Bewußtsein zwar in der DDR bei einer größeren Gruppe als in der BRD zu finden, aber diese ist nicht groß genug, um die Verzögerung der konsumgesellschaftlichen Integration wettzumachen[149]. Angesichts dieser Lage sind schnelle Fortschritte im Hinblick auf das Ziel einer ungestörten Entfaltungsmöglichkeit der „menschlichen Bande" zwischen DDR und BRD nicht zu erwarten, weil diese in der DDR weniger entpolitisiert sind als in der BRD und vom innerdeutschen Vergleich noch immer, wenn auch in abnehmendem Maße, eine destabilisierende Wirkung auf die DDR ausgeht.

Allerdings dürfte diese Tendenz abnehmen, wenn statt durch unwirksame propagandistische Konfrontation durch schrittweise Erleichterung der Informations- und Begegnungsmöglichkeiten das Bewußtsein der sozialen Wirklichkeit auf beiden Seiten wächst und dem Gefühl vieler DDR-Bürger, von ihrem Staat bevormundet zu werden, ein Ventil geschaffen wird. Förderlich auf die Konsolidierung der DDR wird sich ferner auswirken, wenn sich auch dort wie in der BRD die Auffassung vollends durchsetzt, daß die internationalen Bedingungen der deutschen Teilung hingenommen werden müssen, und wenn weitere industrielle Fortschritte die Befriedigung der Bedürfnisse erleichtern und den Leistungsstolz heben. Konsolidierung der DDR aber ist die Bedingung der Möglichkeit ungehinderteren menschlichen Austausches und innerer Reformen (zur Entbürokratisierung und zur breiteren politischen Partizipation). Insofern liegt sie sowohl im Interesse der westdeutschen „Kontaktgruppe" wie sie auch der Erweiterung grundrechtlicher Freiheiten im sozialistischen System der DDR dienen könnte.

Ein ganz anderes Problem als die westdeutsche „Kontaktgruppe" mit ihren mehrheitlich progressiv-realistischen Einstellungen und ihrem Interesse an konkreten Regelungen zwischen der BRD und der DDR stellen die Vertriebenen dar, deren soziale Ansprüche in der Vergangenheit teilweise in außenpolitische Fiktionen abgelenkt wurden und bei deren älteren Jahrgängen nun zum Teil die Gefahr eines regressiven Utopismus droht. Bei ihnen gibt es noch immer ein relikthaftes Sonderbewußtsein; zwischen ihnen und den Einheimischen gibt es noch immer Ressentiments; sie stehen in der Gefahr, „outgroup" zu werden. Sie identifizieren sich in außerordentlich hohem Ausmaß mit den traditionellen Nationaleigenschaften und verraten ein geringes Maß an Selbstkritik (vergleiche Tabelle 2). Obwohl auch die Bundesrepublikaner im allgemeinen diese Eigenschaften, wie insbesondere Fleiß und Ausdauer, für sich als sehr kennzeichnend ansehen, wird ihnen von den Vertriebenen eine zu geringe Orientierung an der Tradition vorgeworfen. Während die Jugend

---

148 Bericht zur Lage der Nation, Tabellen A 43–44, A 46–47, A 62, A 84, A 91–95, A 102 u. ö. Unter langfristiger Perspektive wäre die Beschränkung auf Status- und Konsumvergleiche allerdings irreführend. Vgl. die Kritik in den Beiträgen von Frank Deppe und Margarete und Karl Hermann Tjaden, in: BRD–DDR, Vergleich der Systeme, FS Abendroth, Köln 1971, S. 93ff. u. 161ff.
149 Vgl. die Aussagen zur Verbreitung politischen Interesses unter Jugendlichen in BRD und DDR, Materialen zur Lage der Nation, S. 220f.

eine gewisse Zurückhaltung gegenüber solchen Werten übt und Flüchtlinge sowie Personen mit DDR-Kontakt und Einheimische ohne DDR-Kontakt nicht merklich vom Durchschnitt abweichen, sind sie völlig unterschiedlicher Meinung über die Vertriebenen. Jugendliche und betont einheimische Gruppen unterstreichen am stärksten ihre Distanz zu den Vertriebenen; Flüchtlinge und Einheimische mit DDR-Kontakt zeigen mehr Sympathie für sie, erreichen aber bei weitem nicht die extreme Identifikation der Vertriebenen mit der Tradition. Nimmt man noch hinzu, daß die traditionelle Orientierung positiv mit einem Mangel an Beweglichkeit und Bildung korreliert, wie er sich in der Meinung, nationale Eigenschaften seien angeboren, und in der Entscheidung für Waren aus der BRD, auch wenn sie bei gleicher Qualität wesentlich teurer als ausländische sind[150], ausspricht, so ist bei Vertriebenen ein besorgniserregendes Ausmaß an rückständigem Bewußtsein und regressiver Isolierung in der Gesellschaft festzustellen.

In einer neueren Umfrage kam bei älteren und weiblichen Vertriebenen ein erheblicher Realitätsverlust zum Vorschein. So sagten 55 v. H. der Vertriebenen, sie würden unter bestimmten Voraussetzungen in ihr Herkunftsland zurückkehren, drei Viertel von ihnen fügten hinzu, daß die Ostgebiete in diesem Fall unter deutscher Regierung stehen müßten, fast alle verneinten die Rückkehr unter polnischer Verwaltung – aber nur 13 v. H. aller Vertriebenen konnten sich in absehbarer Zeit überhaupt eine „politische Veränderung im osteuropäischen Raum" vorstellen. Nur 3 v. H. der Vertriebenen (oder zirka 0,5 v. H. der Bevölkerung) wollten also unter den Bedingungen, welche auch die überwältigende Mehrheit der Befragten als die gegebenen betrachtet, in ihre alte Heimat zurückkehren. Gleichzeitig gaben mehr als die Hälfte der Vertriebenen an, sie fühlten sich nicht mehr als zum Beispiel Schlesier oder Ostpreußen (männliche und unter 50 Jahre alte Befragte je 72 v. H.)[151]. Aber sie fühlten sich noch als Vertriebene. Wie ist dieser Unterschied zu erklären?

Wiederum in grober Schematisierung ist dieser Tatbestand unseres Erachtens darauf zurückzuführen, daß die Vertriebenen nur sehr begrenzt als eine spezifisch außenpolitische Interessengruppe anzusprechen sind und insofern die derzeitige Agitation der Verbände und Landsmannschaften nur eine kleine radikale Minderheit repräsentiert. Nur 9 v. H. der Vertriebenen (und 2 v. H. derer unter 50 Jahren) geben an, aktiv in den Landsmannschaften mitzuarbeiten, und nur von diesen sind 99 v. H. gegen die neue Ostpolitik; dafür sprechen sich jedoch 46 v. H. der Nichtmitglieder und 62 v. H. der Vertriebenen unter 50 Jahren aus[152]. Ihr Zusammengehörigkeitsbewußtsein als Gruppe – und dies gilt für die „echten" Vertriebenen besonders – ist weniger im Heimatgefühl verankert als in der Erfahrung, einer diskriminierten oder „unterprivilegierten" Gruppe anzugehören, auf welche die Einheimischen einen erheblichen Teil der Kriegsfolgelasten im Rahmen eines ungerechten Lastenaus-

---

150 Korrelationsanalysen zu U 1, 4, 8–10, 15.
151 Wickert-Umfrage, vgl. Anm. 113.
152 Ebd.

gleichs abgewälzt haben. Und diese Erfahrung ist nicht erfunden. Dazu ist ein Vergleich mit den SBZ- bzw. DDR-Flüchtlingen lehrreich. Die Isolierung und regressive Verbitterung gerade der älteren Vertriebenen und die pragmatische Anpassung der Flüchtlinge wird verständlicher, wenn man sich klarmacht, daß jene gegen ihren Willen aus ihrem Milieu herausgerissen worden sind und ihnen jeder Kontakt dorthin unmöglich war, diese jedoch überwiegend aus einer Güterabwägung heraus den Entschluß zum Verlassen ihrer Heimat gefaßt haben und noch Kontakte mit der Heimat unterhalten, zum Teil auch dorthin reisen können. Die Vertriebenen kamen in ihrer Mehrheit aus einem agrarisch geprägten Traditionsmilieu, etwa ein Drittel von ihnen auch aus einer selbständigen Position in die frühe Notsituation der Westzonen; in erwachsenem Alter machten sie einen tiefen Statusverfall und eine Zerrüttung aller persönlichen und dinglichen Umweltbezüge durch. Im Durchschnitt waren sie selbst dann, wenn sie einmal aus den Lagern herauskamen, einer schweren Diskriminierung durch die Einheimischen ausgesetzt, wurden herumgeschoben[153] und beschimpft. Eine detaillierte Untersuchung der Beziehungen zwischen Vertriebenen und Einheimischen in einem süddeutschen Städtchen hat zum Beispiel die dabei auftretenden Spannungen im einzelnen dokumentiert und kam unter anderem zu dem beschämenden Ergebnis: „Es gab anfänglich ein gewisses Mitleid unter den Einheimischen für das Los der Flüchtlinge, das die grundsätzlichen Konflikte und Frustrationen größtenteils überwand, vorausgesetzt, daß der Flüchtling a) sich nicht beklagte, b) sich an die örtlichen Bräuche anpaßte und c) zu körperlicher Arbeit bereit war. Sogar protestantische oder städtische Herkunft schlossen als solche den Flüchtling nicht davon aus, von der Gemeinschaft akzeptiert zu werden, wenn er diese Bedingungen erfüllen konnte."[154]

Die SBZ/DDR-Flüchtlinge dagegen kamen überwiegend erst in den fünfziger Jahren, zu einer Zeit, als die westdeutsche Wirtschaft bereits Bedarf an Arbeitskräften hatte. Sie waren meist jung und anpassungsfähig (etwa die Hälfte der Flüchtlinge war zum Zeitpunkt ihrer Zuwanderung unter 25 Jahre alt)[155], sehr viele von ihnen hochqualifiziert oder qualifizierbar, aus mittleren und höheren Schichten des sekundären und tertiären Sektors, so daß ihre positiven Erwartungen auf die westliche Konsumgesellschaft nur selten enttäuscht wurden, jedenfalls wirtschaftlich.

Wie Tabelle 3 zeigt, waren die Vertriebenen in einer ganz anderen Lage. Ältere Zahlen zeigen, daß der Anteil der Selbständigen unter ihnen zwischen der Kriegszeit und 1950 von 33 v. H. auf 7 v. H. sank, während derjenige der Arbeiter von 37,5 v. H.

---

[153] Georg Müller u. Heinz Simon: Aufnahme und Unterbringung, in: Eugen Lemberg u. Friedrich Edding u. a.: Die Vertriebenen in Westdeutschland, Kiel 1959, Bd. 1, S. 300ff.
[154] Delbert Barley: Refugees in Germany. Relationship between Refugees and the Indigenous Population of a Rural Black Forest Community, Ph. D. Diss. (masch.), University of Pennsylvania 1957, S. 101ff. (zit. S. 144).
[155] Bundesministerium für gesamtdeutsche Fragen (Hg.), A bis Z, 11. Aufl., Bonn 1969, S. 211ff.

Tabelle 3. *Statusentwicklung der einheimischen (E), aus der SBZ/DDR zugezogenen (F) und vertriebenen (V) Erwerbspersonen der BRD (ohne Lehrlinge) in Prozent je Jahr und Herkunftsgruppe*[156]

		Selbständige und mithelfende Familienangehörige			Beamte und Angestellte			Arbeiter		
		E	F	V	E	F	V	E	F	V
Gesamtstatistik	1958	29,2	18,8	10,2	24,1	42,8	25,4	46,7	38,4	64,4
	1961	26,1	15,1	9,7	26,9	45,8	28,5	47,0	39,3	61,8
	1964	23,8	15,2	9,7	29,7	45,8	31,5	46,5	38,9	58,9
	1967	22,4	14,1	9,4	32,3	48,7	33,1	45,3	37,2	57,6
	1969	21,0	14,2	8,9	33,6	48,4	34,1	45,4	37,5	57,0
vgl. U	1971	21,1	(10,9)	[5,4]	34,5	[45,3]	39,2	44,4	[43,8]	55,4
Trend 1958 bis 1969		– 8,2	– 4,6	– 1,3	+ 9,5	+ 5,6	+ 8,7	– 1,3	– 0,9	– 7,4
Disparitäten (Abweichung v. E):										
	1958		–10,4	–19,0		+18,7	+ 1,3		– 8,3	+17,7
	1969		– 6,8	–12,1		+14,8	+ 0,5		– 7,9	+11,6

Disparität in der Landwirtschaft (Mikrozensus)
1961   (89,0)–53,0–46,0(2,0) + 13,0 + 5,0 (9,0) + 40,0 +41,0

auf 75 v. H. stieg[157]. Gegenüber dieser Ausgangslage hat der Lastenausgleich nur eine sehr langsame und unvollständige Hilfe bedeutet; systematische Umschulungen fanden nicht statt[158]. Und selbst die beschränkte Zahl wiedergewonnener selbständiger Existenzen trügt noch: Die selbständigen Landwirte Ostdeutschlands sind heute überwiegend kleine Ladenbesitzer und Kleingewerbetreibende. Soweit sie wieder in der Landwirtschaft angesiedelt wurden, sind sie nur in den seltensten Fällen über einen inferioren Status hinausgelangt: So waren von den bis 1965 an Vertriebene ausgegebenen etwa 167 000 landwirtschaftlichen Betrieben 73,9 v. H. unter 2 ha groß (Bundesdurchschnitt 12,1 ha); Vertriebene bewirtschafteten 1960 nur 54,5 v. H. des Landes als ihr eigenes (Bundesdurchschnitt 85 v. H)[159]. Auch heute noch sind Land-

---

156 Daten zur Statusentwicklung bei Hiddo M. Jolles: Zur Soziologie der Heimatvertriebenen und Flüchtlinge, Köln 1965, S. 189; Hans W. Schoenberg: Germans from the East, The Hague 1970, S. 53.
157 Quellen: Bundesministerium des Inneren: Arbeitsunterlagen aus der Vertriebenen- und Flüchtlingsstatistik (hekt. o. O. u. J.), Tab. 4/4 und 5 (beruht auf Erhebungen des Stat. Bundesamtes), umgerechnet, sowie U 4.
158 Jolles, Soziologie, S. 200; beste Analyse des gesamten wirtschaftlichen Eingliederungsproblems bei Willi Albers: Die Eingliederung in volkswirtschaftlicher Sicht, in: Lemberg u. Edding, Die Vertriebenen, Bd. 2, S. 418ff.
159 Bundesministerium für Vertriebene, Flüchtlinge und Kriegsgeschädigte (Hg.): Tatsachen zum Problem der deutschen Vertriebenen und Flüchtlinge, Bonn 1966, Tafel 17.

arbeiter unter Vertriebenen[160] weit überrepräsentiert. Angesichts dieser sozialen Erfahrungen – sozusagen als die ersten Gastarbeiter – sind die sozialen Spannungen zwischen den älteren Vertriebenen und den Einheimischen noch verhältnismäßig gering; ihr Gefühl der Isolierung und Verbitterung kann nicht verwundern.

In der Ära Adenauer wurde der soziale Sprengstoff der Vertriebenen durch ihre Integration in eine folkloristische Subkultur und durch das Versprechen eines „Rechts auf Heimat" entschärft. Dies war die einfachste Lösung, denn wie hätte die Union die einheimischen Besitzschichten, auf die sie sich politisch stützte, zu einem wirklichen Lastenausgleich bewegen sollen?[161] Die Verbandsvertreter der Vertriebenen wurden integriert, ihre Interessen dort, wo kein unmittelbarer Konflikt mit Einheimischen drohte, wie zum Beispiel im Bundesdienst, überproportional berücksichtigt[162]; die Ausgleichsämter wurden ihnen überlassen[163], damit sie sich selbst über die zu geringen und zu spät verfügbaren Lastenausgleichsmittel streiten konnten. Sie durften auch in der Außenpolitik mitreden, solange es dabei um nichts ging, was in Adenauers Prioritätenkatalog obenan stand, und zum Beispiel eine frühe Einleitung der Versöhnung mit Polen blockieren[164]. Aber in „bread and butter questions" wurden sie abgedrängt: Es kam nicht in Frage, daß sie die Westintegration durch den Ruf nach Verhandlungen mit der UdSSR über die deutsche Einheit störten;[165] ihre Vorstellungen von Lastenausgleich konnten sie in der Union und ihren Koalitionsparteien nicht durchsetzen[166]; als sie merkten, daß ihr „Recht auf Heimat" eine Leerformel war, die gerne nachgebetet wurde, weil sie niemanden störte, und ihre Gebietsforderungen konkretisieren wollten, ließ sich auch ihre CDU-Schutzmacht nicht überzeugen und blieb beim Heimatrecht[167]. Kein Wunder, daß die Verbände nach all diesen Niederlagen in ihrer (in diesem Umfang nur durch Regierungsfinanzierung ermöglichten) Arbeit ihre Anhänger mit zunehmend regressiver und illusionärer Propaganda integrieren mußten[168]. Nach außen sprachen sie vom Selbstbestimmungsrecht, aber nach innen summierten sich ihre Ansprüche ungefähr zu einem arrondierten Bismarckreich[169]. Ihre Verbandspresse blieb auf Beschwörungen der Heimatidylle und den Vereinsbetrieb konzentriert[170], um von den sozialen Sorgen des Tages

---

160 91000 Vertriebene gegenüber 370 000 einheimischen Landarbeitern (1961).
161 Jolles, Soziologie, S. 196. (In Prozent vom Steuer- und Sozialversicherungsaufkommen hat die Belastung der einheimischen Wirtschaft durch den Lastenausgleich nie 4,5 v. H. im Jahr überstiegen.) Armin Spitaler: Probleme der Aufbringungsseite des Lastenausgleichs, in: Lemberg/Edding, Die Vertriebenen, Bd. 2, S. 396ff. (S. 411: „Die einheimische Wirtschaft ist jedenfalls mit den Lastenausgleichsabgaben ... außerordentlich gut weggekommen.")
162 Schoenberg, Germans, S. 134.
163 Vgl. Wambach, Verbändestaat, S. 60ff.
164 Ebd., S. 121f.
165 Ebd., S. 84f.
166 Ebd., S. 92.
167 Ebd., S. 89ff; vgl. Schoenberg, Germans, S. 208ff.
168 Zur Ideologie vgl. Jolles, Soziologie, S. 360ff.
169 Schoenberg, Germans, S. 226f.
170 Ebd., S. 228.

abzulenken. Wer sich über die großen Wiederbegegnungsfeiern der Heimattage hinaus in den Verbänden engagierte, ihre Ideologie aufnahm, die nationalen Versprechungen, die den schweren Alltag transzendierten, ernst nahm, der mußte allerdings – wie die Verbandsfunktionäre – bei der Einleitung der populären neuen Ostpolitik, als auch die Union nicht mehr von den „Grenzen von 1937", sondern nur noch von „Menschen in Deutschland" sprach, vor einem Scherbenhaufen stehen und sich betrogen fühlen.

An diese Erfahrungen der älteren Vertriebenen sollte man sich erinnern, bevor man sie, wie dies mehr oder minder deutlich immer häufiger geschieht, als nationalen Bremsklotz abtut. Ihr Problem ist ein soziales, weil sie schwerere Kriegsfolgen als andere Teile der Gesellschaft ertragen mußten und die Lasten in der „freien Marktwirtschaft" nicht wirklich ausgeglichen wurden. Anstatt ihnen die nötigen zusätzlichen Anpassungshilfen zu verschaffen, die zu einer neuen Selbstidentifikation mit ihrer wirklichen Umwelt hätten führen können, wurden sie auf konservative Fiktionen abgelenkt, auf eine in die Zukunft projizierte Vergangenheit.

Wo die gesellschaftliche Anpassung mit der Zeit nicht nachgeholt werden konnte, blieben die nationalen Ansprüche ein notdürftiger Ersatz kollektiver Selbstidentifikation[171]. Das ist jetzt zusammengebrochen. Damit ist ihr Problem erneut als soziales gestellt und verdient Bemühungen um eine mitmenschliche Lösung. Auf absehbare Zeit wird es eine sozial-politische und sozial-psychologische Aufgabe bleiben, die älteren Vertriebenen und ihre Probleme – jenseits ihrer überlebten Verbände – zu suchen, anstatt auf ihr Aussterben zu warten. Aber sicher ist es eine neue Aufgabenstellung, gruppenspezifische Interessen gegen Interessengruppen, die sie zu vertreten beanspruchen, zu befriedigen.

Verdeckte Selbstverständigung der Westdeutschen und ihre europäischen Perspektiven

Abschied vom Abendland und von Gesamtdeutschland

Der Abschied vom preußisch-deutschen Nationalstaat und die Reduzierung des Wiedervereinigungsproblems auf die Frage verbesserter innerdeutscher Kommunikationsbedingungen wurde den Westdeutschen dadurch erleichtert, daß die europäische Nachkriegszeit Nationalstaatlichkeit überwiegend als veraltetes Ordnungsprinzip erscheinen ließ und daß zugleich (und zum Teil im Widerspruch dazu) in der BRD die gesamtdeutsche Desintegration durch ein wachsendes staatsgesellschaftliches „Wir"-Gefühl aufgefangen wurde, das man als eine unbewußte Variante nationaler Selbstverständigung über das Medium eines eigenen „way of life" begreifen kann. Das

---

[171] Vgl. Erik H. Erikson: Identität und Entwurzelung in unserer Zeit, in: ders.: Einsicht und Verantwortung, Frankfurt a.M. 1971, S. 70ff.

Zusammenwirken dieser beiden widersprüchlichen Faktoren spiegelte sich auch in jener, durch Karl Deutschs These von der Stagnation der europäischen Integration seit 1958 und der bleibenden Bedeutung der Nationalstaaten[172] ausgelösten Diskussion[173], ob der Nationalstaat in Europa „obsolet oder obstinat"[174] sei. Wer am Fortgang der europäischen Vereinigung zweifelte und sie am Föderationsprozeß der USA maß, hob die Differenz der Erfahrungen, Motive und der Dynamik einer Überwindung des Nationalstaats in Frankreich und Deutschland hervor und betonte, daß die Lösung der nationalen Hauptprobleme der wichtigsten Einzelstaaten (die Dekolonisation Frankreichs und die Teilung Deutschlands) außerordentliche Hemmnisse auf dem Weg nach Europa aufgeworfen und die einzelstaatliche Souveränität erneut bestärkt hätten. Indessen hat die Krise in Europa in den sechziger Jahren zwar die politischen Einstellungen der Ära Adenauer in ihrer Einheitlichkeit erschüttert und die Orientierungskrise in der BRD beschleunigt, im Endergebnis aber gerade nicht zu einem allgemeinen Regreß auf die traditionale Nation Gesamtdeutschlands, sondern zu Bemühungen um die Konsolidierung und internationale Emanzipation der Bundesrepublik als Einzelstaat geführt, und dieser Einzelstaat ist mit den Beneluxländern zur treibenden Kraft eines neuen Anlaufs zur europäischen Vereinigung geworden.

Aber in dem Maße, in dem gerade in der BRD nicht mehr so sehr das Überspielen der nationalen Problematik und der Aufbau eines westlichen Blocks gegenüber dem sowjetischen Einflußbereich, sondern eine zur Quasi-Nation konsolidierte Staatsgesellschaft aus primär wirtschaftlichen Motiven zum Motor westeuropäischer Gemeinschaft geworden ist, hat deren politischer Sinn, deren angestrebte Gestalt und ihr erwünschter Umfang Konturen verloren. Im Bewußtsein der Gesellschaft ist der einzelstaatliche Ausgangspunkt Lebenswirklichkeit, aber das europäische Ziel hat keine integrative Gestalt angenommen. Obwohl eine überwältigende Mehrheit der Bevölkerung europäische Zusammenschlüsse befürwortet, ist „Europa" eher eine Chiffre für eine transnationale als für eine regionale Orientierung.

Die BRD als Krypto-Nation

Die wichtigsten Stationen auf dem Weg Westdeutschlands aus dem Faschismus in den Westen und schließlich zu einer staatsgesellschaftlichen Normalisierung, wobei der gesellschaftliche Antagonismus sich nach dem „Wirtschaftswunder" auch in einer neuen politischen Polarisation bemerkbar zu machen beginnt, wurden bereits oben (Abschnitte III/IV) kurz gekennzeichnet. Hier sollen nur einige Merkmale des

---
172 Deutsch, Edinger, Macridis, Merritt, France, Kap. 14, 15, 21.
173 Vgl. die Berichte von Karl Kaiser: L'Europe des Savants, Die europäische Integration und die Sozialwissenschaften, in: Integration, Oktober 1968, S. 11ff.; Edward L. Morse: Politics of Interdependence, in: International Organisation 23, 1969, S. 311ff.; Volker Rittberg: Westeuropäische Integration – Fortschritt oder Stagnation?, in: Politische Vierteljahrsschrift 11, 1970, S. 342ff.
174 Vgl. Hoffmann, Obstinate or Obsolete?

öffentlichen Meinungsbilds herausgegriffen werden, in deren Mischung aus traditional-deutschen, westlichen und politisch polarisierten Elementen die Besonderheit jener Stereotype zum Ausdruck kommt, in welchen sich die Westdeutschen als eine vom Westen, vom Osten und von der eigenen Geschichte verschiedene Gesellschaft erfahren. Ob für diese Besonderung der Name „Nation" gewählt wird, bleibt am Ende ein Streit um Worte, denn es liegt auf der Hand, daß die wirtschaftlichen und militärischen Verflechtungen in der atlantischen Hemisphäre und die beschränkte Souveränität der BRD in der internationalen Politik ohnehin klare Abstriche vom klassischen Begriff der Nation notwendig machen. Auch fehlt den Westdeutschen noch immer (wenngleich dies im Wachsen ist) ein artikuliertes Bewußtsein von sich selbst als „Nation", weil dieser Name weithin an der gesamtdeutschen Tradition hängt. Aufmerksamen Analytikern des neuen Nationalismus ist indessen nicht die merkwürdige Unsicherheit seiner Propagandisten bei der Bestimmung des nationalen Subjekts verborgen geblieben[175].

Für die politische Zivilisation (civic culture) der BRD ist wie für ihren von Autorität, Leistung und Konsum beherrschten „way of life" die Anlehnung an die westlichen Vorbilder bei nur geringem Eindringen demokratischer Diskussions- und Verkehrsformen in das tägliche Leben und die Kontinuität einer von Unsicherheit und Mißtrauen erfüllten Atmosphäre kennzeichnend[176]. Demokratie und Liberalität wurden mehr im Wege einer defensiven Anpassung angenommen, als daß sie das tägliche Leben inhaltlich durchdrungen hätten. Während das Bekenntnis zur Demokratie zwischen 1953 (57 v. H.) und 1965 (79 v. H.) langsam zu beträchtlicher Höhe

---

[175] Schmiederer u. Schmiederer, Der neue Nationalismus, S. 51; dagegen ist der Subjektswechsel der deutschen Nation von Gesamtdeutschland auf die BRD in der sozialen Praxis der Bevölkerung deutlich. Vgl. Eberlein, Politische Meinungsumfragen, S. 120f., der davon ausgeht, daß auch dieses Bewußtsein transitorischer Natur sei und sich bei eintretender westeuropäischer Integration in seinem politischen Kern auf Europa übertrage, wobei jedoch ein Landespatriotismus mit Kulturautonomie bei den Einzelstaaten verbleibe. Diese Perspektive ist sehr abstrakt und projektiert die europäische Integration als einen Vorgang, an dem die Bevölkerung nur passiv reagierend teilnimmt.

[176] Vgl. Sidney Verba: Germany: The Remaking of Political Culture, in: Pye u. Verba, Political Culture, S. 130ff. Noch ungünstiger sind die Ergebnisse der demoskopischen Erhebung und Analyse von Kaase, Demokratische Einstellungen, S. 216, daß nämlich – im Unterschied zu den 1968 politisch mobilisierten Studenten – „die Bevölkerung ... ein nennenswert demokratisches Bewußtsein noch nicht entwickelt hat". Neuere Untersuchungen der nichtakademischen Jugend zeigen mit erschreckender Regelmäßigkeit, wie sehr Schüler und Lehrlinge in die passive politische Output-Orientierung der Erwachsenen hineingewachsen sind und wie falsch es wäre, die jüngere Generation als ganze mit der Linksorientierung der studentischen Vorhut zu identifizieren. Kaase, Demokratische Einstellungen, S. 215, ordnet die nichtakademische Jugend in ihren politischen Einstellungen eher dem Erwachsenendurchschnitt als den Studenten zu, und Jaide (Jugend und Demokratie, S. 41) charakterisiert den Grundzug der Haltung der Schüler zu den Grundprinzipien demokratischer Verfassung und Teilhabe sogar mit einer „Entfremdung nach Rechts". Vgl. auch Rolf Wildenmann. Max Kaase: Die unruhige Generation, Mannheim 1969; Hans-Martin Stimpel: Schüler, Lehrerstudenten und Politik, Göttingen 1970. Zwar wäre es sicher falsch, derartige Trends unter Vernachlässigung der weiteren Sozialisation in der Arbeitswelt, den Verbänden und des Einflusses der Massenkommunikationsmittel einfach in die Zukunft zu extrapolieren. Aber jede mittelfristige Einschätzung des Verhaltens der Bevölkerung zur Innen- und Außenpolitik wird den Kontinuitätsfaktor als beherrschend einsetzen müssen, jedenfalls was die Motive und die Chancen politischer Mobilisierung angeht.

anwuchs[177], beharrte ein großer Teil der Gesellschaft darauf, daß der Nationalsozialismus auch seine guten Seiten gehabt habe, daß er an sich eine gute Sache gewesen und nur schlecht durchgeführt worden sei oder daß es den Deutschen in der ersten Hälfte des 20. Jahrhunderts nie so gut wie unter Adolf Hitler gegangen sei[178]. Aufgegeben und dem Westen angepaßt wurde das für das frühere Selbstverständnis der Deutschen typische Stereotyp, nationale Eigenschaften seien angeboren (1948: 59 v. H.; 1971: 31 v. H.); jetzt haben sich die Werte zugunsten der klassischen westlichen Auffassung, auch nationale Eigenschaften seien anerzogen, verkehrt und damit einen Standard erreicht, den Frankreich und England schon nach dem Krieg innehatten und der damals nur noch von „Schmelztiegel"-Ländern wie USA und Australien übertroffen wurde[179]. Heute ist die einst in Deutschland beinahe allgemeinverbindliche Ansicht, Nationaleigenschaften seien angeboren, nur noch ein Indiz für Mangel an Bildung und für regressive Einstellung.

Gleichwohl zeigen internationale Vergleichsuntersuchungen die Zähigkeit deutscher Traditionen: Auch 1960 tat sich in der BRD noch eine in anderen Ländern beispiellose Kluft zwischen hohem Informationsgrad und geringer Meinungsfreudigkeit auf[180]. Dies ist nur ein Element in einer weitverbreiteten Atmosphäre des Mißtrauens, das sehr viel langsamer abgebaut wird, als die verbalen Bekenntnisse zur Demokratie zunahmen. Bei Beginn der BRD glaubte fast die Hälfte der Westdeutschen, es gebe mehr böswillige als gutwillige Menschen, und auch 1962 hing noch ein Viertel der Bevölkerung dieser extrem verbiesterten Einstellung an[181]. Gefühlsmäßige Voraussetzungen für praktische Kooperativität wachsen nur sehr langsam: Während in den angelsächsischen Ländern 1960 etwa die Hälfte der Befragten der Ansicht zustimmten, daß man den meisten Leuten vertrauen könne, und diese Zustimmung mit persönlichem wirtschaftlichem Erfolg, höherer Ausbildung und Befürwortung internationaler Zusammenarbeit korrelierte, waren es in der BRD gerade 19 v. H., nur noch von Italien mit 7 v. H. unterboten[182]. Zwar ist die Bereitschaft zu Vertrauen im Wachsen (1964: 28 v. H.[183]; 1971: 34 v. H[184].); auch heute noch glaubt aber eine solide Mehrheit der Westdeutschen, daß man „den meisten Leuten" nicht vertrauen könne – während ein Drittel von ihnen Gutgläubigkeit und Vertrauensseligkeit nachgerade zu unseren Nationaleigenschaften rechnet[185]. Diese Vorstellung vom deut-

---

177 Eberlein, Politische Meinungsumfragen, S. 99.
178 Vgl. z. B. Merritt u. Merritt, Public Opinion, S. 33, 55; IfD Jb I, S. 136, 277; II, 277f.; III, 233; IV, 368.
179 1971: U 1; 1948 vgl. William Buchanan u. Hadley Cantril: How Nations see each other, Urbana, III. 1953, S. 60ff.; die hier unternommenen Korrelationsanalysen blieben im internationalen Querschnitt unfruchtbar, weil sie naheliegende historische Erklärungen aus der jeweiligen Tradition des „Nation Building" ausklammerten.
180 Gabriel A. Almond u. Sidney Verba: The Civic Culture. Political Attitudes and Democracy in five Nations, Princeton 1963, S. 94ff., 120.
181 IfD Jb I, S. 114; III, S. 185.
182 Almond, Verba, Civic Culture, S. 266ff.
183 IfD Jb IV, S. 76.
184 U 7.
185 U 8.

schen Michel ist offenbar eine Illusion; Unsicherheit und Spannungen charakterisieren die soziale Wirklichkeit der Unterprivilegierten und Überforderten besser. Mißtrauen findet sich mehr bei Frauen als bei Männern, mehr bei Befragten mit Volksschulbildung ohne Lehre als bei solchen mit höherer Schulbildung, eher bei Arbeitern als bei Beamten und Angestellten, eher bei Vertriebenen als bei Einheimischen, eher im industriellen als im agrarischen und Dienstleistungssektor. Es disponiert zu unwirtschaftlichem Konsumverhalten aufgrund nationaler Vorurteile, zu rückständigen Ansichten, zur Diskriminierung ausländischer Arbeitnehmer, zur Ablehnung solidarischer Entwicklungshilfe, zur Sympathie für NPD oder CSU. Natürlich ist Mißtrauen weder notwendige noch hinreichende, aber eine günstige Vorbedingung für derartige Entscheidungen. Korrelationen mit Altersgruppen sind dagegen unbedeutend; es ist also keine Generations-, sondern eine soziale und Bildungsfrage[186].

Demokratie wurde zunächst überwiegend in dem Maße als positive Einrichtung akzeptiert, in dem sie mit Traditionsmustern wie Autorität, politische Passivität, individuelle Leistung und privater Wohlstand vermittelt werden konnte. Langfristige Trenduntersuchungen haben gezeigt, daß die Wertschätzung Adenauers als des Mannes, der für Deutschland am meisten getan hat, umgekehrt proportional zu den Punkteverlusten Bismarcks und Hitlers auf derselben Skala anwuchs[187] und daß sich offenbar ein großer Teil der Leute, die früher sagten, den Deutschen sei es im Kaiser- und im Dritten Reich am besten gegangen, seit dem Aufblühen des Wirtschaftswunders in der BRD am wohlsten fühlten[188]. Nimmt man hinzu, daß die extreme Frontstellung gegen den Kommunismus und die Sowjetunion als Motiv politischer Integration sowohl der BRD wie Westeuropas in diesem Ausmaß in den Partnerländern ohne Parallele geblieben ist[189], entsteht ein Begriff von den Verhaltens- und Einstellungsmustern, in denen sich die strukturelle und normative Kontinuität der sozialen Verhältnisse in Westdeutschland in ihrer industriegesellschaftlichen und verwestlichten Verwandlung als besondere Form staatsgesellschaftlicher Selbstidentifikation von den Nachbarländern abhob.

Wird die Untersuchung statt auf allgemeine Prädispositionen, die eine sehr weitgehende ideologische Integration der BRD unter den besonderen Bedingungen der Teilstaatlichkeit und des Wiederaufbaus andeuten, auf konkretere außen- und innenpolitische Entscheidungen konzentriert, zeichnet sich in den Konturen eines dichotomischen Gesellschaftsbilds die Normalisierung als kapitalistische Industriegesellschaft ab. Dabei entspricht die politische Polarisierung innerhalb der „latenten Nation« BRD

---

186 Ergebnisse einer Korrelationsanalyse von U 7.
187 IfD Jb IV, S. 144.
188 IfD Jb III, S. 230.
189 Vgl. z. B. Richard L. Merritt u. Donald J. Puchala (Hg.): Western European Perspectives on International Affairs. Public Opinion Studies and Evaluations, New York, Washington, London 1968, S. 201ff.; oder Erich Peter Neumann: Die Deutschen und die NATO, Allensbach 1969, S. 29ff.; Beispiele ließen sich häufen.

Tabelle 4 *Progressiv – Regressiv. Korrelationskoeffizienten (Phi-Werte) für wirtschaftliche Selbsteinschätzung und Mentalität*

U.	Merkmale	Phi-Werte		Progressive Affinität	Regressive Affinität
25	wirtschaftlicher Optimismus bzw. Pessimismus	X		Persönliche Lage: „Es geht aufwärts"	Persönliche Lage: „Es geht abwärts"
1	angepaßte bzw. traditionalistische Mentalität		X	Nationaleigenschaften werden anerzogen	Nationaleigenschaften sind angeboren
	Berufstellung	0,45		Angestellte und Beamte	Selbständige
	Berufstellung	0,25		Facharbeiter	Rentner
7	Soziale Prädisposition	0,15		Vertrauen	Mißtrauen
19	Einstellung zu Gastarbeitern	0,12		Gleichbehandlung notwendig	Diskriminierung möglich
18	Europäische Integration soll sein	0,08		bundesstaatlich	funktional
4	Herkunft	0,08		einheimisch	zugezogen (bzw. vertrieben)
	Sympathie für	0,36	0,09	SPD	CDU/CSU
	Alter	0,30	0,09	unter 35 Jahren	über 50 Jahren
	Kirchgang	0,27	0,06	nein	ja
	Ausbildung	0,24	0,09	mittlere oder höhere Schule	nur Hauptschule (ohne Lehre)
	Wohnort	0,18	0,09	über 2000 Einwohner	unter 2000 Einwohner
20	Hilfe an Entwicklungsländer soll	0,18	0,08	gesteigert werden	nur bei Katastrophen erfolgen
17	Europa umfaßt	0,09	0,14	auch Ost-Europa	die EWG-Länder
13	Arbeiter (BRD) ist mehr verbunden	0,11	0,10	mit Arbeiter in der DDR	mit Unternehmer in der BRD
15	Konsumpräferenz (gleiche Ware)	0,10	0,10	aus DDR zu niedrigem Preis	aus BRD zu hohem Preis
22	in der DDR wollen DDR-Anerkennung	0,11	0,08	sehr viele	wenige oder niemand
23	Ökon. Entwicklungsabstand BRD/DDR	0,10	0,08	wird sich verringern	wird bleiben
3	„Nationale Interessen" assoziiert		0,10	nur mit BRD	mit BRD und DDR

Anmerkung: Auf dem 0,1-vH-Niveau sind alle hier wiedergegebenen Phi-Werte über 0,15 signifikant; niedrigere Werte sind auf einem höheren, höchstens dem 10-vH-Niveau signifikant. Die Höhe des Phi-Wertes bezeichnet die Stärke des Zusammenhangs (z. B. zwischen Mentalität und Parteipräferenz). Vgl. die entsprechenden Fragen des Fragebogens im Anhang. Beachte: Der Koeffizient bezieht sich nicht auf den jeweiligen ganzen Fragenkomplex, sondern nur auf die isolierten und dichotomisierten Fragenpaare, die in den Spalten progressive bzw. regressive Affinität erscheinen.
Spalte U.:

nicht dem sozialen Grundantagonisnius von Kapital und Arbeit, aber sie läßt ihn durchscheinen. Außer durch die berufliche und wirtschaftliche Position der Befragten werden ihre politischen Einstellungen insbesondere von zwei subjektiven Faktoren bestimmt, die allerdings beide als Variationen zum Thema soziale Position in einem weiteren Sinn angesehen werden können: erstens die subjektive Einschätzung der Entwicklung der persönlichen wirtschaftlichen Lage als Grundmotiv und zweitens die Fähigkeit, überholtes Bewußtsein durch reflektierte Information aufzuarbeiten (also zum großen Teil Ausbildung), als kanalisierendes Instrument. Empirisch läßt sich mit Korrelationsreihen ein Zusammenhang – der hier „progressive Affinität" genannt sei – zwischen der Ansicht, es gehe mit einem insgesamt aufwärts, sowie einer allgemein moderneren, westlichen Einstellung („nationale Eigenschaften sind anerzogen") und einer Serie von expansiven sozialen Merkmalen, pragmatischen Zielen und gelösten Einstellungen nachweisen. Die gegenteiligen Bedingungen (die nur für einen wesentlich kleineren Teil der Befragten zutreffen) hängen mit einer Serie von Merkmalen zusammen, die defensive soziale Situationen und geringe Anpassungsfähigkeit signalisieren, mit Anzeichen für rückständiges Bewußtsein, mit verkrampften oder aggressiven Einstellungen („regressive Affinität")[190].

Die Merkmalzusammenhänge in Tabelle 4 konstituieren keine Gruppen und sind auch noch verhältnismäßig schwach, mit anderen Worten: Sie zeigen nur einen Keim politischer Polarisierung innerhalb einer beherrschenden ideologischen Homogenität. Es gibt keine politische oder soziale Gruppe, deren Mitglieder samt und sonders auf eines der beiden Syndrome festzulegen wären. Diese lassen vielmehr in abstrakter Form Quellen und Bedingungen außen- und nationalpolitischer Orientierung in einem verkürzten Schema anschaulich werden. Interesse verdient dabei im übrigen die geringe Konsistenz der spontanen Assoziation „nationaler Interessen" mit der BRD oder mit beiden deutschen Staaten im Rahmen der Progressiv-Regressiv-Polarisierung. Dies geht nicht nur auf das Konto des verschwommenen Sprachgebrauchs von „Nation", sondern reflektiert die oben entwickelten komplexen Motive der Einstellungen im innerdeutschen Bereich, die eine wesentlich weniger eindeutige Zuordnung zulassen als bei sonstigen außen- und allgemein-politischen Fragen, in denen die Bundesrepublikaner als sozusagen normale Nation mit kapitalistischer Gesellschaftsordnung reagieren.

Mittlere Macht und Europa:
Wirtschaftliche Motive, demokratisches Potential

Gewiß ist die Einübung einer einzelstaatlichen Selbstidentifikation der Bundesrepublikaner über das Medium des ihnen eigentümlichen „way of life" ihnen selbst als Variante des „nation building" noch nicht voll zu Bewußtsein gekommen. Ihre Resul-

---

190 Ergebnisse aus Korrelationsanalysen der Fragen U 1, 3, 25.

tate beherrschen indessen die alltägliche politische Orientierung und Praxis und haben die BRD den westeuropäischen Nachbarn um so mehr angenähert, als dort der Nationalstaat umgekehrt an Substanz verlor. In ganz Westeuropa schwindet die Gefühlsbindung an nationale Symbole und die Verinnerlichung des Nationalstaats als Wert an sich und vermischt sich mit industriegesellschaftlichen Konventionen und Spannungen. Stanley Hoffmann[191] wertet das europäische Nationalbewußtsein heute überhaupt als eine Tradition ohne Dynamik zu einem bestimmten Ziel, eher tägliche Routine als tägliches Plebiszit, eher gesellschaftliches Herkommen als gemeinsame Aufgabe, eher eine vorgeprägte als eine gestaltete Identität. Diese Angleichung bedeutet jedoch nicht, daß Europa nähergekommen wäre. In der Frühzeit der europäischen Begeisterung war die Überwindung der unterschiedlichen Voraussetzungen der einzelnen Nationen und der Spannungen zwischen ihnen gerade neben den wirtschaftlichen Motiven ein wichtiger Motor der Vereinigung. Ohne daß dies politische Gestalt angenommen hätte, sind die alten Antipathien mit der funktionalen Integration bedeutungslos geworden. Eines der Motive des atlantischen Bündnisses und der europäischen Vereinigung war die weltpolitische Stabilisierung Europas.

Indem sie wesentlich von den Supermächten gewährleistet wurde, sank die Bedeutung des politischen Regionalismus zunächst auf das Niveau einer intermediären Organisationsform, welche die Nationalstaaten eher entlastete als prinzipiell in Frage stellte. Die Koexistenz der Systeme sicherte den Nationalstaaten Westeuropas einen Freiraum für ihre angepaßte Weiterexistenz – womit „das Damoklesschwert zum Bumerang" wurde, um noch einmal Hoffmann[192] zu zitieren. Was ein Nationalstaat auf dem Gebiet der Wirtschaft und der Verteidigung nicht allein bewerkstelligen kann, vermag er immer noch „durch Mittel zu gewährleisten, die lange nicht so drastisch sind wie Hara-Kiri". Die Untersuchungen der Deutsch-Schule weisen in dieselbe Richtung: Noch immer divergierten zum Beispiel die handelspolitischen Interessen der Einzelstaaten zu sehr, als daß in der Mitte der sechziger Jahre von einem einheitlichen EWG-Wirtschaftsraum hätte gesprochen werden können[193]. Bei Elitebefragungen wie bei allgemeinen Meinungsumfragen erwies sich im internationalen Vergleich Nationalität im Sinne von „Einzelstaatlichkeit" als der stärkste Indikator politischer Einstellungen – vor der Zugehörigkeit zu einer Klasse, einer Alters- oder Berufsgruppe, einer Religion oder einer Parteirichtung[194].

Allerdings stehen den Ergebnissen der Deutsch-Schule nicht nur methodische Bedenken hinsichtlich ihres Vergleichsmaßstabs voller kontinental-staatlicher Integration, sondern auch empirische Erhebungen gegenüber, die für internationale Querschnitte wie Eliten oder Jugendliche in den EWG-Ländern im zeitlichen Längsschnitt einen kollektiven Lernprozeß und eine Homogenisierung der Einstellung

---

191 Obstinate or Obsolete?, S. 208.
192 Ebd., S. 181.
193 Deutsch, Edinger, Macridis, Merritt, France, S. 218ff.
194 Ebd., S. 299.

anschaulich gemacht haben[195]. Aber die internationale Angleichung sozialer Strukturen und politischer Ideologien in einer Region ist eben nicht gleichzusetzen mit einem regionalen Föderierungs- oder Integrationsprozeß, sondern bietet allenfalls dafür eine Voraussetzung. In dem Maße, wie sich Europa als Region modernisierte, sind auch die Einzelstaaten leistungsfähiger geworden, haben auch die Nationen nach der Flucht aus der doppelten Belastung der europäischen Nationalkriege und der sowjetischen Ausdehnung in die europäische Vereinigung zu je eigener – wenn auch gegenüber früher weit weniger exklusiven und emotionalen – Identifikation gefunden. Ihre Interessen ergänzen sich teils, teils widersprechen sie sich. Der Wohlstand, die Infrastruktur, das Bildungssystem mögen sich in allen Ländern in dieselbe Richtung entwickelt haben, aber ihre Niveaus sind deutlich unterschieden, wodurch sich die kollektiven Verteilungsprobleme verschärfen und regelmäßig erst im Rekurs auf die Einzelstaaten letztlich ihre Lösung finden. Auch die einzelnen Partei- und Regierungssysteme stehen zwar unter gemeinsamen Entwicklungsbedingungen, aber sie entwickeln sich je in ihrer eigenen Struktur weiter – und das heißt eben zuweilen auch: weiter auseinander. Auf vielen Gebieten halten sich integrative Bemühungen und zentrifugale Wirkungen die Waage. Außer in der Industrie- und Kapitalverflechtung und in der Vereinheitlichung des Agrarhandels, die grob als Kompromiß der vordringlichsten ökonomischen Interessen der Hauptländer der EWG verstanden werden können, ist der westeuropäische Integrationsprozeß nur in sehr kleinen Schritten vorangekommen. Auf politischem Gebiet hat das internationale System der Konferenzen und Bürokratien eher einen Rückschritt eingeleitet, weil die demokratischen Elemente – Parteien, Gewerkschaften und andere Willensbildungsfaktoren der breiten Schichten der Gesellschaften – auf die Nationalstaaten fixiert blieben. Deshalb droht sich der Widerspruch zwischen supranationaler wirtschaftlicher und militärischer Machtzusammenballung (nicht nur in der EWG, sondern in einem „Euratlantica" mit amerikanischem Übergewicht) und demokratischer Ohnmacht in

---

195 Zur methodischen Kritik vgl. oben Anm. 174 und William E. Fisher: An Analysis of the Deutsch Sociocausal Paradigm of Political Integration, in: International Organization 23, 1969, S. 254ff. (hält die Annahme der Deutsch-Schule über die Zusammenhänge zwischen öffentlicher Meinung, Eliteneinstellungen und Elitenverhalten für empirisch widerlegbar); Robert Weissberg: Nationalism, Integration, and French and German Elites, in: ebd., S. 337ff. (zeigt, daß nationale Präokkupation und transnationale Prädisposition sich nicht ausschließen); Ronald Ingelhart: An End to European Integration?, in: The American Political Science Review 61, 1967, S. 91ff. (zeigt die bei Jugendlichen ohne europäische Kriegserfahrung wachsende proeuropäische Einstellung und kritisiert Deutschs an der ingroup-outgroup-Unterscheidung orientierte Integrationsvorstellung mit dem Hinweis, daß die europäischen Einstellungen mehr inklusive als exklusive sind); Lerner u. Gordon, Euratlantica, S. 69 u. passim (kritisiert den Maßstab voller kontinentalstaatlicher Integration und betont den Lernprozeß seines Elitenpanels während der späten fünfziger und sechziger Jahre); Carl-Joachim Friedrich: Die Auswirkungen der informellen Gemeinschaftsentwicklung auf die politische Meinungsbildung über Europa, in: ders. (Hg.): Politische Dimensionen der europäischen Gemeinschaftsbildung, Köln, Opladen 1968, S. 13ff. (fordert umfassendere Analysen komplexer politischer Entscheidungssituationen unter Einschluß der materiellen Politik und der institutionellen Bedingungen und ihrer Wandlungen, vgl. auch die übrigen in diesem Band versammelten Beiträge, z. B. zu Patenschaftsstädten in Europa und zur Stellung der Arbeitnehmer und der Wirtschaftsverbände zur Integration).

den Einzelstaaten des alten Kontinents zu vertiefen[196]. Wie verhält sich die öffentliche Meinung in der BRD zu diesem Widerspruch? Liegen in ihr Potenzen, ihn zu überwinden?

Die außenpolitischen Grundeinstellungen der Bundesrepublikaner müssen als Variante ihrer allgemeinen politischen Verhaltensmuster begriffen werden. Sie schreiben der Außenpolitik – deren Primat als der einst etablierten konservativen Ideologie der Mittellage hier nachklingt – eine im internationalen Vergleich ungewöhnlich hohe Bedeutung zu und sehen ihren Inhalt (zunehmend) in der Ermöglichung wirtschaftlicher Beziehungen nach allen Seiten und (abnehmend) in der militärischen Sicherheit im Westen[197]. Prononciert politische Aufgabenstellungen wie der Aufbau einer dritten oder auch vermittelnden Kraft in Europa sind Elitemeinungen, hinter denen so lange in der Bevölkerung nichts steht, wie sie nicht als für die BRD wirtschaftlich vorteilhaft popularisiert werden können[198]. Vom Ziel einer gesamteuropäischen Friedensordnung darf vermutet werden, daß es gerade deshalb sympathisch erscheint, weil sie gesichertes Wirtschaften auf der Grundlage des Status quo und die Verschiebung politischer Optionen zu ermöglichen verspricht. Auch die europäische Vereinigung ist in der BRD heute zuerst ein wirtschaftlicher Begriff. Auf sie angesprochen, meinen 39 v. H., daß uns in Europa vor allem wirtschaftliche Interessen verbinden, 9 v. H. Sicherheitsinteressen; im einzelnen sehr disparate Angaben über politisch-geschichtliche Gemeinsamkeiten summieren sich auf 17 v. H., aber nur 3 v. H. sagen, es verbinde uns gar nichts. Auf die Nachfrage, was dabei unter „Europa" verstanden wurde, geben sage und schreibe 12 v. H. die Länder der EWG an, 34 v. H. die westeuropäischen Staaten im allgemeinen, jedoch fast jeder zweite (46 v. H.) ganz Europa einschließlich der sozialistischen Länder. Doch gaullistischer Triumph käme verfrüht: Nur ein Fünftel der Befragten votiert für die funktionale Verflechtung der europäischen Nationalstaaten, drei Fünftel hingegen für einen voll integrierten westeuropäischen Bundesstaat[199].

Das Rätsel, das diese Antworten aufgeben, mag zunächst noch größer werden, wenn man sie mit früheren westdeutschen Einstellungen zur europäischen Integration und mit denen der Partnerländer vergleicht. In der Ära Adenauer zeichneten sich die Deutschen in Europa durch das Überwiegen singulärer Integrationsmotive –

---

[196] Vgl. Hans-Victor Schierwater: Der Arbeitnehmer und Europa, ebd., S. 294ff., insbes. S. 328ff.; und besonders Ernest Mandel: Die EWG und die Konkurrenz Europa–Amerika, 4. Aufl., Frankfurt a.M. 1970, S. 45ff., 94ff.

[197] Vgl. Eberlein, Politische Meinungsumfragen, S. 232f. (Außenpolitik erscheint in der BRD sogar wichtiger als Innenpolitik [45 v. H. gegenüber 32 v. H.], und diese Prioritätensetzung korreliert mit höherer Bildung und stärkerem politischem Interesse. Zur relativen Abnahme des Gefühls der Bedrohtheit durch die Sowjetunion und zur Zunahme des Wunsches nach allseitiger wirtschaftlicher Zusammenarbeit vgl. Anm. 142 u. E. Noelle-Neumann: Urteile über Bonn, a. a. O.).

[198] Vgl. U 16; das Fehlen sowohl organisierter Interessen wie virulenter Politik in dieser Richtung läßt den Beitrag „Gesamteuropäische Ordnung" (I, S. 68ff.) als sehr langfristiges Postulat erscheinen.

[199] U 16–18. Die Vorstellungen sind hier schwankend und unpräzis. Bei einer Jugendbefragung votierten 1968 zwei Drittel für die Bewahrung nationalstaatlicher Eigenrechte in einem vereinten Europa (Jaide: Jugend und Demokratie, S. 26).

nationale Rehabilitation und Russenangst[200] – aus, während die übrigen Länder von der Vereinigung wirtschaftliche Vorteile (Hebung des Konsumniveaus) erwarteten[201]. Die Westdeutschen hingegen waren sogar um ihrer sonstigen Ziele willen zu wirtschaftlichen Zugeständnissen bereit[202], stellten aber im übrigen den europäischen Charakter der Integration damit in Frage, daß sie stets unter Sicherheitsaspekten eine enge Bindung an die USA jeder europäischen Partnerschaft vorzogen[203]. Dabei wurde bei den Amerikanern nicht nur ihr überragendes militärisches Potential in Rechnung gestellt, sondern auch von ihnen angenommen, daß sie mehr als westeuropäische Partner die deutschen Interessen unterstützten[204]. An dieser euro-atlantischen Ambivalenz der BRD hat sich bis heute wenig geändert.

Seit der neuen Ostpolitik, deren linksgaullistische Züge vielleicht in der Rückwirkung zu einer gewissen Emanzipation des europäischen Juniorpartners von den USA führen könnten, ist als weiterer Faktor zur Desintegration der alten Fronten eine rapide Steigerung des Wunsches vermehrter Zusammenarbeit mit Osteuropa (einschließlich der Sowjetunion)[205] hinzugekommen, die nur verwundern könnte, ginge man von fixen Feindbildern in der Bevölkerung aus. Fremdstereotype sind aber empirisch viel eher als Funktionen allgemeiner politischer Entwicklungen nachzuweisen – das Russenbild der Amerikaner änderte sich zum Beispiel nach 1945 innerhalb kurzer Zeit radikal[206] –, als daß sie als wirkliche Ursachen der Politik in parlamentarisch-demokratisch regierten Ländern ernst genommen werden könnten. Weil sie weniger als Autostereotype tägliche Erfahrungen spiegeln und bestimmen, sind sie schneller als diese zu erlernen, zu vergessen, umzuschminken. Die westeuropäische Entwicklung nach dem Zweiten Weltkrieg ist in dieser Hinsicht der eindruckvollste Beleg, insbesondere wenn man das Deutschlandbild der Nachbarländer betrachtet, dessen negative Inhalte ja wahrlich keine bloßen Propagandagespinste waren. Aber nicht nur mit Osteuropa wollen die Westdeutschen ihre Kontakte verbessert sehen, mit allen anderen Seiten – sogar der alte Spitzensympathiewert der USA ist noch einmal übertroffen worden – soll Zusammenarbeit hergestellt oder ausgebaut werden[207].

---

200 Vgl. insbesondere Gallup International: Das Europa der sechs im Blickfeld der öffentlichen Meinung, 1962 (hekt.), S. 15, 20, 60f.; und allgemein Merritt u. Puchala, Western European Perspectives, S. 283ff.; Lloyd A. Free: Six Allies and a Neutral, Glencoe, Ill. 1959, S. 131ff. (für Elitenmeinungen) sowie insbes. Lerner u. Gordon, Euratlantica, S. 115ff., 130, 138f.
201 Insbes. Gallup International, Europa der sechs, S. 60f.
202 Vgl. Eberlein, Politische Meinungsumfragen, S. 118, der allerdings die Bereitschaft zur Verwendung von Steuergeldern zur Verbesserung der Infrastruktur in anderen europäischen Ländern (aber nicht in Afrika) als europäisches „ingroup"-Bewußtsein interpretiert.
203 IfD Jb I, S. 331; III, S. 545; IV, S. 431 sowie Noelle-Neumann, Urteile über Bonn.
204 Vgl. z. B. Lerner u. Gordon, Euratlantica, S. 156, 229ff.; Merritt u. Puchala, Western European Perspectives, S. 249ff.; IfD Jb IV, S. 430, 435ff.; aber auch III, S. 484, wo sich im März 1958 zeigte, daß ein größerer Teil der Bevölkerung den Westen als den Osten für die Teilung Deutschlands verantwortlich machte. Die Einstellungen zu den USA sind also durchaus „realpolitisch" zu interpretieren; hinter ihnen steht eine unterschwellige Frustration.
205 Noelle-Neumann, Urteile über Bonn.
206 Buchanan u. Cantril, Nations, S. 38ff., 55.
207 Wie Anm. 203.

Selbst für eine zunehmende und langfristige Entwicklungshilfe votiert heute eine solide Mehrheit[208]. Wie kritisch man immer einzelnen Erscheinungen und Haltungen heute gegenüberstehen mag: Ein für die deutsche Geschichte unvergleichlicher Geist der allseitigen Kooperativität und ein relativer Tiefstand der Xenophobie drücken offenbar eine selten nüchterne Einsicht in die Bedürfnisse und Interessen des industriellen Exports der BRD aus, wie sie sonst allenfalls neutralen Handelsnationen zugeschrieben wird. Mit Recht ist darauf hingewiesen worden, daß der Wille zu allseitiger Zusammenarbeit zugleich die Rehabilitationssehnsucht der Deutschen vollendet[209] und damit die Stabilisierung und partielle Emanzipation der BRD durch extreme Westbindung weniger notwendig macht.

Mit dem Rehabilitationstrauma und der intransigenten Konfrontation mit den sozialistischen Ländern verfallen jedoch wichtige ideologische Motivationen der Bundesbürger für eine Forcierung der westeuropäischen Integration. Was verbleibt und allmählich bewußter wird, sind verhältnismäßig sehr nüchterne Einsichten in die militärischen Bedingungen in Europa und in die wirtschaftlichen Bedürfnisse der BRD, so wie sie ist. Die Frustration am Weltgleichgewicht beginnt ins Positive („Mittlere Macht") gewendet zu werden. Aus dieser Sicht ist es eher als Elastizität denn als Widerspruch zu bewerten, wenn über die Hälfte der Westdeutschen für einen integrierten Bundesstaat in Westeuropa eintreten, dessen Ausdehnung jedoch offenlassen und ihre gemeinsamen wirtschaftlichen Interessen mit Osteuropa betonen. Darüber hinaus ist es freilich auch ein Reflex des Mangels an in den Eliten vorgeprägten klaren Vorstellungen[210]. Dahinter dürften nur noch bei einer kleinen Minderheit „roll back"-Phantasien stehen. In der Hauptsache handelt es sich im Gegenteil um eine außenpolitische Pragmatisierung in Angleichung an andere europäische Länder, für die der Status quo selbstverständliche Voraussetzung und die politische Zielsetzung ökonomisch dominiert ist.

Damit eröffnen sich Chancen und Gefahren. Schon oft ist der Eskapismus der Bundesbürger bejammert worden, der sie dazu verführe, ein stilles Plätzchen im Windschatten der Geschichte, in dem sich trefflich Geschäfte machen lassen, zu suchen[211]. Bei aller angebrachten Skepsis gegen die hinter solcher Klage stehende ästhetisierende Heroisierung von Politik: Wenn die Öffentlichkeit der BRD dem bisherigen Trend folgte, bliebe ihr Gesichtskreis mangels konkreter anderer Perspektiven weitgehend auf die BRD als einen wirtschaftlichen Leistungsverband fixiert, wodurch nicht nur dessen innere Widersprüche nach außen abgeleitet und seine äußere Abhängigkeit übertüncht, sondern auch die größeren politischen Aufgaben – die soziale Demokratisierung der EWG und ein konstruktives Verhältnis zu den Entwicklungsländern – versäumt würden. Auf der anderen Seite könnte die bisher unge-

---

208 U 20; früher stand die Bevölkerung der Entwicklungshilfe eher kritisch bis ablehnend gegenüber, vgl. z. B. Eberlein, Politische Meinungsumfragen, S. 141.
209 wie Anm. 205.
210 Vgl. allgemein Lerner u. Gordon und Deutsch, Edinger, Macridis, Merritt.
211 Vgl. z. B. die Beiträge von Rüdiger Altmann u. Eberhard Schulz, in: Merkur 22, 1968, S. 5ff.

kannte Nüchternheit und Offenheit der Prädispositionen die Voraussetzung dafür sein, daß sich aus den sozialen Widersprüchen der funktionalen Integration doch noch das Bewußtsein von der Notwendigkeit eines „demokratischen Föderators" Westeuropas ergibt; nur transnationale politische und gesellschaftliche Willensbildungs- und Interessenorganisationen können die Interessen der Mehrheit der europäischen Gesellschaft ohne Pseudointegration durch eine Antiideologie oder einen bürgerlichen Kontinental-Nationalismus durchfechten und die Chance der offenen Prädispositionen für eine auch nach außen kooperative Lösung nützen. Zwar steht H.-P. Schwarz[212] dem „demokratischen Föderator" nach der Analyse möglicher Integrationsmethoden mit Skepsis gegenüber, und in der Tat sind entsprechende Ansätze derzeit kaum zu erblicken; jede andere Version eines Föderators macht Europa aber zu einem Formalismus, verhüllt seinen sozialen Sinn und arbeitet im übrigen mit so vielen zufälligen Variablen, daß für die praktische Politik nur das Warten auf einen europäischen Bismarck bliebe. Ihm könnten demokratische Integrationsbewegungen zuvorkommen. Ansatzpunkte dafür finden sich nicht nur in der aufgezeigten Neigung zu sozialer und politischer Polarisierung in der BRD, sondern auch in parallelen Tendenzen, wie sie zum Beispiel in den Bemühungen um eine vereinigte Linke in den romanischen Ländern sichtbar werden. Aber diese noch sehr schwachen Anzeichen deuten bisher eher Keime politischer Möglichkeiten als wahrscheinliche Entwicklungen an.

Da die in den konservativen Parteigruppierungen repräsentierten industriellen, agrarischen und mittelständischen Interessen zu differenziert und widersprüchlich sind und gerade dort, wo sie auf Europa weisen, selten dessen demokratische Komponente meinen, kann die Rolle des demokratischen Föderators nur der politischen Vereinigung einer Arbeiter- und Angestelltenbewegung und angrenzender Gruppen in ganz Europa zufallen. Bekanntlich gibt es hierzu aber erst sehr schüchterne Ansätze, deren Entwicklung durch die Integration der Arbeiterbewegung in die Einzelstaaten, ihre Konzentration auf deren sozialstaatliche Reform und vor allem durch die Spaltung und Zersplitterung der Linken (trotz der revisionistischen Strategie der meisten

---

212 Hans-Peter Schwarz: Europa föderieren – aber wie? Eine Methodenkritik der europäischen Integration, in: G. Lehmbruch, K. v. Beyme, I. Fetscher (Hg.): Demokratisches System und politische Praxis der Bundesrepublik, München 1971, S. 377ff., insbes. 387ff., 431f.; die Skepsis von Schwarz ist freilich mitbedingt durch seine formalistische Betrachtungsweise, welche die soziale Dynamik der europäischen Integration zuwenig berücksichtigt.
Daß die derzeitige Integrationsmethode nicht nur den Nationalstaat, sondern den Staat als solchen und mit ihm die parlamentarische Demokratie in Frage stellt, macht Andreas Sattler: Das Prinzip der „funktionellen Integration" und die Einigung Europas, Göttingen 1967, S. 215ff., deutlich. Eine Demokratisierung jener Organisationen, die entstehen, wenn der Staat in seinen Kompetenzen reduziert und durch Funktionsorganisationen unterschiedlicher Art und Größe, die jeweils „kongruent mit der Geographie eines Problems" (Kitzinger) sind, ergänzt wird, wäre nur in ständischer oder Räte-Form denkbar: Das erste wird man schwerlich wünschen können, für das zweite fehlt es mehr denn je an Voraussetzungen in der politischen Aktivität und Spontaneität der Bevölkerung als Dauererscheinung.

westeuropäischen Kommunisten) größten Schwierigkeiten gegenübersteht[213]. Wären die organisatorischen Probleme gelöst, bliebe die Frage des Ziels. Zwar ist „Sozialismus" nicht nur in der BRD, sondern auch in den Nachbarländern für die Mehrheit oder doch einen sehr beachtlichen Teil der Bevölkerung ein positives Ziel; aber unter Sozialismus werden in der Hauptsache verbesserte Chancengleichheit und soziale Sicherheit im Kapitalismus verstanden[214], Inhalte also, die heute zum programmatischen Haushalt jeder Plattformpartei in bezug auf die Nationalstaaten gehören. Dies würde die programmatische Integration einer vereinigten europäischen Linken ebenso erschweren wie deren Versuche zur Mobilisierung des „demokratischen Föderators". Hilfestellung kann er allein von der übernationalen wirtschaftlichen Konzentration erwarten, deren Wirkungen die europäische Dimension aller linken Gruppen zunehmend erweitern werden, wenn der Anstoß hierzu auch zunächst vielleicht durch die Spontaneität besonders Betroffener eher von außerhalb der großen etablierten Organisationen kommen wird.

Nation und Klasse im Meinungsfeld

Die Gewichtsverteilung zwischen der gesamtdeutschen Tradition, der Konsolidierung der westdeutschen „Nation" und einem transnationalen Klassenbewußtsein in der BRD läßt sich abschließend durch Umfragen[215] näher bestimmen. Dabei muß betont werden, daß unsere Daten nur erste Hinweise geben und weder bestimmte inhaltliche Definitionen von Begriffen wie National- oder Klassenbewußtsein ausfüllen noch quantitativ präzise Aussagen erlauben. Als Indikatoren lassen sie jedoch Prädispositionen erkennen, die im Falle sozialer Mobilisierung bestimmter Gruppen deren politische Prioritäten maßgeblich beeinflussen werden. Diese politischen Potentiale verdienen genauere Erforschung.

Werden die Angehörigen unserer Stichprobe, die sich 1971 zu 49 v. H. zu den Mittelschichten, zu 45 v. H. zur Arbeiterschaft und nur zu 4 v. H. zur höheren Mittelschicht und Oberschicht rechnen, gefragt, ob sie mehr mit Leuten ihrer Schicht im Ausland oder mit anderen Schichten in der BRD gemeinsam haben, bevorzugen je etwa ein Viertel die anderen Schichten in der BRD oder meinen, sie hätten mit ande-

---

[213] Mandel, EWG, S. 103ff.; zum aktuellen Stand vgl. z. B. Erich Hauser: Bei der Linken gibt es keine europäische Strategie, in: Frankfurter Rundschau, 8. April 1971, S. 2. Zur Vorgeschichte der sowjetischen und kommunistischen Einstellung zur europäischen Integration vgl. Gerda Zellentin: Die Kommunisten und die Einigung Europas, Frankfurt, Bonn 1964. Den derzeitigen Stand der supranationalen Parteirepräsentation im Europäischen Konsultativparlament mit sozialistischer Minorität und Desintegration in den christlich-demokratischen und liberalen Blöcken analysiert Guy van Oudenhove: The Political Parties in the European Parliament, Leyden 1965.
[214] Ralph K. White: The Semantics of „Socialism" and „Capitalism", in: Merritt u. Puchala, Western European Perspectives, S. 38ff.; vgl. Umfragen aus der BRD: IfD Jb III, S. 429 (zwei Monate nach dem 13. August 1961); Ifak-Umfrage, in: Der Spiegel, 9. November 1970, S. 74ff.
[215] Zum Folgenden U 11 u. 12.

ren Schichten hierzulande genausoviel gemeinsam wie mit ihrer Schicht anderswo. 17 v. H. zeigen internationales Klassenbewußtsein, 8 v. H. verneinen jede Gemeinsamkeit, 24 v. H. machen keine Angabe. BRD-Nationalgefühl korreliert vor allem mit „Mittelschichten", mittlerer Bildung, Sympathie für die CDU, aber auch jugendlichem Alter; internationales Klassenbewußtsein dagegen vor allem mit „Arbeiterschaft" (und negativ ebenso extrem mit „Mittelschichten"), mit Sympathie für die SPD und mit der Generation der 25- bis 34jährigen. Wer sich mit seiner Schicht im Ausland und mit anderen Schichten in der BRD gleich stark verbunden fühlt, ist offenbar auf dem Weg vom National- zum Klassenbewußtsein: Hier sind wiederum „Mittelschichten" und mittlere Bildung überrepräsentiert, politisch ist aber eher eine Affinität zur SPD festzustellen (vergleiche Tabelle 5). Weiter als gewöhnlich angenommen scheinen Realismus und wirtschaftlicher Subjektivismus verbreitet zu sein, wenn etwa die Hälfte der Bevölkerung Klassenbindungen nationaler Zugehörigkeit vor- oder gleichordnet. Wenn sie je kontinentalen Traditionen angemessen war, gilt die kurz nach dem Krieg im Rahmen einer großen internationalen Vergleichsuntersuchung aufgestellte These, daß Kollektiv- und Solidaritätsbewußtsein jeder Art eine Funktion wirtschaftlicher Zufriedenheit und damit in erster Linie ein Korrelat von „Mittelschichten" sei[216], nach der Wiederbelebung bürgerlich-nationalistischer Propaganda und dem Scheitern der nationalen Strategie der Arbeiterbewegung nicht mehr. Vielmehr machen sich die alten kontinentalen Zuordnungen von Mittelstand und Nationalgefühl sowie Arbeiterbewegung und Internationalismus wieder deutlicher bemerkbar – ein Zeichen für die Normalisierung der BRD als „Nation", aber auch ein Ansatzpunkt für eine demokratische europäische Strategie.

Wie schon erwähnt, reagieren viele, insbesondere weibliche, ältere und weniger gebildete Befragte, die hier noch mitgewirkt haben, betroffen, wenn auch der gesamtdeutsche Komplex in dieses Gravitationsfeld der Begriffe „Klasse" und „Nation" gestellt wird. In zwei Projektionen wurde gefragt, ob „seine Lage, seine wirtschaftlichen Interessen und seine politischen Anschauungen" einen durchschnittlichen westdeutschen Arbeiter eher mit einem Unternehmer in der BRD oder mit einem Arbeiter in der DDR bzw. einen durchschnittlichen westdeutschen Unternehmer eher mit einem Unternehmer in Frankreich oder mit einem Arbeiter in der DDR verbinden[217]. Im ersten Fall votierten ein Drittel für die Priorität der Systemverbundenheit der Arbeiter und Unternehmer in der BRD und ein Viertel für systemtranszendierende Klassenverbundenheit im Rahmen der gesamtdeutschen Tradition; im zweiten Fall jedoch fast die Hälfte für transnationale systemkonforme Klassenverbundenheit in der EWG, während hier nur noch 8 v. H. für eine gesamtdeutsche Bindung, die Klasse und System ignoriert, übrigbleiben. Die politische Bedeutung von Systemkonformität oder Westorientierung wird also erheblich höher eingeschätzt als die der gesamtdeutschen Verbundenheit; aber wirtschaftlicher Klassenrealismus

---

[216] Buchanan u. Cantril, Nations, S. 19ff.
[217] U 11–14 mit Korrelationen.

steht der Systemkonformität nur wenig nach und geht zum Teil auch in sie ein. Er findet sich vor allem unter Arbeitern, Männern, Personen mit mittlerer und höherer Ausbildung. Arbeiter sind jedoch auch in den Minderheitsgruppen, die an den gesamtdeutschen Bindungen festhalten, wie auch unter den Westorientierten überrepräsentiert. Selbstzurechnung zu den Mittelschichten und Sympathie für bürgerliche Parteien korrelierten nur mit der Identifikation mit der BRD; diese Befragten neigen jedoch dazu, vor der Konfrontation zwischen Gesamtdeutschland und Europa in die Gruppe der Meinungslosen auszuweichen. Um Mißverständnissen vorzubeugen, sei noch einmal betont, daß hier Merkmalsaffinitäten im Rahmen relativ gleichmäßig gestreuter Aussagen interpretiert werden und nicht einfach auf entsprechende Gruppen zu übertragen sind.

Werden die Antworten durch alle drei Fragen hindurch auf ihre Konsistenz geprüft, so fallen zuerst etwa die Hälfte aller Befragten weg, weil sie stets oder zuweilen keine Angaben gemacht haben (vergleiche Tabelle 6). Vom Rest zeigt etwa ein Drittel eine konsequente Orientierung am Klassenschema ohne Rücksicht auf Nation und System, etwa ein Sechstel legt das Hauptgewicht auf die nationale Bindung, spaltet sich aber noch einmal zu gleichen Teilen über die Frage, ob als zweites Kriterium eher die Verankerung im Westen bzw. in der BRD oder die Orientierung an der Klasse folgen soll. Die Hälfte geht einfach und ohne Rücksicht auf soziale Gegensätze und gesamtdeutsche Tradition von der BRD aus und stellt sie in den Zusammenhang der EWG, wobei vielen ein nüchterner Blick für wirtschaftliche Primärbestimmungen zu unterstellen ist. Wird der Schwierigkeitsgrad dieser abstrakten Frage berücksichtigt, so kann aufgrund „informierter Willkür" geschätzt werden: Eine konsequente gesamtdeutsche Priorität, die nicht als abstraktes Bekenntnis, sondern im Zusammenhang der sozialen Wirklichkeit und der europäischen Alternativen erfragt wird, ist nur noch bei kleinen Minderheiten festzustellen; bei verhältnismäßig vielen Arbeitern findet sich eine gesamtdeutsche Schichtverbundenheit, die sich jedoch nicht in ein internationales Klassendenken einfügt. Indessen wird systemkonforme Klassenverbundenheit überwiegend wesentlich höher bewertet als traditionales Nationalgefühl. Ein großer Teil der Bevölkerung (vor allem jene, die sich zu den Mittelschichten rechnen) tendiert zu einem „Wir"-Gefühl der BRD, ist aber aus nüchternen Erwägungen mehrheitlich offen gegenüber Europa als einem nicht weiter präsierten Ziel. In der Industriearbeiterschaft und – weniger deutlich ausgeprägt – im Dienstleistungssektor tendiert etwa die Hälfte dazu, jedwede nationale Bindung für sekundär gegenüber der sozioökonomischen Lage und den Interessen der eigenen Schicht zu halten. Die allgemeinen politischen Einstellungen dieser Gruppe sind betont fortschrittlich im Verhältnis zur übrigen Gesellschaft, bleiben aber außer in der Unterstützung der Politik der kleinen Schritte mehr offene Prädisposition als zielgerichtete politische Dynamik. Hier schlummert eine noch wenig bewußte, aber entwicklungsfähige Potenz eines „demokratischen Föderators" in Europa, soweit es die BRD angeht.

Tabelle 5 *Klassenbewußtsein und Nationalgefühl*

Anmerkungen: * darunter: Höhere, Mittel- und Oberschicht; ** darunter: mit beiden gleich wenig; *** darunter: 3/4 Landwirte

	Soziale Selbsteinschätzung				Eher verbunden mit				
	Arbeiterschaft	Mittelschicht	Andere und keine Angaben*	Summe	derselben Schicht im Ausland	den anderen Schichten in der BRD	beiden gleich viel	Andere und keine Angaben**	Summe
Soziale Selbsteinschätzung									
Arbeiterschaft					24	22	17	37	100
Mittelschicht					10	31	29	30	100
Westdeutscher Arbeiter ist eher verbunden									
mit BRD-Unternehmer	37	56	7	100	16	41	27	16	100
mit DDR-Arbeiter	58	40	2	100	29	29	29	13	100
Westdeutscher Unternehmer ist eher verbunden									
mit Unternehmer in Frankreich	44	51	5	100	21	36	26	17	100
mit DDR-Arbeiter	59	40	1	100	22	26	38	14	100
Sympathie für									
SPD					19	28	25	28	100
CDU/CSU					14	29	22	35	100
Berufsstellung									
Selbständige und mithelfende Familienangehörige	23***	72	5	100					
Beamte und Angestellte	17	75	8	100					
Arbeiter	73	26	1	100					
Ausbildung									
Volksschule					17	25	22	36	100
Mittel- und Höhere Schule					15	33	27	25	100
Alter									
bis 34 Jahre					18	31	23	28	100
35 bis 50 Jahre					17	28	24	32	100
über 50 Jahre					15	23	24	38	100

Tabelle 6 *Prioritäten politischer Wertsetzung in der BRD* (geschätzt)*

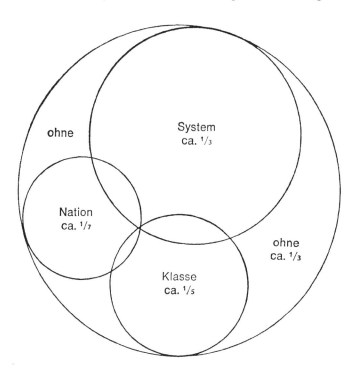

Quelle: U 13/14 (in v. H. der Stichprobe).

	Ein westdeutscher Arbeiter ist eher verbunden mit einem			Summe
Ein westdeutscher Unternehmer ist eher verbunden mit einem	Unternehmer in der BRD	Arbeiter in der DDR	Weiß nicht	
Unternehmer in Frankreich	24,5	17,5	5,5	47,5
Arbeiter in der DDR	2,5	4,0	1,0	7,5
Weiß nicht	7,0	3,0	35,0	45,0
Summe	34,0	24,5	41,5	100,0

Anmerkung:* ohne = ohne erkennbare Priorität. Grundlage der Schätzung sind Tabelle 5 und die Tabelle unten. Die Wertprioritäten schließen sich nicht notwendig aus, da es sich nicht um ideologische Werte, sondern nur um den jeweiligen Rahmen zur Artikulation von Meinungen und Interessen handelt.

Beschränkte Optionen

Gesamtdeutsches Nationalbewußtsein ist kein Faktor, der das politische Verhalten der großen Mehrheit der Bevölkerung der BRD bestimmt; er wird künftig noch an Bedeutung verlieren. Hingegen gibt es „menschliche" Probleme, wie die Anpassung der Vertriebenen und die Kommunikation mit der Bevölkerung der DDR, die sich aus dem Ende des Bismarck-Reiches ergeben und die noch auf mittelfristige Sicht Aufgaben praktischer Politik in der BRD nach innen und außen bleiben werden. Die am meisten betroffenen Teile der BRD-Bevölkerung sind sozial und parteipolitisch nicht eindeutig festzulegen; jedoch tendieren Vertriebene eher nach rechts, Personen mit Kontakt zu Bürgern der DDR eher nach links. Wenn eine wirkliche Gleichstellung der Vertriebenen und eine bessere Kommunikationsmöglichkeit mit der DDR nicht erreicht werden, wäre auch das Hochspielen gesamtdeutscher Nationaltraditionen kein geeignetes Mittel, die betroffenen Gruppen auf lange Sicht zu integrieren, sondern würde einen der Ansatzpunkte eines „integralen Nationalismus" bewahren, der in wirtschaftlich-politischen Krisenzeiten zum ideologischen Mobilisierungsinstrument faschistischer Gruppen werden kann. Zwar stellen solche Gruppen schon aus Gründen internationaler Verflechtung keine vitale Gefahr im Sinne einer „Machtergreifung" in der BRD dar, aber die Bedeutung wirtschaftlichen Optimismus bzw. Pessimismus für die politische Grundorientierung in der BRD wird ihnen schon in Phasen stagnierenden Wirtschaftswachstums bedeutenden indirekten Einfluß (zum Beispiel über „marginal vote") sichern. Eine Fortsetzung der älteren Praxis, Mißerfolge der Deutschland-Politik und der gesellschaftlichen Integration zum Beispiel von Vertriebenen oder Bauern bzw. ihnen entgegengesetzte politische Prioritäten mit gesamtdeutschen Losungen zu kaschieren, würde deshalb die Gefahr verstärkter Desorientierung und Desintegration vor allem in Zeiten krisenhafter wirtschaftlicher Entwicklung beinhalten.

Gleichwohl gibt es nebeneinander und in kaum artikuliertem Zustand kollektive Identifikationen in der BRD. Die wegen ihrer Bedeutung und Intensität wichtigste ist eine Bindung an Grundzüge des westlichen Systems in der BRD (persönliche Freiheiten, hohes Konsumniveau). Bei den Gruppen, die sich als „Mittelschichten" verstehen, tendiert diese Identifikation zu einem unterschwelligen, auf die BRD als „mittlere Macht" bezogenen Nationalgefühl, bei einem Teil der Arbeiter- und Angestelltenschaft eher zu einer transnationalen Schichtensolidarität im EWG-Raum. Beherrschend ist eine große Aufnahmebereitschaft für Fortschritte zu einem westeuropäischen Bundesstaat im Rahmen gesamteuropäischer Entspannung, aber diese Prädisposition ist bislang eher abstrakt und entbindet nur geringe politische Aktivität. Umgekehrt bleibt auch der Überhang gesamtdeutscher Einstellungen im Wertbewußtsein wie auch in einem größeren Interesse an der Bevölkerung der DDR (im Vergleich zum Beispiel mit Polen oder Österreich) zwar ein gesamtgesellschaftliches Faktum, aber auch darin sind dynamische politische Triebkräfte kaum zu entdecken. Sieht man diese Trends in der öffentlichen Meinung im Zusammenhang ihrer historischen Voraussetzungen und bezieht sie auf wahrscheinliche Entwicklungen der internationalen Politik, der europäischen Wirtschaft und des bundesrepublikanischen Regierungssystems, so ergeben sich unseres Erachtens drei Konsequenzen:

1. Gesamtdeutsche Verantwortung ohne „nationales" Ziel

Wenn es richtig ist, daß für die Bevölkerung der BRD die Grundwerte ihrer Ordnung unvergleichlich wichtiger sind als gesamtdeutsche Nationalstaatlichkeit (deren Restauration durch internationale Bedingungen ohnehin unmöglich ist) und wenn dennoch eine besondere Verantwortung der BRD gegenüber der Bevölkerung der DDR empfunden wird, dann ist eine Politik, welche die staatsgesellschaftliche Konsolidierung der DDR bremsen und damit einen Beitrag zur Erhaltung der gesamtdeutschen Nation leisten will, ohne langfristig realistisches Ziel, auch wenn sie die Staatlichkeit der DDR als Realität hinnimmt[218]. Sie muß vielmehr einerseits der „Kontaktgruppe" in beiden deutschen Staaten bessere Kommunikationsmöglichkeiten zu verschaffen suchen (ohne sich davon die Zurückdrehung der Ansätze zur Bi-Nationalisierung versprechen zu können) und andererseits dazu beitragen, daß die Bevölkerung der DDR im Rahmen der Möglichkeiten ihres Systems und Blocks in den Genuß größerer persönlicher Freiheiten und eines höheren Konsumniveaus kommt. Ein effizienterer und menschlicherer Sozialismus in der DDR wird aber nur von innen heraus möglich werden, wenn er keine Gefahren für die Sicherheit und Konsolidierung der DDR-Staatsgesellschaft mit sich bringt. Was an Solidarität der „Menschen in Deutschland" verblieben ist, legt gemäß den Wertprioritäten der BRD-Bevölkerung demnach eine westdeutsche Politik nahe, welche die wirtschaftliche und internationale Entwicklung der DDR als – gewiß noch embryonalen – Quasi-Nationalstaat eher unterstützt als hemmt. Einer solchen Politik würde die Mehrheit der BRD-Bürger voraussichtlich nichts in den Weg legen. Die verständliche Zurückhaltung unter Vertriebenen könnte durch verbesserte soziale Förderung dieser unterprivilegierten Gruppe selbst (nicht jedoch der überlebten Vertriebenenverbände und ihrer Tätigkeit gegen die politische und kulturelle Anpassung ihrer Mitglieder) eingedämmt werden.

2. „Nation" BRD als mittlere Macht – eine ideologische Gefahr

Wenn sich in der Bevölkerung der BRD – insbesondere in ihren Mittelschichten – ein noch nicht recht bewußt gewordenes BRD-Nationalgefühl mit einer Mischung aus Leistungsstolz, demokratischem Bekenntnis, Mißtrauen, Pragmatismus und relativer

---

218 Dies gilt auch für einen der Argumentationsstränge in dem Beitrag „Innerdeutsche Beziehungen" (Außenpolitische Perspektiven des westdeutschen Staates, S. 102ff. z. B. 112f.

Weltaufgeschlossenheit zu verfestigen beginnt und wenn andererseits die funktionale Integration Europas nicht dem Leitbild einer aktiven Demokratie entspricht, bevor nicht die supranationalen Entscheidungen durch transnationale Willensbildungsorgane verantwortet werden, so kann demokratische politische Bildung nicht auf die emotionale Identifizierung mit der BRD als Staat oder als Quasi-Nation abheben und demokratische Außenpolitik sich nicht an der Freiheit der Eigenentwicklung der BRD orientieren[219]. Der Trend zu ideologischer Resistenz nationalstaatlicher Organisation und Außenpolitik baut in der BRD auf einem beherrschenden Grundkonsensus in den allgemeinen Einstellungen und Haltungen (political culture) auf. Eine progressive Außenpolitik mit „linksgaullistischem" Einschlag, welche primär außenpolitische Handlungsfreiheit gewinnen und die Freiheit fortschrittlicher sozialer Selbstbestimmung im Einzelstaat ausbauen will, könnte trotz mangelnden wirtschaftlichen Spielraums für Reformen deshalb sozialliberale Anhänger binden und damit zu einer unfreiwilligen Ergänzung der Bemühungen um eine formierte Gesellschaft werden. Denn in konservativen Strategien soll künstlich bestärktes Nationalgefühl zur Verschleierung sozialer Konflikte dienen und den Bürgern eine emotionale Brücke zu ihrer Formierung als politisch passive Gefolgschaft technokratischen Managements im nationalen und supranationalen Rahmen bauen. Mit der Desorientierung über innergesellschaftliche Konflikte werden soziale Motivationen politischer Partizipation lahmgelegt und damit nicht nur einer Stärkung der demokratischen Komponente unseres Regierungssystems der Boden entzogen, sondern auch die notwendige transnationale Organisierung politischer und gesellschaftlicher Gruppen im Ansatz verhindert. Denn nach dem Scheitern vieler anderer europäischer Bewegungskonzepte ist das Motiv dazu vor allem in schichtspezifischen Interessen zu suchen. Schließlich ist beim Fortgang der derzeitigen europäischen Integration eine Verschärfung des Antagonismus zwischen supranationalen Sachzwängen und einzelstaatlicher Beharrung (des stop-go-Zyklus zwischen „spill over" und „spill back") zu erwarten. Hier wäre ein – in der BRD im Unterschied zu den Partnern wachsendes – einzelstaatliches Sonderbewußtsein ein zusätzlicher desintegrativer Faktor und würde darüber hinaus politisches Interesse im nationalstaatlichen Rahmen binden, während dessen Entscheidungsspielraum durch supranationale Vorentscheidungen immer enger wird.

---

219 In dem Beitrag „Freiheit der Eigenentwicklung" (ebd., S. 11 ff., z. B. 14) scheint vorausgesetzt zu werden, daß die internationale Wirtschafts- und Militärverflechtung zwar die Souveränität der Staaten begrenze, sie aber als politische Einheiten erhalte, denn wie anders entstünde sonst „gegenseitige" Abhängigkeit? Die treibende Kraft der USA und ihrer Wirtschaft im derzeitigen europäischen Integrationsprozeß läßt es auch fraglich erscheinen, ob an dessen Ende ein Subjekt kontinentaler Selbstbestimmung stünde.

3. Überwindung der Nationalstaatlichkeit in Europa als demokratische Aufgabe

Wenn die westeuropäische Integration wirtschaftlich, militärisch und organisatorisch bereits den „point of no return" überschritten hat und die Perspektive der BRD als selbständiger mittlerer Macht zur Fiktion werden läßt, und wenn sich auf der anderen Seite in der BRD ältere politische Integrationsmotive wie Antikommunismus und nationale Rehabilitation abschwächen, so gilt es, die Chancen zur Motivierung demokratischer Organisation in Europa zu ergreifen. Indem eine Demokratisierung der EWG aktueller wird, zeigen sich indessen die enormen Schwierigkeiten eines Aufbaus transnationaler Willensbildungsorgane, selbst wenn man traditionelle Nationalitätenfragen wie das Sprachenproblem heute nicht mehr für brennend hält. Der gleitende Übergang von einzelstaatlicher Außenpolitik zu europäischer Innenpolitik wird künftig zur schwierigsten und dringendsten Herausforderung der Demokratie werden[220]. Die Versuche zur transnationalen Organisation politisch-gesellschaftlicher Verbände (im Unterschied zur internationalen Kooperation der Staaten) in Europa haben gelehrt, daß die Umgehung der etablierten nationalen Parteien, Gewerkschaften usw. unmöglich, Föderalismus als Organisationsmotiv unwirksam und Kartellabsprachen der Spitzenverbände der Aktivierung demokratischer Partizipation feindlich sind. Dementsprechend wird überwiegend in den bestehenden politisch-gesellschaftlichen Organisationen aufgrund sozioökonomischer Interessen von der Basis her zu arbeiten sein. Dabei wird notwendig das Zwei-Parteigruppen-System, das in den wichtigsten EWG-Ländern herrscht oder sich anbahnt, den Rahmen abgeben, zumal es am ehesten mit den grundlegenden wirtschaftlichen Interessen des dominanten Industriesektors koordiniert werden kann. Neben der Grundschwierigkeit, die aus dem Unterschied des wirtschaftlichen Entwicklungsstands und der Interessen und Bindungen gegenüber Drittländern der einzelnen Staaten für beide Seiten gleichermaßen entsteht, gibt es je spezifische Probleme, für die sich heute noch kaum eine Lösung abzeichnet. Auf der konservativen Seite bestehen sie weniger in der Verflechtung konfessioneller, nationaler und liberaler Parteischattierungen als in der Notwendigkeit, „nationale" Gruppen (insbesondere aus dem Agrar- und Mittelstandsbereich, in der BRD auch Vertriebene) an industrielle Integrationsinteressen zu binden. Dies dürfte den konservativen Parteien – anders als in der „abendländischen" Frühphase – eine retardierende Funktion bei der transnationalen politischen Organisation (nicht aber bei der wirtschaftlichen Verflechtung) zuordnen.

Auf der Seite der Arbeiter- und Angestelltenparteien bestehen die Probleme vor allem in der Unbeweglichkeit der nationalen Massenorganisationen, ihrer auf die einzelnen Wohlfahrtsstaaten bezogenen Reformstrategie sowie in ihrer Spaltung in sozi-

---
220 Einen theoretischen Rahmen für die Kombination gesellschaftlicher, staatlicher und regionaler Faktoren, der sich besser als das Modell „internationaler Politik" für die Bewältigung der anstehenden Aufgaben demokratischer Politik in Europa eignet, skizziert Karl Kaiser: Transnationale Politik, in: Die anachronistische Souveränität, Sonderheft 1 der Politischen Vierteljahresschrift, 1969, S. 80ff.

aldemokratische und kommunistische Zweige. Wollen sie sich nicht von vornherein selbst ausschalten, müssen sie eine Art europäische Links-Föderation anstreben, was bei großen sozialdemokratischen Parteien in Ländern mit unbedeutenden KPs (SPD, Labour usw.) am tiefsten an das traditionelle Selbstverständnis greift. Angesichts dieser Schwierigkeiten auf der Ebene der Parteiorganisation ist die Erkenntnis wichtig, daß es schon jetzt ein latentes Potential in der BRD (und zwar massiert in der Arbeiter- und Angestelltenschaft) gibt, das grundsätzlich transnationale Schichtverbundenheit nationaler Zusammengehörigkeit vorzieht. Bei der Umsetzung der Rückwirkungen der wirtschaftlichen Verflechtung und Konzentration in Europa auf die Abhängigen, wie sie sich in steigender Zwangsmobilität sowie in wachsenden Leistungs- und Konsumanforderungen niederschlagen werden, in Motive zur transnationalen Organisation könnte spontanen Aktionen und beweglichen kleinen Organisationen künftig größere Bedeutung als Katalysator einer entsprechenden Dynamik der großen Parteien und Gewerkschaften zukommen. Aber erst an ihnen wird sich entscheiden, ob Europa demokratisch organisiert werden kann oder zu einer Technokratie mit nationalstaatlichen Reservaten für Verwaltung, Demokratie und Folklore entartet.

Anhang

Fragebogen einer repräsentativen Meinungsumfrage unter der erwachsenen Bevölkerung der BRD. Stichprobe: 1032 nach Random-Auswahl; Zeit: Januar/Februar 1971; ausführendes Institut: INFAS Bad Godesberg.

	Fragen		in v. H.
1	Ich habe jetzt ein paar Fragen über Deutschland und andere Länder. Wir Deutschen haben ja, wie andere Völker auch, unsere typischen Eigenschaften. Was glauben Sie, sind sie uns eher angeboren oder eher anerzogen?	Eher angeboren Eher anerzogen Weiß nicht, keine Angabe	31 55 14
2	Angesichts der Verbrechen, die im Dritten Reich an den Juden begangen worden sind, wurde oft gesagt, damit sei der deutsche Name beschmutzt worden. Was würden Sie sagen: Sind diese Verbrechen eine Schande nur für diejenigen, die im Dritten Reich dafür verantwortlich waren, oder sind sie eine Schande für ganz Deutschand?	Nur für Verantwortliche Für uns alle Weiß nicht, keine Angabe	59 31 10
3	Seit einigen Jahren haben Politiker verschiedener Richtungen immer wieder von „unseren nationalen Interessen" gesprochen. Was meinen Sie: Wessen Interessen sind das eigentlich? Denken Sie dabei zunächst einmal an die Bundesrepublik, oder beziehen Sie auch die DDR mit ein?	Nur Bundesrepublik BRD und DDR Weiß nicht, keine Angabe	41 38 21
4	Sind Sie Vertriebener (aus den Ostgebieten), Flüchtling aus der Ostzone oder Einheimischer? Gehören Sie einer Vertriebenen- oder Flüchtlingsorganisation an?	Vertriebener Flüchtling Einheimischer Ja Nein	10 8 80 3 15
5	Haben Sie Verwandte, die in Ost-Berlin oder in der DDR (Ostzone) wohnen? (Karte)	A. Ja, nahe Verwandte B. Ja, andere Verwandte (Onkel, Tante, Neffe)	10 12
6	Haben Sie Freunde oder Bekannte, die in Ost-Berlin oder in der DDR (Ostzone) wohnen?	Ja	13
7	Einmal eine ganz andere Frage: Kann man eigentlich den meisten Leuten vertrauen?	Ja, vertrauen Nein, nicht vertrauen Weiß nicht, keine Angabe	34 53 13

Fragen		in v. H.
8	Hier auf dieser Liste stehen zehn Eigenschaften, von denen man früher gemeint hat, sie seien für die Deutschen besonders charakteristisch. Nennen Sie mir bitte zunächst alle die Merkmale, die Ihrer Meinung nach auf die *Bewohner der Bundesrepublik* heute noch zutreffen. (Karte) Geben Sie mir bitte die jeweiligen Buchstaben an.	A. Ausdauer, Zähigkeit — 53 B. Fleiß, Tüchtigkeit — 79 C. Intelligenz, erfinderischer Geist — 46 D. Treue — 40 E. Ordnungsliebe, Zuverlässigkeit — 48 F. Uneinigkeit, Mangel an Nationalbewußtsein — 19 G. Mut, soldatische Fähigkeiten — 24 H. Überheblichkeit, Unduldsamkeit — 19 J. Neid, Selbstsucht, keine Hilfsbereitschaft — 19 K. Gutmütigkeit, Vertrauensseligkeit — 30 Keine Angaben — 8
9	Jetzt möchte ich gern wissen, welche der Merkmale auf dieser Liste auf die Flüchtlinge und Vertriebenen zutreffen, die nach dem Krieg in den Westen gekommen sind. (Karte)	A. Ausdauer usw. — 52 B. Fleiß usw. — 70 C. Intelligenz usw. — 32 D. Treue usw. — 30 E. Ordnungsliebe usw. — 34 F. Uneinigkeit usw. — 9 G. Mut usw. — 22 H. Überheblichkeit usw. — 14 J. Neid usw. — 12 K. Gutmütigkeit usw. — 23 Keine Angaben — 18
10	Und nun sagen Sie mir bitte, welche dieser Eigenschaften Ihrer Meinung nach heute auf die Bewohner der DDR zutreffen.	A. Ausdauer usw. — 53 B. Fleiß usw. — 59 C. Intelligenz usw. — 36 D. Treue usw. — 19 E. Ordnungsliebe usw. — 20 F. Uneinigkeit usw. — 11 G. Mut usw. — 23 H. Überheblichkeit usw. — 8 J. Neid usw. — 10 K. Gutmütigkeit usw. — 15 Keine Angaben — 25
11	Zu welcher Gesellschaftsschicht rechnen Sie sich: Zur Arbeiterschaft, Mittelschicht, zur höheren Mittelschicht oder zur Oberschicht?	Arbeiterschaft — 45 Mittelschicht — 49 Höhere Mittelschicht, Oberschicht — 4 Keine Angaben — 2

	Fragen		in v. H.
12	Mit wem haben Sie mehr Gemeinsamkeiten: Mit Leuten Ihrer eigenen Schicht in anderen Ländern oder mit Leuten anderer Schichten hier in der Bundesrepublik?	Eigene Schicht in anderen Ländern	17
		Andere Schicht in der Bundesrepublik	27
		Beide gleich viel	24
		Beide gleich wenig oder gar keine	8
		Weiß nicht, keine Angaben	24
13	Und wenn Sie sich nun einmal ganz allgemein vorstellen, wie ist das mit einem durchschnittlichen Arbeiter in der Bundesrepublik: Verbinden den seine Lage, seine wirtschaftlichen Interessen und seine politischen Anschauungen eher mit einem westdeutschen Unternehmer oder eher mit einem Arbeiter in der DDR?	Mit westdeutschem Unternehmer	34
		Mit Arbeiter in der DDR	24
		Weiß nicht, keine Angaben	42
14	Und wenn Sie sich das nun einmal für einen durchschnittlichen Unternehmer aus der Bundesrepublik überlegen, verbindet den mehr mit einem Unternehmer in Frankreich oder mit einem Arbeiter in der DDR?	Mit Unternehmer in Frankreich	48
		Mit Arbeiter in der DDR	8
		Weiß nicht, keine Angaben	44
15	Angenommen, Sie wollen sich ein Klappfahrrad kaufen. In einem Geschäft werden Ihnen vier Fahrräder angeboten, die sich äußerlich in der technischen Ausführung kaum unterscheiden. Das Fahrrad aus der Bundesrepublik kostet 125 Mark; die drei anderen kosten jeweils 100 Mark und kommen aus Frankreich, aus der DDR und aus Japan. Für welches würden Sie sich entscheiden?	Bundesrepublik	41
		Frankreich	10
		DDR	15
		Japan	22
		Keine Angaben	12
16	Die meisten Leute hier in der Bundesrepublik sind für Fortschritte in der europäischen Vereinigung. Was meinen Sie: Was verbindet uns eigentlich in Europa? (Antwort notieren)	Wirtschaftl. Interessen, EWG usw.	39
		Sicherheit, milit. Bündnisse, NATO	9
		Pol. Gemeinsamkeit, Demokratie, gleiche Gesinnung, Freiheit, Gesellschaftsform	7
		Gemeinsame Vergangenheit, Kultur, Geschichte	5
		Europa als 3. Kraft, Beendigung der Kleinstaaterei	5
		Gar nichts	3
		Anders (z. B. Wunsch nach Frieden, geographische Lage)	19

Fragen		in v. H.
17	Was verstehen Sie dabei unter 'Europa: die sechs Länder der EWG, oder auch andere Staaten Westeuropas, oder auch die Länder Osteuropas?	EWG-Länder 12 Westeuropa allgemein 34 einschl. Osteuropa 46 Keine Angabe 8
18	Auf dieser Karte finden Sie zwei Meinungen, wie es mit dem Zusammenschluß in Europa weitergehen soll. Mit welcher stimmen Sie eher überein? (Karte vorlegen) Karte A. Wir brauchen einen europäischen Bundesstaat, d. h. eine starke Regierung und ein direkt gewähltes Parlament für Westeuropa als politische Einheit. Die jetzigen nationalen Regierungen hätten dann nur noch soviel zu sagen, wie etwa bei uns die Regierungen der einzelnen Länder, beispielsweise Bayern, Hessen oder Niedersachsen. Karte B. In einem Bundesstaat ginge die Vielfalt der Europäischen Nationen verloren. Vielmehr sollten die Einzelstaaten sich für bestimmte Aufgaben jeweils nur mit den Partnern zusammentun, mit denen ein Bündnis am meisten verspricht. Dann könnte man auf einzelnen Gebieten auch osteuropäische Länder in die Zusammenarbeit einbeziehen.	A. Europäischem Bundesstaat 60 B. Einzelstaaten 21 Weiß nicht, keine Angaben 19
19	Was meinen Sie: Müssen die Gastarbeiter in der Bundesrepublik bei der Entlohnung, beim Kündigungsschutz und bei den Mieten genau so behandelt werden wie Deutsche oder kann man Unterschiede machen?	Gleiche Behandlung 83 Unterschiede machen 14

Fragen			in v. H.

20	In den sogenannten Entwicklungsländern Asiens, Afrikas und Südamerikas kommt es nicht zu ruhigen und stabilen Verhältnissen, weil dort immer mehr Menschen immer weniger zu essen haben. Dazu gibt es verschiedene Meinungen. (Karte.) Neigen Sie eher zur ersten oder zur zweiten Ansicht? Karte: 1. Die einen sagen: Daran kann man nichts ändern. Die Leute dort können einfach nichts auf die Beine stellen. Hilfe – außer bei Katastrophen – hat nicht viel Sinn. 2. Die anderen sagen: Die Leute dort sind an ihrem Elend nicht selbst schuld. Unsere Hilfe schafft ihnen Voraussetzungen zur Selbsthilfe. Deshalb sollten wir unsere Förderung langfristig ausbauen, auch wenn wir auf manches verzichten müssen.	1. Hilfe im Katastrophenfall 2. Langfristige Förderung Weiß nicht, keine Angaben	33 52 15
21	Als im August 1968 die Tschechoslowakei besetzt wurde, waren auch Truppen der nationalen Volksarmee der DDR dabei. Viele Leute sagten damals, es sei eine Schande für die Deutschen, daß damit wieder eine deutsche Armee in die Tschechoslowakei einmarschiert sei. Was würden Sie sagen: Ist das eine Schande auch für uns in der Bundesrepublik oder nur für die DDR?	Schande auch für uns in der BRD Schande nur für DDR Keine Angabe	10 73 17
22	Seit Jahren verlangt die Regierung der DDR von der Bundesrepublik die völkerrechtliche Anerkennung. Wie würden Sie die Meinung der Bevölkerung drüben zu diesem Punkt einschätzen? Wollen das sehr viele drüben oder nur wenige, oder gibt es diesen Wunsch in der Bevölkerung drüben gar nicht?	Wollen sehr viele Wollen wenige Will niemand Keine Angabe	29 40 8 23

Fragen			in v. H.
23	Der wirtschaftliche Entwicklungsstand der Bundesrepublik unterscheidet sich von der DDR ja beträchtlich. Was meinen Sie: Wie wird in den 70er Jahren die wirtschaftliche Entwicklung der DDR im Verhältnis zu der unsrigen aussehen?	Abstand wird sich vergrößern	8
		Abstand wird gleich bleiben	32
		Abstand verringert sich, DDR holt auf	43
		DDR wird gleichziehen oder überholen	2
		Weiß nicht, keine Angaben	15
24	Worauf könnten wir in der Bundesrepublik nach Ihrer persönlichen Meinung am ehesten verzichten, wenn das die Wiedervereinigung brächte? (Karte, nur eine Meinung) Kartentext: A. Politische Ordnung, Parteien, Parlament, Rechtsstaat B. Europäische Wirtschaftsgemeinschaft (EWG) C. Hoher Lebensstandard D. Wirtschaftliche und soziale Ordnung, Unternehmerfreiheit, Privateigentum E. Nordatlantische Verteidigungsgemeinschaft (NATO)	A. Politische Ordnung usw.	4
		B. EWG	9
		C. Hoher Lebensstandard	18
		D. Wirtschl. u. soz. Ordnung usw.	2
		E. NATO	24
		Auf gar nichts verzichten. Will keine Wiedervereinigung	14
		Keine Angaben	29
25	Wenn Sie einmal Ihre wirtschaftliche Lage in den letzten Jahren betrachten und auch an die Zukunft denken, was meinen Sie dann: Geht es, alles in allem, bei Ihnen eher aufwärts oder abwärts?	Aufwärts	45
		Abwärts	12
		Gleichbleibend	39
		Keine Angaben	4

Die SED und „ihre" Menschen
Versuch über das Verhältnis zwischen Partei und Bevölkerung als bestimmendem Moment innerer Staatssicherheit

Das Thema, das mir gestellt wurde, ist hyperkomplex, wenig erforscht und soll auf knappem Raum traktiert werden. Ich kann hier nur essayhafte Hypothesen vortragen. Eine historische Soziologie der SED gibt es meines Wissens nicht, wenn auch in den letzten Jahren immer mehr bruchstückhafte Materialien dazu bekannt geworden sind. Wegen der Besonderheit der Überlieferung wird ihre Erforschung auch auf große Schwierigkeiten treffen. Dasselbe gilt erst recht von der Beziehung zwischen Partei und Bevölkerung, da es in einem diktatorischen System keine validen Indikatoren für Legitimität gibt – weder Wahlergebnisse noch die Ruhe an der Heimatfront noch die jeweilige Größe des Repressionsapparats können den Ausdruck der Subjektivität des Volkes ersetzen, die freilich aus Erinnerungen nach dem Ende des Regimes wegen der Veränderungen der kulturellen Randbedingungen des Gedächtnisses nur noch schwer rekonstruiert werden kann. Es wird deshalb zu dem mir gestellten Thema nur mehr oder minder informierte Erwägungen geben können.

Partei und Volk können in der Geschichte der DDR nicht als zwei selbständig sich gegenüberstehende Größen konzipiert werden. Einerseits war die SED keine autonome Gesinnungsgemeinschaft, sondern auch in ihrem inneren Charakter und in der Beziehung zu den von ihr betreuten Massenorganisationen zu jeder Zeit diktatorisch strukturiert – insofern ging es ihrer Mitgliedschaft ähnlich wie dem Volk. Andererseits wurde sie gerade in ihrer poststalinistischen Phase die verhältnismäßig größte politische Organisation der deutschen Geschichte, und ihre angeschlossenen Vorfeldorganisationen erreichten in wie immer verdünnten Formen oder in einzelnen Lebensabschnitten oder -dimensionen fast jeden im Volk. Auch hat es in der DDR keine dauerhaft institutionalisierten Kerne grundsätzlicher Opposition (wie zum Beispiel in Polen) gegeben; vielmehr war die innere politische Polarisation der Gesellschaft in ihrer wirksamsten Dimension durch die nationale Teilung externalisiert. Fast ebenso wirksam war indessen ihre Internalisierung in einem „gespaltenen Kopf" des Volkes, allerdings an ziemlich unterschiedlichen Schnittstellen. Insofern ist es meines Erachtens nützlicher, den Blick auf ein Kontinuum sich abschwächender Erfassung zwischen Partei- und Staatsführung einerseits und „Basis" andererseits zu richten. Aus dieser Sicht erscheint der formelle Repressionsapparat trotz seiner absurden Wucherung in Gestalt des MfS nicht als der Kern, sondern als die notwendige Randbedingung dieses Regimes.

Objektive Herrschaft

Die wichtigste Grundlage der SED-Herrschaft war die Besetzung und Teilung Deutschlands nach dem Dritten Reich und die Anwesenheit der Roten Armee in Ostdeutschland. Das ist nicht nur eine genetische Behauptung, sondern auch eine strukturelle für die ganze Dauer dieser Herrschaft. Sie heißt indessen nicht notwendig, daß die Sowjetunion Deutschland geteilt habe, sondern meines Erachtens wären bei dieser Frage die Politik der Westalliierten und das Drängen der deutschen kommunistischen Führer auf eine eigene Satrapie als gleichgewichtige Interaktionsfaktoren zu berücksichtigen, was uns hier aber nicht näher beschäftigen muß. Jedenfalls ist ohne die sowjetische Besatzung die Gründung der SED nicht vorstellbar, die ihrerseits auf der (damals allerdings noch nicht entscheidenden) Ebene der deutschen Politik ein wesentlicher Schritt zur nationalen Teilung war. Als die staatliche Teilung dann im Zuge der internationalen Blockformierung des Kalten Krieges vollzogen und die in den Massenmantel der SED eingehüllte Moskauer Führungsfraktion der KPD – die eine Größenordnung von wenig mehr als einem Zehntel der Bevölkerung repräsentierte – zur bestimmenden Kraft innerhalb des ostdeutschen Staates geworden war, blieb ihre Diktatur subjektiv wie objektiv an die Politik der sowjetischen Führung gekettet. Ihre größte Gefahr kam nicht von äußeren oder inneren Gegnern, sondern vom Zentrum des Imperiums, nämlich wie 1952/53 und schließlich 1989/90 wegen übergeordneter europapolitischer Interessen verhandelt zu werden. Solange die Sowjetunion ihr am Ende des Zweiten Weltkriegs gewonnenes Imperium mit Waffengewalt wie 1953, 56, 68 oder mit seiner Androhung wie später in Polen zusammenhielt, war der engste Anschluß an die Führungsmacht für die SED-Führung oberstes Gebot und ein innerer Systemwandel für das Volk eine Utopie. Der erste Versuch, diese Herrschaftsform ohne Rückendeckung aus Moskau zu verlängern, brach ihr das Genick.

Diese in der DDR zwischen Anhängern und Gegnern des Regimes unstrittige Voraussetzung seiner Existenz wurde indessen politisch innerhalb der Gesellschaft der DDR kaum thematisiert, sondern zu einem verdrängten Subtext ihrer konsensualen Arrangements, der, je länger er Bestand hatte, in Begriffe wie „Freunde" oder „Großwetterlage" entpolitisiert wurde. War diese stabil, so gewann die intermediäre SED-Herrschaft dadurch aber auch eine Ambivalenz, insofern sie nicht nur eine von außen gestützte Minderheit und die durch sie herbeigeführten Verhältnisse repräsentierte, sondern auch den Zugang zum eigentlichen Machthaber monopolisierte, ihn zu mäßigen oder seine Spielräume radikal auszunutzen versuchen konnte. Die SED-Führung hat beide Rollen als Vizekönig und Volkstribun mehrfach in der Öffentlichkeit auszuspielen versucht. Solange der Westen den Frieden und Jalta achtete, war an dieser Schlüsselstellung nicht zu rütteln, die erst unter den langfristigen Folgen des KSZE-Prozesses langsam ins Wanken geriet.

Die zweite Herrschaftsgrundlage der SED war ihre organisierte Ideologie, eine Art Selbstobjektivierung, die allerdings durch zahlreiche Linienwechsel in der praktischen Politik strapaziert wurde. Die SED hatte zwar kaum charismatische Führer, sie erfreute sich auch nur geringer freiwilliger Anerkennung im Volk, aber sie war auch keine bloße Gewaltherrschaft. Das Selbstbewußtsein ihrer Führung und ein Großteil der Kohäsion und Loyalität innerhalb der von ihr herbeigeführten Strukturen, bis weit über die Parteigrenzen hinaus, beruhte vielmehr auf einer politischen Religion. Deren Bedeutung lag nicht so sehr in der Wahrheit oder Falschheit ihrer einzelnen (auch wechselnden) marxistisch-leninistischen Dogmen und antifaschistischen Legenden, als vielmehr in der Objektivierung und dichotomisch-polemischen Grundstruktur ihrer Lehre und deren innerweltlichem Herrschaftsanspruch, dessen Durchsetzung vielfach an die Instrumente der Kirche, bevor sich der Staat von ihr trennte, erinnert.

Dieser Typus einer Priesterherrschaft ohne Propheten war namentlich für Faszination und Gewaltlegitimation der SED in der Ära Ulbricht wesentlich, während er in der zweiten Hälfte ihrer Herrschaft zwar keineswegs abwesend, aber formelhaft erstarrt und ritualisiert war. Er beanspruchte, einen Schlüssel zu einem objektiven Weltbild zu haben, und darin dem gemeinen Volk, das aber als erziehungsfähig eingeschätzt wurde, überlegen zu sein. Die Welt dieses Bildes war werthaft geteilt in Gut und Böse und in einer fortgeschrittenen Zeitverfassung. Die Ankunft des Heils, das virtuell schon präsent war, vollends zu bewerkstelligen, lag in den Händen der aufgeklärten Führung und an der Entscheidung des einzelnen, sich ihr und damit dem Guten anzuvertrauen und für sie aktiv zu werden, zu „kämpfen". Wer das nicht tat, konnte schnell in den Verdacht geraten, mit dem Bösen im Bunde (bzw. „feindlich-negativ") zu sein, und wenn sich dieser Verdacht mit allen möglichen Mitteln erhärten ließ und eine Bekehrung verweigert wurde, war der Ausschluß aus der Gemeinschaft der virtuell Guten fällig.

Das priesterherrschaftliche Element der Alten Genossen in der Nachkriegszeit gab ihrer Erziehungsdiktatur ein gutes Gewissen und ihrer Inquisition den Eifer; es eröffnete Neubekehrten huldvolle Aufnahme in die Gemeinschaft, stiftete hierarchische Ordnung und willige Askese und erlaubte, die vielen Verwundungen und Rückschläge wegzustecken, denn der Zweck heiligte die Mittel, wie schon Ignatius von Loyola gesagt hatte. Im Managerhabit der zweiten Generation der Funktionäre, die im Alltag der Kombinate angekommen waren, mag es schwerfallen, noch das klerikale Element der Aufbauzeit zu entdecken. Aber in der Zwischenzeit war die ökonomische Heilserwartung enttäuscht worden, und man hatte sich in der real existierenden Welt einrichten müssen. Die Exerzitien wurden nun weniger fundamentalistisch und eher auf Qualifizierung angelegt, der Kampf (für den Frieden) wurde an den Arbeitsplatz verlegt, und den Rückzug der Sünder ins off ihrer Datschen nahm man als Entlastung. Aber die Struktur der ideologischen Gemeinschaftsbildung blieb im Kern erhalten. Die Heiligenlegenden blieben, wenn sie auch weniger gern gelesen wurden. Die weise Führung blieb und wurde älter. Die Rituale und Festtage blieben und das Volk machte sie sich zunutze. Die lang ersehnte internationale Anerkennung führte nicht zur Öffnung, sondern das dichotomische Weltbild wurde mit verstärkter

Abgrenzung zu erneuern versucht, und die Inquisition wuchs, vor allem ins Innere – kaum noch öffentliche Scheiterhaufen, dafür operative Vorgänge zur seelischen Zerrüttung der Abgefallenen und Teufelsaustreibungen in die Hölle des Kapitalismus. Der Zugriff der SED-Führung auf „ihre" Menschen blieb bis ans Ende der DDR im Bild des Hirten und seiner Herde gefangen, und der braucht eben auch einen Hund. Als Egon Krenz als Repräsentant jener pensionsreifen Berufsjugendlichen, die lebenslang vor dem politischen Vatermord zurückgeschreckt waren, endlich General(sekretär) geworden war, rief er am Ende seiner ersten Rede namentlich und einzeln alle Berufsstände der Werktätigen auf, sich um die Partei zu scharen, und als krönenden Abschluß rief er die bewaffneten Organe an.

Den dritten objektiven Faktor in den Herrschaftsbedingungen der SED sehe ich in der langen Fortdauer von Folgebedingungen des Dritten Reiches. In der DDR gingen die Uhren langsamer als im Westen. Die Wohnungen, die Brötchen und die Bahn kosteten noch immer, was die Eltern dafür bezahlt hatten, und gemessen daran erzählten die Löhne vom Fortschritt. Die antifaschistischen Gebetsmühlen, die das Volk und die kleinen Nazis von Verantwortung freisprachen, wenn sie sich der antifaschistischen Führung unterstellten, klapperten immer noch, als man in der Bundesrepublik endlich anfing, den braunen Alltag aus dem Gedächtnis auszugraben und nach den Juden auch die Linken und dann, zögerlicher, die Sinti und schließlich die Fremdarbeiter einschließlich der Ostarbeiter als Opfer anzuerkennen und über die Verantwortung ihnen gegenüber zu diskutieren. Die Wiedergutmachungsansprüche der siegenden Russen als Opfer hatte Ostdeutschland früher anerkennen müssen, und es gehört zu den bemerkenswerten Befunden der deutschen Nachkriegsgeschichte, daß viele Ostdeutsche weit über die SED hinaus das auch innerlich taten und daß es auch in der Stunde der Wiedervereinigung praktisch keinen antirussischen Affekt gab. Aber wo gab es das auch schon einmal in der Weltgeschichte, daß die Kolonien einem Imperium nur Kasernen in der Heimat bauen mußten, damit es sich zum Rückzug seiner Truppen entschließen konnte?

Die Deutschen hatten 1945 eine Lektion in Macht gelernt, die von der vergangenen Macht geschrieben worden war und angesichts ihrer Niederlage verallgemeinert werden mußte. Das war im Westen nicht anders als im Osten, aber für die Anerkennung der neuen Machtverhältnisse im Osten waren sie besser geschult. Wieder gab es eine Staatsjugend, eine Staatsgewerkschaft, die sich statt um Tarifkonflikte und Streiks um Betriebsgemeinschaft und Sozialpolitik kümmerte, und eine Staatspartei, die allerdings viel höhere Anforderungen an die Mitgliedschaft und die Parteidisziplin stellte. Wieder gab es eine (diesmal: Menschen-)Gemeinschaft, der man sich einfügen konnte, und wenn man sich einfügen konnte, und, wenn man sich einfügte, ungeschoren blieb. Solange man keine Fragen stellte, wurden keine Fragen gestellt, jedenfalls wenn man zu der neuen „herrschenden Klasse" der Arbeiter gehörte. Der außengeleitete, autoritäre Charakter konnte sich einfügen und mußte sich nicht verantworten. Wer das nicht wollte, hatte – zumindest wenn seine familiären Bindungen seine gesellschaftlichen Aspirationen nicht überwogen – die Option der grünen

Grenze, später der Sektorengrenze Berlins und dann keine mehr als sich einzufügen. Mit einem Wort: Die SED erbte ein Volk, von dem sich gut ein Zehntel entzog, das aber im übrigen geschult war in seinen sekundären Nationaltugenden und wußte, wie man den Arm erhebt und die Hand in der Tasche ballt.

Die SED selbst aber hatte keinen Sinn für diese Ambivalenzen, und deshalb war ihr Schock am 17. Juni 1953 so unerwartet und tief. Daß sich in ihrer anpassungsbereiten Basis gleichwohl die Wut staute, war ihr verborgen geblieben. Danach wurde vieles klarer: jetzt wußte der Kaiser, daß er in seinen neuen Kleidern gerade bei seiner großbetrieblichen Basis keine Anerkennung mehr erwarten konnte, sondern mit Zuckerbrot und Peitsche regieren mußte. Die Zuckerbrote des Neuen Kurses und der Betriebsdiskussionen waren schnell verzehrt, aber die Peitsche der Betriebskampfgruppen[1] und der Wucherung des MfS blieben. Auch der Bitterfelder Weg löste die Spannung nicht, wurde seine Praxis doch weniger als Hebung der Arbeiterklasse zu den Höhen der Kultur denn als Erniedrigung der Berliner Intellektuellen in die Industrieprovinz empfunden und dann in einer Art Kulturakkordlohn abgefangen. Erst nach dem Bau der Mauer war wieder Einsicht in die Notwendigkeit gefragt, und der Entfall der Alternative erbrachte in der Tat mehr Leistung. Zwar nicht genug für eine Aufholjagd mit dem Westen, aber doch mehr, als die anderen Westprovinzen des Sowjetimperiums erbrachten, und also genug, um es der Aufrichtung des braven Soldaten Schwejk 1968 nicht nachzutun.

Herrschaftliche Generationensymbiose

Um die Folge zu verstehen, muß man noch einmal zurückgreifen, denn auch die politische Generationenfolge der DDR hat Elemente der Ausgangssituation nach 1945 bis an ihr Ende in modifizierter Weise prolongiert. Die Gruppe, die sich in der SED in ihrer Etablierungsphase durchsetzte, kam aus jenem Teil der vorfaschistischen KPD, der die Partei stalinisiert und in der Wirtschaftskrise durch die Mobilisierung von Jugend und die Proteststimmen Arbeitsloser vor allem aus dem sozialdemokratischen Lager eine revolutionäre Scheinblüte erlebt hatte. Sie war als Hauptadressat des politischen Terrors der Nazis in der Machtergreifungsphase als politische Kraft im wesentlichen zerschlagen und die Masse ihrer Funktionäre für die ganze Dauer des NS-Regimes in Zuchthäusern und KZs inhaftiert worden. Eine Minderheit konnte sich dem Zugriff durch Emigration entziehen, wo sie erneut aufgespalten wurde: grob

---

1 Charakteristisch an den nach dem 17. Juni 1953 gebildeten Betriebskampfgruppen scheint mir nicht nur, daß sie die Militarisierung der DDR-Gesellschaft beschleunigte und bedeutend erweiterte und daß sie den Parteigewaltigen eine Bürgerkriegsmiliz für künftige innere Krisen zur Verfügung stellte, sondern im Kern, daß sie unter denjenigen, von denen nach der Erfahrung des 17. Juni solche Krisen vor allem zu erwarten waren, eine Führungsschicht schon im Vorfeld einer Krise unter Kriegsrecht zu stellen erlaubte. Es ging also im Kern um die militärische Disziplinierung innerhalb der eigenen betrieblichen Basis und viel weniger um eine Eingreiftruppe gegen Gewaltpotentiale in oder gegen die Betriebe, die ja nie bestanden.

gesprochen ging der jüdische Teil in westliche Exilländer und die Masse der übrigen in die Sowjetunion, wo etwa die Hälfte ihrer Führungsgruppe den stalinistischen Säuberungen verfiel. Wer durchkam, hatte eine gute Chance, 1945 nach Deutschland zurückzukehren und dort in den Führungsstäben der KPD/SED eine Funktion zu erhalten.

Wir haben es also mit einer sehr kleinen und gebeutelten, im originären Stalinismus „bewährten" Gruppe zu tun, die insgeheim nach wie vor die Schuld am Dritten Reich der Sozialdemokratie zuschob und bis zum Beweis des Gegenteils argwöhnte, daß jeder Genosse, der die NS-Zeit im Reich und besonders in seinen Lagern überlebt hatte, kollaboriert haben mußte. Den Etablierungsjahren der SED-Herrschaft geht eine innere Selektion der angestammten oder neuerworbenen Bündnispartner aus der Linken parallel, in der alles aus der Führungsgruppe oder auch aus der Partei gedrängt wurde, was im Verdacht stand, sich nicht willig in den stalinistischen Aufbau einzufügen: Sektierer (das heißt nicht-stalinistische Kommunisten), Sozialdemokraten, die sich nicht leiten lassen wollten, Westemigranten (in der Regel Juden), Führungskader aus dem KZ, deren Parteitreue man beargwöhnte und deren Charisma des Leidens und des Überlebens an der richtigen Front man beneidete, etc. Nachdem die Moskauer Altstalinisten die Führungskämpfe der Gründerzeit mit den Mitteln der Inquisition für sich entschieden hatten, hatten sie zwar die abgeleitete Macht in Händen, aber kaum noch Kader mit Führungsqualitäten zur Verfügung. Diese wollten sie – Demiurgen des „Neuen Menschen" – sich nun selbst backen und suchten das Rohmaterial für diese aufzubauende Kaderreserve außerhalb des Erfahrungsraums der Linken: nämlich einerseits und eher für untergeordnete Funktionen zum Beispiel im Gewerkschafts- oder Polizeiapparat unter den bisher Unpolitischen (später auch unter den kleinen Nazis) aus dem Arbeitermilieu und andererseits und vor allem unter dessen (besonders männlicher) Jugend, die mit dem Instinkt der Klasse und der Ungeprägtheit des frühen Lebensalters als spezifisch bildungsfähig erschien. Sie wurde nun mit Bildungs-, Anpassungs- und Bewährungschancen überhäuft, um in absehbarer Zeit die übernommenen bürgerlichen Funktionseliten in allen Bereichen der Gesellschaft ablösen und als Führungsreserve in der Partei dienen zu können. Die stoßhafte Rekrutierung dieser sogenannten FDJ-Generation Ende der vierziger und in den fünfziger Jahren, die seit den sechziger Jahren so ziemlich alle mittleren und höheren Vorgesetztenfunktionen – weniger in den Kirchen der Medizin und technisch-naturwissenschaftlichen Bereichen – besetzte, hat die politische Grundkonstellation der DDR bis zu ihrem Ende bestimmt.

Diese Generation, die sich später wie eine Bleiplatte über die nachfolgenden Generationen legte, war nämlich aufs Ganze gesehen keineswegs ungeprägt, und sie wollte auch nicht wirklich führen, das heißt ihre Ziehväter ablösen. Ihre sekundäre Sozialisation war nicht von der Kultur der Arbeiterbewegung, sondern von den NS-Jugendorganisationen und von frühem Militärdienst im Zweiten Weltkrieg bestimmt worden und hatte einen exekutiven Funktionstyp vorgeprägt, der hernach um so williger sich einfügte und entfaltete und die großzügigen Aufstiegschancen wahrnahm, als die alten Genossen ihm keine Selbstreflexion, sondern nur eine Umorientierung und rastlose Aktivität abverlangten und ihm erneut ein dichotomisch-polemisches Weltbild und den Weg zu neuen Siegen („Von der Sowjetunion lernen...") boten. Einige haben später in gereiftem Lebensalter (überraschend zeitgleich mit ihren Geschwistern in Westdeutschland) die versäumte Selbsterforschung nachzuholen gesucht und dadurch – wie etwa Christa Wolf – Kreatives oder Führungspotential in sich befreit. Die Masse der FDJ-Generation klammerte sich aber an die Richtigkeit ihrer lebensgeschichtlichen Wende und an diejenigen, die ihnen dazu verholfen hatten, waren durch die Masse und Schnelligkeit der Umstellungen, Ausbildungen und Verantwortungen überfordert und erschöpften sich auf mittlerer und höherer Ebene in rastloser Loyalität. Als sich die Repräsentanten dieser Führungsreserve nahe der Pensionsgrenze im Herbst '89 endlich aufrafften, ihre Wandlitzer Mentoren zu verabschieden, war es nicht nur fünf nach zwölf, sondern sie hatten auch weder Autorität errungen noch Perspektive erarbeitet.

Macht der Gewohnheit

Im Rahmen der Kontinuitätsbrüche der jüngeren deutschen Geschichte gehört die SED-Herrschaft zu den dauerhaften Phänomenen, und ihr politisches Organisationsgeflecht zur Erfassung, Betreuung, Chancenvermittlung und Kontrolle erheblicher Teile der Bevölkerung war das relativ größte[2] und vor allem längstanhaltende der deutschen Geschichte. Beides scheint mir darauf hinzuweisen, daß sie in reinen Strukturbegriffen wie Totalitarismus, Gewaltherrschaft, Unrechtsstaat etc. historisch nicht zureichend verstanden werden kann, obwohl solche Begriffe durchaus Elemente ihrer Herrschaft zu charakterisieren vermögen. Wenn ich hier von Satrapie, von politischer Religion, Säkularkirche oder organisierter Ideologie und von der Verlängerung einer Nachkriegslage durch eine sehr spezifisch politisch herbeigeführte Generationenkonstellation gesprochen habe, so habe ich Begriffe gewählt, die mehr zur Herstellung von historischen Bezügen einladen und auf begrenzende Notwendigkeiten und den merkwürdig objektivierten, subjektentkernten Grundcharakter dieser Herrschaft hinweisen.

Von ihrem implosionsartigen Ende her gesehen muß insofern noch eine weitere historische Dimension hinzugefügt werden: die Gewöhnung oder wie Max Weber das Grundproblem des Andauerns einer charismatisch begründeten Herrschaft nennt – die Veralltäglichung. Das ist nicht nur ein Grundelement der Ära Honecker, sondern – ich habe bereits darauf hingewiesen – auch eines der Erbschaft an Dispositionen in

---

2 Die Aussage gilt vor allem im Vergleich zu allen pluralistischen Systemen, und aufgrund eines Grobvergleichs vermute ich, daß sie sich auch im Verhältnis zum Nationalsozialismus bewähren wird. Aber da meines Wissens ein empirischer Vergleich organisatorischer politischer Erfassung und politisch induzierter sozialer Mobilität zwischen dem Dritten Reich und der DDR noch aussteht, handelt es sich insofern um eine Vermutung.

der Bevölkerung, das die KPD/SED unter den Überlebenden des Dritten Reiches und des Zweiten Weltkriegs angetreten hatte. Um noch einmal Max Weber zu zitieren, setzt alle Herrschaft auch Gehorsamsbereitschaft voraus, und diese war unter den Deutschen nach 1945 in überreichem Maße vorhanden, Ost wie West. Wer die Komplexität ihrer Welt und ihren Schuldkomplex reduzierte, einen Neuanfang versprach und dabei das Moralische mit dem Siegreichen und Zukunftszugewandten verknüpfte, konnte viele aus der öffentlichen Lethargie (der Ideologie des schieren Überlebens) reißen, für den durchaus selbstlosen Einsatz für Gemeinschaftsideale begeistern und dabei zumindest bei diesen auf die Verdrängung der Gewalt, bei anderen auf die Gewöhnung an sie und bei wieder anderen auf Konfliktvermeidung vertrauen.

War die Herrschaft erst einmal etabliert und deutete die Großwetterlage nach 1953, 56, 61, 68 auf unveränderlich und war der Idealismus des Materialistischen im Alltag seiner ökonomischen Realisierung angekommen, tat ein anderer Prozeß der Gewöhnung und Veralltäglichung seine Wirkung. Freiheit sei in Wahrheit Einsicht in die Notwendigkeit, hatte der wirkungsmächtigste der deutschen Philosophen gelehrt, als er unter den Linden angekommen war, und Friedrich Engels hatte das für die Linke bekräftigt. Nun wurde nicht mehr so heiß gegessen wie gekocht. Man hatte die Sprache des Ökonomismus gelernt und wußte, sie gegen ihre Urheber zu kehren. Man kannte die Angst der Oberen vor Unruhe in der Basis der „herrschenden Klasse" und vernichtete damit die geringen Spielräume der Politik. Auch wer die sozialistischen Rituale gehaßt hatte, als sie aufgepfropft wurden, begann sie nun als Festkalender oder Alltagscodes zu benutzen. Im Verhältnis zur Massenhaftigkeit der Rückzüge in eine Privatheit, aus deren Kontrolle sich die zur Staatskirche mutierte Sekte zurückzuziehen begann, ist es bemerkenswert, daß immer nur begrenzten Gruppen, die durch irgendwelche in die Öffentlichkeit hinein wirkenden Aktivitäten (und sei es der harmlosesten Art) auffällig geworden waren, ein Spitzel in ihre Nische geschickt wurde.

Ich würde es nicht, wie Günter Grass, eine „kommode Diktatur" nennen, aber daß es in den siebziger Jahren eine Akkomodierung zwischen SED-Führung und Bevölkerung gegeben hat, scheint mir unbezweifelbar, wenn ich auch zugeben muß, daß es dazu fast völlig an Forschungen fehlt. Indessen wurde gerade in dieser Zeit der sozialpolitischen Pragmatisierung, der konsumgesellschaftlichen Erwartungen und ersten Erfüllungen der Observierungsapparat des Berichtswesens von Partei und Gewerkschaft und dann vor allem auch der Staatssicherheit vollends perfektioniert und aufgebläht. Gerade dies erscheint mir darauf hinzudeuten, daß das Wachstum solcher Apparate nicht mit realen Gefahren korreliert, sondern anderen Gesetzen gehorcht, namentlich den Projektionen einer Führung die ihren Glauben verliert, und der „Verwissenschaftlichung" und Selbstbedienung der geheimen Stäbe in einer langen Phase der Veralltäglichung von Herrschaft.

Zur Gewöhnung gehört auch die Verdrängung. Wie Westler die Plakate der Warenwerbung an ihren Wänden nur noch selten wahrnehmen, in ihren Zeitschriften überschlagen und beim Fernsehen aufs Klo gehen, wenn der Talkmaster „after this..." gesagt hat, sahen Ostler in der Regel ihre Städte, als hingen die vielen Spruchbänder gar nicht da, als gäbe es die monströsen Komplexe des MfS in ihren Stadtzentren nicht, als prangte nicht auf allen besseren Bahnhöfen in Goldlettern der Hinweis auf die Dienststelle der Stasi. Für manche, wohl eher Parteinahe, die deshalb ja noch lange nicht Reisekader geworden sein mußten, war selbst die Mauer kaum noch wahrnehmbar, weil sie in ihrem Alltag nicht vorkam. Einem neugierigen Fremden könnte allerdings jeder – freilich wollte das nicht jeder – sagen, wo der nächste offene oder verdeckte Beobachtungsposten des MfS stand, Geschichten über Beanstandungen des ABV erzählen oder in seine Lebensgeschichte einfließen lassen, daß aus diesem oder jenem Anlaß mit ihm oder ihr „gesprochen" worden sei und daß man/frau dann eben (meistens) auf den Rat gehört habe. Immer wieder habe ich in der DDR gehört, wie die Existenz der Stasi dadurch normalisiert wurde, daß sie mit dem BND verglichen wurde, weil eben jeder Staat so etwas habe – seit der Wende wissen wir aber, daß das MfS der kleinen DDR weit über zehnmal soviel hauptamtliches Personal hatte als der BND und der Verfassungsschutz zusammen.

Veralltäglichung von Herrschaft ist ein wechselseitiger Prozeß. Anfang der achtziger Jahre entdeckte selbst Honecker wieder den „deutschen Boden", von dem nie wieder ein Krieg ausgehen sollte, und der aus dem katholischen Saarland hinzugestoßene Wessi mußte sich von seinen in Besitz genommenen neuen Landsleuten im schönsten Lutherdeutsch antworten lassen, daß dann auch hierzulande „Schwerter zu Pflugschare" umgeschmiedet werden sollten. Im letzten Jahrzehnt der DDR kamen sich die Kirchen der DDR und die SED in ihrer Sorge um die Zersetzung der Gesellschaft, ihre Sinnentleerung, ihre Selbstmordraten, ihren Materialismus und ihre Faszination von der Warenwelt in dem ob der Großwetterlage doch so unerreichbaren Westen auf verschwiegene Weise näher. Beide hatten indessen wenig inhaltlichen Einfluß auf die Perspektiven der unter dem Arrangement der älteren Generationen entfremdeten Jugend, aber sie hatten Grundbesitz und konnten ihr Vergemeinschaftungsräume bieten. Die kargeren, aber feierlicheren, stimmigeren Räume der konventionellen Kirchen und ihre missionarische Abstinenz machten das Rennen, weil Zurückhaltung Freiheit und wirkliche Autorität signalisierte. Wenn dies die Aufmerksamkeit der bewaffneten Organe, halb unmittelbare Gefahr, halb Räuber und Gendarm, auf sich zog, konnte das nur die Aura des Widerstands erhöhen. Die SED, eingeschweißt in die Ekelpackungen ihres ungekonnten Ökonomismus und der Drohgebärden ihres bürokratisierten Terrorapparats, hatte den Kampf um die Seele der kräftigeren Teile der jüngeren Generationen verloren. Als ihre Sanduhr auslief, waren es die Aktiven dieser Generationen, die (einerseits) an den Zügen aus Prag über Dresden in die Bundesrepublik hingen und die (andererseits) zuerst das Altstadtrund Leipzigs umkreisten und vor der „Runden Ecke" haltmachten.

Diesseits der Stasi – Komponenten im Verhältnis von SED-Führung und Basis

Ich möchte nach diesem Überblick über historische Grundbedingungen der SED-Herrschaft und ihrer Entwicklung jetzt noch einmal die wichtigsten Aspekte im Verhältnis zwischen SED-Führung und Basis diesseits der Stasi durchdeklinieren, um einige konkretisierende Erinnerungen wachzurufen und diese um vier Problemkomplexe zu lagern. Damit werden Ambivalenzen der „Durchherrschung" der DDR-Gesellschaft, der häufigen Widerläufigkeit von politischer und sozialer Erfahrung vergegenwärtigt, die in der Systemfixierung westlicher Interpreten und in den öffentlichen (weniger in den privaten) Fixierungen vieler ostdeutscher Bürgerbewegter meistens nicht mehr vorkommen. Ich erhoffe mir davon in unserem Zusammenhang vor allem eine Annäherung an die genauere Bestimmung des Ortes von Terror und Kontrolle durch den Staatssicherheitsdienst in diesem Verhältnis. Dem werde ich mich dann im abschließenden Abschnitt zuwenden.

Mobilisierung und Perspektive

Die Gründungsphase der SED war von einem tiefgreifenden Widerspruch gekennzeichnet. Auf der einen Seite versuchte der Kern der kommunistischen Führung 1945/46 mit allen Mitteln, eine quantitativ erhebliche, weit über ihren verbliebenen Traditionsstamm hinausreichende und mit dem weit größeren und weniger ausgebluteten Potential der Sozialdemokratie vergleichbare Basis zu mobilisieren, andererseits einen Zugriff auf diese größere Basis der Sozialdemokratie zu erhalten. Dieser pragmatisch-manipulative Vorgang hat indessen so viele abgestoßen, daß er nur noch etwa die Hälfte der Stammanhängerschaft der KPD und der SPD von vor 1933 mobilisieren konnte und im übrigen traditionell unvorgeprägte, unpolitische und tendenziell vom NS enttäuschte Gruppen rekrutieren mußte. Da die Sozialdemokratie im Wettlauf vor der Vereinigung, nachdem diese unabweisbar geworden war, eine ähnliche quantitative Mobilisierung betrieben hatte, war die Mehrheit der dann gegründeten SED nicht eine Gesinnungsgemeinschaft der Linken, sondern ein Sammelsurium aus den Anpassungsbereiten in beiden Traditionsfraktionen der Arbeiterbewegung und in wachsendem Maße aus postfaschistischen Unpolitischen, Suchenden und auch Karrieristen. In dem Maße, in dem in den Folgejahren die politischen Eliten der konkurrierenden Linken von den Moskauer Exilkommunisten ausgeschaltet wurden, entstand eine Volkspartei „neuen Typs", das heißt eine streng hierarchisierte Kaderpartei fügsamer Apparatschiks. Diese verwaltete eine Basis, die nur zu einem geringen Teil Erfahrungen in der Linken hatte und die nur durch die unterschiedlichsten persönlichen Motivationen für ihren Parteibeitritt von der Masse der Bevölkerung unterschieden war.

Dieser Parteistamm wurde im Zick-Zack-Kurs der fünfziger Jahre arg strapaziert, aber mehrheitlich in der Erwartung auf die postrevolutionäre Gesellschaft und ihren direkteren, planmäßigen Weg zum Massenwohlstand bei der Stange gehalten. Diese Perspektive, deren illusionärer Ökonomismus („Überholen ohne einzuholen") durch den Aufbau eines weitgehend entwirklichten kollektiven Gedächtnisses des Antifaschismus werthaft überhöht wurde, wurde in den sechziger Jahren enttäuscht, und die Niederschlagung des Prager Frühlings bezeichnet insofern das Ende der Hoffnungen auf einen komplexeren und evolutionsfähigen Sozialismus. An seine Stelle traten in den siebzigern die kleinen Schritte realisierter Sozialpolitik, die mit einem spürbaren Rückzug der ideologischen Kontrolle aus dem Privatleben, aber auch mit zunehmenden Problemen in der alltäglichen Versorgung gepaart waren. Im letzten Jahrzehnt war zwischen der Unerfüllbarkeit auch dieser reduzierten Erwartung und einem Alltag der Rückzüge jede politische Mobilisierbarkeit der Basis sei es für ideelle, sei es für materielle Ziele des Sozialismus erlahmt. Perspektive gab es nicht mehr in der SED. Die Beruhigung in einem bescheidenen Massenwohlstand hatte die ökonomische Regenerationskraft des Landes ausgezehrt, die angesichts der dritten industriellen Revolution im Weltmaßstab notwendiger denn je gewesen wäre.[3] Wo Reformer über Leistungsanreize und also eine Umverteilung von unten nach oben nachdachten und wo Industriekader Investitionsmittel anmahnten, stießen sie bei den Parteioberen auf taube Ohren, in denen noch die Lehren des 17. Juni nachklangen: denn solche Mittel hätten dem Sicherheitskomplex der DDR – Sozialstaat und Polizeistaat – abgezogen werden müssen.

Ähnliche Rhythmen des Zukunftsschwunds lassen sich auch für die Masse der Bevölkerung der DDR vermuten, die sich – wie gesagt – von der Masse der SED-Mitglieder nicht so grundsätzlich unterschied, besonders in der zweiten Hälfte der DDR-Geschichte. Vielfach waren Parteibeitrittsmotive persönlichen Konstellationen (eher als besonderen Überzeugungen) und der politischen Achillesferse beruflichen Aufstiegsstrebens geschuldet, und die einfache Mitgliedschaft brachte als solche noch keineswegs größere Vorteile, vielmehr vor allem vermehrte Kontrolle und schwer abweisbare Zusatz-Anforderungen. Der Unterschied lag mehr in den ersten

---

[3] Es scheint mir zu wenig beachtet zu werden, daß in dieser Phase noch vor dem Zusammenbruch der Gesellschaften sowjetischen Typs auch im Westen die „gemeinwirtschaftlichen" Einrichtungen im Umfeld der Arbeiterbewegung, die gerade in Westdeutschland eine bemerkenswerte Größe hatten, an ähnlichen Problemen (Gigantomanie, unterqualifizierte Führung und Kontrolle, unflexibles Reagieren auf die Veränderung der Märkte, Verlust der kulturellen Perspektive, um nicht von Hegemonie zu sprechen u.ä.) scheiterten. Es ist, obwohl noch nicht lange her, schon fast vergessen, daß die Gewerkschaften einmal eine Großbank besaßen, daß es omnipräsente Konsumgenossenschaften gab, daß die Neue Heimat der größte Bauträger Europas war, daß es im Umfeld der Arbeiterbewegung kulturell präsente Publikationsorgane, Verlage, Buchclubs und Intellektuelle gab und daß „paritätische Mitbestimmung" in der Politik nicht nur ein Nachkriegsrelikt, sondern ein zumindest diskutables, wenn auch nicht durchsetzbares Zukunftsmodell der Unternehmensverfassung war. Der Niedergang sozialdemokratischer Ordnungsvorstellungen und die Diskussionen über das Ende der Arbeiterbewegung, des „Fordismus" und des schwedischen Modells im Westen gingen der Implosion des Kommunismus voraus. Eric Hobsbawm spricht mit Recht von einem „Erdrutsch" quer durch die Industriegesellschaften.

beiden Nachkriegsjahrzehnten, als der sogenannte Aufbau des Sozialismus mit Hilfe der „Staatsmacht", das heißt unter vielfältigem Einsatz seines Gewaltmonopols, betrieben worden war und zu einer verhängnisvollen Polarisierung der Gesellschaft, der Vergeudung, wenn nicht Repression überlieferter Qualifikationspotentiale und hohen Emigrationsraten vor allem junger qualifizierungswilliger Männer geführt hatte. Durch den Mauerbau wurde dieser Braindrain gestoppt, und danach wurden der zweiten Generation des Restbürgertums auch wieder Aufstiegschancen in die nivellierte Bildungsschicht eingeräumt. Dadurch entspannte sich die Gesellschaft in den folgenden beiden Jahrzehnten beträchtlich, verlor aber auch ihre modellhafte Zukunftsspannung. Im Systemvergleich sozialpolitischer Versorgung und individualisierter Konsumerwartungen zog sie meistens den kürzeren, aber zunächst wurden eher die eigenen Fortschritte als die wachsenden Differentiale zum Westen wahrgenommen. Zwischen Entspannung und Stagnation erscheinen die siebziger Jahre als eine Übergangsphase des relativen Friedens zwischen Führung und Basis, der durch die Biermann-Ausbürgerung zunächst auch nur gegenüber den Intellektuellen und Kulturschaffenden aufgekündigt wurde. Die Kosten der Privatisierung (die Abhängigkeit von Westgeschenken und vom Westfernsehen, der grassierende Alkoholismus, die bedrückende Altersarmut, die schwindende Arbeitsdisziplin und -produktivität, die Ausplünderung alles „Volkseigenen" für den Aufbau Datschikistans, das verbreitete Desinteresse an den eigenen öffentlichen Dingen) und die Entfremdung der jungen Generation traten erst im letzten Jahrzehnt der DDR in ihrem ganzen Umfang in den Blick. Damals waren aber die Möglichkeiten bereits erschöpft, dieser Auszehrung eine politische oder wirtschaftliche Perspektive entgegenzusetzen.

Ich will damit keinesfalls sagen, daß es nicht auch vor den achtziger Jahren bemerkenswerte Gruppen in der DDR gegeben habe, die sich in einer bestimmten Phase oder überhaupt politischen Angeboten oder Zudringlichkeiten konsequent und zum Teil auch unter erheblichen Opfern entzogen hätten. Aber so, wie es zu DDR-Zeiten falsch war, der Masse des Volkes ob seiner Stille einen weitgehenden Konsens mit der Partei- und Staatsführung zu unterstellen, so wäre es auch heute falsch, diese schweigende Mehrheit dem anderen Pol eines persönlich verbürgten und im einzelnen vielfach erlittenen Widerstands zuzuschlagen.

Gleichwohl hat es Momente in der Geschichte der DDR gegeben, in denen das Maß des Hinnehmbaren in breiten Schichten des Volkes überschritten war (wie im Sommer 1953 und seit dem Sommer 1989). Am Anfang der beiden tiefsten Krisen des SED-Regimes standen bemerkenswerter Weise enttäuschte Erwartungen, die aus einer Veränderung der „Großwetterlage" (sozusagen aus einem Hoch im Osten) geboren waren, in der die SED-Führung außer Tritt mit Moskau geraten war: nur wenn sie in ihrer Handlangerrolle gegenüber dem wirklichen Machthaber unglaubwürdig wurde, wuchsen die Risiken oder Chancen populärer Widerständigkeit jenseits kleiner und entschiedener Oppositionsgruppen. In geringerem Umfang haben immer wieder vor allem Ausschließungsmaßnahmen des Regimes und seine Frustration von Hoffnungen auf Veränderung Opposition in Teilgruppen (mehrfach eher innerhalb als außerhalb der Partei) mobilisiert wie etwa nach dem XX. Parteitag der KPdSU, Mitte der sechziger Jahre, 1968, nach der Biermann-Ausweisung oder in Gestalt der autonomen Teile der Friedensbewegung während der Nachrüstungsdebatte. Zwischen den fünfziger und den achtziger Jahren kamen diese Oppositionskerne überwiegend aus der Partei selbst, aus der Enttäuschung über aufgegebene idealistische Perspektiven und Aussichten auf einen dritten Weg. Es erschiene mir falsch, die Spitzen dieser Oppositionskonjunkturen (von wechselnden Gruppen) oder gar des populären Aufbegehrens von 1953 und 1989 gleichsam durch eine Trendlinie verbinden und dadurch die Fiktion einer umfassenden Daueropposition begründen zu wollen. Dazu waren diese Antimobilisierungen zu kurzzeitig und ihre Trägerschaften und Perspektiven zu unterschiedlich, und die Aktivkerne jeweiliger Oppositionsansätze wurden immer wieder durch die Repressionsorgane ausgeschaltet oder/und über die innerdeutsche Grenze gedrängt oder verkauft. Hierin unterscheidet sich die DDR auch von anderen volksdemokratischen Ländern wie Ungarn und Polen, in denen residuale Institutionen und Milieus und nationale Kohäsion eine Kontinuität von Oppositionskernen ermöglichten und einen Rückhalt für ihre gesellschaftliche Ausstrahlung boten.

Charakteristisch für die Diskontinuierlichkeit oppositioneller Latenzen ist der tiefe Einschnitt 1961. Es scheint mir kein Zweifel, daß der Mauerbau bei der großen Mehrheit der DDR-Bevölkerung mit tiefer Empörung aufgenommen wurde und selbst in der SED-Mitgliedschaft seine Begründung als „Errichtung eines antifaschistischen Schutzwalls" als lächerlich erschien. Zu einer politischen Gegenbewegung aber konnte es nicht kommen, zumal die Reaktion des Westens die Grundlektion der Nachkriegszeit, daß an Jalta nicht gerüttelt werden könne, erneut auf die deprimierendste Weise erteilte. Trotz Empörung und Unglaubwürdigkeit (und einer zunächst ansteigenden Verhaftungswelle) gab es aber weit über die Partei hinaus eine Rationalisierung der Notwendigkeit der Grenzschließung, weil anders die Funktionalität der DDR-Gesellschaft nicht zu stabilisieren sei, und diese Einsicht wurde, wenn auch nur für wenige Jahre, durch ökonomische Reformen und kulturelle Lockerungen belohnt. Im folgenden Jahrzehnt, in dem die DDR-Gesellschaft fast vollständig auf Binnenkommunikation beschränkt blieb, wurden die objektiven Grundsteine dessen gelegt, was jetzt im Rückblick DDR- oder Ost-Identität genannt wird. Sie bestand bei der Mehrheit der Bevölkerung weder in einer Mobilisierung für die SED-Führung noch gegen sie, sondern im Abschneiden anderer Perspektiven und im Einlassen auf die gegebenen Verhältnisse als Erfahrungs- und Aktionsraum, und das war überwiegend ein beruflicher und privater.

Ich bin allerdings nicht sicher, ob kollektive Identität ein nützlicher Begriff sein kann und nicht eher ein vieldeutiges Etikett einer Begriffsverwirrung ist. Soweit er nützlich ist, hat er etwas mit der Internalisierung von sozialen Erfahrungsräumen und dem Spannungsaustrag zwischen individuellen Antrieben und Traditionen einerseits und der Verinnerlichung objektiver sozialer Anforderungen und kollektiven Gegebenheiten andererseits zu tun. In diesem Sinne könnte man sagen, daß die gesellschaftlichen Spaltungen, die der Aufbau des DDR-Sozialismus mit den Mitteln der Staatsmacht in ihrem inneren wie im nationalen Zusammenhang hervorgerufen hatte, nun nach dem Mauerbau – und dann noch einmal beim innerparteilichen Potential des Reformkommunismus und eines Dritten Weges nach 1968 – durch den Wegfall alternativer Perspektiven ins Innere der Individuen verlegt wurden, wo auf je individuelle Weise ein Spannungsausgleich gesucht werden mußte. Das Ergebnis war insgesamt, bis mit Gorbatschow neue Alternativen auftauchten, eine Demobilisierung der Gesellschaft.

Organisierung und Kontrolle

Das wichtigste Merkmal der „political culture" der DDR war ihr extremer Organisationsgrad in monopolistisch geführten und autoritär strukturierten Verbänden und Institutionen unterschiedlicher Vergemeinschaftsdichte. Ich brauche das hier nicht im einzelnen zu beschreiben, will aber doch betonen, daß im Berufsleben stehende Bürger der DDR, die in gar keiner der von der SED betreuten oder mit ihr verbundenen Organisationen waren, je länger desto mehr eine Rarität wurden. Wer als „gesellschaftliche Aktivität" nur einen Sport- oder Schrebergartenverein („Sparte") vorzuweisen hatte, war schon fast ein beargwöhnter Held des Rückzugs. Sieht man es aus der Perspektive der Unwilligen, so war die DSF (die statutenmäßig die weitestgehende Anerkennung der Machtgrundlagen des Regimes forderte) die mindeste Kompromittierung und der FDGB mit seiner Zuständigkeit für Akkord, Renten und Reisen praktisch ein Muß. Der gewerkschaftliche Organisationsgrad lag nahe bei 100 Prozent, und die „Deutsch-sowjetische Freundschaft" wurde einem allenfalls dann erlassen, wenn man selbst oder Familienangehörige in sowjetischen Sonder- oder Kriegsgefangenenlagern gelitten hatten. Die FDJ erfaßte die Jungen, die Volkssolidarität betreute die Alten.

Am anderen Ende des Spektrums stand die Partei, die mit einem knappen Fünftel der erwachsenen Bevölkerung mehr erfaßte, als je eine Partei oder auch das gesamte Parteienspektrum in der deutschen Geschichte gesellschaftlich organisiert hatte (und das heißt eingedenk unserer deutschen Vereinsmeierei wohl: in der Weltgeschichte). Dazu kamen die anderen Blockparteien als die SED fürs Bürgertum, freilich letztlich seit den sechziger Jahren weder mit großen Pflichten noch Einflußmöglichkeiten außer bei der Postenverteilung, mit noch einmal stark vier Prozent. Zwischen diesem engeren Vorhof der Herrschaft und ihrer virtuellen Totalerfassung der Gesellschaft in unausweichlichen, aber immer noch durchideologisierten und -ritualisierten Organisationen bestand ein Kontinuum der Organisation, Betreuung und des Engagements in tausend kleinen Posten und der Kompromittierung und Kontrolle. Es ist deshalb kein Zufall, daß DDR-erfahrene, aber SEDfremde Wissenschaftler wie der Religionssoziologe Detlev Pollack von einer „Organisationsgesellschaft" sprechen.

Je länger desto mehr wurde dieses Erfassungssystem durch ein fast ebenso dichtes System der gesellschaftlichen Anerkennung durch Prämien, Orden und Preise ergänzt, von dem in der DDR jedenfalls gegenüber einem Außenstehenden wie mir) nur mit bescheidener Beschämung gesprochen wurde und dessen große Brocken in der Regel bei der Nomenklatura und den Kulturschaffenden verblieben. Aber in der betrieblichen Praxis bewährten sich die Streicheleinheiten des Regimes doch, sonst hätten vor allem in den sechziger und siebziger Jahren nicht ungezählte Individuen und viele, viele Tausende von Kollektiven Jahr für Jahr in wachsenden Zahlen an den vielen Formen des sozialistischen Wettbewerbs teilgenommen und sich in Wandtafeln und Betriebsversammlungen feiern lassen. Gewiß hing da auch immer ein Stück Akkordlohn dran, aber die Beträge waren zu bescheiden, als daß man damit einem fundamental Oppositionellen hätte seine Gesinnung abkaufen können.

Die Organisationsdichte der DDR-Gesellschaft war das Kapillarsystem ihrer bürokratischen Zuwendung zum einzelnen, der gerade durch diese Zuwendung kontrolliert und zum Objekt eines umfassenden und pluralen Berichtssystems wurde, das die Öffentlichkeit mit ihrer Dauerberieselung von oben nach unten in ihrer anderen Funktion, auch Meinungen der Basis nach oben kommen zu lassen, auf geheime Weise ersetzen sollte. Ich bin immer noch skeptisch, ob dieses Berichtssystem über die Masse der Gesellschaft – oder auch das MfS-System zur Ausspähung „feindlich-negativer Kräfte" – das leisten konnte, weil mir die durchschnittlichen DDR-Bürger als zu geschult im Umgang mit ihrem gespaltenen Kopf zur Äußerung ihrer privaten Meinungen und die Agenten der Berichtssysteme als zu politisch geschult zu einer unverstellten Wahrnehmung der Wirklichkeit erscheinen. Aber vielleicht liege ich hier falsch, und es war doch alles viel einfacher. Die Stasi-Akten, die ich gelesen habe, waren ziemlich blöd, aufgeplustert bürokratisch, unglaublich paranoid und projektiv und hasteten flügelschlagend den wirklichen Ereignissen und ihrer Komplexität nach. Aber ich muß zur Kenntnis nehmen, daß ein Leser seiner Akten in der Gauck-Behörde nach dem anderen sich nun post festum in seinem widerständigen, „feindlich-negativen" Charakter richtig erkannt sieht und den Berichtssystemen der DDR seinen späten Tribut zollt. Das will ich hier nicht psychologisch interpretieren, sondern unentschieden lassen.

Ich will aber hervorheben, daß die Berichtssysteme über den Kern und die Masse der DDR-Gesellschaft nicht primär bei den Hinterlassenschaften des MfS aufzufinden sind, sondern in den Akten der Partei und der Gewerkschaft, und daß sie schwer zu lesen sind, weil die historische Quellenkritik erforderte, etwas über die Berichtsmotive und das Erkenntnisvermögen der Autoren zu wissen, worüber uns die Akten in der Regel nicht informieren[4]. Hilfreich ist hier ein anderer, freilich lückenhafter

---
[4] Beiher sei gesagt, daß ohne eine biographie-soziologische Analyse des hauptamtlichen Personals des MfS und eine Kritik seiner Wahrnehmungsmuster auch das dortige Überlieferungsmaterial kaum professionell eingeschätzt werden kann.

(und weniger zugänglicher) Quellenbestand, nämlich die Kaderakten der Partei und für Konfliktfälle die Akten der Parteikontrollkommissionen. Diese Akten weisen nämlich zurück auf die deutsche Misere, angesichts derer sich die SED organisieren mußte: vor oder nach 1945 gebrochene Biographien, die uns nun die Spuren zur Wirklichkeit weisen sollen. Sie sind unsere wichtigsten Zeugnisse für die nun schon mehrfach behauptete Zwischenstellung der Mitgliedschaft und der großen Masse des Funktionskörpers der SED zwischen Führung und Volk. Wenn man sie liest, ist man überrascht, wie auch die objektiv prominentesten und subjektiv linientreuesten Kommunisten mit wenigen Ausnahmen unfähig waren, alle Wandlungen des Zick-Zack-Kurses der Partei vor und nach 1945 mitzumachen oder dadurch dem Odium potentieller oppositioneller Gefährlichkeit zu entkommen. Und die biokratische Buchhaltung der Partei verlor nur wenige Dokumente solcher irgendwann aufgetauchter Verdachtsmomente, die gerade die Gefährdetsten zu einem Übersoll an künftiger Linientreue erpreßten. Die Organisationsgesellschaft der DDR produzierte anfällige Zeugen, und die Masse ihrer Zeugnisse muß erst noch einer angemessenen historischen Quellenkritik unterzogen werden.

Das wichtigste Kontrollinstrument in dieser Organisationsgesellschaft waren die Kaderakten, das heißt ein rechtlich uneingeschränktes Kompendium von immer erneuten Selbst- und Fremdzeugnissen über das gesamte Leben, keineswegs nur über seine politische oder auch nur berufliche Seite, auf deren kleine Differenzen und vergangene, vielleicht vergebene, aber nicht vergessene Sünden das geschulte Auge der Allzuständigen jederzeit zurückkommen konnte. Je weiter einer aufstieg, desto schwerer wurde dieser Klotz an seinem Bein und desto mehr war er der Huld seiner immer noch Vorgesetzten verpflichtet. (Für die Mitlebenden der sogenannten „Wende" ist dieses wichtigste Kontrollinstrument allerdings bekanntlich nur noch in Ausnahmefällen erforschbar, weil die Kaderakten in der Endphase der SED-Herrschaft bereinigt wurden.) Die Kaderakten hatten noch eine zweite hochwirksame und alltagsprägende Wirkung, insofern ihre Formvorgabe, ihre Sprache und ihre Zensuren gerade bei denen, die institutionelle oder organisatorische Verantwortung trugen, verinnerlicht wurden und das lebensgeschichtliche Selbstverständnis zu strukturieren begannen. Demgegenüber blieben die nichtpräsentablen Lebenserinnerungen zwar im gespaltenen Kopf auch erhalten, aber gleichsam in einer absinkenden Latenz, denn es fehlte ihnen eine sinnhafte Ordnung, und sie mußten bis zur Wiedervereinigung warten, um durch einen neuen gesellschaftlichen Verwertungszusammenhang strukturiert und aufgefrischt zu werden.

Schließlich kann ich hier nur pauschal auf einen Bereich hinweisen, der in der bisherigen DDR-Forschung meines Erachtens eine viel zu geringe Rolle spielt, nämlich die große Bedeutung und die Zwischenstellung zwischen Erfassung und Repression, die dem militärischen und paramilitärischen Bereich in der Gesellschaft der DDR zukam[5]. Nur Arabesken in diesem Feld wie der „Dienst für Deutschland" sind bisher ausreichend erforscht. Schon daß die NVA im Verhältnis zur Bevölkerungsgröße 50 Prozent mehr Mann als die Bundeswehr regulär unter Waffen hielt, würde hierhergehören. Dazu die große Bedeutung des Instituts des Zeitsoldaten für den Schul- und Ausbildungsbereich, die 400 000 Mann der Betriebskampfgruppen (etwa jeder 10. Arbeitnehmer), die 670 000 Mitglieder der Gesellschaft für Sport und Technik (in der die Jugend kostenlos die Fahrerlaubnis machen konnte und an den spielerischen Umgang mit Kriegsgerät gewöhnt wurde), der Wehrkundeunterricht, die Zivilverteidigungsübungen, die Rentenrelevanz paramilitärischer Aktivität etc. Selbst der Staatssicherheitsdienst war im Gegensatz zu vielen anderen Geheimdiensten der Welt durch und durch militärisch organisiert, als wollte die Führung betonen, daß sie sich im latenten Bürgerkriegszustand mit dem Volk befand.

Ich will mit diesem Hinweis nicht suggerieren, daß die Militärorgane einen aggressiven Militarismus in der Gesellschaft gezüchtet hätten oder etwa daß die männliche Jugend zur Gänze mit Begeisterung zu den Fahnen geeilt wäre. Es gab in diesem Bereich viele Konflikte und für manchen einzelnen viel Qual. Aber im ganzen wurden die preußischen Traditionen in volkseigener, kollektiverer Form durchaus hochgehalten. Die (para-)militärische Disziplinierung und Uniformierung war jedenfalls im Alltag der DDR wesentlich präsenter als in den meisten westlichen Gesellschaften und spielte eine zentrale Rolle bei der Sozialisation und Integration der männlichen Bevölkerung. Wer durch sie positiv geprägt worden war – und die hohen Zahlen der freiwilligen paramilitärischen Formationen sprechen nicht gerade für eine verbreitete Militärphobie in der ‚Volksrepublik Preußen und Sachsen' –, bei dem erübrigte sich meist externer Terror zur Herbeiführung eines pflichtbewußten und systemkonformen Verhaltens, wenn man vom Alkoholkonsum einmal absieht. Wir wissen noch

---

5 Zu dieser Präsenz des Militärischen im bewußten und unbewußten Alltag der DDR – die nach meiner Vermutung auch weiter ging als in anderen volksdemokratischen Ländern, aber das ist eine empirische Frage, die der vergleichenden Erforschung harrt – gehörten auch die „Freunde", wie ganz allgemein im Sprachgebrauch der DDR die sowjetischen Streitkräfte respektvoll und zuweilen ironisch verharmlost wurden. Wobei in diesem Fall „Präsens" ein zu weitgehender Ausdruck ist, weil es sich im Fall der sowjetischen Streitkräfte um ein schwer zu definierendes Gemisch von alltäglichen Wahrnehmungen (einer Minderheit städtischer Garnisonen, von Militärfahrzeugen, Offiziersfamilien, gelegentlicher ritueller Begegnungen mit Repräsentanten der DSF) und einer eingefleischten und durch gelegentliche Beobachtungen und Gerüchte (über Garnisonen in den Wäldern, über ganze abgegrenzte Militärdistrikte und Übungsgelände, über Raketenstellungen, über die völlige Isolierung und drakonische Disziplinierung der Masse der einfachen Rotarmisten) genährte Vermutung einer völligen Übermacht, die ja in Wirklichkeit quantitativ und vor allem qualitativ auch bestand. Manche dieser objektiven Merkmale wären zwar auch für das Verhältnis der Westdeutschen zu den in der BRD stationierten nicht-deutschen NATO-Verbänden zutreffend, aber das Verhältnis war wesentlich offener und nicht von einem grundsätzlichen Geheimnis und dem Firnis einer umcodierten Herrschaftssprache verhüllt. Aber auch objektiv gab es mindestens zwei gravierende Unterschiede: Der Warschauer Pakt unterhielt – immer im Verhältnis zum Umfang der eingeborenen Bevölkerung – sehr viel mehr Truppen auf deutschem Boden als die NATO, und es waren keine Kontingente der verschiedenen „sozialistischen Bruderländer" dieses Paktes, sondern (wie auch in mehreren von diesen Ländern) nur Truppen der imperialen Führungsmacht. Schon deshalb waren die „Freunde" nicht einfach als Verbündete zu betrachten.

wenig darüber, aber soviel kann man schon ahnen: Im Osten wurden viele Staatsbürger in der Uniform hergestellt.

Die Ambivalenz der materiellen Interessen

Wie jede Gesellschaft wurde auch die der DDR von materiellen Interessen und ihrer Differenzierung geprägt. Das war von außen wegen der insgesamt bescheidenen Lebensführung der großen Mehrheit (und auch der meisten Parteifunktionäre), der Kleinheit der Differentiale und ihre Verlagerung von der Geldwirtschaft auf klientelistische Bevorzugungen schwerer zu erkennen. Aus der inneren Sicht der Mangelwirtschaft wurden diese klientelistischen Differentiale aber um so wichtiger.[6] Materielle Interessen hatten darüber hinaus eine kulturelle Dimension, weil sie das Zentraldogma der Zivilreligion waren und insofern einen nicht verdrängbaren Code der Verständigung zwischen Führung und Basis zur Verfügung stellten, in den viele Probleme, die der politischen Zensur unterlagen, übersetzt und dadurch tendenziell geäußert werden konnten. Zudem war die Zentralpespektive der Ideologie auf die planvolle Organisierung eines schnelleren Wirtschaftswachstums und größerer Verteilungsgerechtigkeit gerichtet, was in einem ressourcenarmen Land, dessen Gründungsphase von einem erheblichen Braindrain gekennzeichnet war, die Leistungsanforderungen an einen zentralisierten Politikapparat, auch wenn er der Interaktion materieller Interessen auf unterer Ebene größere Spielräume gelassen hätte, ins Unermeßliche steigern mußte.

In der Gründungsphase der DDR mußte insofern gegen den Geist gesündigt werden, als zum Teil erhebliche materielle Privilegierungen gegen den Braindrain über die innerdeutsche Grenze und zum Ankauf der Loyalität der Intelligenz und der Sicherheitsorgane, aber auch zur Durchsetzung der Perspektivvorhaben des sozialistischen Aufbaus auf den „Baustellen der Republik" eingesetzt und dadurch situativ soziale Besitzstände geschaffen wurden, deren Wiederabbau (wie ja in jeder moder-

---

6 So war Westdeutschen nach der Lüftung des Geheimnisses um die Regierungssiedlung Wandlitz die populäre Entrüstung in der DDR über den Lebensstil ihrer Oberen nie recht verständlich zu machen, weil er westliche Augen an spießige Relikte bescheidener Mittelständler aus den fünfziger Jahren erinnerte. Man mußte den ständigen Konsumfrust über „die 1000 kleinen Dinge", die nicht oder nur unter Aufbietung aller möglichen Findigkeiten und Beziehungen zu beschaffen waren, und die anhaltende Demütigung, bei der Westverwandtschaft sich ein paar Devisen erbetteln zu müssen, enerviert haben, um über den Intershopcharakter „Volvograds" auszurasten. Der Realsozialismus ist oft mit einem proletaroiden Feudalismus verglichen worden. In einer solchen Sicht ist es bezeichnend, daß die Herrschenden in der DDR zwar polizeistaatliche Zwingburgen in die Innenstädte setzten, sich dort aber – im Gegensatz zu manchen ihrer osteuropäischen Peers – für ihre persönliche Lebensführung keine repräsentativen Schlösser errichteten oder zu eigen machten, sondern in der Endbeförderungsstufe in ein Luxus-Lager in einem Fichtenwald vor den Toren der Stadt eingeliefert wurden. Soweit enthielt die Apologie des Kulturgewaltigen Kurt Hager, der sein Haus in Wandlitz mit seiner Zelle in einem französischen Internierungslager verglich, schon ein Körnchen Wahrheit, und darin war z. B. der Bezirksfürst Hans Modrow, der in seiner Drei-Raum-Neubauwohnung in der Dresdener Innenstadt auch die Kehrwoche machte und in der Regel zu Fuß zur Arbeit ging, eine bemerkenswerte Ausnahme.

nen Gesellschaft) zu den schwierigsten politischen Vorhaben gehört hätte. Mit anderen Worten mußte gegen den egalitären Kern der Ideologie verstoßen werden, um sie durchzusetzen. Außerdem war dies eine zusätzliche schwere materielle Bürde eines Aufbaus, der ohnehin durch die Reparationen an die Sowjetunion und ein überzogenes Militarisierungsprojekt in seiner Startphase belastet war, so daß sich das gleichwohl beträchtliche Wirtschaftswachstum nicht in ein vergleichbares Konsumwachstum umsetzte. Vor diesem Hintergrund heißt „gelernter DDR-Bürger" zu sein, einerseits sich zugleich ohnmächtig und empört gegenüber jeder Verletzung der gesellschaftlichen Gleichheit zu fühlen, andererseits aber auch, diese relative Gleichheit (und das heißt zunächst einmal Bescheidenheit, Improvisation und persönliche Netzwerke) persönlich gelebt zu haben. Sicher nicht für alle, aber doch für viele heißt es auch, die Freiheit entdeckt zu haben, die aus der Bedürfnislosigkeit oder der Selbstbescheidung erwächst – ein Freiheitsbegriff, der im Westen weitgehend vergessen worden ist.

Als die DDR dann in den sechziger Jahren unter demographischen Zwängen zu einer systematischeren Sozialpolitik zurückkehrte, deren Einheit mit der Wirtschaftspolitik in den Siebzigern sogar Verfassungsrang erhielt und die Kombinate mit ihrer betriebszentrierten Einlösung überfrachtet wurden, rückte das Zentraldogma auch ins Zentrum der politischen Diskurse. Die Sinnfrage wurde nun tatsächlich in kleiner Münze materialisiert, aber die beginnenden materiellen Befriedigungen mußten sich bei den einen am Konsumstandard des Westens messen lassen und warfen bei anderen neue Sinndefizite auf. Außerdem wurde zunehmend deutlich, daß der Sozialstaat DDR leistungsfeindlich war. Die materiellen Anreize waren bei der Schichtarbeiterschaft (und vielleicht im Handwerk) vergleichsweise am einträglichsten, und auch die Sonderversorgungssysteme wucherten in Bereichen, die keine moderne, exportabhängige Wirtschaft voranbringen. Positionen mit Verantwortung wurden zunehmend unbeliebt, und die Spielräume für Kreativität waren eng bemessen. Es standen Schritte zu einer Umverteilung nach oben und einer Deregulierung der Apparate an, das heißt etwas zugespitzt ausgedrückt, eine Verabschiedung der ideologischen Zentralperspektive und der organisatorischen Zentralisierung der Macht. Es ist kein Wunder, daß die Gerontokraten des Politbüros nichts so sehr fürchteten wie die Umsetzung solcher Einsichten.

Eine kühle politische Soziologie der DDR hat natürlich recht, wenn sie in deren herrschender Klasse zunächst einmal die politische Klasse, also die Oberschicht der Partei- und Betriebsfunktionäre der SED und der anderen Blockparteien sieht. Aber die andere „herrschende Klasse", in die man abstürzen konnte, also die der industriellen Betriebsarbeiter, war auch eine Realität, und vor nichts – vielleicht mit Ausnahme sowjetischer Direktiven – hatte die Führungsschicht der SED so viel Respekt, um nicht Angst zu sagen, wie vor ihr. An der Werkbank herrschte die größte Freiheit in der DDR (viel mehr als z. B. bei den Intellektuellen oder Kulturschaffenden). Der Lohnstreifen der Betriebsarbeiter war das Lesezeichen im Gebetbuch des Sozialismus. Nie hatten sich die aus der Arbeiterschaft aufgestiegenen SED-Kader noch einmal wie im Juni 1953 auszutesten getraut, wie ihre Hinterbliebenen an der Werkbank auf Lohnkürzungen reagieren würden, ohne die eine Kurskorrektur in Richtung Leistungsgesellschaft und internationale Konkurrenzfähigkeit undenkbar blieb.

Entfremdung und Entlastung

Mehr als jede Gesellschaft sowjetischen Typs muß man die DDR von der Grenze her denken. Die Errichtung einer Ordnung sowjetischen Typs in Deutschland nach dem Dritten Reich hätte mit viel stärkerem und kontinuierlichem Widerstand rechnen müssen, wenn sie nicht auf einen Teilbereich beschränkt gewesen wäre, aus dem die illegale Emigration in den ersten anderthalb Jahrzehnten wesentlich leichter als aus anderen Ostblockstaaten war. Denn für diese Emigration gab es zunächst eine relativ leicht überwindbare Interzonengrenze und später, bis zum Mauerbau, die Schleuse Berlin. Vor allem führte diese Emigration nicht ins völlig Unbekannte, sondern in eine sprachgleiche, kulturell noch weitgehend ähnliche und ökonomisch expansive und integrationsstarke Schwestergesellschaft, in der viele Flüchtlinge auch bereits über menschliche Anknüpfungspunkte verfügten und in ihrer Mehrzahl politisch willkommen waren (jede einzelne eine seltene, zusammengenommen eine singuläre Emigrationsbedingung). Die „Abstimmung mit den Füßen" gegen die DDR bedeutete von außen gesehen sicher eine beständige Delegitimierung des neuen Staates und hat ihm viele Qualifikationsreserven entzogen. Dennoch war sie vor allem in der Frühzeit von innen gesehen für die Etablierung der kommunistischen Herrschaft ein Segen. Hätten die Flüchtlinge dableiben müssen, wäre diese Etablierung der DDR entweder noch viel mehr auf den riskanten Weg der offenen Gewalt oder auf echte Kompromißbildungen mit dem Bürgertum und den Sozialdemokraten verwiesen worden und angesichts der aufgezeigten quantitativen und qualitativen Schwäche des kommunistischen Potentials wohl so überhaupt nicht durchsetzbar gewesen, zumal sie für die übergeordneten Interessen der Besatzungsmacht ohnehin nur die zweitbeste Lösung war.

Dieser Exodus von Potentialen und Aktivkernen der Opposition – die Westverlagerungen am Ende des Zweiten Weltkriegs, die Massenflucht im Kalten Krieg und der spätere kleinere, aber qualitativ bedeutsame Strom von Mauerbrechern, Ausbürgerungen, Häftlingsfreikauf und legal Ausreisenden – ist insofern ein sehr ambivalenter Prozeß. Er wurde im Osten keineswegs so positiv aufgenommen wie im Westen, wo er – unbeschadet vieler anfänglicher Integrationsprobleme – eine ständige Zufuhr an Legitimation und Qualifikationen (unter gelegentlicher Beimengung solcher, die auf der Stasi-Hochschule erworben worden waren) bedeutete. Im Osten hat er ein teilweise heftig abgewehrtes Gefühl der Verlassenheit, schwindenden Rückhalts und zurückgehender Entwicklungsmöglichkeiten gerade in regimefernen Milieus hinterlassen[7].

Er konnte auch durch den Zuzug einer ähnlichen Größenordnung von Vertriebenen aus dem Osten in seiner politischen Funktion als Widerlager der Herrschaftsetablierung nicht kompensiert werden, wenn die „Übersiedler" auch als Arbeitskraftreserve unschätzbar waren. Unter den sich in der SBZ niederlassenden Vertriebenen war der Überhang an Frauen, Alten und Kindern besonders hoch; arbeitsfähige Männer und höher Qualifizierte, aber auch aus dem Dritten Reich höher Belastete scheinen stärker dem Bedürfnis entsprochen zu haben, in den Westen weiterzuwandern oder sich aus der Kriegsgefangenschaft nicht in den sowjetischen Bereich entlassen zu lassen. Außerdem waren die entwurzelten Mittellosen der erzwungenen Wanderung in allen Zonen hilfsbedürftig und politisch zunächst kaum aktionsfähig; als sie es im Westen Anfang der fünfziger Jahre wurden, wurde im Osten die Umsiedler-Frage für beantwortet erklärt und irgendwelche Organisationsansätze oder Thematisierungen dieser real natürlich weiterwirkenden Fragen unterbunden.

Leider sind die ziemlich einseitigen deutsch-deutschen Migrationsströme seit dem Zweiten Weltkrieg noch immer ein Stiefkind der Forschung. Die einzelnen Stufen dieses Prozesses sind dabei sehr unterschiedlich einzuschätzen, was hier nicht geschehen kann. Vieles spricht dafür, daß die Abwanderung am Ende des Zweiten Weltkriegs und während der Besatzungszeit, also vor Gründung der DDR, über die wir keine zuverlässigen Zahlen haben und die häufig unterschätzt wird, unter herrschaftssoziologischem Gesichtspunkt die bedeutsamste war. Daß dabei die Westverlagerung von Produktivvermögen in der Endphase des Dritten Reiches den künftigen Westen stärkte und den Osten schwächte, ist für den Osten weniger bedeutsam als heute diskutiert: denn wäre es geblieben, hätte es in seiner Masse nur den sowjetischen Reparationszugriff erweitert. Wichtig ist hingegen die Tendenz zur prophylaktischen oder frühen Abwanderung des initiativreicheren Teils bürgerlich-liberaler und sozialdemokratischer Eliten einerseits, der schwerer belasteten Nazis andererseits. Dadurch wurde die SED von einem positiven und einem negativen Widerstandpotential entlastet, was ihren doktrinären Durchmarsch zur Macht erleich-

---

[7] Charakteristisch für diese Gefühlslage (nicht etwa nur bei ehemaligen Anhängern der SED) ist es, daß die allermeisten, die nach 1990 nach Ostdeutschland zurückgekehrt sind, nicht als zurückkehrende Helden oder Opfer, sondern als „Wessis" empfangen wurden. Hier klang nach, was einst Wolf Biermann im „preußischen Ikarus" gesungen hatte: „Er ist hinüber, enfant perdu..." Soweit heute in Ostdeutschland von Ost-Identität gesprochen wird, wird sie nachdrücklich durch die Erfahrungsgemeinschaft der Dagebliebenen konstituiert. Für das Regime war Republikflucht Verrat am Sozialismus und an dessen Kaderplänen, für die Zurückgebliebenen war sie – außer wenn sie durch drohende Gefahr für Leib und Leben erzwungen worden war – Verrat an einer Schicksalsgemeinschaft, deren Immobilität meist in familiären Bindungen wurzelte. Wenn ich oben von einer Abwehr von Gefühlen sprach, so ist damit gemeint, daß die meisten Dagebliebenen (bis weit in die SED hinein) selbst zu irgendeinem Zeitpunkt den Gedanken der Emigration erwogen hatten. Übrigens bildete die Mehrheit der DDR-Flüchtlinge in der Bundesrepublik keineswegs den harten Kern des Antikommunismus; vielmehr unterstützten die meisten von ihnen die neue Ostpolitik und ihre erweiterten Kontaktmöglichkeiten und wurden von Mitteldeutschen in der Bundesregierung wie Bahr und Genscher repräsentiert.

terte. Dasselbe gilt noch einmal für die massive Flucht politischer Oppositionskerne nach dem 17. Juni 1953. In der Massenflucht zwischen Staatsgründung und Mauerbau scheint dieses herrschaftsstabilisierende politische Element (außer 1953) aber nicht das ganze Ausmaß der Bevölkerungsbewegung erklären zu können; vielmehr überlagert es sich mit der Weiterwanderung von Vertriebenen und besonders mit der Abwanderung junger Qualifizierungswilliger, die im Westen bessere Entfaltungsmöglichkeiten sahen, um nur zwei quantitativ bedeutsame Gruppen zu nennen. Dabei haben sicher meistens auch politische Gesichtspunkte eine Rolle gespielt, aber sie waren nicht der Kern der Wanderungsmotive, und insofern überwog in der Massenflucht für das Regime die Furcht, die Reproduktion der gesellschaftlichen Funktionen nicht mehr gewährleisten zu können, denjenigen der Entlastung von politischen Widerlagern.

Der Mauerbau nahm den Dagebliebenen auch die latente Option des Weggangs, und sie mußten sich wohl oder übel auf die gegebenen Verhältnisse einlassen. Dieser Zwang zu einem zumindest verhaltenen Arrangement begründete zwei Jahrzehnte einer relativen Stabilisierung der DDR-Gesellschaft und jenen Typus, der sich dann als „gelernter DDR-Bürger" bezeichnen sollte. Nach einer anfänglichen Konjunktur des Aufbegehrens und der Repression schien sich auch die SED-Herrschaft ökonomisch und kulturpolitisch zu pragmatisieren, und den Dagebliebenen boten die Lükken, welche die Massenflucht der fünfziger Jahre gerissen hatte, viele Aufstiegsmöglichkeiten. Mit der Zurücknahme des kulturellen Tauwetters 1965, dem Scheitern der Neuen Ökonomischen Politik und dann vollends mit der Intervention gegen den Prager Frühling wuchsen Perspektivlosigkeit und Druck erneut und hätten, wäre der neuen Ostpolitik mehr als die Sicherung von Westbesuchen im Osten gelungen, den Drang zur Abwanderung sicher erneut verstärkt. Da der Ostblock aber der neuen Ostpolitik verstärkte Abgrenzung nach Westen entgegensetzte, aber nach innen den Zugriff lockerte, begann nun die Abwanderung nach innen, ins Private der „Nischengesellschaft".

Das „geregelte Nebeneinander" erleichterte jetzt die Regelung von Härtefällen und den Häftlingsfreikauf durch den Westen. Ohne Zweifel war er menschlich geboten, aber seine objektive Folge war auch, daß er sich auf den Oppositionsdruck wie ein Ventil auswirkte. Hinzu kamen nun erste Ausreiseanträge und die neue Entlastungspraxis des Regimes durch die Ausbürgerung von Oppositionellen. Im Vergleich zur Massenflucht der fünfziger Jahre war diese Abwanderung in den siebziger und frühen achtziger Jahren an Zahl gering und stellte keine funktionalen Probleme für das Regime. Und doch war ihre Ventilfunktion für die Herrschenden nicht nur ein Erfolg. Vor allem die Abschiebung Prominenter hatte einen öffentlichen Widerklang, der zum ersten Mal seit 1965 wieder eine kulturelle Opposition auch und gerade in den eigenen Reihen sichtbar werden ließ, die auf die Jugend modellbildend wirkte und ohne massiven Einsatz der Staatssicherheit nicht mehr zerstreut werden konnte.

Die allgemeine Perspektivlosigkeit des Regimes und der Gesellschaft der DDR in den achtziger Jahren und die Aufstiegs- und Entfaltungsblockade durch die lange

FDJ-Generation, die jetzt überall in der Gesellschaft die Weichen ins Abseits ihrer singulären Systembindung aus der Aufbauzeit stellte, mußten auf die jüngere Hälfte der Gesellschaft extrem demotivierend und frustrierend wirken. Die Kinder der DDR mußten sich über die Grenzen der Gesellschaft, in der sie aufgewachsen waren, hinaus orientieren, um einen Freiraum für die eigene Zukunft zu gewinnen. Dafür gab es im wesentlichen zwei Möglichkeiten: die Freiheit unter den Dächern der Kirche, die über die einzigen Versammlungsräume jenseits parteistaatlicher Kontrolle verfügte[8], und die Freiheit jenseits der Grenze, deren Vorstellung von wenig realistischen Medien genährt wurde, von Träumen, vom Westfernsehen und von der Westverwandschaft. Ich brauche hier nicht auf den Gegensatz zwischen den Ausreis(s)ern und den Dableibern und die Übergänge zwischen beiden hinzuweisen, die in den 80er Jahren zunehmend und besonders an ihrem Ende, als Wandlitz gegen Moskau und den Rest der Welt aufbegehrte, die Phantasie, das Gespräch und die Gesellungsformen der Initiativreicheren unter den Jüngeren in der DDR beherrschten. Eine Situation wie im Vormärz, wo die einen der anscheinend auf Dauer gestellten Unbeweglichkeit des sozialistischen Biedermeiers nur noch über die äußere Grenze entkommen wollten, während die anderen ahnten, daß nichts so wenig dauerhaft ist wie der Stillstand. Wie übrigens auch die intellektuelle Opposition in der SED überschritten sie zunehmend die innere Grenze der Denkverbote und dachten zivilgesellschaftliche, pazifistische und ökologische, seltener feministische Ansätze zur großen Reform der DDR in eine „Kulturgesellschaft" zusammen, natürlich auf dem Boden der DDR und einer irgendwie sozialistischen Wirtschaft. Das Regime versuchte die alten Mittel: „Rädelsführer" derer, die dableiben wollten, zu exilieren und diejenigen, die weg wollten, hier zu halten. Aber der lastende Stillstand ließ die Grenzüberschreitungen, die in Grundgefühlen einer ganzen Generation gründeten, eskalieren. Als das Regime in den „Bruderländern" keine getreulichen Grenzwächter mehr fand, war es selbst an seine Grenze gekommen.

---

8 Anders als in Polen ist dies in dieser Phase nicht mehr als ein kultureller Kampf zwischen Kirche und Partei um die kulturelle Hegemonie zu verstehen. Vielmehr führte die katholische Kirche als Hirte der Vertriebenen ein Sonderdasein, und die evangelische Kirche war in der protestantischen Kultur der DDR in einem intransigenten Kampf um die rituelle Begleitung der „rites de passage" in den 50er Jahren unterlegen; ihre Klientel und ihre Amtshandlungen schwanden seit damals auf ein Minimum. Sie konnte noch begraben, aber nicht mehr taufen. Erst als sie sich auf einen für beide Seiten ambivalenten historischen Kompromiß („Kirche im Sozialismus") eingelassen hatte, gewann sie die Freiräume (in ihrem eigenen weihevollen Grundbesitz) zurück, die dann Initiativgruppen vor allem der jüngeren Generationen für Selbstfindungsvorgänge zur Verfügung gestellt werden konnten. Dabei war die Praxis höchst vielfältig. Manche Pastoren waren fundamentalistisch und wollten keine Politik in der Kirche. Andere Würdenträger (manchmal waren es die gleichen) hatten Angst vor dem Staat, der dasselbe predigte, oder dienten zweierlei Herren. Demgegenüber war die „offene Jugendarbeit" derjenigen Pastoren, die nicht am Portal nach der Überzeugung fragten und vergleichbar tolerant-integrative Missionshaltungen gegenüber Menschenrechts-, Friedens- und Umweltgruppen praktizierten, gelebtes Gottvertrauen.

Observierung und Terror

In der Einleitung habe ich den Staatssicherheitsdienst, der im Rückblick heute oft als der Kern des SED-Regimes erscheint, seine notwendige Randbedingung genannt. Abschließend möchte ich diese Charakterisierung anhand der Leitfrage nach dem Größenwachstum des MfS erläutern. Ich verzichte dabei auf eine historische Zusammenfassung der Tätigkeit des MfS-Apparats, seiner Struktur und seiner Wirkung auf die Gesellschaft der DDR, weil in den anderen Beiträgen des vorliegenden Bandes diese Probleme von wesentlich kundigeren Spezialisten im einzelnen untersucht werden.

Ich setze auch voraus, daß er im Kern zwei Aufgaben hatte. Einerseits die durch Zensur und Zurückhaltung entwertete Funktion einer politischen Öffentlichkeit für die Herrschaft durch geheime Ausforschung der eigentlichen Lage und Stimmung im Lande zu ersetzen („intelligence"). Andererseits die Einschüchterung und, wo nötig, durchaus auffällige, brutale Ausschaltung, später womöglich eher unauffällige innere Zersetzung aller Aktivitätspotentiale, die sich der Organisationsgesellschaft und ihrer sozialen Kontrolle nicht einfügten (Terror)[9]. Je mehr von dieser rechtlich zwar mit einem Regelwerk überzogenen, aber letztlich unbeschränkten „operativen" Unterdrückung randständiger Opposition Angst auf die Masse der Gesellschaft ausstrahlte,

---

[9] Umgangssprachlich werden z. Z. oft alle rechtswidrigen Gewalthandlungen gesellschaftlicher oder staatlicher Machthaber als „Terror" bezeichnet, was für die Erkenntnis der Gewalt im 20. Jahrhundert hinderlich und verharmlosend ist. Die Vernichtung der europäischen Juden durch das nationalsozialistische Deutschland hinter der Front des Zweiten Weltkriegs, der sog. Kommissarbefehl der deutschen Wehrmacht zur sofortigen Erschießung kommunistischer Funktionäre unter den Kriegsgefangenen, die Erschießung der polnischen Offiziere durch die Sowjetunion in Katyn und alle die monströsen Gewalthandlungen, die man heute unter dem Begriff „ethnische Säuberung" zusammenfaßt und die auf die physische Vernichtung oder Vertreibung ganzer Ethnien oder ihrer Eliten ausgehen, sind im Kern nicht „Terror", sondern das, was die Nazis „Ausmerze" nannten. Sie kennen keine Ökonomie der Gewalt, auch wenn sie (aber keineswegs immer!) die Nebenwirkung haben mögen, auch andere als die zur Vernichtung ausgewählten Gruppen in Angst und Schrecken zu versetzen. Soweit die Definition der zur Vernichtung oder Vertreibung ausgewählten Gruppen in der Öffentlichkeit bekannt ist, kann im Gegenteil dadurch bei Nicht-Betroffenen sogar das Sicherheits- und Zugehörigkeitsgefühl gestärkt werden. Dieser psychische Mechanismus gefühlsmäßiger Entsolidarisierung und Entlastung ist seit alters in die Metapher vom „Schiffbruch mit Zuschauer" gefaßt worden, in der den am sicheren Port stehenden Zuschauer die Behaglichkeit seines Überlebens überkommt und erst einen dritten, meist späteren Betrachter des Zusammenhangs zwischen Untergang und Überleben ein „Schrecken" über die menschliche Natur erfassen mag. „Terror" hingegen ist eine exemplarische Art der rechtswidrigen Gewaltanwendung, durch die nicht etwa nur die betroffenen Opfer gekränkt, ausgeschaltet oder vernichtet, sondern – uno actu – eine Mehrzahl anderer, die vom Opfer nicht eindeutig zu unterscheiden sind, in Angst und Schrecken versetzt werden sollen, daß sie dasselbe Schicksal treffen konnte und sie sich deshalb lieber der Gewaltherrschaft beugen oder unterwerfen, ja dieser demonstrativ ihre Loyalität erweisen, zumindest ihre erkennbaren Grundziele und -dogmen ausdrücklich bejahen, sich ihrer Sprache anpassen und ihre Symbole und Tabus achten. Im Erfolgsfalle führt Terror, auch und gerade wenn seine Instrumente Institutionen und Opfer öffentlich sichtbar sind, bei den Geängstigten zu seiner „Unbewußtmachung", weil der Prozeß der Unterwerfung und Entsolidarisierung durch Angst für die Subjekte tief kränkend und für ihr Selbstbewußtsein unerträglich ist. Das Spezifische am Terror also ist die Ökonomie illegitimer Legitimitätsbeschaffung, nämlich durch die Einschüchterung und Gewalt gegen eine Minderheit, die von der Mehrheit nicht eindeutig abgegrenzt ist, die Mehrheit zumindest zu konsensualen Ausdrucksformen und womöglich zur Anerkennung der Herrschaft bei gleichzeitiger Tabuisierung der Gewaltverhältnisse zu pressen.

dort zur Verinnerlichung der herrschaftlichen Tabus und bis weit in die politischen Kader hinein zu einem zwischen „Öffentlichkeit" und „Eigentlichkeit" gespaltenen Kopf führte, desto aufwendiger, schwieriger und im Ergebnis ungewisser mußte der Versuch werden, die öffentliche Verdummung durch geheime „intelligence" zu substituieren. Es ist üblich, daß Minderheitenregime, die sich Öffentlichkeit und Toleranz nicht leisten zu können meinen", die gegensätzlichen Aufgaben von Terror und „intelligence" einem gemeinsamen geheimpolizeilichen Apparat übertragen. Bei längerer Wirksamkeit produziert dieser jedoch immer mehr „feindlich-negative" Eigentlichkeit sozusagen als andere Seite der Überintegration und gerät deshalb immer mehr in den Sog einer negativen Dialektik.

Das MfS war zumindest in der Ära Honecker, der (relativ zu den Beherrschten) größte Observations- und Terrorapparat der deutschen Geschichte und ich vermute – aber da ich kein Spezialist vergleichender Geheimdienst- und Polizeiforschung bin, mag ich mich irren – überhaupt. Er hat aber die beiden entscheidenden Krisen der SED Herrschaft 1953 und 1989 weder realistisch vorausgesehen, noch hat er sie operativ auch nur einzudämmen vermocht. 1953 spielte er operativ überhaupt keine wirksame Rolle, und sein Vakuum mußte vollständig durch die militärische Intervention der (als solche eigentlich nicht mehr bestehenden) Besatzungsmacht gefüllt werden. 1989, als er erst im September eine große Krise witterte (aber wer tat das nicht?), hatte er zwar pflichtgemäß jede auch nur halbwegs relevante politische Gruppe außerhalb der SED unterwandert, und seine Agenten standen zuweilen sogar an deren Spitze. Aber der Effekt dieser Operationen bestand nur darin, alle autonomen politischen Kräfte der DDR so weitgehend zu kompromittieren, daß deren Volk sich ausweislich seiner ersten freien Wahlentscheidungen lieber gleich zum „Klassenfeind" bekannte, jegliche Kontinuität der DDR hinweggewischt wurde und eine „Wiedervereinigung" zustande kam, wie sie sich selbst deren westliche Planer vor Jahrzehnten im Kalten Krieg kaum reiner als Anschluß an die westdeutsche Ordnung hätten träumen lassen können. Es war, als wäre das MfS aus Pullach ferngesteuert gewesen, was es sicherlich nicht war. Wie kann ein so großer und hochprofessioneller Apparat in seinen entscheidenden Bewährungsproben so vollständig versagen?

Das Wachstum des MfS korrespondiert ziemlich exakt der zunehmenden Perspektivlosigkeit des SED-Regimes. Das scheint die Hypothese aufzudrängen, daß hier – erst rohe physische und dann psychologisch-verfeinerte – Gewalt die kommunizierende Röhre zur Ermattung ideologischer Herrschaft ist: statt Überredung Unterwanderung, statt Führung Terror. Auch wenn da was dran sein mag, stimmt doch die Beobachtung skeptisch, daß niemand sonst (und übrigens auch nicht das MfS) die wachsende Gefahr einer Volkserhebung in der DDR rechtzeitig als empirische Größe erkannt hat. Müßten die revolutionären Umtriebe des Volkes die Größe des MfS rechtfertigen, so müßte das Volk der DDR in einer über viele Jahre zunehmend konspirativen Rastlosigkeit an der Beseitigung seiner Oberen gearbeitet haben. Auch das könnte ja sein, denn es liegt im Wesen des Geheimen, daß man es nicht weiß. Erstaunlich ist nur, daß auch das Volk der DDR im nachhinein von dieser seiner konspirativen Rastlosigkeit nichts weiß, sondern daß diese sich auf relativ kleine Gruppen beschränkte, die oft ihre Tatkraft aus ihrer Selbstisolierung zogen. Auch dieses Argument könnte man wieder mit finsteren Verschwörungstheorien forcieren, aber ich möchte mich nicht von der Paranoia des MfS anstecken lassen, sondern hier abbrechen, denn der Schluß scheint mir klar. Den reißenden Löwen der Konterrevolution, der das Aufgebot seiner Häscher zu rechtfertigen geeignet wäre, hat es in der DDR nicht gegeben. Die Mehrheit der Bürger der DDR war mit der Grundentscheidung für eine sozialistische Ordnung über lange Zeit einverstanden, wenn auch nur selten für diese. In der Bilanz hat das MfS eher Opposition produziert als vermindert. Also muß die Frage nach dem krebsartigen Wachstum des MfS von den Observierten und Terrorisierten getrennt und jenseits aller funktionalen Herrschaftslogik gestellt werden. Dann richtet sie sich allerdings weniger auf das MfS selbst, das zum Objekt von Bürokratie- und Militärsoziologie und zu einem Schulbeispiel instrumenteller Rationalität in der Tradition der „Dialektik der Aufklärung" entmystifiziert wird, als vielmehr auf die unbeschränkbaren Angstprojektionen der SED-Herrschaft und ihren letztlichen Unrechtscharakter.[10]

Wenn ich vom MfS als der Randbedingung der SED-Herrschaft spreche, so soll dies alles andere als seine Existenz marginalisieren. Ich habe zwar in den vorangehenden Abschnitten eine ganze Reihe von Bereichen aufzuzeigen versucht, in denen sich die SED-Herrschaft – in meist ambivalenter Weise und unter Aufnahme historisch gewachsener, spezifisch deutscher Konstellationen – mit dem Volk der DDR in einer zum Teil engagierenden, zumindest aber hinhaltenden Weise in Beziehung zu setzen vermochte, ohne daß es zusätzlicher spezieller Terrorapparate bedurft hätte.

Aber ich habe auch darauf hingewiesen, daß man die Geschichte der DDR von ihren Grenzen her denken muß und daß es sich dabei nicht nur um die Grenzen ihres

---

10 Unrecht bedeutet in diesem Zusammenhang – anders als oft in der Umgangssprache – nicht Verbrechen, sondern die Abwesenheit von Recht im Sinne der in der Moderne entwickelten rechtsstaatlichen Grundsätze: Gewaltenteilung, Schutz unveräußerlicher Menschenrechte, Gesetzesbindung von Verwaltung und Rechtsprechung, Unabhängigkeit der Rechtsprechung, Rückwirkungsverbot, Gleichheit vor dem Gesetz, Verhältnismäßigkeit der Mittel etc. Die Kommunisten sahen diese Grundsätze als Ausdruck bürgerlicher Klassenjustiz und knüpften – unter Aufrechterhaltung rechtsförmiger Institutionen und Verfahren im normalen Alltag – in ihnen politisch bedeutsam erscheinenden Fällen und Bereichen an vorbürgerlichen, feudalen, kirchen- und kriegsrechtlichen Bräuchen an, in denen der Herrscher über das Gesetz erhaben oder selbst Richter war und dem Verdächtigten wie in der Inquisition um höherer Zwecke willen keine Verteidigungsrechte verblieben. Das ist ein entwirklichender Regreß, innerhalb dessen der Glaube an die Hexerei nicht erschüttert werden kann. Gesetze und Verordnungen hatten in der DDR eine subsidiäre Regelungsfunktion, die aber im Bedarfsfall durch politische Eingriffe namentlich des Partei- und des Staatssicherheitsapparats außer Kraft gesetzt werden konnte. Dieser Dualismus aus Rechts- und Maßnahmenstaat verband die DDR mit dem Dritten Reich, und doch sind beide im Ausmaß der Abweichung von der modernen Rechtskultur nicht vergleichbar. Im Dritten Reich wurde der Gleichheitsgrundsatz, auf dem alle moderne Rechtskultur gründet, nicht nur in der Praxis, sondern spätestens 1935 auch in der Gesetzgebung aufgegeben. Und der Maßnahmenstaat des Nationalsozialismus benutzte seine unbeschränkte Macht zu beispiellosen Menschheits- und Kriegsverbrechen, indem er eine Vielzahl definierter Gruppen und die Ethnien der Juden und Zigeuner ausgrenzte und „ausmerzte". Während der Stalinismus der dreißiger bis frühen fünfziger Jahre in der Sowjetunion ihm darin eher vergleichbar ist, trifft beides auf die DDR nicht zu.

Territoriums handelt, sondern auch um die Kontinuitätsbrüche, aus denen sie hervorgegangen war, um die Grenzen des ideologischen Projekts ihrer minoritären Führung, um innere Grenzen, hinter die sich „ihre" Menschen zurückzogen und um ihr schließliches Ende. Sie war nach Osten nicht souverän und nach Westen mit konventionellen staatlichen Mitteln nicht abgrenzbar. Ihre Gesellschaft war von den Folgen des Dritten Reiches gezeichnet und ihre Ordnung von den Folgen sowjetischer Besatzung. Die hatte eine relativ kleine politische Gruppe, die nie in freien Wahlen eine Mehrheit errungen hatte, an die Macht gebracht und hatte sie in der Front des Kalten Krieges einen Halb-Staat machen lassen und ihr ein Modell vorgegeben, in dem die populären Ziele Sozialismus und Frieden als Verstaatlichung und Militarisierung der Gesellschaft buchstabiert wurden.

Als sich die Besatzungsmacht mit ihrem stalinistischen Sicherheitsapparat aus der direkten Verwaltung ihrer Zone zurückzog, aber ihre militärische Reservemacht hinterließ, und als zeitgleich die innerdeutsche Demarkationslinie eine undurchlässige Staats- und Weltgrenze werden sollte, war das Legitimationsdefizit des neuen Staates offensichtlich, und es wurde ein Ersatz für die respekteinflößende Überordnung der Besatzungsmacht über die Verfassung im Alltag gebraucht. In diese Lücke der Verfassungswirklichkeit stießen der extrakonstitutionelle Führungsanspruch der SED und der in der Verfassung ebenfalls nicht vorgesehene Staatssicherheitsdienst, der nach dem Vorbild der Besatzungsmacht (und zum ersten Mal in der deutschen Geschichte) zwar alsbald zum Ministerium erhoben wurde, dessen Ziele und Zuständigkeiten aber ungeregelt blieben. Das ließ ihm Raum, sich als militärisch-polizeiliches Parteiorgan fürs Grobe und Geheime im Staat zu entwickeln. Mit seinem aus der politischen Polizei, der Partei und aus „Fachleuten" anderer Provenienz zusammengezogenen Personalstamm (er begann mit 2 000 Mann, und auch seine Verfünffachung bis 1953 erreichte nur etwa ein Zehntel seines letztlichen Ausbaustandes an Hauptamtlichen 1989) bewährte er sich zunächst an den Fronten des Klassenkampfs. An der Front der Sozialisierung, indem er Unternehmer und Großbauern der Korruption überführte, Schauprozessen zuführte und dadurch das Volkseigentum schützte und mehrte. An der Front des Kalten Krieges, indem er die Grenze zu militarisieren, zu entvölkern und abzuschließen half. An der Front des Kirchenkampfs, indem er Pastoren und Mitglieder der Jungen Gemeinde als Agenten des Imperialismus entlarvte. Und an der unsichtbaren Front, indem er gegen all jene Schatten der weltweiten Reaktion ankämpfte, die sich als Spione, Saboteure und Diversanten ausgerechnet dieses kleine und zukunftszugewandte Stückchen Erde für ihren Hexensabbat ausgesucht hatten und das Funktionieren der neuen Ordnung immer wieder so erfolgreich hintertrieben. Nur eines gelang ihm nicht, nämlich den wahren Gefahrenherd für die Sicherheit des Staates zu entdecken, die wachsende Unzufriedenheit der Arbeiterklasse, oder (in der nachmaligen Lesart der Partei) die raffinierten Netzwerke, mit denen der Imperialismus das ganze Land in Vorbereitung eines allerorten auf einen Schlag sich ausbreitenden und einen Großteil des Industrieproletariats irreleitenden faschistischen Putsches unterwandert hatten. Noch schlimmer: In der Stunde der Not war das Schwert der Partei in der Scheide geblieben und hatte sich verpißt und nicht einmal die Öffnung seiner Gefängnisse durch die faschistischen Massen verhindern können.

Nachdem die Besatzungsmacht ihren Ersatz ersetzen mußte, war die Strafe hart. Das Ministerium wurde zu einem Staatssekretariat erniedrigt und der Minister exkommuniziert; er konnte von Glück sagen, daß er nicht wie sein Moskauer Vorbild, das gerade in den Diadochenkämpfen nach Stalins Tod unterlegen war, erschossen wurde. Die SED war vorsichtiger, und nach einer kurzen Zeit eines desillusionierenden Dialogs mit der Basis wurde ihr klar, daß ihr gar nichts anderes übrigblieb, als den Versager wieder zu erheben und gewaltig auszubauen. Wie anders sollte sie sich Respekt verschaffen, wenn ihre Basis so wenig anhänglich war? Auch die zweite Ausbaustufe der Stasi ist also leicht verständlich aus der Erfahrung der inneren Grenze der Macht.

Rätselhafter ist die dritte Stufe: das krebsartige Wuchern des MfS und seiner Spitzel im sozialistischen Biedermeier der Ära Honecker, die keinen verblassenden Utopien mehr nachjagte, sondern sich um Wohnungen und Autos, Ferienplätze und Babyjahre besorgte, die Verwandtschaft aus dem Westen wieder über die Grenze ließ und das Westfernsehen zur Normalität erklärte. Vom „Dritten Weg" sprach nach '68 (Ost und West) kein etablierter Politiker mehr, falls je einer davon geredet haben sollte. Die Existenzfrage der Wiedervereinigung war ad calendas graecas vertagt. Alle Welt redete von Entspannung, und die Reformer in der Bundesrepublik nahmen auf mehreren Gebieten Maß an den Errungenschaften der vormals verspotteten „Zone", so etwa in der Bildungspolitik, in der beruflichen Emanzipation der Frau und auch in der Anerkennung des so lange verdrängten antifaschistischen Widerstands. Die beiden großen Brüder hatten sich darauf geeinigt, die Selbständigkeit des Staates zu achten anstatt ihn zu verschachern. Die halbe Welt hatte ihn diplomatisch anerkannt, und auch dem Rest konnte man glaubhaft machen, daß das kleine Land der elftgrößte oder doch -tüchtigste Industriestaat der Welt sei. Die Westdeutschen warteten geduldig vor der Mauer und zahlten sogar Eintritt ins bröckelnde Arbeiterparadies, die Bundesregierung ließ die holprigen Transitwege auf eigene Kosten planen, führende westdeutsche Politiker ließen sich auch durch Krisen im benachbarten Polen nicht von ihrer Pilgerschaft in das Jagdhaus des Partei- und Staatschefs abschrecken, sondern teilten dort seine Sorgen um die Stabilität des Kontinents, und schließlich vermittelte sogar der erprobteste Einpeitscher des westdeutschen Antikommunismus Hand in Hand mit einem der prominenteren Stasi-Agenten den ersten großen Kredit kapitalistischer Großbanken an den kommunistischen Staat. Warum, um Gottes willen, sollte ein so erfolgreiches Unternehmen seinen Werkschutz verdreifachen? Um die Neider abzuwehren? Oder waren die Arbeiter nur noch damit zur Arbeit zu motivieren, daß sie das Auge eines unsichtbaren Sheriffs in ihrem Nacken wußten?

Erinnern wir uns der These, daß es die Stasi nicht mit dem Kern und der Masse der Gesellschaft, die vielmehr gerade in der Ära Honecker weitgehend mit politischen und sozialen Mitteln integriert oder doch ruhiggestellt werden konnten, zu tun hatte, sondern mit ihren Rändern und Grenzen. Die waren nun vollends nach innen gerückt und überall und nirgends. Scheidelinien zwischen Mann und Frau[11], Eltern und Kindern, Schranken durch die eigene Seele. Oft waren es die Nachkommen von Staats- und Parteifunktionären, die sich weigerten, dem väterlichen Vorbild zu folgen und sich sicher genug fühlten, das abenteuerliche Räuber- und Gendarm-Spiel mit den tumben Staatsorganen zu beginnen. Oft die eigenen Partnerinnen, die den Streß und Nutzen der geschäftigen Kompromißbildungen aufsteigender Kader ironisierten und andere Lebenserfüllungen einklagten (oder gingen). Oft die Kollegen von der Werkbank, die eine reibungslose Zwischenproduktversorgung anmahnten und – ausgerechnet die! – von den fünfziger, sechziger Jahren zu schwärmen begannen, weil es damals noch vorwärts gegangen sei und man noch alles bekommen habe und weil der Ulbricht Walter unvermutet vor Ort aufgetaucht sei und den korrupten Kadern die Stuhlbeine abgesägt habe. Und oft erinnerte einen das eigene Gedächtnis daran, daß es einmal ein Projekt, ein Abenteuer und einen Sinn des Sozialismus gegeben hatte, für den man über all den anderen Scheiß hinwegsehen konnte. Der war geblieben, und alles war doch auch irgendwie besser geworden, nur das Projekt, das Abenteuer und der Sinn, die waren abhanden gekommen.

Solcherart waren die neuen inneren und in tausendfach individuellen Brechungen auftretenden Fronten, an denen die Stasi nun ihr feudales „Schild und Schwert" an der Garderobe einer dieser unsäglichen konspirativen Wohnungen aufhängen konnte und erst mal Verstärkung anfordern mußte, um in geordneter bürokratischer Schlachtreihe und unter fachpsychologischer Beratung Kreide zu fressen, die neuen „feindlich-negativen Kräfte" in einfühlsamen Gesprächen auszumachen, um sie planmäßig unschädlich zu machen. Mißtraue deinem Nächsten wie dir selbst.

Das Neue dieser inneren neuen Front in der zweiten Hälfte der DDR-Geschichte muß man von zwei Polen her verstehen: vom KSZE-Prozeß, an dem auch die DDR sich beteiligen mußte, und von einer neuen Generation her, den Kindern der DDR. Die sagten manchmal nonchalant, sie täten jetzt einfach mal so, als gälten alle Gesetze der DDR, gegenüber deren begrenzter Gültigkeit sich die Generationen der Klassen-

---

11 Es soll hier nicht versäumt werden, anzumerken, daß die Stasi – unbeschadet ziemlich weniger Mitarbeiterinnen – eine durch und durch männliche Angelegenheit, das Volk der DDR aber (nächst dem Weißrußlands) das weiblichste Europas war, nicht nur ausweislich des statistischen Befunds seines „Frauenüberschusses" oder seiner einzigartigen weiblichen Erwerbsquote, sondern wegen der Kraft und Selbständigkeit seiner Frauen. In der Führungsetage des MfS hat es nie eine Frau gegeben. In der SED-Hierarchie reduzierte sich der weibliche Mitgliedschaftsanteil von ca. einem Drittel in der Basis auf dem Weg nach oben Stufe um Stufe, und im Herrschaftszentrum des SED-Politbüros hat es nie auch nur ein reguläres weibliches Mitglied gegeben (allerdings zwei Anwärterinnen, die im Status des „Kandidaten vollends ergrauten). Ich glaube nicht, daß diese Männlichkeit der SED-Herrschaft auf antifeministischer Repression oder auf einer antisozialistischen Einstellung der Masse der Frauen gründete. Frauenförderungsprogramme gab es in der DDR viel früher als im Westen, und die Frauen der DDR haben von den sozialpolitischen Einrichtungen, die ihre Selbständigkeit ermöglichten, ausgiebig Gebrauch gemacht und sie vielfach erst herbeigeführt. Aber sie mißtrauten dem realsozialistischen Herrschaftsaufbau und fanden es nicht der Mühe wert, sich an seinen verhängnisvollen Indianerspielen zu beteiligen.

kampfzeit längst abgestumpft hatten, und manche meinten es sogar nicht nur als Provokation. Aber auch das Regime stand in einem neuen internationalen Licht, in dem es von seinen europäischen Nachbarn überwiegend nicht mehr als Reich der Finsternis abgetan wurde und deshalb nicht mehr jenseits seines ruinierten Rufes ganz ungeniert herrschen konnte. Es wollte und mußte seinen Ruf verbessern, Konfliktherde eher auf unspektakuläre Weise zersetzen oder exportieren, sein eigenes Regelwerk rechtlich aufwerten und deshalb auch selbst mehr achten, jedenfalls wenn es nicht um etwas wirklich Wichtiges ging oder die Gewohnheit durchschlug. Und diese Aufgabe wurde noch in dem Maße schwieriger, als die neue Generation der Protestanten nicht nur auf ihre international verbürgten Rechte pochte, sondern auch noch die internationale Öffentlichkeit von Konfliktfällen zu informieren sich erlaubte. Man mußte also die sozialistische Gesetzlichkeit und ihre Umgehung gleichzeitig aufrüsten, und dazu reichte nicht mehr das lang verblichene gute Gewissen des Antifaschismus und eine tschekistisch gestählte Arbeiterfaust.

Diese Front war ein Arbeitsbeschaffungsprogramm. War nicht die Stasi der letzte Gott, der in die Seelen blickte? Der so viele Arbeiter im Weinberg des großen Bruders gewinnen konnte, weil sie kaputt waren, ihren kleinen Geltungsdrang sonst nicht ausleben konnten oder weil sie nach einem Abenteuer in einer verwalteten Welt suchten? Oder nach einer Wahrheit dürsteten, die nicht mehr in der Öffentlichkeit, sondern vielleicht nur noch im asketischen Orden derer, die das Geheimnis, die Unterwerfung und die Selbst-Instrumentalisierung auf sich nahmen, zu finden war oder wenigstens geahnt oder auf ihre objektive Emergenz gehofft werden konnte? Am Ende der DDR war die Stasi nicht nur eine unkontrollierte und paranoide Militärbürokratie, sondern auch ein Asyl und ein Orden, und man weiß nicht recht, wo man mehr Verzweiflung und Zynismus, mehr Hoffnung und süchtige Hingabe an einen anscheinend unendlich verständnisvollen Betreuer zuordnen soll. Daß sie auch der größte Arbeitgeber des kleinen Landes geworden war und niemand die Verwertung seiner beigetragenen Informationen kontrollieren konnte, scheint den meisten Beteiligten entgangen zu sein.

Am Ende gibt es wie immer eine gute und eine schlechte Nachricht. Die schlechte zuerst, aus der Sicht der Stasi: Es hat alles nichts genützt. Auch die zweite Bewährungsprobe ging vollständig in die Hose. Ohne den größten Geheimdienst aller Zeiten wäre das vollständige Verschwinden einer Staats- und Gesellschaftsordnung innerhalb weniger Monate nicht denkbar. Die gute: Leute, wie wir, werden gebraucht. Die Lust am Untergang ist unausrottbar.

Noch einmal, denn ein Observierungsinstrument hat immer zwei Seiten, diesseits und jenseits der Optik. Die gute Nachricht zuerst: Die Hydra ist besiegt und wir haben die Gauck-Behörde – zum ersten Mal muß noch in der Lebenszeit der Mitlebenden offengelegt werden, was die Gemeinheit und Zudringlichkeit der Obrigkeit uns entrissen und aufgezeichnet hat. Die schlechte: Die Paranoia der Herrschenden der DDR war eine ansteckende Krankheit. Sie wurde im Kampf mit der Stasi übertragen.

Deshalb muß das letzte Wort dieser Erwägungen den Observierten und Terrorisierten dieser Krake gelten. Sie stellen das eigentliche Wunder der DDR dar. Denn es kann ja kein Zweifel sein, daß diejenigen, die zuerst in der Endkrise der DDR den Mut fanden, auf die Straße zu gehen und sich den Anmaßungen des Regimes mit seinen eigenen Worten und viel zusätzlichem Witz entgegenzustellen, ganz überwiegend aus jenen Gruppen kamen, die zuvor von der Stasi observiert, in psychische und soziale Krisen getrieben und manche bis an die Grenzen des Wahnsinns malträtiert worden waren. Man muß nicht so weit gehen, das internationale Szenario in Moskau, Prag, Budapest und Bonn, das den Rahmen für das Ende der DDR abgab, und die Rolle des Ausreise-Sturms ganz zu verdrängen und zu glauben, die SED-Herrschaft sei allein von der friedlichen Revolution auf dem Leipziger Ring und der sich dann ausbreitenden Protestbewegung gestürzt worden, um anzuerkennen, ja zu bewundern, daß diese Bewegung daran einen wesentlichen Anteil hatte und ein erstaunliches Ausmaß an spontaner, kollektiver Handlungsfähigkeit, öffentlicher Ausdruckskraft und Selbstdisziplin an den Tag brachte, den man von den Opfern einer Geheimpolizei am wenigsten erwarten würde. Daß sie in den sich überstürzenden Ereignissen in der Folge ihrem Sonderschicksal verkettet blieben und durch ihre Stasi-Fixierung nur noch einen geringen politischen Einfluß auf das weitere Geschehen und die Masse der Ostdeutschen auszuüben vermochten, ist eigentlich leichter zu verstehen als Art und Umfang ihrer beispielgebenden politischen Initiative und Standfestigkeit 1989. Wir haben in den letzten Jahren schon viel darüber gehört, welche Rolle dabei privater Rückhalt, alternative Netzwerke, Dekonspiration, das Schutzdach der Kirche spielten. Am wichtigsten scheint mir das immer wieder erzählte Märchen von des Kaisers neuen Kleidern, von jenem zauber- und blitzhaften Widerhall, den das Übertreten öffentlicher Tabus und das Aussprechen schlichter Wahrheiten im verdrängten „Eigentlichen" vieler anderer auslösen konnte. Aber bis wir die wundersame Verwandlung von vereinzelndem Erleiden in kollektives Handeln recht verstehen werden, werden wir wohl noch viel zuhören müssen.

Geht der deutsche Sonderweg weiter?

Die Debatte um den deutschen Sonderweg ist fast so alt wie die deutsche Geschichtswissenschaft und jedenfalls so alt wie die im Bismarck-Reich mißlungene, ohnehin verspätete Bildung eines Nationalstaats in der Mitte Europas. Das Grundthema dieser Debatte war die Herausarbeitung der Besonderheit des deutschen Weges im Verhältnis zur Tradition des „Westens", worunter ein Idealtyp nationaler Entwicklungsmerkmale verstanden wurde, die mal Frankreich, mal England, später vor allem den USA zugeschrieben wurden. Die Besonderheit des deutschen Weges galt der herrschenden Lehre der deutschen Historiker im Zweiten und Dritten Reich als beispielhaft, während die liberale und ein Teil der linken Emigration aus dem Dritten Reich in dieser Besonderheit die Wurzeln für die Abirrung der Deutschen in die Barbarei sah. Dieser letzteren Sicht hat sich der tonangebende Teil jener Generation westdeutscher Historiker angeschlossen, die sich in der Phase der Modernisierung der Bundesrepublik seit den sechziger Jahren akademisch etablieren konnte: Für sie hatte sich die Selbstzerstörung des deutschen Sonderwegs durch die Folgen des Dritten Reichs in der Westintegration Westdeutschlands vollendet. Die Bipolarität der Welt schien den Westdeutschen die Abwendung von der Blutspur ihrer Geschichte zu ermöglichen, vorzuschreiben, zu garantieren.

Nun ist Westdeutschland kein Staat mehr, wenn es auch den neuen deutschen Nationalstaat dominiert. Nach der Schrumpfung des Staatsgebiets und der ethnischen Zwangsentmischung „Zwischeneuropas" durch Hitler und Stalin verdient er zum ersten Mal diesen Namen, weil er – abgesehen von den wohlintegrierten Sorben in der Lausitz und wenigen Dänen in Schleswig – kein angestammtes Siedlungsgebiet einer nationalen Minderheit mehr umfaßt. Aber diese Lösung der nationalen Frage folgt erst dem Verblassen des Begriffs: Nun ist die Nation zwar in einem Staat vereint, aber in zwei Gesellschaften, zwei Erfahrungsgemeinschaften tief und asymmetrisch gespalten. Zweitens geschieht dies in einer Phase, in der die westeuropäischen Nationen wesentliche Elemente ihrer Nationalstaatlichkeit vollends an ein regionales Gemeinwesen, ein föderales Geflecht unterschiedlicher übernationaler Agenturen, abzugeben beabsichtigen. Drittens haben die beteiligten Nationen (einschließlich der deutschen) alle neue Nationalitätenprobleme amerikanischen Typs, insofern der ethnische Sockel, auf dem auch in den westeuropäischen Nationen das nationale Selbstverständnis der Mehrheit der Gesellschaft ruhte, seit den sechziger Jahren und zunehmend seit den achtziger Jahren durch transnationale Wanderungsbewegungen aus den ärmeren Regionen Europas und der Welt sowie eine multikulturelle Auflockerung der angestammten Nationalkultur herausgefordert wird. Der Fremdenhaß ist in Europa eine politisch gefährlichere Kraft als in Amerika, weil die Fremden hier in der Minderheit sind.

Aber auch in traditionellen Begriffen hat sich die Lage des neuen Deutschland gegenüber den ungleichen Teilen seiner Spaltung völlig verändert. Deutschland ist in die Mitte Europas zurückgekehrt, und es ist sogar nach allgemeiner Überzeugung zum ersten Mal unangefochten die wirtschaftlich stärkste Kraft des Kontinents, obwohl ein Viertel seines Potentials vom Marktschock zerrüttet ist und „mit Staatshilfe" wieder aufgebaut werden muß. Weltpolitisch sieht es sich ungewohnten Wechselbädern ausgesetzt, weil ihm die Souveränität einer mittleren Macht, die es nur teilweise besitzt und noch weniger auszuüben gewohnt ist, zugemutet und es zugleich an seine Hybris im Dritten Reich gemahnt wird. Es sieht sich im Osten einer instabilen Region gegenüber, die bisher durch die sowjetische Herrschaft zementiert schien, nun aber von einer Vielzahl gleichzeitig aufbrechender Konfliktherde unkalkulierbar geschüttelt wird: der Gründung von partizipativen Regierungssystemen, der Öffnung einer eingefrorenen Kultur, dem Aufbruch unausgetragener nationaler Abgrenzungsprobleme und Autonomiewünsche, der Wiederkehr der Religionen, der Verwüstung der Umwelt, der Entwertung des kollektiven Eigentums und der Not und ursprünglichen Akkumulation in einem weithin unregulierten Übergang zum Kapitalismus. Größere, freilich individualisierte Völkerwanderungen stehen bevor, und dabei wird es der neuen Mitte wenig helfen, daß sie alle Grenzen, die sie schließlich – und noch immer für manche mit Schmerzen – anerkannt hat, nunmehr auch von den anderen respektiert sehen will. Die neuen Nachbarn im Osten werden zwischen ihren Erinnerungen an die deutsche Gewaltherrschaft im Zweiten Weltkrieg und ihren Hoffnungen auf ein verändertes Deutschland als Hort von Wohlfahrt und Ordnung hin- und hergerissen.

Die gewandelte Lage unterscheidet sich von der vormaligen der Teilung vor allem dadurch, daß traditionelle Elemente der deutschen Geschichte vor dem Dritten Reich, ja vor dem Ersten Weltkrieg sich in neuen Mischungsverhältnissen wieder in die Wahrnehmungsmatrix – nicht nur der Deutschen – schieben. Ist also der deutsche Sonderweg doch nicht mit dem Untergang des Dritten Reiches zu Ende gegangen? War die deutsch-deutsche Doppelspur der Nachkriegsjahrzehnte nur eine spezifische und von allen verkannte Variante seiner Fortsetzung? Geht der deutsche Sonderweg weiter?

Die Frage ist nicht rhetorisch, denn sie ist weder mit einem klaren Ja noch mit einem einfachen Nein zu beantworten – unabhängig davon, ob einem die Bejahung oder Verneinung dieser Frage gefiele. Zwar wollen viele in Westdeutschland so tun, als stünde seit 1989 nur eine gewisse Arrondierung Westdeutschlands an, andere fühlen sich sozusagen passiv normalisiert, basteln an geistigen Brücken über das irreguläre 20. Jahrhundert hinweg, wollen beim Kaiserreich wieder anfangen und schnarren im Offizierskasino-Ton von wiedergewonnener weltpolitischer Mannbarkeit – beides nur phantastische Varianten der langen Entwöhnung, im Schatten der Übermächte über die eigenen Mauern zu schauen und die Welt – und damit auch sich selbst – differenziert wahrzunehmen. Die Frage, ob der deutsche Sonderweg weitergeht, will also erwogen sein.

Versichern wir uns zunächst der Spur der Tradition: Was waren die Argumente, die für einen deutschen Sonderweg in der europäischen Geschichte sprachen? Wodurch zeichnete er sich aus?

Die ganze Frage hat zur Voraussetzung, daß es Sinn mache, Geschichtsverläufe zu typisieren, d. h. daß man jenseits der immer unterschiedlichen Verläufe gewisse wesentliche Grundstrukturen erkennen und durch den Vergleich profilieren könne. Diese Voraussetzung ist nicht selbstverständlich, weil hier zwei sehr ungleiche Typen einander gegenübergesetzt werden, nämlich ein westlicher Durchschnittstyp – in dem im wesentlichen Elemente der französischen Revolution und der industriellen Revolution in England und beider Verknüpfung in der amerikanischen Massenzivilisation des 20. Jahrhunderts, vor allem im New Deal, geronnen sind – gegenüber einer nationalen Entwicklung, hier der deutschen. Das engt zunächst den Blickwinkel ein, hat aber den zusätzlichen Nachteil, daß ein idealtypisches Konstrukt mit einem Realtyp verglichen wird bzw. dieser erst aus seiner Abweichung vom Idealtyp entsteht.

Das Entstehen eines Bewußtseins vom deutschen Sonderweg verdankt sich der Abwehr der französischen Revolution im Deutschland des 19. Jahrhunderts; seine kritische Wendung gründete in dem Wunsch, so zu werden wie Amerika.

In der Phase der Verklärung zeichnete sich der deutsche Sonderweg im wesentlichen durch vier Elemente aus: durch den deutschen Geist als Überhöhung des Bildungsbürgertums, die Geopolitik der Mittellage, eine gemischte Verfassung und eine staatsgeleitete Gemeinwirtschaft. Der deutsche Geist unterschied sich vom westlichen Rationalismus durch seine Tiefe und Verinnerlichung als Erbe der Reformation, durch seine Höhe und Objektivität als Erbe des deutschen Idealismus und durch seinen undogmatischen Realismus als Erbe des in Deutschland zur Blüte gebrachten Historismus. Die Mittellage hatte den sozusagen demokratisch revolutionierbaren Gleichklang von Absolutismus und Nationalstaatsbildung ebenso verhindert wie eine maritime, auf die Welt ausgreifende Isolation aus dem Konzert der rivalisierenden Großmächte Europas und Deutschland von den Modellen Frankreichs und Englands dadurch gesondert. Sie wurde für das Gefühl der Bedrohung vom Zangengriff raumübergreifender Machtkonstellationen (dem Alptraum der Koalitionen des Westens mit dem Osten) verantwortlich gemacht und gebot den Primat der Außenpolitik, mithin eines die äußere Sicherheit gewährleistenden Staates gegenüber immanenten Veränderungsbestrebungen der Gesellschaft. Schließlich verwies die Mittellage im Zeitalter des Imperialismus Expansionsbestrebungen dieses Staates – anders als seine früher reussierten Konkurrenten, die sich die anderen Kontinente aufgeteilt hatten – auf die Perspektive einer innereuropäischen Hegemonie. Dafür erschien die Kolonisierung der unterentwickelten Gebiete im Osten Europas als „natürlicher", raumaffiner Hebel.

Aus dieser Konstellation wurde auch die konstitutionelle Monarchie als Alternative zur bürgerlichen Revolution legitimiert, weil sie Staat und Militär letztlich von der Indienstnahme durch gesellschaftliche Volkssouveränität für machtstaatliche Realpolitik freistellte und sich im Bismarck-Reich umso mehr für politische Partizipation und *mixed economy* öffnen konnte, als beide staatlich mediatisiert blieben. Der Primat des Staates auf traditioneller Legitimationsgrundlage beinhaltete zugleich den Föderalismus als Fürstenbund (gegenüber der unteilbaren Nation als Dispositionsmasse der *volonté générale*) die Selbstverwaltung als staatsvermittelte Subsidiarität (gegenüber einem *self government* von unten) und die Übernationalität von Kaiser und Königtum, insofern die traditional legitimierte und imperial ausgreifende Doppelmonarchie zugleich mit der Nation auch die Gemengelage der Nationalitäten an deren Rändern zu übergreifen beanspruchte. Die staatliche Prärogative gegenüber der Gesellschaft implizierte zugleich ihre instrumentelle Fundierung in Militär und Bürokratie und damit in den beiden Säulen vormoderner Herrschaft, die diesseits kirchlicher Überhöhung deren rationalen Kern ausgemacht hatten. Schließlich ergaben sich aus dieser geopolitischen Staatlichkeit auch andere, von der bürgerlich-kapitalistischen Selbstentfaltung abweichende wirtschaftliche Strukturen, da dem Staat die Forcierung der Volkswirtschaft, um ihren ökonomischen Rückstand gegenüber den westlichen Konkurrenten aufzuholen, zufiel. Seinerzeit umfaßten in einem offenen Wettbewerb zwischen den europäischen Großmächten die gemeinwirtschaftlichen Elemente einer staatsgeleiteten Volkswirtschaft noch durchaus konkurrenzfähige, ja als Innovation vielbeachtete Elemente, namentlich das staatliche Engagement in den Leitsektoren Kohle und Stahl, die Vorreiterrolle des Staates in der Modernisierung der Infrastruktur (von der Eisenbahn und der Stadtplanung bis zur beruflichen und akademischen Ausbildung), die Innovation sozialer Sicherung durch staatlich verordnete Renten- und Krankenversicherungen und die als „preußischer Sozialismus" gefeierte staatliche Mobilisierung der Wirtschaft für den Krieg, die im Kriegshilfsdienstgesetz von 1916 auch vor einer epochemachenden Kompromißbildung mit der Gewerkschafts- und Frauenbewegung nicht zurückschreckte.

Das Modell vom deutschen Sonderweg enthielt ein Set von Argumenten, die zwar dem Systemcharakter der Bündelung von Rationalismus, Individualismus, Wahl und Markt als westlichem Modell und seiner Synchronisation von marktwirtschaftlicher und infrastruktureller Entwicklung zuwiderliefen, diesem Modell aber unter dem Gesichtspunkt der Zu-spät-Gekommenen durch die Modernisierung der Perspektive, die Objektivierung der staatlichen Ressourcen und den individualisierenden Realismus in der Betrachtung der beteiligten Faktoren kaum in seiner modellbildenden Kraft nachstand. In der Tat hatten diese Argumente im 20. Jahrhundert auf die Ausbildung der vorherrschenden Modelle der zweiten und dritten Welt einen bedeutenderen Einfluß als das klassische Modell westlicher Modernisierung. Ihr Nachteil bestand im Kern in ihrer autoritären Formierung der Gesellschaft, denn das deutsche Modell hatte mindestens drei Probleme: Insofern die Gesellschaft unter die Kuratel des Staates genommen war, wurde sie abhängig von dessen äußerer Durchsetzungskraft und inneren Legitimitätskrisen. Der Staat als traditionaler Faktor fesselte die Gesellschaft an vormoderne Konstellationen. Und in seiner Verbindung von autoritärer Verinnerlichung, Objektivierung der Herrschaft und relativistischem Pragmatismus machte dieses Modell die Gesellschaft hilflos gegenüber jedweder Usurpation einer staatlichen Macht, die aller systematischen gesellschaftlichen Widerlager entbehrte.

In der Kritik des deutschen Sonderweges angesichts des Dritten Reiches wurden die Argumente, die ja doch dieselben Sachen betreffen mußten, kleiner, soziologisch realistischer und angesichts der Lage Westdeutschlands in der westlichen Welt treffsicherer gefaßt. Im Kern ging es um die Synchronisation der sozialen Segmente in der Modernisierung, um den Versuch, die Gleichzeitigkeit des Ungleichzeitigen durch Beschleunigung oder Wegfall retardierender sozialer Strukturen und Milieus zu erreichen. Summa summarum ergaben sie, daß der deutsche Sonderweg objektiv sich selbst beendigt habe und seine Überwindung subjektiv eine ständige Aufgabe bleibe.

Dem deutschen Geist wurde eine alternative Traditionslinie gegenübergestellt, die in der Aufklärung gründete und zunächst in Marx und Freud, später vermehrt in einer ersten Lektüre von Max Weber ihre Fortsetzung in die Moderne fand, noch bevor deren Ambivalenz und Zukunftsungewißheit immer deutlicher wurden. Die Mittellage hatte der Zweite Weltkrieg beendet, indem er den Westdeutschen die Westintegration bescherte und die Gesellschaft von der Junkerklasse entlastete, die als Hort vorgesellschaftlicher Staatlichkeit und als Nistbeet eines autonomen Militärs ebenso wie als machtvolle Pressure-Group für staatliche Interventionen zugunsten von Rüstung und Großgrundbesitz gelten konnte. Damit konnte auch der Primat der Außenpolitik als überwunden gelten, zumal er durch die Zementierung der deutschen Teilung in einer vorbestimmten Westorientierung aufgehoben war. Der Primat der Außenpolitik blieb zwar als Orientierung im Konflikt der Supermächte fundamental erhalten; insofern er aber in beiden deutschen Staaten versteinert war und in gegensätzliche, aber alternativlose Richtungen wies, entlastete er die Gesellschaften von der Offenheit der Orientierungssuche und ermöglichte ihnen die Konzentration auf systemgerechte Perfektionierung der jeweiligen Ordnung und der in ihr gebotenen Leistung. Die Blockintegration und die damit verminderte politische Souveränität rückte auch die beiden Militärpotentiale, obwohl sie gewichtig blieben, aus der nationalen Spur.

Schwieriger verhielt es sich mit der Diagnose einer unzureichenden Entwicklung des Bürgertums in der traditional überfrachteten bürgerlichen Gesellschaft in Deutschland. Man mochte zwar das deutsche Bürgertum in arme Gebildete und ungebildete Besitzende auseinanderdividieren, um der spätfeudalen Rest-Aristokratie eine politisch-kulturelle Hegemonie zuzuweisen. Aber wie hätte dieser Faktor Deutschland von England unterscheiden können? Man mochte zwar das Bürgertum als strangulierte Größe in der Klemme zwischen Spätfeudalismus und revolutionärer Arbeiterbewegung, deren unfreiwilliges Zusammenwirken als Sozialimperialismus gebrandmarkt werden konnte, beschwören. Aber wer konnte seine tragende Rolle als Kooperationspartner bei der Grundlegung der Republik in der Zentralarbeitsgemeinschaft oder bei ihrer Abschaffung nach 1933 verkennen? Wer konnte schließlich glauben, daß die postfaschistischen Neu- und Altreichen der Ära Adenauer zum Hort eines idealtypisch zugeordneten Liberalismus geworden wären? Die Indizierung einer bürgerlichen Gesellschaft ohne Bürger war zu sehr der Klage über eine Republik ohne Republikaner nachgestellt, um die Verwischung zwischen subjektivem Verhalten und objektivem Schicksal überzeugend zu machen.

Hier setzte denn auch die empfindlichste Kritik ein – empfindlich vor allem deshalb, weil sie von außen und sogar aus England als einem der Modelländer kam. Sie gab der Debatte eine subjektive Wendung: Das Deutsche Reich habe nicht an zuwenig Bürgertum gelitten, sondern an einem zu wenig demokratisch disponierten Bürgertum. Das mochte zwar zu extensiven Forschungsaufträgen über die empirische Gestalt des deutschen Bürgertums im 19. Jahrhundert inspirieren. Aber heraus kam nur, daß sich diese Gestalt des deutschen Bürgertums gegen eine Verrechnung seiner idealtypischen Affinität zum liberalen Normbild sperrte. Andere Kritiker sprangen in die Bresche und erweiterten sie: Die englische Entwicklung wurde ihrer Normativität entkleidet und ihrerseits zum Sonderfall erklärt. Das korporative Zusammenspiel von Kapital und Arbeit wurde nicht aus der Schwäche, sondern aus der Stärke des Besitzbürgertums erklärt, und eine nähere Analyse der Mitwirkung bürgerlicher Schichten und Funktionseliten im Dritten Reich bis hin zu Auschwitz verminderte die Hoffnung auf eine bürgerliche Gesellschaft mit Bürgern.

In der Kritik des deutschen Sonderweges war dessen integrierendes Zentrum, der deutsche Geist, in einem strukturell-komparatistischen Zugriff durch das anonyme Prozeßgeschehen der Modernisierung ersetzt worden. So konnte der deutsche Geist als ideologischer Hemmschuh einer ebenso notwendigen wie sinnhaften Wachstumsoptimierung gedeutet werden. Seit den siebziger Jahren mehrten sich ökologische, philosophische und historische Gegenargumente: Das sozio-ökonomische Wachstum wurde unter den Gesichtspunkten der Umwelt- und (in einem globalen Sinn) der Sozialverträglichkeit als katastrophischer Prozeß bewertet und demgegenüber mit den Schlagworten *Grenzen des Wachstums* und *Sustainability* eine Begrenzung des Wirtschaftens im Rahmen regenerierbarer Ressourcen eingeklagt. Die Philosophen haben die großen geschichtsphilosophischen Sinndeutungen der Menschheitsentwicklung im Ganzen, auf denen auch die Modernisierungstheorie als instrumentelles Derivat ruht, als alle menschliche Wahrnehmung überschreitende, den Mythos beerbende, begrifflich konstruierte Sinnerzählungen kritisiert. Und in der Geschichte sind die Blindstellen in der gesellschaftlichen Selbstthematisierung des Projekts der Moderne in zentralen Bereichen wie Natur oder Geschlecht oder in der Ausgrenzung des Anderen geortet und mithin dessen historisch spezifischer, nicht verallgemeinerbarer Charakter herausgearbeitet worden.

Je länger die Bundesrepublik währte und je deutlicher sie sich seit den sechziger Jahren aus einer Gesellschaft des Wiederaufbaus in eine der Modernisierung wandelte, desto unabweisbarer wurde die Einsicht, daß sich die Kritik des deutschen Sonderwegs aus einer politischen Kritik in eine historische Affirmation der bestehenden Verhältnisse verwandelt hatte. War der Vergleich mit dem Westen für die liberalen Minderheiten in der deutschen Vorkriegsgesellschaft und in der Emigration eine topische Stütze ihrer Kritik an der deutschen Gesellschaft und eine Konkretisierung ihrer

Utopie gewesen, so war diese transzendente Kraft des Arguments in der Götterdämmerung des Dritten Reiches verglüht, jedenfalls wenn Dahrendorf am Ende der Ära Adenauer mit seiner Diagnose recht hatte, daß durch die Vernichtungsdynamik des Nationalsozialismus auch die Vernichtung der Besonderheiten der deutschen Gesellschaft und Konstellation durch den Krieg und die Alliierten herbeigeführt worden war. Schon dies hätte genügt, der These vom deutschen Sonderweg ihre aktuelle Brisanz zu nehmen und sie in ein Modell antiquarischer Kritik der nachkriegsdeutschen Vorzeit zu verwandeln.

Mit dem Zusammenbruch der kommunistischen Regime in Ost- und Mitteleuropa und mit dem Beitritt der DDR zur Bundesrepublik ist die Nachkriegszeit in Deutschland zu Ende. Die Vereinigung in der Mitte Europas verändert zunächst den Blick auf die Geschichte der Teilstaaten und ihre Sinnkonstruktionen. Sicher sollte man nicht versuchen, den Unterschied zwischen einer pluralen Auseinandersetzung um gesellschaftlichen Sinn und seiner autoritären Zuschreibung zu verwischen. Die letztere kommt zu einem schnellen, aber wenig haltbaren Ergebnis, das sich gegen neue Herausforderungen sperrt, während die erstere lange braucht, bis sich in ihr ein vorherrschendes Modell durchgesetzt hat, das dann aber auch Beharrungs- und Integrationskräfte entfaltet. Dennoch kann man kaum übersehen, daß im Osten schon Ende der vierziger Jahre, im Westen spätestens seit den siebziger Jahren eine Identitätsformulierung vorherrschend geworden war, die einen Abbruch der nationalen Kontinuitätslinie mit einer systemischen Sinnzuschreibung an die jeweilige Ordnung verband, wodurch die Teilgesellschaften auf die modellbildende Kraft der Supermächte verwiesen.

Während in den deutschen Teilstaaten dieser Verweischarakter der Ordnungen, Sozialkulturen und Mentalitäten auf die sie umgreifenden Blöcke zunehmend in einer jeweiligen Normalisierung eingefroren und immer weniger wahrgenommen wurde, erscheint dem zurückblickenden Auge beides als eine zerspaltene Ausprägung des deutschen Sonderwegs, als politisch zugespitzte und gesellschaftlich erweiterte Form des Primats der Außenpolitik. Zwar sind auch für führende polnische Kommunisten außenpolitische Erwägungen als Rationale zur Hinnahme des Stalinismus nachgewiesen worden, aber in Deutschland kam auf beiden Seiten eine den Anforderungen vorauseilende und sie überschreitende Anpassungsbereitschaft an die Führungsmächte hinzu, die in ihren deutschen Partnern ihre treuesten und leistungsbereitesten Vasallen in ihrer Gefolgschaft, ihre Juniorpartner, erblickten.

Wenn es richtig ist – und wir werden noch darauf zurückkommen –, daß der Primat der Außenpolitik aber zugleich eine pragmatische Unterordnung des Systemcharakters der Gesellschaft bedeutet, so müßten wir in beiden Gesellschaften wesentliche Abweichungen vom Modell finden, deren Zulassung oder Herstellung dem übergeordneten außenpolitischen Ziel, Handlungsfreiheit durch Einordnung zu erzielen, geschuldet ist. Solche Abweichungen finden sich in der Tat vor allem in der Blockbildungsphase. Auf westlicher Seite war der in dieser Hinsicht spektakulärste Schritt, daß Adenauer persönlich den Kompromiß der Montanmitbestimmung herbeiführte, um die Zustimmung zur Montanunion und zur Ablösung der internationalen Ruhraufsicht als Einstieg in die europäische Integration und in bundesdeutsche Souveränitätszuwächse zu erreichen und zugleich den Sozialisierungsforderungen in der Arbeiterbewegung ein Ventil zu schaffen. Die Fortführung der Traditionen der deutschen Sozialpolitik, die Ausweitung des sozialen Wohnungsbaus in der Wiederaufbauperiode und die Dynamisierung der Renten, aber auch die verfassungsmäßige Absicherung der belasteten Beamtenschaft oder die Aufnahme politisch kompromittierter Vertriebenenfunktionäre in die Regierung wären weitere Beispiele integrativer Systemabweichungen.

Auf östlicher Seite ist die Beibehaltung des – wenn auch in der politischen Willensbildung weitgehend neutralisierten – Mehrparteiensystems, ohne die die Gründung der DDR als Kernstaatsbildung eines anderen Deutschland kaum vorstellbar wäre, das auffälligste Beispiel. Daß in der Hochphase des Kalten Krieges 1948 von der SED eine spezielle Partei für ehemalige kleine Nazis und Wehrmachtsoffiziere gegründet und in den antifaschistisch-demokratischen Block eingebunden wurde, kam noch als ein besonders auffälliger Farbtupfer im Einheitsrot der Blockbildung hinzu. Die deutschen Kommunisten eilten durch ihren Druck auf eine separate Staatsbildung und ihre Eilfertigkeit beim Aufbau des Sozialismus sogar sowjetischen Wünschen voraus. Aber auch hier kommen Milderungen und schließlich Ablösungen alliierter Vorgriffsrechte hinzu, namentlich die Umwandlung direkter Reparationsentnahmen durch die Bildung der sowjetischen Aktiengesellschaften hierzulande, die den Bestand in Deutschland beließen und nach ihrer vorzeitigen Rückgabe zum Rückgrat der volkseigenen Industrie und der SED in den Betrieben wurden. Auch die Bildung bäuerlicher und kleingewerblicher Genossenschaften, die zwar bei den Betroffenen auf wenig Gegenliebe stießen, aber doch das sowjetische Modell der Vollverstaatlichung erheblich milderten, mußte auf einer solchen Liste systemabweichender Integrationsleistungen für den Primat der Außenpolitik erscheinen.

Einige der gerade genannten Elemente wären erneut anzuführen, wenn es um die Tradition einer gemischten Verfassung gegenüber den idealtypischen Modellen der Führungsmächte geht. Auf westlicher Seite wäre hier vor allem an die hartnäckige Verteidigung der deutschen Bürokratie zu erinnern, die sich gegen die bis in die letzten Tage der Grundgesetzberatungen anhaltenden anglo-amerikanischen Pressionen zur Bildung eines *civil service* behauptete und sogar ihre „hergebrachten Grundsätze" in der Verfassung verankern konnte. Der Verruf der Reeducation in den fünfziger Jahren, die seinerzeitige Stigmatisierung der Massengesellschaft als materialistische Amerikanisierung und der Einstieg in einen institutionalisierten Korporativismus (von der Mitbestimmung über die Formierte Gesellschaft bis zur Konzertierten Aktion) sind weitere Merkpunkte auf der Ebene der gesellschaftlichen Verfassung. Auf östlicher Seite ist diese Komponente weniger bemerkenswert; immerhin wäre hier die Beibehaltung des vollausgebildeten Apparats einer parlamentarischen Scheindemokratie mit mehreren Parteien, die Ausbildung eines Regierung und Parlament vorgeordneten Staatsrats nach preußischem Vorbild und die Ausgestaltung des Amts seines Vorsitzenden als Ersatzmonarchen, aber auch die durchgängige bürokratische Form der Herrschaft und das Fehlen einer Verwaltungsgerichtsbarkeit zu erwähnen.

In der Frage von Staatsintervention und Gemeinwirtschaft entfällt die östliche Seite wegen Übererfüllung des Traditionssolls. Hier überschlagen sich die Rückkoppelungen, hatte doch das leninistische Herrschaftsmodell seine Idealisierung der Bürokratie als Instrument rationaler Herrschaft am preußischen Vorbild abgelesen und daraus sein Modell einer Sozialisierung durch Verstaatlichung extrapoliert. Auf westdeutscher Seite bleiben jedoch genug Symptome, die freilich weniger eigenartige Abirrungen bleiben, wenn man andere postfaschistische Länder wie Österreich und Italien, aber auch Frankreich und z. T. England zum Vergleich heranzieht. Der größte Teil der staatlichen Infrastrukturbetriebe blieb in allen europäischen Ländern in staatlicher Hand, z. T. kamen die Montanindustrien hinzu, in den romanischen Ländern auch die Banken und z. T. auch gemeinwirtschaftlich umgedeutete faschistische Konzerne. Auch der westdeutsche Staat hat nicht nur Post und Eisenbahn bis in die achtziger Jahre vor unternehmerischen Anwandlungen geschützt, sondern auch über ein Jahrzehnt lang ein Automobilwerk, einen Stahlkonzern, Werften und Energieunternehmen sein eigen genannt und die Verluste der Kohlewirtschaft in der Krise auf sich genommen. Bis in die achtziger Jahre schienen die Traditionen der deutschen staatsverordneten und garantierten Sozialpolitik und der kommunalen und gewerkschaftlichen Gemeinwirtschaft ungebrochen. Der Zusammenbruch der letzteren im Strukturwandel der Marktwirtschaft ging dem Zusammenbruch des sich zum Weltmarkt öffnenden real existierenden Sozialismus nur wenige Jahre voraus.

Insgesamt können wir aus dieser unvollständigen Übersicht ablesen, daß in der Ausbildung bipolarer Gesellschafts- und Politikmodelle in der Phase der deutschen Teilung ein beträchtliches Maß an institutionalisierten Erinnerungen an den deutschen Sonderweg aufgehoben blieb. Dies hätte schon damals davor warnen können, den Kontinuitätsfaktor gänzlich aus dem Systemvergleich auszublenden. Daß die Persistenz objektiver Traditionalität entgegen dem überwiegenden Wunsch der herrschenden politischen Klasse nach einem völligen Systemwandel zumindest für die Ausgangskonstellationen und z. T. weit über sie hinaus kennzeichnend blieb, ist aber in unserem Zusammenhang nur ein Hilfsargument. Zentral für die Translatio der Sonderwegstradition ist vielmehr umgekehrt dieser auf beiden Seiten weit über die politische Klasse hinausgehende Wunsch, aus dieser Tradition auszusteigen. Dann bleibt – bei allen eigenen programmatischen Anliegen – auf beiden Seiten die Fundierung dieser gegen die objektiven Traditionen nur partiell durchsetzbaren Modellorientierungen am Vorbild der Blockführungsmächte im Kern an die Abkehr vom Dritten Reich und an den Primat der Außenpolitik in der im besetzten Deutschland entstandenen Lage gebunden. Eine so weitgehende Auflösung positiv verbindender Nationalität hat es in der jüngsten Geschichte keiner der industriell entwickelten Nationen gegeben; sie weist vielmehr zurück auf den Mangel an äußerer Konsistenz und „innerer Reichsgründung" des deutschen Quasi-Nationalstaats und auf die

Flucht aus der nationalen Spur, nachdem sie – zuerst rauschhaft überhöht – in die totale Niederlage geführt hatte und mit Menschheitsverbrechen belastet war.

Auf der Suche nach den funktionalen Äquivalenten nationaler Traditionalität im Nachkriegsdeutschland darf man jedoch nicht bei den orientierenden Ordnungsmodellen stehenbleiben, da sie durch ihren entliehenen, kognitiven und materiellen Charakter eine Leerstelle in den Wertorientierungen beließen, weil sie nicht im emotional Selbstverständlichen lang beglaubigter Identität gründeten. Die Suche danach erscheint gerade bei den Nachgeborenen des Dritten Reiches in der Form einer mit den Jahrzehnten der Teilung zunehmend intensivierten Auseinandersetzung mit der NS-Vergangenheit, mithin einer Art Forttreibung nationaler Bindung und Sinnkonstruktion durch ihre spezifische Negation. Noch bevor diese bis in die letzten Jahre der Teilung noch immer zunehmende Rückfrage ins Negativ der Vergangenheit ein wesentliches Element politischer Sinnsuche geworden war, wurde bereits in den frühen sechziger Jahren die Bereitschaft z. B. in wichtigen Bereichen der akademischen Jugend, die sich selbst meist emphatisch postnational verstand, zur aktiven Übernahme der deutschen Verantwortung im Stil der Aktion Sühnezeichen auffällig und als ein negativ gewendeter und moralisierter Nationalismus gedeutet. Im Osten, in dem der zunehmend ökonomisch erfolglose Materialismus noch weitaus größere Sinnlücken aufriß, war dieser negative Nationalismus bereits der jungen Generation des Nationalsozialismus in Gestalt des offiziellen Antifaschismus aufgedrängt worden. In seiner manipulativen Verzerrung der Geschichte und in seiner Funktion als Substitut von Sinn, Moral und Identität einer gewendeten Generation erwies sich die Kraft der Negation dieses Antifaschismus jedoch als weitaus geringer für die nachfolgenden Generationen. In ihnen gewann die Nation in Gestalt des Traums vom westlichen Leben eine zunehmende und von der Faszination des Verbotenen beflügelte positive Kraft und praktische Bedeutung.

Man könnte einwenden, es habe schließlich noch andere in der Nachkriegszeit zwischen Ost und West geteilte Nationen gegeben, die führungsabhängige Teilgesellschaften ausgebildet hätten. Insofern sei ein solcher Blick nach innen überflüssig, die Interpretation der Identität als dialektische Einheit des Auseinanderstrebenden konstruiert und die tatsächliche Identität und Kontinuität viel einfacher in den jeweiligen der freien Welt zugehörigen Nationsanteilen aufzufinden, während die anderen Teile durch militärische Gewalt und kommunistische Satrapen vergewaltigt worden seien. Geht man jedoch die anderen Beispiele durch, so sind Zweifel erlaubt. China und Korea müßten dann als die Kardinalbeispiele herhalten. So sehr man dort für die östliche (bzw. nördliche) Variante zustimmen möchte, sowenig will die Interpretation Südkoreas oder Taiwans als freie Gesellschaften, an denen der innere Weg ungehinderter Gesellschaftsentwicklung abzulesen sei, einleuchten. In Vietnam waren die Ausgangspositionen ähnlich, aber am Ende haben die Kommunisten einen traurigen Sieg erfochten, und es sprach damals wenig dafür, daß sich die Masse des Volkes dadurch mehr vergewaltigt fühlte als durch die vormaligen Machthaber. Verbleibt Österreich, und wahrscheinlich ist es der einzig wirklich vergleichbare Fall. Die internen Unterschiede zu Deutschland sind bemerkenswert: Hier hatte die politische Klasse nach dem Krieg von Anfang an die Kraft zum nationalen Zusammenhalt durch ordnungspolitische und internationale Kompromißbildung behalten und nicht frühzeitig die Nation in realpolitischer Einsicht als Teilungsobjekt den Siegermächten ausgeliefert. Denselben Zusammenhang kann man bei der Beendigung der das Land zerteilenden Besatzungsherrschaft durch die Aushandlung des Staatsvertrags finden: Wieder konnte die nationale Identität durch außenpolitische Kompromißbildung bewahrt oder befreit werden. Wendete man nun ein, Österreich sei schließlich nicht für den Zweiten Weltkrieg und Auschwitz verantwortlich gemacht worden, und sein Potential sei im Vergleich mit dem deutschen ein leichter Spielball in der Auseinandersetzung zwischen den Supermächten gewesen, so kann man dem wenig entgegensetzen. Man kann nur daraus schließen, daß in Deutschland ein unvergleichlicher nationaler Schuldzusammenhang konstituiert worden war, der die nationale Kohäsion sprengte und eine Kompromißbereitschaft unter den Nachfolgepolitikern, die wegen des bedeutenderen Potentials vermutlich sehr viel weiter hätte gehen müssen, verhinderte. Hier lag die Verbindung von ordnungspolitischen Alternativen mit dem Primat außenpolitischer Anpassung an jeweils eine Führungsmacht näher, so daß die Minderheit, die im österreichischen Sinn zu weitgehenden Kompromissen zum Zusammenhalt der Nation bereit war, ins Abseits des Kalten Krieges geriet. Insofern muß man die zentrifugalen Kräfte in Deutschland von der gemeinsamen Wurzel her interpretieren.

Das Ende dieses bipolaren Kraftfeldes kann unterschiedlich aufgefaßt werden, jedenfalls in einer Übergangsphase, in der die durchschlagenden Kräfte der neuen Konstellation noch nicht evident geworden sind. Die zur Zeit vorherrschende Interpretation ist die des Anschlusses: Danach hat sich das östliche Modell selbst entwertet, und an die Stelle des östlichen Kraftzentrums ist ein Vakuum oder ein nach innen trudelndes Chaos getreten. Die konstruktiven Kräfte im Osten holen nur nach, was den Westen von diesem unterschied. Die Welt ist monopolar geworden, und die Geschichte ist – wie manche vermuten – mangels ordnungspolitischer Grundsatzalternativen beendet. Andere glauben, daß ein solcher Rückschluß von der Alternativlosigkeit der Industriegesellschaften auf die Welt im Ganzen die globalen Größenverhältnisse und die Beziehung zwischen gesellschaftlicher Ordnung und staatlicher Macht verkennt. Sie erwarten umgekehrt, nach der Entlastung der Geschichte vom Zementieren weltumspannender ideologischer Blockbildungen, die Revitalisierung einer Variante traditioneller Geschichte entweder anhand der Konfliktlinien um ein neues malthusianisches Paradigma von Überbevölkerung und Wanderung oder um die Wiederkehr der realpolitischen Tradition im Hantieren staatlicher Gewaltpotentiale – oder beides in einer heute kaum zu überschauenden Verbindung. Die analytische Betrachtung kann das nur abwarten. Daß die bipolare Welt von einer pax americana als neuer Weltordnung abgelöst wird, ist wenig wahrscheinlich, weil schon der erste Test dieser Ordnung im Golfkrieg die trotz überlegener Vernichtungspotentiale begrenzte Durchsetzungsfähigkeit dieser Übermacht selbst gegen eine mindere Macht erwiesen hat. Für Deutschland heißt das, daß man die deutsche Zukunft nicht einfach als räumliche und zahlenmäßige Erweiterung der Geschichte Westdeutschlands extrapolieren kann. Insofern muß man die Zweistaatlichkeit der deutschen Nachkriegszeit in der Stereophonie ihrer doppelten Sinngebung ernstnehmen, vielleicht sogar mehr, als es bei einer Herunterrechnung der Größenverhältnisse angezeigt erscheinen könnte. Und insofern ist es auch nicht auszuschließen, daß mit der Mittellage in einem von ordnungspolitischer Konkurrenz entlasteten System multipolarer Machtpolitik Elemente des deutschen Sonderweges wiederkehren.

Zunächst springt ins Auge, was dagegen spricht. Die deutsche Vereinigung geschieht im Rahmen und in Auseinandersetzung mit der europäischen. Dadurch wird ein Sonderweg einer modellbildenden gesellschaftlichen Ordnung ebenso unwahrscheinlich wie eine Erneuerung machtstaatlicher Realpolitik. All das ist allenfalls in mediatisierter Form vorstellbar, denn die deutsche Wirtschaft ist am kontinentalen Markt sogar mehr als andere Partner interessiert, und Militär und Außenpolitik haben ihre Souveränität von Anbeginn – und das wurde im Vereinigungsprozeß demonstrativ erneuert – auf föderale Mitwirkung an übergreifenden Bündnissystemen reduziert.

Der zweite Faktor, der dagegen spricht, ist der deutsche Geist. Als welthistorischen Anspruch, der sich auf die besondere Produktivität der deutschen Klassik und Romantik und des Historismus gegründet hatte, gibt es ihn nicht mehr. Es gibt ihn nur noch als eine besondere, um die Ungewißheit der eigenen Identität und Geschichte kreisende Mentalität, mithin eine provinzielle Variante im Rahmen übergreifender Kulturströmungen des Clubs der reichsten industriellen und postindustriellen Gesellschaften. Beschränkt man sich auf diese mentale Ebene, ist eine Sonderstellung unübersehbar. Die (West-)Deutschen gehören zu den einzigen in den ehemaligen Mutterländern des europäischen Imperialismus, die sich in einem zunehmend die gesamte Kultur erfassenden Diskurs mit der eigenen imperialistischen Vergangenheit auseinandergesetzt haben. Als vollständig Besiegte gehören sie auch zu den wenigen Nationen, bei denen die Erfahrung dieses größten und verheerendsten Krieges im Ergebnis weitgehend negativ konnotiert ist und seither die Rechtfertigung von Krieg als Mittel der Politik keine Basis in der Gesellschaft mehr hat. Auch der Einsatz militärischer Mittel zur Wiedergewinnung der nationalen Einheit und Souveränität war in beiden Nachkriegsgesellschaften letztlich politisch undenkbar. Schließlich zeichnet sich die deutsche Mentalität auch dadurch aus, daß nur hier die ökologische Frage zu einer weitverbreiteten politischen Orientierungskrise, wenn auch weit weniger zu einem Wandel des tatsächlichen Verhaltens und der verursachenden Strukturen geführt hat. Dabei erscheint der Sprung der Ökologie in den Spitzenbereich der programmatischen Prioritäten aller Parteien ein unmittelbarer Reflex der besonders schnellen und durchgreifenden Modernisierung und Ökonomisierung der deutschen Nachkriegsgesellschaften und des geringen Beharrungsvermögens traditionaler Milieus und politischer Strukturen zu sein. Unsere Politiker werden ja nicht müde, uns Ökonomismus und Ökologismus als dialektische Einheit zu predigen;

allerdings weisen sie weniger darauf hin, daß die Dynamik dieser Dialektik mit der besonderen Verarbeitungsweise des späten und gescheiterten deutschen Imperialismus zu tun hat. Eine bewußte Besonderheit des deutschen Geistes, wie sie im 19. und frühen 20. Jahrhundert ausgeprägt war, gibt es nicht mehr, wohl aber unbewußte Besonderheiten der deutschen Mentalität.

Verfolgt man nun die Spur der neuen Lage weiter in die Zukunft und mißt sie am Maßstab der Vergangenheit des deutschen Sonderwegs, so muß das notwendig Spekulation bleiben. Aber die Erinnerung der alten Blutspur dieses Sonderwegs ins Dritte Reich gibt zumindest Witterung.

Beginnen wir beim Mangel an Bürgertum, zumindest einem, das zur Modernisierung des Projekts der bürgerlichen Gesellschaft geeignet ist. Die alte Diagnose hieß: Das Bürgertum war in Deutschland für diesen Zweck ungeeignet, weil im idealtypischen Sinne unidentisch mit sich selbst. In seiner Masse war es reichsstädtisch verfrüht und ständisch verspießt. Die Bildung war von früh an beamtlich an die Kette der Herrschaft gelegt. Und selbst in der Großbourgeoisie war das Unternehmertum nicht zur Ruhe seines Selbstbewußtseins gekommen, sondern mischte sich unter die Neureichen an den Rändern der aristokratischen Dekadenz. Charakteristisch war für die politischen Diskontinuitäten Deutschlands im 20. Jahrhundert aber auch, daß die Politik der klassische Tummelplatz der Aufsteiger war: In allen Regimen konnte man nur in diesem Segment der Gesellschaft erwarten, im Bruchteil einer Generation von ganz unten nach ganz oben zu gelangen. Auch in der Bundesrepublik blieb die politische Spitze des bürgerlichen Eisbergs prekär, nämlich biographisch defensiv, kulturell unsicher, gesellschaftlich bestechlich und politisch leistungsabhängig. Und dies, obwohl die Bundesrepublik durch die Wanderungsbewegungen der vierziger und fünfziger Jahre über eine beispiellose Überrepräsentation an Oberschichten durch den Zustrom der ost- und mitteldeutschen Aristokratie und sowohl des politisch kompromittierteren als auch des gesellschaftlich aktiveren Teils des dortigen Bürgertums verfügte.

Dazu tritt nun das Restbürgertum der DDR, dessen Angehörige sich in vierzig Jahren mit dem Schicksal einer geschichtlichen Restgröße abfinden mußten, und in dem die „Blockflöten", die sich in individualisierten Optimierungen der Kollaboration geübt hatten, den Ton angaben. Die übrigen östlichen Funktionseliten bestanden im wesentlichen aus oft überforderten Aufsteigern, und wer die Wende in verantwortlicher Position überlebt hat, war in der Regel bereits zuvor seine politischen und moralischen Bindungen losgeworden. Ein bedeutender bürgerlicher Kontinuitätsfaktor in der DDR war jedoch gerade eine Kerngruppe der sozialistischen Intelligenz und Kulturfunktionäre, die – oft jüdischer Herkunft und progressiver Überzeugung – aus der Emigration in das Projekt eines neuen Deutschland zurückgekehrt waren, den Sinn dieses Projekts beglaubigt und an seiner realen Existenz gelitten hatten. Durch die Vereinigung werden die Kernkräfte einer bürgerlichen Gesellschaft in Deutschland im Verhältnis nicht erweitert, sondern durch unterdurchschnittlichen Beitritt und weitere Fragmentierung der Erfahrungsvoraussetzungen geschwächt.

Nun könnte man freilich sagen: Spätestens seitdem die bürgerliche Gesellschaft wieder zur Gewinnung einer postsozialistischen Zukunft in Osteuropa in *Civil Society* rückübersetzt wurde, sei die Vorstellung vom Bürgertum als tragendem Zentrum einer bürgerlichen Gesellschaft überholt, die ja auch in Westdeutschland längst von der Bildung von Funktionseliten und politischen Verantwortungskernen aus allen, vornehmlich mittleren Schichten abgelöst worden sei. Aber auch in einer solchen sozialliberalen Umformulierung des Projekts einer Zivilgesellschaft müßte der denkbare Zuwachs aus dem Osten eher als eine Schwächung eingeschätzt werden, denn der begrenzte Umfang und die Zersplitterung der Erfahrungshintergründe auch solcher Gruppierungen erinnert eher an die Schwachstellen des Bürgertums in der wilhelminischen Gesellschaft als an die neuen und ja auch dort geringen und hochfragmentierten Kräfte z. B. in Polen oder Ungarn.

Schließlich gibt es das Projekt einer Zivilgesellschaft zwischen Staat und Kapital mittlerweile auch in linksalternativer Formulierung, wodurch es zu einer Langzeit-Programmatik einer begrenzten Minderheit in Ost und West wird. Politisch hat diese Minderheit aber ihre Programmatik im Gehäuse der Zweistaatlichkeit formuliert, und in den ersten beiden Jahren seit der Öffnung der Mauer haben sich die alternativen Szenen als Milieus erwiesen, die sich am wenigsten mit der Vereinigung anfreunden konnten und zugleich in beiden Gesellschaften angesichts der vorherrschenden Reduktion der Vereinigung auf ein ökonomisches Problem ihren relativen Einfluß schwinden sahen. Das gilt für die kirchennahen Oppositionsgruppen und die Bürgerbewegungen im Osten noch stärker als für die Grünen im Westen, nicht nur, weil sie von der plötzlichen Anforderung pragmatischer Politik in ihrer Mehrheit überfordert oder angewidert waren, sondern weil sie sich von der Stasi-Problematik, der gerade diese sensiblen Gruppierungen besonders ausgesetzt gewesen waren, in eine Sackgasse vergangenheitsorientierter Selbstzerfleischung ziehen ließen. Tatsächlich war die Stasi aber eine überbürokratisierte Randbedingung der politischen und sozialen Kontrolle in der Gesellschaft der DDR gewesen, und die nachmalige Fixierung auf diesen Rand hat dem Kern des gesellschaftlichen Problems die öffentliche Thematisierung erspart.

Welche Formulierung man auch immer für die Entwicklung einer offenen und politisch selbstverantwortlichen Gesellschaft wählt, man wird davon ausgehen müssen, daß das relative Gewicht, das ihre Aktivkräfte in der Wirtschaft, Politik, Kultur und Gesellschaft der alten Bundesrepublik besaßen, durch die Vereinigung, zumindest zunächst, vermindert wird. Und in dieser allgemeinsten Formulierung scheint nun ein zentrales Element der Sonderwegtradition wieder auf.

Blickt man nun auf die Kompensation dieser gesellschaftlichen Schwäche durch den Staat, wie sie einst als preußischer Sozialismus gefeiert wurde und durch das hohe Ausmaß der Staatsintervention und korporativen Verflechtung in Deutschland aus westlicher Sicht stets als eines der wichtigsten deutschen Spezifika erschien, so ist ein zweiter Traditionsschub unübersehbar. Zwar hat der Mythos des Marktes beim Beginn der Vereinigung auf beiden Seiten eine entscheidende Rolle gespielt und ihr Tempo bestimmt. Denn beide Gesellschaften waren über die Bestände, funktionalen Abläufe und alltäglichen Praktiken der anderen Seite völlig uninformiert, und die DDR war wohl diejenige Industriegesellschaft, die am wenigsten über sich selbst informiert war. Aber das Vertrauen in den Markt wurde durch den realen Vereinigungsprozeß in einer Weise desillusioniert, daß aus der Befreiung der DDR-Gesellschaft von staatlicher Bevormundung binnen eines Jahres der größte Schub an Staatsintervention in der deutschen Geschichte diesseits der Verstaatlichung entstanden ist. Noch kann die Regierung das Ausmaß dieses Debakels dadurch verschleiern, daß die Vereinigung für Industrie und Handel Westdeutschlands ein gutes Geschäft geworden ist, daß im Osten die Staatsintervention im Gewand der Entstaatlichung einhergeht und daß allen Steuerzahlern versprochen wird, es handele sich nur um Umstellungskosten für einen kurzen Prozeß der Angleichung der Lebensbedingungen, der in drei bis fünf Jahren abgeschlossen sei und deshalb zum größten Teil aus Krediten finanziert werden könne. Aber bereits die Auseinandersetzungen um die sogenannte Steuerlüge, bei der die Blindheit des beginnenden Staatsinterventionssogs zum moralischen Vorwurf der Unehrlichkeit im Wahlkampf verharmlost wurde, haben ein uraltes Muster des realpolitischen Managements nationaler Krisen in Deutschland erkennen lassen.

Das allgemeine Wahlrecht der Männer im Kaiserreich, damals fast einzigartig in Europa, war gegen die Demokratie und fast aus tagespolitischen Motiven eingerichtet worden: Es sollte die Schwächen der Reichsbildung populistisch abstützen und wurde durch die Zuständigkeitsreservate der verbündeten Fürstenstaaten im einzelnen differenziert, aber im ganzen durch Preußens Übergewicht in seiner Wirkung ausgehöhlt. Der epochemachende Einstieg in den Sonderweg der deutschen Sozialpolitik entsprang nicht Bismarcks Solidarität mit der Not der Arbeiterfamilien bei Krankheit, Alter und Tod, sondern dem Wunsch, die Arbeiter an den Staat zu fesseln und gegen das Bürgertum auszuspielen. Daß es statt zu einem Volk von Staatspensionären zur korporativen Selbstverwaltung der ersten allgemeinen Sozialversicherung in Europa kam, war von niemandem vorgedacht, sondern ein pragmatischer Kompromiß des Obrigkeitsstaats mit dem Bürgertum. Die Zentralarbeitsgemeinschaft zwischen Kapital und Arbeit, in der 1916 die Gewerkschaften als Grundpfeiler der Gesellschaft, und übrigens auch die Mitwirkung der Frauenbewegung, zum ersten Mal anerkannt wurde, war von der Junkerklasse des preußischen Militärs vermittelt worden, das sich weder für Unternehmer noch Arbeiter oder gar Frauenemanzipation interessierte, aber in bedrohter Lage im Krieg die kooperative Leistungskraft der Heimatfront stärken wollte. Der Durchbruch zum sozialen Wohnungsbau in der Weimarer Republik war kein Kind der Republik oder der Arbeiterbewegung, die ihn dann unter republikanischen Bedingungen ausbaute, sondern er war in den letzten Kriegsmonaten von der Obersten Heeresleitung, deren soziale Trägerschichten ein halbes Jahrhundert lang die Einschaltung des Staates in die urbane Folgekatastrophe der Industrialisierung verhindert hatten, angeordnet worden, weil sie einen Aufstand der in die Wohnungsnot heimkehrenden Krieger befürchtete, weshalb sie, pragmatisch genug, auf Modelle ihrer früheren Gegner aus sozialliberalen Reformbündnissen zurückgriff.

Die Liste der Schübe in der Ausbildung des deutschen Sonderwegs in der Verfassungs- und Sozialpolitik könnte durch das 20. Jahrhundert fortgesetzt werden bis hin zu Adenauers epochemachender Dynamisierung der Renten, die ihm die erste absolute Mehrheit für eine konservative Partei in der deutschen Geschichte und die endgültige Absicherung der Westintegrationspolitik gegen die Wiedervereinigungspriorität bei Sozialdemokraten und Liberalen einbrachte. Die Schübe der Staatsintervention und progressiven Sozialpolitik in Deutschland waren nie erkämpft aus der vereinten Stärke der Schwachen, sondern ihr Durchbruch entstand aus präventiven Kalkülen, mit denen Konservative an der Macht den Primat ihrer Außenpolitik innenpolitisch absichern wollten. Dabei bewiesen sie einen bemerkenswerten Pragmatismus in der Vermittlung sozialer Kompromisse und bei ihrer staatlichen Absicherung, der meist bürgerliche Interessenartikulationen souverän und zumindest auf kurze Sicht erfolgreich mißachtete, liberalen Prinzipien zuwiderlief und die Einlösung der staatlichen Verbindlichkeiten auf die Zukunft verschob. Die politische Ökonomie der Wiedervereinigung steht insofern mehr in der Traditionslinie massiver okkasioneller Staatsintervention, wodurch der Primat der Außenpolitik populistisch abgestützt wird, als in der Traditionslinie staatlich flankierter Marktwirtschaft, wie sie sich in Westdeutschland in der Währungsreform und in der Großen Koalition durchgesetzt hatte.

Es geht hier nicht um Bewertungen wie gut oder böse, sondern um orientierende Gesellschaftsmodelle und nationale Traditionsspuren. Das westliche Modell des Primats der Gesellschaft und der Wahl im Markt und in etablierten politischen Institutionen war im 20. Jahrhundert siegreich. Der neoklassische Versuch, die Geländeverluste einer freien kapitalistischen Gesellschaft an den Sozialstaat durch Reaganomics und Thatcherismus zu revidieren – woran sich auch die Wende in der alten Bundesrepublik mit freilich moderater Durchsetzungskraft orientiert hatte –, ist an stagnierenden Ökonomien, exzessiver Staatsverschuldung und struktureller Arbeitslosigkeit gescheitert. Insofern ist die Zukunft der Modelle offen, selbst wenn man sie nicht mit den zeitgemäßen Herausforderungen der *Sustainability*, eines umwelt- und sozialverträglichen Wirtschaftens im Weltmaßstab, mißt, wodurch die Zukunft unbeherrschter Märkte so kurz erschiene wie ihre Vergangenheit. Die politische Ökonomie der Wiedervereinigung verweist nicht in diese neuen Horizonte, sondern auf ein altes und besiegt geglaubtes Modell in Mitteleuropa.

Das Tempo der Wiedervereinigungspolitik, das den Schub an Staatsintervention und dessen Scheck auf die Zukunft hervorgebracht hat, hatte keine ökonomischen Motive. Daß es im Ursprung der Aggressivität des westdeutschen Kapitals geschuldet sei, ist ein Märchen. Sowohl die mächtigsten Sprecher des westdeutschen Kapitals als auch die bestinformierten Experten für die Analyse der ostdeutschen und der osteuropäischen Gesellschaften haben im Frühjahr 1990 rechtzeitig vor diesem Tempo gewarnt, weil der plötzliche und unverminderte Sturm des Weltmarkts wie ein Hurrican durch den bisher windstill gestellten Bereich der RGW-Länder fahren und eine vernichtende Spur in deren marodem Kapitalstock und in den Behelfsbauten ihrer sozialen Kapitale hinterlassen werde. Sie hatten recht, aber charakteristisch ist, daß auf sie nicht gehört wurde und daß es möglich war, auf sie nicht zu hören. Durchgesetzt hat sich der Primat der Politik, und auch er hatte recht: Wenn der Anschluß der DDR an die Bundesrepublik kommen sollte – seit vierzig Jahren immerhin eines der höchsten proklamierten Staatsziele –, so mußte er kommen, solange in Moskau Partner bereit waren, das Selbstbestimmungsrecht ihrer westlichen Vasallen gegen Bares für den Umbau der Sowjetgesellschaft einzutauschen. Und solange das Volk der DDR im Anschluß an die Bundesrepublik das höchste Ziel seiner Selbstbestimmung sah und nicht wie im Herbst 1989 in Individuen auseinanderlief, die im Übertritt in die westdeutsche Gesellschaft oder in der Verwirklichung einer armen, jedoch mit alternativem Sinn erfüllten Kulturgesellschaft diese Selbstbestimmung auszuüben drohte.

Der Kairos, in dem beide Bedingungen gegeben waren, war extrem kurz, und im Rückblick des Jahres 1991 mit seinem doppelten Zusammenbruch der Sowjetunion und der Industrie der DDR wird erkennbar, daß er sich auf das Jahr 1990 beschränkte. Diesen Kairos ohne die in der Sache richtigen, wirtschaftlichen und politischen Bedenken seiner Konkurrenten und ohne Rücksicht auf die Zurückhaltung des Kapitals ergriffen zu haben, stellt Helmut Kohl in der Tat in die Spur Bismarckscher Vermittlung zwischen dem Primat nationaler Außenpolitik und seiner innenpolitischen Abstützung durch staatliche Garantiezusagen populistischer Erwartungen. Sie zeigen sich in der Form der Währungsunion und der Übernahme der Industrie der DDR in einen Staatskonzern, wenn auch in der Absicht, sie zu privatisieren. Da dies – zumindest nach dem Maßstab der Beschäftigung – aber nur zu geringen Teilen möglich ist, kommen auf den Staat langfristige Aufgaben in der Verwaltung defizitärer Unternehmen und in der sozialpolitischen Alimentierung eines großen Teils der ostdeutschen Bevölkerung zu, und dies in einer Lage, die von den Rückwirkungen des ostdeutschen Desillusionierungsschocks auf die politische Kultur im ganzen geprägt wird. Jetzt tritt die unterschiedliche Beschleunigungsgeschwindigkeit der beiden Gesellschaften in Deutschland offen und oft herausfordernd, wenn nicht beleidigend, zutage. Die Kontraste, die Enttäuschung von Erwartungen, die Entwertung von Gewohnheiten und der Verlust von Werten sind schroff und schaffen eine unterschwellige Explosivität.

Das taktische Überspielen der Probleme der gesellschaftlichen Systematik für Wirtschaft und Politik ist Bismarck als Mangel an einer „inneren Reichsgründung" angelastet worden, aus der auf lange Sicht das Problem der „unruhigen Deutschen" als überdynamischen Störenfrieden der internationalen Ordnung entstanden sei. Gewiß kann man argumentieren, daß die vergleichbare Konstellation der Wiedervereinigung und ihre langfristigen Wirkungen die internationale Ordnung weniger berühren können, wenn die europäische Integration vorangeht und Deutschland in ihr mediatisiert bleibt. Diese Voraussetzung ist wahrscheinlich, aber nicht gesichert, und sie könnte im Zuge der Ausweitung der beteiligten Nationen nach dem Ende des sowjetischen Imperiums einer schleichenden Erosion ihrer inneren Bindekräfte unterworfen sein. Solche Unsicherheit könnte – und damit schließt sich der Kreis – größer werden, wenn die Erwartung, daß Deutschland der wirtschaftliche Motor sowohl des europäischen Vereinigungsprozesses als auch des Wiederaufbaus in Osteuropa sein werde, Deutschlands Kraft oder Systemgerechtigkeit nach der deutschen Vereinigung oder beides überschätzt haben sollte.

Das führt zum letzten Punkt unserer Erinnerung: die Wiederkehr der Mittellage. Die Bedeutung der politischen Geographie europäischer Nationalstaaten ist im Rahmen der Globalisierung von Wirtschaft und Politik gegenüber dem 19. und frühen 20. Jahrhundert gewiß gesunken. Mindestens zwei Dimensionen dieser Mittellage scheinen jedoch weiterwirkende Kraft zu haben: der Bezug der Mitte auf die instabile Lage im Osten und besonders ihre traditionelle Rolle als erster Anlaufpunkt osteuropäischer Migration.

Trotz ihrer engeren Verflechtung mit West- und Südeuropa ist die deutsche Geschichte mit Ost- und Südeuropa durch Migrationsbewegungen, Wirtschafts- und Kulturaustausch, ethnische Gemengelagen, die Ausbildung von nationenübergreifenden Imperien, durch repressive Bevölkerungspolitik vor allem von deutscher und russischer Seite, durch die Verfolgung und Vernichtung der Juden und durch große und für beide Seiten katastrophale Kriege in einer widersprüchlichen und spannungsvollen Weise verknüpft. Aus westdeutscher Sicht schien dieser Austausch im guten wie im bösen nach dem Zweiten Weltkrieg abgeschnitten, aus der Sicht der DDR war er enger denn je geworden. Nach der Erfahrung von Krieg und Massenvernichtung mußte Deutschland als Ganzes als eine Urbedrohung der slawischen Nationen gelten, und dies gab der sowjetischen Hegemonie auch eine Schutzfunktion. Aber die Ambivalenz von Schutz und Fremdherrschaft führte in den wichtigsten ostmitteleuropäischen Nationen immer wieder zu Schüben der Selbstbefreiung und Systemreform. Erst die deutsche Bereitschaft, die aus dem Zweiten Weltkrieg entstandenen Grenzen anzuerkennen, und der danach kaum noch spürbare Druck der Deutschen auf Überwindung der nationalen Teilung haben das Bedrohungsgefühl in Osteuropa schwinden lassen und die Desintegration des Ostblocks wesentlich ermöglicht. Mit dem Zusammenbruch des Kommunismus, der Befreiung Ostmitteleuropas von sowjetischer Vorherrschaft und schließlich mit der Selbstauflösung der Sowjetunion sind beide deutschen Perspektiven überholt, zugleich aber auch die Scheinstabilität des Ostens.

Viele in Osteuropa, das nicht erst dem Dritten Reich als quasi-kolonialer Expansionsbereich Deutschlands und als Terrain für die Errichtung einer hegemonialen Stellung in Europa gegolten hatte, blicken jetzt angesichts grassierender materieller Not und aufbrechender ethnischer Konflikte auf das vereinigte Deutschland als einen wirtschaftlichen Partner und Helfer und zunehmend auch als Garanten nationaler Unabhängigkeitsbestrebungen, ohne daß die alte Angst vor den Deutschen ganz gewichen wäre. Gewollt oder ungewollt wird damit Deutschland in eine hegemoniale Rolle in diesem sich politisch zersplitternden und ökonomisch darniederliegenden

Raum gezogen und damit in eine weiche, partnerschaftliche Variante jener Ost-Orientierung, von deren kolonialer Abirrung in die faschistische Gewaltherrschaft sich die Deutschen losgesagt haben. Sie taten dies aber nicht zugunsten einer konzeptionell vorbereiteten konstruktiven Rolle, so daß die neuen Erwartungen sie völlig unvorbereitet finden und sie ohne realistische Konzeption zwischen Affekten und Phantasien schwanken lassen, die vom internationalen Helfersyndrom bis zur angsterfüllten Abwehr einer befürchteten Völkerwanderung reichen, und in die sich auch ältere Hegemonialvorstellungen wieder einmischen könnten. Das macht sie fürs erste zu einem innerlich schwer kalkulierbaren Partner einer unkalkulierbaren Region, der jedoch fest in übernationale Zusammenschlüsse eingebunden ist. Würde die europäische Integration in naher Zukunft auf einen größeren Teil dieser Region ausgedehnt, so würde sie ohne Zweifel wegen deren innerer Heterogenität und wegen der Überdehnung ihrer Vielfalt an integrativer Kraft verlieren und die größeren Nationalstaaten wieder zu einer selbständigen Rolle befähigen oder sogar zwingen. Spätestens dann würde die Frage unabweisbar, welche anderen als die überkommenen Handlungsmuster gegenüber Ost- und Südeuropa sich mit einer realistischen Wahrnehmung der Mittellage und der Kräfte Deutschlands verbinden lassen.

Die Auswirkungen der Mittellage auf das Migrationsproblem werden nicht lange auf sich warten lassen. Deutschland war in seiner Geschichte immer ein Zentrum grenzüberschreitender Wanderungen, wie es auch überwiegend von wandernden Stämmen aus dem Osten besiedelt und von den Kulturen des Mittelmeers geprägt wurde. Im Mittelalter und in der frühen Neuzeit gab es immer wieder Schübe deutscher Migration vor allem nach Osten, in späterer Zeit dann nach Amerika und seither überwiegend aus dem Osten nach Deutschland. Dabei waren Polen und Juden die wichtigsten Ethnien dieser Immigration, und man sollte bei der Genealogie der heutigen Ausländerfeindlichkeit nicht vergessen, daß es Juden und Slawen waren, die von der Fremdenfeindlichkeit des Nationalsozialismus in die untersten Kategorien seiner Rassenhierarchie eingestuft, damit zur Ausgrenzung stigmatisiert und schließlich auch außerhalb des Reiches versklavt und vernichtet wurden. Seinen Arbeitskräftebedarf im Rüstungsboom des Zweiten Weltkrieges stillte das Dritte Reich durch das überwiegend unfreiwillige Hereinholen von „Fremdarbeitern" aus allen besetzten Gebieten, wobei „Ostarbeiter" aus der Sowjetunion und Polen jedoch mit Abstand die größte und nächst Juden und Zigeunern die am schlimmsten behandelte und relativ opferreichste Gruppe darstellten.

Beide Teile Nachkriegsdeutschlands haben von der Eingliederung der deutschen Vertriebenen aus Osteuropa langfristig profitiert, und die innerdeutsche Ost-West-Wanderung der vierziger und fünfziger Jahre hat das westdeutsche Potential an qualifizierten und engagierten Arbeitskräften für den Wiederaufbau nach dem Krieg nachhaltig verstärkt. Beide bildeten bis in die sechziger Jahre eine nationale Brücke über die politische Diskontinuität Deutschlands, das seit seiner Industrialisierung immer wieder Einwanderer in großen Zahlen angelockt oder angeschleppt hatte. Nach wie vor hält sich die Bundesrepublik offen für die Zuwanderung verbliebener deutscher Minderheiten in Osteuropa, und man mag streiten, ob die Privilegierung dieser Armutseinwanderer sich dem Nachklang älterer Rassevorstellungen oder der Spekulation auf eine besonders hohe Assimilationsbereitschaft verdankt. Jedenfalls braucht die Bundesrepublik mit ihrer Kluft zwischen Wirtschafts- und natürlichem Bevölkerungswachstum weitere Einwanderung, wenn sie die Erfahrbarkeit sozialen Aufstiegs und die Bezahlbarkeit relativ hoher Renten erhalten will, und das sind zwei ihrer wichtigsten politischen Integrationsinstrumente und zugleich Stimulantien ihrer ökonomischen Leistungsfähigkeit.

Als nach dem Mauerbau 1961 der Zufluß „deutscher" Einwanderer unterbrochen war, hat die Bundesrepublik ihren Einwanderungsbedarf durch die Rekrutierung von Arbeitskräften in Süd- und Südosteuropa und Vorderasien befriedigt, aber sich deren Einwanderung durch das aus dem Dritten Reich übernommene Konstrukt „Gastarbeiter" nicht eingestehen wollen. Einwanderung wurde erst zu einem brisanten politischen Problem, als man diesen Selbstbetrug, die Armutsmigration als Konjunkturpuffer des Arbeitsmarkts zu benutzen, nicht mehr aufrechterhalten konnte. Seither haben aber mehrere neue Faktoren das Problem der Einwanderung verschärft. Die Perspektive des europäischen Marktes, der auf mehr als dem halben Kontinent Freizügigkeit herstellen wird, verspricht ab 1992 zunächst, den legalen Wanderungsgewinn Deutschlands erheblich anzuheben und stellt dadurch wachsende Anforderungen an seine Infrastruktur und Sozialpolitik. Der in den achtziger Jahren spürbarer werdende Strukturwandel in Wirtschaft und Sozialpolitik hat aber einen dauernden Sockel struktureller Arbeitslosigkeit produziert. Dennoch drängten – neben einer geringeren Anzahl asylsuchender politisch Verfolgter – zunehmend interkontinentale Arbeits- und Armutsemigranten auf legalen und illegalen Wegen in die beginnende multikulturelle Gesellschaft der reichen Bundesrepublik. Zudem schwoll der Zustrom „deutscher" Einwanderer aus den RGW-Ländern im Gefolge der KSZE wieder an und wurde durch die Aussiedler aus der DDR erst mäßig, seit der Ausreisebewegung in Herbst 1989 sprunghaft verstärkt. Seither bedroht die deutsche Ost-West-Wanderung, die durch die Währungsunion gestoppt werden sollte, aber nur kurzzeitig unterbrochen werden konnte, den ostdeutschen Qualifikationsbestand ebenso wie die westdeutsche Infrastruktur. Durch den Zusammenbruch der ostdeutschen Industrie ist nun das innere Beschäftigungsproblem in einem in der Bundesrepublik bisher völlig unbekannten Ausmaß zum vordringlichen Problem geworden, während sich durch den Zusammenbruch der Sowjetunion und der anderen kommunistischen Regime die ökonomisch – ethnischen Konfliktlagen, die in der Regel zur Migration motivieren, in Osteuropa dramatisch ausbreiten. Die Bundesrepublik als nächste reiche Gesellschaft nimmt dort mittlerweile einen bevorrechtigten Platz in den Sehnsüchten nach einem besseren oder erträglichen Leben ein. Der Konflikt zwischen ostdeutscher Arbeitslosigkeit und osteuropäischem Immigrationsdruck wird sich weiter verschärfen, denn beides sind langfristige Faktoren, deren Nachlassen noch nicht abzusehen ist.

Infrastruktur und sozialpolitische Leistungsfähigkeit Westdeutschlands sind bereits jetzt, wo sich die gesellschaftliche Krise in Osteuropa und vor allem in der ehemaligen Sowjetunion noch immer zuspitzt, in einem Maße überlastet, wie dies seit den fünfziger Jahren mit ihren großen Integrationsproblemen nicht mehr bekannt war. Die soziale Atmosphäre und die politische Kultur des Landes sind durch die kumulierten Migrationsprobleme und ihre Abwehr bereits empfindlich vergiftet. Dennoch fehlt es an jeglichem Ansatz zu einer Verständigung in der Gesellschaft, wie Deutschland in seiner wiedergewonnenen Mittellage eine offene Gesellschaft bleiben und andererseits die Einwanderung steuern und die Folgen der Einheit verkraften kann. Statt dessen staut sich Gewalt und Abwehrideologie unter den minderprivilegierten Einheimischen in West und Ost an. Demgegenüber beschränkt sich die politische Thematisierung auf Verfahrensprobleme der Einwanderungsvorwände (Asylrecht, Volkstumszugehörigkeit) und Polizeiprobleme. In der Tendenz läßt sie keine Rücknahme der „Heim ins Reich"-Tradition erkennen, wohl aber eine Beschränkung der Lehre, die aus der Not deutscher Emigranten aus dem Dritten Reich gezogen worden war, daß Verfolgten Asyl zu gewähren ist. Die Nichtwahrnehmung der eigentlichen Probleme und ihre Übersetzung in unglaubwürdige Problemvermeidung und historische Rückfälle beginnt, jene Zerrüttung der politischen Kultur zu begünstigen, die schon einmal die Immigrationsproblematik aus der ethnischen Gemengelage des Ostens umkippen ließ in die gewalttätige und hochideologisierte Reinheitsmanie des völkischen Sonderwegs in Mitteleuropa.

Wie gesagt, die Frage, ob der deutsche Sonderweg weitergeht, ist nicht rhetorisch. Sie will in ihren einzelnen Komponenten erwogen sein, von denen hier nur einige hervorstechende beleuchtet werden konnten. Andere wie die Hauptstadt- oder die Verfassungsfrage sind auch in ihren historischen Bezügen breiter diskutiert, wenn auch nicht entschieden worden. Wieder andere sind in der Geschwindigkeit der Ereignisse gar nicht in das Interesse der Öffentlichkeit getreten oder sogleich wieder daraus verbannt worden, z. B. die versäumte Neuordnung der föderalistischen Struktur, deren westdeutschen Disproportionen nun noch ein ostdeutscher Flickenteppich vermeintlich historischer Kleinstaaten mit höchst unterschiedlicher Lebenserwartung hinzugefügt wurde – was durchaus auf parallele Versäumnisse 1871, 1919 und 1932ff. zurückverweist. Oder die bisherige Unfähigkeit, angesichts des größten und defizitärsten Staatskonzerns, den eine demokratische Regierung je zu verwalten hatte, gesellschaftliche und dezentralisierte Unternehmensformen für einen umwelt- und sozialverträglichen Substanzerhalt und Umbau der nicht privatisierungsfähigen ostdeutschen Industrie jenseits bloß hinhaltender Beschäftigungsmaßnahmen auszubilden.

Noch sind viele Faktoren, die eine Bejahung unserer Frage nahelegen, der Plötzlichkeit geschuldet, mit der die Deutschen von der neuen Lage in Europa überrascht wurden und mit der sie in der Herstellung der wirtschaftlichen und staatlichen Einheit darauf reagierten. Und insofern mögen sie als vorübergehende Faktoren erscheinen, die mit Zeit und Rat verändert werden können. Auf der anderen Seite kann man nicht übersehen, daß beide Teile Deutschlands aus dem Schutz der Mauer, durch die die Alternativen vorgegeben waren und die insofern die verkappte Fortexistenz des deutschen Sonderwegs hätte symbolisieren können, sie aber tatsächlich verbarg, in eine komplexere Umwelt getreten sind, in der es keine einfachen Modelle mehr gibt, an die man sich anpassen könnte. In diese Lage sind die politischen und funktionalen Eliten in Deutschland nicht nur völlig unvorbereitet geraten, sondern ihre Zusammensetzung, ihr Selbstverständnis und ihre Leistungsfähigkeit haben sich im Zuge der Vereinigung im Verhältnis zur alten Bundesrepublik nicht durchschlagend, aber relativ ungünstig für das Projekt einer offenen und leistungsfähigen Gesellschaft und einer glaubwürdigen Demokratie verändert. Die Ungleichzeitigkeit des Gleichzeitigen ist in regional geballter Form in die Wahrnehmung der Deutschen zurückgekehrt und ist unmittelbarer politisch relevant als je zuvor. Mit der Erbschaft einer vermiedenen öffentlichen Verständigung in der Einwanderungsfrage ragt ein Problem von großer politischer, ökonomischer und kultureller Sprengkraft in die neue Ära hinein, das, wie oben ausgeführt, sich noch erheblich verschärfen dürfte und zu einem Hauptproblem der deutschen Innen- und Außenpolitik zu werden verspricht. Der Wandel der doppelten Randlage zur erneuerten Mittellage gibt also alte Probleme in neuer Form auf und birgt insofern die Gefahr, an die alten Lösungsmuster wieder anzuschließen.

In einer ganzen Reihe von grundlegenden Fragen ist das freilich im Prozeß der Vereinigung bereits geschehen, und diese meist unwillkürlichen Weichenstellungen haben sich bereits mit langfristigen Folgen in die Verhältnisse eingeschrieben. Das gilt vor allem für den Primat der Außenpolitik, dem der Vereinigungsprozeß folgte und dabei in eine Reihe von schwer wieder einzuholenden Folgeproblemen stolperte, das illusionäre Vertrauen auf den Mythos des Marktes, die massive und nur scheinbar kurzfristige Staatsintervention zur Schadensbegrenzung und den depressiv-aggressiven Enttäuschungsschock nach dem Zusammenbruch populistischer Versprechungen, der die Suche nach Sündenböcken auslöst. Andere Entscheidungen tendieren in dieselbe Richtung unreflektierter Rückgriffe, sind aber in der weiteren Ausgestaltung eher Korrekturen zugänglich. So z. B. die halbherzige Hauptstadtentscheidung bei nicht funktionsfähigen föderalistischen Strukturen oder die Errichtung eines Staatskonzerns, der nach der Sicherung eines Bruchteils der ostdeutschen Arbeitsplätze durch Privatisierung an seinen regionalökonomischen und arbeitsmarktpolitischen Folgeproblemen und an seinen gigantischen ökologischen und finanziellen Restrisiken scheitern dürfte.

Aber es sind auch deutliche Abweichungen von der Sonderwegtradition zu erkennen. Die wichtigste ist, daß ein deutscher Sonderweg nicht mehr bewußt angestrebt wird. Insofern sind die aufgezeigten gegenteiligen Phänomene ein Hinweis auf die Macht objektiver Strukturen und unbewußter Wahrnehmungsweisen. Ein besonderes Profil des deutschen Geistes ist im Vergleich zu den Kulturen anderer reicher Länder kaum mehr erkennbar, wohl aber eigentümliche Ausprägungen deutscher Mentalität, die auf unbewußtes Weiterwirken von Geschichtserfahrungen verweisen und zu denen sich die weitverbreiteten Verdrängungen der Erfahrung der Vereinigung hinzugesellen.

Insofern ist es nicht unrealistisch, daß die führenden Politiker – und darin mag die größte Abweichung von der deutschen Sonderwegtradition liegen – sich und ihrem Volk nicht trauen. Während und nach der Vereinigung haben sie alles getan, um Deutschland trotz völlig veränderter Rahmenbedingungen und eines deutlich gewachsenen Potentials nicht in die Lage souveräner Entscheidungen kommen zu lassen. Über das ihnen zur Ermöglichung der Vereinigung abverlangte Maß hinaus haben sie vielmehr Deutschland in föderative Strukturen der internationalen Politik eingebunden, die ihnen weder in militärischen noch in ökonomischen Grundfragen unmittelbar wirksame Entscheidungen erlauben werden. Sie haben den Prozeß der europäischen Integration – gegen manchen Argwohn von anderer Seite – weiterzutreiben versucht und die im Westen praktizierte Politik der Grenzanerkennung und der nachbarschaftlichen Versöhnung auf die östlichen Nachbarn erweitert. Derselbe Prozeß, der den ersten saturierten Nationalstaat der Deutschen hervorgebracht hat, hat ihn zugleich in postnationale, regionale Strukturen verflochten, die gewiß ihre Entwicklungstoleranzen haben werden, aber nicht grundsätzlich revidierbar erscheinen. Insofern ist jeder deutsche Sonderweg von nun an mediatisiert, aber man kann kaum übersehen, daß er nach seiner Verborgenheit in der deutschen Teilung wieder erkennbar geworden ist und weitergeht.

Vergleichende Perspektiven

Faschistische Bewegungen der Zwischenkriegszeit in Europa

Die Erforschung des Faschismus hat unter dem Eindruck des Verhaltens insbesondere des NS-Regimes begonnen. Die Zerstörung der europäischen Staatenordnung, die Einbrüche der Kriegsfolgen in die traditionelle Gesellschaftsstruktur und die Ausrottung des europäischen Judentums ließen nach den Ursprüngen dieser Veränderungen fragen. Dies führte zur Überbetonung des diskontinuierlichen, pseudorevolutionären Charakters des Faschismus und zur Verklammerung der faschistischen Bewegungen und Regime durch die ihnen gemeinsame Ideologie: ein Angriff von außen, ein von Outsidern getragenes, planvolles Zerstörungswerk, eine „Besetzung".

Dieser Denkansatz verband konservative und liberale Interpretatoren, während sich ihre soziale Auffassung vom Faschismus als etwas Revolutionäres, Säkulares, wohl gar Sozialistisches auf der einen und als etwas Totalitäres, Irrational-Reaktionäres auf der anderen Seite unterschied. Beide neigten dazu, ähnliche Formen faschistischer und kommunistischer Bewegungen bzw. Regime als kennzeichnend zu betrachten. Der Fortschritt der Forschung und die Auflockerung des liberal-konservativen Meinungsmilieus des Kalten Krieges, in einem zweiten Schritt die Reaktualisierung faschistischer Parteien und die Ansätze zur Wiederaufnahme der marxistischen Tradition auch in der BRD haben dazu geführt, den Faschismus über Deutschland hinaus zu vergleichen (erst dieser Vergleich machte den Begriff in der wissenschaftlichen Diskussion geläufig[1]), vor diesem Hintergrund die soziale Rolle des Faschismus gegenüber seiner Ideologie in den Mittelpunkt der Untersuchung zu stellen und von der moralischen Auseinandersetzung zur sozialwissenschaftlichen Untersuchung der organisatorischen, sozialpsychologischen und – noch recht zurückhaltend – ökonomischen Faktoren vorzustoßen, die den Faschismus ermöglicht haben. Sein Ursprung wurde in bedrohten bürgerlich-traditionellen Ordnungen aufgesucht, seine Rolle als Versuch dilatorischer Systemstabilisierung durch Gewalt bestimmt.

Frucht dieser sozialgeschichtlichen Untersuchung des Charakters und der Funktion des Faschismus war vor allem die *Unterscheidung von Bewegungs- und Systemfaschismus*[2]. Dabei wird die faschistische Bewegung als im Kern mittelständisches, kleinbürgerliches, „volksparteiliches" Phänomen abgegrenzt vom faschistischen System als „Imperialismus" oder als Kartell der faschistischen Führung mit großbürgerlich-konservativen Eliten, das nicht nur die Arbeiterschaft unterdrückt, sondern

---
1 Den Anstoß gab Ernst Nolte: Der Faschismus in seiner Epoche, München 1963.
2 Vgl. z. B. Reinhard Kühnl: Formen bürgerlicher Herrschaft, 2. Teil, Reinbek 1971.

auch die großindustrielle Konzentration und damit den Niedergang des alten Mittelstandes beschleunigt.

Diese Unterscheidung hat sich bewährt: Die Auffassung von faschistischen Bewegungen als Agenten des Großkapitals unterschlägt ihre autonome Dynamik und übersieht, daß die meisten Zuwendungen erst nach schon erworbener politischer Bedeutung erfolgen; freilich ist die sich in der großindustriellen Unterstützung niederschlagende Kooperation für den Vorgang der schließlichen Machtergreifung konstitutiv. Andererseits widerspricht die Zersetzung der Institutionen der bürgerlichen Ordnung im faschistischen Regime nicht dessen Charakter als Kartell mit den etablierten Eliten in Wirtschaft und Militär; für diese ist die anachronistische Entwicklungshemmung eher ein unerwünschter und nicht zurücknehmbarer Einsatz, der, in verzweifelter Lage erlegt, zum Vabanque-Spiel wird.

Aus der Unterscheidung von System- und Bewegungs-Faschismus entstehen freilich, sobald man den Schritt von der theoretischen Systematisierung zur historisch-politischen Wirklichkeit tut, zwei neue Fragen an den Bewegungs-Faschismus, die geeignet sein könnten, im Forschungsprozeß zu einem neuen einheitlichen Verständnis vom Faschismus als Gesamtvorgang beizutragen. Formelhaft verkürzt: *Warum kann die Führung einer faschistischen Bewegung nach ihrer „Machtergreifung" ihre soziale Rolle wechseln?* Und: *Warum hat es eine faschistische „Machtergreifung" in wenigen, faschistische Bewegungen aber in vielen Ländern gegeben?*[3] – Die Fragen nach den Erfolgsbedingungen und dem sozialen Rollenwechsel der Führungen faschistischer Bewegungen lassen sich nicht durch individualisierende Beschreibung der Ereignisse in den einzelnen Staaten und Organisationen allein beantworten. Aufschluß muß man vielmehr in der Struktur der Bewegungen selbst und der Verhältnisse suchen, aus denen heraus sie entstehen und in denen sie wirken, also in einem internationalen Vergleich der materiellen, organisatorischen, sozialpsychologischen Bedingungen und Entwicklungen. *Eine vergleichende empirische Theorie und definitorische Abgrenzung des Faschismus* ist das langfristige Ziel seiner derzeitigen Erforschung[4]. Von ihr kann in diesem Aufsatz nur ein Zwischenbericht gegeben werden, der in groben Zügen schematisierend Hauptkennzeichen und -entwicklungsbedingungen faschistischer Bewegungen zusammenfaßt, ohne das empirische Ländermaterial auszubreiten. Dabei soll nicht verhehlt werden, daß diese Beschränkung nicht nur Folge der Kürze unserer Darlegungen ist, sondern daß der empirische Vergleich bisher noch nirgendwo voll gelungen ist. Über die Zusammenstellung von Aufsätzen über einzelne

---

3 Daß diese Fragen auch bei Kühnl gestellt, aber nicht befriedigend beantwortet werden, zeigt am Beispiel des „Umschlags" des Klassencharakters Reinhard Opitz: Fragen der Faschismusdiskussion, in: Das Argument, 12. Jg., 1970, Heft 58, S. 280ff. Der folgende Versuch einer Antwort beschränkt sich auf solche Faktoren, die in der Bewegung und ihren sozialen Voraussetzungen zu suchen sind.
4 Wolfgang Schieder: Faschismus, Art., in: Sowjetsystem und demokratische Gesellschaft, Bd. 2, Freiburg 1968, Sp. 781ff., Sp. 814ff.

faschistische Bewegungen[5] und deskriptive Überblicke[6] ist bisher nur Noltes Zusammenschau der Äußerungen des Faschismus hinausgelangt, in der jedoch die gesellschaftlich treibenden Kräfte der Entwicklung hinter den Ideen der Führer und den Phänomenen der Bewegungen des Faschismus verborgen geblieben sind[7]. Unter Bezug auf seine Werke wird im folgenden auf einen ideengeschichtlichen Vergleich verzichtet, dafür den offenen Fragen nachgegangen.

Entwicklungsphasen

Die Analyse der Gruppen- und Organisationsbildungen des Faschismus läßt sich durch ein grobes *Dreiphasenschema* erleichtern. Auf der *ersten Stufe* findet man eine heterogene Vielfalt von Kampfbünden und Einwohnerwehren, elitären ideologischen Zirkeln sowie Putsch- und Terrorgruppen, die recht unterschiedliche Organisationsformen und Programme vertreten. Im Gewebe konservativer, kleinbürgerlicher, militärischer und intellektueller Versuche reaktionärer Mobilisierung nehmen sich die nachmaligen größeren faschistischen Bewegungen als eine Variante aus, deren Akzent auf der straffen Führung spezifisch kleinbürgerlicher Elemente durch unetablierte Outsider liegt. Neben antiproletarischen Bürgerwehren und Frontkämpfervereinigungen ist ihr Umfang verhältnismäßig bescheiden.

In der *Ordnungszelle Bayern der Vaterländischen Verbände* konnte der Völkische Beobachter bis Ende 1922 nur ausnahmsweise in mehr als 10000 Exemplaren gedruckt werden. Nach stagnierendem Anfang breiteten sich die *Fasci di combattimento* und die *Falange* erst als Terrorinstrumente konservativer Eliten aus. Terror- und Putschverschwörungen kleinbäuerlicher, militärischer und intellektueller Elemente im *Japan* der frühen 30er Jahre blieben ebenso wie die breite bürgerlich-konservative *Heimwehrbewegung in Österreich* im Bereich paramilitärischer Organisation oder direkter Gewalt, also anders als SA und squadre d'azione ohne politische Massenorganisation. Umgekehrt beschränkten sich reaktionäre politische Mobilisierungen in der Tradition der *Action française* in den 20er Jahren in Frankreich weitgehend auf Intellektuelle und Jugendgruppen und standen im Schatten der Frontkämferorganisation *Croix de feu*, die ihrerseits faschistische Stilformen eher zur Bändigung als zur Entfesselung politischer Bewegung verwandte.

---

5 Hans Rogger u. Eugen Weber (Hg.): The European Right, Berkeley u. Los Angeles 1965; Walter Laqueur u. George L. Mosse (Hg.): Internationaler Faschismus 1920–1945, München 1966; Stuart J. Woolf (Hg.): European Fascism, 2. Aufl., London 1970.
6 Eugen Weber: Varieties of Fascism, Princeton 1964; Francis L. Carsten: Der Aufstieg des Faschismus in Europa, Frankfurt a.M. 1968.
7 Ernst Nolte: Die faschistischen Bewegungen, München 1966. Zur Kritik an seinem Ansatz vgl. Wolfgang Schieder: Faschismus und kein Ende?, in: Neue Pol. Lit., 15. Jg., 1970, Heft 2, S. 166ff.; Reinhard Kühnl: Probleme einer Theorie über den internationalen Faschismus, Teil I, in: Pol. Vierteljahresschrift, 11. Jg., 1970, Heft 2–3, S. 318ff.; Richard Saage: Bemerkungen zur Faschismusinterpretation Ernst Noltes, in: Das Argument, 12. Jg., 1970, Heft 58, S. 292ff.

In der Anfangsphase seit dem 1. Weltkrieg (und dann in der zweiten Welle Anfang der 30er Jahre in West- und Südosteuropa und Japan) ist es schwierig, wenn nicht unmöglich, in den einzelnen Ländern die Spielarten des Rechtsaktivismus voneinander abzugrenzen. Die Forschung hat sich zunächst der politischen Anfänge Mussolinis und Hitlers angenommen; ein zweiter Schub von Untersuchungen über das Milieu, aus dem faschistische Parteien entstanden sind, und über parallele Gruppen lenkt den Blick auf gemeinsame ideologische Hintergründe, fluktuierende Anhänger, Befehls- und Organisationsstrukturen und auf immer neue Spaltungen und Sammlungen[8]. Obwohl zwischen den einzelnen Ansätzen Unterschiede in der Programmatik und im Sozialprofil der Anhängerschaft zu finden sind, dürfen sie bei der ideologischen Flexibilität und volksparteilich breiten Basis der faschistischen Bewegungen nicht so ernst genommen werden wie die relative Einheitlichkeit eines sozialen Klimas, worin konservativ-autoritär Prädisponierte verlorene oder bedrohte Stabilität durch Bewegung und Bewaffnung wiedergewinnen wollen.

Erst in der *zweiten Phase* parteipolitischer Disziplinierung und Expansion schält sich aus der heterogenen Mobilisierung der Rechten die faschistische Bewegung als spezifischer Organisationstyp heraus. Er besteht im Versuch – ein Novum außerhalb der Arbeiterbewegung –, (klein)bürgerliche Massen über die bloße Wahlentscheidung hinaus zu mobilisieren und straff zu organisieren.

Im Unterschied zum Sozialismus kommt hier aber nur ein *formales militärisches Organisationsmodell*, worin das Mitglied als diszipliniertes Instrument der Führung eine unschöpferische Rolle spielt und alle Energie nach außen geleitet wird, und statt einer programmatischen Theorie nur eine *opportunistische Ideologie* zum Tragen, in der Vorurteile und Abwehrhaltungen potentieller Anhänger verbunden, bestätigt und in lautstarke Ansprüche verwandelt werden. Neben der politischen ist die paramilitärische Organisation (als Miliz oder Eliteschutztruppe) für die Parteiphase konstitutiv und damit ein zweigleisiger Machterwerb. Während man sich auf der einen Seite an die parlamentarische Verfassung formell anpaßt und sich an Wahlen (kaum aber an parlamentarischer Arbeit[9]) beteiligt, sogar Legalitätseide schwört, integriert der paramilitärische Zweig die Kriegstradition nur widerwillig demobilisierter Soldaten sowie den reaktionären Terror der Bürgerwehren (in romanischen Ländern auch zuweilen Anhänger der direkten Aktion aus anarchosyndikalistischer Tradition). Diese Putschreserve zwingt auch andere politische Gruppen zur Militarisierung und hält die Bürgerkriegssituation latent. Ihre elitär geführten Marschkolonnen demonstrieren die faschistische Alternative zum parlamentarischen Kompromiß: *Einheit, Gewalt, Gehorsam.*

---

8 Für Deutschland vgl. Hans Fenske: Konservativismus und Rechtsradikalismus in Bayern nach 1918, Bad Homburg 1969; Uwe Lohalm: Völkischer Radikalismus, Hamburg 1970; und für die BRD Kurt P. Tauber: Beyond Eagle and Swastika, 2 Bde., Middletown 1967. Wir zitieren im folgenden Spezialliteratur nur zum deutschen Beispiel.

9 Reinhard Figge: Die Opposition der NSDAP im Reichstag, Diss., Köln 1963; anders in der BRD, vgl. Lutz Niethammer: Angepaßter Faschismus, Frankfurt 1969.

In der Phase kombinierter parteipolitischer und paramilitärischer Organisation, von Stimmenfang und Straßenschlacht, entscheidet sich, ob der faschistischen Bewegung – in Deutschland wie in Italien unterstützt von konservativen bzw. liberalen Nationalisten – die Monopolisierung der politischen Macht gelingt oder ob sie Episode bleibt. Dabei erscheint der faschistische Herausforderer des liberalen Parlamentarismus und der sozialistischen Arbeiterbewegung trotz seines Aktionismus aus historisch-vergleichender Perspektive seltsam passiv. Obwohl alle faschistischen Parteien mit ähnlichen Aussagen und Organisationsformen das Ziel ungeteilter, auch programmatisch ungebundener Macht verfolgen und sich allenfalls durch landesspezifische Anpassung an ideologische und soziale Traditionen unterscheiden, variiert ihr Erfolg extrem. Kein epochaler Zeitgeist der Zwischenkriegszeit hat Europa den Stempel des Faschismus aufgedrückt, sondern *spezifische Krisen der nationalen Tradition und der gesellschaftlichen Struktur* haben in den einzelnen Ländern zu unterschiedlichen Zeiten in wechselndem Umfang Anhängerschaften für das gesamteuropäische Angebot des Faschismus disponibel gemacht.

Im Falle des Erfolgs einer faschistischen Bewegung ist ihr *Niedergang* besiegelt. Nach der Unterdrückung des Parlamentarismus und der Arbeiterbewegung wird die Machteroberungsorganisation als solche in der *dritten Phase* funktionslos und – wenn nicht regelrecht niedergemacht wie die Eiserne Garde nach dem Zwischenspiel des nationallegionären Staats in Rumänien oder wie in Spanien mit der hochkonservativen Partei der royalistischen Oligarchie zusammen ins Prokrustesbett einer erstarrten Staatspartei gezwungen – zur Wahrnehmung einer ambivalenten Funktion umgewandelt, in der sie keine Möglichkeit zu eigenständiger Willensbildung hat. Ihre organisierte Potenz bleibt zwar für ihre Führer das unabdingbare Druckmittel (alsbald durch den Ausbau des Polizeistaats gesichert), um nach der Ausschaltung der gemeinsamen Gegner in der Auseinandersetzung mit der weiterbestehenden sozialen Führungsschicht nicht selbst verdrängt zu werden. Aber gerade in den partiell hochindustrialisierten Ländern wird zum Ersatz für den Pluralismus autonomer gesellschaftlicher Organisation die Sozialsphäre mit hierarchisch-strukturierten Monopolorganisationen integriert, die im autoritären System Bewegung im Sinne von Beschäftigung, „Menschenführung", Karrieren und nicht zuletzt wirksam delegierte Sozialkontrolle gewährleisten.

Trotz Widerständen im mittleren Führerkorps und besonders in den paramilitärischen Verbänden, wo man zunächst noch erhöhte Partizipationsansprüche gegenüber der sozialen Führungsschicht durchsetzen zu können glaubt, eignet sich die faschistische Bewegung für die *ambivalente Zweckbestimmung*, die Mittelschichten und Teile der Arbeiterschaft kontrollierend zu erfassen und den sozialen Sprengstoff in der Bewegung als latente politische Drohung zu erhalten. Der Stamm ist auf Gehorsam gedrillt; der linke Flügel und die Miliz haben in der NSDAP ihre Führungen verloren, im PNF wurden sie in Schach gehalten; seither sind unter den Funktionären infolge des Führerprinzips und des Mangels an organisierten Kontrollen und Konfliktregelungen ohnehin nur persönliche Machtkämpfe geläufig. Dieser Stamm aber, wenn auch z. T. mit Pfründen versorgt, ist nur noch eine Minderheit: Im Zuge der Machtergreifung wurde die alte Bewegung vom *Mitläufertum* überschwemmt (die NSDAP verdreifachte sich 1933) und im weiteren Ausbau verlagerte sich das Schwergewicht von der politischen Bewegung auf die sozialen Nebenorganisationen, deren Apparat und Finanzkraft die Partei nichts Gleichwertiges entgegenzustellen hatte (1934 hatte die DAF etwa achtmal soviele Mitglieder wie die NSDAP, Jahreseinnahmen von über 300 Mill. RM und konnte sich 30 000–40 000 hauptamtliche Funktionäre leisten).

Auch die Versuche, in der Bewegung wenigstens die Personalauslese zu monopolisieren, einen Führerorden zu bilden, schlugen über den ersten Funktionärsschub hinaus in der NSDAP, später auch in der SS fehl (die Mehrheit der Waffen-SS„-Elite"- Divisionen bestand aus Ausländern, von denen nur ein geringer Teil den „rassischen" Anforderungen der SS genügte). Die Aufschwemmung der faschistischen Bewegungen im System (in Italien bis zum Sturz des Duce um das Zehnfache) ließ ihre tatsächliche politische Macht und Popularität keineswegs im selben Umfang wachsen. So dürfte das Ende des NS-Regimes, als beinahe jeder dritte erwachsene Deutsche einer NS-Organisation angehörte, mindestens so populär gewesen sein wie sein Anfang, als noch nicht einmal jeder Fünfzigste PG gewesen war. In beiden Ländern konnten faschistische Funktionäre nach dem Krieg ihre ehemalige Anhängerschaft nicht mehr sammeln.

Gesamtgesellschaftliche Bedingungen

Wenn in allen europäischen Ländern ein epochaler Typ der faschistischen Bewegung vorkam, sein Erfolg aber höchst unterschiedlich war, so muß dessen Ursache eher in der Sozialgeschichte der Länder als in der Phänomenologie des Faschismus gesucht werden. Und wenn die faschistischen Bewegungen in den entwickeltsten liberaldemokratischen Verfassungssystemen ihre geringsten Erfolge, in überwiegend vorindustriellen Ländern, deren liberaler Charakter sich auf parlamentarische Institutionen beschränkte, jedoch größere Bedeutung erzielten, wird man den Faschismus schwerlich allein aus der Krise „des liberalen Systems"[10] als Antwort auf den Bolschewismus erklären können. Wenn schließlich faschistische Bewegungen in den höchst entwickelten imperialistischen Systemen Randerscheinungen blieben und schwere Depressionen ohne Transformation des liberalen in ein faschistisches System überwunden wurden, andererseits aber Gebiete auf ähnlichem industriellem Entwicklungsstand die größten faschistischen Erfolge ermöglichten, erscheint auch die Frage nach einem abstrakten Kausalzusammenhang zwischen Kapitalismus und Faschismus gerade für die Bewegungen als zu unspezifisch. Eine materielle Analyse

---

10 Vgl. die erweiterte Bibliotheksausgabe von Nolte (Anm. 7) unter dem Titel: Die Krise des liberalen Systems und die faschistischen Bewegungen, München 1968.

der Erfolgsbedingungen faschistischer Bewegungen müßte vielmehr eine Konstellation soziopolitischer Grundfaktoren erfassen, die hier nur typologisch vereinfacht zu skizzieren versucht seien.

Mit Ausnahme der Schweiz standen alle Länder in der Mitte, im Süden und im Osten Europas nach dem 1. Weltkrieg vor einem *nationalen Problem*: Man empfand die Kluft, die sich zwischen dem allenthalben erhobenen Anspruch auf autonome Nationalität bzw. imperiale Entfaltung und der in den Pariser Vorortverträgen festgelegten Ordnung auftrat, als diskriminierend. In Italien und Deutschland wurde der Verlust bzw. die Unfähigkeit zum Erwerb von Kolonien beklagt. In Ungarn, Österreich und Deutschland fühlte man sich von Teilen des eigenen Volkes in anderen Staaten abgeschnitten. In Finnland, Ungarn, Polen, Flandern, Spanien und wiederum Deutschland projizierten Gruppen vergangene Großreiche in die Zukunft. Österreichs übernationale Rolle war gebrochen, aber der nationale Anschluß verwehrt. Kroaten und Slowaken erstrebten zumindest Autonomie in süd- bzw. westslawischen Föderationen. Gewiß standen hinter solchen Forderungen nur selten die Interessen des ganzen Volkes, aber der in Imperialismus, Nationalitätenkämpfen und Krieg verstärkte und emotionalisierte Nationalismus bot ein Vehikel für ihre wirksame Propagierung. Der liberale Nationalismus des 19. Jahrhunderts hatte seine fortschrittliche Rolle angesichts der Emanzipationsansprüche der Arbeiterbewegung an das Bürgertum ausgespielt, aber in den Stereotypen des integralen Nationalismus lebte er fort, und diese waren assoziativ eng mit dem Wertsystem der als stabil verkannten Vorkriegsordnung verknüpft. Im Gewande nationaler Symbole von nahezu gesamtgesellschaftlicher Verbindlichkeit gewann deshalb die Option für den sozialen Status quo ante zahlreiche Anhänger, vor allem im desorientierten Kleinbürgertum.[11]

Der Fortschritt der industriellen Konzentration und Rationalisierung bei stockender innerer und äußerer Expansion des Absatzes (Umstellung von der Kriegs- auf Friedenswirtschaft, Friedensverträge, Inflation und nach kurzer Erholung die große Krise) verschärfte besonders *das soziale Problem des Mittelstands, der Bauern und der Intellektuellen*. Das selbständige Gewerbe (alter Mittelstand) sah in der Inflation und der Konkurrenz mit Großindustrie und Warenhäusern seine Existenzmöglichkeit schrumpfen. Die bäuerlichen Erlöse schwanden im Zuge der Handelsliberalisierung der Erholungsphase, so daß hier die Wirtschaftskrise doppelt hart traf, die auch agrarische Zuliefererländer, z. B. den Balkan, mit einer verschärften Absatzkrise bedrohte. Die Angestellten des neuen Mittelstands (Dienstklasse, white collar workers), häufig in erster Generation vom Land in die städtische Arbeitswelt des Tertiärsektors gekommen, erfuhren deren Widerspruch zu ihren vorindustriellen Wertvorstellungen unter schwerem Disziplin- und Konkurrenzdruck. Für die Kader des Faschismus stand nach Kriegsende in den demobilisierten Offizieren und später in

---

11 M. Rainer Lepsius: Extremer Nationalismus, Stuttgart 1966 zeigt die Bedeutung dieser Ideologie als Integrationsmittel beim Zusammenbruch der Organisationen und Subkulturen des Mittelstands, der Bauern und z. T. der Arbeiterschaft unter dem Druck der Wirtschaftskrise am deutschen Beispiel.

der Wirtschaftskrise in den vergeblich auf privilegierte Positionen hoffenden Jungakademikern eine Führungsreserve für radikalen Protest aus militärischem und bildungsbürgerlichem Welthorizont bereit. Bei ihnen allen war sowohl grundsätzliche politische Umorientierung wie gesellschaftliche Anpassung wegen ihrer Sozialisation in den Normen privilegierter bzw. residualer Gruppen die Ausnahme und Angst vor Selbstwertverlust in der Massengesellschaft ein Urmotiv pauschalen Protests.[12]

Explosive *soziopsychische Spannungen* entsprangen der *Orientierung* statusbedrohter Mittelschichten an *anachronistischen Leitbildern* besonders *in kapitalistischen Ländern hoher gesellschaftlicher Ungleichzeitigkeit*[13], also anhaltender Industrialisierung und Urbanisierung bei ungebrochener Traditionalität eines wirtschaftlich oder z. B. durch großgrundbesitzende Eliten bedeutsamen agrarischen Sektors. Die Unfähigkeit des Großbürgertums, in diesen Ländern die notwendigen Voraussetzungen für wirtschaftliche Expansion zu schaffen, um den Sozialismus durch reformerische Integration der Arbeiterschaft abzuwehren, hat seine Führungsrolle untergraben. Konfrontiert mit der konkreten Utopie der Sozialrevolution (Sowjet-Union, Rätebewegungen, Anschwellen der KP in der Wirtschaftskrise, Volksfrontregierungen) sahen große Teile der Mittelschichten die Ursache des auf ihnen lastenden Drucks gleichermaßen in der kämpferischen Auseinandersetzung zwischen „anonymem" Kapital und organisiertem „Marxismus" wie im schleichenden Fortschritt durch Sozialpartnerschaft und parlamentarischen Kompromiß, denn auch der Reformismus – postkolonial und prä-konsumgesellschaftlich – schien die Verschiebung der sozialen Symmetrie zu institutionalisieren. Demgegenüber lag den süd-, mittel- und osteuropäischen Mittelschichten die Option für den autoritären Staat der kaum vergangenen, scheinbar stabilen Vorkriegsgesellschaft nahe, wo sich der Liberalismus gerade nicht durchgesetzt, sondern ein residualer Agrarsektor trotz kapitalistischer Industrialisierung von oben soziopolitische Prägekraft behalten hatte. Diese reaktionäre Stoßrichtung schuf Affinitäten zu Anachronismen in anderen sozialen Schichten (wie pseudojunkerliche Schlotbarone, agrarromantisierende Tendenzen im städtischen Bildungsbürgertum, Gesellen in zukunftslosen Zweigen des Handwerks).

Doch die alte Autorität war dahin. Also mußte die Befreiung aus der Moderne *die neue autoritäre Gewalt modern konstituieren: Elitebildung ohne Besitz und Bürokratie aus der Mitte heraus*, aus dem Nichts, ausgewiesen allein durch *Tatkraft* und *Willen* getragen von populistischer Mobilisierung für die neu-alte Autorität. Diese neue Führung sollte Kapital und Arbeit in die Knie zwingen, einen Primat politischen Wollens

---

12 Theodor Geiger: Die soziale Schichtung des deutschen Volkes, Stuttgart 1932, Neuausg. Darmstadt 1967; Arthur Rosenberg: Der Faschismus als Massenbewegung, in: Wolfgang Abendroth (Hg.): Faschismus und Kapitalismus, Frankfurt 1967, S. 75ff.; Seymour Martin Lipset: Der „Faschismus", die Linke, die Rechte und die Mitte, in: Ernst Nolte (Hg.): Theorien über den Faschismus, Köln/Berlin 1967, S. 449ff.
13 Ernst Bloch: Der Faschismus als Erscheinungsform der Ungleichzeitigkeit, in: Ebd. S. 182ff.; Abramo F. K. Organski: Fascism and Modernization, in: Stuart J. Woolf (Hg.): The Nature of Fascism, London 1968; vgl. auch die Analyse Japans bei Barrington Moore Jr.: Soziale Ursprünge von Diktatur und Demokratie, Frankfurt 1969, S. 270ff., 497ff.

über ökonomische Sachzwänge errichten und eine neue Harmonie maßvoller Ungleichheit befrieden. Nicht nur in Italien und Deutschland waren sich faschistische Führer im klaren darüber, daß die Widersprüche autoritärer Stabilität durch Massenbewegung und der Verteidigung des Eigentums gegen das Kapital den Anschluß an den Vorkriegsimperialismus in neuer Form erforderte. Die Sprengung der territorialen Fesseln sollte die soziale Symmetrie bewahren. Die gewaltsame Formierung der Gesellschaft konnte jedoch erst die Voraussetzungen zur Expansion schaffen.

Die *wichtigsten sozialstrukturellen Probleme* der Länder, in denen faschistische Bewegungen bedeutenden Einfluß gewannen, waren also:

1. *Massierte Statuskonflikte* bei der Mobilisierung ländlicher und Deklassierung (besonders klein-)städtischer Mittelschichten durch verstärkte Kapitalkonzentration in der Demobilisierungs- bzw. großen Wirtschaftskrise entladen sich in explosivem politischem Protest (*Radikalismus der Mitte*).
2. Bei großer Disparität zwischen städtisch-industrieller Entwicklung und der Resistenz eines großen agrarisch-kleinstädtischen Traditionsmilieus bzw. residualer Eliten regrediert der kleinbürgerliche Protest infolge autoritärer Sozialisation bzw. vorindustrieller Leitbildorientierung zum *Wunsch nach autoritärer Restabilisierung* (Ungleichzeitigkeit der sozialen Entwicklung).
3. Unter den Bedingungen einer vom Bürgertum nicht siegreich erkämpften liberalen Verfassung und langer obrigkeitlicher Tradition drängt das mittelständische Sicherheitsbedürfnis gegenüber der sozialistischen Arbeiterbewegung auf die *Schaffung diktatorischer Autorität durch Massenbewegung*, deren Klassenschranken im – nach Nationalitätenkämpfen oder Krieg fast allgemeinverbindlichen – integralen Nationalismus überwunden werden (Erbe der Revolution von oben für konservative Mobilisierung).
4. Autoritarismus und Nationalismus ermöglichen den *Brückenschlag zwischen kleinbürgerlicher Mobilisierung und großbürgerlichen Interessen*, wenn deren Spielraum in einer Phase großindustrieller Konzentration durch internationale Diskriminierung und evtl. Sozialstaatlichkeit in der Krise so eng wird, daß sie sich nur bei Unterdrückung des Pluralismus und evtl. bei territorialer Expansion noch durchsetzen können, und wenn bei hohem Industrialisierungsgrad autoritäre Regime allein die gesellschaftlichen Kräfte nicht zu binden vermögen (ungleichmäßige internationale Entwicklung).

Mit diesem Katalog lassen sich unter dem Gesichtspunkt des faschistischen Potentials drei Regionen unterscheiden: Am meisten betroffen sind *kapitalistische Industriegesellschaften von hoher innerer Disparität* mit prägender obrigkeitlicher und nur kurzer liberaler Tradition, die bei der imperialistischen Aufteilung der Welt zu spät gekommen sind, deren starke Arbeiterbewegung bei liberal-demokratischer Verfassung aber eine einfache autoritäre Stabilisierung nicht zuläßt (Deutschland, Italien, während Japan trotz vieler Ähnlichkeiten durch geringeren politischen Organisationsgrad und partielle Expansionsmöglichkeit charakteristisch abweicht[14]). Eine zweite Gruppe bilden *teilweise industrialisierte Agrargesellschaften* mit scharfem Stadt-/Land-Gegensatz, deren Entwicklung durch eine traditionalistische Gesellschaftsstruktur, eine schwelende Agrarkrise sowie durch Nationalitätenkämpfe und oktroyierte Grenzen behindert wird und deren parlamentarische Verfassung kaum Voraussetzungen im Bildungs- und Organisationsgrad der Bevölkerung hat. Dieser Typ, den man in Ungarn, Österreich, Finnland, Spanien, modifiziert auch in Rumänien, Kroatien, der Slowakei, und Anklänge davon in Flandern finden kann, führt nicht zu autonomem System-Faschismus, sondern wie in Spanien und in den meisten Nachfolgestaaten zu autoritären Regimen, wobei faschistische Bewegungen meist mit deutscher oder italienischer Unterstützung mehrfach die Rolle eines Katalysators spielen. Anders als in den industriellen faschistischen Systemen lag hier die Regierungsgewalt nicht bei den faschistischen Führern, sondern bei Vertretern der traditionellen Oberschicht aus Kirche und Militär (Dollfuß, Antonescu, Franco, Tiso, Horthy). Die zu Regierungschefs gemachten Führer der Pfeilkreuzler, Ustascha, Hlinka-Garden waren Marionetten der deutschen „Schutzmacht". Aber auch vor solcher derivierter Macht gewannen faschistische Bewegungen in diesen Ländern autonome politische Bedeutung.

Ungünstig für faschistische Bewegungen waren dagegen *Länder mit konsolidierter liberal-parlamentarischer Tradition und internationalen wirtschaftlichen Expansionsmöglichkeiten*, die zur Abflachung der Wirtschaftskrise beitrugen. In diesen Fällen sind die faschistischen Bewegungen regelmäßig Phänomene der Stilangleichung an italienische und deutsche Vorbilder mit – wenn überhaupt – kurzlebigen und begrenzten Wahlerfolgen (Mosley in England, Quisling in Norwegen, Mussert in Holland, Degrelle in Wallonien, die Frontisten in der Schweiz). Selbst Doriots am Anfang dynamische und eigenständige PPF[15] verlor – zerrissen zwischen dem proletarischen Antikommunismus ihres Chefs und seinem technokratischen, dekadent-elitären Brain-Trust – nach ersten Erfolgen schnell an Zulauf, obwohl sie in Frankreich auf eine ganze faschistoide Subkultur (Ligen, Action française, Splitterparteien, Croix de feu) hätte rekurrieren können. Trotz großer innerer Disparität bremsten in Frankreich doch der breite demokratische Radikalismus, die im Verhältnis zur kolonialen Expansionsfähigkeit eher bescheidene Industrialisierung und die entsprechend stärkere Kontinuität der Mittelschichten die faschistische Dynamik. Die faschistische Kollaboration hatte im Westen (anders als im Südosten) nicht einmal instrumentelle Bedeutung von Rang.

Bei der *Analyse der Erfolgsbedingungen* der faschistischen Bewegungen sollten einzelne Ursachen wie die Wirtschaftskrise, der Abstieg der kleinen Gewerbetreibenden oder die Umschichtung vom Primär- zum Tertiärsektor nicht isoliert werden. Weder

---

14 In Japan wurde im Krieg (als Folge der industriellen Mobilisierung) das autoritäre Regime mit einer der NSDAP nachgeformten Integrations- und Kontrollorganisation als Ersatz für die aufgelösten Parteien untermauert. Als rein sekundäres Instrument des Militärs und der Großbourgeoisie kann dieser Bund zur Förderung der Kaiserherrschaft (Taisei Yokusankai) nicht als faschistische Bewegung im hier verwandten Sinn verstanden werden.

15 Parti Populaire Français. Im folgenden wird abgekürzt PNF = Partito Nationale Fascista.

die große Depression der Bismarck-Zeit, noch der Niedergang der Kleineigentümer nach dem zweiten Weltkrieg, noch die Mobilisierung der Landarbeiter für die städtische Industrie vor dem ersten haben dynamische faschistische Bewegungen hervorgebracht, obwohl diese vertikalen und horizontalen Umschichtungen wesentlich tiefgreifender waren als diejenigen der Zwischenkriegszeit. Damals begann die großindustrielle Konzentration in obrigkeitlich geprägten Gesellschaften von hoher innerer Ungleichzeitigkeit während einer Phase allgemeiner wirtschaftlicher Depression, die hier durch internationale Diskriminierung verschärft nationalistische Reaktion provozierte, in größerem Umfang mittlere Schichten zu erfassen.[16] Dadurch stellte sich deren Mobilitätsproblem (z. B. ganz anders als in der BRD) von vornherein als Status- und Fortschrittsangst, der sich gesellschaftlich etablierte Ideologien und dann Organisationen zur autoritär-nationalistischen Fehlverarbeitung boten.

Sozialprofil

Über den sozialen Charakter der faschistischen Bewegungen werden in der Forschung im wesentlichen *drei Ansichten* vertreten: 1. Sie seien nahezu „*Klassenpartei" der Mittelschichten*[17] oder gar „eine Bewegung der Kleineigentümer", und da diese „normalerweise dem Liberalismus anhängen"[18], mithin dessen radikalisierter Aggregatzustand. 2. Es handelt sich im Kern nur um „*Randschichten des Kleinbürgertums*"[19] und insgesamt eher um klassenloses Desperadotum spezifisch unbürgerlichen Zuschnitts. 3. Es wird auf die volksparteiliche Zusammensetzung von Protestgruppen in „*negativ*" integrierten „*Sammelparteien*"[20] abgehoben. Zur Klärung der Erfolgsursachen der faschistischen Bewegungen und des sozialen Rollenwechsels der faschistischen Führer erscheint die empirische Untersuchung der Sozialstruktur der Bewegungen unerläßlich.

Allerdings steht hier die Forschung noch am Anfang. Außer für die NSDAP (und in der Nachkriegszeit für Poujadisten und NPD) fehlt es bisher an quantitativen Daten, und selbst die in Deutschland verfügbaren Statistiken sind hinsichtlich ihrer Verläßlichkeit bzw. Aufbereitung strittig.[21] Für die meisten anderen Bewegungen

---

16 Zur sekundären Mobilisierung vgl. Gino Germani: Fascism and class, in: Woolf (Anm. 13) S. 65ff.
17 Michael H. Kater: Zur Soziographie der frühen NSDAP in: VfZ 19, 1971, H. 2, S. 124ff., S. 153.
18 Lipset (Anm. 12) S. 482.
19 Nolte (Anm. 7) S. 65. Ähnlich spricht jetzt Peter H. Merkl: Die alten Kämpfer der NSDAP, in: Soz. wiss. Jb. f. Pol. 2, 1971, S. 495ff. von der „braunen Revolution (als) ... vielklassiger und déclassé Kampf gegen die Klassenordnung" (S. 498).
20 Karl Dietrich Bracher: Die Auflösung der Weimarer Republik, 3. Aufl., Villingen 1960, S. 106ff., der mit dem Ausdruck „Ressentimentbewegung" die psychopathische Form des Protests zum Ausdruck bringen will.
21 Daten über die NSDAP am besten bei Wolfgang Schäfer: NSDAP, Hannover, Frankfurt 1956; Hans Gerth: The Nazi Party: Its Leadership and Composition, in: American Journal of Sociology 45, 1940, H. 4, S. 517ff.; Ernest M. Doblin u. Claire Pohly: The Social Composition of the Nazi Leadership in: Ebd. 51, 1945, H. 1, S. 42ff.; Daniel Lerner u. a.: The Nazi Elite, Stanford 1951; vgl. daneben Kater

(außer dem PNF) gibt es nicht einmal Angaben über den Umfang der Mitgliedschaft (z. B. für die Doriot-Bewegung schwanken sie zwischen 50 000 und 200 000).[22]

Am wenigsten umstritten ist das Hauptmerkmal der sozialen Zusammensetzung: *Alter und neuer Mittelstand* stellen den Hauptanteil der meisten faschistischen Bewegungen.

Während in Deutschland nur ca. 1/4 der Erwerbspersonen zu dieser Gruppe gehörten, waren Selbständige (meist Kleingewerbetreibende in Handwerk und Handel) sowie (vor allem mittlere) Angestellte und Beamte Ende 1934 unter den Mitgliedern der NSDAP um über 100 % überrepräsentiert, stets – vor wie nach 1933 – in der Mehrheit und setzten sich in der Führungsauslese vollends durch: bei 54 % der PGs stellten sie 60 % der politischen, 76 % der Kreis- und fast alle Gauleiter, unter diesen ganz überwiegend Lehrer und kaufmännische Angestellte. Ein derart großes Übergewicht kann man nicht von vornherein auch bei allen kleineren Bewegungen voraussetzen, denn Studenten, „freischwebende Intelligenz" und syndikalistische Arbeiter spielten in den romanischen, Landarbeiter und Bauern z. B. in den finnugrischen Ländern eine gewichtige Rolle. Mit Ausnahme vielleicht der Doriot-Bewegung, der Peronisten und der Pfeilkreuzler[23] kann man jedoch davon ausgehen, daß alter und neuer Mittelstand den Kern sowohl der Mitglieder wie der Wähler faschistischer Bewegungen stellen, was kein mehrheitliches Votum beinhalten muß.

Man kann deshalb nicht von „Klassenparteien der Kleineigentümer" sprechen (unter der NSDAP-Mitgliedern waren stets über 60 % in unselbständiger Berufsstellung tätig), obgleich auf der höchsten Mobilisierungsstufe in latenter Bürgerkriegssituation (in Italien 1924, in den protestantischen Gebieten Deutschlands 1932/33) die Masse des selbständigen Mittelstandes zum Faschismus übergelaufen sein dürfte.

Während der mittelständische Kern als gesichert gelten kann, ist es schwierig, den Anteil der Bauern und besonders der Arbeiter – also der Mehrheit der Bevölkerung – zu bestimmen. Diese beiden Gruppen stellten zusammen über 2/3 der Erwerbspersonen in Deutschland, waren aber mit ca. 2/5 der Mitglieder (bei zeitlichen Schwankungen) in der NSDAP stark unterrepräsentiert. Berücksichtigt man die Zurückhaltung von Bauern und Arbeitslosen gegenüber festen organisatorischen Bindungen, so

---

Fortsetzung von Fußnote 21:
(Anm. 17) für die Frühphase, die bei Albrecht Tyrell (Hg.): Führer befiehl ..., Düsseldorf 1969, im Anhang abgedruckte Statistik der PGs bis 1930 (während der Kommentar dazu S. 379 falsch ist), sowie die Daten zur SA-Führerschaft 1931 bei Reinhard Kühnl: Die nationalsozialistische Linke, Meisenheim 1966, S. 12, 59. Unsere Angaben über NS-Mitglieder und -Funktionäre sind entnommen oder umgerechnet aus: Der Reichsorganisationsleiter der NSDAP (Hg.): Parteistatistik, Stand 1. Januar 1935, 3 Bde. o.O.u.J. (als Ms. gedr. München 1936).

22 Vgl. Dante L. Germino: The Italian Fascist Party in Power, Minneapolis 1959, S. 52, 81, 92; Dieter Wolf: Die Doriotbewegung, Stuttgart 1967, S. 159ff.

23 Durchweg ungesicherte Angaben über erhöhte Arbeiteranteile für PPF bei Wolf (Anm. 22) S. 141, Peronisten bei Germani (Anm. 16) S. 90ff., Pfeilkreuzler bei Istvan Deak: Hungary, in: Rogger u. Weber (Anm. 6) S. 396f. und für die frühen Fasci (nach einer nicht repräsentativen Umfrage der Partei unter ihren Mitgliedern) bei Rosenberg (Anm. 12) S. 110.

ist dieses Merkmal trotz zeitlich und regional begrenzter Gegentendenzen (z. B. im schleswigholsteinischen Landvolk seit 1930) in etwas abgeflachter Tendenz auch für die NS-Wähler kennzeichnend. In der Führungsauslese schrumpfte der *Arbeiteranteil* noch weiter und betrug 1934 unter den politischen Leitern der NSDAP 1/4, Stützpunktleitern 13 %, Ortsgruppenleitern 9,3 % und Kreisleitern 8 %. Die hier zugrunde liegende Definition, daß Arbeiter Personen sind, die ihre körperliche Arbeitskraft verkaufen müssen, ohne Eigentum an ihren Produktionsmitteln zu haben, umfaßt Facharbeiter, Handwerksgesellen, Landarbeiter, ungelernte Arbeiter und Tagelöhner (auch wenn sie arbeitslos sind). Differenziert man zwischen diesen Untergruppen, erweist sich die übergroße Mehrheit der Arbeiter z. B. in der NSDAP vor 1930 als Handwerksgesellen und Facharbeiter in Kleinstädten, mit anderen Worten als provinzielle Arbeiter-Aristokratie und vorindustrielle Lohnabhängige.[24] Erfahrungen aus der Wahlsoziologie der NPD erhärten diesen Befund: unter deren Wählern sind Arbeiter kaum unterrepräsentiert, aber die Mehrheit dieser Arbeiter ist gewerkschaftlich nicht organisiert und in mittelständischen Betrieben überwiegend in Klein- und Mittelstädten beschäftigt.[25] Wenn sich auch nach 1930 die Gewichte durch den Zustrom junger Arbeitsloser etwas verschoben haben dürften, erscheint dennoch der Typ des modernen Industriearbeiters, in großstädtischen Großbetrieben gewerkschaftlich organisiert, am wenigsten für faschistische Parteien ansprechbar.

Auch ungebrochen *bäuerliches Milieu* erweist sich – anders als das kleinstädtische Gewerbe – außer bei akuter Verschärfung der säkularen Agrarkrise (in Deutschland seit den späten zwanziger, auf dem Balkan in den dreißiger Jahren) trotz der Agrarromantik verschiedener faschistischer Führer als verhältnismäßig resistent, besonders bei katholisch-kirchlicher Bindung. Zwar war der agrarische Südosten Europas als Krisengebiet Exerzierfeld faschistischer Mobilisierungsversuche, sie führten aber nirgendwo zu wirklich durchschlagenden Massenerfolgen. Die relative Resistenz der Bauern spiegelt nicht nur die ungünstigen Voraussetzungen der bäuerlichen Lebensweise für die spezifisch paramilitärische und Bewegungsformierung des Faschismus, sondern sie kommt daher, daß zur Disponierung für faschistische Bewegungen offenbar krisenhafte Widersprüche im Werthorizont und beruflichen Status einer Gruppe gehören. Geschlossene Subkulturen wie das katholische Land und die gewerkschaftliche Industriearbeiterschaft haben deshalb an ihren Rändern von Anfang an und bei ökonomischer Bedrohung der eigenen Existenzform verstärkt an den faschistischen Bewegungen partizipiert, aber ihr Reservoir war gewöhnlich bald erschöpft. Der Wahlkreis Niederbayern z. B. bot der NSDAP zwar 1924 ihr viertbestes Stimmergebnis, in der Expansion 1932 aber ihr zweitschlechtestes. Wo aber, wie Ende der zwan-

---

24 Vgl. Kater (Anm. 17) und Tyrell (Anm. 21). Dies ist allerdings kein Grund, diese Gruppen von vornherein zum Mittelstand zu schlagen und damit zu unvergleichbaren Arbeiteranteilen von 9,5 % bzw. 8,5 % zu kommen (dies offenbar unkritisch auch von Kühnl, Formen {Anm. 2} S. 82 übernommen), zumal es sich im zweiten Fall auch noch um einen Rechenfehler handelt.
25 Klaus Liepelt: Anhänger der neuen Rechtspartei, in: Politische Vierteljahresschrift, 8. Jg., 1967, Heft 2, S. 237ff., S. 246.

ziger Jahre in Schleswig-Holstein, die ökonomisch-organisatorische Struktur der Subkultur völlig zusammenbrach, also das Traditionsmilieu ruckartig mobilisiert wurde, votierten die Bauern fast einhellig für den Faschismus.[26] Wenn die Bewegung sich als religiöse Aufrüstung darstellte oder kirchliche Unterstützung genoß (wie z. B. in Rumänien, Kroatien, Slowakei), gelang eine begrenzte agrarische Mobilisierung auch in katholischen Gebieten.

Das Ergebnis, daß faschistische Bewegungen zu einer volksparteilichen Berufsstruktur mit mittelständischem Schwergewicht bei erhöhter Anfälligkeit residualer Untergruppen tendieren, zeigt, daß die Analyse ihrer Berufs- und Klassenstruktur die Motive ihrer Mitglieder und Anhänger zwar eingrenzen kann, eine qualitative Bestimmung aber eher auf *subjektive Faktoren* abheben muß. Auch für sie gibt es objektive Anhaltspunkte: in der Anfangs- und Parteiphase sind für die faschistischen Bewegungen Männer mit Kriegserfahrung, das Motiv pessimistischer Statuseinschätzung und extreme Fluktuation bei gewöhnlich hohem Organisationsgrad typisch.

Vor 1933 schwankte das Durchschnittsalter der NS-PG um 30 Jahre, also unter dem Altersdurchschnitt der erwachsenen Bevölkerung und weit unter dem z. B. der damaligen SPD. Bewegungen mit zahlreichen Studenten und Jungintellektuellen in ihrer Führung (wie Eiserne Garde, Falange, Frontisten, Rexisten, PDF) dürften noch akzentuierter *jung* gewesen sein, ebenso die Milizen; das Gegenteil gilt für Ansätze zu faschistischen Bewegungen nach dem 2. Weltkrieg. Die allermeisten waren *Männer* (in der NSDAP der Kampfzeit 95 %). *Kriegsteilnehmer* stellen vor allem kurz nach dem 1. Weltkrieg in den besiegten Staaten und in Italien (gewöhnlich jedoch nicht Berufssoldaten) einen hohen Anteil. Selbst Ende 1934 war z. B. noch die Hälfte der politischen Leiter der NSDAP Kriegs- oder Freikorpsteilnehmer.

Nach Ergebnissen der NPD-Wahlsoziologie, deren Anwendung auf die Zwischenkriegszeit im Fall der Motivforschung fruchtbar sein könnte, mobilisiert *akuter Pessimismus über die eigene wirtschaftliche Zukunft* prädisponierte Wähler zur Zustimmung zu autoritären und nationalistischen Losungen.[27] Das hieße: nicht daß es jemandem schlecht geht, sondern daß er fürchtet, es könne ihm schlechter gehen, nicht daß er keine Arbeit hat, sondern daß ihm der – wenn auch nur wenig – privilegierte Status, auf den er Anspruch zu erheben gelernt hat, gefährdet oder unerreichbar erscheint, treibt ihn in die Reihen des Systemprotests. Die besonders große *Kluft zwischen Anspruch und Wirklichkeit* erzeugte bei demobilisierten Offizieren oder Jungakademikern, die keine leitende Funktion finden können, besonders heftige Reaktionen. Aber eine Gleichsetzung von Arbeitslosigkeit im allgemeinen mit faschistischer Stimmenabgabe ist nicht zulässig. Die vorliegenden Daten geben vielmehr Anhaltspunkte dafür, daß der Erwerbslosenanteil auf dem Höhepunkt der Krise in der NSDAP ähnlich wie in der Bevölkerung bei 1/8 lag, sich in dieser aber vorwiegend aus der Arbei-

---

26 Rudolf Heberle: Landbevölkerung und Nationalsozialismus, Stuttgart 1963; Gerhard Stoltenberg: Politische Strömungen im schleswig-holsteinischen Landvolk, Düsseldorf 1962.
27 Liepelt (Anm. 25) S. 255ff.; zum folgenden vgl. insbes. Werner Kaltefleiter: Wirtschaft und Politik in Deutschland, 2. Aufl., Köln, Opladen 1968, S. 35ff., 159ff.

terschaft, in jener jedoch aus allen Berufsgruppen gleichmäßiger rekrutierte. Die Parallelität der Zuwachskurven der Arbeitslosigkeit in Deutschland und der Mitgliedszahlen der NSDAP weist eher als auf die Zersetzung der Industriearbeiter-Subkultur auf die Statusängste in höheren Schichten und residualen Gruppen – darunter freilich auch der Arbeiterschaft. So kann man den extremen Beamten- und Angestelltenanteil unter den NS-Funktionären damit erklären, daß wirtschaftliche Depression viele Karrieren in den extrem prestigeabhängigen Statushierarchien des Tertiärsektors stagnieren oder gar rückläufig werden ließ und mit der Untergrabung der Leistungslegitimation bei vielen Angehörigen der Dienstklasse eine scharfe Abwehr ihres Selbstwertverlusts auslöste. Die aufgestaute Aggression mußte aber gerade die Leistungsordnung verteidigen und sich auf vorgegebene Sündenböcke entladen.

Die *extreme Fluktuation* in allen faschistischen Bewegungen zeigt, daß ihre – noch näher zu kennzeichnende – Organisationsstruktur die in den Statusängsten aufgestaute psychische Energie zwar zur Entladung bringen, aber kaum in eine kontinuierliche politische Bindung überführen kann. Die kleineren faschistischen Parteien wie Rexisten, Frontisten, PPF, Mussert- und Quislingbewegung bis hin zu den Poujadisten und Nationaldemokraten hatten nur kurz anschwellende Erfolge unter Protestwählern und schrumpften dann wieder auf einen quantitativ unbedeutenden Kern von Gesinnungsaktivisten, was ähnlich auch für die Eiserne Garde, die Lapua-Bewegung und eine Reihe faschistischer Ansätze in Ungarn (mit Ausnahme der jedoch extrem flukturierenden Pfeilkreuzler) gilt. Auch die großen Wahlerfolge der PNF und der NSDAP bauten nicht auf einem kontinuierlich gewachsenen, stabilen Wählerstamm auf, sondern fielen ihnen durch eine in ihrem sozialen Gefüge und ihren Motiven sich beständig verschiebende Protestwählerschaft zu, die bei wirtschaftlicher Restabilisierung (Reichstagswahlen Dez. 1924 u. Nov. 1932) oder entschiedener Mobilisierung der Parlamentsparteien (Rex) wieder auseinanderlief. Keine faschistische Bewegung konnte sich unter Konkurrenzbedingungen eine große Stammwählerschaft erziehen, wie sie für katholische und sozialdemokratische Parteien charakteristisch ist. Mochte die lockere Parteibindung der Protestwähler neuere Tendenzen zur Schleifung von Hochburgen und Ausweitung der Wechselwählerschaft ankündigen, so ist der Mitgliederdurchlauf der faschistischen Bewegungen, welche die Organisationsform des Sozialismus von seiner Klassenbasis ablösen und das Honoratiorengefüge der bürgerlichen Wahlvereine überwinden wollten, im Verbandswesen wohl einzigartig und erlaubt davon zu sprechen, daß der Faschismus auch in seinen Kernländern eine kontinuierliche Massenorganisation nur simulierte. Dabei mag als selbstverständlich genommen werden, daß eine Wählerebbe (wie bei der NPD) auch ans Mark des Mitgliederstamms rührt. Hingegen ist, soweit ersichtlich, für alle faschistischen Bewegungen eine extreme Fluktuation auch in der Expansion charakteristisch; genauere Daten liegen aus der Zwischenkriegszeit nur für die NSDAP vor. Daraus läßt sich erschließen, daß 2/3 ihrer vor der Septemberwahl 1930 und über 1/3 der von da ab bis zur „Machtergreifung" eingetretenen Mitglieder noch während der Kampfzeit wieder ausschieden. Per Saldo verlor die Partei von rund 1,45 Mill. PGs vor 1933 fast 600 000, das sind 2/5 oder ein Fluktuationsumfang von 170 %, wobei natürlicher Abgang so gut wie vernachlässigt werden kann.[28]

Man kann demnach davon ausgehen, daß faschistische Bewegungen am meisten Anziehungskraft auf die *von militärischem Verhalten geprägte männliche Jugend* der Zwischenkriegszeit ausübten, wenn sich diese *akut statusbedroht* fühlte und *traditioneller Organisationsbindungen ledig* war, aber durch autoritäre bzw. residuale Sozialisation zu *regressiver Gesamteinstellung* tendierte. Von der sozialen Herkunft bzw. Berufsgruppenzugehörigkeit her gesehen, war eine solche Spannungssituation in der Phase sekundärer, ländliche wie städtische Mittelschichten erfassenden Mobilisierung bei gesamtwirtschaftlicher Stagnation in bestimmten kapitalistischen Ländern für große Teile des alten und neuen Mittelstands beständig gegeben, trat jedoch bei gruppenspezifischer Aktualisierung von Pessimismus über die Chancen der eigenen Statusansprüche auch bei Bauern sowie bei Arbeitern vor allem außerhalb des großindustriellen Bereichs hervor. Das aus dieser Spannung hervorgehende Protestverhalten war dynamisch genug, zunächst zu aktivistischem Engagement und damit zu einem politischen Organisationsgrad zu führen, wie er außerhalb der Arbeiterbewegung unbekannt war, aber da er unmittelbar aus vorpolitischer Desorientierung umgeschlagen war, ebbte er nicht nur bei jeder Konsolidierung der wirtschaftlich-politischen Lage wieder ab, sondern führte überhaupt nur bei wenigen zu einer dauerhaften politischen Bindung. Die nicht nur im Vergleich mit dem von den faschistischen Bewegungen erstrebten Image extreme Wähler- und Mitgliederfluktuation und organisatorische Instabilität haben ihre soziale Ursache darin, daß die organisatorisch-ideologische Widersprüchlichkeit dieser Parteien ihren Anhängern jenseits der Möglichkeit aggressiver Abreaktion keine längerfristige Lösung ihrer Probleme bot.

Organisatorische und ideologische Struktur

Die Frage nach der Möglichkeit des sozialen Rollenwechsels der faschistischen Führer im Regime ist nicht hinreichend damit beantwortet, daß die Motive ihrer Anhänger weniger in spezifischen gemeinsamen Interessen lagen, über die sie gerade desorientiert waren, als in je individuellen Wünschen und einer diffusen Angst, die in pauschalen Protest umschlug. *Wie war es möglich, aus ihren vorpolitischen Haltungen Organisationen zu formieren*, mit deren Hilfe ihre Führer das politische Machtmonopol erwerben und behalten konnten, obwohl das System Entwicklungen, vor denen sich die Anhänger zuvor gefürchtet hatten, beschleunigt herbeiführte? Vielleicht läßt sich darauf einfach mit dem Hinweis antworten, daß die ideologisch-organisatorische Struktur der faschistischen Parteien die der Regime in gewisser Weise

---

28 Errechnet aus Verrgleich der Angaben der Parteistatistik (Anm. 21), Bd. 1, S. 26, und Reichsführer SS (Hg.): Der Weg der NSDAP, o.O.u.J. (Berlin 1934), S. 91.

vorwegnahm, d. h. die Sozialintegration durch Opportunismus und Konfliktexport, wie sie den plebiszitären Führerstaat auszeichnet, bei den Anhängern schon in der plebiszitären Führer-Bewegung eingeübt war.

In der funktionalen Grundstruktur, um die es hier allein geht, erweisen sich im internationalen Vergleich alle faschistischen Bewegungen der Parteiphase als *ein* epochaler Organisationstyp. Sein Erfolg und seine Problematik resultieren aus der *Einführung eines rein exekutiven Modells nach militärischem Vorbild in den Bereich gesellschaftlicher und politischer Willensbildung* und seine *Zweckbestimmung in Terror* und Propaganda, also nach außen gerichteten Tätigkeiten. Die Hauptaufgabenstellung wechselte von Land zu Land wie auch in der Entwicklung der einzelnen Parteien: in den Staaten Mittel- und Westeuropas mit entwickeltem Parteiensystem lag der Akzent auf Wahlpropaganda, dagegen z. B. in Spanien, Kroatien, Rumänien, z. T. Italien auf Einschüchterung und Mordanschlägen. Allgemein tendieren faschistische Bewegungen der Anfangsphase eher zum Putsch. Mißerfolg legt dann die Anpassung an das bekämpfte Verfassungssystem nahe. Der Widerspruch eines willensbildenden Exekutivapparats schließt innerverbandliche Demokratie von vornherein aus und wird fast[29] durchgehend im Führerprinzip institutionalisiert. Der Versuch, die gesamte Willensbildung in *die Person eines plebiszitären Führers* zu verlagern, soll die Organisation von eigenem Willen und eigenschöpferischer Leistung freihalten und in ein „schlagkräftiges Instrument" verwandeln. Das hohe Maß von Improvisation, mit dem die lokalen Führer besonders der Kampfzeit die manifesten Ziele der Bewegung im einzelnen zur Geltung zu bringen suchen, widerspricht dem nicht. Die Einheit der Organisation wird durch Reduktion zwischenmenschlichen Verkehrs auf stereotypisierte Formeln, Riten und Symbole gewahrt und bietet dem Kampfgenossen ideologische Geborgenheit in der völligen Konventionalität der Freund-Feind-Unterscheidung: *innen Gesinnung und Kameradschaft, außen Haltung und Draufgängertum*.

Es entsprach den *psychischen Bedürfnissen vieler bürgerlich-autoritär erzogener junger Männer der Zwischenkriegszeit,* sich in eine vorgegebene pauschale Front gegen die Umwelt einzureihen und dem Befehl einer Autorität zu unterwerfen, die das Selbstwertgefühl durch ständige Anforderung „vollen Einsatzes" erhöhte, die Überwindung der widrigen wirtschaftlichen Verhältnisse durch bloßen politischen Willen versprach und die Entladung der eigenen Aggressionen auf freigegebene Feinde nicht nur gestattete, sondern mit der Weihe höherer politischer Tugend versah. Mit einer solchen Führung mußte man sich nicht über Satzung, Programm und anderen Formelkram streiten, wußte man sich doch mit ihr in Haltung und Gesinnung eins, wurde von ihr aus dem unbewältigten Alltag in das hochgespannte Lebensgefühl des Krieges zurückversetzt und leicht mit einer Funktion (jeder fünfte PG war Funktionär) betraut, wo sonst niemand einen zu brauchen schien. Diese Bedürfnisse befrie-

---

29 Eine Ausnahme bildete die Vorstellung der PPF-Ideologen von einer Elitebildung in der Form von neoaristokratischen Teams; sie war jedoch kein Erfolg. Robert J. Soucy: Das Wesen des Faschismus in Frankreich, in: Laqueur u. Mosse (Anm. 5) S. 46ff., insbes. S. 74.

digte die Bewegung vorzüglich mit jener Art passiver Aktivität, wie sie sich in der besinnungslosen Betriebsamkeit ihrer Anhänger für Ziele darstellt, über die mitzubestimmen sie von vornherein verzichtet hatten. Der hochgradige Organisationseinsatz in fortwährenden sinnvollen und sinnlosen bürokratischen Tätigkeiten, Appellen, Aufmärschen, die Uniformierung und Einbeziehung in Scheinverantwortlichkeiten, die choreografische Instrumentierung der Anhänger im Schaugepräge der Aufmärsche und Fahnenweihen entsprach einer abnormen gegenseitigen Abhängigkeit zwischen Führung und Anhängern und übte zugleich eine suggestive Wirkung auf breitere Schichten der Öffentlichkeit aus, soweit diese ähnlich, aber weniger ausgeprägt disponiert waren als die faschistischen Aktivisten[30].

Auch die *faschistische Ideologie*, deren Begriffe und Symbole sich heute oft nur noch abstrus ausnehmen und die Attraktivität des Faschismus in der damaligen Zeit absurd erscheinen lassen, wird verständlicher, wenn man sie unter dem Gesichtspunkt ihrer Funktion *als Integrationsmittel* betrachtet. Ihre ideengeschichtliche Analyse ergibt, daß sie keine konsistente Theorie ist; Einblick in die Führungsstruktur der faschistischen Parteien zeigt den extremen Opportunismus, mit dem programmatische Aussagen aufgenommen, eingesetzt und abgestoßen werden. Die faschistischen Bewegungen hatten keine eigenständigen, nur für sie spezifischen ideologischen Inhalte. Vielmehr finden sich die nationalistischen, imperialistischen, antimodernistischen, antibolschewistischen Komponenten, mit deren von Land zu Land unterschiedlichem und von einer taktischen Wendung zur anderen wechselndem Konglomerat agitiert wurde, überall im konservativen und traditionalistischen Meinungsmilieu vor und außerhalb der faschistischen Bewegungen. Gerade daß sie sich an diese vorgeformten ideologischen Systeme anpaßten, ihre Stereotype zu bündeln und propagandistisch umzusetzen verstanden, war die Quelle des Erfolgs der faschistischen Führer.

Was sie aufnahmen, war aber nicht beliebig, sondern bei der Umsetzung schält sich ein ganz bestimmter Vorstellungskomplex heraus, der sich auf die Formel: *Vitalisierung des verknöcherten Konservativismus durch Massenmobilisierung* bringen läßt. Sie wandten sich deshalb wie die Etablierten gegen Sozialismus, Rationalismus und Demokratisierung, aber sie griffen zugleich die Privilegien der „Alten" und „Bonzen" an, verwarfen – so das Falange-Programm – „das kapitalistische System" und führten selbst das Wort Sozialismus im Munde. Aber es bedeutete den meisten ihrer Führer nur die Überformung einer sozialdarwinistischen Gesellschaftsordnung mit kameradschaftlichem Verhalten, dem Gefühl volksgemeinschaftlicher Verbundenheit und der Gleichheit der Uniform. Sie spielen die potentielle Einheit des Volkes, das zu einer homogenen Einheit abstrahiert wird (integraler Nationalismus), und eine nahezu allmächtige Zentralgewalt als Ordnungsgaranten und Ausdruck der nationalen Einheit

---

30 Auf knappstem Raum gibt eine präzise Einführung in die sozialpsychologische Literatur (insbes. der deutschen Emigration) zum Problem der autoritären Persönlichkeitsstruktur Reinhart Westphal: Psychologische Theorien über den Faschismus, in: Das Argument, 7, 1965, H. 32, S. 30ff.

(Autoritarismus) gegen den ökonomischen Kampf und den parlamentarischen Kompromiß der Exponenten der gesellschaftlichen Klassenschichtung aus. Sie stellen sich als Repräsentanten junger Völker dar, die das Joch der festgelegten internationalen Ordnung abschütteln wollen, teilweise um imperialistische Expansion (in der Form der Wiedergewinnung alter Reiche) vorzubereiten, soweit dies (wie in Deutschland die Revisionsforderung, der Wunsch nach Kolonien, nach Lebensraum, nach einem Dritten Reich) im Meinungsmilieu und durch die Interessen der präfaschistischen Konservativen vorgegeben ist. Sie schaffen durch die scharfe Front gegen Fremdes und Linkes kollektive Möglichkeiten zur Identifikation und Aggressionsentladung nach außen und unten. Die für den Ausstrahlungsbereich des Habsburgerreichs typische Mischung von Antisemitismus und Antikommunismus ist dabei die wichtigste Spielart, gilt aber für viele faschistische Bewegungen nicht. Sie orientieren sich am Leitbild gesellschaftlichen Friedens und Stillstands, ländlich und ständisch akzentuiert, und wollen ihm durch Mobilisierung des ganzen Volkes, Organisation der industriellen Massen und die Entfesselung einer expansiven Dynamik näher kommen. Die ödipale Komponente dieser Vorstellungswelt (für die Anhängermobilisierung) und die vorläufige Koinzidenz ihrer Strategie mit großkapitalistischen Interessen (für die politische Praxis) sind offenbar und widersprechen dem faschistischen Männlichkeitskult und Antikapitalismus in der Öffentlichkeit nicht.

Welche *Rolle ideologische Inhalte für die praktische Politik der faschistischen Führer* spielen, ist eine besonders strittige Frage, u. a. weil ihre Beantwortung über die Bedeutung der Führerpersönlichkeiten[31] mitentscheidet. Auf der einen Seite steht die Auffassung, Hitler habe früh ein Programm entwickelt, in der Folge unverändert daran festgehalten, und die Geschichte des NS sei wesentlich die der Verwirklichung dieses Plans[32]. Dem steht der Eindruck des opportunistischen Machterwerbs z. B. Doriots oder Mussolinis und die Liste beiseite geschobener Programmpunkte der faschistischen Bewegungen vor allem in Fragen der inneren Strukturpolitik (Falange, NSDAP) gegenüber, so daß etwa auch Hitlers politische Gedanken nur als „Frucht der rhetorischen Akustik"[33] erscheinen. Grundelemente beider Auffassungen sind unbestreitbar und Erklärungen der Diskrepanz wohl nur hypothetisch möglich. Vielleicht könnte es fruchtbar sein, *den harten Kern* der jeweiligen Vorstellungen der faschistischen Führer weder wegzuinterpretieren noch als dämonischen Plan, sondern als einen *pathologischen Lernprozeß* während der „Elitebildung aus dem Nichts" zu untersuchen. Dann erschiene die Ideologie der faschistischen Führer als Rückkoppelung zwischen den gesellschaftlichen Prädispositionen der potentiellen Anhänger, die sich im Erfolg bestimmter Elemente aus einem Sammelsurium propagandistischer Stereotype niederschlagen, und der gewöhnlich von hohen psychischen

---

31 Vgl. Reimut Reiche: Führerpersönlichkeiten, in: Ebd., H. 33, S. 7ff.
32 Eberhard Jäckel: Hitlers Weltanschauung, Tübingen 1969; vgl. auch Karl Lange: Hitlers unbeachtete Maximen, Stuttgart 1968.
33 So Leo Trotzki 1933 in seinem „Portrait des Nationalsozialismus", jetzt in ders.: Wie wird der Nationalsozialismus geschlagen?, Frankfurt 1971, S. 292.

Spannungen gekennzeichneten Persönlichkeit des Führers, deren Engagement in den frühfaschistischen Gruppen durchweg eine schwere persönliche und politische Krise vorbereitet hat. Zur Integration der sich im Laufe von persönlichen Erfolgen als Führer einer wachsenden Gruppe ansammelnden widersprüchlichen Aussagen verdichten sich Teile dieser also durchaus verbreiteten und traditionalen Inhalte zu einer Art perspektivischem Fluchtpunkt, für den sich Verschwörungslehren, manische Aggressionen gegen Fremdgruppen und der Ausblick auf einen quasi-eschatologischen Erfolg besonders eignen. Auch ein solcher Fluchtpunkt ist nicht als unveränderlich vorzustellen, aber er ist für die subjektive Identifikation des Führers mit seinen widersprüchlichen und wechselnden Aussagen und Handlungen gleichsam die letzte Zuflucht, die alles mit einem metapolitischen Sinn erfüllt und verbissen verteidigt wird. Demnach wären die fixen Ideen der faschistischen Führer (wie im deutschen Fall Expansion und Antisemitismus) als radikalisierte Integration der Vorurteile und Einstellungsstereotype der faschistischen Anhängerschaft zwar mit einem psychischen Zwangscharakter zu verstehen und von vornherein inhaltlich auf das Freund-Feind-Schema (Unterdrückung, Ausdehnung) und Verschwörungskonstruktionen festgelegt. Sie wären somit ein Kontinuitätselement, das als solches nahezu beliebige Elastizität in praktischen Fragen ermöglicht[34].

Die Gründe für die Expansion der faschistischen Bewegungen über kleine Zirkel hinaus und für ihre relative Stabilität sind wegen ihrer Widersprüchlichkeit zugleich auch Ursachen für die – im Grund bezeichnendere – *Instabilität und Desintegration* dieser Organisationen, die in der Bewegungsphase das „Führungschaos im Führerstaat"[35] vorweg nahmen. Die extreme Fluktuation der Anhängerschaft zeigt deutlich, daß die ideologische Heterogenität, die opportunistische Taktik der Parteiführung und die prinzipielle Verneinung der Selbstbestimmung das Engagement in faschistischen Bewegungen auf die Dauer auf harte Belastungsproben stellt. Die Preisgabe an fremde Autorität, die Hochstimmung der Vergemeinschaftung und Aggressivität, die uniformierte Betriebsamkeit gaben den meisten Zugeströmten eher die Möglichkeit zum Austoben als zu einer Bindung. Wer aktiv blieb, mußte psychisch oder ideologisch extrem prädisponiert oder aus der bloßen Unterwerfung zu partiellem Führertum aufgestiegen sein.

Um ihrer organisatorischen Kontinuität willen mußten die faschistischen Bewegungen nach dem Eintritt in die Parteiphase in besonders großem Umfang Funktionärsposten schaffen, die in fein abgestufter Hierarchie bis hinab zum letzten Blockwart mit Prestigeanreizen zu Leistungen aufforderten und durch die *Doppelstellung als Befohlener und Befehlender* Bindekräfte entfalteten, die der Exekutivapparat gegenüber den einfachen Mitgliedern offenbar nach kurzer Dauer wieder einbüßte. In der Anfangsphase war dies weniger wichtig, weil deren kleine Organisationen aus Lands-

---

34 Zur Gesamtproblematik der praktischen Bedeutung der Ideologie vgl. die Essays von Martin Broszat: Soziale Motivation und Führer-Bindung des Nationalsozialismus, in: VfZ, 18, 1970, H. 4, S. 392ff., und Rudolf Vierhaus: Faschistisches Führertum, in: Hist. Zs. 198, 1964, S. 614–639.
35 Reinhard Bollmus: Das Amt Rosenberg und seine Gegner, Stuttgart 1970, S. 236ff.

knechten und ideologischen Eiferern schon aus Mangel an einem leistungsfähigen Zentralapparat ohnehin labil waren und eine ziemlich große Eigenverantwortlichkeit der örtlichen Zellen geradezu voraussetzten. Sobald jedoch die Organisation als solche die Integration großer Gruppen gewährleisten mußte, zeigte sich, daß die Stellung der Funktionäre der Kern des organisatorischen Problems war. Denn wer sich durch Einsatz und Begabung hervorgetan hatte und aufgestiegen war, wollte meist nicht nur Befehle weitergeben, sondern führen, die Ziele der Bewegung mitbestimmen und seine Hausmacht einsetzen, um seinen Vorstellungen Nachdruck zu verschaffen.

Das exekutive Modell kann also in einer freiwilligen Vereinigung auf die Dauer nicht wirklich durchgehalten werden, aber es gibt keine *Institutionen zur Willensbildung und subsidiären Konfliktregelung.* Der Fluktuation der Mitglieder entspricht in den Rängen die intrigante Faktionierung[36], der Stau ungelöster Sachaufgaben und die Wucherung der Rivalitäten Gleichgeordneter und ihrer Klientelen. Demgegenüber ist die Führung machtlos, will sie Sezessionen verhindern. Sie muß also Zugeständnisse machen; aber wem? Stets eifersüchtig von mehreren Untergebenen beobachtet, muß sie mehreren gleichzeitig recht geben, die Lösung deren Privatverträgen überantworten oder besser noch die Probleme wegschieben, vertagen, zum gemeinsamen Kampf gegen einen Gegner aufrufen. Und da es keine Entscheidungs- und Legitimierungsinstanzen (nicht einmal in Personalfragen) gibt, wohl aber das Risiko, ganze Organisationszweige zu verlieren, kann die Führung nur dann Ansprüche wirklich ablehnen, wenn dadurch auf einer anderen Seite genügend neues Terrain gewonnen wird (Hitler 1930 und 1934). Sie muß ihre eigene Führung im Innern zu einer permanenten informellen Schlichtung verkommen lassen, wobei ihre eigene übergeordnete Rolle sich nur auf Erfolge der Gesamtorganisation nach außen stützen kann, während sie sich im übrigen mit Rhetorik und Tricks, mit sorgfältig inszenierter Ausstrahlungskraft und dem Gestus des Befehlshabers behelfen muß. Die plebiszitäre Führerbewegung – und dann vermehrt der plebiszitäre Führerstaat, dessen Elitenkartell die desintegrativen Momente der Bewegung gesteigert wiederholt – verhüllt also ein inneres Führungschaos, in dem die Parallelorganisationen und das Sonderbeauftragtenwesen wuchern, alles, was nicht nach außen verlagert werden kann, in der Schwebe bleibt und dessen Dynamik auf Expansion drängt. Überspitzt ließe sich sagen, daß das *Chaos zum Ordnungsprinzip* wird. Und es wurde auch von den faschistischen Führern z. T. ganz bewußt als Instrument der eigenen Machtstabilisierung durch wechselseitige Kontrolle und Schlichtungsbedürftigkeit untergeordneter Konkurrenten eingesetzt. Die blebiszitäre Führungsstruktur hat sich fähig erwiesen, aus der Bewegung bzw. später aus der Gesellschaft ohne an die Substanz gehende Strukturveränderungen erhebliche kurzfristige Mobilisierungsleistungen zur Expansion herauszuholen, welche die Wahlkämpfe gleichsam zu Blitzkriegen machten. Aber dabei wurden die

---

[36] Der strukturelle Zusammenhang von plebiszitärer Führerbewegung und Faktionierung des Funktionärskorps ist thematisiert bei Joseph Nyomarkay: Charisma and Factionalism in the Nazi Party, Minneapolis 1967.

Grundlagen (die Mitgliedschaft der Bewegung, die Ressourcen des Landes, seine Bündnisfähigkeit) ohne Rücksicht auf langfristige Regeneration parasitär ausgebeutet.

In fast allen faschistischen Bewegungen ist eine *Flügelbildung mit nur kurzfristig taktischer Kooperationsfähigkeit nach außen* zu verzeichnen. In ihr lebte der Wirrwarr vieler konkurrierender Kleinorganisationen der Anfangsphase in der Führerbewegung unkonsolidiert fort. Zentrale unlösliche Konflikte haben sich allenthalben zwischen den paramilitärischen Verbänden, Milizen, Banden auf der einen und der politischen Organisation auf der anderen Seite und zweitens zwischen einem antiimperialistischen, sozialreformerischen Nationalismus in der Minderheit und einem antibolschewistischen, sozial-opportunistischen Imperialismus in der Mehrheit ausgeprägt[37]. Der antigroßbürgerliche Affekt der die links-faschistischen Ideologen mit den Revoluzzern in den Milizen verbindet, und ihr ähnlicher Nutzen für die Führung, die mittelständische Klassenschranke nach links zu überschreiten und eine eigene Rolle gegenüber dem bürgerlichen Konservativismus beanspruchen zu können, darf nicht zu ihrer vorschnellen Identifizierung führen. Führer der linken Flügel, wie Otto Strasser, Farinacci, Ledsma Ramos wollten die Gesamtparteien auf einen sozialreformerischen Kurs unter Ablehnung des Bündnisses mit der Großindustrie festlegen, die paramilitärischen Verbände jedoch das Waffenmonopol von Militär und Polizei brechen, sich selbst etablieren und ihre Mannschaften versorgen. Beide können jedoch ihre Ziele innerhalb der Gesamtbewegung nicht durchsetzen. Überall, wo faschistische Führer ein Erfolgsbündnis mit Großbürgertum und Militär eingehen konnten, haben sie dieses vorgezogen und durch Ausschluß oder Ermordnung der Führer der minderheitlichen Organisationszweige (Deutschland, Spanien) oder durch ihre Domestizierung und Ablenkung auf unpolitische Aufgaben (Österreich, Italien) ermöglicht. Die Unfähigkeit der faschistischen Bewegungsstruktur zu integrativen Problemlösungen beherrscht auch die beständigen Sezessionen und additiven Sammlungen in Ländern (Frankreich, BRD) mit einer Pluralität faschistischer Organisationen.

Während sie im Dauereinsatz in Wahlkämpfen und Straßenschlachten zunächst im Hintergrund stand, stellt sich der faschistischen Bewegung die *Frage nach der eigenen Aufgabe im etablierten System* dringlicher. Wird die Partei mit dem Funktionswechsel des Führers von der Integration der Bewegung zu der des Staates zum fünften Rad am Wagen, oder ist sie das zentrum von Volk und Staat? Ist sie kontrollierende Integrationsorganisation oder Eliteformation? Vielen Funktionären schwebte offenbar das letzte, ja sogar die Ersetzung des Staates durch die Bewegung vor. Doch die am Führer orientierte Bewegungsstruktur und der gewaltige Strom der Mitläufer in der Etablierungsphase machen solche Hoffnungen zunichte. Der Versuch, durch Abbremsung des opportunistischen Zulaufs den alten Kampfcharakter als Voraussetzung für die Funktion als Systemelite zu bewahren, scheiterte – vor der Mitglieder-

---

37 Für den faschistischen Charakter auch des linken Flügels vgl. Kühnl (Anm. 21).

sperre hatte sich der PNF seit dem Marsch auf Rom verdoppelt, die NSDAP seit der Machtergreifung verdreifacht – nicht zuletzt am Interesse der Spitze, die um ihrer labilen Führungsrolle im Elitenkartell und um der gesellschaftlichen Stabilität willen die Bewegung als Druckmittel erhalten, ihr Integrationsmonopol ausbauen, aber Ansätze zu eigenständiger Willensbildung in ihr unterbinden muß. Einen Ausweg bot in Italien wie in Deutschland ihre halbstaatliche Institutionalisierung mit Hilfe des Führerprinzips, die gigantische Ausweitung der sozialen Nebenorganisationen (DAF, KdF, NSV – Dopolavoro) und die Definition der politischen Aufgaben der Bewegung als Erziehung, als Menschenführung. Die nützliche Integrationsaufgabe konnte die Organisation in Bewegung halten, aber der Abglanz des alten Aktivismus war nur noch schwach. Die *Depolitisierung der Bewegung,* von Anfang an in ihrer ideologischen und organisatorischen Widersprüchlichkeit und in den Motiven ihrer Mitglieder angelegt, wurde ihr im System selbst zum Verhängnis. „Die Partei hat allein weltanschauliche Aufgaben", verordnete nun das Organisationshandbuch der NSDAP[38]. Und man kann sich leicht die Gefühle der alten Milizionäre vorstellen, wenn ihnen der Duce statt dem Rausch der Aktion, statt Macht oder doch wenigstens Besitz vom König ausgefertigte Ernennungsdekrete bot und ein „Apostelamt" zudiktierte[39].

Zur Abgrenzung

Die Begrenzung dieses Überblicks auf das Europa der Zwischenkriegszeit soll nicht von vornherein Faschismus epochal definieren und damit als Problem entaktualisieren[40]. Gerade die Frage nach seinen gesellschaftlichen Bedingungen, seiner organisatorischen Struktur und der Funktion seiner Ideologie ist geeignet, Vergleichsmaßstäbe über diesen Bereich hinaus zu erstellen. Bei vielen anderen Gemeinsamkeiten unterscheidet sich *Japan* durch seinen in den 30er Jahren noch wenig entwickelten politischen Pluralismus und demnach durch das Fehlen einer eigenständigen faschistischen Bewegung. Der *argentinische Peronismus* wie auch eine Reihe militärischer Entwicklungsdiktaturen mit populistischen Integrationsbewegungen deuten darauf hin, daß eine weiterführende Erforschung der faschistischen Strukturproblematik ein besonderes Gewicht auf die Frage der inneren Ungleichzeitigkeit und der internationalen Ungleichmäßigkeit wird legen müssen.

In den *hochindustrialisierten Ländern Europas* sind nach dem Übergang von der Expansion des Territoriums zu derjenigen der inneren Nachfrage, bei erhöhter gesellschaftlicher Mobilität und die Subkulturen durchdringender Kommunikation Lage,

---

38 Der Reichsorganisationsleiter der NSDAP (Hg.): Organisationshandbuch der NSDAP, 7. Aufl., München 1943, S. 13.
39 Mussolini beim großen Rapport des Faschismus am 14.9.1929 (vgl. Materialien Nr. 11).
40 Vgl. z. B. Nolte (Anm. 7) S. 182; Wilhelm Alff: Der Begriff Faschismus und andere Aufsätze zur Zeitgeschichte, Frankfurt 1971, S. 27.

Chancen und Aussagen der nach ihrer Struktur als faschistisch zu bezeichnenden Parteien verändert. Unter der Erfahrung der konservativen sozialen Wirkung des Pluralismus im parlamentarischen Rechtsstaat und der internationalen Blockbildung sind auch faschistische Parteien wie die NPD weitgehend auf dieses Konzept eingegangen, haben wesentliche Merkmale ihrer Struktur und Strategie wie paramilitärische Organisation und forcierten Antiparlamentarismus eingebüßt und sind neben dem beherrschenden bürgerlichen Konservativismus der etablierten Integrationsparteien ein Randphänomen[41], das allerdings durch seine indirekten Wirkungen auf das ganze Regierungssystem und seine politische Kultur weiterhin Aufmerksamkeit erfordert. Eine Übertragung des Faschismusbegriffs auf die ihrer Struktur nach wesentlich subtilere technokratische Gesellschaftsformierung oder auf die Mobilisatoren der schweigenden Mehrheit der USA (bei völlig anderen internationalen und gesellschaftlichen Voraussetzungen und Organisationsstrukturen) erscheint nicht nur als heuristisch wenig fruchtbar[42], sondern auch als politisch bedenklich, weil die Fixierung auf vergangene Gefahren neuen Bedrohungen gegenüber lähmen kann.

---

41 Die gegenteilige Auffassung mancher Autoren scheint hauptsächlich aus der Gleichsetzung des Faschismus-Begriffs mit bestimmten Voraussetzungen faschistischer Bewegungen oder Systeme zu folgen. So werden etwa Kapitalismus oder verbreitete autoritäre bzw. aggressive Einstellungen in einer Bevölkerung mit Faschismus gleichgesetzt oder eine schlichte, brutale Militärdiktatur als Faschismus (mit dem Nachsatz „Ob das Regime in Griechenland als ‚faschistisch‘, zu bezeichnen ist, ... ist ... wenig interessant.") bezeichnet. Solches Verfahren ist die andere Variante eines „hilflosen Antifaschismus" – hilflos nämlich, weil er zum Realitätsverlust in der Wahrnehmung aktueller Gefahren führt. Vgl. z. B. Detlev Horster u. Marios Nikolinakos: Ist die Epoche des Faschismus beendet?, Frankfurt 1971; differenzierter Hugo C. F. Mansilla: Faschismus und eindimensionale Gesellschaft, Neuwied/Berlin 1971, S. 188ff.; Reinhard Kühnl: (Anm. 2) S. 159ff., der zwar die Gleichsetzung von Militärdiktaturen mit faschistischen Diktaturen als begrifflich unfruchtbar ablehnt, aber durch die weitgehende Ausklammerung der Probleme innergesellschaftlicher „Ungleichzeitig" bzw. „Modernisierung" auf der einen Seite zu einer Überschätzung der Virulenz des Faschismus in den kapitalistischen Ländern des Westens und andererseits zur Abschiebung fast aller faschistischen Bewegungen in agrarisch dominierten Ländern in den Bereich von „Grenzproblemen" gezwungen ist.

42 Für die USA vgl. insbes. Daniel Bell (Hg.): The Radical Right, Garden City 1964. Für die technokratische Theorie, wonach der „postfaschistische Konservatismus ... bei unaufgehobener Motivation die Konsequenz des Faschismus vermeiden zu können" verspricht, vgl. Helga Grebing: Konservative gegen die Demokratie, Frankfurt a.M. 1971, S. 437.

Aufbau von unten
Die Antifa-Ausschüsse als Bewegung

Die zweite Phase der Arbeiterbewegung hat die Erinnerung an die erste verdrängt. Den sich nunmehr durchsetzenden, von relativ isolierten Führungen aufgebauten Organisationen konnte nicht daran gelegen sein, im gesellschaftlichen Gedächtnis lebendig zu erhalten, daß die Arbeiter selbst die Initiative ergriffen hatten und dabei vielerlei Ansätze zur Selbstorganisation entwickelten, aber erst zuletzt an Parteien, insbesondere an die alten Parteien vor 1933 dachten. Insofern verwundert es nicht, daß die von den Parteiorganisationen betreute Historiographie der Arbeiterbewegung einer selbständigen Analyse der Ausschüsse ausgewichen ist. Sie tauchen allenfalls in der Einleitung zu Organisations- und Lokaluntersuchungen kurz auf als frühzeitige Initiative eines blinden, wenn nicht desinteressierten Potentials. Während selbst eine solche Erwähnung bei sozialdemokratisch orientierten Autoren selten ist, die in den Ausschüssen häufig nur eine Deckorganisation der KP sahen, findet sich eine regelmäßigere Behandlung in der kommunistischen Literatur, die auch in der Bundesrepublik fast ausschließlich durch die Historiographie der DDR repräsentiert wird; die Bewertung wird dadurch aber keineswegs weniger gewaltsam.

Es ist unübersehbar, daß ein Großteil der Ausschüsse von lokalen KP-Kadern getragen wurde und daß für sie nicht selten ein auslösender Impuls – wenn auch nicht die sich in der Praxis entwickelnde Perspektive – von der Moskauer Exilpropaganda ausging, zur Niederkämpfung des Faschismus „Volksausschüsse" zu bilden. Zugleich widersprach deren Bildung *nach* der Besetzung jedoch der von den Spitzenfunktionären, die der Roten Armee attachiert waren, verfolgten Linie, zunächst das antifaschistische Potential in die Auftragsverwaltungen der Besatzungsmächte einzubauen und später die KPD als besondere Organisation erneut zu proklamieren. Zugleich widersprach der autonome, vielgestaltige und unterschiedliche Strategien reflektierende Charakter der Ausschüsse dem Selbstverständnis der KPD, nämlich die bereits in der Führung akzeptierte volksdemokratische Linie, die schwierige taktische Operationen einschloß, mittels einer disziplinierten Organisation umzusetzen und deshalb zunächst das kommunistische Potential für sich zu organisieren und zu schulen. Wie bereits mehrfach erwähnt, reagierten die Gruppen um Ackermann und Ulbricht mit großem Unwillen auf den aus ihrer Sicht linkssektiererischen und spontaneistischen Aktivismus vieler ihrer lokalen Genossen. Diesem Dilemma haben sich die historischen Autoren in der DDR im ganzen dadurch zu entziehen versucht, daß sie die Ausschüsse entpolitisierten und als Ersatzverwaltungsorgane interpretierten. Damit war zugleich ihr Klassencharakter – der vom Typ der antifaschistischen Volkspartei, als die sich die KPD mit ihrem Aufruf vom 11.6.1945 präsentierte, abstach – wie auch ihr struktureller Antagonismus zu den Besatzungsmächten eliminiert, so daß sie als karitative und administrative Selbsthilfe der Antifaschisten in einem vorparteipolitischen Raum erschienen. Frühe Einheitsparteiansätze wurden allenfalls pflichtmäßig erwähnt; im übrigen jedoch wurde mit wenigen Ausnahmen auf die extrem fragmentierte Wohnbezirksebene, nicht aber auf die großen Antifas abgehoben, wodurch sich schon von der Größenordnung und lokalen Besonderung her ihre strukturelle Alternative zu den späteren Parteien nicht stellte.

Was waren demgegenüber die Antifas? Inwiefern stellten sie eine Bewegung, eine eigene Phase im Aufbau der Arbeiterbewegung dar? Eine Antwort auf diese Frage kann nicht allein in einem Fortschreiten von der phänomenologischen Beschreibung zur Konstruktion von Typen gesucht werden, die parallele Lokalentwicklungen unter Absehung von ihrer je spezifischen Dynamik auf ihren kleinsten gemeinsamen Nenner brächte, denn damit wäre nur abkürzender Abstraktion gedient. Zwar ist es notwendig, zunächst auch eine hinreichende Anzahl phänomenologischer Parallelen hervorzuheben, um den Organisationstypus hervortreten zu lassen, auf den eine Vielzahl unterschiedlicher lokaler Bedingungen den ersten Ansatz zum Aufbau der Arbeiterbewegung hindrängten. Dieses Ergebnis allein müßte jedoch statisch bleiben und könnte nur die durchschnittliche Erscheinungsform der Ausschüsse zeigen, nicht aber die Frage beantworten, ob sie eine größere Einheit darstellten, die in ihrer Vielgestalt eine adäquate Antwort auf die Lage der Arbeiter in der fragmentierten Zusammenbruchsgesellschaft gab und auf die Herstellung eines neuen gesellschaftlichen Zusammenhangs zielte. Ob die Ausschüsse eine spezifische Bewegung im Aufbau der Arbeiterbewegung bilden, kann deshalb erst in einer sozialgeschichtlichen Interpretation ihrer gesellschaftlichen Funktion und Dynamik entschieden werden, die zugleich nicht nur die äußeren Kräfte nennt, an denen die Ausschüsse scheiterten, sondern Kriterien für die Beurteilung dieses Scheiterns erbringt. Zu diesem Zweck wird auf die im Teil B entwickelten Bedingungsfaktoren zurückgegriffen, die bereits stillschweigend in die Analyse der lokalen Entwicklungen eingegangen sind, jetzt aber als Voraussetzung der Struktur und des Scheiterns der Antifa-Bewegung als ganzer dienen. Diese Betrachtung, bei der in der besonderen gesellschaftlichen Lage von 1945 die Dialektik zwischen Bedingungen, Bedürfnissen, Tradition und kollektiver Kreativität verfolgt werden soll, wird durch einen nur kurzen Blick auf das größere historische Umfeld – die langfristige Erfahrung der Räte nach dem Ersten und die internationale Parallele der Befreiungsausschüsse in den meisten europäischen Ländern nach dem Zweiten Weltkrieg – abgerundet.

Der Typ des antifaschistischen Aktionsausschusses

In der Herausarbeitung der Parallelen zwischen den einzelnen Antifa-Ausschüssen können wir uns weitgehend auf Vorarbeiten in den Informationsdiensten der amerikanischen Besatzungsmacht stützen, wo im Juni und Juli 1945 antifa-freundliche

Intellektuelle zusammenfassende Studien schrieben, um die in den Antifas initiativen Gruppen als linkes Demokratisierungspotential vor dem Verbot politischer Tätigkeit zu retten. Diese Analysen stützten sich auf eine breitere Erfahrung der Antifa-Bewegung, als sie der Historiker aus einer äußerst bruchstückhaften Überlieferung rekonstruieren kann; auf der anderen Seite war ihre Interpretation der Antifas von der taktischen Absicht bestimmt, diese als unpolitische, die besten NS-gegnerischen Kräfte repräsentierende Hilfsorganisation der Besatzungsmacht erscheinen zu lassen und dadurch die Wiederzulassung zu bewirken. In der knappsten Zusammenfassung formulierten die Amerikaner:

„In weitauseinanderliegenden Orten, unter einer Anzahl verschiedener Namen und anscheinend ohne Verbindung untereinander, sind in den verschiedenen Regionen des Reiches antinazistische Einheitsfrontbewegungen bald nach dem Zusammenbruch der Naziherrschaft aufgetaucht ... Obwohl sie keinen gegenseitigen Kontakt hatten, zeigen diese Gruppen eine bemerkenswerte Ähnlichkeit in ihrer Zusammensetzung und ihrem Programm. Die Initiative zu ihrer Bildung scheint in jedem Fall von Personen gekommen zu sein, die während der Nazizeit aktiv und in irgendeiner Form in Kontakt miteinander waren. Die Arbeiterparteien und die Gewerkschaften von vor 1933 stellen die Führungskerne; das Ausmaß bürgerlicher Beteiligung schwankt, aber in einigen Fällen scheint es besonders bei Intellektuellen und Geistlichen bedeutsam zu sein. Die Gruppen betrachten sich selbst nicht als politische Parteien, sondern als Notzusammenschlüsse aller Antinazikräfte, um die dringenden Probleme zu lösen, die Deutschland als Vermächtnis der zwölf Jahre Faschismus und Krieg geerbt hat. Denunziation von Nazis, um den Bemühungen zur Bildung eines illegalen Untergrundes zuvorzukommen, Entnazifizierung der öffentlichen Verwaltung und der privaten Industrie, Verbesserungen in der Wohnungs- und Ernährungsversorgung: dies sind die zentralen Fragen, die die neugebildeten Organisationen vor allem beschäftigen. Als Gruppen beziehen sie keinen Standpunkt bezüglich langfristiger Probleme wie etwa die Form des zukünftigen deutschen Staates oder bis zu welchem Grade Produktionsmittel in öffentliches Eigentum überführt werden sollen, etc. Was die Führerschaft angeht, so unterscheiden sich die einzelnen antifaschistischen Gemeinschaften und Ausschüsse voneinander, und zwar offensichtlich gemäß den spezifischen Umständen, die in den einzelnen Gemeinden bestehen ... Jede der antifaschistischen Gemeinschaften ... besteht darauf, daß sie ausschließlich auf die Initiative und unter der Führung rein örtlicher Kräfte gebildet worden ist. Obwohl ihre Struktur und ihr Programm mit den Prinzipien des ‚Freien Deutschland' vereinbar ist, erscheint der Einfluß der letzteren Organisation nur sehr gering ... Im allgemeinen scheinen deutsche Linke in der Tat die Moskauer Bewegung vor allem als ein Propagandainstrument zu betrachten. Ihr Mißtrauen gegenüber den Militaristen im ‚Freien Deutschland' ist so ausgeprägt, daß es alles überschattet, was sie an Anleitung und Inspiration von dessen Programm gewinnen mochten. Der Schluß ist demnach berechtigt, daß diese Gemeinschaften den spontanen Zusammenschluß der Antinazi-Widerstandskräfte repräsentieren, die, solange das Terrorregime an der Macht blieb, niemals eine wirksame Kraft werden konnten und die sich nun bemühen, die gesunden Kräfte im deutschen Leben für einen neuen Start zu mobilisieren."

An anderer Stelle fügt der Bericht noch hinzu, daß die Zahl der Oppositionsgruppen, die seit dem Zusammenbruch der Naziherrschaft gebildet worden oder ans Tageslicht gekommen seien, sehr beträchtlich sei – und in nahezu allen Fällen gebe es im Kern eine Kontinuität, die in die Periode der Illegalität zurückreiche. Während durch das Fehlen jeglicher Kommunikationsmedien alle diese Gruppen „um einen Kern von Linken" wesentlich lokal seien, zeigten sich auch seit Beginn konservative Kräfte, die sich mehr oder weniger ohne ihren Willen mit dem Nazismus verbunden hätten und deshalb die Möglichkeit zur Aufrechterhaltung von Kontakten und zum Austausch von Ideen gehabt hätten. Diese Rechtsgruppierungen reichten von der militärischen Clique um Dönitz bis zu den örtlichen Handelskammern und hätten bereits begonnen, eine Art von organisiertem Einfluß auf den Lauf der Dinge zu nehmen. Die Organisationen beider Seiten seien jedoch „nicht politisch im traditionellen Sinn dieses Begriffs". Alle übrigen politischen Fragen seien heute nur noch von akademischer Bedeutung: „Entnazifizierung und die täglichen Probleme der nackten Existenzerhaltung haben ihren Platz im Zentrum des öffentlichen Lebens eingenommen." Der Gegensatz zwischen den beiden Tendenzen reflektiere nicht einen der üblichen politischen Machtkämpfe: „Vielmehr wächst er aus der unterschiedlichen Art, das Problem anzupacken, wie die elementaren Grundlagen organisierten Daseins wiederhergestellt werden können." Die Linke lege alles Gewicht darauf, alle Spuren des Nationalsozialismus auszurotten, weil dies die Vorbedingung eines Neuanfangs sei; die Rechte konzentriere sich auf den Versuch, all das aus den Ruinen des Hitlerregimes zu bewahren, was vielleicht noch einmal brauchbar sein könnte[1].

In dieser Analyse der Gemeinsamkeiten der Antifas sind bereits die wichtigsten Elemente versammelt, wenn auch vermutlich die taktische Absicht des Schreibers eine Betonung des Klassencharakters der Aktionsausschüsse vermieden hat. Es ist sicher eine Überzeichnung, die Beteiligung bürgerlicher Intellektueller als wesentlichen Bestandteil der Antifas und sie insgesamt als Sammelbecken *aller* antinationalsozialistischen Kräfte zu bezeichnen. Vielleicht liegen hier aber auch Sichtbegrenzungen vor; auffällig ist jedenfalls, daß die Parallelität der Aktion in Wohnbezirken und Betrieben ebensowenig erwähnt wird wie die fließenden Grenzen zwischen Antifas und den frühen Versuchen zur Bildung lokaler Einheitsgewerkschaften und seltener auch proletarischer Einheitsparteien. Indessen hebt der Bericht in Übereinstimmung mit den in Teil C dieses Buches dargelegten Einzelforschungen richtig hervor, daß die

---

1 Report by the Joint Intelligence Committee USGrCC on Anti-Fascist Type Movements in Germany v. 30.6.1945, Anl. zu Murphy an Sec. of State v. 20.7.1945 (NA 740.00119 Control [Germany]/7-2045). Dieser Bericht, der die abschließende Bewertung durch die Nachrichtendienste der Militärregierung enthält, sowie eine Reihe einschlägiger OSS-Studien sind jetzt publiziert in Ulrich Borsdorf u. Lutz Niethammer (Hg.): Zwischen Befreiung und Besatzung, Wuppertal 1977, Kap. 2. Der oben zit. Text stammt aus einer Zusammenfassung in SHAEF G-5 Weekly Journal of Inf. 15 v. 16.6.1945, NA 740.00119 Control (Germany)/7-645.

Antifas gebildet wurden von lokalen Kadern aus allen Zweigen der Arbeiterbewegung (unter Betonung ihrer linken Flügel), die unter dem NS-Regime Kontakt gehabt hatten, aber angesichts effektiven Terrors keine aktive Widerstandtätigkeit im Sinne von Partisanenaktionen entfalten konnten. Zweitens, daß die Initiative hierzu von Aufrufen aus der Emigration (NKFD) oder von überregionaler Koordinierung im Reich allenfalls veranlaßt ist, im wesentlichen jedoch in parallelen örtlichen Bedürfnissen gründet, die sich auf die Beseitigung des Faschismus, die Lösung der dringendsten Versorgungsprobleme und die Verbürgung einer elementaren Ordnung richteten. Drittens, daß hierzu keine traditionellen politischen Wege wie die Organisierung politischer Einflußnahme auf Exekutivbehörden über Repräsentationsgremien beschritten, sondern diese kurzfristigen Ziele als Einheit in direkter kollektiver Aktion verfolgt wurden in der Absicht, zugleich mobilisierend auf breitere Schichten zu wirken, die mangels Medien und Organisation anders nicht erreicht werden konnten. Schließlich, daß die Rahmenbedingungen der Antifas nicht in einem gesellschaftlichen Nullpunkt bestanden, sondern in einer extremen lokalen Fragmentierung und daß unabhängig vom Zusammenbruch des NS-Regimes die „Rechte" in Industrie und Bürokratie Kontinuitätselemente der sozioökonomischen Ordnung zu bewahren versuchte und dabei relativ günstigere Ausgangspositionen hatte, da sie weder im Faschismus noch in der Lähmungskrise des Umbruchs so stark wie die Arbeiterbewegung unter Mangel an Kommunikation und Organisation litt.

Es bleibt insofern hier nur noch, gemeinsame Grundelemente der Binnenstruktur der Antifas hervorzuheben, auf die dieser Bericht nicht eingeht. Aus der Darstellung der meisten großstädtischen Antifas ist klar ersichtlich, daß es sich um Mehrebenenorganisationen handelt, ohne daß eine präzise Zuordnung im Sinne gestufter Legitimation und Autorität festgestellt werden könnte. Weder läßt sich das Verhältnis zwischen Wohnbezirksausschüssen und gesamtstädtischer Führung nach dem Modell föderalistischen Zusammenschlusses deuten, denn vielfach waren zentrale Initiativgruppen (und dasselbe gilt für das Verhältnis von Betriebsausschüssen und Betriebsobleutebewegungen bzw. Gewerkschaftsgründungsgruppen) zur selben Zeit oder gar früher als Wohnbezirksausschüsse vorhanden, noch waren diese notwendige Organe der gesamtstädtischen Bewegung. Zwar konnte beides der Fall sein, die gegenseitige Unabhängigkeit zeigt sich aber sogleich, wenn wie etwa in Stuttgart einem kommunistisch geführten Zentralausschuß eine beträchtliche Zahl sozialdemokratisch geleiteter Stadtteilausschüsse gegenüberstehen (in Hannover war es umgekehrt) oder wenn wie in Frankfurt aus einer in den meisten Wohnbezirken aktiven Antifa-Bewegung keine wirksame Organisierung auf zentraler Ebene hervorging. Obwohl es in den meisten Fällen zwischen den Ebenen zu einer engen Zusammenarbeit kam, in einzelnen Fällen auch Wahlen stattfanden, reflektiert sich in ihrer prinzipiellen Unabhängigkeit der informelle Charakter der Antifas als Initiativorganen von Kadern. Ihre Zusammensetzung und Tätigkeit bestimmte sich nach der Aktivität der Mitarbeiter und ihrer Akzeptierung durch die übrigen, zum Teil auch nach irgendeiner Proporzabsprache gemäß früherer Organisationszugehörigkeit, die jedoch nicht weiter begründbar war. Die Ausschüsse waren insofern nicht nur unabhängig voneinander – erst im Sommer wurde in den länger bestehenden das Verhältnis zum Zentralausschuß formalisiert –, sondern auch abgehoben von der Masse der Bevölkerung, zugleich jedoch meistens offen für neu Hinzukommende, die sich durch ihre Initiative und durch ihren antifaschistischen Leumund auswiesen. Einzelne Antifas haben über diesen Kreis der Mitarbeiter hinaus auch eine große Anzahl von Anhängern geworben; sie scheinen aber überwiegend wie gewöhnliche Verbandsmitglieder passiv geblieben zu sein. Im Vergleich zu den herkömmlichen Organisationen der Arbeiterbewegung legitimierten sie sich nicht über formale Verfahren, sondern standen und fielen nach dem Maßstab ihres Einsatzes und ihres Erfolgs. Dies bestärkte die Aktivität der Initiatoren und brachte eine verhältnismäßig große Offenheit, aber auch Unstetigkeit mit sich und erschwerte die Selbstkontrolle.

Das zweite Hauptmerkmal der Binnenstruktur der Antifas ist ihre Einheitstendenz, die sich nicht auf die Herstellung einer Einheitsfront zwischen Sozialdemokraten und Kommunisten oder gar einer darüber hinausgehenden Koalition von Organisationen festlegen läßt. Zwar spielten frühere Parteizugehörigkeiten bei der Zusammensetzung der Ausschüsse häufig eine Rolle und haben, wie der spätere Betrachter im Rückblick feststellen kann, auch in der Aktionsrichtung ihre Auswirkung gehabt; innerhalb der Antifas hat jedoch bis zum Juni kaum eine parteipolitische Fraktionsarbeit stattgefunden. Vielmehr verstanden die vereinigten lokalen Kader ihre Zusammenarbeit als Vorform künftiger einheitlicher Organe, seien es Gewerkschaften, Parteien oder räteähnliche Organisationen. In der Umsetzung der kurzfristigen Aktionsziele – Säuberung, Versorgung, Mobilisierung zum Aufbau – gab es ohnehin eine weitgehende Einheitlichkeit, deren Bewahrung für eine künftige organisatorische Entwicklung sich insbesondere die früheren Angehörigen linkssozialistischer Gruppen zur Aufgabe machten. Diese politische Einheit hat sich in der praktischen Arbeit meist dann zersetzt, wenn eine der beteiligten Gruppen unmittelbaren Einfluß auf die Verwaltung erhielt, indem sie dort führende Positionen besetzte – und dies waren meist Sozialdemokraten. Der Entzug eines gemeinsamen Gegners in der Verwaltung war in aller Regel eine erhebliche Belastung für die politische Einheit im Ausschuß.

Mindestens ebenso charakteristisch für die Ausschüsse wie die Verwischung der Richtungstraditionen war jedoch der fließende Übergang zwischen den Aktionsbereichen Gewerkschaft, Genossenschaft und Politik. Betriebsausschüsse setzten Bürgermeister ab, engagierten sich in Versorgungsfragen des Reproduktionssektors oder nahmen durch Tauschhandel zeitgemäße Managementaufgaben wahr; städtische Antifas zogen genossenschaftlich organisierte Arbeitskolonnen und Selbstversorgungsorganisationen auf, ersetzten Betriebsobleute, initiierten Gewerkschaftsgründungen, versuchten parteipolitische Reorganisationsbestrebungen zu integrieren und hielten sich eine Polizei. Obwohl auch nur Anspielungen auf syndikalistische Traditionen fehlen, waren diese Grenzüberschreitungen der traditionellen Tätigkeitsbereiche der einzelnen Organisationsformen der Arbeiterbewegung für die Ausschüsse konstitutiv. Sie entsprachen der komplexen Bedürfnisstruktur nach Wiederherstellung gesellschaftlicher Zusammenhänge und konnten durch die informelle Koordination innerhalb und am Rande der Ausschüsse von ihnen am besten geleistet werden. Sie entsprachen zugleich einer Lage, in der es noch nicht um die Durchsetzung spezifischer Strategien durch entsprechend ausgerichtete Organisationen ging, sondern darum, Grundlagen für die Handlungsfähigkeit der Arbeiterbewegung überhaupt zu schaffen.

Funktion und Dynamik der Antifa-Bewegung

Während sich die Linke der Arbeiterbewegung, je länger der Krieg fortschritt und je mehr die Hoffnung zur Mobilisierung eines breiten und wirksamen antifaschistischen Widerstands schwand, desto klarer auf die Perspektive einstellte, nach der Zerschlagung der subjektiven und objektiven Kampfvoraussetzungen sich zunächst deren Wiedergewinnung zu widmen, waren sich viele Sozialdemokraten des rechten Flügels mit den bürgerlichen Planern des Putschs vom 20. Juli 1944 in der Erwartung einig, daß bürgerkriegsähnliche Zustände zu erwarten seien, wenn das faschistische Terrorregime beseitigt und nicht von einer deutschen oder alliierten Militärdiktatur abgelöst werde. Nachdem der Faschismus von außen niedergekämpft und Deutschland besetzt wurde, läßt sich der Realitätsgehalt dieser Erwartung – das Exil mit seiner besseren Kenntnis der Alliierten hatte ohnehin nur kleinere freie Räume autochthoner Selbstgestaltung erwartet – nicht mehr überprüfen. Das Aktionspotential der Antifa-Bewegung und ihre relativ widerstandslose Anpassung an den von den Alliierten gesetzten Rahmen stimmen jedoch skeptisch. Und doch enthielt die Bürgerkriegserwartung, die sich 1945 in einer nahezu umfassenden bürgerlichen Sozialangst vor einem durchschlagenden Linksrutsch fortsetzte, einen Kern Wahrheit. Nämlich eine Einschätzung des Faschismus, daß dieser nicht etwa die gesellschaftlichen Gegensätze im Sinne der Volksgemeinschaft überwunden, sondern in einen organisatorisch völlig unvermittelten realen Antagonismus gesteigert habe und daß die Zersplitterung der Zusammenbruchsgesellschaft diffuse Gewalt statt koordinierter Kooperation begünstige. Durch die Herrschaft der Besatzungsmächte wurde dieser, zunächst durch die Auflösung der Staatsfunktion im Faschismus in reine Gewaltherrschaft völlig unvermittelte Gegensatz von außen sozusagen mediatisiert.

Und doch gab es auch von innen in der Schlußphase des Zusammenbruchs gegenläufige Tendenzen. Es gab parallele, wenn auch etwa im Gegensatz zu Italien fast nirgendwo integrierte Bestrebungen der industriellen und bürokratischen Führungsschichten einerseits, der Arbeiter andererseits, die Zerstörung der Lebensgrundlagen durch den zusammenbrechenden oder abziehenden politischen Apparat des Faschismus in seiner Götterdämmerungsstimmung zu verhindern. Neben die zahlreichen Aktionen zur Verhinderung von Fabrik- und Brückensprengungen, zur Erwirkung kampfloser Übergabe und zum Hissen weißer Fahnen, wie sie im Teil C dieses Buches erwähnt wurden und sich vielfach weiter belegen ließen, sind die Nichtverteidigungskomitees bürgerlicher Honoratioren und die Sabotage der „Verbrannte Erde"-Befehle Hitlers durch industrielle Exponenten, an ihrer Spitze Speer, zu setzen. Zwar waren beide Seiten in ihren Aktionsformen deutlich unterscheidbar – der Sabotage von innen fehlt gewöhnlich der Schwejksche Einfallsreichtum, meist auch das hohe persönliche Risiko der Basisaktionen. Aber die Interessenparallelität an der Bewahrung der Lebensgrundlagen eröffnete doch in der Schlußphase eine breite Bündnisperspektive, die in manchen von den Deutschen besetzten Ländern mit ihrer längeren Erfahrung einer solchen Interessenparallelität in nationalen Widerstandskoalitionen und paritätisch besetzten Leitungsausschüssen in den Fabriken geführt hatte. Allerdings war in Deutschland die Desintegration der gesellschaftlichen Führungsschichten aus dem Zusammenwirken mit der politischen Klasse des Faschismus so spät erfolgt und nach dem 20. Juli ihres potentiellen politisch-militärischen Organisationskerns beraubt, daß sie sich allenfalls als individuelle Relativierung des grundsätzlichen Antagonismus auswirkte. Auf der Seite der Arbeiterbewegung haben diese Aktionen vor allem dazu geführt, daß die Kontakte zwischen den Kadern enger geknüpft und eine neue aktive Stimmung verbreitet wurde; häufig wurde die Beteiligung an derartigen Aktionen auch zur Legitimierung gegenüber den einrückenden Besatzungsmächten und deren Wohlwollen wiederum zur Legitimierung gegenüber der Bevölkerung oder konkurrierenden Gruppen benutzt.

Diese Organisationskerne waren den konspirativen Bedingungen ihrer Entstehung entsprechend klein. Ihr erstes Interesse war deshalb darauf gerichtet, alle Möglichkeiten zur Herstellung eines Zusammenhangs mit anderen Aktivkräften der Arbeiterbewegung, aber auch darüber hinaus auszuschöpfen. Im größeren Rahmen übernahm die Besatzungsmacht schrittweise staatliche Aufgaben der überregionalen Koordinierung und Kommunikation sowie der gewaltmäßigen Ordnungssicherung; zugleich schützte sie dieses Monopol – ursprünglich hauptsächlich aus Furcht vor einem NS-Untergrund und Werwolfsabotage begründet – durch die Unterbindung aller autochthonen Bestrebungen um Organisation und Kommunikation. Dadurch wurde der antifaschistische Ansatz zu einem gesellschaftlichen Aufbau durch Mobilisierung der Arbeiterbewegung am empfindlichsten getroffen und diese zunächst auf kleinräumige Aktion und Kommunikation im Wohnbezirk und im Betrieb, auf die Wiederbelebung der allen Organisationen vorausgehenden solidarischen Subkultur der Arbeiter begrenzt. Nachdem die Gefahr der Sabotage durch führende Nationalsozialisten abgewendet war, indem diese teils der Besatzungsmacht benannt, teils selbst festgenommen und ihr ausgeliefert wurden, konzentrierte sich die Tätigkeit der meist durch frühere Funktionärstätigkeit ausgewiesenen Aktivisten in den Ausschüssen auf die Säuberung dieser Subkultur von NS-Spitzeln und Denunzianten, um solidarische Beziehungen überhaupt wieder zu ermöglichen, daneben auf die Trümmerräumung, die Reparatur von Versorgungsanlagen, die Verhinderung von Plünderungen und die Heranschaffung von Lebensmitteln, Bau- und Brennmaterial. Kollektive

Selbsthilfe, Bildung eines Organisationskerns (Ausschußbüro, Betriebsrat) und die Aufstellung einer Hilfspolizei sollten eine elementare Allgemeinordnung verbürgen.

Dabei spielte neben Einfallsreichtum, Tauschhandel, gemeinsamer Arbeit und einer Auflösung des Eigentumschutzes die Nutzung und Umverteilung der Ressourcen der Nationalsozialisten an Arbeitskraft, Wohnraum, Kleidung etc. die entscheidende Rolle zur Herbeiführung eines Lastenausgleichs und zur Organisierung des Arbeitseinsatzes. Der einfache Pg und der kleine Funktionär des NS wurden dabei nicht als Kriminelle behandelt, vielmehr als besonders herausgehobene Teile einer Haftungsgemeinschaft zur Wiedergutmachung und Schadensreparatur betrachtet und in diesem Sinn auf ihre Arbeitskraft und ihr Vermögen zurückgegriffen. Die Verfügung über Nazibesitz und -arbeitskraft gab den Ausschüssen in den frühen Wochen erst die Möglichkeit, mit einem verhältnismäßig geringen Personaleinsatz beachtliche Leistungen in der Trümmerräumung zu organisieren, Antifaschisten und anderen Bedürftigen eine tatsächliche Hilfeleistung zu vermitteln; zugleich verlieh sie ihren Maßnahmen einen demonstrativ politischen Charakter. Dieses Vorgehen mag das Gerechtigkeitsempfinden befriedigen und hat sicher zur Wiedergewinnung des Selbstbewußtseins der Antifaschisten und Arbeiter beigetragen; für die Zukunft der Ausschüsse war es jedoch politisch bedenklich. Der Umverteilung von Nazibesitz waren Grenzen gesetzt, sollte der Lastenausgleich nicht in Sippenhaft ausarten; die aus den KZs heimgekehrten Antifaschisten wollten im Pg-Einsatz die Nazis im Licht der Öffentlichkeit den Geschmack harter Arbeit kosten lassen, nicht aber ihrerseits diesen Einsatz zu einem Sklavenarbeitssystem perpetuieren. Damit war abzusehen, wann die Ausschüsse ihr vielleicht wichtigstes Aktionsinstrument der Frühzeit verlieren würden. Mochte sein Einsatz in der antifaschistischen Bevölkerung Zustimmung und Dankbarkeit mobilisieren, so waren dies doch im Verhältnis zu den anstehenden gesellschaftlichen Aufgaben passive Haltungen. Längerfristige produktive Selbstorganisationen der Antifaschisten kamen kaum zustande: anders als z.B. in England mit seiner langen Symbiose von Liberalismus und Labour fehlte in Deutschland eine lebendige und basisnahe Tradition genossenschaftlicher Selbstorganisation. Bei Betriebsübernahmen war der Widerstand der Besatzungsmacht zu gewärtigen, und von Woche zu Woche wurde es schwieriger – in den Antifas, bei den Arbeitsämtern, in den Betrieben – aktive Mitarbeiter zu finden, die für einen bei Preisstop und Schwarzmarkt fast wertlosen Geldlohn ihre Kraft einsetzten, während die übrigen ihre Häuser reparierten, Schwarzmarktgeschäfte mit Erspartem trieben, hamsterten und „organisierten".

War aber das Potential an verfügbaren Nazi-Ressourcen ebenso begrenzt wie dasjenige, längerfristige genossenschaftliche Selbsthilfe aufzubauen, so verblieben den Ausschüssen nur vorübergehende Funktionen. Ihre unmittelbar wichtigste Aufgabe, die sie zugleich mit einem sehr großen Teil der Bevölkerung in Berührung brachte, war, während des Ausfalls aller Kommunikationsmedien, der Unauffindbarkeit oder Unzulänglichkeit von Verwaltungsstellen und einer Verunsicherung über alle Anrechte und gewohnten Verfahren ersatzweise eine Sammelstelle für Information,

Koordination, Meinungsbildung zu bieten. Mit dem Erscheinen der ersten Amtsblätter, dann im Frühherbst von Zeitungen, der Wiedereröffnung eines regulären Geschäftsverkehrs in Behörden wurden die Ausschüsse auch als Ersatzmedien und Ersatzverwaltungen obsolet. Daneben verblieben gewiß eine Vielzahl von Betätigungsmöglichkeiten, in denen die länger bestehenden Antifas noch eine Fülle von Leistungen organisiert haben; es waren aber zunehmend mehr Hilfsfunktionen für eine Verwaltung, die zur Ausübung der Herrschaft stark genug, aber zur Improvisierung vorübergehender Nothilfeleistungen zu wenig flexibel war.

Die meisten Antifas haben diesen Prozeß der Selbstaushöhlung ihrer praktischen Bedeutung nicht mehr erlebt, weil sie von den Besatzungsmächten entweder überhaupt verboten oder schon früh auf reine Selbsthilfefunktionen beschränkt wurden, was zum Übergang der aktiveren Kader in andere Organisationsformen führte. Es war offenbar die Ausnahme, daß die Besatzungsmacht von sich aus die Ausschüsse verbot oder eindämmte; wo die Vorgänge quellenmäßig besser zu fassen sind, läßt sich meist feststellen, daß Behördenleiter, Handelskammern oder andere Vertreter bürgerlicher Interessen und geordneter Verhältnisse die Besatzungsmächte dazu bewogen, das politische Betätigungsverbot auch auf solche Ausschüsse anzuwenden, deren Handlungsrahmen – wie es die oben zitierte amerikanische Analyse einschätzte – eher vorpolitischer Natur war. Die meisten Wohnbezirks- und Betriebsausschüsse blieben in der Praxis bei Säuberung, kollektiver Selbsthilfe und subkultureller Kommunikation stehen, wobei die Leistung der kollektiven Selbstregeneration durch den Hinweis auf ihren vorübergehenden Charakter nicht geschmälert wird. Aber die Beschränktheit dieser Perspektive wurde teils im Laufe der Entwicklung in diesen Ausschüssen selbst, teils von Anfang an von meist auf gesamtstädtischer Ebene angesiedelten Gruppierungen erkannt und eine weitere, auf der Regeneration der Subkultur fußende Stufe der Organisation von Arbeiterbewegung ins Auge gefaßt. Dies konnte wie im Falle der SFG Hamburg im ersten Anlauf geschehen; es konnte aber auch ein Ergebnis eines Lernprozesses wie in Duisburg sein, wo die Antifa-Kader früh durch Verwaltung und Militärregierung von ihren Säuberungs- und Selbsthilfeaufgaben abgedrängt worden waren und sich – ein auch sonst häufig zu beobachtender Vorgang – die Vorbereitung einer Gewerkschaftsgründung als Ersatz anbot.

Von den basisnahen Kadern der Antifa-Bewegung aus gesehen ergaben sich für eine weitere Perspektive der Organisierung von Arbeiterbewegung prinzipiell drei Möglichkeiten, von denen insbesondere die erste eher naturwüchsig als aufgrund strategischer Überlegungen praktiziert wurde: der Aufbau 1. von Doppelherrschaftsorganen, 2. von Parteien oder politischen Bewegungen der proletarischen Einheit, 3. von zentralen Einheitsgewerkschaften von unten her. Sehr selten finden sich in den Antifa-Quellen ausdrückliche Rückbezüge oder auch nur Anspielungen auf die Rätebewegung. Gleichwohl belegt die Praxis der größeren Antifas, daß es ihnen darauf ankam, Machtorgane des antifaschistischen Bevölkerungsteils aufzubauen, die teilweise selbst tätig werden, teilweise die Verwaltungen in Gemeinde und Betrieb kontrollieren oder doch in Schach halten sollten. Während die direkte Übernahme von Betrieben oder das Hineindrängen von Antifas in die Verwaltung an führender Stelle nur in seltenen Fällen belegt ist, ist die Übernahme von Koordinations- und Kontrollaufgaben auf zentraler Ebene die Regel. Sobald die politische Komponente dieser Perspektive durch einen größeren Organisationsaufbau, Versammlungstätigkeit, Ansätze zu einem Publikationswesen sichtbar wurden, sind jedoch in aller Regel die Besatzungsmächte eingeschritten. Umgekehrt ist die Tendenz zur Einheitspartei zwar als Absicht sehr häufig vorhanden gewesen, die Gründung wurde aber nur in Ausnahmefällen zu einem verhältnismäßig späten Zeitpunkt, z.B. in Braunschweig, in Offenbach, in Ludwigsburg, verwirklicht. Meist wurde gesehen, daß eine wirkliche, von innen heraus getragene Einheit nur eine Chance haben könnte, wenn sie von vornherein zur Grundlage der ersten parteipolitischen Organisationen genommen wurde; hier war man sich aber unklar, ob es sich um eine Vereinigung von Kommunisten, Sozialdemokraten und Splitterparteien oder um eine neue Labour Party, also eine auf der Gewerkschaftsbewegung aufbauende Partei handeln sollte. Angesichts der elementaren Aufgaben sah man den Aufbau von Parteien auch als eine längerfristige Aufgabe, für die sich erst das maßgebende Modell überregional herausbilden müßte. Insofern ist das Wiederzusammenkommen von Funktionären der früheren Parteirichtungen nicht notwendig als Vorwegnahme der Entscheidung zu getrennten Parteien zu verstehen.

Als jedoch die Exilführung der KPD mit dem Aufruf zur getrennten Reorganisation nach Berlin kam und die führenden KP-Funktionäre auf regionaler Ebene sich diesem Kurs, wenn auch z. T. mit beträchtlicher Verspätung, anschlossen, wurde dies allgemein dahingehend interpretiert, daß damit dem Aufbau einer neuen proletarischen Einheitspartei von unten der Weg verbaut war. Erst jetzt kam auch die überregionale Reorganisation der Sozialdemokraten als Partei durch das Büro Schumacher zügig in Gang, so daß der Organisationsaufbau auf beiden Seiten gespaltener und oligarchischer denn je stattfand. Denn der Ansatz der Basis, wie er in den Antifas und Gewerkschaftsgründungen praktiziert und in den Absichtserklärungen zur Aufrechterhaltung der proletarischen Einheit zum Ausdruck gekommen war, war vertan. Insofern waren die äußerlich nach SBZ-Vorbild etwa in Bremen, Braunschweig, München etc. zustande gekommenen Aktionsgemeinschaften zwischen KPD und SPD in ihrer Dynamik nicht ein Schritt zur Einheit, sondern ein Medium der Spaltung. Freilich hatte das Ziel des Zusammenschlusses der Kommunisten und Sozialdemokraten etwas Utopisches an sich, hätte es doch in gewisser Weise die Wiedervereinigung der internationalen Arbeiterbewegung impliziert, um im internationalen Kräftefeld des besetzten Deutschlands verwirklicht werden zu können. In der Gestalt der mit der Gewerkschaftsbewegung verbundenen Arbeiterpartei mochte der Vorschlag so unrealistisch jedoch zunächst nicht erscheinen, hatte doch auch die Kommunistische Partei Großbritanniens im Zweiten Weltkrieg ihre Aufnahme in die Labour Party betrieben und war die Initiative zur Integration der Weltgewerkschaftsbewegung im WGB gemeinsam von der Sowjetunion und vom britischen TUC ausgegangen.

Mit der Auflösung der Einheitsparteiperspektive durch die Wiedergründung der sozialdemokratischen und der kommunistischen Parteien war auch bei den Antifas, die bis zum Sommer bestanden und aus ihrer autonomen praktischen Tätigkeit von der Verwaltung immer mehr auf das Gebiet einerseits von Hilfsdiensten, andererseits von politischen Organisationen abgedrängt worden waren, eine eigenständige Weiterentwicklungsmöglichkeit verbaut. Eine höhere aus der Antifa selbst herausentwickelte Koordinationsebene als die der Stadtregion hat es, soweit derzeit ersichtlich, nur in Württemberg/Baden und im Mansfelder Revier, dem Anspruch nach auch im Ruhrgebiet gegeben. In diesen Fällen wurde die regionale Koordinierung aber bereits von der Verwaltung betreut. Im übrigen zogen sich die politisch aktiven Kader aus der Antifa-Bewegung zurück, und die KP versuchte dort, wo durch die Antifa eine beträchtliche Mobilisierung stattgefunden hatte, wie in Bremen, Braunschweig oder Stuttgart, sie in eine von ihr angeleitete antifaschistische Massenbewegung zu verwandeln, was ihr Absterben aber nur verzögerte.

Insofern könnten die Gewerkschaften als der dritte Organisationsbereich, der im Zusammenhang mit der Antifa-Bewegung über die Regeneration der Subkultur hinauswuchs, als das einzige kontinuierliche Verbindungsglied zwischen der ersten und der zweiten Stufe des Aufbaus der Arbeiterbewegung erscheinen. Doch auch diese Verbindungslinie ist gebrochen. Die frühen, aus den Betriebs- und Antifa-Ausschüssen herausgewachsenen lokalen Gewerkschaftsgründungen zielten auf eine politische Gewerkschaft, sowohl in ihrem weit über die ökonomische Vertretung der Arbeiter hinausgehenden Tätigkeitsanspruch und politischen Organisationsmodell als auch in ihrer häufig anzutreffenden Funktion der Ersatzpolitik, weil die Alliierten in den meisten Fällen nur in diesem Bereich wenigstens die Vorbereitung der Organisationsgründung duldeten. Der Anschein der Kontinuität entsteht hier vor allem dadurch, daß in allen Bereichen der Arbeiterbewegung Gewerkschaftsgründung gegenüber den Parteien vordringlich erschien und insofern die im Zusammenhang mit der Antifa-Bewegung vorgenommenen lokalen Gründungen zeitlich koinzidieren mit den Wiedergründungsversuchen höherer ADGB-Kader, sei es, daß sie auf Länder- oder Bezirksebene zunächst mit dem Versuch einer Transformation der DAF in eine Gewerkschaft oder mit der Reorganisation ganzer Industrie- und Berufsverbände begannen. Neben der zeitlichen Koinzidenz war auch auf beiden Ebenen die Überwindung der politischen Richtungsgewerkschaften weitgehend unstrittig. Während die ADGB-Spitzenfunktionäre jedoch einen Gründungsvorgang „von unten, aus dem Nichts heraus" (Markus Schleicher) ablehnten und die Zentralisierung der Industrieverbände auf einer höheren Ebene ansiedelten, deren Schwergewicht mit ihrer notwendig auf ökonomische Aufgaben konzentrierten Perspektive also zumindest tolerierten, wenn nicht betonten, legten die Vertrauensleute der Ausschüsse Wert auf eine Föderation auf der Grundlage der Betriebe bereits auf kommunaler Ebene, wobei nur Industrieabteilungen gegründet werden sollten. Mit der Zentralisierung bereits auf unterer Ebene wurde das Schwergewicht von der Vertretung der wirtschaftlichen Interessen der Arbeiter bestimmter Industrien auf die politische Vertretung der

Gesamtarbeiterschaft eines jeweiligen Territoriums verlagert. Die Föderierung von unten sollte den in den Ausschüssen gültigen Maßstab des Aktivismus bei der Kaderbildung nach oben hin zur Geltung bringen; parteipolitisch hieß dies gewöhnlich eine stärkere Berücksichtigung der Kommunisten. Indem die Engländer und Amerikaner den offiziellen Organisationsaufbau der Gewerkschaften verzögerten, wurde die Umsetzung der Basisaktivität in organisatorische Macht verhindert. Auf der anderen Seite konsolidierten sich jedoch sowohl die Betriebsausschüsse wie die vorbereitenden Zirkel der Spitzenfunktionäre, so daß es im Herbst nach den ersten Betriebsrätewahlen und der Zulassung von Gewerkschaften auf mittlerer Ebene zu Kompromissen zwischen den beiden voneinander weitgehend unabhängigen Organisationspolen kam, obwohl die Trennung zwischen Betriebsräten und gewerkschaftlichen Betriebsvertretungen die betriebliche Basis bereits beeinträchtigt hatte. Nun griffen die Besatzungsmächte jedoch ausdrücklich ein und verhinderten die Zentralisierung und Politisierung der Gesamtgewerkschaften, sei es auf unterer oder höherer Ebene.

Arbeiterinitiative im Umbruch – Konturen eines Vergleichs

Insgesamt stellt sich die Antifa-Bewegung als eine Durchgangsstufe im Aufbau der Arbeiterbewegung dar, die mit der Regeneration der Subkultur die Handlungs- und Organisationsfähigkeit der Arbeiter erst wieder vorbereitete. Die auf dieser Grundlage entwickelten Ansätze – Doppelherrschaftsorgane, Einheitspartei, Zentrale Einheitsgewerkschaft – hatten die Einheitsperspektive und den Aufbau von unten als Strukturmerkmale gemeinsam; sie scheiterten jedoch, und zwar vornehmlich an den Besatzungsmächten, die teils durch direkte Verbote eingriffen, teils durch die Bewahrung der Struktur der Betriebe und der Verwaltung und die Forcierung von Parteipolitik Grunddaten schufen, an denen der Aufbau der Arbeiterbewegung nicht vorbei konnte. Denn dieser Aufbau war noch tastend, beschränkte sich zunächst auf den Aktivismus von Kadern bei weitgehender Passivität oder Abwesenheit der Massen. Und diese Kader hatten sich in fluktuierenden Organisationen in lokaler Vereinzelung zusammengeschlossen, die trotz der weitgehenden Parallelität ihrer Aktionsrichtung nicht die Homogenität und Macht gewinnen konnten, um selbst die Zusammenbruchsgesellschaft neu zu strukturieren. Angesichts dieser inneren Schwäche setzten sich diejenigen Kräfte in der Arbeiterbewegung durch, die von vornherein oder doch am ehesten gesonnen waren, sich den tradierten Strukturen in Betrieb, Verwaltung und Politik anzupassen, und in diesen Bereichen durch ihre Erfahrung Autorität darstellten.

Diese Grundzüge der Antifa-Bewegung lassen sich durch einen Blick auf vergleichbare Situationen noch unterstreichen. Zweifellos hat die Struktur der Aktionsausschüsse große Gemeinsamkeit mit den Räten, die als Organe der Arbeitermacht in der Novemberrevolution gebildet wurden. Funktion und Unterstützung der Organe und das gesellschaftliche Machtverhältnis war jedoch an beiden Kriegsenden ganz verschieden. Trotz aller Beeinträchtigung war die Arbeiterbewegung am Ende des Ersten Weltkrieges organisatorisch nicht zerschlagen, die Arbeiterbewegung wie auch die Gesellschaft im ganzen bei weitem nicht im selben Umfang fragmentiert und die Lebensbedingungen nicht auf eine derart elementare Stufe in lokaler Isolierung zurückgeworfen. Die Räte konnten insofern nicht nur auf vagen politischen Traditionen, sondern auf Organisationen und Strategien aufbauen und dienten nicht primär der Schaffung der Voraussetzungen zur Organisierung von Arbeiterbewegung, sondern ihrer Machtausübung. Während die Räte selbst ebenfalls wie die Antifa-Ausschüsse – wenn auch nicht ausschließlich (Soldatenräte) – ein Kaderphänomen darstellen, so steht doch außer Frage, daß diese Ausschüsse Unterstützung in den Massen und eine konkrete Rückbindung an sie hatten; die Antifas gingen jedoch sozusagen den Massen voraus und wollten sie über ihre Bedürfnisse mobilisieren. Hauptsächlich war jedoch der gesellschaftliche Antagonismus in der Novemberrevolution nicht durch eine unmittelbare Herrschaft der Sieger mediatisiert, so daß die Räte zwar schließlich auch unterworfen wurden, dazu jedoch sowohl erhebliche militärische Aktionen wie weitgehend Zugeständnisse der Unternehmer notwendig waren. 1945 machte hingegen die Ausübung der Staatsfunktion durch die Alliierten ein solches innergesellschaftliches Zug- und Drucksystem, das die Räte sowohl in der politischen Erinnerung als auch in der Kümmerform der Betriebsräte weiterleben ließ, überflüssig.

Der Vergleich mit der Rolle des Antifaschismus in den von der deutschen Besetzung befreiten europäischen Ländern weist auf einen anderen Zusammenhang für das Scheitern der Antifa-Bewegung hin. In fast keinem dieser Länder gelang es den Kräften, die die Résistance praktisch getragen hatten, die politische Nachkriegsordnung programmatisch, organisatorisch und personell zu bestimmen. Vielmehr wurde diese überwiegend im Rückgriff auf vor dem Faschismus praktizierte Organisationsformen von Vertretern früherer Eliten und Exilführungen geprägt, deren Zugriff auf die Legitimation des antifaschistischen Widerstandskampfes angesichts andersartiger sozialer Rekrutierung, Organisationsformen und Aktionsziele fragwürdig erscheint. Eine große Rolle spielte dabei freilich der nationale Charakter des Widerstandes, der beide Bündniskonstellationen begünstigte und mit ihnen auch den nichtkollaborationistischen Teil der ehemaligen politischen Führungen legitimierte. Zudem war die Zerschlagung der Arbeiterbewegung und die Fragmentierung der Gesellschaft nirgendwo so weit fortgeschritten wie im Ursprungsland der faschistischen Besetzung, so daß es zwar auch eine langanhaltende Auseinandersetzung um die von den Arbeitern in den Betrieben und Kommunen im Zuge der Befreiung erkämpften Positionen gab, jedoch der nationale Zusammenhang von Anfang an gegeben war und damit machtpolitisch die Prärogative der Organisationsspitzen nie wirklich in Frage stand. Der entscheidende Unterschied zu Deutschland besteht vor allem darin, daß es in den Gebirgsgegenden der besetzten Länder militärisch effektiven Widerstand gegeben hat, der zur Selbstbefreiung sogenannter Partisanenrepubliken in unwegsamen oder strategisch unbedeutenden Gebieten führte, die im Falle Jugoslawiens den größeren

Teil des Landes umgriffen. Einen solchen Widerstand hat es im Reich nur bei Kriegsende in Bayern und Österreich gegeben.

Günstig für die Kontinuität militärisch effektiven Antifaschismus über den Umbruch hinweg war ferner, wenn sowohl der Zugriff des Faschismus wie der befreienden Hauptkriegsgegner auf diese Region nur zurückhaltend war. Dies läßt sich am deutlichsten auf dem Balkan erkennen, wo es sowohl in Griechenland wie in Jugoslawien große selbstbefreite Gebiete gegeben hat; während jedoch Griechenland zur britischen Einflußsphäre gehörte und die dortigen Partisanen-Bastionen bei Kriegsende in einem Bürgerkrieg niedergekämpft wurden, blieb Jugoslawien durch die Abrede sich gegenseitig neutralisierender Einflußanteile des Westens und des Ostens von einem derartigen Zugriff verschont. Zugleich war die Kontinuität des Antifaschismus in Jugoslawien jedoch dadurch bedingt, daß hier sich eine entschieden kommunistisch orientierte, aber weitgehend aus der bäuerlichen Bevölkerung rekrutierte Partisanenorganisation unter der militärischen Leitung des KP-Chefs durchsetzte, die soziale und nationale Ziele zu integrieren verstand, sich entschieden gegen die in anderen Ländern praktizierte volksfrontartige Koalitionspolitik abgrenzte und die örtliche Spontaneität durch ihre militärische Macht mediatisierte. Alle diese Bedingungen lassen sich in Deutschland kontrapunktisch verfolgen: unmittelbarster Zugriff sowohl des Faschismus wie der Alliierten, industrielle und urbane Struktur, zerschlagene Arbeiterbewegung, desintegrierte Widerstandsversuche und eine vom inneren Widerstand losgelöste, selbst extreme Varianten der Volksfrontpolitik nicht scheuende KP-Führung.

Vor diesem Hintergrund wird es klar, daß die Antifas, deren Potential in urbanen Regionen durch die Lähmungskrise freigesetzt worden war, in ihrer Struktur sehr viel mehr Gemeinsamkeit mit der Rätetradition als mit den antifaschistischen Partisanen hatten. Deren Leistung der Selbstbefreiung, für die es in Deutschland nach der Zerschlagung der Arbeiterbewegung keine Voraussetzungen mehr gab, konnte unter dem Besatzungsregime nicht als „dependent revolution" nachgeholt werden. Innere und äußere Faktoren beschränkten deshalb die Antifa-Bewegung auf einen Beitrag zur antifaschistischen Säuberung, zur Selbsthilfe in der Lähmungskrise und zur Regeneration der Grundlagen für den Aufbau der Arbeiterbewegung. Deren Struktur und Perspektive konnte sie jedoch nicht mehr von unten entwickeln, besonders weil die Mächte, die den Faschismus gestürzt hatten, auch den Rahmen der neuen gesellschaftlichen Entwicklung von außen bestimmen konnten.

Alliierte Internierungslager in Deutschland nach 1945
Vergleich und offene Fragen

Die alliierten Internierungslager in Deutschland nach 1945 sind lange Zeit ein Stiefkind der Forschung gewesen. Das kann nicht nur an der Unzugänglichkeit der amtlichen Quellen über diese Lager gelegen haben. Denn ausgerechnet über die sog. Speziallager oder Sonderlager in der SBZ, über die von Anfang an amtliches Schweigen verhängt worden war, sind wir schon in den fünfziger Jahren durch die Bearbeitung von Erinnerungsberichten informiert worden[1]: im Rückblick wird deutlich, daß Informationen über die alliierten Internierungslager nur insofern im Nachkriegsdeutschland Aufmerksamkeit erregten, als sie in Wahrnehmungsmuster des Kalten Krieges eingefügt werden konnten. Ein entsprechendes östliches Wahrnehmungsmuster der Lager in den Westzonen fehlte indessen; daß die Westmächte und vor allem deren ‚imperialistische Vormacht' USA mehr Nazis in Lager gesperrt hatten als die Sowjets, widersprach zu sehr den Stereotypen der DDR-offiziellen Restaurationsanklagen. Über die westlichen Internierungs- und Arbeitslager wurden zunächst nur einige persönliche Erinnerungsberichte publiziert,[2] und solche Berichte blieben weitgehend ein Reservat rechtsradikaler Rezeption.

Nach ersten wissenschaftlichen Explorationen in den siebziger Jahren[3] begann im Westen trotz noch unbefriedigender Quellenlage seit den späteren achtziger Jahren eine sich von den Anklagen und Apologien der Nachkriegszeit lösende Erforschung der alliierten Internierung, in der deren Zusammenhang mit der Entnazifizierung nie

---
1 Vgl. etwa auf der Grundlage von 25 bei der „Kampfgruppe gegen Unmenschlichkeit" gesammelten Erfahrungsberichten (davon zwei von ehem. NSDAP-Mitgliedern) Günther Birkenfeld: Der NKWD-Staat, in: Der Monat 2, 1950, S. 628–643; Hermann Just: Die sowjetischen KZ auf deutschem Boden 1945–1950, o.O. 1952; auf breiterer Informationsgrundlage dann Gerhard Finn: Die politischen Häftlinge in der Sowjetzone, 1945–1959, Pfaffenhofen 1960, 2. Aufl. Köln 1989; Karl Wilhelm Fricke: Politik und Justiz in der DDR. Zur Geschichte der politischen Verfolgung 1945–1968. Bericht und Dokumentation, (zuerst 1978) Köln 1990, S. 69ff.
2 Am informativsten Karl Vogel: M-AA 509. Elf Monate Kommandant eines Internierungslagers, Memmingen 1951; daneben z. B. Heinrich Zerkaulen: Zwischen Nacht und Tag. Erlebnisse aus dem Camp 94, München 1951; Richard Euringer: Die Sargbreite Leben. Wir sind Internierte, Hamm 1952; Friedrich Alfred Beck: Tagebuch eines Mannes, der Hungerturm hieß, München 1952; Jon Gheorge: Automatic Arrest, Leoni 1956; Karl Geiger: Die Internierung im deutschen Südwesten, 3. Aufl., Heilbronn 1977; für die Rheinwiesenlager: Fritz vom Hellweg: Rheinwiesen 1945, Wuppertal 1951; Josef Nowak: Menschen auf den Acker gesät, Hannover 1956. Kurze Berichte finden sich in mehreren Memoiren wie z. B. Lutz Graf Schwerin von Krosigk: Memoiren, Stuttgart 1977, in literarischen Verarbeitungen wie Hans Venatier: Der Major und die Stiere, Düsseldorf 1953, und Ernst von Salomon: Der Fragebogen, Hamburg 1951 u. ö.
3 Lutz Niethammer: Entnazifizierung in Bayern, Frankfurt a.M. 1972 (2. Aufl. u. d.Titel „Die Mitläuferfabrik", Berlin 1982), S. 255ff., 455ff., 575ff.; Edward N. Peterson: The American Occupation of Germany, Detroit 1978, S. 145ff.

in Frage stand.⁴ Nach dem Zusammenbruch der DDR stieß ihre östliche Variante, die „Speziallager", auf großes, aber auch die Zusammenhänge weithin verkennendes Interesse. Da nach einem halben Jahrhundert nur noch untypische Häftlinge als Zeitzeugen⁵ überlebten und da die Speziallager relativ weniger NS-spezifische Tätergruppen umfaßten und da sie mit über einem Drittel unerträglich vielen Häftlingen das Leben kosteten, wurden sie als sowjetischer GULag auf deutschem Boden oder als totalitäre Fortsetzung des SS-Staats durch die Kommunisten wahrgenommen und häufig von der interalliierten Erfahrung abgekoppelt.⁶ An dieser öffentlichen Wahrnehmungsweise hat sich zunächst wenig geändert, nachdem die Sowjetunion 1990 gegenüber der letzten Regierung der DDR ihre Bilanz der Speziallager-Verwaltung bekannt gemacht hatte.⁷

---

4 Für die US-Zone vgl. Christa Schick: Die Internierungslager, in: Martin Broszat u.a. (Hg.): Von Stalingrad zur Währungsreform, München 1988, S. 301–325, sowie ihre Dissertation Christa Horn: Die Internierungs- und Arbeitslager in Bayern 1945–52, Frankfurt a.M. 1992; für die britische Zone Heiner Wember: Umerziehung im Lager. Internierung und Bestrafung von Nationalsozialisten in der britische Besatzungszone, Essen 1991; für die französische Zone Rainer Möhler: Entnazifizierung in Rheinland-Pfalz und im Saarland unter französischer Besatzung, Mainz 1992, S. 357ff.; Klaus-Dietmar Henke: Politische Säuberung unter französischer Besatzung. Die Entnazifizierung in Württemberg-Hohenzollern, Stuttgart 1981, S. 40f. u. ö.; Reinhard Grohnert: Die Entnazifizierung in Baden 1945–1949, Stuttgart 1991, S. 162–172.

5 Vgl. Sammelbände wie Michael Klonovsky u. Jan von Flocken (Hg.): Stalins Lager in Deutschland. Dokumentation Zeugenberichte 1945–1950, (zuerst 1991) München 1993; Hanno Müller (Hg.): Recht oder Rache? Buchenwald 1945–1950. Betroffene erinnern sich, Frankfurt a.M. 1991; Bautzen-Komitee (Hg.): Das Gelbe Elend. Bautzen-Häftlinge berichten 1945–1956, o.O. 1992; Elfi Hartenstein: ... und nachts Kartoffeln schälen. Frauen berichten aus Nachkriegslagern, Berg 1992; sowie Erinnerungsberichte einzelner wie Margret Bechler: Warten auf Antwort. Ein deutsches Schicksal, München 1978, 17. Aufl., Frankfurt a.M. 1992; Ursula Fischer: Zum Schweigen verurteilt. Denunziert – verhaftet – interniert (1945–1948), Berlin 1982; Ernst-H. Klotz: So nah der Heimat. Gefangen in Buchenwald 1945–1948, Bonn 1992; Benno Prieß: Unschuldig in den Todeslagern des NKWD 1946–54, 3. Aufl., Calw 1992; Günther Ochs: Meine gestohlene Zeit ... 1945–1947, Darmstadt 1994. In den sowjetischen Speziallagern waren in der Anfangszeit Tausende von sowjetischen Staatsbürgern, die oft bereits im Dritten Reich inhaftiert gewesen waren. Vgl. Alexander Agafonow: Erinnerungen eines notorischen Deserteurs, Berlin 1993, bes. S. 226ff.

6 Finn, Häftlinge, hatte diese Vereinseitigung bereits in einem Vorwort von 1989 zur Neuausgabe seines Buches von 1960 zu relativieren gesucht, indem er von der „erzwungene(n) gemeinsame(n) Haft von Demokraten und Widerständlern gegen die Diktatur der KPD/SED mit kleinen und großen NS-Verbrechern und -Parteigängern in den Konzentrationslagern und Haftanstalten nach 1945" sprach.

7 Sowjetische Straflager in der ehemaligen Sowjetischen Besatzungszone. Materialien zur Pressekonferenz des stellv. Ministerpräsidenten der DDR und Ministers des Innern, Dr. Michael Diestel, vom 26.7.90. Danach waren 122 671 Deutsche in den sowjetischen Speziallagern in der SBZ inhaftiert, 42 889 sind dort verstorben, 12 770 wurden in die Sowjetunion deportiert und 6 680 in Kriegsgefangenenlager verbracht. 756 wurden zum Tod verurteilt, 14 202 wurden überwiegend zur weiteren Verwahrung, ca. 3 000 von ihnen aber auch zur erstmaligen Aburteilung an Behörden der DDR übergeben, 112 gelang die Flucht und 45 262 wurden (meist 1948 und 1950) entlassen. Allerdings gibt es Grauzonen: in dieser Statistik ist das Schicksal der aus den Lagern Verbrachten ebenso unklar wie dasjenige von Verhafteten, die vor der Verbringung in ein Internierungslager verstarben. Unklar ist auch, ob darin alle von Sowjetischen Militärtribunalen (SMT) Verurteilten, die vor allem in Sachsenhausen und in Bautzen inhaftiert wurden, enthalten sind. Unausgewiesen sind auch die ca. 30 000 Inhaftierten, die nicht deutsche Staatsbürger waren, vor allem sowjetische DPs. Schließlich ist unklar, welche der in den deutschen Ostgebieten verhafteten und in Speziallager verbrachten Deutschen, von denen ein (noch unbekannter) Teil später in Speziallager auf dem Gebiet der SBZ überführt wurde, in diesen Ziffern eingeschlossen sind.

Als seit 1992 erste sowjetische Archivalien zugänglich geworden waren, wurden jedoch differenziertere Beschreibungen einzelner Lager wie auch die Dokumentation der Internierungsbefehle des NKWD möglich.[8] Darauf folgte ein Versuch, die Kenntnisstände über die alliierte Internierungspraxis in Ost und West zusammenzubringen[9] und dabei auch die besondere Verarbeitungsproblematik für die Angehörigen der Verhafteten im Osten und für die überlebenden Häftlinge selbst, die in Dissertationsprojekten untersucht werden[10], zu beleuchten.

Obwohl insofern derzeit vieles an unseren Kenntnisständen im Fluß ist, mag der Versuch einer vergleichenden Zwischenbilanz nützlich sein, zumal der Verfasser an der Erforschung der amerikanischen Entnazifizierungspolitik beteiligt war und jetzt auch an einem deutsch-russischen Unternehmen einer Auswahledition und Übersetzung der Akten der Speziallager-Verwaltung teilnimmt und insofern über einige Materialeinsichten verfügt, die dem derzeitigen Publikationsstand und seiner komparativen Wahrnehmung vorauslaufen.[11] Denn die westliche Forschung ist in ihrer getreulichen Empirie gewissermaßen begriffslos verlaufen, während die Überlebenden der Speziallager Begriffe popularisiert haben, bevor empirische Forschungen in den sowjetischen Akten überhaupt beginnen konnten.

---

8 Achim Kilian: Einzuweisen zur völligen Isolierung. NKWD-Speziallager Mühlberg/Elbe 1945–1948, Leipzig 1992, 2. erw. Aufl. 1993; der.: Die ‚Mühlberg-Akten' im Zusammenhang mit dem System der Speziallager des NKWD der UdSSR, in: Deutschland-Archiv 26, 1993, S. 1138–1158; Norbert Haase u. Brigitte Oleschinski (Hg.): Das Torgau-Tabu. Wehrmachtstrafsystem – NKWD-Speziallager – DDR-Strafvollzug, Leipzig 1993, S. 146–164; Jan Lipinsky über das Speziallager Torgau. Neue Akteneinsicht und alte Wertungen verbinden Alexander Fischer u. Jan Lipinsky: Die sowjetischen Speziallager Buchenwald und Fünfeichen. Erkenntnisse aus sowjetrussischen Archiven, in: Deutsche Studien 31, 1994, H. 121, S. 38–56. Mitarbeiter des Instituts für Marxismus-Leninismus beim ZK der SED, die 1989 eine Arbeitsgruppe für Opfer des Stalinismus gebildet hatten, sowie der Nationalen Mahn- und Gedenkstätten Buchenwald und Sachsenhausen haben sich nach der „Wende" an der Brechung dieses DDR-Tabus durch differenzierte Forschungen engagiert. Vgl. Barbara Kühle u. Wolfgang Titz: Speziallager Nr. 7. Sachsenhausen 1945–1950, Berlin 1990; Beiträge von Peter Erler, Wilfriede Otto und Lutz Prieß in BzG 32, 1990, S. 723–734 bzw. 33, 1991, S. 530–535; Bodo Ritscher: Zur Herausbildung und Organisation des Systems von Speziallagern des NKWD der UdSSR in der sowjetischen Besatzungszone Deutschlands im Jahr 1945, in: Deutschland-Archiv 26, 1993, S. 723–735; ders.: Speziallager Nr. 2 Buchenwald, Weimar 1993, 2. erw. Aufl. 1995 (bisher die gründlichste Monografie überhaupt); Peter Erler: Das sowjetische Speziallager Nr. 3. Mai 1945 – Oktober 1946 in Berlin-Hohenschönhausen, Berlin 1995; in diesen Zusammenhang gehören auch Günter Agde (Hg.): Sachsenhausen bei Berlin. Speziallager Nr. 7 1945–1950. Kassiberl: Dokumente und Studien, Berlin 1994, sowie Wolfgang Eisert: Die Waldheimer Prozesse. Der stalinistische Terror 1950. Ein dunkles Kapitel der DDR-Justiz, Esslingen 1993.

9 Renate Knigge-Tesche u.a. (Hg.): Internierungspraxis in Ost- und Westdeutschland nach 1945, Erfurt 1993 mit Übersichten von Wember, Niethammer, Möhler und Ritscher zu den vier Besatzunszonen.

10 Vgl. Helga Schatz: Die gesellschaftliche Wahrnehmung der sowjetischen ‚Speziallager' in der Nachkriegszeit; Eva Ochs: Mit dem Abstand von vier Jahrzehnten. Zur lebensgeschichtlichen Verarbeitung des Aufenthalts in sowjetischen ‚Speziallagern', in: ebenda, S. 90–110 bzw. S. 111–123.

Fragen an einen Vergleich

Gleichwohl scheint mir die Frage berechtigt, wozu eine solche komparative Zwischenbilanz inhaltlich dienen soll, denn die Thematik ist in der Öffentlichkeit mit vielerei Projektionen besetzt. Zwei ganz gegensätzliche begegnen besonders häufig: auf der einen Seite werden die Speziallager häufig völlig von der alliierten Entnazifizierungsproblematik abgetrennt und nur als Instrumente sowjetischer Repression gegen deutsche Opfer des Stalinismus, als deutscher Teil des GULag oder rote KZs dargestellt. Auf der anderen Seite begegnet die Erforschung der alliierten Lager in Deutschland dem Verdacht, jegliche historische Thematisierung problematischer Politik gegenüber Deutschen (wie z. B. auch die Vertreibung Deutscher aus Ostmitteleuropa) wolle nur von der deutschen Schuld an den nationalsozialistischen Verbrechen und deren Singularität ablenken. Solche Befürchtungen haben sich bisher als wenig begründet erwiesen.

Die jetzt in Gang gekommene Erforschung und vergleichende Betrachtung der alliierten Internierungslager in Deutschland dient nicht dem Mythenersatz, sondern sie ist als ein Beitrag zu verstehen, die projektive Dialektik zwischen einem kommunistisch beherrschten Antifaschismus und dem westlichen Antikommunismus des Kalten Krieges, die beide ihr – im einzelnen oft verständliches – Pathos mit einer Mehrheit von vereinnahmten anderen Opfern munitionieren wollten, zu überwinden. Statt dessen soll Gelegenheit zu einem geschichtlichen Lernen gegeben werden, das realistisch aufklärt und differenzierte Einsichten in historische Zusammenhänge vermittelt, die Gefühle von Überlebenden und die Trauer von Hinterbliebenen achtet und der Gesellschaft als ganzer politische Schlußfolgerungen ermöglicht. Diese können nicht in der ideologischen Verallgemeinerung und symbolischen Überhöhung fraktioneller politischer Traditionen gesucht werden, sondern nur in der Sensibilisierung gegenüber menschenverachtenden Herrschaftspraktiken gerade auch gegenüber politischen Gegnern. Dazu ist eine aus dem Vergleich entstehende differenzierte Wahrnehmung eine grundlegende Voraussetzung.

Jedenfalls sollte die Frage nach dem Sinn solcher Forschungen nicht damit beantwortet werden, daß man sich im Desiderat bloßer Forschungslücken verkriecht. Viel-

---

11 Beteiligt sind von russischer Seite das Staatliche Archiv der russischen Föderation (GARF) in Moskau (Sergej Mironenko, Vladimir Koslov, Dina Nachotovitsch) und von deutscher das Institut Geschichte und Biographie der FernUniversität in Lüdenscheid (wo derzeit die Kopien gesammelt sind), der Lehrstuhl Zeitgeschichte der Friedrich-Schiller-Universität Jena sowie die Gedenkstätten Buchenwald in Weimar und Sachsenhausen in Oranienburg bzw. in persona Kamilla Brunke, Peter Erler, Natalia Jeske, Volkhard Knigge, Heinz Kersebom, Günter Morsch, Lutz Niethammer, Eva Ochs, Alexander von Plato, Ralf Possekel, Lutz Prieß, Bodo Ritscher und als Vermittlerin Irina Scherbakowa. Den genannten und Gerhard Finn danke ich für Hinweise und Kritik zu einer früheren ausführlichen Fassung dieses Berichts. Wenn im folgenden bei Angaben zu den sowjetischen Speziallagern keine Archivbelege genannt sind, stütze ich mich auf sowjetische Dokumente (vor allem aus dem GARF) unseres Projekts, die 1998 publiziert wurden. Da die sowjetische Seite der Internierung die problematischste und noch immer die analytisch am wenigsten durchdrungene ist, werde ich ihr im folgenden relativ mehr Raum widmen.

mehr sollten die Erkenntnisinteressen hinlänglich differenziert artikuliert und damit auch kritisierbar werden.

Meine sind die folgenden:

1. Im Zusammenhang der gesamteuropäischen Lagererfahrung von den dreißiger zu den fünfziger Jahren heben sich die alliierten Internierungslager als diejenigen Lager ab, für die es für die Mehrheit der mitlebenden Völkergemeinschaften eine einleuchtende moralische Begründung gab, nämlich die politisch Mitverantwortlichen für die Menschheitsverbrechen des Dritten Reiches festzusetzen, sie dadurch kurzfristig von einer Gefährdung der alliierten Besatzungstruppen abzuhalten und auf längere Sicht ihres Einflusses auf die Entstehung friedensfähiger und demokratischer Verhältnisse in Deutschland zu berauben. Inwiefern entspricht die Verhaftungspraxis der Alliierten diesem Ziel?

2. Die Haftbedingungen in den alliierten Internierungslagern und die Überprüfung der anfänglichen Haftgründe waren im Zeitverlauf und zwischen den einzelnen Besatzungszonen extrem unterschiedlich. So waren z. B. im Sommer 1946 etwa die Hälfte der Verhafteten aus den amerikanischen Lagern bereits entlassen, während aus den sowjetischen 1948 zum ersten Mal in größeren Umfang Entlassungen vorgenommen wurden. Worauf sind die Unterschiede zurückzuführen?

3. Die Überlebenschance der Inhaftierten war im Westen hoch, im Osten jedoch mit knapp zwei Drittel nicht viel höher als die in vielen KZs des Dritten Reiches und war mit derjenigen deutscher Kriegsgefangener in der Sowjetunion vergleichbar (d. h. sie war weit höher als die Überlebenschance sowjetischer Kriegsgefangener in Deutschland). Machen solche Rohdaten die Speziallager (oder die alliierten Internierungslager insgesamt) den nationalsozialistischen KZs, dem sowjetischen GULag oder den Kriegsgefangenenlagern ähnlich?

4. Nach allgemeinen zeitgenössischen Vorstellungen sollten Nazis in den alliierten Lagern nicht nur aus Sicherheitsgründen festgesetzt, sondern auch in Untersuchungshaft genommen, zur Wiedergutmachung herangezogen und „umerzogen" werden. Inwiefern enstprach die Praxis in den Lagern solchen Zielen?

5. Die allgemeine Entnazifizierung durch politische Überprüfungsausschüsse, Spruchkammern etc. ist in allen Besatzungszonen im Zuge der Zuspitzung des Kalten Krieges abgebrochen worden und zwar in jenen Zonen am frühesten und am weitgehendsten, in denen sie am schärfsten durchgeführt worden war, also in der amerikanischen und der sowjetischen Zone.[12] Wie wurde mit den Lagerhäftlingen als den von der alliierten Säuberungspolitik am schwersten Betroffenen im Zuge dieser politischen Diskontinuität umgegangen?

---

12 Zur SBZ vgl. Wolfgang Meinicke: Die Entnazifizierung in der sowjetischen Besatzungszone unter Berücksichtigung von Aspekten politischer und sozialer Veränderungen 1945–48, Diss. Humboldt-Universität Berlin 1983; Ralf Schäfer: Die Entnazifizierung von Verwaltung, Justiz und Volksbindung – wichtiger Bestandteil der antifaschistisch-demokratischen Umwälzung. Dargestellt am Land Brandenburg, Diss. Magdeburg 1986; Helga Welsh: Revolutionärer Wandel auf Befehl? Entnazifizierungs- und Personalpolitik in Thüringen und Sachsen (1945–1948), München 1989; Ruth-Kristin Rößler (Hg.): Entnazifizierungspolitik der KPD/SED 1945–1948. Dokumente und Materialien, Goldbach 1994.

Darüber hinaus gibt es eine weitere wichtige, aber bisher noch kaum bearbeitete Fragestellung, die ich hier nicht behandeln kann, aber doch nennen möchte. Eine Lagerhaft zwischen ein und fünf Jahren unter vielfach schlechten und besonders im Osten unmittelbar lebensbedrohlichen Bedingungen mußte für die über 350 000 Betroffenen, auch wenn sie den Lagerbedingungen nicht zum Opfer fielen, ein wesentlicher lebensgeschichtlicher Erfahrungseinschnitt mit oft traumatischen Folgen darstellen. Wie konnte diese Erfahrung verarbeitet werden, konnte sie vor allem als eine berechtigte Strafe angenommen werden und welche Resozialisierungschancen boten sich in West- und Ostdeutschland?

Planung und Charakter der Internierung

Soweit heute ersichtlich, geht die Internierungspolitik der Alliierten auf zwei Ansätze zurück und zwar mehrheitlich auf einen amerikanischen, der in der Praxis bald von den anderen Westalliierten und dann auch von den USA modifiziert wurde und auf einen sowjetischen, der sich im Frühjahr 1945 dem amerikanischen annäherte, aber zwischen beiden Ansätzen unentschieden und zugleich in dieser Unentschiedenheit auf verhängnisvolle Weise stabil blieb.

Der amerikanische Ansatz

Am wichtigsten war der Ansatz der Amerikaner, die im Rahmen ihrer Besatzungs- und Entnazifizierungsplanung bereits 1944 Kategorien für einen ‚Automatischen Arrest' und Vorschriften für die Inhaftierung von „Sicherheitsrisiken" entwickelten, die im Rahmen des Westalliierten Oberkommandos modellbildend für die Westmächte wurden. Sie bestimmten in ihrer letzten, zur Durchführung gekommenen Version vom April 1945[13], daß Hitler, seine wichtigsten Gefolgsleute, andere Kriegsverbrecher und alle, die an Nazi-Vorhaben mit der Folge von Greueltaten und Kriegsverbrechen teilgenommen hätten, verhaftet und interniert werden sollten. Außerdem sollten alle Personen, die in Freiheit die Durchsetzung der Ziele des amerikanischen Oberkommandierenden gefährden könnten, verhaftet und bis zu dem erst noch zu etablierenden „semi-juristischen" Verfahren gefangen gehalten werden. Als eine

---

Fortsetzung von Fußnote 12:
Charakteristischerweise behandeln alle diese Arbeiten das Speziallager-Kontingent nicht, das aus dem Erfahrungsraum der ‚zivilen' Entnazifizierung in der SBZ ausgegrenzt war. Für Überblicke auf die Säuberungspolitiken in anderen Zonen und Ländern (mit weiterer Literatur) vgl. Klaus-Dietmar Henke u. Hans Woller (Hg.): Politische Säuberung in Europa, München 1991; Clemens Vollnhals (Hg.): Politische Säuberung und Rehabilitierung in den vier Besatzungszonen 1945–1949, München 1991.

13 Die IPCOG 1 genannte Direktive an den Chef der US-Militärregierung in Deutschland vom 26.4.45 in: Foreign Relations of the United States (FRUS), 1945, Band III, Washington D.C. 1968, S. 484ff., Zit S. 490 (Teil I, § 8).

„partielle Liste" der dafür Verdächtigen wurden aufgeführt: 1. Funktionäre der NSDAP und ihrer Gliederungen und angeschlossenen Verbände bis herunter zur Ebene der Ortsgruppenleiter; 2. Alle Mitglieder der politischen Polzei, Gestapo und des SD; 3. Alle SS-Mitglieder und die Offiziere und Unteroffiziere der Waffen-SS; 4. Alle Generalstabsoffiziere; 5. Alle Polizeioffiziere; 6. Führer der SA bis herunter zum Unteroffiziersrang; 7. Führende Beamte von der Ministerialebene bis herunter zum Ortsbürgermeister und alle äquivalenten Beamten der deutschen Besatzungsverwaltungen; 8. Nazis und Nazi-Sympathisanten in Schlüsselstellungen von öffentlichen und wirtschaftlichen Organisationen der nationalen und Gau-Ebene, öffentlichen Unternehmen, aber auch der „Industrie, des Handels, der Landwirtschaft und des Finanzwesens", der Erziehung, des Gerichtswesens und der Medien. Bis zum Beweis des Gegenteils sollten alle Inhaber solcher Schlüsselstellungen als Nazis betrachtet werden. 9. Alle Richter und Staatsanwälte von Sondergerichten; 10. Alle Staatsangehörigen der Vereinten Nationen, die die deutschen Kriegsanstrengungen unterstützt und dabei gegen die Gesetze ihre Heimatländer verstoßen hätten; und 11. Alle Individuen, die in Zukunft der Militärregierung aus Washington benannt würden.

Dies war ein außerordentlich umfassendes Arrestprogramm, dem die anderen Westalliierten nur mit deutlichen Abstrichen folgten. Es richtet sich nicht etwa nur gegen Kriegsverbrecher oder höhere NS-Funktionäre und die SS, sondern auch gegen gesellschaftliche und administrative Machtträger des Dritten Reiches und enthielt darüber hinaus Gummiklauseln, die jegliche Verhaftung von Personen erlaubten, die als ein Sicherheitsrisiko oder als Gegner der Besatzungsmacht erschienen. Binnen eines dreiviertel Jahres führte es zur Internierung von ca. 117 500 Personen und machte die US-Zone zu arrestintensivsten Besatzungszone: hier wurde jeder 142. Einwohner interniert, in der SBZ jeder 144., in der französischen Zone aber jeder 263. und in der britischen jeder 284.[14] Quantitativ waren die beiden größten Interniertengruppen in der US-Zone mittlere und kleinere NS-Funktionäre und SS-Angehörige. So uferlos die Verhaftungskategorien zunächst anmuten, so bleibt bemerkenswert, daß die Verhaftungen in der US-Zone von Anfang an unter einem Rechtsvorbehalt baldiger Überprüfung durch quasi-gerichtliche Instanzen standen, die auch tatsächlich binnen eines Jahre über die Hälfte der Internierten wieder aus den Lagern entließen, darunter vor allem Jugendliche, Kranke und gesellschaftliche Eliten ohne NS-Funktion. Nachdem sich die Erwartung eines NS-inspirierten Guerilla-Widerstands gegen die Besatzungsmächte als irrig erwiesen hatte, reduzierten sich die Haftgründe für die Amerikaner auf die Verfolgung von Kriegs- und Menschheitsverbrechen und die Internierung verwandelte sich in eine Art Untersuchungshaft in Erwartung der Entscheidung über die Organisationsanklagen vor dem Nürnberger Gerichtshof.[15]

---

14 Die Briten internierten in ihrer mit Abstand größten Besatzungszone ca. 90 000 und die Franzosen in der kleinsten ca. 21 500 Deutsche.
15 Vgl. Bradly F. Smith: Der Jahrhundert-Prozeß. Die Motive der Richter von Nürnberg. Anatomie einer Urteilsfindung, Frankfurt a.M. 1977; zur weiteren Literatur vgl. die umfängliche Bibliographie von N. E. Tutorow: War Crimes, War Criminals and War Crimes Trials, New York 1986.

Im Rahmen der European Advisory Commission (EAC) wurden die frühen Planungen seit Oktober 1944 auch der Sowjetunion unterbreitet. Ob die revidierte Version der Direktive JCS 1067 vom 6.1.1945, die im politischen Anhang A genaue Verhaftungsanweisungen enthielt[16], wie zunächst vorgesehen tatsächlich in die EAC eingebracht wurde, ist jedoch zweifelhaft. Nach Jalta wurde jedoch nach harten interministeriellen Kämpfen ein knapper Direktivenentwurf für die Behandlung Deutschlands vom 23.3.1945 als Vorlage einer interalliierten Deutschland-Direktive – zu der es allerdings nicht kam – eingebracht[17], der u.a. auch eine politische Grundsatzaussage zur Arrestpolitik enthielt: „Kriegsverbrecher und alle, die an der Planung und Durchführung von Nazi-Vorhaben, die zu Greueltaten oder Kriegsverbrechen geführt haben, teilgenommen haben, werden verhaftet, vor Gericht gestellt und bestraft. Nazi-Führer und einflußreiche Unterstützer der Nazis und alle anderen Personen, die der Besatzung oder ihren Zielen gefährlich werden könnten, werden verhaftet und interniert."[18] Entfallen war hier ein Zusatz einer früheren, unmittelbar der Umsetzung der Jalta-Verhandlungen dienenden Fassung vom 10.3.1945[19], der offenbar einen Reflex auf dort informell geäußerte oder zumindest offen gehaltene Interessen der Sowjetunion darstellte und besagte, daß Deutsche, die „zur Wiedergutmachung durch Arbeit ins Ausland verbracht" würden, aus den Rängen der aktiven Nazis und aus Nazi-Organisationen wie besonders der SS und Gestapo rekrutiert werden sollten. Das sollte „dem doppelten Zweck dienen, viele der schlimmsten Verbreiter von Nazi-Einfluß aus Deutschland zu eliminieren und die Schuldigen zu zwingen, ihre Verbrechen zu büßen und etwas von dem von ihnen angerichteten Schaden wiedergutzumachen."

Der sowjetische Ansatz

Da die Grundsatzerklärungen der USA in der EAC wenig konkret waren, hatte die Sowjetunion die USA um ihre vorbereiteten Militärregierungshandbücher für Deutschland gebeten und als die Militärs im westalliierten Oberkommando SHAEF

---

16 FRUS, 1945/III, S. 381f.
17 Ebenda, S. 471ff.
18 Ebenda, S. 472f.
19 Ebenda, S. 434ff. In Jalta hatten die Westmächte ihr Desinteresse an der „Benutzung von deutschen Arbeitskräften als Wiedergutmachungen" erklärt und Stalin hatte ergänzt: „... wir sind nocht nicht bereit, über Arbeitskräfte zu sprechen." Im folgenden konzentrierten sich die Verhandlungen auf die Bezifferung und Verteilung der Sachleistungen. Vgl. Die offiziellen Jalta-Dokumente des U.S. State Departments; Wien 1955, S. 102ff., 232ff., 328ff. Die USA nahmen seit April/Mai 1945 eine restriktive Haltung in der Frage von Raparationszwangsarbeitern ein. Vgl. Jörg Fisch: Reparationen nach dem Zweiten Weltkrieg, München 1992, S. 61f., 76, 213 u. ö. Das umgekehrte Interesse der Sowjetunion betonen (gestützt auf Forschungen Jochen Laufers) Lothar Baar, Rainer Karlsch, Werner Matschke: Kriegsfolgen und Kriegslasten Deutschlands, Berlin 1993, S. 13f., und beziffern es auf 2 bis 3 Mill. Arbeitskräfte auf 10 Jahre, gehen im folgenden aber dieser Reparationskategorie nicht nach. Vgl. auch Gerhard Duda: Jenö Varga und die Geschichte des Instituts für Weltwirtschaft und Weltpolitik in Moskau 1921–1970, Berlin 1994, S. 158.

diese nur im Austausch gegen vergleichbare sowjetische Materialien herausrücken wollten, hatte der russische Vertreter in London einräumen müssen, daß die UdSSR über derartige Planungen nicht verfüge. Im US-Außenministeriums war dann am 13.3.1945 entschieden worden, die Handbücher den Sowjets auszuhändigen und zwar als „eine Gelegenheit, die russische Planung zu beeinflussen."[20] Spätestens Ende März 1945 hatte Moskau insofern die detaillierten amerikanischen Planungen der Entnazifizierung und Arrestpolitik in Händen und auch zur Kenntnis nehmen müssen, daß in den von den USA vorgeschlagenen Grundsätzen für eine interalliierte Besatzungspolitik von den in Jalta noch offen gehaltenen Arbeitskräfte-Reparationen in Gestalt deportierter Nazis nicht mehr die Rede war. Ob und in welchem Ausmaß dies zur Wende in der sowjetischen Internierungspolitik, die nach einer persönlichen Entscheidung Stalins Mitte April 1945 vollzogen wurde, beigetragen hat, ist bisher nicht erforscht.

Bis dahin hatte nämlich die Sowjetunion ihre summarischen Verhaftungen unter Deutschen im Rücken der Fronttruppen nur in lockerer Verknüpfung mit Entnazifizierungsgesichtspunkten ganz auf die Sicherung der Truppe gegenüber deutschem Widerstand und vor allem auf die Gewinnung von Arbeitskräften abgestellt und die Verhafteten bis zu ihrer Deportation in die Sowjetunion in Speziallager des NKWD in Ostpreußen, Oberschlesien, Posen und Pommern eingeliefert. Tatsächlich waren aber nicht nur arbeitsfähige Männer und auch keineswegs nur Nazis, sondern auch zahlreiche Alte, Frauen und Kinder in diese Lager geraten.[21] Zugleich fielen der Roten Armee bei ihrem Vorrücken ins Reichsgebiet etwa zwei Millionen deutscher Soldaten in die Hände, deren Masse sie in die Sowjetunion deportierte, wo sie ungehemmt als Zwangsarbeiter eingesetzt wurden – Moskau war den internationalen Konventionen über Kriegsgefangene nicht beigetreten.

Wie immer diese Bedingungen in Moskau zusammengewirkt haben mögen, jedenfalls stoppte Berija mit seinem Grundsatzerlaß vom 18.4.1945[22] die Aushebung weiterer Arbeitsbataillone, verfügte die Entlassung derer, die politisch nicht belastet waren und kein Sicherheitsrisiko darstellten, aus den Speziallagern in den Ostgebieten und ließ den Rest statt in die Sowjetunion im Zuge der Vertreibung in die SBZ deportieren, wo hinter der Front der Roten Armee neue Speziallager improvisiert werden mußten. Für die Verhaftung und Internierung in der SBZ wurden nun zum ersten Mal präzisere Kriterien ausgegeben, die sich als eine tschekistische Version der

---

20 FRUS, 1945/III. S. 443.
21 Ich stütze mich hier auf noch ungedruckte Referate von Sergej Mironenko und Vladimir Koslov auf Tagungen des Projekts zur Edition der Speziallager-Akten in Jena 1993 und Moskau 1995. Nach einer Vorlage Berijas für Stalin vom 17.4.45 waren bis zu diesem Zeitpunkt bei der „Säuberung des feindlichen Territoriums" 215 540 Personen – darunter 138 200 Deutsche sowie ca. 38 000 Polen und ca. 28 000 Sowjetbürger – in Lager des NKWD (östlich der Oder) genommen worden. Etwa die Hälfte der Lagerhäftlinge sei nicht arbeitsfähig; allein 123 166 seien „Mitglieder faschistischer Organisationen" wie DAF, RAD und HJ. Demgegenüber wurden 3 319 Verhaftete als „Mitarbeiter von Polizei, Gefängnissen, KZ, Staatsanwaltschaften und Gerichten" und 2 272 als „Wirtschaftsführer, Führer administrativer Organisationen, Journalisten" klassifiziert.
22 Befehl des Volkskommissars für Innere Angelegenheiten der UdSSR vom 18.4.45, in deutscher Übersetzung z. B. bei Agde, Sachsenhausen, S. 49ff.

amerikanischen Internierungspolitik gegen Nazis, Systemträger und Sicherheitsrisiken verstehen lassen. Verhaftet werden sollten: 1. Spione, Diversanten[23] und Terroristen des deutschen Geheimdienstes; 2. Angehörige aller Gruppen, die mit Widerstandshandlungen im Rücken der Roten Armee beauftragt wurden; 3. Betreiber illegaler Sender, Waffenlager und Druckereien; 4. aktive Mitglieder der NSDAP; 5. HJ- und BDM-FührerInnen bis herunter zur lokalen Ebene; 6. Angehörige der Gestapo, des SD und „anderer deutscher Terrororgane"; und 7. Leiter „administrativer Organe" bis herunter zur Lokalebene sowie Zeitungs- und Zeitschriftenredakteure und „Autoren antisowjetischer Veröffentlichungen".

Da diese Proskriptionsliste im Kern für die Einweisung in Speziallager 1945/46 – danach wurden im Wesentlichen nur noch Verurteilte der Sowjetischen Militärtribunale in Speziallager eingewiesen[24] – grundlegend blieb, bedarf sie genauerer Betrachtung. Sie unterscheidet sich von den amerikanischen Planungen in drei Aspekten: Erstens sind die Sicherheitsrisiken hier nicht als objektive Positionen und abschließender Grummiparagraph gefaßt, sondern werden der tschekistischen Aufmerksamkeit prioritär und – von Spionen bis zu antisowjetischen Autoren als organisationsunabhängige, auf Individualhandlungen bezogene Verdachtsmomente – enumerativ empfohlen. Dazu dürfte zudem wegen des Werwolf-Verdachts das besondere Augenmerk auf auch kleinere HJ-Führer gehören.[25] Zweitens sind die Verhaftungskriterien für NSDAP-Mitglieder und Behördenleiter denkbar weit und unbestimmt und gehen über den ja ebenfalls dehnbaren Begriff der „Schlüsselstellungen" mit einem Akzent ins Etatistische hinaus. Und drittens fehlen die paramilitärischen NS-Organisationen wie vor allem die SS (einschließlich der KZ-Führers und -Wachmannschaften) und die Führerschaft der Waffen-SS und SA – sie waren nach § 3 in Kriegsgefangenenlager einzuweisen. Bedenkt man, daß auf längere Sicht SS-Mitglieder den harten Kern der westlichen Internierungs- und Arbeitslager ausmachen sollten, so bezeichnet dieser Unterschied den abweichenden Charakter der sowjetischen Internierungspolitik besonders deutlich. Die Sowjetunion sah in den von ihr festgehaltenen Kriegsgefangenen Strafgefangene für alle Arten deutscher Gewalttätigkeit – also auch der SS und SA und in den KZs – und die wesentliche Ressource für Wiedergutmachungsarbeiten auf ihrem Territorium.

Zugleich erklärt dies auch den immer wiederkehrenden Topos in der Erinnerungsliteratur ehemaliger Speziallagerhäftlinge, in den Lagern seien kaum wirkliche Nazis gewesen, denn im Gegensatz zu den sozialen Eliten des Dritten Reiches und den „Karteigenossen" der Partei galt die SS den meisten Nachkriegsdeutschen als der harte Kern des NS. Die Eliteformation des Dritten Reiches in Erwartung einer Organisationsanklage vor dem Internationalen Militärgerichtshof inhaftieren zu können,

---

23 Gemeint waren potentielle „Diversanten", denn überführte sollten nach § 2 sofort „liquidiert" werden.
24 Vgl. für Buchenwald die Aufschlüsselung der Einlieferungsdaten und Herkünfte bei Ritscher: Speziallager, S. 48f., 214ff.
25 Allerdings hat der NKWD-Chef in der SBZ erst am 22.6.45 Berija über 600 Werwolf-Verhaftungen, und den Charakter des Werwolf, der aber „noch keine feindliche Tätigkeit aufgenommen habe", informiert.

war ein wesentlicher Grund der westlichen Internierungspolitik gewesen, die sich wenigstens im Grundsatz an die internationalen Kriegsgefangenen-Konventionen gebunden fühlte und zwischen Staats- und politischen Terroristen, Soldaten und Kriegsverbrechern zu unterscheiden suchte. Insofern erweist sich das Kriegsgefangenenproblem[26] als die eigentliche Weichenstellung der sowjetischen Internierungspolitik, in der unmittelbare ebenso wie unbestimmte Sicherheitsrisiken ihrer Besatzungstruppen und -politik ohne Zielbestimmung in einem grausamen Wartesaal isoliert und vernachlässigt wurden.

Wenn aber die terroristischen Kerntruppen des Dritten Reiches in der SBZ nicht interniert, sondern zusammen mit den Wehrmachtsangehörigen zur Zwangsarbeit in die Sowjetunion deportiert wurden, so ergibt sich auch aus der Zusammensetzung der Speziallagerhäftlinge eine andere Qualität der Internierung in der SBZ. Da sie etwa gleich viele Häftlinge wie in der US-Zone umfaßte, aufs Ganze gesehen aber die SS-Mitglieder und die Waffen-SS- und SA-Führer fehlten, die in der Anfangszeit in der US-Zone ca. ein Viertel und nach den Entlassungen des Jahres 1946 rund die Hälfte der Häftlinge ausmachten, haben die Verhaftungen schon aus diesem Grund in der SBZ offenbar sehr viel weiter über die engeren NS-Kader hinaus in die Gesellschaft ausgegriffen. Das spezifische Gewicht der NS-Belastung war unter den Insassen der Speziallager deutlich geringer als unter den Häftlingen der westlichen Internierungslager, auch der amerikanischen. In diesem Zusammenhang ist der Hinweis in zahlreichen Erinnerungsberichten auf die Bedeutung von Denunziationen aus der deutschen Bevölkerung in der SBZ bedeutsam, die in den Westzonen mit ihren präziseren „Automatischen Arrest"-Kategorien zwar auch vorhanden, aber weniger einflußreich waren. Da die sowjetischen Vorschriften sehr elastisch waren und die durchführenden NKWD- und Smersch[27]-Offiziere nur geringe Landes- und Sprachkenntnisse hatten, aber in der tschekistischen Paranoia allseitiger Feindverfolgung auf bloßen Verdacht hin erzogen und obendrein an umfangreiche Denunziationen aus der Bevölkerung gewohnt waren[28], könnte diesen Zusammenhängen eine größere

---

26 Zu den Kriegsverbrecherprozessen gegen deutsche Kriegsgefangene in der Sowjetunion vgl. Albrecht Lehmann: Gefangenschaft und Heimkehr. Deutsche Kriegsgefangene in der Sowjetunion, München 1986, S. 28ff.; Reinhart Maurach: Die Kriegsverbrecherprozesse gegen deutsche Kriegsgefangene in der Sowjetunion, Hamburg 1950; Kurt Bährens: Deutsche in Straflagern und Gefängnissen der Sowjetunion, in: Erich Maschke (Hg.): Zur Geschichte der deutschen Kriegsgefangenen des Zweiten Weltkriegs. 22 Bände, Bielefeld, später München 1962–1974, Band V, Teil 1–3, bes. Teil 1; Martin Lang: Stalins Strafjustiz gegen deutsche Soldaten. Die Massenprozesse gegen deutsche Kriegsgefangene in den Jahren 1949 und 1950 in historischer Sicht, Herford 1981; Eberhard Becker: Das Rätsel des Ukas 43 und eine Erkundung des Archipel GULAG, Hamburg 1991, S. 1–27 (kritisch zu Lehmann); jetzt Stefan Karner: Der Archipel GUPVI, Wien 1995.
27 Smersch („Tod den Spionen") war der neben dem NKWD bei den Verhaftungen aktive Abwehrdienst.
28 Nach § 58 Abs. 12 des sowjetischen Strafkodex war die Nichtanzeige eines vollendeten oder sich in Vorbereitung befindlichen „konterrevolutionären Verbrechens" mit mindestens sechs Monaten Freiheitsentzug bedroht. Es ist ein Grundtrend der neueren, bes. amerikanischen Stalinismusforschung über die dreißiger Jahre, die breite Mitwirkung der Bevölkerung an den „Säuberungen" herauszuarbeiten, deren verheerende Dynamik erst durch autoritäre Eingriffe derer, die sie im Kreml losgetreten hatten, wieder eingedämmt werden konnte.

Bedeutung für die hohe Inhaftierungsquote in der SBZ[29] zukommen als den in der Erinnerungsliteratur häufig unterstellten politischen Absichten, die Internierung als Mittel im Klassenkampf oder bei der Ausgrenzung parteipolitischer Gegner zu benutzen. Solche Absichten mögen zwar auf der Ebene der lokalen Praxis zahlreiche Menschen ohne NS-Belastung in die Lager gebracht haben; auf der Ebene der Internierungspolitik und auch der internen Anweisungen der Speziallager-Verwaltungen sind sie aber zumindest derzeit nicht nachweisbar.

Schließlich muß auch dem aus der verspätet entstandenen Erinnerungsliteratur sich aufdrängendem Eindruck entgegengetreten werden, als seien Jugendliche mit oder ohne Funktionen in der HJ und Frauen besonders zahlreiche oder charakteristische Insassen der Speziallager gewesen. Zwar wissen wir immer noch sehr wenig Empirisches und jedenfalls nicht Repräsentatives über die Haftgründe, aus mindestens zwei Lagern (Mühlberg und Buchenwald)[30] belegen aber Geschlechts- und Altersaufschlüsselungen, daß über drei Viertel der Häftlinge Männer im Alter über 40 Jahre waren. Außerdem wurden die meisten Speziallager 1947/48 aufgelöst, und in zwei der verbliebenen drei[31] wurden zwar weiterhin Verurteilte sowjetischer Militärtribunale (SMT), aber seit Ende 1946 keine neu Internierten mehr eingeliefert. Auch diese Hinweise sprechen dafür, in den Internierungen in der SBZ – im Unterschied zur Lagerhaft SMT-Verurteilter[32] – in ihrer großen Mehrheit „antifaschistische" Sicherungs- und Repressionsmaßnahmen der unmittelbaren Nachkriegszeit zu sehen – freilich in der spezifischen Lesart des Antifaschismus durch die lokalen Offiziere der sowjetischen Geheimdienste.

---

29 Dabei ist außerdem die Verbringung von NKWD-Häftlingen aus den deutschen Ostgebieten in Speziallager der SBZ zu berücksichtigen – ein Additionsfaktor, der in diesem (allerdings derzeit noch nicht genau zu bestimmenden) Umfang für keine der anderen Besatzungszonen galt.
30 Kilian, Mühlberg-Akten, S. 1154; Ritscher, SpezLager, S. 48f. Der Anteil der Frauen am „Speziallager Kontingent" lag bei 3 %, der Jugendlichen bei 5 %.
31 In Bautzen und Sachsenhausen wurden Internierte und mehrheitlich SMT-Verurteilte (zuletzt 1949: 3 930 zu 16 220), in Buchenwald nur Internierte (1949: 9 460) gefangengehalten (Finn, Häftlinge, S. 64). Nach der Freilassung von 27 749 Internierten im Juli 1948 gab es in den Speziallagern ca. 30 000 Häftlingen noch 13 958 Internierte. Da bei der Schließung der Lager Anfang 1950 unter den 13 945 an DDR-Organe übergebenen Häftlingen ca. 3 000 Nicht-Verurteilte waren, d.h, Internierte, die dann in den Waldheimer Prozessen verurteilt wurden, müssen unter den 15 038 damals Freigelassenen über 4 000 begnadigte SMT-Verurteilte gewesen sein. Nach weiteren Entlassungen SMT-Verurteilter 1953 waren 1954 noch 5 628 SMT-Verurteilte im Gewahrsam der DDR.
32 Neuerdings konnte anhand von Haftgrundlisten für SMT-Verurteilte, die im April 1953 für die Sowjets erstellt wurden, nachgewiesen werden, daß über 2/3 dieser Häftlinge nicht aus Gründen von NS-Belastung oder Kriegsverbrechen verurteilt worden waren. Vgl. Brigitte Oleschinski u. Bert Pampel: „Nazis", „Spione", „Sowjetfeinde"? Die SMT-Verurteilten im April 1953 in Torgau, in: Deutschland-Archiv 28, 1995, S. 456–466, die bes. 458 insgesamt 27 % wegen Kriegs- und Menschheitsverbrechen Verurteilte und deren Konzentration überwiegend im Zuchthaus Brandenburg angeben, sowie Annerose Matz-Donath: Wege nach Hoheneck. Frauen vor Sowjetischen Militärtribunalen, in: ebenda, S. 466–480, die für die dortigen weiblichen SMT-Verurteilten 1950 ca. 11 % überwiegend geringe NS-Belastungen ausweist.

Behandlung und Entlassung der Internierten

Eine vergleichende Betrachtung der Lagerpraxis kann sich angesichts der vorliegenden Forschung nicht darauf ausrichten, ein differenziertes Bild der Lebensverhältnisse in den einzelnen Lagern zu zeichnen.[33] Sie muß sich vielmehr darauf konzentrieren, Erklärungshypothesen und Maßstäbe dafür zu entwickeln, wie sich die Internierungslager in West- und Ostdeutschland vor allem in zwei für die Betroffenen essentiellen Punkten unterscheiden: 1. Auf einen groben Durchschnitt zusammengezogen saßen die Internierten im Westen rund zwei und im Osten mindestens vier Jahre im Lager und für über 3 000 setzte sich die Haftzeit nach den Waldheimer-Prozessen noch über weitere Jahre fort. 2. Nur im Osten verstarben mit fast 43 000 Menschen über ein Drittel der Häftlinge in den Lagern, während die Mortalität unter den Internierten im Westen derjenigen der Zivilbevölkerung vergleichbar oder wegen der gesicherteren Ernährung manchmal sogar günstiger gewesen zu sein scheint.[34] Entsprechend höher müssen auch die gesundheitlichen und psychischen Folgeschäden der Internierung im Osten eingeschätzt werden.

Alle Alliierten haben die Internierung zunächst nach militärischen und politischen Gesichtspunkten als eine vorläufige Sicherungsmaßnahme betrieben und entsprechend die Inhaftierten oft auf bloßen Verdacht hin festgesetzt und von der Außenwelt isoliert. Ausweislich der Vorgeschichte ging es den Westalliierten jenseits vorläufiger Sicherungsaspekte im Kern darum, die in einem weiten Sinne politisch Verantwortlichen für Kriegs- und Menschheitsverbrechen des Nationalsozialismus unter den Inhaftierten herauszufinden und im Rahmen der Entnazifizierung oder durch Militärgerichte bestrafen zu lassen. Dazu dienten die Organisationsanklagen vor dem Nürnberger Gerichtshof und die alsbaldige Umsetzung seines Spruchs v. 1.10.1946[35] durch die Kontrollratsdirektive Nr. 38 vom 12.10.1946[36] in Vorschriften für Einzelverfahren vor allem gegen die Internierten. Von der Sowjetunion ist bisher – außer-

---

33 Vgl. dazu für den Westen vor allem Horn, Bayern und Wember, Umerziehung, für den Osten Kilian, Einzuweisen, und Ritscher, SpezLager.
34 Dies kann man nur vorsichtig ausdrücken, da in der Literatur zu den westlichen Internierungs- und Arbeitslagern genaue Todesbilanzen fehlen. Es gibt jedoch keine Hinweise auf ein Massensterben wie in den Speziallagern. Einzelbelege sprechen vielmehr für eine niedrige Mortalität, auch in dem Hungerwinter 1946/47. Nach einem für den hessischen Befreiungsminister angefertigten Inspektionsbericht von Eugen Kogon und Ferdinand Römhild (Bericht über das Internierungslager Darmstadt vom April 1947, HStA Wiesbaden 521/31) soll es im damals größten Internierungslager der US-Zone in Darmstadt-Eberstadt, in dem ein erheblicher Teil der Häftlinge in Zelten untergebracht war, in diesem Winter keinen einzigen Selbstmord gegeben haben.
35 Text des Urteils über die Organisationen in: Das Urteil von Nürnberg 1946, München 1961, S. 136–171.
36 „Verhaftung und Bestrafung von Kriegsverbrechern, Nationalsozialisten und Militaristen und Internierung, Kontrolle und Überwachung von möglicherweise gefährlichen Deutschen". Text z. B. bei Agde, Sachsenhausen, S. 30ff. Die Bedeutung der KR Dir. 38 besteht darin, daß sie die Grundgedanken der bereits in der US-Zone seit Frühjahr 1946 praktizierten Entnazifizierung für das gesamte Kontrollratsgebiet zur Maxime erhob und die juristische Voraussetzung für die Umsetzung der Nürnberger Organisationsurteile besonders für die Entnazifizierung der Internierten schuf. Zu ihrer Geschichte und

halb ihrer Mitwirkung am Nürnberger Gerichtshof und an der Kontrollratsdirektive – eine solche Zielbestimmung der Internierung in den Speziallagern nicht belegt, zumal sie die wichtigste dafür in Frage kommende Großgruppe (die Mitglieder der SS und die Führerschaft der Waffen-SS und SA) den Kriegsgefangenen zugeschlagen hatte.

Belegbar ist hingegen ihr durchlaufendes Reparationsinteresse, wie es nicht nur die oben berichtete Vorgeschichte der Speziallager in der SBZ zeigt, sondern vor allem auch die zu Weihnachten 1946 erfolgte Anforderung von 27500 Häftlingen zur Deportation in die Sowjetunion, die nach dem Gesichtspunkt der Arbeitsfähigkeit unter Tage und nicht nach der politischen Belastung aus den Lagern ausgewählt werden sollten.[37] Diese Anforderung reagierte ohne weitere Begründung auf den Vorschlag der Speziallagerverwaltung in Deutschland[38], im Lichte der Kontrollratsdirektive Nr. 38 (hier Art. IV ff. u. X ff.) von den damals ca. 80000 Speziallagerhäftlingen die auf ca. 35000 bezifferten Minderbelasteten und Mitläufer[39] zu entlassen. Offensichtlich interessierte Stalin aber die mit sowjetischer Mitwirkung auf amerikanisches Drängen hin entstandene Direktive des Kontrollrats gegen die am schwersten belasteten Betroffenen der Entnazifizierung nicht. Vielmehr bezweckte der Ministerratsbeschluß nur, den arbeitsfähigen Teil der Speziallager gegen eine gleiche Zahl nicht mehr arbeitsfähiger Kriegsgefangener und Internierter in der Sowjetunion, die freigelassen werden sollten, zur Auffüllung des Kontingents der Zwangsarbeiter sowjetischer Bergwerke auszutauschen. Unter welchen Gesichtspunkten die Zahl von 27500 Internierten gegriffen worden war, ist unklar. Jedenfalls erwies sie sich als unrealistisch, denn im September 1947 wurde festgestellt, daß nach der Hungerkatastrophe des Winters 1946/47 unter den jetzt 60580 Internierten und Gefangenen in der SBZ nur noch 4579 Arbeitsfähige zur Deportation in die Sowjetunion gefunden worden waren. Alle für die Verhältnisse in der SBZ Verantwortlichen – Sokolowski und Semjonov für die SMAD und der sowjetische Innenminister, der für die Lager verantwortlich war, – setzten sich 1947 vergebens in Moskau für eine Anwendung der Kontrollratsdirektive 38 auf die Speziallager mit entsprechenden Verfahren und Entlassungen ein.[40] Im Gegensatz zu ihren Zuständigen in Deutsch-

---

Fortsetzung von Fußnote 36:
  Umsetzung in den Westzonen vgl. Wember, Umerziehung, S. 152ff., 276ff.; Horn, Bayern, S. 106ff. Die SMAD hat sie im Sommer 1947 durch den Befehl Nr. 201 (Text z. B. bei Rößler (Hg.): Entnazifizierungspolitik; S. 147ff.) für den Zivilbereich der SBZ (nicht aber für die dem sowjetischen Innenministerium unterstellten SpezLager) umgesetzt, so daß sie weitgehend ins Leere oder in den Mißbrauch lief. Die nachholende Gerechtigkeit ihrer Anwendung in den sog. Waldheimer Prozessen erwies sich als Einstiegsritual in das justizförmige Unrecht der frühen DDR.

37 Ministerratsbeschluß der UdSSR vom 23.12.46 Nr. 2728–1124ss, umgesetzt durch den Befehl des MVD der UdSSR Nr. 001196 vom 26.12.46.
38 Serov an Stalin vom 4.12.46.
39 Angehörige des Volkssturms, einfache Pgs. unter den 38788 NSDAP-Mitgliedern und untere NS-Chargen.
40 Innenminister S. Kruglov und S. Ogoltzov an Molotov vom 4.9.47.

land sahen offenbar die Herrschenden in Moskau keinen Zusammenhang zwischen der Entnazifizierung und ihren Lagern in Deutschland, denn im Sommer erließ die sowjetische Führung Durchführungsbestimmungen für die KR Dir. 38 für die SMAD, in der die Insassen der Speziallager mit keinem Wort erwähnt wurden.[41]

Allgemein ist auffällig, daß es keinerlei institutionalisierten Zusammenhang der Entnazifizierung in der SBZ mit der sowjetischen Internierungspolitik zu geben scheint. Den Entlassungswellen 1948 und 1950 waren keine Entnazifizierungs- oder SMT-Verfahren wie in den westlichen Besatzungszonen vorausgegangen; vielmehr waren aus Moskau hochrangig zusammengesetzte Kommissionen entsandt worden, um die infrage kommenden Häftlinge nach Aktenlage und ohne rechtsförmiges Verfahren, z. T. aber offenbar nach weiteren Verhören listenmäßig zusammenzustellen. Erst bei der Auflösung der Lager 1950 – wie übrigens auch bei der Rechtfertigung der Verlängerung der Kriegsgefangenschaft über diesen Zeitpunkt hinaus – erinnerte man sich des Kriegsverbrecher-Arguments und ließ die Betroffenen in Schnellverfahren durch Sondergerichte gewöhnlich nach KR Dir. 38 bzw. SMAD Befehl Nr. 201 oder auch nach Kontrollratsgesetz Nr. 10 als Kriegsverbrecher aburteilen.[42]

Angesichte der Herausnahme der Speziallager-Internierten aus dem Entnazifizierungsregime des Kontrollrats und angesichts des Moskauer Verständnisses der sowjetischen Lager in Deutschland als Reservoire für deutsche Reparationsarbeiter in der Sowjetunion stimmt es umso merkwürdiger, daß die Häftlinge in den Speziallagern der Sowjetischen Besatzungszone meist weder arbeiten mußten noch durften, während z. B. die Amerikaner ihre Lager 1946 in die Nähe von Städten verlegten, um die verbliebenen Internierten zu Wiedergutmachungsarbeiten (allerdings in den deutschen Trümmern) heranziehen zu können.[43] Zugleich hat der NKWD/MVD die totale Isolierung der Lager und die Kontaktsperre der Inhaftierten gegenüber ihren Angehörigen bis zu den beiden Entlassungsaktionen 1948 und 1950[44] weit über jede Sicherheitserwägung hinaus aufrechterhalten, während die Westmächte in der Regel seit Ende 1945/Anfang 1946 Seelsorge, Postverkehr, später z. T. sogar Besuchsregelungen oder Freigang gewährten, und als die Lager in der US-Zone 1946/47 in die Zuständigkeit der Befreiungsministerien der deutschen Länder übergingen, war z. T. eher über ein Chaos als über mangelnde Liberalität im Regime der Lager zu klagen.[45] Jedenfalls waren schwere Depressionen in der östlichen Lagern viel häufiger als in den westlichen, nämlich die Regel, und dürften die Widerstandsfähigkeit der Betrof-

---

41 Stellv. Außenminister der UdSSR Wyschinski an den Chef der SMAD Marschall Sokolowski vom 29.7.47 als Grundlage für den SMAD-Befehl Nr. 201 vom 16.8.47.
42 Vgl. Eiser, Waldheimer Prozesse, S. 241 u. ö.
43 Vgl. Horn, Bayern, S. 147f.
44 Allerdings wurden erstmals zu Weihnachten 1949 Predigten von Landesbischöfen in den Speziallagern zugelassen. Es konnten auch Zeitungen wie das Parteiorgan der NDPD gelesen werden; als Angehörige, die Tips von Entlassenen bekommen hatten, dort aber Anzeigen mit Lebenszeichen an die Internierten einrückten, wurde gegen diese publizistische Isolationsauflockerung im Januar 1949 eingeschritten. Ritscher, SpezLager, S. 94 u. ö.
45 Vgl. Niethammer, Mitläuferfabrik, S. 455ff.; Horn, Bayern, S. 74ff., 220ff.

fenen gegenüber den miserablen hygienischen und Ernährungsbedingungen zusätzlich untergraben haben.

Bei wesentlich besseren Haft-, vor allem Ernährungsbedingungen wurde eine mehrjährige Internierung im Westen in den Militärregierungen als eine rechtlich unvertretbare Härte empfunden, soweit sie nicht den Charakter einer Untersuchungs- oder Strafhaft z. B. wegen der Zugehörigkeit zu den in Nürnberg als verbrecherisch angeklagten bzw. erklärten Organisationen hatte. Deshalb wurden hier nach etwa einem Jahr die Fälle überprüft und diejenigen, die solchen Kriterien nicht entsprachen, aus den Lagern entlassen – es war die Mehrheit.[46] Nach dem Nürnberger Urteilsspruch wurden auch diejenigen entlassen, die wegen der Zugehörigkeit zu Organisationen, die in Nürnberg zwar angeklagt, aber nicht verurteilt worden waren, einsaßen und die übrigen auf der neuen Rechtsgrundlage Entnazifizierungsverfahren zugeführt, die in den meisten Fällen seit 1947 unter Anrechnung der bereits verbüßten Haft zu ihrer Entlassung führten. Auch dabei hat es im einzelnen Härten und Ungerechtigkeiten gegeben, wobei sich die letzteren allerdings meist zugunsten der Betroffenen – jedenfalls im Vergleich mit dem ursprünglichen Sühneanspruch der Entnazifizierung – auswirkten. Aber im Grundsatz ist nach der Etablierung der Besatzungsmächte und dem Abklingen der aus den Kampfhandlungen nachwirkenden Sicherheitsproblematik der rechtliche Zusammenhang mit dem Prinzip der Verhältnismäßigkeit der Mittel und mit den Nürnberger Organisationsanklagen klar. Beides fehlt im Ergebnis für die Speziallager der SBZ, obwohl sich 1946/47 die Lagerverwaltung und die SMAD für Überprüfungen nach Entnazifizierungsgesichtspunkten und entsprechende Entlassungen eingesetzt hatten.

Der gewichtigste Unterschied der Speziallager zu den westlichen Internierungslagern ist die große Zahl der Verstorbenen, nach sowjetischer Zählung ca. 36 % der deutschen Häftlinge in den Speziallagern der SBZ. Obwohl die Sterbestatistiken in den Akten der Lagerverwaltungen, die nichts über die während des Verhaftungsvorgangs vor Einlieferung in die Lager Verstorbenen[47] enthalten, noch nicht abschließend ausgewertet sind, lassen sich einige Feststellungen treffen. Die allermeisten

---

46 Nach Wember, Umerziehung, S. 49 und 116, wurde im Dezember 1945 in der britischen Zone mit 52 600 Internierten der Höchststand an gleichzeitig Internierten erreicht. Im Mai 1946 waren von insgesamt über 71 000 Verhafteten ca. 25 000 oder jeder dritte Häftlinge wieder entlassen worden; 1946 gingen die Entlassungen mit einigen tausend allerdings nur zögernd weiter. In der US-Zone waren bis zum Oktober 1946 ca. 68 000 Internierte wieder entlassen worden und noch 49 500 in Haft, um dann während der Überprüfung der Mitglieder der in Nürnberg zu verbrecherisch erklärten Organisationen im ersten Halbjahr 1947 zunächst bei ca. 48 300 zu stagnieren und dann bis zum Juni 1949 zügig auf ca. 3 500 aufgebaut zu werden (Niethammer, in: Knigge-Tesche, Internierungspraxis, S. 45). In der französischen Zone waren Ende 1945 ca. 12 500 Belastete interniert worden, trotz weiterer Verhaftungen verringerte sich der Bestand infolge von über 13 000 Entlassungen bis Mitte 1947 auf 8 500 Internierte (ebenda, S. 64).

47 Nach übereinstimmendem Zeugnis überlebender Häftlinge waren die Verhaftungen und Verhöre die gewalttätigsten Situationen, denen die Internierten ausgesetzt waren. Aus der persönlichen Kenntnis des Verhörpersonals hielten sowjetische Insider die offiziellen Statistiken über die zum Tode Verurteilten für einen ganz unrealistischen Gradmesser der Zahl der vor der Einlieferung in ein Lager Getöteten.

Häftlinge sind an Mangel an Nahrung und Hygiene und entsprechenden Folgekrankheiten gestorben. Physische Gewalteinwirkung der Wachmannschaften auf die Häftlinge war für Lagerverhältnisse gering und spielt als Todesursache kaum eine Rolle. Einrichtungen oder Veranstaltungen zur Vernichtung von Häftlingen gab es in den Lagern nicht. Hinweise darauf, daß der unzureichenden Ernährung der Häftlinge eine Absicht zu ihrer Vernichtung zugrunde lag, wurden bisher in den Akten nicht gefunden. Auch die durchgehend hohe Sterblichkeit zwischen Anfang 1946 und Mitte 1948 deutet auf Unterversorgung als wichtigste Todesursache – davor waren die Häftlinge oft noch bei Kräften, danach haben sich die Verhältnisse gebessert. Dystrophie, Tuberkulose, Entkräftung und Ruhr waren besonders verbreitete Krankheiten. Anfang 1947 stufte das sowjetische Personal nur noch weit unter 5 % aller Häftlinge als arbeitsfähig ein.

Aus diesem hohen Plateau kontinuierlicher Lebensgefahr, besonders für die älteren Häftlinge (über 3/4 von ihnen waren über 40 Jahre alt), heben sich die Monate Dezember 1946 bis Juli 1947 als besondere Katastrophenperiode heraus.[48] Am Beginn dieser Periode steht eine Kürzung der ohnehin niedrigen Nahrungsrationen ab dem 1.11.1946, als die Sowjetunion nach einer Dürre im Sommer 1946 in diesem betont strengen Winter vor einer Hungersnot stand. Diese Kürzung führte in den Lagern zu einer buchmäßigen Brotration von 300 Gramm. Da es zugleich fast keine Fett- und Vitaminzufuhr gab und da die buchmäßigen Rationen obendrein nur sehr vermindert bei den Endverbrauchern ankamen, starben zahlreiche Häftlinge an den Folgen des Hungers und mangelnden Abwehrkräften gegen Kälte, Ungeziefer, Krankheit und Depression, was auch durch die angesichts der Katastrophe erfolgte leichte Wiederanhebung der Rationen im Januar 1947 kaum noch eingedämmt werden konnte. Seit Mitte 1947 wurde die Ernährung und die medizinische Versorgung schrittweise verbessert, was aber bereits völlig entkräfteten Häftlingen nicht mehr helfen konnte.

Hat man insofern die Rätsel der jahrelangen unüberprüften Isolierung der Häftlinge in den Speziallagern der SBZ und der hohen Opferzahlen umschritten und kann auch für die politischen Rationalisierungen vieler Häftlinge, die Lager hätten der Vernichtung ihrer Insassen oder der sozialistischen Revolution in der SBZ gedient, keine Belege in den Akten der Lagerverwaltungen finden, bleiben politische Fragen und kulturelle Deutungen. Wie oben berichtet, hatte Moskau im Winter 1946/47 die Einbeziehung der Speziallagerhäftlinge in die alliierte Entnazifizierungspolitik verweigert: Das Nürnberger Organisationsurteil und die Kontrollratsdirektive Nr. 38 machten in Moskau keinen Eindruck, hier wurde nur erneut die Forderung nach Reparationsarbeitern laut, während die Häftlinge in den Speziallagern der SBZ aus Mangel an Ernährung dahinsiechten. Insofern erscheint der politische und rechtliche Charakter der Internierungen zwischen den führenden Vertretern der Sowjetunion

---

48 In Buchenwald mit einer zwischen ca. 10 000 und ca. 16 000 wechselnden Belegung starben damals oft mehr als (und im Januar 1947 deutlich mehr als) 100 Häftlinge pro Woche. Vgl. Ritscher, SpezLager, S. 230f.

in Deutschland und der Moskauer Führung strittig, aber keine der beiden Seiten konnte ihre Auffassung durchsetzen. Die Entwicklung einer Internierungspolitik für die SBZ war durch einen Ebenenkonflikt so lange blockiert, bis der allergrößte Teil der Verhafteten in den westlichen Besatzungszonen entlassen war und politische Kräfte in Deutschland – namentlich SMAD und SED – den Kreml bewegen konnten, durch allerhöchste Entscheidungen[49] und gebremst durch aus Moskau entsandte Kontrollkommissionen[50] einzulenken. Es bleibt aber eine kulturelle Frage, warum die Verwaltungen der Speziallager nicht angesichts der Hungerkatastrophe des Winters 1946/47 nachdrücklicher auf eine Revision der Internierungspolitik oder zumindest auf humane Erleichterungen gedrängt haben. Da es dazu an Forschungen fehlt, sollen hier nur einige Möglichkeiten genannt werden. Die Verantwortlichen für die Speziallager waren NKWD- bzw. MWD-Offiziere in der Epoche des GULag.[51] Rechtliche Kategorien galten ihnen als bürgerliche Ideologie, die Ausschaltung von Feinden als revolutionäre Pflicht, das Kalkül, lieber zehn zu viel als einen zu wenig zu verhaften, als Wachsamkeit; die administrative Einweisung in Lager aufgrund bloßer und oft gewalttätiger polizeilicher Verhöre mit meist nur nach Jahrfünften gestaffelten und oft Jahrzehnte dauernden Strafmaßen waren sie von zu Hause gewohnt – das Leben eines einzelnen galt wenig in Stalins Sowjetunion und erst recht im Krieg. Die deutsche Besatzungsmacht in der Sowjetunion hatte sie gelehrt, daß die Deutschen in dieser Hinsicht noch viel rigoroser vorgegangen waren: sie verhafteten nicht nur

---

49 Beschluß des Ministerrates der UdSSR vom 30.8.48 Nr. 2386-991ss, mit dem die Freilassung von 27 749 Personen – nämlich untere Funktionäre der NSDAP und HJ, einfache SA und SS-Mitglieder sowie „nicht-operative" Mitarbeiter von Polizei, Gestapo und Volkssturm – legitimiert wurde. Im Sommer 1949 wurde das Drängen des Leiters der Abteilung Speziallager und Gefängnisse auf eine Entscheidung über die verbliebenen Internierten in Moskau noch abgebügelt. Auf ein Schreiben von Pieck, Grotewohl und Ulbricht an Stalin vom 19.9.49 hin entschied dann das Politbüro des ZK der KPdSU am 28.9. und 31.10.49 und – nach der Vorlage eines Kommissionsberichts über die Aufteilung der Gefangenen bei Stalin (15 038 freilassen, 13 945 an deutsche Organe übergeben, 649 bei sowjetischen Organen belassen) – am 30.12.49 für die Auflösung der Lager, ein Schritt zugunsten der eben gegründeten DDR. Die bei sowjetischen Organen aus operativen Gründen im Kalten Krieg Festgehaltenen – sozusagen der härteste Kern der Intenierten aus Moskauer Sicht – wurden zwar als „besonders schwere Verbrecher" eingestuft, aber definiert als „ehemalige Führungskräfte und operative Mitarbeiter der deutschen Aufklärung, Spione, Diversanten, Terroristen, Agenten der amerikanischen, englischen und französischen Aufklärung".

50 Erst für diese Auswahlkommissionen vom Sommer 1948 und Herbst 1949 wurden die verbliebenen Internierten listenmäßig mit hinlänglich konkreten Haftgründen namentlich zusammengestellt. Diese Listen wurden jüngst in den Verwaltungsakten aufgefunden und werden nach ihrer Auswertung zum ersten Mal ein empirisches Belastungsprofil aus sowjetischer Sicht wenigstens für diesen späten Zeitraum erlauben.

51 Soweit bekannt, hat es bisher keine Gelegenheit gegeben, das Personal der sowjetischen Sicherheitsdienste auf breiter Basis nach Selbstaussagen oder internen Unterlagen zu erforschen, wie dies bezüglich der NS-Täter zunehmend möglich geworden ist. Insofern ist eine differenzierte sozialbiografische oder verhaltens- und mentalitätstypologische Beschreibung nicht möglich und wir bleiben auf den Umweg einer Wahrnehmung durch die Augen seiner Opfer angewiesen. Dieser Umweg mag verzerren; aber solange der direkte Zugang versperrt ist, bleibt ungewiß, wie und in welchem Umfang. Vgl. klassisch Alexander Solschenizyn: Der Archipel GULAG. 3 Bände, Reinbek 1976 u. ö., Kap. I/4 „Die blauen Litzen", Kap. III/20 „Der Wach-, Beiß- und Kläffdienst"; Roy Medwedew: Das Urteil der Geschichte. Stalin und Stalinismus. 3 Bände, Berlin 1992, bes. Band 2, Kap. 8.

ganze Bevölkerungskategorien, sondern sie erschossen sie zu Hunderttausenden, brannten ihre Dörfer ab und ließen die Gefangenen, die ihnen in die Hände gefallen waren, zu Millionen verhungern.[52] Die Begegnung mit den Deutschen war für das NKWD-Personal meist seine erste und einzige Begegnung mit dem bürgerlichen Westen, vor dessen selbsterlebtem Teil imperialistischer Praxis insofern seine eigenen Repressionspraktiken noch als humane Errungenschaft erscheinen mochte.

Rache, wie sie in den herrschaftlich geduldeten Gewaltorgien der Roten Armee während der Besetzung der deutschen Ostgebiete vielfach bezeugt ist[53], hätte nahegelegen. Aber es ist auffällig an der Erinnerungsliteratur ehemaliger Internierter, daß sie zwar fast regelmäßig von Gewalttätigkeiten während der Verhaftung und des Verhörs berichtet, aber – z. B. im Vergleich mit den Erinnerungsberichten KZ-Überlebender über das Verhalten der SS – kaum von Gewalttaten des sowjetischen Lagerpersonals. Sein Verhältnis zu den deutschen Inhaftierten erscheint überwiegend als distanziert und korrekt, zuweilen grob, zuweilen unvermittelt hilfreich; sein Schicksal oft als bemitleidenswert. Solche Wahrnehmungen gibt es in den Berichten westlicher Internierter über ihre Bewacher kaum: die Berichte sind hier häufiger von Kritik und Ablehnung beherrscht, bestenfalls werden einzelne als abweichende Positiverfahrungen hervorgehoben, was insgesamt auf eine geringere Distanz und eine höhere Arroganz schließen läßt.

Zusammengefaßt weisen kulturelle Deutungen des rätselhaften Befunds einer vier- bis fünfjährigen Administration von Elend und Tod in den Speziallagern also weniger auf nationale Rache oder revolutionäres Eifertum, als vielmehr auf eine überzentralisierte, kafkaeske, gegenüber rechtlichen wie humanen Gesichtspunkten abgestumpfte oder zumindest kaum durchlässige Verwaltungsmaschinerie.

Politisch muß ihr zugute gehalten werden, daß sie zum richtigen Zeitpunkt, nämlich zwischen dem Nürnberger Urteil und der Hungerkatastrophe des folgenden Winters in Moskau vorstellig geworden ist, wie im Westen die Entnazifizierungsdirektive des Kontrollrats auf die Lager anzuwenden, ein Verfahren einzurichten und vorab fast die Hälfte der Internierten, nämlich die gering oder gar nicht Belasteten, zu entlassen. Aber als in Moskau weder Entnazifizierung noch Rechtsverfahren, sondern nur Arbeitskräfte interessierten und aus dem Massensterben nur noch ein Fünftel des angeforderten Deportationskontingents zusammengestellt werden konnte, und als schließlich auch hochrangige Interventionen der für die SMAD und die Lager Verant-

---

52 Vgl. Studien wie Alexander Dallin: Deutsche Herrschaft in Rußland 1941–1945. Eine Studie über Besatzungspolitik, Düsseldorf 1958; Hans Buchheim u. a.: Anatomie des SS-Staates. 2 Bände, Olten 1965; Helmut Krausnick: Hitlers Einsatzgruppen. Die Truppen des Weltanschauungskrieges 1938–1942, Frankfurt a. M. 1985; Omer Bartov: The Eastern Front 1941–1945. German Troops and the Barbarisation of Warfare, London 1985.
53 Statt vieler Belege von entronnenen Deutschen sei auf den Bericht eines Politruks der Roten Armee für die Arbeit unter den feindlichen Truppen und die Feindbevölkerung verwiesen, der protestiert hat und seit dem 5.4.45 wegen „Mitleid mit dem Feind" und „Propagierung des bürgerlichen Humanismus" in den GULAG geriet: Lew Kopelew: Aufbewahren für alle Zeit! (zuerst dt. 1976), 12. Taschenbuchaufl., München 1992.

wortlichen nicht fruchteten,[54] wurde die Perspektivlosigkeit und das Elend in den Speziallagern mit der Tendenz einer leichten Besserung der Bedingungen verwaltet. Erst 1948/49 ergaben sich dann aus dem Kalten Krieg und auch aus Interventionen der SED-Führung die politische Notwendigkeit, Internierte in erheblichem Umfang zu entlassen und die Lager aufzulösen. Sarkasmus der Geschichte: Die Phase der Erleichterung und Entlassung begann, als die Speziallager in der SBZ Mitte 1948 – ohne große Veränderungen im Personal vor Ort – in die Zuständigkeit des GULag übergegangen waren.

Vergleich mit anderen Lagern

Die Internierungslager der alliierten Besatzungsmächte in Deutschland sind vielfach räumlich in früheren Lagern des Dritten Reiches eingerichtet worden, in Kriegsgefangenen-, Fremdarbeiter- und in einigen prominenten Fällen auch in Konzentrationslagern. Die Speziallager in der SBZ sind 1948 der GULag-Verwaltung der Sowjetunion unterstellt worden. Befinden wir uns deshalb mit unserem Thema zwischen den Systemen der KZ und des GULag? Die phänomenologische Beobachtung, daß es von den dreißiger zu den fünfziger Jahren in Europa eine Konjunktur des Lagers als meist unfreiwilliger Existenzform gegeben hat, ist wichtig; aber erst ihre typologische Unterbrechung macht Sinn: die Spannweite dieser Lager reicht von Ferienlagern bis zu Vernichtungslagern, von den Lagern der Displaced Persons und der Flüchtlinge und Vertriebenen bis zu den KZ des Dritten Reiches und zum GULag der Sowjetunion. Der Anblick von Barackenstädten mag eine phänomenologische Gemeinsamkeit suggerieren und in der Tat gibt es auch Gemeinsamkeiten der Verwaltungsstruktur und Alltagsroutine; aber die Erfahrungsgeschichte erweist das äußerlich Gemeinsame als innerlich extrem divers, nämlich wegen der Unterbringungsgründe und -dauer, der Gewährung oder Verweigerung rechtlichen Gehörs und der entsprechenden Behandlung, der Ernährung, Hygiene, der Gewaltsamkeit der Wachmannschaften und vor allem der Überlebenschance.[55]

Geht man auf diese Unterscheidungsebene über, so sind zunächst die Internierungslager der Epoche untereinander zu unterscheiden. Während des Zweiten Weltkriegs, besonders an seinem Anfang, wurden vielfach Staatsangehörige von Feind-

---

54 Neue Belege für seit Ende 1947 erfolgte Interventionen hochrangiger SMAD-Offiziere (und SED-Funktionäre) zugunsten einer Erleichterung des Lagerregimes angesichts seiner Eignung für antisowjetische Propaganda im Kalten Krieg bringt aus dem Archiv der KPdSU: Norman M. Naimark: The Russians in Germany. A. History of the Soviet Zone of Occupation 1945–1949, Cambridge Mass. 1995, S. 391ff.

55 Zum folgenden kann hier nur auf wenige zusmmenfassende Werke (dort weit. Literatur) hingewiesen werden (vgl. auch Anm. 61). Als Klassiker neben Kogon und Solschenizyn noch immer Hannah Arendt: Elemente und Ursprünge totaler Herrschaft, (zuerst 1951) Frankfurt a. M. 1961, S. 644f.; ein weniger gelungener Vergleich auf neuerem Informationsstand Gerhard Armanski: Maschinen des Terrors. Das Lager (KZ und GULAG) in der Moderne, Münster 1993; Andrzej J. Kaminski: Konzentrationslager 1896 bis heute. Geschichte, Funktion, Typologie, München 1990. Zum KZ Wolfgang Sofsky:

staaten z. B. von Frankreich 1939/40 „interniert", d. h. sie wurden ohne individuelle Schuldvermutung als Sicherheitsrisiken vorsorglich in Barackenlagern isoliert.[56] In USA wurden sogar hunderttausend eigene Staatsangehörige japanischer Herkunft an der Westküste solcher Diskriminierung unterworfen.[57] In der Sowjetunion wurden nicht nur 1941 Deutschstämmige in großer Zahl und bald auch weitere, der Kollaboration mit den Deutschen verdächtigte Ethnien aus dem südrussisch-kaukasischen Raum nach Sibirien deportiert, verbrannt oder in Lager eingewiesen[58], sondern die populäre Sicherheitshysterie stigmatisierte schon zuvor selbst Kommunisten und andere Deutsche im sowjetischen Exil und vermischte sich mit der abklingenden „großen Säuberung" Stalins.[59]

Derartigen kategorialen Sicherheitsmaßnahmen gegenüber traf die Internierten der Alliierten in Deutschland nach 1945, die ebenfalls zunächst unter Sicherheitsgesichtspunkten festgesetzt wurden, ein – möglicherweise widerlegbarer – persönlicher Schuldvorwurf, nämlich für den Angriffskrieg und die Menschheitsverbrechen des Dritten Reiches politisch in besonderer Weise mitverantwortlich zu sein. Das Recht, nach dem dieser Vorwurf justitiabel werden konnte, bestand in der Regel zum Zeitpunkt der Verhaftung noch nicht, sondern es entwickelte sich parallel zur Hafterfahrung der Betroffenen aus der Machtvollkommenheit der Sieger im Krieg. Diese unterwarfen dieses Recht jedoch einem Verfahren der internationalen Konsensfindung, dem Nürnberger Internationalen Gerichtshof. Er verhandelte nicht nur gegen die Führungsspitze des Dritten Reiches, sondern – weniger spektakulär, aber für viele folgenreicher – gegen seine wichtigsten politischen Korporationen. Soweit diese zu verbrecherischen Organisationen erklärt wurden, war damit ein prima-facie-Beweis der Mitschuld gegen ihre Mitglieder, die in der Regel bis dahin interniert worden waren, gegeben.

Fortsetzung von Fußnote 55:
Die Ordnung des Terrors. Das Konzentrationslager, Frankfurt a. M. 1993; Klaus Drobisch u. Günter Wieland: System der Konzentrationslager 1933–1939, Berlin 1993; Gudrun Schwarz: Die nationalsozialistischen Lager, Frankfurt a. M. 1990. Zum GULAG fehlt ein wissenschaftlicher Überblick in deutscher Sprache. Für die Frühphase jetzt Michael Jakobson: Origins of the GULAG. The Soviet Prison Camp System 1917–1934, Lexington 1993; für den Krieg Edwin Bacon: The Gulag at War. Stalin's Forced Labour System in the Light of the Archives, Basingstoke 1994; für die Spätphase Karl Schlögel: Der renitente Held. Arbeiterprotest in der Sowjetunion 1953–1983, Hamburg 1984, S. 47–78; speziell Robert Conquest: Kolyma. The Arctic Death Camps, New York 1978 und immer noch ders.: The Great Terror. A Reassessment, (zuerst 1968, dt. Am Anfang starb Genosse Kirow, 1970) New York 1990; David J. Dallin u. Boris I. Nicolaevsky: Forced Labor in Soviet Russia, New York 1948. Für die andere kommunistische Großmacht jetzt Jean-Luc Domenach: Der vergessene Archipel. Gefängnisse und Lager in der Volksrepublik China, (franz. 1992) Hamburg 1995.

56 Zur Internierung in Frankreich vgl. Erinnerungsberichte wie Bruno Frei: Die Männer von Vernet. Ein Tatsachenbericht, 2. Aufl., Berlin 1951.

57 Vgl. Arthur A. Hansen (Hg.): Japanese American World War II Evacuation Oral History Project, 5 Bände, Westport 1991/2.

58 Vgl. Erhard Stölting: Eine Weltmacht zerbricht. Nationalitäten und Religionen der UdSSR, Frankfurt a. M. 1990, S. 285ff.; Andreas Kappeler: Rußland als Vielvölkerreich, München 1992, S. 308ff.

59 Vgl. dazu die noch ungedruckte Diss. von Meinhard Stark: Deutsche Frauen des GULAG. Eine lebens- und zeitgeschichtliche Befragung, Humboldt Universität Berlin 1994.

Die alliierten Internierungslager in Deutschland unterschieden sich von drei der vier paradigmatischen Lagertypen der Epoche deutlich. Von den Flüchtlingslagern im weitesten Sinne trennt sie, daß die Insassen verhaftet worden und in der Folge einem unentrinnlichen Zwangsrecht – einer „totalen Institution"[60] – unterworfen waren. Vom System des KZs und Vernichtungslager des Dritten Reiches, einem sich immer mehr ausweitenden Kosmos politischer, ethnischer und sozialer Ausgrenzung, unentrinnbarer Gewalt, der geplanten Entwürdigung und der Vernichtung, stachen die alliierten Internierungslager vor allem dadurch ab, daß sie aus einer einmaligen, epochalen und vorläufigen Sicherungsmaßnahme hervorgingen, daß in ihnen physische Gewalt und Terror keine vergleichbare Rolle spielten und daß hier nirgendwo ein dauernder und zur Vernichtung tendierender Diskriminierungs- und Ausbeutungswille der Verhaftenden nachweisbar ist. Gleichwohl darf nicht vergessen werden, daß in den Speziallagern die Todesrate in einer ähnlichen Größenordnung lag wie in den reichsdeutschen KZs (ohne Vernichtungslager).[61] Der GULag zeichnete sich dadurch aus, daß er Gummiparagraphen einer politischen Gerichtsbarkeit nicht nur zu einer paranoiden Gefahrenabwehr, sondern vor allem zur Mobilisierung billiger Arbeitskräfte für ‚undesirable jobs' unter primitivsten Bedingungen einsetzte und das gilt eher noch deutlicher für seine Schwester, den im Krieg entstandenen und danach erheblich erweiterten Archipel GUPVI für Kriegsgefangene und Internierte. Gerade in der SBZ waren die Häftlinge der Speziallager jedoch einer enervierenden Tätigkeitslosigkeit unterworfen, und wo Internierte in den Westzonen arbeiten mußten oder konnten, war der leitende Gesichtspunkt kaum ökonomischer, sondern eher moralischer Natur.

---

60 Im Sinne von E. Goffmann: Asyle, Frankfurt a. M. 1973.
61 Falk Pingel: Häftlinge unter SS-Herrschaft. Widerstand, Selbstbehauptung und Vernichtung im Konzentrationslager, Hamburg 1978, S. 50f., 80ff., 181ff., belegt räumlich und zeitlich sehr unterschiedliche Todesraten und schätzt die Todesbilanz auf zwischen einem Drittel und der Hälfte aller KZ-Häftlinge (230); ein Minimum von 450 000 einzelner Todesfälle konnte bisher vom Internationalen Suchdienst des Roten Kreuzes dokumentiert werden. Kogon, SS-Staat, S. 158, schätzte 1946 die Zahlen weit höher ein: 1,6 Mill. KZ-Häftlinge und 1,2 Mill. Tote. Die Rassenpolitik gegenüber den Juden Europas und besonders Osteuropas hatte mit 5–6 Mill. Toten weit höhere Opferzahlen. Vgl. Wolfgang Benz (Hg.): Dimension des Völkermords. Die Zahl der jüdischen Opfer des Nationalsozialismus, München 1991. Stefan Merl: Das System der Zwangsarbeit und die Opferzahl im Stanlinismus, in: GWU 46, 1995, betont S. 292f. die starke Fluktuation in den sowjetischen Zwangsarbeiterlagern und die Unterschiedlichkeit der (Über-)Lebensbedingungen in den einzelnen Zeitabschnitten der Herrschaft Stalins. Die Todesbilanz des GULAG, die der NKWD für die Jahre 1934–38 mit 190 000 und für 1939–47 mit ca. 800 000 Todesopfern registrierte, wird von ihm mit einleuchtenden Schätzwerten ergänzt und nach oben im Sinne der Abklärung einer „ungefähren Größenordnung" korrigiert. Danach ist für den Zeitraum 1930–55 mit einer Gesamtzahl von ca. 15 Mill. GULAG-Häftlingen zu rechnen, von denen etwa 3 Millionen oder 20 % ums Leben gekommen sind. Hinzu kommen ca. 5 Mill. Deportierte in „Sondersiedlungen", von denen etwa eine Millionen im Zeitraum 1930 bis 1953 starb. Merl betont, daß die Mehrzahl der Opfer des Stalinismus in der Sowjetunion außerhalb der Lager gestorben sei, vor allem bei der systematisch herbeigeführten Hungersnot 1932/33 allein ca. 6 Mill. Bauern. Zwischen 1921 und 1954 registrierte der Geheimdienst 642 980 Todesurteile wegen „konterrevolutionärer Verbrechen". Allein 1937 wurden 353 074 Personen erschossen.

Für eine vergleichende Betrachtung wirft allein der vierte quantitativ herausragende Lagertyp interessante, d. h. nicht nur der Abgrenzung dienende Perspektiven auf: die Kriegsgefangenenlager.[62] Im folgenden sollen nur die alliierten betrachtet werden, erstens weil die Kriegsgefangenschaft alliierter Soldaten im Dritten Reich sich für Vergleichszwecke als eine allzu komplexe und noch nicht umfassend erforschte Problematik ausnimmt; allerdings muß man sich zumindest an ihre Größenordnung – ihre Opfer übersteigen die der deutschen Kriegsgefangenen um ca. das Vierfache und die der alliierten Internierung in Deutschland um das ca. Hundertfache[63] – erinnern, wenn man nicht die Maßstäbe bei der Beurteilung dieser ursächlich verknüpften Zusammenhänge verlieren will. Zweitens behandelten die jeweiligen Alliierten „ihre" jeweiligen deutschen Kriegsgefangenen und Internierten ähnlich und d. h. auch: im Vergleich miteinander sehr unterschiedlich. Und drittens erweist sich bei genauerer Betrachtung die Porblematik der Kriegsgefangenen und Internierten als nicht eindeutig abgrenzbar.[64]

Der größere Teil der deutschen Kriegsgefangenen fiel den Alliierten im Zuge des Kriegsendes auf deutschen Boden in die Hand: etwa 7,6 Millionen den Westmächten, etwa zwei Millionen der Sowjetunion. Die Alliierten waren auf die lagermäßige Unterbringung, Ernährung und Überprüfung einer so großen Anzahl Soldaten nicht vorbereitet, so daß ihre zunächst improvisierten Sammellager überall schwer erträg-

---

[62] Vgl. die mit öffentlicher Unterstützung entstandene Reihe Maschke, Zur Geschichte der deutschen Kriegsgefangenen. Nach der deutschen Vereinigung hat sich diese amtliche Privilegierung der Aufmerksamkeit auf die Kriegsgefangenen in einem Projekt zur Erschließung ihrer Fallakten fortgesetzt: vgl. Stefan Karner: Die sowjetische Hauptverwaltung für Kriegsgefangene und Internierte. Ein Zwischenbericht, in: VfZ 42, 1994, S. 447–471. Den besten Überblick über die Lebensbedingungen in der sowjetischen Kriegsgefangenschaft, in der von ca. 3 155 000 Deutschen ca. 1 094 000 nicht überlebten, gibt Lehmann, Gefangenschaft (vgl. Anm. 26). Siehe jetzt auch Haus der Geschichte der BRD (Hg.): Kriegsgefangene – Wojennoplennyje, Düsseldorf 1995, hier weit. Literatur.

[63] Kriegsgefangenschaft wurde im Dritten Reich in vielen Lagerformen vom Wehrmachtsgewahrsam über das Zwangsarbeiterlager bis zum KZ durchgeführt; die Schlimmstbetroffenen waren die 5,7 Mill. sowjetischen Kriegsgefangenen, von denen nur 2,4 Mill. die deutsche Gefangenschaft überlebten. Die Unterversorgung der Gefangenen in Sammellagern der deutschen Wehrmacht hinter der Ostfront 1941/42 hatte allein ca. 2 Millionen Rotarmisten den Tod gebracht. Vgl. Christian Streit: Keine Kameraden. Die Wehrmacht und die sowjetischen Kriegsgefangenen 1941–1945, Stuttgart 1978. Im Herbst 1944 waren allein 1,9 Millionen Kriegsgefangene im Reich als Zwangsarbeiter (darunter 631 550 Sowjetbürger, 599 967 Franzosen und 427 238 italienische Militärinternierte) eingesetzt, wo sie – außer in KZs – wie die ca. 6 Mill. ausländischen Zivilarbeiter über ca. 30 000 meist industrienahe Lager verteilt und nach Herkunftsländern einem rassistisch hierarchisierten Regime unterworfen waren. Vgl. Ulrich Herbert (Hg.): Europa und der „Reichseinsatz". Ausländische Zivilarbeiter, Kriegsgefangene und KZ-Häftlinge in Deutschland 1938–1945, Essen 1991, S. 8.

[64] Das gilt außer für die anfänglich chaotische Gefangennahme auf allen Seiten allerdings für den Westen nur zu einem zahlenmäßig geringen Teil, insofern Angehörige des Oberkommandor der Wehrmacht, des Generalstabs und als Kriegsverbrecher Verdächtige bis zu ihren Prozessen interniert wurden. Für die sowjetische Seite ist es allerdings essentiell, weil hier der wichtigste Teil der Internierten im Westen – „militärische und politische Führungs- und Mannschaftsdienstgrade ... der SS, SA sowie das Personal von Gefängnissen und Konzentrationslagern" – nach Berijas Grundsatzbefehl vom 18.4.45 (s. o.) den Kriegsgefangenen zugeschlagen wurde.

liche Bedingungen schufen[65] und vor allem im Osten sehr verlustreich waren. Viele dieser „entwaffneten Militärpersonen" wurden von den Sowjets, zu einem wesentlich geringeren Teil aber auch von den Anglo-Amerikanern jedoch nicht als Kriegsgefangene im strengen Sinne behandelt (und das hätte geheißen: nach Ende der Kriegshandlungen in die Heimat entlassen), sondern zunächst in improvisierter Form übernommen und in der Folge – im rechtlichen Schwebezustand zwischen militärischer Kapitulation und dem nie zustande gekommenen Friedensvertrag – in von Deutschland besonders geschädigte Länder, vor allem in die Sowjetunion und nach Frankreich, zur Arbeitsleistung für Wiedergutmachungszwecke deportiert. Die Amerikaner haben alle dann noch in ihrem Gewahrsam verbliebenen deutschen Kriegsgefangenen – ausschließlich der als Kriegsverbrecher Verdächtigten – spätestens 1946 freigelassen; aus Frankreich und England kehrten die letzten 1948 zurück, aus der Sowjetunion aber erst 1956. Auch für die Mehrheit der westlichen Siegerstaaten des Zweiten Weltkriegs ist insofern zu konstatieren, daß sie sich nicht streng an die Konventionen über Kriegsgefangenschaft hielten, sondern sie durch strafrechtliche Erwägung und Reparationsinteressen dehnten.

Die Sowjetunion, neben Polen derjenige Siegerstaat, der zugleich der soziale Hauptverlierer des Krieges war, hatte ein grundsätzlich anderes Verständnis: für sie waren im Prinizip sowjetische Kriegsgefangene in deutscher Hand Verräter und deutsche Kriegsgefangene in sowjetischer Hand Verbrecher, die zur Wiedergutmachung der Kriegsschäden herangezogen werden konnten. Das galt für die wegen ihrer politischen Mitverantwortung Inhaftierten ebenso oder – wie die Initiative zum Austausch arbeitsfähiger Internierter gegen nicht mehr arbeitsfähige Kriegsgefangene 1946/47 zeigt – noch mehr. Die Sowjetunion unterwarf die ihr zugefallenen Gefangenen aller Kategorien in je besondere administrative Strukturen dem ihr aus ihrer Innenpolitk gewohnten Lagerregime bei minimaler Ernährung, Bekleidung und Hygiene und unter Verweigerung eines effektiven rechtlichen Gehörs. Auf beiden

---

65 Vgl. die provozierende, aber ungesicherte These von James Baque: Other Losses, Montreal 1989, dt. Der geplante Tod. Deutsche Kriegsgefangene in amerikanischen und französischen Lagern 1945–1946, 5. Aufl., Frankfurt a. M. 1989, der von einer Million Opfern und der Absicht Eisenhowers ausgeht, die Gefangenen verhungern zu lassen. Vgl. dazu Edward N. Peterson: The Many Faces of Defeat. The German People's Experience in 1945, New York 1945, S. 27ff., und kritisch Arthur L. Smith: Die ‚Vermißte Million'. Zum Schicksal deutscher Kriegsgefangener nach dem Zweiten Weltkrieg, München 1992, der bei aller berechtigten Kritik an den Spekulationen Baques die Undokumentierbarkeit vieler Kriegsgefangenströme im frühen Besetzungsgebiet der Amerikaner einräumen muß und sich zu Schätzung in Größernordnungen von Zehn- und Hunderttausenden veranlaßt sieht. Er kann allerdings die Toten der sog. Rheinwiesenlager, in denen kapitulierende Deutsche zu Hunderttausenden (nach einem 96 abgedruckten US-Bericht waren am 8. Mai 1945 angeblich 741 711 als „disarmed enemy forces" klassifizierte Personen, denen also der Kriegsgefangenstatus verweigert wurde, in diesen „transient enclosures") vor allem vom April bis Juni 1945 bei schlechter Ernährung auf freiem Feld untergebracht wurden, auf die Marge zwischen 8 000 und 40 000 Tote eingrenzen (S. 86) und spricht in diesem Zusammenhang von nicht aufgeklärten amerikanischen Kriegsverbrechen. Der ältere deutsche Erkenntnisstand, der nur von 3 000 bis 4 500 Opfern ausgeht, bei Kurt W. Böhme: Die deutschen Kriegsgefangen in amerikanischer Hand: Europa, in: Maschke: Zur Geschichte der deutschen Kriegsgefangenen, Band Band X/2, München 1973, S. 194ff.

Ebenen (der Kriegsgefangenschaft und der Internierung) überlebte jeder dritte Gefangene dieses Regimes nicht.

Vor diesem Hintergrund wird die Internierung Deutscher durch die Alliierten am besten als die der jeweiligen Kultur und Interessenkonstellation der einzelnen Siegermächte spezifische innenpolitische Variante der auf Demilitarisierung und Wiedergutmachung erweiterten Kriegsgefangenschaft verstanden. Der Internierung durch die alliierten Besatzungsmächte nach Kriegsende diente zunächst der Isolierung möglicher deutscher Widerstandspotentiale gegen die Kräfte und Ziele der Besatzung auf bloßen Verdacht hin und sollte in einem zweiten Schritt die für die deutsche Kriegsmaschinerie und Terrorherrschaft politisch verantwortlich zivilen Personengruppen herausfinden, zur Rechenschaft ziehen und bestrafen oder zur Wiedergutmachung heranziehen. Dem zweiten Schritt diente die Organisationsklage vor dem Nürnberger Gerichtshof und die Umsetzung ihres Schuldspruchs durch die Kontrollratsdirektive Nr. 38.

In Bezug auf den ersten Schritt verlief die Kriegsgefangenschaft und die Internierung im Bereich der einzelnen Besatzungsmächte erstaunlich ähnlich, was Ausdehnung, Dauer, Lagerregime sowie Behandlung und Ernährung der Gefangenen betrifft. Bei den Amerikanern war die Zahl der Internierten und Gefangenen am größten und die Haftdauer am kürzesten, bei den Briten und vermehrt bei den Franzosen dauerte diese länger, aber betraf nur begrenztere Gruppen, während beide Formen der Gefangenschaft bei den Sowjets in jeglicher Hinsicht möglichst extensiv waren und mit weitem Abstand die meisten Opfer forderten, und zwar relativ zu den Gefangenenzahlen etwa gleich viele. Das deutet zunächst daraufhin, daß die Ausdehnung und Durchführung beider Arten von Gefangenschaft ein unmittelbarer Reflex der unterschiedlichen Kriegsbetroffenheit der Besatzungmächte war.

Der zweite Schritt – die Untersuchungs- und Strafhaft gegenüber politisch Verantwortlichen, die mit dem Charakter der Kriegsgefangenschaft unvereinbar erscheint – deutet jedoch auf einen anderen, den systemischen Unterschied zwischen den Besatzungsmächten hin. Die westlichen Besatzungsmächte haben den ersten und den zweiten Schritt auseinandergehalten. Sie haben die nur zu Sicherungszwecken Internierten überwiegend noch vor dem Nürnberger Urteil freigelassen und in der Folge das dort geschaffene Recht mit schnell nachlassender Strenge auf die verbliebenen Internierten angewandt. Die Sowjetunion hat hingegen – dem Rückgriff des Kommunismus auf vorbürgerliche Rechtspraktiken[66] entsprechend – auf die Unterscheidung zwischen Sicherung und Bestrafung bzw. Wiedergutmachung sowohl bei der Internierung wie bei der Kriegsgefangenschaft verzichtet und bloße, durch Sicherungsdienste verhängte Maßnahmen ohne rechtliches Gehör als eine Art Vorverurteilung der Straf- oder Wiedergutmachungshaft unterstellt. Dementsprechend hat sie in ihrem Bereich dem Nürnberger Gerichtshof teils vorgegriffen, indem sie die Mitglie-

---

66 Vgl. Karin Hartewig: Anachronistische Verfahren, in: Lutz Niethammer (Hg.): Der ‚gesäuberte' Antifaschismus. Die SED und die roten Kapos von Buchenwald, Berlin 1994, S. 163ff.

der der wichtigsten dort angeklagten Organisationen als Kriegsgefangene deportieren ließ und damit die Kriegsgefangenschaft insgesamt kriminalisierte, teils keine Konsequenzen aus ihm gezogen, indem sie die KR-Direktive Nr. 38 für die Gefangenen und Internierten (soweit derzeit bekannt[67]) bis 1950 nicht umsetzte.

Zusammenfassung und offene Fragen

Während im Westen eine kritische Grundstimmung vorherrscht, daß in den Internierungslagern die tatsächlich für Politik und Verbechen des Dritten Reiches verantwortliche Gruppe im Zuge des Kalten Krieges zu wenig zur Rechenschaft gezogen wurde, wurden im Osten häufig ähnlich pauschalisierend alle Speziallagerhäftlinge zu antistalinistischen Opfern oder zu den Leidtragenden eines neuen KZ-Systems erklärt. Beides ist schon deshalb nicht richtig, weil alle Alliierten 1945 in Deutschland den größeren Teil ihrer Verhaftungen zunächst unter Sicherungsgesichtspunkten vornahmen, weshalb zahlreiche Deutsche in Lager kamen, die sich nach in Deutschland verbreiteter Überzeugung allenfalls Mitläufertum und oft noch nicht einmal das vorzuwerfen hatten. Obwohl wir darüber noch wenig Gesichertes wissen, ist es wahrscheinlich, daß der Anteil der gering oder gar nicht mit politischer oder strafrechtlicher Verantwortung für das Dritte Reich Belasteten in den sowjetischen Lagern von Anfang an deutlich größer war und blieb als in den westlichen. Vor allem aber überprüfte die Sowjetunion ihre Sicherungsverwahrten über vier Jahre hinweg nicht, verfing sich in einer politischen Blockade über die Frage, was eigentlich der Sinn und Zusammenhang der Internierung sei und versorgte ihre Gefangenen so schlecht wie in der Kriegsgefangenschaft, so daß über ein Drittel ums Leben kam. Diese bürokratische Vernachlässigung mit ihren für die Betroffenen ebenso unverständlichen wie schrecklichen Folgen rechtfertigt eine größere und teilnahmsvollere Aufmerksamkeit auf das Geschick der Speziallagerhäftlinge. Sie rechtfertigt aber nicht eine Gleichsetzung der Speziallager oder gar der westlichen Internierungslager mit den KZs des Dritten Reiches, denn diese dienten in ihrer Masse der systematischen Entwürdigung, Vernutzung und vielfach der Vernichtung willkürlich bestimmter politischer, ethnischer oder sozialer Gruppen.

Demgegenüber verdient ein differenzierender Vergleich der alliierten Internierungspraktiken in Deutschland nach 1945 untereinander und mit der gleichzeitigen, aber sehr viel mehr Deutsche betreffenden Kriegsfolge Kriegsgefangenschaft größere Aufmerksamkeit in der künftigen Diskussion. Obwohl Forschungen des letzten Jahrzehnts vieles an dem bislang vernachlässigtem Kapitel der alliierten Internierung auf-

---

[67] Da ähnlich wie die Zusammensetzung der Internierten auch die Urteilsgründe des zunehmenden Anteils der SMT-Verurteilten an den Speziallagerhäftlingen bis 1950 noch nicht systematisch erforscht sind, bleibt derzeit noch fraglich, wie groß der Anteil derjenigen Häftlinge ist, die vor dem Sommer 1947 nicht verhaftet waren, aber danach nach dem Befehl Nr. 201 und damit nach einer der KR Dir. 38 zumindest vergleichbaren Rechtsgrundlage verurteilt worden sind.

klären konnten und insgesamt eine historische Einordnung erleichtert haben, sind noch viele wichtige Fragen offen. Auf westlicher Seite fehlt für die französische Zone ein hinlänglicher Archivzugang für qualitative Forschungen und für die amerikanische Zone fehlen Untersuchungen für Bremen, Hessen und Württemberg-Baden. Für keine Besatzungszone sind derzeit die schwerwiegendsten Lagerfolgen, vor allem die Anzahl der in den Lagern Verstorbenen und die Gründe ihres Todes, hinreichend erforscht, obwohl sich als Kontur abzeichnet, daß – ähnlich wie bei Kriegsgefangenschaft – nur in den sowjetischen Lagern eine erschreckend hohe Todesrate zu verzeichnen ist, und daß diese im Wesentlichen auf Unterversorgung und Vernachlässigung zurückzuführen ist. Untersuchungen zu den psychischen und politischen Folgen der Internierungserfahrung stecken noch in den Anfängen oder beschränken sich auf Erwägungen, und sie dürften angesichts des großen Zeitabstands – derzeit sind allenfalls noch ein Zehntel der Internierten unter den Mitlebenden – nicht leicht nachzuholen sein.

Das größte Forschungsdesiderat ist jedoch nach wie vor, daß wir über die soziale und politische Zusammensetzung der Internierten vor allem der Sicherungsphase – und sie hielt in der SBZ letztlich bis 1950 an – noch immer auf bruchstückhafte und nicht repräsentative Überlieferungen angewiesen sind. Während diese Frage für die westlichen Besatzungszonen angesichts der relativen Kürze der Sicherungsphase der Internierung und ihrer wahrscheinlich relativ geringen Opferzahlen eher zu einem der geringeren Probleme in der großen Grauzone der Kriegsfolgenwahrnehmung zählt, ist sie für die SBZ dringlich und für die ehemaligen deutschen Ostgebiete noch kaum zu präzisieren. Sie ist für die SBZ nicht nur deshalb dringlich, weil sie politisch umstritten ist, sondern weil viele Anzeichen – wie ich zu zeigen versucht habe – auf zwei gegensätzliche Probleme verweisen: Auf der einen Seite ist sicher[68], daß in der SBZ sehr viel mehr Personen als in den Westzonen interniert wurden, die nicht zu den in Nürnberg als verbrecherisch erklärten Organisationen gehörten. Auf der anderen Seite fehlt die Gegenprobe in der bisherigen Diskussion vollständig: wenn es richtig ist, daß in der SBZ ein großer Teil der tatsächlich für die Politik und Verbrechen des Dritten Reiches Verantwortlichen nicht in den Speziallager inhaftiert wurde, ist zu fragen, wo sie geblieben sind. Dafür gibt es grob gesprochen die Alternative: in der sowjetischen Kriegsgefangenschaft oder im Westen, und das lenkt den Blick in zwei bisher wenig beleuchtete Richtungen, nämlich das politisch-biographische Profil der Kriegsgefangenschaft[69] einerseits und der Westmigration andererseits.

Indessen mögen solche Perspektiven die Thematik dieses Forschungsberichts in mehr als einer Richtung überschreiten. Aber als minimales Ergebnis kann man fest-

---

68 Für die Beurteilung bleibt wichtig, bis zu welchem Maße es sich dabei 1. um NS-Verantwortliche minderen Grades (in der Entnazifizierungssprache: um Mitläufer) oder 2. um sogar als Gegner und Opfer des Dritten Reiches ausgewiesene Oppositionelle gegen die Etablierung der kommunistischen Herrschaft oder 3. um willkürlich Denunzierte und Verhaftete handelte.
69 Wenigstens für die Schlußphase 1955 ist diese Frage jetzt aufgeworfen bei: Ulrich Brochhagen: Nach Nürnberg. Vergangenheitsbewältigung und Westintegration in der Ära Adenauer, Hamburg 1994, S. 240ff.

halten: Erst wenn empirisch überprüft werde konnte, wer in den Speziallagern tatsächlich inhaftiert und über die ganze Besatzungszeit hinweg einem so hohen Todesrisiko wie in der sowjetischen Kriegsgefangenschaft ausgesetzt war, wird ein differenziertes Bild und eine gerechte Einordnung der alliierten Internierungspolitik in Deutschland nach dem Dritten Reich möglich werden.

Strukturreform und Wachstumspakt

Westeuropäische Bedingungen der einheitsgewerkschaftlichen Bewegungen nach dem Zusammenbruch des Faschismus

Im Vergleich mit den Parallelverbänden westeuropäischer Länder wie auch mit der gewerkschaftlichen Zersplitterung in der Weimarer Republik spielt der DGB in der Bundesrepublik eine machtvolle Sonderrolle, sowohl in seiner Funktion wie Organisation. Seine Gewerkschaften haben entscheidende Beiträge zum Umfang des Wirtschaftswachstums und zur Höhe des Lebensstandards in der Wiederaufbauperiode geleistet, sind ein Rückhalt der Bestrebungen um gesellschaftliche Demokratie geblieben und stellen einen Verband von in dieser Größenordnung unvergleichlicher Integrationskraft und Geschlossenheit dar. Wenn hier der Blick auf die Entstehung und Rollenfindung dieser Gewerkschaften zurückgelenkt und durch vergleichende Untersuchung die besondere Form, welche die internationale einheitsgewerkschaftliche Bewegung in Westdeutschland ausgeprägt hat, näher bestimmt werden soll, so geschieht dies nicht aus akademischer Nostalgie. Es handelt sich vielmehr um die Aufgabe kritischer Traditionspflege. Denn vor neuen politischen Herausforderungen kann die Kenntnis ihres geschichtlichen Entstehungsprozesses die einmal entstandene Organisation und ihre Ziele ihrer Selbstverständlichkeit enkleiden und sie gedanklich für neue Aufgabenstellungen öffnen.

Zwei Phasen im ersten Nachkriegsjahrzehnt

Im Überblick gliedern sich die drei Jahrzehnte westdeutscher Gewerkschaftsentwicklung in vier Etappen[1]. Zwischen 1945 und 1948 wurden wie in den meisten vom Faschismus befreiten Länder Europas auch in Deutschland politische Einheitsgewerkschaften aufgebaut, d. h. eine umfassende Organisation der Arbeiter und Angestellten unter Integration der sozialdemokratischen, kommunistischen, katholischen

---

1 In diesem synthetisierenden Versuch, dienen Anmerkungen vor allem dem Hinweis auf weiterführende Literatur, insbesondere empirische Untersuchungen. Die beste analytische Kurzdarstellung der westdeutschen Gewerkschaftsgeschichte ist Hans Limmer: Die deutsche Gewerkschaftsbewegung, 6. Aufl. München, Wien 1973, S. 69ff.; ein offiziöse Übersicht schrieb Dieter Schuster: Die deutschen Gewerkschaften seit 1945, Stuttgart 1973. Kritik aus der Sicht des damaligen linken Gewerkschaftsflügels Theo Pirker: Die blinde Macht, 2 Bde., München 1960; des FDGB der DDR Albert Behrendt u. a.: Die westdeutschen Gewerkschaften und das staatsmonopolitische Herrschaftssystem 1945–1966, Berlin (O.) 1968; und des deutschen Industrieinstituts Günter Triesch: Die Macht der Funktionäre, Düsseldorf 1956.

und liberalen Elemente gewerkschaftlicher Tradition, und zwar mit dem primären Ziel, antikapitalistische Strukturreformen durchzusetzen. In dieser Phase waren die Gewerkschaften in Deutschland in ihrem organisatorischen Aufbau durch die unmittelbare Regierungstätigkeit der Alliierten in ihren Zonen behindert; andererseits wirkten sie in alle gesellschaftlichen und politischen Bereiche hinein und übernahmen Aufgaben, die weit über den Rahmen herkömmlicher gewerkschaftlicher Tätigkeit hinausgingen.

Die zweite Etappe führt von der Verschärfung des Kalten Krieges nach der Verkündung des Marshall-Plans und dem Prager Umsturz zur Anpassung an die Verhältnisse in der Bundesrepublik und endet Mitte der 50er Jahre. Am Anfang steht hier die Spaltung der kontinentaleuropäischen Gewerkschaftsbewegung, wie sie sich in den romanischen Ländern durch den Auszug der sozialdemokratischen und katholischen Richtungen aus den kommunistisch-dominierten Einheitsgewerkschaften und ihre Anlehnung an das amerikanische Modell der lohnpolitisch orientierten Interessenorganisation zeigte. In Deutschland war sie ein Element im Rahmen der nationalen Spaltung und bewirkte die Verdrängung des jeweils im anderen Teil vorherrschenden politischen Elements aus den Führungen der Gewerkschaften. Zwar blieb die Initiative, das Gewerkschaftsmodell der USA auch in deren europäischem Einflußbereich zu fördern, in den deutschen Westzonen nicht ohne Auswirkung, zumal sie hier mit der Liberalisierung der Wirtschaftsordnung einherging. Zugleich wurde in der Bundesrepublik jedoch erst der gewerkschaftliche Aufbau auf überregionaler Ebene abgeschlossen und der einheitsgewerkschaftliche Ansatz, wenn auch mit Abstrichen, formal bewahrt. Trotz schwerer Rückschläge – insbesondere wurden die von den Alliierten beschlagnahmten Unternehmen unter europäischer Kontrolle reprivatisiert, statt neugeordnet und sozialisiert – blieb bei der Gründung des DGB die wirtschaftsdemokratische Programmatik erhalten. In der praktischen Politik wurde sie jedoch auf die gesetzliche Verankerung bzw. Erweiterung der erworbenen Mitbestimmungsmöglichkeiten auf Betriebs- und Unternehmensebene konzentriert. Wie bei der Montanmitbestimmung war dem DGB auch auf tarifpolitischem Gebiet in dieser Phase nur ein Teilerfolg beschieden: Die krisenhaften Folgen der Währungsreform und der Zuzug der Vertriebenen und Flüchtlinge gaben der Schaffung von Arbeitsplätzen Priorität über der Lohnhöhe. Unterstützung des Wirtschaftswachstums bremste harte Verteilungskämpfe. Mit der Konsolidierung der bürgerlichen Regierungsmehrheit, der Aufrüstung und der Westintegration verfiel zunehmend die Möglichkeit wirtschaftsdemokratischer Reformen. Die Gewerkschaften konzentrierten sich deshalb nun auf die Aufgaben eines wirtschaftlichen Interessenverbandes. Die einheitsgewerkschaftliche Organisationsform und das Fortwirken bewirkten dabei ein im internationalen Vergleich als Sonderrolle hervortretendes Verhalten, das mehr aus der Raison gesamtwirtschaftlichen Wachstums als aus der Vertretung spezieller Mitgliederinteressen bestimmt wurde.

Konsolidierung der Sozialpartnerschaft

Die dritte Etappe reicht vom DGB-Aktionsprogramm von 1955 bis zur „Konzertierten Aktion" Ende der 60er Jahre. Sie ist von einer wachsenden Hinnahme der kapitalistischen Marktwirtschaft als Rahmen gewerkschaftlichen Handelns gekennzeichnet und zeigt den DGB im Zeichen der Sozialpartnerschaft nunmehr in einer auspeprägten Sonderrolle in Westeuropa. Die gemeinwirtschaftlichen Grundlagen des wirtschaftsdemokratischen Konzepts wurden in der Praxis – außer bei der Sozialisierung der Verluste im Ruhrbergbau – und 1963 sogar auch in der Programmatik an den Rand gedrängt, während eine gesamtwirtschaftlich orientierte Tarifpolitik ins Zentrum gewerkschaftlichen Handelns trat[2].

Indessen mußten die Gewerkschaften in dieser Etappe schwere Rückschläge hinnehmen. Die tariforientierten Industrieverbände hielten nicht Schritt mit dem Strukturwandel der lohnabhängigen Klasse insgesamt, der sich am deutlichsten im rapide anwachsenden Import unqualifizierter Arbeit sowie in der Ausweitung der Angestelltenschaft und des Tertiärsektors niederschlug. Als Folge ging der Anteil der gewerkschaftlich Organisierten an allen abhängig Erwerbstätigen in den 50er und 60er Jahren beinahe kontinuierlich zurück, wenn auch der Organisationsgrad mit ca. 30 % deutlich über dem der romanischen EWG-Länger lag[3]. Der abnehmenden Repräsentativität des DGB entsprachen auf der anderen Seite eine Abschwächung seines politischen Einflusses und die Lockerung seiner parteipolitischen Querverbindungen[4]; hinzu kam die programmatische Umstellung der SPD zur Volkspartei. Vor allem mußten jedoch schwere Einbrüche in die im Wiederaufbauboom verfestigte Orientierung auf Wachstum, erhöhten Lebensstandard und soziale Sicherheit sowohl sektoral (Kohlenkrise) wie gesamtwirtschaftlich (Rezession von 1967) hingenommen werden.

In beiden Fällen wurden die Gewerkschaften insbesondere durch vermehrte Institutionalisierung der sozialen Partnerschaft in das System integriert. Dabei wurden Elemente der Weimarer Tradition – Zentralarbeitsgemeinschaft und weniger deut-

---

2 DGB-Aktionsprogramm von 1955 bei Behrendt u. a., S. 604ff.; ausführliche Dokumentation der programmatischen Äußerungen des DGB seit den 60er Jahren jetzt bei Gerhard Leminsky u. Bernd Otto (Hg.): Politik und Programmatik des DGB, Köln 1974. Zur Periode der relativ kampflosen Sozialpartnerschaft Püre Waline: Cinquante Ans de Rapports entre Patrons et Ouvriers en Allemagne 1918–1968, Bd. 2, Paris 1970, S. 220ff., insbes. S. 236ff. Für den personellen Hintergrund der Spitzengespräche Werner Mühlbradt u. Egon Lutz: Der Zwang zur Sozialpartnerschaft, Neuwied, Berlin 1969.
3 Soziologische Modelle zu den Strukturverschiebungen in der lohnabhängigen Klasse bei K. H. Höring (Hg.): Der ‚neue' Arbeiter, Frankfurt a.M. 1971; Frank Deppe: Das Bewußtsein der Arbeiter, Köln 1971. Rückwirkungen für die Mitgliedschaftsentwicklung des DGB analysiert Hartmut Schellhoss: Apathie und Legitimität, München 1967. Gewerkschaftliche Probleme der ausländischen Arbeiter diskutierten: Stephen Castles u. Godula Kosack: Immigrant Workers and Class Structure in Western Europe, London 1973, S. 116ff.
4 H. W. Schmollinger: Abhängig Beschäftigte in Parteien der Bundesrepublik, in: Zs. f. Parlamentsfragen 5, 1974, S. 58ff. sowie ders.: Gewerkschafter in der SPD und Rolf Ebbighausen u. Wilhelm Kaltenborn, Arbeiterinteressen in der CDU? in: Jürgen Dittberner u. Rolf Ebbighausen (Hg.): Parteiensystem in der Legitimationskrise, Opladen 1973, S. 229ff. bzw. 172ff.

lich: Wirtschaftsdemokratie – in den nunmehr akzeptierten Rahmen kapitalistischer Marktwirtschaft und eines antizyklischen Konjunkturmanagements eingeschmolzen. Die Funktion als gesellschaftlicher Ordnungsfaktor wurde auch offen im gewerkschaftlichen Selbstverständnis ausgesprochen[5], zugleich jedoch als Hebel zur reformerischen Entwicklung des kapitalistischen Systems interpretiert. Aus modifiziertwirtschaftsdemokratischer Tradition stellte der DGB die Mitbestimmung an der Verfügung über die Produktionsmittel ins Zentrum seiner Agitation, während die Gemeinwirtschaft als Alternative zur Marktwirtschaft beinahe ganz verschwand. Weitergehende innerkapitalistische Reformen wie Vermögensbildung, Umstrukturierung der Arbeitsorganisation im Betrieb und Investitionslenkung wurden weniger einheitlich vertreten. Der zweite Akzent – ebenfalls ein Kernpunkt des wirtschaftsdemokratischen Programms – lag auf der Bildungreform im Sinne vermehrter sozialer Chancengleichheit und der allgmeinen Hebung des Qualifikationsniveaus[6]. Als auf Industrieverbänden aufgebaute Gewerkschaft ohne nennenswerte kommunistische Beteiligung oder Konkurrenz spielte der DGB am Ende dieser Etappe mit den Modellen der „Konzertierten Aktion" und der Mitbestimmung im Rahmen der europäischen Gewerkschaftsbewegung eine herausragende Rolle ohne vergleichbare Partner.

Anzeichen einer Krise des integrativen Gewerkschaftsmodells

Gerade von der transnationalen ökonomischen Organisation im euroatlantischen Bereich und vom Wandel gewerkschaftlicher Politik in den anderen großen EG-Ländern gingen jedoch in der jüngsten vierten Etappe entscheidende Impulse auch für die Lage in der Bundesrepublik aus. Eine neue Spontaneität im Betrieb und die Zuwendung von Teilen der wissenschaftlichen Intelligenz zur gewerkschaftlichen Arbeit radikalisierten in teils umfassenden, teils modellartigen Streikbewegungen wie in Frankreich(Mai 1968, LIP), in Norditalien (FIAT) und in England (Bergarbeiterstreik) gerade auch die dortigen nichtkommunistischen Gewerkschaften. Diese Entwicklungen griffen, wenn auch in sehr viel geringerem Umfang, seit den Septemberstreiks 1969 auf die Bundesrepublik über[7]. Durch die Renaissance des Mar-

---

5 Vgl. z. B. Georg Leber: Vermögensbildung in Arbeitnehmerhand, Frankfurt 1964, S. 50ff. Die Parallelität der Hinnahme der Unternehmer als Sozialpartner mit der zunehmenden Einbindung der Gewerkschaften durch Übernahme öffentlicher Funktionen ließ verwandte Züge zu Konzepten wie dem der ‚Formierten Gesellschaft' erkennen. Vgl. Joachim Hirsch: Die öffentlichen Funktionen der Gewerkschaften Stuttgart 1966; Hansgeorg Concert: Gewerkschaften heute. Ordnungsfaktor oder Gegenmacht? 5. Aufl., Offenbach 1973; Evelies Mayer: Theorien zum Funktionswandel der Gewerkschaften, Frankfurt 1973; Bernhard Schoßig: Emanzipatorische Gewerkschaftspolitik und überbetriebliche Mitbestimmung, Hamburg 1974.
6 Leminsky u. Otto, S. 107ff., 79ff.
7 Detlev Albers, Werner Goldschmidt, Paul Oehlke: Klassenkämpfe in Westeuropa, Reinbeck 1971; Bodo Morawe: Aktiver Streik in Frankreich oder Klassenkampf bei LIP, Reinbek 1974; Otto Jacobi, W. Müller-Jentsch, Eberhard Schmidt (Hg.): Gewerkschaften und Klassenkampf, Kritisches Jahrbuch (bisher) 3 Bde., Frankfurt 1972ff.; Michael Schumann u. a. Am Beispiel der Septemberstreiks. Anfang der Rekon-

xismus in der neuen Linken und die Übertragung von Erfahrungen und Programmen der europäischen Kollegen wurden die deutschen Gewerkschaften teils mit Elementen ihrer eigenen Geschichte, teils mit neuen Forderungen und Aktionsformen konfrontiert. Diese wurden jedoch von einem beträchtlichen Teil der Gewerkschaftsfunktionäre angesichts der so alternativlos erscheinenden westdeutschen Entwicklung zunächst nur defensiv aufgenommen. Handelte es sich nicht um einen Rückfall in längst überwundene Gefahren für die „schlagkräftige" Einheitsgewerkschaft? Etwa die Gefahr der Gewerkschaftsspaltung, als eine der maoistischen Gruppen eine Miniatur-RGO aufzubauen versuchte. Oder eines unausgesprochenen Syndikalismus, als neomarxistische Intellektuelle in den Gewerkschaften als den einzigen proletarischen Klassenorganisationen eine politische Massenbasis suchten. Oder des Verlustes organisatorischer Einsatzfähigkeit und gesamtwirtschaftlicher Rationalität durch lokalistische und spontaneistische Tendenzen. Zu nahe lag verunsicherten Gewerkschaftsfunktionären der Verdacht, daß hinter den neuen Erscheinungen nur kommunistische Drahtzieher aller Sorte stünden und daß die Basis durch eine vom Apparat eingeleitete Kampftätigkeit wieder zu binden sei. Ein solches Heilmittel mußte jedoch die Organisation in unausgetragene Widersprüche mit ihrem integrationistischen Konzept bringen, den Konflikt am Rande zur Orientierungskrise im Kern machen[8].

Die Herausforderung durch Alternativansätze ist aber nicht die einzige, vielleicht nicht einmal die wichtigste Schwierigkeit gewerkschaftlicher Politik in den letzten Jahren. Gerade in seinen Beziehungen zur sozialliberalen Koalition ist der DGB trotz seiner integrativen Grundtendenz unerwartet an die Grenzen der Einlösbarkeit seiner reformerischen Konzepte gestoßen: schon zuvor war die Zustimmung der Sozialdemokratie zu den Notstandsgesetzen weithin als eine gewerkschaftliche Niederlage empfunden worden. Bei der Mitbestimmung und der Vermögensbildung zeichnet sich ab, daß aus den gewerkschaftlichen Reformvorstellungen wichtige Kernelemente herausgebrochen oder die Vorhaben überhaupt vertagt werden könnten. Die Stagnation infrastruktureller Investitionen insbesondere auf dem Bildungssektor zugunsten einer Steuerreform, die nur eine kurzzeitige Inflationsentlastung bedeuten kann,

---

Fortsetzung von Fußnote 7:
struktionsperiode der Arbeiterklasse? Frankfurt 1971; Eberhard Schmidt: Ordnungsfaktor oder Gegenmacht, Frankfurt 1971; K. Schacht u. Lutz Unterseher: Streiks und gewerkschaftliche Strategie in der BRD, in: Dieter Schneider (Hg.): Zur Theorie und Praxis des Streiks, Frankfurt 1971, S. 289ff.

8 Ablesbar sind diese Konflikte u. a. in der Behandlung der innergewerkschaftlichen Opposition um „express" bzw. EVA, der Maoisten in den Automobilarbeiterstreiks 1972/73, Versuche zur Gründung eigener Gastarbeitervereinigungen und der spontanen Streiks seit 1969. Andererseits kam es auch zu fruchtbaren Veränderungen in den Zielen und Formen von Arbeitskämpfen während der Hochkonjunktur, bes. im württembergischen Metallarbeiterstreik. Daß solche Veränderungen nicht für die gewerkschaftlichen Eliten als ganze charakteristisch genannt werden können, dürfte auch damit zusammenhängen, daß diese im Rahmen der Mitbestimmung wie in den gewerkschaftlichen Eigenbetrieben auch die Rolle von sog. Arbeitgebern kennengelernt haben. Dabei haben die Eigenbetriebe weitgehend ihre früheren Funktionen als genossenschaftliche und gemeinwirtschaftliche Modelle zugunsten effizienter Kapitalverwertung des Gewerkschaftsvermögens verloren. Vgl. Kurt Hirche: Die Wirtschaftsunternehmen der Gewerkschaften, Düsseldorf, Wien 1966.

gefährdet die weitere Realisierung eines der gewerkschaftlichen Grundpostulate der 60er Jahre. Schließlich ist es den Gewerkschaften nicht gelungen, die Deflationspolitik der Regierung rechtzeitig zu stoppen, um angesichts wachsender Arbeitslosigkeit die Stabilitätspriorität auf einen mit der internationalen Entwicklung harmonisierten Grad herabzudrücken. Damit verengt sich nun auch hierzulande der gewerkschaftliche Spielraum: Die bisher praktizierte Einheit aus Systemintegration und aktiver Tarifpolitik wandelt sich tendenziell in eine Alternative.

Diese Probleme reflektieren den zunehmenden Widerspruch zwischen der transnationalen Organisation von Kapital und Produktion in den ökonomischen Leitsektoren und der nationalen Besonderheit und Integration der Gewerkschaftsbewegungen. Hinzu kommt die Minderung der kollektiven Profite der Industrieländer durch die Kartellisierungstendenzen auf den Rohstoffmärkten. Die beginnende Diskussion um die multinationalen Konzerne und die Erfahrung der Ölkrise haben die Grenzen des Wachstums und der Umverteilung ins öffentliche Bewußtsein gehoben. Indem der wirtschaftliche Manövrierspielraum der einzelnen Nationalstaaten zunehmend geringer wird und durch Gewinnverlagerung und Währungsmanipulationen Profite erwirtschaftet werden können, die vorab außerhalb der Tarifauseinandersetzungen bleiben, wird eine Neuformulierung gewerkschaftlicher Strategie und Organisation unabweisbar: Sie muß einerseits die europäische Steuerungsebene erreichen, darüber hinaus übernationale Solidarität praktisch werden lassen und zugleich an der lokalen und betrieblichen Basis elastischer und politischer werden. Dieser Prozeß wird auf jeden Fall schmerzhaft sein, denn entweder schmilzt der gewerkschaftliche Aktionsspielraum in den Nationalstaaten und damit ihre soziale Leistungsfähigkeit zusammen oder es müßten festgefügte Organisationen in allen europäischen Gewerkschaften aufgebrochen, eingefahrene Strategien gemeinsam modifiziert und ein neuer Anlauf zur gewerkschaftlichen Einheit auch mit Kommunisten in Frankreich und Italien, der hierzulande nicht ohne Rückwirkung bleiben könnte, unternommen werden[9].

Es ist hier nicht meine Aufgabe, diese aktuellen strategischen Fragen zu diskutieren. Auch will ich keine Bilanz der gewerkschaftlichen Arbeit aufmachen und die erwähnten Probleme mit den Leistungen des DGB auf materiellem Gebiet wie als Rückhalt bei der Bewahrung und Ausgestaltung sozio-politischer Demokratie aufrechnen. Der Überblick über die Etappen westdeutscher Gewerkschaftsgeschichte sollte vor allem zeigen, daß die Gewerkschaften vor Änderungen in ihrem Organisationskonzept und in ihrer Politik stehen, wenn sie in der Verteidigung der gesell-

---

9 Charles Levinson: International Trade Unionism, London 1972; Ernst Piehl: Multinationale Konzerne und internationale Gewerkschaftsbewegung, Frankfurt 1974; Klaus Busch: Die Multinationalen Konzerne, Frankfurt 1974; Kurt P. Tudyka (Hg.): Multinationale Konzerne und Gewerkschaftsstrategie, Hamburg 1974; Otto Kreye (Hg.): Multinationale Konzerne, München 1974 (gute Bibliographie); Erich Kitzmüller, Heinz Kuby u. Lutz Niethammer: Der Wandel der nationalen Frage in der BRD, in: Aus Pol. u. Zeitgesch., B 33–34, 1973.

schaftlichen Interessen der Lohnabhängigen angesichts neuer Bedingungen wirksam bleiben wollen.

Die Lösung der neuen Aufgaben wird aber nicht zuletzt durch eine apparathaft organisierte Gewerkschaftstradition behindert, die sich der Diskussion ihrer Angemessenheit und Wirksamkeit entzieht. In der vorausgegangenen dritten Etappe war diese Tradition im wesentlichen durch hochkonjunkturelle Bedingungen konsolidiert worden, geschichtlich gebildet aber wurde sie in den ersten beiden Nachkriegsphasen, als die deutsche Sonderform der Einheitsgewerkschaft entstand und an das gesellschaftliche System der BRD in der Ära Adenauer angepaßt wurde. Die historischen Bedingungen dieser Genese zu untersuchen, vermag am ehesten die Zeitgebundenheit dieser Organisation und Strategie aufzuzeigen und damit ihre Weihe durch das „Wirtschaftswunder" zu durchbrechen. Geschichtliche Rückfrage erweist sich damit als ein Akt der Entmythologisierung, d. h. der Befreiung und Ermöglichung kreativer Gewerkschaftsarbeit.

Zwei Mythen gilt es dabei vor allem aufzuklären: nämlich daß der DGB bereits das alte Ziel der Einheitsgewerkschaft organisatorisch und politisch voll eingelöst habe, mithin jede Änderung nur Rückfall bedeuten könne. Und daß der Typ von Einheitsgewerkschaft, der sich 1949 unter der Führung *Hans Böcklers* zum DGB konstituierte und Mitbestimmung und Gemeinwirtschaft auf seine Fahnen schrieb, allein aus der nationalen gewerkschaftlichen Tradition zu verstehen sei, denn dies schützt die Sonderrolle des DGB im internationalen Zusammenhang. Beide Mythen entstanden als Verteidigungsargumente in der Zeit des Kalten Krieges. Mit der ersten wandte man sich gegen links und schützte die Dominanz der Industrieverbände und ihre tarifpolitische Priorität. Mit der zweiten wehrte man Angriffe der Unternehmer ab, die Mitbestimmung sei einem Oktroi der Besatzungsmächte und die Sozialisierungsforderung der kommunistischen Mitwirkung an der Gründung der Einheitsgewerkschaften zu danken[10].

Die neuere, gerade auch die gewerkschaftskritische Literatur zur Nachkriegsgeschichte der Arbeiterbewegung hat durch die nationale Begrenzung ihres Gegenstandes einiges dazu beigetragen, diese Mythen zu tradieren. Gewiß geschah dies unabsichtlich und hatte forschungsimmanente Gründe. Im Ergebnis aber kommen in ihr internationale Faktoren nur in Sicht, wenn sie unmittelbar in Deutschland eingegriffen haben, namentlich als ein *Lucifer ex machina*, der die sozialistischen Perspektiven einer als revolutionär hypostasierten Basis vereitelt habe. Demgegenüber blieben der Vergleich mit den Strukturproblemen der Gewerkschaften in anderen europäischen Ländern wie auch die internationalen Beziehungen der Gewerkschaftsbewegung weitgehend im Dunkeln. Daraus ergab sich eine Überbetonung der nationalen Kontinuitätselemente von der Zentralarbeitsgemeinschaft über die Wirtschaftsdemokratie,

---

10 Charakteristisch die im übrigen sehr informative Darstellung von Erich Potthoff: Der Kampf um die Montanmitbestimmung, Köln 1957.

die ‚Gleichschaltung von innen' bis hin zur DAF[11]. Aus der Sicht des älteren Internationalismus wurde dieser Verengung aus ganz unterschiedlichen politischen Richtungen mit dem Plädoyer für eine breitere Perspektive widersprochen[12]. Auf der anderen Seite war diese nationalgeschichtliche Erforschung äußerst fruchtbar, indem sie ein großes empirisches Material zur Entstehung der westdeutschen Gewerkschaften, zum Scheitern der Sozialisierung der Montanindustrie und zum Kampf um die Montanmitbestimmung erschloß[13]. Dieselben Vor- und Nachteile charakterisieren im Übrigen auch die Literatur zur Gewerkschaftsgeschichte unserer europäischen Nachbarländer.

Demgegenüber soll hier der ganz vorläufige Versuch gemacht werden, die einheitsgewerkschaftlichen Tendenzen der Nachkriegszeit in Italien, Frankreich, England und Deutschland zu vergleichen, um daraus einen historischen Typus der Einheitsgewerkschaft zu entwickeln und eine grobe Einschätzung der jeweiligen nationalen Besonderheiten, insbesondere auch der deutschen, zu ermöglichen. Der vergleichende Zugriff zur Gewerkschaftsgeschichte ist aber nicht nur ein methodischer Kniff zur näheren Bestimmung nationaler Entwicklungen, sondern wird auch von der Sache selbst gefordert. Die ökonomischen Grundprobleme waren in allen europäischen Industrieländern nach dem Zusammenbruch des Faschismus sehr ähnlich; die Kommunisten verfolgten eine jeweils ‚nationale', aber übernational

---

11 Dieser Akzent verbindet eine Reihe wichtiger Darstellungen aus z. T. sehr unterschiedlichen politisch-historischen Sichtweisen, z. B. August Enderle u. B. Heise: Die Einheitsgewerkschaften, 3 Bde. hekt. (nicht) hrsg. v. DGB, Düsseldorf 1959; Wolfgang Hirsch-Weber: Gewerkschaften in der Politik, Köln, Opladen 1959; die Biographie Jakob Kaisers von Erich Kosthorst, Elfriede Nebgen u. Werner Conze: 4 Bde., Stuttgart 1967ff.; Gerhard Beier: Einheitsgewerkschaft, in: Archiv f. Sozialgesch. 13, 1973, S. 207ff.; Jürgen Klein: Vereint sind sie alle? Hamburg 1972; Ulrich Borsdorf: Der Weg zur Einheitsgewerkschaft, in: Jürgen Reulecke (Hg.): Arbeiterbewegung an Rhein und Ruhr, Wuppertal 1974, S. 385ff.; Institut für Marxismus-Leninismus beim ZK der SED: Geschichte der deutschen Arbeiterbewegung, Kap. XII, Berlin (O.) 1968; Eberhard Schmidt: Die verhinderte Neuordnung 1945–1952, Frankfurt 1970; Ute Schmidt u. Tilman Fichter: Der erzwungene Kapitalismus, Berlin (W.) 1971.
12 Julius Braunthal: Geschichte der Internationale, Bd. 3, Hannover 1971; Wolfgang Abendroth: Sozialgeschichte der europäischen Arbeiterbewegung, Frankfurt 1965, S. 156ff.; William Z. Foster: Abriß der Geschichte der Weltgewerkschaftsbewegung von den Anfängen bis 1955, Berlin (O.) 1960, Teil IV; Hans Gottfurcht: Die internationale Gewerkschaftsbewegung im Weltgeschehen, Köln 1962, S. 161ff.
13 Neben den meisten der in Anm. 1, 10 u. 11 genannten Studien vgl. Gerhard Beier: Zum Einfluß der Gewerkschaften auf die Verfassungs- und Gesellschaftsordnung in der Gründungsphase der BRD, in: Zs. f. Parlamentsfragen 5, 1974, S. 40ff.; I. v. Reitzenstein: Solidarität und Gleichheit. Ordnungsvorstellungen der deutschen Gewerkschaften nach 1945, Berlin 1961; Frank Deppe u. a.: Kritik der Mitbestimmung, Frankfurt 1969; Johannes Kolb: Metallgewerkschaften in der Nachkriegszeit, Frankfurt a.M. 1970; regionale Untersuchungen wie Franz Hartmann: Geschichte der Gewerkschaftsbewegung nach 1945 in Niedersachsen, Hannover 1972; Peter Brandt: Antifaschistische Einheitsbewegung, Parteien und Gewerkschaften, Diss. masch. Berlin 1972 (für Bremen); Ulrich Cieplik: Organisation und Funktion, Diss. masch. Konstanz 1973 (mehr spekulativ für Bayern); Holger Christier: Die Hamburger Arbeiterbewegung 1945–1949, Diss. masch. Hamburg 1974, und gewerkschaftliche Selbstdarstellungen wie IG Metall (Hg.): 75 Jahre Industriegewerkschaft 1891–1966, Frankfurt 1966, S. 323ff.; Karl Anders: Stein für Stein, Frankfurt 1969, S. 232ff.; Hans Mommsen u. a. Bergarbeiter (Ausstellungskatalog), Bochum 1969, Kap. 32ff.; DGB Landesbezirk Berlin (Hg.): Berliner Gewerkschaftsgeschichte von 1945–1950, Berlin 1971.

konzipierte und vereinheitlichte Politik; der Einfluß der Amerikaner war, mit Abstufungen, überall in Westeuropa wirksam[14]. Obwohl die bürgerlichen und sozialdemokratischen Politiken weniger koordiniert waren, entwickelten sie sich vor den Herausforderungen dieser drei internationalen Faktoren im Prinzip sehr ähnlich. Auf der anderen Seite gab es in jedem Land besondere Traditionen und eine spezifische machtpolitische Konstellation. Eine realistische Einschätzung der gescheiterten internationalen Entwicklung zur nationalen Einheitsgewerkschaft, der Rolle der Basis wie auch der deutschen Sonderform kann nur innerhalb dieses – zudem noch allzu grobmaschigen – Koordinationsnetzes erfolgen.

Daneben gilt es, auf ein weiteres methodisches Problem der bisherigen Gewerkschaftshistoriographie aufmerksam zu machen: ihre neohistorische Fixierung auf politische Machtfragen, die sich methodisch in der Bevorzugung von Theorie-, Personen- und Organisationsgeschichte niederschlägt, wie sie gerade von Ausländern auch an der „linken" Sozial- und Geschichte der Arbeiterbewegung in Deutschland kritisiert wird[15]. Auch wer die Machtfragestellung als strategisches Lernziel letztlich teilt, wird nicht übersehen können, daß sie mit dem Zugriff auf die Akten der Führungskader vorschnell beantwortet wird. Entscheidende Problembereiche wie die Funktion, die Basis und der wirtschaftliche Spielraum von Organen der Arbeiterbewegung, die ihre Machtentfaltung maßgeblich mitbestimmen, werden dadurch nicht aufgeklärt, sondern durch theoretische Konstruktionen oder apriorische Annahmen abgedeckt. Auf der einen Seite droht so die Verkümmerung von Gewerkschaftsgeschichte zu einer Art Diplomatiegeschichte der Apparate und einer Chronik der Kongresse. Auf der anderen Seite gerät ein marxisierender Historismus in die Gefahr strategischer Fehleinschätzungen durch die Hypostasierung einer revolutionären Basis.

Nun soll hier nicht so getan werden, als sei es möglich, diese methodischen Defizite ohne breite empirische Arbeiten auszugleichen oder ihre Ergebnisse essayistisch vorwegzunehmen. Wenn im folgenden internationale, vergleichende und ökonomische Gesichtspunkte zur Thematisierung meines Resümees der Gewerkschaftsliteratur

---

14 Insofern sind die neueren, global angelegten Untersuchungen zur Außenpolitik der USA auch für unseren Zusammenhang methodisch wegweisend. Vgl. insbes. Gabriel Kolko: The Politics of War, New York 1970; Joyce u. Gabriel Kolko: The Limits of Power, New York 1972 (zur Kritik der Quellengerechtigkeit und der naiven Analyse der Sowjet-Union bei Kolko vgl. Robert James Maddox: The New Left and the Origins of the Cold War, Princeton 1973, S. 103ff.) sowie die Darstellungen des Kalten Krieges z. B. von Herbert Feis, André Fontaine, Walter LaFeber, Ernst Nolte, etc. Vgl. im übrigen Anm. 16 u. 17. Ein vierter Faktor, die Europa-Föderations-Programmatik der sozialdemokratischen und bürgerlichen Gruppen in den europäischen Widerstandsbewegungen, kam in der frühen Nachkriegszeit nicht zum Zuge. Zur Dokumentation, vgl. Walter Lipgens (Hg.): Europa-Föderationspläne der Widerstandsbewegungen 1940–1945, München 1968. Zu den dem Integrationsprozeß immanenten Gründen dieses Scheiterns vgl. Hans-Peter Schwarz: Europa föderieren – aber wie? in: Gerhard Lehmbruch, Klaus v. Beyme, Iring Fetscher (Hg.): Demokratisches System und politische Praxis der Bundesrepublik, München 1971, S. 377ff.
15 Vgl.: Hans Mommsen, Dietmar Petzina, Bernd Weisbrod (Hg.): Industrielles System und politische Entwicklung in der Weimarer Republik, Düsseldorf 1974, vor allem die Bemerkungen Timothy Masons, S. 966 und den Diskussionsbericht ‚Zwischen Sozialgeschichte und Legitimationswissenschaft' in: Jb. Arbeiterbewegung 2, 1974, S. 267ff.

über die Aufbauphase verwandt werden, so soll damit nur in einer vorläufigen Weise getestet werden, ob sich durch eine neue Abgrenzung und Qualifizierung der Phasen der gewerkschaftlichen Entwicklung ein besseres historisches Verständnis ihrer heutigen Probleme anbahnt.

Der Typ der politischen Einheitsgewerkschaft

Die erste Phase der internationalen Gewerkschaftsgeschichte der Nachkriegszeit steht im Zeichen des Aufbaus und des Zerfalls des Weltgewerkschaftsbundes (WGB)[16]. Sie ist auf die Jahre 1945 bis 1947 zu datieren, mit Vorläufern in einzelnen Ländern ab 1943 und der Ausformung des Zerfalls zur internationalen Spaltung in den Jahren 1948/49. Die WGB-Phase wird beherrscht durch das Bestreben um eine möglichst einheitliche Organisation oder zumindest Aktionsbündnisse der Gewerkschaften auf nationaler und internationaler Ebene, die Überwindung der parteipolitischen Ausrichtung der einzelnen Verbände und um eine gesamtgesellschaftliche Schlüsselposition der Gewerkschaften. Zu ihren Aufgaben sollten nun gehören: die Beteiligung an der antifaschistischen Säuberung, an der Ingangbringung, Umstellung und Steigerung der Produktion zur Überwindung der ökonomischen Nachkriegskrise durch schnelleres Wachstum und an der Institutionalisierung der Mitwirkung der Arbeiterbewegung an der ökonomischen Leitung durch staatliche Aufbaupläne, staatliche Monopolkontrolle bzw. Nationalisierung von Grundstoffindustrien und durch die Einrichtung von Betriebsräten oder anderen Formen der Mitbestimmung auf Unternehmens- oder überbetrieblicher Ebene. In der Ausprägung des Einheitsgewerkschaftskonzepts herrschte organisatorische Vielfalt gemäß den nationalen Voraussetzungen, jedoch war eine Konzentration von Berufs- zu Industrieverbänden und deren politische Zusammenfassung auf den Ebenen öffentlicher Einflußnahme-Möglichkeiten unübersehbar.

---

16 Eine historische Untersuchung des WGB bis zur Gründung des IBFG liegt noch nicht vor. Einstweilen Informationen bei Braunthal, Bd. 3, S. 23ff.; Gottfurcht, S. 169ff.; Foster, S. 524ff., 593ff. Einige wichtige Dokumente des WGB sind greifbar in: FDGB (Hg.): Zwanzig Jahre Weltgewerkschaftsbund, Bd. 1, Berlin (O.) 1965. Für die KP-Konzeption der ‚antifaschistisch-demokratischen Phase' in Europa vgl. die Überblicke bei Mario Einaudi, Jean-Moé Domenach, Aldo Garosci: Communism in Western Europe, Ithaka N.Y. 1951; François Claudin: La Crise du Mouvement Communiste, Bd. 2, Paris 1972, S. 361ff.; François Fejtö: Geschichte der Volksdemokratien, Bd. 1, Graz 1972; Eva Seeber: Die volksdemokratischen Staaten Mittel- und Südosteuropas in der internationalen Klassenauseinandersetzung zwischen Imperialismus und Sozialismus (1944–1947), in: Jb. f. Gesch. d. soz. Länder Europas, Bd. 16/2, 1972, S. 39ff.; Wolfgang Diepenthal: Drei Volksdemokratien (für Polen, CSR, SBZ 1944–48), Köln 1974; als Länderstudien besonders wichtig Alfred J. Rieber: Stalin and the French Communist Party 1941–1947, New York 1962; Arnold Sywottek: Deutsche Volksdemokratie. Düsseldorf 1971; dokumentarischen Wert für den deutschen Fall haben Gerhard Mannschatz u. Josef Seider: Zum Kampf der KPD im Ruhrgebiet für die Einigung der Arbeiterklasse und die Entmachtung der Monopolherren 1945–1947, Berlin (O.) 1962; Horst Laschitza: Kämpferische Demokratie gegen Faschismus, Berlin (O.) 1969.

Der politische Kern der Einheitsgewerkschaft in der WGB-Phase lag in der Integration der reformistischen Gewerkschaftsorganisationen der Vorkriegszeit mit der im europäischen Widerstand gegen den deutschen Faschismus gewaltig angewachsenen kommunistischen Richtung zu einer nach Möglichkeit exklusiven gewerkschaftlichen Massenbewegung. Namentlich in den ehemals faschistischen Ländern, in denen selbständige Gewerkschaften ganz zerschlagen und durch korporativistische Integrationsorgane für Arbeiter und Unternehmer ersetzt worden waren, wo also auch keine selbständige christliche Gewerkschaftsbewegung mehr bestand, konnte auch deren Potential in die Einheitsorganisation eingebracht werden. Diese wurde wesentlich ermöglicht, indem sich die Kommunisten seit der stalinistischen Bündnispolitik einer reformistischen Programmatik unterstellten, die national unterschiedliche Kombinationen von Teilsozialisierung, Partizipation und Rahmenplanung fand, im ganzen jedoch mit dem Konzept „Wirtschaftsdemokratie" des ADGB von 1928 vergleichbar war[17]. Durch die Erweiterung des politischen Aufgabenbereichs der Gewerkschaften, die zwischen den einzelnen parteipolitischen Richtungen unter dem Gesichtspunkt des Wiederaufbaus und antifaschistischer Reformen grundsätzlich unstrittig war, wurde zugleich dem kommunistischen Gewerkschaftsverständnis ein Wirkungsraum gegeben, wonach Gewerkschaften ein Mittel zur Mobilisierung und Erziehung der proletarischen Massen seien, d. h. zur Ausdehnung des Einflusses der kommunistischen Kader. Taktisch gesprochen ermöglichte ihnen die Einheitsgewerkschaft die Anwendung der Einheitsfrontpolitik von oben und von unten, was für die Kommunisten im westlichen Bereich zur Verankerung in staatlichen und wirtschaftlichen Machtpositionen und im östlichen zur Ausschaltung organisierter Opposition gleichermaßen interessant war. Auch die reformistischen Führungskader wollten nicht nur die Macht der Arbeiterbewegung durch die Vermeidung einer proletarischen Binnenfront stärken, sondern sie wollten sich zugleich davor schützen, daß durch die Popularität des östlichen Alliierten in den von deutscher Besetzung befreiten Ländern und die Stärke der Kommunisten in den nationalen Befreiungsbewegungen die frühere Konkurrenz bedrohliche Ausmaße annahm. Die Diskreditierung der europäischen Rechten und die weitverbreitete Ansicht, daß der Sozialismus geschichtlich auf der Tagesordnung stehe und zum Sachzwang für den Wiederaufbau geworden sei, das Vertrauen auf die Unverbrüchlichkeit der Antihitlerkoalition und die sozialistische Beteiligung an den Regierungen in fast allen europäischen Ländern bewirkten den Optimismus, mit dem die einheitsgewerkschaftlichen Experimente in der WGB-Phase eingegangen wurden. Die wirtschaftsdemokratische Tradition eignete sich schon deshalb als Programmkompromiß der Einheitsgewerkschaft, als sie einerseits durch ideologische Kontinuität die Praxis der reformistischen Gewerkschaften in der Vorkriegszeit in den Hintergrund rückte und andererseits als Etap-

---

17 Zu den Ergebnissen der Strukturreformen vgl. die Bestandaufnahmen Wilhelm Weber (Hg.): Gemeinwirtschaft in Westeuropa, Göttingen 1962; Raymund Krisam: Die Beteiligung der Arbeitnehmer an der öffentlichen Gewalt, Leiden 1963; Gerhard Leminsky: Der Arbeitnehmereinfluß in englischen u. französischen Unternehmen, Köln 1965.

penziel mit der „antifaschistisch-demokratischen" Übergangsstrategie des Stalinismus vereinbar war. Zugleich meinten beide Partner, sich auf die praktische Tüchtigkeit ihrer Kader verlassen zu können.

Ökonomische Bedingungen

Die wirtschaftsdemokratische Zielsetzung eignete sich angesichts der Lähmung der europäischen Volkswirtschaften aber auch als gewerkschaftliches Ersatzziel. Denn in dieser Phase der beginnenden gesellschaftlichen Rekonstruktion standen sich rapide gewerkschaftliche Organisationsfortschritte und vergleichsweise dürftige gewerkschaftliche Funktionsmöglichkeiten im Sinne der organisierten Beteiligung am Verteilungskampf gegenüber. Der große Zustrom zu den Gewerkschaften nach dem Krieg in allen europäischen Ländern ist angesichts dieses Widerspruchs ein erklärungsbedürftiges Phänomen, das in der Forschung noch zu wenig Berücksichtigung gefunden hat. Allgemein schlug sich in ihm offenbar ein spontanes Bekenntnis der Arbeiter zur ihrer prononciertesten Klassenorganisation nach ihrer Entrechtung unter dem Faschismus bzw. seinen Besatzungsregimen nieder, zugleich die Hoffnung auf eine irgendwie geartete sozialistische Alternative der Zukunft. Die Gewerkschaften standen jedoch zunächst vor konkreteren Problemen.

Alle europäischen Wirtschaftssysteme waren vom Krieg durch negatives Wachstum betroffen[18]: einseitige Produktionsstruktur, massenhafte Vernichtung von Werten, Ausplünderung, Tod, Verschleppung oder Kriegsdienst eines großen Teils der Arbeitskräfte, Zusammenbruch der Infrastruktur, extreme Einschränkung des außenwirtschaftlichen Austauschs. Nach der Befreiung befanden sie sich in einer akuten wirtschaftlichen Krise. Sie erforderte umfangreiche Produktionsumstellungen, in den Gebieten mit großen Kriegszerstörungen insbesondere den Wiederaufbau der Infrastruktur (Verkehrs- und Versorgungsanlagen). Den wenigen einsatzfähigen

---

18 Die unmittelbare Nachkriegsphase ist wirtschaftshistorisch noch wenig erforscht, zumal die Rekonstruktion statistischer Unterlagen für diese Periode extremer Fluktuation besondere Schwierigkeiten aufwirft. Als Überblick vgl. Michael M. Postan: An Economic History of Western Europe 1945–1964, London 1967; für die amerikanische Einschätzung der politischen Ökonomie Westeuropas 1945/46 Kolko, Limits, S. 146ff. Grundlegend das Rekonstruktionsmodell bei Ferenc Jánossy: Das Ende der Wirtschaftswunder, Frankfurt o.J. (1969) sowie für die Anschlußphase die vergleichende Analyse des Arbeitskräftepotentials bei Ch. P. Kindleberger: Europe's Postwar Growth, Cambridge Mass. 1967. Die Lähmungskrise am Kriegsende verbarg einen weitgehend erhaltenen Kapitalstock an industriellen Produktionsanlagen und ein in seiner Qualifikationsstruktur bewahrtes Arbeitskräftepotential, die sich in allen europäischen Ländern alsbald zu hohen Wachstumsraten ergänzten. Im deutschen Fall wurde die kriegswirtschaftliche Expansion, die über das Maß der Zerstörungen hinausging, durch die Nachkriegszuwanderung in der Bizone ausgewogen. Der Aufschwung wurde hier durch längeres Nachwirken der Lähmungskrise (Zusammenbruch der Zwischenproduktversorgung, Einwirkungen des Besatzungsregimes) verzögert, ist jedoch nicht erst durch Liberalisierung und Marshall-Plan initiiert. Vgl. Werner Abelshauser: Die Wachstumsbedingungen im britisch-amerikanischen Besatzungsgebiet 1945–1948, Diss. masch. Bochum 1973; Mathias Manz: Stagnation und Aufschwung in der französischen Besatzungszone von 1945 bis 1948, Diss. masch. Mannheim 1968.

Produktionsanlagen stand ein sich durch Vertreibung und die Rückkehr von Verschleppten, Zwangsarbeitern und Kriegsgefangenen auf dem Kontinent ständig vermehrendes Überangebot von z. T. überqualifizierter Arbeitskraft gegenüber – trotz der hohen Verluste an menschlichen Leben durch Krieg und Terror. Der Bedarf an Gütern aller Art übertraf bei weitem die Produktionskraft der Systeme, so daß die Krise vor allem durch eine umfassende Rekonstruktion und Leistungssteigerung der Produktion – zunächst vor allem in der Grundstoff- und Schwerindustrie, insbesondere im Kohlebergbau – überwunden werden mußte, sollte der Produktionsapparat so ausgeweitet werden, daß hinreichend Arbeitsplätze entstanden und die notwendigsten Bedürfnisse der Bevölkerung befriedigt wurden. Anders als in zyklischen Wirtschaftskrisen lag das Problem also nicht in Unterkonsumtion oder Überproduktion, es sei denn, wie teilweise in USA und Deutschland, an Kriegsausrüstungen, sondern in einer Ausweitung und Umstrukturierung des Produktionsapparats. Verstanden sich die Gewerkschaften nicht nur als Interessenvertreter einer jeweiligen Mitgliedsgruppe an Produktionsarbeitern, sondern als Anwalt der arbeitenden bzw. der arbeitswilligen Massen, so mußten sie in der Lähmungskrise ihre ganze Kraft auf die Förderung des Wachstums – Produktionssteigerung, Arbeitsdisziplin, Vermeidung von Streiks, Einwirkung auf eine planvolle Steuerung des Produktions- und Verteilungsapparats – konzentrieren, um Arbeitsplätze zu schaffen und den Güterausstoß zu erhöhen. Sie mußten gleichzeitig dafür sorgen, daß die Produktionsumstellung nicht (wie in USA und anfänglich auch in Deutschland) durch Massenentlassungen in Rüstungsbetrieben auf dem Rücken der Arbeiter ausgetragen wurde. Und sie mußten alle im Hinblick auf die Friedensproduktion kurzfristig nicht ersetzbaren Elemente des Wirtschaftssystems – insbesondere die technisch hochqualifizierte Schicht des unteren Managements, der wissenschaftlich-technischen Intelligenz und des selbständigen Mittelstands – integrieren, um die Produktion wieder in Gang zu bringen und auszuweiten. Diese Aufgaben waren sozusagen ein ökonomischer Sachzwang, obwohl sie vom traditionellen Kamp der Gewerkschaften um eine Verminderung der Ausbeutung der Arbeitskraft abwichen. Und genau diese Aufgaben haben die Einheitsgewerkschaften und in ihnen die Kader aller parteipolitischen Ausrichtungen in allen europäischen Ländern, ob Ost, ob West, in den Jahren 1944 bis 1947 erfüllt. Ihre Funktion der Disziplinierung der Arbeitskraft im Sinne eines organisierten gesamtgesellschaftlichen Aufbaus machte sie so notwendig, daß sie auf politischem Gebiet hohe Forderungen – insbesondere nach Strukturreformen – an die politische Führung und die anderen gesellschaftlichen Kräfte stellen konnten.

Alternativen?

Gab es eine grundsätzliche Alternative? Zur Rechtfertigung, daß bei Kriegsschluß von den Partei- und Gewerkschaftsführungen nicht auf einen unmittelbaren Übergang zum Sozialismus – außer im überwiegend agrarischen Jugoslawien – gedrängt wurde, wird in der kommunistischen Literatur in der Regel auf das im Faschismus (und offenbar auch im antifaschistischen Kampf) verschüttete Klassenbewußtsein der Arbeiter hingewiesen[19]. Dieses Argument lenkt von den wirkilichen Ursachen ab. Ein unmittelbarer Übergang zum Sozialismus hätte ökonomisch bedeutet, daß die oben skizzierten wirtschaftlichen Bedingungen durch zusätzliche Belastungen des Produktionsapparats (Mangel an Fachleuten, Ausfall von Arbeitszeit, bürgerliche Sabotage, weitere Lähmung der Infrastruktur) entschieden verschärft worden wären. Schon die Befriedigung der unmittelbarsten Lebensbedürfnisse der arbeitenden Massen erzwang den Verzicht auf eine punktuelle Revolution. Zweitens stand Westeuropa voller amerikanischer Truppen mit dem Auftrag, bei Seuchen und Unruhen einzugreifen. Revolution hätte also weiteren Krieg bedeutet, insbesondere wäre auch die Sowjetunion, die vor derselben akuten Mangellage stand, zur Intervention bei völlig offenen Erfolgschancen gezwungen worden. Da sie sich aber angesichts ihrer eigenen Krise in keine derartigen Abenteuer hineinziehen lassen wollte, duldete sie keine derartige Unternehmungen in ihrem eigenen Machtbereich und entmutigte entsprechende KP-Initiativen in West- und Südeuropa. Sie favorisierte vielmehr eine schrittweise Politik, die national angepaßt und auch in ihrer Entwicklung verlangsamt oder gestoppt werden konnte[20]. Aber selbst ohne die militärische Stabilisierung der bestehenden Systeme durch die Amerikaner läßt sich das Ausbleiben der Revolution in einer kriegerischen Zusammenbruchskrise hoch-industrialisierter Systeme schwerlich allein auf einen Mangel an gutem Willen zurückführen. Es gab zwar ein Potential revolutionärer Aktivisten, aber es war in regionale Partisanenverbände und lokale Ausschüsse zersplittert und parteipolitisch nicht zu koordinieren. Auch bestanden rein ökonomisch in den meisten europäischen Ländern ein hinreichender Kapitalstock und eine hinreichend qualifizierte Arbeitskraft, um hohe Wachstumsraten während der Rekonstruktionsperiode auch nach einer Vergesellschaftung der Produktionsmittel zu gewährleisten. Die Übergangskrise war jedoch eine zu hohe Schwelle, denn sie hätte den Versorgungsapparat vollends zusammenbrechen lassen und das Produktionsniveau nicht schnell anzuheben vermocht. Auch eine Revolution braucht Nachschub, soll sie nicht in Hunger und Terror ihrer Ziele entfremdet werden.

---

19 Daran hat sich wenig geändert, seitdem Walter Ulbricht am 25.6.1945 in Berlin deutsche KP-Funktionäre darüber informierte, daß die „ideologische Verwüstung ... bis tief in die Reihen der Arbeiterklasse geht". (Walter Ulbricht: Zur Geschichte der deutschen Arbeiterbewegung, Bd. 2, Berlin (O.) 1963, S. 437.) Begründung der Bündnispolitik trotz einer „revolutionären Welle (in) ganz Europa" in: IML, Arbeiterbewegung, Kap. XII, S. 28ff.; Jacques Duclos u. a.: Histoire du Parti Communiste français (Manuel) Paris 1964, S. 439ff.

20 Die Politik der US-Streitkräfte gegenüber der Zivilbevölkerung in den befreiten Gebieten dokumentieren Harry L. Coles u. Albert K. Weinberg: Civil Affairs: Soldiers become Governors, Washington 1964. Den Zeitgenossen stand vor allem das Eingreifen der Engländer in Griechenland vor Augen. Heinz Richter: Griechenland zwischen Revolution und Konterrevolution (1936–1946), Frankfurt 1973, S. 495ff. Zur amerikanischen Haltung zur europäischen Linken Kolko, War, S. 31ff., 428ff. Noch 1946 wollten die USA in Frankreich und Italien im Fall eines kommunistischen Wahlsiegs bzw. Putschversuchs militärisch intervenieren: Kolko, Limits, S. 149f., 156f.

Die andere Alternative, das kapitalistische System durch Beendigung des kriegswirtschaftlichen Lenkungsapparats unmittelbar zu liberalisieren, können wir schneller beiseite schieben. Sie hätte die Kosten der Krise allein auf die Schultern der Arbeiter verlagert und gleichwohl eine Fülle von Staatseingriffen zur Überwindung der Lähmungskrise erfordert. Insofern hätte sie die Verbindung ökonomischer Liberalisierung mit einer politischen Rechtsdiktatur bedeutet, für die es in den befreiten Ländern keine Voraussetzungen gab. Bewaffnete Partisanen hätten der Reaktion der Arbeiterbewegung Nachdruck verliehen. Auf keinen Fall eignete sich diese Alternative als gewerkschaftliche Strategie.

Es bleibt also die Frage, welche Möglichkeiten konkret im – jetzt abgekürzt gesprochen – Konzept der Wirtschaftsdemokratie als Aufbauprogramm erhalten waren, insbesondere, ob es Alternativen zu seinem Scheitern gab. Um diese Möglichkeiten näher zu bestimmen, müssen mehr Variablen eingeführt und die nationalen Konstellationen in den wichtigsten Ländern verglichen werden.

Vor allem Italien eignet sich zur Verdeutlichung der Besonderheiten der gewerkschaftlichen Entwicklung im besetzten Deutschland. Italien hatte 1943/44 nicht nur einen opportunistischen Schwenk auf die Seite der Alliierten vorgenommen, wie man dies für die Badoglio-Regierung und die soziale Führungsschicht feststellen könnte, sondern bereits Monate vor der alliierten Landung in Sizilien hatte sich die italienische Arbeiterklasse in weitgehend spontanen Streiks in den industriellen Zentren des Nordens als selbständige antifaschistische Kraft bewiesen. Derartige politisch-ökonomische Massenstreiks wurden in zunehmend organisierter Form in den nächsten zwei Jahren mehrfach auch gegen die deutsche Besetzung in Norditalien wiederholt und bildeten einen wesentlichen Rückhalt für den Aufbau des bewaffneten Partisanenwiderstandes. Dieser führte in der Schlußphase des Krieges nicht nur sowohl in verschiedenen städtischen Zentren wie in den sogenannten Partisanenrepubliken zur Selbstbefreiung durch örtliche Aufstände, sondern auch zur Errichtung von Bastionen der Arbeitermacht in vielen Fabriken durch Befreiungs- und Agitationskomitees. Während solche Aktionen seit Mitte 1943 Norditalien in den Rahmen der von deutschen Truppen besetzten europäischen Länder und ihrer aus nationalen und sozialen Motiven kämpfenden Befreiungsbewegungen einordnen, zeichnet sich Italien vor allem dadurch aus, daß es hier zu selbständigen Massenaktionen noch unter den Bedingungen des autochthonen faschistischen Regimes im Kriege gekommen war[21].

---

21 Zur gewerkschaftlichen Entwicklung in Nachkriegsitalien B. Salvati: The Rebirth of Italian Trade Unionism, 1943–1954, in: Samuel J. Woolf: The Rebirth of Italy 1943–1950, London 1972, S. 181ff.; Detlev Albers: Von der Einheit zum Kampf um die Einheit, in: Das Argument AS 2, 1974, S. 120ff.; Daniel L. Horowitz: The Italien Labor Movement, Cambridge Mass. 1963, S. 181ff.; zum politischen Zusammenhang die Beiträge von Quazza und Catalano, in: Woolf, S. 1ff., 57ff.; Braunthal, Bd. 3, S. 69ff.; Federico Chabod: Die Entstehung des neuen Italien, Reinbek 1965. Zur Widerstandsbewegung im allgemeinen und zu den Streiks vom März 1943 in Norditalien Rodero Battaglia u. Giuseppe Garritano: Der italienische Widerstandskampf 1943 bis 1945, Berlin (O.) 1970, S. 16f.; Charles F. Delzell: Mussolini's Enemies, Princeton 1961, S. 207ff. Über die Selbstverwaltung in den befreiten Gebie-

Anders als in der Selbsttätigkeit der Arbeiterklasse zeigen sich, jedenfalls vor der deutschen Besetzung Norditaliens, auf der Ebene der politischen und gewerkschaftlichen Organisationen eher der deutschen Erfahrung vergleichbare Phänomene. Auch die Übergangsregierung *Badoglios* ist ja in die Nähe des konservativen Widerstands des 20. Juli 1944 zu stellen. Wie in Deutschland war auch in Italien der parteipolitisch und gewerkschaftlich organisierte Widerstand – im Unterschied zu den spontanen Massenaktionen der Spätphase – schwach, isoliert und uneffektiv geblieben. Der Sturz des Regimes führte jedoch durch die Rückkehr von Führungsfunktionären der politischen Parteien und der Gewerkschaften aus innerer und äußerer Emigration zu einer schnellen Rekonstituierung der vorfaschistischen Organisationsspitzen. Wie auch im deutschen Widerstand geplant, begann die gewerkschaftliche Reorganisation unter *Badoglio* mit der Einsetzung gewerkschaftlicher Spitzenfunktionäre verschiedener Parteirichtung als Kommissare in die Führungen der korporativistischen Organisationen des Faschismus, die wie in der DAF nach dem Industrieprinzip gegliedert waren. Zwar gab es von der Basis her Widerstand gegen diese Verwendung der faschistischen Organisationsformen, aber die Phase vor der deutschen Besetzung ist zu kurz, um den damit angelegten Konflikt in seinen Entwicklungsperspektiven zu beurteilen. Immerhin brachten die Führungsfunktionäre in dieser kurzen Frist sogleich ein Abkommen mit den Unternehmern über die Wahl von Betriebsräten zustande, das „wilden" Aktionen in den Betrieben zuvorkam und sich als bleibende Grundlage der Arbeitervertretung in den Betrieben erweisen sollte. Schon diese ersten Ansätze zeigten indessen die Bereitschaft der gewerkschaftlichen Führungskader zur Zusammenarbeit mit den Unternehmern beim Wiederaufbau der Wirtschaft, wenn dadurch sofort umfassende gewerkschaftsähnliche Monopolorganisationen gesichert werden konnten. Dasselbe Interesse kennzeichnet die Konzeptionen *Leuschners* und *Tarnows* für die Umwandlung der DAF in eine umfassende Gewerkschaft mit Zwangsmitgliedschaft 1943/44[22].

Mit der Besetzung Norditaliens und der Flucht der Badoglio-Regierung aus Rom in den von den Alliierten besetzten Süden veränderten sich jedoch die Bedingungen für den gewerkschaftlichen Aufbau grundlegend. Der Umwandlung des Korporativismus von der Spitze her in eine Einheitsgewerkschaft entzogen nun im Norden die parteipolitisch inspirierten Widerstandsformationen, im Süden die Besatzungsmacht, die

---

Fortsetzung von Fußnote 21:
  ten liegt in Deutsch bisher nur eine Pionierstudie vor: Hubertus Bergwitz: Die Partisanenrepublik Ossola, Hannover 1972 (zur dortigen Gewerkschaft S. 64–66).
22 E. Rosen: Victor Emanuel III und die Innenpolitik des ersten Kabinetts Badoglio im Sommer 1943, in: VfZ 12, 1964, S. 44ff., bes. S. 81ff.; Text des sog. Buozzi-Mazzini-Abkommen über Betriebsräte bei Maurice F. Neufeld: Labor Unions and National Politics in Italian Industrial Plants, Ithaka N.Y. 1954, Anhang A. Für die deutsche Parallele Fritz Tarnow: Labor and Trade Unions in Germany, in: The Annals 260, 1948, S. 90ff.: „Great eagerness to arrange a ‚May 2nd in reverse' and to ‚take over' the German Labor Front" (S. 92).

einen freien gewerkschaftlichen Wiederaufbau forderte[23], zugleich den Boden. In der Folge entwickelte sich hieraus ein dualistisches System politisch-ökonomischer Klassenorganisation der Arbeiter in Italien. Es läßt sich grob als verhältnismäßig autonome Bildung gewerkschaftlicher Macht in der nationalen Spitze – im Süden – einerseits und an der betrieblichen Basis – im Norden – andererseits charakterisieren und sollte sich nach der Befreiung als ein nationales Zwei-Ebenen-System von langfristiger Bedeutung erweisen. Die Autorität der gewerkschaftlichen Spitze war – ganz anders als in den deutschen Westzonen und noch am ehesten dem Zustandekommen des FDGB der SBZ vergleichbar – abgeleitet von derjenigen der antifaschistischen Parteiführungen. Im Süden hatten sich zunächst parteipolitisch angelehnte Richtungsgewerkschaften (eine sozialistisch-kommunistische, eine überparteiliche und eine katholische) gebildet. Sie wurden nach Verhandlungen zwischen gewerkschaftlichen Repräsentanten der nationalen Parteileitungen im „Pakt von Rom" vom 3.6.1944 in eine Einheitsgewerkschaft, Confederazione Generale Italiana del Lavoro (C.G.I.L.), zusammengeschlossen. Dabei wurde eine kombinierte horizontale und vertikale Organisationsstruktur in Aussicht genommen, bei der sich in der weiteren Entwicklung die regionalen und lokalen gegenüber den Industrieverbänden weitgehend durchsetzen sollten, nicht zuletzt weil parteipolitische Integration durch Proportionalwahlen und Minderheitenschutz auf diesen Ebenen vereinbart worden waren. Allerdings dürfte auch von der autonomen lokalen und regionalen Machtbildung bei der Befreiung des Nordens erheblicher Einfluß ausgegangen sein. In der Spitze der Einheitsgewerkschaft standen sich ein Sozialist, ein Kommunist und ein Katholik als gleichberechtigte Generalsekretäre gegenüber, wobei sich in den folgenden Jahren durch eine personelle Zufallskonstellation in der Führung und geschickte Kaderpolitik das kommunistische Element eindeutig zum beherrschenden aufschwang[24].

Gerade diese Erfolge der kommunistischen Organisationspolitik in der C.G.I.L. waren im Zuge ihrer Ausdehnung auf den befreiten Norden von entscheidender Bedeutung für ihre Rolle beim politischen und ökonomischen Aufbau Italiens. In einer extrem elastischen Politik – *Togliatti* trat sogar in die von der UdSSR anerkannte Badoglio-Regierung ein – legten die Kommunisten auch die Gewerkschaften auf den ‚antifaschistisch-demokratischen' Weg fest: Unterstützung einer Allparteienregierung zum Aufbau einer parlamentarischen Republik, personelle und ideologische Säuberung, Schutz der Produktionsumstellung und -steigerung durch Zusammenarbeit mit den Unternehmern, durch Förderung der Arbeitsdisziplin und lohnpolitische Zurückhaltung. Bei der Ausarbeitung der Verfassung wurden dem Staat weitgehende Planungsmöglichkeiten eingeräumt, die politisch durch die Beteiligung der Arbeiterparteien an der Regierung abgesichert schienen. Zugleich wurde

---

23 Für die Entwicklung unter der deutschen Besatzung im Norden vgl. Salvati, S. 189ff.; für die Haltung der Alliierten im Süden: Charles R. Harris: Allied Military Administration of Italy 1943–1945, London 1957, S. 445ff.
24 Salvati, S. 185ff.; Horowitz, S. 186ff.; Maurice F. Neufeld: Italy: School for Awakening. The Italian Labor movement 1800–1960, New York 1961, S. 451ff.

die Möglichkeit künftiger Erweiterung der bereits von *Mussolini* vorgenommenen Verstaatlichung von Banken und Unternehmen des Energiesektors und der verarbeitenden Industrie eröffnet. Durch Übernahme zahlreicher staatlicher und kommunaler Positionen erschien die Arbeiterbewegung als integrierender Bestandteil des Systems; durch die Einrichtung von Arbeiterkammern und die Bildung von paritätischen Leitungsausschüssen in vielen Unternehmen des Nordens erwarb sie Mitbestimmungsmöglichkeiten in wirtschaftlichen und sozialen Fragen. Diese Leitungsausschüsse waren meist im Zuge des Befreiungskampfes auf Grund des Interesses der Unternehmer wie der Belegschaften am Schutz der Produktionsanlagen von Vernichtung durch die Deutschen entstanden. Bei einem vom faschistischen Regime ohnehin stark erweiterten öffentlichen Sektor der Wirtschaft ließ sich diese Konstellation, trotz geringerer rechtlicher Absicherung, in ihrer Perspektive durchaus mit dem Konzept der Wirtschaftsdemokratie vergleichen. Die kommunistische Führung unterstützte die Verfassung, beteiligte sich an den Regierungen und strebte trotz eines Rechtsrucks 1947, der zu ihrer Entlassung führte, in sie zurück. Die KP durfte sich zu Recht ihres Beitrags rühmen, nationale Streiks weitgehend verhindert bzw. auf kurzfristige und lokale Kämpfe begrenzt zu haben[25].

Tatsächlich scheiterte diese Politik jedoch auf allen Ebenen. Ähnlich wie in Deutschland wurde der Grad der Zerstörung von Produktionsanlagen in Italien von den Zeitgenossen weit überschätzt. War die Kontinuität des Eigentums einmal im Prinzip anerkannt, wurde deshalb die Position der Bourgeoisie immer stärker, während das eigentliche Problem in einer akuten Zuspitzung der chronischen Unterbeschäftigung Italiens lag, die die ökonomische Position der Arbeiterklasse entschieden schwächte. Vor diesem Hintergrund muß die Arbeitsteilung in der Regierung gesehen werden: Sozialisten und Kommunisten übernahmen überwiegend den Apparat der Arbeits- und Sozialverwaltung, während sie, z.T. aus bloßem Mangel an Konzepten und Experten, die entscheidenden Positionen in der Wirtschafts- und Finanzpolitik den bürgerlichen Partnern überließen. Diese wurden überwiegend von einer Gruppe altliberaler Ökonomen eingenommen, die sich in effektiven Einzelmaßnahmen für die Stabilisierung des Mittelstands und für eine zügige Liberalisierung des Wirtschaftssystems einsetzten, während sie den Planungsapparat nur zur Überwindung der Lähmungskrise benutzten und durch fiskalische Maßnahmen (Senkung der progressiven Besteuerung, Deflation ohne Sozialausgleich und Sicherung der Arbeitsplätze) die Kapitalakkumulation erleichterten[26].

---

25 Zu Togliattis ‚svolta' (Ausbruch aus der antifaschistischen Opposition gegen Badoglio und Eintritt in die königliche Regierung) vgl. Delzell, S. 336ff.; Claudin, Bd. 2, S. 403ff. Für den Einfluß der KP auf CGIL und die verbündeten Sozialisten Braunthal, S. 79ff. und ausführlich Horowitz, S. 202ff., 244ff. Die Nationalisierungen in Italien gingen nicht auf KP-Einfluß zurück; sie wurden vielmehr sowohl von Mussolini wie von De Gasperi vorgenommen, um durch öffentliche Übernahme von der Krise bedrohter Betriebe die privatwirtschaftliche Ordnung zu schützen. Vgl. Reimut Jochimsen: Die öffentlichen bzw. öffentlich beherrschten Wirtschaftsunternehmen in Italien, in: Wilhelm Weber, S. 229ff. bes. S. 245; Mario Einaudi (Hg.): Nationalization in France and Italy, Ithaka N.Y. 1955, S. 196ff.
26 Marcello De Cecco: Economic Policy in the Reconstruction Period, 1945–1951, in: Woolf, S. 156ff.

Da die Führung der C.G.I.L. im Zuge ihrer gesamtwirtschaftlichen Orientierung und des politischen Wiederaufbaupaktes einen dämpfenden Einfluß auf das Lohnniveau und auf die Proteste gegen die Verdrängung der lokalen Organe des Widerstandskampfes durch zentralisierte administrative und parlamentarische Institutionen ausübte, wurde die Kluft zwischen Basis und Führung nicht geschlossen. Neben der erwähnten Polarisierung der gewerkschaftlichen Entwicklung im Süden und Norden während der doppelten Besatzung waren für diese Kluft auch politische Perspektiven und ökonomische Bedingungen verantwortlich. Immer wieder war gegen Ende des nationalen Befreiungskampfes vonseiten sozialistischer und kommunistischer Partisanen der Versuch gemacht worden, die lokalen Aufstandsbewegungen in die Richtung einer sozialistischen Revolution weiterzutreiben. Die ‚antifaschistisch-demokratische' Strategie der kommunistischen Europakonzeption, deren Anwendung während der Anwesenheit anglo-amerikanischer Truppen in Italien zwingend erschien, bewirkte jedoch, daß die Organisationsspitzen solchen Bestrebungen jegliche Unterstützung entzogen: Symbol dafür wurde die sizilianische Stadt Ragusa, wo die Niederschlagung eines kommunistischen Aufstandsversuchs von der nationalen Parteiführung gutgeheißen wurde. Während der Jahre 1945 und 1946 wurde an der Basis zäh an der Bewahrung der Organe des Befreiungskampfes festgehalten, während die erstarkten Unternehmer die paritätischen Leitungsausschüsse aushöhlten und die staatliche Verwaltung sich gegen die Konkurrenz der Befreiungsausschüsse durchsetzte. Noch schwerwiegender war, daß bei der gewerkschaftlichen Lohnstabilisierungspolitik die Nachkriegsinflation und die Umstellung der Rüstungsbetriebe voll auf die Lebenshaltung und die Beschäftigungsverhältnisse der Arbeiter durchschlugen. Während sich die nationalen Führungen der Arbeiterbewegung um die Vermeidung von Streiks bemühten, wurde das Land von Wellen spontaner oder lokal organisierter Streiks mit meist kurzer Dauer und Protestcharakter überzogen[27]. Ihre Unfähigkeit, die Arbeiter im allgemeinen oder auch nur ihre unteren Organe zu disziplinieren, machte die Bündnispolitik der Organisationsspitzen mit dem Bürgertum unglaubwürdig, während umgekehrt deren Betonung die mangelnde Integrationskraft der Eliten unterstrich. Damit wurde auch die Volksfronteinheit brüchig. Antikommunismus eignete sich seit 1946 zunehmend als Medium zur Schwächung der Arbeiterbewegung.

Schon die Forcierung der Einheitsfront zwischen Kommunisten und Sozialisten hatte zu sozialdemokratischen Absplitterungen geführt und die Spannungen innerhalb der Einheitsgewerkschaft erhöht. Die Entlassung der Kommunisten aus der Regierung und die absolute Mehrheit für die Christlichen Demokraten, die sich 1948 als antikommunistische Abwehrfront gegen den kommunistisch-sozialistischen Volksblock empfohlen hatten, sprengten auch die C.G.I.L., aus der sich im Herbst

---

[27] Salvati, S. 189, 195ff. Zwar wurden eine Lohn-Gleitklausel grundsätzlich vereinbart (Albers, S. 128ff.) und zunächst Massenentlassungen verhindert, aber das Lohnniveau erreichte gerade die mageren Einkommen des Vorkriegsfaschismus, als sich die Preise verdoppelt hatten.

1948 eine regierungstreue katholische Richtungsgewerkschaft (L.C.G.I.L.) mit tarifpolitischer Orientierung, später auch Teile der liberalen und sozialistischen Gewerkschafter organisatorisch verselbständigten. Als Katalysator der Spaltung hatte das forciert politische Gewerkschaftsverständnis der Kommunisten gewirkt, von dem sich angesichts des verengten ökonomischen Spielraums und amerikanischer Wohlverhaltensforderungen für die Einräumung von Krediten die anderen Richtungen distanzierten und auf die Vertretung der unmittelbaren Interessen ihrer Anhänger zurückzogen. Nachdem das ökonomische Kampfpotential der Arbeiter in den Jahren 1945/46 nicht in einen politisch-ökonomischen Kampf der kommunistisch dominierten Gewerkschaften verwandelt worden war, folgten zwar 1947/48 noch große Massen den Aufrufen zu politischen Streiks aus Protest gegen den Marshall-Plan und gegen ein Attentat auf *Togliatti*, aber diese Aktionen beschleunigten nur den organisatorischen Zerfall und erschöpften sich jeweils bald im Demonstrativen[28]. Die Rekonstruktion der liberalen Wirtschaftsordnung bei anhaltender Unterversorgung und Unterbeschäftigung (und übrigens auch der Aufbau eines gewaltigen Polizeiapparats) hatte das Potential für eine anhaltende Kampftätigkeit zusammenschmelzen lassen, da politischer Protest und einlösbare ökonomische Forderungen zunehmend auseinanderklafften. Mit der Rückkehr des Systems zur Emigration als Ersatzheilmittel der chronischen, nun wieder unverschleierten Unterbeschäftigung war der Einheitsgewerkschaft die strategische Position entzogen.

Die Entwicklung der einheitsgewerkschaftlichen Bewegung in Frankreich weicht vor allem durch wesentlich andere historische Rahmenbedingungen von derjenigen in Italien – und Deutschland – ab. Die Kontinuität und Eigenständigkeit der französischen Parteien und Gewerkschaften wurde weder von einem autochthonen Faschismus völlig vernichtet noch wurde ihre Weiterentwicklung nach der Befreiung schon im Ansatz durch eine anglo-amerikanische Besatzung gesteuert. Beide Faktoren übten hier vielmehr nur einen indirekten Einfluß aus. Gleichwohl finden sich zahlreiche Gemeinsamkeiten mit Italien, die sich insbesondere auf das parallele Verhalten der Kommunisten zurückführen lassen.

Auch hier sind sie die treibende Kraft der Vereinigung der Gewerkschaften und gewinnen durch taktische Überlegenheit beherrschenden Einfluß auf ihre Organisation. Darüber hinaus können sie einen massenhaften Mitgliederzustrom als Folge des Prestiges, das ihnen ihr dynamischer Einsatz in der Résistance in der zweiten Kriegshälfte erbracht hatte, verbuchen. Auch hier findet sich die Polarisierung zwischen der Koalitionspolitik der Führungskader und den häufig auf einen revolutionären Aufbau drängenden autonomen Widerstandsorganen auf lokaler Ebene (hier vor allem im Süden), die durch die zentralisierten Institutionen der Verwaltung, des Parlaments und der Verbände zurückgedrängt werden. Auch hier werden die aus Moskau zurückgekehrten Exilführer der KP zu Vorkämpfern dieser Normalisierung innerhalb der Linken, vertreten aktiv den bürgerlich-proletarischen Aufbaupakt der drei

---

28 Albers, S. 132ff.; Horowitz, S. 208ff.

Massenparteien (P.C.F., S.F.I.O., M.R.P.) und setzen ihr Prestige gegen lokale Hungerstreiks und sonstige ökonomisch motivierte, sich spontan entfaltende Arbeitskämpfe ein. Und wie in Italien streben auch hier die Kommunisten nach ihrer Entlassung aus der Regierung im Frühjahr 1947 zurück in das Bündnis und setzen über Monate hinweg ihre Kooperationspolitik fort – bis zu den Auseinandersetzungen über den Marshall-Plan[29].

Indessen traf hier das einheitsgewerkschaftliche Experiment von Anfang an in der Arbeiterbewegung selbst auf Widerstand, deren Traditionen aus der Dritten Republik durch den Drôle de Guerre, Vichy, die Résistance und die Exilregierung *de Gaulles* hindurch wirksam blieben. Außer in Spanien hatten Sozialisten und Kommunisten in Europa nur in Frankreich die Erfahrung einer Volksfrontregierung gemacht. Sie bewirkte zunächst eine verstärkte Abgrenzung der beiden Parteien gegeneinander und 1939 anläßlich des Hitler-Stalin-Pakts die Ausstoßung der Kommunisten aus der Confédération Générale de Travail (C.G.T.), mit der sie bei der Vorbereitung der Volksfrontpolitik ihren zuvor unbedeutenden Gewerkschaftsapparat zusammengeschlossen und in der sie während der von ihnen nur tolerierten Regierung Blum zunehmenden Einfluß gewonnen hatten. Die christlichen Gewerkschaften C.F.T.C., damals noch eine wenig bedeutende klerikale Bewegung, waren abseits geblieben und hatten Volksfrontgegner gesammelt[30]. Wie die Kommunisten durch ihren revolutionären Defätismus während des Hitler-Stalin-Pakts, so waren auch Teile der Sozialisten durch ihre Kollaboration mit dem Vichy-Regime im Sinne des nationalen Selbstverständnisses der Exilregierung *de Gaulles* und der Résistance schwer belastet. Vichy verbot sowohl C.G.T. wie C.F.T.C. und ersetzte sie durch korporativistische Organisationen; beide bewahrten jedoch beträchtlichen Zusammenhalt in der Illegalität. So kam es z. B. im Mai 1941 zu einem großen Bergarbeiterstreik in Nordfrankreich. Das natürliche Bündnis schien sich deshalb zunächst zwischen der C.F.T.C. und dem nichtkollaboristischen Teil der C.G.T. anzubahnen. Sie einigten sich auf ein gemeinsames Manifest, das den Kapitalismus für die Niederlage Frankreichs verantwortlich machte. Die politischen Funktionen des Staates sollten

---

29 Vgl. Anm. 16; daneben Werner Goldschmidt: Ökonomische und politische Aspekte des gewerkschaftlichen Kampfes in Frankreich seit dem Zweiten Weltkrieg, in: Das Argument AS 2, 1974, S. 1ff.; Val R. Lorwin: The French Labor Movement, Cambridge Mass. 1966, S. 99ff.; Georges Lefranc: Le mouvement syndical de la Liberation aux événements de Mai–Juin 1968, Paris 1969, S. 11–40; Jean Bruhat u. Marc Piolot: Aus der Geschichte der CGT, Berlin (O.) 1961, S. 169ff.; André Barjonet: La C.G.T., Paris 1968. Für die kommunistische Politik noch R. Tiesky: Le mouvement communiste en France (1920–1972), Paris 1973, S. 94ff.; Jacques Fauvet: Histoire du Parti Communiste Français, Bd. 2, Paris 1965, S. 139ff.; zu den Spannungen zwischen der KP-Führung und lokalen Résistance-Gruppen vgl. Rieber, S. 133ff., 159ff. und Lokalstudien wie Pierre Guiral: Libération de Marseille, Paris 1974, S. 111ff.; Etienne Dejonghe u. Daniel Laurent: Libération du Nord et du Pas-de-Calais, Paris 1974, S. 157ff., 217ff.; für das kommunistische Verhalten bei der Säuberung der C.G.T. von kollaboratorischen Sozialisten neben Rieber, S. 177ff.; Peter Novick: The Résistance versus Vichy, New York 1968, S. 131ff.
30 Henry W. Ehrmann: French Labor from Popular Front to Liberation, New York 1947; Anon.: La C.F.D.T., Paris 1971, S. 32ff.; Gérard Adam: La C.F.T.C. 1940–1958, Paris 1964, S. 37ff.

von den ökonomischen der Gewerkschaften getrennt und die Produktion durch verbindliche Planung geleitet werden[31]. Nachdem sich jedoch Ende 1941 die KP, befreit vom Hitler-Stalin-Pakt, mit eigenen dynamischen Organisationen dem nationalen Widerstand angeschlossen hatte, betrieb sie die Wiederannäherung an die alte C.G.T.-Führung, die schließlich in den „Vereinbarungen von Perreux" vom 17.4.1943 zum Erfolg führten, durch die drei Kommunisten in die achtköpfige illegale Gewerkschaftsleitung aufgenommen wurden. In den Industrieverbänden und in den Lokalorganisationen sollten die parteipolitischen Verhältnisse wiederhergestellt werden, die vor der Trennung 1939 bestanden hatten[32]. Die vereinigte C.G.T. war durch einen den Kommunisten nahestehenden Parteilosen im „Nationalen Befreiungsrat" der Résistance vertreten, von dem ein Programm ausgearbeitet wurde, dessen ökonomische Kernforderungen – Nationalisierung der Monopole, Bodenschätze und Banken, staatlich geplanter Wiederaufbau der Wirtschaft – an die sozialistische Programmatik der Zwischenkriegszeit anschlossen, während die Kommunisten nur die Enteignung der Kollaborateure forderten, d. h. einen Punkt, der unter den Résistance-Organisatioenen allenfalls wegen mangelnder Präzision strittig war. Obwohl insbesondere die Kommunisten drängten, kam es jedoch zu keiner Fusion der wiedervereinigten C.G.T. mit der C.F.T.C. die christlichen Gewerkschaften gingen zwar im nationalen Widerstandskampf und im sozioökonomischen Bereich ein Aktionsbündnis mit der C.G.T. ein, befürchteten jedoch, im Falle einer Fusion im politischen Sog der weit größeren C.G.T. ihren besonderen kulturpolitischen Forderungen keine Geltung mehr verschaffen zu können und organisationspolitisch im Schlepptau der Kommunisten zu geraten. Im Gegensatz zur Kollaboration der kirchlichen Hierarchie waren die christlichen Gewerkschaften jedoch ein aktiver Bestandteil der Résistance und beteiligten sich am gewerkschaftlichen Kampf gegen die deutsche Besatzung durch Streiks und Sabotage. Das Aktionsbündnis bewährte sich bei großangelegten Aktionen während der Befreiung, insbesondere während dem am 18.8.1944 ausgerufenen Generalstreik, der die inneren Voraussetzungen zur Befreiung von Paris schuf[33].

Nach der Befreiung schwollen beide Gewerkschaften gewaltig an: Die C.G.T. erreichte erneut ihre höchsten Mitgliedszahlen aus der Zeit der Volksfront 1936 mit rd. fünfeinhalb Millionen, die C.F.T.C. mit etwa einer Dreiviertelmillion einen abso-

---

31 Text bei Lorwin, S. 315ff.
32 Ehrmann, S. 262ff.
33 Programm des C.N.R. und Vorschlag der C.G.T. hierfür bei H. Michel u. B. Mirkine-Guetzévitch (Hg.): Les Idées politiques et sociales de la Résistance, Paris 1954, S. 199ff., 215ff. Dem Vorschlag der C.G.T. waren kommunistische und sozialistische Sondervoten beigegeben, aus denen hervorging, daß die KP für die Wiederherstellung der Sozialgesetzgebung der Volksfront, die Sozialisten aber für einen großen Bereich entschädigungsloser Sozialisierungen eintraten. Zur Haltung der C.F.T.C. Adam, S. 93ff.; Lefranc, S. 16ff.; außerdem wurde die C.G.T. – ähnlich wie der DGB – als Einheitsgewerkschaft durch die Gründung von Angestelltengewerkschaften beeinträchtigt, vor allem der Confédération Générale des Cadres, s. H. Lange: Wissenschaftlich-technische Intelligenz. Neue Bourgeoisie oder neue Arbeiterklasse? Köln 1972, S. 113ff.

luten Höchststand. Da sie auch jetzt auf ihrer organisatorischen Eigenständigkeit beharrte, wurde der einheitsgewerkschaftliche Ansatz in Frankreich auf ein kommunistisch-sozialistisches Bündnis reduziert. Aber auch dieses erwies sich im Vergleich mit Italien als weniger geschlossen, da die französischen Sozialisten wenigstens teilweise ihre Kontinuität bewahrt hatten und auf eine geschlossenere und erfolgreichere Tradition zurückgreifen konnten. Anders als die linke Mehrheit der italienischen Sozialisten grenzte sich die S.F.I.O. von der P.C.F. organisatorisch ab und schuf in der Regierung durch Zusammenarbeit mit der M.R.P., einer damals überwiegend fortschrittlichen katholischen Massenpartei, ein Gleichgewicht gegenüber dem Sog des kommunistischen Koalitionspartners. Diese Distanz konnte auf die Dauer auch die Einheitsgewerkschaft nicht ausnehmen, da diese in der Lähmungskrise weniger als wirtschaftlicher Interessenverband denn als ordnungspolitisches Instrument wirkte. Sie zeigte sich seit 1946 durch eine zunehmende sozialistische Fraktionierung innerhalb der C.G.T., die sich insbesondere der kommunistischen Kaderpolitik und ihrer Umwandlung der Gewerkschaft in einen politischen Massenverband widersetzte. Auf beiden Gebieten bezahlten die Sozialisten ihre ambivalente Bündnispolitik mit beträchtlichen Verlusten an Wählern bzw. gewerkschaftlichen Anhängern sowie mit innerparteilichen Zerreißproben[34].

Auf der anderen Seite war es das Verdienst des mit den beiden großen Gewerkschaften verbündeten Systems der drei Regierungsparteien, daß ein großer Teil der im Programm des „Nationalen Befreiungsrates" vorgesehenen Strukturreformen 1945/46 in die Wirklichkeit umgesetzt wurde: Nationalisierung der Bodenschätze, großer Verkehrsbetriebe, der größten Banken und Versicherungsgesellschaften, Enteignung von Kollaborateuren (insbesondere der Renault-Werke), Einrichtung wirtschaftlicher Planungsinstrumente des Staates, Beteiligung der Gewerkschaften und Verbraucherverbände an der Aufsicht über die nationalisierten Unternehmen, gesetzliche Absicherung der Betriebsräte, Ausbau der Sozialversicherung. Mochte auch diese Politik noch gegenüber sozialistischen Forderungen zurückbleiben, so kam sie doch von allen derartigen Versuchen im westlichen Bereich der wirtschaftsdemokratischen Zielvorstellung in der Praxis am nächsten.[35]

Die Strukturreformen lösten jedoch die wirtschafts- und finanzpolitische Problematik des Wiederaufbaus nicht, vielmehr ergab sich durch die Vermeidung eines wirksamen Lastenausgleichs und die schrittweise Liberalisierung der Wirtschaft ein ähnlicher Widerspruch zwischen bürgerlicher Rekonsolidierung auf der einen Seite und Unterversorgung und Unterbeschäftigung der Arbeiter auf der anderen, wie er

---

34 Bruce D. Graham: The French Socialists and Tripartisme 1944–1947, London 1965, bes. S. 184ff.
35 Zu den Nationalisierungen H. Raidl: Unternehmen und Institutionen der öffentlichen Wirtschaft in Frankreich, in: Wilhelm Weber, S. 97ff.; Maurice Byé: Nationalization in France, in: Mario Einaudi, Nationalization, S. 238ff.; den Vergleich zu England in William Alexander Robson (Hg.): Problems of nationalized Industry, London 1952, S. 238ff. Zur Partizipation Leminsky, S. 70ff.; Paul Durand: Die Beteiligung der Arbeitnehmer an der Gestaltung des wirtschaftlichen und sozialen Lebens in Frankreich, Luxemburg 1962. Zur Planung und ihrer Veränderung Pierre Bauchet: La planification française, Paris 1966.

für Italien mit seinen weit weniger eingreifenden Strukturreformen charakteristisch war. Auch die Führung der K.P.F. konnte dem ökonomischen Druck ihrer Basis – am wichtigsten war ein umfassender Lohnstreik auf den nationalisierten Zechen – nicht dauernd aus politischen Gründen widerstehen und mußte schließlich widerstrebend die Führung eines spontanen Streiks in ihrer Hochburg Renault übernehmen[36]. Der sozialistische Regierungschef, der mit den USA über Kapitalhilfe verhandelte, nahm dies zum Anlaß, die P.C.F. aus der Regierung zu entlassen. Obschon in die Opposition gedrängt, verhielt sich die kommunistische Parteiführung noch über Monate des Frühsommers 1947 hinweg als „Partei der Regierung", aber in der staatlichen Lenkung war im Takt mit der amerikanischen Initiative in Europa eine Gewichtsverlagerung nach rechts eingetreten. Diese Entwicklung förderte entscheidend die Fraktionierung innerhalb der C.G.T., die mit der Abspaltung der sozialistischen Force Ouvrière (C.G.T./F.O.) endete, nachdem die Kommunisten die Gewerkschaft zur Entfesselung der schon aus Italien bekannten Streiks gegen den Marshall-Plan benutzt hatten. Zwar blieben diese auch in Frankreich in der Demonstration stecken, aber wie in Italien hatte die herausragende Beteiligung der KP an der Befreiungsbewegung und an der Nachkriegskoalition bewirkt, daß die Spaltung der Kader der Einheitsgewerkschaft keinen entsprechenden Mitgliederabfluß nach sich zog. Die C.G.T. blieb die beherrschende politisch-ökonomische Interessenvertretung der französischen Arbeiter, die F.O. eine auch im Vergleich mit der C.F.T.C. relativ unbedeutende Richtungsgewerkschaft[37].

Daß die einheitsgewerkschaftliche Bewegung der frühen Nachkriegsjahre zwar ohne sozialistisch-kommunistische Zusammenarbeit undenkbar, aber doch ein bloßes Ergebnis einer kommunistischen Übermacht war, wie dies vielleicht die Entwicklung in den romanischen Ländern vermuten lassen könnte, zeigt der Vergleich mit England. Die KP Großbritanniens war zwar nach ihrem Einschwenken auf die Volksfrontlinie und namentlich seit 1941 aus ihrer sektenhaften Isolierung herausgekommen und errang während des Krieges die Führung in einer Reihe gewerkschaftlicher Einzelverbände bzw. Regionalorganisationen. Die Auseinandersetzungen über die Aufnahme der KP als korporatives Mitglied in die Labour Party zeigten jedoch, daß die Kommunisten und ihre Fürsprecher 1943 nur wenig mehr als ein Drittel, 1946 nicht einmal mehr ein Fünftel der Stimmen auf den gewerkschaftlich dominierten Parteitagen abgeben konnten, wobei die Fürsprecher ihrerseits eine große Mehrheit über die eigentlichen kommunistischen Militanten ausgemacht

---

36 Zur Produktionskampagne der P.C.F. und zu den Streiks bis zur Entlassung aus der Regierung Lefranc, S. 29ff., 42ff.; Braunthal, Bd. 3, S. 61–65; Lorwin, S. 105ff.; Graham, S. 252ff.; Rieber, S. 310ff., 347ff.; Duclos u. a. Manuel, S. 469ff.

37 Zur Spaltung und den vorausgegangenen sog. Molotow-Streiks Lefranc, S. 52ff.; Lorwin, S. 119ff.; Barjonet, S. 49ff., der die Mitwirkung des amerikanischen Geheimdienstes an der Bildung der F.O. betont (s. u.). Aus syndikalistischer Sicht Pierre Monatte: Trois Scissions syndicales, Paris 1958, S. 176ff.; aus kommunistischer Sicht Duclos u. a. S. 507ff.; und bes. Bruhat, Piolot, S. 193ff.; aus der Sicht der F.O. selbst Georges Vidalenc: Die französische Gewerkschaftsbewegung, Köln 1953, S. 60 ff.; André Bergeron: F.O., 2. Aufl., Paris 1972, S. 24ff.

haben dürften[38]. Zwar war deren Stellung im Gewerkschaftskongreß T.U.C. wesentlich stärker, zumal die Grenzen zum übrigen linken Flügel fließend waren; gleichwohl ist dieser sicher nicht allein oder unmittelbar verantwortlich für die epochale T.U.C.-Initiative zur Überwindung der Spaltung der internationalen Gewerkschaftsbewegung. Diese entsprang vielmehr der Lage von 1941, als nur noch die Sowjetunion und Großbritannien die bedrängten Kriegsgegner des deutschen Faschismus waren und der T.U.C. dies zum Anlaß nahm, eine sowjetisch-britische Gewerkschaftskommission zu initiieren. Dieser Ansatz wurde in den folgenden Jahren zur Gründung eines einheitlichen Weltgewerkschaftsbundes am 30.5.1945 ausgeweitet, der kommunistische, frei- und einheitsgewerkschaftliche Organisationen mit Ausnahme der Föderation der gewerkschaftlichen Industrieverbände in USA, AFL, zusammenführte[39]. Ähnlich wären ohne das politische Gewicht des linken, weit über die Kommunisten hinausgehenden Flügels des T.U.C. die großen sozialpolitischen Fortschritte der Kriegskoalition und der Labour-Regierung schwerlich zustande gekommen. Andererseits waren auch diese epochemachenden Reformen auf den Gebieten Sozialversicherung, öffentliche Gesundheitsfürsorge, Bildungsreform und Städtebau eher liberalen und technokratischen Innovationen zu verdanken als aus sozialistischen oder gar marxistischen Theorien abzuleiten[40].

Neben der Initiative zur politischen Gewerkschaftseinheit und den sozialpolitischen Fortschritten gab es vom linken Flügel weniger abhängige Entwicklungstendenzen, welche die britischen mit den kontinentalen Perspektiven der Einheitsgewerkschaft verbanden. Zu nennen sind zunächst die großen Organisationsfortschritte des T.U.C., mit denen die Niederlagen der Zwischenkriegszeit mehr als wettgemacht wurden. Das Rückfluten alter Mitglieder in die Organisation und deren Zugewinn verteilten sich nicht gleichmäßig auf alle Verbände der stark in Berufs- und Regionalorganisationen zersplitterten englischen Gewerkschaftsbewegung, sondern stützten namentlich die großen Verbände und hier wiederum jene im T.U.C.. Gegenüber 1930 hatte sich 1945 die durchschnittliche Größe der T.U.C.-Verbände verdoppelt, ihre Anzahl um 10 % auf 192 gesenkt, ihre Gesamtmitgliedschaft auf sechseinhalb Millionen nahezu verdoppelt, von denen sich über die Hälfte in sechs Großgewerkschaften konzentrierte. Der Anteil der im T.U.C. vereinigten an allen Gewerkschaftsmitgliedern erreichte einen auch später nicht mehr erreichten Höchststand von 84,7 %. Auch in den ersten fünf Nachkriegsjahren ist die Konzentration zugunsten der Großverbände weitergegangen, der T.U.C. konnte jedoch sein Monopol proportional bis zur Mitte der 60er Jahre nicht weiter ausdehnen. Gegenüber dem Ende

---

38 Braunthal, Bd. 3, S. 24ff.; Henry Pelling: The British Communist Party, London 1958.
39 s. Anm. 16.
40 Zum Einfluß der Arbeiterbewegung auf die Regierung, Henry Pelling: A History of British Trade Unionism, 2. Aufl., Harmondsworth 1971, S. 210ff.; P. Oehlke: Grundzüge der Entwicklung der britischen Gewerkschaftsbewegung, in: Das Argument AS 2, 1974, S. 65ff., bes. S. 91ff.; Emil Bandholz: Die englischen Gewerkschaften, Köln 1961, S. 41ff.; sowie zum Beitrag der beiden wichtigsten Gewerkschaftsführer Walter Cidrine: Two Carreers, London 1967 und Alan Bullock: The Life and Times of Ernest Bevin, Bd. 2, London 1967.

des Ersten Weltkrieges war am Ende des Zweiten die Anzahl der Einzelgewerkschaften halbiert, wenngleich mit 780 immer noch sehr hoch. Angesichts der außerordentlich schwierigen, zersplitterten Vorausetzungen kann jedoch festgestellt werden, daß in der Kriegs- und unmittelbaren Nachkriegsphase eine erhebliche Ausweitung der Mitgliedschaft mit entschiedenen Fortschritten in die Richtung vereinheitlichender Organisationen zur Zusammenfassung in einem nationalen Gewerkschaftskartell und zu großen Industriegewerkschaften Hand in Hand gegangen war. Zusammen mit der im Krieg erfolgten Öffnung nach links wird deshalb auch unter den spezifisch britischen Voraussetzungen die Perspektive der Einheitsgewerkschaft in politischer und organisatorischer Hinsicht erkennbar[41].

Diese Fortschritte wären ohne eine gemeinsame Politik nicht denkbar gewesen. Obwohl es gegen Ende des Krieges zunehmend spontane Lohnstreiks gab, blieben seit 1941 die Führungen des T.U.C., der Labour-Party und der KP bei der Unterstützung der Bemühungen der Regierung Churchill um die Erhöhung der Produktion und die Stabilisierung der Löhne. *Bevin*, der prominenteste Gewerkschaftsvertreter im Kabinett, konnte sogar als Arbeitsminister durchsetzen, daß organisierte Streiks für illegal erklärt wurden, eine Regelung, welche die Labour-Regierung bis 1951 verlängerte[42]. Produktionssteigerung, Lohnstabilisierung und Streikvermeidung bei Vollbeschäftigung sollten sich jedoch in der sich nach dem Krieg verschärfenden englischen Finanz- und Außenwirtschaftskrise als Zerreißprobe zwischen Labour-Regierung und T.U.C. und hier wiederum zwischen Linken und Rechten, Basis und Führung erweisen[43]. Die in mehr oder minder spontanen Streiks ohne gewerkschaftliche Organisation verbrachten Arbeitstage sprechen eine beredte Sprache: 1944 3,7 Mio., 1945 2,8 Mio., 1946 2,1 Mio., 1947 2,4 Mio. Unter dem Lohnstopp von 1948 senkte sich die Ziffer der Streiktage unter die 2-Millionen-Grenze, um sie erst 1952 wieder zu überschreiten[44].

Charakteristisch schließlich für die trade-unionistische Abwandlung der epochalen einheitsgewerkschaftlichen Bewegung ist die Haltung des T.U.C. zum Programmkomplex der Strukturreformen. Großbritannien entwickelte in der Rekonstruktionsphase nicht nur die staatlichen Planungsinstrumente der Kriegswirtschaft weiter, sondern die Labour-Regierung, maßgeblich getragen vom T.U.C., führte eine Serie

---

41 P. E. P. (Hg.): British Trade Unionism, London 1948, S. 5ff.; Tabellen auch bei Pelling, Trade Unionism, S. 280ff.; vgl. auch Andreas Villiger: Aufbau und Verfassung der britischen und amerikanischen Gewerkschaften, Berlin (W.) 1966, S. 76ff., 105ff.

42 Um einen Lohnstopp oder ähnliche Regierungskontrollen zu vermeiden, schuf Bevin durch Order 1305 vom 10.6.1940 institutionalisierte Tarifverhandlungen mit Zwangsschlichtung bei Verbot von Streik und Aussperrung. John Lovell u. Benjamin C. Roberts: A short History of the T.U.C., London 1968, S. 146f.; zu den Institutionen P.E.P., S. 35ff.; zum Widerstand gegen die Maßhaltepolitik der Regierung Pelling, Trade Unionism, S. 216f., 224ff.; Oehlke, S. 92.

43 Zu den Versuchen der Regierung, durch Lohnstabilisierung die außenwirtschaftliche Krise Englands zu mildern, die 1948 zu einem bis 1951 eingehaltenen Lohnstoppabkommen mit dem T.U.C. führte vgl. Gerald A. Dorfman: Wage Politics in Britain 1945–1967, London 1974, bes. S. 51ff.; Kritik aus kommunistischer Sicht bei Oehlke, S. 97ff.

44 Pelling, Trade Unionism, S. 282f.

spektakulärer Nationalisierungen durch, beginnend mit der Bank of England, dem Transportgewerbe und anderen infrastrukturellen Schlüsselbereichen wie dem Gesundheitswesen sowie der Elektrizitäts- und Gaswirtschaft über die Verstärkung öffentlicher Planungs- und Enteignungsrechte für die Gründung neuer Städte bis zu Kohle und Stahl. Sicher waren diese Maßnahmen nicht auf Druck der Kommunisten zustandegekommen; sie entsprachen weit eher der technokratischen Tradition der rechtssozialdemokratischen Fabier, ja es ist überhaupt in Zweifel gezogen worden, ob derartige Teilsozialisierungen im Interesse der Arbeiterklasse lägen[45]. Die Nationalisierungen der Labour-Regierung hatten (wenn auch z. T. durch Aufholung eines Nachholbedarfs) einen größeren Umfang als in irgendeinem anderen westlichen Land in dieser Phase und überstiegen auch die kurzfristigen Ziele der Arbeiterbewegung in Westdeutschland.

Ganz im Gegensatz zum Kontinent wollten die englischen Gewerkschaftsführungen aber nicht an der Leitung der nationalisierten Unternehmen beteiligt werden, es sei denn vermittelt über den parteipolitischen und staatlichen Lenkungsapparat. Aus ihrer Tradition heraus verstanden sie Mitbestimmung einerseits als Ausdruck eines linken Syndikalismus, wie er sich ihnen in der innerbetrieblichen Konkurrenz der Shop-Stewards, des Guild Socialism und der Workers Control nach dem Ersten Weltkrieg dargeboten hatte, und andererseits als Bedrohung gewerkschaftlicher Kampfsubstanz durch unternehmerfreundliche Konsultativausschüsse in den Betrieben. Die Gewerkschaftsführer wollten das Prinzip der Tarifautonomie auch im nationalisierten Sektor nicht beeinträchtigen. Entsprechend der englischen Demokratietradition legten sie industrielle Demokratie als Übertragung der parlamentarischen Auseinandersetzung zwischen Regierung und Opposition auf den oppositionellen Kampf der Arbeiter um ihre Arbeits- und Lebensbedingungen auch gegen die nationalisierten Unternehmensregierungen aus. Gewerkschaftliche Teilnahme an der Unternehmensleitung lasse ambivalente Verantwortlichkeiten entstehen, was angesichts verbreiteter Selbsttätigkeit der Basis in der britischen Arbeiterbewegung hieß: eine Legitimitätskrise der Gewerkschaftsführungen. Der T.U.C. unterstützte deshalb die Nationalisierungspolitik im Sinne erhöhter gesamtwirtschaftlicher Rationalität, lehnte aber seine Beteiligung an der Führung und Kontrolle dieser Betriebe ab. Als Kompromiß wurden jedoch eine Reihe der bedeutendsten Gewerkschaftsführer in die Aufsichtsorgane der nationalisierten Sektoren berufen, die dadurch jedoch ihre gewerkschaftlichen Funktionen verloren. Freilich konnte damit der Vorwurf, Pfründen für die gewerkschaftlichen Eliten geschaffen zu haben, nicht vermieden werden, der auf-

---

45 Aus der Literatur zu den britischen Nationalisierungen seien hier nur erwähnt: E.F. Schumacher: Die Sozialisierung in Großbritannien, in: Wilhelm Weber, S. 1ff.; die Bestandsaufnahme bei William Alexander Robson (Hg.): Problems; Ben W. Lewis: British Planning and Nationalization, New York, London 1952; Dietrich Goldschmidt: Stahl und Staat, Stuttgart, Düsseldorf 1956 (hier auch zur Reprivatisierung). Zur Kritik der gemischten Wirtschaft aus marxistischer Sicht z. B. Andrew Glyn u. Bob Sutcliffe: British Capitalism, Workers and the Profits Squeeze, Harmondsworth 1972, S. 162ff.

tauchte, sobald sich herausstellte, daß Lage und Löhne der Arbeiter sich durch die Nationalisierung ihrer Betriebe nicht grundlegend veränderten[46].

Zwar lassen sich auch für das besetzte Deutschland und insbesondere die Westzonen ähnliche einheitsgewerkschaftliche Entwicklungsrichtungen in der Organisations- und Funktionsfrage feststellen wie in den anderen großen Industrieländern Europas. Im Vergleich erscheint als deutsches Kennzeichen jedoch der Widerspruch zwischen besonders geringen machtpolitischen Entfaltungsmöglichkeiten der Arbeiterbewegung und einer umfassenden programmatischen Erwartung in Gestalt einer gemeinwirtschaftlichen Utopie. In der Literatur besteht die Gefahr, diese Perspektive mit der erzwungenen Rolle der Basis bei der Gründung der Gewerkschaften zu einem dynamischen sozialistischen Potential zu synthetisieren, dem repressive Besatzungsmächte als rein exogene Faktoren gegenübergestellt werden. Wird aber die Frage nicht beantwortet, warum namentlich Franzosen und Amerikaner dazu in der Lage waren, eine zügige Herausbildung einer Einheitsgewerkschaft in Deutschland zu verhindern und die Realisierung grundlegender Programmpunkte teils zu untersagen, teils zu vertagen, wird der problematische Kontrast im Theorie-Praxis-Verhältnis verfehlt.

Die Chance wie auch das Haupthindernis der einheitsgewerkschaftlichen Bewegung in Deutschland lassen sich darauf zurückführen, daß hier die Arbeiterbewegung durch den Faschismus eine so fundamentale Niederlage erlitten hatte, daß sie in organisierter Form überhaupt verschwunden war. Der Ausfall demokratischer Gegengewichte – liberaler Institutionen und der organisierten Arbeiterbewegung – ermöglichte erst den selbstdestruktiven Amoklauf, den die kapitlistische Gesellschaft in Deutschland unter Führung der Nationalsozialisten 1933 antrat. Insofern weist der Verlust der nationalen Souveränität am Kriegsende, der auch die Entwicklung von Parteien und Gewerkschaften unmittelbar von den jeweiligen Interessen der Siegermächte abhängig machte, auf das gemeinsame und jeweilige Versagen der Organisationen gegenüber dem Nationalsozialismus in der Weltwirtschaftskrise zurück. Die Selbstisolierung der RGO und die „Gleichschaltung von innen"[47], mit der freie und christliche Gewerkschaftsführer ihre Organisationen auch im Dritten Reich zu bewahren hofften, hatten teils die Einheit der Gewerkschaften, teils die Mobilisierung ihrer Kampfkraft verhindert. Gemeinsamer Kampferfahrung bar, konnte die Arbeiterklasse nicht zu gemeinsamem effektivem Widerstand geleitet werden[48]. Die Ver-

---

46 Hugh Armstrong Clegg: Industrial Democracy and Nationalization, Oxfort 1955; für die innergewerkschaftliche Opposition dagegen Ken Coates u. Tony Topham: The New Unionism – the Case for Workers' Control, London 1972, S. 109ff.; Rudolf Kuda: Arbeiterkontrolle in Großbritannien, Frankfurt 1970, bes. S. 139ff. Vgl. Leminsky, S. 21ff.; William W. Haynes: Nationalization in Practice: The British Coal Industry, London 1953, Kap. 9ff.
47 Beier, Einheitsgewerkschaft, S. 230.
48 Zwar sind viele Gewerkschafter von den Nationalsozialisten politisch verfolgt worden und allgemein ein Verbindungs-Halten der früheren Gewerkschafter, Besprechungen über Wiederaufbaupläne nach dem Faschismus wie auch heroische Einzelaktionen belegbar, aber es kam weder zu aktivem Massen-

folgung gewerkschaftlicher und parteipolitischer Kader im Faschismus trieb diese, wo nicht in Haft und Tod, in die Vereinzelung der inneren und äußeren Emigration.

Es war jedoch chrakteristisch für den Klassencharakter gewerkschaftlicher Organisation (im Unterschied zum Sammlungscharakter parlamentarischer Parteien), daß die organisatorische Einigung der Arbeiterbewegung bei den Vorüberlegungen im Widerstand und in der Emigration ihre größten Fortschritte auf *gewerkschaftlichem* Gebiet erzielte. Die gemeinsame Tendenz zur organisatorischen und politischen Vereinheitlichung meinte jedoch nicht, daß überall nach Form und Inhalt dieselbe verfolgt worden wäre. In der Emigration reflektierten die Ansätze der deutschen Gewerkschaftsgruppen unübersehbar die Grundströmungen ihrer Gastländer; ähnliches läßt sich auch für Deutschland behaupten, insofern im gewerkschaftlichen Widerstand vielfach die DAF als Ausgangspunkt einer demokratischen Gewerkschaftsentwicklung hingenommen wurde. Organisatorisch lassen sich im wesentlichen drei Haupttypen unterscheiden: Spitzenfunktionäre des ADGB und der christlichen Gewerkschaften im Widerstand und in der schwedischen Emigration wollten die nach Industrieverbänden gegliederte DAF in einem Prozeß demokratischer Evolution ihrer korporativistischen Züge entkleiden[49]. Die Kommunisten vertraten das an die Erfahrung in ihren romanischen Hochburgen angelehnte Modell der sog. „Eintopfgewerkschaft", einer politischen Einheitsgewerkschaft, in der die politische Machtbildung auf lokaler, regionaler und nationaler Ebene die Überhand gegenüber der ökonomischen Orientierung der Industrie- und Branchenverbände haben sollte[50]. Im Bannkreis des Internationalen Gewerkschaftsbundes entwickelte die gewerkschaftliche Emigration in England hingegen ein Modell, das den organisatorischen Akzent weniger eindeutig setzte und anstelle der politischen Vereinigung von Sozialdemokraten und Kommunisten mit der Betonung parteipolitischer Neutralität mehr als Angebot an die christlichen Gewerkschaften zu verstehen war[51].

Fortsetzung von Fußnote 48:
    widerstand noch zu organisierten Putschversuchen aus der Arbeiterbewegung heraus. Hans-Gerd Schumann: Nationalsozialismus und Gewerkschaftsbewegung, Hannover 1958; Horst Bednareck: Gewerkschafter im Kampf gegen die Todfeinde der Arbeiterklasse und des deutschen Volkes 1933–1945, Berlin (O.) 1966; Helmut Esters u. Hans Pelger: Gewerkschafter im Widerstand, Hannover 1967; Ludwig Reichhold: Arbeiterbewegung jenseits des totalen Staates. Die Gewerkschaften und der 20. Juli 1944, Köln, Stuttgart, Wien 1965.

49 Vgl. Borsdorf, S. 394ff. Hier auch zur zeitweiligen Taktik der KPD, im Kampf gegen den NS in den Institutionen der DAF zu arbeiten. Vgl. auch Anm. 22.

50 Zur Berliner FDGB-Gründung Klein, S. 232ff.; Werner Conze: Jakob Kaiser. Politiker zwischen Ost und West, Stuttgart 1969, S. 11ff.; daneben vgl. Karl Blank: Beiträge zum innerdeutschen Gewerkschaftsdialog, Bonn 1971, Bd. 1, S. 15ff.; Günter Griep u. Chalotte Steinbrecher: Die Herausbildung des Freien Deutschen Gewerkschaftsbundes, Berlin (O.) 1968; Karl Fugger: Geschichte der deutschen Gewerkschaftsbewegung, Berlin (O.) 1949, Wiederdruck Berlin (W.) 1971, S. 251ff. Die Bedeutung der C.G.T. bei Herausbildung der Gewerkschaftskonzeption der Komintern und der KPD 1935 betont: Horst Bednareck: Die Gewerkschaftspolitik der KPD 1935–1939, Berlin (O.) 1969, S. 121ff. u. ö.; die Erfahrungen der anderen kommunistischen Parteien (insbes. der italienischen) nach 1943 für die Bündnispolitik des ZK der KPD Laschitza, S. 125. Vgl. im übrigen Anm. 52.

51 Klein, S. 108f.; Borsdorf, S. 398.

Alle drei Modelle wurden, sobald die Alliierten Deutschland besetzten, in den lokalen gewerkschaftlichen Gründungsversuchen virulent; daneben gab es Varianten wie lokale Betriebsobleutebewegungen sowie die Wiederanknüpfung branchengewerkschaftlicher Funktionäre an ihr früheres Geschäft. Maßgeblich für die Vermittlung dieser Modelle in die örtlichen Gründungsgruppen war die in der bisherigen Literatur unterschätzte Bedeutung der Rückkehr zahlreicher Gewerkschafter aus der Emigration, die häufig mit den ersten alliierten Truppen bereits nach Deutschland kamen. Allgemein bekannt ist dies von den KP-Gruppen, die der Roten Armee attachiert waren; auch im Westen gab es jedoch zahlreiche Delegierte des „Nationalkomitees Freies Deutschland für den Westen", die aus Frankreich, der Schweiz und Belgien vor allem nach West- und Süddeutschland geschleust wurden. Schließlich ist eine Gruppe von Sozialdemokraten aus der englischen Emigration zu nennen, die als Mitarbeiter des amerikanischen Nachrichtendienstes „OSS" sogleich in den wichtigsten deutschen Großstädten eingesetzt wurden und, obwohl in nur beratender Funktion, durch ihren Informationsvorsprung und ihre Beziehungen bedeutende programmatische und organisatorische Hilfestellung gaben[52].

Dieser mittelbaren Hilfe standen sehr unmittelbare Eingriffe der Alliierten in die gewerkschaftliche Selbstorganisation gegenüber. Die Sowjets förderten das Modell der „Eintopfgewerkschaft" als Zonen- und möglichst Reichsverband mit zentraler, von oben parteipolitisch zusammengesetzter Leitung, für das auch in anderen Zonen bei starker kommunistischer Beteiligung gewöhnlich der Name FDGB gewählt wurde. Alle Besatzungsmächte gaben der Rückwandlung der DAF zur Gewerkschaft, wie z. B. *Hans Böckler* in Köln und *Markus Schleicher* in Stuttgart anstrebten, keine Chance. Die Amerikaner favorisierten Gewerkschaften als branchenmäßig organisierte ökonomische Interessenvertretung. Engländer und Amerikaner erzwangen mit einem Stufenplan den Aufbau der Organisationen von der betrieblichen und lokalen Ebene her und verhinderten damit eine schnelle gewerkschaftliche Machtbildung bei höheren Führungskadern der Weimarer Zeit, während die Franzosen Landesverbände zuließen, aber dem Zusammenschluß von Reichsgewerkschaften zähen Widerstand entgegensetzten[53]. Neben der Emigration und den Militärregierungen spielte noch die Aktivität ausländischer Gewerkschaften eine Rolle, die – z. T. mit der Besatzungsmacht koordiniert – die deutschen Kollegen für die Übernahme ihrer eigenen

---

52 Zum NKFD für den Westen und zur deutschen Sprachgruppe in der C.G.T. vgl. Klein, S. 111ff.; Karlheinz Pech: An der Seite der Résistance, Frankfurt 1974, S. 263ff.; Horst Duhnke: Die KPD von 1933 bis 1945, Köln 1972, S. 407ff.; zur Zusammenarbeit des OSS-Labor-Desk in London mit dem IGB P. H. Smith: OSS, Berkeley 1972, S. 204ff. (Ulrich Borsdorf und der Verf. werden diesen Komplex für Deutschland demnächst näher dokumentieren.)

53 Zur Gründungsgeschichte der Gewerkschaften in dem von den Besatzungsmächten gesetzten Rahmen vgl. die in Anm. 11 u. 13 genannte einschlägige Lit. Dabei wird nicht immer realisiert, daß die wesentlich von Sozialisten und Kommunisten getragene französische Regierung ihre Obstruktionspolitik in der 9. Sitzung des Alliierten Kontrollrats am 20.10.1945 damit begann, daß sie die von den anderen drei Mächten gewünschte gesamtdeutsche Gewerkschaftsbildung verhinderte. U.S. Dep. of State (Hg.): Foreign Relations of the United States. Diplomatic Papers 1945, vol. III, Washington 1968, S. 846–852.

gewerkschaftlichen Organisationsformen und Ziele gewinnen wollten. Am längsten engagierte sich die amerikanische AFL, die das stufenförmige Wachstumsmodell der Militärregierung ablehnte, weil sie von ihm, wohl gegen seine Intentionen, eine Förderung des kommunistischen Einflusses erwartete und stattdessen die Bildung ökonomisch orientierter Industrieverbände in den Westzonen unter namhafter Beteiligung der reformistischen Gewerkschaftseliten der Vorkriegszeit befürwortete. Wichtig wurde daneben eine Delegation des T.U.C., die den Gewerkschaftsführern der britischen Zone klarmachte, daß die Briten sich mit keiner Form zentralistischer Einheitsgewerkschaften, seien sie nun vom DAF-oder vom KP-Modell her entwickelt, einverstanden erklären würden[54].

Damit waren in der Organisationsfrage Vorentscheidungen getroffen, die darauf hinausliefen, daß der Gewerkschaftsaufbau eine große Vielfalt zeigen und zunächst auf der regionalen und Zonenebene stagnieren würde. Von vornherein war er auf zwei getrennte Wege festgelegt: Einmal den der politischen, zentralen Einheitsgewerkschaft im Machtbereich der Sowjetunion und in westlichen Lokalorganisationen mit besonders starker kommunistischer Basis, andererseits in unterschiedliche, noch weiter verwässerte Varianten des ohnehin elastischen Modells der englischen Emigration in den Westzonen. Die Dominanz der regionalen Organisationsebene dürfte von den Westalliierten auch deshalb unterstützt worden sein, weil so eine Wiederholung der Polarisierung autonomer Machtbildung in der lokalen Basis und in der nationalen Spitze der Arbeiterbewegung, wie sie in Italien den Amerikanern zu schaffen gemacht hatte, in Deutschland vermieden würde[55].

Das zweite Grundproblem im Organisatorischen war die Frage nach dem Umfang, den Interessen und der Spontaneität des gewerkschaftlichen Potentials. Seine Organisation begann unmittelbar nach der Besetzung, wurde auch von den Beteiligten in aller Regel für wichtiger gehalten als der Aufbau politischer Parteien[56], und konnte schnell einen großen Umfang annehmen. Unabhängig von unmittelbaren Interessen und parteipolitischen Einstellungen erschien der Eintritt in die sich nun bildenden

---

54 Auf Grund englischer und amerikanischer Gewerkschaftsmaterialien hierzu jetzt grundlegend das dem Verf. freundlicherweise zur Verfügung gestellte Manuskript von Gerhard Beier: Probleme der Gründung und des Aufbaus westdeutscher Gewerkschaften unter dem Primat der Außenpolitik, Kronberg 1972, S. 51; daneben Ronald Radosh: American Labor and United States Foreign Policy, New York 1969, S. 325ff. und George Wheeler: Die amerikanische Deutschlandpolitik, Berlin (O.) 1958, Teil II. Für die Beziehungen des WGB zu Deutschland findet sich ein Überblick aus der Sicht des FDGB in den Kap. 2–6 bei Albert Behrendt: Der Weltgewerkschaftsbund und die deutschen Gewerkschaften, Berlin (O.) o. J. (1965).
55 Vgl. z. B. Th. R. Fisher: Allied Military Government in Italy, in: The Annals 267, 1950, S. 114ff., bes. S. 117ff.
56 Von wenigen Ausnahmen wie Kurt Schumacher abgesehen galt die Tätigkeit der Arbeiterbewegung in den ersten Tagen nach der Befreiung der Bildung von überparteilichen Aktionsausschüssen und von Gewerkschaften bzw. deren Vorformen (Betriebsräte, Obleutebewegungen), da die Einheit in diesem Bereich unumstritten schien. (Vgl. Anm. 58 u. 73.) Zugleich machte die Haltung der amerikanischen Militärregierung, die zunächst die Bildung von Gewerkschaften in Aussicht gestellt, politische Betätigung aber verboten hatte, gewerkschaftliche Arbeit auch als Ersatzpolitik interessant. Für die Gewerkschaftspolitik Klein, S. 134ff.; für die Lizenzierung politischer Betätigung, Lutz Niethammer: Entnazifizierung in Bayern, Frankfurt a.M. 1972, S. 126ff., 198ff.

Gewerkschaften, nach welchem Modell sie am einzelnen Ort immer aufgebaut werden mochten, großen Teilen der Arbeiter und Angestellten als die natürlichste und unmittelbarste Reaktion auf ihre Unterdrückung im Dritten Reich. Dabei wurden die Gewerkschaften von zwei unterschiedlichen Polen her zugleich gegründet, einmal von gewöhnlich älteren Führungskreisen auf regionaler Ebene, andererseits von der betrieblichen Basis her[57]. Im Unterschied zu Italien war die Machtbildung auf beiden Seiten jedoch wesentlich begrenzter: bei den Führungen durch ihre regionale Zersplitterung; an der Basis mangelte es an der Kampferfahrung und Militanz der nationalen Befreiungsbewegungen. Ohne das Selbstbewußtsein erfolgreichen Widerstands, vermindert um große, zum Kriegsdienst eingezogene Teile der Arbeiterschaft und demoralisiert durch die Kluft gegenüber der Reservearmee der europäischen Zwangsarbeiter im Faschismus war die spontane politische Aktion der deutschen Arbeiter vor allem bei der Säuberung verhältnismäßig gering. Auf der anderen Seite demonstrierten sie z. T. sehr aktiv ihr Interesse an genossenschaftlicher Selbsthilfe und gewerkschaftlicher Vertretung, um die Produktion wieder anzukurbeln, die Arbeitsplätze zu sichern und wenigstens ein Minimum an Versorgung zu gewährleisten. Diese Arbeiterklasse war viel eher als z. B. die Partisanen in Südeuropa geeignet, im Rahmen eines Wachstumspaktes zur Überwindung der Lähmungskrise lohnpolitische Zurückhaltung in den Gewerkschaften mitzutragen. Zwar lassen sich auch in Deutschland einzelne Beispiele für die aus anderen Ländern bekannten Unterschiede zwischen der Mitwirkung der Gewerkschaften an der gesamtgesellschaftlichen Rekonstruktion und den unmittelbaren Interessen an der Basis aufzeigen, aber es handelt sich vergleichsweise um Andeutungen. Der Abbau des Einflusses der Antifa- und Betriebsausschüsse und späterer Betriebsräte im Zuge des gewerkschaftlichen und administrativen Aufbaus verlief undramatisch. Dieselben Aktivisten übernahmen häufig nur eine neue Funktion, durch die sie zwar zur Demokratisierung der von regionalen Führungskreisen her gebildeten Gewerkschaftsorganisationen beitrugen, zugleich aber auch ihrer Verantwortung und Disziplin unterworfen wurden[58].

Neben dem geringen Kampfpotential waren für die zurückhaltenderen Formen der „Klassenkämpfe in der Westzone"[59] die unmittelbare Regierung durch die Alliierten und die in Deutschland noch verschärfte ökonomische und infrastrukturelle Lähmungskrise verantwortlich. Zugleich verminderten diese Bedingungen Gewicht und Einflußmöglichkeiten der Gewerkschaften. Wo Planung und Lohnstopp nicht durch

---

57 Zahlreiche Beispiele hierfür z. B. bei Brandt, Hartmann, Klein, Eberhard Schmidt.
58 Lit. zu den Aktionsausschüssen bei Niethammer, Entnazifizierung, S. 124ff. und neuerdings für empirische Untersuchungen aus dem norddeutschen Raum Brandt, Christier, Hartmann sowie Lutz Niethammer (Hg.): Walter L. Dorn – Inspektionsreisen in der US-Zone, Stuttgart 1973, S. 34ff. Der Unterschied zur Radikalität mancher Partisanenbewegungen wird vielleicht am griechischen Beispiel am deutlichsten, vgl. Dominique Eudes: Les Kapitanios, Paris 1970.
59 Mit diesem Untertitel wollen umgekehrt Schmidt u. Fichter auf die Existenz eines radikalen Potentials hinweisen. Auf gewerkschaftlicher Ebene scheint mir Gerhard Beier, Gründungsphase, S. 40, eine ähnliche Fehlakzentuierung zu suggerieren, wenn er die Gewerkschaften die „stärkste Macht im Interregnum" nennt.

eine nationale Regierung, die auf die Mitwirkung der Gewerkschaftsspitzen angewiesen war, sondern in Zonen zerteilt unmittelbar von Militärregierungen erwirkt wurde, ersetzte deren militärische Macht die Integrationskraft der Arbeiterbewegung im Prozeß der Reorganisation und Steigerung der Produktion. In dem Maße wie Gewerkschaften in Deutschland jedoch nicht systemnotwendig waren, gewannen sie auch nicht die Positionen, um sozio-ökonomische Strukturreformen oder doch wesentliche sozialpolitische Fortschritte als Preis ihrer Mitwirkung zu erreichen. Insofern die Verhandlungsposition der Gewerkschaften am Anfang der Besetzung sehr schwach war, kollidierte sie auch weniger als in anderen Ländern mit der ohnehin geringeren Aktivität der lokalen und betrieblichen Basis, die an sich durch die Lokalisierung der Gesellschaft in der Lähmungskrise begünstigt wurde. Vielmehr wurden die Energien beider darauf gerichtet, überhaupt eine Einheitsgewerkschaft gegen die alliierten Beschränkungen aufzubauen. Deshalb waren die ersten Jahre von einem Primat der Organisationsfrage bestimmt. Und was bei deren Lösung an integrierender Tradition aus gemeinsamem Widerstand gegen den Faschismus fehlen mochte, wurde durch den gemeinsamen Widerstand gegen die Beschränkung gewerkschaftlicher Entwicklungsmöglichkeiten sowie gegen die Demontage ersetzt.

Diese Lage änderte sich erst, als den Besatzungsmächten daran lag, z. B. die Kohleproduktion über das erzwingbare Maß hinaus zu steigern und sich mit Zwangsmaßnahmen generell zurückzuhalten. Prompt stellte sich 1947 vorübergehend die bekannte Konstellation ein: Produktionssteigerungskampagne, Hungerstreiks, Fortschritte bei Mitbestimmung und Sozialisierung[60]. Obwohl die deutschen Gewerkschaften von den Besatzungsmächten an der Wahrnehmung der gesamtgesellschaftlichen Funktionen der westeuropäischen Einheitsgewerkschaft zumindest bis 1947, z. T. bis 1949 gehindert wurden, griffen sie deren Funktionsbestimmung auf. Sie fügten sich als subsidiäre Hilfsorgane in den von den Alliierten gesteuerten Rekonstruktionsprozeß, denn viele Gewerkschafter glaubten wie *Hans Böckler*, daß mit dem Wirtschaftspotential auch die kapitalistische Wirtschaftsordnung hierzulande im Kern getroffen sei[61]. Insofern könne man zuerst aus gesamtgesellschaftlicher Verantwortung heraus am Wiederaufbau helfen und dann immer noch sozialisieren und andere Strukturreformen durchsetzen. Gerade die Sozialdemokraten, die 1945 häufig den Sozialismus als Tagesaufgabe betrachteten, stellten diese mit dem Wort *Kurt Schumachers* „Primum vivere, deinde philosophari" wieder dahin[62] und trafen sich

---

60 Zu diesem Zusammenhang im Ruhrgebiet 1947 vgl. Potthoff, S. 34ff.; Eberhard Schmidt, S. 74ff., 134ff.; Schmidt u. Fichter, S. 23ff.; Deppe u. a., Kritik, S. 58ff.; Mommsen u. a., Kap. 36ff.; Peter Hüttenberger: Nordrhein-Westfalen und die Entstehung seiner parlamentarischen Demokratie, Siegburg 1973, S. 410ff.; John Gimbel: Amerikanische Besatzungspolitik in Deutschland 1945–1949, Frankfurt 1971, S. 159ff., 225ff.; Mannschatz u. Seider, S. 195ff.; R. Badstübner: Restauration in Westdeutschland 1945–1949, Berlin (O.) 1965, S. 233ff.
61 „Der Kapitalismus liegt in seinen letzten Zügen", sagte z. B. Hans Böckler 1946 (Eberhard Schmidt, S. 68).
62 Auf dem Nürnberger Parteitag der SPD 1947 (Beier, Primat der Außenpolitik, S. 43); diese Äußerung war zwar erst auf die Zustimmung zum Marshall-Plan gemünzt, beschreibt jedoch auch die Parteipraxis zuvor.

damit in der Praxis mit der kommunistischen Taktik, durch Bewährung in pragmatischer Aufbauarbeit Stärke für eine künftige sozialistische Transformation zu gewinnen.

Die Wiederanknüpfung an die wirtschaftsdemokratische Programmatik[63] in der Lage 1945 schien zunächst deren größten Nachteil, nämlich den Mangel, eine Strategie zur Erzwingung von Sozialisierung, Planung und Mitbestimmung zu entwickeln, aufzuwiegen. Denn viele glaubten, um dieses Konzept müsse man jetzt nicht mehr kämpfen, sondern es nur noch durch bloße politische Stimmentscheidung in eine zur Disposition stehende Wirtschaftsordnung einführen. Dabei wäre den Gewerkschaften die gesellschaftliche Schlüsselstellung eines gemeinwirtschaftlichen Ordnungsfaktors zugefallen. Die Gewerkschaften selbst wären zum Medium des gesellschaftlichen Interessenausgleichs geworden, indem sie die in England bewußt festgehaltene Rolle hintenangestellt hätten, unterschiedliche Partikularinteressen von Arbeitergruppen in Arbeitskämpfen durchzufechten. Durch den erweiterten Sozialisierungskatalog und die Forderung nach paritätischer gewerkschaftlicher Mitbestimmung ging das deutsche Konzept auch erheblich über das französische hinaus, obwohl die C.G.T. strategisch in einer unvergleichlich günstigeren Position gegenüber der Reformkoalition war als die zersplitterten deutschen Verbände gegenüber den Besatzungsmächten. Für die Mehrheit der Gewerkschaftsführer wird man deshalb einen unaufgelösten Widerspruch zwischen einer überhöhten gemeinwirtschaftlichen Utopie und einer praktizierten Wiederaufbaupartnerschaft mit den Militärregierungen, verbliebenen Unternehmern und staatlichen Organen feststellen müssen, deren Konsolidierung die Verwirklichung des Programms zunehmend unwahrscheinlicher machte. Dieser Widerspruch gründete in einer Fehleinschätzung der internationalen Interessenlage sowie in einem abstrakten gewerkschaftlichen Aufbauschema, bei dem Organisation und Funktion von Gewerkschaften nicht aufeinander und auf die tatsächliche Lage, sondern auf die Erwartung künftiger Gemeinwirtschaft bezogen waren.

Es verbleibt noch, die Sonderrolle der Kommunisten in den Gewerkschaften der Nachkriegsjahre zu kennzeichnen. So wie die Kommunisten in der SBZ durch zwischenorganisatorische Spitzenverhandlungen im FDGB[64] eine Musterform der eingangs beschriebenen Form der Einheitsgewerkschaft zu gründen versuchten, so kooperierten sie auch in den Verbänden der Westzonen und sind in ihrem praktischen Verhalten nur in Nuancen zu unterscheiden. Gleichwohl dürfte es zu weit gehen, wenn vielfach für 1945/46 gesagt wird, daß parteipolitische Unterschiede

---

63 Zur Weiterentwicklung der wirtschaftsdemokratischen Tradition in Gewerkschaften und Sozialdemokratie vgl. Eberhard Schmidt, S. 61ff.; Hans-Peter Ehni: Sozialistische Neubauforderung und Proklamation des ‚Dritten Weges‘, in: Archiv für Sozialgeschichte 13, 1973, S. 131ff.; Reinhard Blum: Soziale Marktwirtschaft, Tübingen 1969, S. 13ff.; Walter Weddigen (Hg.): Untersuchungen zur sozialen Gestaltung der Wirtschaftsordnung, Berlin (W.) 1950.
64 Vgl. Anm. 50. Ähnlich wie C.G.I.L. und die vereinigte C.G.T. wurde der FDGB von einer zentralen Spitze für die SBZ aufgebaut. Die westdeutschen Gewerkschaftsführer wurden nur durch die Besatzungsmächte von diesem Modell auf die regionale Ebene abgedrängt.

beim Gewerkschaftsaufbau keine Rolle gespielt hätten; es lassen sich jedenfalls genügend Beispiele aufführen, in denen ehemalige freie und christliche Gewerkschafter die Zunahme der Kommunisten im Gewerkschaftsapparat und insbesondere in den Betriebsräten als Bedrohung empfanden und nach Kräften zurückschnitten[65]. Die Kommunisten wollten jedoch die Gewerkschaften durch praktizierte Gemeinsamkeit und Disziplin zum Medium der Einheit und ihrer Etablierung machen. Tilman Fichter[66] hat daran die These geknüpft, daß dieser Weg der Verankerung und Mobilisierung an der Basis realistischer gewesen sei als die Losung vom Sozialismus als Tagesaufgabe, daß die Kommunisten aber 1947 die Konsequenz ihrer Politik verfehlt hätten. Als damals im Ruhrgebiet – wie in Frankreich – spontane Streiks gegen die von den Gewerkschaften mitgetragene Produktionssteigerungskampagne bei anhaltender Unterversorgung ausgebrochen seien, hätten sie diese nunmehr sozusagen aktionsfähig gewordene sozialistische Basis nicht entwickelt, sondern den Klassenkampf domestiziert, wohingegen sie später mit politisch motivierten Kämpfen gegen den Marshall-Plan kein entsprechendes Potential mehr hätten mobilisieren können. Da eine genauere Analyse der Motive und des Verlaufs dieser Streiks noch aussteht, mag die Einschätzung des Potentials hier dahinstehen. Die Kritik verfehlt aber völlig den Bedingungsrahmen der damaligen kommunistischen Politik. Berücksichtigt man die französischen Ereignisse vom Frühjahr 1947 einerseits, das fortgesetzte Bemühen des FDGB auf den Interzonenkonferenzen, eine gesamtdeutsche Gewerkschaftseinheit, und zwar nach Möglichkeit im Sinne des FDGB herzustellen[67], andererseits, so ist unzweifelhaft, daß die Kommunisten am einheitsgewerkschaftlichen Modell ganz unabhängig von den Interessen spezifischer Arbeiter aus übergeordneten Gesichtspunkten festhielten, nämlich um die nationalen Entwicklungen in der ‚antifaschistisch-demokratischen' Übergangsphase parallel und koordinierbar zu halten und sich nicht durch punktuell aktualisierten Klassenkampf gesamteuropäisch zu isolieren.

Die einheitsgewerkschaftliche Bewegung in den westeuropäischen Ländern ist im Jahre 1948 abgebrochen. In Frankreich spalteten sich Sozialisten, in Italien Katholiken, Liberale und ein Teil der Sozialisten von den Einheitsgewerkschaften ab, die damit vollends zu KP-Massenorganisationen wurden. In England wurde eine Kampagne gegen kommunistische Gewerkschaftsfunktionäre entfaltet und die Mitgliedschaft des T.U.C. im WGB widerrufen. Antikommunismus und Anschluß an die aus der WGB-Spaltung entstehende westliche Internationale IBFG bestimmten auch die

---

65 Eberhard Schmidt, S. 120ff.; Hans Mommsen u. a., Bergarbeiter (Ausstellungskatalog), Kap. 35 u. 38.
66 Tilman Fichter u. Eugen Eberle: Kampf um Bosch, Berlin (W.) 1974, S. 26ff.; ähnliche Kritik aus der Tradition der KPO auch schon bei Schmidt u. Fichter, S. 43ff.; E.-U. Huster u. a.: Determinanten der westdeutschen Restauration 1945–1949, Frankfurt 1972, S. 175ff.
67 Hierzu liegen bisher nur zwei polemisch zugespitzte Dokumentationen vor. Albert Behrendt: Die Interzonenkonferenzen der deutschen Gewerkschaften, Berlin (O.) 2. Aufl. 1960; DGB-Bundesvorstand (Hg.): Versprochen – gebrochen. Die Interzonenkonferenz der deutschen Gewerkschaften von 1946–1948, Düsseldorf o. J. (1961). Die Kompromißbereitschaft der Kommunisten sprach sich insbesondere in der Bereitschaft aus, die Marshall-Plan-Frage im WGB auszuklammern.

Entwicklung in den deutschen Westzonen, nachdem Bemühungen um nationale Gewerkschaftseinheit (die für Deutschland erst die politische Einheitsgewerkschaft hätte herstellen können) gescheitert waren. Diese letzten Abschnitte sollen aufzeigen, welche Faktoren zur politischen Spaltung der Gewerkschaften führten und welche Folgen sich daraus für den Funktionswandel der Rumpfgewerkschaften, insbesondere des erst in dieser Phase konstituierten DGB, ergaben.

Einige Gründe für das Ende der WGB-Phase sind bereits angeklungen und in der neueren Forschung gegenüber der zeitgenössischen Selbstdarstellung – die Gewerkschaftsspaltung sei Ausdruck des demokratischen Selbstbehauptungskampfes gegen kommunistische Unterwanderung gewesen[68] – besonders herausgearbeitet worden: die umfassende politisch-ökonomische Initiative der US-Europapolitik seit 1947 und die Unterstützung der AFL für die europäischen Gegner der einheitsgewerkschaftlichen Praxis[69]. Diese exogenen Faktoren sollen sogleich näher beleuchtet werden. Indessen hätten diese äußeren Einflüsse nicht wirksam werden können, wenn nicht in den politischen Einheitsgewerkschaften und im Verhältnis ihrer Politik zur Entwicklung der gesellschaftlichen Bedingungen bereits der Sprengsatz enthalten gewesen wäre, den die amerikanische Politik zündete. Auch hier gilt es wieder, durch die Analyse der endogenen Problematik der politischen Einheitsgewerkschaft einer oberflächlichen Manipulationsthese entgegenzutreten, die so tut, als wären vitale Grundströmungen der europäischen Arbeiterbewegung mit diplomatischen Tricks und etwas Schmiergeld aufzuhalten[70].

Gründe in der Organisation

Es wurde hier herauszuarbeiten versucht, daß der Realtyp der politischen Einheitsgewerkschaft im Kern einem Bündnis zwischen Sozialdemokraten und Kommunisten – wozu im Falle der postfaschistischen Länder, in denen durch die Zerschlagung aller Gewerkschaften und die korporativistischen Zwangsvereinigungen einer größeren Lösung der Weg bereitet war, auch katholische Gewerkschafter hinzukamen, – zu danken war. Für die Kommunisten waren die Einheitsgewerkschaften ein Medium für ihre parteipolitische Etablierung und für die Vermittlung ihrer abgestuften ‚antifaschistisch-demokratischen' Übergangsstrategie. Für die Sozialdemokraten ein Mittel, die Arbeiterbewegung zu integrieren, um mit ihrem Gewicht ordnungspolitische Strukturreformen im Sinne der Wirtschaftsdemokratie durchzusetzen und die Gewerkschaften zum Medium rationaler Planung und gesamtgesellschaftlichen Interessenausgleichs zu machen. Für beide Ansätze rangierte die nationale politische Öko-

---

[68] T.U.C. (Hg.): Die unabhängigen Gewerkschaften verlassen den Weltgewerkschaftsbund, London 1949.
[69] Joyce u. Gabriel Kolko, Kap. 12ff.; für die Gewerkschaften vgl. Anm. 54.
[70] Dies die Tendenz in der vom FDGB hrsg. Teilaufl. von George S. Wheeler: Amerikanische Politik, 1. u. 2. Teil, unter dem Titel: ders.: Politik mit dem Dollar, Berlin (O.) 1958.

nomie angesichts Lähmungskrise, Mangelwirtschaft und Wachstumszwang vor der traditionellen Funktion, partikuläre Arbeiterinteressen zu vertreten. Andererseits waren gerade die nicht-kommunistischen Gewerkschaftskader noch in den auf Tarifpolitik fixierten Verbänden ausgebildet worden und sahen in den wirtschaftsdemokratischen Zielperspektiven, wie sie in den 20er Jahren von sozialdemokratischen Intellektuellen in Parteien und Gewerkschaften ausgearbeitet worden waren, keineswegs durchgehend ihre primäre Aufgabe.

Der damit angelegte Konflikt zwischen Sozial- und Tarifpolitik im Interesse spezifischer Mitglieder und der gesamtwirtschaftlich motivierten Mitwirkung der politischen Einheitsgewerkschaften an Lohnstabilisierung, Wachstum und Strukturreformen hatte 1945/46 in den Spannungen der betrieblichen und Lokalorganisationen mit den gewerkschaftlichen Verbandsspitzen gewechselt. Nur in den Westzonen kannte dieser Konflikt wegen der Verzögerung des gewerkschaftlichen Aufbaus keine eindeutigen Fronten. Aber auch in den anderen Ländern hatte er nicht die Organisation gesprengt, weil zunächst in der Umbruchskrise Selbsthilfe die Bedeutung von Lohn-/Preisfragen überlagert hatte, die Zukunft offen schien und der Arbeiterbewegung ein Vertrauensvorschuß entgegengebracht wurde. Je mehr sich das wirtschaftliche System konsolidierte, um so wichtiger wurde jedoch die Lohnfrage und um so schwieriger die gewerkschaftliche Mitwirkung an der Produktionssteigerung. Nach dem schweren Winter 1946/47, in dem in weiten Bereichen Europas die Energie- und Lebensmittelversorgung einen Tiefstand erreichte, spitzte sich dieser latente Konflikt in größeren Streikbewegungen zu. Sowohl vom linken wie vom rechten Flügel der Arbeiterbewegung wurden die zentristischen Spitzenfunktionäre bedrängt, die politische Einheitsgewerkschaft im Sinne vermehrten Einsatzes für die unmittelbaren ökonomischen Interessen der Produktionsarbeiter umzufunktionieren. Hier fand die europäische AFL-Delegation z. B. in Frankreich bei den Opponenten ein williges Ohr mit ihrem Argument, daß Arbeiterinteressen vor politischer Einheit rangierten und am besten durch von der Einheitsgewerkschaft notfalls abzuspaltende Branchenorganisationen zu vertreten seien[71].

Auf einer anderen Ebene ist dieser Konflikt schon früher in Deutschland aufgetreten: Der Primat Industrieverbände vor politischen Einheitsorganen ist den Gewerkschaftsführern nicht nur von Militärregierung und T.U.C. abgerungen worden, sondern hatte von Anfang an – am deutlichsten in Hamburg[72] – Rückhalt beim alten branchengewerkschaftlichen Apparat der Weimarer Zeit gefunden, wo von einer zentralistischen Einheitsgewerkschaft die Ersetzung der alten Gewerkschaftsfunktionäre durch kommunistische Politiker und die Vernachlässigung der Tarifvertragsarbeit zugunsten politischer Aufgaben mit ungeklärten Zielen befürchtet wurde. Hätte den angloamerikanischen Einflüssen nicht ein bereitwilliges Reservoir organisationserfahrener branchengewerkschaftlicher Kader gegenüberstanden, hätten die gegen

---

71 Radosh, S. 316ff.
72 Klein, S. 192ff.; Christier, S. 103ff.

die zentrale Einheitsgewerkschaft gerichteten Auflagen als Formsache behandelt und umgangen werden können. Tatsächlich waren sie jedoch eine Entscheidung zwischen Gruppierungen, von denen die eine zwar den Einheitswillen an der Basis[73] artikulierte, die andere aber mit stummer Effizienz weitgehend selbständige Industrieverbände aufzubauen vermochte. In Frankreich und Italien hingegen klagten die Sezessionisten über Kadermangel, weil hier die syndikalistische Tradition und die extreme Ausweitung der Nachkriegsgewerkschaften einer ähnlichen Entwicklung entgegenwirkte.

Dieser Konflikt wurde von parteipolitischen Auseinandersetzungen teils verstärkt, teils überlagert. In der einheitsgewerkschaftlichen Organisation konkurrierte unmittelbar das taktische und propagandistische Geschick und die Dynamik der kommunistischen und sozialdemokratischen bzw. katholischen Funktionäre. In dieser Konkurrenz machten überall, wo nicht von den Besatzungsmächten Gegendruck ausgeübt wurde, die Kommunisten bis 1947 schnelle Fortschritte, ohne daß ihnen ein offener Loyalitätsbruch nachgewiesen werden konnte. Dies gilt nicht nur für die C.G.T., die C.G.I.L. und den T.U.C. und führte bei den ersten beiden zu einer deutlichen KP-Dominanz, sondern läßt sich auch in Deutschland, z. B. am FDGB-Großberlin in der britischen Zone, ablesen[74]. Zugleich war der KP-Vormarsch auch in den Führungsgremien des WGB festzustellen[75].

Nach der Erfahrung der stalinistischen Schwenkungen in der Einheitsfrage standen die Kommunisten bei ihren Konkurrenten jedoch im Verdacht, daß ihre taktische Wandlungsfähigkeit ihre Glaubwürdigkeit weit übertreffe. In Deutschland wurden sie in dieser Überzeugung vor allem durch die forcierte Vereinigung von KPD und SPD in der SBZ bestärkt und reagierten im Westen mit der Isolierung der Kommunisten. Nur die publikumswirksame Entlarvung des kommunistischen Vormarschs als Unterwanderung mit unlauteren Mitteln wie Wahlverfälschung, organisatorischen Tricks, politischer Illoyalität (z. B. Anzettelung ‚spontaner' Streiks) oder als parteipolitische Zweckentfremdung der Interessenorganisationen der Arbeiter konnte den Ausmanövrierten die Rückeroberung ihrer Basis und Mehrheiten versprechen. An in diesem Sinne interpretationsfähigen Vorgängen mangelte es nicht und sie wurden zwischen 1946 und 1948 insbesondere in den KP-beherrschten Organisationen mit zunehmender – z. T. durch Hilfestellung der AFL ermöglichter – propagandistischer Wirksamkeit von der traditionalistischen Opposition herausgestellt. In Deutschland war die Bildung der Berliner Unabhängigen Gewerkschaftsopposition gegen den FDGB, UGO, der spektakulärste Ausdruck dieser weitverbreiteten Tendenz[76].

---

73 Dieser Einheitswillen wird vielfach als Innovation eines neuen Klassenbewußtseins überinterpretiert, ohne daß seine autoritären und traditionalen Elemente gewürdigt werden. Vgl. dazu: Frank Moraw: Die Parole der ‚Einheit' und die Sozialdemokratie, Bonn 1973, S. 60ff.
74 Vgl. Anm. 25, 65, Lorwin, S. 107ff.
75 Wie Anm. 68, Gottfurcht, S. 185ff.
76 Radosh, S. 310ff. bes. 331ff.; Jürgen Fijalkowski u. a.: Berlin – Hauptstadtanspruch und Westintegration, Köln, Opladen 1967, S. 41ff.

Gründe in der internationalen Politik

Letztlich entscheidend für die Entladung dieses einheitsgewerkschaftlichen Konfliktpotentials war jedoch die gesellschaftliche Krise 1947 in den meisten europäischen Ländern, in denen die Arbeiterbewegung im Bündnis mit bürgerlichen Kräften die Regierung stellte. Auf den wirtschaftlichen Einbruch im Winter und Frühjahr 1947 und die folgenden Streikbewegungen reagierten die bürgerlichen und ein Teil der sozialistischen Vertreter in diesen Regierungen überwiegend mit dem Wunsch nach ausländischer Kapitalhilfe.

Das Kalkül der liberalen Ökonomen, die in den meisten Ländern die Wirtschafts- und Finanzpolitik steuerten (auch in der Bizone seit Mitte 1947), zielte dabei auf eine Restabilisierung der kapitalistischen Produktionsverhältnisse, indem der politische Wachstumspakt durch Marktmechanismen abgelöst wurde[77]. Wirtschaftliche Stabilisierung wurde hier von der Abschöpfung des Geldüberhangs des Krieges und vom Abbau der zwangswirtschaftlichen Maßnahmen erwartet, die das Eigentum an Produktionsanlagen und Grundbesitz aufwerten, Rationalisierung erzwingen, den Preis der Arbeitskraft senken und verschleierte Arbeitslosigkeit freisetzen, Investitionen anreizen und die produzierten Güter auf den Markt bringen sollten. Auswärtige Kapitalhilfe konnte dabei helfen, den Zusammenbruch der Staatsfinanzen und des Zahlungsausgleichs zu verhindern und durch Zusatzinvestitionen einen Wachstumsstoß auszulösen, der wenigstens teilweise den zu erwartenden Lohnverfall und die wachsende Arbeitslosigkeit eindämmen könnte. Da sich am Marshall-Plan, dessen Kapitalzusage diese Reformen ermöglichte, auch in den Gewerkschaften die Geister scheiden, darf nicht verschwiegen werden, daß nur im Rahmen dieses Liberalisierungsprogramms die amerikanische Kapitalhilfe eine unerläßliche wirtschaftliche Voraussetzung war. Im übrigen war der Einbruch Anfang 1947 vor allem auf eine Wachstumskrise im infrastrukturellen und distributiven Bereich in und zwischen den europäischen Ländern, in der Bizone z. B. im wesentlichen auf den Zusammenbruch des Verkehrs Ende 1946 zurückzuführen[78]. Insofern hätte der Einbruch auch durch intensivere Nutzung und Koordinierung der staatlichen Lenkungsinstrumente – insbesondere auch eine weniger einschränkende Kontrolle der Besatzungsmächte über die deutsche Produktion und Außenwirtschaft – im Sinne der Weiterentwicklung der eingeleiteten Strukturreform überwunden werden können.

Die Zustimmung der westdeutschen Gewerkschaften zu den US-Krediten war eine Schlüsselentscheidung, weil die bizonalen Ernährungsprobleme der Anlaß des amerikanischen Projekts waren und die Kommunisten in vielen anderen Einheitsgewerkschaften gegen die US-Hilfe agitierten. Soweit ersichtlich, fühlten sich die deutschen

---

77 Diese Position ist am italienischen Beispiel analysiert bei Marcello De Cecco, S. 160ff.; für die deutschen Westzonen Blum, S. 38ff., S. 207ff., wo die Währungsreform als Höhepunkt amerikanischer Liberalisierungsintervention interpretiert wird. Im europäischen Zusammenhang Joyce u. Gabriel Kolko, Limits, S. 428ff.
78 Ebenda, S. 346ff.; für das Gebiet der Bizone vgl. Abelshauser, S. 212ff.

Gewerkschaftsführer durch die unter dem diskriminierenden Außenhandelssystem der Besatzungsmacht notwendige Kreditierung der Nahrungsmittelimporte erpreßt, obwohl sie die Gefahren einer Beschleunigung der deutschen Spaltung und noch größeren amerikanischen Einflusses gegen Strukturreformen, vor allem gegen die Sozialisierung an der Ruhr sahen. Da sie einen direkten Kampf gegen die Besatzungsmacht aber für aussichtslos hielten, bleib ihnen nur der Versuch, die Kredite zu befürworten und wenigstens die Option auf Strukturreformen offenzuhalten. *Hans Böckler* prägte die publikumswirksame Alternative, man sollte notfalls lieber die Sozialisierung vertagen als verhungern[79].

Die Amerikaner, ohnehin an einer produktiven Umwandlung ihrer europäischen Hilfslieferungen interessiert, griffen zu, da ihnen dieser Kapitalexport auf einen Schlag eine strategische Position in den betroffenen europäischen Volkswirtschaften verschaffen und diese zugleich ordnungspolitisch integrieren konnte[80]. Bereits in der Vorphase des Marshall-Planes machten sie jedoch nicht nur durch die Eingriffe ihrer Militärregierung in Deutschland, sondern auch bei Anleiheverhandlungen mit Frankreich und Italien klar, daß sie als flankierende Maßnahme die Absicherung gegen eine revolutionäre Reaktion der Arbeiterbewegung bzw. die Eindämmung ihres Einflusses sowie der antikapitalistischen Strukturreformen erwarteten. Grundlegende Bedeutung hatte dafür die Auflösung der Bindungen mit den Kommunisten in den Regierungen und Gewerkschaften. Mit der Entlassung der Kommunisten aus der französischen Regierung und der Abspaltung einer christlichen Gewerkschaft in Italien wurden die Voraussetzungen der Kapitalhilfe geschaffen[81].

In Westdeutschland konnten die Amerikaner – nachdem die Briten im Gefolge amerikanischer Kredite die Führungsrolle der USA in Deutschland anerkannt hatten – selbst tätig werden: die Dekartellisierung verzögern, die Sozialisierung in Hessen und NRW suspendieren, die sozialdemokratische Mehrheit in der Bizone durch die Konstruktion einer zweiten Stufe brechen, die UGO fördern, Lohnstopp und Streik-

---

79 Insgesamt zur Haltung der deutschen Gewerkschaften Beier, Primat der Außenpolitik, S. 42ff.; Eberhard Schmidt, S. 114ff., Pirker, S. 84ff; Schmidt u. Fichter, S. 37ff. Daß die politisch-ökonomischen Probleme der Westzonen der unmittelbare Anlaß für den Marshall-Plan waren und hier die Amerikaner die institutionellen Modelle (JEIA, GARIOA) für seine Durchführung entwickelten, ist in der Lit. unstrittig. Joyce u. Gabriel Kolko, Limits, S. 349ff.; Gimbel, S. 196ff., 216ff.; Hadley Arkes: Bureaucracy, the Marshall Plan, and the National Interest, Princeton 1972, S. 19ff.; John H. Backer: Priming the German Economy, Durham N.C. 1971, S. 157ff.; André Piettre: L'économic allemande contemporaine, Paris o. J. (1952), S. 469ff.

80 Ökonomische Stabilisierung in Westeuropa und USA als Motiv zeigen neben Kolko, Gimbel, J. M. Jones: The Fifteen Weeks, New York 1953, S. 205; Harry B. Price: The Marshall Plan and its Meaning, Ithaka 1955, S. 29ff.; Ernst-Otto Czempiel: Das amerikanische Sicherheitssystem 1945–1949, Berlin 1966, Abschnitt 3; Arkes, S. 43ff.; 153ff. Demgegenüber war die antikommunistische Eindämmungsideologie, die die Entstehung des Hilfsprogramms in und außerhalb der USA zunehmend begleitete, eher eine Kampagne, um die Bereitschaft für diese Investitionen freizusetzen. Hierzu Richard M. Freeland: The Truman Doctrine and the Origins of McCarthyism, New York 1972.

81 Vgl. Anm. 86.

verbot beibehalten, die Währungsreform weitgehend selbst vornehmen[82]. Die Militärregierung sah mit Wohlgefallen das Ausscheiden der Kommunisten aus Landesregierungen, die zunehmenden Schwierigkeiten der gewerkschaftlichen Interzonenkonferenzen und ihr schließliches Ende, und *Clay* empfahl den Gewerkschaftsführern, von Strukturreformen abzulassen und sich mehr um die unmittelbaren Interessen der Mitglieder ihrer einzelnen Verbände zu kümmern, hatte aber auch davon offenbar sehr enge sozusagen wirtschaftsfriedliche Vorstellungen[83].

Die Sowjetunion sah im Marshall-Plan nicht zu Unrecht den Versuch, der kommunistischen Strategie eines ‚antifaschistisch-demokratischen' Übergangs zum Sozialismus, der über die Beteiligung der Kommunisten an den Regierungen und Massenverbänden, namentlich den Gewerkschaften, gesteuert werden sollte, zugleich die ökonomische Basis und den Steuerungshebel der Bündnis- und Einheitsorganisationen zu entwinden. Die KPs Westeuropas setzten deshalb seit der zweiten Hälfte 1947 ihr ganzes Potential zur Demonstration gegen die Initiative der USA ein. Gerade diese Zuspitzung der ökonomischen zu einer politischen Krise mußte jedoch den amerikanischen Absichten im Ergebnis nutzen. Denn linksbürgerliche und sozialdemokratische Zweifler, die im Marshall-Plan wesentlich eine willkommene Kapitalspritze erblickten, konnten nun erkennen, wie die Kommunisten die Gewerkschaften zum Transmissionsriemen ihrer parteipolitischen Defensive zu machen versuchten und im Konflikt mit den bisherigen Regierungspartnern ihre Zurückhaltung fallen ließen. Die sowjetische Gewerkschaftszeitung forderte, die reformistischen Befürworter des Marshall-Plans aus der Führung des WGB zu verdrängen. Der T.U.C. führte den Gegenstoß an, der mit der Spaltung des WGB endete[84].

Zweitens sah die Sowjet-Union im Marshall-Plan auch einen Angriff auf die Integrität ihres osteuropäischen Einflußbereiches. Der Wunsch der tschechischen Regierung, Marshall-Plan-Gelder zu erhalten, galt als Indiz, daß die Eindämmungspolitik der USA bereits ‚Roll back'-Erfolge hatte. Als unbesetztes Land war die ČSR das Musterbeispiel des ‚antifaschistisch-demokratischen' Übergangs zum Sozialismus im Gewand der bürgerlichen Republik; votierte sie für die US-Kredite, so stand als nächstes die Alternative auf der Tagesordnung, ähnliche Wünsche in anderen volksdemokratischen Ländern mit militärischer Gewalt zu unterdrücken oder auch hier eine rückläufige Entwicklung durch die ordnungspolitischen Folgen des amerikanischen Kapitalexports hinzunehmen. Deshalb mußte in der ČSR mit einer kommunistischen Gegenoffensive die Flucht nach vorn angetreten werden: Zunächst wurde die tschechische Regierung mit ultimativem Druck zur Rücknahme ihrer Zusage zur Marshall-Plan-Konferenz bewogen, und damit wurden vergleichbare Neigungen z. B. in Polen

---

82 Den besten Überblick gibt Gimbel, passim; für den ökonomischen Bereich Blum, S. 182ff.; Hans-Hermann Hartwich: Sozialstaatspostulat und gesellschaftlicher status quo, Köln, Opladen 1970, S. 61ff.
83 Beier, Primat der Außenpolitik, S. 33ff., 46ff.; ders., Gründung, S. 47f.; für besonders deutliche Beispiele. Dokumentarisches Material auch bei Wheeler, Dollar, passim.
84 Für Überblicke Joyce u. Gabriel Kolko, Limits, S. 361ff.; Herbert Feis: From Trust to Terror, New York 1970, S. 260ff.; Foster, S. 606ff.; Gottfurcht, S. 189ff.

von vornherein abgeblockt. In der Folge wurde die innere Entwicklung in der ČSR insbesondere über die kommunistisch dominierten Betriebsgruppen und Gewerkschaften forciert, die Koalition durch den auf breiter Grundlage herbeigeführten Prager Umsturz abgelöst, schließlich jedoch eine stalinistische Diktatur errichtet[85].

Der Prager Umsturz, zumindest vorbereitet durch eine hysterische Abwehrreaktion der Sowjetunion, war hinsichtlich Westeuropas eine politische Dummheit erster Ordnung. Vergleichbar der SED-Gründung zwei Jahre früher und mehr noch als die spätere Blockade Berlins wurde er zum psychologischen Schlüsselereignis, das zur weitgehenden Isolierung der Kommunisten in Westeuropa führte und ihre Nachkriegsarbeit zunichte machte. Besser als es alle Propaganda und aller Druck der USA vermocht hätten, dementierte der Prager Umsturz die kommunistische Glaubwürdigkeit in den Augen ihrer Bündnispartner in den Gewerkschaften. Die kommunistische Reaktion auf die Ankündigung des Marshall-Plans erleichterte der nicht-kommunistischen Arbeiterbewegung die Anpassung an den ordnungspolitischen Rahmen der US-Sanierungspolitik. Diese Reorientierung begann damit, daß die unterschwelligen Konflikte der Einheitsgewerkschaft zum Austrag kamen und endete in der Spaltung des WGB. Je nach den nationalen Mehrheitsverhältnissen kam es zur Sezession nichtkommunistischer Gewerkschaften (Frankreich, Italien, Berlin) oder zur antikommunistischen Abgrenzung vorwiegend sozialdemokratischer Gewerkschaften (England, deutsche Westzonen)[86].

Die AFL, die aus kompromißloser Gegnerschaft zum Kommunismus der internationalen Gewerkschaftsbewegung auch 1945 ferngeblieben war, förderte diesen Sezessionsprozeß durch mehrere nach Europa entsandte Missionen mit materieller und moralischer Unterstützung. Ihre den Marshall-Plan ergänzende Initiative zur Isolierung der Kommunisten in den Gewerkschaften fand nach Anfangserfolgen die Rückendeckung des amerikanischen Geheimdienstes CIA[87]. In Frankreich schuf sie überhaupt erst die Voraussetzungen für die Abspaltung der sozialdemokratischen F.O. von der C.G.T., konnte damit jedoch deren Massenbasis in der Arbeiterschaft kaum zum Übertritt bewegen. Gleichwohl wurde die innere Dynamik der C.G.T. gebrochen, zumal sie von den Unternehmern auf tarifpolitischem Gebiet sabotiert

---

85 Braunthal, Bd. 3, S. 179ff.; Joyce u. Gabriel Kolko, Limits, S. 384ff.; Claudin, Bd. 2, S. 525ff. für Überblicke. Die Ablösung der Koalition in der CSR in unmittelbarem Zusammenhang mit dem Scheitern des ‚dritten Weges' angesichts des Marshall-Plans in Frankreich interpretiert Rudolf Künstlinger: Parteidiktatur oder demokratischer Sozialismus, Starnberg 1972, S. 78ff.; s. auch: Jörg K. Hoensch: Geschichte der Tschechoslowakischen Republik, Stuttgart 1966, S. 136ff.; als rein endogene Revolution in der populären Selbstinterpretation der CSR-Gewerkschaften Prace (Hg.): Menschen, Arbeit, Gewerkschaften in der Tschechoslowakei, Prag 1959, S. 55ff.; zur Rolle der Gewerkschaften Diepenthal, S. 122ff.
86 Für die Spaltung in Italien vgl. Salvati, S. 201ff.; Horowitz, S. 215ff.; in Frankreich Lorwin, S. 125ff.; Lefranc, S. 65ff.; für Berlin vgl. Anm. 76; für das Scheitern des geplanten Interzonenkongresses in Deutschland Eberhard Schmidt, S. 118; Behrend, Interzonenkonferenzen, S. 172ff.; vgl. Anm. 65. Zur antikommunistischen Kampagne im T.U.C. 1948, den die KP-Agitation wegen seines gleichzeitig abgeschlossenen Lohnstillhalteabkommens besonders störte: Pelling, Communist Party, S. 153ff.
87 Barjonet, S. 51; Radosh, S. 323.

wurde. Auch dieser Vorschlag, eine Sozialpartnerschaft mit den nicht-kommunistischen Gewerkschaften zu bilden und damit die Kommunisten ökonomisch funktionslos zu machen, entsprach einer amerikanischen Anregung. Die Rest-C.G.T. war aber zu stark, als daß sie hätte umgangen werden können. Im Ergebnis führten diese Taktiken nach dem Bruch der Einheitsgewerkschaft nur zu einer Schwächung der gesamten französischen Gewerkschaftsbewegung auf mehr als ein Jahrzehnt hinaus[88].

In Westdeutschland wollte die AFL nicht nur durch CARE-Pakete für bewährte Gewerkschaftsfunktionäre, Papier und Geld für antikommunistische Propaganda z. B. der UGO und durch Einflußnahme zugunsten weitgehend selbständiger, auf ökonomische Aufgaben konzentrierter Industrieverbände das in ihrem Sinn eingestellte gewerkschaftliche Potential stärken. Insbesondere vermochte sie auf die amerikanische Regierung Druck auszuüben, den gewerkschaftlichen Organisationsaufbau auf bi- und trizonaler Ebene nicht länger zu behindern, weil dies die Stellung der alten Gewerkschaftskader in den Spitzen der Industrieverbände gegenüber der integrierten Organisationsform des FDGB schwächte[89].

Dadurch gerieten die führenden Gewerkschafter vor die – angesichts des nach 1945 betonten nationalen Engagements der Arbeiterbewegung bis in die CDU hinein – besonders schmerzliche Entscheidung, entweder den gewerkschaftlichen Organisationsaufbau nicht bis zur politisch entscheidenden Ebene fortführen zu können oder sich in der Kooperation mit den Besatzungsmächten auf deren Weststaatsinitiative mit ihren ordnungspolitischen Konsequenzen einlassen zu müssen. Die Bevorzugung eines Kartells trizonaler Industrieverbände gegenüber dem Fernziel der politischen, nationalen und organisatorischen Einheit hieß nicht nur, den Spatz in der Hand festzuhalten, nachdem die gewerkschaftlichen Interzonenkonferenzen über der UGO-Frage Mitte 1948 geplatzt waren. Der Provisoriumscharakter des Grundgesetzes erleichterte vielmehr die Zustimmung zum Weststaat und den Verzicht auf die verfassungsrechtliche Sanktionierung der strukturreformerischen gewerkschaftlichen Grundforderungen. Daß dieselben wirtschaftsdemokratischen Programmpunkte jedoch das Grundsatzprogramm des DGB 1949 bestimmten[90], zeigte außerdem, daß die führenden Gewerkschafter nach allen Beschränkungen und Niederlagen der Besatzungszeit die Einlösung der typischen einheitsgewerkschaftlichen Programma-

---

88 Goldschmidt, S. 22ff.; Lefranc, S. 77ff.
89 Neben Beier, Primat der Außenpolitik, S. 33ff. die Dokumentation Free Trade Union Committee of the A.F.l of L. (Hg.): Die A.F. of L. und die deutsche Arbeiterbewegung, New York 1950 und die zeitgenössische Kritik bei Viktor Agartz: Gewerkschaft und Arbeiterklasse, 2. Aufl., München 1973, S. 97ff. („Der gewerkschaftliche Marshallplan').
90 Gewerkschaftsführern wie Böckler war der Zusammenhang zwischen Marshall-Plan und nationaler Spaltung klar. Es fehlt aber noch eine vergleichbar umfassende Darstellung des gewerkschaftlichen Verhaltens 1947/48, wie Hans-Peter Schwarz: Vom Reich zur Bundesrepublik, Neuwied, Berlin 1966, S. 299ff., 483ff., für Jakob Kaiser und Kurt Schumacher als Repräsentanten der nationalen Arbeiterbewegung, die den Entscheidungszwang unter Voraussetzung des Marshall-Plans einerseits und der Abgrenzung gegenüber den Kommunisten andererseits analysiert hat. Zur gewerkschaftlichen Politik bei der Verfassungsgebung, vgl. Beier, Gründung, S. 53ff.; Werner Sörgel: Konsensus und Interessen, Stuttgart 1969, S. 201–213.

tik noch vor sich glaubten. Denn nun waren die Gewerkschaften auf der Höhe der Politik organisiert und den Ansprüchen der Arbeiter konnte nicht mehr mit militärischen Befehlen begegnet werden.

Nach der internationalen Gewerkschaftsspaltung geriet die Arbeiterbewegung in den meisten westeuropäischen Ländern für gut ein Jahrzehnt in die Defensive. In der Reaktionszeit des Kalten Krieges ermöglichte der Zerfall der politischen Einheitsgewerkschaft nicht nur den Unternehmern, die neuen Richtungsgewerkschaften gegeneinander auszuspielen, sondern führte auch zu einer schwelenden Funktions- und Identitätskrise der konkurrierenden Verbände, namentlich in Frankreich und Italien. Die Strukturreformen der Nachkriegsjahre wurden teilweise rückgängig gemacht – so Teile der britischen Nationalisierungen – oder veränderten unter den Bedingungen kapitalistischer Restauration völlig ihre gesellschaftliche Funktion – so etwa Planung und Investitionslenkung in Frankreich. Das gegebene Mittel zur Überwindung dieser Identitätskrise war für die meisten Gewerkschaften die Rückkehr zu einer aggressiven Lohnpolitik, sei es nun in klassenkämpferischer oder sozialpartnerschaftlicher Absicht, was insgesamt zu einem relativ hohen Lohnniveau bei beschränkten gesamtwirtschaftlichen Wachstumsraten führte. Zugleich wurden damit die Leistungs- und Konsumzwänge der kapitalistischen Gesellschaft in weiten Kreisen der Arbeiter und insbesondere der Angestellten verinnerlicht. Wo die bürgerliche Währungssanierung strukturelle Arbeitslosigkeit wieder aufgedeckt hatte, wie in Italien, blieben jedoch auch die lohnpolitischen Möglichkeiten eng begrenzt.

Vor diesem internationalen Hintergrund begann der neugegründete DGB eine Sonderrolle auszubilden, die langfristig seine Gestalt und sein Verhalten bestimmen sollte. Orientiert in den Anfängen seiner Gründungsphase am Typ der politischen Einheitsgewerkschaft hatte er seine organisatorische Endform erst zu einer Zeit erreicht, in der dieser Typ im europäischen Maßstab gescheitert war. Zudem in einer verkürzten Form: Das Einheitspostulat war national auf einen Teilstaat und politisch auf einen Kompromiß zwischen Sozialdemokraten und katholischer Arbeiterbewegung begrenzt, insbesondere seitdem die Kommunisten ihre Isolierung durch eine zwischenzeitliche Anknüpfung an die sektiererische RGO-Politik 1951 vollendet hatten und damit gescheitert waren[91].

Und doch war nach der territorialen Form der Gewerkschaftsspaltung in Westdeutschland erstmals eine einheitliche, d.h. konkurrenzlose Interessenvertretung der Arbeiter entstanden, wenn diese Feststellung auch durch den Hinweis auf das geringe Gewicht der Bundesorgane im DGB auf allen Ebenen und die weitgehende Selbständigkeit und Interessendivergenz der einzelnen Industrieverbände eingeschränkt werden muß. Dadurch war es auch immer weniger möglich, als Anwalt der gesamten Arbeiter und Angestellten an der staatlichen Steuerung der Wirtschaft zen-

---

91 Zum reduzierten Begriff der Einheitsgewerkschaft gehörte insbesondere auch das partielle Scheitern in der Angestelltenfrage. Zur Gründung der DAG und des DBB vgl. Enderle, S. 697ff. Zur RGO-Phase der KPD 1951 vgl. Fichter u. Eberle, S. 115ff.

tral teilzunehmen. Auf der anderen Seite war die einheitsgewerkschaftliche Aufgabenstellung, den Güterausstoß zu erhöhen und günstige Wachstumsbedingungen für die Schaffung von Arbeitsplätzen zu sichern, nach der Währungsreform und der unmittelbar auf sie folgenden Arbeitslosigkeit wieder aktuell geworden[92]. Aber nun waren für einen Wachstumspakt keine Strukturreformen mehr einzuhandeln, sondern er wurde mittels Marktmechanismen dem DGB durch die im Anfang der BRD unerschöpflich erscheinende industrielle Reservearmee der Vertriebenen, Flüchtlinge und heimkehrenden Kriegsgefangenen mittels eines verengten lohnpolitischen Spielraums aufgezwungen. Vom Markt bestimmt hielten das relativ niedrige Lohnniveau und die außergewöhnliche Leistungsbereitschaft der Arbeiter Westdeutschlands die Gewerkschaften über Jahre hinweg tendenziell in einer Rolle, welche in den anderen Ländern mit der Spaltung beendet wurde. Selbst wenn die DGB-Gewerkschaften eine aggressive Lohnpolitik für ihre Hauptaufgabe gehalten hatten – durch ihre Konkurrenzlosigkeit standen sie jedoch nicht unter diesem Zwang –, hätte sie der Arbeitsmarkt in die maßvollen Lohnforderungen der Wiederaufbaupartnerschaft gezwungen, die ein westlicher Faktor des erhöhten Wachstums in Westdeutschland waren[93].

Noch deutlicher wird die deutsche Phasenverzögerung durch den Umstand, daß die einzige größere Strukturreform im Sinne der einheitsgewerkschaftlichen Programmatik, die Montanmitbestimmung, erst zu einer Zeit, und zwar mit erheblichem gewerkschaftlichen Druck institutionalisiert wurde, als im übrigen Westeuropa von solchen Reformen längst nicht mehr, allenfalls von ihrem Abbau die Rede war. Dies ist nicht einem abstrakten Nachholbedarf an Reformen zuzuschreiben, sondern der verspäteten Erreichung einer strategischen Schlüsselstellung der Gewerkschaften in der Gesellschaft. Wie oben geschildert, war die soziopolitische Integration der Arbeiterklasse zuvor zum größten Teil durch die Besatzungsmächte und die schwach entwickelte Kampfbereitschaft und Organisation der Arbeiter ersetzt worden. Mit der Staatsgründung wandelte sich diese Lage trotz der fortdauernden Aufsicht der Alliierten grundsätzlich: Wegen ihrer hauchdünnen bürgerlichen Mehrheit im Bundestag und der unkonsolidierten Machtmittel des Staates war die Regierung auf die Kooperation der Gewerkschaften angewiesen, wollte sie sich nicht mit einer unüberbrückbaren Polarisierung das eigene Grab schaufeln. Dies galt weniger für ökonomische Fragen, in denen das marktwirtschaftliche System selbst die Disziplinierung der Arbeit übernahm, als vielmehr für politische Optionen. In den beiden ersten Jahren der Ära Adenauer waren dies Westintegration (Schumann-Plan) und Wiederaufrüstung. Durch die europäische Ablösung der gescheiterten Versuche, die Montanindu-

---

92 Für einen Überblick über die selbständige Entstehung der 16 Industrieverbände vgl. Enderle, S. 401ff.
93 Einige Indikatoren der Währungsreform-Folgekrise bei Niethammer (Hg.), Dorn, S. 127; die Bedeutung des Arbeitskräfteüberflusses für das Wirtschaftswachstum in der BRD zeigt Kindleberger, S. 28ff.; eine Analyse der sich daraus für die gewerkschaftliche Lohnpolitik ergebenden Probleme ist zu erwarten von Joachim Bergmann, Otto Jacobi, Walter Müller-Jentsch: Gewerkschaften in der BRD (hekt. Vorbericht), Frankfurt 1974.

strie neuzuordnen und zu sozialisieren, waren die Gewerkschaften unmittelbar betroffen, weil nicht nur frühere Hoffnungen, sondern auch ein bereits erwirkter Besitzstand, nämlich die paritätische Mitbestimmung bei der Aufsicht über die beschlagnahmten Unternehmen der Stahlindustrie zur Debatte standen. Auch hätte eine entschiedene Mobilisierung der in der Nachkriegsarbeiterschaft weitverbreiteten pazifistischen Grundstimmung gegen die Wiederaufrüstung die Adenauersche Vermittlung von Restauration und Westintegration erheblich stören können.

Seit 1949 hatten die Gewerkschaften ihre ökonomisch schwache, aber politisch starke Stellung in einer Kampagne für die Mitbestimmung umgesetzt und den Protest der enttäuschten Arbeiter auf diese unter den internationalen und gesellschaftlichen Machtverhältnissen noch am ehesten einzulösende Strukturreform gelenkt. Das dabei zutage tretende Potential für politische Massenaktionen machte die Regierung angesichts der umstrittenen Aufrüstung trotz vehementer unternehmerischer Opposition kompromißbereit. Daß die Montanmitbestimmung – 1947 von der Besatzungsmacht gewährt, um die gewerkschaftliche Mitwirkung an der Produktionssteigerung zu gewinnen, und auch von Unternehmern im Kampf gegen Demontagen und Dekartellisierung befürwortet – im Zuge der Reprivatisierung nicht abgebaut, sondern gesetzlich fixiert wurde, war zwar im Sinne des wirtschaftsdemokratischen Programms nur ein Detailerfolg. Aber dieser zwischen *Adenauer* und *Böckler* ausgehandelte Kompromiß war gleichwohl ein Fortschritt in einer Prinzipienfrage, Modell einer größeren, das Wirtschaftssystem qualitativ verwandelnden Möglichkeit[94].

Gegenüber diesem grundsätzlichen Wert ist die praktische Bedeutung der Montanmitbestimmung in der damaligen Lage eher skeptisch zu beurteilen. Inmitten einer Restauration der privaten Verfügung über die Produktionsmittel war sie eine Insel, die den um sie brandenden Elementen nicht ihre Gesetze aufzwingen konnte[95]. Denn das Grundproblem des wirtschaftsdemokratischen Modells war unverändert, daß das gesamtwirtschaftliche Ensemble von Gemeinwirtschaft, Rahmenplanung und Mitbestimmung einen qualitativen Sprung gegenüber der kapitalistischen Ordnung dargestellt hätte, das Programm aber keine politisch-ökonomische Strategie enthielt, wie dieser Sprung durch gradualistische Einzelfortschritte erzielt werden sollte. Konkret nahm der Teilerfolg der Montanmitbestimmung sogar der Reformkampagne den Wind aus den Segeln, verhärtete den bürgerlichen Widerstand und bereitete damit der gewerkschaftlichen Niederlage in der größeren Frage des Betriebsverfassungsgesetzes den Weg[96]. Nach dem Mitbestimmungskompromiß waren auch nur noch Teile einzelner Gewerkschaften, nicht aber der DGB, für politische Massenaktionen gegen die Aufrüstung oder für das wirtschaftsdemokratische Ordnungsprogramm zu mobi-

---

94 Potthoff, Kap. 3; Eberhard Schmidt, S. 182ff.; dabei werden häufig die politischen Kosten mißachtet. Vgl. zum Zusammenhang von Mitbestimmung und Wiederaufrüstung Arnulf Baring: Außenpolitik in Adenauers Kanzlerdemokratie, Bd. 2, München 1971, S. 66ff.
95 Vgl. die Übersicht bei Deppe u. a., S. 110ff. und den Bericht der Biedenkopf-Kommission ‚Mitbestimmung im Unternehmen', Bundestagsdrucksache VI/334, 1970.
96 Eberhard Schmidt, S. 193ff.

lisieren. Mit dem Scheitern eines katholischen Versuchs zur Gewerkschaftsspaltung, der vom Kanzler nicht unterstützt wurde, und der Entlassung des Sozialisierungstheoretikers *Victor Agartz* erreichte der DGB im Aktionsprogramm von 1955 die pragmatische Funktionsbestimmung eines ökonomischen Interessenverbandes, der unter Offenhaltung seiner Option auf eine andere Ordnung deren Durchsetzung nicht auf die Tagesordnung setzte[97].

Aber seine Konkurrenzlosigkeit und seine massive industrieverbandliche Organisation gaben ihm doch eine ganz andere Stellung als den übrigen nicht-kommunistischen Gewerkschaften Westeuropas, die bereits aus einer ähnlichen programmatischen Pragmatisierung hervorgegangen waren. Die durch die deutsche Phasenverzögerung bewahrte, wenn auch dezentralisierte und politisch eingeengte Form der Einheitsgewerkschaft gewann unter den Bedingungen kapitalistischer Restabilisierung jedoch Funktionen, die völlig von der in der Nachkriegszeit erhofften Verbindung von gesellschaftlicher Rekonstruktion und Strukturreformen abwichen. Solange Arbeitskräftezufluß, Aufrüstung und internationale Stabilität den Wiederaufbauboom nährten, wirkten die Gewerkschaften durch eine maßvolle Tarifpolitik aus gesamtwirtschaftlicher Verantwortung an ihm mit, ohne die strukturelle Herausforderung des kapitalistischen Systems aufzunehmen. Als systemintegrierte Gegenmacht waren sie sogar teilweise bereit, gesamtpolitische Ordnungsfunktionen zu übernehmen, denn auch darin bot die einheitsgewerkschaftliche Vergangenheit eine programmatische Tradition: die Ausklammerung der ordnungspolitischen Machtfrage zugunsten einer integrativen Verbindung von Wachstumspakt und partieller Mitbestimmung.

Gewiß ist eine gewerkschaftliche Einheitsorganisation auch in der Rumpfform des DGB ein unverzichtbarer Fortschritt, soll nicht die Solidarität der Arbeiter und Angestellten untergraben und eine Selbstzerstörung der kapitalistischen Gesellschaft nach dem Vorbild des Faschismus ermöglicht werden. Und doch ist die ihrer politischen Ziele und gesellschaftlichen Funktion entkleidete nationale Einheitsorganisation heute nicht nur Voraussetzung, sondern auch Hindernis einer wirksameren gewerkschaftlichen Politik im europäischen Rahmen. Sie ist Organisation gewordene Strategie, die sich von der Umfunktionierung durch veränderte Systembedingungen mit neuen, kreativen Strategien befreien muß.

---

97 Limmer, S. 93ff.

Defensive Integration
Der Weg zum EGB und die Perspektive einer westeuropäischen Einheitsgewerkschaft

Einleitung

Seit beinahe 30 Jahren hat sich unter maßgeblicher Mitwirkung des DGB in Westeuropa aus der älteren Form des gewerkschaftlichen Internationalismus – der gegenseitigen Information und Unterstützung nationaler Organisationen – im „Europäischen Gewerkschaftsbund" und seinen Vorläufern ein regionaler Zusammenschluß entwickelt, dessen Struktur und Funktion ihn zwischen die nationalen Bünde und die Internationalen einordnet. Mit den nationalen Gewerkschaften hat der EGB gemein, daß er auf solidarische Einheit im Kampf um eine Verbesserung der Arbeitsbeziehungen und auf die Mitgestaltung einer (regionalen) Innenpolitik abzielt, mit den Internationalen seine komplexe Vermittlungsstruktur, seine Basisferne und seine beschränkte Wirksamkeit. Mit den Internationalen verbindet den EGB auch das geringe Interesse, das er in der gewerkschaftlichen Öffentlichkeit findet[1], was nicht zuletzt wohl auch in einem geradezu erstaunlichen Mangel an öffentlicher Selbstdarstellung seinen Grund hat.

Die Entwicklung auf europäischer Ebene ist bislang ein Stiefkind der Gewerkschaftsforschung geblieben. Gerade in der Bundesrepublik ist die zunehmende Diskussion um Struktur und Funktion der Gewerkschaften in erstaunlichem Umfang auf den nationalen Erfahrungsrahmen beschränkt geblieben. In den letzten Jahren ist zwar das Interesse an den Gewerkschaften in den großen westeuropäischen Nachbarländern gewachsen[2] und hat jetzt sogar zu einer vergleichenden Betrachtung ihrer

---
1 Information ist offenbar der schwächste Arbeitsbereich des EGB: Er publiziert noch nicht einmal einen regelmäßigen Nachrichtendienst, hat noch keine Transkriptionen seiner Versammlungsprotokolle vorgelegt und seine Grunddokumente wie Satzung, Programme etc. sind nur intern verbreitete hektografierte Rarissima. Offenbar blieb bei dieser sparsamen Praxis der essentielle Charakter von Information für den größten demokratischen Massenverband in Europa aus dem Blick. Der Vorgänger EBFG publizierte Tätigkeitsberichte für seine Generalversammlungen (hekt.) und vermochte die EG-Kommission zur Herausgabe einer Dokumentationsreihe „Europäische Dokumentation: Schriftreihe Gewerkschaften und Arbeitnehmer" zu animieren; allerdings ist auch dieser knappe und seltene Digest ein völlig unzureichendes Medium zur Information der allgemeinen und gewerkschaftlichen Öffentlichkeit.
2 Charakteristisch dafür sind z. B. die Berichte in: Gewerkschaftliche Monatshefte (GMH) 24, 1973, H. 4; 26, 1975, H. 8 und 27, 1976, H. 9; Gewerkschaften im Klassenkampf, Argument – Sonderband 24, 1974, sowie in den „Kritischen Jahrbüchern" 1972–75. „Gewerkschaften und Klassenkampf", hg. v. Otto Jacobi, Walter Müller, Jentsch u. Eberhard Schmidt, Frankfurt 1972ff. sowie in Sammelbänden wie Detlev Albers, Werner Goldschmidt, Paul Oehlke: Klassenkämpfe in Westeuropa, Reinbek 1971; als Überblickswerke für die nationalen Gewerkschaftsentwicklungen nützlich Walter Kendall: The Labour Movement in Europe, London 1975; Margaret Stewart: Trade Unions in Europe, Epping, Essex 1974.

Probleme geführt.³ Die regionale Ebene, auf der die Gewerkschaften zunehmend in politisch-ökonomischen Zugzwang geraten sind und sich abzustimmen begonnen haben, ist jedoch nur in wenigen – und nur ausnahmsweise deutschen – Studien⁴ eingehender behandelt worden. Wesentlich intensiver war hier – neben der Masse an allgemeinen Beiträgen zur europäischen Integration – die Herausforderung durch spezifische internationale Einzelfragen wie die Problematiken der Wanderarbeiter und der multinationalen Konzerne, aber in der Diskussion gelang es nur in wenigen Fällen, den Zusammenhang mit der allgemeinen europäischen Gewerkschaftsfrage herzustellen⁵. Stattdessen flackerte eine kurze Euphorie auf, es seien objektive Voraussetzungen für eine Internationalisierung von Klassenkämpfen entstanden, die mittlerweile angesichts der gleichzeitig gewachsenen Entsolidarisierungserscheinungen im gewerkschaftlichen Bereich und der deutlich gewordenen nationalen Handlungsrestriktionen wieder weitgehend erloschen ist⁶. Immerhin liegen aber damit genügend Einzeluntersuchungen vor, daß mit historischem Zugriff eine entwicklungsgeschichtliche Perspektive entworfen werden kann. Ein solcher methodischer Ansatz erscheint für den hier beabsichtigten Überblick nicht nur deshalb sinnvoll, weil er lange angelegte Trends auf ihre künftige Bedeutung prüfen kann, sondern weil damit zugleich historische Konstellationen in den Blick geraten, die vor zu einfachen – objektiven oder programmatischen – Trendverlängerungen in die Zukunft warnen.

Die Grundstrukturen der gewerkschaftlichen Teilnahme in Europa entsprangen nicht systematisierender Programmatik, sondern sind über Motive, Konflikte und Problemlagen von nur begrenzter zeitlicher Bedeutung zustande gekommen. Sie verweisen häufig auf die Ambivalenz spezifischer nationaler Interessen und Traditionen, da gerade deren Verteidigung Schritte in supranationaler Richtung erforderte. Eine als Querschnittanalyse angesetzte politologische oder soziologische Untersuchung könnte zwar die Übertragung nationaler Modelle auf die europäische Ebene

---

3 Klaus v. Beyme: Gewerkschaften und Arbeitsbeziehungen in kapitalitischen Ländern, München, Zürich 1977.
4 Vor allem Wolfram Elsner: Die EWG. Herausforderung und Antwort der Gewerkschaften, Köln 1974; Klaus Ruhwedel: Der Europäische Gewerkschaftsbund und die westeuropäische Integration, in: Frank Deppe (Hg.): Arbeiterbewegung und westeuropäische Integration, Köln 1976, S. 228ff. u. a. Beiträge in diesem Bd.; größere Spezialuntersuchungen bieten Marguerite Bouvard: Labor Movements in the Common Market Countries: The Growth of a European Pressure Group, New York 1972, und früher R. Colin Beever: European Unity and the Trade Union Movements, Leiden 1960; Hans-Victor Schierwater: Die Arbeitnehmer und Europa, in: Carl-Joachim Friedrich (Hg.): Politische Dimensionen der europäischen Gemeinschaftsbildung, Köln, Opladen 1968, S. 294ff.; Jean Meynaud u. Dusan Sidjanski: Les groupes de pression dans la Communauté Européenne, 1958–1968, Brüssel 1971, S. 235ff.
5 Vgl. dazu besonders Stephan Castles u. Godula Kosack: Immigrant Workers and Class Structure in Western Europe, London 1973, S. 116ff. und Ernst Piehl: Multinationale Konzerne und internationale Gewerkschaftsbewegung, Frankfurt 1974; Charles Levinson: International Trade Unionism, London 1972; Kurt P. Tudyka (Hg.): Multinationale Konzerne und Gewerkschaftsstrategie, Hamburg 1974.
6 Die Euphorie am deutlichsten in Siegmar Geiselberger (für Juso-Bundesvorstand) als Hg.: Schwarzbuch: Ausländische Arbeiter, Frankfurt 1972, S. 7 u. ö.; die Ernüchterung bei Kurt P. Tudyka: Illusionärer Internationalismus, in: Österreichische Zeitschrift für Politikwissenschaft 5, 1976, S. 53ff.

und den Mangel an programmatischer Konsolidierung und supranationaler Machtbildung im EGB herausarbeiten[7]. Bei historischer Betrachtung schälen sich jedoch vor allem zwei Themen heraus: Einmal, daß im EGB im Keim ein in charakteristischer Weise modifizierter Grundzug europäischer Gewerkschaftsentwicklung – der zur quasi öffentlich-institutionalisierten Einheitsgewerkschaft mit politischen Funktionen – wiederaufgenommen wird, der bereits den gewerkschaftlichen Wiederaufbau nach dem Kriege ausgezeichnet hatte, aber an der Durchdringung europäischer Politik durch die blockbildenden Einflüsse der USA und der UdSSR im sog. Kalten Krieg gescheitert war[8]. Daß eine solche Perpektive möglich geworden ist, zeigt die Emanzipation der europäischen Gewerkschaften aus einseitigen Abhängigkeiten und Fixierungen, wie sie durch den Austritt der AFL/CIO aus dem IBFG und dessen Mitwirkung an der Entkrampfung der Ost-West-Beziehungen signalisiert wurden. Zum anderen wird historische Analogiebildung auf die Möglichkeiten und Gefahren gewerkschaftlicher Struktur- und Institutionalisierungsfortschritte in gesamtgesellschaftlichen Krisen hinweisen können. Der EGB hat diese Entwicklungsmöglichkeiten seit 1973 genutzt, auch nationale Beispiele sind besonders in England und Italien zu beobachten[9]. Weniger spektakulär hat dieser Bedingungszusammenhang bei der Europapolitik der Gewerkschaften von Anbeginn eine Rolle gespielt, weil sie hier vor allem in ihrer politischen Funktion gefragt waren. Die wichtigsten Analogien aber liegen weiter zurück und seien hier wenigstens erwähnt: Unmittelbar nach den beiden Weltkriegen und in der Weltwirtschaftskrise der frühen 30er Jahre hatten sich Gewerkschaften als ein gesamtgesellschaftlicher Ordnungsfaktor angeboten und durch die Disziplinierung ihrer Basis strukturelle Fortschritte erkaufen können. Aber diese Fortschritte hielten in nachfolgenden Phasen ökonomischen Aufschwungs und politischer Reaktion nicht stand, zumal sie von der Basis nicht erkämpft worden waren, sondern ihre aktive Solidarität unterhöhlt hatten[10].

---

7 Neben Elsner und Bouvard vgl. z. B. Heinz Kramer: Ziele und Verhalten der Sozialpartner in Westeuropa als Faktoren für die Gemeinschaftsbildung, Ebenhausen 1977.
8 Ich knüpfe hier insofern an frühere Beiträge an, insbes.: Strukturreform und Wachstumspakt. Westeuropäische Bedigungen der einheitsgewerkschaftlichen Bewegung nach dem Zusammenbruch des Faschismus, in: Heinz-Oskar Vetter (Hg.): Vom Sozialistengesetz zur Mitbestimmung, Köln 1974, S. 303ff; Probleme der Gewerkschaften im Prozeß der Integration Westeuropas, in: GMH 27, 1976, S. 279ff.
9 Neben Kramer, a. a. O. vgl. Götz Roth: Die britischen Gewerkschaften und die Wirtschaftskrise in England 1974 bis 1976, Ebenhausen 1976.
10 Vgl. die Beiträge von Henryk Skrzypczak, Gerald D. Feldman, Hans Mommsen und mir, in: H. O. Vetter (Hg.) a. a. O., S. 201ff., 275ff.

Die Gründerphase: Kapitalistische und nationale Rekonsolidierung

Das Engagement der Gewerkschaften an der westeuropäischen Integration begann mit ihrer Spaltung. Über der Frage der Haltung zum Marshall-Plan, der die vagen Hoffnungen auf eine Vereinigung Europas beim Worte nahm, die damit verbundenen sozialistischen Perspektiven aber abschnitt und die europäischen Länder ökonomisch in Zugzwang brachte, und über der Gründung des Kominform als Reaktion der Sowjetunion zerfiel die Bewegung zur Bildung von Einheitsgewerkschaften in Europa, teilweise durch richtungsgewerkschaftliche Aufsplitterung der nationalen Organisation, teilweise durch ihre Zuordnung zu unterschiedlichen Internationalen[11]. Die christliche wurde vom Sog der Einheitsgewerkschaft entlastet, der Weltgewerkschaftsbund schrumpfte auf seine kommunistisch geführten Mitglieder und deren Bundesgenossen. Am wichtigsten war die Neugründung einer freigewerkschaftlichen Internationale unter Führung der beiden, sich nicht zuletzt dadurch annähernden amerikanischen Gewerkschaftsbünde AFL und CIO. In Europa umfaßte dieser IBFG die de jure unabhängigen, de facto sozialdemokratisch geführten einheitsgewerkschaftlichen Großverbände in Großbritannien, Skandinavien und Mitteleuropa sowie eine Reihe mehr oder minder großer richtungsgewerkschaftlicher Spaltungsprodukte in West- und Südeuropa, die gerade in den größeren Ländern wie Italien und namentlich Frankreich nur eine Minderheit der organisationsbereiten Arbeiter gewinnen konnten[12]. Die IBFG-Gewerkschaften begrüßten den Marshall-Plan, weil sie sich in einer national-wirtschaftlichen Zwangslage zu befinden glaubten und von den amerikanischen Krediten eine Lösung ihrer außenwirtschaftlichen Probleme und sonstiger Hindernisse für einen beschleunigten wirtschaftlichen Wiederaufbau erwarteten; darin reflektierten sie nur die Haltung vieler Arbeiter in Westeuropa und insbesondere Westdeutschland, die sich von den amerikanischen Krediten sehr oft eine Verbesserung ihrer in den ersten Nachkriegsjahren oft sehr geringen Reallöhne erhofften. Die meisten Sozialdemokraten sahen, daß der durch den Marshall-Plan verstärkte Einfluß der Amerikaner eine Realisierung ihrer Perspektive eingreifender gesellschaftlicher Reformen auf kurze Sicht verhindern werde. Sie trösteten sich darüber jedoch mit der Einschätzung, daß das fortgeschrittene Stadium des organisierten Kapitalismus in den USA und die Notwendigkeiten einer Koordinierung und Kalkulation des Einsatzes der amerikanischen Kredite in Europa

---

11 Zu den damit in verschiedenen europäischen Ländern verbundenen Fragen vgl. Othmar N. Haberl u. Lutz Niethammer (Hg.): Marshall-Plan und Europäische Linke, Frankfurt a.M., 1986.
12 Vgl. Hans Gottfurcht: Die internationale Gewerkschaftsbewegung von den Anfängen bis zur Gegenwart, Köln 1966, S. 51ff.; Philip Taft: Gewerkschaftliche Außenpolitik, Köln 1975, S. 124ff.; R. Radosh: American Labor and United States Foreign Policy, New York 1969, S. 316ff.

zumindest Fortschritte in die Richtung einer supranationalen Wirtschaftsplanung unterstützen würden.[13]

Beide Erwartungen wurden enttäuscht. Weder stärkte der organisierte Kapitalismus den Anwälten gesellschaftlicher Reformen den Rücken und kompensierte ihre nationalen Niederlagen auf supranationaler Ebene, noch wurden die europäischen Staaten in den Organen zur Verteilung der Marshall-Plan-Hilfe (OEEC) zu einem wirksamen Ansatz zur europäischen Integration gezwungen. Im Gegenteil: Der Marshall-Plan machte die einzelnen Nationalstaaten wieder funktionsfähig und unterstützte in ihnen die neoliberalen Anwälte des Kapitals. Land für Land brachten konservative Regierungen, liberale Wirtschaftspolitik, Freisetzung struktureller Arbeitslosigkeit und Währungsanpassungen die Organisationen der Arbeiterbewegung in die Defensive. Daß in dieser Phase in der Bundesrepublik noch die Montanmitbestimmung durchgesetzt werden konnte, verweist auf den Nachholbedarf an gesellschaftlichen Strukturreformen, die unter der Besatzungsherrschaft unterbunden worden waren, und andere nationale Sonderbedingungen. Es sollte für längere Zeit die letzte, größere, von der Arbeiterbewegung in kollektiver Aktion erwirkte gesellschaftliche Reform in den westeuropäischen Ländern bleiben; insgesamt war die teilweise Reprivatisierung vorgängiger Nationalisierungen in England charakteristischer für den Trend kapitalistischer Rekonstruktion in den Empfängerländern des Marshall-Plans. Unter diesen Bedingungen konnte auch der beratende ERP Gewerkschaftsausschuß, der auf Drängen der amerikanischen Gewerkschaften in die Marshall-Plan-Organisation eingebaut worden war, keine der beiden Absichten realisieren, über den Marshall-Plan die supranationale Integration Europas voranzutreiben und besondere Vorkehrungen für eine Verteidigung der Arbeiterinteressen im Zuge des kapitalistischen Wachstums zu treffen. Dafür wurde er zu einer Keimzelle der neuen freigewerkschaftlichen Internationale. Sie ging wesentlich auf die Initiative der amerikanischen Gewerkschaften zurück; die Europäer konnten aber wenigstens die Besetzung der Spitzenpositionen mit ihrem Kandidaten Walter Schevenels gegen amerikanischen Widerstand durchsetzen[14].

Auf europäischer Ebene jedoch waren die hochgespannten Erwartungen der Jahre 1948/49 schnell zerronnen. Der Europarat erwies sich als ein machtloses Diskussionsorgan. Die OEEC blieb eine Organisation zur Verteilung amerikanischer Gelder, anstatt zum Ansatzpunkt wirtschaftlicher Integration in Europa zu werden[15]. Aber die realen Auswirkungen des Marshall-Plans hatten insbesondere mit der Perspektive einer Emanzipation Westdeutschlands die Rückwirkung eines wachsenden Problemdrucks auf die anderen europäischen Länder, vor allem Frankreich, der in der allgemeinen europäischen Stagnation doch noch einen begrenzten Ansatz zur supranatio-

---
13 Vgl. die einschlägigen Beiträge in dem in Anm. 11 erwähnten Symposium.
14 Eine Darstellung des beratenden ERP-Gewerkschaftsausschusses fehlt; aus amerikanischer Perspektive Taft, S. 109ff.
15 Vgl. den temperamentvollen Bericht des Ratspräsidenten beider Organisationen Paul Henri Spaak: Memoiren eines Europäers, Hamburg 1969, S. 255ff., 271 ff.

nalen Integration freisetzte und eine Struktur schuf, die sich für alle künftigen Institutionen auf westeuropäischer Ebene als beispielgebend erweisen sollte[16]. Die Idee der Montanunion gründete vor allem in einer internationalen Wende der französischen Deutschlandpolitik: Sie war jahrelang von Sicherheitserwägungen beherrscht und wesentlich negativ gewesen, aber Schritt um Schritt vom amerikanischen Engagement in Westdeutschland zurückgedrängt worden. Nach der Gründung der Bundesrepublik und der Zuspitzung der Ost-West-Auseinandersetzungen im Vorfeld des Koreakrieges erschien es möglich, daß sich die Bundesrepublik, vom Marshall-Plan gekräftigt und als militärisches Potential bedeutsam, den letzten Sicherungskontrollen und dem Ruhrstatut entwinden könnte. Darüber hinaus drohten nach dem allseitigen Ausbau der Grundstoffindustrien Überkapazitäten in der Stahlindustrie und ein ruinöser innereuropäischer Wettbewerb, den zu gewinnen den Westdeutschen gute Chancen eingeräumt wurden. Die europäische Verflechtung der Montanindustrie konnte die französischen Kontrollwünsche ins Positive wenden, das deutsche Potential einbinden und die Kapazitäten im Verbund steuern[17]. Auf der anderen Seite paßte der Vorschlag vorzüglich in die Strategie Adenauers, der ihn nahezu postwendend annahm.[18] Durch internationale Verflechtung konnte die deutsche Diskriminierung – vor allem das Ruhrstatut und das Wiederaufrüstungsverbot – beschleunigt überwunden werden; hier bedeutete supranationale Verflechtung umgekehrt einen Schritt zur Wiedergewinnung der nationalen Souveränität. Die Anfänge der funktionellen Integration der europäischen Wirtschaft waren also zunächst und vor allem ein spezifischer Lösungsversuch wechselseitiger nationalpolitischer Probleme – darauf deutet auch das Fernbleiben Englands, das sich keinem vergleichbaren Dilemma gegenübersah[19]. Gegenüber dieser nationalpolitischen Konstellation blieb die eigentlich positive europäische Dimension durchaus zurück. Dies sollten die Gewerkschaften alsbald zu spüren bekommen.

Wie auch die christlichen Gewerkschaften hatte der IBFG, der ein halbes Jahr nach der Verkündung des Schumann-Planes eine europäische Regionalorganisation (ERO) gegründet hatte, die Montanunion begrüßt und Forderungen gegen ihren technokratischen Charakter erhoben. Zumindest sollte die wirtschaftliche Verflechtung durch eine sozialpolitische Harmonisierung und ein starkes Mitspracherecht der Gewerkschaften in den supranationalen Institutionen ergänzt werden[20]. Selbst diese Hoffnungen wurden jedoch nur sehr teilweise erfüllt, indem den Gewerkschaften zwei

---

16 Dazu Albert Statz: Zur Geschichte der westeuropäischen Integration bis zur Gründung der EWG, in: Frank Deppe (Hg.): Europäische Wirtschaftsgemeinschaft, Reinbek 1975, S. 110ff., bes. S. 126ff.
17 Vgl. Jean Monnet: Mémoires, Paris 1976, S. 334ff.; William Diebold: The Schumann Plan, New York 1959, S. 9ff.; Frank Roy Willis: France, Germany and the New Europe, Stanford 1965, S. 104ff.
18 Konrad Adenauer: Erinnerungen 1945–1953, Frankfurt 1967, S. 314ff.; wie sich die SPD von nationalpolitischen Erwägungen in eine ambivalente Ablehnung treiben ließ, zeigen Rudolf Hrbek: Die SPD. Deutschland und Europa, Bonn 1972, S. 102ff.; William E. Paterson: The SPD and European Integration, Farnborough Hants, 1974, S. 49ff.
19 Vgl. den franz.-brit. Notenaustausch vom Mai, Juni 1950, in: Europa Archiv (EA) 5, 1950, S. 3167ff.
20 Vgl. Bouvard, S. 44f.; Beever, S. 106ff.; Diebold, S. 427ff.

Sitze in der Hohen Behörde und ein Drittel der Mitglieder im Wirtschafts- und Sozialrat eingeräumt wurden, einem zunächst noch „Beratenden Ausschuß" genannten drittelparitätischen Konsultativorgan nach dem Vorbild mehrerer westeuropäischer Länder, in dem sich die Unternehmer, die Gewerkschaften und die sogenannten Verbraucher (wobei als Vertreter des Handels wieder Unternehmer überwogen) die Sitze teilten[21]. Dagegen blieb die sozialpolitische Dimension national beschränkt, abgesehen von einem Siedlungs- und einem Anpassungsfonds, der von der Hohen Behörde verwaltet wurde. Auch die Wieder- und Neubildung von Kartellen konnte der gewerkschaftliche Einfluß nicht verhindern. Trotz gewerkschaftlichen Drucks auf Revision der Verträge blieben eine paritätische Vertretung im Beratenden Ausschuß und erweiterte Kompetenzen für die Beratende Versammlung, eine planmäßige Steuerung der integrierten Produktion und die Eröffnung einer sozialpolitischen Dimension durch die Hohe Behörde bis zur Gründung der EWG versagt[22]. Angesichts dieser geringen gewerkschaftlichen Durchsetzungskraft könnte die gleichbleibend positive Grundhaltung der Gewerkschaften zur Montan-Union erstaunlich erscheinen. Der Grund dürfte zunächst in dem virtuos gehandhabten Vermittlungsmanagement Jean Monnets zu suchen sein, der die gewerkschaftlichen Vertreter einzubinden verstand und in vielen Einzelfragen auf ihre Stellungnahmen einging.[23] Wichtiger noch war jedoch der allgemeine Zusammenhang rückläufiger Machtentwicklung der Gewerkschaften in den einzelnen Ländern, der ihnen den Aufbau einer informellen Veto-Macht auf Gemeinschaftsebene als relativen Erfolg erscheinen ließ. Insgesamt hatten die überwiegend konservativen Regierungen der Sechs und die Unternehmer angesichts der günstigen wirtschaftlichen Entwicklung im Wiederaufbau und im Kalten Krieg weniger Interesse an der Kooperation mit den Gewerkschaften als diese am supranationalen Zusammenschluß.

Auf gewerkschaftlicher Ebene wiederholte sich nämlich in spezifischer Modifikation die partikulare Integrationsmotivation der nationalen Regierungen: Der DGB suchte dringend in internationalen Zusammenschlüssen durch eine sozusagen kooperative Rehabilitation die deutsche Isolierung zu überwinden und ergänzte insofern die außenpolitische Linie Adenauers in der Arbeiterbewegung[24]. Auf der ande-

---

[21] Für die Modellfunktion des Beratenden Ausschusses der Montan-Union vgl. Gerda Zellentin: Der Wirtschafts- und Sozialausschuß der EWG und Euratom, Leiden 1962, S. 13ff.; für vergleichbare Ansätze zur gesamtwirtschaftlichen Mitbestimmung in einzelnen Ländern Raimund Krisam: Die Beteiligung der Arbeitnehmer an der öffentlichen Gewalt, Leiden 1963.

[22] Am deutlichsten sind die Defizite in den gewerkschaftlichen Forderungen zur Revision des EGKS-Vertrags faßbar bei Beever, S. 123ff.; Diebold, S. 432ff.; knapp zur Kritik auch Elsner, S. 40ff.

[23] Diebold (S. 458) faßt zusammen: „Working with little in the way of powers, the High Authority has made a real effort to woo labour. It seems to have had a good deal of success, even though the results of some measures are not striking, and the total effect is somewhat less clear than what the Community has done in other fields."

[24] Allerdings wurde die kooperative Linie im Oktober 1952 durch die vom SPD-Vorstand gut vorbereitete Wahl von Walter Freitag zum DGB-Vorsitzenden unterbrochen, wohl vor allem wegen der zunächst regierungstreuen Haltung des DGB-Vorstands unter Böckler und Fette in der Frage des Wehrbeitrags. Vgl. Arnulf Baring: Außenpolitik in Adenauers Kanzlerdemokratie, München 1971, Bd. 2, S. 65ff.

ren Seite sahen sich in Italien und vor allem in Frankreich die aus dem Spaltungsprozeß hervorgegangenen IBFG-Gewerkschaften[25] deutlich in der Minderheit gegenüber den starken und resistenten, nunmehr noch deutlicher kommunistisch geführten Gewerkschaften CGIL und CGT. In Frankreich und Benelux hatten darüber hinaus im Montanbereich die christlichen Verbände größere Erfolge als die IBFG-Gewerkschaften. Die christlichen und freigewerkschaftlichen Gruppen suchten hier durch internationalen Zusammenschluß den Rückhalt zu gewinnen, der ihnen im eigenen Organisationsbereich versagt blieb. Die Integrationsbereitschaft wurzelte also auch hier in unterschiedlichen Schwächemomenten der nationalen Organisationen, die durch die privilegierte Repräsentation auf europäischer Ebene – die Kommunisten waren in den Organen des EGKS nicht beteiligt – überwunden werden sollten[26]. Dieser defensive Grundcharakter des europäischen Engagements wurde noch dadurch besonders betont, daß die IBFG Gewerkschaften es als ihre besondere Aufgabe herausstellten, den Kommunismus abzuwehren. Neben nationalen und richtungspolitischen waren auch noch organisatorische Sonderinteressen in der Montanunion maßgebend: Die ERO des IBFG umfaßte mehr als nur die Mitglieder der Sechs – sowohl geographisch wie sektorial. Ein Versuch, von der ERO aus auf politischer Ebene die gewerkschaftliche Haltung in den Organen der Montanunion zu organisieren, scheiterte; stattdessen entstanden lockere Koordinierungsgremien, in denen vor allem die Vertreter der Metall- und Bergarbeiterverbände aus den sechs Mitgliedstaaten dominierten, insbesondere der sog. „Ausschuß der 21"[27]. Diese lockere Form bewährte sich bei der informellen Verschränkung der Meinungsbildung zwischen IBFG- und christlichen Gewerkschaften sowie zwischen diesen und der Hohen Behörde und kam deren Integrationsbestrebungen entgegen. Außerdem stärkte sie die einschlägigen internationalen Branchenverbände mit ihren wirtschaftlichen Prioritäten zu Lasten gesamtpolitischer Planung und Einflußnahme. Die nächste Stufe der Vereinigung zur EWG fand deshalb die Gewerkschaften erneut politisch und organisatorisch unvorbereitet in einer defensiven Position.

Daß das Engagement der IBFG-Gewerkschaften trotz ihrer nur sehr begrenzten Erfolge in der Montanunion und trotz zunehmender Kritik im Grunde unvermindert blieb, zeigte sich am deutlichsten an der Beteiligung vieler Gewerkschaftsführer am

---

25 In Frankreich gehörte die größere christliche CFTC zur christlichen Internationale, während der IBFG nur in der kleinen sozialdemokratischen Richtungsgewerkschaft CGT-FO eine Stütze hatte; in Italien hingegen konnte er außer auf die kleine UIL (sozialdemokratisch-republikanisch) auch auf die zweitgrößte, der Democracia Christiana verbundenen und von einem Teil der Sozialdemokraten mitgetragenen Gewerkschaft CISL rechnen. Diese Konstellation war eine erste Weichenstellung für die Verbindung der nicht-kommunistischen Gewerkschaften in Westeuropa.
26 Vgl. zu den spezifischen Integrationsmotiven vor allem Ernst B. Haas: The Uniting of Europe, 2. Aufl. Stanford 1968, S. 214ff.; kurz auch Schierwater, S. 299ff.
27 Beever, S. 107ff.; Bouvard, S. 51ff.

„Aktionskomitee für ein vereintes Europa". Mit dieser Initiative wollte Jean Monnet die europäische Stagnation nach dem Fehlschlag der Europäischen Verteidigungsgemeinschaft überwinden, indem er ein Forum schuf, auf dem sich die europäischen Eliten aus Politik, Kultur, Wirtschaft und Gewerkschaften treffen, kennenlernen, einen neuen Konsens bilden und diesen in ihren jeweiligen Wirkungsbereichen propagieren sollten[28]. Er selbst berichtet, mit welcher Begeisterung seine Idee gerade von deutschen Gewerkschaftsführern aufgenommen wurde und wie groß deren Anteil an der Wiederankurbelung der europäischen politischen Dynamik war[29] – eine Haltung, die sicher nicht in der gewerkschaftlichen Erfahrung der Montanunion ihre hinreichende Erklärung finden kann. Die im Monnet Komitee erneuerte europäische Perspektive war aber mehr als ein Fluchtpunkt spezifischer Problemlagen, es war der Ausdruck eines wachsenden Elitenkonsensus, in den auch die Gewerkschaftsführer einbezogen waren. Er läßt sich auf den Nenner bringen: Abwehr der kommunistischen Alternative und ein neues Vertrauen in die Leistungs- und Regenerationsfähigkeit des Kapitalismus[30]. Das ließ die Impulse des erweiterten Marktes auf Produktion, Produktivität und Lebensstandard – „eine reaktionäre Konjunktur" nannte sie ein französischer christlicher Gewerkschafter – wichtiger erscheinen als strukturelle Eingriffe in die Wirtschaft von seiten der Nationalstaaten. Wer dem neuen Fortschrittsglauben huldigte, wandte sich dem strategischen Potential des kontinentalen Marktes zu; aber auch den übrigen, soweit sie nicht außenpolitische Scheuklappen trugen, blieb die europäische Perspektive nicht erspart. Waren doch die Gewerkschaften in den einzelnen Ländern längst aus ihrer gesamtgesellschaftlichen Schlüsselposition verdrängt, überwiegend neoliberale Wirtschaftspolitiken etabliert und strukturelle Fortschritte nicht gegen die konservative Konsolidierung in den einzelnen Ländern, sondern allenfalls in der noch offenen supranationalen Dimension zu erwarten.

---

28 Pascal Fontaine: Le Comité d'Action pour les États-Unis d'Europe de Jean Monnet, Lausanne 1974, bes. S. 47ff.
29 Monnet. S. 477f.
30 Vgl. für die ‚Amerikanisierung' der europäischen Eliten Daniel Lerner u. Morton Gordon: Euratlantica. Changing Perspectives of the European Elites, Cambridge Mass. 1969; dagegen betont eine empirisch differenziertere Analyse, daß Anfang der 60er Jahre die nationale Resistenz auch in den Elitenmeinungen den Integrationsprozeß erlahmen ließ: Karl W. Deutsch, Lewis J. Edinger, Roy C. Macridis, Richard L. Merritt: France, Germany and the Western Alliance, New York 1967; für die besondere nationale und internationale Integrationsbereitschaft der westdeutschen Eliten an der Schwelle zur Souveränität vgl. die einschlägigen Beiträge in Hans W. Speier u. Philip W. Davison (Hg.): West German Leadership and Foreign Policy, Evanston 1957 (Otto Kirchheimer über Gewerkschaften); Karl W. Deutsch und Lewis J. Edinger: Germany Rejoins the Powers, Stanford 1959.

Transnationale Liberalisierung als wachsender gewerkschaftlicher Problemdruck

Die Bildung der Montanunion war nur die Generalprobe für die Gründung der EWG gewesen. Die christlichen und freien Gewerkschaften begrüßten erneut im Grundsatz eine Entwicklung, deren Details sich zu einer gewerkschaftlichen Niederlage summierten. Wieder war der Integrationsvorgang darauf abgestellt, komplementäre nationale Interessen zu befriedigen. Im Kern wollten die Deutschen und die Beneluxländer Industriewaren exportieren, die Franzosen Agrarprodukte, die Italiener Arbeitskräfte und die Amerikaner Kapital. Daraufhin wollten die Franzosen die nukleare Entwicklung aus der Abhängigkeit von den Amerikanern lösen und die früheren Imperien, ihre europäischen Partner, zur Finanzierung der Infrastrukturkosten ihrer ehemaligen Kolonien heranziehen, um besondere Beziehungen zu diesen Ländern fortführen zu können. Für alle diese Interessen wurden ohne Rücksicht auf systematische Kohärenz effektive Instrumente erfunden: Euratom und die Assoziierung Schwarz-Afrikas, ein in den vier Freiheiten – Freihandel, freier Kapitalverkehr, Freizügigkeit, Niederlassungsfreiheit – extrem liberalisierter Markt, der die Amerikaner zu Direktinvestitionen einlud, und eine hochgradig protektionistische Bürokratie zur Vermarktung der Agrarerzeugnisse[31].

Demgegenüber blieben die Ziele der Gewerkschaften, die im Vorfeld der EWG einen besonderen Ausschuß gegründet hatten, um auf die Mitgliedsländer einzuwirken, weitgehend unberücksichtigt; zum Teil trat gegenüber dem in der Montanunion erreichten Stand sogar ein Rückschritt ein: Während die Interessen von Handel, Industrie, Banken und Landwirtschaft institutionell befriedigt worden waren, hatten die Gewerkschaften keine Vorkehrungen für eine positive europäische Sozialpolitik im römischen Vertragswerk unterbringen können[32]. Der gemeinsame Markt blieb auf die Sechs beschränkt, während die IBFG-ERO für eine gemeinsame Entwicklung von EWG und späterer EFTA plädiert hatte[33]. In der EWG-Kommission waren die Gewerkschaften nicht mehr wie in der Hohen Behörde der Montanunion vertreten und der dortige, stets als unzureichend empfundene Beratende Ausschuß blieb als

---

31 Eine Wirtschaftsgeschichte der EWG-Gründung fehlt. Materialien zur institutionellen Seite bei Hans-R. Krämer: Die Europäische Wirtschaftsgemeinschaft, Frankfurt, Berlin, 1965. Hinweise zur Interessenkonstellation bei Deppe (Hg.), EWG, S. 164ff.; Jochen Dankert, Wilhelm Ersil, Karl-Heinz Werner: Politik in Westeuropa, Berlin (Ost) 1975, S. 159ff. sowie allgemeiner Kurt P. Tudyka: Marktplatz Europa, Köln 1975; Johan Galtung: Kapitalistische Großmacht Europa, Reinbek 1973.
32 Ausführliche Analyse der sich aus den Römischen Verträgen ergebenden gewerkschaftlichen Probleme bei Beever, S. 139ff. Zur ingesamt dürftigen Bilanz der im Rahmen der Römischen Verträge entwickelten Sozialpolitik vgl. Jean-Jacques Ribas: La politique sociale des Communautés Européennes, Paris 1969; Mark J. Fitzgerald: The Common Market's Labor Programs, Notre Dame, London 1966; Bernt Heise: Sozialpolitik in der europäischen Wirtschaftsgemeinschaft, Göttingen 1966.
33 Vgl. allg. Karl Kaiser: EWG und Freihandelszone, Leiden 1963. Innerhalb der Gewerkschaften kämpfte der Sekretär der IBFG-ERO Walter Schevenels erfolglos gegen die Verselbständigung der Gewerkschaften der EWG-Länder.

Wirtschafts- und Sozialausschuß im wesentlichen erhalten, ohne daß er zusätzliche Kompetenzen erhalten hätte oder die Parität zwischen Kapital und Arbeit hergestellt worden wäre[34]. Auch die parlamentarische Legitimation der Gemeinschaftsbildung war weder in ihren Zuständigkeiten noch in ihrem Legitimationsmodus verbessert worden und blieb ein Spesenkarussell für Hinterbänkler und alternde Parlamentarier der Einzelstaaten. Die Erwartung des sog. Spillover, daß die funktionelle Verflechtung einzelner Wirtschaftsbereiche die allgemeine Politik in Zugzwang bringen werde, war mit einer Stärkung der internationalen (Ministerrat) gegenüber der supranationalen (Kommission) Komponente enttäuscht worden[35] und hatte sich nur im ökonomischen Bereich bewahrheitet, insofern nunmehr weitere Wirtschaftsbereiche in den gemeinsamen Markt einbezogen wurden.

Die Gewerkschaften sahen, daß hier eine Wirklichkeit geschaffen wurde, die ihre Handlungsmöglichkeiten beschränken mußte. Die kommunistischen Gewerkschaften bildeten noch 1957 in Brüssel ein Aktionskomitee gegen das „Europa der Monopole"[36], die christlichen und freien Gewerkschaften gründeten getrennte Organisationen, die auf den Zuständigkeitsbereich der EWG bezogen waren und bei der Durchführung der Verträge jenen Einfluß zurückgewinnen sollten, der bei ihrer Formulierung versäumt worden war. Im Bereich des IBFG ergaben sich aber alsbald Schwierigkeiten, die für ein Jahrzehnt die Gewerkschaftsarbeit in der EWG auf dem niedrigen Stand des „Komitees der 21" im Rahmen der Montanunion hielten, das wesentlich als Kommunikations-, nicht als Entscheidungsorgan gewirkt hatte. Die ERO, die auch Gewerkschaften u. a. aus England, Skandinavien und den Alpenländern umfaßte, setzte der Verselbständigung der Gewerkschaften im EWG-Bereich Widerstand entgegen, um ein einheitliches Entscheidungsorgan für die Beeinflussung sowohl der EWG wie der EFTA zu erhalten. Die Sechs setzten jedoch ein Europäisches Gewerkschaftssekretariat für die EWG durch, aber der Wunsch der integrationsfreundlichsten Verbände wie der FO in Frankreich und der CISL in Italien nach einem starken, supranationalen Gewerkschaftsorgan wurde nicht erfüllt, sondern nur eine Koordinierungsstelle geschaffen, deren internationale Struktur noch hinter diejenige der EWG-Organe zurückfiel[37]. Es war kein Wunder, daß von diesem Gewerkschaftssekretariat nicht jene Dynamik ausgehen konnte, die notwendig gewesen wäre, um der EWG die versäumten sozialpolitischen Ergänzungen aufzuprägen.

---

34 Vor allem die deutsche Bundesregierung wandte sich gegen die Aufnahme eines solchen Gremiums in die Römischen Verträge; es war im sog. Spaak-Bericht nicht vorgesehen und wurde erst auf gewerkschftlichen Druck hin institutionalisiert, aber nicht in der erstrebten Form. Vgl. Zellentin, S. 16ff.

35 Die schwache Stellung des europäischen Parlaments gegenüber der Kommission zeigt David Coombes: Politics and Burocracy in the European Community, London 1970, auf desintegrative Elemente des Ministerrats verweist auch Walter Hallstein: Der unvollendete Bundesstaat, Düsseldorf 1969, S. 132ff.; zur Krise der funktionalistischen Integrationserwartung: Charles Purtland: International Theory and European Integration, London 1973, Kap. 3f.

36 Ulrich Wacker: Zur ‚Europapolitik' der französischen Gewerkschaft CGT, in: Deppe (Hg.), Arbeiterbewegung, S. 276ff.; bes. 281ff.

37 Zum europäischen Gewerkschaftssekretariat vgl. Beever, S. 170ff.; Bouvard, S. 56ff.; zur christlichen EO ebd., S. 86ff.

Auch eine auf die künftige Verschmelzung der drei Gemeinschaften (EWG, EGKS und Euratom) abzielende einheitliche Gewerkschaftsvertretung für die Sechs kam nicht zustande, so daß das „Komitee der 21" in einer besonderen Organisation für die Montanunion „Intersyndicale" seine wesentlich von den einschlägigen Branchengewerkschaften getragene Fortsetzung fand[38].

In der Praxis entwickelte sich die EWG in ihrer Frühphase zu einem großen Erfolg im Sinne ihrer Gründer: Sie unterstützte das wirtschaftliche Wachstum in den Mitgliedsländern, sie zog erhebliche Investitionen aus den USA an, sie setzte bisher in diesem Umfang ungekannte Migrationsströme von Arbeitern zunächst vor allem aus Italien, dann aus assoziierten oder durch spezielle Verträge mit der EWG verbundenen mittelmeerischen Ländern in Gang. Der Warenaustausch zog signifikant an, alle für die Senkung der Binnenzölle gesetzten Fristen konnten unterschritten werden und sogar das komplizierte Agrarmarktsystem begann zu funktionieren[39]. Die USA sahen sich zu einer speziellen Europainitiative veranlaßt[40] und die UdSSR begann, die EWG, die sie zunächst abgelehnt und abgetan hatte, zumindest als eine wichtige Realität zu analysieren[41]. Für die Gewerkschaften aber waren diese Erfolge nicht nur deshalb keineswegs so eindeutig, weil damit der Neoliberalismus der Rekonstruktionszeit verlängert und das Vertrauen in die Selbstregeneration des Kapitalismus weiter verstärkt wurde. Vor allem machten sich praktische Rückwirkungen bemerkbar, die den gewerkschaftlichen Handlungsspielraum einengten. Sie konnten zwar auf der einen Seite in verschiedenen Branchen bedeutende Lohnfortschritte erzielen, und Boom und Freizügigkeit verbesserten die Beschäftigungslage sogar in Italien. Auf der anderen Seite standen sie in der Kohlekrise der ersten großen Welle struktureller Arbeitslosigkeit gegenüber und bekamen nun ihr einstiges Ziel, diese vermeintliche Schlüsselindustrie in Gemeineigentum zu überführen, in der Form sozialisierter Verluste nachgeworfen.

Langfristig wichtiger waren die Rückwirkungen der drei EWG-Freiheiten: Gastarbeiter, Kapitalkonzentration und multinationale Unternehmen. Die Gewerkschaften erkannten, daß die freie Migration von Arbeitern und mehr noch die Anwerbung von Arbeitskräften aus Mittelmeerländern in den Ballungszentren der EWG eine industrielle Reservearmee schuf, die sich negativ auf den Lohn, die Beschäftigungslage, die Investitionen zur Humanisierung der Arbeit und die Solidarität der Arbeiter auswirken konnte. Sie waren aber nicht in der Lage – und unter den Bedingungen der Vollbeschäftigung drängten sie auch nicht danach –, den Zustrom von Arbeitskräften

---

38 Ebd., S. 66ff.
39 Leicht zugängliche Überblicksdaten bei Tudyka, a. a. O.; die Erfolge betont vor allem Carl Joachim Friedrich: Europa. Nation im Werden?, Bonn 1972.
40 Zur Kennedy-Runde: Josepf Kraft. The Grand Design, New York 1963; Don D. Humphrey: The United States and the Common Market, New York, London 1964. Ernst H. van der Beugel: From Marshall Plan to Atlantic Partnership, Amsterdam u. a. 1966, Kap. VI.; Ernest Mandel: Die EWG und die Konkurrenz Europa-Amerika, Frankfurt 1968.
41 Vgl. Eberhard Schulz: Moskau und die europäische Integration, München, Wien 1975, S. 78f.; Rolf Saunwald: Die Sowjetunion und die westeuropäische Integrationspolitik, in: Erik Boettcher (Hg.): Ostblock, EWG und Entwicklungsländer, 2. Aufl. Stuttgart 1963, S. 80ff., bes. S. 97ff.

zu bremsen; sie mußten sich im Gegenteil für die Wanderarbeiter einsetzen, sie organisieren, gleichen Lohn und gleiche Sozialleistungen für sie erwirken, damit sie sich nicht als Lohndrücker auswirkten. In der Frage der Gleichstellung, in der die Gewerkschaften der Abnahme- und Abgabeländer die gleichen Interessen hatten und von der EWG-Kommission unterstützt wurden, konnten erhebliche Erfolge erzielt werden; dagegen blieb der Organisationsgrad der Ausländer erheblich hinter dem der Einheimischen zurück und erreichte nur in der Bundesrepublik mit ca. einem Fünftel einen beträchtlichen Anteil[42]. Auf lange Sicht sollte es sich besonders ungünstig auswirken, daß der Überfluß an Arbeitskräften, die zu relativ niedrigen Löhnen zu fast jeder Arbeit bereit waren, einen gleichmäßigen Anstieg der Produktivität durch Rationalisierungsinvestitionen verminderte, so daß bei verminderter Ertragslage ein Rationalisierungsschub möglich wurde, der plötzlich sowohl einheimische Arbeitslosigkeit freisetzte, als auch den Gastarbeiterzustrom umkehrte, um in den ohnehin strukturschwachen Abgabeländern stoßartig eine erhebliche Verschärfung des Beschäftigungsproblems herbeizuführen. Andere Fragen blieben offen: etwa ob es sich tatsächlich um Gastarbeiter oder um Einwanderer handele, ob die Migration eine Art qualifizierende Entwicklungshilfe für die Abgabeländer darstelle oder nicht vielmehr einen Export ihrer Beschäftigungsprobleme, der gerade den Zwang zu Strukturverbesserungen unterhöhlte[43]. Ungelöst blieb auch die Ausbeutung der Ausländer im Reproduktionssektor und ihr politischer Status, oder mit anderen Worten: der zunehmende Wahlrechtsentzug gegenüber dem in den Industrieländern arbeitendem Proletariat[44].

Wesentlich größeres Interesse der gewerkschaftlichen Öffentlichkeit fand die sprunghafte Vermehrung multinationaler Unternehmen. Hier mußte man sich nicht der alten Ratlosigkeit gegenüber der Konkurrenz innerhalb der Lohnabhängigen stellen, sondern konnte in bewährter Form Front machen gegen eine neue Stufe internationaler Kapitalkonzentration. Die multinationalen Unternehmen begegneten zunächst vor allem in der Form amerikanischer Direktinvestitionen in Europa, die durch den großen Markt und die steigenden Außenzölle der Gemeinschaft provoziert worden waren. Seit Mitte der 60er Jahre sind zunehmend auch interkontinentale Tochtergesellschaften europäischer Unternehmen hinzugekommen, die ursprünglich zunächst als nationale Unternehmen den erweiterten Markt ausgenutzt hatten. Die

---

42 Castles/Kosack, S. 127ff.
43 W. R. Böhning: The Migration of Workers in the United Kingdom and the European Community, London u. a. 1972; Bernard Granotier: Les Travailleurs immigrés en France, 2. Aufl. Paris 1973; Marios Nikolinakos: Politische Ökonomie der Gastarbeiterfrage, Reinbek 1973; Reinhard Lohrmann u. Klaus Manfrass (Hg.): Ausländerbeschäftigung und internationale Politik, München, Wien 1974; Dietrich von Delhaes-Günther, Othmar N. Haberl, Alexander Schölch: Abwanderung von Arbeitskräften aus Italien, der Türkei und Jugoslawien, in: aus Politik und Zeitgeschichte B 12, 1976.
44 Aus der Fülle der Literatur zu den Lebensbedingungen sei nur auf die Zusammenfassende Beschreibung in dem in Anm. 6 erwähnten „Schwarzbuch" verwiesen. Zum politischen Status Erich Kitzmüller, Heinz Kuby, Lutz Niethammer: Der Wandel der nationalen Frage in der BRD, in: aus Politik und Zeitgeschichte 1973, B 33 u. 34, bes. B 34 S. 6ff.; sowie Paul Kevenhörster: Ausländische Arbeitnehmer im politischen System der BRD, Opladen 1974.

multinationalen Unternehmen stellten in mehrfacher Form eine Herausforderung dar: Einmal neigten sie zu Produktions- oder zumindest Investitionsverlagerungen in Niedriglohnländer, zweitens konnten sie Profitkontrollen durch Gewinnverlagerung in Steueroasen ausweichen, drittens unterhöhlten ihre Finanztransaktionen das internationale und insbesondere auch das europäische Währungssystem und viertens entzogen sie sich selbst potentieller Kontrolle durch die EWG durch ihre interkontinentale Struktur[45]. Die Gewerkschaften haben auf diese Herausforderung auf zwei Ebenen reagiert: Zum einen durch die internationalen Berufssekretariate, die sich um das Zusammenwirken der Arbeitervertreter innerhalb multinationaler Unternehmen bemühten. Zum anderen durch die Einwirkung auf die Institutionen der EWG mit dem Ziel, zu einem Verhaltenskodex für multinationale Unternehmen sowie zu einer wirksamen Vertretung der Arbeiter in einer europäischen Aktiengesellschaft zu kommen. In diesem Rahmen haben sich auch seit Mitte der 60er Jahre die Kontakte zwischen dem Europäischen Gewerkschaftssekretariat und den europäischen Gewerkschaftsausschüssen und internationalen Berufssekretariaten verstärkt[46]. In beiden Ansichten konnten die Gewerkschaften bisher nur Ansätze entwickeln, aber noch kaum Erfolge verbuchen.

Die Gewerkschaften waren stets für eine Stärkung der supranationalen Organe und der demokratischen Kontrolle in der Gemeinschaft eingetreten, weil sie nur von diesen die Demokratisierung der Gemeinschaft und auf dieser Basis die Entwicklung einer europäischen Sozialpolitik erwarten konnten. Ein wichtiger Schritt in diese Richtung wäre der Übergang vom Einstimmigkeitsprinzip zu Mehrheitsbeschlüssen im EWG-Ministerrat 1965 gewesen. Das Frankreich de Gaulles, das bereits vorher durch die Ablehnung der Aufnahme Englands das Ziel des IBFG zur Verschmelzung von EWG und EFTA blockiert hatte, unterband jedoch auch diesen Fortschritt durch ultimativen Druck. Im sog. Luxemburger Kompromiß vom Januar 1966 wurde die Aktionsmöglichkeit der Gemeinschaft auf dem kleinsten gemeinsamen Nenner des allgemeinen Einverständnisses gehalten und damit in der Praxis die bisherige Politik verlängert, den naturwüchsigen Kräften des Marktes und insbesondere der Kapitalkonzentration keine politische Macht und keine positive Sozialpolitik entgegenzusetzen[47]. Für die Ziele der Gewerkschaften mußte dies der Bestätigung der einstigen Niederlage in den Römischen Verträgen gleichkommen.

---

45 Vgl. Anm. 5 sowie Otto Kreye (Hg.): Multinationale Konzerne, München 1974; Hanna Nusicué, Werner Michel, Ulrich Wacker: Der internationale Konzentration und Zentralisation des Kapitals, in: Deppe (Hg.), EWG, S. 53ff.
46 Neben Piehl, a. a. O. und Tudyka (Hg.): Multinationale Unternehmen, Kap. III. vgl. auch Kendall, Kap. 11; Alfred Kamin (Hg.): Western European Labor and the American Corporation, Washington D. C. 1970; Karl Otto Hondrich: Mitbestimmung in Europa, Köln 1970; sowie Berichte über einzelne internationale Arbeitskämpfe und Solidaritätsaktionen wie Pierre Hoffmann u. Albert Langwieler: Noch sind wir da!, Reinbek 1974.
47 So auch Heinz O. Vetter: Zwanzig Jahre europäische Gewerkschaftspolitik, in: GMH 24, 1973, S. 201ff., S. 204. Dieser Konflikt wird meist nur in seinen außen- und militärpolitischen Dimensionen, nicht aber in seinen strukturellen Rückwirkungen und gesellschaftspolitischen Implikationen un-

Angesichts der Krise der Integration taten die Gewerkschaften in der Gemeinschaft zwei Schritte nach vorn. Sie beschlossen zum ersten Mal ein gemeinsames Aktionsprogramm, das allerdings weit hinter ihren politischen Aufgaben in der Gemeinschaft zurückblieb und sich auf eine Koordinierung ihrer nationalen Forderungen (nach der 40-Stunden-Woche, längerem Urlaub, Urlaubsgeld und angemessenen Invaliditätsrenten) erschöpfte[48]. Darüber hinaus reformierten die EWG-Gewerkschaften ihre eigene Struktur, die bisher nur koordinierenden Charakter gehabt hatte und damit die gewerkschaftlichen Forderungen nach einer supranationalen Struktur der Integration auch im eigenen Bereich unerfüllt gelassen hatte. Nach längeren Vorbereitungen kam schließlich 1969 der „Europäische Bund Freier Gewerkschaften" (EBFG) zustande, der sich vom vormaligen Gewerkschaftssekretariat außer durch seine repräsentativere Statur vor allem in zwei Punkten unterschied: Erstens gewann er nun supranationale Natur durch die Übernahme des Prinzips qualifizierter Mehrheitsentscheidungen. Auf der anderen Seite wurde die Zusammensetzung des Kongresses und teilweise auch des Exekutivausschusses nach der Größe der Mitgliedsorganisationen gewichtet und damit ein realistischeres Kräfteverhältnis auf europäischer Ebene hergestellt[49].

Ansätze zur westeuropäischen Einheitsgewerkschaft

Die Gründung des EBFG ging Hand in Hand mit einem allgemeinen Neuansatz zur europäischen Integration, der durch die Veränderung der Regierungen in der Bundesrepublik und in Frankreich 1969 begünstigt wurde. Exponenten des konservativen Kleinbürgertums gaben das Ruder aus der Hand, modernere Konservative übernahmen es in Frankreich, ein sozialliberales Reformregime in Deutschland: Beide waren in der Innen- und Außenpolitik eher als ihre Vorgänger an einem expansiven organisierten Kapitalismus der Großindustrie orientiert, die Deutschen zusätzlich an einer Dynamisierung der in der „Konzertierten Aktion" eingeleiteten Klassenkooperation. Die Gipfelkonferenz vom Dezember 1969 im Haag entwickelte unter

---

Fortsetzung Fußnote 47:
tersucht. Dazu Heinz Kuby und Erich Kitzmüller: Transnationale Wirtschaftspolitik, Hannover 1968, S. 117ff. und besonders Heinz Kuby (Hg.): Die Krise um den Beitritt Englands (Europäische Optionen 1), Düsseldorf, Wien 1969. Konventioneller Miriam Camps: European Economic Community and the 1965 Crisis, in: F. Roy Willies (Hg.): European Integration, New York 1975, S. 130ff.; als Herausforderung an internes Krisenmanagment anaylsiert bei Dirk Laufer: Krisen in den Europäischen und Atlantischen Organisationen, Berlin (W) 1974, S. 163ff., 259ff. Die Sicht der Protagonisten bei Hallstein, S. 86ff.; Edmond Jouve: Le Général des Gaulle et la construction de l'Europe, 2 Bde.; Paris 1967, Bd. 1, S. 398ff.

48 5. Generalversammlung der Freien Gewerkschaften (IBFG) der Mitgliederstaaten der EG: Tätigkeitsbericht 1964–1965, Brüssel 1966, Kap. II. Für die weiteren Perspektiven derselben Versammlung 1966 in Rom vgl. Otto Brenner: Für eine Grundsatzprogramm der europäischen Gewerkschaftsbewegung!, in: GMH 18, 1967, S. 6ff.

49 Vgl. Bouvard, S. 61ff., 70ff.,; Elsner, S. 158f.

maßgeblicher deutscher Beteiligung die Perspektive einer Wirtschafts- und Währungsunion und einer Sozialunion, wodurch eine Umverteilung der Macht zwischen den politischen Ebenen Europas und eine teilweise Realisierung der gewerkschaftlichen Forderungen an die EWG in Aussicht genommen wurde[50]. Zugleich signalisierte die EWG ihre Bereitschaft zur Erweiterung um die aufnahmebereiten Länder der EFTA – auch dies ein lange gehegter sozialdemokratischer Wunsch, zugleich jedoch eine neue Komplikation auf dem Weg zu vermehrter Supranationalität. Denn im Hintergrund der neuen Initiative stand die Erfahrung des Krisenschocks, der seit 1966 die Bundesrepublik, Frankreich und Italien erschüttert und neue politische Kräfte der Linken und Rechten auf den Plan gerufen hatte. Die Überwindung der Krise wurde zunächst im nationalen Rahmen versucht; forcierte Bewegungen auf dem Eurodollarmarkt machten aber bald die Kurzatmigkeit der nationalen Ansätze deutlich. Dadurch wurde auf der einen Seite die Einsicht in die Notwendigkeit gesamteuropäischer Wirtschaftssteuerung in einer neuen politischen Dimension erleichtert, auf der anderen aber zugleich ihre Verwirklichung durch die bekräftigte nationale Legitimation und ihre Sonderprobleme erschwert. In den neu aufzunehmenden Ländern kam die Resistenz politischer Systeme hinzu, die nicht an den bisherigen Prozessen der Elitenvergemeinschaftung in der EWG teilgenommen hatten. Und obendrein waren es gerade Teile der Arbeiterbewegung und ihnen nahestehende Intellektuelle, die in Norwegen und England den Widerstand gegen die „werdende Supermacht" der europäischen Monopole organisierten[51], im ersten Fall mit zumindest vorläufigem Erfolg, im zweiten mit der Wirkung erheblicher Verzögerung und Komplizierung des Integrationsprozesses.

Die vier Jahre des EBFG zeichneten sich vor allem dadurch aus, daß das europäische Problembewußtsein in der gewerkschaftlichen Öffentlichkeit mit den Diskussionen um multinationale Unternehmen, Wirtschafts- und Währungsunion und die Erweiterung der Gemeinschaft erheblich zunahm und sich die Frage nach der räumlichen, historischen und politischen Identität europäischer Gewerkschaftsarbeit erhob. Den Hintergrund dieser Reorientierungsprozesse bildet die von der Neuen Linken eingeleitete Renaissance marxistischen Denkens und ihre Unterstützung

---

50 Die Perspektive der WWU wurde durch den sog. Werner-Bericht (EA 22, 1970, D 530) konkretisiert, am 9.2.1971 wurde ein Stufenplan zu ihrer Realisierung beschlossen, drei Monate später aber infolge der Währungskrise wieder suspendiert. Zur Dokumentation und Analyse Rainer Hellmann: Europäische Wirtschafts- und Währungsunion, Baden-Baden 1972; Beate Kohler und Gert Schlaeger: Wirtschafts- und Währungsunion für Europa, 2. Aufl. Bonn 1971; Walter Stock: Die europäische Wirtschafts- und Währungsunion, Berlin (W) 1972. Die politische Problematik für die Gewerkschaften betont Heinz Kuby: Machtverschiebung in Europa, in: GMH 22, 1971, S. 412ff. Die Jahresversammlung 1971 in Toulouse formulierte den gewerkschaftlichen Standpunkt. EBFG: Der EBFG gegenüber den Umwandlungen der Gemeinschaft (hekt. Brüssel 1971). Das allg. Verfassungsproblem behandeln Hans von der Broeken u. Ernst-Joachim Mestmäcker: Verfassung oder Technokratie für Europa, Frankfurt 1974.
51 Vgl. z. B. für Norwegen die Argumentation bei Johan Galtung, op. cit., bes. den Epilog. Für die englische Linke vgl. den kritischen Bericht von Tom Nairn: The Left aganist Europe?, H. 75 von New Left Review 1972.

basisnaher Kampfaktionen quer durch die europäischen Länder. Sicher ist der direkte Einfluß des Neomarxismus auf Führung und Basis der Gewerkschaften sehr begrenzt geblieben; seine Bedeutung lag vielmehr darin, daß er das gesamte geistige Umfeld gewerkschaftlicher Meinungsbildung verschob, selbst die regierungsoffiziellen Äußerungen von nationalem Pathos zu politökonomischer Pragmatik ernüchterte und in breiten Kreisen ein Denken in Alternativen zum naturwüchsigen Prozeß der westlich-kapitalistischen Gesellschaften begünstigte. Insbesondere wurde es nun auch möglich, das europäische Engagement der Gewerkschaften nicht nur unter allgemeinen europapolitischen Gesichtspunkten zu würdigen, sondern auch auf seine Wirksamkeit bei der Durchsetzung oder Verteidigung von Arbeiternehmerinteressen zu befragen[52]. Hier war die Bilanz offensichtlich, daß es den Gewerkschaften nicht nur nicht gelungen war, das neoliberale Konzept einer naturwüchsigen Marktintegration durch supranationale wirtschafts- und sozialpolitische Steuerung unter gewerkschaftlicher Beteiligung zu revidieren, sondern daß sie auch strukturell gegenüber der Phase des Marshall- und des Schumann-Plans noch weiter in die Defensive geraten waren. Denn der Markt und seine Probleme waren weit schneller gewachsen als die Instrumente demokratischer Kontrolle.

Auch die Rückwirkungen der Entspannungspolitik trugen zum Selbstfindungsprozeß der europäischen Gewerkschaften bei. Freilich nicht in dem Sinne, daß nunmehr etwa durch Kontakte zu osteuropäischen Gewerkschaften sich eine kommunistenfreundliche Haltung abgezeichnet hätte; die Rückwirkungen waren vielmehr indirekter Natur. Sie entlasteten den IBFG von der besonderen Fixierung auf das wichtigste allgemeinpolitische Ziel seiner ersten beiden Jahrzehnte (Abwehr des Kommunismus) und bildeten den Hintergrund für das Ausscheiden der amerikanischen Gewerkschaften aus dem IBFG, wenn deren Anlaß auch eine konkrete organisatorische Frage war[53]. Beides begünstigte ein politischeres Gewerkschaftsverständnis und den Rückgriff auf die einheitsgewerkschaftliche Tradition der Nachkriegsjahre auch in solchen Ländern wie Italien und den Beneluxstaaten (sicher weniger in Frankreich), wo der Kalte Krieg diese Entwicklungen unterbrochen hatte[54].

---

52 Für die BRD z. B. Karl Braukmann für den DGB (Hg.): Europa 1970. Bilanz und Zukunft der Europapolitik. Krisenmanagment oder Emanzipationsstrategie (19. Europ. Gespräch), Köln 1970 und die Berichte im Jb. Gewerkschaften und Klassenkampf, sowie die Beiträge z. B. von Frank Deppe und Ernst Piehl, Fritz Vilmar u. a. Für Frankreich z. B. Bernard Jaumont, Daniel Lenègre, Michel Rocard: Le marché commun contre l'Europe, Paris 1973. Hier gab es schon eine längere Tradition sozialistischer Europa-Analysen wie das Symposium: L'intégration européenne et le mouvement ouvrier (Les cahiers du Centre d'Etudes Socialistes H. 45–51, Paris 1964) mit Beiträgen u. a. von André Gorz, Ernest Mandel, Lelio Basso u. a.; Claude Bruclain: Le socialisme et l'Europe, Paris 1965. Auf europäischer Ebene wär die Informationskoordinierung durch die Zeitschrift agenor (seit 1967; vgl. den Index und Bericht in Nr. 50, 1976) zu erwähnen. Vgl. auch Haeckel und Wolfram Elsner: Die Kritik der jungen Linken an Europa, Bonn 1973.
53 Taft, S. 134ff.
54 Vgl. meinen in Anm. 8 erwähnten Beitrag sowie die Aufsätze von Detlev Albers (Italien) und Werner Goldschmidt (Frankreich) im Sonderheft 2 von Das Argument, 1974: Gewerkschaften im Klassenkampf. Die Entwicklung der Gewerkschaftsbewegung in Westeuropa, S. 1ff., 120ff., die im wesentlichen aus dem Selbstverständnis des CGIL bzw. der CGT geschrieben sind.

Auf europäischer Ebene stellten sich diese Fragen gebündelt bei der durch die Erweiterung der EWG notwendig gewordenen Neuorganisattion der gewerkschaftlichen Vertretung. Als mit England der Hauptträger der EFTA in die EWG überwechselte, erschien offenbar der Dualismus zwischen EBFG und ERO des IFGB nicht länger sinnvoll, da für den Rest des EFTA-TUC[55] zu wenig Substanz verblieb. Mit der Integration aller europäischen IBFG-Verbände in eine neue, auf die EG bezogene Organisation waren aber deren grundsätzliche Perspektiven nicht nicht entschieden. Sie wurden an einer vergleichsweise nebensächlichen Frage diskutiert: Sollte das freigewerkschaftliche „F" im Namen erhalten bleiben (so z. B. der DGB) oder verschwinden (so z. B. der TUC)?[56] Im Grunde ging es um drei Versionen ein und derselben Frage: Sollte die freigewerkschaftliche Tradition akzentuiert werden? Dies wurde von denen bejaht, die in ihr eine Wurzel der Einheitsgewerkschaft sahen; es wurde von denen verneint, denen es zwar auch um die Einheitsgewerkschaft ging, die aber in verschiedenen europäischen Ländern die IBFG-Gewerkschaften als Richtungsgewerkschaft vor Augen hatten. Sollte der neue Bund im Grunde nur eine Regionalorganisation des IBFG sein oder sollte im regionalen Rahmen über die politische Bandbreite der Internationale hinausgegriffen werden? Und schließlich war es eine Vorentscheidung für den Zusammenschluß mit den europäischen Verbänden des christlichen „Weltverbands der Arbeit" und in einer zweiten Stufe auch mit solchen kommunistisch geführten Gewerkschaften, die ihre Bindungen an den von den sozialistischen Ländern beherrschten WGB zu lösen bereit waren. Bekanntlich setzten sich die Engländer durch, und der neue EGB vereinigte sich schon nach einem Jahr mit den europäischen WVA-Verbänden und nahm etwas später auch die CGIL auf, nicht jedoch die CGT, die zwar ebenfalls aufgenommen werden wollte, jedoch nicht bereit war, den WGB zu verlassen oder ihre grundsätzliche Ablehnung der EWG zu widerrufen. Da die EGB-Gewerkschaft CFDT jedoch in einem lockeren Aktionsbündnis mit der CGT verbunden ist, dürfte es in der Logik der Entwicklung liegen, daß über kurz oder lang auch diese letzte Lücke noch geschlossen wird und damit der EGB alle großen europäischen Gewerkschaftsverbände umfaßt. Daneben gehen auch die einheitsgewerkschaftlichen Tendenzen zur nationalen Kooperation und schließlich die Verschmelzung der Richtungsgewerkschaften in den Niederlanden und Italien weiter, während auch hier Frankreich zurückliegt[57].

---

55 Mitte 1968 hatten Gewerkschaftsbünde Großbritanniens, Schwedens, Norwegens, Dänemarks und Österreichs ein Trade Union Committee für die EFTA gegründet, das ironischerweise im Herzen der EG in Brüssel das Gebäude mit dem Europäischen Gewerkschaftssekretariat und dann dem EBFG teilte.
56 Vgl. die informativen Berichte von Volker Jung: Der neue Europäische Gewerkschaftsbund, in : GMH 24, 1973, S. 206ff.; Anton Müller-Ergstfeld: Ein Europa der Fünfzehn, in: EA 28, 1973, S. 201ff.
57 Vgl. Elsner, S. 167ff. Bei der nächsten anstehenden Erweiterungsrunde (Griechenland, Portugal, Spanien) dürften sich angesichts der starken Stellung kommunistisch geführter Gewerkschaften in den Mittelmeerländern diese Probleme noch einmal stellen. Kenner vermuten, die Sowjetunion werde anti-eurokommunistische Kräfte im französischen PC ermuntern, um eine Gegenbewegung in Südeuropa zu erzeugen.

Immerhin scheint damit ein grundsätzlicher Schritt zur Überwindung der Gewerkschaftsspaltungen in Westeuropa getan; er mußte jedoch mit einer ziemlich immobilen Verbandsstruktur erkauft werden, die zunächst jahrelange Selbstverständigungsprozesse auf die Tagesordnung setzte und damit die Wirksamkeit nach außen weniger in den Vordergrund stellen konnte, als die ein richtungsgewerkschaftlicher Verband in Westeuropa aufgrund seines grundsätzlichen Konsenses hätte tun können. Die Rückkehr zur einheitsgewerkschaftlichen Perspektive, nunmehr mit einem deutlichen freigewerkschaftlichen Schwergewicht, ist dabei jedoch von so großer Bedeutung, daß das nur langsame Anlaufen einer dynamischen europapolitischen Außenwirkung hingenommen werden mußte. Seine eigene Schwerfälligkeit versuchte der EGB institutionell einzuschränken, indem er die Möglichkeit von Mehrheitsentscheidungen (mit zwei Dritteln der Stimmen) vereinbarte[58], womit er zugleich offenbar ein gutes supranationales Beispiel geben wollte. In der Praxis mag dies zuweilen die Kompromißfähigkeit der Verbände erhöhen, spielt aber insofern allenfalls indirekt eine Rolle, als fast nie abgestimmt wird und Entscheidungen erst dann realisiert werden, wenn sich aus der Diskussion ein Konsens entwickelt hat. Das traditionelle Konsensusmanagement gewerkschaftlicher Apparate ersetzt hier einen formellen Luxemburger Kompromiß. Wichtiger als diese Formalstruktur sind jedoch die Machtfaktoren, die die Entscheidungen vorstrukturieren, hauptsächlich daß die Verbände nach ihrer Größe gewichtet repräsentiert sind[59]. Das führt dazu, daß alle Vorgänge mit dem TUC und dem DGB vorab geklärt werden müssen, da sich gegen deren zumindest gemeinsamen Widerstand nichts auf den Weg bringen läßt. Demgegenüber hat sich das anfangs als schwierig befürchtete Problem der Vertretung von Gewerkschaften aus Nicht-EG-Mitgliedsländern im EGB als relativ nebensächlich herausgestellt, da deren Vertretung in EG-Fragen nicht mitstimmt, ihre Anwesenheit aber im übrigen ein geeignetes Vorklärungsinstrument für einige Probleme der EG-Außenbeziehungen darstellt[60].

Angesichts der großen Interessen- und Traditionsunterschiede der im EGB zusammengefaßten Verbände muß es als eine besondere Leistung hervorgehoben werden, daß der EGB in der kurzen Zeit seiner Existenz seit 1973 unter dem Vorsitz von Heinz Oskar Vetter (seit 1974) zwei Entscheidungen getroffen hat, zu denen seine Vorgänger nicht gekommen waren: Einmal verabschiedete er 1976 ein ver-

---

58 Art. 20 der Satzung i. d. F. v. 25.10.1974, wo Übereinstimmung als Ziel formuliert, jedoch Mehrheitsentscheidung mit zwei Drittel der Mitglieder ermöglicht ist.
59 Im Exekutivausschuß haben TUC und DGB je drei Mitglieder, allen anderen Organisationen je ein Mitglied, aber höchstens zwei pro Land (dies betrifft z. B. Italien, Niederlande und die Schweiz, die mit je drei Organisationen beteiligt sind). An Nicht-EG-Mitgliedsländern sind vertreten Spanien, Island, Malta, Norwegen, Schweiz, Finnland, Schweden, Österreich mit ca. 6 Mill. der insgesamt ca. 37 Mill. vom EGB repräsentierten zahlenden Mitglieder (EGB-Tätigkeitsbericht 1973–1975, Brüssel 1976 hekt.).
60 Frau Barnouin (DGB) bin ich für Informationen zur Einschätzung des Funktionierens des EGB dankbar.

hältnismäßig ausführliches Aktionsprogramm, das sich besonders dadurch auszeichnet, daß es von gewerkschaftlichen Forderungen zur europäischen Wirtschafts- und Sozialpolitik beherrscht wird und daneben eine Reihe wichtiger Einzelfragen (multinationale Unternehmen, Wanderarbeiter, Verhältnis zu den AKP-Staaten) aufgreift. Offenbar ist es hier zum ersten Mal gelungen, die Verbände auf eine supranationale politische Dimension als Hauptaktionsrichtung zu einigen[61]. Die andere Grundentscheidung ist wohl hauptsächlich auf das starke Gewicht der Engländer und Deutschen im EGB zurückzuführen, die eine gemeinsame Tradition wirtschaftsdemokratischer Programmatik und zumindest seit jüngster Zeit eine gesamtwirtschaftliche Kooperationspolitik im Stile der Konzertierten Aktion verbindet, wobei sich Ähnliches auch in Italien anzubahnen scheint. Es handelt sich um die sog. dreigliedrigen Konferenzen, die paritätisch aus Vertretern der Gewerkschaften, der Unternehmerverbände und der Politik (einzelstaatliche Regierungen und Kommission) zusammengesetzt sind und deren erste sich 1975 mit Sozialfragen beschäftigt hat[62], während die zweite 1976 über Beschäftigungspolitik zum eigentlichen Problem gesamtwirtschaftlicher Steuerung vorgedrungen ist[63]. Wilhelm Haferkamp, als Vertreter der Bundesrepublik und der Gewerkschaften, damals noch in der Schlüsselposition des EG-Wirtschafts- und Finanz-Kommissars, hat diese Versuche zutreffend 1976 als „etwas Ähnliches wie eine europäische konzertierte Aktion" charakterisiert[64]. Zugleich soll damit versucht werden, zunächst ein Modell für die Parität von Kapital und Arbeit in den Institutionen der Gemeinschaft zu schaffen[65] und eine gewerkschaftliche Beteiligung an der Wirtschaftspolitik (im Unterschied zu ihrem Abgedrängtwerden auf sozialpolitische Symptome) zu erwirken. Die zum Teil einer solchen Kooperation skeptisch gegenüberstehenden Mitgliedsverbände wurden für diesen Weg damit gewonnen, daß er zunächst als ein Experiment figuriert.

Daß auch die Regierungen und Unternehmer, die eine solche Drittelparität seit den Anfängen der europäischen Integration stets verweigert hatten, nunmehr auf das Modell der dreigliedrigen Konferenz eingegangen sind, verweist auf ihr dringendes Interesse, in der seit dem Zweiten Weltkrieg schwersten Wirtschaftskrise die Gewerkschaften kooperationsbereit zu machen. Trotz seiner verhältnismäßig schwerfälligen Struktur hat der EGB also die Chance genutzt, in den Phasen, in

---

61 EGB: Aktionsziele des EGB 1976–1979, hekt. (!) Brüssel 1976.
62 Heinz Kramer, S. 61ff.
63 „Gemeinsame Erklärung der Konferenz über die Wiederherstellung der Vollbeschäftigung und der Stabilität in der Gemeinschaft" v. 24. 6. 76 (gedr. in EA 31, 1976, D 398) sowie Erklärung des EGB zur wirtschaftlichen und sozialen Dreierkonferenz, hekt. Luxemburg 24. 6. 76.
64 Wilhelm Haferkamp: Auf dem Weg zu Europa, Düsseldorf, Wien 1976, S. 13; vgl. auch Eberhard Rhein: Europäische konzertierte Aktion, in: EA 31, 1976, S. 497ff.
65 Sie besteht z. B. in dem 1970 gegründeten und 1974 im Anschluß an die erste Dreierkonferenz wiederbelebten ständigen EG-Ausschuß für Beschäftigungsfragen, in dem EG-Kommission und EGB die Ansätze zu einer europäischen konzertierten Aktion institutionalisieren wollen. Vgl. Heinz Kramer, S. 60f.; für ähnliche Bestrebungen in der Reform des WSA vgl. Europäisches Gewerkschaftssekretariat (Hg.): Die Beziehungen zwischen Arbeitgeber- und Arbeitnehmerorganisationen auf europäischer Ebene, hekt. Luxemburg 1967, und jetzt: Elsner, S. 67.

denen die Gewerkschaften verteilungspolitisch wenig erreichen können, strukturelle Fortschritte, insbesondere seine Einschaltung in den gesamtwirtschaftlichen Steuerungsprozeß durchzusetzen. Ob freilich diese neue institutionelle Position zu einer tatsächlichen Veränderung der Wirtschaftspolitik verhilft und ob bei einem Wiederanziehen der Konjunktur diese Stellung behauptet werden kann, bleibt abzuwarten. Das Beispiel der Stellung der Gewerkschaften in der frühen Nachkriegszeit, die mehrfach gesamtgesellschaftliche Strukturreformen für die Disziplinierung ihrer Basis einhandeln konnten, mahnt zur Vorsicht, insofern Positionen, die nicht erkämpft worden waren, auch nicht verteidigt werden konnten.

Zielkonflikte jenseits der Defensive

Strukturfortschritte, wie sie durch die dreigliedrigen Konferenzen anvisiert werden, sind weniger das Ergebnis eines kraftvollen gewerkschaftlichen Vorstoßes, als ein Versuch, die disziplinierende und rationalisierende Funktion der Führungsapparate in einem Moment allgemeiner Positionsschwäche in einen strukturellen Vorteil für den Gesamtverband umzuwerten. Insofern bilden sie eine dialektische Einheit mit den – freilich auch durch zahlreiche andere Faktoren bedingten – Effizienz- und Legitimitätsverlusten der Führung innerhalb der Organisation, wie sie in stockender oder rückläufiger Solidarität unter den Lohnabhängigen (von den leitenden Angestellten bis zu den Gastarbeitern) und teilweise auch im punktuellen Protestaufbruch an der Basis oder, schlimmer, in einer depressiven Apathie der Mitgliedschaft seit Jahren fühlbar werden. Die Kosten dieser dialektischen Einheit könnten in vertikalen oder horizontalen Zerreißproben im gewerkschaftlichen Bereich zum Ausdruck kommen oder auch in einem unkoordinierbaren Schaukeln zwischen Strukturpolitik in der Baisse und einer Regeneration der Tarifmaschinen im Boom. Die gesamtwirtschaftlichen Aussichten räumen derzeit der erst genannten Alternative größere Chancen ein, da ein Sockel struktureller Arbeitslosigkeit auch in konjunkturellen Aufschwüngen den gewerkschaftlichen Tarifspielraum bescheiden halten dürfte. Diese Gefahren und die Möglichkeiten, sie zu bannen, seien abschließend mit wenigen Strichen skizziert.

Einer europäischen konzertierten Aktion mangelt es, solange die WWU nicht geschaffen ist[66], nicht nur an politischer Führung, die die wirtschaftlichen Vorgänge in der EG wirksam steuern könnte[67]; auch die wirtschaftlichen Partner können für das Verhalten von Kapital und Arbeit vor Ort nicht bürgen. Die Repräsentanten

---

[66] Die europäische Bestandsaufnahme im sog. Tindemanns-Bericht v. 29. 12. 1975 (gedr. EA 31, 1976, D 53ff., bes. D 66), zeigt, daß die WWU in der praktischen Politik nur noch als langfristige Zielperspektive gilt. Zur Kritik besonders des institutionellen Konservativismus vgl. Manfred Zuleeg: Die Gestalt der Europäischen Union im Tindemans-Bericht, in: EA 3, 1976, S. 549ff. sowie die vergleichende Analyse von Heinz Kramer u. Reinhard Rummel: Hindernisse und Voraussetzungen für die Europäische Union, in: Aus Politik und Zeitgeschichte B 3, 1976.

des EGB befinden sich gleichsam in einer fernen Stratosphäre jenseits der nationalen Wirtschaftssteuerung und noch mehr der auf staatlicher oder meist substaatlicher Ebene geführten tarifpolitischen Auseinandersetzungen. Der abgehobene Charakter seiner Handlungen gibt dem – der Mitgliedschaft weitgehend unbekannten – EGB nur verhältnismäßig geringe Chancen, das konkrete Verhalten der einzelnen richtungs- und branchenmäßig aufgesplitterten Verbände zu prägen oder die Umsetzung unmittelbarer Bedürfnisse in z. B. politische Aktionen auf der Ebene der Mitglieder oder gar der Nichtorganisierten zu bestimmen. Insofern bedeutete die von der Entwicklung der Produktivkräfte gebotene Verlagerung allgemeiner Absprachen zwischen Kapital und Arbeit auf die europäische Ebene verminderte gewerkschaftliche Kohäsion und Solidarität: wilde Streiks, Bildung von Sonderorganisationen oder Ausscheren regionaler Interessen. Mit einem Wort könnten strukturelle Fortschritte auf europäischer Ebene eine zusätzliche Erweiterung der Kluft zwischen der Mitgliedschaft und noch mehr den Unorganisierten einerseits und den Führungsapparaten andererseits bedeuten. Dies könnte auf einer zweiten Stufe dann das Interesse der Partner des EGB an Vereinbarungen auf dieser Ebene reduzieren, wodurch auch der politische Spielraum der Gewerkschaften verlorenginge.

Eine Variante der Desintegrationsgefahr ist noch aktueller, weil hier bereits gewerkschaftliche Organisationen oder andere Berufsverbände Interessen verfolgen, die von der Politik des EGB als Repräsentation des ‚ideellen Gesamtarbeiters' auf supranationaler Ebene abweichen mögen. In den meisten EGB-Mitgliedsorganisationen, vielleicht mit Ausnahme der CGIL, weist die Verbandsstruktur der Organisationsspitze zwar die Außenvertretung zu, aber nur geringe Macht. Die gewerkschaftlichen Primäraufgaben und Ressourcen sind in den Berufs- und Branchenverbänden versammelt, während die Bundesvorstände zwar einen Großteil der öffentlichen Funktionen der Gewerkschaften wahrnehmen, dort aber oft eine Politik vertreten müssen, die sich im Innenverhältnis häufig nur als Koordination auf dem kleinsten gemeinsamen Nenner ausnimmt. Insofern beschränken sich die Möglichkeiten, quer durch die Verbände egalisierende Solidarität etwa in der Verteilungs- und Beschäftigungspolitik oder auch eine konsistente Linie in Umweltschutzfragen zu erwirken, weitgehend auf die Überzeugungskraft der politischen Organe, an die natürlich erhöhte Ansprüche gestellt werden, wenn der angespro-

---

67 Im Zuge des Ausbleibens einer WWU in Europa hat sich mit den Gipfelkonferenzen für Wirtschaftsfragen, die die großen Länder der EG mit USA, Kanada und Japan vereinigen, ein neues System des permanenten Krisenmanagement ausgebildet, das die Koordinierung und Demokratisierung in der EG ebenso erschwert wie es die Außenbeziehungen des Kartells kapitalistischer Groß- und Mittelmächte vor allem zu den AKP-Staaten belastet. Man kann darin sicher auch eine Rückwirkung der Kartellisierungstendenzen unter den rohstoffproduzierenden Ländern sehen, was jene bestärkt, die den EGB bei seiner Gründung vor einer europäischen Fixierung gewarnt haben, weil die westeuropäische Integration nur ein Durchgangsstadium zum Club der Reichen sei. Die Gewerkschaften wären aber schlecht beraten, sich diesem neuen Niveau koordinierender Steuerung in einem weiteren defensiven Schrittt einfach anzupassen, weil sie damit eine mögliche vermittelnde Position im Nord-Süd-Konflikt verlören, ohne im Club der Reichen irgendeine vorstrukturierte Form der Einflußnahme oder auch nur eines gemeinsamen gewerkschaftlichen Selbstverständnisses zu finden.

chene Verband Privilegien abgeben soll. Ein vertikales Gefälle zwischen den einzelnen Berufs- und Branchenverbänden gibt es jedoch in Europa in noch sehr viel stärkerem Maße als in den Einzelstaaten und obendrein eine Fülle von nationalen, richtungspolitischen und organisatorischen Ausreden. Es dürfte deshalb dem EGB außerordentlich schwer fallen, solche Organisationen wirklich in die Pflicht zu nehmen, wenn er z. B. in Lohn- oder Beschäftigungsfragen zu einer Leitlinie kommen sollte. Denn es besteht durchaus die Gefahr, daß privilegierte Verbände eher ausscheren könnten, als sich zu beugen, daß also die Entsolidarisierungsprozesse aus dem vorgewerkschaftlichen in den organisierten Raum hineingetragen werden und daß die Größe und Differenziertheit der EG einem amerikanischen Gewerkschaftsverständnis in den tarifpolitisch handlungsfähigen Einzelverbänden Auftrieb geben und damit der politischen Dimension des EGB den Boden entziehen könnten. Insofern sind dessen möglicher Rolle als regionalem „Ordnungsfaktor" enge Grenzen gesetzt, weil seine innere Legitimität noch nicht sehr strapazierfähig ist. Diese wird er erst in der Rolle der „Gegenmacht" aufbauen müssen, indem er expansive gewerkschaftliche Forderungen nach außen trägt und insbesondere sozial- und wirtschaftspolitische Fortschritte bei den politischen Institutionen der EG erwirkt. Schon aus diesen organisatorischen Gründen ist eine ‚konzertierte Aktion' auf europäischer Ebene (wie immer man im Grundsatz zu einer Arbeitsgemeinschaftspolitik stehen mag)[68] zunächst eher ein Informationsmedium und als praktisches wirtschaftspolitisches Instrumentarium allenfalls eine schrittweise realisierbare Perspektive. Und zwar ist sie in dem Maße realisierbar, als der EGB vorab durch gewerkschaftliche Erfolge auf europäischer – also vor allem politischer[69] – Ebene konsolidiert wird. Als Disziplinierungsinstrument oder Leidensgenossenschaft dürfte er derzeit schwerlich belastbar sein.

Die beschriebenen desintegrativen Momente kann der EGB zwar durch eine langsame Gangart vermeiden, diese wäre jedoch angesichts der sozialen Asymmetrie der EG problematisch. Er könnte sie auch durch transzendierende Ziele überwinden, seine Politik und das ökonomische Verhalten seiner regionalen und beruflichen Untergliederungen in eine Fluchtlinie zu bringen erlauben. Daß dies auch im EGB so gesehen wird, zeigt die Vordringlichkeit, mit der er ein Aktionsprogramm entwickelt hat und einen Selbstverständigungsprozeß über die gewerkschaftliche Haltung etwa zur gesamtwirtschaftlichen Steuerung, zur Unternehmensverfassung, zur Migration vorantreibt. Es handelt sich hierbei aber nicht nur um eine programmatische Frage,

---

68 Die begrenzte Wirksamkeit des „Überredungsdirigismus" und seine ambivalenten Rückwirkungen im Innenverhältnis betont v. Beyme, S. 252ff.; mangels politisch legitimierter Macht auf europäischer Ebene empfiehlt ihn aber zunächst gerade sein Konventionscharakter. Vgl. hier auch S. 60ff. zum Problem gewerkschaftlicher Zentralisierung.

69 Tarifbeziehungen auf europäischer Ebene sind für die Gewerkschaften nur im Falle gemeinschaftsweiter Multinationals aktuell. Im übrigen verbieten sie sich schon durch die großen regionalen Lohndifferenzen, den Mangel an interessierten Partner und die Unmöglichkeit, gemeinschaftsweite Arbeitskämpfe zu organisieren und zu finanzieren.

sondern um die Verschmelzung der Perspektiven eines Programms und der Organisationsstruktur zu einer strategischen Einheit.

Auf der programmatischen Ebene gibt es derzeit vor allem zwei Zielkonflikte und ein dritter ist angelegt. Der eine geht um Form und Perspektive gewerkschaftlicher Partizipation im Unternehmen und an der gesamtwirtschaftlichen Steuerung. Das vor allem vom DGB vertretene Modell von Mitbestimmung und konzertierter Aktion gründet auf einer ausgeprägten Tradition gewerkschaftlicher Beteiligung und trägt einen mittelfristigen, pragmatischen Charakter. Vielleicht gerade weil es in seiner längerfristigen Entwicklungsdynamik ambivalent und unbestimmt ist, hat es in experimenteller Form überraschend starkes Gewicht im EGB erhalten[70]. Eher theoretischen und langfristigen Orientierungsnutzen bietet dagegen das Selbstverwaltungsmodell, das vor allem die CFDT vertritt, denn seine Realisierung setzt als Rahmenbedingung einen qualitativen Wandel der Eigentumsordnung voraus[71]. Die Engländer haben jetzt in der Bullock-Kommission ein Zwischenmodell entworfen, das zwar die Eigentumsverhältnisse nicht antastet, aber weit über die kontrollierende Mitbestimmung zu einem paritätischen Management vorstößt; es dürfte unmittelbar kaum auf den Kontinent übertragbar sein. Die Bedeutung der beiden letztgenannten Tendenzen im europäischen Bereich liegt aber vor allem darin, daß sie einen Kompromiß in Sicht bringen, der vom deutschen Modell als kurzfristiger Zielsetzung ausgeht, ihm aber seine Ambivalenz nimmt und eine sozialistische Perspektive zuordnet: Mitbestimmung als Bastion und Kaderschule im Kampf um Mit- und Selbstverwaltung. Diese Zuordnung wird in dem Maße erleichtert, in dem auch die deutsche Mitbestimmung von den Unternehmern zu einer gewerkschaftlichen Kampfansage gemacht wird.

In engem Zusammenhang mit diesem Zielkonflikt steht die Frage, was die neuerdings immer stärker betonte politische Dimension der Gewerkschaften eigentlich beinhalten soll. Hier lassen sich die Antworten nicht auf bestimmte Protagonisten zurückführen, sondern entspringen eher der Praxis, der Organisationsebene und auch den politischen Bindungen der Mitglieder und Funktionäre. Die Alternative besteht dabei auf der einen Seite in einem politisch organisierten Gleichgewichtssystem der Produktionsfaktoren als Interessengruppen, das eine humane und wachstumsorientierte Entwicklung auf kapitalistischer Grundlage garantieren soll und im englischen Sprachraum als korporativer Kapitalismus bezeichnet wird, und in Vari-

---

70 Zur Bestandsaufnahme Hondrich, op. cit. sowie das Grünbuch der EG-Kommission: Mitbestimmung der Arbeitnehmer und Struktur der Gesellschaften, Bulletin der EG, Beilage 8/75. Im Aktionsprogramm des EGB und entsprechenden Stellungnahmen zum europäischen Konzernrecht finden sich zwar in der Beteiligungsfrage nur allgemeine Forderungen nach mitentscheidender Repräsentation der Arbeiter; in der Frage der Ausgestaltung scheint jedoch das deutsche Modell die interne Diskussionsgrundlage zu bilden.
71 Ähnlich wie auch das Modell „Arbeiterkontrolle", das vom belgischen FGTB und von der englischen Gruppe ‚workers control' vertreten wird, wird zwar von den CFDT der Charakter dieser Strategie als Lernprozeß betont; ein Ansatzpunkt für gesicherte Fortschritte im europäischen Rahmen ist jedoch nicht in Sicht. Vgl. zur Partizipationsfrage zusammenfassend v. Beyme, S. 280ff.

anten sozialistischer Perspektiven auf der anderen Seite. Hier wird eine Stabilisierung des Kapitalismus für weder möglich noch wünschenswert gehalten; seine Überwindung könne nicht von einer institutionalisierten Entwicklung erwartet, sondern müsse durch theoretisch begründete Ziele, Verengung des Verteilungsspielraums und gesellschaftliche Machtbildung erkämpft werden. Im einen Fall stellt sich die politische Dimension der Gewerkschaften als ihre öffentlich institutionalisierte Mitverantwortung dar[72], im anderen als systemtranszendierendes Programm und als Praxis des Aufbaus von Bastionen der Arbeitermacht[73]. In dieser Frage ist eine programmatische Entscheidung des EGB wenig wahrscheinlich, wohl aber eine implizite Koexistenz beider Perspektiven und ihre hinhaltende Vermittlung in der Praxis. Die Perspektive des korporativen Kapitalismus hat in den am stärksten industrialisierten Ländern den Status quo für sich. Sozialistische Ansätze müssen jedoch innerhalb der Gewerkschaftspraxis neu entwickelt werden, da die Organisationsstärke und richtungspolitische Unabhängigkeit des EGB traditionellen marxistischen Auffassungen etwa von der parteipolitischen Anleitungsbedürftigkeit der Gewerkschaften oder ihrer Transmissionsriemenfunktion kaum eine Chance gibt[74].

Ein dritter Zielkonflikt wird derzeit wenig artikuliert, dürfte aber ungeachtet aller Harmonisierungsversuche auf die Dauer kaum zu umgehen sein: Es handelt sich um die sog. vertikale Arbeitsteilung, d. h. hier die regionale Differenzierung im Lebens- und Arbeitsniveau der Arbeiter und Angestellten[75]. Für den EGB stellt sich dieses Problem zunächst in seinen Innenbeziehungen und wird sich, wenn die Aufnahme Irlands und Großbritanniens bewältigt sein wird, bei einer weiteren Ausdehnung auf neue mittelmeerische Mitgliedsstaaten noch stärker bemerkbar machen; es ist aber ebenso drängend im Bereich des EG-Außenhandels und der europäischen Tochterunternehmen in der Dritten Welt und nicht zuletzt in der EG-Assoziierungspolitik. Der EGB hat sich diesem Problem, das für die Gewerkschaften einerseits als stationäre Strukturschwäche, andererseits in der Form der Migration auftritt, nur sehr vorsichtig genähert und mit Forderungen an die EG auf Gleichstellung der Migranten, Regionalförderung und gewerkschaftliche Beteiligung in den durch das Abkommen von Lomé geschaffenen Institutionen von sich abzuwenden gesucht[76]. Damit ist es jedoch nicht erledigt, sondern bricht in Einzelfragen um so deutlicher hervor. So haben sich etwa die deutschen Gewerkschaften seit 1973 durch den ihnen

---

72 Die das parlamentarische System aushöhlende korporativistische Perspektive beschwört Gerda Zellentin: Europa 1985, 2. Aufl. Bonn 1973, S. 61ff.
73 Vgl. z. B. Ken Coates (Hg.): A Trade Union Strategy in the Common Market. The Programme of the Belgian Trade Unions, Nottingham 1971; sowie ders. und Tony Topham (Hg.): The New Unionism, London 1972.
74 Insofern ist die Nützlichkeit fundamentalmarxologischer Exegesen wie Rainer Zoll: Der Doppelcharakter der Gewerkschaften, Frankfurt 1976, als aktueller Lösungsvorschlag fraglich.
75 Vgl. die Problematisierung am Beispiel der EG-Assoziierung bei Johan Galtung, Kap. 6.
76 Vgl. auch Anm. 5f., 43ff. u. die Analyse Eckart Hildebrandt, Werner Olle, Wolfgang Schoeller: National unterschiedliche Produktionsbedingungen als Schranke einer gewerkschaftlichen Internationalisierung, in: Prokla 24, Jg. 6, 1976, H. 3, S. 27ff.

eng verbundenen Bundessozialminister nachdrücklich an der Verringerung der ausländischen Arbeiter in der Bundesrepublik engagiert und konnten offenbar mit Erfolg verhindern, daß ein längst geschlossener Assoziierungsvertrag mit der Türkei, der einen freien Verkehr der Arbeitskräfte vorsah und zu einer sprunghaften Vermehrung des Arbeitskräfteangebots in der EG und besonders in Deutschland geführt hätte, in der beschlossenen Form auch in Kraft trat. Im Bereich der Außenbeziehungen ist besonders auffallend, daß die Gewerkschaften die neoimperialistischen Inhalte der Beziehungen zu den AKP-Staaten nicht aufs Korn genommen, sondern sich auf die Forderung nach stärkerer institutioneller Repräsentation in dieser Beziehung begnügt haben[77]. Außerdem werben die Gewerkschaften, die sich in Europa um die Perspektive der Einheitsgewerkschaft geschart haben, in Übersee nach wie vor durch ihre diversen richtungsgewerkschaftlichen Internationalen um entwicklungspolitischen Anhang[78], so daß sie die – im doppelten Sinn – europäischen Integrationstendenzen zunehmend von organisierter Solidarität mit afrikanischen, asiatischen und südamerikanischen Arbeitern entheben.

Eine Lösung dieser Probleme ist nicht in Sicht, könnte sich künftig aber als entscheidend herausstellen. Einerseits wird sich sicher niemand in den Gewerkschaften zu einer imperialistisch-kontinentalen Arbeitsgemeinschaftspolitik bekennen; andererseits käme ein Drängen auf eine schnelle Angleichung des Lebensniveaus in der EG und den AKP-Ländern wirtschaftlich und organisationspolitisch einem Selbstmord gleich. Der bisher beschrittene liberale Mittelweg formeller Gleichbehandlung bei materieller Diskriminierung bietet aber nur kurzfristig Vorteile. Er untergräbt die gewerkschaftlichen Beziehungen in die Entwicklungsländer und läßt dort ein wachsendes Rückschlagspotential vermuten; er holt sich die beklagten Entsolidarisierungstendenzen über die Migration ins eigene Haus und er unterhöhlt die Kohärenz gewerkschaftlicher Argumentation in Europa. Hier sind die europäischen Gewerkschaften aufgerufen, mehr Gewicht auf eine expansive Entwicklungspolitik, einen Abbau der Diskriminierung und eine Umverteilung der Lasten zu legen und in der eigenen Mitgliedschaft um Unterstützung für eine solche Politik aktiv zu werben, auch wo sie Opfer verlangt.

Zielkonflikte im Bereich der Organisation sind seltener bewußt, ihre Lösung ist jedoch auch für die Beantwortung der programmatischen Fragen entscheidend. Einige Problemzonen wurden bereits erwähnt: Die Schwäche der politischen Organe der Gewerkschaften (kein funktionsfähiger Apparat auf europäischer Ebene, keine lokale und regionale Substruktur) und ihre strukturell angelegte Spannung zu den tarifpolitisch handlungsfähigen Berufs- und Branchengewerkschaften, die auf allen Ebenen vom Betrieb bis zu den Internationalen Berufssekretariaten den Großteil der finanziellen und Kampfkraft organisieren[79]; die durch das Niveau der EGB erwei-

---
77 Vgl. etwa Aktionsziele des EGB, Abschnitt VI zum Abkommen von Lomé.
78 Vgl. Gerhard Leminsky und Bernd Otto (Hg.): Gewerkschaften und Entwicklungspolitik, Köln 1975; bes. den Beitrag von Otto Kersten, S. 87ff.; Gerold Dieke, Jürgen Klein, Hermann Kratochwil, Günther Thie: Gewerkschaften und europäische Entwicklungshilfe, Hamburg 1973.

terte Kluft zwischen Führung und Basis; die sehr indirekte und schwerfällige Willensbildung in einer föderalistischen Struktur nationaler und richtungspolitisch vorgeprägter Organisationen mit z. T. gegensätzlichen Interessenlagen. Aus der europäischen Integration erwachsen aber auch noch andere Strukturprobleme:

Das Bedürfnis nach Konzentration der Verbandsmacht, um auf europäischer Ebene wirksamer Einfluß nehmen zu können, widerstreitet dem nach Ausdifferenzierung komplexer gewerkschaftlicher Aufgaben im Bereich von Verbrauch, Wohnung, Gesundheit und Bildung auch auf unteren Ebenen mit ihrer Folge größerer Flexibilität und autonomer Politisierung[80]. Problematisch ist auch die Aktivität Deutscher in den Gemeinschaftsorganen, die offenbar für ein dynamisches Vorwärtstreiben der Integration auch im gewerkschaftlichen Bereich unumgänglich ist. Zugleich wirkt das in der Linken unserer Nachbarländer häufig als neoimperialistisch verschriene ‚Modell Deutschland' aber auch als furor Teutonicus zurück und kompromittiert Integrationsenergien, die von deutschem Interesse oder Organisationstalent stimuliert sind. Insofern ist es ein besonderer Ausweis umsichtiger und rücksichtsvoller Führung, daß der EGB unter deutschem Vorsitz qualitative Fortschritte erzielen konnte[81].

Sicher wird es noch viel weniger als auf programmatischem Gebiet eine schnelle und glatte Lösung für dieses noch keineswegs vollständige Fragenbündel geben – Papier ist geduldig, aber Organisationsstrukturen sind zäh. Wer vor allem den vorstaatlichen Charakter der Tarifparteien betont und einen korporativen Kapitalismus für stabilisierbar und wünschenswert hält, wird es für übertrieben erachten, eine neue gewerkschaftliche Organisationsfrage aufzuwerfen, und sich statt dessen stillschweigend mit der derzeitigen pluralistischen Dominanz der Branchengewerkschaften auf allen Ebenen einverstanden erklären. Er wird sich sogar durch einen bunten Strauß ungleicher Freunde umrahmt sehen: fast alle politischen Parteien, die um ihr Politikmonopol oder doch ihre führende Rolle bangen; viele Unternehmer, die das Drohbild des Gewerkschaftsstaats beschwören und dafür lieber den Vorwurf des staatsmonopolistischen Kapitalismus hinnehmen; und einige ganz linke Kollegen, die ein rein ökonomistisches Gewerkschaftsverständnis gegen den ‚richtungsgewerkschaftlichen' Reformismus der Führungsfunktionäre ausspielen wollen.

Wer jedoch im Korporativismus eine imperialistische Illusion sieht, der Verflechtung von Kapital und Staat die öffentliche Funktion der Gewerkschaften entgegenstellen will und eine politische Interessenvertretung für Arbeiter und Angestellte

---

79 Für die europäische Ebene vgl. Piehl, S. 135ff., 236ff.
80 Zur programmatischen Bedeutung dieser Bereiche v. Beyme, S. 131ff.
81 Das ist um so bemerkenswerter, als die Bundesregierung in den letzten Jahren vornehmlich ihren gewachsenen nationalen Spielraum ausschöpft, sich aber nicht durch europäische Initiativen der Inpflichtnahme durch die Nachbarländer aussetzen will. Vgl. Klaus-Otto Nass: Der ‚Zahlmeister' als Schrittmacher?, in: EA 31, 1976, S. 325ff. Vor einer Fehleinschätzung der Möglichkeiten der BRD als amerikanischer Prokonsul in Europa wird mit Recht in der besten Analyse derzeitiger europäischer Modelle gewarnt: Otto Kallscheuer: Völker und Fronten. Modelle für die Zukunft Europas, in: Kursbuch H. 46, 1976, S. 33ff. bes. S. 42ff.

in und gegenüber allen ‚Volksparteien' für notwendig hält, wird darauf abzielen müssen, die politischen Organe der Gewerkschaften zu stärken. Soll das in der Praxis nicht einfach vermehrte Zentralisierung und Bürokratisierung heißen, was zugleich die demokratische Legitimation und innerorganisatorische Kohäsion zusätzlich gefährden müßte, so wird man den Ausbau politischer Funktionen der Gewerkschaften auf allen Ebenen – von der lokalen bis zur europäischen – anvisieren müssen. Eine europäische Perspektive der Organisation meint deshalb nicht einfach eine Mediatisierung der nationalen Branchenfürsten zugunsten eines größeren und funktionstüchtigen (und vielleicht noch von Deutschen beherrschten) EGB-Apparats, so unabdingbar auch der Ausbau des heroischen, aber in seiner Leistungsfähigkeit erbarmungswürdigen Brüsseler Stabes sein mag. Vielmehr müßte zugleich die Gesamtorganisation dieser werdenden Einheitsgewerkschaft in sich flexibler werden, Funktionen auch auf untere (subnationale) Ebenen abtreten oder diese zur Übernahme neuer Aufgaben ermuntern. Erst durch einen solchen auf die jeweiligen Problemebenen bezogenen Ausbau der politischen Gewerkschaftsorgane könnte jene Kohäsion und Flexibilität der Organisation erzielt werden, die in subsidiärer Vielfalt die nationalen und politischen Sondertraditionen zugleich relativiert und fruchtbar macht, die ökonomischen und politischen Funktions- und Organisationsbereiche immer wieder neu aufeinander abstimmen kann und die außerordentliche Differenziertheit und Komplexität gewerkschaftlicher Aufgaben in der europäischen Gemeinschaft wahrzunehmen vermag. Damit würde zugleich der Boden bereitet, daß die Gewerkschaften im europäischen Integrationsprozeß aus ihrer defensiven Rolle herausfinden[82] und aktiv am Aufbau einer demokratischen Perspektive für Europa mitwirken.

---

82 Diese ist so eingefahren, daß sie selbst dann weiterwirkt, wenn ihre Überwindung formuliert werden soll – z. B. wenn der Leiter der Abt. „Internationales" (!) beim DGB-Bundesvorstand schreibt: „Internationale Gewerkschaftsbeziehungen funktionieren nicht losgelöst von allgemeinen politischen Ereignissen. Sie reagieren auf sie. Als bedeutende politische Gruppen übernehmen Gewerkschaften aber auch eine eigene Rolle in der Gestaltung dieser Ereignisse und Abläufe. In dieser Rolle stehen sie aber nicht in Konkurrenz zu den Aufgaben des Staates." Erwin Kristoffersen: Die internationale Gewerkschaftspolitik des DGB, in: GMH 27, 1976, S. 567 (zit. S. 572).

Zum Verhältnis von Reform und Rekonstruktion in der US-Zone am Beispiel der Neuordnung des öffentlichen Dienstes

Peter Hüttenberger hat in seinem Abriß der gesellschaftspolitischen Entwicklung der britischen Zone gezeigt, daß deutsche Reformbestrebungen scheiterten, weil die Briten sich zunächst auf nichts festlegen wollten, später aber von den Amerikanern abgehalten wurden, Reformen zuzulassen. Indessen gab es auch auf amerikanischer Seite genuine Reformziele im Bereich der politischen Ordnung. Am Beispiel soll hier gezeigt werden, daß auch diese Ziele nur selten erreicht wurden und zum Teil nur geringe, indirekte Fortschritte in der angestrebten Richtung von bleibender Bedeutung waren. Dafür gibt es vor allem drei Gründe:
1. fanden die Amerikaner im deutsch-alliierten Interaktionsprozeß keine gleichgerichteten Partner von hinreichender politischer Bedeutung;
2. entsprangen ihre Ziele spezifisch amerikanischen Traditionen und waren keine angemessene Antwort auf die deutsche Frage nach dem Ende des Faschismus; und
3. unterlagen diese Ziele im Widerstreit mit der seit Mitte 1945 in der US-Zone verfolgten Rekonstruktionspolitik bzw. deren Auswirkungen.

Während der Besatzungszeit war der deutsche Verwaltungsapparat in den deutsch-amerikanischen Beziehungen zugleich Medium und Gegenstand der Auseinandersetzung. Das daraus resultierende Dilemma hatte sich schon während der Planungsphase angekündigt[1]. So unterschiedlich die auf die Kriegszielpolitik Einfluß nehmenden Kräfte in USA die politische und wirtschaftliche Rolle Deutschlands im Rahmen ihrer jeweiligen Weltneuordnungsstrategien einschätzten, so einhellig wurde das engere Faschismusproblem innerhalb der Deutschlandpolitik im Kern als politisches – moralisches, personelles, institutionelles – verstanden: eher als Herausforderung, den Überbau umzustrukturieren, denn als Frage der Gesellschaftsordnung. Zwar spielten wirtschaftliche Interessen in der Deutschlandpolitik eine hervorragende Rolle, in der Behandlung des Faschismusproblems jedoch zeigte sich der Interessenhorizont der amerikanischen Politik in der Verkürzung der Fragestellung. Ökonomische Aspekte reduzierten sich hier auf umstrittene Akzidentien (Dekartellisierung, Bodenreform), während die Eigentumsordnung als solche tabu

---
[1] Dieser Beitrag versteht sich im wesentlichen als Erweiterung der Fragestellung meines Buches „Entnazifizierung in Bayern, Säuberung und Rehabilitierung unter amerikanischer Besatung", Frankfurt 1972, nach der positiven Seite hin. Wo im folgenden Quellen- und Literaturverweise fehlen, vgl. deshalb die diesbezüglichen Darlegungen in dieser Arbeit.

blieb. Der faschistische Überbau sollte vernichtet und an seiner Stelle ein liberaler Verfassungsstaat etabliert werden, der auf einer breiten Verteilung von Macht und Eigentum (broadly based democracy) aufbauen sollte, wobei freilich die einzelne Ausgestaltung noch nicht festgelegt war und kontrovers sein mochte. Angesichts der liberalen Grundlagen des amerikanischen Regierungssystems, dem Fehlen einer der kontinentaleuropäischen vergleichbaren Beamtenstaatstradition und der – daraus und aus dem Präsidialsystem sich ergebenden – hochgradigen Personalisierung aller Politik in USA stimmte man darin überein, daß die Vernichtung des Faschismus vom Staatsapparat her und dieser wiederum von der personellen Seite angepackt werden sollten. Die preußisch-bürokratische Tradition, als autoritäre Voraussetzung des Faschismus interpretiert, galt es zu unterbrechen, den Apparat zu dezentralisieren, seine Funktionäre auszuschalten, wo nicht zu bestrafen. Jedoch – und an diesem sich in der Praxis schnell durchsetzenden Planungselement konnte auch Morgenthaus Intervention wenig ändern – eine funktionsfähige Verwaltung aufrechtzuerhalten oder wiederaufzubauen, sollte den Amerikanern ihr neuerworbener Einflußbereich in Europa nicht sogleich wieder entgleiten.

Auf deutscher Seite gab es nur in begrenztem Umfang Partner und Grundlagen für eine solche Politik. Dazu gehörte natürlich nicht die Bürokratie des NS-Staates, die vielmehr per definitionem der Haupt-Gegner war. Ähnliches galt aber auch weitgehend für die nicht-nationalsozialistischen politischen Exponenten des Bürgertums, weil diese sich eben auf diese Bürokratie – freilich nach Eliminierung der in sie eingedrungenen NS-Outsider – stützen wollten, um mit einer Notstandsverwaltung die Zusammenbruchskrise, von der ein politischer Linksrutsch befürchtet wurde, „unpolitisch" zu stabilisieren. Die deutsche Linke auf der anderen Seite, worunter hier die Masse der Sozialdemokraten, Kommunisten und Gewerkschafter zusammengefaßt werden kann, mochte zwar in der antibürokratischen Grundtendenz mit den Amerikanern gehen, wollte im Gegensatz zu diesen aber nicht dabei stehenbleiben, denn für sie lag die Herausforderung des Faschismus zuerst in der Wirtschafts- und Gesellschaftsordnung. Zwischen autoritärer Überbrückung und sozialistischer Umgestaltung mußten die Amerikaner auf eine schmale Schicht – die liberale Minderheit des Bürgertums und den rechten Flügel der Sozialdemokratie – rekurrieren, um sie als Instrument und Partner zugleich zu gewinnen. Sie sollte als autochthone Führung die von der Besatzungsmacht intendierte Verschmelzung von Liberalisierung und Rekonstruktion mittragen.

Zur Verdeutlichung des liberalen Reformdilemmas sei hier das jetzt wieder aktuelle Problem des öffentlichen Dienstes herausgegriffen, weil es im Unterschied zu den von amerikanischer Seite von vornherein abgelehnten sozialistischen Kernforderungen erlaubt, in die Widersprüche der Liberalisierungsdiktatur einzuführen[2]. Die Beam-

---

2 Die Restaurationsliteratur der letzten 3 Jahre (Badstübner, E. Schmidt, Deppe u. a., usw.) hat zwar deutlich gemacht, daß es der deutschen Arbeiterbewegung nach 1945 an Strategien und organisatorischer Geschlossenheit mangelte, um gegen das Veto Clays in der Sozialisierungsfrage und gegen die ame-

tenfrage konnte man von der personellen oder von der strukturellen Seite her anpacken. Vergröbert läßt sich sagen, daß die deutsche Rechte weder Säuberung noch Neuordnung des öffentlichen Dienstes in dem von den Amerikanern intendierten Sinne wollte, die deutsche Linke aber beides zugleich, während sich die Militärregierung der Strukturfrage erst zuwandte, nachdem sie mit der Säuberung an ihrem eigenen Wunsch nach ökonomisch-administrativer Stabilisierung ihrer Zone gescheitert war. Deren soziale Folgen aber ließen weder den Amerikanern noch der liberalen Führungsschicht der Länder den nötigen politischen Spielraum in der Neuordnungsfrage. Deshalb bewegte die Reformpolitik zwar vorübergehend große Massen, diese standen aber in keinem Verhältnis zu ihren bleibenden Ergebnissen. Nicht in ihnen, sondern in der Erfahrung der liberalen Reformversuche selbst liegt deshalb die Bedeutung dieser Politik. Die Grundprobleme, die sich bei einer demnach notwendigen entwicklungsgeschichtlichen Betrachtung ergeben, können hier nur holzschnittartig herausgearbeitet werden, wobei ein Vier-Phasen-Schema die Übersicht erleichtern mag.

In der *ersten Phase*, die bis zum Herbst 1945 der dilatorischen Stabilisierung des vorgefundenen, sich auflösenden Verwaltungsapparats diente, wurde – zunächst aus Sicherheitsgründen – eine Verhaftungs- und Entlassungsaktion eingeleitet, die neben den NS-Organisationen vor allem die Bürokratie traf[3]. Sie legte gerade auch in den

---

Fortsetzung von Fußnote 2:
rikanische Politik im allgemeinen wirksam anzukämpfen; sie läßt jedoch eine Präzisierung des Bezugsrahmens ihres Zentralbegriffs vermissen. Der geschichtliche Begriff der – z. B. französischen – Restauration setzt eine zumindest ansatzweise Revolution voraus. Sollte sich der Sprachgebrauch nun darauf beziehen, daß in der sogenannten Stunde Null eine virtuelle Revolution angesetzt wird und sich für die Folgezeit ungefähr die Gleichung Restauration = Faschisierung ergibt, so müßten zumindest analytisch die Amerikaner als bloß externer Faktor aus dem Zusammenbruch des Faschismus ausgeschieden und zugleich nachgewiesen werden, daß es im Zusammenbruch ein aktionsfähiges deutsches Revolutionssubjekt gab. Bis zu einem solchen Postulat ist aber bisher m.W. noch niemand gegangen, wenn auch die Absicht bei Schmidt u. Fichter, der Unterstellung, als seien die Arbeiter in politischer Apathie aus dem Faschismus in die Besatzungszeit hinübergedämmert, differenzierend entgegenzuwirken, berechtigt ist. Andererseits könnte mit dem Restaurationsbegriff aber auch gemeint sein, daß in der Nachkriegszeit die Gesellschafts- und Verfassungsordnung der Weimarer Republik – mit gewissen Modifikationen – wiederhergestellt worden sei. Die Begriffsvoraussetzung Revolution bezöge sich dann auf den Nationalsozialismus und spräche entweder diesem revolutionäre Qualität zu oder reduzierte den Revolutionsbegriff auf Veränderungen der politischen Institutionen und der internationalen Handlungsbedingungen. Demgegenüber erscheint mir der langfristige Trend der Besatzungspolitik in den Westzonen eher in dem Begriffspaar politische Liberalisierung und Rekonstruktion der materiellen Lebens- und Produktionsbedingungen, was zusammengenommen die Stabilisierung der gefährdeten Gesellschaftsordnung mitumgreift, eingefangen werden zu können. Der widerspruchsvolle transnationale Interaktionsprozeß der frühen Nachkriegszeit, der m. E. in seiner Grunddynamik eher in die Richtung einer Liberalisierung Deutschlands zielte, wird damit politisch gegenläufig zur Restaurationsthese bewertet, die auf die Legenden von der Stunde Null und von der unterschiedlichen Qualität der US-Interessen vor und nach dem Ende der Anti-Hitler-Koalition bzw. vom revolutionären Charakter des NS-Regimes angewiesen ist.

3 Grundlegend für die Erforschung der Entnazifizierung war William E. Griffith: The Denazification Program in the United States Zone of Germany, Ph. D. Diss. masch., Harvard 1950. Vgl. auch Justus Fürstenau: Entnazifizierung, Neuwied, Berlin 1969; John D. Montgomery: Forced to be free, Chicago 1957.

wegen ihrer Spezialisierung schwer ersetzbaren Fachressorts und Sonderverwaltungen den höheren Dienst praktisch lahm und zehrte den Rest derart aus, daß die in der Zusammenbruchskrise sprunghaft gestiegenen administrativen Leistungsanforderungen in keiner Weise erfüllt werden konnten. Während diese Aktion anlief, fiel dies nicht so sehr auf, weil die Militärregierung weitgehend selbst Verwaltungs- und Regierungsaufgaben übernommen hatte und die Produktion darniederlag. Die Struktur des deutschen Apparats war auf der Ebene der Kommunen und Mittelinstanzen ohne wesentliche Änderungen übernommen worden. Die Militärregierung trat in die Fußstapfen der Reichsressorts, Statthalter, Gauleiter und setzte deutsche Behördenchefs ein, die sie entweder aus den parteipolitisch im Dritten Reich nicht hervorgetretenen Beamten derselben Behörden oder aus dem Kreis der verbliebenen politischen Beamten der Weimarer Republik auswählte. War dieses Reservoir erschöpft oder nicht fündig, kamen zuweilen Outsider zum Zuge[4]. Eine Demokratisierung der Verwaltung wurde in dieser Phase nicht angestrebt, vielmehr blieb die Säuberung zunächst rein negativ, wobei die dem übernommenen Apparat aufgepfropften Nicht-Nazis ein Symbol künftiger Demokratie darstellen sollten[5]. Da das zersplitterte Verwaltungssystem auf Militärregierungsebene integriert wurde, blieben den Deutschen nur archaische Koordinationsmittel wie Kuriere, Landbereisungen, Landrätetagungen usw., die von den unteren Behördenchefs, die deutscher Aufsicht enthoben waren, als „erste Sprossen der Demokratie"[6] ausgegeben wurden – angesichts des administrativen Chaos eine recht sanguinische Bezeichnung für die Vereinbarungen der Vizekreiskönige. Verwaltungsrekonstruktion und bürokratische Säuberung in schematisch festgelegten Belastungsklassen erwiesen sich jedoch alsbald als Widerspruch, da die meist bürgerlichen Verwaltungschefs gegen die Entnazifizierung Sturm liefen und sie verschleppten, wo immer sie konnten. Angesichts des drohenden Scheiterns ihrer Notstandsverwaltungen fürchteten sie, von den sich wiedergründenden Parteien sowohl für ihre meist gegen gesellschaftliche Selbstorganisa-

---

4 Das War Department hatte schon früh empfohlen, innerhalb der Bürokratie zu bleiben und unpolitische zweite Männer bzw. den gehobenen Dienst heranzuziehen (vgl. C. W. Wickersham: The Government of Occupied Territory, in: Proceedings of the American Society of International Law 37, 1943, S. 27ff.). OSS warnte hiervor und plädierte für die Weimarer politischen Beamten im Ruhestand (vgl. War Dep. Pamphlet 31–113: German Pimciples of Administration and Civil Service in Germany, S. 5f.). Für die Spitzenposten hat man sich im Ganzen an den zweiten Rat gehalten: nach Feststellungen von Ulrich Schröder (Bochum) gehörten von den ersten von den Amerikanern eingesetzten Minister-, Senats-, Ober- und Regierungspräsidenten je ca. 30 % zur SPD bzw. zum Zentrum, BVP u. CDU, 17 % waren ehemalige Liberale oder Deutschnationale; der Rest, meist Beamte, gehörte zu keiner Partei. Nur ca. 25 % jedoch hatten vor oder im Dritten Reich keine Regierungs- und Verwaltungspraxis in führender Stellung erworben. Von den Sozialdemokraten konnten nur Jacob Steffan (Rheinhessen) und Hermann Brill (Thüringen) nicht dem rechten Flügel zugerechnet werden.
5 Vgl. Carl Joachim Friedrich: Three Phases of Field Operations in Germany, in: C. J. Friedrich and Ass.: American Experiences in Military Government in World War II, New York 1948, S. 238ff.
6 So Reinhold Maier: Ein Grundstein wird gelegt, Tübingen 1964, S. 93ff. Landrätetagungen, Oberbürgermeisterversammlungen bzw. Landbereisungen durch übergeordnete Verwaltungsspitzen sind aus allen Bezirken der US-Zone belegt.

tion gerichtete Politik⁷ wie auch für die ihnen aufgezwungene Säuberung verantwortlich gemacht zu werden. Und es schreckte sie die Vorstellung, die Entlassungen könnten die Krise des verunsicherten Bürgertums entscheidend verschärfen und einer radikalen Opposition von rechts oder mehr noch von links Führungskräfte zuführen.

Die *zweite Phase* reichte etwa von der Gründung der Länder im September 1945 bis zu den Landtagswahlen Ende 1946. Hier versuchten die Amerikaner, durch eine „zonale Initiative"⁸ den toten Punkt in Verwaltung und Wirtschaft ihrer Zone zu überwinden, damit eine dezentralisierte Ersatzorganisation für die an Frankreich gescheiterten Zentralverwaltungen zu schaffen und zugleich angesichts der Demobilisierung des Besatzungsapparats die Konsolidierung der Verwaltung an die Deutschen abzustoßen. Darunter wurde nunmehr die subsidiäre Selbstregierung auf mittlerer Ebene und die Etablierung der Dienstaufsicht der Länder über die Selbstverwaltungskörper bei gleichbleibend strikter Kontrolle durch die Besatzungsmacht, die nun aber indirekt durch die Landeszentralen ausgeübt wurde, verstanden. Die wiedergegründeten Parteien wurden als Legitimierungs-Organe in die starren Allparteienkoalitionen der Länderregierungen integriert. Dadurch sollte die Demokratisierung einerseits in die kontinuierliche Entwicklung der Auftragsverwaltungen eingebunden und andererseits auf das Ziel eines liberalen Parlamentarismus bezogen werden. In diesem Rahmen wurden eine Vielzahl von Maßnahmen zur Steigerung der Leistungsfähigkeit der Staatsapparate ergriffen, die sich auf dem Gebiet des öffentlichen Dienstes zu zwei Grundentscheidungen summierten: 1. Rehabilitierung der Masse der entlassenen Beamten durch das Befreiungsgesetz; 2. Vertagung einer strukturellen Neuordnung, die sich am deutlichsten darin manifestierte, daß in den Westzonen das „Deutsche Beamtengesetz" von 1937 nicht aufgehoben wurde.

Der damaligen Öffentlichkeit ist der Zusammenhang des im Winter 1945/46 geschaffenen *Entnazifizierungsgesetzes*⁹, das die Säuberung auf deutsche Spruchkammern übertrug, mit der Restauration der Verwaltung weitgehend verborgen geblieben. Dies war auch so beabsichtigt. Die Insider auf deutscher wie amerikanischer Seite wollten im Gewande einer spektakulären Ausweitung der Entnazifizierung und ihrer Umwandlung in ein strafgerichtsartiges Verfahren die Rehabilitierung des

---

7 Die ältere Form, welche „unpolitische Verwaltung" als Gegensatz zu den Parteigründungsgruppen verstand, scheiterte bald an ihrem Kollisionskurs. Beherrschend war dann die Bildung beratender Beiräte zumindest auf kommunaler Ebene, die meist nach einem Proporzschlüssel aus Partei- und Interessenverbandsvertretern zusammengesetzt wurden und diese integrieren sollten. Die Parteien wurden damit als Kommunikations- und Koordinationsapparate in die noch lückenhafte Verwaltung eingebaut, ohne diese kontrollieren zu können; im Konfliktfall blieb den Behördenchefs der Hinweis auf den Auftragscharakter ihrer Verwaltungen.
8 Vgl. John Gimbel: Amerikanische Besatzungspolitik in Deutschland 1945–1949, Frankfurt 1971, S. 59ff.
9 Text und Kommentar am besten bei Erich Schulze: Gesetz zur Befreiung von Nationalsozialismus und Militarismus, München 1946, 3. Aufl. 1948; englischer Text und Kontrollvorschriften in dem vom Special Branch des Office of Military Government for Bavaria herausgegebenen sogenannten Blue Handbook: German Denazification Law and all Implementations and American Directives, 2. Aufl. o. O., München 1947.

größten Teils der zuvor ausgeschalteten Beamten- und Managerschicht einleiten. Die Mittel zu diesem Zweck waren: Individualisierung der Verfahren, kaum beweisbare Tatbestände bei freier Beweiswürdigung, Rechtfertigung mittels allgemeiner Zeugnisse über die Gesamtpersönlichkeit des Betroffenen (die sogenannten Persilscheine) und die ableistbare Sühne (im Gegensatz zur Entlassung als dauernder Diskriminierung). Die Gesetzgeber hatten zwar überwiegend auch die Absicht, die „eigentlichen Nazis" bleibend aus öffentlichen Ämtern auszusondern. Da man sich in dem von der Militärregierung gesteuerten Konsensusverfahren aber über keine praktikable Nazidefinition einigen konnte, wurde dieses Problem in die Einzelfallentscheidung atomisiert und den Spruchkammern zugeschoben. Unter dem Druck der Öffentlichkeit, von der zwei Drittel durch dieses Gesetz in Mitleidenschaft gezogen waren, und der neuen Feindbestimmung mit zunehmender Zuspitzung des Kalten Krieges, lösten es die Spruchkammern durch eine Massenrehabilitation, von der nur extrem gelagerte Sonderfälle ausgenommen waren. Über die Hälfte der Personen, die ein Spruchkammerverfahren über sich ergehen lassen mußten, waren – meist höhere – Funktionäre des Tertiärsektors, über ein Drittel Bedienstete der öffentlichen Hand – nicht zuletzt, weil die Beamten schon vor 1933 in der NSDAP um mehr als das Doppelte überrepräsentiert waren und danach in der Kumulierung von NS-Mitgliedschaften und -Ämtern den Rekord hielten[10].

Die anfängliche Durchführung des Befreiungsgesetzes bis Anfang 1947 erzeugte einen katastrophalen Personalengpaß in der Verwaltung. Auf der einen Seite wurden alle Personen, die politisch belastet waren, aus öffentlichen Ämtern „über gewöhnlicher Arbeit" bis zu ihrem Spruchkammerverfahren ausgeschlossen, was zu einem grauen Personalmarkt für Spezialisten führte. Auf der anderen zog die Durchführung der Spruchkammertätigkeit einen erheblichen Teil der politisch Unbelasteten, die für die Wahrnehmung öffentlicher Ämter in Frage gekommen wären, von der eigentlichen Regierungsarbeit ab und band ihn in dieser entscheidenden Übergangsperiode in einer denkbar undankbaren Aufgabe, in der er seine längerfristigen Chancen verspielen mußte[11]. Darüber hinaus wurde jedoch einer Neurekrutierung des öffentlichen Dienstes auch ausgewichen, weil dies die soziale Krise des Bürgertums verschärft, den eingeleiteten Rehabilitierungsprozeß sinnlos gemacht, eine deutliche Machtverschiebung zugunsten der Arbeiterbewegung bedeutet und die Hinnahme eines vorübergehenden Leistungsabfalls in der Verwaltung notwendig zur Folge gehabt hätte. Vielmehr wurde überwiegend an den *hergebrachten Grundsätzen des Berufsbeamtentums* festgehalten, in denen die Staatsfunktionäre in der Regel auf Lebenszeit Laufbahnen innerhalb einer Leistungshierarchie einschlagen, sich dabei einem öffentlich-

---

10 Nachweise an Hand einer Stichprobe in: Entnazifizierung in Bayern, a. a. O., S. 553–565.
11 Da das Spruchkammerpersonal stark fluktuierte, stehen hier genaue Zahlen nicht zur Verfügung. Immerhin müssen in der US-Zone mehrere Tausend in richter- und staatsanwaltsähnlicher Funktion in den Spruch- und Berufungskammern gewirkt haben. Hinzu kommen noch das Personal der Ministerien, der Apparat der Ermittler und Auswerter, die vor den Spruchkammern praktizierenden Verteidiger, die Treuhänder sowie die Beisitzer der Spruchkammern.

rechtlichen Dienst- und Treueverhältnis inklusive eines besonderen Strafrechts unterwerfen und dafür durch das Privileg versorgungsrechtlicher Sicherheit entschädigt werden. Zwar neigten viele Reformer in der Militärregierung dazu, dies eher als eine Züchtung von autoritärem Opportunismus und privilegierter Immobilität und als Hemmnis einer Liberalisierung der Gesellschaft zu betrachten und sie vermochten auch zunächst die Auffassung durchzusetzen, daß mit der Entlassung belasteter Beamter ihr Dienstverhältnis ersatzlos beendet werde und versorgungsrechtliche Ansprüche an den Staat entfielen[12]. Grundsätzlich blieb jedoch in den Westzonen anders als in der SBZ, in der die Beamtenverhältnisse mit dem Untergang des Reiches für beendet erklärt und das Deutsche Beamtengesetz aufgehoben wurde[13], dieses Gesetz in entnazifizierter Form für die Reichsbeamten in Kraft. Die meisten Länder folgten diesem Beispiel, in der US-Zone insbesondere Bremen; aber auch Württemberg-Baden und Bayern legten es ihren Landesbeamtengesetzen vom November 1946 zugrunde[14]. Dabei entsprachen sie im wesentlichen einem Vorschlag Walter Jellineks, der in einem Exemplar des NS-Beamtengesetzes mit roter Tinte die Mitwirkungsrechte der NSDAP, die rassischen Diskriminierungen und die Verpflichtung auf den Führer herausgestrichen und den Rest zu einem „den besten deutschen Überlieferungen entsprechenden Gesetzgebungswerk" erklärt hatte[15]. In der Tat enthielt es die Quintessenz des deutschen Beamtenrechts, wie es im 18. und 19. Jhd. gewachsen, 1873 kodifiziert, 1907 erweitert, von den Art. 128–131 Weimarer Reichsverfassung kaum modifiziert garantiert worden war und vereinheitlichte im wesentlichen – unter Berücksichtigung Weimarer Reformentwürfe und nationalsozialistischer Treueanforderungen und Mitwirkungsrechte – das Reichsrecht mit den Bestimmungen der Länder und Kommunen[16]. Entfernte man die akzidentiellen Zutaten des NS, so kehrte man in der Tat zur Tradition des Berufsbeamtentums von vor 1933 zurück – die Frage

---

12 Für eine qualifizierte Kritik an den Besonderheiten des deutschen Beamtensystems, die auch in der Militärregierung Gehör fand, vgl. Arnold Brecht: Personnel Management, in: Edward H. Litchfield and Ass.: Governing Postwar Germany, Ithaka, N.Y., 1953, S. 263ff. (Bes. S. 273, 278ff.); John H. Herz: German Officialdom Revisited, in: World Politics 7, 1954, S. 63ff. Daß die Entlassung belasteter Beamter eine völlige und ersatzlose sein müsse, hatten die Special Branch Offiziere stets festgestellt. Die deutsche Gesetzgebung kam diesem Erfordernis zunächst nach, eröffnete jedoch im gleichen Zuge Wiedereinstellungsmöglichkeiten für Mitläufer und Minderbelastete unter Berücksichtigung ihrer wohlerworbenen Rechte. Vgl. „VO Nr. 113 zur Regelung der Rechtsverhältnisse der vom Gesetz zur Befreiung von Nationalsozialismus und Militarismus betroffenen Beamten", Art. 3, 6f. (Bayer. GVBl. 1947, S. 82ff.).
13 Um ein antifaschistisch-demokratisches Deutschland. Dokumente aus den Jahren 1945–1949, hg. von den Ministerien für Auswärtige Angelegenheiten der DDR und der UdSSR, Berlin (Ost) 1968.
14 Beamtengesetz für Württemberg-Baden v. 19.11.1946 (RegBl. Württ.-Bad., 1946, S. 249ff.); Bayerisches Beamtengesetz v. 28.10.1946 (Bayer. GVBl., 1946, S. 49ff.).
15 Jellinek an Swart (hess. Staatskanzlei) v. 3.1.1946 mit Anlage „Das Deutsche Beamtengesetz vom 26. Januar 1937, durchgesehen und den heutigen Verhältnissen angepaßt von Dr. Walter Jellinek" v. 16.11.1945 (Hauptstaatsarchiv Wiesbaden 1126/10, Bl. 170–246).
16 Vgl. Wolfgang Runge: Politik und Beamtentum im Parteienstaat, Stuttgart 1965; Hans Mommsen: Beamtentum im Dritten Reich, Stuttgart 1966. Den besten kritischen Überblick über die Entwicklung der „hergebrachten Grundsätze des Berufsbeamtentums" geben jetzt Thomas Ellwein und Ralf Zoll: Berufsbeamtentum. Anspruch und Wirklichkeit, Düsseldorf 1973, Teil 1.

war nur, ob nicht gerade auch diese zum Faschismus beigetragen hatte. Jetzt, 1946, traten hierzu nur die Verpflichtung des Beamten, nicht durch ein Bekenntnis, sondern durch sein Verhalten die verfassungsmäßige Ordnung zu wahren, sowie die Disqualifizierung der NS-Hauptschuldigen und -Aktivisten und die Schaffung zentraler Personalämter hinzu[17], die jedoch in der Praxis nicht die von den Amerikanern erhoffte Wirkung einer Objektivierung der Auswahl und einer zentralen politischen Aufsicht entfalteten. Nur in Hessen wurde der Arbeitsvertrag zur gemeinsamen Grundlage aller Bediensteten der öffentlichen Hand und damit der Graben zwischen Beamten und Angestellten vermindert[18]. Die Besatzungsmacht monierte zwar darüber hinaus auch das Juristenmonopol, die steile bürokratische Hierarchie, die kastenartige Abgeschlossenheit der Laufbahnen, den Auswahlmodus, die versorgungsrechtlichen Privilegien und den Mangel an einer Sicherung der parteipolitischen Neutralität der Beamten[19], hielt sich jedoch zurück, da sie beim Übergang zur Bizone primär an einer Effektuierung der Verwaltungsrekonstruktion interessiert war[20].

In den nächsten anderthalb Jahren, unserer *dritten Phase*, in denen die jetzt demokratischen Kontrollen unterworfenen Länder in den Schatten der von den Militärregierungen gesteuerten Bizone traten, entfalteten die Grundentscheidungen zur personellen Rehabilitierung und einstweiligen strukturellen Kontinuität ihre Wirkungen. Dabei traten vor allem drei Probleme auf:

1. Schon Arnold Brecht hat auf die verhängnisvolle Fehlentscheidung hingewiesen, die staatliche Personalpolitik in eine Abhängigkeit von den strafurteilsähnlichen Entscheidungen der Spruchkammern zu bringen: „Ungeeignetheit für den öffentlichen Dienst wurde als Strafe behandelt"[21]. Auf der einen Seite scheuen sich deshalb die Spruchkammern, durch eine angemessene Rechtsprechung die berufliche

---

17 Vgl. z. B. Art. 5 (3), 6 (4), 38–49 des Bayer. Beamtengesetzes. Das bayerische Personalamt (das als Ausschuß konstruiert nur mit großem Zögern der Staatsregierung eingerichtet worden war) z. B. machte sich doppelt unbeliebt, weil es sich zunächst zur treibenden Kraft bei der Wiederverwendung der Masse der in der Entnazifizierung zu Mitläufern herabgestuften belasteten Beamten machte und weil seine Vereinheitlichungstendenz einen ständigen Konflikt mit der Ressortautonomie heraufbeschwor. Dagegen wurde zunächst durch personelle Umbesetzung seines Leiters und später durch Beschneidung seiner Kompetenzen gegenüber den Ressorts vorgegangen.
18 Gesetz über die Rechtsstellung der Beamten und Angestellten im öffentlichen Dienste des Landes Groß-Hessen v. 12.11.1946, § 4 (1) (GVBl. für Groß-Hessen 1946, S. 205ff.).
19 Brecht, a.a.O., S. 273.
20 Instruktiv für die Zurückhaltung, welche man sich in OMGUS gegenüber den traditionalistischen Beamtengesetzen in Bayern und Württemberg-Baden auferlegen mußte, ist eine Pressemitteilung „Civil Service Codes" v. 28.8.1946, (in: Occupation of Germany: Policy and Progress, hg. v. US Dep. of State, Washington D.C. 1947, S. 186ff.), in der von den kommenden Beamtengesetzen noch gesagt wurde, sie brächten „a civil service system patterned ... after that in the United States", machten 80 bis 90 % (statt bisher 20 %) der Angehörigen des öffentlichen Dienstes zu Beamten, legten ihnen politische Enthaltsamkeit auf, schafften das „Kastensystem" innerhalb des öffentlichen Dienstes ab, unterstellten das gesamte Personalwesen einer unpolitischen Personalkommission, eliminierten die „politischen Beamten" und übertrügen „permanent civil service status on thousands of emergency German appointees of Military Government".
21 Brecht, a. a. O., S. 266; vgl. auch ders.: Civil Service Reform in Germany, Problems and Suggestions, in: Personnel Administration 9, 1947, S. 3f.

Existenz der Betroffenen zu vernichten und entwickelten eine gewisse Virtuosität darin, so gut wie jeden Delinquenten zu amnestieren oder zum Mitläufer herunterzustufen. Auf der anderen Seite war damit für die Einstellungsbehörden ein Präjudiz im Sinne politischer Unbedenklichkeit gegeben, dem sie schon aus Gründen der Kollegialität nur zu gerne folgten. Per saldo wurden mehr als 90 % der vom Befreiungsgesetz Betroffenen amnestiert und vom Rest wurde nur ein Anteil, der weit unter 1 % liegt, nicht zum Mitläufer erklärt. Und von den 53 000 nach 1945 in den Westzonen entlassenen Beamten blieben 1950 kraft Spruchkammerentscheidung nur 1071 unfähig, ein öffentliches Amt zu führen[22].

2. Der Zusammenschluß mit der in ihren Entnazifizierungsvorschriften weniger rigiden britischen Zone, die von den süddeutschen Regierungen als „Naturschutzpark der Zentralbehörden des Hitlerreiches"[23] denunziert wurde, übte über den Bedarf der bizonalen Verwaltungen an spezialisierten bürokratischen Führungskräften einen Sog auf die weitere Heranziehung der alten Berufsbeamten in den Ländern der US-Zone aus, während gleichzeitig die ökonomische Sanierungspolitik beiderseits des Atlantiks zu einer schärferen Polemik gegen die Entnazifizierung führte. Auf Druck des Big Business, der Republikaner und der Kirchen zog sich die Militärregierung Anfang 1948 widerstrebend von der Kontrolle der Entnazifizierung zurück und verlangte dann kategorisch deren Abschluß, was der Säuberung das letzte politische Prestige raubte.

3. Zur Zeit der Währungsreform standen die Länder plötzlich vor der Pleite, während die Rückflut der Mitläufer, denen mittlerweile wieder gewisse versorgungsrechtliche Ansprüche eingeräumt worden waren, zusammen mit den Sozial- und Besatzungslasten die Staatskasse vollends überforderten. Man wählte deshalb vielerorts den Ausweg, die nach 1945 auf Dienstvertrag eingestellten Outsider zum größten Teil wieder abzustoßen und das Spruchkammerpersonal über die Entlassung aus dem Staatsdienst mit einer Übergangsbeihilfe zu trösten, die entnazifizierten Pensionsanwärter aber in den aktiven Dienst zu übernehmen[24]. Politisch gesprochen hieß dies, daß viele Antifaschisten in der schweren sozialen Krise, die der Währungsreform folgte, wieder auf der Straße standen, während nach dem Zustrom der Flüchtlinge und Vertriebenen in etlichen Behörden 1948/49 mehr Pgs als selbst unter Hitler waren[25].

Im letzten Jahr ihrer Kontrolle, *Phase vier,* widersetzte sich die Besatzungsmacht der defizitären Bilanz ihrer Liberalisierungspolitik. Die alten Reformspezialisten in

---

22 Vgl. Anm. 10 und Brecht, in: Litchfield a. a. O., S. 267 sowie für das gesamte Bundesgebiet: Verdrängte Beamte und ehemalige Wehrmachtsangehörige, in: Statistisches Amt des Vereinigten Wirtschaftsgebiets, Statistische Berichte Nr. VII/7/2 v. 10.6.1950.
23 So der Generalsekretär des süddt. Länderrats Roßmann, zit. nach Marie Louise Schroeter: Föderalistische Politik 1945–1947, phil. Diss. (masch.) Heidelberg 1971, S. 103. Vgl. hier auch S. 106, 124 sowie Gimbel, a. a. O., S. 155f. für die Personalprobleme der Bizone.
24 Vgl. dazu Walter L. Dorn: Inspektionsreisen in der US-Zone, Stuttgart 1973, Kap. 4.
25 Vgl. die statistischen Zusammenstellungen in Württ.-Bad. Landtag, I WP, Beilage 597 v. 2.6.1948 und Bayer. Landtag, I WP, Beilage 2403 v. 1.4.1949.

der Militärregierung rebellierten dagegen, daß mit der beschleunigten Rekonstruktion auf dem Weg zum Weststaat sich fast alle ursprünglich intendierten Reformen als gescheitert oder nicht durchführbar erwiesen. Dabei wurde der Fehlschlag der beiden größten Unternehmungen, der Entnazifizierung und der Dekartellisierung, meist als irreversibel hingenommen. Auf anderen – positiven – Gebieten wollte man nun jedoch in einem Parforceritt den Deutschen noch die im Zuge der Stabilisierung und Rekonstruktion zuvor versäumten Maßnahmen verordnen. Nun war aber die Restabilisierung der traditionalen Gesellschaftsordnung soweit fortgeschritten und machte sich im Zerfall des Systems der klassischen Lizenzparteien und in neuen oppositionellen Strömungen in der Öffentlichkeit so deutlich geltend, daß auch reformwillige Politiker sich solche Vorhaben ihrerseits nicht mehr leisten konnten. Während der Verfassungsgebung entwickelten sich die deutsch-amerikanischen Beziehungen äußerst kritisch, weil die Militärregierung anders als in der voraufgegangenen Zeit plötzlich wieder nach außen hin sichtbar ihre Maßnahmen diktierte und damit die deutsche politische Führungsschicht in den Ländern, die ohnehin auf dem Tiger der nationalen Opposition und des sozialen Protests zu reiten glaubte, zu Marionetten zu machen drohte. Sie intervenierte auf allen Ebenen: in den Ländern vor allem in der Schulpolitik und bei der Gewerbeordnung, im Parlamentarischen Rat in der Föderalismusfrage, beim Besatzungs- und beim Ruhrstatut[26]. Auf bizonaler Ebene, wo die anglo-amerikanischen Kontrolleure ganze Serien von Gesetzen bis ins administrative Detail abänderten und Vorlagen von grundsätzlicher sozialer Bedeutung stornierten, war einer der eklatantesten Eingriffe, daß die Gouverneure zwei Tage, bevor der Wirtschaftsrat sich an die zweite Lesung eines Beamtengesetzes machen wollte, das nicht genau den Ansichten der Besatzungsmächte entsprach, am 18.2.1949 die Vorlage in der von ihnen gewünschten Form überraschend als Militärregierungsgesetz erließen. Dieses Gesetz Nr. 15 beseitigte den Unterschied zwischen Beamten und Angestellten, verbot den Beamten jede politische Betätigung, machte einen Teil der Stellen dauernd und die übrigen für eine Anlaufzeit kündbar und verankerte die Institution des zentralen Personalamts. Damit war ein Präjudiz für die beamtenrechtlichen Regelungen im Bundesdienst wie auch in den Ländern, deren einstweilige Regelungen zum Teil derzeit ausliefen, beabsichtigt[27]; ganz im Gegenteil wurde jedoch der Widerstand gegen die Übernahme des civil service-Modells verstärkt[28]. Die konservativen Kräfte erhoben vehementen Protest gegen die Ablösung der zur gleichen Zeit in den Grundgesetzentwürfen verankerten herkömmlichen Grundsätze des Berufsbeamtentums. Die Spannungen spitzten sich so zu, daß Clay mit seinen

---

26 Siehe Anm. 24.
27 Gesetz Nr. 15 „Verwaltungsangehörige der Verwaltung des Vereinigten Wirtschaftsgebiets" (GBl. Verwaltung d. Ver. Wirtschaftsgebiets 1949, Beil. 2). Zur Vorgeschichte vgl. Wirtschaftsrat: Wörtlicher Bericht, S. 1878f.; Der Spiegel v. 12.2.1949, S. 3f.; Gimbel, a. a. O., S. 308f.; Tilman Pünder: Das Bizonale Interregnum, Köln, Berlin 1966, S. 168ff.
28 Archivdir. Dr. Kahlenberg machte in der Diskussion aus der Kenntnis der bizonalen Akten darauf aufmerksam, daß darüber nicht vergessen werden dürfe, daß das bereits bestehende Personalamt unter

Truppen drohte, wenn es zu einem Streik der bizonalen Beamten käme. Die reformerischen Kräfte waren entsetzt, daß diese Gesetzgebung zu einem erheblichen Teil die liberale politische Führungsschicht, die in den vergangenen Jahren wichtige öffentliche Funktionen übernommen hatte und über nur geringe personelle Reserven verfügte, aus den Parteien und Parlamenten ausschalten wollte, weil sie befürchten mußte, daß dies den alten Parteifunktionären und den sich auch in der Politik nun wieder vernehmbar regenden konservativen Kräften rechts der CDU/CSU direkt in die Hände spielen werde[29]. Die Länder verschleppten die Anpassung ihrer Beamtengesetze, bis die Militärregierung nicht mehr eingreifen konnte, und beließen es dann dabei bzw. paßten sie dem neuen Bundesrecht an[30]. Der Bund aber schöpfte die in Art. 33 (5) und 131 GG festgelegten Grundsätze voll aus und erließ – nach einem Personalüberleitungsgesetz – das Deutsche Beamtengesetz 1950 in entnazifizierter Form und wenig später das 131er Gesetz mit dem bis auf einen geringen Rest die Entnazifizierten in den aktiven Dienst zurückkehrten bzw. den Ländern und Gemeinden, die bisher noch Distanz gewahrt hatten, aufgezwungen wurden[31].

Fortsetzung von Fußnote 28:
Dr. Kurt Oppler auf Grund des „Übergangsgesetzes" (vgl. GBl. der Verw. d. Ver. Wirtschaftsgebiets, 1948, S. 54ff.) wie auch in der Folge auf Grund des später modifizierten Ges. Nr. 15 (vgl. ebd. 1949, Beil. 4, S. 3f.) Personal in erheblichem Umfang rekrutiert habe. Andererseits waren aber auch diese personellen Vorentscheidungen nicht von langfristiger Tragweite, weil die Führungskräfte der Bundesregierung nur im Ausnahmefall aus der Verwaltung der Bizone übernommen wurden. Insofern erscheint deren Endphase eher als Epilog der Besatzungszeit denn als Prolog der Bundesrepublik.

29 Pünder, a. a. O., S. 231ff. und wie Anm. 24. Vgl. auch die politische Diskussion um die Beamtenrechtsneuordnung in: Die Wandlung 4, 1949, S. 122ff., 195ff., 332ff.

30 Vgl. RegBl. Württ.-Bad. 1949, S. 4. In Hessen waren schon am 7.5.1948 erste Anpassungen vorgenommen worden (GVBl. Hessen 1948, S. 55ff.), in der Folge wurde das eigentlich auslaufende Gesetz immer wieder verlängert (ebd. 1949, S. 55, 133), schließlich seine Befristung ganz aufgehoben (ebd. 1950, S. 1) und am Ende materiell dem neuen Bundesrecht angepaßt (ebd. 1952, S. 80ff.). Auch die anderen Länder folgten dem Bundesrecht.

31 Zur Entstehung dieser Gesetzgebung und ihrem Zusammenhang mit der Abschlußgesetzgebung zur Entnazifizierung vgl. Werner Sörgel: Konsensus und Interessen, Stuttgart 1969, S. 120–157; Fürstenau, a. a. O., S. 148ff. sowie Ellwein u. Zoll, a. a. O., S. 67ff., die allerdings zu stark die Staatsorientierung und ständische Sonderstellung des traditionellen Beamtentums als inhaltliche Implikationen für diese Zeit betonen. Die Traditionsargumente und die Ablehnung des civil service-Modells dienten wesentlich Versorgungsinteressen, fiskalischen Rücksichten und dem politischen Zweck, einen Herd bürgerlicher Opposition auszutreten. Die linke Alternative einer improvisierten politischen Personalrekrutierung im Angestelltenverhältnis ohne Rücksicht auf die Laufbahnstruktur war nach dem Befreiungsgesetz bereits überholt, das modernere Dienstleistungsmodell noch nicht in Sicht. Im Rahmen des allgemein geringen Innovationspotentials Nachkriegsdeutschlands reflektiert die quietistische Formel von den „hergebrachten Grundsätzen" im wesentlichen die Existenz dieses Beamtentums (so auch ebd., S. 70) und nicht eine Konzeption, die in der Verfassungswirklichkeit die weitere Entwicklung des öffentlichen Dienstes hätte über die Rekonstruktionsperiode hinaus inhaltlich in die traditionellen Bahnen zurücklenken können. Die einschlägigen Gesetzestexte in der o. a. Reihenfolge: Bundesgesetzblatt 1950, S. 207ff., 281ff. sowie 1951, S. 307ff. Zum letzten vgl. auch Brecht (in: Litchfield), a. a. O., S. 269ff.

Es fehlte nicht viel zum Status quo ante. Und doch war, ungeachtet der gescheiterten personellen und strukturellen Reformen, auch im öffentlichen Dienst die Lage verändert. Um noch einmal Arnold Brecht zu zitieren: Nachdem Hitler dem Beamtentum das Rückgrat gebrochen habe, sei ihm von den Besatzungsmächten das Haupt abgeschlagen worden[32]. Gerade seine autoritäre Struktur erlaubte es jedoch der schmalen politischen Führungsschicht, auch den Staatsapparat ziemlich widerstandslos auf formale Verfassungstreue zu verpflichten und in die Westintegration einzubringen, zumal nach der Koreakrise diese Politik gerade auf der Rechten ganz anders als in der Weimarer Republik ohne wirksame Alternative blieb. Im übrigen aber stellten alle Untersuchungen die politische Indifferenz und das persönliche Sicherheitsbedürfnis als Grundeinstellungsmuster der Masse der Beamten in den 50er Jahren fest[33]. Die Aufgabe, demokratische Mobilität und ein positives liberales Engagement in der Verwaltung zu verankern, war im Reformdilemma der Besatzungszeit steckengeblieben.

---

32 Ebd. S. 266.
33 Vgl. Lewis J. Edinger: Post-Totalitarian Leadership, in: American Pol. Science Rev. 59, 1960, S. 58ff.; John H. Herz: Political Views of the West German Civil Service, in: H. Speier u. W. P. Davison (Hg.): West German Leadership and Foreign Policy, Evanston Ill., New York 1957, S. 104ff.; Wolfgang Zapf: Wandlungen der deutschen Elite, 2. Aufl. München 1966, S. 57ff., 145ff.

Zeitgeschichte als Notwendigkeit des Unmöglichen?
Zu Ernst Noltes „Deutschland und der Kalte Krieg"

Während die Zunft der Historiker sich in den letzten Jahren bemühte, die Öffentlichkeit in selbstquälerischen Abhandlungen von der sozialen Nützlichkeit ihrer komplexen Beschreibungen zu überzeugen oder durch statistische oder theoretische Operationen Achtung im Kreis der Sozialwissenschaftler zu gewinnen, machten sich ihre literarisch erfolgreichen Außenseiter daran, unter Anknüpfung an die Rolle der Historiographie des 19. Jh.s unmittelbarer die Bedürfnisse des Lesepublikums nach ‚Historischem' zu befriedigen. Unter der Devise: „Zurück zu den Sachen selbst!" plädierte Golo Mann für die erzählende Form und namentlich die Biographie; er ließ aber offen, was sie an Inhalten transportieren solle, beglaubigte er doch die biographische Form wesentlich als eine schriftstellerische Kompositionshilfe, als die ihm wohl nicht ganz zu Unrecht auch die soziologischen Theorien bei seinen jüngeren Kollegen zu dienen schienen („Die alte und die neue Historie", in: Süddt. Zeitung vom 1.12.1974). Ernst Nolte, der seit den verschiedenen Versionen seines phänomenologischen Vergleichs der Faschismen vor allem als kämpferischer hochschulpolitischer Publizist hervorgetreten war, faßte in einer von vielen Zeitgeschichtlern mit einem gewissen Schock aufgenommenen Programmrede eine andere Form und eine politischere Aufgabe ins Auge: den ideologiestiftenden Essay („Zeitgeschichtsforschung und Zeitgeschichte", VfZ 18, 1970, S. 1ff.). Anstatt sich in empirisch-analytische Spezialstudien zu zerfasern, sei die Zeitgeschichte aufgerufen, zu deuten, geistige Verbindungen über Jahrhunderte zu schlagen und zugleich die Vielzahl politischer Entwicklungen in der gegenwärtigen Welt im Vergleich zu interpretieren, um geistesgeschichtliche Hilfestellung zur Lösung der unmittelbar politischen Wert- und Identitätsprobleme des lesenden Publikums zu geben. Den rebellischen Studenten („Kinder der Zeitgeschichte") könnte damit ihr falsches Selbstverständnis vorgehalten und der ideologische Teppich unter den Füßen weggezogen werden, denn ihr Druck gefährde in den Universitäten die Freiheit der Wissenschaft, gerade solcher wie der Zeitgeschichte, die sich nicht durch Schlüssigkeit oder Evidenz ausweisen könne und deshalb von dem neuen inneruniversitären Legitimationszwang im Kern bedroht werde. Irritiert durch seine Marburger Auseinandersetzungen mit der Abendroth-Schule suchte er nun sogar im Schutz der akademischen Interpretation von Geschichte und Politik gegen linke Störenfriede nachgerade den eigentlichen Staatszweck der Bundesrepublik, dieses „Staates der Zeitgeschichte". Da die deutsche Zeitgeschichte derzeit in einer Orientierungskrise steckt, kommt diesem Programm ihres international vielleicht bekanntesten Vertreters besondere Bedeutung zu. Im Rückblick liest es sich wie eine Vorankündigung dieses neuen magnum opus

„Deutschland und der Kalte Krieg" (München 1974), das damit erlaubt, das Programm auf seine Einlösbarkeit und Konsequenzen zu prüfen.

Ein sehr persönliches Buch. Denn obwohl dieser 600seitige Essay mit 120 Seiten Glossen und Literaturverweisen angereichert ist, entzieht er sich in Form und Inhalt den Kriterien einer wissenschaftlich kontrollierbaren Analyse. Viel eher bleibt als erster Eindruck ein Paradox: ein politisch-weltanschauliches Traktat, das durch die Einfüllung einer Vielzahl recht ungleichgewichtiger Informationsteile angeschwollen ist. Man vermutet dahinter den Drang eines Einzelgängers zur ideologischen Selbstdarstellung, der nicht weniger als das Beste aus der Universalgeschichte seit den Urhorden Revue passieren lassen mag, bevor er den Leser und den Gegenstand in seine spezielle Perspektive gesetzt hat. Und doch nicht geradeheraus ein Prediger – wer ihm Propaganda nachzuweisen vermöchte, würde ihn verstummen lassen (S. 29), sagt Nolte schon vorsorglich im Vorwort, und wer brächte es da noch über sich, solches zu versuchen? So deutlich der Vf. ideologische Akzente setzt, so großen Wert legt er auf die Wissenschaftsförmigkeit seiner Aussagen, schlägt dieses Mal seinen Kritikern nicht erst durch die Zensierung ihrer Rezensionen, sondern schon durch ein extrem defensives Vorwort alle denkbaren Einreden aus der Hand und verbirgt seine verletzliche Identität hinter einer gelehrten Nebelwand gewählter Vergleiche und Analogien, eines Ehrfurcht gebietenden name-dropping, geistreich umgewerteter Verbalismen und delikater Zitate, insbesondere solcher aus Marx und Engels, die jedem ihrer Gegner das Herz höher schlagen lassen.

Dennoch bleiben große Leistungen des Autors: als erster legt er einen umfassenden Deutungsversuch aus dem eigentlichen Gegenstandsbereich der Zeitgeschichte vor, der wiederum wie bei den Faschismuswerken jene kühne Innovationskraft zeigt, zu der zuweilen asketisches Engagement gepaart mit methodischer Unbefangenheit ermutigt. Vielleicht vermag die Provokation durch diesen Essay die Zeitgeschichtler endlich von der Aufdröselung der politischen Details der Zwischenkriegszeit zu ihrer Hauptaufgabe zu rufen, die internationale Sozialgeschichte der Nachkriegszeit empirisch zu erforschen. Zweitens greift Nolte weit über den üblichen nationalen Horizont hinaus und setzt seinen Gegenstand nicht nur in das Handlungsfeld der Supermächte, sondern vergleicht auch politische Entwicklungen in Deutschland mit denen in einer Vielzahl von Ländern Asiens und Afrikas. Seiner Mühe verdanken wir ein weiteres Mal eine komparatistische Ausweitung des Gegenstands, hinter dessen neue Dimension die Diskussion künftig schwerlich wird zurückfallen können. Drittens nimmt er die Herausforderung der Studentenbewegung, der so viele andere Historiker mit dem Lobpreis des Lernziels Komplexität ausgewichen sind, nämlich nach einer historischen Theorie an und legt einen Entwurf vor, der in seiner Dimension überwältigend ist, in Inhalt und Methode jedoch weniger analytischen Ertrag als eine historische Legitimierung aktueller Frontstellungen erbringt.

Komposition: Die 65 Kapitel verteilen sich außer auf ein Vorwort, in dem sich Nolte gegen den befürchteten Vorwurf des Pamphletismus verteidigt, eine die Titelbegriffe und den Forschungsstand problematisierende Einleitung und einen ideologisch-programmatischen Schluß, auf zehn Hauptabschnitte, in denen Phasen der Entwicklung des Kalten Krieges abgegrenzt werden. Die ersten drei beschreiben Voraussetzungen. Zunächst wird in einer geschichtsphilosophischen Einleitung, die in der Darstellung des Krieges als Vater aller Dinge noch hinter die Primaten zurückgreift (S. 63) und bis zu dem bei Nolte 1941 beginnenden Zweiten Weltkrieg reicht, das Begriffssystem entwickelt, das die ganze folgende Erörterung strukturiert und bewertet, mithin mit seinen fast 100 Seiten als der wichtigste Abschnitt des Buches gelten darf. Hier wird eher chronologisch als historisch versucht, verschiedene ‚linke' Perspektiven (die Aufklärung, den Marxismus, den Leninismus) geistesgeschichtlich zu verorten und ideologisch als inkonsistent ad absurdum zu führen. Ihnen will er den pluralen Charakter des sog. europäischen Systems als ihre eigene wie auch die Bedingung der Möglichkeit von Fortschritt entgegensetzen. Zunächst wird dem historischen Materialismus vorgehalten, daß es keine vormodernen Klassenkämpfe (im Sinne eines ökonomistischen Klassenbegriffs) gegeben haben könne, vielmehr schon die Sippen staatsbildende Kraft gehabt, die Staaten ihren deutlichsten Ausdruck im Krieg gefunden und vor allem Weltanschauungen zu kämpferischer Mobilisierung geführt hätten. Die aufklärerische „extreme Linke" erscheint sodann als fixiert auf eine buccolische Ur-Anarchie und damit „ganz rückschrittlich" (S. 84 – wie auch schon die alttestamentlichen Propheten als „radikal reaktionär" S. 70), die USA über die Reconstruction hinaus als ‚Staat der Linken' (S. 89ff.), Marx und Engels letztlich als großdeutsch-vitalistische Sozialdemokraten (S. 56, S. 107ff.) und Lenin als halbasiatischer Perverteur des Marxismus. Die Widersprüche zwischen der auf Transformation fortgeschrittener industrieller Verhältnisse ausgerichteten Revolutionsdoktrin und seiner „Irregulären Revolution" (so z. B. S. 117 jedenfalls „für einen orthodoxen Marxisten", aber S. 132 war sie auch wieder „marxistisch gesehen, weder regulär noch irregulär genug") in einem Agrarland habe er durch die Errichtung einer Modernisierungsdiktatur und die Ausrottung theoretisch nicht integrierbarer Gesellschaftsschichten auflösen wollen (S. 112ff.). Diese Konsequenzen seien von Stalin ohne die theoretischen Skrupel Lenins in der Praxis des sowjetischen Regimes wie auch in der kommunistischen Weltbewegung vollends durchgesetzt worden, wodurch ein unüberwindlicher Gegensatz zum europäischen System entstanden sei, das als relative, pluralistische Anarchie verstanden wird („Staunenswerter Komplex relativer Herrschaftslosigkeit", „produktive Koexistenz des Differenten" S. 134, 610). Im Schoße dieses Systems habe der Bolschewismus eine ‚spezifische Antwort' provoziert, den Faschismus, der – eine Ödipus-Assoziation läge nicht fern – dem Bolschewismus einerseits verwandt und andererseits tödlich verfeindet gewesen sei. Diese Ambivalenz habe im Abschluß und Bruch des Hitler-Stalin-Pakts seine deutlichste Ausprägung gefunden.

Die folgenden beiden Abschnitte sind der Interpretation der Anti-Hitler-Koalition und ihrem Zerfall sowie der Polarisierung der deutschen Politik bis 1947 gewidmet. Die nächsten drei Abschnitte schildern die Zeit der stärksten Ost-West-Spannungen und umgreifen drei Fundamentalereignisse des Kalten Krieges, als die N. die Truman-

Doktrin, den Korea-Krieg und – überraschend – den XX. Parteitag der KPdSU („Vatermord") ausmacht, das letzte wohl deshalb, weil er in ihm die große Rechtfertigung der westlichen Abgrenzung gegenüber dem Stalinismus sieht (S. 358ff.). Der siebte Abschnitt gliedert die Bundesrepublik und die DDR aus dem chronologischen Fortschritt aus und bringt eine hundertseitige Abhandlung ihrer Struktur als Objekte und Subjekte des Kalten Krieges während die letzten drei Abschnitte den Niedergang des Kalten Krieges, von einer erneuten Aufgipfelung (Berlin- und Kuba-Krise) über eine Entspannungsphase bis zu der noch immer und wohl für lange andauernden ‚Latenzphase' verfolgt. Bei dieser Übersicht handelt es sich jedoch um das allergröbste Kompositionsschema dieses Werkes; sie erweckt einen überrationalisierten Eindruck seiner denkbar komplexen Verflechtung von geschichtsphilosophischen Diskursen, ereignisgeschichtlichen Erzählungen, Kurzinformationen über zahlreiche Länder und Personen, Detailinterpretationen von Broschüren, Tagebüchern, Botschafterberichten und Reden, von Polemiken aus dem unmittelbaren Erfahrungskreis des Vf.s und nicht zuletzt von einer Reihe gewöhnlich an die Hauptabschnitte angehängter Vergleiche mit Entwicklungen in Ländern Asiens und Afrikas. Gewiß eine enorme Kompositionsleistung.

Thesen: Noltes Stil entzieht sein Buch der Referierung auf knappem Raum. Fast zu jeder These lassen sich Gegenbehauptungen, Einschränkungen, beziehungsreiche Verknüpfungen oder auch glatte Dementis beim Autor selbst finden. Jeder Leser wird es deshalb schwer haben, in diesem Irrgarten offengehaltener Fluchtgassen die Hauptstraßen zu unterscheiden, und es wird so gut wie unmöglich sein, den Vf. zur Bestätigung dieser oder jener Entscheidung zu bewegen. Nolte vertritt die These, daß historische Erkenntnis nicht nur wandelbar, sondern wesentlich aspekthaft sei (Beitrag in der Sektion Faschismus auf dem Historikertag 1974) und entzieht sich damit jeder Festlegung. Aber unabhängig von seinen Qualifikationen gibt es durchlaufende Interpretationslinien, die nach der Lektüre als Haupteindruck verbleiben; obwohl die Dementis des Vf.s abzusehen und z. T. auch schon im Buch selbst nachzulesen sind, seien diese Linien im folgenden in formelhafter Verkürzung bezeichnet. Ihr Gemeinsames besteht darin, daß es sich um Frontlinien handelt.

Die Hauptkampffront ist gegen die ‚Linke' gerichtet, verteidigt wird dabei eine als Sozialismus bezeichnete Position, der ungefähr die Spielbreite zwischen Noske und (Karl) Schiller zugestanden wird (S. 612ff.). Dagegen erscheint die „extreme Linke", d. i. libertäre Revolte und paränetische Utopie, die alttestamentlichen Propheten so gut wie der Anarchismus, zuweilen der Marxismus oder doch sein Wurzelboden, zuweilen die ‚Befreiung der Menschheit von der Geschichte zur Natur' in der Aufklärung, mithin eine „ ‚ewige' Linke" also, die in jeder Generation neu überwunden werden müsse und allein wegen der von ihr provozierten Reaktion („positiver und progressiver") sinnvoll sei – diese Linke also erscheint bestenfalls als „regressiver Infantilismus" (S. 80ff., 609ff. u. ö.), Marx allenfalls als Theoretiker der internationalen Politik noch interessant (S. 104ff. u. ö. Noltes Buch versteht sich als Versuch, Marx insofern weiterzuentwickeln, S. 28), die Arbeiterbewegung als obsolet, der

383

Leninismus als halbasiatische Doktrin der irregulären Revolution, der Stalinismus als halbfaschistischer Entwicklungsterror (demgegenüber sich das Dritte Reich bis 1939 als „rechtsstaatliches und liberales Idyll" ausnehme S. 360), seine Nachfolger als Manager eines produktionsfetischistischen Parteistaatskapitalismus (vgl. S. 456, 608) und die nationalen Befreiungsbewegungen als Faschismus (und umgekehrt). Kein Staat ist da weiter vom Sozialismus entfernt als die DDR (S. 535) und die DKP und weite Kreise über sie hinaus sind – mit Abstufungen – der organisierte Landesverrat, nämlich die „Partei der DDR in der Bundesrepublik" (S. 425ff.). Die SPD habe sich in Godesberg „ungewiß und zögernd" (S. 428) zu einer „sozialdemokratischen" Position durchgerungen – ein „großer und schwieriger Schritt" (S. 477). Ein Staat, der die Ordinarienuniversität zerschlagen und eine „Struktur der Kollaboration", d. h. Mitbestimmung in den Hochschulen eingerichtet habe, sei des Untergangs würdig (S. 588f.). Die sexuelle Emanzipation habe die Frau zum Artefakt zwecks Lustkonsum gemacht, und ein weiteres Umsichgreifen dieser Sex- und Pornowelle könne aus Mangel an Sublimationsenergien zum Untergang der westlichen Zivilisation führen (S. 587). Und der einzig mögliche „eigentliche Sozialismus" der Zukunft, nämlich der im privat-kapitalistischen Fünftel der Welt (S. 616), müsse sich vor allem „auf das sorgfältigste davor hüten, den historischen Sinn des Privateigentums an Produktionsmitteln in Frage zu stellen" (S. 613). Insofern überrascht es nicht, daß auch noch in der Zeitgeschichte „die" USA sich zuweilen als „,Staat der Linken' empfanden" (S. 123), ein Begriff, der ja auch schon für das 19. Jahrhundert gut die Hälfte der Wirklichkeit ausblenden müßte.

Auf der anderen Seite wird der Faschismus – einst und auch in diesem Buch zunächst als spezifische Antwort aus dem Schoße des europäischen Systems auf die irregulär-terroristische Oktoberrevolution interpretiert (S. 131 ff.) – zu einem Pandämonium entfaltet, das einen neuen phänomenologischen Vergleich erwarten läßt. Dabei ist es mehr Beiwerk, wenn der Vf. mit einer fast manischen Sammelwut Belege dafür zusammengetragen hat, daß fast jeder jeden in der Weltpolitik (und insbesondere jeder Linke jeden Linken) als Faschist bezeichnet oder an Mussolini (oder doch eher an Mussolini als an Stalin, so Castro S. 487, ähnlich Sukarno S. 568) erinnert hat. Das theoretisch Neue ist vielmehr, daß jetzt eine weitgehende Gleichsetzung der nationalen Befreiungsbewegungen sowie der Entwicklungsdiktaturen mit den Faschismen (eher ein „Präludium als ein Abgesang", S. 570) erfolgt, so daß nur noch Amerika und England als Länder erscheinen, die keinen Faschismus hervorgebracht hätten (S. 601, ein zögernder Hinweis auf den britischen Kolonialismus schränkt aber auch dies ein). Dabei geht Nolte aber nicht vom Peronismus aus (er erscheint überhaupt nicht), an dem diese Hypothese sozialstrukturell entwickelt wurde. Vielmehr ist sein Kronzeuge Stalin, der 1941 in einem der Schlüsselzitate dieses Buches Hitler bis 1938 den Titel eines „Nationalisten" (S. 52f.) zubilligte und elf Jahre später schrieb, Deutschland sei als Großmacht wieder „auf die Beine gekommen, nachdem es sich von der Knechtschaft losgerissen und den Weg einer selbständigen Entwicklung beschritten habe" (S. 342f.). Wie häufig in diesem Buch nimmt Nolte den Einfall, den er bei einem Zitat hatte, für dessen Inhalt (entsprechenden Interpretationen wird häufig mit Formeln wie „bei Lichte betrachtet" nachgeholfen) und interpretiert, daß Stalin „also" (S. 53) Hitler als Führer einer nationalen Befreiungsbewegung akzeptiert habe (vgl. auch S. 602) und spekuliert schon über die Gefühle Stalins bei der Machtergreifung und dem Abschluß des Hitler-Stalin-Pakts („Nicht ungern" S. 139, „mindestens mit einer Hälfte seines Herzens" S. 141; diese Annahme figuriert S. 142 bereits als gesicherte Voraussetzung einer weiteren Spekulation). Aus diesen übermäßig gepreßten Zitaten, die zudem völlig aus ihrem taktischen Zusammenhang gelöst sind, assoziiert Nolte zwei Argumentationsketten, die große Bedeutung für seine Begriffe und Wertmaßstäbe gewinnen.

Die eine führt zu einer Verbreiterung des Faschismusbegriffes auf alle führungsorientierten Mobilisierungsphänomene mit ‚ungleichzeitigem' und terroristischem Einschlag. Als Beispiele fungieren etwa mit mehr oder weniger konsistenter Begründung Nasser, Sukarno und Ben Bella, aber mit gewissen Qualifikationen werden auch der Stalinismus, der Gaullismus und der Zionismus in Israel an diesen Faschismusbegriff herangerückt (S. 501ff., S. 560ff., S. 600). Obwohl diese Absicht dementiert wird (S. 26, S. 601), wird sich manch ein Leser des Eindrucks nicht erwehren können, als solle den Deutschen nahegelegt werden, daß sie sich ihre besondere nationalpädagogische Zerknirschung sparen könnten. Die andere Argumentationskette versucht eine Affinität zwischen Nazis und Stalinisten über deren Bündniskonzept zu konstruieren: Nolte sieht eine Grundkontinuität der sowjetischen Deutschlandpolitik in der Linie Rapallo, Wohlwollen gegenüber der „Machtergreifung", einen auf unabsehbare Dauer geschlossenen Hitler-Stalin-Pakt, das Nationalkomitee Freies Deutschland bis zur Ost-Finanzierung eines Teils der Nationalneutralisten während der Aufrüstungsdebatte in der Bundesrepublik, die er als sowjetischen Wunsch, Deutschland unter der Führung von SED und alten Nazis wiederzuvereinigen, zu interpretieren nahelegt. (Stalin hatte „ein Deutschland im Auge ..., das gemeinsam von der SED und von denjenigen Kräften des Nationalneutralismus regiert worden wäre, für welche in der DDR die ‚National-Demokratische Partei Deutschlands' geschaffen worden war". S. 295, vgl. S. 258 f.). Die Krüppelformen der kommunistischen Bündnispolitik auch auf die Unwilligkeit der eigentlichen sozialdemokratischen und linksliberalen Partner zurückzubeziehen und gerade als Indikatoren für das Scheitern der ursprünglichen Volksfrontpolitik zu verstehen, würde Noltes These vom ‚National-Sozialismus' (vgl. z. B. S. 107ff.) als einem gemeinsamen Nenner von Nazis und Stalinisten stören.

Die dritte Hauptstoßrichtung dieses Buches ist es, Deutschland wieder in die Mitte der Welt zu rücken und die Deutschen zur Anerkennung der zentralen Bedeutung ihrer Geschichte zu ermutigen. Gewiß nicht im Sinne eines Hurra-Patriotismus, wohl aber in dem, daß die deutsche Geschichte und gerade auch die nach dem Zweiten Weltkrieg im Grunde ein Schnittpunkt alles wirklich universalhistorisch Bedeutenden gewesen sei. Vor dem Hintergrund dieser Meinung entbehrt es nicht einer gewissen Schlüssigkeit, wenn Nolte in der Ermöglichung unvoreingenommener Betrachtung und Entwicklung der deutschen Geschichte den eigentlichen Staatszweck der BRD sieht, nachdem der Staatszweck des Grundgesetzes, das er zuvörderst als ein antikommunistisches Kampfprogramm versteht (S. 252), im selben Atemzug aber auch „die lebendige Totalitarismustheorie" (S. 253) nennt, durch die Ost-Verträge und den Nichtverbreitungsvertrag zumindest seinen außenpolitischen Sinn verloren habe (S. 600f.). Diese – vielleicht etwas jenseitig anmutende – Staatszwecklehre entpuppt sich als die zentrale Aussage des Buches, wenn sie mit Noltes Lehre vom „Ideologiestaat" (derzeitiges Hauptbeispiel: China, S. 606) konfrontiert wird. Nur die Verknüpfung einer großen staatlichen Macht mit einer universalen Mission (und ggf. einer ‚Sozialreligion') verschaffe ihr das gute Gewissen zu ungehinderter Machtausübung und damit globaler Geschichtsmächtigkeit. In dem Maße, wie solche verstaatlichten Universalismen jedoch mit dem Vernichtungspotential der modernen Nuklearmächte verbunden würden, bedrohten sie die Menschheit als ganze, zumal wenn sie im Gefolge des Leninschen „Vernichtungsprinzips" vor der gewalttätigen Begradigung der Realität zugunsten der Theorie nicht zurückschreckten. Deshalb könne heute nur eine auf einen Staat begrenzte Ideologie das Interesse nach herrschaftlich gesicherter Struktur der Gesellschaft mit dem transzendentalen Bedürfnis der Menschheit nach Arterhaltung versöhnen. Indem sich die BRD mit dem status quo nolens, volens abgefunden, sich selbst anerkannt habe, egalitäre Sozialreligionen von ihren staatlichen Institutionen fernhalte und sich in ihre Geschichte versenke, bilde sie zugleich – so wie sie ist – für das Leben unter der Bombe ein Modell von globaler Bedeutung (S. 597ff.). Diese idealistische Konstruktion ruht aber nicht nur auf keiner Analyse der materiellen und strukturellen Verhältnisse unserer Gesellschaft und der Transformation von Staatlichkeit z. B. im Rahmen der europäischen Integration; sie hängt auch an brüchigen Fäden. Nolte gesteht im Anfang, daß sein Buch der Konfrontation der deutschen Literatur zur ‚deutschen Frage' mit der amerikanischen zum Kalten Krieg zu verdanken sei (S. 23f.). Insofern mußte ihm vor allem daran gelegen sein, Verbindungsglieder zu suchen, und in der Tat hat er hier alles aufgesammelt, was auch nur im entferntesten dienlich sein konnte. Insofern durchzieht das Buch ein nationaler Egozentrismus, um den zugleich singulären und paradigmatischen Charakter der deutschen Geschichte zu erweisen und die Titelkonjunktion auf vielen hundert Seiten nicht zerreißen zu lassen. Neben einer ganzen Anzahl richtiger Hervorhebungen der Bedeutung der deutschen Frage für die Weltpolitik sammelt sich hier allmählich jedoch ein Kuriositätenkabinett an, das einige Beispiele zu erwähnen lohnt. Es reicht von Nebenbemerkungen wie: die Nationalchinesen hätten den Japanern standgehalten, weil sie von deutschen Generälen gedrillt gewesen seien (S. 278), über Einschätzungen wie: der Ost-West-Gegensatz habe sich 1951 in Deutschland „am stärksten, wenngleich nicht am blutigsten" (S. 269) ausgewirkt (und wie hier Korea wird auch Vietnam später mehrfach zum bloßen Ersatzschlachtfeld für Deutschland und Berlin, vgl. S. 352, 471, 529) und endet mit der unnachahmlichen Verknüpfung von These und Dementi in einem Satz: „Damit wird Deutschland zur Stätte der Möglichkeit der Wahrheit und insofern auch des Daseins Deutschlands –

... Und darin würde sich nichts weniger als eine nationalistische Nabelschau durch die Vergegenwärtigung des Vergangenen vollziehen, denn nichts antizipiert so sehr eine künftige Einheit der Welt im Spannungsreichtum ihrer verschiedenen Staaten, Ideologien und Interessen wie die so verstandene deutsche Geschichte" (S. 602f.).

Methode. Es ist nicht nur der höhnende Ton, mit dem auf die Widersprüche im Werk von Marx und Engels hingewiesen wird, der den Anspruch Noltes, Marxens Werk für die Gegenwart zu ergänzen, überraschend erscheinen läßt; es ist vor allem die völlig entgegengesetzte Methode. Das Werk ist von immer wiederkehrenden Versuchen durchzogen, seine geistesgeschichtliche Methode bzw. die letztlich entscheidende Kraft von Ideologien (im Sinne von Zugriffen zu einem Weltverständnis im Ganzen, vgl. S. 44) gegenüber dem Verdacht, daß auch wirtschaftliche Interessen oder gesellschaftliche Strukturen Bedeutung für die Geschichte haben könnten, zu verteidigen. Solche Exkurse kommen mitunter wie aus heiterem Himmel (vgl. z. B. S. 321). Bei der Interpretation einiger Beiträge zur Wiederbewaffnungsdebatte z. B. wendet er sich plötzlich gegen eine – m. W. in keinem wissenschaftlich relevanten Beitrag aufgestellte – These, daß die Entscheidung zur Aufrüstung von den Interessen des deutschen Großkapitals („diese sensiblen Investitoren" nennt er an anderer Stelle die deutschen Großindustriellen, S. 329) forciert worden sei (S. 292ff.). Er läßt aber die belegbare These – wie auch ein gut Teil der einschlägigen Spezialliteratur – unbeachtet, daß diese Politik von den potentiellen Rüstungsindustriellen grundsätzlich begrüßt und nur insofern kritisiert wurde, als das von den Amerikanern angeschlagene Tempo nur deren Exporten zugute kam. Dabei ist für Nolte ein Mensch, der ein Interesse verfolgt, anscheinend ein wahrer ökonomistischer Roboter: Die Flüchtlinge aus der DDR, sagt er, müßten primär politische Motive gehabt haben, denn das Risiko des Grenzübergangs sei doch beträchtlich gewesen (S. 401). Das hindert ihn freilich nicht, wenig später jene Flüchtlinge mit materiellen Motiven aus der „Partei der Bundesrepublik in der DDR" auszuschließen, um sie für jene rein zu halten, die allein für die westlichen Ideale und nicht für das ‚Wirtschaftswunder' mit den Füßen abstimmten (S. 423 f.). Und schließlich seien trotz der vielen Industrievertreter in der amerikanischen Militärregierung, die natürlich nicht die Interessen des US-Kapitalismus vertreten hätte (die einzige Klasse dort seien die Politologieprofessoren gewesen, S. 216), nur „die Kapitalisten" in den Westzonen so „ganz ohne Vertretung, Fürsprache und Verdienst" (S. 214) dagestanden.

Dabei würde man in die Irre gehen, wenn man Noltes Abneigung gegen auch nur Andeutungen von Sozialgeschichte („weitgehende Unabhängigkeit historischer Prozesse von vorgestellten oder wirklichen ‚soziologischen Strukturen' ", S. 589) in der Gefahr eines zu unspezifischen Interessenbegriffs suchte. Unkontrollierbare Generalisierungen als solche stören ihn nicht. Sein wichtigster Gegenbegriff nämlich ist die „Grundemotion" und das ist jeweils das, was Nolte über die Gefühle ganzer Gesellschaften fühlt. Diese Grundemotionen werden einfach gesetzt oder deduziert oder aus der Interpretation auch entlegenster Broschüren generalisiert, während Quellen für ein differenziertes Meinungsbild der Bevölkerung souverän mißachtet werden.

Die einzige demoskopische Umfrage, die der Vf. ausführlicher zitiert, ist denn auch unglückseligerweise ein methodisch überaus fragwürdiges Unterfangen, mit dem das Bundesministerium für gesamtdeutsche Fragen durch die Befragung von Reisenden Anhaltspunkte für ein Meinungsbild in der DDR zu gewinnen versuchte (S. 534). Und wenn man erfährt, daß die „Grundemotion" oder der „Geist von 1945" offenbar mit nachgerade gesamtgesellschaftlicher Verbindlichkeit in „Pazifismus, Antifaschismus, Nationalismus" (S. 378) bestanden habe, sträuben sich jedem die Haare, der auch nur ein wenig in interne Quellen der Besatzungszeit geblickt hat – so als hätte es nur Aufrufe der KPD-SPD-Arbeitsgemeinschaften gegeben. Der Schleier hebt sich, wenn man feststellt, daß diese Erkenntnis der Analyse einiger von den Alliierten lizensierter Aufklärungsbroschüren entnommen ist (S. 190ff.), und wenn man liest, daß „kaum eine andere Organisation im Nachkriegsdeutschland ... so konsequent aus dem Geist von 1945 hervor(ging)" wie die sog. Kampfgemeinschaft gegen Unmenschlichkeit, eine westliche Propagandaorganisation für die DDR, die von einem Mitglied des Haushoferkreises begründet worden war (S. 407). Oder daß die antifaschistische Komponente des Parlamentarischen Rates sich außer in der Kompetenzverteilung zwischen Präsident, Kanzler und Parlament auch im Ruf nach dem ‚Elternrecht' (S. 253) niedergeschlagen habe.

Mag der Leser zunächst anhand der geistesgeschichtlichen Arbeitsweise, der Personalisierung und der Orientierung an einem machtstaatlichen Ideal – den Staat versteht Nolte als Gesellschaft, die wisse, was sie im ganzen der Welt sei, sich als solche wolle und mit Gewalt behaupte (S. 371) – den Vf. für einen Späthistoristen halten, so wird er durch dessen metahistorische, deduktive Begriffskonstruktionen und deterministische Argumentationen verwirrt. Der Vf. liebt die abstrakte Notwendigkeit, die sich vor allem in einer Inflation des Wortes „müssen" (vgl. z. B. S. 159 u. ö.) niederschlägt: wenn es, was undenkbar sei, den Faschismus nicht gegeben hätte, wäre er zu konstruieren gewesen (S. 130) und der Ausgang der kubanischen Revolution sei nur eine empirische Bestätigung für etwas, das man genausogut hätte deduzieren können (S. 608). Die Freiheit, die Nolte aus seinen Gegenständen eliminiert, nimmt er sich selbst bei der Begriffsbildung. Was der Kalte Krieg eigentlich gewesen sei, erfährt man nicht, weder nach der Meinung des Autors noch nach den Interpretationen der Zeitgenossen; vielmehr wird das Phänomen durch eine kreisende Begriffsbildung eingehegt, die in ihrer Unbestimmbarkeit frustriert. Die Frage sei, ob der Kalte Krieg um die Verteilung bestimmter Regionen nach 1945 gegangen oder ein Ausdruck des Kampfes der universalistischen Ideologien bestimmter Staaten seit 1776 gewesen sei (S. 39); diese Alternative wird an anderer Stelle zu einem machtpolitischen *und* ideologischen Kampf synthetisiert (S. 57), an dritter jedoch eine Prioritätsentscheidung zugunsten des ideologischen Faktors gefällt (S. 45), an vierter unterläuft dem Vf. sogar eine „ökonomische Wurzel" (S. 605) des Kalten Krieges im Wunsch der USA nach offenen Märkten, obwohl er sonst konstant gegen die revisionistische Historiographie polemisiert (vgl. z. B. S. 220), und an fünfter nähert er sich einer Definition des Kalten Krieges als Propagandakrieg, „der er essentiell *auch* ist" (S. 437).

Während die Truman-Doktrin zu den wenigen Fundamentalereignissen des Kalten Krieges gezählt wird (S. 358), „schien" die Eisenhower-Administration (mehrfach) als die „erste" US-Regierung des Kalten Krieges (z. B. S. 349). Auch andere Versuche zur Datierung und Lokalisierung führen nicht weiter. So heißt es etwa von Deutschland: „Die Zeit seines Geteiltwerdens war die Zeit des Kalten Krieges, und Deutschland war für sie die wichtigste aller Teilursachen, so daß sein Verhältnis dazu von vornherein ein anderes war als dasjenige eines bloß zufälligen Betroffenseins" (S. 598). Und eine Seite weiter wird man noch weiter zurückgeworfen. Die USA und die Sowjetunion sind nun „authentische Ideologie-Staaten ... von essentieller, wenngleich nicht absoluter Feindseligkeit; und daher war mit ihrem Zusammentreffen auf deutschem Boden der Kalte Krieg und die Teilung Deutschlands so unvermeidlich, wie nur je ein historisches Ereignis unvermeidlich war, und in alledem von so großer Relevanz, wie nur je ein weltgeschichtlicher Vorgang relevant war. Alle anderen Auffassungen vom Kalten Krieg und von der Teilung Deutschlands sind unhaltbar" (S. 599). Mag sein, aber was ist denn nun die haltbare?

Diese Frage des Lesers stellt sich für den Vf. nicht, denn er scheint einen Begriff vom Kalten Krieg zu haben, wenn auch nicht zu entwickeln, der fest und verdinglicht ist. Denn dieses Wort kann nun auch wieder von den „authentischen Ideologiestaaten" abgelöst und halbiert und geviertelt werden. Dann gibt es einen „innerkommunistischen Kalten Krieg" (Jugoslawien, China, S. 260ff., 508ff.) und einen „innerwestlichen Kalten Halbkrieg" (über die Kolonien, S. 260ff.) und schließlich sogar einen „heißen Halbkrieg" (S. 522) – in Vietnam wütete anscheinend kein so richtiger Krieg, weil die Amerikaner ihr atomares Potential nicht einsetzten. Am Ende lassen sich sogar noch „potentielle Kalte Kriege" wähnen: der „revisionistische", mit dem eine Achse Bonn-Peking-Tokio ihre Gebiete von der Sowjetunion zurückzuholen versuchen könnte und der kalt (d. h. hier inexistent) bleiben dürfte, weil er ohne Atomwaffen nicht denkbar ist. Aber ob auch der „Kalte Krieg der Bauernvölker gegen die ‚Weltstädte' " uns so kalt lassen wird? (S. 570ff.). Das alles sind keine beckmesserisch aus Nebensätzen zusammengesuchten Wortspielereien, sondern thematisierende Begriffe, allesamt Kapitelüberschriften.

Solche apriorischen Konstruktionen ließen sich auch für andere Teile des tragenden Begriffsrasters zeigen; sie sind keine Abstraktionen von Wirklichkeit und auch keine hypothetischen Erklärungsinstrumente, sondern ein metahistorisches Koordinatensystem, das die ganze Argumentation in einen Bereich entläßt, in dem statt wissenschaftlicher Kontrolle letztlich Willkür herrscht. Das kann zu brillanten Aperçus und einfühlsamen Textinterpretationen führen, bringt aber häufig ein unerträgliches Maß an handwerklich Unseriösem, analytisch unvermitteltem Material, an Spekulationen und Entgleisungen mit sich. Um ein Beispiel herauszugreifen: „Roosevelt und Churchill sprachen nie von Hitlers Antisemitismus und der Vernichtung der europäischen Juden, die doch – in der richtigen Perspektive gesehen – nichts anderes war als der zweite und ohne den ersten (gemeint ist: in der Sowjet-Union) nicht verständliche, dabei um vieles irrationalere und gleichwohl auf entsetzliche Weise modernere

Versuch, Probleme, die mit der Industrialisierung zusammenhängen, durch die Beseitigung einer großen Menschengruppe zu lösen" (S. 159).

Durchführung: Die den Leser am beharrlichsten begleitende Folge des metahistorischen Begriffsapparats ist die Verselbständigung irrelevanter Stoffe. Die narrativen Teile sind in das Gerüst des ideologischen Essays eingehängt, blähen ihn auf, ohne ihn zu begründen. Wann immer der Autor auf ein Land oder eine Person stößt, kippt der Text in eine Rekapitulation von Vorgeschichten ab, die in ihrer Anhäufung ergebnislosen Wissens der Banalisierung der Geschichte zu „Durchgängen" in manchen Schulen gleicht. Rhetorisch umgesetzt laufen dozile lexikalische Informationen ab (inklusive der über Spezialtermini oder Jahreszahlen informierenden Klammern), ohne analytisch mit dem Gedankengang verknüpft zu werden. Es handelt sich um eine assoziative Traditions- und Analogiebildung, die sich mit Wissen oder auch exotischen Vermutungen spreizt. So knüpft Nolte an die (sinnvolle) Information, daß Byrnes bei einer bestimmten Rede 1947 sich vor allem auf das iranische Problem bezogen habe, etwa dies: „wobei ihm angesichts des von der Sowjetunion gestützten Pischewari-Regimes in Aserbeidschan die Erinnerung an die Terijoki-‚Regierung' von 1939 in Finnland nicht ferngelegen haben dürfte" (S. 222). Es mag auch durchaus sein, daß ein Autor bei der Behandlung der Polenfrage 1945 auf irgendeine beziehungsreiche Verknüpfung mit der Schlachta und dem Elternhaus Pilsudskis Wert legt, und die meisten Leser würden auf so eine Beziehung neugierig sein. Ihnen aber seitenlang von all dem dies und das zu erzählen (S. 167ff.) und dabei zu verheimlichen, was es mit dem zur Debatte stehenden Problem zu tun haben könnte, und dieses Verfahren alle paar Seiten zu wiederholen, wird die Geduld manches Lesers überfordern.

Besonders enttäuschend wird diese Irrelevanz der narrativen Teile bei der Komparatistik, die als erweiterte Dimension gewiß zu den herausragenden Verdiensten dieses Buches zählt und in der bisher die wichtigsten Anregungen von Ernst Nolte ausgegangen sind. Nun aber erscheinen Länderdurchgänge am Ende mancher Kapitel, ohne daß deren Gedankengang durch einen tatsächlichen Vergleich gefördert oder präzisiert würde. Es werden keine Strukturen verglichen, sondern unter Titeln wie „Parallele und Kontrast" (es handelt sich nicht um zwei Vergleichsbeispiele, sondern um eines, S. 330, 463) oder auch nur „Kontrast" (S. 560, 590) von anderen Ländern etwas erzählt, was nur in metahistorischen Assoziationen angebunden werden kann. Auch hier soll ein Beispiel genügen. Nach 15 Seiten Berichten über japanische, österreichische, chinesische und koreanische Geschichte („erhellende Parallelen" S. 269) verbleibt als Ergebnis: „Die deutsche Situation wird in dieser Perspektive verständlicher; es wird anschaulich, daß sie keinen schlechthin exzeptionellen Charakter besaß. Die größte Ähnlichkeit hatte sie jedoch … zweifellos mit Korea, dem einzigen der Parallelfälle, an dessen Faktizität und Charakter Deutschland bzw. die Deutschen über den generellen Tatbestand der Auslösung des Zweiten Weltkriegs hinaus nicht spezifisch mitbeteiligt waren. Alles, was in Korea an wichtigen Ereignissen sich abspielte, mußte in Deutschland und für Deutschland die gravierendsten Folgen haben" (S. 284f.). Warum, wird nicht gesagt.

Die Irrelevanz des historischen Prozesses schlägt sich schließlich in schlechthin unverständlichen Proportionen, in Lücken, willkürlicher Literaturauswahl und häufigen Unrichtigkeiten und Widersprüchen nieder. Daß eine Thematisierung der innenpolitischen Rolle des Kalten Krieges in der Bundesrepublik ebenso fehlt wie eine Behandlung der Rüstungs- und Nuklearproblematik (von mehr metaphysischen Aspekten abgesehen), mag eine Folge der methodischen Grundoption des Vf.s sein. In einem Werk dieses Titels und Umfangs würde aber zumindest begründet werden müssen, warum die Münchner Ministerpräsidentenkonferenz nur in einer Anmerkung (S. 666 Anm. 21) erwähnt und selbst im Rahmen einer langen Abhandlung über alle möglichen Propaganda- und Spionage-Organisationen (als Apparat des Kalten Krieges in der Bundesrepublik) das Kuratorium Unteilbares Deutschland nicht einmal gestreift wird. Warum sicher die Mehrheit der wissenschaftlichen Monographien zur Außenpolitik der Bundesrepublik nicht rezipiert oder wichtige entgegenstehende Thesen (etwa Gimbels über die Rolle Frankreichs bei der Zersetzung des Kondominiums, S. 661 Anm. 148, oder Meyers über die sowjetischen Intentionen 1952, S. 678f. Anm. 10) mit einem souveränen ‚überzeugt mich nicht' beiseitegeschoben werden, dafür aber seitenlang und sicher nach sehr mühevoller Vorarbeit die Biographien und Meinungen auch völliger Außenseiter in USA und Deutschland ausgebreitet werden, bleibt ein Geheimnis des Autors. Was für einen Sinn hat noch Forschung, wenn zwei widersprüchliche Lehrmeinungen über einen Gegenstand mit dem Bemerken sich gegenübergestellt werden, sie seien „idealtypisch gleichgewichtig"? (S. 35).

Jeder Leser, der sich auf irgendeinem Spezialgebiet im Gegenstandsbereich dieses Buches auskennt, wird reihenweise Sätze nennen können, die affirmativ Sachverhalte behaupten oder voraussetzen, die entweder nicht belegt oder widerlegbar sind oder denen wenig später von Nolte selbst widersprochen wird. Ich greife wahllos einiges heraus: daß die USA in Hitlers ‚Empfinden' keine nennenswerte Rolle gespielt hätten (S. 144), ist erstens irrelevant und zweitens falsch. Was über die amerikanische Deutschlandplanung und Militärregierung gesagt wird, greift fast alles zu kurz oder daneben (z. B. S. 186). Seine völlige Übertreibung des Einflusses ‚Linker' im Besatzungsapparat ist offenbar durch die kritiklose Lektüre eines rechtsradikalen Pamphlets (C. Schrenck-Notzings „Charakterwäsche" wird S. 660 als „sehr kenntnisreich von einem konservativen Standpunkt" gewürdigt) zustande gekommen. Truman erscheint als Repräsentant des Geistes der Anti-Hitler-Koalition (S. 35), der Morgenthau-Plan als aus linken Überzeugungen entsprungen (S. 186), seine Anhänger jedoch als nicht links, sondern deutschfeindlich (S. 215) – und wenig später geht dann alle Beziehung zur amerikanischen Politik verloren, wenn eine ‚antideutsche Partei' konstruiert und als prosowjetisch, wenn auch „keineswegs durchweg philokommunistisch" (S. 221) beschrieben wird. Als schwerste Krise der frühen Bundesrepublik wird die John-Affäre ausführlich behandelt (S. 354), dafür wird die

Einbeziehung Westdeutschlands in den wirtschaftlichen Regionalismus Westeuropas so gut wie übergangen. Die Untersuchung in der Spiegel-Affäre sei „rechtsstaatlich schwerfällig" gewesen, erinnert aber wenige Zeilen später an Gestapo-Methoden (S. 491), und wer zu dieser Zeit dem Geist des Widerstandes (gegen Hitler) hätte treu bleiben wollen, dem wird bedeutet, er hätte sich eigentlich hinter Strauß statt vor den „Spiegel" (oder den Rechtsstaat) stellen müssen (S. 492). In ausführlichen Abschnitten über die Note von 1952 und die Wiederbewaffnungsdebatte werden wichtige einschlägige Monographien nicht rezipiert, und darüber kann auch nicht hinwegtrösten, daß der Vf. einräumt, es sei ihm vielleicht bezüglich Deutschland „vieles entgangen, darunter auch Wichtiges. Aber längst nicht alles, was keine Erwähnung findet, ist übersehen worden" (S. 29f.).

Sind einmal „die Sachen selbst" zum Füllsel verkommen, so gerät auch der Stil ins Schwimmen: über Erforschtes wird spekuliert, Unerforschtes wird behauptet. Und dazwischen finden sich im gleichen Sprachduktus wieder genau belegte und sorgsam interpretierte Partien, insbesondere wo es sich um das Einfühlen in spannungsvolle Biographien (z. B. S. 146ff., 444ff.) oder in intellektuelle Widersprüche handelt, so z. B. im Kap. Marxismus. Aber diese Abschnitte sind von so viel Unseriösem umgeben, daß der Leser bald entweder allem mißtraut oder – umgekehrt – auch das für bewiesen hält, was bloße Flüchtigkeit, Erwägung oder plakative Bewertung ist. Ein Kapitel über die Ost-West-Polarisierung in der Besatzungszeit mit „Bizone und Volkspolizei" (S. 236) zu überschreiben oder die Sowjetregierung als „organisiertes Feindbild" (S. 199) zu kennzeichnen, hält sich auf derselben unqualifizierbaren Ebene wie der Satz: „... aus Marx' Schrift zur Judenfrage könnte man auch schließen, daß das Judentum der *Ursprung* des Kapitalismus und ein umfassend genug verstandener Antisemitismus die Essenz des Sozialismus sei" (S. 136) oder die Zuordnung von Zionismus und Nationalsozialismus als „benachbart" (S. 607).

Die Auseinandersetzung mit Ansatz, Gattung und Methodik dieses Buches wird durch Noltes Anspruch notwendig, der Zeitgeschichte ein Exempel gesetzt zu haben. Sie wollte er von der Irrelevanz spezialistischer Faktenhuberei ebenso befreien wie von der Verwerflichkeit propagandistischer Parteilichkeit. Zwischen diesen Randzonen aber hat er die Dimension – und im Verhältnis zur Größe seines Gegenstandes auch die Organisationsform – der Zeitgeschichte als Wissenschaft nicht gefunden. Er banalisiert das – zugegeben: unerreichbare – Ziel wissenschaftlicher Objektivität zur „von jeder Wertung freien Anführung von Fakten" (nur das Katalogisieren der Bibliothekare erfülle diesen Anspruch) und stellt sich eine Weltgeschichte der Gegenwart allenfalls als eine „vielbändige Paraphrase von Keesings Archiv" (S. 24) vor. Auf der anderen Seite rückt er statt sozialgeschichtlicher Verfahren zur empirischen Erforschung und Abstraktion das Problem apriorischer Wertung und Selektion in den Vordergrund und versucht der Gefahr des dezisionistischen Subjektivismus durch die Anlehnung an bereits etablierte Wertungen zu entkommen. „Die Grundlinien der großen Wertungen sind ... immer schon vorgegeben" (S. 25) meint er und verstellt sich damit von vornherein das Erkenntnisziel. Durch eine Extremisierung hermeneutischer Positionen („wenn eine These 1970 richtig war, so braucht sie deshalb nicht auch schon 1950 richtig gewesen zu sein" S. 27) gerät er auf eine dem historischen Prozeß jenseitige Ebene, auf dem nur noch vorgefundene Wertungen „abgewandelt und auf neuartige Weise zusammengebracht" (S. 25) werden können. Ihr Arrangement öffnet jedoch der theorielosen Ideologie Tür und Tor, weil es auf dieser Ebene keine sichernden und die Wirklichkeit neu erschließenden Verfahren gibt und der Rekurs zu den Quellen letztlich nur Illustrationen erbringt. Diesen Mangel scheint er nicht als Verlust zu empfinden. Er ist im Gegenteil stolz auf den „ausgeprägt ‚ideologischen' Charakter des Buches" (S. 27), weil er gerade in der metahistorischen und wissenschaftlich letztlich unkontrollierbaren Deutung der Welt im Ganzen seine politische Rolle als zeitgeschichtlicher Schriftsteller sieht. Nicht seine Person, sondern dieses Konzept und seine Konsequenzen waren hier zu kritisieren. Denn wenn es in der Orientierungskrise der Zeitgeschichte, die mit ihrer Zuwendung zur Nachkriegszeit vor einer großen methodischen Herausforderung steht, Schule machte, wäre sie als Wissenschaft in Gefahr.

„Aber der Erforschung des eng Begrenzten mögen eines Tages neue Automaten die Menschen überheben; nur das Unmögliche und gerade deshalb Notwendige wird ihre eigenste Aufgabe bleiben, solange sie als Menschen existieren!" (S. 30). Mit dieser Apotheose endet das Vorwort. Es ist gewiß ein mitreißender Gestus, nach den Sternen zu greifen. Aber die Hand bleibt meistens leer. Dagegen sind die Erhellung konkreter gesellschaftlicher Sachverhalte und die gemeinsame Arbeit an empirisch-genetischen Theorien in kooperativer Forschungsorganisation bescheidenere, aber einlösbare Aufgaben für Zeithistoriker, für die sie erst eine eigene durchsichtige Methodik ausarbeiten müssen. Solche Aufgaben werden nicht deshalb notwendig, weil sie unmöglich sind, wodurch Wissenschaft zum Schamanentum pervertierte, sondern weil soviel Aufklärung wie möglich für die Meinungsbildung in der Gesellschaft nützlich ist. Wenn Nolte im obigen Zitat andeutet, die Handwerker, die sich empirischer Forschung hingeben, könnten bald durch Roboter ersetzt werden, für die man nur noch genialer Dilettanten als Programmierer bedarf, welche die Welt als Ganzes im Griff haben – dann wird ein Ausmaß an Subjektivismus deutlich, das den Wissenschaftscharakter von Historie nicht hermeneutisch beschränkt, sondern von vornherein in Frage stellt.

Zum Wandel der Kontinuitätsdiskussion

„Bonn ist nicht Weimar" – diese einem Buchtitel von 1956[1] entlehnte Beruhigung ist wohl das häufigste Fertigbauteil von Kontinuitätsdiskussionen in der westdeutschen Publizistik. Es ist nicht dafür interessant, was es sagt, sondern dafür, was es nicht sagt: nämlich was Bonn ist – offenbar ist alles besser als Weimar. Aber auch um Weimar als erste deutsche Republik und Herbstzeitlose deutscher Kultur, worauf wir bei anderer Gelegenheit doch auch einen Teil unseres gestutzten Nationalstolzes stützen, scheint es nicht wirklich zu gehen, sondern darum, daß Weimar zu Hitler führte. Der Slogan erhielt dann die Bedeutung, daß die zweite Republik im Gegensatz zur ersten nicht eine jener Volksherrschaften sei, vor denen schon die Alten als einem Nährboden der Despotie gewarnt hatten. Bonn ist dann stabil und westlich, befreit aus Mittellage, Rückständigkeit, Junkertum und Militarismus, befreit auch von sozialistischen Grundsatzalternativen, politischem Konfessionalismus und von zu direktem politischem Einfluß des Volkes. Bonns Zukunft liegt abseits des deutschen Sonderwegs.

Die Karriere dieses Buchtitels sagt etwas über das Kontinuitätsdenken der Nachkriegszeit: schon aus außenpolitischen Gründen wurde ‚Wandel' zum gebieterischen Imperativ, während die Kontinuität vom nationalsozialistischen Deutschland her als eine so schwere Belastung galt, daß sie nur indirekt angesprochen werden konnte. Um die Restaurationsgespenster zu verscheuchen, bedurfte es einer Zauberformel, die es erlaubte, sich mit gebanntem Blick auf die politische Verfassung am Offenkundigen zu beruhigen und beunruhigende Elemente gesellschaftlicher Kontinuität aus der Wahrnehmung zu verbannen. Diese Gespenster waren nämlich in der DDR in Listen wie dem ‚Braunbuch' oder dem ‚Graubuch'[2] erkennungsdienstlich behandelt worden, um die westdeutsche Führungsschicht als faschistisch zu brandmarken. „Bonn ist nicht Weimar" stellte dem entgegen, daß sich die Rahmenbedingungen geändert hätten, daß insofern „alte Nazis" keine Nazis mehr seien, daß die NPD weniger Stimmprozente als die NSDAP habe und daß die moderne Wirtschaftspolitik

---

[1] Fritz René Alleman: Bonn ist nicht Weimar, Köln 1956.
[2] Nationalrat der Nationalen Front des Demokratischen Deutschland (Hg.): Braunbuch. Kriegs- und Naziverbrecher in der Bundesrepublik, Berlin (Ost) 1965, sowie ders. (Hg.): Graubuch. Expansionspolitik und Neonazismus in Westdeutschland, 2. Aufl. Berlin (Ost) 1967. Die westdeutsche Linke beschwor damals diese Gespenster nicht mit Proskriptionslisten, sondern mit der These vom restaurativen Charakter der westdeutschen Nachkriegsgeschichte, wobei jedoch meist offen blieb, ob die Verhältnisse von vor 1945 oder von vor 1933 restauriert worden seien und ob 1945 oder danach wirklich eine virtuelle Revolution verhindert worden sei. Zur Diskussion vgl. die Textsammlung Peter Steinbach: Geschichte der Bundesrepublik Deutschland, Berlin (West) 1982, S. 45ff. und den Forschungsbericht von Anselm Doering-Manteuffel: Die Bundesrepublik Deutschland in der Ära Adenauer, Darmstadt 1983, S. 9ff. Neuerdings wird die Restaurationsthese von rechts vertreten, siehe dazu unten Anm. 45.

einer Rezession, welche Protestwähler den Rechtsradikalen zutreiben könne, mit den Mitteln der Modernisierung Herr zu werden vermöge.

Diese Art der Auseinandersetzung mit Kontinuität war seit der späten Ära Adenauer von einer Reihe politischer und historischer Debatten begleitet. Eine umgab den Aufstieg und Niedergang der sogenannten Kernstaatstheorie[3], wonach das Deutsche Reich nicht untergegangen sei, sondern im Kern in der Bundesrepublik weiterexistiere, die insofern für das ganze Reich – in seinen Grenzen von 1937 – auch dort rechtliche Ansprüche erheben könne, wo deren Durchsetzung mangels effektiver Staatsgewalt zwischenzeitlich verhindert werde. In unserem Zusammenhang interessiert die Formel „in den Grenzen von 1937". Sie mag eine unverhoffte Erbschaft alliierter Nachkriegsplanungen sein; nationalhistorisch jedoch ist sie ein Beleg für ein selektives Verhältnis zur Kontinuität: soweit Hitler als Revisionspolitiker erfolgreich war, wollte man sein Erbe beanspruchen, aber die Haftung für seine fehlgeschlagenen großdeutschen und kontinentalimperialistischen Expansionsversuche wollte man ausschlagen. Die Bundesrepublik konnte aber nur einen Teil der Welt und auch diesen nur für einige Jahre dazu gewinnen, den Zweiten Weltkrieg aus der deutschen Kontinuitätsfrage auszuklammern.

Da bei solchen juristischen Konstruktionen der größere Teil der historischen Erfahrung der Gesellschaft ausgeklammert werden mußte, waren sie auch ein widersprüchlicher und behindernder Hintergrund für einen Diskurs über den Nationsbegriff und die nationale Frage, wie er in den 60er Jahren in Parallele zur Selbstanerkennung der Bundesrepublik, zum Projekt einer formierten Gesellschaft, zu den Erfolgen der NPD und in Vorbereitung der neuen Ostpolitik und des „Modells Deutschland" versucht worden ist[4]. Soweit dieser Diskurs in der Absicht unternommen worden war, die wachsende gesellschaftliche Selbstverständigung in den Teilstaaten mit der gesamtdeutschen Tradition zu integrieren, ist er gescheitert. Er mündete vielmehr in teilstaatliche Nationsbegriffe, wie sie in der DDR verordnet wurden, aber kaum die dortige Lebenswirklichkeit treffen und wie sie in der Bundesrepublik praktiziert werden, obwohl hier die politische Bemühung um die Offenhaltung der nationalen Frage bei den politischen Führungen den umgekehrten Impuls erkennen ließ.

Daneben wurde zunehmend eine historische Kontinuitätsdebatte geführt, die sich mit Voraussetzungen und Vorläufern des Faschismus in der deutschen Geschichte befaßte. Das war zunächst insofern ein bedeutender Fortschritt, als ein großer Teil der westdeutschen Geschichtswissenschaft in der Nachkriegszeit die Frage der deutschen Kontinuität gerade nicht in dieser Perspektive betrachtet hatte, sondern in

---
3 Vgl. Rudolf Schuster: Deutschlands staatliche Existenz im Widerstreit politischer und rechtlicher Gesichtspunkte 1945–1963, München 1963; Ernst Nolte: Deutschland und der Kalte Krieg, München usw. 1974, S. 46ff.
4 Vgl. Lutz Niethammer u. Ulrich Borsdorf: Traditionen und Perspektiven der Nationalstaatlichkeit, in: Ulrich Scheuner (Hg.): Außenpolitische Perspektiven des westdeutschen Staates, Bd. 2: ‚Das Vordringen neuer Kräfte', München usw. 1972, S. 13ff., bes. S. 47ff.

Frontstellung zur Denunziation der deutschen Geschichte als Vorgeschichte des Faschismus[5]. Dieser wurde dann auf spezifische Charakterelemente seiner Ideologie und seines politischen Herrschaftsaufbaus reduziert und dadurch Raum für eine unproblematische Kontinuität der Gesellschaftsordnung, der Kultur und nicht-totaler Politik in Deutschland gewonnen. Die neuen, von der Fischer-Schule und den „Kehriten" durchgesetzten Debatten um deutschen Sonderweg und Imperialismus nahmen diesen Raumgewinn historisch zurück, aber bestätigten ihn politisch, insofern der Kranz begründender Faktoren für die Kontinuität vom Kaiserreich zum Dritten Reich eines gemeinsam hatte: sie waren im wesentlichen durch die deutsche Teilung, die Westintegration, die Auflösung Preußens und die Entmachtung seiner Führungsschicht sowie durch den sich danach ungehinderter entfaltenden Modernisierungsprozeß als aktuelle Probleme obsolet geworden. Insofern wirkten diese Debatten kritisch in bezug auf die gesellschaftliche Tradition des Reiches, aber affirmativ in bezug auf den Modernisierungsprozeß in der Bundesrepublik[6].

Es paßt in dieses Bild selektiver Kontinuitätswahrnehmung und der Betonung politischer Diskontinuität, daß die seit den späten 60er Jahren ingangekommene Bearbeitung der Nachkriegsgeschichte[7] sich im Vergleich mit der sonstigen sozialgeschichtlichen Konzeptionierung oder doch Fundierung aller älteren historischen Arbeitsbereiche unverhältnismäßig stark auf die politische Geschichte konzentrierte[8]. Was war der Grund für diesen Sonderweg der Zeitgeschichte im Rahmen der allgemeinen historischen Fachentwicklung?

---

5 Vgl. Hans Mommsen: Haupttendenzen nach 1945 und in der Ära des Kalten Krieges, in: Bernd Faulenbach (Hg.): Geschichtswissenschaft in Deutschland, München 1974, S. 112ff.; Hans-Ulrich Wehler: Geschichtswissenschaft heute, in: Jürgen Habermas (Hg.): Stichworte zur ‚Geistigen Situation der Zeit', Bd. 2, Frankfurt 1979, S. 709ff.; Wilhelm Alff: Materialien zum Kontinuitätsproblem der deutschen Geschichte, Frankfurt 1976, S. 11 („Bald nach 1945 hat die deutsche Zeitgeschichtsschreibung in vorausschauender Weisheit zur Schuldlossprechung der deutschen herrschenden Klassen beigetragen, indem sie das Jahr 1917 zum Epochenjahr erklärte."). Die Selektivität der Kontinuitätswahrnehmung im Geschichtsbild der Nachkriegszeit wird von Gall als Chance der Diskontinuität und „bewußte Anknüpfung an bestimmte Traditionen und Entwicklungslinien, die bis dahin ... meist nicht die dominierenden gewesen waren" positiv hervorgehoben. Lothar Gall: Die Bundesrepublik in der Kontinuität der deutschen Geschichte, in: HZ 239, 1984, S. 603ff. (zit. S. 606).
6 Vgl. Wehler, Geschichtswissenschaft (Anm. 5) S. 272ff.; George G. Iggers: Neue Geschichtswissenschaft. Vom Historismus zur Historischen Sozialwissenschaft, München 1978, S. 97ff.; Dieter Groh: Le ‚Sonderweg' de l'Histoire allemande: Mythe ou realite? in: Annales 38, 1983, S. 1166ff.
7 Dank des starken Ausbaus der Zeitgeschichte als akademische Teildisziplin in der Bundesrepublik und angesichts des Mißverhältnisses zwischen Faschismus- und Nachkriegsforschung wurde hier aber im europäischen Vergleich seit Mitte der 60er Jahre relativ früh und detailliert die Geschichte nach 1945 zu erforschen begonnen.
8 Eine Ausnahme bildete die politisch motivierte Sozialgeschichte mit Beiträgen z. B. zur Geschichte der Arbeiterbewegung oder der Wirtschaftsordnung im Umfeld der Restaurationsdebatte. Für eine Zwischenbilanz vgl. Heinrich August Winkler (Hg.): Politische Weichenstellungen im Nachkriegsdeutschland 1945–1953, Göttingen 1979. Der auch sozial- und kulturgeschichtliche Dimensionen berücksichtigende Überblick Wolfgang Benz (Hg.): Die Bundesrepublik Deutschland. Geschichte in drei Bänden, Frankfurt 1983 bahnt in vielen derartigen Bereichen Schneisen durch noch kaum erschlossenes Gebiet. Erst in den letzten Jahren sind breitere historische Forschungen zu den Lebensverhältnissen der unmittelbaren Nachkriegszeit, zur Integration der Vertriebenen u. a. unternommen worden.

Man könnte zunächst mit einer Arbeitsteilung zwischen der Geschichts- und den Sozialwissenschaftlern argumentieren oder auch damit, daß sich Gesellschaftsgeschichte mit Untersuchungen zum stillen sozialen Wandel und zu längerwährenden sozialen Strukturen mehr Zeit lassen könnte als die Aufarbeitung einer ereignisdichten politischen Geschichte. Tatsächlich hat sich aber die deutsche Gesellschaft wohl nie so schnell und durchgreifend verändert wie seit Mitte des Zweiten Weltkriegs und es gab, als die Nachkriegsgeschichte zu erforschen begonnen wurde, eher bei den Politologen als bei Soziologen oder Ökonomen Untersuchungsschwerpunkte zu den einzelnen Veränderungsphasen dieses Zeitraums[9]. Mit anderen Worten: sozialgeschichtlicher Handlungsbedarf hätte durchaus bestanden, wurde aber nicht wahrgenommen. Man könnte auch argumentieren, daß die Archivöffnung in der Zeitgeschichte zunächst alles Interesse und alle Arbeitskapazität auf die dort sich erschließenden, bisher geheimen Politikzusammenhänge konzentriert hätte. Aber ein solches Argument würde der Konzeptionskraft der Historiker ein schlechtes Zeugnis ausstellen, im besonderen in bezug auf eine ‚offene Gesellschaft‘, die doch ihre wichtigsten Probleme wenigstens im Prinzip in der Öffentlichkeit behandeln soll. Schließlich könnte man sagen, daß uns die Anfangsphase derjenigen Gesellschaft und Struktur, in der wir leben, noch nicht hinreichend fremd geworden sei, daß wir historische Distanz gewinnen und bedeutsame Perspektiven entwickeln könnten. Aber nicht erst die 50er-Jahre-Nostalgie in jüngster Zeit, sondern auch jede konkrete Erforschung der Nachkriegszeit lehrt, wie fremd und fern die Problemlagen und Lebensverhältnisse der Rekonstruktionsperiode unserer Gesellschaft geworden sind. Wollen wir das alles also nicht annehmen oder jedenfalls nicht für erschöpfende Gründe halten, so verbleibt die Vermutung, daß auch bei der Konzeption der Nachkriegsgeschichte die gesamtgesellschaftliche Verdrängung einer von uns und nicht nur vom Faschismus aus zu stellenden Kontinuitätsfrage an die Geschichte wirksam war. Neuerdings lassen sich jedoch Anzeichen für die Veränderung dieses Bildes finden.

Die auffälligsten Merkmale des neuen Interesses an Kontinuitätsfragen sind sein Ausgangspunkt in unserer Gesellschaft sowie eine ostentative Unbefangenheit gegenüber der Rolle des Faschismus. Weder in einem exkulpatorischen noch in einem denunziatorischen Sinn zeigt man sich auf ihn zentriert, sondern es beginnt sich eine historische Perspektive abzuzeichnen, die über das deutsche Trauma hinweggeht[10].

---

9 Die Nachkriegshistorie zehrt von der historischen Vorarbeit der Politikwissenschaft vor allem auf den Gebieten der Parteien- und Verbandsforschung und der internationalen Politik, kann aber den Spuren der Soziologie wegen deren teils empirisch-pragmatischer, teils theoretischer Orientierung sehr viel schwerer folgen.

10 Repräsentativ Gall, Bundesrepublik (Anm. 5). Wie schwierig dieses Terrain ist, hat zwischenzeitlich der Versuch der Ausbeutung solcher Ansätze für die symbolische Politik in Bitburg sehr deutlich gezeigt. Sprecher der Opfer und Gegner des Nazi-Regimes haben für alle unübersehbar gemacht, daß das deutsche Trauma nicht zur Disposition Bonns steht, weil es eine Verletzung an ihnen darstellt. Vgl. den Beitrag von Jürgen Habermas: Entsorgung der Vergangenheit, in: Die Zeit vom 17. 5. 1985, S. 57f. und die Warnung Hans Mommsens (auf dem SPD-Forum „Geschichte in der demokratischen Gesell-

Debattiert wird nicht mehr, ob oder ob nicht es deutsche Kontinuität gäbe, sondern wo und inwiefern. Erinnert man sich an das leichte Frösteln in der Diskussion um Dahrendorfs 1966 vorgetragene These vom Faschismus als ungewolltem Wegbereiter der westdeutschen Nachkriegsmodernisierung[11], so frappiert die kürzlich von Knut Borchardt kühl getroffene Feststellung: „Unvermeidlich rückt ... der Zeitpunkt heran, in dem die deutsche Geschichte des 20. Jahrhunderts nicht mehr vorherrschend als eine Abfolge von dramatisch voneinander abgehobenen Perioden geschrieben werden kann, wobei das Jahr 1945 eine gleichsam totale Zäsur markiert. Auch der radikalste politisch-militärisch-wirtschaftliche Einschnitt verändert nur einen relativ kleinen Teil derjenigen Bestände, die zuvor in einer Gesellschaft akkumuliert worden sind. Immer wirkt das einmal Akkumulierte in die neue Zeit hinüber, wirkt Geschichte fort. Indem diese Bestände weiterwirken, erleichtern sie einerseits die Überwindung der Brüche im System der Stromgrößen, aber sie schränken durch ihre Existenz andererseits auch die Beweglichkeit historischer Prozesse ein"[12].

Das ist ein neuer Ton in der deutschen Zeitgeschichte und er klingt eher, als wenn Fernand Braudel über die longue durée im Ancien Régime spräche. Borchardts Essay über ein Jahrhundert deutscher Wirtschaftsgeschichte gehört zu jenen Beiträgen zum Kontinuitätsproblem, die Werner Conze und Rainer Lepsius unter dem etwas irreführenden Titel „Sozialgeschichte der Bundesrepublik Deutschland"[13] herausgegeben haben. Lepsius konzeptioniert darin eine Kontinuitätsforschung in der Industriegesellschaft, die zwischen den Sachzwängen von Markt und Wahl und der Kontingenz politischer Ereignisse und Rahmenbedingungen ein fruchtbares Arbeitsfeld finden könne: „Wenn wir annehmen dürfen, daß Industriegesellschaften in demokratisch freiheitlichen Ordnungen eine große Ähnlichkeit in ihren Strukturmerkmalen aufweisen, vor gleichartigen Problemen und Konflikten stehen und diese mit ähnlichen Mitteln und Verfahren zu lösen versuchen, dann ergibt sich die Frage, wie groß die Rolle nationaler, historischer Entwicklungen für diese Gesellschaften noch sein kann. In zwei Bereichen darf man die fortdauernde Bedeutsamkeit historischer Entwicklungen besonders vermuten: im Bereich der institutionellen Ordnung und der durch sie beeinflußten Interessenorganisation und Interessenaustragung und im Bereich der kulturell geprägten Ord-

---

Fortsetzung von Fußnote 10:
schaft" im März 1985) vor der Instrumentalisierung des Nationalismus als Ersatz sozialer Integration seit der ‚Wende'. (Kurzfassung in: Journal für Geschichte 3/1985, S. 6f.).
11 Ralf Dahrendorf: Gesellschaft und Demokratie in Deutschland, München 1971 (zuerst 1965), S. 431ff.; vgl. auch Charles E. Frye: The Third Reich and the Second Republic: National Socialism's Impact upon German Democracy, in: Western Pol. Quart. 21, 1968, S. 668ff.; David Schoenbaum: Die braune Revolution, Frankfurt 1970.
12 Knut Borchardt: Die Bundesrepublik in den säkularen Trends der wirtschaftlichen Entwicklung, in: Werner Conze u. M. Rainer Lepsius (Hg.): Sozialgeschichte der Bundesrepublik Deutschland. Beiträge zum Kontinuitätsproblem, Stuttgart 1983, S. 20ff. (Zit. S. 45).
13 Der Abstand zwischen Titel und Inhalt hat Alfred Grosser: Die Geschichte bleibt zu schreiben, in: Soziologische Revue 8, 1985, S. 17ff. zu einer deutlichen Reaktion veranlaßt.

nungsideen, die die Zielvorstellungen und die Legitimität der Mittel für die Zielerreichung bestimmen"[14].

Nimmt man die beiden Zitate zusammen und sieht zunächst von Widersprüchen zwischen ihnen ab, so entwerfen sie eine Kontinuitätsperspektive, deren Sinn aus dem internationalen Vergleich abgeleitet ist und in der das Interesse an den Voraussetzungsvariablen zeitgenössischer westlicher Industriegesellschaften die Singularität der deutschen Faschismuserfahrung, auf die frühere Kontinuitätsdiskussionen in der Nachkriegszeit (oder deren Vermeidung) explizit oder implizit fixiert waren, weitgehend überlagert. Kontinuität wird darin als ein Set von dynamischen, auf Reproduktion angelegten Voraussetzungsfaktoren in einer Systemanalyse, deren Bedeutung offen bleibt oder eine empirische Frage ist, technisch definiert. Mit der narrativen Struktur ihrer historischen Behandlung verliert Kontinuität zugleich ihren Sinnzusammenhang mit Identität. Dieser hatte ihr nicht nur in der traditionellen historischen Formel von ‚Kontinuität und Wandel' stets ‚die tragende Rolle' zugewiesen[15], sondern hat sie in neueren geschichtsphilosophischen Begriffsbestimmungen geradezu zum Konstituens von Historie werden lassen[16]. In den zitierten sozialwissenschaftlichen Konzeptionierungen ist aber nicht vom Sinnzusammenhang der bundesrepublikanischen Gesellschaft mit der deutschen Geschichte die Rede, sondern vom nationalen Aspekt dieser westlichen Industriegesellschaft.

Im Einzelnen unterscheiden sich die Konzeptionen freilich. Während Lepsius die Ökonomie offenbar jenem Bereich zurechnet, in dem alle Industriegesellschaften große Ähnlichkeiten aufweisen und die sich insofern für den Kontinuitätsaspekt weniger eignen, sieht Borchardt hier in seinem spielerisch angelegten Essay eine in ihrer dynamischen Akkumulationsperspektive wesentlich unterscheidende Faktorenkonstellation. Er betrachtet anhand makroökonomischer Indikatoren langfristige Trends der deutschen Wirtschaftsentwicklung, wobei deren Richtung im wilhelminischen Reich bestimmt und ihre Extrapolation mit der Entwicklung dieser Indikatoren in der Bundesrepublik verglichen wird. Aus diesem Verfahren lassen sich Schaubilder gewinnen, die im wesentlichen drei Eindrücke vermitteln: 1. In der Tat lassen sich national unterschiedliche Wachstumspfade ausmachen, deren Richtung sich in der Hochindustrialisierung ausprägt und auch im deutschen Fall in den 60er Jahren wiederaufgefunden werden kann. 2. Die Zwischenkriegszeit fällt meistens aus diesen extrapolierten Linien nach unten heraus und charakterisiert sich insofern als eine Periode externer Eingriffe in den Wirtschaftsprozeß und erheblicher unausgenutzter Reserven, die – wie im Rüstungsboom der späten 30er Jahre – zu Beschleunigungs-

---

14 M. Rainer Lepsius: Die Bundesrepublik Deutschland in der Kontinuität und Diskontinuität historischer Entwicklungen: Einige methodische Überlegungen, in: Conze, Lepsius, Sozialgeschichte (Anm. 12), S. 11ff. (Zit. S. 18f.).

15 Die Priorität des historischen Kontinuitätsbegriffs liegt schon ethymologisch nahe: so ist der ‚Tenor' die tragende Stimme eines vielstimmigen Musikstücks oder der ‚Tenor' der wesentliche Sinngehalt einer Aussage.

16 Vgl. Hans M. Baumgartner: Kontinuität und Geschichte. Zur Kritik und Metakritik der historischen Vernunft, Frankfurt 1972.

phasen mobilisiert werden können. 3. Die Nachkriegszeit wird dann am besten mit der Hypothese einer „Rekonstruktionsperiode" erklärt, in der die trotz Kriegseinwirkung überwiegend noch vorhandenen, aber in ihrem Zusammenhang gelähmten Kapital- und Qualifikationspotentiale wieder verbunden und dann durch die Liberalisierung ihr Zusammenwirken so dynamisch gestaltet werden kann, daß in einem steilen Rekonstruktionsboom innerhalb eines starken Jahrzehnts die extrapolierten Trendlinien erreicht werden und die Wirtschaftsdynamik in den Pfad des wilhelminischen Imperialismus einknickt.

Diese Rekonstruktionsthese, die Borchardt erwägt, und ihre Methode sind nicht neu, sondern gehen auf die in den 60er Jahren vorgetragenen statistischen Warnungen des ungarischen Ökonomen Franz Janossy zurück, daß das Nachkriegswachstum nicht in den Himmel wachsen werde, sondern auf spezifische Rekonstruktionsbedingungen und deren zeitlich begrenzte Wirksamkeit verweise[17]. In die unmittelbare Nachkriegsgeschichte hat sie vor allem Abelshauser[18] eingeführt, der damit zeigen konnte, daß die Rekonstruktionsdynamik bereits vor der Liberalisierung der Wirtschaft begonnen hatte und deshalb in ihrem Ansatz nicht die Frucht einer bestimmten Ordnungspolitik war. Und daß zweitens – entgegen dem Augenschein, der weitgehend auch die Wahrnehmung der Historiker bestimmt hatte – am Ende des Zweiten Weltkriegs nicht ein allgemeiner Trümmerhaufen der Ausgangspunkt war, sondern daß die alliierten Bomber das Anlagevermögen etwa auf den Vorkriegsstand zurückgestutzt hatten und insofern zusammen mit einer breiten vorqualifizierten Arbeitskraft[19] ein erhebliches Produktionspotential bestand, wenn erst einmal die Lähmung des Transports und der Energieversorgung überwunden und die Produktionsumstellung erfolgt war.

Abelshausers Verwendung dieser These leistet implizit einen kritischen Beitrag zur Kontinuitätsdiskussion: die Zuwendung der Westdeutschen zum vermeintlich westlich-liberalen oder unpolitischen Wirtschaftswunder wird in dessen Ursprungsbedingungen auf das faschistische Wirtschaftswunder zurückverwiesen und die Ursächlichkeit des liberalen Konzepts für den wirtschaftlichen Erfolg der Nachkriegszeit wird erheblich reduziert[20]. Bei Borchardt verschwinden diese kritischen Elemente in einer viel größeren Kontinuitätsperspektive säkularer ‚Stromgrößen', die die Zwischenkriegszeit als eine Periode der Irrungen und Wirrungen zurücktreten

---

17 Franz Janossy: Das Ende der Wirtschaftswunder, Frankfurt o. J. (1969).
18 Werner Abelshausen: Wirtschaft in Westdeutschland 1945–1948, Stuttgart 1975, S. 26ff.
19 Ähnlich wie beim Anlagevermögen erwies sich auch beim Faktor Arbeit der Krieg – nämlich durch den Zuzug Vertriebener und Flüchtlinge nach Westdeutschland – als eine günstige Voraussetzung für die Nachkriegsrekonstruktion. Vgl. Werner Abelshauser: Wirtschaftsgeschichte der Bundesrepublik Deutschland 1945–1980, Frankfurt 1983, S. 22ff.
20 Erinnert sei hier daran, daß der Begriff des ‚Wirtschaftswunders' aus den 30er Jahren stammt (vgl. Hans E. Priester: Das deutsche Wirtschaftswunder, Amsterdam 1936) und ausweislich der Sopade-Berichte (1936, S. 518, 1939, S. 941) mit diesem Begriff von NS-Seite auf die goldenen 20er Jahre in den USA angespielt wurde – Indiz einer ziemlich indirekten Verwestlichung. Die Währungsreform vom Juni 1948 wurde in zeitgenössischen Pressekommentaren mehrfach als die eigentliche Entnazifizierung angesprochen.

läßt und die Bundesrepublik am Ende der Rekonstruktion in Beziehung zu ihren wilhelminischen Grundlagen setzt. Erinnert man sich an die kritische Wahrnehmung der Imperialismusproblematik und eines imperialistischen Lebensgefühls in den 60er Jahren, so könnte man zwar auch in einem solchen Langzeitargument ein kritisches Potential entdecken. So scheint es mir aber nicht gemeint; vielmehr ist die Abstraktheit des Erkenntnisinteresses hervorstechend, geht es doch um den Hinweis auf „den beträchtlichen Einfluß" langfristiger „komplexer Bestände" und „vorhergehender Bewegungsmuster" für die wirtschaftliche Entwicklung in der Bundesrepublik[21].

Eine ähnliche, die für das Selbstverständnis der Nachkriegsdeutschen kritischen Punkte eher überbrückende Funktion kann man in jenen Beiträgen finden, die das von Lepsius entworfene Forschungskonzept der Kontinuitätsfrage materiell ausfüllen, indem sie Themen der institutionellen Ordnung in Längsschnitten verfolgen, z.B. das Steuersystem oder die Rentenversicherung[22]. Sie zeigen, daß hier die strukturell bedeutsamsten Weichenstellungen im Kaiserreich oder als unmittelbare Folge des Ersten Weltkriegs zustande kamen, im Verhältnis zu denen alle einschlägige Politik der Republik, der Diktatur, der Besatzungsmächte und wieder der Republik nur im Einzelnen und im Volumen bedeutsam war. Ähnliches ließe sich m. E. auch z. B. für den sozialen Wohnungsbau, für qualitative Elemente der Betriebsverfassung, und für Grundzüge der Kommunalverfassung oder des Beamtenrechts zeigen. Sind die Hinweise auf solche großen Linien institutioneller und struktureller Persistenz mehr als eine Bestätigung der Faustregel, daß Verfassungsrecht vorgeht, Verwaltungsrecht besteht? Geben sie jenen kritischen Theoretikern Recht, welche die grundlegende säkulare Kontinuität latenter Verflechtungsstrukturen zwischen Staat und Gesellschaft, die dann je nach kritischem Akzent als „staatsmonopolitischer Kapitalismus", als „organisierter Kapitalismus" oder als „Korporatismus" gefaßt werden mögen, postulieren?

Die einschlägigen Theoriedebatten in den 70er Jahren[23] sind abgeflaut. Jedenfalls spielen ihre Leitbegriffe für die derzeitige historische Forschung dort, wo sie sich mit konkreten Kontinuitätsfragen beschäftigt, kaum eine Rolle. Diese lehnt sich vielmehr weitgehend an den Sprachgebrauch der jeweiligen Quellen an. Das gilt nicht nur für institutionenbezogene Längsschnitte der erwähnten Art, sondern besonders auch für Untersuchungen über das Ende des Faschismus oder den Anfang der Nachkriegszeit, in denen die institutionelle und politische Ordnung und die Wirtschaftsordnung aufeinander bezogen werden und die wie die Studie von Ludolf Herbst[24] auf die Nachkriegszeit voraus – oder wie Arbeiten über die Bewirt-

---

21 Borchard: Trends (Anm. 12), S. 45.
22 Vgl. z. B. die Beiträge von Volker Hentschel und Hans G. Hockerts in: Conze u. Lepsius, Sozialgeschichte, (Anm. 12), S. 256ff., 296ff.; als Gegenbeispiel vgl. Josef Mooser: Arbeiterleben in Deutschland 1900–1970, Frankfurt 1984, bes. S. 179ff.
23 Vgl. Margareth Wirth: Kapitalismustheorie in der DDR, Frankfurt 1972; Heinrich August Winkler (Hg.): Organisierter Kapitalismus, Göttingen 1974; Ulrich von Alemann (Hg.): Neokorporatismus, Frankfurt 1981.
24 Ludolf Herbst: Der totale Krieg und die Ordnung der Wirtschaft, Stuttgart 1982.

schaftspraxis der Besatzungszeit[25] auf die Präformation vor 1945 zurückweisen. Das deutet darauf hin, daß das neue Interesse an ‚unserer' Kontinuitätsfrage auf Befunde stößt, die es zu benennen zögert, oder allgemeiner: daß es schwer fällt, einen Trend der Forschung im letzten Jahrzehnt inhaltlich auf den Begriff zu bringen. Ich meine jenen Trend, der jenseits der offensichtlichen Diskontinuität von Regierungs- und Parteipolitik und der politischen Verfassung am Anfang und Ende der Weimarer Republik und der Besatzungszeit auf sehr viel kontinuierlichere oder doch überlappende Verläufe in der Entwicklung der Wirtschaftsordnung, der Staatsintervention und der sozialstaatlichen Institutionen verweist, daß also Kernelemente unseres heutigen Ordnungskonsens' nicht alternativ zum Faschismus zu sehen sind. Hier liegt ein interessantes Terrain für künftige Diskussionen.

Die Frage, wie eigentlich der tragende Ton säkularer Kontinuitätsperspektiven in ihrer Ambivalenz zur Dimension der Politik gefaßt werden kann, ist aber nur die eine Seite der Sache. Auf der anderen Seite sind die mittelfristigen Voraussetzungen derjenigen Elemente der bundesrepublikanischen Gesellschaft und ihrer Institutionen, die nicht aus der internationalen Politik und den gesellschaftlichen Bedingungen der Besatzungszeit abgeleitet werden können und sich dennoch von ihren funktionalen Äquivalenten in der Stabilisierungsphase der Weimarer Republik unterscheiden, näher zu bestimmen. Anhand von drei Beispielen möchte ich auf Fragen und Implikationen dieser Untersuchungsdimension hinweisen.

Die Träger des öffentlich geförderten, gemeinnützigen Massenwohnungsbaus in der Weimarer Republik waren meist halbkommunale Gesellschaften sowie kleinräumige Genossenschaften, von denen ein erheblicher Teil mit den verschiedenen Zweigen der Arbeiterbewegung (vor allem den Gewerkschaften) und mit Gruppierungen in der Angestellten- und Beamtenschaft verbunden waren[26]. Der Nationalsozialismus hat viele und gerade die mit der Arbeiterbewegung verbundenen Träger praktisch ihres genossenschaftlichen Charakters beraubt und sie zu halböffentlichen Institutionen des dann von ihm sogenannten Sozialen Wohnungsbaus zusammengefaßt und in diesem Zusammenhang z. B. auch die Neue Heimat geschaffen[27]. In der Nachkriegszeit ist in diesem Bereich nun ein merkwürdiges mixtum compositum aus den Traditionen der Arbeiterbewegung und der DAF entstanden. Die Gewerkschaften etwa erhielten zwar ihre Wohnungsbaugesellschaften (in einem nicht ganz geklärten Umfang) aus der von den Alliierten in Treuhand genommenen Erbschaft der DAF zurück, aber die von der DAF vorgenommene Zusammenfassung der Gesellschaften nach Gauen wurde übernommen und die öffentlichen Wohnungsbaugesellschaften wurden vollends entpolitisiert.

---

25 Vgl. Kap. II in Dietmar Petzina u. Walter Euchner (Hg.): Wirtschaftspolitik im britischen Besatzungsgebiet 1945–1949, Düsseldorf 1984.
26 Vgl. Klaus Novy: Genossenschafts-Bewegung. Zur Vorgeschichte und Zukunft der Wohnreform, Berlin 1984, S. 8ff.
27 Vgl. Joachim Petsch: Baukunst und Stadtplanung im Dritten Reich, München usw. 1976, S. 165 ff.

Hier wie auch in verwandten Gebieten schloß sich die Arbeiterbewegung nach dem Krieg nicht an die genossenschaftliche und kleinräumige, von den Genossen und Nutzern noch erfahr- und beeinflußbare Tradition an, sondern befürwortete große Dienstleistungskonzerne, teilweise um das Gewerkschaftsvermögen effizient zu verwerten, teilweise um einen großräumig geplanten Beitrag zum Sozialen Wohnungsbau zu leisten. Dies war ein Thema, das in den 50er und 60er Jahren als ein Element korporativer Modernisierung undiskutiert blieb, seitdem der Soziale Wohnungsbau und speziell die Neue Heimat aber in Krisen geraten sind, kleinere kooperative Netze wieder verstärkt diskutiert werden, wurde man hier mittelfristiger, in ihrer Selbstverständlichkeit überholter Kontinuitätsstränge der frühen Nachkriegszeit gewahr[28]. Und andererseits schloß sich daran eine ganze Diskussion über das sogenannte ‚Ende der Arbeiterbewegung'[29], womit nicht Gorz' ‚Abschied vom Proletariat' gemeint war, sondern der Abschied der Arbeiterbewegung von einer genossenschaftlichen Umfeldkultur und ihre Transformation durch das Einheitsgewerkschaftskonzept, das auf korporative Interessenpolitik angelegt ist und die Verflechtung mit dem parteipolitischen Arm der Arbeiterbewegung lockert, der seinerseits dadurch frei für seine Umbildung in eine Volkspartei wird.

Der Organisationsaufbau der Einheitsgewerkschaften in der Nachkriegszeit selbst trifft zwar nach wie vor auf einen breiten gesellschaftlichen Konsens und ihre Rolle in der Bundesrepublik ist gewiß nicht mit derjenigen der DAF zu vergleichen. Auf der anderen Seite gewinnen wir in dem Maße, wie der gesellschaftliche Einfluß der Gewerkschaften abschmilzt, ihre Furcht vor Entsolidarisierungstendenzen in ihren Bezugsgruppen zunimmt und ihnen der Verlust eines eng verwobenen sozio-kulturellen und politischen Umfelds bewußt wird, auch soweit historische Distanz, um nach den Quellen der Einheitsgewerkschaftsbildung nach dem Krieg zu fragen. Eine reichhaltige Einzelforschung[30] hat hier jenseits der einheitsgewerkschaftlichen Konsensformel selbst eine Gemengelage von Zusammenhängen, Motiven, Perspektiven und je besonderen Entwicklungslogiken ausgemacht, die die nachmalige Einheit der Einheitsgewerkschaft in der Bundesrepublik ihrer Selbstverständlichkeit beraubt und eine eigene Interpretation ihres Bezugs zur gewerkschaftlichen Tradition erforderte.

---

28 Klaus Novy u. a. (Hg.): Anders leben. Geschichte und Zukunft der Genossenschaftskultur, Berlin usw. 1985. Einige Informationen enthält auch der polemische Tatsachenbericht Peter Scheiner u. Hans H. Schmidt: Neue Heimat – Teure Heimat, Stuttgart 1974.

29 Vgl. Rolf Ebbighausen u. Friedrich Tiemann (Hg.): Das Ende der Arbeiterbewegung in Deutschland? Ein Diskussionsband zum sechzigsten Geburtstag von Theo Pirker, Opladen 1984, darin vor allem die Einleitung der Herausgeber sowie die 1978 verfaßten Ausgangsthesen von Theo Pirker: ‚Vom Ende der Arbeiterbewegung', S. 39ff.; s. auch Lutz Niethammer: Rekonstruktion und Desintegration. Zum Verständnis der deutschen Arbeiterbewegung zwischen Krieg und Kaltem Krieg, in: Geschichte und Gesellschaft, Sonderheft 5, 1979, S. 26ff.

30 Sie wurde durch grundlegende Materialerschließungen befruchtet: Ulrich Borsdorf: Der Weg zur Einheitsgewerkschaft, in: Jürgen Reulecke (Hg.): Arbeiterbewegung an Rhein und Ruhr, Wuppertal 1974, S. 3856ff.; Jürgen Klein: Vereint sind sie alles? Untersuchungen zur Entstehung von Einheitsgewerkschaften in Deutschland, Diss. Hamburg 1972; Ulrich Bosdorf u. a. (Hg.): Grundlagen der Einheitsgewerkschaft, Köln 1977.

Die Kontinuitätslinien sind durchaus divers: sie weisen zurück auf das defensive Bündnis der freigewerkschaftlichen und christlichen Organisationsführungen 1932/33, mit dem diese die Organisationsautonomie notfalls auch unter Preisgabe der Verbindung mit der politischen Arbeiterbewegung unter der NS-Herrschaft aufrechterhalten wollten und doch auch mit diesem Minimalprogramm kapitulierten[31]. Sie weisen auf die Verarbeitung der Zerschlagung der Gewerkschaften in der Hoffnung auf eine neue, vor allem von Sozialdemokraten und Kommunisten zu bildende politische Einheit hin, die dann am Ende des Zweiten Weltkriegs mit englischer und sowjetischer Unterstützung quer durch Europa zum Programm erhoben wurde und im Weltgewerkschaftsbund (wie auch in vielen deutschen Gewerkschaftsgründungen) eine spannungsvolle und kurzzeitige Wirklichkeit zwischen Krieg und Kaltem Krieg wurde[32]. Sie weisen auf den Wunsch gewerkschaftlicher Spitzenfunktionäre in der inneren und äußeren Emigration, die Organisation der DAF zu übernehmen, um unter neuer sozialistischer Führung mit einer schlagkräftigen Zwangsorganisation den in seinen sozialistischen Perspektiven überschätzten Nachkriegsaufbau beginnen zu können[33].

Allzu geradlinige Kontinuitätsperspektiven – wie sie zuweilen vom christlich-freigewerkschaftlichen Bündnis von 1933 zum DGB gezogen worden sind – verschwimmen, wenn man wahrnimmt, daß die Umfunktionierung der DAF zwar von den westlichen Besatzungsmächten unterbunden, der Gewerkschaftsaufbau aber dennoch zunächst weithin in der Perspektive eines nachkapitalistischen Zeitalters unternommen worden ist, daß wesentliche Aufbauimpulse an der Basis, in den Betriebsräten und im Funktionärskorps sich der linksgewerkschaftlichen politischen Einheit verdankten, deren praktisches Handeln aber in den ersten Nachkriegsjahren oftmals eher als betriebliche Klientelverbände kollektiver Selbsthilfe verstanden werden kann und daß diese politische Einheit sich unter dem externen Einfluß des Kalten Krieges schließlich innerhalb weniger Jahre in eine rechtsgewerkschaftliche unter Herausdrängung der Kommunisten verwandelte.

Ludolf Herbsts Studie über den „Totalen Krieg und die Ordnung der Wirtschaft"[34] – um noch ein drittes Beispiel anzudeuten – läßt jetzt ähnliche oder eher noch mehr irritierende Kontinuitätsfragmente auf der Unternehmerseite erkennen, wenn er die katalytische Funktion der SS bei der von Ludwig Erhard stark befruchteten Nach-

---

31 Gerhard Beier: Einheitsgewerkschaft. Zur Geschichte eines organisatorischen Prinzips der deutschen Arbeiterbewegung, in: Archiv für Sozialgeschichte 13, 1973, S. 207ff.
32 Vgl. Lutz Niethammer: Strukturreform und Wachstumspakt. Westeuropäische Bedingungen der einheitsgewerkschaftlichen Bewegung nach dem Zusammenbruch des Faschismus, in: Heinz O. Vetter (Hg.): Vom Sozialistengesetz zur Mitbestimmung, Köln 1975, S. 303ff.
33 Vgl. Dieter Lange u. Fritz Tarnows Pläne zur Umwandlung der faschistischen Deutschen Arbeitsfront in Gewerkschaften, in: Zeitschrift für Geschichtswissenschaft (ZfG) 24, 1976, S. 150ff.; beste neuere Zusammenfassung in dem Referat von Ulrich Borsdorf auf dem historischen Kongreß des DGB vom Mai 1983 in Dortmund.
34 S. Anm. 24. Für eine Interpretation aus der DDR vgl. Olaf Groeler: Großindustrielle Nachkriegskonzeptionen, in: Journal für Geschichte 3/1985, S. 44ff.; ausführlicher Olaf Groehler u. Wolfgang Schumann: Vom Krieg zum Nachkrieg, in: Jahrbuch für Geschichte 26, 1982, S. 275ff.

kriegsplanung maßgeblicher Teile der deutschen Großindustrie im letzten Kriegsjahr herausarbeitet. Bisher mochte man gewohnt sein, zwar erhebliche personelle und auf Unternehmen bezogene Kontinuitäten zwischen der deutschen Industrie im Dritten Reich und in der Bundesrepublik wahrzunehmen, die aber durch eine alternative liberale Wirtschaftsordnung, die teils von der Tradition vorfaschistischer Industriestrukturen, teils vom amerikanischen Einfluß und der westlichen Integration der Nachkriegszeit geprägt waren, in ihrer Bedeutung relativiert wurden. Industrielle Nachkriegsplanungen, die in die Perspektive der Ordnung nach der Währungsreform wiesen, assoziierte man eher mit Teilen der Widerstandskreise um den 20. Juli und verstand sie als einen Zersetzungsprozeß, in dem sich weitsichtige Industrielle zumindest durch Mittelsmänner aus ihrer Einbindung in den faschistischen Zusammenhang zu lösen begannen[35]. Nach dieser Studie aber steht man unter dem Eindruck, daß sich im Regime selbst ein Lernprozeß abspielte, in dem sich die führenden Unternehmer und die Intelligenz der SS über Fehler im polykratischen Kompetenzgewirr, über ineffiziente Eingriffe in die Rüstungswirtschaft und über die Fehlorientierung des Kontinentalimperialismus gemeinsam klar wurden und auf eine neue, auf internationale Wirtschaftsverflechtung, Abgrenzung von Staat und Wirtschaft und eine Berücksichtigung der Rolle der USA orientierende Perspektive und einen weichen Übergang in die Nachkriegswirtschaft verständigten.

„Die Wirtschaftsfreiheit, um deren Wiederherstellung sich die Planungen drehten, war die Freiheit der Unternehmer in einer staatlich gelenkten und risikoentschärften Wirtschaft, an den Arbeitnehmer dachte man nicht. Die Kooperation zwischen Industrie und staatlichen, nationalsozialistischen Stellen am Ende des Krieges ist deutlich von dem Interesse geleitet, jeden abrupten Bruch zu vermeiden. Das Abkoppeln vom Nationalsozialismus sollte sich langsam vollziehen. Bis zuletzt versuchte man, die nationalsozialistische Wirtschaftspolitik auf ein Anspruchsniveau herabzuschleusen, das auch den anderen europäischen Staaten ... erträglich sein konnte, ohne eine zukünftige Dominanz Deutschlands in Europa zu verbauen. Das Hauptinteresse galt freilich der Bewahrung der kapitalistischen Wirtschafts- und Gesellschaftsordnung."[36]

Sollte es sich bewähren, daß dies der gesellschaftspolitische Ausgangspunkt war, mit dem gerade die auf Liberalisierung orientierten Führungsfiguren der deutschen Wirtschaft auch noch in die Liberalisierung nach der Währungsreform gingen, so müßte man bei ihnen ein halbiertes und nur auf die eigenen Interessen bezogenes Verständnis von Wirtschaftsfreiheit unterstellen, dem – unabhängig von längerfristigen Traditionen in den Beziehungen zwischen Kapital und Arbeit in Deutschland – mitten im 20. Jahrhundert selbst elementare Arbeitnehmerrechte erst aufgeherrscht werden mußten.

Solche sich aus der Einzelforschung ergebenden Beispiele zunächst verwirrender (kurz- und mittelfristig konzipierter) Kontinuitäten im Nachkriegswandel lassen sich

---

[35] Vgl. z. B. Otto Kopp (Hg.): Widerstand und Erneuerung, Stuttgart 1966.
[36] Herbst, Krieg (Anm. 24), S. 458.

kaum sinnvoll in die zuvor besprochenen langfristigen Kontinuitäten und internationalen Vergleichbarkeiten einbetten. Diese die Brüche mit ihren kleinen Kontinuitäten überspringenden Linien nehmen sich dann wie Konstrukte aus, die die historische Qualität der Zusammenhänge versäumen. Mir scheint sich daraus für weitere Forschungen und Diskussionen der Schluß nahezulegen, daß die beiden Stränge von Kontinuitätsuntersuchungen miteinander verzwirnt werden müßten, um den Einzelforschungen Perspektiven und den Perspektiven qualitative Bedeutung zu geben. Alle Befunde sprechen jedenfalls dafür, daß die Nachkriegsgeschichte, wenn sie nicht in ein Übermaß an Detailismus im Meer unbefragter gegenwärtiger Selbstverständlichkeiten verschwimmen soll, vermehrt gesellschaftsgeschichtlich mit Blick auf ihre kurz- und langfristigen Voraussetzungen betrieben werden muß. Dabei ist es entscheidend, daß die Vorerfahrungen im Faschismus nicht durch eine selektive Wahrnehmung von strukturellen oder institutionellen Kontinuitäten verschüttet werden.

Schließlich ist jene andere von Lepsius angesprochene Dimension vielversprechender Kontinuitätsuntersuchungen zu betrachten, die Kultur, die er zwar auf die „kulturell geprägte Ordnungsideen"[37] eingeengt hat, die man m. E. aber unter Gesichtspunkten der Demokratie und eines umfassenderen Verständnisses von Sozialisation auf alle sozio-kulturell wirksamen Erfahrungsfelder erweitern müßte. Das ist freilich leichter gesagt als getan, weil sich damit ein äußerst diffuser und methodisch schwer einzugrenzender Gegenstandsbereich auftut[38]. Soweit ich sehe, sind bisher die meisten Arbeiten zur Nachkriegskultur auf deren Innovationspotentiale in der Medienpolitik, in den Zeitschrifteninhalten, im Theater, in der Umerziehung, in der Lebensbewältigung alleinstehender Frauen und im Handeln von Frauen in der Öffentlichkeit, in den Objektivationen und Verhaltensprägungen der sogenannten Amerikanisierung und der Konsumgesellschaft etc. ausgerichtet worden[39]. Auf der anderen Seite wurde die Kontinuitätsdimension meist auf die Nazi-Frage eingeengt: das Potential postfaschistischer und anderer rechtsextremistischer Organisationen, die sogenannte Ver-

---

37 Lepsius, Kontinuität (Anm. 13), S. 19.
38 Eine erfolgversprechende Perspektive verfolgt das Institut für Zeitgeschichte mit seinen sozial- und alltagsgeschichtlichen Untersuchungen zum Dritten Reich im sog. Bayern-Projekt für die Besatzungszeit. Hier werden – wenn schon nicht unmittelbar durch die Quellen – durch die regionale Eingrenzung des Untersuchungsgebiets gesellschaftliche Kontinuitäten konkret verfolgbar. Eine andere Zugangsweise ist die Bearbeitung der Sozial- und Kulturgeschichte vor 1945 mit Blick auf ihre vorbereitende Funktion für die Nachkriegszeit. Dafür beispielhaft Hans-Dieter Schäfer: Das gespaltene Bewußtsein. Über deutsche Kultur und Lebenswirklichkeit 1933–1945, München 1981; ders: Bücherverbrennung, staatsfreie Sphäre und Scheinkultur, in: Horst Denkler u. Eberhart Lämmert (Hg.): ‚Das war ein Vorspiel nur...‘, Berlin 1985, S. 110ff.
39 Z. B. Theodor Eschenburg: Jahre der Besatzung 1945–1949, Stuttgart usw. 1983, S. 137ff.; Jutta-B. Lange-Quassowski: Neuordnung oder Restauration, Opladen 1979; Wigand Lange: Theater in Deutschland nach 1945, Frankfurt usw. 1980; Sibylle Meyer u. Eva Schulze: Wie wir das alles geschafft haben. Alleinstehende Frauen berichten über ihr Leben nach 1945, München 1984; Jost Hermand u. a. (Hg.): Nachkriegsliteratur in Westdeutschland 1945–49, Argument Sonderbd. 83, Berlin 1982; Joachim Bischoff u. Karlheinz Maldaner (Hg.): Kulturindustrie und Ideologie, 2 Bde., Hamburg 1980, u.v.a.

gangenheitsbewältigung in der Öffentlichkeit oder in der bereits von den Besatzungsmächten befürchteten und untersuchten Weiterwirkung eines deutschen Nationalcharakters, besonders seiner autoritären, nationalistischen und antisemitischen Züge[40]. Die meisten dieser Forschungen sind verdienstvoll und wichtig, aber für das Abwägen von Kontinuität und Wandel nur begrenzt hilfreich, weil sie meist von Sonderbereichen ausgehen und den Normalfall – sprich: das weite Spektrum unspektakulären alltäglichen Lebens in der Kontinuität des Volkes – in seiner weiterwirkenden Erfahrung unqualifiziert lassen.

Ich möchte deshalb abschließend von zwei Annäherungen an diese Problematik berichten, an denen ich mich selbst im Rahmen regionalgeschichtlicher Forschungen beteiligt habe: von der Erfahrungsgeschichte der Entnazifizierten (in Bayern) und der Arbeiterklasse (des Ruhrgebiets).

Bekanntlich war die Entnazifizierung[41] ein breit angelegter personeller Säuberungsversuch, dessen Durchführung unter alliierter Besatzung in einen Zielkonflikt mit der Aufrechterhaltung administrativer und ökonomischer Leistungsfähigkeit geriet, und der dann in ein gerichtsförmiges Verfahren umfunktioniert wurde, um unter deutscher Beteiligung die Böcke von den Schafen zu scheiden. Im Endergebnis eines komplexen, sich von den Absichten aller Beteiligten ablösenden Prozesses führte er aber schließlich zur fast allgemeinen Rehabilitierung. Sozialgeschichtlich könnte man deshalb die Entnazifizierung als eine Kontinuitätsschleuse zwischen den Eliten und der ‚Dienstklasse'[42] des Dritten Reiches und der Bundesrepublik betrachten. Etwa ein Drittel der Bevölkerung war von der Entnazifizierung direkt oder indirekt betroffen, sicher über zwei Drittel des Bürgertums bzw. der oberen Mittelschichten und z. T. an die vier Fünftel des gehobenen und höheren öffentlichen Dienstes.

Diese Kontinuitätsschleuse vom Ergebnis her untersuchen zu wollen, ist – außer für Spezialfragen[43] – obsolet, weil bis auf quantitativ und qualitativ unbedeutende und willkürlich ausgewählte Fälle alle ursprünglich inkriminierten Nazis unterhalb der Reichsführungsebene rehabilitiert wurden. Nicht das Ergebnis der Entnazifizie-

---

40 Für die Kaderfrage noch immer unübertroffen: Kurt P. Tauber: Beyond Eagle and Swastika, 2 Bde., Middletown, Conn. 1967; aus der Fülle von Querschnittsuntersuchungen postfaschistischer Einstellungspotentiale nur zwei aktuelle Beispiele: 5 Millionen Deutsche: ‚Wir wollen wieder einen Führer haben...'. Die Sinus-Studie über rechtsextremistische Einstellungen bei den Deutschen, Reinbek bei Hamburg 1981; Alphons Silbermann: Sind wir Antisemiten? Ausmaß und Wirkung eines sozialen Vorurteils in der Bundesrepublik Deutschland, Köln 1982.
41 Überblick bei Justus Fürstenau: Entnazifizierung, (Diss. 1954) Neuwied usw. 1969 und als Einzelstudien für die Praxis in den Besatzungszonen: Wolfgang Krüger: Entnazifiziert! Zur Praxis der politischen Säuberung in Nordrhein-Westfalen, Wuppertal 1982; Klaus-Dietmar Henke: Politische Säuberung unter französischer Besatzung, Stuttgart 1981; Wolfgang Meinicke: Die Entnazifizierung in der sowjetischen Besatzungszone 1945 bis 1948, in: ZfG 32, 1984, S. 968ff.; sowie für die US-Zone Lutz Niethammer: Die Mitläuferfabrik. Die Entnazifizierung am Beispiel Bayerns, 2. Aufl. Berlin usw. 1982 (zuerst Frankfurt 1972 unter dem Titel: ‚Entnazifizierung in Bayern').
42 Im Sinne von Dahrendorf: Gesellschaft (Anm. 11), S. 105ff.
43 Z.B. für die biographische Analyse des rechtsextremistischen Kaderpotentials in der frühen Bundesrepublik.

rung, sondern ihre Erfahrung ist von sozialgeschichtlichem Interesse[44]: eine Erfahrung von seltener Einheitlichkeit für die deutsche Ober- und Mittelschicht im Übergang vom Faschismus zur Demokratie, wobei die politische Klasse jeweils ausgenommen werden muß. Im Kern bestand diese Erfahrung darin, daß dieser Verantwortung tragenden Schicht eine politische Verantwortung nicht in der üblichen verinnerlichten, sondern in einer sanktionsfähigen Form zugemutet wurde. Im Zuge des Verfahrens wurde dieser Verdacht einer Verantwortung aber wegen Unauffindbarkeit oder Leugnung bzw. im Gnadenwege fallengelassen. In etwas altertümlicher Form müßte man sagen, daß dies eine grundlegende Demütigung der tragenden deutschen Führungsschichten bedeutete.

Wer als Faschist ein Rückgrat gehabt hätte, hier wäre es gebrochen worden, weil der aufrechte Gang ins Aus geführt hätte und nur derjenige seine privilegierte Stelle behalten oder wiedererlangen konnte, der zu Kreuze kroch. Vor den Spruchkammern aber kam es gar nicht zu diesem Konflikt; vielmehr traten braune Mollusken zur Schnellreinigung an, die mit allen erdenklichen Gründen ihre politische Unzurechnungsfähigkeit beteuerten; gelang ihnen das, wurden sie zu verantwortlicher Mitwirkung an der künftigen Demokratie wieder zugelassen. Auf ihren Kern reduziert lauteten die beiden häufigsten Verteidigungsargumente vor den Spruchkammern, daß das Mitmachen für den Betroffenen von Vorteil – an sich schon ein erstaunliches Verteidigungsargument vor Gericht – oder daß er politisch unreif oder zu blöd gewesen sei. Als Beweis dienten ‚Persilscheine' aus dem Kollegen- oder persönlichen Bekanntenkreis, die in der Regel die gutartige, vor allem die völlig unpolitische Natur des Betroffenen bescheinigten. Diese Argumente wurden honoriert und führten bis auf einen verschwindenden Prozentsatz bei allen zur Einstellung des Verfahrens oder zu einem kleinen Denkzettel (sozusagen wegen sozialer Geschwindigkeitsüberschreitung) und vor allem zum Grünsignal für die Wiederaufnahme der Karriere. Denn als Schlimmstes an der Entnazifizierung wurde von den Betroffenen die zwischenzeitliche Beschränkung auf ‚einfache Arbeit' bis zum Verfahrensabschluß empfunden. Gleichheit als Strafe und Eigennutz als Entschuldigung – bedurfte es solcher Lernziele im geheimen Curriculum der Entnazifizierung für die deutschen Führungsschichten?

Ginge man nun davon aus, daß es vor 1945 sehr viele überzeugte – oder wie es immer heißt: „stramme" – Nazis gegeben hätte, so könnte man im Rückblick der verunglückten Entnazifizierung dafür dankbar sein, daß sie ihnen ohne sonstige Konsequenz den Stolz genommen und den Weg ins angepaßte Management gewiesen habe – und diese Absicht wird dem Weltgeist in der neueren apologetischen Ideologieproduktion ja auch zugeschrieben[45]. Tatsächlich scheint der Opportunismus jedoch

---

[44] Zum folgenden vgl. Niethammer, Mitläuferfabrik (Anm. 41), Kap. 5, S. 538ff. mit Belegen aus einer Stichprobenuntersuchung aus bayerischen Fallakten.

[45] Vgl. Hermann Lübbe: Der Nationalsozialismus im politischen Bewußtsein der Gegenwart, in: Martin Broszat u. a. (Hg.): Deutschlands Weg in die Diktatur, Berlin 1983, S. 329ff.: „Wie erklärt es sich also,

bereits im ‚Dritten Reich' die oberste Staatstugend gewesen zu sein, denn überzeugungsfähige Werte hatte es nicht zu bieten und Mangel an Anpassung führte damals eher in die Friktionsbereiche dessen, was wir heute als ‚Alltagsresistenz' bezeichnen. Aber das sind Vermutungen, denn es gibt zwar etliche sozialbiographische Studien über ‚Alte Kämpfer', die es aber im ‚Dritten Reich' nur selten weit gebracht haben, nicht aber über dessen ‚Dienstklasse'[46]. Auch in der Bundesrepublik wurde zwar immer wieder mit trickreichen, aber von den meisten zunehmend durchschauten Fragen die ideologische Zuverlässigkeit der Eliten und der Bevölkerung abgetestet[47], aber wie die sozialen und alltäglichen Verhaltenstypen im Längsschnitt miteinander korrespondieren, wissen wir bisher empirisch nicht. Die Entnazifizierung als eine fast allgemeinverbindliche Erfahrungsschwelle der Ober- und Mittelschichten läßt hier eine punktuelle und in Fallstudien auch quantifizierbare Diagnose zu. Über die in den

---

Fortsetzung von Fußnote 45:
 daß in dieser Weise, im Schutz öffentlich wiederhergestellter normativer Normalität (sic!), das deutsche Verhältnis zum Nationalsozialismus in temporaler Nähe zu ihm stiller war als in späteren Jahren unserer Nachkriegsgeschichte? Die Anwort scheint mir zu lauten: Diese gewisse Stille war das sozialpsychologisch und politisch nötige Medium der Verwandlung unserer Nachkriegsbevölkerung in die Bürgerschaft der Bundesrepublik Deutschland." (S. 333f.) Es gehört selbst zur Nachgeschichte des Nationalsozialismus, daß diese pauschale Apologie der Kultur des Kalten Krieges, die mit der Aura der Notwendigkeit immunisiert werden soll, in ‚unserer' Führungsschicht stark beachtet worden ist: offenbar gewährt sie eine Entlastung, die bei konkreterer historischer Betrachtung ausbleibt. Das Argument selbst, das von der richtigen Beobachtung einer „gewissen Stille" in den Anpassungsprozessen der Nachkriegszeit ausgeht, hat aber mehr Blindstellen als Erklärungskraft: in ihm kommen weder die Entnazifizierung noch die Besatzungsmächte noch die überlebenden Opfer des Nationalsozialismus in der Frühgeschichte der Bundesrepublik vor (vielmehr wird so getan, als seien diese alle in Führungspositionen eingesetzt worden). Wie hat die „nicht-symmetrische Diskretion" (S. 335), mit der die kleine demokratische Minderheit über das nachfaschistische Denken der Mehrheit zum Besten der Demokratie hinweggegangen sei, denn in der Bürokratie und in der Industrie, wie in den Familien und der sozio-kulturellen Nachwelt ausgesehen? Welche Anpassungsprozesse sind dieser Minderheit abgedrungen worden? Die Wahrnehmung der Kosten dieser Anpassungsprozesse wird von Lübbe verweigert: der zwanghafte Charakter der ökonomischen Ersatzintegration (die jetzt mangels Masse mit nationalem Brimborium als Ersatz des Ersatzes geflickt werden soll) verschwindet hinter dem Passepartout „normativer Normalität", die besondere Qualität und Intensität der westdeutschen Politisierung der Generationskonflikte seit den 60er Jahren erscheint „gar nicht spezifisch deutsch, vielmehr industriegesellschaftsspezifisch, näherhin ‚westlich' " (S. 338). Spätestens jüngste Erfahrungen dürften jedoch Skepsis begründen gegenüber dem Erfolg von Versuchen, die inneren deutschen Probleme unter den euratlantischen Teppich zu kehren. (Vgl. auch die Antwort von Carola Stern, in: ebd., S. 355ff. und s. o. Anm. 10.). Für eine historisch aufmerksamere Wahrnehmung der „gewissen Stille" der 50er Jahre (bei wohl ähnlicher politischer Position) vgl. das Schlußkapitel von Hans-Peter Schwarz: Die Ära Adenauer. Epochenwechsel, Stuttgart usw. 1983, S. 323ff., bes. S. 339ff., 351ff.

46 Vgl. Christoph Schmidt: Zu den Motiven ‚alter Kämpfer' in der NSDAP, in: Detlev Peukert: Jürgen Reulecke (Hg.): Reihen fast geschlossen, Wuppertal 1981, S. 21ff.; vgl. auch die umsichtige, aber die jüngere Beamtengeneration nicht voll berücksichtigende Problematisierung von Theodor Eschenburg: Der bürokratische Rückhalt, in: Richard Löwenthal u. Hans-Peter Schwarz (Hg.): Die zweite Republik, Stuttgart 1974, S. 64ff.

47 Vgl. für die Eliten Sammelbände wie Hans Speier u. W. Phillips Davison (Hg.): West German Leadership and Foreign Policy, Evanston Illinois usw., 1957; Karl W. Deutsch: Germany Rejoins the Powers, Stanford California 1959; für eine Übersicht über allgemeine Einstellungen vgl. Peter Reichel: Politische Kultur der Bundesrepublik, Opladen 1981, S. 110ff.

Akten dokumentierten Sozialitinerare ermöglicht sie auch rudimentäre biographische Rückblicke. Aber für ihre Bedeutung, für die Wirkung dieser Erfahrung sind wir auf Einschätzungen angewiesen.

Durch qualitative Verfahren kann aber Licht in die langfristigen Wirkungen generations- und gruppenspezifischer Sozialisation gebracht und dadurch die Stunde Null unseres historischen Bewußtseins überwunden werden. Das versucht ein Oral History Projekt[48], das auf der Grundlage lebensgeschichtlicher und soziokultureller Erinnerungsinterviews einen Beitrag zum Verständnis der Arbeiterschaft in der korporativen Kultur des Ruhrgebies und bei der Entstehung einer sozialdemokratischen Hochburg seit den 50er Jahren leisten will[49]. Dafür werden Erfahrungsvoraussetzungen in der Zeit zwischen dem Ende der 20er und dem Beginn der 50er Jahre untersucht.

In den Erfahrungen der Arbeiterklasse der Montanindustrie an der Ruhr spielt die Entnazifizierung keine große Rolle – die wenigsten waren von ihr betroffen und selbst für die seltenen Ausnahmen war ‚gewöhnliche Arbeit' eine Strafe, die sie schon kannten. Einige Betriebsräte erinnern sich an ihre Mitwirkung in Säuberungsausschüssen, aber dann ist selten von Antifaschismus und Machtausübung die Rede, eher schon vom Machtgefühl, das entstand, wenn man seinem Betriebsleiter, der ja auch nur eine graue Maus gewesen sei, aus der Patsche geholfen habe. Läßt man einmal die kleine Minderheit ‚Politischer' beiseite, so ist Politik überhaupt kein besonders wichtiger Teil im Gedächtnis dieser Arbeiter und ihrer Familien: sie assoziiert sich mit Prügeleien in der Weimarer Republik, mit Bonzen und ‚Adolf' danach, mit

---

48 Zur Methode vgl. den Sammelband: Lutz Niethammer (Hg.): Lebenserfahrung und kollektives Gedächtnis, 2. Aufl. Frankfurt 1985; die Themenhefte zur Oral History der Zeitschriften Literatur & Erfahrung 10/1982 und Geschichtsdidaktik 9, 1984, S. 197ff. sowie aus der internationalen Diskussion Paul Thompson: The Voice of the Past. Oral History, Oxford 1978; Paul Thompson u. Natasha Burchardt (Hg.): Our Common History, Atlantic Highlands, New York 1982; Philippe Joutard: Ces Voix qui nous viennent du Passé, Paris 1983; Gerhard Botz u. Josef Weidenholzer (Hg.): Mündliche Geschichte und Arbeiterbewegung, Wien usw. 1984.

49 Beiträge zu dem von der VW-Stiftung geförderten Forschungsprojekt „Lebensgeschichte und Sozialkultur im Ruhrgebiet 1930 bis 1960" (1980–82 an der Universität Essen, seither an der Fernuniversität in Hagen) bearbeiteten Anne-Katrin Einfeld, Ulrich Herbert, Nori Möding, Bernd Parisius, Alexander von Plato, Margot Schmidt und Michael Zimmermann. Vgl. die Sammelbände Lutz Niethammer (Hg.): ‚Die Jahre weiß man nicht, wo man die heute hinsetzen soll'. Faschismuserfahrungen im Ruhrgebiet, und ‚Hinterher merkt man, daß es richtig war, daß es schief gegangen ist'. Nachkriegserfahrungen im Ruhrgebiet, beide Berlin usw. 1983 sowie den Band: Lutz Niethammer u. Alexander von Plato (Hg.): ‚Wir kriegen jetzt andere Zeiten'. Auf der Suche nach der Erfahrung des Volkes in nachfaschistischen Ländern, Berlin usw. 1985. Im Zusammenhang mit dem Projekt sind auch erschienen: Alexander von Plato: ‚Der Verlierer geht nicht leer aus'. Betriebsräte geben zu Protokoll, Berlin usw. 1984; das Stadtteillesebuch Bernhard Parisius: Lebenswege im Revier, Essen 1984 und die Aufsätze: Lutz Niethammer: Alltagserfahrungen und politische Kultur. Beispiele aus dem Ruhrgebiet, in: Kurt Düwell u. Wolfgang Köllmann (Hg.): Rheinland-Westfalen im Industriezeitalter, Bd. 3, Wuppertal 1984, S. 362ff.; ders.: Zur Ästhetik des Zitats aus erzählten Lebensgeschichten, in: Hermann Sturm u.a. (Hg.): Jahrbuch für Ästhetik, Bd. 1, „Das Fremde", Aachen 1985, S. 191ff. Erfahrungen aus dem Projekt sind auch eingegangen in dem zusammenfassenden Versuch von Detlev Peukert: Volksgenossen und Gemeinschaftsfremde. Anpassung, Ausmerze und Aufbegehren unter dem Nationalsozialismus, Köln 1982.

‚wir und die andere Seite' und mit subsozialstaatlichen Beziehungsnetzen nach dem Krieg.

Die uns geläufige Periodisierung der Zeitgeschichte existiert zwar, aber sie ist nur von marginaler Bedeutung. Die Rhythmen heißen eher: die Krise, Arbeit und Familie, der Krieg, die Hamster- und Trümmerzeit, Arbeit, Konsum, auch Verantwortung. Wann die Markierungen gesetzt werden, hängt weitgehend davon ab, wann sie in der eigenen Lebensgeschichte spürbar wurden. Das ist ein Anzeichen, daß es nur wenige Spuren eines kollektiven Gedächtnisses gibt, daß die gesellschaftliche Erfahrung zur Individualisierung und Biographisierung neigt[50]. Auf der anderen Seite sind die biographischen Rhythmen so vereinzelt nicht, beziehen sich vielmehr auf gesellschaftlich erwirkte Muster. Nach der Krise bekam man zwischen 1932 und 36 wieder Arbeit, dann wurde es besser, auch für die Familie, die man jetzt gründen konnte, der man sich jetzt zuwandte. Der Krieg kam zuweilen schon mit der Einziehung zum Arbeitsdienst in der zweiten Hälfte der 30er Jahre, denn dann hörte der Barras bis zur Rückkehr aus der Kriegsgefangenschaft nicht mehr auf. Aber öfter noch beginnt der Krieg im Ruhrgebiet erst spät, etwa 1942/43 mit den englischen Bombern, der Evakuierung der Frau, dann zunehmend der Substitution deutscher Arbeiter durch Fremdarbeiter und der folglichen Aufhebung der u.k.-Stellung in der Rüstungsindustrie. War man dann weg, endet der Krieg mit der Heimkehr und sei es erst 1950. Blieb man da, verwischt er sich mit der Folgezeit: die Trümmer, der Schwarzmarkt, das Improvisieren haben ja nicht erst am 8. Mai 1945 angefangen, der Hunger, die zerrissenen Familien, die Notunterkünfte haben damals nicht aufgehört. Die Übergangszeit – nicht ihre ärmlichen Lebensbedingungen, aber ihre offene Perspektive – endet für die meisten in der Währungsreform. Sie ist ein Mythos von Unrecht und Ordnung und unabhängig von ihrer meist überschätzten realgeschichtlichen Bedeutung eine erfahrungsgeschichtliche Schwelle erster Ordnung, die alle oder fast alle gleich erinnern[51]. Jetzt wissen sie, wer wieder das Sagen hat, die industrielle Disziplin greift zu, der Lohn bekommt Tauschwert, das Privatleben wird aufgebaut. Bei den Betriebsräten in den noch immer beschlagnahmten Werken läßt der Realitätsschock oft noch etwas auf sich warten, aber wenn nach dem Betriebsverfassungsgesetz sich der Pförtner am Werkstor zum ersten Mal getraut, sie aufzuhalten, wenn sie in der Arbeitszeit den Betrieb verlassen, dann wissen auch sie, daß ihre Freiheit zu Ende ist und die Zusammenarbeit beginnt[52].

Wo finden sich die für die Kontinuitätsfrage so wichtigen orientierenden Vorstellungen? Weniger als bei älteren Arbeiterkadern, die 1945 die Antifa- und Betriebsaus-

---

50 Vgl. z. B. die Beiträge von Yves Lequin u. Jean Métral: Auf der Suche nach einem kollektiven Gedächtnis, in: Niethammer, Lebenserfahrung (Anm. 48), S. 339ff.; Werner Fuchs: Der Wiederaufbau in Lebensgeschichten. Die Normalbiographie endlich in Reichweite, in: Niethammer, von Plato, Zeiten (Anm. 49), und ders.: Biographische Forschung, Opladen 1984.
51 Vgl. Niethammer, ‚Hinterher' (Anm. 49), S. 79ff.
52 Vgl. Plato, ‚Verlierer' (Anm. 49), S. 132ff.

schüsse trugen[53], wurden sie bei der jüngeren Generation, die wir jetzt befragten und die am Kriegsende zwischen 15 und 50 Jahre alt waren, von Erfahrungen und Organisationen aus der Weimarer Republik geprägt. Hier zeigen sich andere Schwerpunkte:
- Feste Arbeit und politische Alternativlosigkeit begründen seit Mitte der 30er Jahre eine private Perspektive, die den Armutszirkel übersteigt. Das bleibt freilich zunächst eine bloße Aussicht, aber diese kann seit den 50er Jahren eingelöst werden.
- Der Krieg hinterläßt Traumata, die in der Nachkriegszeit überdeckt, aber nur selten verarbeitet werden können. Aber er schafft auch und bekräftigt neue Perspektiven: von den Blitzkriegen sprechen manche, als wären sie als Kriegshandwerker in Europa auf Montage gewesen – oft ihre erste Auslandsreise. Daß unter den in der Industrie Gebliebenen, die im Betrieb immer unten gewesen waren, mit den Fremdarbeitern eine neue Schicht auftaucht, vermittelt Aufstiegs- und Vorgesetztenerfahrungen, die in der Nachkriegszeit individuelle Perspektiven denkbar erscheinen lassen und die kollektiv bei den Gastarbeitern wiederholt werden können. In der Erinnerung an die Fremdarbeiter werden auch Elemente eines rassistischen Grundkonsens analysierbar, die weit über die ‚strammen Nazis' in der damaligen Gesellschaft und auch über das Kriegsende hinausreichten[54].
- Bei den Jungen und bei den Frauen bieten teils die Posten in den NS-Organisationen oder auch in und um die Wehrmacht, teils der nackte Überlebenskampf eine individuelle Herausforderung, die in ihrem Milieu selten war, zumindest wenn sie auch aus diesem Milieu hinausführte. Bei einem Teil unserer Befragten hat das zu zeitweise starken Identifikationen mit dem Faschismus geführt, am Ende des Krieges gerade bei Jugendlichen zu kathartischen Enttäuschungen und einer Umlenkung der entbundenen Lebensenergie und Organisationserfahrung in andere Richtungen. Es sind wohl nicht wenige in beiden Teilen Deutschlands, die später vor allem auf mittlerer Ebene in der Arbeiterbewegung Aufgaben meisterten, aber in der HJ ihr organisatorisches Gesellenstück gemacht haben.
- In der unmittelbaren Nachkriegszeit treten zwei Sorten von Lernsituationen hervor: einerseits die Familie und Heimat als existentielle Fluchtpunkte, zu denen sich anscheinend keine wesentlichen ideologischen oder organisatorischen Alternativen auftun, denn die Erwartung vor allem an die Familie wird festgehalten und selbst zur orientierenden Programmatik, als ihre überbürdete Nachkriegswirklichkeit enttäuscht. Andererseits ein Ineinander von individueller Selbsthilfe und kollektiver Arbeitermacht im Betrieb, die beide eingebettet sind in den Schwarzmarkt und sich nach dem Niedergang der kaum näher umrissenen Hegemonialerwartung der Linken in der Wende 1947/48 in einen individuellen und organisierten Markt-

---

53 Vgl. Ulrich Borsdorf, Peter Brandt, Lutz Niethammer (Hg.): Arbeiterinitiative 1945. Antifaschistische Ausschüsse und Reorganisation der Arbeiterbewegung in Deutschland, Wuppertal 1976.
54 Dazu umfassend Ulrich Herbert: Fremdarbeiter. Politik und Praxis des ‚Fremdarbeiter-Einsatzes' in der Kriegswirtschaft des Dritten Reiches, Berlin usw. 1985.

realismus und in basisnahen Klientelstrukturen fortsetzen. Nach dem Niedergang der Betriebsrätemacht und ihrer Substitution durch Montanmitbestimmung vernetzen sich diese Strukturen mit gewerkschaftlichen, kommunalen, sozialstaatlichen und sozialfürsorgerischen Elementen zu einem Regionalmilieu arbeitnehmerfreundlicher Substrukturen (ohne transzendierende Programmatik oder spezifische kulturelle Inhalte), für deren Funktionieren und basisnahe Repräsentation zunehmend und in dem Maße die Sozialdemokratie steht, wie die früheren ideologischen Perspektiven des kommunistischen und katholischen Bereichs im Kalten Krieg und im Wirtschaftsliberalismus der CDU (vielleicht auch durch die Auflösung der kirchlichen Vereinsbindung durch das Fernsehen[55]) abschmelzen. Im basisnahen Multifunktionär an der Ruhr werden Don Camillo und Peppone zu einer Figur.

Diese Hypothesen und Erwägungen zur erfahrungsgeschichtlichen Fundierung des Nachkriegskorporatismus aus zwei Projekten zur regionalen Sozialgeschichte habe ich hier deshalb vorgestellt, um an Beispielen zu zeigen, daß eine sozialgeschichtliche Konkretisierung der Kontinuitätsfrage möglich ist und vor allem dann fruchtbar für neuartige Einsichten wird, wenn anonyme Strukturen und subjektive Erfahrungen aufeinander bezogen werden. Jedes für sich genommen führt historisch in die Irre beliebiger Verdrängung. Beide Dimensionen zusammenzuführen, ist aber leider immer nur an exemplarischen Fällen möglich, bleibt auch dann ein äußerst aufwendiges Geschäft und steckt methodisch voll jener Tücken und hypothetischen Aussagebeschränkungen, die historische Verallgemeinerungen auszeichnen. Dennoch erscheint aus dem Forschungsfeld Biographie / soziokulturelle Studien / Erfahrungsgeschichte eine realistische und qualitative Bereicherung der enttabuisierten Kontinuitätsdebatte möglich. Ein solcher Beitrag kann durch seinen Konkretisierungsgrad das genetische Verständnis der Sozialgeschichte Nachkriegsdeutschlands fördern, ein kritisches Potential gegenüber allzu abstrakten und apologetischen Mißbildungen der Kontinuitätsfrage schaffen und einen Beitrag zur historischen Reflexion der Volkserfahrung vor und nach 1945 leisten.

---

55 Vgl. dazu Dorthee Buchhaas u. Herbert Kühr: Von der Volkskirche zur Volkspartei. Ein analytisches Stenogramm zum Wandel der CDU im rheinischen Industriegebiet, in: Herbert Kühr (Hg.): Vom Milieu zur Volkspartei, Königstein 1979, S. 136ff. und ders.: Die katholische Arbeiterbewegung im Ruhrgebiet, in: Karl Rohe u. Herbert Kühr (Hg.): Politik und Gesellschaft im Ruhrgebiet, Königstein 1979, S. 74ff.; darin auch der wichtige Beitrag zur umfassenderen Problematik aus der Sicht des Langzeitvergleichs von Wahlergebnissen von Karl Rohe: Vom alten Revier zum heutigen Ruhrgebiet, S. 21ff.; siehe auch ders.: Die ‚verspätete' Region, in: Peter Steinbach (Hg.): Probleme politischer Partizipation im Modernisierungsprozeß, Stuttgart 1982, S. 231ff.

Über Kontroversen in der Geschichtswissenschaft

Kontroversen gehören in einer besonderen Weise zur Historie: weil sie eine Wissenschaft ist und daher der Kritik und der Diskussion bedarf; weil sie nicht nur eine Wissenschaft ist, sondern auch ein Stück Öffentlichkeit, auf die Historiker einwirken und die umgekehrt in das Fach hineinwirkt. Geschichte ist eine Dimension öffentlicher Selbstverständigung von Gesellschaften, einzelnen Gruppen, Institutionen oder Lokalitäten, sie ist ein Medium der Heranführung an diese Verständigung durch verordnete Erziehung oder freiwillige Bildung. Ihre Darstellung unterliegt auch ästhetischen Kriterien und dient in unterschiedlichen Aufbereitungsformen der Information und Unterhaltung. Schließlich steht sie in einer besonders engen Beziehung zur Politik, die immer wieder auf sie zurückgreift, um ihre logischen oder normativen Kontingenzen durch genetische Legitimierungen abzustützen.

Wegen dieser Doppelrolle als wissenschaftliche Erforschung der Überlieferung und als Vorbeter in öffentlichen Diskursen sind die Kontroversen in der Historie konstitutiv und nicht wie in manchen anderen Wissenschaften nur akzidentiell, nämlich auf die Stimulierung und Integration von Innovationen und auf die Ehre der Zunftgenossen bezogen. Sie sind aber auch konstitutionell schwer auszuhalten, weil es *letztlich* keine Kriterien zu ihrer Beilegung gibt; sie sind nur wissenschaftlich reduzierbar. Im übrigen ist man an eine amerikanische Redensart erinnert: „Old soldiers never die, they simply fade away."

Zunächst gibt es jedoch sehr wohl eine historische Methode und ein vernünftiges Argumentieren über Geschichte. Aber diese Methoden und Regeln hat man sich nicht gleichsam wie einen Trichter vorzustellen, um diverse Wirklichkeitseindrücke auf theoretische Flaschen zu ziehen, sondern eher als ein Filter, in dem einiges hängenbleibt, was einer verfeinerten Wahrnehmung der Überlieferung widerspricht; aber die werthaften Differenzen gehen, wenn auch in geläuterter Substanz, durch ihn hindurch. Das liegt daran, daß diese Differenzen sowohl in der Perspektive als auch im Gegenstand angelegt sind.

Der Gegenstand historischer Forschung ist nicht nur deshalb immer umstritten, weil die Erkenntnisinteressen, die sich auf Vergangenheit richten, auch von gegenwärtigen Positionen oder Identitäten mitbestimmt werden, sondern weil die Grundinterpretationen einer Gesellschaft immer schon in strittiger Form vorliegen. Historie kann zwar vergangene Kulturen, Politiken, soziale Strukturen und Prozesse immer wieder verfeinert und verändert interpretieren, sich aber nicht davon freimachen, daß ihre Gegenstände sich schon immer selbst interpretiert haben und diese Interpretationen nicht aus der Überlieferung dergestalt herausgefiltert werden könnten, daß dann ein sozusagen objektiver Rest eine neue Interpretation erlaubte.

Modellhaft lassen sich Faktoren benennen, die diesen Auseinandersetzungscharakter geschichtlicher Kommunikation verstärken oder verringern. Zumindest in pluralistisch verfaßten Gesellschaften wird sich der kontroverse Charakter von Geschichte dann verstärken, wenn das aktuelle Interesse an Geschichte zunimmt und insbesondere, wenn dies unter dem Gesichtspunkt der Traditionsbildung geschieht, also einer Wertprojektion der Nachgeborenen auf eine Vergangenheit, die sich als Wert und Identität gerade nicht tradiert hat. Die Konjunktur des historischen Interesses ist ein Symptom für das Verhältnis einer Kultur zu ihrer Herkunft und Zukunft. Ist es zu einer selbstverständlichen, sich einordnenden Dimension der Kultur geronnen und unterliegt nur geringen Schwankungen, so signalisiert es gesellschaftliches Selbstbewußtsein und Vertrauen, Identität im Wandel zu bewahren. Unterliegt es hingegen wilden Konjunkturen, wird einmal der Verlust oder das Ende der Geschichte proklamiert und wenig später alles von Vergangenheitsbezügen überschwemmt, so deuten sowohl die Verdrängung der Vergangenheit als auch rückbezügliche Manien auf eine tiefe Unsicherheit über das, wovon diese Gesellschaft auszugehen hat, was sie ist und was sie werden soll oder könnte. Ein übertriebenes Interesse an der Vergangenheit ist zuallererst ein Krisenphänomen, insofern die im Blick auf die Zukunft verlorene Gewißheit aus der Vergangenheit herbeigeschafft werden soll.

Eine solche Phase historischer Überthematisierung als aktuelle Krisenbewältigung wird die kontroverse Wahrnehmung von Geschichte durch praktische Motive verstärken, sowohl weil die Suche nach Identität und die nach Alternativen sich zuwiderlaufen, als auch weil obendrein ganz unterschiedliche Alternativen gesucht oder unterschiedliche Identitäten zugeschrieben werden mögen.

Legendenkiller

Der überlieferungskritische Typ einer historischen Kontroverse beginnt mit einer Legende, d.h. einer kulturell weit verbreiteten und werthaft noch immer bedeutsamen Meinung über einen Sachverhalt der Vergangenheit, die jedoch empirisch ganz oder teilweise falsch ist. Wenn dies durch Forschung zu erweisen versucht wird, kann sich die neue Ansicht möglicherweise ungehindert durchsetzen. Das ist jedoch selten, denn wenn die alte eine werthafte war, kommt mit ihr mehr als nur ihre inhaltliche Aussage über die Vergangenheit ins Stürzen, so daß es sehr viel wahrscheinlicher ist, daß sie verteidigt wird. Das kann durch Wahrnehmungsverweigerung oder Totschweigen geschehen, wenn ein veritables Tabu in der Kultur berührt wurde oder wenn diese sehr autoritär verfaßt ist. Erst in der dritten Variante, nämlich der argumentativen Verteidigung der kritisierten herrschenden Lehre, entsteht eine Kontroverse, deren Normalverlauf zu einer professionellen Konkretisierung des Streitgegenstandes und zu einer Neubegründung seines Wertzusammenhangs führt.

Der klassische Fall für eine solch klärende und kreative Kontroverse ist die vor allem in England bis in die siebziger Jahre hinein geführte „standard of living debate". Hierbei handelt es sich im Ansatz um eine Attacke empirischer Wirtschaftshistoriker der neoliberalen Schule auf die sogenannte Verelendungstheorie, also auf die von Marx anfänglich vertretene These, daß im Zuge der industriellen Revolution das Lebensniveau der Lohnabhängigen absolut sinke. Diese Theorie ist später auch von Marx relativiert worden, spielte aber in den populären Kurzfassungen seines sozialistischen Credos bis weit ins 20. Jahrhundert hinein eine große Rolle und wurde auch in illustrierter Form von reformbürgerlichen Kräften zur Propagierung ihrer Vorhaben verwendet. Die Intervention bestand nun darin, empirisch quantitativ den Beweis zu erbringen, daß wo immer zählbare Überlieferung geprüft werden konnte, sich das Einkommensniveau lohnabhängiger Arbeiter insgesamt (wenn auch nicht in jedem Einzelfall) bereits während der industriellen Revolution und nicht erst durch die Ausbildung einer „Arbeiteraristokratie" im Imperialismus gehoben oder doch zumindest nicht vermindert habe. Um die Richtigkeit dieser Erweise gab es nun einen langen Streit, der methodisch und sachlich außerordentlich fruchtbar war, weil er zu zahlreichen empirischen Forschungen anspornte, das methodische Instrumentarium schärfte und schließlich zu einem Lerneffekt auf beiden Seiten führte. Die angegriffene Linke mußte ihr bisher selbstverständliche Traditionsaussagen überprüfen und revidieren und wurde andererseits dazu herausgefordert, ihre kritische Tradition weiterzuentwickeln und jenseits eines kruden Ökonomismus (Lebensstandard) die komplexeren Fragen der Lebensqualität, sozialer Erfahrungen und politischer Aktionen ohne ein simples Druck-Reaktions-Modell am vergangenen Fall neu zu entwerfen. Das erweiterte aber auch den Horizont der Rechten, vor allem die Beschäftigung mit dem anhaltenden Elend des Proletariats, so daß unbeschadet des ohnehin schwer meßbaren Trends seiner Veränderung doch eine einprägsame Erfahrung von Elend und sozialer Disparität blieb. Bezogen auf die ursprüngliche Fragestellung, die sich jedoch im Zuge immer komplexerer Argumentations- und Wahrnehmungsstrategien schrittweise verflüchtigte, hatte die Rechte am Ende zwar nach Punkten gesiegt, aber alle – insbesondere auch die Linke – erfuhren eine bedeutende Erweiterung ihrer historischen Wahrnehmung und ihres politisch-theoretischen Argumentationsspielraums.

Horizontverschiebung

Ein zweiter Haupttyp historischer Kontroversen rankt sich um methodische und methodologische Innovationskonflikte innerhalb der Geschichtswissenschaft selbst. Sie ergeben sich in der Regel im Rahmen kultureller Krisen aus historischen Erkenntnisinteressen, welche die etablierte Wahrnehmung der Geschichte überschreiten oder verändern und insofern von deren Anwälten als inhaltlicher und auch als institutioneller Konfliktstoff betrachtet werden. Ob ein solcher Erweiterungsvorschlag aufgenommen wird, hängt deshalb nicht nur von seiner inneren Stimmigkeit, seiner Machbarkeit und seiner Bedeutung, sondern auch davon ab, ob die Paradigmenverwalter, die in der Regel auch über die institutionelle Macht verfügen, bei aller gebotenen Skepsis gegenüber weitreichenden Veränderungen auch von wissenschaftlicher Neugier getrieben sind und deshalb eher zur Integration des Konfliktes tendieren oder ob sie ihn ausgrenzen wollen, weil sie sich vorwiegend als ideologische Gralshüter empfinden.

Die Alternativen eines solchen Verlaufs methodologischer Kontroversen lassen sich nach der Jahrhundertwende in mehreren Ländern an der Aufnahme des Vorschlags ablesen, die historische Dominanz der Politik- und Geistesgeschichte durch ein umfassenderes Konzept einer Kultur- und Gesellschaftsgeschichte und zwar in einer ganzheitlichen, ökonomisch fundierten Wahrnehmungsweise zu überwinden. Solche Vorschläge, welche die Erweiterung der bürgerlichen zur Massengesellschaft im Medium der Geschichte reflektierten, trafen zwar überall auf Skepsis unter den etablierten Historikern, aber in Frankreich, in Belgien oder in den USA gewannen sie Spielräume für ihre Entfaltung und überbrückten den Abstand zwischen der Geschichte und den Gesellschafts- und Wirtschaftswissenschaften. Ohne solche Vorläufer wäre der nachmalige Minderheitenerfolg der Schule der „Annales" in Frankreich nicht verständlich.

Die parallele Initiative von Karl Lamprecht in Leipzig wurde aber im Lande des Historismus von den hier in den Institutionen und in der Öffentlichkeit besonders etablierten Kollegen bereits im Ansatz ausgegrenzt. Im sogenannten Lamprecht-Streit waltete keine kritische Offenheit und Toleranz gegenüber den inhaltlichen und persönlichen, meist aus wissenschaftspolitischer Selbstüberschätzung bestehenden Schwächen, die in einem Erneuerungsansatz gleichsam als dessen Eierschalen auch enthalten sind, sondern solche Schwächen wurden von den Spähern eines konservativen Abwehrkampfes nur als gegnerische Achillesferse frohlockend ausgemacht. Die im Lamprecht-Streit verweigerte Läuterung des Programms einer wirtschafts- und kulturgeschichtlichen Erweiterung der Historie kostete die im 19. Jahrhundert führende deutsche Geschichtswissenschaft im 20. Jahrhundert im internationalen Vergleich ihre kulturelle Bedeutung, so daß sie nach dem Zweiten Weltkrieg in mühsamen Rezeptionsprozessen den Rückstand aufzuholen versuchen mußte.

In den sechziger Jahren überstürzten sich diese Rezeptionsprozesse in dem Maß, wie die Bundesrepublik zugleich in die internationale Welt zurückkehrte, eine von Verantwortung im Faschismus unbelastete Generation ihre akademischen Karrieren begann, die vom Dritten Reich zusätzlich ausgegrenzten marxistischen und aufklärerischen Traditionen wiederentdeckt wurden und die im Späthistorismus gebannte Geschichtswissenschaft sich einer boomenden sozialwissenschaftlichen Konkurrenz gegenübersah. Dieses Mal blies der Wind den Innovatoren nicht ins Gesicht, sondern in den Rücken, zumal das explosionsartige Wachstum und die Neustrukturierung des Hochschulsystems den kontrollierenden Zugriff der älteren Generation lockerte und der jüngeren frühzeitige Chancen selbständiger Entwicklung bot. Daraus ergab sich eine schubartige sozialgeschichtliche Expansion, die sich zwar programmatisch mit einem von den Sozialwissenschaften entlehnten Theorieverständnis erläuterte, aber eher auf eine gewisse Verhaltenheit als auf eine argumentative Auseinandersetzung bei der traditionellen Zunft traf. Andererseits kam es jedoch auch nicht zu einer wirklichen Integration der historischen in die anderen Sozialwissenschaften, zumal das öffentliche Interesse an den überexpandierten Sozialwissenschaften binnen eines Jahrzehnts stark zurückging und sich der Geschichtswissenschaft zuwandte, so daß das ehemalige Programmsignet einer „historischen Sozialwissenschaft" schon bald eher wie „Zuntz sel. Wwe." an die Gründungskonstellation einer erfolgreichen Firma erinnerte. Vor allem waren die gravierenden Unterschiede im Theorie- und Praxisverständnis zwischen den historischen und anderen Sozialwissenschaften nicht geklärt worden.

Arbeit am Mythos

Der dritte Grundtyp von Kontroversen in der Geschichtswissenschaft entsteht aus deren Mitwirkung an der ständigen Reinterpretation gesellschaftlicher Ursprungsmythen. Dabei geht es nicht wie im ersten Fall einfach um eine Widerlegung und auch nicht wie im zweiten Fall um methodologische Veränderung, sondern gesellschaftliche Ursprungsmythen kristallisieren ein vorherrschendes Selbstverständnis der Gesellschaft in einer Geschichte, so daß Wandlungsprozesse des gesellschaftlichen Selbstverständnisses, solange sie im Kontinuitätszusammenhang bleiben, die der Geschichte zugrunde liegenden Grund- oder Ereigniserfahrungen austauschen oder ihr andere Aspekte und neuen Sinn abzugewinnen versuchen. Insofern ist die Arbeit am Mythos von Gesellschaften ein rationalisierender Beitrag zu inhaltlichen Grundproblemen genetischer Identität in ereignishafter oder Urteilsform. Dieser Beitrag ist bei aller wissenschaftlichen Fruchtbarkeit, die er sozusagen nebenbei entfalten mag, jedoch von vornherein öffentlichkeitsbezogen und innerwissenschaftlich nicht entscheidbar.

Die bekannteste dieser Kontroversen ist sicher die Dauerdebatte um die Interpretation und Erforschung von 1789, das in Frankreich als Konstituierung politischer Nationalgeschichte, international als Durchbruch von Volkssouveränität gegen traditionale Herrschaft thematisiert wird. Ausgehend von den unterschiedlichen Interpretationen der Zeitgenossen hat sich in zwei Jahrhunderten eine Deutungs- und Forschungsgeschichte aufgehäuft, die diesen Ereigniszusammenhang wohl zum empirisch besterforschten und sinnhaft am unterschiedlichsten gedeuteten der ganzen Geschichte macht. Die geballte Arbeit am Mythos der Revolution hat einem Gutteil der übrigen modernen französischen Geschichte die Erforschung und Thematisierung erspart. Und doch wird auch in den mehreren hundert Büchern, die jetzt zum zweihundertsten Jahrestag angekündigt sind, vernünftigerweise keines in der Absicht geschrieben worden sein, nunmehr die wissenschaftlich konsensfähige Interpretation darzustellen, weil noch immer jede relevante politische Position in Frankreich im Spiegel der Revolution ihre historische Perspektive entfaltet.

Für das deutsche Selbstverständnis gab es ein derartiges Großereignis nicht, wohl aber eine auf vergleichbare Weise Gemeinsamkeit und Differenz zu immer neuen Interpretationen zusammerführende Grundaussage, nämlich die vom besonderen Wesen der Deutschen, ihrer Sonderstellung, ihrer Sonderlage oder ihrem Sonderweg. Dieses Besondere konnte in der zersplitterten Staatlichkeit und der kulturellen Produktivität gesucht werden. In der Phase der Geopolitik wurde es in der Mittellage des Reiches mit ihren angeblich machtstaatlichen Imperativen gesucht. Die größte und bestorganisierte marxistische Partei erweckte Hoffnungen, daß von hier aus die Weltrevolution ausbräche. Die Nazis wollten aus der differenzierten Stammes- und Nationalitätenlandschaft Mitteleuropas eine nordische Herrenrasse züchten, die zur europäischen, wenn nicht zur Weltherrschaft berufen sei. Und die Liberalen setzten sich in Westdeutschland im Zuge der Westintegration schließlich mit der Interpretation durch, es sei das Kennzeichen des deutschen Sonderwegs, daß hier die Träger der bürgerlichen Gesellschaft im 19. Jahrhundert zwischen manipulativen Repräsentanten des Ancien régime und einer klassenbewußten Arbeiterschaft eingekeilt geblieben und nicht zum politischen Durchbruch gelangt seien.

Mittlerweile laufen aber auch hier die Haufen wieder auseinander, teils in eine Renaissance der geopolitisch-machtstaatlichen Nationalideologie, teils in eine linkshistorische Kritik, daß es nicht zuwenig Bürgerlichkeit im Bismarckreich gegeben habe, sondern zuwenig Demokraten unter den Bürgern. Außerdem hat die Kritik interessante Vergleichsaspekte eröffnet, z. B. wurden die dabei in Deutschland verwendeten Maßstäbe ans Modell-Land England angelegt, um dort offenbar ebenfalls einen Sonderweg zu finden oder auf die besonders weitverbreitete mittelstädtische Kultur und Bürgerlichkeit im alten Reich hingewiesen, so daß es offenbar nicht an Bürgerlichkeit, wohl aber an einer politisch fortschrittlicheren gemangelt habe. Lange Interpretationsgeschichten führen eben zu einer gewissen Zersetzung der Thematik. Indessen hat sich das Besondere der Deutschen zwischen Goethe und Hitler ihnen selbst und dem Rest der Welt so deutlich eingeprägt, daß die inhaltliche Füllung dieses Mythos nicht nur ein zentraler Bezugspunkt der deutschen Historiker geblieben ist, sondern auch erneuerte und aktualisierte politische Interpretationen nicht verwundern können.

Gelegentlich wird versucht, der Gründung der Bundesrepublik oder ihrer Verfassungsgebung im nachhinein eine mythische Qualität zu verleihen („Demokratiegründung", „so viel Anfang war nie"), aber da die meisten Zeitgenossen die Weststaatsgründung nur hinnahmen und sich für die Verfassungsgebung fast gar nicht interessierten und obendrein sich das Grundgesetz zwischenzeitlich als unstrittige Grundlage bewährt hat, dürften solche Versuche zur Identitätsstimulierung weitgehend ergebnislos bleiben. Man kann zwar ein historisches Ereignis uminterpretieren, man kann es aber nicht schaffen, wenn es nie als solches erfahren wurde. Das Wirtschaftswunder aber haben alle erfahren, und die meisten sehen in der Währungsreform das Ereignis, das es begründete. Dieses von jedermann miterlebte Ereignis mit seinem materialisierten Schein gleicher Startchancen und mit seinen engen Bezügen zur Wohlstandsentwicklung, zum Kapitalismus, zur deutschen Spaltung hat alle Voraussetzungen, um als Mythos bearbeitet zu werden. Die Anwälte der DDR hatten hier schon immer auf die Verschmelzung kapitalistischer Restauration und nationaler Spaltung verwiesen, und westdeutsche Linke auf den unsozialen Charakter der Währungsreform, ihre geheime Vorbereitung durch die Westmächte und ihre Prämierung der Warenhortung.

Exkurs: Historikerstreit

Im Kern ging es beim „Historikerstreit" um eine politische Polemik gegen die nationalgeschichtliche Propagandakampagne der Wenderegierung und die moralisch anrüchigen Nebenklänge ihres historischen Umfeldes. Charakteristischerweise wurde sie nicht von Historikern, sondern von einem bekannten Philosophen und Publizisten gestartet und richtete sich hauptsächlich gegen einen fast ebenso bekannten historischen Essayisten, der von Ausbildung und Temperament ebenfalls Philosoph ist. Aufgegriffen wurden zwei von diesem öffentlich mehrfach gemachte Äußerungen unterschiedlichen Kalibers, aber offenbar gleicher apologetischer Tendenz. Die eine besagte im Klartext, daß eine kleine jüdische Hilfsorganisation mit einem großen Namen dem Dritten Reich den Krieg erklärt habe, weshalb dieses sich mit den Juden in belligerantem Zustand habe fühlen und sie nach Kriegsrecht in Lagerhaft nehmen können – ein Agitationsstereotyp aus antisemitischen Broschüren, die den Holocaust den Juden selbst anlasten wollen. Die andere handelt von der historischen Dialektik zwischen Revolution in Rußland und Konterrevolution in Deutschland und enthielt – eingehenderen Forschungen vorgreifend – eine Globaldeutung, die in nur scheinbar fragendem Gestus den Archipel GULag für „ursprünglicher" als Auschwitz und dieses für „asiatisch" erklärte. Da ein Ursprung nicht steigerungsfähig ist, entwertet sich die Aussage schon sprachlogisch. Hätte der Autor „früher" gesagt, hätte er recht gehabt, aber nichts gesagt. Hätte er eine kausale Beziehung hergestellt, wäre er beweispflichtig geworden, und niemand hätte ihn ernstgenommen. Wollte er der deutschen Linken politisch raten, auf dem linken Auge nicht blind zu sein, so wäre dies ein legitimer Standpunkt gewesen – aber wozu dann der Gestus des Deuters? Wie bei der „Kriegserklärung" des Jüdischen Weltkongresses wollte der Autor in der Vernichtung der Juden eine Art Verteidigungsreaktion Hitlers sehen, der „vielleicht nur deshalb" so gehandelt habe, weil er sich als potentielles Opfer der Bolschewiki gesehen habe. Wenn man Hitler so recht verstehen will, muß man eben auch ein Stück weit seinem antisemitischen Weltbild folgen und den Antikommunismus mit antisemitischen Versatzstücken munitionieren. Die phänomenologisch eingefärbte Schwebeaussage enthielt keine historisch präzisierbare These, sondern schaffte nur eine Projektionsvorlage für tumbere Apologeten, die dann letztlich die Verantwortung für die Vergasung der Juden den Bolschewiki aufladen. Kein Wunder, daß solche Interpretationen dann dem Autor, der sie natürlich nicht gemacht hat, als kalkulierbare politische Wirkung angelastet werden und daß nach persönlichen Motiven für die zwanghaften Fehlleistungen eines wegen seines Gedankenreichtums sonst zu Recht geachteten Mannes gesucht wird. Kein Wunder auch, daß man dafür Anhaltspunkte finden kann. Das soll hier nicht weiter interessieren, da ich nur auf die Verfehltheit solcher, auf unverlesenen Indizien und Impressionen erklommenen Deutungsebenen hinweisen wollte, von denen der Autor selbst sagt, sie paßten „nicht recht zur Fachwissenschaft" und die den Deuter letztlich selbst in des Kaisers neuen Kleidern vorführen.

Entsprechend konnte sich keine historische Kontroverse entwickeln, da es keinen historisch bearbeitbaren Gegenstand gab, in dessen Behandlung unterschiedliche Erkenntnisinteressen hätten einfließen können. Dafür luden die Medien alle Historiker ein, an der politischen Debatte über Geschichtspropaganda und Schlußstrich teilzunehmen, und nur sehr wenige haben dieser Verlockung widerstanden – nur ein Dutzend Jahre, nachdem sich die Historie mangels politischer Relevanz in der Legitimierungskrise gegenüber den Sozialwissenschaften wähnte. Immerhin hatte der Streit und seine große öffentliche Resonanz, die meines Erachtens vor allem von dem latenten Antisemitismus angeregt wurde, auch etwas Gutes: Sie zeigte nämlich, daß ein Großteil der Zeitgenossen auch in Deutschland nicht mit leeren Köpfen herumläuft, sondern über eigene Erinnerungen und über Lehren aus dem kollektiven Gedächtnis verfügt. Und daß es nicht wenige sind, deren Nachdenklichkeit und moralische Überzeugung zu öffentlichem Engagement aufgerufen werden kann, wenn zur Gewinnung einer entlasteten nationalen Identität die deutsche Verantwortung gegenüber den Opfern des Dritten Reiches diesen selbst zugeschoben zu werden droht.

Zur Kritik der posthistorischen Historie

In umfassenden Kultur- und Orientierungskrisen, wie wir sie in der Gegenwart durchleben, ist es nicht ungewöhnlich, daß sich das an der Zukunft irritierte Orientierungsbedürfnis der Vergangenheit zuwendet, um aus ihr Rückversicherung, Einsicht in Weichenstellungen und Phantasie zur Neufassung ungriffig gewordener Begriffe zu schöpfen. Ein solcher Vergangenheitsboom gibt der Historie Konjunktur, legt ihr aber auch besondere Verantwortung auf, weil ihr mehr Fragen gestellt werden, als sie bei genauem Hinsehen beantworten kann. Er ist eine gefährliche Verlockung an die Eitelkeit und das politische Wirkungsbedürfnis von Historikern. Hinzu kommen jedoch zwei längerfristige Problemstränge, die das allen Kontroversen zugrunde liegende Verhältnis von Historie und Öffentlichkeit komplizieren.

Daß die Geschichtswissenschaft von keiner materialen Geschichtsphilosophie mehr getragen ist, ist seit längerem bekannt; was dies bedeutet – nämlich daß die vielfältigen Zugriffsweisen kultureller Selbstverständigung im Medium der Vergangenheit auf keine Selbstverständlichkeiten mehr zurückgreifen können, sondern begründet werden müssen –, dringt nur langsam in ihre Praxis ein. Angesichts der Schwierigkeit solcher Begründungen, welche die Geschichte erst diskursfähig machten, und angesichts der Ungeübtheit der meisten von uns Historikern, solche Begründungen zu erdenken und zu formulieren, liegt es nahe, zum Ersatz scheinbar selbstverständliche Realgrößen zu suchen, als deren Vorgeschichte sich Geschichte konzeptionieren läßt. Herkömmlicherweise wie auch im Blick auf andere Länder wird dabei häufig auf den Rettungsring der Nation zurückgegriffen. Wie plausibel das im Falle anderer Länder ist, mag hier dahinstehen; daß ein solcher Zugriff in den Siegerländern des Zweiten Weltkriegs Widerhall findet, ist unbezweifelbar und von führenden Politikern dieser Länder zur Dämpfung der gegenwärtigen Kulturkrise benutzt worden.

In der Bundesrepublik trifft ein solcher Zugriff jedoch auf das doppelte Problem des Dritten Reiches und der deutschen Teilung. Werden diese Probleme historisch ernstgenommen, führen sie eher zu einer Vertiefung als zu einer Erleichterung des aktuellen Krisenbewußtseins. Liegt die Vorentscheidung bei dessen Erleichterung, so müssen sie eskamotiert und eine fiktive Kontinuität gestiftet werden. Jetzt zeigt sich, daß die Gnade der späten Geburt begrenzt ist, weil sie zwar vor persönlichen Schuldzurechnungen schützt, aber nicht aus dem geschichtlichen Wirkungszusammenhang befreit. Der Ausweg der persönlichen Tatzurechnung erweist sich nun als überlebt; statt dessen steht die kulturelle Verarbeitung der nationalen Verantwortung *und* Diskontinuität zur Debatte.

Hier wären historische Kontroversen möglich und notwendig. Wie ich aber zu zeigen versucht habe, laufen historische Kontroversen über die deutsche Zeitgeschichte leicht aus dem Ruder der Wissenschaft. Offenbar lagert hier soviel kultureller Sprengstoff, daß selbst verdienstvolle Gelehrte sich zu panikartiger Unprofessionalität und zur peinlichen Entbergung eines privatisierten Geschichtsunbewußtseins hinreißen lassen.

Zu dieser Verwundbarkeit tritt noch die Versuchung des Vergangenheitsbooms in der Orientierungskrise. Historiker können heute gar nicht so viel schreiben, wie die Kulturindustrie drucken möchte. Die Phasen der Kritik, der fachimmanenten Kontroverse, der Reifung und der Revision verfallen den Druckterminen. Vor gut einem Jahrzehnt haben die Sozialwissenschaften die fatalen Folgen einer willigen Hingabe an eine schmeichelnde Konjunktur vorexerziert. Wo geforscht wird, bündelt sich die Wahrnehmung der erhobenen Befunde kaum noch zu kontroverser Kritik. An die Stelle der Auseinandersetzung, die die Impulse der Öffentlichkeit im Medium forschenden Verstehens der Überlieferung ausficht, tritt die unmittelbare Zulieferung an die Kulturindustrie und damit oft eine fachlich ungefilterte Entbergung privater Prägungen und politischer Absichten. So undenkbar historische, insbesondere zeitgeschichtliche Auseinandersetzungen ohne politische Komponenten in den Erkenntnisinteressen sind, so langweilig wird eine Geschichte, die nur aus politischen Absichten geschrieben wird, weil sie keine zusätzliche Erkenntnis, sondern nur noch zeitraubende Illustrationen liefert.

Den Verfall geschichtsphilosophischer und nationaler Selbstverständlichkeiten könnte man indessen auch als eine Herausforderung an die Geschichtswissenschaft verstehen, nämlich in notwendig kontroverser Form ihre Fragestellungen zu begründen und die Verarbeitung von Vergangenheit in der Gesellschaft erfahrungsgeschichtlich selbst zu thematisieren. Das ist kein Plädoyer für den Rückzug in den Elfenbeinturm akademischer Nabelschau. Im Gegenteil: Die vielfach beschwerende Privatisierung der NS- und Nachkriegserfahrung in der Zeit des materiellen Wiederaufbaus und der äußeren Umorientierung, die durch die Geschichte der Nazi-Führung oder der alliierten Politik nicht aufgelöst wird, könnte dann zum Gegenstand öffentlicher Auseinandersetzung um die Kultur und dadurch aufgehoben werden. Und das Bedürfnis, in der allgemeinen Orientierungskrise der Gegenwart erfahrungsgesättigte Phantasie für neue oder veränderte Perspektiven zu entwickeln, könnte in den Versuchen, die Fragen an die Vergangenheit und die Maßstäbe des historischen Urteilens zu begründen, einen öffentlich zugänglichen Experimentierraum finden.

Flucht ins Konventionelle?
Einige Randglossen zu Forschungsproblemen der deutschen Nachkriegsmigration

Die Veranstalter dieser Tagung und ihrer Veröffentlichung haben mich gebeten, meine in unterschiedlichen Sektionen anläßlich spezifischer Beiträge gemachten Diskussionsbemerkungen in einen eigenen Beitrag zusammenzufassen. Das ist eine schwierige, fast unmögliche Aufgabe, da ein eigener Text von innen her aufgebaut sein müßte, während Diskussionsbeiträge ihre Struktur den jeweiligen Zusammenhängen und Vorlagen verdanken. Ich komme der Bitte mit erheblichem Zögern nach, das in meiner Skepsis gegenüber der Umsetzung wissenschaftlicher Gespräche in Druckvorlagen für die Öffentlichkeit gründet, weil ich fürchte, daß dies der direkten Kommunikation ihre Bezüge, ihre Intensität und ihre Möglichkeiten zur Selbstkorrektur nimmt und andererseits eine abgelebte Spontaneität in die wissenschaftliche Literatur trägt, von denen ein Leser füglich mehr Konsistenz und Dichte erwarten dürfte. Trotz dieser Bedenken komme ich der Bitte als Dank an die Veranstalter dieser Tagung nach, weil mir ihr Ansatz zu einer neuen, kritisch diskutierenden historischen Vertriebenenforschung sinnvoll und dringlich erscheint. Und auch weil ich in meinen sehr unterschiedlich adressierten Bemerkungen wenigstens einen roten Faden gefunden habe, nämlich die Ermunterung, diese Chance auch wirklich mit methodischer Phantasie, mit Neugierde, Selbstkritik und jener Entlastung von unmittelbaren politischen Legitimationen zu nutzen, welche die wachsende historische Distanz erlaubt. Daß solche Distanz in der Zeitgeschichte vor allem dann ein Gewinn ist, wenn sie die Selbstreflexivität nicht verdrängt, möchte ich zunächst durch eine Anekdote andeuten.

Als ich 1953 im Schwäbischen in der dritten Klasse des Gymnasiums war, bekamen wir einen neuen Deutschlehrer. Vom Bundespräsidenten abwärts waren wir gewohnt, daß Schwäbisch Deutsch ist und Bildungsschwäbisch Hochdeutsch, und wir empörten uns mächtig darüber, daß wir unseren neuen Deutschlehrer nicht verstanden. Wie ich heute weiß, sprach er Deutsch, und zwar ein gutturales Oberschlesisch; aber bei uns gab es eine Initiative, daß wir den ‚Pollacken' nicht haben wollten und schon gar nicht in Deutsch. Er wurde uns dann auch tatsächlich genommen, freilich auf für uns überraschende Weise, denn er wurde in den Bundestag gewählt. Es war der heutige Vertriebenenpräsident Czaja.

Die Geschichte soll andeuten, wie groß die Fremdheiten damals waren, über die man heute im Rückblick aus einer relativen Einheitskultur, die sich durch Fernsehen und Warengesellschaft u. a. ausgebildet hat, nicht hinwegsehen sollte. Die Distanz erlaubt auch einen Blick auf den Anteil der Siedlungsdurchmischung bei der Ausbildung dieser Kultur, denn es ist ja nicht so, wie in einem der Diskussionsbeiträge mit Schmerz gesagt wurde, daß sich sozusagen die Schleswig-Holsteiner oder die Schwaben durchgesetzt hätten und die Ostdeutschen seien einfach verschwunden, sondern alle Teile sind in ihren Traditionskulturen aufgelöst worden. Aber damals, als die sog. Integrationsprozesse liefen, war das vielfach noch nicht so; im Gegenteil, vielerorts wirkte eine gerade im Bürgertum verbreitete Flucht aus dem Nationalen ins Regionale nach. Historisch scheint es mir wichtig, bei der Erforschung der Integration zunächst einmal auf die kulturellen und auch auf die ökonomischen Abstoßungspotentiale aufmerksam zu werden, Quellen für sie zu erschließen und sie erfahrungsgeschichtlich differenziert zu interpretieren.

Über Leitbegriffe, die zu wenig umgreifen

Solche historische Aufmerksamkeit macht zunächst einmal skeptisch gegen überkommene politische Leitbegriffe, weil sie oft mehr zudecken als erschließen. Ich meine z. B. den Begriff der ‚gelungenen Integration', wie er trotz der Einleitung von Friedrich Prinz m.E. die vorgestellte bayerische Dokumentation strukturiert. Das hilft historisch nicht viel weiter, weil es ein Begriff der Politik und des Leistungsstolzes aus den 60er Jahren ist und zunächst einmal nur signalisiert, daß bei der Integration der Flüchtlinge und Vertriebenen in Westdeutschland keine politische Dauermalaise geblieben ist, daß die von manchen befürchtete Radikalisierung ausblieb, daß die Schmerzen privatisiert wurden. Es war auch ein Kampfbegriff gegen die Vertriebenenverbände, die als pressure group funktionslos wurden und denen man sagte: Das Problem ist doch verschwunden, was wollt ihr denn noch? Eure Sonderidentität ist doch schon auf den Hund der Trachtenpflege gekommen; das ist die Störung der Ostpolitik nicht wert. Also eine politische Konsensformel allseitig reduzierter mitmenschlicher Wahrnehmung.

Es gibt ja durchaus auch Interessen, volkstümliche politische Leistungen der Deutschen zu finden und aufzupolieren, nachdem wir in dieser Hinsicht ein Mangelgefühl nicht loswerden. In diese sekundäre politische Verwendung der ‚gelungenen Integration' würde ich ungern mit eintreten, denn es wäre ein Stück jener neuen Nationalgeschichte der Verdrängung der Ursachen, Verläufe und Folgen. Wenn die Botschaft letztlich ist, was haben die Bayern nicht alles für die Vertriebenen, die Vertriebenen nicht alles für Bayern getan und deshalb sollen sie sich gegenseitig dankbar sein, so klingt mir das alles viel zu sehr nach ‚Schwamm drüber' und deutet auf eine Integration, die offenbar erst noch kommen soll. Und es verschenkt die Möglichkeiten eines neuen historischen Blicks. Wenn diese Fragen jetzt, nachdem sie politisch im Allgemeinen keinen Sprengstoff mehr bieten, noch einmal untersucht werden, müßte die Sensibilität für das, was Begegnung auch innerhalb des nationalen Rahmens ist, worauf ihre Brüche und Schmerzen verweisen, in den Vordergrund gestellt werden.

Ich möchte die Schwierigkeit der politischen Begriffsbildung auch noch an einem anderen Beispiel aufzeigen. Franz Nuscheler hat in einem beeindruckenden Panorama anhand politischer Konventionen den Flüchtlingsbegriff, der Verfolgung und Staatswechsel voraussetzt, von anders verursachten Migrationen abgegrenzt. Es schien mir so, als würde im Sprachgebrauch der UN der Flüchtling durch objektive Randzustände wie das Verhungern und die absolute Diskriminierung charakterisiert. Das ist in der Aktualität wichtig, um zumindest dort im politischen Konsens Hilfe organisieren zu können, wo extreme Notlagen nach Abhilfe schreien. Aber wie hilfreich ist es historisch, wo doch nicht unerhebliche Migrationsbewegungen durch graduelle Differentiale ausgelöst wurden und werden und es keine konsensuale Haltung ihnen gegenüber gibt? Das dürfte auch für Teile der Kriegs- und Nachkriegsmigration in Deutschland gelten, z. B. für die Fluchtbewegung nach Westen noch innerhalb des Dritten Reiches oder auch für Teile der Migration aus der SBZ und der DDR nach Berlin und in die Bundesrepublik. Anders ausgedrückt sind ja nicht alle Leute nach Westen gegangen, weil sie dort, wo sie zuvor waren, absolut diskriminiert wurden und gar keine Spielräume hatten, sondern weil sie annahmen, sie hätten im Westen bessere. Die Frage wäre also, ob wir durch so einen politisch-juristischen Sprachgebrauch auch in historischen Erkenntnisinteressen, etwa nach differenzierten Wahrnehmungen von Konfliktlagen und Vorstellungen, die zur Flucht motivierten, gefördert wurden, oder ob wir dann ex post dazu gelangten, die Untersuchung der Nachkriegsmigration mit dem unseligen Geist der Diskussion um Wirtschaftsasylanten zu überziehen.

Die politischen Begriffe entstehen aus Interessenauseinandersetzungen und bürokratischen Verfahrensregelungen. Daraus gerinnt ein Gewebe von Regelungen, von Ansprüchen und Ausschließungen. Historische Betrachtung gibt die Chance, dieses Gespinst erst einmal beiseite zu räumen, um auf komplexere, wenn auch meist weniger präzise festlegbare Wirklichkeiten dahinter zu blicken – nicht zuletzt auch, um die Entstehung und Wirkungsgeschichte der Regelungscodes beschreiben zu können. Deshalb ist es gut, zunächst mit den allgemeinsten heuristischen Begriffen (wie z. B. Wanderung) zu beginnen, nicht um sich vor der politischen Dramatik zu drücken, sondern um offen für Differenzierungen zu bleiben und auch der Dramatik politischer Semantik auf die Spur zu kommen.

Über die verführerische Präzision der falschen Daten

Gerhard Reichling hat hier über die eindrucksvollen Leistungen der Flüchtlings- und Vertriebenenstatistik gesprochen. Auch sie sind ja nicht ein Abbild von Wirklichkeit, sondern ein Ergebnis politisch-bürokratischer Verfahren. Jeder Nachkriegsforscher kennt dieses Gefühl der Hilflosigkeit gegenüber den gigantischen Datenwerken, die immer differenzierter werden, je weniger Fragen sie beantworten. Deshalb möchte ich hier zwei einfache Fragen an die Präzision dieser Daten im Rahmen einer Gesamteinschätzung und der Merkmalsdifferenzierung im einzelnen richten: Gibt es Daten über die Bevölkerungsbewegungen in Deutschland am Ende des Krieges und in der frühen Nachkriegszeit, namentlich vor Potsdam? Und wenn es Daten oder doch präzisierbare Schätzungen gibt, wie werden sie mit Blick auf die Flucht- und Vertreibungsproblematik klassifiziert? Zweitens: Gibt es Daten über den Wechsel über die ‚grüne Grenze' in Deutschland seit 1945, und zwar vor allem vor 1950, wie verhalten sich die Größenordnungen zu den im Notaufnahmeverfahren statistisch Erfaßten, und lassen sich diese Daten nach Merkmalen wie Alter, Geschlecht, Beruf oder gar nach Motiven differenzieren? Mit anderen Worten: Wissen wir statistisch eigentlich überhaupt etwas über SBZ/DDR-Flüchtlinge und Rückwanderer oder haben wir nur Kenntnis von bürokratischen Additionen aus einem Teilvorgang, dessen Urmaterial noch immer verschlossen ist und dessen Zusammenhang mit dem Gesamtvorgang einfach unbekannt ist?

Da es sich nach den bestinformierten Schätzungen in beiden Fällen um ein Drittel und mehr des jeweiligen Gesamtumfangs der Gruppe der Vertriebenen und Flüchtlinge handeln dürfte, die Schätzungen im einzelnen beträchtlich abweichen und ihre Grundlagen undeutlich sind, muß man den Schluß ziehen, daß die vorliegenden Statistiken zwar wesentliche Hilfsmittel für die Migrantenbürokratien seit den 50er Jahren darstellten, für historische Rekonstruktionen aber gänzlich unzureichend sind. Sie können auch nicht als eine Art Riesenstichprobe betrachtet werden, aus der dann die Binnenstrukturen hochgerechnet werden könnten. Da es sich bei den beiden umschriebenen Gruppen um eine Größenordnung von über fünf Millionen Menschen handelt, ist es wohl nicht übertrieben zu sagen, daß die historische Erforschung der Nachkriegsmigration noch ganz am Anfang und selbst in den Rohdaten auf unsicheren Beinen steht. Es wird schwieriger und phantasievoller Mikrountersuchungen bedürfen, um auch nur die Probleme, die sich in dieser Riesenzahl verbergen, zu dimensionieren, während das Ziel einer statistisch präzise fundierten sozialgeschichtlichen Beschreibung des Gesamtphänomens in weiter Ferne (oder wahrscheinlicher: unerreichbar) erscheint. Ich möchte noch einen zweiten Aspekt anführen, der m. E. die verzerrte Ausgangslage sozialgeschichtlicher Forschung berührt, jedenfalls hinsichtlich des Mißverhältnisses zwischen ausdifferenzierten Strukturdaten über die seit 1949 bürokratisch als zu Integrierende Festgestellten und unserem Nicht-Wissen über Vorgänge und Gruppen von großer politischer und gesellschaftlicher Bedeutung für die Geschichte des Phänomens. Ich meine den Filtereffekt, den die SBZ/DDR auf die Ost-West-Wanderung ausgeübt hat. Ich will mich nun nicht damit aufhalten, daß allein schon die Rohdaten, wieviele ‚Vertriebene' 1945 in die SBZ gelangt waren, zwischen östlichen und westlichen Forschern um eine Größenordnung von einem Drittel umstritten sind, sondern auf einige Implikationen dieses Themas für die Forschung hinweisen. Zunächst ist auffällig, daß die SBZ im Verhältnis mehr als jede andere Besatzungszone – und sogar mehr als die am stärksten frequentierten Länder der Westzonen wie Bayern – Vertriebene (oder im DDR-Sprachgebrauch: Umsiedler) aufgenommen hat, und zwar bis 1950. Unsere Vorstellung, daß die Fluchtbewegung wie eine Bugwelle vor den Sowjets weggestoben sei, wird dadurch zunächst einmal relativiert. Eine zweite Bemerkung steht damit in Verbindung: Durch den Zuzug der Umsiedler als wichtigstem, wenn auch nicht einzigem Faktor wurde die SBZ nächst der westlichen Sowjetunion zum damals frauenreichsten Gebiet Europas (1946: über 135 Frauen je 100 Männer). Nimmt man hinzu, daß in der Masse der Fälle im arbeitsfähigen Alter weit mehr Frauen als Männer die Besetzung in den Fluchtgebieten erlebt haben oder herankommen sahen, da ihre Männer überwiegend beim Militär waren und aus der Kriegsgefangenschaft nur an anderen als ihren Heimatort entlassen wurden, dann legt sich die (hier freilich nur grob typisierte) Erwägung nahe, daß die Trägerinnen der konkreten Vertreibungserfahrung überproportional zunächst einmal im sowjetischen Herrschaftsbereich verblieben, während die Männer mit ihrer sozusagen fiktionalen Vertreibungsvorstellung eher zur Weiterwanderung nach Westen neigten. Diese Erwägung müßte natürlich relativiert werden, insofern Männer als Einzelpersonen wohl auch die größeren Möglichkeiten zur Entlassung oder Weiterwanderung nach Westen hatten als Frauen, die oft Kinder oder andere Anverwandte bei sich hatten und z. T. erst später, Anfang der 50er Jahre weitergewandert sein dürften, worüber wir aber wiederum statistisch nichts wissen.

Immerhin verbleibt aus dieser Erwägung, die m. E. nähere Untersuchungen lohnte, der Eindruck einer Auflockerung unserer Vorstellung, daß das konkrete Verhalten der Roten Armee gegenüber der Zivilbevölkerung die wichtigste Quelle für den antikommunistischen Konsens im Westen gewesen sei. Wenn Hans-Georg Lehmann hier gesagt hat, die Unrechtserfahrung der Vertreibung sei wohl eine ‚heilsame Narkose' gewesen gegenüber der Wahrnehmung des Unrechts, an der man im Dritten Reich aktiv beteiligt gewesen sein mochte, so legt unsere statistisch informierte, aber nicht erhärtete Erwägung über die Verhaltensstimuli konkreter versus fiktionaler Vertreibungserfahrung eine eher selbstinduzierte und vielleicht auch nicht so heilsame moralische Betäubung nahe.

Die Beobachtung des Filtereffekts der SBZ/DDR auf die Ost-West-Wanderung könnte noch einen zweiten interessanten Aspekt zur politischen Soziologie der Vertriebenen enthalten. Nämlich woher kommt die hochgradig traditionalistische und z. T. nationalsozialistische Aufladung des Organisationsgefüges der westdeutschen Vertriebenenvereinigungen in den 50er Jahren, wo man ja teilweise geradezu auf ehemaliges Gaumanagement zurückgegriffen zu haben scheint. Dieser rein politische Befund ist weder durch mögliche regressive Tendenzen im Heimweh der Vertriebenen noch etwa durch einen angeblichen Modernisierungsrückstand der Vertreibungsgebiete zu erläutern. Weiterführend könnte hingegen auch hier die Selektivität der Weiterwanderung nach Westen gewesen sein: Wer es unter den antifaschistischen Repressionsstrukturen der SBZ/DDR nicht aushalten konnte oder für sein Fortkommen besonders fürchten mußte, der wanderte eben nach Möglichkeit weiter. Dadurch wurde der Anteil an Vertriebenen mit Nazi-Vergangenheit, vor allem an politisch organisationswilligen Vertriebenen, im Westen ungleich höher als in der DDR. Zwar wurde auch dort zur Abschöpfung organisationswilliger und kompromißbereiter Eliten des bürgerlichen Nationalismus die NDPD gegründet; aber der aktive Kern, dem sich keine Chance zum Kompromiß bot, scheint doch im Wege der Verfilterung zu uns gekommen zu sein und hier zu dieser überproportionalen Schlagseite des Führungspersonals der Vertriebenenpolitik beigetragen zu haben. Mit der Masse der Vertriebenen hat das übrigens weder hier noch dort zu tun.

Über falsche und echte Methodenprobleme

Was die Massenerfahrung der Flucht und der Integration alles umfaßte und bedeutet, werden wir aus dem aufbereiteten Datenmaterial ebensowenig ergründen können wie aus den sozialpolitischen Akten der Flüchtlingsverwaltungen. Diese Massenerfahrung setzt vielmehr die Erschließung und Interpretation vieler Einzelerfahrungen im Längsschnitt und ihre exemplarische Zusammensetzung in neuen Querschnitten und Ausschnitten voraus. Solche sozialgeschichtliche Grundlagenarbeit ist für die Zeitgeschichte, die sich in Abgrenzung zu den Sozialwissenschaften zu einer Fluchtburg des methodischen Konservatismus entwickelt hat und die in der sozialgeschichtlichen Grundlagenforschung weit weniger geübt ist als ältere historische Bereiche, weithin Neuland. Auf dieser Tagung, auf der die vorgestellten empirischen Arbeiten weitgehend auf politischen Akten beruhten, sind für diesen methodischen Bereich hauptsächlich falsch verstandene Probleme der Oral History angesprochen worden, während die Fragen der Erschließung und Auswertung prozeßproduzierter Massenquellen eher wie eine anonyme Drohung im Raume standen. Zum ersten Gebiet, auf dem ich mich besser auskenne, ein Versuch, die Dimensionen etwas zurechtzurükken; zum zweiten ein Hinweis.

Dem, was Friedrich Prinz zur Oral History gesagt hat, kann ich nicht zustimmen, wohl aber zu dem, was er meinte. Was er meinte, war ja wohl, daß es viele schlechte Erfahrungen mit Zeugenbefragungen im Rahmen der politischen Geschichte gibt. Jeder, der auf diesem Gebiet Praxis hat, wird bestätigen, daß das nicht die objektive Geschichte ist, was einem bei solchen Zeugenbefragungen zur Politik berichtet wird, und von Politikern schon gar nicht. Da sind die Erfahrungen der Historiker nicht anders als die der Juristen: Was dem einen sein black-out ist, mag bei anderen eine nuanciertere Grauzone sein. Und es gibt etablierte gesellschaftliche Erfahrungen, wie und mit welcher Vorsicht man Zeugenaussagen über Sachverhalte bewerten und verifizieren sollte. Nur: Die internationale methodische Literatur zur Oral History behauptet auch nicht oder jedenfalls seit einem Jahrzehnt nicht mehr, daß dies das fruchtbare Arbeitsfeld für das Erinnerungsinterview sei.

Sie hat vielmehr im allgemeinen zwei fruchtbare Dimensionen ausgemacht. Das eine sind Erhebungen in stark routinisierten Bereichen des alltäglichen Lebens spezifischer Gruppen in der Vergangenheit. Das muß man vor so vielen Volkskundlern gar nicht unterstreichen, weil es bei ihnen zu einer der üblichsten Erhebungsmethoden gehört. Die Historiker haben da bei den Volkskundlern gelernt und deren Erfahrungen auf ihren sozialgeschichtlichen Arbeitsgebieten bestätigt gefunden.

Das zweite ist neuer und vielleicht durch die Diskontinuitäten der deutschen Zeitgeschichte besonders herausgefordert: nämlich die Subjektivität der Massenerfahrung und die biografische Kontinuität als Korrektiv gesamtgesellschaftlicher Umbrüche mit ihrer Diskontinuität der Politik und der (auch sozialgeschichtlichen) Quellen. Da die Geschichte der Vertreibung und der Vertriebenen aus einer solchen Umbruchsphase kommt und dazuhin noch durch die Unzugänglichkeit von Korrespondenzüberlieferungen in den sozialistischen Ländern erschwert wird, ist der Beitrag von oral history wesentlich in dieser Dimension erwünscht und angesichts der begrenzten Lebenszeit der Mitlebenden dringlich.

Das Problem der Verformung der Erinnerung gegenüber der Wahrnehmung oder gar gegenüber der vergangenen Wirklichkeit stellt sich da m. E. etwas anders, als es auf dieser Tagung diskutiert wurde. Zunächst kann es nur dann um die Selektivität und Interpretativität des Gedächtnisses sozusagen als Quellengütekriterium gehen, wenn man vergleichbare zeitnähere und schriftliche Quellen für dieselben Erkenntnisinteressen hat. Das scheint aber nur sehr selten der Fall zu sein. Dann verwandelt sich jedoch das Gütekriterium in ein ganz gewöhnliches quellenkritisches Berücksichtigungsargument, das Historiker nicht überraschen sollte, da sie ja immer mit fragmentarischen, selektiven und aspekthaften Überlieferungen umgehen. Das Problem besteht also gar nicht in der Verformung der Erinnerung, die ja schon begrifflich voraussetzte, daß wir wüßten und also beurteilen könnten, woran sich die Befragten eigentlich erinnern müßten. Selbst wenn es in zeitgleichen Akten anders stünde (aber auch da stößt man meistens ins Leere), könnte es ja der aufzeichnende Beamte anders als der sich erinnernde Gewährsmann wahrgenommen haben. Das Objektive muß zunächst einmal als das Unbekannte erkannt werden, damit man mit seinen Brechungen in unterschiedlichen Wahrnehmungs- und Zeitperspektiven umgehen kann. Was wahrgenommen und als erzählwürdig aufbewahrt und aufbereitet wird, wird von gesamtkulturellen Einwirkungen mitbestimmt. Es wird aber auch von den Rhythmen und Gattungen des individuellen Erfahrungsaufbaus geprägt. Wenn man sich selbsterzählte Lebensgeschichten anhört, merkt man immer wieder, daß in ihnen die Jugendzeit und Zeiten des Außergewöhnlichen die narrativen Hauptpartien bestreiten, also Zeiten, in denen man ‚Unerhörtes' erlebt, für das man noch keine Begriffe hat und das man deshalb nicht bis hin zum Vergessen reduziert, sondern über das man in unvergeßlichen Geschichten berichtet.

Wenn man mit einem solchen Instrumentarium an die mündliche Überlieferung von Flucht und Integration herangeht, werden eine Fülle von Erlebnissen aufscheinen, die nicht leicht zu verarbeiten und deshalb auch nicht leicht zu vergessen waren. Wenn es ganz unverarbeitbar war, kann darüber nicht in schildernder Form gesprochen werden, es sei denn in solchen Formen, wie sie in dem Projekt von Utz Jeggle thematisiert werden. Wenn es darunter liegt, sozusagen in einer gesellschaftlich zulässigen Breite, und trotzdem neu und bestürzend oder auch eine unerwartet glückliche Wendung war, dann taucht es bei einem interessierten und teilnehmenden Interviewer in Form von Geschichten auf. Diese Geschichten sind wie alle qualitativen Quellen interpretierbar, sowohl im einzelnen Verlauf als auch als ein Massenphänomen.

Aber Oral History-Interviews können immer nur ein heuristisches Instrumentarium sein; sie können die Komplexität und Individualität von Massenerfahrung aufzeigen und verständlich machen. Aber sie können sie in ihrer quantitativen Differenzierung nicht belegen. Deshalb war es gut, auf dieser Tagung zu hören, daß die Einzelfallakten der Entschädigungsämter nicht verloren sind, sondern in kilometerlangen Schlangen die Forschung erwarten, weil in ihnen – bei aller durch die Verfahren vorgegebenen Typisierung und bei aller Interessiertheit der Auskünfte – doch Daten für eine genauere sozialgeschichtliche Beschreibung erhoben werden können. Zugleich war es für mich aber auch beunruhigend, daß wir über die großen Aufwendungen und methodischen Probleme einer solchen Forschung noch gar nicht gesprochen haben. Vielmehr bekam ich das Gefühl einer Arrièregarde-Auseinandersetzung zwischen schlecht informierten Außenwahrnehmungen einer Oral History, die tatsächlich etwas anderes praktiziert, und einer sozialpolitischen Integrationsgeschichte, für die die Erfahrungen der Subjekte selten faßbar und noch seltener mehr als Illustrationen sind. Hier bleibt auch für eine neue historische Bearbeitung der Nachkriegsmigration der sozialgeschichtliche Nachholbedarf der Zeitgeschichte spürbar.

Die Defizite, zu denen man sich bekennen muß, wenn sie überwunden werden sollen, liegen aber nicht nur im Technischen; sie liegen auch darin, daß die Sozialgeschichte und gerade auch die linken Historiker bisher weitgehend einen Bogen um dieses Thema gemacht haben. Solche Versäumnisse in der Erforschung der sozialen Erfahrung, die mit der nationalen Frage und mit der Rolle der Sowjetunion verbunden sind, mögen weitgehend in dem guten Willen zur Entspannung gründen, aber doch mit kurzschlüssigen Folgen. Diese bestehen nicht etwa nur darin, daß dieser Themenbereich dadurch weitgehend zu einem Reservat der Schuldaufrechnung und der national-konservativen Agitation geworden ist. Sie bestehen vor allem in der ebenso inhumanen wie falschen Erwartung, daß sich ein Leidensdruck dieses kollektiven Ausmaßes mit der mitlebenden Generation beerdigen ließe. Denn das öffentlich verursachte, aber in seinen Folgen privatisierte Unglück verschwindet nicht mit denen, die an ihm litten, sondern es kehrt in unerwartbaren Formen in die Öffentlichkeit zurück und schreibt sich in immer schwerer erkennbarer Weise in die Gesamtkultur ein, und es macht diejenigen sozialen Theorien und kulturellen Programme zur Makulatur, die sich seiner Wahrnehmung entzogen haben. Deshalb ist es wichtig, daß die Historiker der Gesellschaft zur Chance eines zweiten Blicks verhelfen und dabei nicht die Erfolgsgeschichte der Integration vor dem Hintergrund unterstellter Untaten roter Horden schreiben, sondern die große Herausforderung einer komplexen und kritischen Geschichte annehmen, um für die nachlebende Generation in glaubwürdiger Weise die großen Zusammenhänge empirisch differenzieren und mit den vielen kleinen Geschichten individueller Massenerfahrung verknüpfen zu können.

Die Liebe zum Detail

Schwierigkeiten beim Schreiben einer deutschen Nationalgeschichte nach dem Zweiten Weltkrieg

Dieter Groh hat mich jüngst – wie schon einmal vor einem Dutzend Jahren – eingeladen, den Schlußpart in der von ihm herausgegebenen Propyläen Geschichte Deutschlands zu übernehmen. Damals habe ich den Auftrag nach einer Weile zurückgegeben, weil ich keinen Zugang zu internen Primärquellen der DDR fand und weil der Verlag zwischenzeitlich in ungute Hände geraten war. Beide Hinderungsgründe sind entfallen. Also muß ich jetzt darüber nachdenken, welche Probleme es mit sich bringt, eine zusammenfassende Darstellung der deutschen Zeitgeschichte nach dem Dritten Reich zu denken und zu schreiben.

Die dabei zu bedenkende Liste ist lang: sie beginnt bei den allgemeinen Gefahren, in der Zeitgeschichte höchst unterschiedlich erschlossene Forschungsbereiche auf eine möglicherweise schnell überholte Weise zu synthetisieren (das Dazwischentreten der Deutschen Vereinigung zwischen meinen beiden Anlässen zu diesbezüglichem Nachdenken ist hier eine nachdrückliche Erinnerung!) oder eine im Stile der Annales-Schule breiter angelegte historische Reihe, je näher sie sich der Gegenwart nähert, in der Tradition des späthistorischen Sonderwegs der deutschen Zeitgeschichte politikgeschichtlich unendlich zu detaillieren und zu verflachen. Auf ihr stehen die Spannung zwischen dem politisch-pädagogischen Modelldenken über zeitgeschichtliche Diktaturen und Broszats Forderung, auch die Zeitgeschichte zu historisieren ebenso wie die Frage nach fruchtbaren historischen Vergleichen oder nach der historischen Synthesemöglichkeit mikrohistorisch oder sozialwissenschaftlich gewonnener Einsichten. Ich stehe vor Periodisierungs-, Gewichtungs- und Gliederungsproblemen noch vor dem Berg des wirklichen Schreibens.

Von all dem möchte ich heute aber nicht reden, sondern nur von einem spezifischen Ausschnitt, nämlich der unübersehbaren objektiven Erwartung, im Rahmen einer repräsentativen Reihe zur deutschen Geschichte und unter dem Eindruck der überraschend beantworteten deutschen Frage nunmehr die Nachkriegsgeschichte als Nationalgeschichte zu denken. Eine solche Erwartung kann man nicht einfach erfüllen oder abweisen, sondern man muß sich ihre Implikationen und ihr historisches Material vergegenwärtigen. Ich wähle diesen Ausschnitt meiner Schwierigkeiten beim (oder ehrlicher: vor dem) Schreiben bei dieser Gelegenheit, hat doch Dieter Groh (zusammen mit Peter Brandt) vor fünf Jahren das Verhältnis der deutschen Sozialdemokraten zur Nation, dessen Anschein sie im Zuge der Wiedervereinigung vor allem im Osten so sehr kompromittiert hat, in das andere Licht einer „Arbeiterbewegung *in* der nationalen Bewegung" zu rücken versucht, um an den Titel seines zweiten Buches zu erinnern, das er vor 30 Jahren (zusammen mit Werner Conze) über die Reichsgründung veröffentlichte.

Nun also zu den Schwierigkeiten[1], die deutsche Nachkriegsgeschichte in einer nationalen Perspektive zu betrachten. Zunächst sollte ich vielleicht sagen, daß eine solche Erwartung mich – vermutlich im Gegensatz zur Mehrheit deutscher Linker und „liberals" – als solche nicht erschreckt, sondern mir eher als eine Utopie der Normalität erscheint. Wäre es nicht schön, wenn auch wir wie die meisten unserer Nachbarn in

---

[1] Bevor ich diese Schwierigkeiten etwas näher benenne und erörtere, möchte ich aber ein allgemeines Wort zum vieldiskutierten Distanzproblem zwischen Zeitgeschichte und Geschichte loswerden:
Was also könnte Historisierung deutscher Zeitgeschichte heute heißen? Wenn ich an Broszats drei Anregungen erinnern darf, nicht nur den NS abstrakt zu historisieren, sondern auch alltagsgeschichtlich zu vergegenwärtigen und die Kontinuitätsfaktoren durch die Systembrüche hindurch wahrzunehmen: Historisierung heißt zunächst einmal die Befreiung von der Externalisierung der Diktaturerfahrungen in Deutschland in reduktionistischen pädagogischen Kontrast-Modellen zugunsten einer beschreibenden Vergegenwärtigung, der die Grenzen von 1945 und der innerdeutschen Grenze nicht als Demarkationslinien des Denkens dienen, sonder die Internationalisierung und die systemische Spaltung der deutschen Nachkriegsgeschichte als spezifisch deutsche Folge des Dritten Reiches zum Ausgangspunkt ihrer Betrachtung macht. Damit ist schon angedeutet, daß es zweitens um das Studium sozio-kultureller Kontinuität in und jenseits der Systembrüche geht. Die Bundesrepublik und die DDR haben – unter der Kuratell entgegengesetzter Nachlaßverwalter – dasselbe deutsche Erbe angetreten. Wie diese Bedingungen ihre Ordnungen (und ihre Ordnungen ihren jeweiligen Anteil am deutschen Volk) geprägt haben, wird am ehesten ein Vergleich der beiden Gesellschaften untereinander, aber auch mit ihren jeweiligen Nachbarn im Westen und Osten hervortreten lassen. Drittens ist zu solcher vergegenwärtigender Beschreibung notwendig, daß sich die Zeitgeschichte aus ihrer historischen Fixierung auf die Politikgeschichte löst und sich dem Wahrnehmungsspektrum anderer historischer Arbeitsbereiche nähert, also die Demographie, die Ökonomie, die Soziologie und die Kulturwissenschaft zu Rate zieht. Im Ergebnis ist zunächst einmal ein heilsamer Verfremdungseffekt zu erwarten, der das Fremde nah erscheinen läßt und das Vertraute, in dem so viele unbewußt gemachte Selbstverständlichkeiten enthalten sind, durch deren Explizierung in seiner Spezifizität erkennbar und diskutabel macht.
Woher sollen wir aber die Distanz zu solcher explizierenden Verfremdung gewinnen? Man könnte sagen, wir sollten uns einfach doof stellen. Aber ich fürchte, selbst meine Doofheit wird nicht ausreichen, die wahrhaft produktiven dummen Fragen an unsere unbewußten Selbstverständlichkeiten zu stellen. Man könnte den Rat verfremdender Diagnostiker einholen, z. B. Ernst Jüngers, der anläßlich seiner einzig hellsichtigen Schrift „Der Arbeiter" einmal gesagt hat, er habe versucht, auf seine Gegenwart wie der Mann im Mond zu blicken. Aber erstens weiß ich nicht, wie man das macht, und zweitens hat ja schon der frühe Historismus postuliert, der Historiker sollte mit dem Auge Gottes Epochen erfassen. Wie sollen die Wahrnehmungen aus der Fiktion eines so omnipotenten Standorts zuverlässiger werden, nur indem er auf die Nachtseite des heroischen Nihilismus verschoben wird?
Ich denke, es gibt zwei besser praktizierbare Annäherungen an die Ferne. Die eine besteht darin, uns klarzumachen, wie fern wir in Wirklichkeit unseren Gegenständen schon sind. Wir blicken heute auf die Anfänge der Ära Adenauer bzw. Ulbricht aus einer Entfernung zurück wie die damaligen Zeitgenossen auf das Kaiserreich, denen das Dritte Reich so fern und so nah lag wie uns die DDR oder die alte Bundesrepublik. Erinnern wir uns – um den schwierigeren Fall von uns Westlern zu nehmen – überhaupt noch der Zeiten zukunftsfroher Modernisierung, des „Modells Deutschland" als Hort von Stabilität und Vollbeschäftigung, der unbedenklichen Erwartung auf die problemlösende Macht der Atomkraft? Erinnern wir uns überhaupt noch der Gefühle, die der Erwerb des ersten Kühlschranks oder der erste Ausflug im eigenen Auto in uns oder unseren Eltern erweckten, mit welcher kanonischen Inbrunst zu Zeiten die blauen Bände studiert oder mit welch ohnmächtigem Pflichtgefühl zu anderen Zeiten die grünen Kerzen ins Fenster gestellt worden waren. Ein Teil unserer nötigen Distanz ist eine inwendige Ressource.

aller Harmlosigkeit von einem Sockel wirklichen oder erfundenen Herkommens zehren, im sicheren Bewußtsein seiner Existenz uns ein wenig darüber lustig machen, unser memoire collective dekonstruieren und unsere nationale Traditionen herunterwirtschaften könnten, wo die postmodernen Gesellschaften so wenig verbindende andere Selbstverständlichkeiten haben? Mein Problem ist nicht, daß ich aus dem Bauch heraus einen Affekt gegen nationale Perspektiven hätte, sondern daß ich als Historiker mich fragen muß, inwiefern sie auf den von mir zu bearbeitenden Zeitraum anwendbar sind und was sie da jeweils heißen sollen.

Deutschland ist im größeren Teil des mir zugedachten Bearbeitungszeitraums (1945–95) noch nicht einmal ein gesicherter geografischer Begriff. Der Zeitraum beginnt mit dem, was damals viele als „finis germaniae" betrachteten, und er endet mit einer deutschen Vereinigung, aus der ein deutscher Staat hervorgeht, dessen Raumbild beträchtlich geschrumpft ist, dessen Volk zahlreicher und noch immer wirtschaftsmächtiger ist als alle seine Nachbarn, der seit unerinnerlichen Zeiten zum ersten Mal undisputierte Grenzen hat und der im Moment seiner Gewinnung voller nationaler Souveränität – und dieser Zusatz ist mir wichtig – uno actu wesentliche Teile dieser Souveränität auf supranationale Föderationen übertragen mußte und wollte. Nicht nur Kontrollratsdeutschland oder die Zweistaatlichkeit, auch das neue, vereinte, befriedete, euro-atlantisch integrierte Deutschland entspricht also nicht dem klassischen Begriff eines Nationalstaats. Soll ich also den postnationalen Appendix einer Nationalgeschichte schreiben, so daß die Zukunft dieser Vergangenheit die Leser gleichsam in die Propyläen Geschichte Europas überleiten würde? Oder soll ich mich denjenigen beigesellen, die ausweislich ethnischer Konflikte und Exzesse in vielen Teilen der Welt nach dem kurzen 20. Jahrhundert ein neues nationales Zeitalter heraufkommen sehen, unter dessen Gesichtspunkten die deutsch-deutsche Nachkriegsgeschichte zu einer Kette versäumter Antworten auf „die deutsche Frage" zusammenschnurrte? Oder soll ich die konzeptionellen Probleme hinter modischen Plastikwörtern wie „deutsche Identität" verstecken?

Methodisch gewendet finde ich also zwei Hauptschwierigkeiten. Über meinen Zeitraum hinweg gibt es (1) keine auch nur halbwegs stabilen und realistischen Begriffe, mit denen das deutsche Nationsproblem nach 1945 erörtert werden kann. Das reicht

---

Fortsetzung von der Fußnote 1:
Die kann man aufbessern, indem man ausgräbt, wie andere uns gesehen haben, nicht nur die Deutschen einander, sondern auch die vielen Beobachter, die aufzeichneten, was ihrem fremden oder entfremdeten Blick in Nachkriegsdeutschland als Spezifisches aufgefallen war, von Hannah Arendt bis zu Andrzej Szypiorski, von der Gastarbeiterliteratur bis zu den Abschlußberichten rückkehrender Gaststudenten aus der Dritten Welt. An Materialien zur Objektivierung unserer Subjektivität ist kein Mangel, jedenfalls solange wir uns noch nicht mit den Axiomen des radikalen Konstruktivismus die Augen verbunden haben. Es mangelt eher am Willen und an der Kraft zu Auswahl und Interpretation des Materials. Man möchte sich wünschen, daß den Zeugnissen des „clash of civilizations" im letzten halben Jahrhundert und an unserem kleinen deutschen Ausschnitt auch nur ein Bruchteil der tiefenhermeneutischen Sorgfalt zugewendet würde, mit der heute die interkontinentalen Reiseberichte der frühen Neuzeit gelesen und mit der Sicht auf den weißen Mann verglichen werden.

von dem Befund, daß das Dritte Reich in Wirklichkeit keine deutsche Nation hinterlassen hat, über propagandistische Nationsdiskurse der Teilung, zu deren abgestandenen Codes kaum korrespondierende Wirklichkeiten aufgefunden werden können, und Bi-Nationalisierungstendenzen mit gescheiterten Projekten und unbewußt wachsenden Vergemeinschaftungsprozessen bis hin zur Wahrnehmung mediatisierter Nationalstaaten im Weltmarkt und in der europäischen und atlantischen Integration.(2) gibt es in der Zeitgeschichte mehr Möglichkeiten als in anderen historischen Bereichen, jenseits intellektueller, politischer und propagandistischer Diskurse mit sozialwissenschaftlichen und ethnologischen Methoden auf exemplarische Weise in die Mikrologik kultureller Zugehörigkeiten und die Voraussetzungskonstellationen politischen Bewußtseins und Handelns einzudringen. Aber wie sollen die Ergebnisse solcher sondenartigen Untersuchungen in die Darstellung der Tektonik gesamtgesellschaftlicher Kulturverschiebungen und des interkulturellen Vergleichs eingebracht werden?

Ich will im Folgenden in einem grobschrittigen Durchgang durch meine Bearbeitungsperiode den erstgenannten Problemkomplex – also die wandelnden Befunde und Verständnisse des Nationalen – grob skizzieren. Dabei mache ich freihändigen Gebrauch von Einblicken der zweiten, ethnologischen mikroanalytischen Art und tue für die Zwecke einer solchen Skizze so, als gäbe es den Hiatus zwischen Mikroforschung und Makrodarstellung nicht. Ich kann Ihnen also einen Teil meiner Schwierigkeiten mit einer deutschen Nationalgeschichte nach dem Dritten Reich veranschaulichen, während ich den anderen Teil, der aber in der Darstellung um so sichtbarer würde, vor Ihnen verberge und deshalb wenigstens in dieser allgemeinen Form auf ihn hinweisen will. Bevor ich nun zu diesem Durchmarsch aufbreche, will ich Sie noch darauf vorbereiten, daß ich in der Ausgangssituation ausführlicher verweilen will, um zu zeigen, daß die Nachkriegsgeschichte „Nation" nicht aus dem Herkommen abholen kann und daß das deutsche Gedächtnis der Faschismuserfahrung als der negative Index deutschen Nationalbewußtseins betrachtet werden muß. Anders als bei der (in meinen Augen bedenkenswerten) Diagnose, Auschwitz bezeichne den Bruch der Zivilisation, unterliegt dem kein moralischer oder meditativer Appell; es handelt sich vielmehr um eine historisches Hypothese.

Die gescheiterten nationalistischen Exzesse des Nationalsozialismus zur Eroberung eines großdeutschen Kontinentalimperiums haben keine deutsche Nation hinterlassen. Jedenfalls dann nicht, wenn man unter einer Nation (z. B. mit Max Weber oder Eugen Lemberg) eine „staatsrelevante Großgruppe" versteht, die durch einen vorherrschenden Willen zur Selbstregierung verbunden ist.[2] Gewiß hätten die mei-

---

[2] So definierte z. B. gelegentlich Max Weber: Gesammelte Aufsätze zur Soziologie und Sozialpolitik, 2. Aufl. Tübingen 1988, S. 484: „Soweit hinter dem offenkundig vieldeutigen Wort überhaupt eine gemeinsame Sache steckt, liegt sie offenbar auf politischem Gebiet. Es ließe sich ein Begriff von Nation wohl nur etwa so definieren: sie ist eine gefühlsmäßige Gemeinschaft, deren adäquater Ausdruck ein eigener Staat wäre, die also normalerweise die Tendenz hat, einen solchen aus sich hervorzutreiben."

sten Deutschen nichts gegen eine solche Möglichkeit gehabt, wenn sie gegeben gewesen wäre. Aber ihren politischen Eliten waren andere politische Ziele wichtiger als die Einheit und Souveränität des Volkes und den meisten Deutschen waren andere als politische Ziele wichtiger. Darauf werde ich gleich zurückkommen.

Wohl aber hat das Dritte Reich ein deutsches Volk hinterlassen. Ein Volk kann in einem politischen Willen verbunden sein, aber das braucht es nicht. Es kann auf die unterschiedlichste Weise regiert werden, zu Teilen, als Ganzes oder in Vielvölkerreichen, von eigenen Repräsentanten oder von anderen. Das Bewußtsein, zu einem Volk zu gehören, ist nicht notwendig mit dem Willen zur Nation verbunden. Um ein Volk zu sein, genügt es völlig, zu wissen, daß man z. B. Deutsche(r) ist – warum und nach welchen Kriterien ist dabei zunächst einmal ohne Belang. Und daß sie Deutsche waren, das wußten die Deutschen 1945 in ihrer überwältigenden Mehrheit mehr denn je und selbst da, wo einige es vorgezogen hätten, nur noch oder in erster Linie Alemanne, Schlesier, Bayer oder Sozialist zu sein, ließen die Alliierten ihnen – im Gegensatz z. B. zu den Deutschösterreichern – in der Regel nicht die Wahl, aus der deutschen Verantwortungsgemeinschaft auszusteigen. Es ist sogar wahrscheinlich, daß sich selbst jene Angehörigen der Täter-Elite des NS-Nationalismus, die bei Kriegsende ihre persönliche Identität wechselten oder unter falscher Flagge ins Ausland strebten (nach zeitgenössischen Schätzungen immerhin einige Hunderttausende), sich dennoch als Deutsche fühlten, obwohl ihr Führer den Untergang dieses Volkes beschworen hatte, weil es sich als Nation seiner Führung nicht würdig erwiesen habe.

Vielleicht für manchen erstaunlich ziehe ich es hier vor, statt von der Nachkriegsgesellschaft vom deutschen Volk zu sprechen. Eine Gesellschaft setzt eine gewisse Territorialität und Strukturiertheit voraus, Hegel meinte sogar: die Geltung allgemeiner Prinzipien. Das kann man zwar für viele Deutschen 1945 unterstellen, aber beileibe nicht für alle. Volk ist hingegen eine viel weiter gefaßte und weniger bestimmte Formel subjektiver und objektiver Zurechnung, die zwar latente Öffnungsmöglichkeiten zur Gesellschaft, zur Nation, zur Demokratie, aber auch zur Popularität, zur Volks- oder Menschengemeinschaft und allerhand anderen ideologischen Vereinnahmungen haben mag, aus sich heraus aber solche Weiterungen offen läßt und die Neigungen dazu in den Bereich des Empirischen verlagert. Es kommt mir darauf an, daß der Begriff Volk zunächst nur das Bewußtsein einer mehr oder minder freiwilligen Zugehörigkeit, die auch über die Staatsangehörigkeit hinausgeht, umfaßt.

Von den Deutschen sollen während des Krieges 80 % ihren Wohnort gewechselt haben, wohl an die Hälfte des Volkes war nach dem Krieg nicht in seiner angestammten Lebenswelt, soweit es diese noch gab, oder wurde aus dieser vertrieben. Millionen waren in der Evakuierung aus den großen Städten, weitere auf der Flucht, 12 Millionen wurden aus den preußischen Ostprovinzen und Ostmitteleuropa ins Gebiet des Kontrollrats verfrachtet, 11 Millionen gerieten in Kriegsgefangenschaft, von denen ein erheblicher Teil längere Zeit im Ausland blieb. Knapp eine weitere halbe Million wurde in politischen Gewahrsam genommen, mehrere Millionen unterlagen (vorübergehend) Wahlrechts-, Berufs- und anderen Rechtsbeschränkungen. Aus diesem Volk bildete sich erst in Schritten von lokalen und regionalen Kernen relativer Stabilität aus wieder Gesellschaftlichkeit heraus und die praktischen Möglichkeiten einer nationalen Option lagen in einer ungewissen Zukunft.

Nachkriegsgesellschaft hieße insofern zuerst die Diktatur der Besatzungsmächte mit ihrer virtuellen Allzuständigkeit bis herunter auf die lokale Ebene und mit großen, wenn auch abschmelzenden Militärverbänden. An dieser Machtverteilung änderte sich auch wenig, als die Alliierten ihre Herrschaft auf „indirect rule" durch die Kooperation oder Zuwahl deutscher Eliten auf untergeordneter Ebene umstellten. Die „Displaced Persons", die aus der deutschen Kriegs- und politischen Gefangenschaft oder aus der Zwangsarbeit in Deutschland befreit, die politischer Verfolgung oder ethnischer Vernichtung entkommen waren und von denen die meisten in ihre Herkunftsländer zurückstrebten (andere aber auch nicht), zählten ebenfalls unter der ortsanwesenden Bevölkerung anfangs nach vielen Millionen. Nun müßte eine Bilanz und Würdigung der Kriegs- und Terroropfer, der Zerstörungen, der Funktionsfähigkeit von und Verfügung über Infrastrukturen, Produktions- und Verwaltungskapazitäten etc. folgen, aber ich breche hier ab.

Deutschland im Sommer 1945 kann nur in engen Grenzen überhaupt als Gesellschaft beschrieben werden, geschweige denn als Nation. Die Strukturen der Nachkriegsgesellschaft wuchsen erst langsam aus alliierten Verfügungen und einem sich schrittweise verortenden deutschen Volk zusammen, unter dem zunächst weder gesellschaftliche Machtstrukturen noch politische Programmatiken dominierten, sondern soziale und kulturelle Residuale strukturierend wirkten. Unter diesen war sicher der Trieb, Familien oder ihre Reste als Sicherungszellen wieder zusammenzubringen und durch verwandtschaftliche und kollegiale Netze zu erweitern, das grundlegende, gefolgt von kollektiven Formen der Selbsthilfe um Großbetriebe herum und in Wohnvierteln, die von Kaderresten der lokalen Arbeiterbewegung angeleitet wurden. Andere Residuale wie das Land und die Landwirtschaft, die Kirchen, die Wohnungs- und Versorgungsverwaltungen traten dann im zweiten Schritt in den Vordergrund. Deutsche Geschichte nach Hitler beginnt nicht mit der Nation und sei es als Restgröße, sondern mit Internationalisierung und Privatisierung, gefolgt von administrativen Resten von Staatlichkeit, unter denen die sozialstaatlichen und infrastrukturellen Komponenten die wichtigsten waren.

Bei aller Differenziertheit der sozialen Lagen und Einstellungen im Einzelnen lassen sich im deutschen Volk am deutlichsten Mentalitätsverschiebungen in der Phase „zwischen Stalingrad und Währungsreform" ausmachen: die deutsche Klassengesellschaft, die im Zuge der Rekonsolidierung der Verhältnisse wieder deutlichere Konturen zeigte, war vielfach angebrochen, mobilisiert und individualisiert worden, wobei diese individualisierende Herausforderung teilweise als Zumutung, teilweise als Chance aufgenommen wurde. Zweitens gab es in der Besatzungszeit zwar noch weit verbreitete Nachwirkungen nationalsozialistischer Einstellungen, aber kaum noch bekennende Nazis. Das Dritte Reich hatte sich durch seine Niederlage selbst widerlegt und die neue Obrigkeit der Besatzungsmächte erschien als eine solche Übermacht, daß sie praktisch auf keinen Widerstand, sondern auf eine Mischung aus innerer Ablehnung, öffentlicher Anbiederung und in der Hauptsache praktische Anpassung traf. Gruppen, die aus sich heraus den Nationalsozialismus als eine moralische Herausforderung und kollektive Verantwortung empfanden, beschränkten sich auf kleine Minderheiten. Die barbarische Kriegsführung im Osten und der Holocaust waren weder allen Deutschen bekannt, noch waren sie verborgen geblieben. Vielmehr hatten zwischen einem Viertel und einem Drittel des Volkes davon gehört oder waren selbst damit in Berührung gekommen. Diese Informationen hatten sich aber nicht verbreitet, sondern waren durch die Wahrnehmungsverengung des Überlebens, durch Verarbeitungsmuster im Stile eines Zweikampfes oder durch ihre Unglaublichkeit weitgehend verdrängt worden.

Denn die Deutschen empfanden sich – drittens – überwiegend selbst als ein Volk von Überlebenden oder etwas cooler: des Durchkommens. Das Grundgefühl der nachfaschistischen Deutschen war sicher nicht mehr, daß sie ein zur Geschichte berufenes Volk seien, jedenfalls im Westen. Es klang schon eher so heroisch passiv wie Heidegger, daß Geschichte Geschicke bedeutete, aber es war in Wirklichkeit Meilen von Heidegger entfernt, weil es sich im Grunde verwundert und auch mit ein bißchen existentiellem Stolz die Augen rieb: „Ich bin immer gut durchgekommen". 50 Millionen waren im Krieg verblutet, 6 Millionen Juden waren erschlagen, erschossen und vergast worden, Hiroshima war verschwunden. Aber ich, ich bin immer gut durchgekommen. „Anpassung mit Augenmaß" war die Lektion, die die Nachkriegsdeutschen absolviert und verinnerlicht hatten, oder „Mensch bleiben", wie man im Ruhrgebiet sagt, vor allem „bleiben". Glück hatten sie gehabt, mit ewig letzten Zügen, letzten Schiffen, über Brücken, die hinter ihnen explodierten, hatten sie ihr Leben gerettet und damit ihre Unschuld gewonnen. Auch sie beanspruchten, ein Volk von Überlebenden zu sein und sie waren immer anständig und unpolitisch geblieben, wie sie vor der Spruchkammer sagten, wo die Verantwortungslosigkeit das Eintrittsbillet in die Demokratie versprach. Nur von den Tätern überlebten eben etwas mehr, im Verhältnis. Und heute wissen wir, daß sie im Westen auch leichter an Pensionen kamen als die Masse der überlebenden Opfern.

Die Brücke von der National- zur Nachkriegsgeschichte der deutschen Teilung bildet die Mentalität des Volkes. Seine Unschuld bewies es durch sein Überleben, seine Einfügsamkeit und Leistungskraft und freute sich an den Sachen, die nach so viel Vernichtung nun wieder entstanden und erstanden werden konnten, und an den Urlauben, die man zunächst in anderen postfaschistischen Ländern ausprobierte, um keine Peinlichkeiten gewärtigen zu müssen, bevor man sich in fremde Territorien traute. Im Anfang war nicht Adenauer (oder meinetwegen Ulbricht), sondern der Rohstoff ihrer Politik.

Die Erinnerung des Dritten Reiches ist der Index der Bewußtheit, den die deutsche Nachkriegsgeschichte durch die zwei oder drei Generationen der deutschen Teilung mit sich führt. An ihm läßt sich ablesen, wie falsch die Unterstellung einer Stunde

Null und das Erstaunen über die westdeutsche Restauration waren. An ihm läßt sich auch ablesen, daß der Antifaschismus im Osten keine bloße Chimäre war, sondern eine Macht, die Konsequenzen aus dem Faschismus – Reparationen, Gebietsverluste, gesellschaftliche Strukturveränderungen und ein Angebot an die Jugend, die Unpolitischen und die kleinen Nazis, sich wenigstens der Gesinnung nach auf die Seite der Sieger der „Geschichte" zu stellen – und mehr als nur ihre Hinnahme in der Bevölkerug bewirkte. An ihm läßt sich auch ablesen, wie begrenzt der Ausschnitt dieser antifaschistischen Wahrnehmung war, denn binnen kurzem sahen sich Juden schon wieder mit dem Verdacht einer zionistischen Verschwörung, kommunistische Widerstandskader mit dem Verdacht der Kollaboration mit den Nazis und Sozialdemokraten mit dem Verdacht des „Sozialdemokratismus" konfrontiert. 1945 haben einige der moralisch Sensibelsten im deutschen Volk, von denen mehrere von den Nazis verfolgt worden waren, in Stuttgart ein umstrittenes evangelisches „Schuldbekenntnis" formuliert, aber die Verfolgung und Vernichtung der europäischen Juden kam noch nicht einmal darin vor. Nein, die Deutschen haben nicht eine 1945 gewußte Schuld in der Akkomodierung des Kalten Krieges verdrängt. Sondern sie haben – vermittelt über den Argwohn des Auslands und ihrer Kinder – erst Schritt für Schritt wahrgenommen, was ihre Nation zu verantworten hatte, bis sich am Ende, als so gut wie alle Täter tot waren, ein Eiferertum präzis sprachgeregelter Selbstkritik im kollektiven Gedächtnis verankert hatte, das bis hin zum Sturz Jennigers 1988 und zum symbolischen Wiedergutmachungsangebot der DDR an den jüdischen Weltkongreß vom selben Jahr weltgeschichtlich so einzigartig (wenn auch sicher weniger bedeutsam) ist wie Auschwitz.

Beide deutsche Staaten haben die Anerkennung der Welt durch den Ausweis ihrer tätigen, aber spezifisch beschränkten Gedächtnisleistungen wiederzugewinnen versucht. Der Osten sicher früher durch Reparationen an Osteuropa, durch Antifaschismus-Renten an einen anpassungsbereiten Widerstand und ideologisierte KZ-Gedenkstätten. Der Westen durch Wiedergutmachung an Israel (die viel schwerer durchzusetzen, obwohl weniger teuer war als die Re-Integration der Entnazifizierten), durch das Verbot totalitärer Extremismen und die Freisetzung einer Jugend, die sich gegen die Versäumnisse ihrer Eltern mit allen „Anderen" identifizierte.

Derweil saß Deutschland, die bleiche, die blutige Mutter, im Kyffhäuser und sah mit Erstaunen, wie unbeholfen ihre Kinder um den Preis der Reue wetteiferten, wie eifersüchtig sie sich gegenseitig die Spiegel der Restauration und des Totalitarismus vorhielten und mit welch inbrünstiger Arbeitsteilung sie in ihrer jeweiligen Blindheit ihre Bußrituale verrichteten. Aber wie häufig waren auch unter ihren Kindern die Ersten die Letzten. Die DDR, diese hagere Tochter aus Tugend und Vergewaltigung ruhte sich auf ihrer frühen, entsagungsvollen und selbstgewiß engen Moral aus und ihr Gedächtnis vertrocknete in immer weniger sinnhaften Ritualen. Westdeutschland, dieser vitale Liederjan aus vielen käuflichen Verbindungen, leugnete zunächst alles, was ihm nicht an Geständnissen abgepreßt wurde, aber in der Midlife-crisis begann er das Verdrängte zu vermissen, in sich zu gehen, der beschämenden Herkunft nachzugraben und in der Öffentlichkeit mit zunehmender Halsstarrigkeit auf der schlechtesten aller möglichen Herkünfte zu bestehen.

Deutsche Indentität in der Teilung, wie man heute so nobel verbergend sich ausdrückt, ist ohne diese einzigartige Differenz eines negativen Nationalismus und die unterschiedliche Dynamik seiner deutsch-deutschen Stereophonie ganz unverständlich. Schon in den 60er Jahren hatte ein Beobachter (Walter Jaide) anläßlich der Aktion Sühnezeichen festgestellt, das Engagement der jungen Generation an der Aufarbeitung der braunen Vergangenheit sei das schönste Zeichen des damals vielvermißten deutschen Nationalbewußtseins. Ich war seinerzeit einer dieser Jugendlichen und der Satz hat sich mir eingegraben, weil er mir damals so vollständig gegen unser Gefühl gerichtet und verrückt erschien. Heute im Rückblick denke ich, daß er uns besser verstanden hat als wir uns selbst.

Wenn ich im letzten Abschnitt die Abwesenheit des Nationalen im deutschen Volk der Nachkriegszeit betont habe, so war dies natürlich eine Übertreibung, um meinen Punkt stark zu machen, daß das Volk etwas Gegebenes war, die Nation aber vorwiegend eine Last aus der Vergangenheit signalisierte. Man konnte diese Erbschaft zwar nicht platterdings ausschlagen, ihren Antritt aber umgehen, denn sie mußte die im Volk erwartete ‚Normalisierung' der Verhältnisse hinausschieben. Das Nationale hatte in den alliierten Reparationsforderungen seine unmittelbarste Präsenz und da die Westmächte sie nicht forcierten oder sogar ablehnten, war es in Trizonesien leichter, dem Nationalismus abzuschwören als in der SBZ, wo eine Nationalisierung der Verluste den russischen Zugriff wesentlich erleichtert hätte.

Diese Konstellation hatte zwar – wie gerade angedeutet – langfristige Auswirkungen; unmittelbar wirksam war sie aber nur im ersten Nachkriegsjahrzehnt. Für die Dialektik des Nationalen in Deutschland muß man während der ordnungspolitisch-militärischen Lagerbildung in Europa vier sich überlappende Phasen unterscheiden. Meine Schwierigkeit damit besteht darin, daß in jeder Phase die nationale Dimension andere Funktionen hatte und auch analytisch unterschiedliche Begriffe braucht, um sie aufzuschließen.

Gänzlich abwesend war das Nationale auch in der Besatzungszeit nicht, aber doch mehr gebrochen als je in dem Jahrhundert davor und auch in einer völlig anderen Konstellation. Konstitutiv war sicher, daß deutsche Politik von unten subsidiär in die Besatzungsdiktatur hineinwuchs und mehr deutsche Zuständigkeiten wollte. Das darf man aber nicht mit einem Drang zum Nationalen im Sinne deutscher Einheit gleichsetzen, weil es in der Praxis nur durch Kompromißbildungen mit den jeweiligen Zonengewaltigen zu erlangen war.

Idealtypisch sind wir gewohnt, das Syndrom des Nationalismus eher der rechten Mitte des politischen Spektrums und soziologisch eher dem Bürgertum und den Mittelschichten zuzuordnen. Dieter Groh hat gezeigt, daß dies auch fürs 19. Jahrhundert ein unzureichendes Wahrnehmungsmuster ist. Für die Nachkriegszeit wäre es ganz falsch. Wer im Verdacht des Nationalismus stand, verabschiedete sich im großen und ganzen – sieht man von der habituellen Kulturarroganz des deutschen Bürgertums einmal ab – politisch aus der nationalen Kontinuität und experimentierte mit allen möglichen sub-, supra- und transnationalen Ersatz-Orientierungen, mit extremföderalistischen, wiedererfundenen Regionaltraditionen, dem Abendland, den Kirchen, später vermehrt mit Wirtschaftswachstum und Stabilität, Antikommunismus, System, Verfassung und Verwestlichung.

Ein programmatisches Bekenntnis zur Nation war (vor der letztlich erfolglosen Reorganisation postfaschistischer Kader Anfang der 50er Jahre) nur bei der Arbeiterbewegung und auf der Linken deutlich zu hören, sogar bei den Kommunisten, am meisten bei den Sozialdemokraten und auch bei den religiösen Sozialisten aus der katholischen Arbeiterbewegung in der CDU. Die Gewerkschaften waren 1948 die letzten, die ihr Interzonen-Gremium dem Kalten Krieg opferten. Offenbar setzte das Bekenntnis zu nationaler Priorität das Leid der Verfolgung, die Sehnsucht der Emigration und den Mut des Widerstands voraus, wie sich auch an den Überlebenden des konservativen Widerstands, die meistens ziemlich schnell im politischen Alltag des Kalten Krieges Schiffbruch erlitten, und besonders und ausgerechnet an einer ganzen Reihe jüdischer Stimmen ablesen läßt. Bei den linken Parteien kam die taktische Erwägung hinzu, daß sie aus dem Ghetto der Arbeiterbewegung herausmußten, um politisch wirksam zu werden, und die Mittelschichten nicht wieder nationalistischen Rattenfängern überlassen dürften.

Aber auch dieses linke Bekenntnis zur Nation war nur ein Firniß und bröckelte im der praktischen Politik, zumal alle (zumindest westlichen) Besatzungsmächte aus ihrem Mißtrauen gegenüber solchen Tendenzen kein Hehl machten. Wie allen nennenswerten Kräften in den kleinen Führungsgruppen deutscher politischer Anfänge ging es – angesichts der Unbekanntheit der politischen Neigungen des nachfaschistischen Volkes – auch den linken Parteiführungen zuerst um ihre organisatorische Konsolidierung, die ohne engen Kontakt zu den jeweiligen Besatzungsmächten nicht zu erreichen war, und um ihr ordnungspolitisches Profil. Niemand in der frühen deutschen Nachkriegspolitik hatte die autonome Kraft, für eine nationale Priorität die Rückendeckung bei seiner Besatzungsmacht aufzugeben und organisatorisch-programmatische Kompromisse einzugehen, am wenigsten die Kommunisten. Als sie im Herbst 1945 gewahr wurden, daß die Westalliierten unerwartet Wahlen erzwangen und sie deshalb mit ihrer alsbaldigen Marginalisierung rechnen mußten, rissen sie in der Ostzone, wo die Besatzungsmacht dies duldete und förderte, mit allen Tricks die sozialdemokratische Basis in die sozialistische Einheitspartei. Das brachte ihnen zwar auch keine Mehrheit, aber sie konnten sich wenigstens zur führenden Kraft ausrufen, wenn sie dafür auch jegliche Chance zu einer gesamtdeutschen linken Aktionseinheit verspielten. Noch bevor sich der Kalte Krieg der Alliierten zuspitzte, war damit der gesamtdeutschen Schlüsselrolle der Sozialdemokratie ebenso der Boden entzogen wie allen Aussichten auf einen nationalen Kompromiß in einem dritten Weg.

Als die Westmächte angesichts der Intransigenz, mit der das Sowjet-Imperium seine neuen Westkolonien auch in praktischen Fragen von jedem westlichen Einfluß freizuhalten verstand, 1948 auf den Weststaat drängten, war insofern der nationale Widerstand der Ministerpräsidenten Trizonesiens nur noch kurz, suchte vor allem das Odium der nationalen Spaltung von sich abzulenken und tröstete sich mit der sog. Magnet-Theorie. Nachdem die SED-Führung im Gegenzug Stalin von der zweitbesten Lösung seiner Deutschlandpolitik, der Eigenstaatlichkeit der SBZ, hatte überzeugen können, da nur sie ihr Überleben an der Macht garantierte, ihrerseits eine ostdeutsche Magnet-Theorie verkündete und eine volksdemokratisch entdemokratisierte Weimarer Verfassung, die ähnlich wie das Grundgesetz eine virtuelle Wirkung für Gesamtdeutschland beanspruchte, in Kraft setzte, war nun dem großen nationalen Diskurs von beiden Seiten der Boden bereitet.

Seine Steigerung in der 50er Jahren zeigte alle Merkmale kompensatorischer symbolischer Politik. Je weniger er praktisch bedeutete, desto lautstärker wurde er. Angefangen von den beiden Staatshymnen, in denen die Einigkeit des Vaterlands beschworen wurde, über die Einrichtung von gesamtdeutschen Ressorts in beiden Regierungen und die Institutionalisierung von Allparteien-Koalitionen für nationale Propaganda wurde er jedesmal höher gedreht, wenn wieder ein Schritt zur Verfestigung der Zweistaatlichkeit und der systemischen Priorität gegenüber der nationalen unübersehbar geworden war. Die wichtigste Schwelle waren hier die Jahre 1952/53, als Adenauer die Diskussion der Stalin-Noten hintertrieb und die Russen den 17. Juni durch eine Machtdemonstration ihrer Panzer beendeten. Im Osten wurde daraufhin die Nationale Volksarmee in Wehrmachtsuniformen vorbereitet und ihre schon im Ansatz gescheiterte Jugendwehrorganisation „Dienst für Deutschland" genannt, die Tradition antiwestlicher Freiheitskriege aufgewärmt und der westliche Neutralismus unterstützt, selbst wenn er von Rechtsradikalen vertreten wurde. Im Westen wurde das Kuratorium Unteilbares Deutschland gegründet, der 17. Juni zum Tag der deutschen Einheit proklamiert und in ziemlich viele Fenster eine grüne Kerze zum Gedenken an die „Brüder und Schwestern in der Zone" gestellt. Die staatliche Förderung dieses symbolischen Nationalismus war auf beiden Seiten von keinerlei praktischer Kompromißbereitschaft in der Außenpolitik begleitet.

Wozu diente sie also? Vielleicht ist diese Frage falsch gestellt, weil kompensatorische Handlungen ja nicht zweckrational sein müssen. Aber zwei Zwecke verfolgte sie sicher auch: einmal die Kräfte in den politischen Eliten, die für Kompromisse in der nationalen Frage anfällig schienen, durch ihren unschädlichen Einsatz an der Propagandafront des Kalten Krieges politisch einzubinden und praktisch zu neutralisieren. Anderseits ging es um die Integration spezifischer Adressaten und Probleme (die ehemaligen Anhänger des Dritten Reiches, die Vertriebenen, die Flüchtlinge und Berlin)[3].

---

[3] Da waren zunächst die ehemaligen Anhänger des NS, für die im Osten eine besondere Auffangpartei unter einem Kommunisten gegründet wurde und die im Westen das größte Reservoir von Wechselwählern darstellten, was sie ins Zentrum der Wahlkämpfe rückte: waren sie doch eine rekonstitutionsfähige Gesinnungsgemeinschaft, wie der kurze, von der Besatzungsmacht unterbrochene rechtsradikale Boom Anfang der 50er anzudrohen schien oder waren sie in ihrer Mehrheit sicherheitsbedürftige und auf-

Nach dem Mauerbau kam ein anderer, verschwiegenerer, ungleichgewichtiger Bi-Nationalisierungsprozeß in Gang, der nicht einfach als das Wachsen von zwei Staatsnationen durch Gewohnheit begriffen werden kann, sondern für dessen Verständnis Anregungen von Hans Rothfels und Karl Deutsch wichtig sind. Rothfels hat am Beispiel der USA jenseits von Staats- und Kulturnation einen dritten, modernen Typ nationaler Selbstverständigung vorgeschlagen, nämlich den durch einen Lebensstil (way-of-life-Nationalismus) und Deutsch hat die wachsende gesellschaftliche Kommunikationsdichte und ihre Abgrenzung nach Außen z. B. durch spezifische Infrastrukturen als Voraussetzung des nationalen Zeitalters im 19. Jahrhundert bestimmt; seine Anregung scheint mir auch im Umkehrschluß valide.

Beide Dynamiken wirkten auf die beiden deutschen Gesellschaften unterschiedlich, zumal die DDR-Führung ihren gesamtdeutschen Anspruch zugunsten der Kopfgeburt einer sog. sozialistischen Nation der Volksrepublik Preußen und Sachsen aufgab, während die Bundesrepublik zunächst ihre gesamtdeutsche Propaganda und ihren Alleinvertretungsanspruch gegen den Druck der internationalen Entspannungspolitik aufrechtzuerhalten suchte. Beide hatten mit diesen Politiken wenig Erfolg; der gesellschaftliche Prozeß zunächst weitgehend unbewußter Bi-Nationalisierung verlief eher umgekehrt. Durch den lang anhaltenden Wiederaufbau- und Modernisierungsboom bis in die 70er Jahre, seine Ablösung von der Herrschaft einer Partei, die integrative Überwindung der Konjunktur- und Kulturkrisen der späteren 60er Jahre und die Abblockung dritter Wege 1968 wuchs in der Bundesrepublik ein weitverbreitetes und lebensweltlich tief verankertes Wir-Gefühl. Es artikulierte sich nur in einzelnen Zusammenhängen explizit als ein nationales, z. B. im Bereich der europäischen Integration, wurde aber mit seiner Hoffnungsbezeichnung als Verfassungspatriotismus nur oberflächlich erfaßt. Die Gewohnheit pluraler politischer und medialer Strukturen gehörte sicher dazu, aber auch die Einübung des sozialstaatlich zivilisierten Marktes, der infrastrukturelle Sockel des kollektiven Reichtums, der materielle Lebensstandard und ein weltweit mit Argwohn anerkannter Leistungsstolz. Von all dem war das Volk der DDR ausgeschlossen.

Fortsetzung von Fußnote 3:
    stiegsorientierte Opportunisten, wie sich dann herausstellte? Mindestens so wichtig waren die Vertriebenen, die man im Osten (vor allem durch die Bodenreform) früher sozial zu integrieren versucht hatte, aber nach der Anerkennung der Oder-Neiße-Grenze tabuisierte; sie sollten nicht in den Westen weiterwandern. Im Westen, wo sie sich spät organisierten, konnten sie zwar nicht mehr einen wirklichen gerechten Lastenausgleich durchsetzen, sammelten aber genügend Veto-Power, um in jeder politischen Konstellation die zweite deutsche Frage so lange offenzuhalten, bis jede Verhandlung über sie nur noch in der Anerkennung dieser Grenze enden konnte. Die dritte Adressatengruppe waren die innerdeutschen Migranten, deren Strom von Ost nach West für beide Seiten auf unterschiedliche Weise ambivalent war. Die DDR wurde zunächst durch die Republikflüchtigen von vielen inneren Konfliktpotentialen entlastet, auf die Dauer stellt der Brain-drain jedoch die gesellschaftliche Reproduktion infrage. Für die Bundesrepublik stellten sich zumindest am Anfang Integrationsprobleme, aber jeder Zonenflüchtige bestärkte zumindest statistisch ihren Alleinvertretungsanspruch. Und der vierte Punkt war Berlin, das Schaufenster des Westens im Osten und die Schleuße des Ostens in den Westen, und die Insulaner, die eine Perspektive behalten sollten und nach der Blockade Treue erforderten, vor allem auch zu den Alliierten, die durch Berlin bis zuletzt die Letztbestimmenden in der deutschen Frage blieben.

Dazwischen stand, was Planer der neuen Ost-Politik die innerdeutsche Kommunikationsgruppe nannten: Menschen, deren verwandtschaftliche und freundschaftliche Beziehungen durch die Mauer unterbrochen waren und die weniger auf nationale Beschwörungen der einen oder anderen Art als vielmehr auf praktische Regelungen drängten, um diese Beziehungen wieder pflegen zu können. Diese Gruppe stellte im Westen nur eine Minderheit, in der DDR aber eine große Mehrheit und für sie waren diese Beziehungen nicht nur von zwischenmenschlicher Bedeutung, sondern auch geldwert und unerläßlich für die Anreicherung des Konsums mit Außeralltäglichem. Auch erprobte Gegner des Kommunismus, die innerhalb der innerdeutschen Kommunikationsgruppe eine wichtige Untergruppe bildeten, waren deshalb für die neue Ostpolitik dankbar. Daß deren Konstrukteure im traditionellen Sinne nationale Motive hatten und die Diktaturen des Ostens durch ihre Anerkennung erschlaffen und verfallen lassen wollten, entzog sich weitgehend der öffentlichen Wahrnehmung.

Das Volk der DDR aber wurde keine sozialistische Nation, wenn es richtig sein sollte, daß Nation konstitutiv etwas mit Selbstregierung zu tun hatte. Zwar hatte das sozialistische Großprojekt einer planvollen Modernisierung und einer solidarischen Gesellschaft, die die Folgen des Dritten Reiches auf sich zu nehmen hatte, viel mehr Anhänger als man heute glaubt, zumal es vor allem in der Arbeiterschaft mit einer im Westen unbekannten Fülle von Bildungs- und Aufstiegschancen verbunden war. Aber auch seine Anhänger wußten natürlich, daß seine diktatorische Ausgestaltung und seine im Verhältnis enttäuschend langsamen Fortschritte nicht von ihrem Willen, sondern von der sog. Großwetterlage abhingen und seit dem Mauerbau wußte das ganze Volk, daß es dazu keine Alternative gab. Währen die Westdeutschen eine moderne, d. h. in ihrer Bedeutung durch regionale Integration, den Weltmarkt und den Atomwaffensperrvertrag reduzierte Nation wurden, aber es noch nicht wußten oder zumindest zugaben, wurden die gelernten DDR-Bürger und besonders -Bürgerinnen ein spezifisches, von der gemeindeutschen Herkunft sich zunehmend unterscheidendes Volk, das in hoher Binnenkommunikation, in der Nutzung der sozialistischen Infrastrukturen vor allem um die Betriebe herum, in der kleinen Freiheit der Nischengesellschaft und in der zunehmenden Expertise im Umgang mit den großartigen Ansprüchen und den kleinlichen Kontrollen einer diktatorischen Organisationsgesellschaft neue zwischenmenschliche Sitten und Gebräuche ausbildete.

In den 80er Jahren traten diese latenten Voraussetzungen ins Offene. Westdeutschland blickte auf Westeuropa und wenn in Bonn von der Nation die Rede war, war gewöhnlich die Bundesrepublik gemeint. Angesichts zunehmender Arbeitslosigkeit und Individualisierung kam es zwar zu keiner geistig-moralischen Wende, aber es wurde eine kulturpolitische Kampagne postmoderner Gemeinschaftsfiktion mit nationalen Symbolen und Ritualen losgetreten, deren deutscher „Identität" das Volk der DDR allenfalls beim Westfernsehen ansichtig wurde. Aber auch im Osten tat sich was, allerdings noch Widersprüchlicheres. Auch hier wurde nun die Nützlichkeit kollektiver Identität – nämlich daß sie erübrigt, auszusprechen, wer sich womit identifiziert – entdeckt und durch die Forcierung früher negierter regionaler Identitäten in der DDR ein kulturelles Netz zwischen Berlin und der Nische einzuziehen versucht. Strauß verlängerte nun das Leben der Staats- und Parteiführung auf Pump und Honecker entdeckte in der Nachrüstungsdebatte plötzlich einen gemeindeutschen Boden, von dem nie wieder ein Krieg ausgehen dürfe. Aber das sind Marginalien aus einer lange vergangenen Periode der Stabilitätserwartungen.

Die nationalen Potentiale der DDR hatten ihr coming out erst, als Gobatchow mit Glasnost und Perestroika die Großwetterlage verändert hatte. Sie zielten in drei unterschiedliche Richtungen. Die Staats- und Parteiführung versuchte es angesichts der liberalisierenden Bedrohung aus dem Osten zum ersten Mal mit der Selbstregierung der sozialistischen Nation und war binnen zwei Jahren verschwunden. Die Bürgerbewegungen, die Dableiber als selbsternannte Repräsentanten des Volks der DDR, probten den Vormärz, konfrontierten die Herrschaft mit liberalen Forderungen und riefen das biedermeierliche Volk der DDR zur Selbstregierung einer Kulturgesellschaft auf. Im ersten hatten sie Erfolg, im zweiten wurden sie von den Ereignissen überholt. Das Rennen machten bekanntlich die Ausreis(s)er, die an keine Variante der nationalen Erhebung des Volks der DDR zur Nation glaubten, sondern sich der westdeutschen way-of-life-Nation anschließen wollten und alle Mächtigen in Zugzwang brachten: die der DDR, weil sie ihr Volk nicht illegal gehen lassen konnten, die der BRD, weil sie keine weitere Legitimierung durch zureisende Arbeitslose brauchten, die in Moskau, weil sie sich schon immer gewundert hatten, wie eine so große Nation wie die Deutschen so etwas Unnatürliches wie die deutsche Teilung hinnehmen konnten und die in den westlichen Hauptstädten, weil sie der BRD schon immer ihre Unterstützung für den Fall eines Falles versprochen und nie auf die unvorstellbare Idee gekommen waren, daß er jemals eintreten könnte.

Es ist einfach ungerecht, Helmut Kohl den Vergleich mit Bismarck und Adenauer zu verweigern. Die Wiedervereinigung war eine brillante politische Performance und wen sollte es wundern, daß die westdeutsche Linke, die gerade die Verwestlichung in ihr politisches Credo aufgenommen hatte und als herzloser Bedenkenträger durch den Osten reiste, von ihr hinweggefegt wurde. War etwa die Reichsgründung mit ihrem allgemeinen Wahlrecht nicht auch ein konservativer Bluff und binnen drei Jahren die Gründerkrise da? Brökelten etwa Bismarcks Mehrheiten nicht binnen kurzem, so daß er die Pferde wechseln und die andere der „two nations" mit dem Zuckerbrot epochaler Staatsintervention und der Peitsche politischer Ausgrenzung an die Kandarre nehmen mußte? Eine historische Persönlichkeit wird man doch nicht, indem man ökonomisch Recht hat, sondern ein Gespür für ein Machtvakuum hat und uralte Gefühle im Bauch, um es zu füllen. Bei Kohl war es die kompensatorische nationale Propaganda der fünfziger Jahre – der längst vergessene Magnet hatte also doch noch funktioniert, und es war das Vorbild des Adenauerschen Primats und Pragmatismus, mit dem er die Montanmitbestimmung und die jetzt unbezahlbare dynamische Rente sich zu eigen gemacht und – das war nicht sein Gebiet – auf die unendlichen Wachstumskräfte des Marktes vertraut hatte, daß ihm ein Kornfeld in der flachen Hand wüchse, eine blühende Landschaft. Kohl erwies sich auch als ein würdiger Nachfolger, indem er der Nation allen Tribut der Lippe zollte, aber ihrer Selbstbestimmung keinen Moment über den Weg traute. Eine neue Verfassung, wie es die alte für diese unwahrscheinliche Eventualität vorsah? – um Gottes willen, keine Experimente. Und die neue Souveränität wurde wegintegriert, bevor die Deutschen überhaupt merkten, daß sie sie haben und irgendwelchen romantischen Unsinn damit anstellen könnten.

Gegenüber solcher Power mag die abschließende Frage etwas papieren klingen, ob wir jetzt endlich, da die allermeisten Deutschen zum ersten Mal in undisputierten Grenzen zusammen leben, eine Nation unter Nationen geworden sind. Mit einer Einschränkung würde ich sagen, ja, eine postmoderne, also zeitgemäße. Unsere kollektive Selbstbestimmung liegt sicher in Brüsseler Depots und die Regierbarkeit von Nationalstaaten ist unter den Bedingungen der Globalisierung ohnehin geringer denn je. Auch wenn ihrem mittleren Management keine Grundsatzentscheidungen mehr obliegen, hängt viel der kollektiven Wohlfahrt vom Geschick ihrer Optimierungen ab und ihre Politik ist noch immer ein wesentliches Medium gesellschaftlicher Integration: im Vaterland wird das Welttheater in der Muttersprache gegeben. Daß wir auf dem Weg von der korporativen Klassen- zur individualisierten Zweidrittelgesellschaft sind, unterscheidet uns nur im Grad des Fortschritts von anderen spätindustriellen Gesellschaften, ebensowenig wie daß wir hochverschuldet sind und auf Kosten künftiger Generationen unsere Sozialfonds und natürlichen Ressourcen plündern, und noch nicht einmal, daß es eine besondere regionale Konzentration von Unterschichten und Outcasts gibt wie bei uns die neuen Bundesländer.

Das alles ist mehr oder minder normal für heutige Nationen, die nicht mehr entscheidende Kollektivsubjekte, aber immer noch wichtige subsidiäre Medien politischer Integration sind. Kritiker heben vor allem den Schönheitsfehler hervor, daß unser Staatsbürgerrecht immer noch aus der Volkstumspolitik des Kaiserreichs stamme und die moderate, aber sozio-ökonomisch und demographisch notwendige Einwanderung in den inferioren Status von Ausländern abdränge – hier ist Nachholbedarf unverkennbar. Das Hauptproblem scheint mir aber zu sein, daß wir noch immer oder erneut auch auf dieser abgesunkenen Ebene eine „verspätete Nation" (Helmut Plessner) sind. Die gesamtdeutsche Nation ist uns zugefallen, als sie niemand im Westen erwartet und jedenfalls nicht als kurzfristiges Ziel mehr angestrebt hatte. Eine unwillentliche Nation scheint nach traditionellen Maßstäben ein Widerspruch in sich selbst, paßt aber nicht so schlecht zur westdeutschen Vorgeschichte einer jahrzehntelangen unbewußten Nationsbildung. Schlechter paßt sie zur Transformation des Volks der DDR zum Annex dieser Nationsbildung, weil die Masse der Ostdeutschen deren materielle und Erfahrungsvoraussetzungen nicht teilt, ihre höheren Erwartungen an das Unerwartbare enttäuscht sieht und sich auf den vertrauten Status eines fremdverwalteten Volkes mit widerständigen Sitten und Gebräuchen zurückzieht. Der die Westdeutschen mahnende Ruf „Wir sind *ein* Volk" ist fast schon so lange verklungen wir jener einst Wandlitz herausfordernde Ruf „Wir sind *das*

Volk" (der populus, die Werktätigen, die Basis der DDR). Erste Beobachter diagnostizieren nun die Ethnisierung der Ostdeutschen vor und nach der deutschen Vereinigung.

Nationen mögen auch heute noch entstehen und etlichen westdeutschen Linken möchte man sagen, daß es angesichts der abgesunkenen Rolle der Nationalstaaten nicht in jedem Fall eine angemessene Reaktion ist, darin eine zwanghafte Wiederholung des Nationalismus der imperialistischen Epoche zu wittern. Viele Nationalstaaten der Europäischen Union mögen noch immer Nationalitätenprobleme haben oder sich vor neuen multikulturellen Herausforderungen sehen. Den Niedergang der Bedeutung ihrer Nation aber verkraften sie aus der Sicherheit institutioneller Gewohnheiten und abgelegter Traditionen ihrer Völker. „Decay is so much mor fun", wie man in England zuweilen sagt. Der neue Nationalstaat Deutschland, dem als Grenzen beides fehlt, kommt in gewissen Weise auch zum Niedergang zu spät und trägt aufgrund seiner inneren Unausgegorenheit und seiner Größe einen beachtlichen Faktor der Unsicherheit in den Prozeß der nationalen Mediatisierung Europas.

Insofern macht der Schlußabschnitt einer deutschen Nationalgeschichte Schwierigkeiten. Die neue Normalität der deutschen Einheit ist nicht nur genetisch und im internationalen Vergleich alles andere als normal. Sie eignet sich auch schlecht als Ausgangspunkt zur begrifflichen Strukturierung einer Geschichte, die über ein halbes Jahrhundert aufs Ganze gesehen nicht von nationalen Prioritäten und Begriffen geprägt worden war. Vielleicht kann man diese ungewöhnliche Vorgeschichte aber dennoch erzählen und dadurch das Ergebnis historisch verständlicher machen.

Anmerkungen zur Alltagsgeschichte

Seit wenigen Jahren ist die Kategorie Alltag plötzlich zu einem bedeutsamen Medium historischen Interesses geworden. Steigende Besucherzahlen in Museen, die Ausschnitte aus der materiellen Zivilisation der Vergangenheit präsentieren, Leserinteresse für die Geschichte des sogenannten kleinen Mannes und seiner Lebensverhältnisse, Bürgerinitiativen zur Rekonstruktion lokaler Geschichte oder zur Erhaltung von Überliefertem, Literaturzweige und Wissenschaftsbereiche, die autobiographische Erfahrung in den Mittelpunkt rücken, didaktische Ansätze, die von der Lebenswelt der Lernenden ausgehen und eher den ‚Alltag unterm Hakenkreuz' als ‚Hitler – eine Karriere' zum Unterrichtsgegenstand wählen[1] – solche Anzeichen signalisieren einen Durchbruch des alltagsgeschichtlichen Interesses in der Öffentlichkeit. Ich gehöre zu denjenigen, die seit längerem für eine solche Erweiterung sozialgeschichtlicher Fragestellungen und für einen Perspektivenwechsel, wie ihn der Slogan ‚Geschichte von unten' meint, geworben haben[2]. Bevor wir beginnen, uns angesichts der alltagsgeschichtlichen Welle wie der Zauberlehrling zu fühlen, scheint es mir an der Zeit, die Ursachen des Umfangs und der besonderen Qualität dieses Interesses in der Bundesrepublik, unter denen die Plädoyers einiger Historiker wohl den geringsten Teil ausmachen, zu orten. Und es scheint mir hohe Zeit, von der Frage, *ob* Alltagsgeschichte wünschenswert sei, zu der sehr viel schwierigeren Problematik vorzustoßen, *wie* sie betrieben werden könne.

Nicht jedem wird die gewisse Besorgnis, die in diesen Fragen mitschwingt, einleuchten. Haben die Historiker mit der Geschichte des alltäglichen Lebens sich nicht einen neuen überfraktionellen Arbeitsbereich mit nahezu unendlichen empirischen Aufgaben erschlossen? Sind sie nicht im Begriff, nach der phantastischen Faszination durch die Mächtigen und nach intellektualistischen Theoriedebatten sich endlich dem Einfachen und im besten Sinne Populären zuzuwenden? Haben die Menschen nicht begonnen, ihre eigene Geschichte aufzuspüren und zu verteidigen? Ist ‚Geschichte von unten' nicht der selbstverständliche Ausdruck eines demokratischen Selbstverständnisses im Geschichtsbewußtsein? Gerade wer wie ich dazu neigt, all

---

[1] Vgl. z. B. Jürgen Reulecke u. Wolfhard Weber (Hg.): Fabrik, Familie, Feierabend, Wuppertal 1978 oder den von Rolf Schörken betreuten ersten Teil „Geschichte als Lebenswelt", in: Klaus Bergmann u. a. (Hg.): Hb. der Geschichtsdidaktik, Düsseldorf 1979, Bd. 1, 3ff. oder die Lesebücher Harald Focke u. Uwe Reiner (Hg.): Alltag unterm Hakenkreuz, Reinbek 1979 und Alltag der Entrechteten, Reinbek 1980.

[2] Vgl. Aufsätze wie „Aktivität und Grenzen der Antifa-Ausschüsse 1945 – das Beispiel Stuttgart", in: VfZG 23, 1975, S. 297ff.; (mit Franz Brüggemeier) „Wie wohnten Arbeiter im Kaiserreich?", in: AfS 16, 1976, 61ff.; „Die Unfähigkeit zur Stadtentwicklung", in: Ulrich Engelhardt, Volker Sellin, Horst Stuke (Hg.): Soziale Bewegung und politische Verfassung, Stuttgart 1976, 432ff. und die von mir hg. Sammelbände „Wohnen im Wandel". Wuppertal 1979, und „Lebenserfahrung und kollektives Gedächtnis", Frankfurt 1980.

diese Fragen zwar vielleicht mit der einen oder anderen Anmerkung zu versehen, aber im Grunde doch zu bejahen, wird sich nicht über die Schwierigkeiten täuschen dürfen, die damit gemeinten Impulse in eine historische Praxis zu übersetzen. Dazu zunächst einige allgemeine Beobachtungen.

Schlagen wir Schulgeschichtsbücher auf und suchen, wo vom Alltag die Rede ist, so werden wir in der Regel dort fündig werden, wo (wie bei den Bauern des Mittelalters oder den Arbeiterfamilien des 19. Jahrhunderts) von einem Alltag der Armut, der Mühsal, der Ausbeutung und der geringen Lebenschancen die Rede ist. In Büchern für die Hauptschule werden Schilderungen alltäglicher Szenen auch für andere Lebensbereiche eingesetzt, offenbar weil der Erfahrungsbereich dieser Schüler auf den Alltag eingegrenzt ist, von dem aus mit anschaulichen Vergleichen historisches Lernen möglich wird. Außerdem finden wir quer durch die Schulstufen Alltagsprobleme im 20. Jahrhundert in der Regel nur für die Not im Kriege dargestellt[3]. Wir merken uns:
1. Armut ist darstellerisch am reizvollsten.
2. Der einfache Mensch kennt nur seinen Alltag, aber den kennt er.
3. Den Unterschichten geht es heute viel besser als früher.
4. Not gibt es heute nur noch selten, aber dann für alle. Sie hat internationale Gründe.

Blickt man nun in die soziologische Literatur, die sich schon seit längerem um eine theoretische Dimensionierung des Alltagsbewußtseins unserer Zeit bemüht[4], so findet man sie aus einem ganz anderen Lebensgefühl motiviert: der Alltag wird hier als deformiert, entfremdet, verarmt und manipuliert unterstellt, die Subjekte, und besonders die der arbeitenden Bevölkerung, als unfähig zur Einsicht in ihre eigene Lage, und oft wird angedeutet, daß Chancen zur Identität, zur individuellen und kollektiven Selbstgestaltung des Alltags, ja vielleicht überhaupt zum guten Leben früher eher gegeben gewesen seien. Sollte sich dieser Ansatz, der unseren Alltag und unser Fortschrittsdenken derart problematisch erscheinen läßt, zur Diagnose erhärten, würden sich für einen alltagsgeschichtlichen Ansatz eine ganze Reihe von Problemen auftun.

---

3 Ein kursorischer Vergleich von Schulgeschichtsbüchern zeigt auch, daß Alltag wesentlich eine didaktische Kategorie ist und um so häufiger eingesetzt wird, je mehr der Verfasser angesichts seiner Zielgruppe sich zur Didaktisierung aufgerufen fühlt: ältere und gebildetere Schüler werden mehr mit Fragen der Kultur und Herrschaft beschäftigt. Dabei bleibt offenbar außer Betracht, daß die Rekonstruktion vergangener Lebenswelten zu den anspruchsvollsten und schwierigsten historischen Aufgaben gehört.
4 Vgl. Sammelwerke wie Jack D. Douglas (Hg.): Understanding Everyday Life, Chicago 1970; Arbeitsgruppe Bielefelder Soziologen (Hg.): Alltagswissen, Interaktion und gesellschaftliche Wirklichkeit, 2 Bde. Reinbek 1973; Alltag (Kursbuch 41), 1975; Alfred Schütz u. Thomas Luckmann: Strukturen der Lebenswelt, Neuwied, Darmstadt 1975; Alltagswissen und sozialwissenschaftliche Erkenntnis, Heft 2 von Politische Bildung 9, 1976; Kurt Hammerich u. M. Klein (Hg.): Materialien zur Soziologie des Alltags. Sonderheft 20 der Kölner Zs. f. Soz. u. Sozialpsych. 1978; und Einzelstudien wie Henri Lefèbvre: Kritik des Alltagslebens, frz. 1947, dt. 3 Bde. München 1974/75; ders.: Das Alltagsleben in der modernen Welt, Frankfurt 1972; Agnes Heller: Das Alltagsleben, Frankfurt 1978; Lothar Hack: Subjektivität im Alltagsleben, Frankfurt, New York 1977; Thomas Leithäuser: Formen des Alltagsbewußtseins, Frankfurt, 2. Aufl. New York 1979.

Wenn der Alltag z. B. nicht als das Medium konkreter, jedermann zugänglicher Erfahrung der sozialen Wirklichkeit, sondern vielmehr als eine materialisierte Ideologie der sich verschleiernden Warengesellschaft, die nur in extremen, nicht-alltäglichen Lagen durchbrochen werden könnte, zu betrachten wäre, so wäre der *emanzipatorische Ausgangspunkt heutiger Alltagserfahrung eine didaktische Fiktion* und die Orientierung auf die Rekonstruktion von Lebenslagen und materieller Zivilisation in der *Vergangenheit lieferte nur eine zusätzliche ideologische Bestätigung.*

Das führt zu einer zweiten Beobachtung: Alltagsgeschichte will im Sinne unmittelbarer persönlicher Betroffenheit konkret und im Sinne unmittelbarer Handlungsmöglichkeiten demokratisch sein[5], das heißt sowohl in der Erfahrungs- als auch in der Aktionsdimension geht es um die Wechselbeziehungen zwischen einzelnen oder Gruppen und ihren materiellen bzw. institutionellen Bedingungen. Nun hat die Geschichtswissenschaft zwar erhebliche Fortschritte in der Rekonstruktion solcher Bedingungen gerade auch für untere Schichten der Vergangenheit gemacht, und es ist einfach nicht wahr, daß sie sich auch heute noch überwiegend und vorzugsweise mit Kaisern und Königen beschäftige, aber die Suche nach der Subjektivität der sozialgeschichtlichen Subjekte läuft – außer bei den Eliten – heuristisch allzuoft ins Leere. Dieses Defizit mag in historischen Romanen und offenbar auch Hauptschulgeschichtsbüchern durch die Subjektivität des Autors ersetzt werden; unterwirft sich die soziale Phantasie aber wissenschaftlichen Verfahren, so schrumpfen ihre diesbezüglichen Aussagen zumindest für die Zeit, die durch die mitlebenden Generationen nicht mehr teilweise erhellt werden können häufig genug zu vorläufigen Hypothesen, die sich der Verallgemeinerung punktueller Überlieferung oder überhaupt nur der Wahrscheinlichkeit einer Annahme verdanken. Insofern tendiert Alltagsgeschichte in vielen Fällen im Ergebnis e*her zur Präsentation der materiellen Ablagerungen einer Lebensweise als zur Einsicht in diese selbst.*

Meine dritte Beobachtung gilt der Schwierigkeit, die theoretisch entwickelten Begriffe von Alltag, Alltagsleben, Lebenswelt etc.[6] historisch zu operationalisieren. Alle diese Begriffe sind nämlich zunächst einmal *subjektzentriert*[7] und widersprechen damit der eben angedeuteten tendenziellen Vereinseitigung der Alltagsgeschichte zur Beschreibung und Klassifikation von materiellen Zivilisationen, wofür die ältere deutsche Volkskunde ein warnendes Beispiel gibt[8]. Ein solches, aus heuristischen

---

5 S. u. Anm. 47f.
6 Zum Zusammenhang dieser Konzepte vgl. Ina-Maria Greverus: Kultur und Alltagswelt, München 1978, bes. 93ff.
7 So definiert zum Beispiel Heller, S. 24, bereits in den ersten Sätzen: „Um die Gesellschaft reproduzieren zu können, ist es notwendig, daß die einzelnen Menschen sich selbst als einzelne Menschen reproduzieren. Das Alltagsleben ist die Gesamtheit der Tätigkeiten der Individuen zu ihrer Reproduktion ... Die Reproduktion des Einzelnen ist die Reproduktion des *konkret* Einzelnen ..." Für unseren Zusammenhang heuristischer Operationalisierung gilt die Subjektzentrierung aber auch für phänomenologische Ansätze, die ja gerade von der Intentionalität des Bewußtseins geleitet sind. Vgl. auch Anm. 46.
8 Zur Debatte um deren Überwindung Hinweise bei Martin Scharfe: Towards a cultural history, in: Social History 4, 1979, 333ff.

Gründen entkerntes Konzept, könnte aber dem modernen subjektzentrierten Interesse am Alltag gerade nicht die historische Dimension öffnen, jedenfalls nicht für die Bezugsgröße der Masse der Produzenten. Jenseits des Subjektbezugs durchziehen die verschiedenen Definitionen zwei Konstanten, die ebenfalls einer historischen Operationalisierung große Probleme aufgeben. Die eine beschreibt Alltag als die Gesamtheit aller unmittelbaren Gegebenheiten, Wahrnehmungen und Handlungen des Menschen und verlangt damit die Thematisierung einer Totalität des Unmittelbaren, die sich als solche einerseits unabhängig von der Quellenlage letztlich wissenschaftlicher Bearbeitung entzieht und eher ein ‚Sich-Einfühlen' oder gar eine ahistorische Wesenschau verlangt, andererseits aber durch die historische Prägung der Gegebenheiten, des Wahrgenommenen und der Interaktionspartner den Historiker zur Ausuferung in eine Gesamtheit von Vorgeschichten einlädt.

Die andere Konstante beschränkt diese Totalität auf solche Wahrnehmungen, Handlungen und Gegebenheiten ein, die sich tagtäglich wiederholen, routinisiert, selbstverständlich oder sogar unbewußt sind. Obschon die Theoretiker eine Periodisierung dieser Sozialisationsmuster nach Altersstufen, Generation etc. vorsehen, sind damit doch *Grundstrukturen der Auseinandersetzung mit der unmittelbaren Umwelt von großer Dauerhaftigkeit* gemeint[9] – oder anders ausgedrückt: mit geringerer Wandlungsgeschwindigkeit als andere strukturelle Ebenen der Geschichte wie Politik, Wissenschaft, Technik etc. Da solche Alltagsstrukturen aber historisch allenfalls exemplarisch erforscht werden können und dann typologisch postuliert werden müssen, andererseits aber der Historiker – im Gegensatz zum gegenwärtigen Theoretiker – kaum von den diffusen, aber prägenden Beziehungen absehen kann, durch die verschiedene Bedingungsebenen auf eine jeweilige alltägliche Totalität einwirken, entsteht ein Zuordnungsproblem zwischen den Strukturebenen. Dieses Problem kann nicht durch theoretische Überlegungen a priori gelöst werden und es verschärft sich, je dynamischer die Gesellschaft sich verändert oder – mit anderen Worten – der Vergesellschaftungsprozeß zunimmt[10].

Charakteristisch für dieses Dilemma ist die französische sozialgeschichtliche Schule der Annales, die sich am intensivsten bisher mit der Unterscheidung der den Strukturen der Geschichte eigentümlichen Zeiten, Konjunkturen oder Wandlungsgeschwindigkeiten vor allem am Beispiel der frühen Neuzeit und des Mittelalters in Frankreich befaßt hat[11]; es ist ihr aber bisher nicht gelungen, ihr unter den Bedingun-

---

9 Das gilt selbst für marxistische Theoretiker mit einem geschichtlichen Alltagsbegriff, vgl. z. B. Heller, S. 25ff.
10 Es ist insofern kein Zufall, daß die überzeugendsten Versuche zur Rekonstruktion vergangener Lebenswelten in historischen Bereichen unternommen wurden, in denen eine relative Autonomie oder Traditionalität wenigstens für wichtige Segmente des Alltags unter lokalisierten oder subkulturellen Bedingungen unterstellt werden konnte. Demgegenüber fehlt vergleichbaren zeitgeschichtlichen Studien, sowie sie überhaupt über eine Beschreibung von Hochkultur und Sozialpolitik hinausreichen, meist ein größerer historischer Atem.
11 Vgl. jetzt als eine Art Summe Fernand Braudel: Civilisation matérielle, économie et capitalisme, XVe–XVIIIe siècle, 3 Bde. Paris 1979. Vgl. auch Anm. 14, 17.

gen langsamen Wandels gewonnenes Schichtenmodell fruchtbar auf die Industrialisierungsphase und die Zeitgeschichte zu übertragen, da hier eine Trennung von Ebenen wie Politik, Kultur, Wirtschaft oder Alltag im Sinne einer jeweiligen relativ autonomen Entwicklung immer weniger überzeugt, womit ich wieder bei meiner ersten Beobachtung angelangt wäre.

Vielleicht sind meine Beobachtungen und Erwägungen aber auch insofern vorschnell, als dabei ein gemeinsames Interesse am Alltag bei den philosophisch-soziologischen Theorien und bei der Alltagsgeschichte unterstellt wurde. Nun ist es zwar unübersehbar, daß es zwischen beiden – wie sagt man? – ‚Diskursen' Berührungspunkte gegeben hat; charakteristisch für die Alltagsgeschichte scheint mir dabei aber dreierlei:
a) ihre relative Theorieferne und ihre Nähe zu den Darstellungsformen der Geschichte in Literatur, Museen, Didaktik im allgemeinen;
b) ihre relative Traditionslosigkeit in Deutschland, die nach ihrer Neuentdeckung nun übertriebene Erwartungen begründet;
c) daß es nicht so sehr die historische Vertiefung heutiger Alltagserfahrungen gewesen ist, welche die Historiker zur Alltagsgeschichte motivierte, als die Entwicklung innerhistorischer Fragestellungen und Erklärungsbedürfnisse.

Insofern würde es sich lohnen, einige der Traditionen, Anregungen und Betroffenheiten zu vergegenwärtigen, die in das aktuelle historische Interesse am Alltag andernorts und hierzulande eingegangen sind.

Da ist zunächst an die literarische Tradition der Geschichtsschreibung[12] in England, USA, aber auch Frankreich zu erinnern, in der pragmatische historische Schriftsteller und ein an vergangenen Lebensverhältnissen direkt und zuweilen auch naiv interessiertes Lesepublikum sich im Interesse am Alltag im alten Rom oder im Florenz der Medici vereinen. Ein ähnliches Einverständnis trägt auch auf der anderen Seite des Gegenstandspektrums die anglo-amerikanische Biographietradition, die zum Ausmalen eines kulturgeschichtlichen Panoramas („... and his times") benutzt wird. Diese Literatur lebt davon, daß die Autoren aus bruchstückhaften Überlieferungen und Forschungen der jeweiligen Kultur-, Wirtschafts-, Technik- und Sozialgeschichte mit einiger Phantasie ein Tableau zusammenfügen, das dem Leser erleichtert, sich in spezifische vergangene Lebensverhältnisse hineinzuversetzen. Wie im historischen Roman wird historisches Interesse durch die Vermittlung einer zugleich konkreten

---

12 Der nach wie vor bestehende Zusammenhang zwischen einem historisch interessierten Lesepublikum und einer lesbaren Historiographie scheint mir ein charakteristischer Unterschied, zumal Englands und Frankreichs zur Bundesrepublik, wo sich in der Kluft zwischen beiden eine historische Vulgärpublizistik angesiedelt hat, die oft nur die Ladenhüter der Wissenschaft im Illustriertenstil verramscht. Der Verf. nimmt an einem schüchternen Versuch zum Brückenbau über die Kluft teil, nämlich an der Zeitschrift „Journal für Geschichte". Eine um das etwa Zehnfache größere Auflage und entsprechend bessere Gestaltungsmöglichkeiten hat z. B. die nur unwesentlich ältere französische Schwesterzeitschrift „L'Histoire" – ein deutlicher Hinweis auf die nationalkulturellen Unterschiede des historischen Interesses und der historischen Vermittlungsformen.

und umfassenden Vorstellung wachgehalten, welche die Abstraktheit und Fragmentierung historischer Aussagen und Überlieferungen mit dem Mut zur Lückenfüllung überwindet. Hierzulande hat sich die historische Zunft solcher Rekonstruktion meist enthalten, teils weil sie vor ihrer Ungesichertheit zurückschreckte, teils weil der historische Diskurs nicht auf den Bezug heutiger und früherer empirischer Subjekte, sondern auf den Gang der Geschichte selbst oder verpflichtende Größen wie Staat und Kirche orientiert war, teils – und dies vor allem nach dem Zweiten Weltkrieg – weil die Beschäftigung mit den Trivialitäten des Alltags als Versäumnis des eigentlichen politischen Auftrags der Geschichte und mithin geradezu als schuldhaft empfunden worden wäre.

In Frankreich, wo derzeit die wohl umfangreichste Reihe von Alltagsgeschichten (die von den Katharern über den Hof des Sonnenkönigs bis zu den Domestiken und zur Volksfront reichen) erscheint[13], ist über diese literarische Orientierung auf pragmatisch-antiquarische Leserinteressen hinaus noch ein spezifischer wissenschaftlicher Impuls hinzugekommen: die Hoffnung der einst progressiv-innovatorischen sozialgeschichtlichen Schule der Annales, geografische, demografische, ökonomische und anthropologische Impulse an historischen Beispielen in einer ‚histoire totale'[14] zu synthetisieren, historische Gesamtbilder nicht herrschafts-, sondern gesellschaftsbezogen zu entwerfen und in diesen die Beharrungskraft der grundlegenden Strukturtypen der materiellen Zivilisation zu unterstreichen[15]. Auch wenn die klassische Dreischichtigkeit der Annales-Analysen (Strukturen, Konjunkturen, Ereignisse) das Problem eher in einer schulmäßigen Klassifizierung der sogenannten traditionellen oder vorindustriellen Gesellschaften erstarren ließ[16], ist die Utopie einer historischen Totale, die sich um die Dimensionierung des Alltags gruppiert, eine dauernde Herausforderung an die französische Historiographie geblieben, die wegweisende Fallstudien motiviert hat.[17]

Aus Frankreich sind noch drei weitere Anregungen für eine wissenschaftliche Dimensionierung der Alltagskategorien zu berichten, Weiterführungsversuche der in den Schriften von Marx angelegten, aber nicht ausgeführten Vermittlungsproblematik zwischen Basis und Überbau. Zunächst zu nennen ist hier der kurz nach dem Krieg unternommene und dann in den sechziger Jahren erneuerte Versuch Henri Lefèbvres[18], im Rückgriff auf den frühen Marx die Kategorie der Entfremdung zur

---

13 In der Kollektion „La vie quotidienne" bei Hachette (Paris) sind schon weit über 100 Bände erschienen.
14 Vgl. Jacques Le Goff: L'histoire nouvelle, in: ders. et al. (Hg.): La nouvelle histoire, Paris 1978, 210ff. (Toute forme d'histoire nouvelle est une tentative d'histoire „totale"), vgl. Dieter Groh: Strukturgeschichte als „totale" Geschichte, in: VSWG 58, 1971, 289ff.
15 Vgl. Bd. 1 des in Anm. 11 genannten Werkes „Les structures du quotidien". Allgemeiner Pierre Chanu: Histoire, science soziale. La durée, l'espace et l'homme à l'époche moderne, Paris 1974.
16 Vgl. die ausgezeichnete Einleitung von Claudia Honegger zu Marc Bloch u. a.: Schrift und Materie der Geschichte, Frankfurt 1977.
17 Z. B. Emmanuel Le Roy Ladurie: Montaillou, Paris 1975 (dt. Berlin 1980). Zur Bestandsaufnahme vgl. auch das Sammelwerk Jacques Le Goff u. Pierre Nora (Hg.): Faire de l'histoire, 3 Bde., Paris 1974.
18 Vgl. Anm. 4.

Kritik des Alltagslebens zu entfalten, um den auf die politisch-ökonomische Dimension eingeschrumpften Revolutionsbegriff auf die gesamte Lebenswelt zu erweitern.

Eine zweite Anregung ist aus den vom Strukturalismus inspirierten wissenschaftsgeschichtlichen Arbeiten Althussers und besonders Foucaults[19] zu entnehmen, nämlich ihrer Ablösung philosophischer und wissenschaftlicher Diskurse – und damit vermittelt auch lebensweltlicher Konditionierungen und Selbstverständnismöglichkeiten – aus der unmittelbaren Widerspiegelung von Basis-Interessen und ihre Erhebung in den Status ‚relativer Autonomie'. Innerhalb des marxistischen Paradigmas oder doch ausgehend von ihm wurde dadurch eine komplexe Perspektive und Konditionierung des Alltags an die Stelle simpler interessegeleiteter Klassenkulturen ermöglicht. Allerdings blieben diese Ansätze in geistesgeschichtlichen Diskursen stecken, ohne sich einer Analyse des Alltags selbst zu widmen.[20]

Hier führten die Untersuchungen Pierre Bourdieus[21] von der Postulierung einer theoretischen Praxis einen wesentlichen Schritt zu einer Theorie der Praxis weiter, das heißt zu einer zugleich empirischen Analyse und theoretischen Durchdringung der Symbolik, Ausbildungssysteme und kulturellen Muster spezifischer Klassenkonstellationen. Mit seiner Unterscheidung von Klassenlage und Klassenstellung gewann er ein Instrument, um klassenspezifische Konditionierung mit komplexer Subjektivität zu verbinden.

Aus England und Amerika sind ebenfalls wissenschaftsbezogene Konzepte hierzulande im Vorfeld alltagsgeschichtlichen Interesses rezipiert worden, nämlich die der ‚Erfahrung' und der Sozialkultur (‚culture')[22], die neuerdings in kritischer Absicht vielleicht allzu nahe aneinander herangerückt werden[23]. Das erste, das vor allem in E. P. Thompsons „The Making of the English Working Class"[24] zugrundegelegt und dann in der History-Workshop-Bewegung[25] auf eine breitere Basis gehoben wurde, ist eine dynamische und kollektive historische Kategorie, die im englischen Neomar-

---

19 Mit Werken wie Louis Althusser u. Etienne Balibar: Das Kapital lesen, 2 Bde. Reinbek 1972; Michel Foucault: Die Ordnung der Dinge, Frankfurt 1974.
20 Eine von Foucault inspirierte Generation hat sich inzwischen um Fortschritte bei dieser Annäherung bemüht, vgl. z. B. Lion Murard u. Patrick Zylberman: Le petit travailleur infatigable, Recherches 25, 1976.
21 Vgl. Pierre Bourdieu: Zur Soziologie der symbolischen Formen, Frankfurt 1970; ders.: Entwurf einer Theorie der Praxis, Frankurt 1976.
22 Zur deutschen Rezeption dieser Konzepte vgl. Oskar Negt u. Alexander Kluge: Öffentlichkeit und Erfahrung, Frankfurt 1972; Greverus, bes. 52ff.; Elmar Weingarten u. a. (Hg.): Ehtnomethologie, Frankfurt 1976.
23 Zum Vorwurf des „Culturalism" bei Richard Johnson: Thompson, Genovese and Socialist-Humanist History, in: History Workshop 6, 1978, 79ff. – vgl. auch die Debatte in den folgenden Heften und den Gegenangriff auf Althusser (stellvertretend für seine jüngeren Adepten) von Edward P. Thompson: The Proverty of Theory, London 1978 (dt. Frankfurt, New York 1980).
24 Zuerst London 1963. Eine theoretisierende Verdeutlichung dieser Forschung bei Michael Vester: Die Entstehung des Proletariats als Lernprozeß, Frankfurt 1970.
25 Vgl. neben der Zeitschrift History Workshop die von Raphael Samuel hg. Sammelbände der History Workshop Series, London 1975ff. und seinen Bericht „Truth ist Partisan", in: New Statesman v. 15.2.1980 (dt. in: Journal für Geschichte 3, 1981, H. 2).

xismus aus den dortigen Traditionen der Arbeiterkultur und des Empirismus entwickelt wurde und schon Anfang der sechziger Jahre im Lebensgefühl der späteren kontinentalen Studentenbewegung die Produktivität widersprüchlicher Entfremdungsprozesse und kollektiver Kampferfahrungen („class struggle precedes class')[26] thematisiert. Das zweite ist ein wesentlich stationäres Konzept sich reproduzierender sozialer und kultureller Strukturen, das aus der Ethnomethodologie zunächst primitiver Gesellschaften entstand und von dort auf die Analyse vor allem lokaler Zusammenhänge und hier insbesondere der Lebensweisen der Unterschichten (culture of poverty[27]; Arbeiterkultur[28], Jugend[29]) übertragen wurde. In beiden Fällen ließen sich leicht Bezüge zu den genannten französischen Ansätzen herstellen: im letzteren Fall zu den ethnologisch-strukturalistischen Einflüssen auf die Annales Schule, im ersten zum ‚revolutionären Romantizismus' Lefèbvres.

Vielleicht sollte man noch eine erst in der Nachkriegszeit entwickelte Forschungstechnik hinzunehmen, nämlich das diachrone Interview der ‚oral history', das sich in Amerika und England schnell zu einem zentralen Medium der zeitgeschichtlichen Exploration von Erfahrung und Sozialkultur entwickelte.[30] Besonders charakteristisch für das alltagsgeschichtliche Interesse versucht ‚oral history' die materiellen Bedingungen und subjektiven Verarbeitungsformen derer zu dokumentieren, die sozioökonomische Ansätze leicht zu statistischen Größen oder Rollenträgern erniedrigen, während sie in der politischen Geschichte zur Bewegung oder zum Adressaten von Sozialpolitik anonymisiert werden und in der Geschichte der Hochkultur vollends durch das heuristische Netz, das auf Größe angelegt ist, fallen. Auf dem Kontinent, wo derzeit überall oral history-Projekte entstehen, ist diese Technik am schnellsten in Italien rezipiert worden, weil sie hier eine bereits entwickelte Tradition linker Volkskunde vorfand und sich der um das Problem historischer Subjektivität kreisenden Diskussion innerhalb der Linken als empirisches Untersuchungsinstrument anbot[31].

Die Rezeptionsvoraussetzungen des alltagsgeschichtlichen Interesses beschränken sich aber nicht auf solche Anregungen aus – z. T. in sich extrem kontroversen – Ansätzen aus marxistischen und (im anglo-amerikanischen Sinn) ‚liberalen' Diskursen; auch die sozialgeschichtliche Problematik der Wachstumsökonomie hat dazu beige-

---

26 Edward P. Thompson: 18th C. English Society: class struggle without class?, in: Social History 3, 1978, 133ff.
27 Am besten zusammengefaßt bei Oscar Lewis: The culture of poverty, in: Scientific American 215, 1966, 19ff. Zur Kritik vgl. Eleanor B. Leacock (Hg.): The Culture of Poverty, New York 1971.
28 Zur Problematik des Konzepts, das bei uns nur teilweise, nämlich meist in Anlehnung an den bürgerlichen Kulturbegriff, rezipiert wurde, vgl. die Einleitungen der Hg. der beiden Sammlungen Gerhard A. Ritter (Hg.): Arbeiterkultur, Königstein 1979; Jürgen Kocka (Hg.): Arbeiterkultur im 19. Jahrhundert, in: Geschichte und Gesellschaft 5, 1979, H. 1.
29 Vgl. z. B. John Clarke u. a. : Jugendkultur als Widerstand, Frankfurt 1979.
30 Vgl. Paul Thompson: The Voice of the Past, Oxford 1978; Lutz Niethammer: Oral History in USA, in: AfS 18, 1978, 457ff.
31 Vgl. den Beitrag von Gian Ortu in Niethammer (Hg.): Lebenserfahrung, S. 123ff.

tragen und z. T. konservative Konzepte wie das der sozialen Kontrolle[32], der Akkulturation, patriarchalische Ideologien oder gar kulturkritische Dekadenzängste ins Spiel gebracht. Für die Weichenstellung geben wieder englische Erfahrungen ein gutes Beispiel: gründlicher als sonstwo haben sich hier ja Historiker der Linken und der Rechten in den fünfziger und sechziger Jahren in der sogenannten ‚Standard of living debate'[33] an der Frage abgearbeitet, ob der Aufstieg des Industriekapitalismus die Lage der Arbeiter verbessert oder verschlechtert habe. Die konservativen Optimisten mußten aber schließlich einsehen, daß diese Frage nicht über Reallohnstatistiken und vergleichbare quantitative Indikatoren allein zu beantworten ist und haben sich – noch bevor dieses Problem durch den Club of Rome in aller Munde gebracht wurde – für eine Einschätzung der ‚quality of life'[34] geöffnet.

Solche Voraussetzungen müssen mitgedacht werden, wenn vom alltagsgeschichtlichen Interesse der letzten Jahre in der Bundesrepublik geredet werden soll. In charakteristischer Unterscheidung zu den genannten Ländern kann dieses Interesse hierzulande aber sehr viel weniger auf langfristige Tradition und Diskurse zurückgeführt werden. Entsprechende Ansätze zu einer Kulturgeschichte des Bürgertums bzw. des Proletariats, wie sie mit Namen wie Friedrich Christoph Schlosser oder Karl Lamprecht, Otto Rühle oder Will-Erich Peukert[35] verbunden werden könnten, sind wirkungsgeschichtlich apokryph oder überhaupt steckengeblieben.

Seit der Unterdrückung im Faschismus konnten marxistische Fragestellungen zum Alltag in der Geschichte bis Mitte der sechziger Jahre kaum noch die westdeutsche Öffentlichkeit erreichen. Eine ungebrochene Wirkung bis in den Faschismus hinein und darüber hinaus hat wohl nur Wilhelm Heinrich Riehls[36] normativer Empirismus erzielt, dessen Beschreibungen von ‚Land und Leuten' die Lebensweisen agrarisch-handwerklicher Familien und Gemeinschaften in einer rückwärtsgewandten konkreten Utopie zum Modell setzen wollten: seine unablässig wiederaufgelegten Schriften haben aber eher in die konservativen Sackgassen ‚deutscher' Volkskunde und Soziologie gewiesen als die Geschichtswissenschaft befruchtet. Erst in jüngster Zeit sind in einem Strom der Wiederentdeckungen[37] positionelle und disziplinäre Begrenzungen

---

32 Vgl. dazu Gareth S. Jones: Class Expression versus Social Control, in: History Workshop 4, 1977, 163ff.
33 Vgl. Arthur J. Taylor (Hg.): The Standard of Living in Britain in the Industrial Revolution, London 1975.
34 Ebd., S. 213 (Hartwell).
35 Vgl. z. B. Friedrich Christoph Schlosser: Geschichte des 18. Jahrhunderts, mit besonderer Rücksicht auf den Gang der Literatur, 2 Bde. 1823; Karl Lamprecht: Deutsches Wirtschaftsleben im Mittelalter, 4 Bde. 1885/6; Otto Rühle: Illustrierte Kultur- und Sittengeschichte des Proletariats, Bd. 1, Frankfurt 1971, Bd. 2, Gießen 1977; Will-Erich Peukert: Volkskunde des Proletariats, Frankfurt 1931.
36 Vgl. vor allem Wilhelm Heinrich von Riehl: Naturgeschichte des Volkes als Grundlage einer deutschen Sozialpolitik, 4 Bde. 1851ff.
37 Ich meine hier weniger Spätwürdigungen wie die Otto Rühles oder Nobert Elias als den zuweilen allzu vertrauensvollen Rückgriff auf Sozialerhebungen und Haushaltsmonographien etwa des Vereins für Sozialpolitik und vieler Einzelautoren und auf eine ausgedehnte autobiographische Literatur im Rahmen der Arbeiter-, Frauen-, Kindheits-, Wohnungs-, etc. -geschichte.

durch ein neues Interesse am Material und an den Methoden der älteren Ansätze aufgebrochen worden, während die großen sozio-kulturellen Empiriker Frankreichs und Englands sich sehr viel kontinuierlicher als Stimulanz und Steinbruch historisch-soziologischer Grenzüberschreitungen unterschiedlicher und mithin auch linker Positionen erwiesen haben[38].

Für die westdeutschen Historiker ist die Geschichte des Alltagslebens also nicht eine populäre historiographische Tradition, die gerade wie in den erwähnten Ländern einem Prozeß der theoretischen Durchdringung unterworfen wird[39], sondern die Alltagsgeschichte verdankt sich hier dem Abstieg von den Höhen der Geistes- und Staatengeschichte über sozialgeschichtliche Zugriffe, die von auf das Gesamtsystem bezogenen Theorien strukturiert werden, ‚zu den Sachen selbst'[40]. Das wichtigste Teilgebiet, auf dem man diesen Prozeß im letzten Jahrzehnt am besten verfolgen konnte, war die Geschichte der Arbeiter, die mit Theorie und Programmatik begann und sich dann auf die Organisationsgeschichte der Arbeiterbewegung einließ, um über Schichtungs-, Mobilitäts- und Protestanalysen schließlich zur Untersuchung von Arbeitsplätzen, Wohnsituationen, Sozialisationsmustern, Arbeiterkultur und Basisprozessen vorzustoßen[41].

An solchen Regressionsbewegungen – für die sich auch auf anderen Arbeitsgebieten wie der Stadtgeschichte, der Frauengeschichte und selbst der Politikgeschichte Parallelen zeigen ließen – scheint mir nun auffällig, daß sie ursprünglich von Theorien geleitet sind, die gerade nicht den Alltag, sondern gesamtgesellschaftliche Zusammenhänge thematisieren, und zwar in der Weise, daß Erklärungsdefizite solcher Theorien wie z. B. die Subjektlosigkeit der Systemtheorie, die Lücke in der Vermittlung von Basis und Überbau im Marxismus oder seine mangelnde Berücksichtigung des Reproduktionssektors durch empirische Blickerweiterungen gefüllt werden sollten. Das Ergebnis der Begegnung mit konkreten Lebenswelten überfordert aber häufig den ursprünglichen theoretischen Erklärungsansatz, so daß etwas entsteht, was ich als Zerfließen der Fragestellungen in der empirischen Wirklichkeit bezeichnen möchte.

---

38 In England wäre etwa an die großen Armenuntersuchungen von Chadwick, Mayhew, Rowntree oder Booth zu denken, in Frankreich vor allem an die Le Play-Schule. Zur (steckengebliebenen) Rezeption letzterer in Deutschland vgl. Georg Schwägler: Anfänge einer Familiensoziologie, in: Dieter Claessens u. P. Milhofer (Hg.): Familiensoziologie, Frankfurt 1973, 15ff.
39 Vgl. z. B. John Clarke, Chas Critcher u. Richard Johnson (Hg.): Working Class Culture, London 1979; Guy Thuillier: Pour une histoire du quotidien au XIXe siècle en Nivernais, Paris, Den Haag, 1977.
40 Diese Formel habe ich einem Plädoyer für Biographie und narrative Anschaulichkeit entnommen, freilich mit dem charakteristischen Präfix „zurück": Golo Mann: Die alte und die neue Historie, in: Süddeutsche Zeitung v. 30.11./1.12.1974, 79f. Ohne das Präfix scheint mir diese Formel derzeit in der Tat zum überfraktionellen Slogan der Sozialgeschichte zu werden. Es ist vielleicht mehr als ein Zufall, daß „Zurück zu den Sachen selbst" auch eine Leitformel Husserls bei der Entwicklung der phänomenologischen Philosophie gegen den Neukantianismus war.
41 Vgl. Anm. 1, 2, 28 und Sammelwerke wie Detlev Puls (Hg.): Wahrnehmungsformen und Protestverhalten, Frankfurt 1979; Werner Conze u. Ulrich Engelhardt (Hg.): Arbeiter im Industrialisierungsprozeß, Stuttgart 1979.

Dieser *Zugewinn an diffusem Realismus,* der vorgeprägte wissenschaftliche Muster sprengte und durch Begegnungen außerhalb der Wissenschaftswelt auch lebensgeschichtlich neue Erfahrungen mit sich brachte, wurde durch die Dekomposition übergreifender Wertmuster und Orientierungen in der allgemeinen Öffentlichkeit unterstützt. Während die nachlassende Integrationskraft der Wertmuster der Rekonstruktionsperiode und des Kalten Krieges in den sechziger Jahren von der Jugendkultur und der Neuen Linken auf der Verhaltensebene wie auf der Ebene der theoretischen Orientierung inhaltlich beantwortet worden war, waren die siebziger Jahre nicht von einer erneuten Antwort, sondern von einem stufenweisen Verschleiß übergreifender Orientierungen überhaupt gekennzeichnet, sei es nun das Syndrom aus Stabilitäts- und Wachstumsvertrauen in der westlichen Gemeinschaft oder die wiederentdeckten marxistischen Traditionen. An ihre Stelle sind Herausforderungen getreten wie vor allem die Umwelt-, aber auch z. B. die Frauenfrage, ja, ein Herumlaborieren mit Identitätsproblemen überhaupt, die an unmittelbaren konkreten Naherfahrungen ansetzen und auf dieser Ebene auch neue Verhaltensweisen stimuliert haben, ohne eine kohärente Programmatik oder Theorie zu entwickeln[42]. Solche Bedürfnisveränderungen im Nahbereich sind aber nicht auf diejenigen beschränkt, deren Experimentieren mit alternativen Lebensformen als Szene sichtbar wird. Sie wurden auch z. B. durch die Vermarktung der Nostalgiewellen in den Waren- und Dienstleistungskonsum integriert und haben den Zuspruch zu den eingangs erwähnten alltagsgeschichtlichen Angeboten getragen. Daß sich darin Identitäts- und Orientierungssuche mit der Faszination des Konkreten und Leichtfaßlichen paart[43], scheint mit unübersehbar.

---

42 Vgl. etwa Michael Rutschky: Erfahrungshunger. Ein Essay über die siebziger Jahre, Köln 1980; oder Kernsätze bei Norbert Klugmann: Einfach leben, in: Moral (Kursbuch 60, 1980) wie „Der Alltag ist das umgreifende Prinzip", „Für mehr als Alltag ist weder Zeit noch Kraft", oder: Die Alternative schaffe es, „viele große Begriffe der Linke per täglicher Praxis mit Hilfe der Knochenmühle Alltag in munds- und sinngerechte Bedeutungskräcker zu zermahlen ..."
43 Am deutlichsten scheint mir diese Paarung in der (internationalen) Schwemme an (auto)biographischer Literatur der letzten Jahre, deren Reiz in der wahrgenommenen Unmittelbarkeit, Komplexität und Ehrlichkeit der Erfahrung besteht, die aber auch eine Flucht vor der diskursiven Aufarbeitung, Bewertung und Verallgemeinerung solcher Erfahrung andeutet.
Seitdem diese Anmerkungen Ende 1979 niedergeschrieben wurden, begannen zwei präliminarische Synthesen zur deutschen Alltagsgeschichte zu erscheinen, auf die hier nur hingewiesen werden kann. Sie entstammen den Federn eines im Alter unorthodox gewordenen kommunistischen Enzyklopädisten der DDR und eines durch sein Amt als sozialdemokratischer Kulturdezernent nicht von der alljährlichen Veröffentlichung eines größeren Essays abgehaltenen Publizisten. Sie faszinieren durch die Fähigkeit der Autoren, aus einem für Normalmenschen unüberschaubaren Material mit eklektischer Sensibilität eine Zusammenschau zusammenzupuzzeln und darin viele neue Problemverknüpfungen vorzuschlagen. Sie frappieren aber auch durch die Beliebigkeit und Unausgegorenheit ihrer theoretisch tragenden Begriffe und ihrer didaktischen Grundkonzeption sowie durch ihre Unbekümmertheit gegenüber wissenschaftlichen Verfahren und dem historischen Verallgemeinerungsproblem. So schirmt sich der eine gegen aus seinem Material erwachsende Zweifel am Histomat durch das merkwürdige mixtum compositum eines großbürgerlich-leninistischen Kulturbegriffs ab, während der andere durch seinen Zentralbegriff „Industriekultur" sowohl unser Traditionsproblem im Hinblick auf seinen Bezugszeitraum (Biedermeier bis Weimar) als auch die für diesen Zeitraum konstitutive Erfahrung von gerade nicht auf eine Bezugsgröße zurückführbaren, auseinandertretenden Klassenkulturen wortreich überformt. Beide Werke eignen sich insofern zum Anschauungsunterricht jener Ambivalenzen, von

Diese verunsicherte Neugierde, dieser Drang nach konkreter Erfahrung, diese Eigenperspektive und Eigeninitiative in der Geschichte ist eine *Chance der Offenheit und neuer kreativer Kombinationen.* Nicht weniger, aber auch nicht mehr. Der Blick auf Facetten vergangener Lebenswelten kann zu Erfahrungen verhelfen und Phantasie freisetzen; zu orientierenden Erkenntnissen führt er aus sich selbst heraus nicht, wohl aber verleitet er leicht zu romantischen Kurzschlüssen. Es fehlt an Instrumenten sowohl zur historischen Situierung solcher Facetten, wodurch sie erst Einsichten vermitteln könnten, als auch zur Bewußtmachung unseres eigenen Alltags, wodurch sie erst eine wahrhafte Bedeutung für uns erlangen würden[44].

Und auch die Faszination des Konkreten ist nicht ohne Tücken. Auch hier gilt vorab, daß das Konkrete seinen exemplarischen Charakter, der ihm für einen oft wiederholten Alltag der Vielen erst seinen historischen Wert gibt, nicht aus sich selbst erweisen kann. Vor allem bleibt vieles Konkrete in der historischen Rekonstruktion des Alltagslebens sowohl fragmentarisch als auch äußerlich[45], es sei denn, man setzte verstreute Überlieferungssplitter wie in einem Puzzle zusammen und versuchte, es zu einer hypothetischen Struktur zu ergänzen.

Eine solche ‚Wesensschau', wie dies die phänomenologische Philosophie nannte[46], ist aber in der historischen Praxis vom unmittelbar Erfahrbaren weit entfernt und putzt sich eher mit apartem Detail zu einer Scheinkonkretheit: Die einfachen Dinge des täglichen Lebens gehören leider in der Geschichte zu den allerschwierigsten und ihre Untersuchung und ihr Verständnis werfen häufig sehr viel abstraktere methodische Probleme auf als die Darstellung einer Gipfelkonferenz.

Forsetzung von Fußnote 43:
  denen meine Anmerkungen handeln. Vgl. Jürgen Kuczynski: Geschichte des Alltags des Deutschen Volkes, 5 Bde., bisher Bd. 1–3 Berlin (DDR) sowie Köln 1980ff.; Hermann Glaser: Maschinenwelt und Alltagsleben. Industriekultur in Deutschland, Frankfurt 1981, und ders., W. Ruppert u. N. Neudecker (Hg.): Industriekultur in Nürnberg, München 1980.
44 Das läßt sich gerade an den besten Versuchen in diese Richtung erkennen. Vgl. meine Bemerkungen zu Klaus Theweleit: Männerphantasien, 2 Bde. Frankfurt 1977, in: History Workshop Journal 7, 1979, 176ff.
45 Dieser äußerliche Charakter der Erforschung gilt vor allem für den Alltag von Unterschichten, der zugleich der meistuntersuchte und am schlechtesten überlieferte ist, und zwar in einem doppelten Sinn: die Überreste ihrer Lebensbedingungen sind nur zum geringsten Teil Objektivationen einer Eigenkultur und die Quellen für ihr Denken und Verhalten entstammen meist der Feder von Außenstehenden, wenn nicht Gegnern.
46 Edmund Husserl: Ideen zu einer reinen Phänomenologie und phänomenologischen Philosophie (zuerst 1913, Den Haag 1950). Abgesehen von den in einer solchen eidetischen Reduktion im Rahmen der phänomenologischen Methode bereits angelegten Problemen, ist ihre Operationalisierung für den Historiker voller Schwierigkeiten; sein Erkenntnisinteresse richtet sich nicht auf allgemein reduzierte Bewußtseinserlebnisse, sondern gerade auf soziokulturell differenzierte und die Wendung von den Objekten auf die Nöesen bringt ihn nicht aus einer erkenntnistheoretischen Kalamität, sondern führt ihn (zumal als nachvollziehendes Subjekt) in der Regel in eine heuristische Wüste. Zum Umgang mit derartigen Problemen in der Ethnologie vgl. Greverus, S. 97ff. und Arbeitsgruppe Bielefelder Soziologen (Hg.), Bd. 1.

Diese Ambivalenzen gelten auch für einen didaktischen Umgang mit der Geschichte des Alltags[47]. Wer meint, die Kinder müßten doch wenigstens Mutters Küche kennen und diese lasse sich gut mit der Herdstelle in einer mittelalterlichen Tenne vergleichen, wird sich der Begrenztheit der damit verfolgbaren Lernziele – z. B. Erfahrung eines nächsten Fremden – bewußt werden müssen. Oder er wird von dort aus die Summe der alltäglichen Strukturen und Funktionen im Bauernhof entfalten wollen: aber dann erschließt sich das nicht aus der Sache selbst, sondern aus seinen Zusatzinformationen, wenn nicht seiner ‚Wesensschau'. Gewiß, es gibt kaum ein besseres Terrain für forschendes Lernen[48] in der Geschichte als etwa den Arbeitsauftrag an eine Gruppe, im lokalen Zusammenhang durch Interviews und andere Recherchen z. B. die Arbeitsplätze ihrer Großväter zu rekonstruieren – die vielen Einzelerträge eines solchen Projekts aber werden erst dann wirklich lohnen, wenn der Geschichtsunterricht auch eine Vorstellung davon zu vermitteln vermag, a) was diese Arbeitsplätze mit dem Aufstieg des Faschismus oder auch der Resistenz gegen ihn zu tun haben, b) wie entsprechende Arbeitsplätze heute aussehen und c) was die Veränderungen für die Betroffenen bedeutet haben. Denn Alltagsgeschichte kann leicht zu einer Gleichung mit zwei Unbekannten werden: Einstieg über einen undurchschauten Alltag von heute, Ausflippen über einen letztlich nicht rekonstruierbaren Alltag von gestern. Und weil die subjektiven Erfahrungen und Handlungsmöglichkeiten im historischen Alltag so überaus selten zu dokumentieren sind[49], kann ein solcher Ansatz leicht zu einer Abfolge statischer Genrebildchen entarten und der demokratische Impuls einer Geschichte von unten in einer nach dem Vorbild der älteren Volkskunde statischen und völlig entpolitisierten Geschichtsanschauung verpuffen.

Der Ansatz beim Alltag eröffnet keine Autobahn in die Geschichte. Gerade wir in Deutschland wissen noch sehr wenig über die Lebensverhältnisse unserer Vergangenheit und die Konjunktur dieses Bereichs bei Anhängern der verschiedensten Schulen verdankt sich gerade der Tatsache, daß wir den Alltag bisher weitgehend wie eine Residualkategorie behandelt und in Geschichte und Gegenwart theoretisch weit

---

47 Vgl. die knappe Zusammenfassung dieser Dimension bei Klaus Bergmann u. Susanne Thurn: Alltag, in: Klaus Bergmann u.a. (Hg.): Handbuch der Geschichtsdidaktik, Bd. 1, Düsseldorf 1979, 239ff.; sowie Annette Kuhn: Ist aus dem Heute das Gestern erklärbar? in: Materialien zur politischen Bildung 1, 1979.

48 Das hat sich vor allem bei der Reihe „Sozialgeschichte des Alltags" des Schülerwettbewerbs des Bundespräsidenten und der Körber-Stiftung zur deutschen Geschichte gezeigt. Vgl. Jb. zum Schülerwettbewerb 1978 „Wohnen im Wandel", hg. v. d. Kurt-A.-Körber-Stiftung, Wuppertal 1979, 15ff. u. 70ff.

49 Selbst für die Befragung der mitlebenden Generationen wird man die Warnung des Psychologen nicht überhören dürften: „Lebensgeschichte ist nicht etwas, was annähernd kontinuierlich abläuft und über die man, sich erinnernd, erzählen und berichten könnte. Lebensgeschichte wird hier verstanden als durch Gewalt, Zwang und Ausbeutung nur bruchstückhafte Verkettung heterogener Lebenssituationen. Nichts also mit dem Bild des ergrauten Alten, der mit mildem Blick zurückschaut auf seinen zwar dornigen und steilen, aber doch in seinem Auf und Ab der inneren Betrachtung zugänglichen Lebenspfad." (Leithäuser, S. 183) Vgl. auch Niethammer: Lebenserfahrung (Anm. 2).

gehend unstrukturiert gelassen haben[50]. Aber es ist ein wichtiger und lohnender Arbeitsbereich, obschon er – trotz aller konkretistischer Einstiege und Aufhänger – wohl eine der abstraktesten historischen Dimensionen eröffnet. Warum?

Weil Alltagsgeschichte sich nicht einfach als neue Subdisziplin in einer Nische des Wissenschafts- und Didaktikbetriebs einigeln kann, sondern einen Perspektivenwechsel eröffnet. Wohl zum ersten Mal können wir wirklich bei uns selbst beginnen und die Subjekte, auch und gerade die Unterworfenen, in der Geschichte in ihrem unmittelbaren Lebensverhältnissen suchen. Das erfordert nicht nur viel empirische Arbeit und methodische Phantasie, sondern auch eine Durchdringung unserer eigenen Lebenswelten, um überhaupt relevante Fragen stellen zu können und uns nicht mit Lohnstatistiken und Siedlungsresten zufriedenzugeben. Auch die Alltagsgeschichte kennt einen hermeneutischen Zirkel, der mehr und unmittelbarer auf unsere eigene Existenzform zurückzuwirken verspricht als die Beschäftigung mit Staatsmännern, Hochkultur und Wirtschaftsstrukturen. Erst wenn wir selbst die ideologischen Schleier unserer Lebenswelt zu durchbrechen beginnen, werden wir unsere Vorgänger im geschichtlichen Alltag ernstnehmen und verstehen können – und zwar nicht nur in dem, was sie selbst sagen wollten oder was über sie überliefert ist, sondern durch eine Entschlüsselung ihrer Existenz. Erst dann werden wir fähig sein, Subjektivität in der Geschichte als eine Dreiecksbeziehung zu fassen und zu einer *kommunikativen Geschichtswissenschaft* vorzustoßen[51]. Die Historiker werden dann zwar vielleicht nicht mehr darüber belehren können, wie es eigentlich gewesen ist, aber sie werden eine professionelle Vermittlerrolle spielen zwischen den früheren und den heutigen Subjekten der Geschichte. Erst in einer solchen Perspektive wird Alltagsgeschichte, so fragmentarisch ihr heuristischer Erfolg immer bleiben mag, ihre didaktischen Möglichkeiten voll entfalten können, vielleicht mehr noch als für den schulischen Geschichtsunterricht in der Erwachsenenbildung, weil sie hier auf Partner mit einer umfassenden Lebenserfahrung trifft[52].

Wenn Alltagsgeschichte als Ansatz zu einem Perspektivenwechsel kein modischer Slogan bleiben soll, so hat dies zweitens zur Folge, daß sie nicht in der Dimension der

---

50 Wichtige Ansätze, diesen Mangel am Beispiel einziger sozialer Dimensionen zu überwinden, jedoch z. B. bei Dirk Blasius: Kriminalität und Alltag, Göttingen 1979; Alf Lüdtke: Alltagswirklichkeit, Lebensweise und Bedürfnisartikulation, in: Hans-Georg Backhaus u. a. (Hg.): Gesellschaftsbeiträge zur Marxschen Theorie 11, Frankfurt 1978, 311ff.; Peter Gleichmann u. a. (Hg.): Materialien zu Norbert Elias' Zivilisationstheorie, Frankfurt 1979; Hans Medick: Zur strukturellen Funktion von Haushalt und Familie im Übergang von der traditionellen Agrargesellschaft zum industriellen Kapitalismus: die protoindustrielle Familienwirtschaft, in: Werner Conze (Hg.): Sozialgeschichte der Familie in der Neuzeit Europas, Stuttgart 1976, 254ff.

51 Damit ist eine Perspektive gemeint, wie sie in den Sozialwissenschaften in der Aktionsforschung als Ansatz deutlich geworden ist. Vgl. z. B. Klaus Horn (Hg.): Aktionsforschung: Balanceakt ohne Netz?, Frankfurt 1979.

52 Vgl. beispielhaft das von Margarete Goldmann in Recklinghausen-Hochlarmark animierte Projekt „Kohle war nicht alles", in dem Bewohner einer Zechenkolonie, unterstützt von jungen Historikern wie Michael Zimmermann ihre Geschichte in einer Ausstellung dargeboten haben und sie zu einem Buch ausgearbeitet haben: Hochlarmarker Lesebuch. Kohle war nicht alles. 100 Jahre Ruhrgebietsgeschichte, Oberhausen 1981.

Scheinkonkretion zu nostalgisch-subjektivistischen Literaturgattung oder zu musealen Überrestwarenhäusern, in denen wir romantischen Träumen nachhängen, verkommen darf[53]. Vielmehr muß sie sich in zweifacher Bedeutung der theoretischen Durchdringung öffnen. Einmal was die Dimensionierung des Alltags selbst betrifft. Die tief pessimistischen Diagnosen der linken Kulturkritik, die allenfalls noch auf Randgruppen bauen, vernachlässigen nicht nur die Konfliktpotentiale und die Rationalität derer, die sie als völlige Opfer des Warenfetischismus unterstellen: sie machen den Historiker auch mit ihren nach rückwärts gerichteten Utopien früherer autonomer Alltagskulturen skeptisch. Eine historische Verbindung gegenwärtiger und früherer Erfahrungen könnte hier zu einer differenzierten Einschätzung der gesellschaftlichen Vorprägung und subjektiven Spielräume im Alltag führen und damit die Kommunikationskanäle zu den Subjekten der Geschichte offen halten. Das bedeutet aber zweitens, daß der Alltag historisiert wird, das heißt die Beziehungen der verschiedenen Lebenswelten innerhalb einer Gesellschaft und zu den gesamtgesellschaftlichen Prozessen hergestellt werden. Erst wenn die gesamtgesellschaftlichen Vorprägungen, die nicht erst durch den modernen Kapitalismus und die staatliche Sozialpolitik entstanden sind, und die Dialektik zwischen den klassenspezifischen Kulturen in den Blick geraten, werden die Objekte der Verhältnisse zu den Subjekten des Geschichtsprozesses und sei es z. B. als Widerstandspotential. Kein Alltag ohne Theorie.

---

53 Vgl. Raphael Samuel: Oral History in Großbritannien, in: Niethammer (Hg.): Lebenserfahrung, S. 55ff.

Ein Sessel im KZ
Über Abbild, Inbild und Legende

Eine Bleistiftzeichnung auf Karton, etwa eine Elle hoch, die mit starken Schraffierungen im Hintergrund Hell-Dunkel-Effekte wie auf einem Schwarz-Weiß-Foto der Zwischenkriegszeit erzeugt und im Mittelfeld auf detailgetreue Akkuratesse aus ist. Über den Künstler wissen wir noch nicht einmal sicher seinen Namen. Die Signatur unten rechts beginnt mit „Bat", der Rest ist schwer zu entziffern, vielleicht „Battan" oder eher „Batinan" und nach altertümlich französischer Art hat er das Ende des Namens zu einem Unterstreichungsschwung nach links gezogen und unter diesem Strich den Entstehungszusammenhang hinzugefügt: „1944 Buchenwald". Der Abgebildete ist nicht zu erkennen, denn wir sehen nur seinen Rücken. Aber das Porträt von hinten muß einem Häftling gegolten haben, denn es wurde dem Abgebildeten geschenkt und der hat es aufbewahrt und nach seinem Tod in Workuta 1952 seine Frau, und nach deren Tod 1985, vor dem sie den Briefwechsel der beiden aus der Zeit seiner KZ-Gefangenschaft als zu privat vernichtet hatte, seine Verwandtschaft: offenbar ein für historische Überlieferung geeignetes und jedenfalls das auffallendste Stück unter seinen wenigen Hinterlassenschaften. Zur Überlieferung gehört, daß die Zeichnung von einem Mithäftling stamme. In der erhaltenen Aufnahmekartei des Konzentrationslagers Buchenwald findet sich aber kein Häftlingsname, der den genannten Lesarten entspricht. Das Nächste, was zu finden ist, ist ein Einlieferungsvermerk vom 16. Dezember 1943 für einen „Battin, Pierre, Polit. Frz., geb. 12.4.02 Bordeaux, Bezirkshauptmann". Die Klassifizierung als politischer Häftling aus Frankreich ist präzise Routine, welche französische Amts- oder Berufsbezeichnung der Aufnehmende mit „Bezirkshauptmann" eingedeutscht hat, kann man schwer näher festlegen, tut aber auch wenig zur Sache, da die Buchenwalder Verzeichnisse sonst nichts über ihn vermelden.

Die Zeichnung

Zu sehen ist von rechts hinten ein Mann, der in einem weißen Arzt- oder Pfleger-Kittel vor einem Tisch sitzt und arbeitet. Seine Haltung ist nach vorn gebeugt, er schreibt mit nach oben bis fast zur Schulterhöhe angehobenem Arm, denn der Tisch ist zu hoch oder der Stuhl zu niedrig. Das Licht vom Fenster kommt nicht nur für den Zeichner und den Beschauer, sondern auch für den Abgebildeten von rechts und verschattet seine Arbeit. Offenbar ist Tageslicht nicht das, worauf sich seine Arbeit orientiert, sondern eine große, jetzt aber dunkle Stehlampe auf dem Tisch, die ihm wohl sonst bei nächtlichen Arbeiten von links Licht gibt. Jetzt dient ihr dunkler Schirm nur als Hintergrund für seinen Kopf. Vor ihm an der Wand reflektieren zwei ins Breite gezogene, gerahmte Bilder das Licht in einer leicht nach unten verzogenen Perspektive und zwar das größere oben so stark, daß sein Inhalt kaum noch erkennbar ist – vielleicht eine Menschengruppe vor einer Kirche oder Bäumen. Das untere, nur ein Drittel so groß, zeigt hingegen deutlich ein Symbol von Freiheit und Bewegung, ein Segelboot auf See. Der Tisch ist vor die Wand gerückt, die – akkurate Senkrechtlinien betonen das – eine Bretterwand ist. Über den quadratischen Tisch, an dem gearbeitet wird, ist eine gemusterte Tischdecke gebreitet, die über die Ränder tief herunterhängt und bis ans Schienbein des Sitzenden reicht. Aber ein Eßtisch ist das wohl nur gelegentlich, wovon vorn rechts am Bildrand ein beiseite geschobener Teller zeugt, auf dem etwas Undefinierbares wie ein größerer Brotkanten liegt. Links davon steht eine Blumenvase, in der ein abgestorbenes Gesträuch ohne Blätter und Blüten steckt. Daneben ein dickes Tintenfaß und weiter eine längliche Ablage für Schreibutensilien. Und links nach vorn gerückt, in der Perspektive wieder etwas verkürzt, der Lampenschirm. Die linke Ecke des Zimmers ist oben bei den Brettern dunkel und erst recht an der Decke, die schwarz erscheint und keine Struktur erkennen läßt – ein drückender Deckel, der dadurch hervorgehoben wird, daß seine dichte Schraffur einen deutlich aus dem goldenen Schnitt gerückten Bildrand markiert, der oben fast dreimal so breit ist wie unten oder an den Seiten. In Mannshöhe ist der Hintergrund undeutlich hell, was die Reflexion von zwei weißgestrichenen Türen mit hervorspringenden Rahmenteilen andeuten könnte, eine geschlossene nach links und eine offene zur Stirnwand. Aber sicher kann man sich da nicht sein, vielleicht ist das eine davon auch ein verkant gestellter Arztschrank mit Glastüren, der Zeichner läßt das ohne näheren Hinweis. Vor dem Tisch liegt ein Teppich mit ausgestreckten Fransen, gerade breit genug für Sessel und Beine, und läuft der Position des Betrachters entgegen, der gerade – je nachdem wie weit man sich die Erstreckung des Raumes zum Betrachter hin vorstellen möchte, – auf seine Kante zu stehen käme.

In die Mitte des Bildes ist der Kopf des Arbeitenden gerückt, den wir von rechts hinten sehen. Aber eigentlich sehen wir nichts, ein Ohr ist angedeutet und auch ein wenig dunkle, strähnige Haare, die auf wiederum undeutliche Weise den Eindruck eines älteren Mannes hervorrufen. In seinem weißen Kittel und seiner ungesunden Haltung, die durch die merkwürdig zurückgezogenen, offenbar gebügelten Hosenbeine und die sorgsam polierten Schuhe extremisiert erscheint, sitzt er – und das ist der eigentliche Gag des Bildes – auf einer Kitschversion eines zu niedrigen Louis-Seize-Sessels, der liebevoll ausgemalt ist, samt arabesken Armlehnen, den Schmucknägeln, mit denen die Bespannung gefaßt ist, und einem königlich aufragenden Geschnörkel von Rückenlehne, die sich einladend zum Ausruhen oder zu herrschaftlicher Geste zurücklehnt, wohingegen sich der Besitzer mit krummem Rücken zu seiner Arbeit vorbeugt.

Ein ironisches Konterfei? Wohl kaum. Der Widerspruch zwischen dem Stuhl und dem anonymen, von hinten Porträtierten, der sich von zu niedrigem Sitz über seine

Schreibarbeit krümmt, ist keine Karikatur der Macht am Küchentisch, sondern ein reverentes Inbild einer Verantwortungsethik, die Privilegien hat, aber nur insofern nutzt, als sie nichts Geeigneteres hat, um ihre Aufgaben zu erfüllen.

Der Gezeichnete

Die Zeichnung zeigt, wie uns ihre Überlieferung in der Verwandtschaft des Abgebildeten sagt, den Kapo des Häftlingskrankenbaus des Konzentrationslagers Buchenwald in seinem Zimmer im Jahr 1944. Sie war ein Geschenk an den Abgebildeten Ernst Busse, damals 46 Jahre alt, in der Freiheit ein Messerschleifer aus Solingen, der am Ende des Ersten Weltkriegs als junger Mann Kommunist und Mitte der zwanziger Jahre hauptamtlicher Gewerkschaftsfunktionär im Rheinland geworden und 1932 für die KPD in den Reichstag gewählt worden war. Unmittelbar nach Hitlers Regierungsübernahme war er zur illegalen Fortsetzung der kommunistischen Gewerkschaftsarbeit unter falschem Namen von Köln nach Thüringen ausgetauscht worden, war aber im Herbst durch einen Zufall zusammen mit seiner dortigen Gehilfin, Anna Wiehle, in die er sich verliebt hatte, in Erfurt verhaftet und wegen Vorbereitung zum Hochverrat und wegen des „Verbrechens gegen die Neubildung von Parteien" vom Volksgerichtshof zu drei Jahren Zuchthaus verurteilt worden, die er in Kassel absaß. Anna Wiehle erhielt ein Jahr Gefängnis und kümmerte sich danach um Busses kränkelnde Mutter in Solingen. Von deren vier Kindern war ein Sohn in den 20er Jahren gestorben, ein anderer nach Amerika ausgewandert und dort Arbeiter, die einzige Tochter war in die Sowjetunion ausgewandert und dort im GULag verschollen. Und der Älteste wurde vom Zuchthaus ins KZ überstellt, zuerst auf die mitteldeutsche Lichtenburg und nach dessen Auflösung 1937 in das neugegründete KZ Buchenwald.

Die ersten beiden Jahre in Buchenwald waren für die politischen Häftlinge die schwierigsten, weil das Lager von einem ebenso perversen wie korrupten Kommandanten geleitet wurde und die SS-Mannschaften die Politischen und die nach der sog. Reichskristallnacht eingelieferten Juden besonders quälten und schikanierten und ihre indirekte Herrschaft über die innere Organisation des Lagers durch kriminelle Gefangene ausübten, welche die Willkür und Gewalttätigkeit der SS unter den Häftlingen verdoppelten. Nur langsam konnten sich die politischen und unter ihnen besonders die überwiegenden kommunistischen Häftlinge zunächst in geringeren Lagerfunktionen etablieren und dann im Kampf mit den Kriminellen die innere Führung des Lagers erobern. Dazu wurden nicht die älteren prominenten Kommunisten verwendet, die sich vielmehr überwiegend zurückhielten und von denen mehrere 1939/40 aus dem KZ entlassen wurden, sondern jüngere, aber schon in der Parteiarbeit vor allem seit der Stalinisierung der KPD 1928 erfahrene Kader, die seit dem Sommer 1938 in schneller Folge sich auf Leitungspositionen der Häftlingsselbstverwaltung ablösten. Seit dem Hitler-Stalin-Pakt hat sich diese Doppelherrschaft im KZ konsolidiert. Ernst Busse übernahm damals zusammen mit drei anderen regionalen

KPD-Funktionären die innere Lagerleitung, zunächst als zweiter sog. Lagerältester und dann, nachdem zwei seiner Genossen in diesen Ämtern aus dem KZ entlassen worden waren, seit Frühjahr 1940 als erster Lagerältester. In dieser Phase gelang es der illegalen KPD, fast alle der untergeordneten, aber für den Alltag im Lager unmittelbar bedeutsamen Funktionen als Kapos und Blockältester zu übernehmen.

Die Positionen in der Lagerleitung waren machtvoll und privilegiert, aber zugleich gefährdet. Busses kommunistische Kollegen im System der drei Lagerältesten konnten sich zwar am längsten in der Leitungsbaracke halten, Erich Reschke für viereinhalb Jahre und Johann Bechert für drei Jahre, aber Reschke wurde zuletzt doch von der Gestapo verhaftet und Bechert schon früher von seinen eigenen Genossen „liquidiert". Busse wurde nach zwei Jahren, als die SS im Gefolge des deutschen Angriffs auf die Sowjetunion noch einmal die Kriminellen in die Leitungsbaracke holte, als Lagerältester abgesetzt. Das war offenbar ein politisch-symbolischer Akt gegen einen administrativ bewährten Mann, denn kurze Zeit später war er in eine der beiden wichtigsten Kapo-Funktionen – neben dem Häftlingskrankenbau war die Arbeitsstatistik (eine Art Arbeitseinsatzzentrum) die Zitadelle der Häftlingsmacht im Lager – geholt und dort von SS-Seite auch gehalten worden, als die anderen kommunistischen Funktionshäftlinge während des Intermezzos der erneuten Herrschaft der Kriminellen im Frühjahr 1942 abgesetzt und für zwei Monate in eine Strafkompagnie gekommen waren. Busse blieb Kapo des Häftlingskrankenbaus von Anfang 1942 bis zur Befreiung des Lagers im April 1945 und da er Mitte 1943 auch noch in den Dreierkopf der illegalen KPD-Leitung im Lager einrückte und Mitglied der Leitung des damals der kommunistischen Internationale nachgebildeten „Internationalen Lagerkomitees", das in seinem Verantwortungsbereich seine illegalen Treffen abhielt, geworden war, war er der einzige, der sowohl offizielle administrative als auch illegale politische und internationale Führungspositionen in der Häftlingsgesellschaft verband. Da-durch war er wohl in der zweiten Kriegshälfte der mächtigste Häftling im KZ Buchenwald.

In dieser Zeit hatte sich das KZ gegenüber der Frühzeit vor dem Kriege stark verändert. Waren ursprünglich vor allem deutsche politische Gegner des Nationalsozialismus, Vorbestrafte, sog. Asoziale und 1938 Juden ins KZ gekommen, kamen nun vor allem Gefangene aus den Deutschland angegliederten und von ihm besetzten Gebieten, aus Österreich, der Tschechoslowakei, aus Polen und später auch aus Westeuropa. 1941/42 wurde die Lage extrem widersprüchlich: auf der einen Seite wurden in Buchenwald Tausende von sowjetischen Kriegsgefangenen erschossen, „Asoziale", Kranke und Juden in Vernichtungsstätten gebracht und die Mehrzahl der verbliebenen Juden in die Vernichtungslager im Generalgouvernement deportiert. Auf der anderen Seite wuchs das Lager immer stärker durch die Einlieferung von Ausländern zu einem großen Zwangsarbeiterbereich an – mit zahlreichen Außenkommandos, in denen die Häftlinge an die Rüstungsindustrie vermietet wurden. Die deutschen Häftlinge waren nun nur noch eine kleine Minderheit, aber da die SS nur deutsche (und österreichische) Häftlinge zu Ältesten und Kapos machte und da die Kommunisten sich bereits während des Hitler-Stalin-Pakts als Ordnungsmacht im Lager bewährt hatten, gelangten seit 1943 – als verstärkt Arbeitsanleitung und Ordnungskräfte in dem ausufernden Lager benötigt wurden – buchstäblich fast alle Machtpositionen der inneren Lagerverwaltung in die Hände von KPD-Mitgliedern. Sie konnten sich dadurch wechselseitig durch die Gefahren des Lagerlebens helfen, politisch Verbündete schützen und unterstützen und die Verhältnisse im Lager auch für die Masse der Häftlinge erträglicher und kalkulierbarer machen, indem sie die unmittelbare Willkür und Gewalttätigkeit der SS durch eine funktionierende Ordnung und Selbstdisziplinierung der Häftlinge zurückdrängten. Die deutschen Kommunisten wurden durch diese Zwischenstellung in der Lagerhierarchie zu einem arbeitsteiligen Selbstrettungskollektiv, das verhältnismäßig am wenigsten Opfer unter den einzelnen, rassistisch gestaffelten Gruppen der internationalen Häftlingsgesellschaft zu verzeichnen hatte, und sie erwarben sich erhebliche Verdienste um den Schutz und die Rettung vieler, besonders politischer, z. T. auch jüdischer Häftlinge.

Differenzierung in der Häftlingsgesellschaft

Die Tätigkeit der Funktionshäftlinge konnte nicht nur mit weitgehender Macht und Einflußmöglichkeiten verbunden sein, sondern brachte auch Privilegien mit sich. Das galt vor allem für die im Lager sogenannte „Prominenz", die besondere Verantwortung als Lagerälteste, Kontrolleure, Kapos der wichtigsten Einrichtungen und Kommandos (und in geringerem Umfang auch für Blockälteste) und dieses Privilegiensystem wurde mit der Verwandlung und Vergrößerung des KZs in ein Zwangsarbeiterlager für die Rüstungsindustrie 1943 ausgebaut und konsolidiert. Dadurch unterschieden sich die Lebensbedingungen der Prominenz sehr stark von denen, die an der unteren Seite der Lagerhierarchie vegetierten und im Lagerjargon „Kretins" genannt wurden. Die Schreckensberichte über deren Lebens- und Sterbensbedingungen haben in der Nachkriegszeit die Vorstellungen der Außenwelt über das Leben im KZ geprägt und wurden ein Inbild dafür, wie das Leben von Menschen unter der SS zur Hölle gemacht wurde: Unterbringung der halbverhungerten, ausgemergelten Leiber auf überfüllten Pritschen, unbarmherziges Appellstehen bei Wind und Wetter, körperliche Sklavenarbeit unter anfeuernden Prügeln der Wachmannschaften, Verrichtung der Notdurft auf Massendonnerbalken über pestenden Gruben. Diese Bedingungen waren auch in der zweiten Kriegshälfte für viele KZ-Häftlinge in Buchenwald Wirklichkeit, besonders aber für Juden, ausländische Zwangsarbeiter und für neuzugeführte Häftlinge aus anderen Lagern in der Quarantäne des sog. Kleinen Lagers, in dessen total überfüllten Zelten und Pferdeställen bei Kriegsende ein ausweglses Massensterben oft Hunderte am Tag hinwegraffte.

Die Lagerbedingungen waren aber nach Haftdauer, Haftgrund und Nationalität und auch im Zeitablauf unterschiedlicher, als es diese Verallgemeinerung erscheinen läßt. Am deutlichsten unterschieden waren die Funktionshäftlinge der sog. Selbstverwaltung des Lagers. Die „Prominenz" mußte nicht körperlich arbeiten, sondern führte Aufsichtsfunktionen. Etliche von ihnen hatten eigene Zimmer oder waren in besseren Steingebäuden zusammengefaßt. In diesen Gebäuden gab es WC, und führende Prominente konnten sich ihre Räume auch – wie Busse – mit irgendwoher requirierten Gegenständen und Möbeln ausstatten. Die Funktionshäftlinge der Lagereinrichtungen mußten nicht zum allgemeinen Appell, sondern konnten die Zählung intern unter Dach erledigen. Sie mußten sich die Haare nicht abscheren lassen und keine Häftlingskleidung tragen; etliche bekamen Anzüge aus den Effekten verstorbener Mithäftlinge oder von in Auschwitz vergasten Juden und konnten sich diese in der Schneiderei anpassen lassen. Busse hat später vor einem sowjetischen Militärgericht angegeben, daß ihm bessere Nahrung einschließlich Weißbrot, Butter und Käse zustand und daß er in Ausnahmefällen sogar Freunde zu seinem Geburtstag einladen und sie mit Braten und Bier bewirten und einmal sogar seine Freundin im Krankenbau empfangen durfte. Er konnte regelmäßig mit ihr korrespondieren und konnte ihr auch durch SS-Leute etwas zukommen lassen. Wenn er in Erfurt Beschaffungen für den Krankenbau machte, haben ihm die begleitenden SS-Leute einige Male einen Besuch bei seiner Freundin ermöglicht. Besonders umstritten war später unter Kommunisten der Besuch des 1943 auf einen besonderen Befehl Himmlers als Mittel gegen Homosexualität eingerichteten Lagerbordells für die Prominenz und die besten Rüstungsarbeiter unter den deutschen Häftlingen. Etliche Kapos frequentierten das Bordell, das neben dem Krankenbau lag und Busses Aufsicht unterstand, während andere Kommunisten solche Beziehungen als Quelle von Unsicherheit und Korruption scharf ablehnten.

Abgründe abgeleiteter Macht

Vor allem an den beiden neuralgischen Punkten der inneren Lagerverwaltung, der Arbeitsstatistik und dem Krankenbau, zeigte sich die Ambiguität der abgeleiteten Macht der Funktionshäftlinge. Unter der alles durchdringenden Gewaltherrschaft der SS hatten sie zwar eine weitgehende und oft die Entscheidung über Tod und Leben umfassende Macht über ihre Mithäftlinge, aber sie hatten nur wenig Macht gegen die SS. Wo diese Transporte in Todeskommandos oder Listen für medizinische Versuche mit meist tödlichem Ausgang zusammenstellte, konnten die Kapos zwar Einfluß darauf nehmen, wer auf diese Listen kam, sie konnten aber das angeforderte Quantum an Todeskandidaten nicht oder nur sehr selten verändern. Eine Rettungsmacht durch Opfertausch mußte aber Opfer unter anderen Häftlingsgruppen fordern und konnte auch zur Disziplinierung und zur Beseitigung von Verrätern und Gegnern benutzt werden.

Im Krankenbau, der immer zu wenig Betten und Medizin für die vielen Kranken und Ausgemergelten in der Häftlingsgesellschaft zur Verfügung hatte, in diesem beschränkten Rahmen aber ein Hort der Rettung wurde, war diese Ambiguität der Häftlingsmacht im Alltag ständig präsent. Wenn die hier tätigen Häftlinge diese essentiellen Machtpositionen für ihre Gruppe bewahren wollten, mußten sie sich hier auch auf Anforderungen der SS einlassen, an deren Tötungspraktiken durch Giftinjektionen teilzunehmen. Das scheint vor allem im letzten Kriegsjahr unausweichlich geworden zu sein, als aus anderen frontnahen KZ Häftlinge in großer Zahl in das ohnehin völlig überfüllte Weimarer Lager kamen. Viele waren bereits auf dem Transport gestorben, andere waren völlig entkräftet oder todkrank und die SS-Ärzte wollten sie allesamt durch Spritzen töten. Häftlingspfleger beanspruchten später, im Zuge ihrer Beteiligung an dieser Mordaktion Hunderte gerettet zu haben.

Das deutlichste Zeugnis stammt von einem der engsten Mitarbeiter Busses, dem Oberpfleger Helmut Thiemann, der im Lager zugleich für die „Abwehr" der illegalen KPD tätig war. Als nach dem damals 31jährigen im Sommer 1945 in Chemnitz, wo er die Kriminalpolizei aufbaute, von Amerikanern gefahndet wurde, suchte er mit einer im Zentralen Parteiarchiv der SED überlieferten Beichte Schutz bei der KPD. Deren sächsische Landesleitung gab ihm daraufhin einen anderen Namen und delegierte ihn tiefer ins sowjetisch besetzte Gebiet. Thiemann wurde später unter diesem Pseudonym „Rolf Markert" Stasi-General und leitete über Jahrzehnte die Dresdner Bezirksleitung des MfS. Hier die entscheidenden Passagen aus dieser Beichte:

Nachdem ich nun (nach der Einlieferung ins KZ Buchenwald 1938) circa 1 Jahr in der Truppengarage gearbeitet hatte, bekam ich von den Genossen Ernst Grube und Albert Kuntz (zwei prominentere KPD-Funktionäre unter den Häftlingen) den Auftrag, im Krankenbau als Pfleger anfangen zu arbeiten. Dieser Auftrag entstand nur aus der politischen Notwendigkeit heraus, den K-B (Krankenbau) unbedingt in unsere Hände zu bekommen. Der K-B war wirklich der wichtigste Punkt im ganzen Lager, von wo aus man alle Aufgaben, die im Interesse der Genossen (lagen,) lösen konnte. (...)

Unser Ziel war die Erhaltung der Genossen um jeden Preis. Wenn ich das sage, so ist nicht allein die sanitäre Betreuung gemeint, sondern in erster Linie der Schutz des Lebens unserer Genossen gegen jede Gefahr. Ob sich das handelte gegen die SS oder gegen Spitzel, Denunzianten, Verräter usw., das war ganz gleich. Nicht umsonst wurde der Krankenbau bei der SS als Kommunistenzentrale bezeichnet. Allerdings ohne handfeste Beweise. Aber auch nicht umsonst hatten wir, seit das Lager und besonders der K-B in unseren Händen war (das heißt also seit 1939) nur 3 tote Genossen, die von der SS ermordet wurden. (...)

Nun kam aber eine andere, sehr unangenehme Angelegenheit noch hinzu. Die SS-Ärzte mordeten, und mehrere Genossen und auch ich mußten uns als Helfer beteiligen. Nicht, daß ich nur geholfen habe, sondern ich wurde gezwungen ebenfalls mich zu beteiligen. Dabei muß ich erwähnen, daß ich dieses Geschäft vom Gen. Krämer (Busses Vorgänger als Kapo, der von der SS ermordet wurde) mit übernommen habe. Ich konnte es zwar ablehnen und hatte mich im Anfang auch dagegen gewehrt. Nachdem ich aber durch die Partei auf die Notwendigkeit dieser Aufgaben hingewiesen worden bin, habe ich die Konsequenzen ziehen müssen. Ich war mir von vornherein im Klaren, was das auch in Zukunft für mich bedeuten kann. Damals erhielt ich vom Genossen Albert Kuntz diesen Auftrag. Er machte damals den politischen Mann in Buchenwald. Die Frage stand für uns eben so. Entweder wir lehnen diese Arbeit ab und bleiben menschlich zwar sauber oder aber wir geben die Position auf und werden dadurch indirekte Mörder an unseren eigenen Genossen. Eines stand fest: hätten wir das abgelehnt, wär(e) kein Genosse mehr im K-B beschäftigt worden, denn dann hätte sich die SS wieder der BVer (d. h. „Berufsverbrecher" für wegen krimineller Delikte vorbestrafte Häftlinge) oder anderer willfähriger Elemente bedient. Da uns also unsere Genossen mehr Wert waren als alle anderen, mußten wir also einen Schritt gemeinsam mit der SS gehen und zwar in der Vernichtung von aussichtslosen Kranken und kollabierenden Menschen. Trotzdem es rein menschlich schwer war, das alles durchzuführen, vernichteten wir aber jede Gefahr, die sich im Lager bemerkbar machte. Nicht umsonst war die Spitzelei, das Denunziantentum und der Verrat im großen unmöglich. Nicht umsonst konnte sich die Partei die ganzen Jahre illegal halten, ohne daß der ganze Apparat geplatzt wäre. Durch diese Handlung, da sie in unseren Händen lag, konnten wir aber auch auf der anderen Seite tausenden (ich betone tausenden) von Menschen das Leben retten, die laut Auftrag der SS alle „eingehen" sollten. Ich möchte hierbei erwähnen, daß durch die Liquidierung nicht ein einziger Genosse vernichtet worden ist. Denn auch später, als die vielen Ausländer in Buchenwald waren, hatte jede Sektion (nationale Gruppe unter den kommunistischen Häftlingen) Genossen in diesem Apparat, die politisch verantwortlich waren. Die Liquidierung unterstand einem politischen Kontrollsystem.

Zu den aussichtslosen Kranken wollte ich noch ein paar Worte sagen. Es liegt zwar nicht in unserer Weltanschauung, kranke Menschen zu beseitigen, aber die Verhältnisse in Buchenwald waren so fürchterlich, daß besonders in den letzten Jahren außer der SS, (den) BV(ern) und ausländischen, reaktionären Nationalisten auch noch die ansteckenden Krankheiten und Seuchen im Lager zur Gefahr wurden. Ich denke dabei an einen unserer besten Genossen Fritz Stöckert (gemeint ist der KPD-Reichstagsabgeordnete Walter Stoecker, der im Frühjahr 1939 im KZ Buchenwald starb), der am Bauchtyphus sein Leben lassen mußte. Wir hatten im Lager keinen anderen Ausweg, durch den wir die Ausführungen der SS hätten durchkreuzen können. Während wir auf der einen Seite spezielle Krankensäle nur für unsere Genossen aller Nationen eingerichtet hatten, mußten wir auf der anderen Seite rücksichtslos sein. Unser(e) Zuteilung an Medikamenten war ja sehr gering. (Besonders in der letzten Zeit.) So daß wir doch nicht allen helfen konnten. Ich möchte dabei doch noch einmal betonen, daß das nicht das Wesentlichste war; im Vordergrund unserer Tätigkeit stand immer die politische Notwendigkeit.

Daß ich die Liquidierung nicht alleine durchführen konnte, versteht sich von selbst. Dazu gehörte ein ganzer Apparat. Derselbe bestand fast ausschließlich aus Genossen, mit denen ich nur als Exekutive arbeitete. Die Anweisung bekam ich ja nur durch die Partei.

Der oben unterstrichen gesetzte Satz, der im Original nicht hervorgehoben ist, zeigt, wie Erinnerung, Verdrängung und Rechtfertigung dem Schreiber den Atem stocken ließen und wie ihm die Rationalisierung des Ungeheuerlichen mißlang. Seine „entweder-oder"-Konstruktion an dieser entscheidenden Stelle enthält nämlich keine Alternative. Offenbar war es keine Frage, die im Krankenbau „stand", sondern ein Imperativ: die Beteiligung an den Morden abzulehnen und dadurch moralisch sauber zu bleiben, hätte bedeutet, die Machtposition im Krankenbau zu verlieren und damit die Möglichkeit, die eigene Gruppe durch bevorzugte Pflege und Feindabwehr unter den anderen Häftlingen zu schützen, was er in die etwas hochtrabende Formulierung faßt, daß sie indirekt zu Mördern an den eigenen Genossen geworden wären. Was in seinen vermeidenden Worten noch durchscheint, aber wovor es ihm die Sprache verschlägt, ist die wirkliche Alternative: entweder Moralität und Machtverlust für die Kommunisten oder „wir halten diese Position und werden dadurch indirekte Mörder an unseren eigenen Kameraden" unter den nicht-kommunistischen Häftlingen. Die Funktionshäftlinge des Krankenbaus, diesem „wichtigsten Punkt im ganzen Lager, von wo aus man alle Aufgaben, die im Interesse der Genossen lagen, lösen konnte", haben sich für die zweite, die unaussprechliche Möglichkeit entschieden.

Das Verschwinden der Differenz

Batinans Zeichnung bildet zunächst einmal ein Stück Wirklichkeit des KZ ab, nämlich einen Ausschnitt aus den besonderen Arbeits- und Lebensbedingungen des Kapos des Krankenbaus, der zugleich einer der drei Führer des kommunistischen Widerstands im Lager war. Wenn ich die Körperhaltung des Abgebildeten richtig verstehe, will der Zeichner zugleich zeigen, daß er seine Privilegien eher benutzt als genießt und daß ihn die Last seiner Verantwortung krümmt. Hinter dem abgebildeten Wirklichkeitsausschnitt verbirgt sich zugleich eine komplexere und abgründigere Wirklichkeit. Nichts weist indessen daraufhin, daß der Zeichner sie verbergen wollte. Vermutlich hat er diese Abgründe nicht gekannt. Nichts weist indessen auch daraufhin, daß ihm der wiedergegebene Wirklichkeitsausschnitt problematisch erschien; im Gegenteil: 1944 als diese Zeichnung in Buchenwald entstand, waren die Lagerhierarchien die gegebene Wirklichkeit und der Zeichner hat seine Wahrnehmung zugleich zu einem Inbild der Last des Kapos zu formen versucht. Überliefert sind auch einzelne Portraitskizzen Busses von seiner Hand aus der gemeinsamen Haft in Buchenwald, die auf ein besonderes Einvernehmen zwischen dem Zeichner und dem Porträtierten schließen lassen – vielleicht hat er zu den im Krankenbau Geheilten gehört. Eine Abbildung eines solchen Wirklichkeitsausschnittes war zwar verboten, aber nur insofern, als den Häftlingen alle Abbildung verboten war. Über dieses Bilderverbot setzten sich nur ganz wenige im Lager, die nicht einen besonderen SS-Auftrag hatten, hinweg und wußten sich die dazu notwendigen Materialien zu verschaffen und die Bilder zu verstecken. Diese Zeichnung war ein Geschenk an den Porträtierten, der aus seiner Stellung heraus die Möglichkeit der Bildüberlieferung hatte. Insofern verweisen Bildinhalt und Bildüberlieferung aufeinander. Der Bildinhalt ist durch seine Überlieferung durch den Dargestellten als ein Ausschnitt aus seiner Wirklichkeit und ein Inbild seiner Existenz im Lager legitimiert. Man wird unterstellen dürfen, daß sie ihm nicht anstößig, sondern sachgerecht und gerecht erschien.

Solche Abbildungen fehlen jedoch in der öffentlichen Bildüberlieferung Buchenwalds in der Nachkriegszeit. Ob es mehrere solcher Bilder, die Einblicke in die Lagerhierarchie anhand der Lage Prominenter erlauben, gegeben hat, wissen wir nicht. Von der Lage der „Kretins" am anderen Ende der Hierarchie aber haben sich Zeichnungen von mehreren Künstlern erhalten, auch über die Anmaßung und Gewalttätigkeit der SS, obwohl solche Bilder viel schwerer und gefahrvoller zu verbergen sein mußten. Daß solche Bilder zunächst die anklagende Botschaft der aus dem KZ Befreiten gegenüber der Öffentlichkeit zum Ausdruck bringen und illustrieren sollten, ist sehr verständlich und gehorcht außerdem den Extremisierungs- und Verdichtungszwängen eines notwendig auf Ausschnitt und Symbolisierung angewiesenen bildlichen Ausdrucks. Noch wirksamer waren die damals weltweit verbreiteten und immer wieder gezeigten amerikanischen Filmaufnahmen der Häftlinge des Kleinen Lagers und der aufgestauten Leichenberge vor dem Krematorium, die bei der Befreiung des Lagers vorgefunden worden waren, und deren Schrecken jede Vorstellung von einer differenzierten Lagerwirklichkeit erstickte. Mit diesen sich im Betrachterauge festklammernden Schreckensbildern ging aber zugleich ein Schweigen derer einher, die derartigen Bedingungen nicht oder nur potentiell oder zeitweise unterworfen gewesen waren. Auch dies erscheint sehr verständlich, hätten sich doch die ehemals Verantwortlichen innerhalb der Häftlingsgesellschaft mit einer solchen Differenzierungseinrede selbst um die öffentliche Teilnahme gebracht, der in der Nachkriegszeit vereinzelt laut werdenden Kritik an ihrer Rolle im KZ Nahrung gegeben oder gar die Botschaft von den Greueln der KZs relativiert.

Nun hat es von Anfang an in den Erinnerungen der KZ-Häftlinge auch differenzierte Wahrnehmungen der Häftlingsgesellschaft in sprachlicher Form gegeben. Das (im Westen) verbreitetste Buchenwald-Buch – Ernst Kogons „SS-Staat" (1946) – hat das Bild einer ausdifferenzierten und hierarchisierten Häftlingsgesellschaft weit verbreitet und die Rolle der Funktionshäftlinge beschrieben, wenn auch Kogon – selbst Schreiber in einer Station für medizinische Versuche, der sein Leben kommunistischen Kapos und der Protektion durch einen SS-Arzt verdankte – Schweigen über jene tieferen Abgründe breitete, in die das oben zitierte Zeugnis Thiemanns einen Blick ermöglicht. Diese dankbare Zurückhaltung hat ihm später eine harsche Kritik des französischen Sozialisten Paul Rassinier (Die Lüge des Odysseus, dt. 1959) eingetragen, der 1944/45 in Buchenwald und Dora gewesen war und als kommunistischer Renegat ein besonders kritisches Auge für kommunistische Herrschaft und Heuchelei hatte. Aber seine Kritik verhallte, als seine antikommunistische Hysterie ihn verführte, verzerrende und pauschalisierende Nachkriegsberichte zum Anlaß zu nehmen, auch die Wirklichkeit der Judenvernichtung in Auschwitz infrage zu stellen. 1946 wurde auch – freilich in der journalistischen Zuspitzung des Kalten Krieges – ein Bericht einer unmittelbar nach der Befreiung unternommenen, erstaunlich sachkundigen und differenzierten amerikanischen Untersuchung über den kollaborierenden Widerstand der Kommunisten in Buchenwald publiziert und 1947 von Sozialdemokraten in Deutschland verbreitet, woraufhin über VVN-Strukturen ein heftiges Dementi des Buchenwald-Komitees, alles Angehörige oder Profiteure der kritisierten Strukturen, antwortete. Allein, es fehlten die Bilder.

Im Osten waren die Differenzierungen der Häftlingsgesellschaft in der Öffentlichkeit der Nachkriegszeit weitgehend tabu, bis auf diejenige zwischen den Kommunisten und den „Berufsverbrechern", wobei die ersten als solidarische Exponenten eines Widerstands, der für die Gemeinschaft gleicher Häftlinge gestanden habe, und die letzten als vernichtenswerte Erfüllungsgehilfen der SS dargestellt wurden. Insgeheim standen jedoch prominente Funktionshäftlinge, die nach der Befreiung oft hohe politische Ämter in der SBZ (vor allem in der Polizeiverwaltung) übernommen hatten, schon 1946 im Scheinwerferlicht von Untersuchungskommissionen der SED, 1950 auch von Untersuchungsrichtern sowjetischer Militärtribunale und in den Folgejahren wieder vor Parteikontrollkommissionen. Dabei ging es im Kern um die Privilegien kommunistischer Funktionshäftlinge, die Frage der Kollaboration mit der SS und die Mitschuld am Tod sowjetischer Häftlinge. Während der SED-Parteivorstand zunächst in einer aufwendigen Untersuchung gegen Ernst Busse, damals stellvertretender Thüringer Ministerpräsident, im Herbst 1946 alle solche Vorwürfe für zu Unrecht bestehend oder nicht mehr klärbar hielt, die Privilegien der Funktionshäftlinge angesichts der besonderen Belastung der führenden Funktionäre ausdrücklich rechtfertigte und allein Bordell-Besuche im KZ für verwerflich hielt, glaubten die sowjetischen Richter in einem Geheimverfahren 1951, daß sich Busse und Reschke zu weit mit der SS eingelassen hätten und durch Mittäterschaft und Opfertausch mitschuldig geworden wären und verurteilten beide wegen Kriegsverbrechen zu lebenslänglicher Lagerhaft, in der Busse nach einem Jahr im GULag starb und aus der Reschke 1955 durch Adenauers Moskauer Verhandlungen zur Freilassung Deutscher aus sowjetischer Gefangenschaft freikam (er wurde dann für Gefangenentransporte im Innenministerium der DDR zuständig). 1952 wurde ein tschechischer Funktionshäftling aus der Buchenwalder Arbeitsstatistik und nachmaliger stellvertretender Generalsekretär der KPC im Rahmen der Prager Schauprozesse gegen Slansky u.a. wegen Kollaboration mit der SS zum Tode verurteilt und hingerichtet. Zwischen 1950 und 53 wurden in der DDR die Buchenwalder „Prominenten" – soweit sie sich nicht beim Staatssicherheits- oder sowjetischen Geheimdienst (wie etwa Helmut Thiemann) verdingt hatten – aus ihren politischen Funktionen abberufen und mit wechselnden Argumenten auf unscheinbare Posten strafversetzt. Dem politischen Kopf der Buchenwalder illegalen KPD, Walter Bartel, Anfang 1953 als Bürochef des Vorsitzenden der SED Wilhelm Pieck abgesetzt, wurde ein nach dem 17. Juni dann fallengelassener deutscher Slansky-Prozeß angedroht und in internen Vernehmungen durch die Zentrale Parteikontrollkommission der SED der Buchenwalder kommunistische Widerstand durch Übernahme der Lager-Selbstverwaltung und Opfertausch als Immoralität und politisches Kapitulantentum vorgehalten.

All diese Untersuchungen waren aber entweder überhaupt geheim oder produzierten jedenfalls, wie der Prager Schauprozeß, keine Anschauung dessen, was den Buchenwaldern in oft haarsträubenden Rechtsverfahren vorgeworfen wurde. Anna Wiehle, die ihren 1950 verschwundenen Mann noch drei Jahre über seinen Tod im GULag hinaus vergebens suchte, erhielt 1956 vom Parteivorstand zugleich die Nachricht von seinem Tod und von seiner geheimen Rehabilitierung durch die SED (nicht die Sowjets), durfte davon in der Öffentlichkeit aber keinen Gebrauch machen. Batinans Zeichnung hatte sie aufbewahrt, aber sie hielt diese Erinnerung für sich.

Plastische Nachhilfe

Während die roten Kapos von Buchenwald parteiintern demontiert worden waren, wurden die anonymisierten Helden von Buchenwald öffentlich von denselben Parteiinstanzen der SED aufgebaut. Das Lagergelände, das der NKWD in der Besatzungszeit als Internierungslager weiterverwendet hatte, war nämlich 1950 freigeworden und erlaubte die Errichtung einer antifaschistischen Nationalen Mahn- und Gedenkstätte der DDR auf dem Ettersberg. Ihre Einrichtung begann damit, die noch weitgehend erhaltene Anschauung des Lagers durch den Abbruch seiner Barcken und Einrichtungen zu vernichten. An die Stelle einer Bauüberlieferung, in der man vielleicht noch Spuren des vergangenen Geschehens zwischen 1937 und 1950 hätte lesen können, traten nun zwei für die Emblematik der DDR überaus wichtige Symbolisierungen stellvertretenden kommunistischen Widerstandshandelns im KZ Buchenwald, ein Denkmal und ein Roman, der dann als Film eine neue visuelle Vorstellung verbreitete, beides bewußt gestiftete Deckerinnerungen von hoher bildlicher Suggestivität.

Die Figurengruppe Fritz Cremers für den Buchenwalder antifaschistischen Widerstandskampf ist eines der bekanntesten Kunstwerke der DDR und mit den Massengräbern und dem Glockenturm der eigentlich deutende Kern des in den 50er Jahren entstandenen Ehrenhains der Gedenkstätte. Es fand seit einem Wettbewerb 1951 erst in mehreren Fassungen Gestalt, auf deren Entwicklung und Aussage die obersten Kulturverantwortlichen der DDR detaillierten Einfluß nahmen. Die erste Fassung – eine egalitäre Gruppe von sieben vom Leiden gezeichneten Häftlingen, die sich mit vorwärtsgewandter Mine um einen Schwörenden gruppiert – wurde als eine naturalistische Leidensversion von Rodins „Bürger von Calais" drastisch und öffentlich gerügt. Die zweite von 1952/53 erbrachte dann ein Übersoll an stalinistischer Gefügigkeit: die Häftlinge sind nun verjüngt, gestrafft und zu einer (den Häftlingswinkel nach vorn und oben variierenden) keilförmigen, hierarchischen Kampfgruppe formiert, in deren Mitte ein junger bewaffneter Kämpfer voranschreitet, neben dem nun Ernst Thälmann den Buchenwald-Schwur leistet und hinter dem die eine Fahne als Symbol der Partei aufragt, während ihn zur Rechten ein Kind wohl als Kaderreserve begleitet. Diese vorwärtsschreitende Gruppe wird links von einem Symbol des Opfers und rechts von einem jüngeren, nach der Fahne greifenden Hinzutretenden flankiert, den seine zivile Kleidung und sein Germanenschädel als einen der sich Umorientierenden der Nachkriegszeit andeutet.

Nach Chrustchows Entstalinisierungsversuch entstand aus beiden Vorgängern – nicht untypisch für den gemäßigten und anonymisierten, aber strukturkonservativen

Stalinismus der DDR – in der 1958 aufgestellten Plastik eine didaktische Synthese. Wir haben es jetzt mit elf Häftlingen zu tun, deren Alter und Leid ihnen nun wieder zum Teil anzusehen ist, vor allem aber der Grad ihrer Entschlossenheit, sich zum antifaschistischen Kampf unter der Führung der Partei zu formieren. Thälmann und die FDJ sind verschwunden, aber bewaffneter Kampf, Schwur und Fahne sind in der Mitte geblieben, auch das Kind zur Rechten (das nunmehr als Häftlingskind gedeutet werden wird, s.u.) wird nun vom Fahnenträger beschützt und das Opfer zur Linken ist in der dramatischen Form eines Stürzenden in den Vordergrund gerückt. Das wesentlich Neue der dritten Fassung ist – in den Worten von Volkhard Knigge:

...die Didaktisierung ihrer visuellen Botschaft. Cremer staffelt von rechts nach links Bewußtseins- oder Haltungstypen: Zyniker, Zweifler, Diskutierender, Kämpfer, Schwörender, Fahnenträger, die die Betrachter, man kann hier einen Einfluß des Brechtschen Lehrstückkonzeptes vermuten, in (optisch) aufsteigender Linie nicht nur zum Betrachten, sondern vor allem zum Innewerden und Nachvollziehen dieser Bewußtseins- und Haltungstypen auffordern. Das Konzentrationslager wird auf diese Weise implizit zu einem Ort gewandelt, an dem dieses vorbildhafte, nachahmenswerte Bewußtsein geschmiedet worden ist. Es erscheint – ich sage das nicht gerne – als eine dem Fortschritt nützliche Schule oder noch zugespitzter: in seinem Höllenfeuer ist eine Geistes- und Tatenelite geschmiedet und gehärtet worden, die Anspruch auf Führung und Nachfolge hat.

Cremer stellt also als Inbild des antifaschistischen Kampfes in Buchenwald eine Personengruppe dar, die sich keilförmig vor einem Orientierung weisenden Bannerträger zum Kampf gegen einen abwesenden Feind formiert. Sie verweist damit deutlich auf die Rolle der Führungsfiguren und der Partei in der Entfaltung des Kampfes, beläßt die einzelnen Figuren aber in der anonymen Symbolisierung unterschiedlicher Stufen der Einsicht und der Kampfentschlossenheit und vermeidet Anspielungen auf die Physiognomie der tatsächlichen kommunistischen Führer in Buchenwald. Bedenkt man, daß zeitlich parallel zur Entstehung dieser Figurengruppe von den drei tatsächlichen Führungsfiguren der illegalen KPD-Leitung in Buchenwald einer, vormals stellvertretender Ministerpräsident eines Landes und stellvertretender Präsident einer Zentralverwaltung der SBZ, von der sozialistischen Führungsmacht unter die Anklage von Kriegsverbrechen und Kollaboration mit der SS gestellt und in den GULag eingewiesen wurde und dort umkam (Ernst Busse 1951/52), der zweite, vormals ebenfalls stellvertretender Präsident einer SBZ-Zentralverwaltung, auf ehrenrührige Weise als Generalsekretär der VVN geschaßt und als Redakteur einer Betriebszeitung versteckt worden war (Harry Kuhn, Anfang 1951) und der dritte, Walter Bartel, der die Orientierung gewiesen hatte, 1950 mit knapper Not ein Parteiverfahren wegen Feigheit vor der Gestapo überstanden hatte und 1953 nach seinem Sturz von der Seite des SED-Vorsitzenden vor einem innerparteilichen Gericht um sein Leben rang, weil ihm Zusammenarbeit mit dem Imperialismus und Kapitulantentum im KZ vorgeworfen wurde, so ist von der Entstehungsgeschichte her ein ungewöhnliches Ausmaß politisch-ästhetischer Verdeckung in diesem Denkmal konstitutiv. Cremers Skulptur ist insofern zunächst einmal eine Ersatzsinnstiftung durch depersonalisierende Personalisierung. Ihre Verlogenheit besteht aber nicht nur in der Zumutung einer führungsvertrauenden Identifikation mit „Unpersonen", sondern auch in der Suggerierung einer offensiven Kampfesbotschaft, die scharf von der ganz überwiegenden Praxis des Widerstands der Buchenwalder Kommunisten absticht. Sie hatten ihre Macht gerade nicht aus einem (ja wirklich aussichtslosen) offensiven Kampf gegen die SS oder aus richtungsweisenden parteiprogrammatischen Einsichten (hier hatten sie strategische Perspektiven meist gerade dann übernommen, wenn die Parteispitze sich von ihnen distanzierte) gewonnen. Vielmehr, sie hatten sie durch arbeitsteilige Organisation (als Selbstrettungskollektiv) und die Übernahme von Exekutivpositionen (als abgeleiteter Macht) erworben. Im konkreten, oft gewitzten, aber auch brutalen Gebrauch dieser Macht zwischen der SS und der Masse der Häftlingsgesellschaft hatten sie als Kollektiv erstaunliche Schutz- und Rettungserfolge für sich und eine größere Anzahl anderer Häftlinge erzielen können, die sie aber auch durch eigene Kompromittierung, die Disziplinierung von Mitgefangenen und Mittäterschaft an Verbrechen der SS erkauften.

Verdeckende Legende

Die ergänzende und in ihrer Breitenwirkung sehr viel bedeutsamere Buchenwalder Bildtradition der DDR stiftete Bruno Apitz mit seinem Roman „Nackt unter Wölfen", der bei seiner Publizierung 1958 gerade recht kam, um als massenwirksames Legendarium der im selben Jahr mit ungewöhnlichem Pomp und Massenaufgebot eröffneten Gedenkstätte zu dienen. Er lädt zu kindlichen Identifikationen mit den alten Genossen ein, knurrigen, aber reinen und selbstlosen Heldenfiguren, die sich in einer ganz im Schwarz-Weiß-Kontrast gezeichneten mythischen Welt als Inbilder der Mitmenschlichkeit mit der Härte ihrer Verantwortungsethik quälen und ihr Opfer darbringen. In dieser manichäischen Welt sind die SS samt ihren Lakaien, den „Berufsverbrechern", den „Zinkern", Verrätern und anderen „undisziplinbaren" und „asozialen Elementen" die neuen moralischen Untermenschen, die das Reich der Finsternis verkörpern, ein Knäuel aus Feigheit und Gewalt, Habsucht und Dummheit, Niedertracht und Korruption. Auf der anderen Seite steht die Masse der Häftlinge als reine und im Grunde solidaritätsbereite Opfer, eine Gemeinschaft der Gleichen, aus der sich nach dem Maßstab seiner Einsicht, Organisiertheit und Opferbereitschaft, seines Mutes und seiner selbstüberwindenden Disziplin der antifaschistische Kämpfer als neuer moralischer Übermensch durch Zweifel, Anfechtungen und Mutproben hindurch zu einer Lichtgestalt herausentwickelt. Schließlich nimmt er uneigennützig große Gefahr und Verantwortung für das Ganze auf sich, besiegt das Böse oder unterliegt ihm im Einzelfall auch, aber heldenhaft und ohne Verrat. Letztlich gehört jedoch dem Guten, dem noch unterdrückten Reich des Lichtes der Sieg, und die vertrauensvolle Unterstellung unter seine Autorität und die Befolgung seiner

Befehle, auch wo sie unverständlich sind und die eigene Einsicht überschreiten, ist oberstes Gebot.

Dieser uralte dualistische Mythos mit seinen einfachen Identifikationen und starken Imperativen unterliegt vielen Ausprägungen kommunistischer und antifaschistischer Kampfmoral. Wenn man das Lager als institutionalisierten Bürgerkrieg verstand, konnte er in der Tat ein Kraftquell organisierten Handelns und der Elitebildung unter den Unterworfenen sein. Für die DDR ist er in Bruno Apitz' Buchenwald-Roman vollends in eine erziehungsprägende antifaschistische Saga mit Figuren zum Anpassen verwandelt worden. „Nackt unter Wölfen" wurde mit 58 Auflagen und drei Millionen Exemplaren zum meistgelesenen Buch in der Geschichte der DDR überhaupt und zur Pflichtlektüre in ihren Schulen. Schon als Roman mit Kolportagecharakter spannend genug, wurde das Konstrukt noch anschaulicher durch seine Verwandlung in ein Hörspiel sowie in einen Kino- und einen Fernsehfilm. In einer erstaunlichen Mischung aus realistischen Details, Deckerinnerungen und mythischem Konstrukt zeigt Apitz die Kaposchicht, die illegale Parteileitung und das Internationale Lagerkomitee im wortkarg ausgetragenen Gewissenskonflikt zwischen rührender Mitmenschlichkeit (Rettung eines verborgenen jüdischen Kindes) und revolutionärer Disziplin (konspirative Vorbereitung der Selbstbefreiung des Lagers) und synthetisiert beides nach opferreichen Verwicklungen – die Gestapo holt auf der Suche nach dem Kind zu einer großen Verhaftungsaktion gegen die roten Kapos aus – zu einem Doppelsieg des Reiches des Lichts über die Finsternis der untergehenden SS und ihrer Spitzel. Der Roman erschien gleichzeitig mit der Eröffnung der Gedenkstätte und gab der – in der wirklichen Politik um die tatsächlich Beteiligten entkernten – Buchenwald-Legende identifikationsfähige Figuren, welche die wirklichen Menschen ersetzten.

War auch er eine Auftragsarbeit, verordnete Ideologieproduktion? Soweit wir heute wissen, hat Bruno Apitz, eine vielseitige, aber wenig erfolgreiche Künstlernatur, das Bedürfnis nach einer literarischen Bewältigung seiner Buchenwald-Erfahrung seit der Befreiung aus dem Lager mit sich herumgetragen. Aber erst, nachdem er 1953 – als auch viele andere Buchenwalder Kommunisten ihre Positionen verloren hatten – aus seiner Stellung als Dramaturg bei der DEFA gekündigt worden war und weitgehend vereinsamt lebte, begann er – zunächst ohne Förderung, Verlagsbindung und sicherlich ohne Auftrag – seinen Roman zu schreiben, eine Überlebensbewältigung in Deckerinnerungen.

Seinen tatkräftigen Figuren, die das Überleben meistern, gab er die Namen und z. T. auch die Züge von im Widerstand und KZ umgekommenen Genossen, mit denen er befreundet gewesen war. Die Privilegienhierarchie in der Häftlingsgesellschaft erwähnte er nicht, sondern stattete alle mit dem gleichen geliehenen Elend der jüdischen und slawischen Häftlinge aus. Er selbst hatte – nach einem harten Anfang im Steinbruch – wegen seines kunsthandwerklichen Geschicks in Buchenwald ein Atelier eingerichtet bekommen, in dem er bei der SS beliebte Holzfiguren schnitzte und sich eine Katze halten durfte; später war er in der Pathologie mit der Präparierung tätowierter Menschenhaut beschäftigt und wohnte im sog. Prominentenblock. Auch das jüdische Kind, um das er den Plot seines Romans gewoben hat, Stefan Jerzy Zweig, hat es im Lager wirklich gegeben, nur daß es der SS bekannt und bei einigen SS-Leuten sogar besonders beliebt war, weil es das jüngste von mehreren hundert meist jüdischen Kindern und Jugendlichen im Lager war, um die sich mehrere Kapos kümmerten – informell haben sich hier zwei aus der KPO kommende Kapos, Robert Siewert und Willi Bleicher, besondere Verdienste erworben ebenso wie der hessische KPD-MdL Wilhelm Hammann, der sogar offiziell als Kapo einen Kinderblock leitete. Auch die Verhaftungsaktion der Gestapo gegen eine Reihe von roten Kapos hat es 1944/45 wirklich gegeben, allerdings nicht aus dem Grund, weil sie sich um ein jüdisches Kind gekümmert, sondern weil sie eine illegale Gedenkfeier für Thälmann abgehalten hatten und dies von einem kommunistischen Spitzel verraten worden war. Allerdings ist auch – anders als im Roman – in Wirklichkeit keiner der Verhafteten ums Leben gekommen, sondern die SS hat statt ihrer andere deutsche Kommunisten zu Kapos und zum ersten Lagerältesten ernannt usw.

Künstlerische Freiheit ist gewiß legitim und im sozialistischen Realismus war die perspektivische Veränderung der Wirklichkeit sogar Programm. Wenn hier auf die für Apitz' Roman konstitutiven, aber pseudorealistisch verkleideten Deckerinnerungen hingewiesen wird, geschieht dies nicht aus einer kleinlichen hyperrealistischen Beckmesserei heraus. Vielmehr geht es darum, Spuren in der Genese eines bis heute überaus wirkungsmächtigen Mythos zu dechiffrieren. Sie weisen daraufhin, daß der ursprüngliche, ganz persönliche Selbstbewältigungsversuch der KZ-Erfahrung des Autors, dem vor und nach diesem Roman kein literarisches Werk wirklich glückte und der sich nur mit diesem Riesenerfolg in die entwirklichte Antifaschismus-Politik der SED-Führung der 50er Jahre einzufügen und ihr ein Gesicht zu geben vermochte, gerade nicht in der Vergegenwärtigung der die bisherige Vorstellung der Menschheit infragestellenden, schambeladenen und sinnlosen KZ-Wirklichkeit, sondern in ihrer Verdrängung durch die Sinngebung eines uralten Mythos bestand. In ihm waren nicht die Probleme wirklicher Menschen – also hier z. B. der überlebenden roten Kapos – das Thema, sondern in ihm wurden Genossen, die nicht überlebt hatten, zu neuem Leben erweckt, um im mythischen Kampf des Lichtes mit der Finsternis sich selbst zu überwinden, mitmenschliches Gefühl und revolutionäre Askese miteinander zu versöhnen und den Sieg der Selbstbefreiung davonzutragen.

Abbild und Inbild

Die bildlichen Deckerinnerungen der Buchenwaldlegende haben den Zusammenbruch der DDR überlebt, denn sie waren eine Sozialisationsinstanz ostdeutscher Kinder und keineswegs nur in parteitreuen Familien. Gerade die quasi-realistische Ausschmückung dieses manichäischen Mythos mit den Requisiten egalitärer und solidarischer Armut, Bedrücktheit, Mitmenschlichkeit, Disziplin und wortkarger Tiefe und seine anschauliche Inszenierung im geliehenen Elend der am schlimmsten behandelten Häftlingsgruppen in immer wieder gespielten Filmen hat eine weit über speziellere parteipolitische Aufgabenstellungen hinausgehende Vertrautheit mit der Fiktion der roten Kapos von Buchenwald gestiftet.

Nachdem sich die Arcana des SED-Archivs öffneten, wurden dort auch die Parteiuntersuchungen gegen die wirklichen Kapos von Buchenwald gefunden, darunter auch die oben zitierte Beichte von Helmut Thiemann und später in Moskau auch inhaltlich ähnliche – aber in ihrem Quellencharakter fragwürdigere – Auszüge einer Vernehmung Busses vor dem Sowjetischen Militärgericht in Berlin. Ihre Publizierung hat die sprachlich ungeschminkten, aber in ihrem Verteidigungsgestus vielfach verschleiernden Erinnerungen der führenden deutschen Kommunisten unter den Buchenwalder Häftlingen lesbar und die öffentlichen Deckerinnerungen der Nachkriegszeit erkennbar gemacht. Die Widersprüchlichkeit der Aussagen und die nicht an Wahrheit und Recht orientierten Verhörmethoden lassen dabei freilich die Wirklichkeit des KZ nur wie eine Ahnung aufscheinen und ermöglichen viele Interpretationen. Der Widerspruch zur öffentlichen Legende und Traditionsbildung ist aber auf seiten der Verhörten und erst recht der Verhörenden offensichtlich. Wer wenigstens an den ehrlichen Antifaschismus als guten Kern der SED geglaubt hatte, wurde von diesem Widerspruch geschockt.

Batinans Zeichnung war in der Privatheit von Busses Familienüberlieferung ebenso den Blicken der Öffentlichkeit entzogen geblieben. Ihre Publizierung ist die bildliche Ergänzung zur Erschütterung der Legende. Der Schock, der bei vielen Betrachtern von dieser Zeichnung ausging, wird durch den Sessel hervorgerufen, auf dem Busse sitzt. Phantasierte man sich einen Betrachter dieses seltenen, dem Bilderverbot des KZ abgetrotzten Bildzeugnisses, der die Entstehung der Bildüberlieferungen über die KZ in der Nachkriegszeit nicht miterlebt hätte und in seinen Seherwartungen von ihnen geprägt worden wäre, so wäre bei ihm kein Schock, sondern eher ein Erstaunen zu erwarten. Der Schock entsteht aus generalisierten Seherfahrungen, in denen für einen Häftling im KZ kein Platz ist für ein solches Möbel, eine solche Kleidung, einen solchen Raum. Und gerade weil sie für den Zeichner zwar bemerkenswerte, aber ohne ersichtliche Kritik verzeichnete Objekte sind, entsteht bei der Betrachtung nicht ein Streit über Meinungen und Werte, sondern der Gedächtnisschock einer durchbrechenden, mit Gefühlen und Werten getränkten Bildschablone.

Unser fiktiver Betrachter, der über diese Bildschablone nicht verfügt, würde auch über den Sessel erstaunen, aber eher auf neugierige Weise, weil dieses Möbelstück offensichtlich zu diesem Raum nicht paßt und seinem Besitzer bei seiner Arbeit schlecht dient. Wir dürfen unserem fiktiven Betrachter nämlich eine andere Sehgewohnheit unterstellen, daß der Besitzer eines solchen niedrigen Sessels noch andere, höhere Stühle zur Verfügung hätte, wenn er an einem Tisch schreiben wollte, und daß ein solcher, durch seine Kleidung als Funktionsträger aus dem medizinisch-technischen Bereich ausgewiesener Mann wohl kaum in vollem Ornat an einer Art Kücheneßtisch arbeitete. Es wäre dieser geringere Widerspruch zu rein gewohnheitsmäßigen, nicht durch Gefühle und Werte aufgeladenen Bildschablonen, der die Aufmerksamkeit auf die Widersprüche im Bild, die gekrümmte Haltung des Dargestellten, die falschen Lichtverhältnisse, die undeutliche Kulisse einer offenen Tür oder eines schrägen Schranks, den Bettvorleger als Zentralteppich, die Rute in der Vase etc. lenkte und damit erst den Betrachter mit dem Zeichner in eine unmittelbare Beziehung versetzte.

Die im Privaten überlieferte Zeichnung bewirkt etwas ähnliches, wie die aus dem Geheimarchiv ausgegrabenen Akten: sie bringt das Gedächtnis des Betrachters ins Spiel. Darin gibt es emphatische und latente Wahrnehmungsvoraussetzungen, von denen uns oft die ersteren als die bedeutsamen erscheinen, während wir uns der letzteren nicht bewußt sind. Leicht unterstellen wir, daß die uns wegen ihrer Verankerung in Gefühlen und Werten bedeutsam und unvergeßlich erscheinenden auch die wahren seien und übersehen dabei ihre mediale Produktion und symbolische Generalisierung. Erst der Widerspruch der abbildenden Quelle kann uns dies zu Bewußtsein bringen und die latenten alltäglichen Wahrnehmungsvoraussetzungen als kritisches Instrument zur Enträtselung der Quelle mobilisieren. Wenn die Quelle ein Bild ist, mag dieser Vorgang ökonomischer ablaufen, weil sich solche doppelte Kritik des Inbilds und des Abbilds aus der ganzheitlichen Wahrnehmung einer ausschnitthaften Symbolisierung ergeben kann. Damit ist eine wesentliche Voraussetzung historischer Aufklärung möglich, aber eine Anschauung historischer Wirklichkeit nicht erreicht. Denn vergangene Wirklichkeit kann nie zur Gänze abgebildet, sondern nur durch die Brechungen fragmentarischer Überlieferungsausschnitte und subjektiver Repräsentationen hindurch erahnt werden. Auch das kann hier nur in bescheidenen Ansätzen gelingen, denn wir wissen nicht, wer Batinan war und wenn wir zum Vergleich die frühesten Schriftzeugnisse heranziehen, so befinden wir uns im Vexierkabinett eines mehrfach traumatisierten kollektiven Gedächtnisses, zwischen dessen Zwang zur Erzählung und Zwang zum Schweigen die vergangene Wirklichkeit eine Grauzone mit wenigen Konturen bildet, die sich dem Wunsch nach Anschauung und Bewertung verweigert.

Anmerkung:

Zum Zusammenhang dieses Beitrags vgl. Lutz Niethammer (Hg.): Der „gesäuberte" Antifaschismus. Die SED und die roten Kapos von Buchenwald. Dokumente, unter

Mitarbeit von Harry Stein und Leonie Wannenmacher eingeleitet und kommentiert von Karin Hartewig und Lutz Niethammer (Berlin 1994, 2. Aufl. i. V). Die im vorliegenden Beitrag besprochene Zeichnung von Batinan ist in diesem Band auf S. 116 reproduziert. Das Original befindet sich in Privatbesitz. Der innerparteiliche „Lebenslauf" von Helmut Thiemann vom Sommer 1945, aus dem ein längerer Auszug zitiert wurde, befindet sich im Zentralen Parteiarchiv der SED (SAPMO-BA, ZPA 12/3/155, Bl. 249–253) und wird in der zweiten Auflage dieser Dokumentation als Dok. II.I.2 ediert werden. Für eine Recherche zu „Batinan" danke ich Frau Dr. Stahl von der Gedenkstätte Buchenwald; zu Apitz verdanke ich Hinweise einer Staatsexamensarbeit von Susanne Hantke (Jena 1995). Zu Cremer vgl. Volkhard Knigge: Der steinerne Sieg. Zu Entstehungsgeschichte und Erinnerungsprogramm der Nationalen Mahn- und Gedenkstätte Buchenwald. In: Kuratorium Schloß Ettersberg e.V. (Hg.): Der einäugige Blick. Vom Mißbrauch der Geschichte im Nachkriegsdeutschland, Weimar o. J. (1993), S. 39–50, Abbildungen der drei Fassungen seiner „Buchenwaldplastik" S. 45 f. Zum Kontext vgl. Hans-Günther Adler: Selbstverwaltung und Widerstand in den Konzentrationslagern der SS. In: Vierteljahrshefte für Zeitgeschichte 8, 1960, S. 221–236; Wulff E. Brebeck u. a. (Hg.): Über-Lebens-Mittel. Kunst aus Konzentrationslagern und in Gedenkstätten für Opfer des Nationalsozialismus, Marburg 1992; Manfred Overesch: Buchenwald und die DDR. Oder die Suche nach Selbstlegitimation, Göttingen 1995.

Widerstand des Gesichts?
Beobachtungen an dem Filmfragment
„Der Führer schenkt den Juden eine Stadt"

Unter den Beständen mit Wochenschauen sowie Dokumentar- und Propagandafilmen aus dem Dritten Reich bewahrt die Filmabteilung des Bundesarchivs das Fragment eines Kurzfilms mit dem seltsamen Titel „Der Führer schenkt den Juden eine Stadt"[1] auf. Es handelt sich um 170 m eines geschnittenen, kommentierten und vertonten Filmes, der aus angeblich ca. 15 000 m Aufnahmen zusammengestellt wurde, die im Sommer 1944 auf Befehl der SS von einem Drehbuch- und Regie-Team jüdischer Häftlinge und Kameraleuten der tschechischen Wochenschau Aktualita im damaligen Konzentrationslager Theresienstadt gedreht worden waren. Der Film soll Anfang 1945 im Lager mit jüdischer Musik synchronisiert und für ein internationales Publikum bestimmt worden sein, um über den Verbleib der Juden zu täuschen.

Die Masse der Mitwirkenden an diesem Film wurde noch im Herbst 1944 nach Auschwitz deportiert und ermordet, so auch der Regisseur, der frühere Berliner Komiker Kurt Gerron.[2] Sein Drehbuch – das mit dem überlieferten Film in Einzelszenen, nicht aber in der Zusammenstellung übereinstimmt – hat er vor seiner Deportation einem überlebenden Mithäftling übergeben; es ist erhalten und teilweise publiziert.

Über den Entstehungszusammenhang des Films sind wir durch die große Theresienstadtmonographie von H. G. Adler und den von ihm betreuten Band kommentierter Dokumente ausführlich orientiert.[3] Das böhmische Festungsstädtchen Theresienstadt – tschechisch Terecin, etwa halben Wegs zwischen Prag und Dresden am Zufluß der Eger in die Elbe gelegen – war danach im Zweiten Weltkrieg in Zusammenhang mit der Deportation und Massenvernichtung der Juden schrittweise in ein

---

1 Bundesarchiv, Filmarchiv, Nr. 3372. Die Kurzbeschreibung im Bestandsverzeichnis lautet: „Propagandistisch verfälschte Darstellung der Verhältnisse im KZ-Theresienstadt; Häftlinge bei der Arbeit und in der ‚Freizeit'."
2 Kurt Gerron (eigentlich Gerson), 1897 in Berlin geboren war vor 1933 ein bekannter Kabarettist und Filmkomiker, der außer an zahlreichen Stummfilmen auch an so bekannten Filmen wie „Der blaue Engel" sowie „Die drei von der Tankstelle" mitgewirkt hatte; seit 1931 verlegte er sich zunehmend auf die Regie von Unterhaltungsfilmen (allein sieben in den beiden nächsten Jahren). Nach der Emigration nach Frankreich, Italien, Österreich und Holland hat er zwar noch mehrmals Regie geführt, aber keinen Durchbruch mehr erzielt. Vgl. dazu Herbert Holla u. a.: Reclams deutsches Filmlexikon, Stuttgart 1984, S. 112 f.
3 H. G. Adler: Theresienstadt. Das Antlitz einer Zwangsgemeinschaft. Geschichte – Soziologie – Psychologie, 2. Aufl. Tübingen 1960 (zuerst 1955) und ders.: Die verheimlichte Wahrheit. Theresienstädter Dokumente, Tübingen 1958.

KZ zunächst zur Zusammenziehung der Juden aus dem sog. Protektorat Böhmen und Mähren umgewandelt worden. In der Folge wurden dort aber auch Juden aus Deutschland, Österreich und anderen Ländern untergebracht, teilweise als Zwischenstation bis zu ihrer Deportation in eines der in Polen gelegenen Vernichtungslager, teilweise als Aufenthaltsort für alte, insbesondere im Ersten Weltkrieg ausgezeichnete Juden und für solche Prominenten, auf denen das Augenmerk der internationalen Öffentlichkeit ruhte. Offiziell wurde Theresienstadt als Altersghetto bezeichnet; sein Zweck war vor allem der eines Ventils für Einsprüche aus der deutschen Führungsschicht gegen die Deportation jüdischer Bekannter.[4] Die Häftlinge waren in den alten Kasernen und Kasematten, z. T. auch in den früheren Privathäusern des Ortes zusammengedrängt – Mitte der dreißiger Jahre hat der Ort ca. 7 500 Einwohner, als Lager bis zu 60 000. Die Lebensbedingungen waren entsprechend schrecklich – von ca. 141 000 Gefangenen, die (fast zur Hälfte aus dem Protektorat) nach Theresienstadt kamen, sind 33 500 im Lager verstorben und ca. 88 000 wurden in die Vernichtungslager deportiert.

Unter der Aufsicht und dem Befehl der SS wurde Theresienstadt innerhalb seiner Ghettomauern von einem jüdischen Ältestenrat selbst verwaltet. Dieser Umstand war sowohl für seine Funktion als Alters- und Prominentenghetto bedeutsam, vor allem aber für seine zweite Bestimmung als Vorzeige-Lager für Juden, um die internationale Öffentlichkeit von der Massenvernichtung von Juden in Polen abzulenken. In diesem Zusammenhang wurde das Lager mehrfach von kleinen Delegationen des Internationalen Roten Kreuzes besucht und insbesondere im Sommer 1944 von einer dänischen Delegation, da in Dänemark der öffentliche und staatliche Druck gegen die Verschleppung der Juden besonders groß war. Für diesen Besuch wurde das Lager in einer dreivierteljährigen „Verschönerungsaktion" vorbereitet, in deren Rahmen z. B. eine Kinderbewahranstalt und verschiedene Freizeiteinrichtungen ausgebaut oder eingerichtet und die dänischen Gefangenen relativ privilegiert untergebracht wurden.

Die Aufwendungen für die „Verschönerung" sollten dann für den Ende August/Anfang September 1944 gedrehten Propagandafilm noch genutzt werden, der wohl weitere Inspektionen überflüssig machen sollte. Was dazu bewogen hat, diesen Film weitgehend von Gefangenen des Lagers (wenn auch unter genauer Kontrolle und zahlreichen Eingriffen der SS) selbst drehen zu lassen, ist nicht bekannt. Es ist aber zu vermuten, daß es die Erfahrungen waren, die man im Zuge der „Verschönerungsaktion" mit der Kooperation der jüdischen Selbstverwaltung und mit der Anpassungsbereitschaft vieler Häftlinge, deren Überlebenshoffnungen durch diese Aktionen genährt wurden, gemacht hatte. Diese Bereitschaft zur Mitwirkung an der Verhüllung nicht nur des Massenmords an den Juden im Ganzen, sondern auch am Schicksal der Theresienstädter Gefangenen selbst, von denen allein in der Phase der Verschönerungsaktion und der Filmarbeiten etwa 20 000 in die Vernichtungslager

---
[4] Vgl. Raul Hilberg: The Destruction of the European Jews, 2. Aufl. New York 1973 (zuerst 1961), S. 277ff.

deportiert wurden, ist zu einem zentralen Problem des jüdischen Selbstverständnisses geworden.[5] Diesem Problem – und der Herausarbeitung der Theresienstädter Wirklichkeit hinter dem „Hollywood der SS-Opfer" – sind die Bücher H.G. Adlers gewidmet. Während seine scharfe Kritik am jüdischen Ältestenrat und seinen Sprechern differenziert vorgetragen wird und auch deren Leistungen und Zwangslagen herausarbeitet, schildert er die Mitwirkung an dem Film als eine reine Absurdität.

„Mehrere Entwürfe für ein Filmbuch wurden von der SS als zu realistisch verworfen. Schließlich übertrug man die Hauptaufgabe drei Männern, mit deren Leistungen die SS zufrieden sein konnte… Vom wahren Theresienstadt wurde fast nichts gezeigt. Es war der reinste Fabelfilm, so wie sich vielleicht der dümmste Judenhasser die Juden vorstellen mag. Arbeit bekam man wenig zu sehen …, doch zeigte man rühmliche Fürsorge für die fröhliche Jugend. Man sah Wohlleben und Lustbarkeiten, wie sie ein maskiertes „Paradiesghetto" nur zu bieten hatte. Ausgesprochen „jüdische Typen" wurden ausgewählt, und jeder sollte vor Gesundheit strotzen. … Das „Kaffeehaus" konnte man mit Tanz in Gesellschaftskleidern und vergnügungssüchtigem Treiben nicht auslassen, und Theater spielte man die Menge … Professor Utitz mußte einen Vortrag im „Gemeinschaftshaus" halten, zu dem die „Prominenten" befohlen wurden; wer von ihnen krank war, wurde hingeschafft. Auf den Terrassen des „Gemeinschaftshauses" saßen würdige alte Minister und Generäle, die sich lebhaft unterhielten. Sportveranstaltungen durften auch nicht fehlen. Die tollsten Streiche aber waren ein Freiluftbad im Flusse (wohin man vorher und nacher niemals durfte) und ein Kabarett im Freien jenseits der Festungsmauern, wozu man viele Leute kommandierte (die bewachende Gendarmerie wurde nicht gezeigt). … Mitte September 1944 war dies Werk des organisierten Wahnsinns beendet. Die verdientesten Mitarbeiter wurden von der SS mit Geschenken und Vergünstigungen großzügig belohnt und einige Wochen darauf … in die Gaskammer geschickt."[6]

An anderer Stelle schreibt er über den Regisseur:

„Auch in Gerrons Verhalten zeigt sich die psychische Anpassungskompensation für Gefügigkeit durch Zwang, doch ist sie für diesen Mann belastender als für die in letzte Hilflosigkeit gedrängten Judenältesten, weil bei der Mitwirkung des Kabarettisten in viel höherem Maße als bei jenen freier Wille, Erhoffen persönlicher Vorteile, Eitelkeit, Zynismus und selbst Vergnügen an der Aufgabe im Spiele waren. … Neben diesen Hauptbeteiligten wurden Hunderte von Schauspielern, Künstlern und anderen Helfern und weiter, sei es auch nur als Statisten und vom tragikomisch wahnhaften Wirbel Hingerissene, Tausende von Gefangenen als Mitwirkende beschäftigt, die so zu Opfern einer geistigen und seelischen Schändung, oft aber auch Verblendung wurden: eine Gespenstersatire als Folie zu der abgründigen Dämonie von Konzentrations- und Vernichtungslagern."[7]

---
5 Vgl. z. B. die Berichte über die Vernichtung thersienstädter Juden in Auschwitz bei Claude Lanzmann: Shoah, Düsseldorf 1986, S. 200ff.
6 Adler, Theresienstadt, S. 182–184.
7 Adler, Wahrheit, S. 325 f.

Das sind starke und bittere Worte, die deutlich von der differenzierten Sorgfalt dieses Autors im übrigen abstechen und wohl auch nur einem zustehen, der in Theresienstadt und Auschwitz seine nächsten Angehörigen verloren hat. Sie sind auch überzeugend, wenn man die von Adler publizierten Drehbuch-Ausschnitte liest, die in ihrer Technizität die Mitwirkung an der Verschleierung und sonst nichts belegen. Adler hat den überlieferten Film bei der Niederschrift seines Werkes offenbar nicht gekannt. Mich haben seine Worte ebenso ergriffen wie verstört, da ich über Theresienstadt wenig wußte, als ich das Filmfragment in den 70er Jahren zum ersten Mal sah und dann bei ihm – und zwar auf Grund eines ganz anderen Aspektes, den ich in diesem Film gesehen zu haben meinte – Aufschluß suchte.

Indessen ist das eingangs erwähnte überlieferte Fragment mittlerweile auch für den Gebrauch in der politischen Bildung und in Schulen bearbeitet worden,[8] d. h. das alte Filmmaterial wurde technisch aufgearbeitet und durch Kommentare, moderne Aufnahmen und Interviews neu arrangiert. Hier ist das Gewicht ganz darauf gelegt, die Verschleierungsabsichten der SS zu enthüllen und zu widerlegen – offenbar fürchtete man hier in einer Phase, als die sog. „Auschwitzlüge" bis in angesehene Verlagshäuser vordrang, daß die filmische Propagandalüge der SS die Verdrängung mit Wirklichkeitssurrogaten munitionieren könnte. In diesem didaktischen Arrangement waren die ursprünglichen Bilder des Films freilich so von den widerstreitenden Aussageinteressen der SS und der politischen Bilder überformt, daß ich meine früheren Wahrnehmungen dieser Bilder bei der Betrachtung nicht wiederfinden konnte.

Diese Wahrnehmungen hatten sich zu der Frage verdichtet, ob das jüdische Team, das zumindest die Feinstruktur dieses Films schuf, nicht im Gehäuse der SS-Lüge über Theresienstadt und den Holocaust in Sklavensprache ein Denkmal des deutschösterreichischen Judentums inmitten seiner Vernichtung schaffen wollte. Eine solche Frage mußte nach der Neubearbeitung ebenso absurd erscheinen wie nach der Lektüre von Adler und ich will auch gleich vorausschicken, daß ich sie mit historischen Mitteln nicht beantworten kann. Indessen fügen sich historische Bildzeugnisse nicht immer den Intentionen ihrer Auftraggeber, lassen sich nicht enträtseln, wenn ihre ästhetische Wahrnehmung völlig ausgeblendet wird und die mag ihre eigenen Bezüge haben. Insofern möchte ich zu einem neuen Blick auf den Film selbst einladen und – durchaus im buchstäblichen Sinne – Gesichtspunkte erwägen, die – ohne daß damit Adlers Enthüllung und Entrüstung widersprochen werden soll – seiner Überlieferung noch weitere Wahrnehmungsweisen und Bedeutungsschichten hinzuzufügen erlauben könnten.

Zunächst seien die wichtigsten Sequenzen des Filmfragments beschrieben und dabei zugleich Wahrnehmungen ihrer inneren Spannungen mitgeteilt:

Der erste Teil – mit etwa fünf Minuten mehr als ein Drittel des überlieferten Streifens – ist dem Thema Arbeit gewidmet: eine Schmiede, in der ein Rind beschlagen

---

[8] Film-Nr. 322240 des Instituts für Film und Bild in Wissenschaft und Unterricht (FWU) in Grünwald bei München.

wird, dann – später mit der Musik von Jaques Offenbach zu „Orpheus in der Unterwelt" unterlegt – die Herstellung von Sensen, beherrscht von einer Szene von zwei Männern, die mit nacktem Oberkörper und kraftvoll-geübtem Schwung ein Metallstück zum Sensenblatt hämmern. Es folgen Werkstätten in den Kasematten mit dicht gedrängten Maschinen, an denen geschweißt, gedengelt und gedreht wird. Beispielhaft für die angebliche Weiterführung von Handwerkern werden im folgenden Kunsthandwerke – mehrere jüngere Töpferinnen bei der Herstellung von Vasen und Figuren und ein älterer Bildhauer, der scheinbar Endarbeiten an einer Brunnenfigur (Figur, die auf einem Delphin reitet) vornimmt – vorgeführt. Dann wird eine „kleine Barackenstadt" als „Arbeitszentrum" gezeigt und darin manufakturmäßig in drangvoller Enge zusammengefaßte und primitiv eingerichtete Werkstätten von Täschnern, Schneidern und Schustern. Viele Arbeitende, die schnell und professionell überwiegend qualifizierte handwerkliche Arbeiten ausüben, sehen aus, als kämen sie nicht aus diesen Berufen, die Gesichter sind meist ernst oder deprimiert (nur ein oder zweimal gelingt es offenbar dem Kamerateam, einige Frauen zu einem kurzen Lächeln zu verursachen); unter den Arbeitenden werden alte Frauen und Kinder z. B. in besonderen Portraiteinstellungen gezeigt. In der Schlußszene dieser Sequenz sieht man eine Schusterwerkstatt, in der etwa 40 Männer in einem engen, fensterlosen Raum Schuhe besohlen. Auf einmal erheben sich alle und verlassen – zum Zeichen des Feierabends – den Raum, wobei die Kamera so schwenkt, daß dem Beschauer ein unterernährter Junge unter den Schustern auffällt, der sich nur mühsam erheben kann und mit ungelenken, offenbar schmerzhaften Bewegungen den Raum verläßt.

Der Rest des Filmes besteht aus halb- bis zweiminütigen Sequenzen, die Freizeitreinrichtungen und Unterbringung darstellen sollen: darunter ein Fußballspiel in einem Kasernenhof mit begeisterter Anteilnahme vielfach jugendlicher Zuschauer; eine Mannschaftsbrause, eine Bibliothek, einen Vortrag, ein Konzert, fröhliche Schrebergartenarbeit im Festungsgraben, abendliche Unterhaltungen vor einem Haus und einem langen Schlafsaal, angeblich für alleinstehende Frauen, in dem aber auch Kinder und Männer zu sehen sind; der Film reißt ab in einer nur Sekunden dauernden Schlußeinstellung auf eine Familie beim Abendbrot, die ein geräumiges Speisezimmer und alle Ausstattung zur Verfügung zu haben scheint. Diese Sequenzen sollen mit halbwahren Bildern aus der „Verschönerungs"-Periode des Lagers ein Potemkinsches Dorf einer zwar engen und ärmlichen Gemeinschaft erwecken, die aber doch auch Kultur, Erholung, Ordnung kennt und sich entspannen kann. Einiges ist zunächst ganz falsch, wie der Schrebergartenbau, der eine Anlage zeigt, in der die Häftlinge für den ausschließlichen Verbrauch der SS-Mannschaften Gemüse anbauen mußten; die Darstellung bezweckt aber zugleich, die besondere Freude der Männer und Frauen selbst an primitiven Gartenarbeiten und ihre Solidarität – es gibt z. B. keine Zäune – zu zeigen. Der vorgeführte ordentliche, wenn auch riesige Schlafsaal und erst recht das abschließende Speisezimmer haben zwar als Ausnahmesituation bestanden oder konnten zumindest so hergerichtet werden; sie verbergen jedoch, daß die meisten Häftlinge in Massenlagern ohne auch nur minimales Mobiliar zusammengezwängt lebten, sehr wenig und Schlechtes zu Essen hatten und deshalb ständigen Infektionen und Lebensgefährdungen ausgesetzt waren. Die kurze Szene über das Mannschaftsbad soll offenbar auch gut ernährte nackte Juden zeigen, die jedoch aus den Neuankömmlingen im Lager zusammengesucht werden mußten; ob sie auch zeigen sollte, daß es auch Duschräume in KZs gab, in denen tatsächlich Wasser aus den Brausen kam, könnte man sich zumindest vorstellen. Die auffallendsten Anteile stellen in diesem Bereich jedoch das Fußballspiel mit zweieinhalb Minuten und der Komplex Kultur mit drei.

Auf das Fußballspiel wird mit einer langen Einstellung vorbereitet, wie meist ältere und dunkel gekleidete Menschen, die alle sehr deutlich den Judenstern tragen, erschöpft aus den Werkstätten strömen und wie auf einem Treck auf einer Straße ohne umgebende Gebäude nach Hause streben. Dann sagt der Kommentar: „Die Gestaltung der Freizeit ist jedem einzelnen überlassen. Oft nimmt der Strom der Heimkehrenden nur eine Richtung: zur größten Sportveranstaltung in Theresienstadt, zum Fußballwettspiel." Dann wird im Hof einer alten Kaserne ein intensiver Amateurkampf zwischen zwei Siebener-Mannschaften (wegen des beschränkten Raumes) gezeigt. Darum herum ist ein zahlreiches, meist jüngeres Publikum, das zum Teil auch in den Bogengängen des theresianischen Gebäudes steht und aus dem die Kamera immer wieder einzelne Gesichter und Gruppen herausholt.

Während die Geräuschkulisse eine frenetische Begeisterung beim Publikum nahelegt, zeigen die Bilder in der Tat einen intensiven sportlichen Kampf, aber auch ein eher zurückhaltendes, wohl auch ungewohntes Publikum, in dem einige Kinder- und Mädchengesichter Spannung und Spaß erkennen lassen, die Männer aber allenfalls durch ein Tor aus ihrer Reserve gelockt werden. Die begeisterte Geräuschkulisse wird über das Ende des Spiels in den Weggang der Zuschauer in die Stadt hinübergezogen.

Die Kulturszenen sollen einerseits prominente Wissenschaftler und Künstler in Theresienstadt vorführen, andererseits suggerieren, daß es ausreichende Kultureinrichtungen gebe. Das beginnt mit einer engen, aber reichhaltigen Bibliothek, in der einige dilletantische Szenen gestellt sind, welche ältere Gelehrte bei der Benutzung oder beim Disput über Bücher zeigen sollen.[9] Das Mißverhältnis zwischen dem Format der beteiligten Wissenschaftler und demjenigen der Bibliothek ist ebenso auffallend wie daß sie hier jedenfalls so nicht arbeiten und disputieren können. Dieses Mißverhältnis zwischen gesollter und tatsächlicher Aussage wird in der nächsten Einstellung noch deutlicher, die einen Vortrag eines Prager Professors vor mehreren engen Stuhlreihen prominenter, überwiegend sehr alter Wissenschaftler unter den Häftlingen zeigt.[10] Der offenbar sehr lebendige Vortrag wird mit Musik unterlegt, anstatt daß man etwas über seinen Inhalt, über die Beteiligten oder gar den Vortra-

---

9 Drehbuch mit Namen in Adler, Wahrheit, S. 329.
10 Vgl. ebd. S. 328 f. Der Vortragende war Emil Utitz (Prag) und unter den Zuhörern waren u. a. Maximilian Adler (Prag), Heinrich Klang (Wien), Alfred Philippson (Bonn), Herman Strauß (Berlin) und Leo Taussig (Prag).

genden selbst hörte. Die Zuhörer würden jeder Akademiesitzung zur Ehre gereichen, die Kamera portraitiert ehrfurchtgebietende Gelehrtenhäupter, die wirken, als wären sie in äußerster Konzentration und doch nicht auf das, was hier vor sich geht. Sie wissen, daß sie hier zur Dokumentation ihrer physischen Existenz vorgeführt werden und ihre starren Augen blicken darüber hinaus. Zusammengezwungen auf drei, vier Stuhlreihen bilden sie wie Skulpturen ihrer selbst ein Denkmal deutsch-jüdischen Gelehrtentums und ihre Gesichter sprengen die heuchlerische Absicht, zu zeigen, daß sie noch leben.

Die nächste Szene – den mit besonderem Aufwand zum Konzertsaal hergerichteten Gemeinschaftsraum – leitet der Kommentator ein: „Musikalische Darbietungen werden von allen Kreisen der Einwohnerschaft gerne besucht." Das Orchester war vorher – wie der Dirigent Karel Ancerl, einer der wenigen Überlebenden, berichtete[11] – in dunkle Anzüge gesteckt worden, aber ihre holzbesohlten Schuhe hatte man ihnen anbelassen und als Publikum wurden vor allem berühmte Gesichter und noch vorzeigbare Garderoben zugelassen. Ancerl hatte zunächst insgeheim eine kleine Musikertruppe zusammengebracht, die dann in der Phase der „Verschönerung" offizielle Aufführungen machen konnte.[12] Vor der Kamera wurde eine „Studie für Streicher" uraufgeführt, ein modernes Orchesterstück, das Pavel Haas in Theresienstadt geschrieben hatte und das der Filmton auch tatsächlich im Ausschnitt zu Gehör bringt: in sehnsuchtsvolle Klänge, in denen zuweilen idyllische Zitate an Dvorak erinnern, brechen immer wieder schrille, hohe Tonfolgen ein. In dieser Szene,[13] in der Bild und Ton erstmals wirklich zusammenfinden, schafft der Film erneut ein Monument, freilich nicht der alltäglichen Wirklichkeit des Ghettos, wohl aber der kulturellen Wirklichkeit des Faschismus, wo die Aufführung fortgeschrittener Kunst allenfalls noch im Ghetto stattfinden kann und auch nur hier noch ein Bildungsbürgertum ausgeprägter und nachdenklicher Köpfe als angemessenes Auditorium findet. Die Totale auf das Orchester und die Kamerafahrt durch das Publikum wird immer wieder von Naheinstellungen und Einzelportraits unterbrochen, die die Gesichter des Komponisten, des Bildhauers, eines Richters, eines früheren Theaterdirektors und anderer „Prominenter" des Lagers, in denen sich das Bildungsbürgertum Mitteleuropas exemplarisch abbildet, mit Frauenportraits kombiniert, die exemplarisch für das Stereotyp jüdischer Gesichtszüge stehen und sie in ihrer Schönheit, ihrem Ernst, ihrer aesthetischen Konzentration zeigen. Der kurze Ausschnitt aus dem Konzert ist so aufgebaut, daß er die Verschmelzung von Musik und Publikum herausarbeitet, die sich abschließend in einem in Besitz nehmenden Applaus ausdrückt und entspannt.

---

11 Vgl. Interview mit dem Leiter der Prager Philharmoniker Karel Ancerl in der FWU-Fassung.
12 Zum beachtlichen Umfang der Kulturarbeit in Theresienstadt vgl. Adler, Theresienstadt, S. 584ff. Ancerls Orchester hatte für mehrere Aufführungen einen deutschen und einen tschechischen Zyklus aus klassischer und moderner Musik zusammengestellt. Der Ausschnitt im Film zeigt den neuesten Teil aus dem letzteren Abschnitt.
13 Vgl. Drehbuch bei Adler, Wahrheit, S. 335 f.

Welcher Nazi-Auftraggeber hätte das wollen können: Inbilder deutsch-jüdischer Kultursymbiose, ins Ghetto verdrängt und doch so, daß das deutsche Bildungsbürgertum in ihnen sich selbst und die Lücken in seiner Mitte erkennen mußte? Portraits jüdischer Schönheit und Würde? Bildbelege des Überlebens, denen der allgegenwärtige Tod im Gesicht geschrieben steht? Dokumente jüdischer Ordnung und jüdischen Sports, der Selbstorganisation produktiver Arbeit, kraft- und kunstvollen Handwerks, der Eignung zur Landwirtschaft …? Mag sich so „vielleicht der dümmste Judenhasser die Juden vorstellen", wie Adler die Grundaussage des Films beschreibt? Gewiß, es wurden laut Drehbuch Szenen gefilmt – die aber nicht überliefert sind –, die diesem Urteil eher entsprechen, etwa eine jüdische Bank in Theresienstadt mit einer Art Spielgeld „Theresienstädter Kronen", ein Einkaufsbummel und eine Kaffeehausszene mußten gestellt werden. Und auch für jedes der Elemente, die gerade aus dem überlieferten Film berichtet wurden, lassen sich Argumente denken, mit denen die einzelne Szene der SS schmackhaft gemacht werden konnte: es war ja „entartete Kunst", die hier aufgeführt wurde; es war ja im SS-Ghetto, wo die Juden ein Beispiel an Ordnung und Arbeit setzten; man mußte ja irgendetwas zeigen, wenn man den Alltag des Lagers verschleiern sollte, usw. Auf diesen Handel, ihre Lebensbedingungen zu verbergen, haben sich die Mitwirkenden an dem Film in der Tat eingelassen. Und doch bleibt der Film in allem, was darüber hinausgeht, und in seinem Zusammenhang rätselhaft, wenn er nur unter diesem Gesichtspunkt der Selbstpreisgabe an eine teuflische Propaganda interpretiert wird. Was ist das für eine Botschaft, die die jüdischen Filmemacher im Gepäck der faschistischen Lüge aus dem Lager der im Sommer 1944 noch überlebenden Juden schmuggeln wollten?

Der Code dieses ästhetischen Kassibers läßt sich entziffern, wenn man dagegenhält, wie sich die dümmsten Judenhasser wirklich den Juden vorstellten, denn auch dazu gibt es ein filmisches Zeugnis – und zwar den niederträchtigsten Hetzerfilm, der wohl je gedreht worden ist: Fritz Hipplers[14] 1940 auf Geheiß des NS-Propgandaapparats hergestellter Film „Der ewige Jude".[15] Er wurde damals überall in Deutschland im Kino gezeigt und viele mußte ihn sich ansehen; er war aber so unverstellt und extrem in seiner Mordpropaganda, daß er beim Publikum offenbar eher abgelehnt wurde, wie die Spitzeldienste meldeten. Noch vor Harlans „Jud Süss" und ohne jegliche künstlerische Einkleidung sollte er die Deutschen im Vorfeld der Deportation ihrer jüdischen Mitbürger gegenüber Solidarität oder Mitgefühl immunisieren.[16] Und

---

14 Hippler leitete seit 1939 die Abt. Film im Reichspropagandaministerium und hatte repräsentative Kriegsfilme z. B. über den Polenfeldzug gedreht bzw. damals in Arbeit.
15 Bundesarchiv Filmarchiv-Nr. 3002. Der 770 m oder 66 Min. umfassende Film wird im Findbuch lakonisch hilflos beschrieben: „Antisemitische Propaganda (mit Spielfilm-Ausschnitten)".
16 Zu diesem Film und seinem Entstehungszusammenhang vgl. knapp Jerzy Toeplitz: Geschichte des Films, Bd. 4, München1983, S. 217 f.; ausführlicher Michael Siegert: Der ewige Jude, in Propaganda und Gegenpropaganda im Film 1933–1945, (österreichisches Filmmuseum) Wien 1972; Dorothea Hollstein: Antisemitische Filmpropaganda, München u. a. 1971. Zum Hintergrund allgemein Josef Wulf: Theater und Film im Dritten Reich, Gütersloh 1964; Gerd Albrecht: Nationalsozialistische Filmpolitik, Stuttgart 1969; Francis Courtade u. Pierre Cadars: Geschichte des Films im Dritten Reich, München 1975.

am Ende sagt er durch einen Ausschnitt aus Hitlers Rede vor dem Reichstag am 30.1.1939 auch klar, worum es im Krieg jetzt ging:

„Europa kann nicht zur Ruhe kommen, bevor die jüdische Frage ausgeräumt ist … Das Judentum wird sich genauso einer soliden aufbauenden Tätigkeit anpassen müssen, wie es andere Völker auch tun, oder es wird früher oder später einer Krise von unvorstellbarem Ausmaß erliegen. Wenn es dem internationalen Finanzjudentum in- und außerhalb Europas gelingen sollte, die Völker noch einmal in einen Weltkrieg zu stürzen, dann wird das Ergebnis nicht der Sieg des Judentums sein, sondern die Vernichtung der jüdischen Rasse in Europa."

Die jüdische Botschaft in den Bildern der NS-Filmlüge über Theresienstadt auf jenen Film zu beziehen, der durch eine filmische Kodifizierung und Extremisierung des Rasse-Antisemitismus die Wahrnehmung und das Gewissen gegenüber der „Vernichtung der jüdischen Rasse in Europa" lähmen sollte, ist nicht willkürlich. Es gibt vielmehr Hinweise darauf, daß „Der ewige Jude" unter den jüdischen Filmemachern in Theresienstadt bekannt war. Kurt Gerron wird in ihm als Inbegriff jüdischer Filmkomik zitiert und in einem Ausschnitt vorgeführt; schon das dürfte ihn auf den Film aufmerksam gemacht haben und vor der Verpflichtung, den Judenstern zu tragen (19.9.1941), dürfte ein solcher Filmbesuch im besetzten Holland, wo Gerron 1941 verhaftet und in ein deutsches KZ eingewiesen wurde,[17] auch noch denkbar gewesen sein. Deutlicher sind die bildlichen Rückbezüge: viele Einstellungen des Theresienstadt-Films wirken wie widerlegende Zitate aus dem „ewigen Juden".

Doch dazu muß man kurz die Leitmotive, den Inhalt und den Aufbau dieses widerwärtigen Streifens rekapitulieren:[18] Sein Vorspann lautet: „Die zivilisierten Juden, welche wir aus Deutschland kennen, geben uns nur ein unvollkommenes Bild ihrer rassischen Eigenarten. Dieser Film … zeigt uns die Juden, *wie sie in Wirklichkeit aussehen*, bevor sie sich hinter der Maske des zivilisierten Europäers versteckten." Und das Leitmotiv, daß die Juden wegen ihres Gesichts vernichtet werden müßten und deshalb durch Filmdokumente der Schuldbeweis zu führen sei, wird noch an vielen anderen Gelenkstellen des Films auf den Begriff gebracht: etwa folgt nach Zitaten alttestamentlicher Gestalten in der abendländischen Kunst der Satz *„Wir haben inzwischen sehen gelernt* und wissen jetzt, daß die Hebräer der biblischen Geschichte so nicht ausgesehen haben können. *Wir müssen unser Geschichtsbild korrigieren.*" Oder einem unterernährten und durch Krankheit entstellten Gesicht aus dem Warschauer Ghetto wird ein Zitat Richard Wagners aufgesprochen: „Der Jude ist der *plastische Dämon* des Verfalls der Menschheit". Oder der Abfolge von Fahndungsbildern von Finanzbetrügern der 20er Jahre folgt der Satz: „Diese Physiognomien widerlegen schlagend die liberalistische Theorie von der Gleichheit alles dessen, was Menschenantlitz trägt." (Hervorhebung L. N.)

---

17 wie Anm. 2
18 Alle folgenden Zitate sind aus der in der letzten Anm. genannten Filmfassung transkribiert.

Der Film ist in zehn großen Sequenzen aufgebaut, von denen die erste über Physiognomie und Wesen der Juden mit Abstand die wichtigste ist (14 Minuten), nach der Ausführlichkeit folgen mit je 10 Minuten Abschnitte über die Rothschilds als Inbild weltweiter jüdischer Finanzoligarchie sowie über die angebliche jüdische Beherrschung und folgliche Entartung der deutschen Kultur der Weimarer Republik.

1. Aufnahmen aus dem Warschauer Ghetto der frühen Kriegszeit, in das die deutsche Militärverwaltung die Juden Mittelpolens in unvorstellbare Enge und Unterversorgung zusammengetrieben hatte, und dessen Zustände als Normalzustand des Ostjudentums dargestellt werden. Kontrastiert mit NS-Leitbildern des Ariertums.
2. Ausbreitung der Juden in der Welt seit der Antike anhand kartographischer Bilder, die sich zu einer weltumspannenden Krage summieren und in Parallele zur Ausbreitung der Rattenplage in der Welt gestellt werden. „Sie stellen unter den Tieren das Element der unterirdischen, heimtückischen Zerstörung dar, nicht anders als die Juden unter den Menschen."
3. Assimilation der Juden, dargestellt als Veränderung ihres Äußeren (eine Gruppe von Ghettoisierten aus Warschau werden rasiert und in westliche Anzüge gesteckt) in Schritten vom orthodoxen Ostjudentum zur Berliner Großbourgeoisie.
4. Ausschnitt aus einem amerikanischen Film über Rothschild, dessen Steuerbetrug und Aufbau internationaler Bankfilialen durch seine Söhne als Inbild jüdischer internationaler Finanzoligarchie dargestellt wird.
5. 1918 und Weimarer Republik und Arbeiterbewegung als von Juden beherrschte Fehlbestrebungen des deutschen Volkes, mit Ausschnitten aus Dokumentarfilmen.
6. Das Kulturleben Weimars als von Juden beherrscht und entartet („diese Fieberphantasien unheilbar kranker Hirne"), mit zahlreichen Ausschnitten, gipfelnd in eine Szene aus „M" mit Peter Lorre.
7. Demgegenüber ein folkloristisch-karikierender Film über ein Purim-Fest im Ostjudentum als Freudenfest über die Abschlachtung von 75 000 persischen „Antisemiten".
8. Talmudschule und Synagoge (mit Juden aus polnischen Ghettos inszeniert in einer Synagogenkulisse, die für den zur selben Zeit entstandenen Film „Jud Süss" in Prag errichtet worden war) als Schule des Betruges und rituelle Verschwörung zur Vernichtung der Nicht-Juden interpretiert.[19]
9. Dokumentaraufnahmen vom Schächten. Fünf Minuten lang werden Rindern und Schafen die Hälse aufgeschnitten, während der Kommentar diese „grausamen Quälereien an unschuldigen und wehrlosen Tieren" der „bekannten Tierliebe des deutschen Menschen" entgegenstellt. Wenn dessen Rachedurst nach Menschen für Tierblut richtig angeheizt ist, zeigt der Film.

---

19 Wörtlich: „Das ist keine Religion und kein Gottesdienst mehr. Das ist eine Verschwörung gegen alles Nicht-Jüdische, die Verschwörung einer krankhaft hinterlistigen, vergifteten Rasse gegen die arischen Völker und ihr moralisches Gesetz."

10. den Kampf der Nazis gegen das Schächten, Hitlers oben zitierte Ankündigung der „Vernichtung der jüdischen Rasse in Europa" im Reichtag und die Zustimmung überwiegend jugendlicher „arischer" Physiognomien zum Führer und den Marschtritt der SS-Kolonnen.

Bei den meisten Sequenzen handelte es sich um eine zuspitzende Kodifizierung des im NS verbreiteten Rassen-Antisemitismus, der freilich z. B. in den Ratten- oder Schächtszenen seine Mordgier in einer neuen Unverhülltheit anschaulich zur Geltung brachte und auf die Zuschauer zu übertragen suchte. Getragen wird der Film jedoch durch die Aufnahmen aus dem von den Deutschen nach der Besetzung Polens eingerichteten Warschauer Ghetto, die aus anderen polnischen Ghettos ergänzt sind (über ein Drittel des Films); sie sollen mit dem noch immer neuen und suggestiven Medium des Films den Beweis des jüdischen Untermenschentums erbringen. Kameraführung und Schnitt orientieren sich an der expressiv-dokumentarischen Tradition der Republik;[20] der Film erhält jedoch seinen Sinn durch eine geschickte, abgefeimte Text-Bild-Montage, welche die Drangsal und Not des Zwangsghettos in Wesenszüge jüdischer Gesellschaft verfälscht, und der Sprecher ahmt bis in den Tonfall hinein den Sprachstil seines obersten Vorgesetzten Goebbels nach. Im Kern wird versucht, die Juden als arbeitsscheue und kulturunfähige, schachernde Straßengesellschaft von Kriminellen und Mißgeburten darzustellen und in der Form der Darstellung werden all jene Ängste im Zuschauer vor Massen der Großstädte des vorigen Jahrhunderts, welche die sozialräumliche Disziplinierung der letzten Jahrzehnte gebannt hatte, wieder erregt. Die Kernsätze lauten:

Der Krieg habe Gelegenheit gegeben, das Judentum an seiner „Niststätte" in Polen aufzusuchen. An den „fragwürdigen Gestalten des Ghettos" erkenne man, „daß hier ein Pestherd liegt, der die Gesundheit der arischen Völker bedroht". Die schrecklichen Verhältnisse, die der Film abbildet, schuldeten sich keinesfalls der Armut, da die Juden durch althergebrachten Handel reich seien. Vielmehr: „Das häusliche Zusammenleben der Juden zeigt einen auffallenden Mangel an weltschöpferischer Zivilisationsfähigkeit". Ihre Behausungen seien „unsauber und verwahrlost", „schmutzig und verwanzt". „Sehr selten findet man die Juden bei einer werteschaffenden Arbeit", sagt der Sprecher von jüdischen Männern im mittleren und höheren Alter, die in ihren Sträflingsanzügen von der deutschen Militärverwaltung zur Trümmerräumung requiriert wurden. „Auch hier geschieht es nicht freiwillig … Man merkt es ihnen an, daß sie Arbeit nicht gewöhnt sind und auch nicht lieben. Aber das ist nicht Hilflosigkeit, die zu bedauern wäre. Das ist etwas ganz anderes. Diese Juden wollen nicht arbeiten, sondern schachern. Hier sind sie in ihrem Element … Sie drängen sich zum Handeln, weil es ihrem Charakter und ihrer natürlichen Veranlagung entspricht." Und dazu zeigt die Kamera Straßenszenen, in denen in einem drangvollen Gewühle Leute ihre letzten Habseligkeiten anbieten, in der Hoffnung, sich etwas zu

---

20 Das ist wohl auch der Grund, warum viele dieser Bilder in antifaschistischen Filmen und Bilddarstellungen des Ostjudentums zitiert wurden.

essen einzutauschen. Die Kamera fängt traurige und deprimierte, überlebenstrotzige und (selten) aufbegehrende, von Hunger, Entwurzelung und vom Zusammenpferchen in dieser „Hölle"[21] entstellte Gesichter auf und der Text verwandelt sie in Untermenschen.

„Über dieser Jugend steht kein Idealismus wie über der unsrigen. Der Egoismus des Einzelnen wird bei Ihnen nicht in den Dienst höherer Gemeinschaftsziele gestellt. Im Gegenteil proklamiert die jüdische Rassemoral in krassem Gegensatz zum arischen Sittlichkeitsgesetz den hemmungslosen Egoismus jedes Juden als göttliches Gesetz. Seine Religion macht dem Juden Betrug und Wucher geradezu zur Pflicht. ... Für die Juden ist das Geschäftemachen eine Art heilige Handlung; das ist für Nicht-Juden etwas vollständig Unverständliches. Der arische Mensch verbindet mit jeder Tätigkeit einen Wertbegriff. Er will etwas schaffen und Werte will er schaffen: Nahrung oder Kleidung oder Wohnung oder Maschinen oder Kunstwerke oder irgendetwas anderes, was für die Gesundheit von Wert ist. Er wird von dem Gefühl beherrscht, verantwortlich für seine Leistungen zu sein. Für den Juden gibt es nur einen Wert, das ist Geld ...".

Und während der Sprecher das sagt, sehen wir Bilder „arischer" Arbeit, eine Drehbank, eine Schmiede, eine Töpferscheibe, einen Kunsthandwerker, Landbau mit nacktem Oberkörper und fast bis in die Aufnahmetechnik hinein gleichen sich die Einstellungen jener, die wir aus den Arbeitsszenen des Theresienstädter Films kennen. Einem Profi, der eine Dutzend Filme gedreht und an zwei Dutzend als Schauspieler mitgewirkt hat, unterlaufen solche – auch noch zur selben Sequenz komponierten – Zitate nicht versehentlich. Und der Kommentator des „ewigen Juden" fährt fort, daß die Parasiten sich auf nichts als aufs Handeln verstünden, die Erzeugung den Gastvölkern überließen, deren Werte sie in Ware verwandelten.

In derselben Weise werden die physiognomischen Denunziationen durch die Theresienstädter Portraits widerlegt. Um die rassische Brücke zwischen den Ghettoaufnahmen und der Erfahrung des deutschen Publikums mit deutschen Juden zu schlagen, schert Hippler einigen orthodoxen Juden aus dem Ghetto die Pajes und Bärte ab und steckt sie in westliche Anzüge: unsicher, entehrt, verlegen grinsen die Gesichter in die Kamera; darauf werden Bilder aus einer bürgerlichen Abendgesellschaft gezeigt und der Kommentar sagt, den assimilierten Juden Berlins gelinge die Verstellung in der zweiten oder dritten Generation schon besser.

Aber gerade darin liege die „ungeheure Gefahr ... Denn auch diese assimilierten Juden bleiben immer Fremdkörper im Organismus ihres Gastvolkes, so sehr sie ihm äußerlich ähnlich sehen mögen."

---

[21] Vgl. den Bericht über einen Besuch im Ghetto durch den Verbindungsmann der polnischen Untergrundbewegung zur Londoner Exilregierung Jan Karski, in: Lanzmann, S. 223ff. Damals 1943 war das Ghetto durch Unterernährung und Deportation bereits jenseits aller menschlichen Vorstellungskraft, so daß Karski noch aus der Erinnerung immer wieder in die Worte ausbricht: „Das war nicht mehr Welt. Das war nicht mehr Menschlichkeit."

Dem setzt die Theresienstädter Regie wortlos die Widerstandskraft der Gesichter entgegen, eine Individualität der Würde, Schönheit, Trauer und Kultur, die den rassischen Reduktionismus vergessen läßt.

Angenommen, diese Beobachtungen formaler und inhaltlicher Rückbezüge des Films „Der Führer schenkt den Juden eine Stadt" auf seinen Widerpart „Der ewige Jude" legten eine Widerlegungsabsicht frei, so bleibt immer noch die Frage, was die Absicht beabsichtigte. Sie muß offen bleiben, denn für sie haben wir nicht nur keine direkten Mitteilungen, sondern es lassen sich auch aus der Diskursstruktur des Überlieferungsfragments dazu keine Antworten wahrscheinlich machen.

Der größte Teil der osteuropäischen Juden und viele Andere waren Mitte 1944 bereits vernichtet. Die meisten der Noch-Verbliebenen wußten von ihrem Schicksal nichts, konnten oder wollten die Gerüchte von Massenmorden nicht glauben, nicht für sich wahrhaben und diejenigen, die an der Absicht der Nazis, den jüdischen Namen auszulöschen, nicht zweifelten, behielten wie „Jakob der Lügner"[22] ihr Wissen für sich, weil sie mit ihm den anderen nicht zu helfen wußten. Soviel aber wußte jeder: so schlimm die verborgenen wirklichen Lebensverhältnisse in Theresienstadt waren, so sicher war das Leben dort besser als die Deportation in den Osten. Auch wenn sich die Wirklichkeit der Todesfabriken von Auschwitz jeglicher Vorstellung entzog und die Nazis besondere Vorsicht hatten walten lassen, daß Nachrichten über die Vernichtung nicht über das Vorzeigelager Theresienstadt die Weltöffentlichkeit erreichen sollten,[23] gab es doch ein Bewußtsein, daß weitere Deporation die jetzt schon marginale Existenz weiter dem Abgrund nähern mußte.

Als der Theresienstädter Film gedreht wurde, waren die Deutschen auf dem Rückzug. Im Süden hatten die Alliierten Rom eingenommen und stießen durch die Toskana nach Norden (wo große Streiks zu Selbstbefreiungsaktionen übergingen), im Westen waren sie an der Kanalküste gelandet und befreiten gerade Paris, im Osten verblutete der Warschauer Aufstand, aber die Rote Armee setzte in Ostpreußen erstmals den Fuß auf deutschen Boden; einen Monat später sollte Aachen eingenommen werden. War es da ein so undenkbarer Gedanke, den Nazis den Rückzug auch an der Front des Weltanschauungskrieges zu erleichtern, die KZ-Erfahrung noch eine kleine Weile zu schönen, an die kulturelle Identität des mitteleuropäischen Judentums mit der deutschen Kultur zu appellieren, zu dokumentieren, daß in Theresienstadt keine

---

22 Die Gestalt aus Jurek Beckers Roman, die das hilflose Wissen in eine solidarische Lüge verwandelt und sich opfert, inkarniert die Tragik vieler jüdischer Führer in einer Märtyrergestalt. In Theresienstadt scheint der Berliner Rabbiner Leo Baeck, die geistige Führungsgestalt des liberalen deutschen Judentums, ihr am nächsten gekommen zu sein.

23 Während die aus anderen Teilen Europas deportierten Juden in den Vernichtungslagern meistens innerhalb weniger Stunden ermordet wurden, waren aus Theresienstadt deportierte Juden zumindest 1943 in Auschwitz ein halbes Jahr in einem relativ privilegierten Familienlager gehalten und bei ihnen die Aussicht auf eine Umsiedlung in landwirtschaftliche Ansiedlungen im Osten genährt worden, wovon sie Nachrichten über ihr Wohlbefinden in „Birkenau" zurücksenden sollten. Nach dieser halbjährigen Quarantäne waren aber auch sie vergast worden. Dies war von Anfang an so geplant, denn ihre Transportlisten enthielten den Vermerk „SB mit sechsmonatiger Quarantäne" (SB = Sonderbehandlung = Ermordung). Vgl. Lanzmann, S. 204ff.

„Ratten" lebten und daß Juden genau das taten, was „Arier" als ihre Pärogativen postulierten: Werte schaffen, arbeiten, Sport treiben, das Land bebauen, Gemeinschaft bilden, Ordnung halten. Kurz: anbieten, daß man alles auch als ein Mißverständnis sehen könnte; vorschlagen, von weiteren Konsequenzen des Wahns zurückzutreten, hoffen, daß Deutschland seine Dichter und Denker im Ghetto wiedererkennen möchte? Im Vernichtungskrieg bietet schon der bloße Überlegungswille Widerstand.

Im Rückblick, der die undeutlichen Gerüchte, die unvorstellbaren Bedrohungen als katastrophale Gewißheit voraussetzt, muß in solchen Hoffnungen und Erwägungen, die mir in der Bildführung des Theresienstadt-Films geronnen zu sein scheinen, ein Verrat an den vielen Vernichteten[24] liegen und auch eine Verkennung des Gegners, eine Überschätzung der eigenen Möglichkeiten: der Film wurde nicht mehr aufgeführt, seine Autoren und die meisten Mitwirkenden wurden ins Gas geschickt. Die gescheiterte Welteroberung kannte keine verantwortliche Zurücknahme, sondern forderte mit der eigenen erst recht die ganze Apokalypse – der Todesmärsche, der verbrannten Erde, weiterer Monate der Todesproduktion in den Vernichtungsfabriken.

Insofern ist dieser Widerstand erfolglos gewesen, aber er hat doch ein Denkmal hinterlassen. Nicht eines von der Art makelloser Überhöhung, wie es die Überlebenden gern den Toten setzen, sondern wie es die Toten selbst überliefern: es berichtet von ihrer Angst, es enthält Elemente der Verblendung, des Egoismus, es nimmt hin, daß ihm nur die verstümmelte Sprache der Sklaven verblieben ist, um sich zu äußern. Aber inmitten von all diesem steckt in ihm auch ein Vertrauen auf die Wiedererkennung des Menschlichen und auf einen Widerstand des Gesichts, dessen Wahrnehmung einem Meer von Lügen trotzt. Damals hat sich dieses Vertrauen als eine Illusion erwiesen; aber ob es sich als Illusion erweist, liegt am Betrachter.

---

24 Gerade in der Antithese des Aussehens und Sehens liegt dieses Element eines kulturell begründeten Verrats des assimilierten mitteleuropäischen Judentums, das den Hauptteil der Theresienstädter Häftlinge stellte, an der orthodox geprägten Kultur des Ostjudentums, von dem der größte Teil bereits den Nazis zum Opfer gefallen war. Im tieferen Sinne ist es wohl diese innerjüdische Desolidarisierung – und nicht die Oberfläche eines „Hollywood"-Wahns im KZ –, die Adler von einer „Schändung" sprechen läßt. Sie kann aber nur im Rahmen all jener Desolidarisierungserscheinungen beurteilt werden, die der extreme existentielle Druck, der auf allen Teilen des europäischen Judentums im zweiten Weltkrieg lastete, beurteilt werden.

Bürgerliche Wechseljahre – zur Konjunktur erinnerter Gefühle einer Klasse

Als es auf Weihnachten 1953 zuging, saß eine 46jährige Frau in einer kleinen Wohnung in einem schwäbischen Dorf vor einer dicken, leeren, in Wachstuch gebundenen Kladde und schrieb auf die erste Seite „Rundbuch".[1] Vor drei Jahren war Ria in den Westen gekommen, wo ihr Mann zuerst eine kleine und später eine leitende Anstellung bei dem in den Westen verlagerten Teil jenes Unternehmens gefunden hatte, in dem er auch vor 1945 ein führender Techniker gewesen war. Von ihren fünf Kindern waren zwei schon früher weggegangen, weil sie in der SBZ nicht auf die Ober- bzw. die Hochschule gehen durften, und auch die übrigen waren jetzt aus dem Haus, bis auf den kleinen Nachkömmling, der noch in die Volksschule ging. Mit dem Rundbuch wollte sie eine Brücke schlagen zur „unbeschwerten und vergnügten Klassengemeinschaft von anno dazumal", nämlich jener Klasse bürgerlicher Mädchen, mit denen zusammen sie 1925 an einem Dresdener Lyzeum das Einjährige gemacht hatte und von denen sich viele mittlerweile aus den Augen verloren hatten. Als eine Art Klassentreffen im Umlaufverfahren sollte jede in Briefform in das Buch eintragen, was in den letzten drei Jahrzehnten mit ihr geschehen und aus ihr geworden war, und jede sollte so viele Adressen als möglich beitragen. Als das Buch herumgewandert und die Anschriftenliste fast komplett war, zeigte sich, daß von den 32 ehemaligen Schulabgängerinnen drei mittlerweile verstorben waren und von vieren jede Spur fehlte; sechs wohnten noch in der alten Heimat, 17 lebten mittlerweile in den unterschiedlichsten Gegenden von Westdeutschland, und zwei waren sogar nach Übersee ausgewandert.

Als das Rundbuch, dessen Nachfolger noch bis in die 1970er Jahre zwischen den alten Klassenkameradinnen zirkulierten, seine erste Runde absolviert hatte und vollgeschrieben war, hatten 16 Frauen, von denen 6 noch in Sachsen lebten und 10 in Westdeutschland, eine Abriß ihrer Geschichte auf jeweils wenige Seiten geschrieben. Drei der Westdeutschen waren schon in den 30er Jahren im Zuge der beruflichen Versetzung ihrer Männer ins Rheinland und ins Ruhrgebiet gekommen, die übrigen seit 1945 geflohen, davon eine am Ende des Dritten Reiches, drei in der unmittelbaren Nachkriegszeit, zwei 1950 und die letzte Anfang 1953. Die meisten dieser Frauen kamen aus mittel- oder kleinbürgerlichen Verhältnissen.[2]

---

1 Walter Kempowski Archiv, Dokumentationsstelle Biographisches Material der Fern-Universität. Alle Zitate in diesem Beitrag stammen aus diesem Rundbuch. Die Namen sind verändert. Für Hinweis und Transkription sei Charlotte Heinritz gedankt.
2 Eine Sozialgeschichte des Bürgertums in der SBZ/DDR bzw. seines nach Westen übergesiedelten Teils fehlt. Zur Flüchtlingserfahrung allgemein vgl. Hiddo M. Jolles: Zur Soziologie der Heimatvertriebenen

Über die Hälfte von ihnen war nach dem Lyzeum durch den Besuch eines Mädchenpensionats in der Schweiz, durch ausgedehnte Auslandsreisen oder durchs Studium viel herumgekommen, und drei von vieren hatten eine Berufsausbildung absolviert und meist auch bis zur Heirat entsprechende Berufe ausgeübt. Sieben waren in der Kranken- und Kinderpflege sowie in der Gymnastik tätig, drei waren Lehrerinnen, und zwei hatten studiert, immerhin gegen den Trend Naturwissenschaften. Zwei hatten beim Vater oder bei Verwandten im Geschäft mitgeholfen, eine hatte sich sogar mit einem kleinen Dienstleistungsbetrieb selbständig gemacht. Alle bis auf eine hatten zwischen 1930 und 1942 geheiratet und nach der Hochzeit oder beim ersten Kind ihren Beruf aufgegeben. Die Männer gehörten durchweg zur höheren Mittelschicht, darunter fünf mittlere und höhere Beamte, fünf leitende oder wissenschaftlich-technische Angestellte; vier waren Selbständige, darunter ein größerer Industrieller. Nur zwei der Verheirateten blieben kinderlos; allein sieben der Ehefrauen gebaren zwischen 1931 und 1945 vier oder gar fünf Kinder. Von prägenden politischen Engagements oder Orientierungen der Männer oder gar der Frauen ist nirgends die Rede. Man könnte sagen, eine ganz normale Gruppe junger bürgerlicher Frauen der 20er und 30er Jahre, die vor allem im Gefolge des Krieges auseinandergerissen wurden und nun die alten Kontakte wieder auffrischen wollten, da die Kinder zunehmend aus dem Hause gingen und sie sich z. T. etwas einsam fühlten.

Es war dieses Gefühl erlebter und auch bei anderen zu unterstellender Normalität, das Ria ihre Lebensgeschichte mit den Worten beginnen ließ: „Wie Ihr ja alle wißt, heiratete ich 1930 und war stolz und glücklich und erwartete unglaublich viel vom Leben." Und nachdem sie Bilder ihrer Kinder eingeklebt hatte, fuhr sie fort: „Von 1930 bis 1939 ging das Leben sehr schön, und man konnte sich seines Lebens freuen, mir ging es gut, die Kinder gediehen, und ich vertrug mich glänzend mit meinem Ehegemahl (...) 1939 kam der unselige Krieg, aber auch da ging es uns noch gut, mein Mann war immer u. k.[3] Und auch sonst hatten wir politisch nichts auszustehen." Aber plötzlich bricht in dieses ungeschichtliche Gleichmaß des Familienglücks die Politik in Gestalt alliierter Bomber, die das bis dahin verschonte Dresden in einer Nacht zertrümmern.[4] Ria fährt unmittelbar fort: „13. Februar 1945 – in dieser Nacht verlor ich alles, was ich besaß – nur blieben wir alle gesund am Leben, nun standen

---

Fortsetzung von Fußnote 2:
und Flüchtlinge, Köln, Berlin 1965; Hans W. Schoenberg: Germans from the East, Den Haag 1970; S. Bethlehem: Heimatvertreibung, DDR-Flucht, Gastarbeiterzuwanderung. Wanderungsströme und Wanderungspolitik in der Bundesrepublik Deutschland, Stuttgart 1982; Alexander von Plato: Fremde Heimat, in: ders. u. Lutz Niethammer (Hg.): „Wir kriegen jetzt andere Zeiten", Lebensgeschichte und Sozialkultur im Ruhrgebiet 1930–1960, Berlin, Bonn 1985, S. 172ff.; Rainer Schulze u. a. (Hg.): Zur Rolle der Flüchtlinge und Vertriebenen in der westdeutschen Nachkriegsgeschichte. Bilanzierung der Forschung und Perspektive für die künftige Forschungsarbeit, Hildesheim 1987 (dort weitere Lit.).
3 U. k. – unabkömmlich, d. h. vom Kriegsdienst freigestellt.
4 Vgl. David Irving: Der Untergang Dresdens, München 1964; demnächst Olaf Groehler: Bombenkrieg gegen Deutschland, Berlin, Reinbek 1990.

wir mit dem, was wir auf dem Leibe hatten, vor den rauchenden Trümmern unseres Hauses. Nun hieß es weiterwursteln."

Damit nicht genug. Jetzt, nach dem Krieg, stellt sich heraus, daß die unversehrte Normalität bürgerlichen Familienlebens zuvor ihren Tribut gefordert hatte: Der Ehemann war, wie wir jetzt anläßlich seiner Entlassung aus seiner beruflichen Stellung erfahren, Parteigenosse der NSDAP und wird nun für zwei Jahre Hilfsarbeiter. Fünf Kinder sind hungrig, und Ria geht auf den Schwarzmarkt, auf Landpartien zum Hamstern und übernimmt Heimarbeit. Offenbar war der Mann aber nur ein kleiner PG, oder er ist ein kaum entbehrlicher Fachmann oder beides; jedenfalls erhält er nach zwei Jahren wieder eine gute Stellung bei einer Privatfirma (seine frühere Firma ist jetzt volkseigen), steigt, „weil andere eingesperrt wurden", Sprosse um Sprosse auf in verantwortliche Posten und hat sogar mehrfach mit dem Hauptquartier der Besatzungsmacht zu tun. Entsprechend geht es zwar wieder aufwärts, und man hat auch eine Wohnung und „alles recht schön", aber es ist eine bürgerliche Existenz in Unsicherheit, da der Mann es mehrfach ablehnt, erneut den Sicherheitstribut zu zahlen, in die Partei zu gehen oder Schulungen mitzumachen: „Ein Leben in dauernder Sorge und Angst: was passiert morgen?" Es scheint diese Unsicherheit zu sein und kein spezifischer Anlaß, der sie eines Tages aufbrechen läßt nach Westen, jeder wenigstens mit einem Köfferchen bewaffnet, um dort noch einmal von neuem anzufangen. Der Mann schafft zwar erneut mit seinen Qualifikationen den Aufstieg, aber für Ria sind die Lebensumstände anfangs fremd und primitiv. Das ist die Lage, aus der sie Kontakt zu ihren alten Klassenkameraden sucht.

Vergleicht man dieses biographische Stenogramm mit den anderen des Rundbuches, so fallen zwei gegensätzliche Tendenzen auf: einmal die Differenzierung der konkreten Erfahrung, andererseits aber die relative Einheitlichkeit der Muster, innerhalb deren diese Erfahrungen verarbeitet werden. Diese Einheitlichkeit besteht nicht nur in der anfänglichen Anlehnung an die sog. weibliche Normalbiographie mit ihrem Wechsel von Erwerbs- und Hausfrauenarbeit, im späten Einbruch des Bombenkriegs vor allem bei denen, die in und um Dresden geblieben waren, und in der Häufung von Familienkatastrophen 1945. Einheitlich ist vor allem, daß diese Katastrophen vollkommen passiv und zusammenhanglos aufgefaßt werden und daß diesen Einbrüchen einer Politik, zu der es scheinbar keinerlei Rückkoppelung gibt, Strecken des Glücks oder des Wohlbefinden oder zumindest der Auskömmlichkeit gegenübergestellt werden, die sich zunächst ungeachtet aller sonstigen Geschichte zu erstrecken scheinen und sich nach dem Krieg wie Nischen ausnehmen, in denen sich das Private gegen die Geschichte einigelt.

Bevor ich darauf zurückkomme und versuche, diese Konjunktur der im Rundbuch erinnerten Gefühle als Ausgangspunkt bürgerlicher Einstellungen und Erwartungen der Nachkriegszeit näher zu veranschaulichen, muß aber zunächst die Differenz der Erfahrungen beleuchtet werden, um in den Unterschieden das Gemeinsame gleichsam von außen her abzustecken. Ich berichte über die drei deutlichsten Gegenbeispiele:

Da ist zunächst jene Wilhelmine, die in der Schule noch allgemein „Minchen" hieß, aber deren Energie als erwachsene Frau in der Anrede als „Willi" anerkannt wurde. Als Gymnastiklehrerin ist sie so tüchtig, daß sie selbst eine Schule gründen kann, zahlreiche „Kraft-durch-Freude"-Kurse durchführt, in die Berufsvertretung geholt wird und sich nachts noch erfolgreich zur Opernsängerin ausbilden läßt. Das alles wirft sie hin, als sie 1936 einen Fabrikanten heiratet, der in den Folgejahren sein Unternehmen zum internationalen Konzern ausbaut, während sie drei Kinder zur Welt bringt und sich vom Eigenheim in bester Wohnlage noch zur Landhausvilla verbessert. Als die Kampflinie näher rückt, flieht die Familie auf Anraten der örtlichen Führung mit dem letzten ihrer 12 Autos, einem Dienstmädchen, zwei Kartoffelsäcken und einigen Wertsachen nach Westen, dieweil ihr Werk in Dresden weitgehend ausgebomt und ihre Unternehmen in anderen Ländern enteignet werden. „Wir wurden wunderbar behütet. Ob im Walde oder auf der Landstraße, ob bei Russen, Negern oder Amerikanern, obzwar wir auch Hunger, Frost und das Nichts kennenlernen mußten – überall stand das Licht der Gnade und die Gewißheit der Führung über uns (...) Es war eine tolle, aber herrliche Zeit, als wir beide, zunächst mehr auf der Landstraße liegend (...) zusammen von vorn anfingen mit nichts als unserem Willen, Mut und dem Bewußtsein, beieinander zu sein als größtes Geschenk. Drei Jahre später wurde unsere Fabrik zu klein, und wir zogen mit Kind und Kegel, allen Kesseln, Rohren, Rohstoffen, Arbeitern und Familien, allen Angestellten (von Franken nach Oberbayern in eine frühere Munitionsfabrik). Wir arbeiteten Tag und Nacht, mein Mann war noch dazu viel in Dresden. Jetzt laufen beide Fabriken auf vollen Touren, von Dresden aus wird der ostdeutsche, von Bayern aus Westdeutschlands Markt versorgt etc. Dieses Jahr haben wir unseren Betriebsausflug mit fünf Omnibussen nach Österreich gestartet, und vor 10 Jahren fing mein Mann als ‚Ein-Mann-Betrieb' an. Nein – es ist nicht unser Verdienst – ich sagte es Euch schon: Es ist alleine Gnade." Ihren zurückgebliebenen Klassenkameradinnen berichtet sie, daß sich sich gerade ein wunderschönes Haus in großem Gelände gebaut haben, von dem sie die Zugspitze sieht, in ihrem Wagen in 90 Minuten nach Innsbruck fahren und nachmittags schon am Gardasee Kaffee trinken kann. Was sie sich mit ihrem körperbehinderten Mann erkämpft hat, hat sie weiblich empfangen. „Ich habe einen Engel von Mann und drei sehr liebe Jungens, die mich alle miteinander verwöhnen. Glückliche Jahre und Notzeiten (...) schweißen unsere kleine Familie eng zusammen." Was zunächst wie eine Realsatire des Wirtschaftswunders klingt, signalisiert ein weibliches Selbstverständnis, das über die konventionellen Muster der Weiblichkeit hinausgeht. Willi hat Witterung fürs Geschäft und packt an wie ein Mann; als Zugabe wird das Weibliche als Eitelkeit und Demut inszeniert. Willi ist nicht nur glücklich, sie hat auch Glück, und sie macht es.

Grete ist die einzige, die immer berufstätig und unverheiratet geblieben ist. Sie ist auch die einzige, die im Krieg war (als eingezogene Krankenschwester), die 1945 einen Aufstieg macht (sie wird Abteilungsleiterin eines Krankenhauses) und die ihre Lebenszufriedenheit aus ihrem Beruf herleitet. Und das nicht erst in der DDR, sondern auch schon in den 30er Jahren, als sie, die aus Geldmangel wenig reisen kann, sich alle paar Jahre in eine andere Stadt quer durch Deutschland versetzen ließ, um die Welt kennenzulernen, und die schönsten Jahre ihres Lebens kurz vor dem Krieg in Ostpreußen verbrachte. Als einzige hat sie die Kriegswirklichkeit der Front in Lazaretten in Rußland, Polen, Belgien und am Ende in der Heimat erlebt. Als einzige ist sie auch wenig geneigt, über ihr Leben zu berichten, und muß von einer Freundin gedrängt werden, wenigstens eine frugale Seite zu schreiben. Vielleicht liegt es auch an dem Berg von Babys, Familienglück und Nachkriegskatastrophen der Klassenkameradinnen, dem sie, die ihr Frausein professionalisiert hat, ihre welterfahrene Skepsis entgegensetzt: „Ich weiß nämlich nicht so recht, was ich schreiben soll – ein Lebenslauf kann bunt aussehen, und es steht nichts dahinter und umgekehrt."

Auch Lotte wird in der Krankenpflege ausgebildet, hat keine Kinder und erlebt die Nachkriegszeit in der SBZ zunächst positiv; im übrigen aber könnte ihr ausführlicher und emotionaler Bericht nicht gegensätzlicher sein, leitet sie ihren Lebenssinn doch von ihren Partnern her. Zunächst, in den 30er Jahren, ist das ihr Bruder, als dessen Hausdame sie in Gesellschaft Prominenter aus Theater und Film in der Hauptstadt eine „herrliche Zeit" verlebt und sogar eine kleine Rolle beim Film bekommt. Zur Krönung angelt sie sich 1935 einen substantiellen Privatbankier und leidenschaftlichen Segler, mit dem sie auf vielen Auslandsreisen und in seinem Haus an der See „sehr glücklich" ist. Dann aber kommt der „dämliche Krieg": Schon am ersten Tag wird ihr Mann eingezogen, „und das Leben hat plötzlich seinen Sinn verloren". Hier ist das einzige Mal in allen 16 Briefen, daß ein Konflikt mit dem Nationalsozialismus angedeutet wird, insofern der Mann im Krieg bespitzelt und als Offizier degradiert wird; einflußreiche Freunde können die Scharte zwar auswetzen, aber als dem Mann angeboten wird, wieder Offizier zu werden, lehnt er ab. Immerhin kehrt er bei Kriegsende gesund nach Hause, und die beiden werden sich einig, daß ihnen ja nun nichts passieren könne. Also blieben sie in ihrem Haus an der See, und die sowjetische Besatzungsmacht holte den Mann auch bald zum Aufbau des Bankwesens. „Und als der Laden wieder lief, sollte er sich auch politisch entscheiden, und das hat er dann auch getan. 1950 zu Weihnachten kamen wir mit nichts in Berlin an und sind jetzt im Ruhrgebiet." Beruflich ist es ein tiefer Fall, denn er ist jetzt Filialangestellter einer Bank. Der Schornstein beginnt indessen wieder zu rauchen, die Wohnung ist klein, aber hübsch, bald auch ein Sommerhäuschen an der See wieder erworben, und neuerdings steht ein Volkswagen vor der Tür. Lottes Mann hat Heimweh und hofft auf Wiedervereinigung und Heimkehr – auch dies wird nur in diesem Brief erwähnt; sie selbst hat übrigens keinen Glauben daran. Mit Lottes Bericht sind wir wieder beim Muster der ersten Geschichte: ein auf privates Glück orientiertes Frauenleben in Abhängigkeit von einer politisch beeinflußten bürgerlichen Karriere des Mannes, nur mit umgekehrten politischen Vorzeichen: Nicht näher bezeichnete Konflikte des Mannes mit den Nationalsozialisten während der Militärzeit privilegieren zu einer Führungsposition in der SBZ, aber das Ende ist dasselbe: Ablehnung politischer Vereinnahmung, Flucht, beruflicher Abstieg und (hier: verspäteter) Start im Wettlauf um Ziele, die man in den 30er Jahren schon einmal erreicht hatte.

Eingerahmt von diesen gegensätzlichen, für die Frauen offenbar sinnlosen, aber folgenreichen politischen Verwicklungen der Männer und von den gegensätzlichen Weiblichkeitsauffassungen leistungsorientierter und aktiver Frauen soll nun versucht werden, die Leitmotive privates Glück und politische Katastrophe in den erinnerten Gefühlen der gesamten Gruppe als eine zugleich individuelle und überindividuelle Geschlechts- und Klassenerfahrung zu verdeutlichen. Dies möchten wir in zwei Schritten versuchen. Erstens werden wir alle wesentlichen Aussagen aus den Berichten in ein kumulatives Schaubild[5] umsetzen und zweitens die Konjunktur dieser erinnerten Gefühle im historischen Zusammenhang noch einmal zu interpretieren versuchen. In den Erzählungen sind nämlich die Erinnerungen an Gefühle meistens auf Jahre genau datiert bzw. der Bericht über die Auswirkung von Ereignissen mit deutlichen Gefühlsäußerungen verknüpft. Unabhängig davon, daß im einzelnen stereotypisierte Aussagen vorliegen mögen (z. B. daß der Krieg negativ konnotiert wird, selbst wenn man von positiven Erfahrungen in dieser Zeit sprechen möchte) oder daß es in dieser Generation auch eine Art sozialer Verpflichtung zum Glücklichsein gegeben haben mag, werden diese Aussagen dadurch interessant, daß nur affektiv aufgeladene Inhalte im Langzeitgedächtnis haften. Das soll nicht heißen, daß es nicht noch eine Vielzahl anderer Erinnerungen in den Köpfen dieser Frauen gegeben habe; daß sie aber gerade diese affektiv aufgeladenen Aussagen innerhalb ihrer halböffentlichen Gruppierung auf knappem Raum herausstellen, sagt zugleich etwas über ihre bedeutendsten Erfahrungen und über die gesellschaftlichen Kulturmuster, die diese Erfahrungen prägen, stützen, bewahren oder zensieren.[6]

Während sich der Verlauf der – wie ich nun abkürzend sagen werde – Glücks- und Unglückskurven in jedem einzelnen Fall vielerlei individuellen Schicksalskonstellationen verdankt, ist dieser kumulative Grobverlauf charakteristisch für Klasse, Alter, Geschlecht und Region, also für mittleres Bürgertum, jüngere Ehefrauen und (überwiegend: ehemalige) Dresdener, von denen drei Fünftel Mitte der 50er Jahre in der

---

5 Im folgenden Schaubild sind auf einer Zeitachse für die 25 Jahre von 1930 bis 1955 alle datierten und gefühlsmäßig bewerteten Aussagen aus allen 16 Berichten pro Jahr kumuliert dargestellt. Dabei wurden positive Gefühlsäußerungen über Glück und Zufriedenheit pro Jahr nach oben, negative Aussagen über Unglück, Leid etc. pro Jahr nach unten addiert. Dabei sind die Daten für die Frauen, die 1955 in der DDR lebten, noch einmal gesondert ausgedruckt. Leichte Gefühlsäußerungen wie z. B. daß der Krieg „unselig" gewesen sei oder daß man sich „noch ganz gut" gefunden habe, wurden mit dem Faktor 1 gewichtet, starke Gefühlsäußerungen wie, daß man mehrere Verwandte im Krieg verloren habe oder daß man „glücklich wie noch nie" gewesen sei, hingegen mit dem Faktor 2. Haben sich in einem Jahr mehrere gefühlsmäßig stark aufgeladene Ereignisse verbunden, so wurden diese jeweils gesondert veranschlagt, allerdings höchstens 2. Nebenbei sei erwähnt, daß die zahlreichen Heiraten und Geburten (außer bei Ria) nie ausdrücklich als positive Gefühlserfahrungen, schwierige oder Totgeburten oder der Verlust von Mann oder Kindern aber als sehr starke negative Gefühlserfahrungen beschrieben werden. Insofern geht die Parallelität des stärksten Ausschlags der Glückskurve nicht etwa einfach darauf zurück, daß die Frauen in derselben Zeit auch geheiratet haben und ihre Kinder bekamen.
6 Zur Prägung des Langzeitgedächtnisses durch affektive Erlebnisse und Kulturmuster vgl. Lutz Niethammer: Fragen – Antworten – Fragen, in: ders., v. Plato (Hg.): „Wir kriegen jetzt andere Zeiten", S. 329ff.

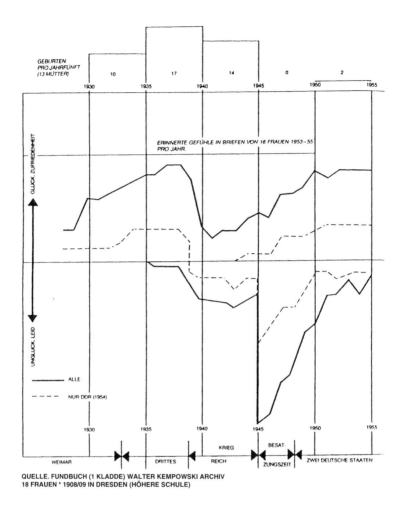

Bundesrepublik lebten. Das Fünftel, das bereits vor 1940 nach Westdeutschland gekommen war, erhöht insbesondere das Niveau der Glückskurve, während es das Niveau der Unglückskurve nur unwesentlich berührt, woraus man zunächst nur soviel wird schließen dürfen, daß eine vergleichbare Darstellung für bürgerliche Familien in Westdeutschland nicht grundsätzlich anders, wohl aber in der Nachkriegsentwicklung etwas positiver und durch den früheren Einfluß des Bombenkrieges etwas negativer im Krieg ausfallen würde.

Daß dem Glücksboom der 30er Jahre fast gar keine negativen Erfahrungen entgegengestellt werden, ist sicher teilweise der Tatsache geschuldet, daß sich hier Frauen erinnern, die damals in ihrem dritten Lebensjahrzehnt und in der Familiengründungsphase standen; bei einer älteren Generation wären gewisse Ausgleiche schon durch gesundheitliche und Verwandtschaftsprobleme zu erwarten. Die grundsätzliche Wahrnehmung jedoch, daß weder die Weltwirtschaftskrise noch der Anbruch der NS-Herrschaft sich irgendwie negativ bemerkbar machen oder auch nur erwähnt werden, dürfte ebenso von allgemeiner Bedeutung sein wie der Anstieg eines positiven Lebensgefühls bis in den Anfang des Krieges hinein. Die positive Entwicklung in der privaten Lebenshaltung führt zur Ausblendung jeglicher Wahrnehmung der gesellschaftlichen Entwicklung, ihrer Risiken und Opfer, sei es, daß diese Wahrnehmung schon damals vermieden wurde, sei es, daß sie im Rückblick verweigert wird, weil sie als belastend erscheinen konnte. Die positiven Aussagen beziehen sich in dieser Phase auf Freude am Beruf, glückliche Ehejahre, herrliche Auslandsreisen, gesellschaftlichen Verkehr oder insgesamt die schönsten oder auch die sorglosesten Jahre des Lebens. Bis dahin befindet sich Ria im Gleichschritt mit ihrer Klasse.

Der Kriegsbeginn bedeutet jedoch aufs Ganze gesehen eine deutliche Wende, die charakteristischerweise bei den in der DDR Verbliebenen sehr viel schärfer ausfällt als bei den nach Westen Gegangenen: Während bei den ersten zwischen 1939 und 1945 so gut wie überhaupt keine positiven Gefühle erinnert werden, sondern eine Depression, die durch den Abzug von Angestellten im Krieg, durch die Abwesenheit des Ehemanns und in einem Fall durch den teilweise kriegsbedingten Tod mehrerer Verwandter verursacht ist, und die Kurve erst mit dem Terrorangriff auf Dresden im Februar 1945 einen drastischen Ausschlag nach unten nimmt, ist für die Kriegsphase der übrigen eine Polarisierung auf niedrigem Niveau bezeichnend: Hier finden wir eine gewisse Malaise, meist durch die Trennung vom Partner oder durch allgemeine Einsichten in den „unseligen Krieg" bedingt, im Einzelfall auch durch die Begegnung mit dem Bombenkrieg im Westen. Die positiven Gefühle resultieren daraus, daß die meisten von einer wirklichen Begegnung mit dem Krieg weitgehend verschont worden sind: Mehrere Männer wurden nicht zum Krieg eingezogen, die Frauen hatten keine oder nur wenige Bombenangriffe zu gewärtigen, sie hatten damals „eine schöne Wohnung", sie erinnern sich an ein „ruhiges Leben" oder sogar an ein „Leben wie auf einer friedlichen Insel". Und z. T. gab es sogar Freudenerfahrungen wie die u. k.-Stellung eines ursprünglich eingezogenen Mannes gegen Kriegsende oder im mitteldeutschen Raum die überraschende Besetzung durch amerikanische anstelle der befürchteten sowjetischen Truppen. Probleme der alltäglichen Lebensführung werden hier nirgendwo negativ vermerkt, also kein Hunger, keine Wohnungsprobleme, ja in einem Fall wird sogar ausdrücklich erinnert, daß man im Dritten Reich bei leichten Luftkriegsschäden das Haus sofort auf Staatskosten reparieren lassen konnte. Kriegsdienstverpflichtungen hat es nur in einem Fall gegeben (die erwähnte Krankenschwester), wo dies klaglos in lakonischer Kürze berichtet wird. In zwei anderen Fällen gibt es eine Wiederaufnahme der Berufstätigkeit im Krieg, wobei es bei beiden keinerlei negative Nebenklänge gibt. Die eine ist eine Chemikerin, die in Abwesenheit ihres Mannes Assistentin an der Universität wird, nachdem dort alle Mitarbeiter zum Krieg eingezogen worden sind; die andere übernimmt nach der Kriegsverpflichtung ihres Mannes die Fortführung seines Reisebüros (neben ihren drei Kindern), wobei der Stolz über die Leistung die Überbelastung offenbar aufwiegt.

Die Katastrophe kommt im ersten Halbjahr 1945. Sie hat drei Dimensionen: Bomben, Russen und politische Belastung (und d. h. jetzt: sozialen Abstieg). Jede vierte der Briefschreiberinnen wurde total ausgebombt, bei jeder achten wurde das der Familie gehörende Geschäft völlig zerbombt. Erstaunlich gering sind hingegen in dieser Gruppe die Personenschäden; die meisten kamen mit einem tiefsitzenden Schock davon. Ähnlich war es mit der Besatzungsmacht, vor der fast ein Drittel floh; weniger als die Hälfte von diesen haben aber, als sie dann überrollt wurden, konkrete negative Erfahrungen mit den Russen gemacht oder sich unmittelbar von ihrer Anwesenheit in ihrer Lebensplanung nachhaltig beeindrucken lassen. Der stärkste Einbruch war der direkt politische[7].

Einer Frau, die Parteigenossin gewesen war, drohte die Wegnahme der Wohnung (da ihr Mann nicht in der Partei gewesen war, konnte er dies abwenden). Ein Kriegsteilnehmer gilt 1945 für zwei Jahre verschollen (der Grund wird nicht genannt). Als er zurückkehrt, verlebt die Frau mit ihm das glücklichste halbe Jahr ihres Lebens, bevor der Mann an Lungenentzündung stirbt. Ein Pfarrer verschwindet für $1^{1}/_{2}$ Jahre in der Tschechoslowakei, als er zurückkehrt, verliert er seine Pfarrstelle und bekommt nach einem halben Jahr eine andere auf dem Dorf. Ein Förster wird 1945 entlassen, ob als Beamter oder (wahrscheinlicher) als NSDAP-Mitglied, wird nicht gesagt, immerhin muß er sich fast 7 Jahre als Holzarbeiter durchschlagen, bevor er eine Stelle an einer einschlägigen Fachhochschule bekommt. Ein Studienassessor wird ebenfalls entlassen (ob PG, wird nicht erwähnt) und wird für 4 Jahre Schwerarbeiter, bevor er eine Dozentur an einer TH erhält. Dem bereits erwähnten Industriellen werden seine Auslandsbesitzungen in den ehemals von Deutschland besetzten Ländern konfisziert. Ein Mann findet bis 1950 nicht in den Beruf zurück, ohne daß seine Frau einen Grund dafür angibt (aus dem Text ist aber erkennbar, daß er Berufsoffizier war, und zwar vermutlich der Waffen-SS). Ein Wissenschaftlerehepaar wird durch die Schließung des Forschungsinstituts entlassen und sieht in der SBZ eine „unaufhaltsame Auflösung". Der im Krieg u. k. gestellte Syndikus eines Verbandes wird entlassen und muß Bauarbeiter werden, bis ihm 1947 im Westen eine der früheren Tätigkeit vergleichbare Position angeboten wird. Ein leitender Angestellter eines großen Werkes wird als PG entlassen und muß Hilfsarbeiter werden (ab 1948 erhält er in einem anderen Betrieb eine gute Stelle).

Ex post stellen sich in mehr als der Hälfte der Fälle die Existenzen im Dritten Reich als wesentlich politikabhängiger dar, als sie zunächst erschienen; Politik wird aus der Familienperspektive erst im Falle der Sanktionierung bemerkenswert. Für die Entlassungen wird weder Verständnis gezeigt noch werden sie als schweres Unrecht angeprangert: sie erscheinen als Schicksal. Diesem Unglück steht bei den übrigen keine vergleichbare Beglückung durch Befreiung gegenüber. Während zwei von nur leichten Störungen 1945 berichten, die aber die Berufstätigkeit ihrer Männer nicht beeinträchtigten, wird in drei Fällen eine positive Auswirkung der Befreiung auf die eigene bzw. die Familienperspektive erwähnt: Neben Grete und Lotte handelt es sich um

---

7 Zum Hintergrund vgl. Wolfgang Meinicke: Die Entnazifizierung in der sowjetischen Besatzungszone 1945 bis 1948, in: ZfG 32, 1984, S. 968ff.

einen Manager, der in den Zwanzigern 10 Jahre in Amerika gewesen war und nun von der amerikanischen Besatzungsmacht als Dolmetscher eingestellt wurde, wodurch sich Wohnungs- und Essenssorgen für die Familie erübrigen. Auch in diesen Fällen gibt es kein Wort über eine positive politische Perspektive. Immerhin sind diese drei, für die 1945 keine persönliche Katastrophe stattfand, die einzigen, für die die Besatzungszeit mit gar keinen oder vergleichsweise gleichmütigen Gefühlserinnerungen (etwa Arbeit, Zufriedenheit, wenig zu essen, „wir waren wieder gut behütet") konnotiert ist.

Für alle anderen zeigt sich ein merkwürdiges Phänomen, nämlich eine Ausweitung und Intensivierung des Erlebnisraums, die nur bei dreien als eine durchweg negative Erfahrung „schwerer" oder „böser Jahre" bewahrt worden ist: ein ländlicher Kleinhändler, der wegen Auflagen und Lasten sein gerettetes Haus nicht halten kann, sondern verkaufen muß; die siebenköpfige Familie jenes Försters, der über sieben Jahre zum Holzarbeiter degradiert bleibt; eine Witwe, die 10 Jahre um die Aufrechterhaltung des Geschäfts ihres Mannes kämpft, um schließlich 1953 durch eine Lastenausgleichsauflage zur Geschäftsaufgabe gezwungen zu werden, nachdem zwei ihrer Söhne wegen Behinderung ihrer Berufsausbildung bereits nach Westen gegangen sind. Für zwei Drittel unserer Briefschreiberinnen bleiben hingegen die Erfahrungen in den beengten und entfremdeten Verhältnissen nach der Katastrophe nicht einfach negativ, so daß der Ausschlag der Unglückskurve alles Glück vernichtete; vielmehr steigt zur selben Zeit die Glückskurve erneut an. Die Ehefrau eines Akademikers in der amerikanischen Zone bezeichnet das Muster: „Mit Anstand durch die nächsten Jahre gehungert, gefroren und gezuckerrübt, aber glücklich vereint und im Beruf." Nirgendwo assoziiert sich das Glück oder die positive Perspektive mit etwas Politischem oder Gesellschaftlichem, das über den privaten Familienraum hinausginge. Es ist vielmehr das Glück derer, die noch einmal davongekommen sind und die Not gemeinsam gemeistert haben.[8] Bei genauerer Betrachtung läßt sich dieses private Glück, das im Gegensatz zu den 30er Jahren nicht mit, sondern gegen die Gesellschaft erfahren wird, nach Art und Perspektive zwischen denen im Osten und denen im Westen unterscheiden, wie dies bereits ein Vergleich von Rias Bericht mit dem von „Willi" nahelegt. Ich zeichne den Unterschied hier noch einmal an zwei noch explizierten Beispielen.

Im Osten dissoziiert sich in den bürgerlichen Familien die Verunsicherung in der beruflichen und politischen Außenwelt (oder die dortige Unterwerfung) vom Innenraum familiärer Gefühle, der sich immer mehr abschließt. Eine Frau, die lange Zeit als Selbständige im Beruf stand und in der NSDAP war, konzentriert sich jetzt in der

---

[8] Die Familien wurden deshalb in der Nachkriegssoziologie als Stoßdämpfer der Gesellschaft gesehen z. B. von Helmut Schelsky: Wandlungen der deutschen Familie in der Gegenwart. Darstellung und Deutung einer empirisch-soziologischen Tatbestandsaufnahme, 5. Aufl. Stuttgart 1967, S. 347ff. Sie waren aber nicht gesellschaftsunabhängig. Das kann man auf vielleicht etwas unerwartete Weise daran sehen, daß sich die Intensität der Glückserfahrung der Frauen in einer um sie zentrierten Notlage im Rundbuch meistens mit der Rehabilitation des Ehemannes entspannt.

Besatzungszeit auf die Erziehung ihres einzigen Kindes. Ihr Mann hat zwar z. T. gute Stellungen inne, als politisch Nichtkompromißbereiter wird er aber im Zuge von irgendwelchen Umorganisationen alle paar Jahre entlassen, versetzt und (z. T. auf höherer Ebene) wiedereingestellt – und zwar weit weg von der Familie, so daß der Vater zum in „Feiertagsstimmung" erwarteten Wochenendbesuch wird. „Wegen der ewigen Unsicherheit" zieht die Familie nicht nach. „Persönlich geht es uns sehr gut, solange wir in unseren vier Wänden bleiben, mit erprobten Freunden zusammen sind und nach innen leben." Dieses Muster gilt für die meisten dieser bürgerlichen Familien, die in der DDR bleiben und sich beruflich arrangieren können, bis weit in die 50er Jahre hinein. Der außerhäusliche Erlebnisverzehr ist auch dann noch gering; nur einmal wird eine Ferienreise (nach Thüringen) erwähnt, später einmal ein Motorrad.

Auch im Westen fällt man nach 1945 als ehemaliger Berufsoffizier nicht sogleich auf die Füße. Ilse ist ihrem Mann seit 1935 mit Verzögerungen von einem Truppenübungsplatz zum anderen nachgezogen, nur um festzustellen, daß die nächste Versetzung schon bereitlag. Angesichts dieser Instabilität kommen die Kinder erstaunlich regelmäßig alle zwei Jahre und erhalten alle nordische Namen mit dem Anfangsbuchstaben „H". Ein letztes Kind, das nach anderthalb Jahren sterben wird, bringt sie mitten im Zusammenbruch auf der Flucht auf freiem Feld zur Welt. Als ihr Mann 1946 aus der Kriegsgefangenschaft in seine frühere Heimat ins Rheinland zurückkehrt, trifft sie ihn dort und baut mit ihm in einer ehemaligen Fremdarbeiterbaracke in einer Kiesgrube eine neue Selbstversorgerexistenz mit Gartenbau und Kleinvieh auf. Sozial sind sie völlig isoliert. „Wir schufteten wie die Sklaven, aber wir waren glücklich wie nie zuvor!" Die Währungsreform wird als Schwelle positiver Erwartungen bezeichnet, 1950 macht sich der Mann als Industrieberater selbständig und wird offenbar schnell erfolgreich. Sie bekommen eine anfangs noch kleine Wohnung in der Stadt und werden „Menschen unter Menschen". Die Isolierung hat auch hier einen bezeichnenden Weg nach innen gewiesen: In der Kiesgrube hat sie sich einer dänischen Sekte angeschlossen, deren „Überreligion" alle anderen Religionen zusammenfaßt. Mitte der 50er Jahre ist diese Orientierung bereits mit der äußeren Rehabilitation verwoben: Man hat jetzt einen Wagen, sie begleitet den Mann auf seinen Geschäftsreisen ins Ausland, am liebsten nach Dänemark.

Weniger zugespitzt, aber in der Anlage ähnlich, öffnet sich häufig bei denen im Westen die „tolle Zeit" der ersten Nachkriegsjahre für die „geordneten Bahnen" der 50er Jahre; fast regelmäßig werden Auslandsreisen, die Schönheit oder doch die Einrichtung der Wohnung, Häuser oder Autos erwähnt. Freilich tun sich auch bürgerliche Flüchtlinge manchmal mit der Teilhabe am Wirtschaftswunder schwer und sind Mitte der 50er Jahre schon froh, wenn sie ihre Wohnung wieder richtig eingerichtet haben. Aber man muß schon sehr spät hinzugestoßen sein, wie jene Frau eines 1953 herübergekommenen Selbständigen, wenn man die „Westschuhe" mit Kreppsohlen, die man an den Füßen trägt, noch im Rundbuch der Erwähnung würdig findet. Wer schon vor dem Krieg im Westen gewohnt hat und nicht ausgebombt wurde, der hat im Urlaub jetzt das Zelten schon hinter sich und fährt mit dem eigenen Wagen nach Italien.[9] Die Frau, die dies berichtet, erinnert sich an ihre „sorglosesten Jahre" von 1933 bis 1937 (als ihr Mann nach Westdeutschland versetzt wurde, wo sie damals Eingewöhnungsprobleme hatte), und jetzt fühlt sie sich „frisch und fröhlich wie früher".

Ist es wie früher? Sicher nicht in der DDR. Hier hält auch in den 50er Jahren der „bewußte Druck" an, der die bürgerlichen Familien in die Verinnerlichung und in der Mehrheit schließlich über die Grenze treibt, nämlich dann, wenn der Druck die Verinnerlichung aufsprengen und über das bloße Funktionieren hinaus ein öffentliches Engagement zugunsten der neuen Ordnung herbeiführen soll – oder auch wenn sich Anknüpfungspunkte für einen Neuanfang im Westen konkretisieren. Ist die Unsicherheit der alltäglichen Lebensbedingungen der Familien als politische Bedrückung im Osten ein depressiver Begriff, so erweist sich die anfänglich selbe Unsicherheit im Westen als eine zukunftsoffene ökonomische Struktur, die als persönliche Herausforderung aufgenommen werden kann, wenn die soziale Ungleichheit – auch wenn man selbst unter ihr leidet – als Bedingung der Möglichkeit einer Renormalisierung akzeptiert wird. Der Statusverlust des Übergangs – sechs von sieben der geflohenen Ehemänner finden zunächst keine der früheren vergleichbare berufliche Stellung, und vier müssen zwischen zwei und vier Jahre warten, bis sie über Aushilfstätigkeiten hinauskommen – läßt zunächst nach rückwärts blicken. Aber die damaligen Bedingungen des Glücks vor dem Kriege sind (besser) nicht mehr zu greifen, und das familiäre Überlebensglück der ersten Nachkriegsjahre bleibt nach der Währungsreform nicht in der Verinnerlichung stecken, sondern erweist sich – zusammen mit der Berufsqualifikation des Ehemanns – als Energiezelle in der kapitalistischen Leistungs- und Konsummaschinerie des Wiederaufbaus. Von Politik, von Demokratie, von Öffentlichkeit ist nirgendwo die Rede. Dieses Nachkriegsbürgertum mag noch Hausmusik machen, aber es hat keine öffentliche Kultur mehr, geschweige denn eine kulturelle Hegemonie. Geschichte und Gesellschaft sind wie ausgeblendet; der Fokus richtet sich auf Gefühle, die mit ihrem Zusammenhang ihre Dramatik verloren haben, und trifft auf Sachen. Die Politik ist jetzt nicht mehr aufdringlich, und da sie nicht stört, kann man ihr auch zustimmen. Aber das ist nirgendwo erwähnenswert. So ähnlich sehen nun in der Erinnerung auch die 30er Jahre aus: Man fühlt sich „wie früher", man will „wieder normal" sein.

---

9 Durch bessere Verbindungen und Qualifikationen und durch die allgemein hohen Einkommensdifferenzen der frühen 50er Jahre kamen die bürgerlichen Flüchtlinge relativ schnell wieder zu einem überdurchschnittlichen Lebensstandard. Während Mitte der 50er Jahre 53 % der Gesamtbevölkerung nur eine Zweizimmerwohnung zur Verfügung haben und 37 % der Vertriebenen noch in Notunterkünften oder als Untermieter wohnten und nur jeder fünfte Bundesbürger eine Auslandsreise gemacht hatte (Italien 5 %), berichtete die Hälfte der im Westen lebenden Rundbuch-Autorinnen von einem eigenen Haus und die andere Hälfte von einer schönen Wohnung. Ebenfalls die Hälfte erwähnt Auslandsreisen und 60 % erwähnen ein Auto, während im Schnitt der Bevölkerung noch nicht einmal jede fünfte Familie über ein Auto verfügte.

Und doch sind die damaligen Selbstverständlichkeiten nach der Katastrophe nicht mehr selbstverständlich; vielmehr wird man auf eine neue, materiellere Weise in eine neue Normalität sozialisiert. In ihr ist die kapitalistische Industriegesellschaft der vorgegebene Rahmen für die Integration, den Wiederaufstieg und einen neuen Konsens ohne Alternative. Vor dem Krieg war nur ein Viertel der Ehemänner in der Industrie beschäftigt, aber fast ein Drittel waren Selbständige, und der Rest arbeitete im öffentlichen Dienst, in Kirchen und Verbänden. Mitte der 50er Jahre sind vier Fünftel der im Westen lebenden Ehemänner unserer Autorinnen mehr oder minder leitende Angestellte in der Industrie, und die beiden übrigen – Fabrikant und Verbandssyndikus – arbeiten in derselben Welt. Damit erweisen sich die Zugezogenen als Trendsetter, freilich nicht auf dem Wege zur „nivellierten Mittelstandsgesellschaft"[10], sondern zur Ausbildung einer industriellen „Dienstklasse"[11], oft mit erheblicher Verfügungsgewalt und hohen Einkommen, aber ohne selbstverständliche oder zugemutete politische Verantwortung. Insofern sind sie allenfalls Staatsbürger, aber ihre Bildung verspricht Besitz.

Der Blick zurück trügt auch bei den Frauen selbst, denn nicht einmal die alten Selbstverständlichkeiten – etwa das Glück der kinderreichen Mutter in bürgerlichen Verhältnissen – waren natürlich, sondern gesellschaftlich gestützt, politisch bekräftigt und als kulturell tradierte Norm widersprüchlich zur neuen Berufstätigkeit. Die Renaissance ihrer Selbstverständlichkeit im Dritten Reich zerbricht im allgemeinen Zusammenbruch. 44 Kinder wurden von 13 Frauen des „Rundbuchs" in 14 Jahren geboren, die letzten drei in den letzten Kriegsmonaten. 1945 ist damit Schluß, und wie um zu zeigen, daß der Grund hierfür nicht die noch lange nicht erreichten Wechseljahre der Frauen, sondern die Wechseljahre einer kompromittierten Kultur sind, bringt wenigstens eine Klassenkameradin in den 50er Jahren und in der DDR noch ihr fünftes und sechstes Kind zur Welt – dort lebendige Zufuhr einer neuen, nach innen gekehrten, von der Kirche gestützten Welt: „Wir haben viel Freude an den Kindern. Durch all die schweren Jahre, durch Krankheit, Not und Todesgefahr, aus denen wir glücklich heraus sind, haben wir zutiefst die Kraft und das Heil des Wortes Gottes erfahren, daß wir uns nun auch bemühen, unsere Kräfte und Gaben der Gemeinde hier in den Dienst zu stellen (…) Das Opfer an Zeit macht sich reich belohnt."

---

10 Diesen Leitbegriff der Nachkriegsgesellschaft prägte 1953 Helmut Schelsky: Auf der Suche nach Wirklichkeit, Düsseldorf, Köln 1965, S. 332. Er ist so ideologisch wie sein Gegenbegriff „Klassengesellschaft", weil er die Ausbildung gesellschaftlicher Dimensionen mit je eigenen Schichtungs- und Herrschaftsbezügen verwischt. Im übrigen war das Deklassement der hier Betrachteten in einem Jahrzehnt überwunden, sie waren nicht in der Mitte, sondern fast alle im oberen Drittel der Gesellschaft angesiedelt, und ein „Stand" waren sie schon gar nicht.

11 Vgl. Ralf Dahrendorf: Gesellschaft und Demokratie in Deutschland, München 1966, S. 105ff., mit einem Versuch, Funktion, Schichtung und Mentalität einander zuzuordnen.

Jean Monnet
und die Modernisierung Europas

Dieses Vor- und Inbild des Eurokraten hat 1976, beinahe neunzigjährig, ‚Erninnerungen' veröffentlicht, die zu den bedeutendsten Memoiren der Zeitgeschichte gerechnet zu werden verdienen. Ein abenteuerliches und spannungsreiches Leben, eine Odysee durch den modernen Kapitalismus. Monnet, das ist ein erdiger Weinbrandhändler aus Cognac, aber auch ein Plantechnokrat, ein Rüstungsmanager, ein internationaler Finanzmakler in vielen Schaltstellen der westlichen Welt. Das ist ein Analysator und Manager von Macht ohne Macht, ein Privatbankier, der sozialistisch wählt, ein Diener de Gaulles *und* ein Repräsentant amerikanischer Modernisierung, ein nationalbewußter Franzose *und* ein Apostel der Supranationalität: eine „eigentümliche Mischung aus Businessman und Prophet", wie ihn jüngst ein Kenner und Gegner genannt hat.

Die Biographie des Architekten der europäischen Gemeinschaft macht die Konturen dieses Gebäudes, die Funktions- und Interessenzusammenhänge, die seinen Grundriß geformt haben, verständlicher und hebt es ab von abendländischem Schwulst und Brüsseler Detail. Klarer als manche theoretische Analyse zwingt sie den Historiker zu einem Themenwechsel. Es ist danach nicht mehr die pan-europäische Tradition, die als politisches Ziel das unübersichtliche Integrationsgeflecht überragt. In den Vordergrund tritt vielmehr die Übertragung polit-ökonomischer Innovationen der USA auf den alten Kontinent und der Kriegswirtschaft auf die Friedenspolitik – bei vergleichsweise zufälliger und pragmatischer Ausdehnung des Terrains.

Die Ausbildung eines Eurokraten

Als Jean Monnet 1888 im westfranzösischen Städtchens Cognac geboren wurde, hatte dort die Familie gerade einen sozialen Seitenwechsel vollzogen: von der Herstellung zum internationalen Handel mit Cognac. Der Vater hatte eine Marke gegründet und nahm Kontakte nach Deutschland, nach England, nach Amerika auf, um ein hochwertiges Produkt zu verkaufen, das keine Grenzen kennt. Im Elternhaus herrscht eine Atmosphäre von erdiger Kennerschaft und liberaler Weltoffenheit, von Reifenlassen und Kalkulieren, ein faszinierender Traditionsumbruch, eine Öffnung und Ausdehnung, mit der Schulweisheiten nicht zu konkurrieren vermochten. Mit 16 Jahren tritt Jean Monnet in das Familienunternehmen ein, lernt Bilanzen mit einem Blick nach rechts unten zu lesen, atmet den Kellergeruch der Tradition, um sich von ihm zu emanzipieren. „Mein Vater sagte: ‚Jede neue Idee ist eine schlechte Idee.' Für den Cognac stimmte das, aber nicht im allgemeinen."

Alsbald wird er zu einem Volontariat zu Geschäftsfreunden in die Londoner City geschickt, dann zu Vertretern der Familienmarke nach Canada. Das Finanzzentrum der Welt und ihre Weite erschließen sich ihm im Sprung aus der französischen Provinz und im Zusammenhang des Privateigentums, ohne das Dazwischentreten von Paris, der nationalen Metropole. In Canada fasziniert die unbegrenzt erscheinende Chance der Expansion, die in der Weite und im Wildwuchs liegt. In den USA lernt er danach, daß Expansion durch Organisation noch verbessert, koordiniert, stabilisiert werden kann. In Amerika, kaum zwanzig, erwirbt er sich ein kapitalistisches Credo für das zwanzigste Jahrhundert: keine Expansion ohne Unordnung, kein Wandel ohne Organisation. Und zwar eine Organisation der Produktion, des Handels und der Finanzierung, die jenseits traditioneller Grenzen ihren eigenen Gesetzen folgen und ihre räumliche Ausdehnung optimieren, denen die Organisation, die Politik folgen müssen. Zunächst strickt er am Vertriebsnetz der eigenen Familie, indem er Reise an Reise knüpft, um es in England, Schweden, Rußland, selbst Ägypten auszubauen. Es wird zur Bildungsreise eines Handlungsreisenden in Sachen Schnaps. „Ich bereicherte meine Erfahrungen als Händler – d. h. meine Menschenkenntnis."

Das Modell Monnet

1914 hebt er diese Erfahrungen auf eine politische Ebene und eine Kette von Zufällen kommt ihm dabei zu Hilfe: für den Kriegsdienst ist er, hinter dessen kleinem Wuchs und schwacher Konstitution sich Energie und Zähigkeit verbergen, nicht tauglich; auch müssen die Handlungsreisen gestoppt werden. Und ein Advocat aus Cognac ist ein guter Bekannter des Ministerpräsidenten und kann ihm eine Eintrittskarte ins Zentrum der Macht verschaffen. Die nationale Begeisterung und Verpflichtung des Krieges teilt er offenbar wortlos, selbstverständlich und er stellt sein größeres Blickfeld in ihren Dienst. Mit 26 Jahren macht er Geschichte in der Etappe. Er sieht die ungenügende Nutzung der Handelsmarine für den Nachschub und die Verschwendung nationaler Doppelarbeit in der Rüstung der Entente. Er hat keine nationalen Scheuklappen, aber eine Erfahrung: „wo die Organisation herrschte, da herrschte die wahre Macht", eine Idee: gemeinsame Exekutivkommissionen zur Rationalisierung des Nachschubs, und eine Methode: „erst eine Idee haben, und dann den Mann suchen, der die Macht hat, sie auszuführen."

Angesichts der prekären Rüstungslage wird seine Idee tatsächlich aufgegriffen, Monnet als einer der französischen Vertreter in die neuen Kommissionen für einen Weizen- und einen Transportpool nach London geschickt und ihr Motor. Sie setzen sich aber erst dann vollends durch, als mit den USA ein quasi-supranationaler Agent internationaler Rationalisierung in der Entente hinzukommt. Der große Lieferant von jenseits des Atlantik verlangt, daß Verteilung und Transport seiner Lieferungen in Europa nicht nach nationalen, sondern nach rationalen Gesichtspunkten erfolgen. Damit ist in der Tat das Modell aller Monnetscher Wirksamkeit gesetzt.

Seine Stunde ist die Stunde der Not. „Die Menschen", sollte er später in der Weltwirtschaftskrise erkennen, „akzeptieren den Wandel nur aus Notwendigkeit und die Notwendigkeit sehen sie erst in der Krise". Mit dem guten Gewissen des Dieners der Notwendigkeit bedient er ratlose Machthaber und bedient sich ihrer. Zugang zu ihnen erhält er über die Honoratiorenstruktur bürgerlicher Politik, aber er nutzt ihn in einer neuen Funktion, der des Managementberaters. Er will nicht ändern, sondern optimieren, nicht Programme oder Ideen durchsetzen, sondern Engpässe beseitigen. Er überträgt das Vorbild des Kartells auf das Familienunternehmen Nationalstaat und bietet supranationale Teilverpflechtung als Rationalisierungsvorschlag. Er ist niemandes Konkurrent und findet deshalb leicht Gehör, weil er aus den Hohlräumen des internationalen Systems durch geräuscharme Stabsarbeit zwischen den nationalen Eliten und Apparaten jenen organisatorischen Mehrwert zaubert, der als Gemeinnutz an alle Beteiligten verteilt werden kann und ihm die Macht des Sachzwangs sichert.

Wo traditionales Denken die Voraussicht auf den künftigen Nutzen behindert, wäre Monnet ein Prediger in der Wüste – gäbe es nicht das viel wirksamere Mittel der Verlockung zu Einsicht. Dazu bedarf es natürlich der Verbindung zu den großen Zentren des Kapitals. Auch diese Modernisierung von außen ist ein Analogon aus dem Bankgeschäft: Firmensanierung durch Kredite mit der Auflage innerer Rationalisierung und äußerer Kooperation. Amerika als der große Kreditgeber der beiden Weltkriege und der beiden Nachkriegssanierungen in Westeuropa wird so der naturwüchsige Rückhalt Monnets.

Zwischen Völkerbund und Wallstreet

Auf das Gesellenstück folgen die Wanderjahre der Zwischenkriegszeit. Er gehört jetzt zur jungen Zunft der internationalen Funktionäre, wird mit 31 Jahren zum stellvertretenden Generalsekretär des Völkerbunds bestellt und arbeitet im Bereich der internationalen Wirtschaft; ein Insider mit besten Kontakten und mit einem Blick für ineinandergreifende Interessen, dem sich schnell die Türen der internationalen Hochfinanz öffnen. Die Arbeit im Völkerbund macht ihm Spaß; er konzipiert Wirtschaftskooperation zwischen verfeindeten Nationen rund um Oberschlesien und die Saar und erprobt in Österreich die Verlockung zur Selbstanpassung durch Auslandskredit. Und doch hält es ihn nicht lange in Genf. Das einzig Supranationale dort bestand in der Gesinnung der Völkerbundsbeamten, gegen die internationale Anarchie anzukämpfen.

Dafür war die Grundlage der eigenen Unabhängigkeit in Gefahr, 1922 holt ihn der Ruf der Familie heim nach Cognac. Der Vater verstand die neue Welt der Monopolisierung und der Massenproduktion nicht mehr und brachte mit seinem Hang zu den alten Lagen die Bilanzen in Gefahr. „Ich habe nicht die Angewohnheit, über das Notwendige zu diskutieren", erinnert er sich; jedenfalls stellte er in kürzester Frist den Betrieb auf Massenkonsum um, diversifizierte das Angebot und entfloh drohender Provinzialität, um 1926 Teilhaber des internationalen Zweigs einer amerikanischen Privatbank zu werden. Nun lernt er die Kapitalseite der internationalen Verflechtung handhaben, den verlockenden Druck internationaler Kredite auf kleinere Länder wie Polen und Rumänien, und wächst in die Welt der Wallstreet hinein, halb internationaler Finanzmakler, halb Völkerbundsagent. Eine Weile konzentriert er sich nur aufs Geschäft und scheitert: als Bankier in San Francisco verdient er viel Geld und verliert es im Bankenkrach von 1929. „Ich habe nur ein Kapital an Erfahrung gewonnen. Mit vierzig Jahren lernte ich noch – wie ich übrigens immer im Lernalter geblieben bin."

Was er gelernt hat, deutet er nur an, aber aus seiner weiteren Tätigkeit ist es leicht zu erraten. Er lernt die Lektionen der ‚golden twenties' und ihre Konsequenzen im ‚New Deal' Roosevelts gleichzeitig, Rezepte zur Modernisierung des Kapitalismus durch Organisation: Umgehung des Klassenkonflikts durch den neuen „Taylorismus" (die wissenschaftliche Betriebsorganisation), durch Massenproduktion, Massenkonsum, Anhebung des Lebensstandards durch Anhebung der Produktivität.

Das alles aber heißt Monopolisierung, erhöhte Abhängigkeit des Gesamtsystems von den Schwankungen des Kapitalmarkts. Deshalb müssen zugleich dessen Krisenhaftigkeit umgangen, die Bankenstruktur staatlich reguliert, die großen Industrien zu einer kartellartigen Abstimmung gebracht, produktive staatliche Investitionen geplant und Gewerkschaften als stabilisierender Gegendruck gestärkt werden. Aus diesen Abstimmungsprozessen des „korporativen Kapitalismus" entsteht eine Insidergemeinschaft der wirtschaftlichen, finanziellen, gewerkschaftlichen, intellektuellen und der politischen Eliten, für die die Steuerung des eigenen und des internationalen Systems durch Organisation und Investitionen immer mehr zu einer Aufgabe verschmelzen. Klein, leise, bedächtig und wendig mischt sich Monnet in diese inneren Kreise.

In Stockholm liquidiert Monnet das Streichholzimperium Krüger, einen korrupten Multinational, dessen Tycoon sich vor dem Bankrott ermordet hatte. Schließlich folgen auf Vermittlung von Völkerbundsfreunden und auf Einladung der neuen Mandarine der chinesischen Republik drei Jahre Shanghai, um dort die Voraussetzungen für Investitionen aus dem Ausland zu schaffen.

Von seiner Gewandheit in der Überwindung ideologischer und nationaler Hindernisse legt er nun auch in seinem Privatleben eine Probe ab. Als sich der 42jährige in eine junge Schönheit verliebt, die in unauflöslicher italienischer Ehe einem Geschäftsfreund verbunden ist, greift er nicht zur Pistole, sondern findet heraus, daß dies kein Hindernis für eine Scheidung in der Sowjetunion ist. Also trifft sich der französische Wallstreet-Banker in China 1934 mit seiner italienischen Katholikin in Moskau, erledigt in diesem roten Gretna Green die zivilen Formalitäten und läßt sich einige Zeit später von einem Bischof trauen – in Lourdes.

Als vaterlandsloser Patriot im alliierten Rüstungsmanagement

Die Vorzeichen der deutschen Expansion bringen Monnet nach Frankreich zurück. Dieses Mal sollen die Lektionen des ersten Weltkrieges rechtzeitig beherzigt werden, sozusagen als sein Meisterstück. Er sieht die deutsche Luftüberlegenheit und drängt Daladier zu einer schnellen Vorsorge durch Einkäufe in den USA, der nach München dafür auch „Versailles verkaufen" würde. Aber in den USA ist man auf die Rüstungsproduktion nicht vorbereitet, die Öffentlichkeit fürchtet eine neue Verwicklung in europäische Kriege. Nur bei seinen Freunden in der Wallstreet und bei Roosevelt findet er aktive Bundesgenossen, um die Kriegswirtschaft für den Export nach Frankreich und England anlaufen zu lassen. Es muß hier genügen, festzustellen, daß die Struktur der Tätigkeit Monnets genau seinem Modell aus dem ersten Weltkrieg folgt. Aber der Maßstab ist ein ganz anderer: die Stäbe, die er jetzt zwischen den Alliierten schafft, rationalisieren nicht mehr die Etappe, sondern die ganze Kriegswirtschaft und Monnet selbst verhandelt auf der Ebene der Regierungschefs und Minister.

Doch er kann die Niederlage der Dritten Republik nicht verhindern, obwohl er angesichts der deutschen Besetzung zum Äußersten greift und die Nation um der Nation willen aufgeben will – höchst charakteristisch für das Ineinander seiner nationalen Motive und seiner supranationalen Visionen. Er beredet de Gaulle, Churchill und das englische Kriegskabinett, Frankreich mit England zu einem kämpfenden Land mit gemeinsamer Regierung und Volksvertretung zu erklären und die noch freien Kolonialimperien zusammenzulegen, um Frankreich nicht untergehen zu lassen und England neue Kampfreserven zuzuführen. Aber der in London schon akzeptierte Vorschlag geht im Chaos der sich auflösenden Institutionen in Bordeaux unter und wäre wohl auch in seinem fiktiven Charakter vielen Franzosen weit weniger verständlich gewesen als die nationalistisch verbrämte Kollaboration Vichys. Immerhin hatte er einen konkreten Kern: die Fortsetzung des Krieges durch Frankreich in der Union mit England. Den Fiktionen de Gaulles dagegen will Monnet sich 1940 nicht anschließen; er drängt zur alliierten Aktion.

Er wechselt den Dienstherrn und läßt sich von Churchill nach Washington schikken, um Amerika zu überreden, zum „Arsenal der Demokratie" (eine Prägung Monnets, die Roosevelt übernimmt) zu werden und Englands Rüstung zu liefern und zu finanzieren. Als Amerika schließlich im Krieg und in Nordafrika gelandet ist, wechselt er erneut die Firma und läßt sich von Roosevelt als Vermittler des Rüstungsnachschubs für das ‚freie Frankreich' nach Algier senden. Zwischen dessen rivalisierenden Generälen und Resistance-Fraktionen konnte er mit amerikanischer Rückendeckung vermitteln und fand sich alsbald im inneren Kreis einer Regierung im Wartestand als Verantwortlicher für Rüstung wieder, die weitgehend aus amerikanischen Mitteln bestritten wurde. Nun wurde er zum Manager der nationalen Einheit, Vermittler der Interessen zur wirtschaftlichen Mobilisierung für den Sieg und dann für den Wiederaufbau.

Plankommissar für Modernisierung

Anstelle der Nachkriegsalternative: Kapitalismus oder Sozialismus prägt Monnet die Formel „Modernisierung oder Verfall". Noch kurz vor seinem Rücktritt Anfang 1946 drängt de Gaulle die dirigistischen Bestrebungen der Linken und des Wirtschaftsministers Mendès-France zurück und verschafft Monnet neben, unter oder auch über der Regierung – gerade die undefinierte Zuordnung begrüßt Monnet als technokratische Selbständigkeit – ein sog. Plankommissariat. Das ist ein kleiner Stab mit geringer Weisungsbefugnis, aber unbegrenzten Kompetenzen zur Informationssammlung, zur Vermittlung und Abstimmung von Interessen und vor allem zur Lenkung staatlicher Investitionen.

In ihrem historischen Kontext ist das eine schillernde Institution, die in einer gesellschaftspolitisch offen erscheinenden Lage für viele vieles bedeutet. Für de Gaulle ist sie eine Verlängerung der kriegswirtschaftlichen Zweckgemeinschaft in die Rückgewinnung nationaler Größe im Frieden. Für die die Regierung tragende Linke ist sie planwirtschaftliches Kernstück ihres antikapitalistischen Reformprogramms. Für Monnet aber ermöglicht sie die Anwendung seiner amerikanischen Lektionen: eine Art Taylorisierung der Volkswirtschaft, um sie zu einem international, d.h. gegenüber den USA, kreditwürdigen Betrieb zu machen. Und dies nicht durch dirigistische Eingriffe, sondern durch Selbstplanung des Staates und durch seine vermittelnde Einschaltung in die Produktionsabsprachen der Branchen und in die Auseinandersetzungen von Kapital und Arbeit. Im Kern ist es das, was 30 Jahre später in der Bundesrepublik Deutschland als „mittelfristige Finanzplanung" und „konzertierte Aktion" eingeführt werden sollte; ein Mitarbeiter Monnets, ein Geigenspieler, hat damals den Begriff der „konzertierten Wirtschaft" geprägt.

Mit den Methoden Roosevelts gelingt ihm die Ablösung der Systempolitik von der Parteipolitik, die Erneuerung des Kapitalismus durch die staatliche Vermittlung der organisierten Interessen, ihre Ausrichtung auf das Ziel des Wachstums, der Rationalisierung, der Hebung des Lebensstandards durch Steigerung der Produktivität. Zugleich wird die für den korporativen Kapitalismus notwendige Staatsintervention aus der Reichweite parlamentarischer Entscheidung mit ihrer Instabilität und ihrer Verlockung, grundsätzliche Alternativen politisch zu verordnen, hinausmanövriert.

Von de Gaulle übernimmt Monnet die nationale Phraseologie, von der Linken den Sachverstand – die führenden Mitglieder seines brain-trusts sind sozialdemokratische Ökonomen –, handelt aber selbst „präziser und liberaler". Es geht für ihn nicht um die Verordnung politischer Ziele, sondern um eine „Aktionsmethode", in der ein überparteilicher Staat „alle Kräfte des Landes mit der Suche nach diesem allgemeinen Interesse verbindet." In unzähligen Sitzungen von Interessenvertretern und Bürokraten vermittelt er mit der Menschenkenntnis des Maklers, aber auch mit der geduldigen Autorität eines Priesters, der die frohe Botschaft der Produktivitätspolitik schon kennt, daß allen gegeben und niemandem genommen werde.

Aber er sieht nicht nur das aktuelle Problem der Kriegsschäden, das jetzt das ideologische Bindemittel des Aufbaupakts abgibt, so daß sich selbst die Kommunisten als ‚Partei der Produktion' bezeichnen. Er sieht den viel weiter zurückreichenden Modernisierungsrückstand der französischen Industrie, der innerhalb des rekonstruierten kapitalistischen Weltmarkts nur mit Kapital und Managementmethoden aus USA zu überwinden ist. Kaum hat er alle auf seinen ersten Modernisierungsplan eingeschworen, begleitet er den sozialistischen Ministerpräsidenten nach Amerika. Als Literat, bekehrter Führer der Volksfront und Opfer des Nationalsozialismus stellt Léon Blum dort das Inbild der hilfsbedürftigen Kultur der alten Welt dar; in seinem Schatten handelt Monnet mit seinen alten Freunden den ersten großen Nachkriegskredit für Frankreich aus. Die Leistungen des Plankommissariats lassen die französische Wirtschaft als sanierungswürdig erscheinen. Blum wird zu Hause die Bedingung – Frankreichs Öffnung für die internationale Konkurrenz des kapitalistischen Weltmarkts – vertreten und das Parlament wird einstimmig zustimmen; die Kommunisten wissen noch nicht, daß die Amerikaner ihre Regierungsbeteiligung als Erschwerung künftiger Kredite haben durchblicken lassen.

Monnet ist zurück in seiner alten Rolle, nationale und internationale Rationalisierung zu vermitteln. Als ein Jahr später die Kommunisten die Regierung verlassen müssen und der Marshallplan sehr viel größere Kredite in ‚konzertierter' Form bietet, wird Monnets Stellvertreter im Plankommissariat, Robert Marjolin, Generalsekretär der OEEC, der Organisation der Empfängerländer. Und Monnet gelingt es, durch die Gegenwertmittel des Marshallplans in Frankreich eine von der Innenpolitik unabhängige Finanzierung der Modernisierungsinvestitionen des Plankommissariats zu erschließen. Internationales und nationales Management verbinden sich zur technokratischen Autonomie, einer Art Supranationalität im Nationalstaat. Damit ist die Arbeit des Innovators getan und ein neues Thema klingt an, in dem alle alten Themen zusammenfließen.

Die Hohe Behörde

Die später in die Europäische Gemeinschaft überführte Montanunion und die 1954 gescheiterte Europäische Verteidigungsgemeinschaft haben ein Gutteil der Politik in der ersten Hälfte der 50er Jahre in Westeuropa beherrscht oder bedingt. Hier muß die Feststellung genügen, daß beide auf stabsmäßig vorbereitete Initativen Monnets vom Mai bzw. August 1950 – bekannt werden sie als „Schumanplan" und „Plevenplan" der französischen Regierung – zurückgingen und daß die Montanunion, deren „Hohe Behörde" Monnet von 1952–55 leitete, einen Durchbruch zu einer europäischen Praxis brachte und das Modell aller weiteren Europäischen Integration lieferte.

Bisher wird die Montanunion stets als ein Meilenstein in der Geschichte der europäischen Bewegung und die supranationale Integration als Ausdruck eines besonders politischen Europaverständnisses gefeiert. Der „Vater Europas" aber hatte sich bis

dahin schon für alle möglichen internationalen Verflechtungen des Kapitals, des Handels, der Rüstungswirtschaft rund um die Welt eingesetzt, aber noch nie für das spätere Europa der Sechs als politische Einheit. Und er übernahm durch seine Initativen die praktische Führung einer europäischen Bewegung, für die er sich bisher wenig engagiert hatte und die nach hohen Erwartungen in den ersten Nachkriegsjahren mit der Rekonsolidierung der Nationalstaaten und der Gründung eines machtlosen Europarates 1950 in voller Krise war. Man muß sich deshalb noch einmal das Erstaunen über die Anfänge der europäischen Integration 1950 zurückgewinnen, um einfache, produktive Fragen zu stellen:
- Wieso beginnt der Aufbau des neuen Abendlandes mit einem politisierten Kohle- und Stahlkartell?
- Warum bleibt Großbritannien draußen?
- Warum organisiert sich Westeuropa praktisch ohne ein demokratisches Verfassungsmerkmal?

Antworten auf diese Fragen kreisen um die Problematik nationaler Interessenverflechtung und Supranationalität. Sind es nicht zugleich die Leitmotive der Biografie Monnets und haben sie dort nicht immer zurückverwiesen auf die Grundmelodie eines konzertierten Kapitalismus? Lieber beginnen mit einem wohlgeleiteten Spielmannszug als mit einem Orchester ohne Dirigenten, hieß, um im Bilde zu bleiben, Monnets Antwort auf die europäische Krise auf der Höhe des Kalten Krieges.

Die USA hatten ihre europäischen Kreditvergaben im Marshallplan vor allem deshalb zusammengelegt, um die europäischen Empfängerländer zur Bildung einer sanierten Region im kapitalistischen Weltmarkt zu bewegen. Aber dieses Ziel hatte sich mit dem Aufbau eines antikommunistischen Blocks überkreuzt. Gerade die in dieser Hinsicht besonders interessanten Partner wie England, die von kommunistischen Gegenkräften im Innern weitgehend frei waren, hatten sich den amerikanischen Fusionsabsichten und den Ansätzen Marjolins zu einem supranationalen Management der OEEC verweigern können. Die Nationalstaaten hatten die amerikanischen Kredite benutzt, um ihre Souveränität zu kräftigen, anstatt sie an die Regionalorganisation eines größeren Wirtschaftsraumes teilweise abzugeben. Um eine erneut drohende internationale Anarchie durch ökonomische Supranationalität zu unterlaufen, mußte mit der Verflechtung der nationalen Interessen unter den europäischen Ländern selbst begonnen werden – das war die ins internationale gewendete Lehre des Plankommissars. Geeignet waren insbesondere akute Problemzonen der schwächeren Länder, voran Frankreich und die gerade konstituierte Bundesrepublik, und hier der Montanbereich, für dessen Auswahl es politische, ökonomische und psychologische Gründe gab.

Die Amerikaner hatten die französische Sicherheitspolitik gegenüber Deutschland in den letzten Jahren völlig in die Defensive gedrängt. Die internationale Ruhrkontrolle, ihre letzte Bastion, sollte die Lieferung von Ruhrkohle für die erweiterte Stahlindustrie Lothringens verbürgen. Andererseits war sie die stärkste Barriere, die die Bundesrepublik von der Souveränität und zugleich von einer durchgehend privatwirtschaftlichen Ordnung trennte. Diese Industrien supranational zu verflechten, sicherte Frankreich auch langfristig die Mitsprache, brachte der Bundesrepublik eine internationale Gleichstellung (weshalb Adenauer, der zuvor schon ähnliche Vorstöße unternommen hatte, den Schumanplan auch postwendend annahm) – und hatte eine psychologische Perspektive: den nationalen Streithähnen wurde die Verfügung über die Grundlage einer Rüstungsindustrie entzogen. Unter dem Gesichtspunkt, welche Industrien am ehesten geeignet wären, die Integration anderer Sektoren nach sich zu ziehen, hätten modernere Leitsektoren wie Chemie oder Elektroindustrie gewählt werden müssen, und Monnet wußte das auch. Aber ihm war der Spatz in der Hand lieber als die Taube auf dem Dach.

Gerade wegen Monnets Pragmatismus muß man fragen, warum er für die Hohe Behörde, die in seinem ursprünglichen Vorschlag keinerlei nationale oder demokratische Kontrollen kannte, als supranationale Managementinstanz mit einem doktrinär erscheinenden Starrsinn kämpfte und ziemlich unverhohlen durch eine Brüskierung der Briten deren Mitwirkung am Anfang der Integration zurückwies. Die waren nämlich zur Internationalisierung ihrer Montanindustrie bereit, nicht aber zur Unterstützung einer supranationalen Lösung. Monnet kam es darauf an, eine einzigartige historische Konstellation – das gemeinsame Interesse Frankreichs und Deutschlands an der Lösung ihrer zwischenstaatlichen Probleme auf einer höheren Ebene – für die modellhafte Etablierung der Grundstruktur der künftigen europäischen Wirtschaft zu nutzen.

Der größere Wirtschaftsraum sollte ökonomisch modernisierend, d. h. rationalisierend wirken und bedurfte einer politischen Abstimmung der Interessen, z. B. um die Konfliktherde notwendiger Betriebsstillegungen und der Wanderung der Arbeitskräfte zu dämpfen. Aber diese öffentliche Gewalt sollte nach den Anforderungen eines flexiblen Produktivitätsmanagement, d. h. nach dem Gesetz des modernen Kapitalismus selbst antreten, und sollte nicht von Anfang an von den politischen Konstellationen nationaler Parlamente und den Schwergewichten eingefahrener Bürokraten gelähmt werden. Schon gar nicht so selbstbewußter wie der britischen, die sich später einem erfolgreichen supranationalen Unternehmen aber gewiß anpassen würde. Wie er sich diese, von den Komplexitäten der Politik befreite öffentliche Gewalt als sozusagen reine Systemsteuerung vorstellte, hat Monnet als Präsident der Hohen Behörde der Montanunion mit einer Hingabe und Flexibilität bewiesen, die gerade auf Gewerkschafter, die Herr-im-Hause-Standpunkte zu hören gewohnt waren, eine erhebliche Faszination ausübte.

Zwar wurde im Zuge der Vorverhandlungen der Montanunion auf Drängen der kleineren und schwächeren beitrittswilligen Länder doch noch ein staatenbündiger Ministerrat eingebaut, der später in der EWG integrative Fortschritte nur im Schnekkentempo, wenn überhaupt erlaubte. Seine Last machte sich aber in der Anfangsphase der Montanunion kaum bemerkbar. Angesichts des Drucks der Amerikaner auf eine Wiederbewaffnung Westdeutschlands wurden viele französische Kritiker überzeugt, daß Frankreich eine zukunftsweisende Kooperation eingehen mußte, wenn es nicht bald von der neuen Dynamik des Nachbarn abgehängt und die Energiezufuhr seiner Stahlindustrie gefährdet werden sollte. Und was zunächst als ein Problem von Überkapazitäten, Konkurrenz und Kontrolle erschienen war, verwandelte sich im Korea-Boom – als Vater des Gedankens einer mit der Montanunion deckungsgleichen „Europaarmee" und als einer der „Drei Weisen" der NATO zur Koordinierung der Rüstungsproduktion gewann Monnet auch hier alsbald informelle Schlüsselpositionen – zur Optimierung des Wachstums und zur sozialen Befriedung. Auf etwas längere Sicht gesehen, wird freilich das Urteil weniger günstig lauten müssen. Denn der Rationalisierungsschub der 50er Jahre hat zu den Überproduktionskrisen bei Kohle und Stahl im nächsten und übernächsten Jahrzehnt beigetragen, ohne daß die Betroffenen über Instrumente demokratischen Gegendrucks auf die Systemsteuerung verfügt hätten.

Das Europa der Eliten

Der Fehlschlag der Europäischen Verteidigungsgemeinschaft war nicht der einzige Faktor der europäischen Krise Mitte der 50er Jahre. Monnets Montanunion stand wie eine Investitionsruine auf brachem Feld: die Montanindustrie hatte sich nicht als jener Leitsektor erwiesen, der zu einer gleichsam naturwüchsigen Integration der übrigen Branchen gezwungen hätte. Mit der Erlangung der Souveränität schien die Zukunft der Bundesrepublik offener. Großbritannien hatte sich nur in traditionellen Bahnen des internationalen Handels dem europäischen Unternehmen assoziiert. Die Dekolonisation hatte nationalistische Rückwirkungen auf die Mutterländer, gerade auch die Niederlagen in Indochina und Suez. Die Inkongruenzen der internationalen Bündnisse stärkten die zentrifugalen Tendenzen der Nationalstaaten. Die Verstaatlichung des Suezkanals signalisierte künftige Energieversorgungsprobleme, aber die Nukleartechnologie wurde von den Großmächten monopolisiert, wobei Frankreich durch seinen Kolonialkrieg wirtschaftlich zu geschwächt war, um sein Know-how zu entwickeln, während das deutsche Potential durch Atomverzicht brachlag.

Jean Monnet, der nun schon auf die 70 zuging, kehrte aus Luxemburg zurück und stürzte sich noch einmal in eine große Initiative: dieses Mal nicht mehr im Alleingang, sondern durch die Politisierung seines wohl einzigartigen internationalen Kontaktnetzes. Denn es galt einen neuen Anlauf zum europäischen Wirtschaftsraum mit politischen Mitteln zu erzwingen und seine Struktur durch einen föderalistischen Überbau abzusichern. Mit dem typisch Monnetschen Instrumentarium des transpolitischen Managements konnte dieses Ziel auf zwei Ebenen verfolgt werden.

Erstens Stabsarbeit, die er zunächst mit seinen alten Teams begann und die dann durch die Konferenz von Messina und unter der Leitung von Paul-Henri Spaak auf eine regierungsoffizielle Ebene gehoben wurde. Engpässe in der Ressourcennutzung ausmachen und komplementäre nationale Interessen so miteinander verzahnen, daß das Ganze mehr wird als die Summe seiner Teile. Daraus wurde die ökonomische

Raison der Römischen Verträge zusammengesetzt: Fortführung der Montanunion und ihre Ausweitung in eine Zollunion für Industriewaren. Die Liberalisierung dieses großen Marktes entsprach vor allem den Interessen der Exportindustrien des Nordens und sollte zugleich die bis dahin unbedeutenden privaten Kapitalinvestitionen aus den USA auf dem Kontinent anschwellen lassen und zusammen mit amerikanischem Management und Know-how einen Wachstums- und Modernisierungsschub auslösen. In dessen Rahmen konnte der italienischen Unterbeschäftigung durch die Freizügigkeit der Arbeitskräfte ein innereuropäisches Ventil geschaffen werden. In krassem Gegensatz zu diesem Liberalisierungskonzept standen die interventionistischen Kanäle, in die die Befriedigung der französischen Interessen geleitet wurde: vor allem wurde ein kompliziertes Subventionssystem konstruiert, um die west- und südeuropäischen Agrarüberschüsse exportieren zu können, ohne den bäuerlichen Anhang der Bundesregierung zur Revolte zu treiben. In Euratom konnten schließlich die französischen Nuklearansätze (mit einem militärischen spill over) entwickelt werden, ohne daß die Bundesrepublik nationalen atomaren Ehrgeiz entwickelte. Das Interessenpuzzle der EWG allein war aber noch keine Politik.

Zweitens mußten die nationalen Akteure auf Europa reorientiert werden, um den politischen Willen zu einem neuen Anlauf zu organisieren. Angesichts der nationalen Renaissance wäre ein Sprung in die pure Eurokratie aussichtslos gewesen; sie war aber auch nicht nötig, denn mittlerweile waren alle beteiligten Volkswirtschaften – mit Ausnahme des Agrarsektors – weitgehend liberalisiert und insofern für den größeren Markt schon vorbereitet. Eine europäische Volksbewegung hatte sich bereits vorher schon wegen der kulturellen und traditionellen Unterschiede als sehr schwierig erwiesen; außerdem wäre sie im Erfolgsfall in ihrer soziopolitischen Stoßrichtung unkalkulierbar gewesen und hätte die Funktionsfähigkeit des korporativen Kapitalismus in Frage gestellt. Man mußte sich auf die politische Klasse beschränken, sie untereinander vermitteln und als Mittler nach außen und unten einsetzen. Monnet kombinierte seine Erfahrungen aus der Planification und der Montanunion in eine neue Initiative, die 1955–1975 sein Medium als elder Statesmen Europas werden sollte und erneut seine pragmatische Originalität bewies: Das „Aktionskomitee für die Vereinigten Staaten Europas." In ihm sammelte er die führenden Parteipolitiker und Interessenvertreter aus allen europäischen Ländern zusammen, entwickelte zwischen ihnen eine Gemeinsamkeit jenseits der von ihnen vertretenen Nationen, Klassen und Richtungen und ließ sie Resolutionen zur Weiterführung der europäischen Einigung ausarbeiten. Diese konnte er dann quasi als Extrakt der öffentlichen Meinung Europas in die Politik der Regierungen einspeisen. Zugleich bewährte sich das Aktionskomitee als ein Vorklärungsinstrument und wirkte durch seine Mitglieder auf deren einzelne Organisationen zurück.

Für diese Prozedur hat Monnet seine wohl bekannteste Formel geprägt: „Wir verbünden nicht Staaten, wir vereinigen Menschen." Vor seinem konkreten historischen Hintergrund interpretiert, enthält dieser kleine Slogan Monnets ganze Ingeniosität und Problematik. In eine weniger verschleiernde Sprache übersetzt, müßte er etwa heißen: Wir, die wir erkannt haben, daß der korporative Kapitalismus für seine moderne Expansion von den Widerständen demokratischer Teilhabe in den Nationalstaaten befreit werden muß, vereinigen die politischen und wirtschaftlichen Eliten, damit sie ihre Anhänger davon überzeugen, daß das Wachstum großer Wirtschaftsräume Wohlstand für alle verspricht. Die jetzt anstehenden Europawahlen werden zwar wenig am Machtgefüge der EG ändern können, aber sie werden zumindest zeigen, bei wem diese frohe Botschaft aus dem Amerika der 30er und 40er Jahre angekommen ist.

Literatur

Jean Monnet, Mémoires, Paris 1976. Dt. Erinnerungen (mit einem Vorwort von Helmut Schmidt), München 1978.

Dazu die Anti-Memoiren eines führenden französischen Diplomaten über die erste Phase der europäischen Integration: *René Massigli: Une comédie des Erreurs*, Paris 1978.

Wichtig für die vorliegende Interpretation: *Charles S. Maier: The Politics of Productivity*: Foundations of American International Economic Policy after World War II, in: P. J. Katzenstein (Hg.): Between Power and Plenty, Madison/London 1978, S. 23–49.

Zur Ästhetik des Zitats aus erzählten Lebensgeschichten

Die Begegnung mit mündlich überlieferten Erinnerungsquellen scheint z. Z. viele, die sich für Zeitgeschichte interessieren ebenso zu faszinieren wie zu irritieren. Faszination schlägt sich in einer großen Anzahl von Interviewprojekten zur Erfahrung insbesondere der Zeit des Faschismus in Deutschland nieder, die von Schülergruppen und Arbeitskreisen der Erwachsenenbildung, von Stadtarchiven und von Historikern (die meist professionell vorgebildet, aber selten akademisch etabliert sind) in Angriff genommen werden. Die Irritation nimmt viele Formen an. Dabei will ich hier nicht davon sprechen, daß für Anhänger der etablierten Herrschaftsgeschichte das Arbeitsinstrumentarium der oral history nur als ein weiterer Zweig der Verzettelung der historischen Kräfte erscheint, die Ergebnisse ungelesen unter romantischem Populismus oder als Rückfall in den hermeneutischen Historismus abgeheftet werden. Ich will von der Irritation jener reden, die selbst mit Erinnerungsinterviews arbeiten. Sie ist eher größer, weil die Erfahrung dieser Arbeit häufig von hohen Vorerwartungen abstickt, nunmehr eine ganz neue Dimension einer Volksgeschichte erschließen zu können. Solche Hoffnungen werden oft zuschanden, wenn die Interviews ausgewertet und ihre Ergebnisse dargestellt werden sollen. Die meisten Historiker bekommen nämlich dann das Gefühl, daß ihr Haushalt an Fragestellungen und paradigmatischen Interpretationen am erhobenen Material so vollständig vorbeigehe, daß eines von beiden irrelevant sein müsse.

Die Historiker haben Fragen nach dem Widerstand oder dem Konsens bestimmter Bevölkerungsgruppen gegenüber dem faschistischen Regime im Kopf oder sie suchen nach der Basis der Sozialisierungsforderungen der frühen Nachkriegszeit oder der Amerikanisierung der Kultur des Kalten Krieges und das meiste, was ihnen zu diesen Themen in den Interviews gesagt wird, vermittelt ihnen ein Gefühl, als sei es zensiert, unecht, ein Reflex späterer Reflexionen oder eine Gefälligkeit gegenüber dem Interviewer. Auf der anderen Seite bekommen sie eine Menge an autobiografischem Bericht, der oft nur wenig Bezugspunkte zu den Fragestellungen des Interviewers zu haben scheint, und eine Fülle von Erzählungen, Anekdoten, Stories, deren Inhalt oft nur assoziativ mit den aufgeworfenen Fragen in Beziehung zu stehen scheint und deren Form das Gesagte so komplex macht, daß es kaum im Zuge einer Inhaltsauswertung auf Statements reduziert werden kann. Die Individualität und Narrativität der Zeugnisse läßt die Brauchbarkeit der Begriffe und typologischen Instrumente, die Historiker meist mehr oder weniger geprüft und definiert benutzen, fraglich erscheinen und sprengt durch die Umständlichkeit und Komplexität der Quellenschilderung die eigene Darstellung und Argumentation. Als Folge dieser Erfahrung tendieren nicht wenige oral history-Projekte zur Verkümmerung in einer der beiden folgenden Richtungen: Entweder die Interviews werden als ein Steinbruch aparter Zitate verwendet, ohne daß sich der Autor auf den Eigensinn der Interviewten und ihrer Zeugnisse einließe und diese aparten Zitate dienen der Ausschmückung soziokultureller Befunde, die aus ganz anderen Quellen und aus der globalen Fragestellung gesellschaftlicher Integration oder Desintegration gespeist sind. Oder die Forscher verzweifeln daran, aus ihren Quellen einen Beitrag zur Geschichte herauszudestillieren zu können, der explizit gemacht werden könnte, und lassen es dann entweder bei der Sammlung unausgewerteter Interviews oder bei der Herstellung von Auswahldokumentationen, deren Auswahlkriterien nicht weiter expliziert werden, bewenden, worin in der Regel nur Varianten des Scheiterns zu sehen sind.

Eine dritte Möglichkeit, der Herausforderung durch diese spezifischen Quellen zu begegnen, besteht darin, das Terrain zu wechseln. Wer nach politischen Haltungen gefragt hat und Liebesgeschichten oder Anekdoten vom Schwarzmarkt zur Antwort bekam, neigt dazu, seine Fragen für falsch zu halten und sich bei traditionell unpolitischen Wissenschaften wie der Psychoanalyse, der Mikrosoziologie oder der Volks- und Völkerkunde nach Interpretamenten umzusehen, wie der aller Politik vorausgehende Eigensinn des Volkes erschlossen, gegliedert und begrifflich reduziert werden könne. Wenn aus solchen, vom Material ausgelösten Orientierungsbedürfnissen ein höherer Umsatz an methodischen Erfahrungen und theoretischen Verknüpfungsangeboten zwischen den Fächern entsteht, ist es sicher wissenschaftlich keine Schande. Die Erfahrung mit der Rezeption makrosoziologischer Theorien und quantifizierender Methoden in der Geschichtswissenschaft scheint mir jedoch darauf hinzuweisen, daß solche Instrumentarien jenseits der Bändigung und Strukturierung von Stoffmassen nicht notwendig auch schon einen historischen Erkenntnisgewinn versprechen (weil sie die historische Dimension der Veränderung nicht empirisch gehaltvoll thematisieren und den Erinnerungscharakter der Quellen zu relativieren versuchen). Die meisten, die Erinnerungsinterviews auszuwerten versucht haben, werden die Versuchung kennen, die Komplexität ihrer Aussagen und Implikationen und die oft ausgeprägte Dürftigkeit der Antworten auf die Fragen des Forschers dadurch zu reduzieren bzw. zu kompensieren, daß sie nur insofern ausgewertet werden, als sie sich vorgefaßten gesamtgesellschaftlichen Fragestellungen fügen, oder daß diese Fragestellungen als einer Geschichte der Herrschenden immanent verworfen werden und an ihre Stelle statisch-deskriptive Bearbeitungen von Biographien oder Mikrowelten in den Vordergrund rücken. Demgegenüber meine ich, daß der historische Erkenntnisgewinn davon abhängt, inwiefern es gelingt, die beiden Dimensionen miteinander in Beziehung zu setzen und damit die Fiktion einer Geschichte, die ohne die Masse der Beteiligten als Subjekte auskommen zu können meint, ebenso zu vermeiden, wie die Fiktion immanent erklärbarer Lebenswelten der Basis.

Ich möchte im folgenden, nachdem ich einige Zeit versucht habe, Erinnerungsinterviews über Erfahrungen im Ruhrgebiet in den 40er Jahren auszuwerten, einige der Probleme näher charakterisieren, weshalb ich glaube, daß die im Erinnerungsinterview aufbrechenden Fragen nur teilweise durch verstärkte interdisziplinäre Kooperation beantwortet werden können und zumindest ebenso sehr zu einer grundsätzlicheren Veränderung des Modus historischen Arbeitens drängen. Diesen kann ich nur tastend umreißen und will ihn zunächst mit den beiden Stichworten ankündigen: Reintegration der ästhetischen Wahrnehmung in die sozialhistorische Forschung und Transformation historischer Erkenntnis und Interpretation aus einem literarischen Produkt in einen sozialen Prozeß.

Erinnerung und Erzählform

Viele lebensgeschichtliche Erinnerungsinterviews kommen dadurch zustande, daß jüngere Akademiker neugierig sind auf die Lebensbedingungen und Erfahrungen größerer Gruppen in der Vergangenheit, wie Arbeiter, Hausfrauen, Bauern etc., die sie von einem als exemplarisch unterstellten Individuum aus einer solchen Gruppe erfahren wollen. Sie sind an Durchschnittlichem und Typischem interessiert, während solche Interviewte, die ihr Leben als stark regelhaft eingebunden und normal empfinden, nicht recht wissen, was sie dem Interviewer sagen sollen; sie fordern ihn auf, Fragen zu stellen. Werden sie dann nach routinisierten Elementen ihres Arbeits- und Alltagslebens in der Vergangenheit gefragt, können sie oft auch über längere Erinnerungsstrecken hinweg präzise Auskünfte erteilen. Durch die Interaktion im Interview sind diese Auskünfte aber von vornherein fragmentiert; ihr innerer Zusammenhang wird von außen gestiftet. Dabei ist es zunächst noch unerheblich, ob dies durch Einfühlung oder durch theoretische Konstrukte geschieht, da der empirische Gehalt von Theorien durch die Erfragung von Erinnerungen an vergangene Begebenheiten und Befindlichkeiten zwar in einem gewissen Umfang gesättigt, aber prinzipiell nicht getestet werden kann (was mit der praktischen Unmöglichkeit der Bildung von Zufallsstichproben bei Retrospektivinterviews zusammenhängt).

Die meisten Interviewten sind jedoch durchaus bereit und in der Lage, in selbstgewählter Form und Struktur über sich zu berichten. Dabei sind zwei Erzählformen besonders auffällig, die sich beide nicht am Typischen und Durchschnittlichen, sondern am Besonderen und Individuellen festmachen. Auf der einen Seite wird der gesamte Lebensbericht bevorzugt aus solchen Daten konstituiert, die das Besondere und Unverwechselbare dieser Person darstellen oder darstellen sollen. Auf der anderen Seite werden in solchen Interviews immer wieder Geschichten und zwar als sinnhafte Darstellung szenischer Abläufe erzählt, die sich in der Regel im Bericht über solche Lebensphasen häufen, in denen die erzählende Person wesentliche Lernerfahrungen, die über ihre bisherigen individuellen und kollektiven Selbstverständlichkeiten hinauswiesen, gemacht hat. Dies hängt einmal mit dem Novellencharakter der Erzählform zusammen, andererseits vermutlich mit einer strukturellen Bedingung des Gedächtnisses beim Erfahrungslernen: Ersterfahrungen werden in Konstellationen und Abläufen gemacht und als solche bewahrt, während die von ihnen ausgehenden neuen Informationsverarbeitungsmöglichkeiten später wiederkehrende ähnliche Vorgänge bereits in der Wahrnehmung begrifflich reduzieren und allenfalls in einer nichtplastischen Form im Langzeitgedächtnis aufbewahren.

Durch solche Beobachtungen wird man auf die Komplexität des Gedächtnisses gestoßen, über dessen Wirkungsweise es bisher wenig Forschungsertrag gibt, der den speziellen Fragestellungen einer Analyse von Retrospektivinterviews aufhelfen könnte. Grob gesprochen gibt es zwei Denkansätze, die das Problem von unterschiedlichen Seiten her einkreisen: Auf der einen Seite spekulativ und durch Introspektion gewonnene Einsichten, daß es ein individuelles, präzises Erinnern über lange Zeitstrecken nicht gäbe und daß deshalb alle Erinnerung ein Rekonstruktionsvorgang sei, der wesentlich von der sich erinnernden Person auf den Kontext ihres Erinnerns zurückverweise. Dann werden die Institutionen, die Erinnerungswürdiges aufbewahrt, interpretiert und in bestimmten Formen vergegenwärtigt haben – also das, was man das kollektive Gedächtnis genannt hat – zum Reservoir auch individueller Erinnerungsversuche. Wird Erinnerung als Rekonstruktion konzipiert, so stößt die Suche des Forschers nach der historischen Faktizität in der erinnerten Erzählung ins Leere, weil er auf Materialien stößt, die auf kollektive Interpretationen und Rituale, auf Ausformung in zwischenzeitlichen Kommunikationssituationen und auf Montage aus disperaten Fertigteilen schließen lassen. Dann ist das Material geeignet, sozio-kulturelle Kontexte zu untersuchen; aber es sind nicht jene Kontexte, über die der Interviewte spricht und an die er sich zu erinnern meint, sondern jene, in denen er spricht oder von denen er zwischenzeitlich geprägt wurde.

Der andere, eher naturwissenschaftliche Denkansatz beginnt bei der umgekehrten Hypothese und konzipiert Erinnerung als Persistenz und Verlust von Informationen in einem als Speicherungssystem verstandenen Gedächtnis. Das Forschungsinteresse ist hier auf die Selektionsmechanismen aufgenommener Informationen gerichtet, um herauszufinden, wie und warum sie perzipiert, für das Kurzzeitgedächtnis einsetzbar gemacht oder im Langzeitgedächtnis in einem mehr oder minder latenten Zustand abgelagert werden. Diese Untersuchungsrichtung bestimmt die physiologische Gedächtnisforschung, die empirische Lernpsychologie und in einem gewissen Rohzustand ist sie wohl auch eine residuale Generalhypothese der Psychoanalyse. Die heutige Vorstellung solcher Gedächtnisprozesse läßt sich in der Metapher von den „Gedächtnisspuren" zusammenfassen, d. h. assoziativen Informationsverkettungen, deren qualitative Informationsverarbeitung in bestimmten Knotenpunkten gleichsam wie ein Programm gelernt wird, während dieses Programm dann die weitere Selektion und Verarbeitung einschlägiger Informationen strukturiert. Das heißt aber auch, daß der Lernvorgang selbst, soweit er etwas qualitativ Neues bewirkt, einen Ereignischarakter hat, der dem begrifflichen Programm, mit dem spätere affine Informationen aufgenommen und begrifflich reduziert werden, vorauf liegt.

Wer praktisch mit erinnerten Erzählungen interpretierend umgeht, wird nicht umhin können, beiden Seiten Recht zu geben. Und in der Tat sind beide Erinnerungsvarianten alltagstheoretisch geläufig: Ohne die Voraussetzung einer tatsächlichen, persönlichen Erinnerung könnte anders auch Verdrängung nicht gedacht und insbesondere nicht aufgelöst werden; ohne aus soziokulturellen Kontexten entstandene Assoziationen, könnte keine Erinnerung rekonstruiert werden. Dieses Ineinander zunächst durchaus gegensätzlicher Erinnerungsbegriffe begegnet in den Erzählungen des Retrospektivinterviews auf Schritt und Tritt. Denn auch wenn man von der Leistungsfähigkeit des Langzeitgedächtnisses überzeugt wäre, so könnte man doch nicht umhin, in der Auswahl und Bearbeitung erinnerter Geschichten, in der sprachlichen Gestaltung nichtsprachlicher Erfahrungen und in der Komposition und Deutung von Zusammenhängen und Sinn die Prägemuster eines oder verschiedener zwischenzeitlicher sozio-kultureller Kontexte zu erkennen. Umgekehrt mögen die Angebote des kollektiven Gedächtnisses so beherrschend und verfügbar sein wie sie wollen, werden sie als Interpretament der eigenen Lebensgeschichte in ihren je spezifischen Konstellationen und Verläufen verwendet, so bedarf man doch des erinnerten Leitfadens, mit dem sie verknüpft werden könnten.

Der Befund dieser Überlappung individueller Lebensgeschichte mit der Wirksamkeit des kollektiven Gedächtnisses, den ich gerade als eine allgemeine Erfahrung beschrieben habe, ist möglicherweise jedoch eine historisch-spezifische Konstellation. Denn es gibt genug Forschungen über Kulturen, in denen solche lebensgeschichtliche Erinnerung offenbar keinerlei praktische Bedeutung hatte, während die kollektiven Regelungen und Deutungen des Lebens offenbar alles beherrschend waren. Es macht offenbar keinen Sinn, die Sinnfrage individuell zu stellen, wenn der Sinn bereits sozio-kulturell vorgegeben ist und alle wesentlichen Erfahrungsmöglichkeiten des Individuums umgreift. Wenn das individuelle Gedächtnis autobiographische Leistungen erbringt und sich nicht einfach instrumentell kollektiven Gebräuchen und Sinndeutungen unterwirft, reflektiert dies offenbar Situationen, in denen der lebenspraktische Gebrauchswert dieser kollektiven Gebräuche und Deutungen zurückgeht, zerbrochen ist oder als Fessel empfunden wird.

Exkurs: Autobiographische Elemente bei Arbeitern

Bei der Suche nach Zeugnissen subjektiver Erfahrung der arbeitenden Klassen im 19. Jahrhundert ist häufig beklagt worden, daß die spärlichen Zeugnisse, die z. B. in Arbeiterautobiographien erhalten sind, fast nie von solchen Arbeitern stammen, die Arbeiter waren und geblieben sind. Vielmehr stammen sie in der Regel von solchen, die zwar Arbeiter waren, im Verlaufe ihres Lebens jedoch in eine andere berufliche oder soziale Situation übergewechselt sind (bzw. umgekehrt). In der Regel wird die Arbeitssituation am Beispiel der Eltern oder der eigenen Kindheit und Jugend erzählt, während die Masse der Lebenserfahrung von der eigenen Verwicklung in die Politik oder organisatorische Funktionen geprägt wird. Beispiele für das Gegenteil verdanken wir Retrospektivinterviews z. B. mit französischen Arbeitern aus einer noch funktionierenden lokalen und branchenmäßigen Arbeiter oder Rentnerkultur (und

Vergleichsbeispiele existieren etwa für die Lebenswelten traditioneller Kleinbauern proletarischer Hausfrauen etc.), in denen autobiographische Herausforderungen, die von außen herangetragen werden, nicht aufgenommen werden, sondern individuelle Erzählungen, wo sie denn hervorgelockt werden können und nicht schon syntaktisch zerbröckeln, nicht auf individuelle lebensgeschichtliche Zusammenhänge, sondern auf kollektive Daseinsweisen und Aktionen bezogen sind und entweder von rituell gepflegten Deutungen der Arbeiterkulturinstitutionen geprägt werden oder ein Referenzsystem auf Personen enthalten, die für diese Kultur die Funktion eines „storytellers" haben.

In den Interviews, die in unserem Projekt mit Befragten, die fast durchweg aus Arbeiterhaushalten des Ruhrgebietes stammten und ungefähr in den ersten drei Jahrzehnten dieses Jahrhunderts geboren waren, gemacht wurden, waren die Gewichte zwischen autobiographischen Einzel- und Gesamterzählungen und der Präsenz eines kollektiven Gedächtnisses als Inhalts- oder Verweisstruktur deutlich verschoben. Dabei mag eine Rolle gespielt haben, daß ein großer Teil unserer Befragten nicht mehr den erlernten Beruf ausübte, sondern in der einen oder anderen Form Elemente sozialer Mobilität erfahren hatte, sei es durch die Übernahme von Betriebsratsfunktionen, durch Überwechseln in Angestelltenpositionen, durch langfristige Unterbrechungen der beruflichen Tätigkeit (z. B. im Krieg), durch Vertreibung oder Invalidität, durch Qualifizierungen und insbesondere durch den (oft mehrfachen) Wechsel von Frauen zwischen Erwerbsarbeit und Hausarbeit. Nimmt man diese Faktoren zusammen, so wird freilich schnell klar, daß damit nicht eine kleine Sondergruppe in den älteren Jahrgängen der zeitgenössischen deutschen Arbeiterschaft erfaßt wurde, sondern eine Vielfalt von individuellen lebensgeschichtlichen Veränderungen, die durchaus nicht untypisch für diese Klasse sind.

In den allermeisten dieser Interviews wird nicht nur ein äußerer Lebenslauf im Sinne der Abfolge von Lebensdaten erzählt, sondern es gibt fast durchweg zeitlich lokalisierbare Erweiterungsbereiche, in denen der Interviewte von sich aus eine Fülle von Geschichten aus dem eigenen Leben erzählt: in der Regel – und zwar unabhängig davon, ob es sich um Arbeiter, Angestellte oder Hausfrauen handelt – in Lernsituationen (insbesondere der Sozialisation, aber auch bei der Begegnung mit und Bewältigung von fremden Lebenssituationen), bei den Unterbrechungen des Arbeitslebens (in der Depression, im Krieg, in der frühen Nachkriegszeit) und beim Wechsel in Aufgabenfelder, die weniger von Entfremdung gekennzeichnet sind und ein höheres Ausmaß an Mitgestaltung und Eigenverantwortung haben. Im Gegensatz zum oben zitierten französischen Beispiel schließen sich ereignishafte Erzählungen fast nie an kollektiv gedeutete kollektive Aktionen an, sondern beziehen – auch massenhaft gemachte – Erfahrungen auf die individuelle Lebensgeschichte in der Form der persönlich verbürgten Novelle. Eine Ausnahme von dieser Regel findet sich vor allem bei Betriebsräten jener Generation, die in der Besatzungszeit kollektive Selbsthilfe in den Betrieben und Wohnquartieren organisierten, wo am ehesten Elemente eines Referenzsystems und aufeinander bezogener Handlungsberichte erscheinen. Aber auch hier fehlt die Institutionalisierung eines kollektiven Gedächtnisses als Potential öffentlicher Vergegenwärtigung jener heroischen Phase und die kollektiven Elemente des Berichts sind von einer Fülle von individuellen Erzählungen, die sich auf Husarenstückchen am Schwarzmarkt und andere individuelle Selbsthilfe- und Überlebenstechniken beziehen, durchzogen.

Auf der anderen Seite sagen viele Befragte von sich aus ebensowenig über das erste Jahrzehnt des Faschismus wie über die Jahre nach 1950. Nicht daß sie darüber nichts wüßten; auf Befragen können sie sorgfältig ihre Arbeitssituationen, ihre Konsumroutinen, ihren sozusagen normalen Lebenszyklus berichten. Aber sie haben keine (oder doch wesentlich weniger) merkwürdige Geschichten erlebt, die eben deshalb merkwürdig wären, als sie das bereits Angelegte, das Erwartbare, das sozio-kulturell Vorgegebene gesprengt hätten.

Vergleicht man die impliziten Deutungen und Zusammenhänge in den Berichten über die erinnerbaren, aber nicht merkwürdigen, deshalb auch nicht zu mitteilenswerten Erzählungen geronnenen Phasen der Normalität etwa in den 50er Jahren mit vergleichbaren Abschnitten vor dem Ersten Weltkrieg oder in den 20er Jahren, so lassen sich eine Reihe weiterer Beobachtungen machen: Die Zusammenhänge zwischen dem Arbeits- und dem Wohnbereich und deren tendentielle Offenheit gegenüber der Öffentlichkeit, wie er in Berichten für die frühere Zeit immer wieder hervortritt, ist für die jüngere Zeit im Schwinden. Es handelt sich nicht mehr um einen besonderen, strukturell verfestigten Kosmos, in dem die Variationen der eigenen Möglichkeiten weitgehend vorgegeben sind. Eher handelt es sich jetzt um gesamtgesellschaftliche Normen, die abgeschichtet nach dem Maßstab der jeweiligen sozialen und ökonomischen Bedingungen akzeptiert werden, während alternative, kollektive Sonderdeutungen ausscheiden. Dies sind natürlich nur langfristige Trends, die keine klaren Periodisierungen und Wendepunkte kennen und bei denen viele Faktoren mitgespielt haben mögen. Der wichtigste Wandlungsabschnitt scheint jedoch der Anfang des Faschismus zu sein, als einerseits die meisten Formen eines institutionalisierten kollektiven Gedächtnisses zerstört wurden und andererseits durch die schnelle Beseitigung der Arbeitslosigkeit neue Perspektive individuellen Fortschritts durch Leistung in einer schnell wachsenden Ökonomie ergaben. Zwar hat sich damals für einen Großteil der Arbeiter in ihrer realen Arbeits- und Wohnsituation nicht allzuviel verändert, aber die Deutung und Perspektivik dieser Situationen erzwang eine Individualisierung, die sich durch die Massierung irregulärer Erfahrungen im Krieg und in der frühen Nachkriegszeit in das Denken einschrieb und Voraussetzungen für die Erfahrung des sog. Wirtschaftswunders der 50er Jahre gelegt hat.

Die Komplexität des Gedächtnisses

Ist die Kette der individuellen Erlebnisse nicht in einer sozial-stabilen und kulturell leistungsfähigen Teilkultur aufgehoben, so fäßt sich eine Interpretation von Erinnerungszeugnissen nicht darauf reduzieren, sie als Indikatoren kollektiver Befindlichkeiten und Erfahrungen zu nehmen. Strukturalistische Annahmen, die bei der Generalisierung mikroanalytisch erhobener Befunde in der Sozialanthropologie älterer Gesellschaften sich als sehr nützlich erwiesen haben, versagen dann ihren Dienst außerhalb der Rekonstruktion der materiellen Zivilisation genau umschriebener sozialer Einheiten. Statt dessen sind Geschichten zu interpretieren, in denen das sich erinnernde Subjekt auf eine dichte und analytisch kaum abschließend zu trennende Weise eine Vielzahl von möglichen Dimensionen sprachlich integriert hat: Da mag zunächst ein Erlebnis sein, das sich eingeprägt hat. Schon hier entstünde die Frage: Warum? Eine Lernsituation, eine traumatische Verletzung, vielleicht auch nur eine Begebenheit von erzählerischer Dramatik, die sich alsbald in der Kommunikation bewährte. Dieses Erlebnis mußte schon im Augenblick der Perzeption interpretiert und bewertet werden, d. h. es mußte unter ein dieser Person verfügbares oder auf sie einwirkendes sozio-kulturelles Deutungsangebot subsumiert werden, das entweder unmittelbar auf die Verarbeitung des Erlebnisses einwirkte oder bereits in einem längeren Sozialisationsprozeß das Denken bis zur Bewußtlosigkeit präformiert hatte. Zweitens erhielt das Erlebnis eine Form, d. h. es wurde gegenüber anderem abgegrenzt, nach verfügbaren Erzähltraditionen dramatisiert, Zitate wurden aufgenommen, es wurde mit verfügbaren gesellschaftlichen Repräsentationen ergänzt. Oder es wurde als ein gesellschaftlich nicht kommunikables Erlebnis eingestuft und in die verschwiegenen Bereiche verwiesen, in denen es sich unkontrolliert assoziieren konnte. Dieser Prozeß der Interpretation und Ausformung mag sich nun unter veränderten sozio-kulturellen Verhältnissen und in wechselnden Kommunikationssituationen mehrmals wiederholt haben, wobei wohl meist Reste des Urmaterials in neue Sinn- und Adressatenbezüge verarbeitet wurden. Auch starke Erlebnisse können durch den Wandel der Bezugssysteme unerträglich werden, so daß sie in weiteren Kommunikationen vergessen oder verschwiegen werden und sich nur noch unwillentlich in unkontrollierten Spuren in Aussagen einmischen. Diese Eigendynamik des Urmaterials wird in erinnerten Erzählungen häufig dadurch sichtbar, daß in sich geschlossene Erzählungen unverträglich gegenüber ihrem diskursiven Zusammenhang sind oder sich auffällige Inkonsistenzen in die Argumentation einschleichen.

Im Interview selbst gibt es aber nicht nur die Problemdimension des Schweigens, das ja häufig nicht erkennbar ist und selbst wenn es auffällig wird, den Interviewer vor die Frage stellt, ob er ethisch berechtigt und kommunikativ befähigt ist, es zu brechen. Viel geläufiger sind jene Probleme der Auswahl der Geschichten und ihrer Zurichtung, die aus der Adressierung der Lebensgeschichte in einem halböffentlichen Interviewzusammenhang mit einem Interviewer, der fast immer einer anderen Schicht, Altersgruppe und kulturellen Vorbildung angehört, entstehen. Der Interviewte ist dann allermeist ein Dolmetscher seiner selbst, indem er zugleich doch auch seine Erinnerungen mit seiner Erzählspur integrieren, ihnen die aktuelleste Redaktion angedeihen lassen und sie möglicherweise sogar zum ersten Mal in eine sprachliche Form gießen muß.

Was ich sagen will ist, daß dieser Vorgang des Erinnerns außerhalb von Kulturen, die Erfahrung inhaltlich und formal weitgehend vorgeben, unendlich komplex ist und in einer wissenschaftlich transparenten Form wohl eher im Ausnahme- als im Regelfall auch nur annähernd restlos aufgedröselt werden kann. Zwar kann die Analyse einer solchen Geschichte nach ihren Sprachebenen, den herbeigezogenen Zitaten, den Sinnbezügen, der immanenten Konsistenz, der kontextualen Verträglichkeit etc. sehr hilfreich zu ihrem Verständnis sein; es ist aber in der Auswertung meist äußerst schwierig, z. B. Elemente der sprachlichen Ausformung, für die der gebildete Interpret durchaus Vorbilder kennen mag, auch wirklich als Zitate auszuweisen und damit den Bereich assoziativer Beliebigkeit hinter sich zu lassen.

In einer Situation, die durch ein funktionierendes kollektives Gedächtnis gekennzeichnet ist, ist die Interpretation leichter. Sie verweist nämlich zugleich auf eine kulturell gedeutete, geronnene und verfestigte Tradition, hinter der das persönliche Gedächtnis in der Tat privat und beliebig divers, jedenfalls von geringerer Bedeutung sein wird. Wo es dies nicht gibt oder es sehr wenig greift, eröffnet sich erst der Spielraum für das persönliche Erinnern mit gesellschaftlicher Bedeutung, und zwar sowohl für Versuche, durch den komplexen Prozeß des Erinnerns hindurch ehemalige Wirklichkeit zu rekonstruieren, als auch für die Analyse der sozio-kulturellen Bedingungen der Überlieferung von Erlebtem.

Es bleibt jedoch die Frage, wie die verdichtete Vielschichtigkeit dieses sprachlichen Materials verstanden und historisch eingeordnet werden kann.

Die Ästhetik des Zitats

Ist man so der Trennschärfe analytischer Instrumentarien (die gleichwohl bei der Interpretation unverzichtbare Hilfe leisten müssen) ebenso beraubt wie der Möglichkeit freihändiger strukturalistischer Verallgemeinerung und außerdem auch noch in der Verlegenheit, historische, und das heißt auch allgemeinere Zusammenhänge, die für das öffentliche Bewußtsein von Interesse sind, herstellen zu wollen, so sieht sich manch ein Sozialhistoriker vor die eingangs erwähnte ratlose Alternative gestellt, das Interview als Zitatsteinbruch kurzerhand auszubeuten oder es in eine Dokumentation zu verwandeln, die vom wirklichen Leben erzählt und den Autor der historischen Interpretation enthebt. In dieser Situation scheint es mir besser, sich zu erinnern, daß Geschichte nicht nur eine Science ist, sondern auch eine Kunst und eine öffentliche Veranstaltung. Fast jeder Historiker hat wesentliche heuristische Erfahrungen und inhaltliche Interpretationen durch andere als analytische Verfahren gewonnen, nämlich durch Verstehen und Spurenlesen, also durch eine einfühlende, ganzheitliche Betrachtung oder durch abduktives Schließen. Wie sich aus einprägsamen Formulierungen aus der Frühzeit der Hermeneutik (Droysen) und der Semiotik (Peirce) zeigen ließe – was ich mir hier versagen möchte – wird in beiden Fällen der Erkenntnisvogang als ein Kurzschluß der Komplexität des Subjekts mit derjenigen des Objekts konzipiert. Der Erkenntnisvorgang ist wesentlich ein ästhetischer dergestalt, daß die Verschmelzung von Inhalten und Formen in der Äußerung des Zeugnisses vom Interpreten kraft seiner Lebenserfahrung und Mitmenschlichkeit wahrgenommen werden kann. Freilich leben wir nun aber nicht mehr in der Frühzeit der Hermeneutik und Semiotik. Wir haben gelernt, daß diese intersubjektiven Kurzschlüsse nicht nur zur ästhetischen Erkenntnis führen können, sondern auch zu Kurzschlüssen der schlimmsten Art, zu Willkür und Projektion. Zwar können wir selbst versuchen erinnerte Geschichten in dem Maße zu verstehen, ihnen auf die Spur zu kommen, indem wir selbst unsrer eigenen Erinnerung auf die Spur gekommen sind, aber dennoch wäre es verwegen und naiv, ein solches Verständnis für unbegrenzt oder für notwendig treffsicher zu halten. Das Verständnis darf nicht einfach postuliert oder oder unterstellt werden, vielmehr muß die Äußerung des sich erinnernden Subjekts nach allen Regeln der Kunst (auch wenn man weiß, daß sie nicht zum sicheren Ergebnis führen werden) nach Kräften analytisch erläutert werden und der Interpret muß sich in seiner eigenen Subjektivität kontrollieren lassen, schon weil er eben nicht nur auch ein Mensch, sondern meist sozial und kulturell ein ganz anderer Mensch ist, ein Fremder.

Zunächst ist also gefordert von der alten zur neuen Hermeneutik vorzustoßen und Interpretationen nicht einfach zu postulieren, sondern sie an den erinnerten Geschichten der Interviewten zu explizieren und zu demonstrieren. Dabei wird der Interpret auf seine eigenen Voraussetzungen zurückverwiesen; der Historiker oder die Historikerin sind nicht einfach als Menschen gefragt, sondern in dem historischen Erkenntniszusammenhang, dessentwegen sie das Interview geführt haben oder zumindest auszuwerten versuchen. Das heißt, sie sind gefordert, den historischen Erkenntniszusammenhang auszuweisen und zu erschließen, aus dem heraus sie das Erinnerungszitat für relevant erachten. In den meisten Fällen werden dies Fragestellungen aus dem etablierten Themenbestand ihrer Disziplin sein, also Themen der politischen Herrschaftsgeschichte, der Geschichte ökonomischer und sozialer Steuerung. Wenn es richtig ist, daß die Bedingung der Möglichkeit sinnhafter Lebensgeschichten aus der Aufweichung von Sonderkulturen entsteht, so ist es unumgänglich, die Interpretation von Zeugnissen erinnerter Lebensgeschichte mit dem Wissensbestand der Herrschaftsgeschichte in Beziehung zu setzen. Wenn, wie ich zu zeigen versuchte, ein wissenschaftlich überzeugender Weg der Induktion von der Interpretation erinnerter Lebensgeschichten zu Aussagen, die über diese Lebensgeschichte hinausweisen, in einer reinen Form ummöglich ist, so ist das Aufbauen eines Spannungsfeldes zwischen der etablierten Herrschaftsgeschichte und den Geschichten der Einzelnen nicht etwa eine Schlacke an den Füßen sich umorientierender Historiker, sondern gehört wesentlich zu den von ihnen abzufordernden Leistungen, auch wenn – sei es derzeit, sei es überhaupt – diese Spannung nicht aufgehoben werden kann.

Wenn aber gar nichts anderes übrig bleibt, als das Subjekt über seine Erinnerungen in die Historiographie erneut einzuführen und wenn angesichts der Masse und Ausführlichkeit entsprechender Zeugnisse dem Interpreten neue, alte Freiheiten des Verstehens und des Spurenlesens (und ihrer Explikation) eingeräumt werden müssen, so ist eine Reflexion auf zusätzliche Kontrollen nötig. M. E. können sie daraus erwachsen, daß mit einem neuen Ernstnehmen der Subjekte, die Geschichte mitgestalten und miterleiden, auch der Leser solcher Historiographie in den Erkenntnisvorgang einbezogen wird. Das aber heißt, daß die Historiographie anstreben muß, sich so mitzuteilen, daß es zunehmend möglicher wird, daß diejenigen, deren Subjektivität als Befragte in die Geschichte hereingeholt wird, auch von ihrer Rezeption und Kritik als Leser nicht ausgeschlossen werden. Der Wissenschaftsapparat produziert ja meist Ergebnisse, die sich nur dem konkurrierenden Spezialisten erschließen und damit einem Individuum, das in aller Regel den größten Teil seiner sozialen und kulturellen Voraussetzungen mit denen des Autors teilt. Das Produkt des historischen Autors ist insofern eine verwertbare Erkenntnis (sozusagen ein Fertigprodukt), dessen Güte nur seinesgleichen beurteilen kann. Schon der Mangel an wissenschaftlicher Strenge sollte uns Historiker jedoch darüber belehren, daß unser Produkt nicht von konkurrierenden Kollegen zu kontrollierendes, verfügbares Wissen, sondern ein Beitrag zum öffentlichen Diskurs ist. Anders gewendet könnte man Beiträge zu historischer Erkenntnis nicht zuerst als literarisches Produkt, sondern als Beiträge zu einem sozio-kulturellen Prozeß konzipieren.

In unserem Zusammenhang heißt dies, daß aus Erinnerungsinterviews für historische Zwecke gerade jene Interviewpassagen dokumentiert und interpretiert werden sollten, in denen sich das Subjekt entweder besonders vielschichtig oder so äußert, daß eine Grundschicht durchscheint, was in aller Regel nicht in den diskursiven Partien eines Interviews der Fall ist, sondern in den eingestreuten, geformten und ästhetisch wahrnehmbaren Geschichten. Wenn sie wegen ihrer Komplexität nur verstehend und spurenlesend interpretiert werden können, so eröffnen sie dem Leser, der von anderen sozio-kulturellen Voraussetzungen ausgeht, deshalb, weil sie eine ästhetische Einheit bilden, einen Ansatzpunkt zur dissentierenden Interpretation. Dadurch wird, setzt man die neue historische Interessiertheit und Aktivität vieler Leser voraus, der Erkenntnisprozeß auf zunächst diffusen Ebenen weitergetragen, wozu jedoch erst die Explikation der Erkenntnisinteressen, der Interpretationen und der Zusammenhänge durch den historischen Autor instandsetzen.

Zugleich verlangt dies eine Präsentation, die drei Dimensionen kombiniert:

Den Aufbau eines Spannungsfeldes zwischen der Makrohistorie und der Erfahrung einzelner Betroffener, eine in nachverfolgbarer und kritisierbarer Form vorgebrachte Interpretation der komplexen Subjektäußerungen und das ästhetisch wahrnehmbare Zitat, in dem das Subjekt in einen direkten Kontakt mit dem Leser treten kann und durch die Widerständigkeit seines Zeugnisses den Erkenntnisvorgang im Leser über die Rezeption der angebotenen Interpretation des Historikers hinaus weitertreibt.

Geschichte und Gedächtnis

Nachgedanken zum Posthistoire

Unter den vielen Bezeichnungen, mit denen der Zeitgeist seiner inhaltlichen Bestimmung durch die Angabe eines Terminus post quem – wie post-moderne, post-industrielle, post-revolutionäre Gesellschaft – entschlüpft, hat die weitestgehende, nämlich „posthistoire", nur eine apokryphe Konjunktur. Wie nebenher taucht hier und da in Artikeln oder Arbeitsnotizen der Hinweis auf, daß die Geschichte vorbei sei, daß wir im Nachgeschichtlichen leben. Als gäbe es dazu nicht mehr viel zu sagen, hat es mit solchen Verweisen meist sein Bewenden. Die Aufmerksamkeit im Nachgeschichtlichen gehört vielmehr der Ästhetik des „als ob", beliebiger Simulation von Vergangenheitsfragmenten, dem Spiel mit Zeichen, die aus ihrem Zusammenhang zitiert gleichsam außer Kraft gesetzt, aber von bleibendem Reiz erscheinen.

Der Historiker liest diese knappen Bescheide, daß der Gegenstand seiner Arbeit und Neugier nicht mehr vorhanden sei, mit Verwunderung, weil er sich zugleich in einer seltenen Konjunktur historischen Interesses, medialen Zuspruchs, ästhetischer Vergegenwärtigung aus der Erbschaft der Kultur erfährt, und spürt die Insinuation der Künder des Posthistoire, daß die ganze Rehistorisierung sich als kulturindustrielle Simulation erweisen könnte, an seinem Selbstbewußtsein nagen: vielleicht präpariert er nur an beliebigen Steinchen herum und versucht sie zusammenzusetzen, ohne zu wissen, ob sie zu einem Mosaik gehören, und wenn er den Blick hebt, gehen die Steinchen in eine Geröllhalde ohne Form und Plan über. Ist das aufgewirbelte Erbe der Widerschein des Posthistoire?

Bevor ihm sein Gegenstand zur Fata Morgana wird, lohnt sich ein Blick auf die expliziteren Diskussionen des Zeitgeistes, in denen über andere Diagnosen eines „Post"-Zustandes gestritten wird. Da zeigt sich nämlich, daß diese sich häufenden Ausdrücke weder eine bloße Mode gewesen sind noch sich in ihrem Wortsinne gehalten haben, nämlich daß sie etwas dadurch bezeichnen wollten, daß etwas anderes zu Ende zugegangen sei. Mittlerweile sprechen wir nämlich eher z. B. von „unserer postmodernen Moderne", will sagen, daß der Rückbezug nicht den Abbruch einer dynamischen Struktur signalisiert, sondern die Diffusion der mit ihr verknüpften Hoffnung. Die Dinge gehen weiter, aber das Vertrauen in ihre Sinnhaftigkeit zerrinnt. Wenn diese Beobachtung lehrt, daß die „Post"-Diagnosen einerseits nicht unsinnig sind, andererseits aber doch etwas anderes bedeuten, als sie sagen, muß man nach dem in ihnen enthaltenen Bedeutungsüberschuß, d. h. nach ihrer Herkunft fragen.

Zur Historisierung von Posthistoire

Die Geschichte des Begriffs „Posthistoire", der in den 80er Jahren vor allem bei postmarxistischen Philosophen und Sozialwissenschaftlern in der Bundesrepublik – mit Querverbindungen zum französischen Post-Strukturalismus – auftaucht, ist etwas verwirrt: er ist älter als seine derzeitige Anspielungs-Konjunktur, aber jünger als diejenigen glauben machen wollten, die ihn prägten. Bei wiederholten Hinweisen von Arnold Gehlen, der die aparte Vokabel „das post-histoire" 1952 in die deutsche Soziologie einführte, auf seine angebliche Herkunft von A. A. Cournot handelt es sich um eine nobilitierende Deckerinnerung – Gehlen hat diesen offenbar nie gelesen. Er lehrte im späteren 19. Jh. in optimistischer Erwartung Geschichte als kontingente Übergangsphase zwischen zwei stabilen Zuständen, den von den Instinkten geprägten Urgesellschaften und der von der sozial-ökonomischen Intelligenz verwalteten Menschheitszivilisation – Gedanken, die in verwandter Form nach dem Zweiten Weltkrieg von Roderick Seidenberg und Teilhard de Chardin entfaltet wurden. Die aparte Vokabel kommt bei keinem von diesen vor und ist vielmehr in deutsch-französischen Bezügen um den Zweiten Weltkrieg entstanden, wofür sich zwei Wurzeln ausmachen lassen.

Die eine ist die von Heidegger beeinflußte Hegel-Lektüre, mit der Alexandre Kojève im Paris der Volksfrontzeit die französische Hegel-Rezeption in der Generation der Phänomenologen und Existentialisten einleitete. Kojève las Hegels Phänomenologie vor dem Hintergrund von dessen zeitgenössischer Bewunderung für Napoleon als ‚Weltseele', die den virtuell universalistischen Staat des Weltgeistes begründet, der die Dialektik von Herr und Knecht aufhebe und damit die Geschichte vollende, und aktualisierte diesen Bezug damals, als er sich als Kommunist darstellte, erwartungsvoll auf Stalin als Erfüller der Geschichte. Nach dem Krieg setzte er – nunmehr hoher OECD-Beamter – jedoch an dessen Stelle wieder Napoleon, weil die Wirklichkeit der Weltprovinzen dessen Aufhebung der Geschichte nur noch nachvollzögen – und zwar in der Universalisierung des american way of life als Lebensform posthistorischer Tiere: die Russen seien nur ärmere Amerikaner und Maos Revolution bedeute nur die Einführung des Code Napoleon in China. In dieser one world, in der die Dialektik von Herr und Knecht und damit Kampf und Arbeit aufgehoben sei, könne – so fügte Kojève Ende der 50er hinzu – der Mensch nach dem Ende der Geschichte nur im snobistischen Leben nach total formalisierten Werten sein Menschsein bewahren – gewissermaßen im ästhetischen „als ob".

Nicht minder grandios und auf mancherlei Weise mit dem ersten verwoben ist der andere Ursprung des Begriffs, der für seine Verbreitung in den Diskursen der deutschen Nachkriegszeit ungleich bedeutender werden sollte. Materiell stammt er nämlich aus einer Analyse des Wachstums der Staatsgewalt, die Bertrand de Jouvenel, der Kojèves Hegel-Lektüre bewunderte und Anfang der 30er Jahre zu de Mans französischen Propagandisten gehörte, bevor er sich intellektuell am französischen Faschismus engagiert hatte, 1944 im Schweizer Exil schrieb. Mit diesem Buch zog er sich auf seinen Adel und eine neoliberale Position zurück: im 20. Jahrhundert habe sich die staatliche Macht durch den Sozialstaat vollends zur Gefahr des totalitären „Sozialprotektorats" verselbständigt, dem sich die Massen willig unterwürfen und in dem er die Strukturen des Faschismus und des New Deal (und auch des Stalinismus) vereint sah. In allen diesen Regimen sah er die Unsteuerbarkeit und Strukturzwänge freiheitsvernichtender Despotien am Werk und wähnte mit dem Verlust der Freiheit steuernder Eliten den Übergang in die Ungeschichtlichkeit.

Den drohenden Selbstlauf von Makro-Organisationen und die Entkoppelung des Führungshandels von menschlichen Absichten und historischem Zusammenhang nahm dann Hendrik de Man, dessen in Deutschland verbotene antimarxistischen „sozialistische Idee" (1933) Kojève ins Französische übersetzt hatte, 1948 im Schweizer Exil (er war gerade in Belgien als führender Kollaborateur zu zwanzig Jahren Gefängnis verurteilt worden) zum Anlaß seiner in der Form einer sorgenvollen Erwägung Jouvenels vorgetragenen Diagnose eines Eintritts in das posthistoire. Von ihm hat Arnold Gehlen diese Diagnose übernommen, aber in den 50er Jahren mit wachsendem herrischen Dégout auf die „stationäre Beweglichkeit" verwiesen: die Weltzivilisation als Massenmechanik und rasenden Stillstand ohne bewegenen Gedanken, der – wie es Gottfried Benn formulierte – den Einzelnen auf seine Bestände verweise. Dieses Lebensgefühl hat Ernst Jünger im Austausch mit Martin Heidegger und auch Carl Schmitt (der wieder mit Kojève in Verbindung stand) in zwei Essays (Waldgang 1949; An der Zeitmauer 1959) und einem Roman (Eumeswil 1972) in die Gestalt des posthistoirschen „Anarchen", im Zivilberuf Diener der Despoten und Historiker vom Stamme Spenglers, gefaßt und seinen „Waldgang", den Rückzug aus der gesellschaftlichen Welt der Despotien im Falle der Gefährdung durch die Macht, der er gedient hat, in die mythische Einsamkeit heroisiert. Und Hans Freyer und Helmut Schelsky, die in Leipzig mit Gehlen zusammen die ‚deutsche' Soziologie des Dritten Reiches geprägt hatten bzw. von ihr geprägt worden waren, haben in den 50er Jahren mit dem Theorem des „zweiten Systems", mit dem sich der Mensch von den Zwängen der Natur ablöse und eine eigene Welt selbstgenerierter Struktur- und Sachzwänge schaffe, welche die Beweglichkeit der Geschichte und demokratischer Steuerung aufzehrten, dazu die kulturkritische Theorie einer unausweichlichen Technokratie geliefert.

Dieser Theoriebestand, der seit den 60er Jahren bereits von Heidegger oder Carl Schmitt geprägte Marxisants wie Marcuse, Anders oder Taubes angezogen hatte, ist in den 80er Jahren für die postmarxistische Orientierungssuche der Linken attraktiv geworden, wenn auch bei den jüngeren oft nur im Zitatspiel mit den Beständen „großen Denkens". Wie er umzusetzen versucht wurde, um die Leere nach dem Scheitern der 68er Erwartungen zu überwinden, läßt sich in posthum aufgefundenen Notizen Peter Brückners über seine Beschäftigung u. a. mit Gehlen, Marcuse und Daniel Bell im Jahre 1980 greifen:

„Die bürgerliche Gesellschaft war also die eigentlich geschichtliche Gesellschaft in dem Sinn, daß sich in ihr verschiedene Zeitalter spannungsreich überlagerten und ihre Umwälzungen zugleich viele einander vorher nur lose berührende Regionen, Populationen, soziale Prozesse und Ökonomien zugleich in Nationalstaaten und zu einem Weltmarkt verknüpft hat. Dennoch ist unverkennbar, daß die Produktionsweise der industriellen Gesellschaft gerade in dieser Verknüpfung schon begonnen hatte, eine relative Universalität der Lebensbedingungen für viele Kasten, Klassen, Schichten und Provinzen herzustellen, die geschichtlich ohne Beispiel ist: in Arbeit und Verkehr, in Freizeit und Kommunikation, in der sozialen Organisation der Familie, in der Sexualität und in der Klinik des Sterbens. ... In der Folge aller egalisierenden Elemente des Industriemilieus entsteht so der Schatten des ‚Posthistoire‘, eine Menschheit, die sich in ihren ‚Ansichten und Verhaltsweisen‘, in ‚Interessen und Werturteilen‘ (Gehlen) einander angleicht. ... Das Ergebnis dieser Normierung und Integration ist eine neue Gestalt von ‚Wirklichkeit‘, eben die Normalität, die das Partikulare, das qualitativ Andere nur noch als Abweichung registriert, in der Regel ein Fall für den Arzt oder die Polizei: Das Besondere verschwindet im Abseits ... Die Differenz einander übersichtender Zeitalter wird eingeebnet: Stadtkerne und Verkehrssysteme, Bildung und Sprachfärbungen, Umgangsformen und Wahrnehmungsweisen werden ‚modernisiert‘. Diese eindimensionale Realität ist nicht mehr, wie in der langsam vergehenden geschichtlichen Periode, Raum und Zeit für Parteien, die miteinander konkurrieren, sie ist selbst Partei ... Auch in Ländern mit entwickelter Klassenstruktur treten Klassen, Klassenschicksale vom Rand her in den Schatten der neuen Version vom ‚Grundwiderspruch‘: zwischen den Kräften der Erhaltung von (technischer) Rationalität, Verwaltung, Produktion von Normalität und einer ‚Ungleichzeitigkeit‘ von Revolten, die Elemente vorbürgerlicher und postindustrieller Kritik umschließt. Hier ist eine mächtige Quelle jenes zweiten Paradigmas von Umwälzung: der Aufstand gegen die Strukturen des Posthistoire, und diese sich uns im ‚Bruch‘ zeigende Population läßt eine Synthese unter dem Konstrukt eines ‚kollektiven Subjekts‘ nicht mehr zu; am wenigsten als Klassensubjekt."

Eines der merkwürdigsten Kennzeichen der Mehrheit der Anwälte der Posthistoire-Diagnose – de Man oder Anders sind hier Ausnahmen – ist ihr sozusagen optimistischer Pessimismus. Im Kern nämlich lehren sie, daß die Weltzivilisation ungebrochen voranschreite, ihre Einheit, ihr Wachstum, ihre Technisierung, die Wohlfahrt von Sicherung und Konsum. In manchen utopischen Entwürfen wie denen Ernst Jüngers mag es zwar möglicherweise Katastrophen gegeben haben, aber ohne irreversible Folgen: die Welt erscheint danach wie davor. Nicht daß die sich verselbständigenden Megamaschinen gefährlich werden können und die Welt im Risiko der Selbstvernichtung lebt, erfüllt die Anwälte des Posthistoire vor allem mit Sorge, sondern daß ihre Unsteuerbarkeit den Kapitänen der Kultur und den Avantgarden der Politik das Ruder aus der Hand genommen hat. Mit andern Worten: die Ausrufung des Endes der Geschichte geht meist einher mit einem unerschütterlichen Glauben an den Fortgang der Modernisierung, hilfsweise (bei Jünger) an die Verfügbarkeit simulierter Geschichte im Horizont Oswald Spenglers. Nicht die Welt geht unter im Posthistoire, sondern das Interesse an ihr und der Glaube an die weltbewegende Rolle des großen Intellektuellen. Vom Rest der Menschheit sei ohnehin nichts mehr zu erwarten als zufriedene Animalität, wie Kojève sagte, oder in den Worten Gehlens: „Die Entwicklung ist abgewickelt, und was nun kommt, ist bereits vorhanden, der Synkretismus des Durcheinanders aller Stile und Möglichkeiten, das Post-Histoire." Ihr Alptraum ist viel eher die Dauer des Fortschritts als dessen Risiken, nicht das Ende von Welt, sondern das Ende von Sinn.

Angesichts dieses merkwürdigen Befunds sollen nun nicht diese Diagnosen selbst weiter ausgebreitet, sondern über drei Fragen „nach"-gedacht werden:
1. Welche Geschichte geht im Posthistoire zu Ende?
2. Was ist der historische Ort dieser Diagnose?
3. Hat sie eine Bedeutung für die Arbeit des Historikers?

Das Erbe der Heilsgeschichte

In der jüdisch-christlichen Kultur sind drei im enzelnen auch sonst vorkommende Aspekte des Geschichtlichen auf einzigartige Weise verknüpft: Der Ursprungsmythos (Schöpfungsgeschichte) setzt sich fort in einer zeitlichen Struktur der Welt, in welche die Erlösungserwartung des Gläubigen eingebettet ist (Heilsgeschichte), wobei das Herannahen des Heils bzw. des Gerichts durch eine Vermenschlichung des Göttlichen erwirkt oder angekündigt wird (Messias). In der religiösen Überlieferung des Judentums und des Abendlands ist also ein Verständnis der Welt als Geschichte vorgegeben und mit den Erlösungshoffnungen des Einzelnen sowie der Identifizierung von Gott und Mensch als erlösende Wende dieser Geschichte verwoben. Innerhalb dieses Rahmens entwickelte sich jedoch aus antiken Vorläufern auch eine Erfahrungswissenschaft des weltlichen Geschehens. Sie zielte auf die Bewahrung des Herkommens im Einzelnen (inklusive außergewöhnlicher Vorkommnisse und Taten) und auf die normative Auswertung immer wieder vorkommender Situationen.

Diese Aufgehobenheit der Chronistik und des analogischen Geschichtsdenkens im Rahmen der Heilsgeschichte mußte dann in die Krise geraten, wenn es sichtlich innerweltliche Gründe für die Veränderung der Rahmenbedingungen der Existenz und deren Ablösung von der Zyklizität der Natur gab. Wenn Entdeckungen die Grenzen der Welt aufbrachen und wenn Handel, Technik und institutionalisierte Machtverhältnisse zumindest Teile der Gesellschaft aus der direkten Bindung an die Abläufe der Natur befreiten, ließen sich Elemente der Welterklärung im Ganzen aus der Zuständigkeit der Heilsgeschichte in die wissenschaftliche Bearbeitung von Erfahrung überführen. Anderseits mußte sich diese zunehmend am umfassenden Charakter und am Sinngehalt jener messen lassen. Mit anderen Worten: aus den jeweiligen Geschichten der Menschen, in denen sie sich über das Herkommen ihrer Gruppen und Einrichtungen verständigten und lebenstüchtige Erfahrung weitergaben, mußte Weltgeschichte werden. Und das in einem doppelten Sinn, nämlich daß diese Geschichten in eine die ganze Welt umfassende Geschichtsperspektive aufgehoben wurden und daß diese zugleich das der Religion entzogene sinnhafte Weltverständnis lieferte.

Die kritische Phase dieses Vermischungsprozesses war dann erreicht, wenn der Anspruch gestellt werden konnte, das Geschichtliche an der Heilsgeschichte in menschliche Zuständigkeit zu überführen und das Religiöse auf ein Verhältnis zwischen Gott und der einzelnen Seele zu beschränken. Das hatte sich in der Reformation vorbereitet. Seit der Aufklärung war diese kritische Phase im Denken erreicht („Achsenzeit") und begann mit den politischen und technisch-industriellen Revolutionen den sozialen Raum neu zu strukturieren.

Der Vorstoß wissenschaftlicher Ansprüche in den religiösen Bereich der Heilsgeschichte hat die geistigen Anstrengungen der Achsenzeit wahrhaft großartig gemacht, denn sie mußten sich am umfassenden und sinnhaften Charakter des Mythos messen. Es ist das heroische Zeitalter der Intellektualität, dessen Dimensionen die nachgeborenen Bildungsbürger und Kulturarbeiter bis heute nachzutrauern nicht aufgehört haben. Der Geist atmete Macht. In der Eroberungsphase des Bildungsbürgertums wurden in den der Heilsgeschichte abgerungenen Räumen die claims abgesteckt und zwar durch systemisch sich entfaltende Gedankengebäude, die auf die ganze Welt ausgegriffen, sie genetisch zu strukturieren versuchten und sie mit einem Sinn, der die Strebungen des Einzelnen mit der Entwicklung der Welt im Ganzen in Verbindung setzten, erfüllten. In der Tat gelangen hier theoretische Entwürfe, deren Wirkungsgeschichte von der Entwicklung der bürgerlichen Gesellschaft im 19. und 20. Jh. nicht abzutrennen ist. Alle folgenden Theoretiker standen auf den Schultern von Riesen wie Kant, Hegel oder Marx, deren prometheische Leistungen auf die gigantische Herausforderung der Subsitution des Mythos durch die Vernunft antworteten. Doch der weltgeschichtliche Ersatz des Mythos blieb dessen Gußform verhaftet. Am deutlichsten kam dies darin zum Ausdruck, daß Geschichte in der frühen Geschichtsphilosophie auf ein Ende hin gedacht wurde, dessen Qualität sich an den früheren Hoffnungen auf das Jenseits orientierte: aus der Geschichte selbst erwachse der ewige Friede, der zu sich selbst gekommene Geist, die Gesellschaft ohne Ausbeutung und Entfremdung.

Die Überschau über das Gesamte der Geschichte, erst recht die Aufdeckung ihrer Bewegungsprinzipien konnte nur durch einen drastischen Reduktionismus und durch die Voraussetzungen gewichtiger Annahmen zu Ende kommen. Die Sinnvermutung konnte nur befriedigt werden, indem die Grundzüge des erhofften Sinns in die Geschichte hineingetragen wurden. Der Durchgang durch die Geschichte verschaffte den vorgängigen Positionen der frühen Geschichtsphilosophie jedoch eine verdinglichte Legitimation, die den Anspruch des Wissens auf politische Führung und die Hoffnung auf einen Ersatz des Jenseits im Diesseits verhärtete. Dieses Ende der Bescheidenheit widersprach dem Erfahrungsschatz aller alten Kulturen. Es war aber durch dieselbe Entfesselung der Produktivkräfte entfacht, die auch die Zurückdrängung der Religion ermöglicht hatte und bestärkte im Gegenzug die Expansion der neuen Zivilisation. Mit anderen Worten: der teleologisch fixierte und geschichtlich beglaubigte Sinn des Fortschritts wurde zum Schmiermittel der gesellschaftlichen Fortschrittsdynamik, denn er gab den Begünstigten ein gutes Gewissen und den Benachteiligten eine Hoffnung.

Aber nur für eine gewisse Zeit. Die Geschichtsphilosophie nutzte sich an der Wirklichkeit ab. Die durch sie angeregte empirische Beschäftigung mit der Geschichte erwies diese als sehr viel kontingenter und differenzierter, als daß aus ihr bündige Schlußfolgerungen abgeleitet oder Gesamtperspektiven synthetisiert werden könnten. Vor allem aber erbrachte der Fortschrittsprozeß in der Gesellschaft selbst nicht die prognostizierten Ziele: die Brüderlichkeit, den ewigen Frieden, die sich selbst erhaltende Freiheit, den zu sich selbst kommenden Geist, das Reich der Schönheit und auch nicht jene soziale Revolution, nach der die Bedürfnisse eines jeden befriedigt werden sollten. Gerade die Feinfühligen diagnostizierten gegen Ende des 19. Jhds. eine Gesellschaft sich verhärtender Strukturen und Apparate, die mit geschichtlicher Zwangsläufigkeit die Vitalität und den Geist des Bürgertums in ökonomische und bürokratische Fesseln legte und das Elend des Proletariats, das in kleinen Schichten gelindert wurde, auf die ganze Welt ausdehnte. Die Herren seien keine Herren geblieben, aber die Knechte Knechte.

Die Antwort bestand in Absagen an eine Zwangsläufigkeit der Geschichte, der man sich einordnen und sie reflektierend klären und dadurch beschleunigen könne. Wenn Gott tot war, brauchte man auch die ihm geschuldete Demut nicht auf die Geschichte zu übertragen, sondern konnte sich aus ihr mit dem Willen zur Macht befreien, ihr jene Ziele aufzwingen, um deretwillen die Menschen sich die Heilsgeschichte angeeignet hätten. Für den bürgerlichen Individualismus konnte dies mit Nietzsche heißen, die Geschichte in eine ewige Wiederkehr des Gleichen zu zerbrechen, ihr damit ihren vereinnahmenden Sinn zu nehmen und an seine Stelle den Führungsanspruch oder die dissozialisierte Ästhetik der großen Persönlichkeit zu setzen. In den Zwischenschichten konnte man mit Sorel in der Gewalt eine Erneuerung der Vitalität suchen, um sich zwischen „Kapital" und „Arbeit" einen dritten Weg zu bahnen und diese im Namen der Nation politisch zu mediatisieren. Und im Proletariat konnte man mit Lenin die als solche nicht ausreichenden historischen Gesetzmäßigkeiten durch eine kollektive Organisation der Macht in zentralisierten Parteiapparaten doch noch zur Geltung bringen. Diese voluntaristischen Ansätze waren als Programm in allen diesen Bereichen vor dem Ersten Weltkrieg noch minoritär, erhielten jedoch im Kriegserlebnis eine existentielle Massenbasis und entwickelten sich in der Nachkriegszeit zu den dynamischsten Kräften, die Erfüllung in der Durchsetzung geschichtsphilosophisch legitimierter Ziele (Führung durch geistige Eliten, Durchsetzung nationaler Größe, klassenlose Gesellschaft, nach Möglichkeit im Weltmaßstab) suchten. Alle Autoren, die seit dem Zweiten Weltkrieg Posthistoire-Vorstellungen formulierten, sind von solchen Gruppierungen geprägt worden.

Nun können wir diesen ersten Befund allgemeiner fassen: die Geschichte, die im Posthistoire aufhört, ist eine sinnhafte Gedankenkonstruktion über das Weltgeschehen im Ganzen. Ihr Kern besteht darin, Erfahrungswissen über die Wirklichkeit (früheres Geschehen, die Natur des Menschen, die Dynamik von Prozeßstrukturen) zu verallgemeinern und dabei so zu fassen, daß es mit einer Zielbestimmung des Gesamtgeschehens nicht in Konflikt gerät, sondern diese unterstützt. Da dieses Erfahrungswissen die Fassungskraft jedes Menschen überschreitet, handelt es sich wesentlich um Deutungen selektiven Wissens, deren Deutungskriterien letztlich aus spekulativen oder normativen Aussagen über die Zukunft gewonnen werden. Insoweit dem Menschen Freiheit zugesprochen wird, kann die Deutung deshalb auch an seinen Willen appellieren, die wahrgenommenen Trends der Geschichte handelnd zu verändern. Wenn solches Handeln mißlingt oder sich als katastrophisch oder verbrecherisch herausstellt, steht entweder die Deutung (bzw. der Appell) oder die Freiheit zur Disposition. Dem Typ des handelnden Deuters liegt die zweite Möglichkeit näher.

Der Wille zur Ohnmacht

Posthistoire ist keine entfaltete Theorie; viel eher ist es ein symptomatisches Gefühl. Es ist ein Codewort eingeweihter Anspielungen, mit dem eine Stimmung zum Ausdruck gebracht und viel Theorie vorausgesetzt wird. Es setzt erstens die große, sinnhafte, zielgerichtete Geschichte der klassischen Geschichtsphilosophie als Maßstab voraus, und zweitens deren voluntaristische Wende: die Durchsetzung von Sinn und Ziel solcher Geschichte, die in der geschichtlichen Wirklichkeit nicht mehr aufzufinden waren, mit den Mitteln der Macht. Diese Vermählung von Geist und Macht entsprach aber nicht jener häufigen Mesalliance, in der sich Wissenschaft und Kunst zum Schmuck und Instrument der bereits Mächtigen hingeben. Im Gegenteil: im revolutionären Bildungsbürger sucht der Geist Macht zu rekrutieren und zu instrumentieren, um sie für seine Sinnentwürfe gegen die Machtstrukturen in der Gesellschaft einzusetzen. Dieses Aufbäumen vor dem Abgrund der Sinnlosigkeit erfolgt aus dem widersprüchlichen Bewußtsein der Ansprüche geistiger Größe[1] und deren mangelnder Wirkung auf die als unbewußt vorgestellten Massen. Soweit dieser Geist bürgerlicher Dekadenz aber gegen die gesellschaftlichen Machtstrukturen revoltieren will und sich nicht vor ihnen in eine ästhetische Existenzform flüchtet, ist er zum Bündnis mit seinem anderen Widerpart, den Massen, gezwungen. Das bringt uns zur dritten Voraussetzung von Posthistoire zurück, nämlich daß dieses Unternehmen gescheitert ist.

---

[1] Charakteristisch für die Sinnstiftungskrise des bürgerlichen Intellektuellen ist die Selbstzuschreibung einer autoritativen Sonderrolle, die als Zeitverschiebung im geschichtsphilosophisch konstruierten Ablauf definiert wird. Der konservative Teil der Intelligenz entdeckt dann seinen Adel des Geistes, der gerade den bürgerlichen Intellektuellen über das materielle Geschiebe der bürgerlichen Gesellschaft hinaushebt und ihm das im ancien regime den Granden gebührende Gehör verschaffen soll. Dies ist die bei den Posthistoire-Autoren vorwiegende Haltung. Die Bewegungspartei hingegen versteht sich als eine Aristokratie der Geschwindigkeit: als „Avantgarde" eilt sie experimentierend und richtungsgebend dem Fortschritt der Geschichte voraus.

Zum Versuch und zum Scheitern gehört eine subjektive und eine objektive Seite, ein Typ und eine Lage. Die zeitliche Bestimmung der Lage fällt leicht: es ist die Nachkriegszeit und in einer weiteren Welle die Zeit seit den 70er Jahren. Die Lage wird biographisch gekennzeichnet durch Vorerfahrungen, bei den Rechten durch den Faschismus und sein Scheitern, bei den Linken durch die Ablösung von verschiedenen militanten Formen des Kommunismus, zunächst des Stalinismus, später der K-Gruppen. Das ist aber nur ein Element, denn auffallend sind auch die seltsamen Vermischungen in der Gruppe unserer Autoren: im Nachher wird Jouvenel Mitglied des Club of Rome, Carl Schmitt schreibt über Che Guevara, Jünger experimentiert in der Drogenkultur, Kojève reist zu Schmitt, de Man trägt den Lebensextrakt eines europäischen Sozialisten im Deutschen Industrieinstitut vor etc. Ich versuche deshalb, das Typische an zehn Posthistoire-Autoren[2] näher zu umreißen.

Die oben benutzte Formel ‚revolutionärer Bildungsbürger' ist beschreibend gemeint und soll gegenüber jenen revolutionären Intellektuellen abgrenzen, die sich für längere Zeit ganz einer politischen Organisation verschrieben haben. Das könnte man in dieser Autorengruppe allenfalls von de Man sagen, der ein Jahrzehnt lang Funktionen bei den belgischen Sozialisten versah; dazwischen und daneben aber war er Professor. Zwar waren mindestens fünf weitere Autoren Mitglieder radikaler Massenparteien (NSDAP, PPF, KPD, KPF), aber Funktionäre (im Sinne einer Lebensform) wurden sie darüber nicht. Dafür war ihr organisatorisches Engagement zu kurz – wie bei Jouvenels zweijähriger Leitung der Doriotschen Parteizeitung – oder zu peripher – wie wenn Baudrillard bei Althusser in einer Intellektuellenkommission der KPF saß oder Gehlen die Leipziger Hochschullehrer für die NSDAP zu organisieren versuchte. Alle stammen aus mindestens mittelbürgerlichen Verhältnissen (nur Heidegger und Schmitt waren Aufsteiger in diesen Kreisen) und waren durchweg von großer geistiger Begabung. Zur berufsmäßigen Politik – der schnellsten, aber auch risikoreichsten Aufstiegsleiter im 20. Jh. – waren sie weder disponiert noch verurteilt. Sieben der Zehn wurden Professoren, zwei bekannte Schriftsteller, einer schließlich Spitzenbeamter. Aber solche Positionen beschreiben sie nur äußerlich; alle waren oder sind von Temperament und Interesse politische Intellektuelle, public men, hommes de lettres, Insider des Zeitgeistes und jedenfalls nach allen Kriterien (und vor allem nach ihren eigenen) Elite.

Etwa je die Hälfte lassen sich politisch in wichtigen Phasen ihres Lebens der extremen Linken oder der extremen Rechten zurechnen, d. h. daß sie sich in programmatisch-propagandistischen Tätigkeit auf politische Kräfte bezogen, welche die Massen zur systemverändernden politischen Aktion formieren wollten. Charakteristisch ist aber eher die sozio-kulturelle Spannung und die Kurzzeitigkeit dieser Bündnisse zwi-

---

2 Ich nenne die hier Betrachteten In der Reihenfolge, in denen die Posthistoire-Perspektive bei ihnen vorkommt: Jouvenel, Kojève, Jünger, de Man, Gehlen, Freyer, Anders, Baudrillard, Brückner, Taubes. Im Umfeld wären z.B. Benn, Heidegger, Schelsky und Carl Schmitt zu berücksichtigen und auf weniger bestimmte Weise französische Poststrukturalisten und jüngere deutsche Philosophen und Anthropologen der Gegenwart.

schen Intellektuellenzirkeln und Großorganisationen als die richtungspolitische Festlegung. Für acht der zehn ist mindestens ein mehr oder minder freiwilliger Wechsel in politischen Grundpositionen feststellbar. Das wäre inmitten der politischen Brüche Europas in diesem Jahrhundert nicht weiter bemerkenswert, hätten sie sich danach nicht geäußert oder verhalten, als wären sie immer dieselben geblieben oder hätten immer Recht gehabt. Mit je zwei Ausnahmen sind sie vor oder um die Jahrhundertwende geboren und haben die 70er Jahre noch erlebt. Mehrere erreich(t)en ein sehr hohes Alter. Sie durchlebten in der Regel zwei Kriege und mindestens drei kulturelle und zwei politische Kontinuitätsbrüche, also Zeiten, die sich schneller denn je wandelten, und also mußten sie, die sich leidenschaftlich, wenn auch einige mit scheinbar gleichgültigem Gestus auf ihre Zeiten bezogen, sich mit ihnen verändern. Mindestens zwei wurden durch den Ersten Weltkrieg in ihrem geistigen Profil geprägt. Einer mußte nach der Oktoberrevolution, mit der er sympathisierte, wegen ungeeigneter Sozialdaten seine russische Heimat verlassen. Einer wuchs in der Fremde auf, weil sein Vater als Rabiner emigrieren mußte. Fünf pendelten zwischen den Ländern, wobei die beruflichen und die politischen Gründe nicht immer deutlich zu unterscheiden sind. Einer mußte als Jude und Linker aus Deutschland emigrieren und kam 1950 nach Österreich zurück, zwei sog. Halbjuden – einer aus einem kommunistischen Elternhaus, einer nach einem faschistischen Engagement – suchten das ‚Abseits als sicheren Ort'. Fünf verloren im Zweiten Weltkrieg oder an seinem Ende für mehr oder weniger lange Zeit ihre Stellung und vier mußten damals das Land wechseln. Die Minderheit – übrigens alles „Rechte": de Jouvenel, Freyer, Gehlen, Jünger – reussierten mit gewissen Wartezeiten unter allen Regimen. Obwohl seit den 50er Jahren auch von den übrigen keiner ohne mehr oder minder angesehene Eliteposition blieb, hatten es die anderen schwerer; der letzte Linke wurde – wie die Gerichte befanden: unrechtmäßig – nach dem ‚deutschen Herbst' als Sündenbock in die Wüste geschickt und erst kurz vor seinem Tod 1980 rehabilitiert.

Indessen werden diese historischen Brüche und Spannungen in den Biografien unserer Autoren nicht zum beliebigen Beispiel der Wirrsal des Jahrhunderts. Man kann in der Mehrzahl der Fälle ihre z. T. deutlichen Positionswechsel auch nicht einfach mit jenem Energieüberschuß des „Renegaten" erklären. Sie verstehen sich weder als Spielball der Geschichte noch wollen sie die Welt vor ihrem Irrtum bewahren. Vielmehr geht ihre intellektuelle Produktion weiter, als gelte es, die Systemunabhängigkeit ihres Geistes zu erweisen. Entweder wird das Werk – wie bei Gehlen oder Baudrillard – von jeder biografischen Selbstthematisierung freigehalten und durch Selbstinterpretation und Vergrundsätzlichung – wie bei Heidegger oder Kojève – von der Geschichte gelöst. Oder die Autobiografie wird – wie von Jünger oder de Man – so lange immer wieder bearbeitet, bis eine Ebene personaler Konsequenz erreicht ist, die einer Unabhängigkeitserklärung von der Gesellschaft gleichkommt.

In der Tat waren sie nicht einfach Spielball wie der größte Teil jener unzähligen Opfer der Diktaturen und des Krieges, sondern sie haben sich für die Sinnhaftigkeit der „Geschichte" an radikalen Strömungen engagiert, ihnen ihre Feder, ihren Namen und ihren Rat gegeben. Auch ihr elitäres Selbstverständnis war nicht nur Illusion, denn sie verfügten in der Tat über ein Stück geistiger Macht. Der illusionäre Teil ihrer Größenphantasie lag im Praktischen, in der Meinung, man könnte zu den Massen und zu den Apparaten zugleich Distanz halten und sie führen. Er wurde spätestens dann offenbar, wenn das durch die Sinnsuche radikalisierte Engagement aus der Offenheit der Opposition in die peinliche Beziehung zu einer etablierten Macht überführt wurde. Dann wurde eine Kompromittierung en detail unausweichlich, die in der Größe des Sinnprojekts nicht vorgesehen war. Und in der Begegnung mit der Gewalt der Apparate wurde das Selbstgefühl der Bedeutungsträger bis zur Bedeutungslosigkeit gekränkt. Anstatt das Bündnis zwischen bürgerlichem Geist und Masse zu führen, erfuhren sie sich als Zierat eines Bündnisses von Macht und Masse.

Nach Maßgabe ihrer Selbstachtung und der Überlebenschancen führte diese Einsicht zum Rückzug aus dem Raum der Geschichte. Die praktische Niederlage wurde in der geistigen Produktion kompensiert. Diese knüpfte an die Bestände des „davor" an, um sie vor der Vermutung zu bergen, sie seien für die eigene Niederlage und für die geschichtlichen Wirkungen, die sich aus dem mißratenen Bündnis ergaben, verantwortlich. Die Abwehr dieser das Selbstverständnis des geistigen Führers zutiefst bedrohenden Vermutung versperrte eine konkrete Diskussion der eigenen Mitwirkung und Erfahrung der Geschichte. An ihre Stelle trat eine entlastende Diagnose der Außenwelt: Das Bündnis von Masse und Macht sei auf der geschichtlich erworbenen Grundlage technischer Naturbeherrschung zu einem sich selbst steuernden System geworden, das mit marginalen Unterschieden in der politischen Ausprägung virtuell die ganze Welt umspanne und sich ungeachtet aller Umstürze und Kriege ständig selbst reproduziere. Dieses „zweite System", das neue Gedanken weder brauche noch zulasse, löse sich ab von der Natur, von der Erfahrbarkeit der Wirklichkeit, von der Zeit als einer sinnhaften Entwicklung und vom Eingriff jedes Einzelnen. Die Freiheit des Einzelnen sei nicht mehr sinnhaft auf das Gesamtgeschehen zu beziehen, sondern realisiere sich allenfalls noch in dessen Nischen in der erinnernden Phantasie, im Mythos, im „als ob".

Historie und Posthistoire

Meine Interpretation der Entstehung der Posthistoire-Vorstellung als einer spezifischen projektiven Entlastung beruht auf einer Lesart dieser Autoren gegen den Strich. Sie sammelt Mosaiksteine der Geschichtsbetroffenheit, wo vom Sinnverlust geschichtlichen Denkens gesprochen wird. Sie wendet sich nach innen, wo die Autoren nach außen weisen. Zieht man den aus der Genese der Posthistoire-Vorstellung erkennbaren entlastenden Überschuß und die Rückbezüglichkeit eines Austritts aus der Geschichte auf den Geschichtsbegriff eines voluntaristisch gewendeten Hegelianismus ab, so wird damit die Diagnose selbst aber nicht gegenstandslos. Sie öffnet sich vielmehr für eine differenzierende Auswertung für die Arbeit des Historikers.

Bei allen Posthistoire-Autoren gibt es eine Einschätzung der Weltzivilisation, die häufig als Kristallisierung bezeichnet wird. Diese Metapher ist aus der biologischen Evolutionstheorie entlehnt und besagt, daß sich aus zufälligen genetischen Mutationen und aus dem Überleben der durchsetzungsfähigsten Varianten Gattungen herausbilden, die dann in ihrer genetischen Bestimmung erstarren und sich in derselben Art solange reproduzieren, als sie ihr Überleben in ihrer Umwelt durchsetzen können. Bei der Übertragung auf die Geschichte ergibt sich ein soziokultureller Entwicklungsprozeß, der mit der weitgehenden Unabhängigkeit der fortgeschrittenen technisch-industriellen Zivilisation von der Natur und ihrer gleichförmigen Durchsetzung im Weltmaßstab zum Ende seiner qualitativen Veränderungen kommt und in einer sich selbst reproduzierenden Struktur erstarrt. Darin könnte man eine evolutionistisch erweiterte Modernisierungstheorie sehen; sie ist aber gleichsam in Moll gesetzt. Denn Kristallisierung bedeutet zugleich das Ende von Freiheit und Sinn und damit eine Reanimalisierung des Menschen.

De Man und Anders sehen eine weitere Konsequenz, nämlich die Tendenz zum Tod. Beide stehen unter dem Eindruck der im Zweiten Weltkrieg entfesselten Vernichtungsenergien und der aus Mangel an Intelligenz unbeherrschbaren Kriegs- und Vernichtungsmaschinerien. Merkwürdigerweise ist es gerade der Erfinder des Posthistoire-Begriffs, der gleichwohl – wie auch Teilhard de Chardin, Bertaux oder Serres – auf eine „Mutation" hofft, worunter eine grundsätzliche Veränderung der Gesellschaftsstrukturen und der Einstellungen, mithin ein epochaler geschichtlicher Wandel zu verstehen ist. Die wichtigsten Stichworte auf der Agenda heißen dann Ausstieg aus dem „Exterminismus", Grenzen des Wachstums, Dezentralisierung, Ressourcenschonung, Umwelt- und Sozialverträglichkeit, immaterielle Befriedigungen.

Während sich ein solcher Katalog mit einiger Mühe noch als eine Art Umschreibung der Programmatik der Aufklärung verstehen läßt, nämlich als eine Rückholung des veräußerlichten Fortschritts nach innen mit den Kräften der Vernunft, wird dieser Rahmen – von weitergehenden Theorien durchbrochen, welche Stichworte wie „Entropie" und „Todestrieb" auf die Gesellschaft anwenden. Ihre globalen Konzeptionen abnehmender Lebensenergien und Spielräume und des Lebens als Umweg zum Tod waren in der expansiven Fortschrittshoffnung der Achsenzeit als der letzten geschichtlichen „Mutation" nicht gedacht. Da die Geschichtlichkeit der Natur zu den großen Entdeckungen der letzten hundert Jahre gehört und die Entgegensetzungen zwischen Human- und Naturwissenschaften relativiert hat, wären von einer theoretischen Vermittlung zwischen der Endlichkeit der menschlichen Existenz und jener der Welt auf der Ebene von Geschichte und Gesellschaft Alternativen zum Wachstums- und Modernisierungsparadigma zu erwarten. Die posthistorische Anleihe bei soziobiologischen Metaphern (Kristallisierung, Termitenstaat), die z.T. seit der Aufklärung deren Diskurs begleitet haben, leistet dies nicht, weil sie als eine Art gefrorener Sozialdarwinismus die Dimensionen der Natur und Kultur willkürlich vermischt, anstatt Kultur einerseits im Rahmen von Natur, andererseits aber als gesellschaftliche Dimension zu denken. Sie bleibt auf Traditionen fixiert, die sie ablehnt, insofern sie in der Tradition der Aufklärung die Endlichkeit der Natur nicht ins Spiel bringt, den Tod des individuellen Subjekts gattunsgeschichtlich überspielt und die gesellschaftlichen Interessengegensätze und Ungleichzeitigkeiten einebnet und damit vor jeder Untersuchung alle Bewegung aus der Geschichte eliminiert.

Die Perspektive des Posthistoire als eine elitär kulturpessimistische Umwertung des Fortschrittsoptimismus scheint mir insofern eine eher blendende als erhellende Zeitdiagnose zu sein. Denn die meisten ihrer Adepten legen das Schwergewicht ihres Interesses vor, statt auf die neuen Probleme des Jahrhunderts: sie sind von übertrieben wahrgenommenen Symptomen der Erstarrung der Zivilisation gebannt, anstatt auf deren Selbstvernichtungskapazität aufmerksam zu werden. Die Sinnfrage verdunkelt die Existenzfrage: von Kojève über Gehlen bis Baudrillard unterliegt der Proklamation des Endes der Geschichte (als Überschreitung überkommener Sinnhorizonte) die erstarrte Phantasie eines zwar sinnlosen, aber unendlich weitergehenden Geschehens.

Darüber hinaus setzt Posthistoire Sinnkonstruktionen in der Form von Megaerzählungen über die Weltgeschichte und damit das Erbe der Heilsgeschichte voraus. In dieser überkommenen Gußform würde die Arbeit an einem Begriff des Geschichtlichen, der die Endlichkeit des Menschen und der Welt reflektiert, nur aus der Fortschrittseuphorie in die Apokalypseangst umgepolt. Andererseits bliebe die pseudoempirische Erzählstruktur von Weltgeschichte erhalten, als wüßten wir etwas Inhaltliches über den Anfang und das Ende. Da wir das aber nicht wissen, bleibt ein makrotheoretischer Rahmen des Geschichtlichen immer im Status hypothetischen Denkens. Theorieproduktion hat eine andere Herkunft und einen anderen Status der Wissenssicherung als die historisch-kritische Bearbeitung der Überlieferung. Zwar entsteht sinnvolle Geschichte in der Regel aus der Abarbeitung von vorschüssigen Deutungen an der spurenhaften Überlieferung des wirklichen Geschehens. Für das Verhältnis zwischen Geschichte und allen praktischen Bestrebungen ist jedoch entscheidend, daß der Status makrohistorischer Deutungsmuster und ihrer Ableitungen, ohne die ein bedeutungsvoller Zusammenhang der erforschten Ausschnitte vergangenen Geschehens nicht gezeigt werden könnte, durch die historische Abarbeitung nicht dergestalt verwischt wird, daß die Deutung als dem Geschehen selbst immanent erscheint. Alle Versuche der Reidentifikation des Entwurfscharakters von Weltgeschichte durch deren scheinempirische Ausstaffierung wie in den Kulturkreislauflehren von Spengler oder (zurückhaltender) Toynbee, mit denen sich mehrere Posthistoire-Autoren auseinandergesetzt haben, führt statt in die Spannung unterschiedlicher Orientierungsmodi gegenüber der geschichtlichen Welt in die größenwahnsinnige Selbsttäuschung prognostischer Gewißheit.

Die meisten Posthistoire-Autoren stehen in einer der Traditionen der Hegelschen Geschichtsphilosophie, welche die Wirklichkeit des Weltgeschehens genetisch als sinnhaft erklären will. Das stößt auf mindestens zwei Schwierigkeiten: einerseits geht der Sinnentwurf der historischen Wirklichkeitswahrnehmung immer voraus und kann diese nur in Ausschnitten und unter drastischer Reduktion ihrer Komplexität (durch die sog. Anstrengung des Begriffs) berücksichtigen. Die selektive Reduktion beschränkt jedoch auch im besten Fall die Leistungsfähigkeit der Begriffe in der Prognose, die sich im späteren Rückblick allemal von der Geschichte als überholt erweist. Andererseits erschließt eine Geschichte (aufgrund ihrer narrativen Struktur) ihren Sinn erst durch ihr Ende. Das Vorhaben setzt also voraus, daß die Gesamtgeschichte in der Epoche ihrer Sinnermittlung, nämlich als sinnerfüllte Geschichte, zu Ende geht. Unter historischem Aspekt macht dies die Nachbarschaft materialer Geschichtsphilosophie zu chiliastischen Strömungen einsichtig, sei es daß sie wie die Romantik die Apokalypse nahe wähnen, sei es daß sie wie der Marxismus die Außerkraftsetzung des geschichtlichen Bewegungszwangs in einer erwünschten Gesellschaft für geschichtlich vorgezeichnet und praktisch machbar halten. Oder sei es, daß der Deuter selbst sich wie Hegel des absoluten Wissens teilhaftig wähnt (woran sich auf dieser Ebene nach dem Ende der Geschichte nur die Wiederkehr des ewig Gleichen schließen kann). Im Kurzschluß zwischen dem Ausgangspunkt und dem Ziel einer realgeschichtlichen Sinndeutung erweist sich ein solches Ende der Geschichte allemal als Artefakt des Denkens.

Doch auch mit solchen Überlegungen ist die Posthistoire-Diagnose nicht einfach zu erledigen. Denn auf einer zweiten Ebene steht dann immer noch ihre inhaltliche Charakterisierung der gegenwärtigen Gesellschaftsformation und deren Beziehung zum Einzelnen zur Debatte. Hier fallen die Gemeinsamkeiten zwischen den seit dem Zweiten Weltkrieg gestellten Diagnosen der „Megamaschine" (Mumford), der „Nachindustriellen Gesellschaft" (Bell) etc. und dem „Sozialprotektorat" (Jouvenel), den „Sekundären Systemen" (Freyer), der neuen „Normalität" (Brückner) auf. Das Verbindende dieser Diagnosen liegt darin, die Bedeutung der politischen Verfassung, der Eigentumsverhältnisse und anderer Grundmerkmale traditioneller Gesellschaftstheorie in technisch fortgeschrittenen Gesellschaften zu relativieren und an die Stelle solcher Unterscheidungen eine gemeinsame, sich selbst reproduzierende technisch-soziale Struktur zu setzen, die der Steuerung entgleitet und insofern die Steuerungsbedingungen zweitrangig macht. Diese sozio-technische Struktur wird insofern als geschichtlich hergestellter, aber in sich nicht mehr geschichtlicher Zustand begriffen, als in den fortgeschrittenen Gesellschaften nicht mehr ein Grundwiderspruch, der zu ihrer strukturellen Veränderung dränge, angelegt sei; vielmehr seien die Widersprüche partiell und marginal, damit von vornherein der Beharrungsmacht der gesellschaftlichen Grundstrukturen unterlegen und tendierten insofern nicht mehr zur Revolution oder Transformation der Gesellschaft, sondern zu ihrer Entlastung durch Rebellentum oder Rückzug in die Innerlichkeit.

Die gesellschaftliche Vereinheitlichungsdynamik läßt sich dabei auf mehreren Ebenen beobachten und auf technische Fortschritte beziehen. Auf wirtschaftlicher Ebene haben Produktivitätszuwächse einen relativ breiten Massenwohlstand ohne Klassenkampf ermöglicht und die Widersprüche zwischen Kapitalisten und Proletariern in ein spannungsvolles Kooperationsverhältnis zwischen Kapital und Arbeit verwandelt, das durch korporative Organisationen verklammert und durch das säkulare

Wachstum öffentlicher und privater Dienstleistungen zugleich gestützt und relativiert wird. In den sozialistischen Ländern ist durch die Verstaatlichung der Verfügungs- und Organisationsgewalt von Kapital und Arbeit die Vereinheitlichung weiter gediehen, aber weniger effizient organisiert. Auf politischer Ebene sind durch die Bürokratisierung, die wachsende Potenz und Präsenz staatlicher Gewaltapparate, die Durchdringung der Gesellschaft durch staatliche Regelungen und die Abhängigkeit jedes Einzelnen und jeder „privaten" Veranstaltung von staatlichen Leistungen und Zuwendungen (insbes. solche der sozialen Sicherung des Einzelnen) staatsfreie Räume und damit gesellschaftliche Autonomie in reiner Form weitgehend verschwunden. Die Zunahme dieser zugleich kompakten und immobilen Macht entzieht einer Grundsatzopposition den Entwicklungsspielraum und behindert selbst kleinere politische Kurskorrekturen. Auf der anderen Seite gründet die interne Konfliktregelung weitgehend auf der Verteilung von ökonomischen Zuwächsen, was die Systeme in ihrer grundsätzlich expansiven Dynamik festschreibt. Auf kultureller Ebene schließlich wird die relative Autonomie von Regional- und Klassenkulturen durch hohe Mobilität, durch das staatliche Bildungs- und Ausbildungswesen und durch die Omnipräsenz der Massenmedien verschliffen und an ihrer Stelle entsteht eine marktförmig organisierte Kultur atomisierter Massen, deren zeitliche und räumliche Horizonte verschwimmen, in der Schein und Wirklichkeit ununterscheidbar und die Simulationen oft faszinierender und zuweilen auch realistischer als die Primärerfahrungen werden. Das Hauptmerkmal dieser Kultur ist dann ein in den Einzelnen verlagerter Widerspruch: auf der einen Seite wird sein praktisches Verhalten von Zwängen des Marktes und der Bürokratie, die sich in die Grundmuster der Alltagsroutine eingeschrieben haben, determiniert, während auf der anderen seine Äußerungen in eine phantastische Beliebigkeit der Vorstellungen entlassen werden.

Für eine solche Rohskizze gegenwärtiger Gesellschaften scheint zunächst deshalb viel zu sprechen, weil in ihr viele alltägliche und wissenschaftliche Einzelbeobachtungen untergebracht werden können. Ihr Problem besteht allerdings in der Perspektive, aus der sie gezeichnet erscheint – der Mann im Mond wäre ein guter Tip. Kann sie von einem der Menschen stammen, die der Entwirklichung der Erfahrung und der Unausweichlichkeit der in ihr als unausweichlich beschriebenen Strukturen unterliegen?

Vielleicht gibt es ja aber so etwas wie den Mann im Mond, entfremdete Betrachter, die – obwohl Zeitgenossen – der Epoche so wenig angehören, daß sie gleichsam von außen auf sie blicken können? Wenn man sich für die diagnostische Kraft derer, die aus der Geschichte getreten oder gefallen sind, öffnen will, sollte man behutsam auf sie hören und nicht mehr von ihnen nehmen, als sie geben können, obwohl sie selbst kein Bewußtsein ihrer Grenzen haben. Das Grundproblem der Posthistoire-Autoren besteht darin, daß sie sich in der Beziehung zwischen dem Intellektuellen und den Massen in einer kritischen Phase getäuscht haben. Als Bildungsbürger – Elite oder Avantgarde – konnten sie es nicht ertragen, sich als Teil dieser Massen zu denken und damit den Begriff der Masse in einzelne Subjekte aufzulösen. Insofern wäre ihr

Fehler mit jener Distanz identisch, die sie uns als entfremdete Beobachter wichtig macht. Diese Distanz kann aber durch die Spezifität der Perspektive der Autoren sachlich qualifiziert werden. Diese besteht einerseits in der Zusammenfassung der Zeitgenossen in den Objektbegriff der Masse, andererseits in dem Versuch einer Verwischung ihrer eigenen Verantwortung für die Inhalte ihres politischen Engagements. Diese Überschüsse müßten zurückgearbeitet werden. Im letzteren Fall liegt die notwendige Korrektur auf der Hand, nämlich daß die Aufmerksamkeit auf die Systemunterschiede zurückgelenkt wird und diese mit dem Maßstab der von ihnen ermöglichten Lebensqualitäten, der von ihnen erzeugten Opfer und der in ihnen enthaltenen Fähigkeit zur Wahrnehmung und Reflexion ihrer Probleme herausgearbeitet werden. Eine solche Unterscheidung kann aber durchaus Gewinn aus der Einsicht in latente Gemeinsamkeiten ihrer epochalen „Infrastruktur" ziehen.

Im Falle der Beziehung zwischen Subjektivität und Masse ist das Problem komplexer, weil es die Betrachtung selbst betrifft. Die Posthistoire-Autoren sehen sich selbst nicht als Teil der Masse, diese aber als etwas, das triebhaft und mechanisch auf gesellschaftliche Anforderungen reagiert, also keine eigene Subjektivität und auch keine geschichtliche Erkenntnis- und Veränderungsfähigkeit besitzt. Insofern tritt ihr Entwurf von Gesellschaftsstrukturen, in denen die Masse das Medium der Vermittlung zwischen Ökonomie, Politik und Kultur darstellt, aus der Geschichte. Ihr Entwurf würde weniger objektivistisch und hoffnungslos, wenn die Einzelnen, aus denen die Masse besteht, mit Subjektivität ausgestattet würden. Das würde heißen, daß die Totalität der Strukturzwänge im Denken um einige jener Freiheitsgrade geöffnet wird, die der Betrachter allemal für sich in Anspruch nimmt. Sobald der Betrachter der Masse realisiert, daß er selbst zu ihr gehört, zerfällt diese in Einzelne, die ihre Einbindung in gesellschaftlich strukturierte Prozeße wahrnehmen und reflektieren und sich zu ihnen verhalten können. Zwar wird man sich keinen Illusionen darüber hingeben dürfen, daß der Einzelne diese Strukturen alleine wesentlich verändern kann. Aber er oder sie ist ja auch nicht allein, sondern alle anderen haben dieselbe, zunächst angesichts der Größe der Probleme verzweifelt unscheinbar erscheinende Möglichkeit. Hoffnung gründet dann gerade in der Massenhaftigkeit reflektierender und kommunizierender Subjektivität und nicht in der Subjektwerdung des Objekts Masse oder sonst eines Kollektivsingulars.

Die posthistorische Diagnose sieht die Gesellschaftsformation geprägt von einem objektiven machtstrukturierten Vereinheitlichungsprozeß aus der Mitte heraus, der keine qualitative Bewegung mehr verspricht, sondern sich bis zur Erstarrung ausweitet. Was davon abweicht, seien Überhänge von Vorgeschichten (so die außereuropäische Welt) bzw. ein nachgeschichtliches ästhetisches „als ob" . In dieser entwirklichten Dialektik von Mitte und Rand spiegelt sich die Marginalisierung des intellektuellen Führers. Wird die für ihn notwendige Entgegensetzung von Intelligenz und Masse aus der Perspektive massenhafter Subjektvität aufgehoben, können auch die wirklichen Unterschiede innerhalb und zwischen den Gesellschaften als Ansatzpunkte geschichtlichen Handelns wieder wahrgenommen werden, ohne daß die posthistorische Formationsbeschreibung völlig ihren Wert einbüßte. Sie verändert dann aber ihren Status: aus der lähmenden Diagnose einer wirklichen Verselbständigung der Strukturen wird – wenn sie das Risiko der Vernichtung mitdenkt – ein Drohbild, das die reflektierende Subjektivität zur Suche nach Handlungsansätzen treibt. Posthistoire wird geschichtlich, wenn sie nicht als allgemeine Diagnose, sondern als eine für den Perspektivverlust fortgeschrittener Industriegesellschaften spezifische negative Utopie gelesen wird.

Läßt sich aber eine geschichtliche Wahrnehmung und Reflexion massenhafter Subjektivität in der Gegenwartskultur überhaupt vorstellen? In seiner posthistorischen Fiktion „Eumeswil" ist für Ernst Jünger Historie die paradigmatische Beschäftigung im Posthistoire. Am privilegierten Luminar beschäftigt sich sein Anarch in simulierter Zeit- und Verantwortungslosigkeit mit seinen Beständen: der Wiederkehr des ewig Gleichen im Küchenkabinett der Macht, dem er im nächtlichen Hauptberuf seine Dienste erweist. In diesem Zwitter aus Nietzsche und Baudrillard, dem mit der Entwirklichung des Sinnzusammenhangs der Megaerzählungen die Geschichte zu einem Videoarchiv vergangener Gestalten und Ereignisse verkommt, dessen Faszination ihn über die Sinnlosigkeit seiner Existenz und Welt hinwegtröstet, erscheint in visionärer Gestalt die elitäre Variante des Adressatenbezugs postmoderner Kulturindustrie und -bürokratie. Sie ist gekennzeichnet durch die gleichzeitige Verfügbarkeit, Verdinglichung und Simulierbarkeit beliebiger Überlieferung, durch die Strukturierung dieses Stoffs anhand der sich aus den gegebenen Machtverhältnissen ergebenden Lernziele sowie durch dessen ästhetische Aufbereitung für passive und vereinzelte Betrachter. Dieser Rezipient ist in der Tat posthistorisch, insofern er ständig mit Fragmenten der Vergangenheit konfrontiert wird, die ihn seiner eigenen historischen Situation und Subjektivität entfremden, ihn sozusagen nicht zu sich selbst kommen, sondern inmitten einer Überflutung mit Vergangenem aus seiner geschichtlichen Existenz austreten lassen.

Ich habe zu zeigen versucht, daß auf der allgemeinsten Ebene die Posthistoire-Diagnose als ein enttäuschtes Postskript zur Geschichtsphilosophie des 19. Jhds. die Kernprobleme einer aktuellen Verständigung über Weltgeschichte verfehlt und daß ihre inhaltliche Deutung der Gegenwart nur unter wesentlichen Korrekturen Sinn macht. Die ästhetisch-mediale Dimension posthistorischer Historie ist hingegen durchaus praktisch und auf der Höhe der Zeit. Die Suche nach einer kritischen Alternative müßte mit der Frage beginnen, welche Art von Dienstleistungen der oder die historisch Ausgebildete erbringen kann, um die Subjektivität des Einzelnen in seiner historischen Selbstwahrnehmung zu unterstützen. Eine solche Perspektive kann an das Erbe des bürgerlichen Individualismus anknüpfen, muß aber von dessen Größen- und Potenzideal absehen, um eine realistische Einschätzung der Handlungsspielräume in den und gegen die gesellschaftlichen Strukturen zu erzielen. Sie kann ebenfalls an materielle Interessen und kollektive Traditionen anknüpfen, darf aber nicht auf den Umschlag objektiver Merkmale in Aktionen hoffen, wenn solche Handlungsspielräume aufgefunden und genutzt werden sollen. Eine solche Perspektive könnte man auch als eine „Geschichte von unten" bezeichnen, weil sie die traditionelle Hierarchie historischer Aufgaben „vom Kopf auf die Füße" stellt. Es geht dann nicht um eine sinnverbürgende Geschichtsphilosophie, die in Strukturkonstruktionen oder erzählenden Darstellungen über große Zusammenhänge, Ereignisse und Personen als wirklich erwiesen und schließlich zum Verbrauch didaktisch proportioniert und ästhetisch umgesetzt wird.

Vielmehr wird der Ansatzpunkt bei der Klärung der Lebensgeschichte des Einzelnen in ihren sozialen und historischen Bezügen gesucht, bei ihren Erfahrungen und ihren Versäumnissen, bei den Fähigkeiten des Einzelnen, über sie nachzudenken, anderen wahre Geschichten von sich zu erzählen und dadurch sich mit ihnen über die sie verbindende Geschichte zu verständigen. Ein solcher Klärungsprozeß greift notwendig auf zeitgeschichtliche Zusammenhänge und auf die Vorgeschichten der Familie, der Gruppe, des Betriebs, des Orts, der politischen Richtung etc. über, weil er sie zur Selbstverständigung braucht. Mancher braucht bereits exemplarische Vorbilder bei der Suche nach einer solchen Klärung der eigenen Lebensgeschichte – darin gründet u. a. die Konjunktur von oral history und talkshows. Jeder braucht die Hilfe professioneller Historie, wenn es um die erweiterten zeit- und vorgeschichtlichen Bezüge geht, und je weiter sie zeitlich und in den berücksichtigten Dimensionen ausgreifen, desto ausschließlicher ist er auf die Erschließung- und Vermittlungsfunktion der Geschichtswissenschaft angewiesen. Worin können ihre Angebote bestehen, wenn sie den Einzelnen nicht der Fiktion eines objektiv sinnhaften Geschichtsprozesses unterwerfen oder ihn mit beliebigen ästhetisierten Bruchstücken abspeisen, sondern ihm in seiner geschichtlichen Selbstverständigung und Handlungsfähigkeit zuarbeiten will? Mindestens drei Angebote erscheinen dann vordringlich:

– Erzählende Bearbeitungen zeitgeschichtlicher Zusammenhänge und jeweiliger historischer Voraussetzungen einer Gruppe, die von den objektiven Bedingungen über politische Entscheidungen bis zu soziokulturellen Wirkungen auf das Alltagsleben und bis zu kollektiven und exemplarischen Einzelerfahrungen reichen. Denn sie bieten Ansatzpunkte einer Vergesellschaftung für den ausgreifenden Prozeß lebensgeschichtlicher Verständigung des Einzelnen.
– Die Strukturierung großer historischer Zusammenhänge (bis hin zur Weltgeschichte) beruht immer auf hypothetischen Konstruktionen. Eine Vorstellung solcher Zusammenhänge ist für die geschichtliche Selbstverständigung notwendig; ebenso notwendig jedoch ist es, solche Zusammenhangskonstruktionen nicht für die Wirklichkeit zu nehmen, sondern in ihrem Entwurfscharakter zu verstehen. Deshalb wären für die Erschließung älterer und überhaupt größerer Geschichtsbereiche lesbare theoretische Zusammenfassungen und Diskussionen unterschiedlicher Ansätze nützlicher als große scheinempirische Synthesen.
– Schließlich braucht eine von den Bedingungen und Erfahrungen der eigenen Existenz ausgehende geschichtliche Verständigung die exemplarische Erfahrung des Fremden, die die soziale Phantasie am Erfahrungsschatz weitet und die eigenen Selbstverständlichkeiten als spezifische und damit wandelbare erkennbar macht.

Solche Erfahrung des Fremden braucht keinen vorschnellen Transfer ins Hier und Jetzt (sondern bringt dieses in der Wahrnehmung der Distanz zu Bewußtsein) noch die Konstruktion eines Zusammenhangs (wenn sie auch die Neugierde darauf auslösen mag), sondern eine komplexe Konkretheit, die auch die Tiefenschichten einer anderen Kultur am Beispiel erhellt.

Eine historische Zuarbeit, die sich mit der Klärung der Eigenerfahrung verknüpfen läßt, deren Selbstverständlichkeiten sprengt und orientierende Entwürfe geschichtlicher Zusammenhänge erschließt, überschreitet die Entgegensetzung von intellektuellem Führer und Masse, in der sich die Deuter zu viel zumuten und die Einzelnen nicht praktisch ermutigt werden, Geschichte nach Kräften selbst zu machen. In solcher Entgegensetzung – das lehrt eine Lektüre von Posthistoire-Diagnosen gegen den Strich – aber gefriert oder explodiert Geschichte. Und zwar nicht einfach in der Vorstellung, sondern in der Wirklichkeit. Explosionen drohen, wenn die historische Zuarbeit für ein geschichtliches Selbstverständnis die Subjekte nicht erreicht, sondern deren Suche nach Orientierung in fundamentalistische Kollektividentitäten und schließlich in den Kurzschluß zwischen Masse und politischer Macht entläßt. Die Wiederkehr politischer Theologie signalisiert dann den Bankrott der Kultur und den gewalttätigen Zusammenprall unvermittelter Identitäten. Das andere Extrem könnte man als den – kristallinen oder atomaren – Kältetod bezeichnen, der aus dem Selbstlauf „sekundärer Systeme", ihrer kulturellen Erstarrung und ihrem Risiko einer menschheitlichen Katastrophe erwachsen kann. Diese systemisch angelegte Gefahr kann zwar von Intellektuellen beschworen, aber nur von jenen „Massen" vermindert werden, die in Wahrheit aus Einzelnen mit einem Quentchen Freiheit und Verantwortung bestehen und zu denen auch die Intellektuellen gehören.

Orte des kollektiven Gedächtnisses

Ich möchte versuchen, das, was in den Vorträgen zur Verarbeitung der NS-Erfahrung für Ost und West jeweils besonders vorgestellt worden ist, und das, was in der Diskussion um den Bericht der Fachkommission aufgebrochen ist, nämlich der Protest der Betroffenenorganisationen gegen eine Orientierung auf gemeinsame Gedenkorte, aufeinander zu beziehen. Wie auf vielen anderen Gebieten erweist sich ja auch hier die Wiedervereinigung, wenn es ans einzelne geht, als eine Last, in diesem Fall als ein Abschied von exklusiven Selbstbildern und von Scheinsicherheiten; aber vielleicht kann man sie auch als eine Chance der Bereicherung und der Ergänzung erkennen, nämlich dann, wenn jede Seite auch ihre eigenen Verluste mit zu thematisieren bereit ist. Das geschieht im Augenblick zu wenig, weil die Vereinigung zuweilen lauthals, meist eher stillschweigend und wie selbstverständlich zu einer Zelebrierung des westlichen Sieges geworden ist. Vielleicht bekommen wir einen besseren Einstieg in die Diskussion, wenn wir uns fragen, wo die deutsche Nationalkultur in den Jahren der Teilung geblieben ist. Die herrschende Meinung im Augenblick scheint mir, grob gesprochen, darauf hinauszulaufen, daß die Bundesrepublik die deutsche Nationalkultur stellvertretend verwaltet und entwickelt habe und der Osten eine sowjetische Kolonie gewesen sei, und daß er nun eben in diese stellvertretend verwaltete Einheit wieder aufgenommen werde. Das hieße, daß der Westen nichts zu erinnern habe, weil er das Ganze sei, und daß der Osten sich vergessen könne und sich allenfalls seiner Fremdheit erinnern solle, um sich um so vorbehaltloser anzuschließen. Ich habe eine ganz andere Auffassung davon, weil ich glaube, daß es nach dem Dritten Reich überhaupt keine deutsche Nationalkultur gegeben hat; das Dritte Reich hatte das kollektive Gedächtnis, die Bezugssysteme der Gemeinsamkeit oder doch Aufeinander-Bezogenheit von Erfahrungen und damit die produktive Wirkungskraft von kulturellen Spannungszuständen in der Gesellschaft prinzipiell unterbrochen. Die nationalsozialistische Illusions- und Repressionsmaschine hat die Grundlage pluraler kollektiver Denkkontinuität, gleichsam den Hirnstamm des Kulturgedächtnisses, zersetzt, durch Überfrachtung mit kollektiver Schuld und durch Atomisierung der Individualerfahrung die Fähigkeit zu souveräner Selbstbestimmung unterhöhlt und den Rahmen eines Ringens um die Wahrheit in Öffentlichkeit gesprengt. Die nationale Bewußtseinsspaltung ist ein Teil dieser Amnesie.

Es sind in den vorangegangenen Beiträgen zwei Argumente gefallen, die ich zur Erläuterung herausgreifen und daraufhin ein wenig abklopfen möchte. So ist ein gewisser Konsens während der Entnazifizierungsdebatte der frühen Nachkriegszeit beschworen worden: daß es einerseits Ansätze zu einer Säuberung gegeben habe, andererseits ein gewisses Versagen vor allem im Westen – aber das könnte man auch für den Osten thematisieren –, und daß die Deutschen jedenfalls das Gefühl gehabt oder zumindest ausgesprochen hätten, daß die Entnazifizierung positiver verlaufen wäre, wenn sie selber das gemacht hätten und nicht die Alliierten. Nun habe ich mich mit der Entnazifizierung einigermaßen gründlich beschäftigt, und mein Eindruck ist ein ganz anderer. Die deutschen politischen Nachkriegseliten konnten sich überhaupt nicht darauf einigen, wer ein Nazi sein sollte, wer entlassen und wer reintegriert werden sollte, und wenn sie einig waren, dann nur in Abwehr der von den Besatzungsmächten vorgegebenen Definitionen; und noch weniger konnten sie die Ansätze zu einer solchen Kompromißbildung mit und gegen die Alliierten nach außen in der Öffentlichkeit bewahren, wenn sie Wähler gewinnen wollten, denn die von der Säuberung Betroffenen waren der Schlüssel zur Mehrheit. So denke ich, der relative Konsens, den die politischen Eliten im Osten deutlicher als im Westen in dieser Frage erzielten, ist wesentlich daraus entstanden, daß sie die existentielle Frage der Souveränität – wer ist der Schuldige oder wer wird aus der politischen Willensbildung ausgeschlossen? – an die Alliierten delegiert hatten und sich gleichzeitig darüber beschweren konnten, daß die Alliierten nach ihren jeweiligen Machtverhältnissen eine Definition vorgenommen haben; sie selbst hatten einen Schuldigen dafür, daß die Schuldfrage falsch beantwortet wurde. Das meine ich mit Zerbrechen einer Nationalkultur: die essentiellen Fragen nicht mehr in eigener Verantwortung kulturell und politisch beantworten zu können.

Die zweite Bemerkung, die ich hier aufgreifen will, ist in dem brillanten Referat von Frau Leo gefallen: daß es in der frühen Nachkriegszeit im Osten Deutschlands doch eine plurale VVN-Antifaschismuskultur gegeben habe, wo die Juden noch zionistische Fahnen schwenken durften, der 20. Juli noch existierte, die Pastoren noch mehr als nur dumme Sympis auf einer Widerstandsveranstaltung sein durften. Ich habe den Eindruck, daß diese plurale Gemeinsamkeit der Opfer- und Widerstandsgruppen, die überlebt hatten, nicht nur an dem politischen Zentralisierungsprozeß in der Ostzone und dann in der DDR, sondern auch daran gescheitert ist, daß es unter diesen Gruppierungen ein festes, gemeinsames Gefühl gab, daß man im Grunde gegenüber dem Tätervolk eine Erziehungsdiktatur veranstalten müßte und sich nicht einer offenen Auseinandersetzung mit dem deutschen Volk stellen kann; daß die Opfer- und Widerstandsgruppen vielmehr kleine, untereinander uneinige und im Grunde verratene Minderheiten seien, die letztlich ihre Sicherheit und ihre Legitimität den Besatzungsmächten verdankten, und daß sie, wenn sie in eine freie, demokratische Auseinandersetzung mit dem Tätervolk kämen oder mit denen, die das Dritte Reich durch die unterschiedlichsten Formen schuldhafter und im einzelnen auch oft nicht schuldhafter Zustimmung und Untätigkeit getragen hatten, diese allein nicht durchstehen könnten. Die Demokratie ist eben nicht nur Mehrheit, aber ohne Mehrheit wird es keine Demokratie. Ich wollte damit nur ein zweites Beispiel geben dafür, daß nach dem Dritten Reich unter den Deutschen kein autonomer, souveräner Handlungszusammenhang mehr gegeben war, und das nicht nur in dem trivialen Sinn, daß das Land von den Alliierten besetzt war, sondern daß auch in dem Hohlraum unter den Besatzungsmächten politische und kulturelle Selbstverantwortung nicht mehr ausgetragen und zur Entscheidung getrieben werden konnte. Die deutsche Spaltung ist eine der Varianten in diesem Zersplitterungsprozeß der Nachkriegsgesellschaften, die der Faschismus hinterlassen hat.

Was verstehe ich also unter einem Gedächtnis, wenn wir die Probleme des kulturellen Zusammenhangs und der politischen Souveränität Nachkriegsdeutschlands noch einmal neu thematisieren wollen? Wenn man sich die neuere Gedächtnisforschung ansieht, die auf den unterschiedlichsten Ebenen kulturell, psychologisch, biologisch oder informationstheoretisch verläuft, dann findet man teilweise uralte Vorstellungen über das, was Menschen schon immer dachten, wenn sie mit ihrem Gedächtnis umgegangen sind (zum Beispiel, daß Bildszenen, die einen Schock ausgelöst haben, im Gedächtnis am stärksten haften). Auf der anderen Seite findet man Präzisierungen, die mit der Objektivierung und der Erfahrung der Pluralität und Gesellschaftlichkeit des Gedächtnisses in der Moderne zusammenhängen. Darin ist das Gedächtnis nicht einfach ein Merkvermögen oder ein Speicher, in dem einiges hängenbleibt, einiges verdrängt wird und vieles verloren ist, sondern das Gedächtnis wird heute konzipiert als ein plurales Organ von Sinnbildungen, die aus der Interaktion jeweils eigener Wahrnehmungsweisen, ihrer Präformation durch Wahrnehmungsgewohnheiten und ihrer Korrespondenz zu bewußten und unwillkürlichen früheren Wahrnehmungsinhalten durch aktuelle Handlungszusammenhänge strukturiert wird. Schon auf der individuellen Ebene haben es psychologische und neurobiologische Untersuchungen wahrscheinlich gemacht, daß zum Beispiel jedes unserer Sinnesorgane eigene Gedächtnisverarbeitungsstrukturen hat, die sich im Zuge der Erinnerung und des Denkens im allgemeinen assoziieren müssen und dabei auf raumzeitliche Anknüpfungspunkte angewiesen sind, daß demnach unser Gedächtnis nicht funktionieren könnte, wenn wir uns nicht mit räumlichen und zeitlichen „Merkmalen", also geschichtlichen Relikten und Symbolisierungen, auseinandersetzten. Erinnerung hat also mit etwas zu tun, was nicht einfach hochgeholt werden kann und dann schon sowohl getreu als auch mit Sinn besetzt wäre. Sinnkonstruktionen über Vergangenes müssen jeweils in sehr komplizierten Interaktionen, in denen zum Beispiel die Räume und die Sprache keineswegs notwendigerweise dasselbe bedeuten, von Fall zu Fall produziert werden und sind deshalb von den intentionalen und Handlungsbezügen, in denen das geschieht, nicht zu trennen.

Dieser zugleich in seinen selektiven Überlieferungen festgelegte, aber auch aktive, plurale und fluide Charakter des Erinnerungsgeschehens bezeichnet ein Modell unserer Vorstellungen von der Funktionsweise nicht nur des individuellen, sondern auch des kollektiven Gedächtnisses. In den Beständen der kulturellen Überlieferungen, aus denen es besteht und die zum großen Teil aus verschrifteten Zeugnissen und Kenntnissen gebildet werden, scheint nun die räumliche Dimension eine ähnlich privilegierte Stellung einzunehmen wie die „imagines agentes" auf derjenigen des individuellen Gedächtnisses. Räumlich und visuell bedeutet dabei sowohl ganz allgemein das Hereinragen vergangener Zeit in den gegenwärtigen Raum der Wahrnehmungen, zum Beispiel in einer alten Stadt oder in einer von langer Hand geprägten

Kulturlandschaft, als auch im besonderen der unverwechselbare Gedächtnisort, der in seinen Relikten und Symbolisierungen auf ein ereignishaftes Geschehen in der Vergangenheit verweist, das mit Bedeutung und Emotion beladen ist und der Gesellschaft einen Schock versetzt hat. Solche Orte kann man sich in der Regel nicht aussuchen, sondern sie sind in ihrer Aura geschichtlich gegeben. Man kann sie jedoch verdrängen oder besetzen, zum Beispiel mit der Symbolisierung einer spezifischen Deutung, die darin die Aura der Relikte ersetzt oder ein widersprüchliches Geschehen auf eine schlichte Moral vereinseitigt. Raum, Schrift und Bild mögen dabei durchaus im Widerstreit liegen, und die Besucher eines solchen Ortes mögen von solcher symbolischer Besetzung überwältigt werden. Sie können aber auch durch sie hindurch nach den sinnlichen Spuren von abweichenden Relikten suchen oder sich der abstrakten Aura hingeben; sie wissen ja aus anderen Überlieferungen, daß da, wo sie stehen, noch etwas anderes geschen ist als das, was hier zum Erinnerungsgebot erhoben werden soll. Dieses andere könnte ihnen ebenso bedeutsam oder noch wichtiger erscheinen. Die restlose Besetzung eines solchen Ortes mit einer spezifischen Sinnkonstruktion (und sei sie noch so leiderfahren und blutgetränkt), in der das Monument die Relikte und Spuren des Gewesenen völlig ersetzt, ist deshalb als prinzipiell illegitim zu betrachten, nämlich als Vergewaltigung künftigen Erinnerungsvermögens durch die Sinnbildung einer spezifischen Nachfolgekonstellation.

Die Unverwechselbarkeit der Orte unwillkürlichen Gedenkens und die Überbrückung der Kluft zwischen der Aura ihrer Existenz und Relikte und den sprachlichen Deutungen oder bildlichen Symbolisierungen werden dann besonders prekär, wenn an solchen Orten innerhalb eines bedeutungsvollen Ereignisses oder in einer zeitlichen Aufeinanderfolge Widersprüchliches geschehen ist oder Gruppen betroffen sind, deren Gedenktraditionen jeweils für sich genommen legitim sind, aber den Beteiligten unvereinbar erscheinen. Es bricht dann ein Kampf um die Erinnerung im Raum des kollektiven Gedächtnisses aus, der in der Regel dort, wo traumatische Erfahrungen noch jung sind oder Traditionen mit einem hohen kollektiven Bindungsanspruch gestiftet werden sollen, mit allen Instrumenten politischer Macht ausgetragen wird. Bei weiter entfernten, für unser kollektives Bewußtsein im wahrsten Sinn gleichgültigeren Ereignisschichten, die sich an einem Ort aufeinander getürmt haben mögen, ist uns hingegen ein bergender und bewahrender Umgang mit diesen Schichten zur archäologischen Gewohnheit geworden, etwa bei der Ausgrabung eines orientalischen „Tells", in dem sich die Relikte unterschiedlicher Stadtkulturen in vielen hundert Jahren aufgeschichtet haben. Aber auch dort kann wie in „Masada" über zwei Jahrtausende hinweg die Gedächtnispolitik nationaler Gebietsansprüche und Symbolisierungen einer der Überlieferungsschichten eine privilegierte Rolle erobern.

Dasselbe gilt für Orte, die nicht im Raum, sondern in der Zeit liegen, im zyklischen Rhythmus von Gedenktagen zusammentreffen und Anlaß zu Sinnkonflikten oder auch zum Aufbau von Sinnketten geben mögen. Daß das Ende der DDR just bei ihrer letzten Gründungszeremonie erkennbar wurde, mag ein sinnfälliges Beispiel für solche Sinnkonflikte sein. Für die Herausforderung zu Verdrängung oder Verkettung von Sinnschichten ist jetzt der 9. November das beste Beispiel: Von der Ausrufung einer deutschen und einer sozialistischen Republik über den Hitler-Putsch und den Gedenktag zur Verfolgung der Juden bis zur Maueröffnung werden an einem Tag wesentliche Situationen der deutschen Geschichte im 20. Jahrhundert teils in einer Wirkungskettung, teils in einem symbolischen Zufall übereinandergeschichtet. Mit einem solchen Zeitort muß man umgehen und kann nicht einfach sagen: Wir wollen jetzt aber nur noch die Wiedervereinigung feiern und nicht mehr an das Reichspogrom denken. Oder wie manche westdeutschen Linken: Wir wollen jetzt nicht in unseren Bewältigungsritualen, deren Tabuisierungen sogar einen Bundestagspräsidenten binnen Stunden hinwegfegen konnten, durch neuen Nationalismus gestört werden. Gleichwohl scheint die Ausflucht aus überkomplexen Erinnerungszumutungen der Nationalgeschichte verführerisch, hat doch die Bundesrepublik die Aura dieses exemplarischen Denktages der Deutschen verworfen und dafür in einer exemplarischen Vereinseitigung ein administratives Datum ohne alle Ereignisqualität zu ihrem Staatsfeiertag erkoren. Geschichtlich kann man dem 9. November nicht ausweichen, aber politisch kann man anscheinend doch versuchen, das kollektive Gedächtnis umzuprogrammieren – dann wird jedoch immer eine leere Inszenierung gegen die Aura des vermiedenen Zeitortes und die Herausforderung durch die Überlagerung seiner Bedeutungsschichten stehen.

Der Sinn muß immer neu gefunden werden, gerade in diesen Überlagerungen. Und er kann auch immer neu konstituiert werden, weil es immer schon äußere Denkmäler gibt, Stände von Wissenschaft, Quellen, an denen man den Sinn neu befragen kann, und Handlungszusammenhänge, in die man hineindenken muß.

Ich möchte jetzt auf zwei Ebenen Folgerungen ziehen, eine etwas ausführlichere und eine ganz kleine. In der ersten versuche ich, noch einmal auf der Makroebene in großen Schritten durch die deutsche Bewältigungsgeschichte der Nachkriegszeit zu gehen und statt der häufigen Vereinseitigung – als sei in Westdeutschland zwar die sogenannte Bewältigung ein bißchen spät gekommen, aber letztlich doch vorbildlich gelaufen, während sie im Osten nach einem guten frühen Ansatz daneben gegangen sei – vorzuschlagen, diese Erfahrungen in einem virtuellen nationalkulturellen Horizont zu sehen und sie wie einen stereophonen Prozeß aus den Zersplitterungen der kulturellen Potentiale, die das Dritte Reich in Deutschland hinterlassen hatte, mit jeweils eigenen Leistungen und eigenen Verlusten zu interpretieren.

Zuvor möchte ich gerne unterstreichen, was Wolfgang Benz hervorgehoben hat. In Westdeutschland konnte man sich nämlich bis vor kurzer Zeit – mittlerweile sind wir ja in allem das Vorbild geworden, aber noch vor drei Jahren hatten wir ein ziemlich kritisches Selbstbewußtsein – unter Intellektuellen nicht sehen lassen, wenn man nicht der Überzeugung war, daß wir die nationalsozialistische Vergangenheit tief verdrängt hätten. Benz hat dagegen betont, daß wir in Westdeutschland eher unter einer Gedenkinflation leiden, die unspezifisch zu werden droht. Auch wenn wir uns mit unseren Nachbarländern und deren Lasten ihrer eigenen Geschichtserfahrung vergleichen, muß man erkennen, daß Geschichtsthematisierung in Deutschland von der

Masse her überhaupt nicht das Problem ist. Wir sind vielmehr vergleichsweise geschichtsbesessen und gerade auf die schlimmsten Aspekte unserer Geschichte fixiert. Das Problem scheint mir nicht die Quantität, sondern die Qualität. Ich möchte deshalb vor einer Tonnenideologie des Antifaschismus warnen und statt dessen fragen: Welche Ausschnitte dieser Vergangenheit haben wir denn wahrgenommen und wann, und welche nicht? Diese Frage sollte man auch für den Osten stellen und nach den wechselseitigen Bezügen und Ergänzungen suchen.

Zunächst zur Spezifität der Verdrängungen. Einleuchtend fand ich, was Annette Leo für die östliche Seite gesagt hat, nämlich daß der Antifaschismus, der anfangs – wenn auch, wie ich denke, nur in einer elitären Form und gezeichnet von der falschen kommunistischen Faschismusanalyse – entsprechend dem Bündniskonzept des Widerstands eine plurale Gestalt hatte, sich in den Machtkämpfen der Sowjetisierungsperiode und durch Moskauer Übergriffe zurückentwickelt hat zu einer Deckerinnerung, in der der deutsche Kollaborant der Säuberungen im Moskauer Exil immer mehr als der eigentliche Fluchtpunkt des Antifaschismus erschien, und die grauen, gebrochenen Formen des Widerstands in Deutschland, aber auch die Masse der Opfer unter dieser Perspektive begraben wurden.

Als Westdeutscher sollte man jedoch hinzusetzen, daß im selben Zeitraum zwischen der Endphase des Krieges und der Hochphase des Kalten Krieges Westdeutschland durch die hohe innerdeutsche Migration zu einer Gesellschaft mit einem erhöhten spezifischen Gewicht von Tätern des Dritten Reiches wurde. Denn in dieser Migrationsbewegung waren einerseits die liberalen und andererseits die nationalsozialistischen besonders belasteten Elemente außerordentlich stark vertreten. Nachdem die Entnazifizierung in einen Rehabilitierungsprozeß umgekippt war, wurden diese Elemente im wesentlichen auch integriert, und im Rückblick kann man vielleicht sagen, daß das noch nicht einmal mit so viel Schaden geschehen ist, wie manche Restaurationskritiker damals fürchteten. Aber zunächst muß man festhalten, daß es geschehen ist und daß es die Erfahrung der fünfziger Jahre sehr stark und damit den Demokratiegründungsprozeß westlicher Prägung entscheidend geprägt hat, daß die Masse der Täter und Mitläufer des Dritten Reiches in die westdeutsche Gesellschaft und auch durchaus in verantwortlichen Positionen integriert worden sind. In dieser Zeit wollte man im Westen nicht gerne über die Erfahrung des Dritten Reiches reden. Vielmehr wurden damals die polemischen Schablonen von östlicher Seite („Antifaschismus", „Restauration", „Refaschisierung") vom Westen mit der umgekehrten Denunziation „Totalitarismus" beantwortet, einer Konkretisierung der Verantwortung also ausgewichen. Dieses lange Schweigen wird in Hermann Lübbes Formel vom kommunikativen Beschweigen der präsenten Erfahrung der Mitlebenden als notwendiger Rahmenbedingung der langsam wachsenden inneren Demokratiegründung zu eng gefaßt; der frühere und kritische Ansatz von Alexander und Margarete Mitscherlich („Die Unfähigkeit zu trauern") mag ähnlich überpointiert gewesen sein, aber er hat zumindest eine Sonde in die verschwiegenen gesellschaftlichen und alltäglichen Übertragungsvorgänge der Nachkriegszeit gesenkt. Dieses Schweigen ist – ähnlich wie auf östlicher Seite – in das System eingegangen, ist aber hier weniger, als die Zeitgenossen meinten, ein konstitutives Merkmal seiner politischen Struktur geworden, als vielmehr in die spezifische Dynamik der Wirtschaftsgesellschaft Westdeutschlands und der ihr zugrunde liegenden Werthaltungen inkorporiert worden. Das können wir nicht einfach wieder aus ihr heraustrennen. Wir können nur versuchen, uns das vor Augen zu halten und uns in unseren alltäglichen Wert- und Verhaltensentscheidungen daran erinnern zu lassen.

Ich habe gerade gesagt, daß zu diesen Verdrängungsleistungen mir auch die beiden Ideologien des Antifaschismus und des Antitotalitarismus als Waffen im Kalten Krieg zu gehören scheinen, und ich möchte das präzisieren. Nämlich insofern sie als Globaldeutungen politisch instrumentalisiert wurden, wo alles außerhalb der eigenen Gesellschaft in ein Feindbild einsortiert und durch eine undifferenzierte Kontinuitätsbehauptung denunziert werden sollte, und zwar in ein innergesellschaftliches Feindbild, das aber in den deutschen Nachfolgestaaten wesentlich nach außen projiziert wurde. Auf der anderen Seite kann man durchaus, wie Rainer Eckert es getan hat, fragen, ob nach aller kritischen Durcharbeitung und Lossagung von der politischen Instrumentalisierung nicht doch etwas von der Tradition des Antifaschismus bleibt. Ich glaube, daß sehr wohl etwas davon in der ostdeutschen Gesellschaft als Prägung in den Menschen bleibt, und daß dies auch ein berechtigtes und notwendiges Wertgefühl und ein Distanzierungsrückhalt ist. Das gilt auch noch in einem anderen, objektiveren Sinn: Die Ostdeutschen (und die Vertriebenen) haben stellvertretend die deutschen Reparationen bezahlt; das ist ein Stück wenn auch nicht aktiver, so doch passiv erlittener Antifaschismus, das im pluralen Raum des kollektiven Gedächtnisses anerkannt sein will.

Allerdings würde ich auch dafür werben, den Totalitarismusbegriff nicht einfach auf die Feindseite oder auf den Trümmerhaufen des Kalten Krieges zu werfen, sondern einen ähnlichen Abrüstungsprozeß mit ihm zu vollziehen, ihn von seiner pauschalen Denunziations-Funktion zu befreien und anzuerkennen, daß er bei genauerer Betrachtung für die Vergleichbarkeit nationalsozialistischer und kommunistischer Herrschaftsinstrumente – gerade der auf Freund-Feind-Unterscheidungen orientierten Ideologiebildung, der durch Propaganda ersetzten Öffentlichkeit und der terroristischen Instrumente der Repressionsorgane, der Durchmilitarisierung der Gesellschaft, der Polizeistaatlichkeit – doch ganz unabweisbar ist. Und ich möchte daran erinnern, daß es auch und zuerst linke und antifaschistische Traditionen einer antitotalitären Kritik gegeben hat, bevor der Begriff im territorialisierten Systemkonflikt im Kalten Krieg seine propagandistische Nützlichkeit zur Entlastung der Bundesrepublik erwies. Insgesamt wären wir meines Erachtens gut beraten, das, was damals von beiden Seiten pauschalisiert wurde und sich auszuschließen schien, noch einmal genauer zu prüfen und zu fragen, ob nicht von beidem etwas bleibt, was unsere Erkenntnismöglichkeiten strukturiert und die Inhalte unseres Gedächtnisses neu zu erschließen erlaubt.

Zur Wiederkehr des Verdrängten nur noch wenige Stichworte. Nach der Zeit des Schweigens im Westen, als wir uns schon international resozialisiert meinten, kamen plötzlich Anfang der 60er Jahre die Hakenkreuzschmierereien, kamen die NS-Prozesse, die NPD. Dann rannten plötzlich die Studenten herum und identifizierten sich mit den vergessenen Antifaschisten. Es waren meistens die Kinder von jenen, die keine gewesen waren. Sie entdeckten die Linke, sie machten das freiwillig, was in der Ostzone nach dem Krieg überwiegend weniger freiwillig vollzogen worden war, nämlich sich sozusagen auf die andere Seite der angestammten Traditionsbildung zu stellen, und in den Anfängen haben sie sich dabei oft der literarischen und historischen Erbevermittlung bedient, die in dieser Hinsicht stellvertretend in der DDR betrieben worden war. Die Wiederkehr des Verdrängten mit seinen Identifikationen, Projektionen und Symbolisierungen war ein unsteuerbarer Prozeß, zugleich unpräzise, verwirrend und produktiv. Zwar hat es eine lange Zeit gebraucht nach diesem Eklat des Gedächtnisses, bis in Westdeutschland die Erinnerungsarbeit der Forschung wirklich vorankam, der Widerstand in vielen Abschattierungen erkennbar wurde und die Alltagserfahrung der Masse der Deutschen und ihre Kompromisse, Wahrnehmungsverweigerungen und unbewußten Prägungen aus der Zeit des Dritten Reiches wieder exemplarisch erschlossen werden konnten. Es hat besonders lange gedauert, bis wir begriffen haben, daß der Nationalsozialismus seine Opfer hauptsächlich nicht unter den Deutschen, sondern unter anderen in Europa hatte und daß insbesondere unsere spezifischen Feinde im Krieg und Kalten Krieg, nämlich die Russen, mit den Juden zusammen die größte Opfergruppe gewesen waren. Zu dieser Erkenntnis sind wir erst ganz kurz vor unserer Gorbi-Begeisterung gekommen.

Diese realistische Erweiterung der Arbeit am kollektiven Gedächtnis hat also auch im Westen sehr lange gedauert, und ich denke, wir sollten uns das alles noch einmal ins Bewußtsein rufen. Wir hätten dann eine Chance zu erkennen, wovon Annette Leo vorhin gesprochen hat, daß es auch auf östlicher Seite – wenn auch weniger eklatante und nur behutsam dosierte – Gedächtniserweiterungen gab, daß es zum Beispiel, als der Antifaschismus wenigstens aus den Moskauer Säuberungsprozessen ins Brandenburger Gefängnis geholt wurde, schon ein Stückchen mehr „Erbe" in der Traditionsbildung gab. Der innere Widerstand gegen den Nationalsozialismus wurde vermehrt erforscht, die „Kindheitsmuster" der Frühprägung im Dritten Reich wurden in der Öffentlichkeit thematisiert – zwar haben sich die Historiker einer solchen alltags- und erfahrungsgeschichtlichen Wende weithin verweigert, aber immerhin sind die Literaten in den 70er Jahren vorangegangen. Man kann differenzieren, daß das System wenig davon schlucken konnte. Zwar sind viele dieser Literaten exiliert worden, aber ihre Impulse hat es gegeben, während es zugleich eine vermachtete und erstarrte Geschichtspolitik und leider eben auch Geschichtswissenschaft gegeben hat. Und man kann erkennen, daß es ein ähnlich spätes und in manchem auch ähnlich pragmatisches Entdecken der auswärtigen Schuldzusammenhänge auf DDR-Seite in bezug auf die Juden gegeben hat wie bei uns Westdeutschen in bezug auf die slawischen Völker. Ähnlich lange hat es auch mit der Wahrnehmung der Verfolgungserfahrung der Sinti und Roma gedauert, weil wir lange die sozialrassistische Komponente des Nationalsozialismus nicht an uns herankommen lassen wollten. Viele dieser Erinnerungsprozesse des sich neu auf seine Asymmetrien, Interaktionen und unterschiedlichen Merkleistungen beziehenden kollektiven Gedächtnisses der Deutschen sind noch unabgeschlossen.

Als zweite Schlußfolgerung und als Konkretisierung dessen, was ich über Verdrängung und die Unwillkürlichkeit der Orte des kollektiven Gedächtnisses gesagt habe, möchte ich angesichts unseres Verhandlungsgegenstands mit der Beobachtung schließen, daß mir die mehrfach verteidigten KZ-Gedenkstätten in der ehemaligen DDR doch auch zu einem großen Teil als Orte der Verdrängung erscheinen. Schon daß man kaum etwas stehen lassen konnte, daß man alles abräumen, große Flächen herstellen und sie mit neuen künstlerischen Symbolgehalten füllen mußte, die alle Spuren löschten und die Leere überragten, scheint mir auf eine große Verdrängungsleistung hinzudeuten, um die Masse der Verfolgten in eine politische Widerstandsgefolgschaft umzucodieren und den nachmaligen Gebrauch der Lager nach 1945 vergessen zu machen. Noch größer ist die den Besuchern zugemutete Verdrängungsleistung, wo die Hinterlassenschaft des Konzentrationslagers und seines SS-Umfelds nicht abgeräumt, sondern militärisch weitergenutzt oder gar, wie einst in der letzten Abteilung der Buchenwald-Ausstellung, die Nationale Volksarmee als Apotheose des Vermächtnisses der KZ-Häftlinge inszeniert wurde. Die Reise nach Sachsenhausen und Ravensbrück hat mich auch in dieser Hinsicht sehr beeindruckt. So, wenn in Sachsenhausen die symbolüberfrachtete Gedenkstätte als ein beklemmender Winkel in einem Militärgelände eingeklemmt war, das ständig weiterbenutzt worden ist und in dem immerhin die Hauptverwaltung der SS für alle Konzentrationslager gelegen war – sicher ebenso ein Denkort wie das KZ-Gelände selbst und schwerlich einfach ein umnutzungsfähiger Behördentrakt. In Ravensbrück war der Eindruck noch schockierender, wo die Gedenkstätte ja quasi außerhalb des KZ angesiedelt werden mußte, weil das KZ eine sowjetische Kaserne geworden war.

Verstehen Sie mich nicht falsch. Ich sage das nicht als einseitige Anklage gegen den Osten. Ich weiß sehr wohl, daß es der Initiative eines einsamen Pfarrers und später von Schülern in den 70er Jahren zu verdanken ist, daß spät in Dachau eine problematische und vereinnahmende katholische Erinnerung an das KZ entstanden ist, dessen Erbschaft die Stadt einen zähen Widerstand entgegensetzte, und daß die dann gewachsene Gedenkstätte neben SS-Kasernen liegt, die von der bayerischen Bereitschaftspolizei weiterbenutzt werden. Ich weiß auch, daß Hamburg in Neuengamme eine Reform-Strafanstalt auf das KZ-Gelände gebaut hat und daß Plötzensee weiterbenutzt und modernisiert wurde. Nur reden wir jetzt und hier über brandenburgische Gedenkorte. Wir sollten uns die Freiheit nehmen, uns auch die großen Verdrängungsleistungen, die in sie eingegangen sind, einzugestehen. Dazu gehört die Abräumung der Nachgeschichte, die Geschichte der sowjetischen Sonderlager und des Kasernenumfelds. Ich bezweifle, daß es gut ist, dieses Abräumen der Spuren und Relikte der Nachgeschichte im Umfeld noch weiterzuführen.

Vielmehr möchte ich für die Wahrnehmbarkeit der Geschichte dieser Denkorte im ganzen, der Erinnerung an die KZ und ihre vielen und unterschiedlichen Opfer, an die Sonderlager nach 1945, an das Umfeld der SS-Siedlungen und Kasernen, an die militärische Weiternutzung nach 1945 plädieren und davor warnen, durch eine museale Endlösung den Fehler des Isolierens, Abräumens und der flächendeckenden Symbolisierung aus den 50er und 60er Jahren zu wiederholen. Insofern stimme ich dem behutsamen Zugang, den die Kommission vorgeschlagen hat, zu. Jeder Umgang mit solchen zentralen Orten unseres kollektiven Gedächtnisses sollte sich gegenüber der Erinnerungsfähigkeit und den Sinnbildungen künftiger Generationen bescheiden und offen verhalten, die Spuren des Verdrängten – wie in Sachsenhausen insbesondere die des sowjetischen Sonderlagers – nicht weiter verwischen lassen, aber auch nicht das Neuentdeckte nunmehr zur Verdrängung des Alten benutzen. Man kann nur an die unterschiedlichen Opfergruppen und ihre Nachkommen appellieren, daß sie diesen gesellschaftlichen Erkenntnisvorgang an den übereinandergelagerten Schichten dieser Tells zeitgeschichtlicher Archäologie mittragen und ihn nicht durch Ausschließlichkeitsansprüche ihres spezifischen Gedenkens blockieren. Dabei sollten wir nicht vergessen, daß solches Mittragen für sie schwerer ist als für andere.

Schließlich sollten wir uns vor einem maßstabslosen Rigorismus hüten, wie er sich offenbar in der exorzistischen Kampagne gegen eine Kaufhalle am Rande des SS-Geländes um das zur sowjetischen Kaserne umfunktionierte KZ in Ravensbrück entladen hat. Hier ist das Mißverhältnis zwischen Reinheitsgebot am Rande und unterwürfiger Verdrängung im Kern so eklatant, daß damit schwerlich die Einsicht und das Mittragen der örtlichen Bevölkerung gewonnen werden kann. Man könnte sogar befürchten, daß es dort im Kern gar nicht um den Denkort des Konzentrationslagers gegangen ist, sondern um einen symbolischen Kalten Krieg zwischen Symbolen der Sowjet-Macht und des Konsumkapitalismus. Daß in der Pressekampagne von der Kaserne nicht die Rede war, gibt zu denken, und auch, daß manche nun dafür plädieren, sie ihrerseits nun ohne Merkzeichen zugunsten einer Art rekonstruierten KZ-Gedenkparks abzuräumen. Die Fürstenberger sind an diesem KZ nicht mehr schuld als irgend ein anderer Deutscher. Dieser Ort ist ohne ihr Zutun in ihrem Raum eingebrannt worden, und deshalb muß im Bewußtsein, daß sein Bestand für sie schwerer zu verkraften ist als für andere, um ihre Einsicht und ihr Mittragen geworben werden. Denn die Orte des kollektiven Gedächtnisses und die Schichten dessen, woran sie erinnern können, kann man sich nicht aussuchen.

Diesseits des „Floating Gap"
Das kollektive Gedächtnis und die Konstruktion von Identität im wissenschaftlichen Diskurs

Begriffe für eine kommemorative Kultur?

Jan Assmann hat in seinem Buch über das „kulturelle Gedächtnis"[1] auf seine unnachahmlich kenntnisreiche, behutsame und entschiedene Weise jene Begriffe erarbeitet, über die ich im Rahmen dieser Tagung *Geschichte und Gedächtnis – Zur Konstruktion kollektiver Identitäten* zu sprechen gebeten worden bin. Er hat den Begriff des kollektiven Gedächtnisses bei jenem Soziologen, der ihn seit den 20er Jahren eingeführt hat, Maurice Halbwachs[2], rekonstruiert und seinen Erfinder als den Begründer der Schule der „social construction of knowledge" avant la lettre ausgewiesen. Zur Präzisierung hat er dazu eine Unterscheidung eingeführt, nämlich zwischen einem kommunikativen und einem kulturellen Gedächtnis, wobei das erste gleichsam das soziale Kurzzeitgedächtnis ausmacht, insofern es die fluide und vergängliche Verständigung der Mitlebenden über ihre selbsterlebte Vergangenheit darstellt, während das kulturelle Gedächtnis jene Symbolisierungen überliefere und zu künftigen Lektüren bereithalte, in denen sich der sinnhafte Erfahrungsgehalt der Mitlebenden – bzw. dessen Deutung oder Zuschreibung durch Nachlebende – objektiviert hat. Des weiteren gehört Assmanns Interesse im Rahmen einer kulturellen Evolutionstheorie diesen kulturellen Symbolisierungen, welche vor aller historischen Distanzierung zur Vergegenwärtigung des Wir-Gefühls einer Gruppe dienen. In den symbolischen Objektivationen, in denen sich das Wir-Gefühl einer Gruppe erkenne und an denen es sich erneuere, komme „kollektive Identität" zum Ausdruck, die, wie die Ich-Identität – jene von Erikson[3] beschriebene Balance zwischen vitalen Anlagen und verinnerlichten Fremd- und Vorbildern des Selbst, als reflexives Phänomen zu verstehen sei. Es entstehe aus der Bewußtmachung von Interaktionen, in denen eigenartige Vergemeinschaftungen und Abgrenzungen von Anderem erfahren worden seien, die sich in überlieferungsfähiger Form nur in kulturellen Symbolisierungen ausdrücken

---

1 Jan Assmann: Das kulturelle Gedächtnis. Schrift, Erinnerung und politische Identität in frühen Hochkulturen, München 1992.
2 Maurice Halbwachs: Das Gedächtnis und seine sozialen Bedingungen, Frankfurt a. M. 1985 (franz. 1925). – Ders.: Das kollektive Gedächtnis, Stuttgart 1967 (franz. 1950).
3 Die zuerst 1946 bis 1956 in USA erschienenen Beiträge sind auf deutsch zugänglich in den Sammlungen Erik H. Erikson: Identität und Lebenszyklus, Frankfurt a. M. 1966. – Ders.: Kindheit und Gesellschaft, Stuttgart 1957 (u. ö.).

könnten. Schließlich hebt er als Kenner früher Hochkulturen die Bedeutung religiöser Verabsolutierung und ritueller Kanonisierung der Objektivationen des Kulturgedächtnisses für die langfristige Stabilität und Erneuerungsfähigkeit solcher kollektiver Identitäten hervor.

Das, was ich hier nur im Stenogramm referiere, legt Assmann in einer so luziden Gelehrsamkeit – bevor er sich Beispielen aus dem alten Ägypten, Israel und Griechenland zuwendet – in der ersten Hälfte seines Buches vor, daß ich mich fragen mußte, warum nicht er, der zeitübergreifende und vergleichende Kulturtheoretiker, der ja ebenfalls an dieser Tagung teilnimmt, sondern ich, ein praktizierender Zeithistoriker, der sich mit der Inkorporation individueller Erinnerungen in die Historie und deren Kritik durch die Intervention des Gedächtnisses herumgeschlagen hat, um dieses Referat gebeten worden war. Ich muß gestehen, daß mich diese Frage in meiner Vorbereitung lange gelähmt hat, weil ich weniger Kulturvergleiche im Blick habe, meine Vorstellung vom Verhältnis von Geschichte und Gedächtnis noch immer im Fluß ist und ich einen erheblichen Widerstand gegen das neue Plastikwort „kollektive Identität" verspüre.[4]

In dieser Not oder Blockierung kam die Hilfe wiederum von Jan Assmanns Buch, das mich daran erinnerte, daß der Theoretiker oraler Gesellschaften und Überlieferungen, Jan Vansina,[5] einst von einem „floating gap" zwischen dem kommunikativen und dem kulturellen Gedächtnis gesprochen hat, also einer „fließenden Lücke", einem definitorisch nicht präzisierbaren Bruch zwischen den Erlebnisgemeinschaften der Mitlebenden und den kulturellen Symbolisierungen der Nachwelt.[6] Vielleicht war ich gar nicht zu allgemeinen begrifflichen Diatriben geladen worden, sondern um die Widersprüchlichkeit und Unausgegorenheit meiner Forschungserfahrungen sozusagen „Diesseits des floating gap" in Überlegungen einzubringen, wie mit der Erfahrung der paradigmatischen „Ethnischen Säuberung" gegen die Armenier im späten Osmanischen Reich umgegangen werden könne. Denn in der Bewahrung dieser Erfahrung waren das kommunikative und das kulturelle Gedächtnis keine so klare consecutio temporum eingegangen, dem kommunikativen fehlte die für moderne Gesellschaften charakteristische wissenschaftliche Stützung, die in einer Diaspora-Situation oft unmerklich von kulturellen Symbolisierungen und Identitätsbildung ersetzt worden war.[7] Und war dieses Verfließen der Lücke zwischen kommunikativem und kulturellem Gedächtnis nicht paradigmatisch für die Opfer ethnischer Ausrottungsmaßnahmen in der Moderne?

---

4 Diesem (wie mir jetzt erscheint: berechtigten) Unbehagen bin ich nach der Tagung in einer begriffsgeschichtlichen Spurensuche nachgegangen, über deren erste Ergebnisse ich in meiner Jenaer Antrittsvorlesung über *Konjunkturen und Konkurrenzen kollektiver Identität* berichtet habe, siehe: Prokla 24, 1994, S. 378-99.
5 Jan Vansinal: Oral Tradition as History, Madison 1985 (franz. 1961), S. 23f.
6 Assmann, Das kulturelle Gedächtnis, S. 48ff.
7 Vgl. verschiedene Beiträge, z. B. den von Helmut Nolte, in: Identität in der Fremde, hrsg. von Mihran Dabag und Kristin Platt, Bochum 1993.

Hinzu kamen andere Erinnerungen aus meinen eigenen Arbeitsgebieten: waren die Erfahrungen der Opfer des Dritten Reichs wirklich von diesen selbst symbolisiert und für die Überlieferung kondensiert worden, oder waren ihre Erlebnisse nicht vielmehr ein Material gewesen, das schon zu einer Zeit in herrschaftliche Diskurse montiert worden war, als den meisten der wenigen betroffenen Überlebenden ob der Ungeheuerlichkeit ihrer Erfahrung noch die Sprache stockte und sie ihren traumatischen Erlebnissen (noch) keinen Sinn abgewinnen konnten?[8] Und inwiefern konnten die Überlebenden für die Toten sprechen, da sie von ihnen doch durch die Differenz von Tod und Leben geschieden waren?[9]

Von diesseits des „floating gap" betrachtet, gerieten auch die Begriffe des Kulturgedächtnisses ins Fließen. Pierre Nora hatte in seinen *Gedächtnisorten* Fundstellen der nationalen Tradition Frankreichs versammelt und in seinen Reflexionen darüber gezeigt, wie sie zugleich noch die Qualität eines kollektiven Gedächtnisses besaßen und doch auch schon Historie repräsentierten, oder – um sein zivilisationskritisches Timbre nachzuahmen – noch Bedeutung tradierten und doch schon begonnen hatten, sich in die Abstraktionen historischer Zeit und die Ausdifferenzierung einer sinnlosen Archivierungsmanie zu verlieren.[10] Und andererseits erinnerte ich mich, wie ich jenseits der absurden Fronten des sogenannten Historikerstreits mit großer, gewachsener Anteilnahme Solshenizyns Dokumentations-Dichtung eines Kollektivgedächtnisses der GULag-Häftlinge[11] wiedergelesen und kaum einen historischen Beitrag zu diesem Thema gefunden hatte, der den geschichtswissenschaftlichen Maßstäben der Zeitgeschichte an Zuwendung, Geduld und Sorgfalt spurenlesender Rekonstruktion genügt hätte[12]. Mußte man sich vor solchen Befunden die Anlage des 19. Jahrhunderts zur geschichtlichen Selbstverständigung über seine zentralen Herausforderungen als moderner als die des 20. Jahrhunderts vorstellen? Wie konnte der Forderung nach einer anamnetischen oder kommemorativen Kultur[13] entsprochen werden,

---

8 Vgl. z. B. die Studien zu den Konjunkturen des Gedächtnisses bei Michael Pollak: L'Expérience concentrationnaire. Essai sur le maintien de l'identité sociale, Paris 1990. – Vgl. auch die Gemeindokumente zu seiner Säuberung im Spätstalinismus: Der „gesäuberte" Antifaschismus. Die SED und die roten Kapos von Buchenwald, hrsg. von Lutz Niethammer unter Mitarbeit von Karin Hartewig, Harry Stein und Leonie Wannenmacher, Berlin 1994.
9 Nachdrücklich betont dies Primo Levi: Die Untergegangenen und die Geretteten, München, Wien 1990 (ital. 1986).
10 Pierre Nora: Les lieux de mémoire, 5 Bde., Paris 1984ff. – Die Einleitung in Bd. 1 ist auch auf deutsch erschienen: ders.: Zwischen Geschichte und Gedächtnis, Berlin 1990.
11 Alexander Solshenizyn: Archipel GULag, 3 Bde., Reinbek 1978.
12 Besonders charakteristisch erscheint mir, daß auch die nach der Debatte defensiv ausufernden Legitimationsversuche Ernst Noltes für sein Plädoyer der Vergleichbarkeit nationalsozialistischer und kommunistischer Massenvernichtung sich praktisch auf keinerlei empirische Forschung zum GULag stützten. Vgl. Ernst Nolte: Das Vergehen der Vergangenheit, Berlin, Frankfurt a.M. 1987. – Ders.: Der europäische Bürgerkrieg, Berlin 1988. – Auch die Erfüllung seiner Forderung von links bei Gerhard Armanski: Maschinen des Terrors. Das Lager (KZ und GULAG) in der Moderne, Münster 1993, leidet an dieser Theoretisierung des kaum Erforschten.
13 Vgl. Johann Baptist Metz: Für eine anamnetische Kultur, in: Hanno Loewy (Hg.): Holocaust: Die Grenzen des Verstehens. Eine Debatte über die Besetzung der Geschichte, Reinbek bei Hamburg, 1992, S. 35–41.

angesichts eines Jahrhunderts, in dem versucht worden war, ganze Völker zu vernichten, und in dem große Teile dieser Völker auch tatsächlich ermordet worden waren – und in dem noch größere Menschengruppen vernutzt und vernichtet wurden, zwischen denen es sonst kein erkennbares Band gemeinsamer Zugehörigkeit gab als ihren Tod? Worauf könnte sich eine kommemorative Kultur in Gesellschaften stützen, deren Geschichtsphilosophien ausgebrannt sind und deren evolutionärer Optimismus mitsamt seiner grausigen Begradigungen der Wirklichkeit zunehmend in Frage gestellt wird?

Am Anfang eines Nachdenkens über die in den wissenschaftlichen Diskursen heute fast modischen Begriffe Gedächtnis und Identität können aus meiner Sicht insofern keine bewährten Definitionen stehen, weil sich angesichts der verfügbaren Definitionen zu viele Fragen stellen. Daher ist es vielleicht besser, wenn ich aus meiner Armut keinen Hehl mache und statt dessen von den theoretischen Schwierigkeiten spreche, auf die ich bei meiner Arbeit diesseits des „floating gap" getroffen bin.

Die Erinnerung und die sozialen Konstruktionen

Ein Gutteil der modernen Literatur über das Gedächtnis konzeptioniert dieses als etwas Einheitliches (einen Raum, einen Apparat) und Abstraktes, so als würden in ihm gleichförmige Informationsqualitäten verarbeitet. Dabei hatte schon die in der Antike angelegte und in der Renaissance vollends ausgearbeitete Mnemotechnik von der Grundeinsicht praktischen Nutzen zu ziehen versucht, daß die Leistungen des Erinnerns schwer merkbarer sprachlicher Informationen verbessert werden können, wenn sie mit dem räumlich organisierten (also davon getrennten) Bildgedächtnis verknüpft werden und darin wiederum mit chockhaften (Benjamin) Gefühlen aufgeladen sind. Weil solche in älteren Kulturtechniken geronnenen Einsichten in das Erinnern als sowohl konstruktive wie auch Eigenüberlieferungen aufrufende Kombination von Gedächtnisdimensionen in der wissenschaftlichen Welt vergessen worden waren[14], konnten so merkwürdige, aller Primärerfahrung widersprechende Frontstellungen in der Gedächtnistheorie entstehen. Bei ihnen ging es im Kern darum, die Erinnerung exklusiv als Wiedergewinnung ennervierter Eigenüberlieferungen[15] oder ebenso exklusiv als präsentistische Konstruktion anhand sozialer Interaktionen und objektivierter Überlieferungen[16] zu verstehen. Die sinnenferne Abstraktion moderner Gedächtnisvorstellungen gilt nicht nur für eine ältere psycho-

---

14 Sie wieder ausgegraben zu haben ist das Verdienst von Frances Yates: Gedächtnis und Erinnerung, Weinheim 1990 (engl. 1966). – Vgl. auch Anselm Haverkamp u. Renate Lachmann: Gedächtniskunst. Raum-Bild-Schrift. Studien zur Mnemotechnik, Frankfurt a. M. 1991.

15 So im Anschluß an Sigmund Freud, z. B. in: Jenseits des Lustprinzips (1920), etwa Alexander Mitscherlich: Der Kampf um die Erinnerung. Psychoanalyse für fortgeschrittene Anfänger, München 1974.

16 So im Anschluß an die Schule des radikalen Konstruktivismus etwa Siegfried J. Schmidt in dem von ihm herausgegebenen Reader: Gedächtnis. Probleme und Perspektiven der interdisziplinären Gedächtnisforschung, Frankfurt a. M. 1991.

logisch-pädagogische Schicht, die vor allem an der Optimierung der Merkfähigkeit interessiert war; gerade die Verknüpfung des radikalen Konstruktivismus mit dem Gedächtnisthema sieht die Gedächtnisleistungen weitgehend als Produkte externer, synchroner, gesellschaftlicher Gegebenheiten und Antriebe, als intern voraussetzungslose Rekonstruktionen hic et nunc. Nach dem Gedächtnis als Speicher nun das Gehirn als Medium, nach der sozialen Konstruktion der Wirklichkeit (bzw. des Wissens) nun auch die der Vergangenheit.

Nun ist dem Zeithistoriker, der sich durch diachrone Gespräche exemplarische Hilfsquellen für Bereiche schaffen will, für die er keine prozessproduzierten Daten (vulgo: Quellen) vorfindet, und sich der Partizipation der Mitlebenden an seinen Fragestellungen versichern möchte,[17] die Mitwirkung der Stützen und Zensuren der umgebenden Kultur für die Gedächtnisleistungen seiner Gesprächspartner nicht fremd, zumal er in der Interaktion des Interviews eine Variante von beidem verkörpert.[18] Die Frage aber ist, ob die äußere Mitwirkung das Ergebnis zur Gänze oder doch im wesentlichen determiniert. Denn dann wäre er in einem circulus vitiosus gefangen und sein Versuch, seine Quellenbasis zu erweitern, wäre umsonst. Die von ihm erhobenen Quellen böten dann seinen von gegenwärtigen Erkenntnisinteressen gespeisten Interpretationen kein Korrektiv, sondern wären nur deren Korrelat. Weil in einer solchen Geschichte alles neu wäre, brächte sie nichts Neues über die Vergangenheit.

Die neuere Generation der Gedächtnis-Theorien vom Typ „neuronale Netze"[19] verabschiedet sich aber vor allem von einer formalen und einheitlichen Vorstellung des Gedächtnisses. Stattdessen schlägt sie das Gedenken wie das Denken überhaupt als ein plurales Zusammenwirken unterschiedlicher Organe mit je eigener inhaltlicher Sensibilität und eigenen Äußerungsformen vor. Dabei geht es nicht mehr nur um die alte Beobachtung unterschiedlicher Wirkungsweisen des Kurzzeit- und des Langzeitgedächtnisses oder – wie in den ursprünglichen psychoanalytischen Modellen – um Schichten der Wahrnehmung und Bewahrung und ihrer willentlichen Kontrollierbarkeit (bewußt, unbewußt). Vielmehr wird das Zusammenwirken getrennter Wahrnehmungs- und Wiedererkennungsorgane etwa für Bilder einerseits und für Sprache andererseits betont, wohl auch für andere Zeichensysteme, für Szenen bis hin zum Geruch und Geschmack, wovon schon Prousts Suche nach der verlorenen Zeit handelte.

---

17 Vgl. Lebenserfahrung und kollektives Gedächtnis. Die Praxis der Oral History, hg. von Lutz Niethammer unter Mitarbeit von Werner Trapp, Frankfurt a. M. 1980.
18 Vgl. Lutz Niethammer: Fragen – Antworten – Fragen. Methodische Erfahrungen und Erwägungen zur Oral History, in Lutz Niethammer u. Alexander von Plato: „Wir kriegen jetzt andere Zeiten". Auf der Suche nach der Erfahrung des Volkes in nachfaschistischen Ländern, Berlin u. Bonn 1985, S. 392–445.
19 Vgl. zusammenfassende Zwischenberichte wie Ernst Pöppel: Grenzen des Bewußtseins. Über Wirklichkeit und Welterfahrung, München 1987. Hinrich Rahmann u. Mathilde Rahmann: Das Gedächtnis. Neurobiologische Grundlagen, München 1988; Paul R. Solomon u. a. (Hg.): Memory: Interdisciplinary Approaches, New York, Berlin, Heidelberg 1988. Erhard Oeser u. Franz Seitelberger: Gehirn, Bewußtsein und Erkenntnis, Darmstadt 1988.

Eine solche plurale Vorstellung, die – altertümlich ausgedrückt – die Sinnesorgane bis ins Gedächtnis verlängert, schützt den Vorgang der Erinnerung vor einer rigiden Unterscheidung des Innen und Außen, als ob hier nur ein mehr oder minder defekter Speicher und dort die Fluidität des Lebens, hier nur ein Medium collagierender Rekonstruktion und dort in der Gesellschaft die Antriebe und inhaltlichen Bauteile wären. Durch diese plurale Öffnung der Vorstellung von Denken und Gedächtnis wird indessen auch die Theorie von der sozialen Konstruktion des Wissens nicht widerlegt. Doch wird sie sozusagen nach innen geöffnet, nämlich für ein inneres Widerlager der Wahrnehmungs- und Erinnerungsvorgänge, über dessen Zusammensetzung aus ererbten Anlagen, erworbenen Wahrnehmungsstrukturen und bewußten sowie unbewußten inhaltlichen Erinnerungspotentialen, ihre Langlebigkeit und ihre wechselseitige Abhängigkeit noch immer wenig Verläßliches bekannt ist. Man könnte auch sagen, daß gerade in der Gedächtnistheorie die Zeit des theoretischen Vorabs, die geschlossenen technischen Metaphern (Schrift, Archiv, Speicher, Medium) wie auch die exklusive Isolierung natur - und kulturwissenschaftlicher Zugänge zugunsten eines offeneren Problemfeldes überwunden wurden, in dem freilich das meiste noch ziemlich unklar ist, und sich die Vorstellung, wir stünden kurz vor einer Verselbständigung künstlicher Intelligenz, als ein bizarrer Wunsch- oder Alptraum ausnimmt.[20]

Festzuhalten ist dagegen, daß die Menschen immer größere Anteile ihrer wachsenden Wahrnehmungs-, Denk- und Gedächtnisapparate in kollektive technische und kulturelle Veranstaltungen auslagern, so daß die individuellen Verarbeitungsmöglichkeiten den gesellschaftlichen Objektivationen immer weniger gewachsen erscheinen. Die Zurückdrängung der Naturabhängigkeit hat nicht zum selbstherrlichen Subjekt geführt, sondern ist durch die Unentrinnbarkeit der Kulturabhängigkeit mehr als aufgewogen worden. All das macht aber die Annahme nicht wahrscheinlicher, daß unser Kopf leer ist.

In diesem geöffneten Feld macht es wieder Sinn, auch zum Erinnern der Einzelnen kulturwissenschaftliche Beobachtungen beizutragen. Dazu gehört zunächst die banale Tatsache, daß unsere Zivilisation zwar einerseits immer gewußt hat, daß Menschen das meiste, was sie bemerken, über kurz oder lang wieder vergessen, daß sie verdrängen und daß sie lügen können, gleichwohl aber zentrale gesellschaftliche Konfliktbewältigungen um das individuelle Gedächtnis herum aufgebaut hat und zur Stimulierung und Kontrolle seiner Äußerungen kunstvolle und erfahrungsgesättigte Institutionen und Regelwerke pflegt. Ich meine erstens die Vernehmung in der Strafverfolgung, die auf der begrenzten Leistungsfähigkeit erinnerter Zeugenschaft und der Notwendigkeit ihrer intersubjektiven Kontrolle (durch mehr als einen Zeugen oder andere Beweise) und komplexen Beurteilung (durch freie Beweiswürdigung des

---

20 Jedenfalls hat sich dem Verfasser dieser Gesamteindruck aus den interdisziplinären Diskussionen der von Sigrid Weigel und ihm geleiteten Studiengruppe Gedächtnis, die von 1990 bis 1993 am Kulturwissenschaftlichen Institut im Wissenschaftszentrum NRW arbeitete, und deren ich hier mit Dankbarkeit „gedenken" möchte, eingeprägt.

Gerichts) gründet, zweitens die Beichte bzw. in jüngerer Zeit die Therapie als ein künstliches, von gesellschaftlichen Sanktionen freigehaltenes Setting zur Entlastung von unwillkürlichen Erinnerungen, die sich erst in den Interaktionen eines gesellschaftlich zugleich geschaffenen und verschatteten Schutzraums hinreichend äußern können. Während der Schul-, Ausbildungs- und Informationsbereich das individuelle Gedächtnis gesellschaftlich prägen will, geht es bei der Zeugenschaft und dem Auftauchen unwillkürlicher Erinnerungen um Gedächtnisleistungen, die zwar in gesellschaftlichen Institutionen auftreten, die aber gerade nicht als gesellschaftliche Konstruktionen verstanden werden können, sondern diesen vorausliegen. Die historische Erhebung von Lebensgeschichten als Zeitzeugenberichte oder als kulturelle Materialien einer Erfahrungsgeschichte knüpft an diesen kulturell geronnenen common sense an, nämlich daß im Erinnerungsinterview, das als solches schon eine Mischung aus interaktiviertem und autonomem Erinnern ist, sowohl Konstruktionen des kollektiven Gedächtnisses als auch Eigenüberlieferungen erfahrungsüberschreitender Individualerlebnisse zum Ausdruck kommen und mit konventionell vermerkten Daten und willentlichen oder unwillkürlichen Informationsverlusten (das ist der größte Teil) im Gemenge liegen.

In unseren Kulturbreiten[21] erbringt ein lebensgeschichtliches Gespräch in der Regel höchst verschiedenartige Elemente, die nach Form und Inhalt unterscheidbar sind: 1. Der selbstgesteuerte Lebensbericht ist meist fast vollständig eine aktuelle gesellschaftliche Konstruktion, das heißt die biografischen Daten werden in ein konventionelles gesellschaftliches Muster wie einen Bewerbungslebenslauf, das Formular einer Kaderakte oder auch den Roman vom Werden und Wachsen eines bürgerlichen Individuums wie *Wilhelm Meister* verfüllt. Immerhin darf bemerkt werden, daß diese Daten von Geburt und Ausbildung, Beruf und Familie fast jedem Befragten absolut und im Verhältnis zu den großen Ereignissen der Politik den meisten Gesellschaftsmitgliedern in fast jeder Stufe des Erwachsenenlebens in großer Dichte und mit hohen Trefferquoten verfügbar sind. Eine so hohe Durchsetzung gesellschaftlich vereinheitlichter Zeitvorstellungen und -anforderungen hätte man vor zweihundert Jahren hier kaum finden können und könnte sie auch heute in einem Radius von einigen tausend Meilen keineswegs überall antreffen.

Wird dann das Fragespiel des Interviews eröffnet, produziert die interaktive Narration in der Regel drei differente Textsorten, die der oder die oral historian meist ganz im Gegensatz zu den in ihnen aufgehobenen menschlichen Leistungen bewertet: 2. Am wenigsten goutiert er/sie das Komplexeste, nämlich die Erfahrungsreflexion, worin der Bericht über vergangene Erlebnisse mit deren Bewertung durch zwischenzeitliche Folgenerfahrung und heutige eigene oder gesellschaftliche Normen untrennbar verbunden ist. Während der Transfer gelingender Erfahrungsbildung literarisch

---

21 Ich fasse im folgenden vor allem Einsichten aus zwei Forschungsprojekten zusammen. Vgl. auch Lutz Niethammer u. Alexander von Plato: Lebensgeschichte und Sozialkultur im Ruhrgebiet. 1930–1960, Berlin, Bonn 1983–85ff.; Lutz Niethammer, Alexander von Plato, Dorothee Wierling: Die volkseigene Erfahrung. Eine Archäologie des Lebens in der Industrieprovinz der DDR, Berlin 1991.

oder didaktisch von hohem Interesse sein mag, interessiert die historische Interpretation hauptsächlich der pathologische Fall nicht-integrierbarer Erlebnisse, denn auch hier gilt wie in der Medizin, daß Gesundheit nicht interpretabel ist. 3. Mit professionellem Interesse wird hingegen honoriert, was die Befragten an Daten und Bezeugungen vergangener Routinen aus ihrem latenten Gedächtnis erheben, denn die oral history weiß, daß längerfristige Routinen zwar nicht zum aktiven Gedächtnis gehören, aber in hohem Maße erinnerlich sind und zwar um so treffsicherer, je weniger sie heute Sinn machen oder nehmen, das heißt gesellschaftlichen Zensuren unterworfen sind. 4. Auf das meiste Interesse wird der Befragte treffen, wenn er das tut, wofür er sich selbst oft genug entschuldigt und worauf Anfänger manchmal nicht hören, nämlich Geschichten, Anekdoten, „Dönekes" zu erzählen, also narrative Moleküle einschiebt, die gegenüber der übrigen Gesamtnarration oder Gesprächsinteraktion durch ihre szenische Gestalt und ihre besondere Sinnerschließung vom Erzählende her abgegrenzt sind, und die um so mehr Aufmerksamkeit verdienen, je mehr ihr Sinn den Sinnkonstruktionen der aktuellen Selbstdarstellung oder der gesamten Interviewerzählung zuwiderlaufen. Dann nämlich ist die Vermutung begründet, daß dem Erzähler sein Gedächtnis einen Streich gespielt hat, und er einfach etwas aus der Vergangenheit erzählen mußte, was zu seiner heutigen Sicht der Dinge gar nicht paßt, daß also unwillkürliche Erinnerungen seine Erfahrungskonstruktionen aufgebrochen haben. Gewiß, das muß nicht immer so sein; vielleicht hat der Erzählende auch nur eine Assoziation in die Form einer Geschichte gekleidet, die er am Vorabend im Fernsehen passabel fand. Sicher lohnt eine solche Geschichte aber näherer Untersuchung, ob es sich tatsächlich um einen Ausdruck unwillkürlicher Erinnerung handelt, denn die Form der szenischen Anekdote gehorcht nicht nur den erfolgreichsten Erzählkonventionen, sondern auch den Wahrnehmungen jenes Neuen in der Lebenserfahrung, das die bis dahin angelegten Erfahrungsstrukturen überschritt und noch von keinen bis dahin gebildeten begrifflichen Instrumenten zur bloßen Wiederholung reduziert werden konnte. Vorbegrifflich bedeutsames Erleben scheint das Gedächtnis als szenisches Bild zu bewahren, das anekdotisch abgeschildert werden kann; seine Wiederholungen vermögen nicht mehr diesen Choc (Benjamin) oder diese Ennervierung (Freud) auszulösen, vielmehr werden sie als Sättigung des Primärerlebnisses eher wertbestätigend als narrationsgenerativ aufgenommen. 5. Schließlich bezeugen die meisten lebensgeschichtlichen Gespräche den seit alters bekannten assoziativen Charakter des Gedächtnisses, wobei sich immer neue Geschichten an eigene oder vom Interviewer eingeführte Begriffe, Namen, Daten, Bilder oder Impulse anfügen mögen. Offenbar sind die spontanen Leistungen des Gedächtnisses eher in einer Verkettung von Zeichen und Gefühlen als in einer Hierarchie von Begriffen oder Systemen zu erschließen. Überhaupt scheint das emotionale Element und die Verkettung von Sinneseindrücken im Gedächtnis in tieferen und zuverlässigeren Überlieferungsschichten oder -arten zu gründen als das kognitive Element sprachlich bereits verarbeiteter Gedächtnisinhalte. In Gruppengesprächen, die über eine Vielfalt von emotionalen, sinnlichen und assoziativen Dimensionen das

Gedächtnis über die Fragen eines Interviewers hinaus anzuregen vermögen und vielfach den anekdotischen Formen alltäglichen Erzählens gehorchen, gibt dann oft ein Wort das andere.

Das Gedächtnis der Einzelnen scheint also unterschiedliche Inhalte zu haben, aber es äußert sie in jeweils zugehörigen formalen Gattungen nur oder vor allem in der Interaktion gegenwärtiger sozialer Situationen, die auf die Vergangenheit hin konnotiert sind. Es sucht diese Inhalte, die unvergeßlichen Erlebnisse des Neuen aus der Vergangenheit oder das latente Wissen um das immer Gleiche, in heute gültige Begriffe und Sinnaussagen zu integrieren. Zuweilen kann es jedoch gerade die unvergeßlichsten Erlebnisse in diese Erfahrungskonstruktionen nicht – nicht mehr oder noch nicht – aufnehmen. Das wirft dann Fragen an den verkürzten Sinn des Rückblicks auf, das heißt an seine gesellschaftlichen Determinanten in der Gegenwart. Zugleich schärft es jedoch das historische Interesse am Widerstandscharakter jener Geschichten, die in der nachmaligen Erfahrungsbildung nicht aufgehoben werden konnten und insofern willentlicher Verfügung und begrifflicher Reduzierung voraufliegen.

Die Erfahrung mit im besonderen Setting der oral history produzierten Erinnerungen der älteren Generation der Mitlebenden in Europa lehrt darüber hinaus, daß in ihnen die durch den lebenszyklischen Erfahrungsaufbau und die Erzähltraditionen des jeweiligen Milieus vorgegebenen Normalverteilungen der Gedächtnis-Gattungen häufig politisch gestört sind. Grob gesprochen würde eine solche Normalverteilung in halb-öffentlichen Erinnerungsgesprächen erstens eine Häufung szenischer Erinnerungsanekdoten in den formativen Perioden der sekundären Sozialisation auto-biografischer Erinnerung nahelegen, insofern die dort erwartbaren grundsätzlichen und begrifflich nicht vorbereiteten Lernsituationen von tiefer emotionaler Bedeutung spiegeln, und zweitens durch die schichtspezifischen Erzähltraditionen zu relativieren sein, nach denen anekdotisches Erzählen in begrifflich weniger geschulten Bildungsschichten die alltägliche Kommunikation besonders auszeichnet, soweit sie Gelegenheit zu außerroutinisierten Erlebnissen haben. Im übrigen würden sich die emotional aufgeladenen narrativen Moleküle in der Lebensgeschichte sozusagen auf die Unfälle und die Glücksfälle der Biografie beziehen. Die im massenhaften Vergleich beobachtbare politische Störung solcher Normalverteilung besagt nun, daß von den genannten Häufungen unabhängige Kumulationen szenischer Anekdoten sich um politisch generierte Schwellen der Geschichtserfahrung bilden, in denen unabhängig vom Lebensalter die in der Sozialisation angelegten Erwartbarkeiten überschritten wurden. In Deutschland sind dies in aller Regel die für fast jeden Einzelnen unausweichlichen Großereignisse wie der Erste Weltkrieg, die Wirkungen des Zweiten Weltkriegs, vor allem zwischen 1943 und 1948 mit verbreiteten traumatischen Individualerlebnissen, und – in sozial sehr viel selektiverer Weise – der 17. Juni und der Mauerbau im Osten und – noch begrenzter – 1968 im Westen. 1989/90 bezeichnet hier eine weitere solche Schwelle, allerdings fast nur im Osten, weshalb die

573

Bezeichnung „Deutsche Vereinigung" als ein asymmetrischer Begriff verstanden werden muß.

Von der Überlagerung biografiesoziologischer und nationalhistorischer Erinnerungstypen weichen in der älteren Generation der Mitlebenden drittens die Erinnerungen extrem-traumatisierter Überlebender kollektiver Vernichtungsmaßnahmen oder zur Vernichtung tendierender Repression ab. Für diese Erinnerungen ist es charakteristisch, daß sie nach einer ersten Woge anklagender Zeugenschaft in ihrer konkreten Einzelwahrnehmung so unerträglich waren, daß sie sehr oft für Jahrzehnte auf der Suche nach einer Art von Normalität gleichsam eingekapselt werden mußten, wobei die Einfügung in die Stereotype des zugehörigen Opferkollektivs Schutz und Entlastung für den Erinnernden bieten konnte. Erst nachdem das jeweilige Kulturgedächtnis über Massendokumentationen, historische Forschung und Verbildlichung einer kollektiven Identität der Verfolgungserfahrungen vorgearbeitet hatte und sich wie ein schützender Kokon um den entblößten und verwundeten Einzelnen schloß, erweiterte sich die Möglichkeit, die konkrete Eigenerinnerung zur Sprache zu bringen, und zwar oft im Widerspruch gegen die nun schon etablierten kollektiven Sinngebungen. Vorbilder für eine solche individuelle Gedächtnisarbeit Überlebender schufen z. B. Primo Levi, Jean Amery oder Jorge Semprun. Was sie – und in der Folge auch Interview-Interaktionen, für die Claude Lanzmanns „Shoah" exemplarisch wurde – hervorzuholen vermochten und was ihre Arbeiten zu den großen Menschheitsdokumenten dieses Jahrhunderts machte, war die Erinnerung daran, daß die Opfer der Verfolgungs- und Vernichtungsapparate nicht nur von außen zu einer Nummer und zu Ungeziefer herabgewürdigt, sondern auch vor dem eigenen inneren Auge entmenschlicht worden waren. Solche konkretisierende, schmerzhafte Erinnerungsarbeit ist zunächst oft gerade von anderen Überlebenden wie eine erneute Traumatisierung empfunden und empört abgelehnt worden; auf die Dauer entfaltete sie jedoch eine große innere Kraft historischer Beglaubigung aus der Selbst-Enthüllung einer Menschlichkeit jenseits aller konventionellen Idealisierungen des Menschen.

Identität zwischen Unentrinnbarkeit und Selbstbespiegelung im unendlichen Anderen

Eben habe ich zum ersten Mal in dem Abschnitt über Gedächtnis das Wort „kollektive Identität" benutzt und zwar für eine vergemeinschaftende Extremerfahrung, die – trotz aller individualisierender Überlebensanstrengung – im wesentlichen von außen, durch die Verfolger gestiftet wurde. Das mag zunächst ein unauffälliger Sprachgebrauch sein, weil kollektive" Identität heute alles bezeichnen kann, was Menschen in irgendeiner Weise verbindet. Auffällig ist aber, daß eine solche passive Erfahrungsgemeinschaft kein positiver Wert ist, wo heute Identität doch vor allem einen kollektiven Auftrag zu umfassen scheint: europäische Identität ist ein programmatischer Entwurf, Mangel an deutscher Identität eine politische Sünde, Corporate Identity ein marktwirtschaftliches Must, weibliche Identität ein Lebenszusammenhang und ethnische Identität eine multikulturelle Verpflichtung. Für einen aufmerksamen Medienbenutzer vergeht kein Tag ohne neue Identitätsbeschwörungen und -angebote.

Die Verpflichtung zu kollektiver Identität ist ein neuer Zivilisationsstandard. Seine Weltkonjunktur begann im Amerika der 60er Jahre, im folgenden Jahrzehnt wurde er in Deutschland philosophisch überhöht und in der damals noch existierenden Dritten Welt ethnisch unterfüttert. Mittlerweile ist er weltweit ein operativer Begriff der Kulturindustrien und des Bewußtseinsmanagements, mit dem herrschaftsunverträgliche Traditionen und der grassierende Individualismus durch neue, dem jeweiligen Herrschaftsterritorium angepaßte politische Kulturen ersetzt und therapeutische Schwebezustände zwischen der Befeuerung und Befriedung konkurrierender Wir-Gefühle erzielt werden sollen. Wenn man bedenkt, daß am Anfang dieses Jahrhunderts deutsche Lexika das Fremdwort Identität noch mit „Einerleiheit" verdeutschen wollten und nur auf fachsprachliche Fundstellen in der Philosophie des deutschen Idealismus und in der formalen Logik verweisen konnten,[22] ist die seitherige Karriere dieses Worts gerade in Deutschland bemerkenswert. Der Beginn seiner verbreiteten Begriffsgeschichte[23] läßt sich zurückdatieren auf seine Übernahme in die Humanwissenschaften im Jahr 1945, als er in den USA von dem deutsch-jüdischen Psychoanalytiker Eric H. Erikson als Leitbegriff seiner Ich-Psychologie eingeführt wurden. In der Folge wurden auch die früheren Versuche George Herbert Meads, die innere Leere der amerikanischen Rollensoziologie durch das Konstrukt eines reflexiven „Selbst" zu füllen, auf die neue Terminologie umgestellt. Danach verbreitete sich der Identitätsbegriff in der Öffentlichkeit als eine Norm psycho-sozialer Gesundheit, nämlich im Zuge der Sozialisation durch bewußte Reflexion von Fremdzuschreibungen und Identifikationen eine gelungene Balance zwischen den Anlagen des Ich und den internalisierten Fremdbildern und Inanspruchnahmen umgebender Gruppen herzustellen. Diese dynamische Norm bewußter Balance des Individuums in der Gesellschaft stand im Hintergrund, als der Begriff seit den 60er Jahren auf Kollektivsubjekte übertragen wurde, zunächst auf die „politische Identität", welche die Entwicklungsländer in ihren Bevölkerungen hervorrufen müßten, um eine demokratische

---

22 So definiert z. B. Meyers Großes Konversations-Lexikon, Leipzig, Wien ^{6}1906, Bd. 9, S. 738: „Identität (neulat.), Einerleiheit, herrscht im weiteren Sinne zwischen Begriffen, wenn sie miteinander vertauscht werden können (Wechselbegriffe), im engeren Sinne, wenn sie ein und derselbe Begriff sind." – Dasselbe sagt vom „Identitätsnachweis": „Der I. hatte zuerst eine Bedeutung erlangt für die Rückvergütung entrichteter Zölle bei der Wiederausfuhr eingeführter Waren oder der aus eingeführten Roh- oder Halbfabrikaten hergestellten fertigen Erzeugnisse."
23 Grundlegend David J. de Levita: Der Begriff der Identität, Frankfurt ^{2}1971, 1976 (engl. Den Haag 1965); Lothar Krappmann: Soziologische Dimensionen der Identität. Strukturelle Bedingungen für die Teilnahme an Interaktionsprozessen, Stuttgart ^{4}1975 (zuerst 1969). – Siehe auch Kanonische Kurzfassung bei Helmut Dubiel: Identität, Ich-Identität, in: Historisches Wörterbuch der Philosophie, hg. von Joachim Ritter und Karlfried Gründer, Bd. 4, Basel, Stuttgart 1976, Sp. 148–151.

Entwicklung nehmen zu können,[24] später auf die „vernünftige Identität" postkonventioneller Gesellschaften,[25] in denen die verhängnisvollen nationalen Traditionen durch eine Über-Ich-Bildung im Zuge jeweiliger praktischer Bezugnahmen auf spezifische Andere im Horizont der kommenden Weltgesellschaft ersetzt werden sollten.

Das ist aber nur die aufgeklärte Lichtseiten der Begriffsgeschichte kollektiver Identität, hinter der meist ihre Schattenseite unbeachtet bleibt; in der Tat war jedoch der Schatten früher da als das Licht. In Wahrheit gibt es mehreren Wurzeln des soziopolitischen Begriffs Identität, die in die 20er Jahre zurückreichen. In Deutschland ist die wichtigste eine proto-faschistische Auffassung von Demokratie als Identität der Regierenden und der Regierten, welche die Gleichartigkeit des Volkes voraussetzt, die dann in den 30er Jahren als völkische Artgleichheit umgeschrieben werden konnte und die Affinität der Demokratie zur Diktatur eines völkischen Führers rechtfertigten sollte (Carl Schmitt). Hier ging es gerade nicht um eine Balancierung der Jeweiligkeit des Einzelnen in der Spannung mit wechselnden Gruppen von Anderen, sondern um die Feststellung der Jeweiligkeit der Gruppen und die Ausgrenzung Abweichender.

Im übrigen mag in unserem Zusammenhang die vielfältige Frühgeschichte des Eindringens des Identitätsbegriffs in die Sozialwissenschaften und in die Öffentlichkeit dahingestellt sein;[26] wichtig ist mir hier, darauf hinzuweisen, daß in dieser Vorgeschichte des Begriffs ein objektiver Nationalismus angelegt ist, der auch durch seine spätere psychoanalytisch-soziologische Wendung nur überlagert werden konnte, aber in der Konjunktur kollektiver Identität in den 80er Jahren sich als rechter Kontrabaß seiner linken Besetzung wieder Gehör verschaffte[27].

Solch postmodern postulierter Nationalismus politisch beratender Kultureliten gewann dann mit der Öffnung der Berliner Mauer – und sei es aus Überraschung – eine breitere Bedeutung in der Politik und in den Medien. Es wäre naiv oder verblasen, ihn im Konzert der Öffentlichkeit durch nominelle Definitionen ausschließen zu wollen. Vielmehr haben wir es hier mit einem jener wissenschaftsförmigen Plastikwörter[28] zu tun, deren internationale Erfolge gerade darin gründen, daß sie prinzipi-

---

24 Vgl. den köstlichen Begriffs-Krimi von William J. M. Mackenzie: Political Identity, Manchester 1978; Philip Gleason: Identifying Identity. A Semantic History, in: Journal of American History 69, 1983, S. 910–931.
25 Jürgen Habermas: Können komplexe Gesellschaften eine vernünftige Identität ausbilden?, in: ders.: Zur Rekonstruktion des Historischen Materialismus, Frankfurt a.M. 1990 (zuerst 1976), S. 92–126.
26 Vgl. dazu Niethammer: Konjunkturen und Konkurrenzen, S. 384ff.
27 Vorbereitet durch Beiträge zur Begründung einer konservativen Postmoderne wie Odo Marquard: Identität: Schwundtelos und Mini-Essenz. Bemerkungen zur Genealogie einer aktuellen Diskussion. – Hermann Lübbe: Zur Identitätspräsentationsfunktion der Historie, in: Odo Marquard u. Karlheinz Stierle (Hg.): Identität, München 1979, S. 347–369 und 277–292. – Dann, nach der „geistig-moralischen Wende" Genschers, ideologisch proklamiert durch Sinnstifter wie Michael Stürmer: Wem gehört die deutsche Geschichte?, in: Deutsche Identität, hrg. vom Studienzentrum Weikersheim, Mainz-Laubenheim 1983, S. 48–64. – Ders.: Suche nach der verlorenen Erinnerung, in: Beilage zur Wochenzeitung Das Parlament 36, 1986, Nr. 20/21, 17./24.6.1986.
28 Vgl. Uwe Pörksen: Plastikwörter. Die Sprache einer internationalen Diktatur, Stuttgart ⁴1992 (zuerst 1988), zu Identität siehe S. 17.

ell nicht durch Definitionen festgelegt werden können, sondern aus der Metasprache jener Talkshow-Titel ihre Kraft ziehen, unter denen gegensätzliche Meinungen ihr zugleich agonales und unentscheidbares Spiel treiben und deren Wirkung nicht nach Inhalten, sondern nach Performance bemessen wird. Zugleich verbreiten sie jedoch eine Normativität eigener Art und erwecken bei den Adressaten ein schlechtes Gewissen, wenn diese – wie in unserem Fall – nicht mit irgendeinem Kollektiv „identisch" sind, vielmehr die Unterschiedlichkeit ihrer simultanen Zugehörigkeiten zu verschiedenen Herkunftstraditionen, Institutionen, Gruppen, Beziehungen und Handlungszusammenhängen fühlen, aus denen erst Freiheit erfahren und jeweilige Verständigung versucht werden kann.

Zeugnisse Überlebender von Genozid und Massenterror

Nun könnte man einwenden, daß der Begriff der kollektiven Identität seine Konjunktur dem Umstand verdanke, daß er – analog der lebensgeschichtlichen Identität in ihrer Balance zwischen eigener Anlage und gesellschaftlichen Ansprüchen und in ihrer Vermittlung zwischen Ich-Erinnerung und personaler Verwandlung – etwas zu thematisieren vermöchte, wozu andere Begriffe nicht taugten, nämlich die überindividuelle Kontinuität, den Rückhalt einer Gemeinsamkeit diesseits und jenseits des Nationalstaats und auch die Verantwortungsbindung von Gruppen, Ethnien, Nationen oder anderen politischen Verbänden jenseits aller institutionellen Formverwandlungen, ja jenseits der Zerstreuung ihrer Mitglieder in die Diaspora anderer Gesellschaften. Aber bei genauerem Hinsehen erscheint eine solche Einrede als zu abstrakt. Sie lieferte nur eine Formel, in der sich z.B. die deutsche Nation als eine mächtige und – trotz der Spaltung in unterschiedliche Erfahrungsgemeinschaften – massive Mehrheitsgesellschaft, die keine Sicherheit darüber gewinnen kann, wie sie die vielen Opfer von Terror, Krieg und Genozid des Dritten Reichs in ihre geschichtliche Kultur aufnehmen soll, und z. B. die Armenier als eine politisch zerklüftete und weltweit zerstreute Gemeinschaft, deren Überlebende noch immer eine große Wunde spüren und doch nicht so recht wissen, wie sie diese verstehen sollen und tradieren können, auf eine täuschende Weise in denselben Problemzustand einer langanhaltenden „Identitätskrise" versetzt fühlen könnten. Abstraktion ist gewiß eines der Grundverfahren wissenschaftlicher Begriffsbildung. Aber dem Gedächtnis dient abstrahierende Begriffsbildung der Wiedererkennung des Verstandenen und dem Vergessen des Konkreten und – in seiner Konkretion – Unbedeutenden. Wo das Gedächtnis ein Trauma bewahrt, kann dieses zwar zuweilen verdeckt oder versiegelt werden, es bleibt aber – wann immer es erinnert wird – so konkret und einzigartig und bedeutungsvoll, wie es wahrgenommen wurde.

Insofern unterscheiden sich Deutsche und Armenier, um im Beispiel zu bleiben, in den Identitätsvoraussetzungen ihrer Gedächtnisse.

In den Überlebenszeugnissen derer, die von den Vernichtungskampagnen dieses Jahrhunderts betroffen waren und sie gleichwohl überlebt haben, treffen wir – im Härtetest des Begriffs – auf einen komplexeren Befund: eine Identität, die nicht auf Selbstbespiegelung beruht. Die Opfer der „ethnischen Säuberungen" dieses Jahrhunderts lebten davor in der Regel in einer Pluralität komplexer Bezüge, die nur ein fremder, ein feindlicher Blick auf ihre Zugehörigkeit zu einer ethnischen Minderheit reduzieren konnte. Gerade die Gebiete, die im 20. Jahrhundert ethnisch „entmischt" und „gesäubert" wurden, zeichneten sich davor durch eine sozio-kulturelle und ethnische Vielfalt im Raum aus, in der staatsrechtliche Zurechnungen, ethnische Herkünfte, Standes – oder Klassenzugehörigkeiten, Sprachen, politische Ausrichtungen und religiöse Bekenntnisse variierten und vielfältige Identitäten ermöglichten. Erst die Fremdzuschreibung durch den exklusiven politischen Anspruch einer feindlichen Ethnie an der Macht reduzierte diese Vielfalt auf eine einzige Kategorie und bleute den Unterworfenen ihre Ethnizität als bedeutsamstes Unterscheidungsmerkmal ein – in Mitteleuropa enthielten Zwangsabzeichen, die einem aufgedrückt wurden, wie der Judenstern oder das Ostarbeiterabzeichen, die Frage, die bei den Überlebenden der KZ- und Vernichtungslager unabweisbar wurde, nämlich ob solche Reduktion noch ein Mensch sei[29]. Die Überlebenden leben von der Grunderfahrung, daß man sich mit Glück und Geschick aus solcher Identifikation mit einer einzigen und hochgefährdenden Dimension herausdifferenzieren könnte, denn das Überleben war eine individuelle Arbeit, in der gerade diejenigen Qualifikationen zählten, die von der zugeschriebenen Identität abwichen.

Im Danach der überlebenden Opfer war die Umwertung des Kainsmals ethnischer Diskriminierung in eine nationale Identifikation keineswegs eine Option für alle. Oft gab es keine Zuflucht in einer nationalen Heimstätte, wie sie ein Teil der Juden in Palästina erkämpfte, oder der Heimstätte blieb wirkliche nationale Souveränität – z. B. innerhalb des sowjetischen Imperiums – versagt. Viele überlebende Opfer standen auch einer solchen Umwertung skeptisch gegenüber und sahen in ihr – bei aller Betonung der Differenz – ein Stück Identifikation mit dem Aggressor. Jedenfalls lebten die meisten überlebenden Opfer nach ihrer traumatischen Erfahrung als Minderheiten in gesellschaftlichen Zusammenhängen, in denen sie ihre ethnische Herkunft nicht in einer nationalen Selbstbestimmung entwickeln konnten, etliche lebten sogar in den Tätergesellschaften. Auch bei denjenigen Völkern, die eine nationale Heimstatt errangen oder über ein mehr oder minder autonomes Territorium verfügten, blieben erhebliche Teile der Schicksalsgenossen in der Diaspora zerstreut. Dort konnten sie in der Regel nur leben, wenn sie sich mindestens im Beruf und in der Öffentlichkeit auf diese Gesellschaft einließen, und die den Erfahrungsträgern folgende Generation war meist zu weitergehender Integration bereit.

In gewisser Weise ließe sich aber auch sagen, daß – unabhängig von solchen Differenzierungen – alle Überlebenden der Ethnozide des 20. Jahrhunderts in der Diaspora

---

29 Primo Levi: Ist das ein Mensch? Die Atempause, München 1988 (ital. 1958).

lebten. Die Erfahrung der Verfolgung und des Überlebens hinterließ sie mit einem oft um der Wiedergewinnung alltäglicher Lebensmöglichkeiten willen mühsam verdrängten Sonderbewußtsein und einer Einsamkeit selbst unter denjenigen ihrer Ethnie, die diese Erfahrung nicht am eigenen Leibe gemacht hatten. Man könnte sagen, daß für diese überlebenden Opfer kollektiver Identifikation im Nachher eine entspannte Balance kollektiver Identität nicht mehr möglich war, sondern nur ein prekäres Leben mit mehreren und zum Teil konfligierenden Wir-Bezügen, im günstigsten Fall mit pluralen Identitäten, in denen die Differenz ihrer Erfahrung und Herkunft respektiert und in die Lebensform ihrer aktuellen Handlungsbezüge aufgehoben werden konnte. Insofern kann man an der Erfahrungsverarbeitung der exemplarischen Opfer des Jahrhunderts auch die exemplarische Form kollektiver Identität in der Moderne ablesen. Sie besteht nicht in der Einzahl, nicht in der nationalen Überhöhung oder der fundamentalistischen Neuerfindung der zur ethnischen oder religiösen Zugehörigkeit geschrumpften Herkunftskultur und auch nicht in ihrer Substitution durch die Totalintegration in eine andere Gesellschaft, sondern in der Achtung und Vermittlung unterschiedlicher und je spezifischer Wir-Gefühle und Zugehörigkeiten, sozialer Handlungsdimensionen und Verantwortungen durch ein und dieselbe Person oder auch Gruppe.

Welche Probleme ergeben sich daraus für das kollektive Gedächtnis? Wird nicht in den postmodernen Gesellschaften landauf, landab der Schwund des Gemeinbewußtseins beklagt und dagegen die Stiftung oder doch mediale Suggerierung nationalgeschichtlich beglaubigter Überbrückungen sozialer Zerklüftungen beschworen? Ist nicht kulturelle Identität, das heißt Differenz zu einer defensiven Formel der Schwachen in der Weltgesellschaft geworden? Das sind in der Tat starke und interdependente ideologische Trends der Gegenwart, die in der symbolisch zugleich überhöhten und reduzierten Erfindung von Herkunftstraditionen Trost und Sinn suchen – jenseits der als unabänderlich vorgestellter sozialer Prozesse, die (mit Kants Metapher für die fortgeschrittene bürgerliche Gesellschaft) „als wie ein Automat" funktionieren. Solcher schizophrener Programmatik stehen aber nicht minder wirksame Trends gegenüber: die Vergemeinschaftungen der Gegenwartsgesellschaften werden im wesentlichen nicht durch inhaltliche Symbolisierungen und ihr Eindringen in Gedächtnis und Bewußtsein in öffentlichen Foren erwirkt, sondern durch die vergesellschaftete Form alltäglicher Reproduktion, deren Bindungen weitgehend dem Bewußtsein vorauffliegen und von den großtechnischen Infrastrukturen über die Kooperationszwänge der Sozialpartnerschaft bis zur ausdifferenzierten Medialität der Kommunikation reichen. Ihrer Bindungskraft gegenüber hat symbolische Identität einen weitgehend fiktiven und symbolische Differenz einen weitgehend kompensatorischen Charakter, jedenfalls diesseits eruptiver Gewalt, dort, wo die infrastrukturelle Vergemeinschaftung völlig versagt. Erst, wo die modernen Vergemeinschaftungsformen, die an sich für Differenzen auf der Ebene des Sinns und der Symbole einen großen Magen haben, zusammenbrechen wie in großen Teilen der Zweiten und der Vierten Welt werden ihre postmodernen Korrelate, die symbolischen Identifikationen durch

Differenz, unmittelbar praktisch und zwar in negativer, perspektivlos zerstörerischer Weise.

Wenn nun mit Recht gesagt wird, daß wir gerade dabei sind, in bezug auf die Grunderfahrungen des 20. Jahrhunderts – und dazu gehören die in den beiden Weltkriegen und ihrem Umfeld realisierten modernen Vernichtungspotentiale an erster Stelle – das „floating gap" zwischen kommunikativer Erfahrungsbearbeitung und kultureller Symbolisierung zu überschreiten, so scheint es mir nach dem Vorgesagten äußerst fraglich, ob dabei der Anschluß an vormoderne Praktiken der symbolischen Verankerung kollektiver Identität im Kulturgedächtnis – und sei es in der Form der Differenz – hilfreich sein kann. Symbole haben einen eingebauten Hang zum Positiven; die moderne Vernichtung ist aber etwas durchaus Negatives, und sie hat keinen Sinn, außer vor sich selbst zu warnen. Alle Versuche der Mitlebenden, sich angesichts ihrer katastrophalen Kraft in den positiven Sinn einer bergenden Gemeinschaft (sei sie nun ethnischer, nationaler, religiöser oder ideologischer Art) zu flüchten, sind sehr verständlich und auch gegenüber diesen Mitlebenden zu achten; sie halten aber historischer Prüfung nicht stand und sind kulturell nicht tragfähig.

Wenn also allgemeiner Sinn oder kollektive Identität jenseits des „floating gap" nicht schlüssig symbolisiert werden kann und wenn er symbolisiert würde, in begründetem Ideologieverdacht (mit im Einzelfall erneuten durchaus katastrophalen Folgen) stünde, so sind wir zunächst auf die Zeugnisse der Überlebenden zurückgeworfen. Jedes einzelne dieser Zeugnisse ist, wie ich anzudeuten versucht habe, mindestens zwei Dokumente: ein annäherndes der Vernichtungserfahrung, die die Autoren nicht gemacht, aber die sie beobachtet haben und der sie nur um ein Haar entronnen sind, und ein authentisches Zeugnis des Überlebens, das von der Differenz zur Vernichtung lebt. Wir haben keine Zeugnisse der Vernichteten. Die Überlebenden aber hatten ihre je eigenen Unterschiede, Zwecke und Geschichten, und wer solche Zeugnisse kennt, weiß, daß sie – oft ganz gegen die Intention der Autoren – von dieser Sondererfahrung ihres Überlebens ihren Sinn beziehen. Gattungsmäßig ist er vom Zeugnis der Vernichtung nicht abzulösen, aber er ist ein Sinn der Differenz und des Danach. Oft haben solche Autoren gerade deshalb scheinbar zufällig überlebt, weil sie anders waren als die Vernichteten. Sie geben ihrem Überleben einen Sinn aus dem Rückblick ihrer Niederschrift in der Bergung von Gemeinschaften, die den Vernichteten fremd oder nicht zugänglich waren. Der Sinn einer solchen Erfahrungsverarbeitung kann insofern eine Zensur des ursprünglich Miterlebten darstellen, aber der Sinn eines Textes kann aus dem Text nicht herausgetrennt werden, weil er ihn in jeder Faser durchwirkt. Erst der Vergleich des Textes, also die historische Forschung, kann Hilfen zur Annäherung an das Vernichtungszeugnis geben, indem sie differente Sinngebungen und den – menschlich oft kaum erträglichen – Konkretisierungsgrad des Zeugnisses erkennt. Im Ergebnis treten dann solche Zeugnisse hervor, welche die Sinngebungen der Vernichtung und der Rettung vollends beiseite rücken und nur noch die unerträglich sinnlose Geschichte der Vernichtung in unerträglichen Details erzählen. In dieser Negativität besteht ihre bleibende Provokation.

Nun will aber eine weitverbreitete Auffassung, daß Kunst und Monumentalität erheben oder aufrütteln, wohingegen Dokumente langatmig sind und Wissenschaft neutralisiert. Das Gedächtnis brauche Symbolisierungen des jederzeit und existentiell Gültigen, während Historie als wissenschaftlicher Umgang mit der geschichtlichen Zeit Distanz schaffe und das Lernen aus der Geschichte systematisch verhindere, also mit Materialanhäufungen langweile. Aber das scheint mir ein vor- oder frühmodernes Verständnis von Gedächtnis und Geschichte zu sein, welches sie ins Verhältnis von Magie und Aufklärung versetzt und die Lektionen der neueren Gedächtnistheorie versäumt. Wenn das Gedächtnis aber als plurales Instrumentarium und Voraussetzung unseres Denkens aufgefaßt werden muß, was hindert uns dann, die Geschichtswissenschaft als einen Teil und zwar einen zunehmend dominierenden Teil des Kulturgedächtnisses zu verstehen? Freud hat in seiner Entwicklung des erinnernden Apparats neben der Unterscheidung von bewußt/unbewußt auch die Kategorie des Vorbewußten eingeführt. Übertrage ich das auf die traditionellsten historischen Kategorien, so bezeichnet das Unbewußte den fragmentarischen Charakter aller historischen Überlieferung, also eine Abwesenheit des Greifbaren, das durch seinen Sog in Aussagen über das Unsägliche äußerst wirksam bleiben kann. Das Bewußte wäre dann historisch die Tradition, also das gesellschaftlich Überlieferungsfähige, die historischen Synthesen und Symbolisierungen, die Curricula der geschichtlichen Unterweisung in den Schulen und die Programmgestaltung der historischen Inhalte in den Medien, kurz: der jeweils approbriierte Sinn der Geschichte. Das Vorbewußte aber wäre dann der noch nicht in die Traditionsbildung einbezogene Überrest, die überlieferte, aber noch nicht gelesene Quelle, kurz gesagt: die historische Forschung, also die Aufbereitung des Überrests gegen die Tradition. Historische Forschung ist, wo immer sie diesen Namen verdient, immer traditionskritisch. Sie will die herrschende Überlieferung des Bewußtseins durch die Erschließung und Mobilisierung des Vorbewußten, der verfügbaren, aber noch nicht gelesenen, noch nicht erschlossenen, vielleicht noch nicht einmal erahnten Quellen herausfordern, kritisieren, korrigieren und manchmal auch, aber dann wird es wirklich langweilig, bestätigen.

Sieht man die Erinnerungsberichte Überlebender der Genozide des 20. Jahrhunderts in diesem Kontext, und sie sind – noch einmal sei es gesagt – neben den höchst fragmentarischen bürokratischen Vermerken der Täter die einzigen authentischen Quellen, so tendieren die meisten von ihnen, weil sie Überlebensberichte sind, zur Tradition und eignen sich insofern zur Symbolisierung und Identitätsbildung. Aber das ist nicht das Erlebte selbst, sondern das Korrelat seiner Unerträglichkeit. Sie enthalten in ihrer Konkretion aber auch ein Element des Vorbewußten, des traditionskritischen Überrests, das die Sinnlosigkeit der Vernichtung gegen alle Bergung und Vereinnahmung sinnenfähig macht.

Mein Plädoyer geht dahin, im Übergang über das »floating gap« diese Dokumente der Negativität zu bewahren und der Versuchung zur Symbolisierung positiven Sinns zu entsagen. Es gibt keine wichtigere kritische Intervention gegen die Sinn- und Identifikations-Angebote dieses Jahrhunderts als die Erinnerung der Massenvernichtung.

Sie sind eine Befreiungserbschaft gegen jeglichen gegen Menschen zu exekutierenden Sinn.

In diesem Zusammenhang wird heute in Deutschland gerne ein talmudischer Text zitiert, dessen Anführung mir als eine ungehörige und deshalb auch unwirksame, weil letztlich unverständliche Vereinnahmung erscheint: „Das Vergessen verlängert das Exil. Das Geheimnis der Erlösung heißt Erinnerung." Dieser Satz ist kein psychologisches Passepartout zur Entschuldung der Täter und ihrer gutwilligen Nachfahren, sondern ist ein Eigentum der jüdischen Religion, denn er formuliert ihr Gebot, sich des Bundes zwischen Gott und seinem Volk und der daraus erwachsenden Verpflichtungen zu erinnern, um aus der Verbannung heimkehren zu können. Dieses Gebot mag wissenschaftsgeschichtlich auch die Wende zum Erinnern des Verlorenen und scheinbar Sinnlosen, des Unintegrierten in der Gedächtnistheorie assimilierter europäischer Juden mitbeeinflußt haben, die für die Wahrnehmung des Gedächtnisses in diesem Jahrhundert so wichtig wurde. Aber die Erinnerung der Vernichtung produziert – außer bei einem Teil der überlebenden Opfer – keinen Sinn, kräftigt keine kollektive Identität und erlöst keineswegs, sondern ihr unabweisbares kritisches Potential hält die Kultur offen. Dafür muß sie präsent und eher dokumentiert als monumentalisiert werden.

Erinnerungsgebot und Erfahrungsgeschichte Institutionalisierungen im kollektiven Gedächtnis

Neue nationale Kontinuität

Die Rückkehr eines nationalgeschichtlichen Referenzrahmens steht auf der Tagesordnung – ob wir das wollen oder nicht. Die Stellung, die der Holocaust im öffentlichen Bewußtsein einnimmt, wird davon nicht unberührt bleiben. Auch wenn viele Westdeutsche dies nicht mögen, drängen uns zwei Faktoren diese Auseinandersetzung auf. Zum einen ist dies die Stellung des neuen Deutschland in der weitergehenden Integration der Europäischen Gemeinschaft und das dortige Zusammentreffen mit anderen Nationalstaaten und darüber hinaus die Begegnung mit den postkommunistischen Nationen und Nationalitäten in Osteuropa. Der zweite Faktor ist die Überwindung der deutschen Teilung, die jene für die alte Bundesrepublik und in gewisser Weise auch für die DDR charakteristische Verknüpfung von Alltag und System auflockern wird zugunsten der Suche nach nationaler Kontinuität.

In diesem Zusammenhang stellt sich die Frage der historischen und moralischen Verarbeitung des Dritten Reiches in beiden deutschen Nachfolgegesellschaften unter den Bedingungen der Kapitulation, Besetzung und Teilung neu. Der nationale Zusammenhang ist darin nicht als eine wiedergewonnene Normalität zu verstehen, sondern eher als ein neuer Abschnitt in der Geschichte der verspäteten Nation. Dabei wird jedoch eine neue Akzentsetzung in der Widerständigkeit der Partikularkulturen Nachkriegsdeutschlands erkennbar. Der Anschluß der DDR an die alte Bundesrepublik und das vor uns liegende Europa als ein integrierter Markt provozieren verstärkende Rückkoppelungen der quasi-nationalen Selbstverständigung der Westdeutschen seit den fünfziger Jahren in wirtschaftlichen und soziokulturellen Dimensionen. Diese Selbstverständigung funktionierte und funktioniert auf der Basis eines westlichen way of life im Rahmen einer leistungsfähigen Wachstumsgesellschaft. Die westdeutsche Spezifität wird dadurch in eine angebliche nationale Normalität verlängert und mit traditionellen Elementen des deutschen Sonderweges (der Mittellage, der Schwäche des Bürgertums, dem Primat der Außenpolitik und der Krisenlösung durch langfristige Staatsintervention, nur diesmal eben ungewollt) mehr oder weniger bewußt angereichert.

Bevor an die kleineren Einheiten der Mikro-Geschichte zu denken ist, müssen wir uns vor Augen führen, daß im Rahmen einer solchen gewollten oder ungewollten Wiederkehr eines nationalen Paradigmas die Frage der Kontinuität in Deutschland zu einer zentralen Frage wird. Darauf sind zumindest die westdeutschen Historiker in gewisser Weise vorbereitet. In ihren Diskussionen der achtziger Jahre haben sich zwei Strategien herausgebildet: Die eine ließe sich als eine Anknüpfung an den deutschen Sonderweg in seinem imperialistischen Stadium bezeichnen, nämlich der im letzten Jahrzehnt hervorstechende Versuch, die entwickelte Bundesrepublik als Fortsetzung von Grundstrukturen und Entwicklungsdynamiken des Kaiserreichs zu interpretieren und darin eine Normalisierung zu sehen. Dies zielt letztlich auf den Versuch, das 20. Jahrhundert als eine Phase der Irregularitäten gewissermaßen zu überspringen und nach dem Ausschwingen dieser Irregularitäten nunmehr in Entwicklungsströme eines modernisierten Kaiserreichs zurückzukehren. Die Normalität erscheint in solchem Denken als eine abstrakte, in ihrem zeitlichen Corpus des 20. Jahrhunderts ausgehöhlte Identität. Andererseits ist auch eine kritische Erfahrungsverarbeitung denkbar, die nicht so weit ausgreift und gerade in dem, was die andere Konstruktion ausspart, ihr kritisches Zentrum findet. Ihre Schwäche liegt darin, daß sie sich mit größeren Perspektiven schwertut. Sie hat freilich den Charme des Realismus, nämlich die Bundesrepublik mit ihren Vorgängergesellschaften zu verknüpfen und z. B. in der Infrastruktur, in der Bevölkerungsplanung, in der Erfahrungsverarbeitung des Volkes, das vor wie nach '45 das gleiche war, solche Kontinuitätsfaktoren aufzusuchen. Ein solcher Ansatz, der einer Alltagsgeschichte wesentlich näherliegt, kommt allerdings nicht zu einfachen Identitätskonstruktionen und positiven Sinnzuschreibungen, wie sie im politischen Raum gewünscht werden.

Institutionalisierte Kritik der Identität

Die Konstruktion einer Erfahrungskontinuität führt also zu einer negativen Identität oder zu einer selbstkritischen Kulturidentität – auch und gerade im Hinblick auf die Erfahrung der deutschen Verursachung der Massenvernichtung von Minderheiten im Dritten Reich und auf die Frage nach der Beteiligung, Wahrnehmung und Mitverantwortung des Volkes. Die Rückkehr des nationalgeschichtlichen Referenzrahmens und die Frage, wie Kontinuität überhaupt konstruiert werden soll, stehen im Kontext des mediatisierten Bewußtseins. Sowohl die individuelle Erfahrung, die als begrenzte gleichsam privat bleibt, als auch die wissenschaftliche Aufklärung erreichen die gesellschaftliche Wertbildung nur, insofern sie sich medial repräsentieren lassen. Das wiederum hängt mit ihrer Institutionalisierung im nationalen Gedächtnis zusammen wie auch mit ihrer Eignung für eine mediale Darstellung.

Diese Institutionalisierung im nationalen Gedächtnis ist auch eine Frage der Schaffung von Einrichtungen, wie zum Beispiel dieses Dokumentationszentrums in Frankfurt. Man muß sich damit auseinandersetzen, ob und in welcher Form es dafür geeignet ist. Denn solche Institutionen können in der Pluralität des gesellschaftlichen Gedächtnisses eigene Rollen spielen, etwa durch den Fundus dessen, was sie an Originärem zusammengetragen haben, durch den Sachverstand, den sie versammeln, bis hin zu jener Überzeugungskraft, die sie in Talk-Shows vermitteln können. Das mag zum Teil durchaus trivial erscheinen, will aber genau bedacht sein, denn so wird in einer Mediengesellschaft das gesellschaftliche Gedächtnis strukturiert. Eine dauerhafte Verankerung einer historischen Grunderfahrung im Bewußtsein ist nur in der Verknüpfung von drei Dimensionen denkbar: der Individualerfahrung, der wissenschaftlichen Aufklärung und der medialen Repräsentation. Daraus ergeben sich aus meiner Sicht für das Projekt eines Frankfurter Dokumentationszentrums des Holocaust bereits einige Einsichten. Schon der Name des Projekts bezieht es auf die mediale Dimension des kollektiven Gedächtnisses. Holocaust ist als Begriff im Deutschen ein Fremdwort. Er ist durch ein Medienprodukt bei uns eingeführt worden und die englische Übersetzung des hebräischen Begriffs der „shoah", der im Judentum die nationale Katastrophe durch die nationalsozialistische Vernichtungspolitik bezeichnet. Für die Tätergesellschaft erleichtert dieses Fremdwort den Umgang, zumal es den Gesamtzusammenhang des völkischen Rassismus und seines Versuchs, durch Massentötungen das Gegenbild einer multinationalen Gesellschaft herzustellen, auf das in Westdeutschland konventionellere und als überwunden geltende Problem reduzieren könnte, nämlich den Antisemitismus als mörderische Herrschaftspraxis.

In der relativen Offenheit des kollektiven Gedächtnisses, die durch die deutsche und europäische Vereinigung entstanden ist, wird ins Spiel der institutionellen Neuverteilung seiner Komponenten mit dem geplanten Frankfurter Zentrum eine Einrichtung eingebracht, die sich dem Strom nationaler Normalisierung und positiver Identitätskonstruktion entgegenstellen könnte: Dafür stehen die Erinnerung an Auschwitz, die für die deutsche Kultur immer eine kritische bleiben wird und sich in keine positive Identitätskonstruktion einfügen läßt, ebenso wie die Perspektive der Opfer, ja alleine schon der Akt der Errichtung einer solchen Institution in einer Stadt mit einem starken Rückhalt in jüdischen und linksintellektuellen Traditionen. Diese gut plazierte Außenseiterrolle könnte dem kompensatorischen Aufblühen Berliner Gedenkverwaltungen eine aktive Position entgegensetzen, eine produktive Störung.

Rivalisierende Erinnerungen

Die besondere Schwierigkeit des Projekts liegt meines Erachtens darin, gleich zwei Brücken zu schlagen. Es gilt zu vermitteln zwischen den Erfahrungen der einzelnen Opfergruppen, die zum Teil um Aufmerksamkeit rivalisieren, und dem Gesamtzusammenhang der Massentötungen. Nicht vergessen werden dürfen die Gruppen, die dem völkischen Rassismus zum Opfer fielen, unter denen die Russen, die Juden und die Polen die zahlenreichsten Opfer stellten, aber auch die Sinti und Roma, die Geisteskranken, die Schwulen, sogenannte „Asoziale" und viele andere Gruppen. Der Umschlag von Stigmatisierung, Verfolgung und Repression zur Vernichtung geschah unter dem Deckmantel des Krieges und macht die Abgrenzung zu einem Geschehen, in dem schließlich auch die Mitglieder der Gesellschaft der Täter zu Opfern wurden, besonders schwierig. Zum anderen müßte aber auch eine Brücke geschlagen werden zwischen der kulturkritischen Diagnose des Zivilisationsbruchs, als der Auschwitz interpretiert worden ist, und den Alltagskontinuitäten und Erfahrungen der überlebenden Opfer, aber auch der Masse der Menschen in der Gesellschaft der Täter. Solange diese Vermittlung nicht gelingt, schwankt die These vom Zivilisationsbruch zwischen einer pauschalen Generalanklage und der Tabuisierung konkreter historischer Aufarbeitung.

Was hat nun die sich entwickelnde Alltags- und Erfahrungsgeschichte zur Erkenntnis von Verdrängung und zur Erinnerung beigetragen? Dabei erscheint mir zunächst wichtig, sich bei dem häufigen Gebrauch des Wortes „Verdrängung" an das Buch von Alexander und Margarete Mitscherlich über *Die Unfähigkeit zu trauern* zu erinnern, das viel zitiert und selten gelesen worden ist. Dort meint „Verdrängung" ja gerade nicht eine Verdrängung der Verbrechen des Nationalsozialismus, sondern die Verdrängung der Liebe zu Hitler, und zwar angesichts der Wahrnehmung der Verbrechen. Unter dem Schock der Nürnberger Prozesse und der Realisierung der internationalen Isolierung Deutschlands wegen der Belastung durch diese Verbrechen habe sich die Masse des deutschen Volkes seiner Liebe zu Hitler geschämt, seine Identifikation mit ihm nicht mehr wahrhaben wollen und aus Angst vor Strafe seine Gefühle für Hitler auf die materiellen Objekte der Wiederaufbaugesellschaft übertragen. Das ist sicher eine verkürzte, aber den Kerngehalt des Mitscherlichschen Arguments treffende Zusammenfassung. Auf der Grundlage vieler Psychoanalysen, die an drei Beispielen vorgeführt werden, geht es ihnen um die Affektübertragung von einem Liebesobjekt in der Politik auf Fetische im Alltagsleben und in der Wirtschaft. Mittlerweile kann es sich nicht mehr um eine Rückkehr zu dieser Affektübertragung durch Erinnerungsarbeit mit einzelnen Individuen handeln, denn die allermeisten dieser Individuen sind tot oder sehr alt. Das Problem ist zu einer gesellschaftlichen und kulturellen Frage geworden. Diese Übertragung hat sich in die Kultur, die Lebensweise, in den Pragmatismus und Ökonomismus der Nachkriegsgesellschaften eingeschrieben. Erinnern, das sich bei den nachgeborenen Generationen auf Nichterlebtes bezieht, wurde ins Leere zielen. Die entsprechende Arbeit mit nachfolgenden Generationen ist kognitiv, muß sich auf die strukturelle Affektaufladung der materiellen Gesellschaft in den beiden Nachkriegsgesellschaften beziehen und könnte eine Kritik der Fetische dieser Kultur enthalten. Insofern wäre eine genauere Bearbeitung der Nachkriegskultur eine wichtige Herausforderung an das geplante Zentrum.

Die These der Mitscherlichs war keine empirische These, aber es hat in der Folge vielerlei Versuche einer Annäherung an eine solche Empirie über alltags- und erfahrungsgeschichtliche Verfahren gegeben. Im wesentlichen scheinen diese Anschlußarbeiten die Einsicht erbracht zu haben, daß das Dritte Reich die Wahrnehmung in allen Lebensbereichen verengt hat. Offenbar gehört es zu den Charakteristika einer totalitären Gesellschaft, die Wahrnehmung auf den eigenen Lebenshorizont egoistisch zu reduzieren. Dazu gehört zum Beispiel die Ausblendung von Mitmenschlichkeit aus der Wahrnehmung, die in vielen Fällen nicht nur in unmittelbarer Furcht, sondern in der gesellschaftlich geronnenen Angst und ihren egoistischen Verengungsfolgen begründet ist. Zugleich machte das Dritte Reich durch seine imperialistische Ausweitung den Individuen Hoffnungen auf materielle Verbesserungen und auf sozialen Aufstieg, ohne daß die Wirklichkeit und die Folgen dieser aggressiven Praxis einsichtig wurden. Die Alltagsgeschichte hat die These wenn nicht erhärtet, so doch genährt, daß die Folgegesellschaften (und hier sei die DDR ausdrücklich einbezogen) in unterschiedlicher Weise die in den dreißiger Jahren geweckten und im Krieg enttäuschten sozialen Hoffnungen bei vielen Mitgliedern der Mehrheitsgesellschaft befriedigt haben, vor allem in der Phase des Wiederaufbaus.

Davor hatte sich die alltagsgeschichtliche Forschung vor allem seit den siebziger Jahren in der Bundesrepublik, viel früher schon in der DDR, extensiv mit der Suche nach alternativen Identifikationsmöglichkeiten beschäftigt. Diese Suche nach alternativen Identifikationsmöglichkeiten vor allem im Widerstand und in der Resistenz gegen das Dritte Reich hat Ambivalenzen bei der Masse der Deutschen vor 1945 breit dokumentiert und insofern auch zu einer Differenzierung der Mitscherlichschen Thesen Anlaß gegeben. Von einer pauschalen, einheitlichen Affektbeziehung des deutschen Volkes zu Hitler kann man, wie sich herausstellte, nicht sprechen. Wohl aber lassen sich Gruppen benennen, auf die diese Feststellung in der Tat zutrifft – das gilt insbesondere für damals jüngere Menschen, wie der Nationalsozialismus überhaupt eine sehr junge Bewegung war. Daraus folgt: Das Übertragungsphänomen, das die Mitscherlichs einleuchtend diagnostiziert haben, hatte in den Nachkriegsgesellschaften eine nachhaltige Wirkung.

Vor allem zeigten sich im Zuge dieser Forschungen viele Ambivalenzen, die für alle totalitären Gesellschaften kennzeichnend sind. In gewisser Weise ist jeder in einer totalitären Gesellschaft gespalten – und zwar bis ins Machtzentrum hinein, so daß nach dem Krieg individuelle Friktionen innerhalb des Regimes als Geschichte des Widerstandes darstellbar waren, während zuvor die dem Regime zugewandten Anteile als Zustimmungsbiographie stilisiert werden konnten.

Ergebnis dieser Forschungen war auch die wenigstens in Westdeutschland mit Enttäuschung zur Kenntnis genommene Einsicht, die in der DDR leider kaum thematisiert wurde, daß nämlich nur ein außerordentlich kleines, politisches Widerstandspotential in der Gesellschaft des Dritten Reiches vorhanden war und insofern die Versuche einer antifaschistischen Umidentifizierung der Nachfolgegenerationen ins Leere zielten. Wie beispielsweise das Bayernprojekt des Münchner Instituts für Zeitgeschichte oder Hans Mommsens Beiträge zum 20. Juli zeigten, trugen die Widerstandspotentiale überwiegend rückwärtsgewandte Prägungen und Perspektiven in sich. Im Resultat waren sie kaum zur Legitimation der Nachkriegsgesellschaft und ihrer Politik verwendbar. Sowohl die 68er Generation im Westen als auch wichtige Anteile der Intelligenzija in der DDR versuchten, sich durch eine Identifikation mit den Opfern eine neue Identität zurechtzuschneidern. Man muß wohl im Rückblick feststellen, daß diese Versuche gescheitert sind und sich als Formen von Identitätsflucht darstellen.

Die Wahrnehmung der Verbrechen des Dritten Reiches ist nicht allein juristisch oder moralisch, sondern auch im Hinblick auf die Faszination, die am monströsen und dem Verstehen sich sperrenden Charakter der Massenvernichtungs-Verbrechen hängt, nicht auf eine Verdrängung von Gewußtem zu reduzieren. Viel eher ist dieser Wahrnehmungsprozeß von einer umgekehrten Dynamik getragen. Zögerlich, ja über Jahrzehnte verzögert wurde angenommen, was in der zeitgenössischen Wahrnehmung während des Dritten Reiches übersehen, abgelehnt, nicht geglaubt, für unglaublich gehalten wurde. Diese späte Einsicht verdankt sich der Forschung wie der öffentlichen Thematisierung und schließlich auch individueller Gedächtnisarbeit, die in der späten BRD sicherlich eine größere Rolle spielte als jemals in der DDR. Diese Wahrnehmung setzt sich allerdings erst in den siebziger und verstärkt in den achtziger Jahren durch – nämlich unter den Generationen, die vom Vorwurf unmittelbarer Schuldverstrickung entlastet waren. Vielleicht müssen wir uns der Einsicht stellen, daß die unmittelbar mitlebenden Generationen – und davon kann man auch die Opfer nicht ausnehmen – eine Thematisierung des Geschehens in den ersten Jahrzehnten nicht ertragen konnten. Bei den Tätern ist das sehr einleuchtend. Jeder wird sich die pragmatischen Gründe schnell zurechtlegen können. Wer aber erfahren hat, wie schwierig es auch war, über den Holocaust in den fünfziger und sechziger Jahren in Israel zu sprechen, wird darüber nachdenken, ob dort nicht auch größere Sperren eine Rolle spielten.

Eine Spaltung im deutschen Gedächtnis

Bei diesem Wahrnehmungsprozeß, dieser zögerlichen Akzeptanz hat sich eine deutsch-deutsche Schere aufgetan, eine Art Arbeitsteilung zwischen Ost und West. Im Westen gab es eine lange Blockierung dieses Wahrnehmungsprozesses vor allem durch die ausgreifende Entnazifizierung durch die Besatzungsmächte und ihre Diskreditierung und später durch die ebenso pauschale Restauration des davon betroffenen Personalkörpers. So hat es z. B. in einem bayerischen Ministerium 1949 mehr NSDAP-Mitglieder gegeben als 1944. Doch das Problem geht weit über ein solches plakatives Beispiel hinaus und reicht bis in die sensiblen Instrumentarien der Vergangenheitsbewältigung selbst. So waren zum Beispiel in den sechziger Jahren sowohl der Leiter der mit der Aufarbeitung des Nationalsozialismus betrauten Forschungsinstitution wie auch der Leiter der mit der juristischen Aufarbeitung der NS-Verbrechen betrauten Zentrale frühere Mitglieder der NSDAP. Damit möchte ich nichts gegen diese beiden Personen sagen, wohl aber auf die kulturelle Sensibilität und die politischen Potentiale des kollektiven Gedächtnisses im Kalten Krieg verweisen.

Erst in den sechziger Jahren sind die Themen, über die wir hier sprechen, in der Forschung in den Vordergrund getreten, erst 1968 hat es in der Öffentlichkeit einen wirklichen Durchbruch gegeben. So glaube ich, daß die kulturelle Explosion '68 von großer Bedeutsamkeit für die Öffnung des westdeutschen Meinungsstreits und für die

Erweiterung des Gedächtnisses in diesen Fragen gewesen ist. Das hat freilich nicht vor neuen Fehlverarbeitungen in der Neuen Linken bewahrt. Wir alle erinnern uns an diejenigen, die in der zweiten Hälfte der sechziger Jahre in einem israelischen Kibbuz arbeiteten und zwei Jahre später mit einem Al-Fatah-Tuch herumliefen. Doch das kollektive Gedächtnis ist durch den Generationsbruch von '68 erst zur Wahrnehmungsfähigkeit geöffnet worden. Dabei ging es von Anfang an um die Verfolgung der Juden, die seit dem Auschwitz-Prozeß und den Hakenkreuzschmierereien in den frühen sechziger Jahren das zentrale Skandalon der historischen Beschäftigung darstellten. Daneben ging es um den konservativen und seit 1968 um den linken Widerstand. Die Auseinandersetzung mit der Judenverfolgung durchzieht die westdeutsche Thematisierung des Dritten Reichs kontinuierlich. Es ist nicht wahr, daß dieses Thema ständig verdrängt worden sei, jedenfalls in der Öffentlichkeit nicht weniger als in der Forschung.

Im Osten gab es, im Gegensatz zum Westen, diese anfängliche Blockierung nicht. Statt dessen stand alsbald, schon während der Besatzungszeit, ein Umstiegsangebot auf die Seite des siegreichen Antifaschismus und der kommunistischen Arbeiterbewegung bereit. Die Verfolgung der Juden machte in der DDR hingegen zu keiner Zeit einen Schwerpunkt der Faschismuswahrnehmung aus, auch wenn es einige Veröffentlichungen (deren Publikation zum Teil Schwierigkeiten unterworfen war) und in den KZ-Gedenkstätten Erwähnungen gegeben hat. Die jüdischen Opfer wurden nach ihrer Staatsbürgerschaft verrechnet, und das Dramatische in der Behandlung des Nationalsozialismus wurde aus der kommunistischen Alternative einer Widerstandselite und nicht aus dem Leiden der vielen gezogen. Das gilt im übrigen in noch viel eklatanterer Weise etwa für die „Zigeuner" oder für andere Opfergruppen der Massenvernichtung.

Auf der anderen Seite hat in der DDR das kollektive Gedächtnis einen jeden zur Auseinandersetzung mit einer anderen Kategorie des „Untermenschen" im NS-Rassismus gezwungen: den Slawen. Dies wurde hingegen bis spät in die achtziger Jahre hinein in Westdeutschland überhaupt nicht thematisiert. In der DDR legte sich, ähnlich wie in Westdeutschland, fast jeder in der älteren Generation eine Geschichte zurecht, etwa warum er unschuldig sei, oder daß er nicht ganz unschuldig sei, sondern sich Solidaritätsvergehen vorwerfen muß. Fast jeder ältere Westdeutsche erzählt auf Befragen solche Geschichten über jüdische Nachbarn oder Freunde; und dies war übrigens in den Achtzigern anders als im Schweigen der fünfziger Jahre. Einen ähnlichen Effekt konnten wir in Ostdeutschland feststellen. Fast jeder berichtete individualisierte Geschichten über russische Zwangsarbeiter, die er am Ende des Krieges persönlich gesehen habe. Damit will ich ausdrücken, daß das kollektive Gedächtnis die individuelle Gedächtnisarbeit sehr unterschiedlich stimuliert hat. Erst in den achtziger Jahren kam es zu einer Überkreuzung dieser Wahrnehmungsgeschichte der Opfer. Die Juden sind im Osten deutlicher wahrgenommen worden, die Slawen, die Sinti und dann auch die übrigen von der „Ausmerze" betroffenen Opfergruppen im Westen. Beide Wahrnehmungen sind im geteilten Deutschland noch nicht in die

Tiefe gedrungen, doch existiert eine unterschiedliche Öffnung des Gedächtnisses, und insofern möchte man fast wünschen, daß die Frankfurter Initiative doch vielleicht besser in Leipzig, Dresden oder Chemnitz gestartet würde.

Überlebenszeugnisse und Trauerarbeit

Schließlich will ich noch auf einen Aspekt der Quellenüberlieferung eingehen, und zwar im Hinblick auf Zeugenaussagen, die im geplanten Zentrum gesammelt oder reproduziert werden sollen. Die meisten Zeugen des NS, deren Aussagen der Alltagsgeschichte zugrunde gelegt wurden, sind in unterschiedlicher Weise von einem Überlebenssyndrom geprägt. Auf der einen Seite handelt es sich um die Erzählungen der Opfer, die im Kern Sondergeschichten sind, weil sie noch erzählt werden können. Sie sind nicht repräsentativ für die Masse der Opfer, die umgekommen sind. Wenn man diese Geschichten analysiert, wird man merken, daß das Überleben, nämlich die Sonderbedingungen, durch die man sich aus dem Schicksal der Übrigen herausdrehen konnte, den eigentlichen Identitätskern und den roten Faden der Erzählung bildet. Gleichwohl sind diese Berichte, wenn sie nicht einfach für sich genommen werden, sondern doch mit einer komplizierten Quellenzusatzinterpretation entschlüsselt werden – und durch die persönliche Faszination dieser überlebensstarken Personen – unschätzbare Zeugnisse für die wirklichen Lebensbedingungen während der Verfolgung bis hinein in die Konzentrations- und Vernichtungslager. Diese Zeugnisse können durch nichts anderes ersetzt werden. Ich glaube aber, daß man sich den indirekten Charakter dieser Zeugnisse bei einer Rekonstruktion der Verfolgungs- und Vernichtungsgeschichte nicht deutlich genug vor Augen halten kann.

Auf der anderen Seite sind auch die Erzählungen der „Volksgenossen", die am Ende den Krieg und die Vertreibung überlebt haben, sehr häufig Thematisierungen unter dem Gesichtspunkt der sogenannten „Ideologie des Überlebens".

Diese strukturelle Ähnlichkeit der Überlebenszeugnisse droht alle Katzen grau zu machen. Aber ich denke, man muß sich diesem Charakter der Überlebensberichte stellen und auch sie ernst nehmen, weil sie für die Erfahrung der Mehrheitsgesellschaft und für deren Trennung vom Nationalsozialismus konstitutiv sind. Wäre die Kriegskatastrophe nicht erfahren worden, hätte es die deutliche Trennung der deutschen Nachkriegsgesellschaften von den nationalsozialistischen Inhalten über viele Jahre hin nicht gegeben. Dient Alltagsgeschichte insofern der Verschleierung der Massenvernichtung als jenes Zentralgeschehens, das die Vergangenheit nicht vergehen läßt? Ich glaube das nicht. Ebenso wie der Hergang der Vernichtung nur genetisch erklärt werden kann, so ist meines Erachtens auch die Verarbeitung ohne die Komplikationen der Erfahrungsgeschichte unzugänglich, und das heißt auch unzugänglich für weitere Aufklärung.

Das unmögliche Geschenk des Vergessens

Carl Schmitt hat 1949, kaum daß der Bundestag sich konstituiert hatte, in einem anonymen Artikel dazu aufgerufen, nunmehr eine Amnestie zu erlassen, da aller Friede im Wechselgeschenk des Vergessens gründe. Uns erscheint das heute im Rückblick fast obszön. Damals ging das vielen anders, denn dieses Wechselgeschenk des Vergessens als Grundlage des Friedens ist die Basis fast aller europäischen Friedensschlüsse. Es hat also eine lange Tradition, die auf die griechische Vorstellung des Friedens zurückgeht. Die Erinnerungskultur, die uns heute fast selbstverständlich geworden ist, hat hierzulande keine besonders alte, aber eine große Tradition im Judentum. Beide deutschen Staaten haben sich seit den fünfziger Jahren entschieden, nicht das wechselseitige Vergessen zur Grundlage des Friedens und der Zukunft zu machen. Und sie haben in bezug auf die Schuld des Dritten Reiches im emphatischen Sinne eine teilweise ritualisierte Erinnerungskultur ausgebildet, die wesentlich selbstkritischer ist als die irgendeiner unserer Nachbarnationen, auch solchen mit faschistischer Vergangenheit, und vermutlich wird auch Rußland künftig keine solche Erinnerungskultur ausbilden.

Die Moralisten im Lande sagen uns nun, daß dies noch viel zu wenig sei, dieses Erinnern und Vergegenwärtigen im kollektiven Gedächtnis. Daß die Authentizität der persönlichen Betroffenheit angesichts der Monströsität der Massenvernichtung fehle. Und auch darin liegt etwas Richtiges. Dennoch ist das Phänomen, aus einiger Distanz betrachtet, erstaunlich und in der deutschen Nationalkultur durchaus nicht angelegt, zumal es sich immer mehr um eine Erinnerung der moralisch nicht mehr Verantwortlichen handelt.

Zur Erklärung muß man vermutlich deutlich machen, daß eine nationale Erinnerungskultur im Judentum wesentlich stärker als im Christentum verankert ist. Vor dem Ersten Weltkrieg hatte diese in der Religion, in der nationalen Identität, im Ritus und im Gedächtnis der Verstorbenen verankerte Tradition im Judentum kaum Einfluß auf die umgebenden europäischen Gesellschaften. Aber sie wurde damals durch bahnbrechende Neufassungen von Bergson und Proust, Freud und Halbwachs ihrer kulturellen Spezifik entkleidet und entfaltete durch die Psychoanalyse kulturüberschreitende Wirkung. Aber was machte darüber hinaus das jüdische Erinnerungsgebot zu einem spezifischen Merkmal der deutschen politischen Kultur nach 1945, das nun auf den Umgang mit der DDR-Vergangenheit übertragen wird?

Hier spielt zunächst einmal die Anpassung an die Erwartung der Umwelt eine Rolle. In der frühen Nachkriegszeit lebten die antisemitischen Wahrnehmungssyndrome unter den Deutschen durchaus noch weiter. Die Angst vor der „jüdischen Weltverschwörung" und ihrer Rache war lebendig, sie war nunmehr als Angst vor den Besatzungsmächten und deren indirekte Instrumentalisierung durch Juden vorhanden. So ist die Art und Weise, wie die Wiedergutmachung 1951/52 zustande kam, ohne den Hintergrund dieses Wahrnehmungssyndroms überhaupt nicht zu verstehen, übrigens auch nicht das Wiedergutmachungsangebot der späten DDR. Doch das gilt auch für spätere Ausprägungen unseres bundesrepublikanischen politischen Wohlverhaltens. Man braucht dabei nur an Jenninger oder an den Golfkrieg zu denken. In der DDR hingegen mag das antifaschistische Erinnerungsgebot auf den starken Einfluß jüdischer Remigranten in der Kultur und deren Hoffnung auf ein anderes Deutschland zurückzuführen sein – so wurde letztlich auch die Wiedergutmachung an die Sowjetunion, die diese sich selbst genommen hatte, legitimiert, und so konnte auch die Restauration in Westdeutschland angeklagt werden. Aber eine solche pragmatische Antwort auf der Ebene der Anpassungsstrategien der Akteure reicht nicht aus. Vielmehr hat die Verdrängung der in der Moderne konstitutiven Anteile der jüdischen Kultur aus der deutschen wie ein Vakuum gewirkt, das seit der Nachkriegszeit das unbefriedigte Selbstverständigungsbedürfnis der Nachgeborenen ansaugte und auf die säkular verallgemeinerte Erbschaft der jüdischen Erinnerungskultur verwies. Das Abgespaltene hat sich von den Verdrängten und Ermordeten gelöst und bleibt im Bewußtsein gegenwärtig, aber gleichsam wie ein Phantomschmerz. In ihm hat sich die erinnerte Tradition heilsgeschichtlicher Vergegenwärtigung kollektiver Identität in die Pflicht zur Vergegenwärtigung des Unheils, das von der eigenen Kultur ausgegangen ist, verkehrt. Ausgebildet wurde eine Gedächtnismatrix, die die eigene Kultur und kollektive Identität bleibend in Frage stellt. Schließlich wurde das Verbot des Vergessens genährt durch die späte Einsicht, die im Historikerstreit wieder verlorenzugehen drohte, daß nämlich Auschwitz nicht als Kampf verstanden werden kann, nach dem es Frieden durch das Geschenk des Vergessens geben könne. Nicht nach Auschwitz, denn Auschwitz war kein Kampf.

Im Ergebnis hat der Versuch, die Juden aus der Gesellschaft Europas auszutilgen, zur Institutionalisierung eines wichtigen Elementes der jüdischen Tradition, nämlich eines durchgreifenden Gedächtnis- und Erinnerungsgebots in der politischen Kultur Deutschlands geführt. Wie wir an vielen staatlichen Ritualen der achtziger Jahre oder am Historikerstreit erfahren haben, ist diese Kultur versöhnenden Erinnerns jedoch prekär und oft widersprüchlich, weil das institutionalisierte Gedächtnis nicht vor dem Aufbruch der unwillkürlichen Erinnerung und ihrer Abwehr schützt. Wenn in Frankfurt ein weiterer Schritt auf eine solche Institutionalisierung hin getan werden soll, so wäre die größtmögliche Offenheit und Ehrlichkeit der Motive, aber auch die größtmögliche Offenheit gegenüber den Kontrollen der wissenschaftlichen Aufklärung geboten.

Die postmoderne Herausforderung
Geschichte als Gedächtnis
im Zeitalter der Wissenschaft

Apologie des schwachen Denkens

In den Vorbereitungspapieren zu diesem Projekt wird sein Zweck auf die Formel einer Strukturgeschichte historischen Denkens gebracht, sein Untersuchungsgegenstand aber weiterhin in den Arbeitsweisen und Äußerungsformen akademisch professionalisierter Geschichtswissenschaft in Deutschland in den letzten zwei Jahrhunderten gesucht. George Iggers hat in einer abweichenden Meinung diese Verengung des Untersuchungsobjekts gegenüber dem Erkenntnisziel kritisiert und auch die universale Gültigkeit theoretischer Komponenten einer Historik in Zweifel gezogen. Jörn Rüsen hat eingangs drei systematische Gesichtspunkte – universaler Geschichtsbegriff, historische Methode, Narrativität – für die Modernität von Historiographie benannt und sie damit im Ansatz erneut in den spezifisch deutschen Bannkreis von Hegelianismus und Historismus gestellt. Historisch sei ihre Modernität in der Überwindung älterer katechetisch-rhetorischer Darstellungsformen durch die Ausbildung der historischen Methode begründet; der spezifische Rahmen dieser zweiten Phase, in der sich zugleich Theoretisierung, Verwissenschaftlichung und Professionalisierung verbänden, sei im 20. Jahrhundert durch den internationalen Siegeszug der Strukturgeschichte gesprengt worden. Eher rhetorisch als skeptisch fragte er, ob es eine vierte Phase geben könne: ob die Moderne zu verabschieden sei und statt Geschichte wieder der Mythos im Posthistoire seine Urständ feiern solle.

Mit solchem Rückverweis der Postmoderne auf die Prämoderne dürfte den Postmodernen wohl kaum beizukommen sein. Denn das Ineinanderschieben universaler Systematik und narrativer Sinnproduktion ist ja gerade das Objekt der postmodernen Kritik, so daß man schwerlich annehmen kann, daß sie sich in dieses modern strukturierte Gehäuse einladen läßt, um den prometheischen Vernunftkult der Meistererzähler dort zu überwinden, wo dem Mythos der Moderne traditionell geopfert wurde. Auf der anderen Seite wird bei einer solchen Problemstellung eine Radikalität der Diskontinuität zwischen Phase 3 und 4 unterstellt, die weder beim Übergang der Phasen 2 und 3 herausgearbeitet wird, noch dem Selbstverständnis der besonneneren Stimmen der Postmodernen entspricht, verorten diese sich doch mittlerweile eher in „unserer postmodernen Moderne" oder reden einer „reflexiven Modernisierung" das Wort.

Postmoderne ist ja nur ein Sammelbegriff für die unterschiedlichsten Varianten einer Kritik am Einheitscharakter, am unterschwelligen Mythos und an den katastrophischen Nebenwirkungen (oder der ‚Ambiguität') des Vernunftprojekts. Dieses klingt heute vor allem in der Form der programmatischen Modernisierungstheorie nach, in der den zur Produktivität befreiten Trieben (oder wie Kant einst sagte: Süchten) durch soziale Interventionen und temporale Harmonisierungen das Zerstörerische genommen werden soll, dem jene ominöse Hand, die offenbar nicht nur unsichtbar, sondern einfach nicht da war, nicht wehren konnte. Jenseits der kritizistischen Dekonstruktion sind die postmodernen Ansätze aber nicht in einem neuen epochalen Großprojekt vereint, sondern eher durch ihre Zurückhaltung davor. Manche belassen es bei der traditionellen intellektuellen Rolle der Negation, manche experimentieren mit kleinen, lebensweltlich überschaubaren Konzepten und Vertrauen auf deren globales ‚patchwork', manche erholen sich von der modernen Askese in der ästhetischen Kombination diverser Überlieferungsfragmente oder suchen Sinn für sich im Abstieg zu fremden Müttern. Gemeinsam ist eine Skepsis gegenüber der Erkennbarkeit, dem Sinn und der Steuerbarkeit übergreifender Strukturprozesse, zugleich aber eine gewisse fatalistische Einsicht in deren dynamische Macht, auf welche die reflexiven Modernisten wieder einen gewissen, aber eher defensiv gemeinten Einfluß gewinnen wollen, indem sie den unausgesprochenen Antrieben und der objektivierten Dynamik der Modernisierung auf die Spur zu kommen suchen.

Insofern verfehlt die Diagnose einer neuen Irrationalität ein Gutteil postmoderner intellektueller Praxis, die vielmehr – ausgehend von der begrenzten Reichweite der Rationalität – Spielräume auslotet, neue Kombinationen alter Fragmente erprobt und der eigenen und der gesamtgesellschaftlichen Programmierung nachspürt, selten um sie zur Tradition zu verfestigen, häufiger um sie zu delegitimieren und ihnen gegenüber konkrete Freiheitsgrade gewinnen zu können. Insofern muß man auch zugestehen, daß die projektive Globaldiagnose eines Endes der Geschichte ihre Herkunft von der Geschichtskonzeption der Moderne nicht verleugnen kann, wenn man auch darüber streiten mag, ob sie deren legitimes Kind oder ein Bankert aus der unglücklichen Verbindung von Hegelianismus und Voluntarismus ist. Die Postmodernen brauchen kein Ende der Geschichte (oder allenfalls als Spielfigur), weil sie in „der" Geschichte von Anbeginn eine Täuschung unseres Wissensvermögens und eine Erschwindelung von Verpflichtungsmacht und unrealistischer Identität sehen; sie geben ihr freilich auch keine Zukunft, sondern praktizieren eine Auflösung der historischen Praxis in ein Zusammenspiel unterschiedlicher Vergegenwärtigungsformen.

Dafür möchte ich abschließend die Metapher des Gedächtnisses vorschlagen. Aber zunächst sei mir erlaubt, wenn mir im Rollenspiel dieser Diskussion schon die Charge eines Apologeten der Postmoderne zugeschoben wurde, gleichsam als dekonstruktive Fingerübungen eine Handvoll spontaner Fragen zu Leitbegriffen des angepeilten Projekts einer Geschichte der modernen Historiographie aufzuwerfen und einige Gesichtspunkte aus der Posthistoire-Diskussion zu referieren, die bedenkenswert bleiben, wenn sie von ihren Voraussetzungen in einem emphatisch vereinheitlichten und zugleich unprofessionellen Geschichtsbegriff geschieden werden.

Anfragen an eine Geschichte der Geschichte

Die erste Frage bezieht sich auf die ‚Schrift', die den Leitbegriff Historiographie in seiner Spannung zu Geschichtswissenschaft und historischem Denken konstituiert, und forscht nach der Medialität des Untersuchungsobjekts, nach dem Aufschreibesystem von Historiographie. „Die" Geschichte setzt Schriftkultur voraus: Was wird aus dem Geschichtlichen, wenn die Schrift in der Kultur verblaßt und die persönliche Handschrift nicht mehr die Kulturleistungen integriert? Faßt man dabei das historische Denken in der Art wie Noltes „Geschichtsdenken" als eine spezifische Reflexionsform der sozialen, politischen und kulturellen Wirklichkeit vor dem Hintergrund überlieferter philosophischer und historischer Gesamtdeutungen, so tritt zunächst nur die bereits von Iggers bezeichnete Spannung zwischen professioneller und bedeutender Historie auf, weil die das Denken anstoßende Geschichtsschreibung häufig nicht von akademischen Historikern stammt. Alles bleibt aber auf den schriftlichen Überlieferungsschatz an Quellen und Deutungen bezogen, und insofern ist die Verkettung mit dem sich in der historisch-philologischen Methode konstituierenden Wissenschaftsanspruch einleuchtend.

Die Frage aber ist, wie universal und wie aktuell ein solcher Zugriff sein kann. Er müßte ja nicht nur die denkenden Umgangs- und Auseinandersetzungsformen mit vor- oder nebenschriftlichen Überlieferungen ignorieren, sondern auch vor der Wiederentdeckung der Oralität als Überlieferungsmedium und vor dem Verschwinden des persönlich haftenden Geschichtsschreibers in didaktischen Strukturgittern, Museumslandschaften, Rundfunkräten und Schneideräumen halt machen, mithin vor allem vor der Art, wie sich die zeitgenössische Kultur in ihren Medien Geschichte vergegenwärtigt und dabei das Bildgedächtnis vor dem Textarchiv bevorzugt. Anders gefragt: Wie breit müßte eine Geschichte von Geschichte angelegt sein, daß in ihr auch der „story teller" und das „musée sentimental", die Grenzwechsel zwischen Oralität und Schrift z. B. in der Oral History oder in den ‚Zeitzeichen', die Ästhetik des Klammerteils und der Aufbau von syn- und anachroner Weltorientierung bei CNN und in Spielfilmen Platz gewinnen könnten? Oder noch anders: Ist eine Geschichte der Geschichtsschreibung bereits im Ansatz ein antiquarisches Projekt?

Das führt mich zu einer zweiten Frage: Ist die Geschichte der Geschichte noch eine Geschichte? Erzählt sie die Kulturgeschichte einer Profession, die Abfolge bevorzugter Themen, Schreibstile, Quellenbestände und transformiert den geschichtswissenschaftlichen Wissenserwerb in eine relativistische Literaturgeschichte? Oder führt die Duplizität einer solchen Metapraxis im Ergebnis eher in eine theoretische Dimension mit zensorischer Wirkung, von der aus ganze historische Erkenntnisbereiche, -bestände und -interessen für ungültig erklärt, ins Archiv zurückverwiesen oder einer antiquarischen Subdisziplin anheimgegeben, mithin aus der Aktualität der Geschichte gelöscht werden? Webt sie über die Geschichtsschreibung einen relativistischen Meta-Teppich, der sie erschließend verlängert und zugleich verkürzend ersetzt, oder kann sie auf Kriterien zurückgreifen, um die

Bestände der historischen Erkenntnis auf ihre Gültigkeit zu überprüfen? Hilflos vor der Flut der historischen Produktion möchte man sich oft eine solche Entsorgungsinstanz wünschen, durch die der Großteil der Bibliotheken magaziniert würde; aber meist wird der Traum alsbald zum Alptraum, wenn weitergehende Entsorgungsmöglichkeiten und die Sensibilität der Generalisten fürs Detail vor dem inneren Auge aufsteigen. Nun hat man – vielleicht etwas euphorisch – gesagt, daß die Geschichte einer Sache durch deren Weiterentwicklung nicht länger werde: um der Faßbarkeit willen werde sie vorne um so viel ausgedünnt wie hinten hinzukomme. Will sagen, das neue Interesse impliziere auch die Kriterien selektiven Vergessens. Ist also die Gültigkeitsprüfung der Geschichtswissenschaft im Relativismus sich wandelnder Erkenntnisinteressen aufgehoben?

Eine Geschichte der Geschichte bezieht sich auf die bewußte Überlieferung der *res gestae* in gedeuteter Form oder auf die Abfolge dieser Deutungsmuster, oder – noch einmal abstrakter gefaßt – auf eine Geschichte der temporalen Modi des politischen, sozialen, kulturellen Bewußtseins. Daran könnten sich mindestens zwei Fragen nach dem Ausgegrenzten anschließen: Wo bleibt dann die Geschichte des kulturellen Unbewußten und wo diejenige der Natur? Wo wären die Instrumente, diese Ausgrenzungen wenigstens im Ansatz in eine Geschichte der Historiographie oder, allgemeiner, in eine Geistesgeschichte zurückzuholen? Beides ist nicht nur ein beliebiger Gegenstand ausgreifender Neugier, sondern von stimulierender Aktualität.

Entgegen der Aufspaltung zweier Wissenschaftskulturen im 19. und frühen 20. Jahrhundert hat die Naturwissenschaft unseres Jahrhunderts die Geschichtlichkeit ihres Gegenstandes theoretisch erwiesen. Und die Abtötung immer größerer Teile der natürlichen Umwelt hat deren Unablösbarkeit von der Geschichte der menschlichen Gesellschaft vor Augen geführt. Kann eine Geschichte der Historiographie zugleich einen Index ihrer Unaufmerksamkeit mitführen, und aus welchen Quellen kann ein solcher Index von uns Erben dieser Unaufmerksamkeit erstellt werden, wenn er nicht einfach aus heutiger Sicht rückprojiziert und damit der historische Charakter des ganzen Unternehmens versäumt werden soll? Wäre die Integration der Technik- und der Naturwissenschaftsgeschichte – und zwar nicht sowohl in ihren Werken als in ihren Befunden – eine Hilfe?

Ähnliches gilt für den Kontrabaß des gesellschaftlich und kulturell Unbewußten. Die Triebkräfte der Dynamik moderner Gesellschaften sind im Projekt einer bürgerlichen Gesellschaft der sogenannten Achsenzeit versammelt und in eine strategische Anordnung gebracht worden. Wesentlich war ein neuer Blick auf die Produktivität des Negativen, des Widerspruchs, der Opposition, der Ausbeutung der Natur, der Entfaltung der „Ehr-, Herrsch- und Habsucht" oder – noch einmal mit Kant allgemeiner – der „ungeselligen Geselligkeit" der menschlichen Natur. Deren Wirkungen hatten die alten Gesellschaften bei der Masse als Untugend stigmatisiert und dadurch in Schach zu halten gesucht und allenfalls herrschenden Minderheiten oder gar Göttern als Privilegien allseitiger Entfaltung zugestanden. Von der Entbindung dieser „Triebkräfte" erhoffte man sich Wachstum der Zivilisation in dynamischen Gleichgewichten. Unter dem Banner der Gleichheit wurde aber die Mehrheit der jeweiligen Gesellschaft, ja der Welt von der Teilhabe an der tatsächlich unbändig dynamischen Produktivität des Negativen ausgeschlossen. Der Kampf um diese Teilhabe hat seither große Teile der europäischen und seit einigen Jahrzehnten der globalen Geschichte geprägt und eine höchst ungleichgewichtige Dynamik hervorgebracht, deren expansive Befriedigung die natürlichen Voraussetzungen des gesellschaftlichen Lebens vollends zu zerrütten droht. Wie könnte diese Geschichte der Umwertung, Ausgrenzung und Vernutzung als nicht ins Bewußtsein getretene Substruktur der Modernisierung in die Geschichte ihres Bewußtseins zurückgeholt werden, ohne in katechetische Rhetorik zu verfallen?

Schließlich noch eine bescheidene Frage zur Größe. Es ist ja in der Tat unvermeidlich, daß angesichts der Gutenberg-Galaxy jede Geistes- und mithin auch eine Historiographie-Geschichte, die aufs Ganze geht, nur weniges und also die großen Werke herausgreifen kann – zumal wenn die Ehrsucht der Historiographie-Historiographen auch ihnen ein großes Werk aufgibt. Im Überblick kann man nur die Spitzen streifen. Aber die Größe ist ein vertracktes Regulativ, weil sie sowohl von der Kleinheit der Umgebung (die aber den geistigen Betrieb ihrer Zeit und das Fundament der Folge bestimmt) als auch von dem lebt, was den Kleinen groß erschien: eine Abfolge brillanter Negationen, die sich im Rückblick oft als auf zugleich fruchtbare und furchtbare Weise falsch erweisen. Die Größe hat eher etwas mit der qualitativen Machart der Werke und mit ihrem Widerspruchscharakter zu tun, als mit ihrer Repräsentativität für den Zeitgeist oder ihrer Nachhaltigkeit als Paradigma. Nietzsches Angriff auf den Historismus und seine derzeitige Renaissance gründen ja gerade in seinem Lobpreis der ahistorischen Intertextualität der geistigen Riesen – in seinem Sinn ist die Größe ein unzeitiges Kriterium, und die Frage ihrer Exemplarität unterfordert die großen Werke.

Auf der anderen Seite hat man in jüngster Zeit gesagt, wir Zwerge stünden alle auf den Schultern von Riesen – will sagen, die Größe hatte ihre Konjunktur in der Gründerzeit der geistigen Landnahme, als die Kenntnisstände noch nicht differenziert genug waren, um einen einzelnen Kopf bersten zu lassen. Fürs „schwache Denken" ist die Ahnengalerie der großen Werke ohnehin eher eine Fahndungsliste. Kurt Röttgers hat jüngst unter dem schönen Titel „Wie wird man ein unbedeutender Philosoph?" die Realitivität der Größe thematisiert und sich zum Beispiel Kants Lehrstuhlnachbar ausgesucht, der seinerzeit vor Ort ein geachteter akademischer Lehrer war, aber sich von seinem großen Nachbarn zu keinem großen Werk ermuntern ließ, sondern seine Jahre mit einer schließlich unpublizierten Erhebung über die Zigeuner zubrachte, die in Methode und Thematik ihrer Zeit weit voraus war und sich dem widmete, was der Inbegriff des kulturell Ausgegrenzten seiner Zeit und seines bedeutenderen Nachbars war. Was sucht eine Strukturgeschichte des historischen Denkens: Traditionspflege oder kritische Forschung? Stellt sie eine Enzyklopädie des traditionell Herausgehobenen zusammen oder muß sie zu archäologischen Grabungen ins Archiv, um in der Andacht zum Unbedeutenden die unge-

597

reiften, übersehen, verschütteten Kräfte vergangenen historischen Denkens aufzufinden?

Kleine Modifikationen am Ende der Geschichte

Durch den Zusammenbruch des Kommunismus in Osteuropa ist eine Diskussion in die internationale Öffentlichkeit gelangt, die zuvor nur in lässigen Nebenbemerkungen von Intellektuellen zu vernehmen war. Sie betrifft die Frage, ob die Geschichte vorbei sei. Schon das Mißverhältnis zwischen Form und Inhalt dieser Bemerkungen hätte aufmerksam machen können. Deuter des Zeitgeistes von rechts und links hatten seit dem Zweiten Weltkrieg und dann noch einmal seit den späten siebziger Jahren vor allem in Westdeutschland, aber auch in Frankreich und den USA diese Frage bejaht – und sie meinten damit, daß sich die Weltzivilisation zunehmend vereinheitliche und ihre Grundsatzalternativen, mithin die Geschichte, verstanden als eine sinnbildende Konstruktion der menschlichen Gesamterfahrung für die Zukunft, ihre existentielle Orientierungsfunktion verliere. Denn in einem System, in dem sich Kampf und Arbeit der Menschen objektiviert und zur „Beweglichkeit auf stationärer Ebene" (wie Gehlen das nannte) kristallisiert haben, muß sich der Mensch funktional und nicht traditional orientieren. Gemeinsam ist diesen Diagnosen, daß Freiheit und Sinn aus der historischen Bewegung von Gesellschaft und Kultur gewichen sind, daß sich das markt- und wahlgesteuerte System der Massen im Weltmaßstab – gleichsam als siegreicher, weicher und subjektloser Totalitarismus – zu einer „zweiten Natur" verselbständigt habe, die nur noch einem Strukturzwang gehorche und gerade deshalb den Einzelnen aus sinngebenden Kollektiven und Traditionszusammenhängen in eine beliebige Individualisierung entlasse: der posthistorische Mensch als spielendes Tier.

Die Diagnostiker der ersten Welle nach dem Zweiten Weltkrieg verband, daß sie sich in einer früheren Phase ihres Lebens intensiv mit der Hegelschen Geschichtsphilosophie oder einem ihrer voluntaristischen Derivate der Linken oder der Rechten im 20. Jahrhundert identifiziert hatten und daß ihr Geist am Rande einer mittlerweile gescheiterten Politik Macht geatmet hatte. Das Ende ihrer Geschichtsphilosophie deuteten sie meist aus einer Position des „Waldgangs", d. h. des Rückzugs aus dem öffentlichen Engagement in eine bergende und meditative Einsamkeit, als Ende einer irgendwie bedeutenden und die Zukunft bewegenden Geschichte. Aus dieser inneren, politische Subjektivität verdrängenden Ferne erschienen ihnen die Grundvarianten der Massengesellschaft des 20. Jahrhunderts – Faschismus, Stalinismus und New-Deal-Amerikanismus – als fundamental gleich gültig bzw. gleich ungültig. Die zweite Welle ergab sich aus der Verarbeitung der Achtundsechziger-Erfahrung bei einem Teil der jungen Intelligenz in Europa, weil sich wiederum die Massen als resistent gegen die Theorie einer Avantgarde und als Schwerkraft moderner Gesellschaft in ihrem Verhältnis zur politischen Macht erwiesen hatten: erst vereinzelt, seit den achtziger Jahren massenweise finden sich in der Generation der ‚Postis' linkshändige Nebenbemerkungen zur Dekonstruktion, daß „die Geschichte" („das" Subjekt, „die" Revolution etc.) zu Ende oder jedenfalls irrelevant geworden sei.

1989 begann die ‚posthistoire'-Diagnose plötzlich weltweites Aufsehen zu erregen, als sie zur offiziösen Doktrin des amerikanischen Außenministeriums geworden zu sein schien. Zumindest in Westdeutschland erforderte das esoterische Thema alsbald in allen großen Gazetten mindestens einen Leitartikel, und verantwortlich dafür war eine Kontingenz, wie sie Historiker lieben. Ein amerikanischer Intellektueller japanischer Abstammung, Schüler von Alan Bloom, der den Einfluß der Europäer in Amerika als Zeichen von dessen Verfall ausgemacht hatte, war in die Analyseabteilung des State Department gelangt, hatte Alexandre Kojève, einen russischen Emigranten in Paris, der in der Zwischenkriegszeit das französische Revival Hegels durch dessen heideggerianische Lektüre und die Umkonnotierung seiner Bezüge zur Französischen Revolution auf den Stalinismus losgetreten hatte, gelesen und verkündete nun mit dessen Argumenten angesichts des Niedergangs des Kommunismus, den er kühn als Sieg des Liberalismus interpretierte, im Sinne Hegels das Ende der Geschichte. Zumindest für die erste und zweite Welt, für die dritte (einschließlich China) hält Fukuyama in Hegelschen Kategorien Kampf und Arbeit als Grundauseinandersetzungsformen offen, aber es erscheint ihm wenig wahrscheinlich, daß die fragmentierten Knechte in den zurückgebliebenen Teilen der Welt einen Kampf gegen die staatlich verallgemeinerten in den reichen Gesellschaften gewinnen können.

Das deutsche Echo auf den vermeintlichen Großen Bruder, den die Leitartikler in Fukuyama (der sich in Wirklichkeit jedoch aus der Regierung in einen konservativen Think-Tank verziehen mußte) vermuteten, war gequält, aber aufmüpfig. Einerseits mochte man keine scheinbar hochplazierten amerikanischen Signale übergehen, andererseits widersprachen sie jenem eigenen Lebensgefühl, das angesichts des Verfalls des sowjetischen Imperiums Morgenluft witterte, jene mitteleuropäische Morgenluft, welche eine Knechtsexistenz anderer Art, nämlich die des geteilten Deutschland, zu überwinden versprach und all jene osteuropäischen Distrikte nun gar als Kooperationsbittsteller näherbrachte, die man einst als raumaffine Kolonien des deutschen Reiches schon fast erobert und die so weiter zu betrachten man sich seither aus Gründen der Niederlage, der Moral und der vermeintlichen Stabilität des Ostblocks verboten hatte. Jedenfalls glaubten die meisten Kommentatoren, gegenüber der Washingtoner Kunde vom Ende der Geschichte anmerken zu dürfen, daß nunmehr doch Geschichte erst recht beginne, insofern Deutschland zur Rückkehr in die Mitwirkung an der globalen Verantwortung aufgerufen sei. Häufig wurde dies mit Hinweisen auf das Volk der Leipziger Ringdemonstrationen als Subjekt der Geschichte nationaldemokratisch unterfüttert. Aber das untergründige Stichwort lautete: Weltmacht.

Die Mißverständnisse hätten kaum größer sein können. Hier der – mit nietzscheanischer Depression verkündete – Siegeszug der amerikanischen Zivilisation als Vorbote der „one world" durch einen in Amerika unverstandenen Intellektuellen, dessen

599

ethnische Wurzeln zur anderen besiegten Weltmacht und dessen intellektuelle in die Wirrsal Europas in der Epoche des Zweiten Weltkriegs wiesen. Dort die Umerzogenen der pax americana, die witterten, daß sie Jalta endlich abschütteln und wieder „Geschichte" machen könnten, weil der Zusammenbruch des Kommunismus nicht in der Wahrnehmungsschablone des Liberalismus und der „one world", sondern in der einer beherrschenden Mittlerstelle eines wiedervereinigten, wenn auch verkleinerten Deutschlands in Europa aufgefaßt wurde. Das Ende der Geschichte kollidierte mit der Lust auf eine verleugnete Geschichte. Den einen diente der Versuch einer nachholenden Revolution in Osteuropa als Beleg für das Ende der Geschichte in einem globalen System, den anderen für das Aufbrechen der bipolaren Erstarrung der Welt zu einer offenen Zukunft für die Mitte. Vielleicht hatten beide Seiten nicht so unrecht.

Dabei verdient zunächst nachgetragen zu werden, daß die frühere amerikanische Debatte über das Ende der Geschichte einem anderen Rhythmus gehorchte als die europäische, nämlich eher dem Rhythmus beklemmender Siege des Systems als jenem beklemmender Niederlagen der Ideologie. Ganz anders als in Europa, wo die ‚posthistoire'-Diagnosen regelmäßig auf sowohl eine individuelle Niederlage des jeweiligen Autors als auch auf eine allgemeine seines kulturellen und politischen Bezugssystems zurückweisen, stammen die Beiträge zu diesem Thema in den USA aus Zeiten der Expansion und eines allgemeinen Hochgefühls, das freilich von einigen prominenten Intellektuellen und selbsternannten Außenseitern nicht geteilt wurde. Keiner der dortigen posthistorischen Autoren hatte m. W. eine posttotalitäre Problematik zu bearbeiten. Sie beschworen vielmehr mit prophetischer Warnung die Utopie einer alternativlos gewordenen Herrschaft der amerikanischen Zivilisation im Weltmaßstab als systemische Bedrohung bedeutsamer Individualität und als Risiko für das Überleben der Gattung. Fukuyama verbindet hier insofern den amerikanischen mit dem europäischen Diskurs, als er wie dieser sich nicht die Frage der Bedrohung der Welt stellt, sondern das Ende von Sinn im Fortgang der Welt in eine zweite Natur diagnostiziert.

Alle neuere Proklamation eines Endes der Geschichte enthält einen Rückverweis auf eine totalisierende Geschichtsphilosophie, die an ihrem Ende rückblickend noch einmal genossen, aber in ihrem weiterwirkenden Bedeutungsgehalt dementiert wird. Die Wahrheit Hegels wird dadurch nachträglich noch einmal in Kraft gesetzt, und an die Stelle ihrer Kritik tritt letztlich ästhetisierende Resignation. Sie müßte aber nicht negiert, sondern in einen anderen Erkenntnisstatus überführt werden, nämlich in den einer Orientierungshypothese. Das nähme ihr freilich viel von ihrer Attraktivität, denn sie müßte sich von ihrem intellektuellen Machtkonnex lösen, der bei den Posthistoire-Autoren auch als individuelle Geschichte verdrängt wird. Dasselbe gilt für die aus solchen Geschichtsphilosophien abgeleiteten Makrotheorien wie den Marxismus oder die Modernisierungstheorie; ohne traditionelle Grundlage produzieren sie keine Sinn-Überschüsse mehr, sondern sind als Theorien so gut oder so schlecht, wie sie das Wissen von der Vergangenheit für subjektive Erkenntnisinteressen zu organisieren vermögen.

Die Aussagen der Posthistoire-Diagnose sind aufschlußreich und falsch zugleich. Ihr Hinweis auf den Zwangscharakter der „zweiten Natur" des Weltmarkts ist aufschlußreich für alle jene Regionen und Lebensbereiche, in denen der Weltmarkt herrscht und persönliche Herrschaft zum Management relativiert. Ihre Prognosen einer globalen Kristallisierung des Politischen in letztlich auf einen Weltstaat zustrebenden liberal-demokratischen oder wohlfahrtsstaatlichen Strukturen extrapolieren Trends, die selbst unter den Gründern der UNO nicht als irreversibel, wenn überhaupt als existent angenommen wurden, und erweisen sich eher als Ausdruck einer Verdrängung der Differenz und des Politischen denn als deren Beschreibung. Sie sind jedoch falsch und verwirrend, insofern sie annehmen, daß sich aus der Globalisierung solcher Tendenzen in vielen „fortgeschrittenen" Gesellschaften eine krisen- und katastrophenlose Systemwelt herstelle. Insofern die Proklamation eines Endes der Geschichte das Ende von Sinn und nicht das Ende von Welt meint, lenkt sie die Aufmerksamkeit von den in der Globalisierung von Wachstumsgesellschaften und in ihren ungleichen Voraussetzungen angelegten Krisen und Katastrophen ab. Das gilt nicht nur für die Überschreitung ökologischer, z. B. klimatischer Grenzwerte oder die Entfesselung technogener Katastrophen. Es zeigt sich auch daran, daß die aus dem Niedergang der Bipolarität hervorgehende neue Welt(un)ordnung – vor allen Problemen gemeinsamer Wohlfahrt – mit der Frage der Etablierung einer Weltpolizei beginnt, die mit Hilfe einer verwestlichten Breshnew-Doktrin und der vereinten Gewaltpotentiale der Industrieländer den Status quo sichern soll.

Als individuelle Projektion verweist die Posthistoire-Diagnose auf die Sonderrolle von Intellektuellen, in der sie sich – sei es als Adel des Geistes oder als Avantgarde – eine zugleich herrschaftliche und sinnstiftende Rolle gegenüber den Massen zuschrieben und beim Verlust dieser Rolle den Verlust an Sinn und Herrschaft auf die Gesellschaft übertrugen. Diese Rolle wird aber durch die Diagnose selbst dementiert, die die Intellektuellen in die Verantwortungslosigkeit entläßt. Erst die Wahrnehmung der eigenen Geschichte als Teil der verachteten Massen könnte Intellektuelle aus solchen Fixierungen befreien und ihnen durch die Umadressierung ihrer Fragen und Erkenntnisse an die Öffentlichkeit und die Einzelnen eine verantwortliche Rolle ohne Überhebung eröffnen.

Posthistoire meint das Ende politischer und kultureller Gültigkeit materialer Geschichtsphilosophie, nicht das Ende von Beschäftigung mit Geschichte. Auf ihrem „Waldgang" haben sich die Posthistoristen überwiegend mit – meist entfernter – Vergangenheit beschäftigt und solche Unterhaltung mit den überlieferten Beständen sogar, angesichts der modernen Langeweile schwindender Differenz, zur paradigmatischen Beschäftigung im Posthistoire erklärt. Darin wird Geschichte noch einmal als geschichtsphilosophisch signifikante Abfolge bedeutender Szenen (von Heroen oder Revolutionen) gleichsam als Video-Archiv der vorherrschenden Überlieferung simuliert. Ihre Bedeutungen aber erscheinen nur noch als Schlacken des Abgelebten und bleiben folgenlos.

Am Ende einer Auseinandersetzung mit der Diagnose des Posthistoire stehen insofern mindestens ebenso viele Zweifel wie Anregungen in bezug auf ihren zeitdiagnostischen und prognostischen Wert als materiale Theorie. In zweierlei Hinsicht aber erscheint sie treffsicher: Erstens bezeugt ihre Entstehung die Entwertung der fortgeschriebenen Meistererzählungen als politische Richtschnur und Sinnkonstruktion der Moderne. Zweitens bezeichnet sie die suchtartige Inflationierung ästhetischer Vergegenwärtigungsversuche von Vergangenem als Surrogat des verlorenen mythischen Zukunftsbezugs von Geschichte im Ganzen. Mit anderen Worten: Die Verkündung eines Endes der Geschichte mag sich als geschichtsphilosophisches Artefakt im Gefolge überzogener, als Aneignung des Mythos konzipierter Deutungssysteme hegelscher oder comtescher Provenienz erweisen; als Zeugnis einer Geschichte der Geschichte gelesen, könnte sie eine aufschlußreiche Quelle für deren historische Erschließung werden.

Geschichte als Gedächtnis

Ist Geschichte ihrer Fundierung in einer materialen Geschichtsphilosophie beraubt und damit die Herkunft ihrer Geltung vom Mythos unterbrochen, so kommt damit nicht sogleich das historische Interesse zum Erliegen. Im Schmerz des Sinnentzugs mag es sich zunächst krampfhaft an den überkommenen Kanon der Bestände klammern und dessen Sinn durch deren Sinnlichkeit ersetzen. Aber dabei muß es nicht bleiben. In der Emanzipation der Überlieferung zur Vieldeutigkeit verliert das historische Interesse vielmehr zugleich einengende Perspektiven, erweitert sich auf die Vergangenheit bzw. Geschichtlichkeit der Lebensdimensionen jener, die sich orientieren und ihre Erfahrung erweitern wollen, wird dadurch offener gegenüber dem in der Tradition Unbewußten und anscheinend nicht Überlieferten – und es gewinnt ein individualisiertes Subjekt. Das ist nicht das sich autonom wähnende bürgerliche Subjekt, wie es im 18. Jahrhundert heroisch auf die Welt auszugreifen versuchte; vielmehr ist es ein sozusagen unvermeidliches Subjekt jeweiliger Erfahrungsintegration, das sich in seiner Massenhaftigkeit gleichwohl bereits kulturell prästrukturiert und in seinen Allmachtsphantasien gebrochen weiß. Geschichte sollte dann so begriffen werden, daß sich in ihr das Kollektive und das Individuelle aufeinander beziehen können und daß das „forschende Verstehen", als das Droysen das „historein" interpretierte, eine Bemühung um das „Noch-nicht-Bewußte" meint. Dazu könnte ein Geschichtsbegriff in der Metapher des Gedächtnisses helfen.

Maurice Halbwachs hat in seiner Skepsis gegenüber der innerpsychischen Überlieferung des Individuums das Erinnern gegen Bergson als einen sozialen Vorgang der Rekonstruktion aus einer aktuellen Situation heraus gefaßt. Dabei ist das Erinnern zur Gewinnung seines Materials und seiner Struktur wesentlich auf das „kollektive Gedächtnis" angewiesen, das er als ein gruppen- und raumspezifisches Verweissystem von sozialen Überlieferungsagenturen verstand. Davon ist ein ganzer soziologischer Diskurs zum Gedächtnis als sozialer Konstruktion des Wissens über vergangene Wirklichkeit ausgegangen, der auch von Historikern der „nouvelle histoire" für die Bestimmung von Geschichtskultur fruchtbar zu machen gesucht wurde. Dem Historiker könnte freilich auch auffallen, daß in solchen Konzeptionen der sozialen Rekonstruktion des Wissens von Vergangenem eine einseitige Vorstellung von Überlieferung zugrunde gelegt wird, in der – in der Sprache der historischen Quellenkunde gefaßt – die „Überreste" fast ganz zugunsten der „Tradition" ausgeblendet sind und damit der eigentliche Stoff kritischer Geschichtswissenschaft fehlt. Wie kann diese kritische Masse in den sozialen Prozeß rekonstruktiven Erinnerns wieder eingeführt werden?

Sigmund Freud hat in seinen Ansätzen zu einer auf das Individuum gerichteten Gedächtnistheorie das Erinnern in sein System „bewußt-unbewußt" eingefügt und dabei angenommen, daß nichts völlig vergessen werde, sondern daß alle Wahrnehmungen in den Spuren des Gedächtnisses einen wie immer verblaßten, verdrängten oder überschriebenen Niederschlag fänden, der im Prinzip wieder aufgefunden werden könne. Für das, was nicht im aktiven Gedächtnis enthalten und seinen aktuellen Sinnkonstruktionen unterworfen ist, was aber auch nicht durch Verdrängung oder durch unbewußte Überschreibung verloren ist, hat er im Begriff des „Vorbewußten" eine latente Zwischenschicht vorgehalten, an die sich die Überschreitung des aktuellen Bewußtseins in der Interaktion der Erinnerungsarbeit, einer typologisch reduzierten sozialen Veranstaltung, zunächst halten muß. Das Vorbewußte ist dabei ein Bereich von Überresten des Erlebens, die weder in die Sinnstrukturen des Bewußtseins eingegangen noch durch die Zensuren der Verdrängung oder der Überschreibung unzugänglich geworden sind. Setzt man dies in Beziehung zu Halbwachs, so ließe sich vermuten, daß diese Überreste des Erlebens, die durch sozial gestützte Assoziationen wieder erinnert werden können, persönlich hinreichend bedeutsam waren, um nicht in der Wahrnehmung sogleich überlagert zu werden, aber quer standen zu den Bedeutsamkeitsvorhaben des kollektiven Gedächtnisses bzw. des Bewußtseins, d. h. sich weder in dessen Strukturen einfügen ließen noch diese so stark herausforderten, daß es zu ihrer Verdrängung gekommen wäre.

Henri Lefebvre und andere Alltagstheoretiker haben die alltäglichen Wahrnehmungen der Lebenspraxis als eine Sphäre weitgehend unbewußter Routinisierungen verstanden. Als Steuerungen unserer alltäglichen Orientierungs- und Verhaltensapparate sind sie ein wichtiger Teil des Gedächtnisses, aber sie haben weder jene sinnhafte Bedeutung, aus der sich die bewußte Überlieferung speist, noch die Qualität jener Irritation gegenüber dem sozial Zulässigen, die verdrängt werden müßte. Das macht den Alltag – sowohl individuell wie kollektiv – überrestverdächtig, mithin als einen latenten Bereich des Vorbewußten im Prinzip erinnerungsfähig.

Walter Benjamin schließlich hat uns die „Andacht zum Unbedeutenden" gelehrt, das Ausgraben jener scheinbar bedeutungslosen Einzelheiten z. B. in der Wunschgestalt früherer Waren oder der Werbung, aus deren Studium sich die Konfiguration von Wünschen und Erfüllungsversprechen in einer sich durchsetzenden Marktgesellschaft, mithin eine Epoche neu beleuchten und tiefer verstehen lassen. Und er fürchtete, daß der Katastrophensturm des Fortschritts alle Überlieferung in die Zensuren, Uminterpretationen und in die Amnesie jeweils herrschender Traditionen zöge. „Im Augenblick der Gefahr", nämlich des Verlusts alternativer Überlieferungen, erhoffte er sich jedoch, daß das von herrschaftlicher Verdrängung aktuell wie geschichtlich Bedrohte zugleich die Bedeutung und die Erkennbarkeit alternativer Wahrnehmung erlange.

Die Übersetzung einer von der Geschichtsphilosophie verlassenen Geschichte in die Metapher des Gedächtnisses verlangt nun nur eine kleine Veränderung an den konventionellen Grundbegriffen historischer Methodologie, nämlich die szientistische Absonderung der Erkenntnisse des historischen Forschungs- und Vermittlungsapparats aus seinen Rohstoffen – Tradition und Überrest – im Prinzip zu revidieren, also die Einsicht, daß unsere Art der wissenschaftlichen Aufbereitung und mittelfristigen Kodifizierung von Geschichte nur eine der Varianten in der Pflege und Erfindung von Traditionen ist: das kollektive Gedächtnis im Zeitalter der Wissenschaft. Das herrschende Bewußtsein konsumiert und reinterpretiert alles, was es vorfindet, was ihm zugeliefert wird und was für sein Interesse von Belang ist.

Verbleiben jene vorbewußten Überreste vergangener Kultur und gelegentlich auch Unbewußtes, das in diesen Prozeß herrschender Traditionspflege nicht aufgenommen wird, d.h. Überliefertes und Verschüttetes, das aber noch da ist und erinnert, d.h. in besonderen sozialen Veranstaltungen ausgegraben oder in Spuren noch gelesen werden kann. Zu seiner Entdeckung ist ein historisches Interesse geeignet, das aus seiner eigenen Lebenspraxis und den in ihr nicht aufhebbaren Wünschen heraus andere Fragen an die immer schon von weiterer Verschüttung, Mißachtung oder den Zensuren herrschender Interpretationen bedrohte Überlieferung entwirft, aus ihr Rückversicherung sucht oder – um mit Benjamins Appell an die uns allen gegebene schwache messianische Kraft zu sprechen – aus ihr verschüttete Hoffnungen zu gegenwärtiger Bedeutung erlöst. Gelingt dies an der Grenze eines sich selbst unzureichenden Bewußtseins („im Augenblick der Gefahr"), die gesellschaftlich durch Techniken der Archäologie, des Spurenlesens und der mikrologischen Andacht ans scheinbar Unbedeutsame für das Vorbewußte wieder geöffnet wird, so ist die geschichtliche und auch geschichtswissenschaftliche Tradition en detail und manchmal auch en gros zu einer neuen Bestimmung ihrer Inhalte herausgefordert.

Die Umformulierung von Geschichte in die Metapher des Gedächtnisses entsteht aus dem Fortfall ihrer geschichtsphilosophischen Fundierung und zugleich aus der Einsicht, daß dadurch der Bedarf an historischem Erfahrungshaushalt, an orientierenden Perspektiven und Alternativen nicht entfällt, sondern wächst. Sie könnte dazu beitragen,

– die Theoretisierung historischer Perspektiven vom uneinholbaren Zwang zu exekutierbaren Wahrheiten und von der Verfallenheit an etablierte Paradigmen herrschender Tradition (z. B. in unserer Zeit der des Nationalstaats oder der Modernisierung) zu befreien;

– den differenten Erfahrungen der Vielen im Alltag und in den Brüchen der Gesellschaft reichere andere Perspektiven zu erschließen und durch einen derart erweiterten Erfahrungshaushalt ihnen ein Stück mehr Freiheit zu ermöglichen;
– das Gedächtnis der Kultur und die Erinnerungen der Einzelnen aufeinander zu beziehen und dadurch die Erfahrung des Individuums aus dem Zwiespalt geschichtsfremder Bedeutungslosigkeit seiner Nahwelt und geschichtsvernichtender Projektionen aufs Ganze zu entlassen.

Sieht man die Bemühung um eine Geschichte der Geschichte in diesem Zusammenhang, so müßte sie zunächst den „Augenblick der Gefahr" bestimmen, den die Künder des Endes der Geschichte so wohlgefällig als das Ende zukunftsbedeutsamer Auseinandersetzungen und als Verwandlung in ein hegelianisch organisiertes Disneyland verfälschen. In diesen Zwiespalt zwischen dem verlorenen Sinn im großen und der Beliebigkeit ästhetischer Wahrnehmungen des Vergangenen im kleinen kann aber nicht mit einem Ideal wissenschaftlicher Objektivität oder Rekonstruktion interveniert werden. Denn die Geschichtswissenschaft kann ihre Gegenstände in der Vergangenheit nie in toto erreichen. Sie ist von Beginn an auf die Auswahl aus der Fülle vergangenen Lebens durch dessen fragmentierte Überlieferung und deren Korrespondenz zu unserer Wahrnehmung angewiesen. Während viele Wissenschaften, die sich auf gegenwärtige oder als zeitlos vorgestellte Gegenstände richten, die Hoffnung aufrechterhalten, daß ihre Hypothesen im Prinzip testbar seien, können Historiker im Prinzip dies von ihren Aussagen nicht erwarten. Das macht ihre Verallgemeinerungen, Darstellungsformen und Sinnzuschreibungen so offen, subjektiv und verletzlich, daß in der Historie auch eine Kunst erblickt werden kann und daß diejenigen Historiker, denen diese Vorgabe im Kreis der Wissenschaften peinlich ist, mit einem ostentativen Belegreichtum sondergleichen diesen wissenschaftlichen Defekt zu kompensieren sich verpflichtet fühlen.

Der wissenschaftliche Umgang mit Geschichte geschieht insofern in der Spannung zwischen dem konservativen Pol der Überlieferungspflege und der traditionskritischen Forschung als jeweiliger Erinnerung des aus dem Bewußtsein Verlorenen. Die erste Übung widmet sich der Fortschreibung, Sichtung und didaktischen Aufbereitung der im kollektiven Gedächtnis kodifizierten, gesellschaftlich zugelassenen Tradition. Heute erscheint diese meist in Gestalt der herrschenden Meinung der Zunft und ist an Handbüchern, synthetischen Darstellungen, repräsentativen Ausstellungen und Schulcurricula ablesbar. Anders als in traditionalen Gesellschaften, in denen der „story teller" eine formstabile Überlieferung des Herkunftswissens verwaltet, ist diese konservative Funktion der Historie in modernen, pluralen und medienvermittelten Gesellschaften keineswegs stagnierend, sondern muß an der Spitze des Fortschritts mitmarschieren und ihre Bestände – mit und ohne Forschung – ständig neu formieren und à jour bringen, um dem Wandel gesellschaftlich bestimmender Aufmerksamkeiten durch die Hinzufügung angepaßter Vorgeschichten geschichtliche Tiefe zu verleihen.

Der andere Pol ist die erinnernde Forschung, die konstitutionell kritisch gegen die Kodifikationen der Tradition und auch gegen die schnellen Wandlungen der Sinnproduktion gerichtet ist, nämlich auf das, was darin an Überlieferungsspuren verschüttet ist. Sie ist im Zwischenbereich zwischen dem gesellschaftlich Bewußten und dem Verlorenen angesiedelt. Für sie ist der Sinn immer schon in der Tradition vorgegeben und immer schon falsch, verzerrt, eingeengt, überständig: die Wahrheit der Sieger. Aus aktuellem Ungenügen – oder wie Benjamin sagte: im Tigersprung in die Vergangenheit – rekonstruiert sie im Kurzschluß zwischen aktueller Neugier oder Orientierungsnot und verschüttetem, aber noch lesbarem Überrest in Einzelzugriffen jene Elemente der Vergangenheit, die keinen Zugang zur Traditionsbildung des kollektiven Gedächtnisses fanden, und erlöst sie zu alternativen Traditionen oder zur Herausforderung der herrschenden. Es kann sein, daß ihre Ergebnisse im Wandel der herrschenden Tradition von dieser integriert werden – und das ist heute jedenfalls wahrscheinlicher, als daß sich ein klar vom herrschenden unterschiedenes alternatives kollektives Gedächtnis herausbildete, wie dies Halbwachs oder Benjamin noch von der Arbeiterklasse erwarteten. Aber in der Hauptsache scheinen ihre Befunde zunehmend weder zur Erneuerung der ‚einen' Tradition noch zu einer Anti-Geschichte zusammenzuschießen, sondern die Integrationsfähigkeit einer oder zweier Hauptlinien der Traditionsbildung zu sprengen und sich der Aufhebung in theoretischen oder darstellerischen Synthesen zu entziehen. Das ist in der Tradition materialer Geschichtsphilosophie vielfach beklagt und durch noch dickere Synthesen einzuholen versucht worden, aber es liegt wohl in der Natur der Sache einer sich ausdifferenzierenden Kultur, d. h. einer Kultur, die sich der Vielfalt ihrer inneren Differenz stellt und sich zu ihrer äußeren öffnet.

Seit der Ablösung der sozialen und kulturellen Sinnproduktion der „story teller" durch systematische oder projektierende Reduktionisten ist Überlieferungspflege im Sinne der generativen Prinzipien und Rationalisierungen im Gedächtnis theorie- und konzeptabhängig. Solange diese Konzepte aus einer beherrschenden Geschichtsphilosophie oder einem ihrer weltanschaulichen, politisch-programmatischen Derivate stammten – und das war ein wesentliches Merkmal der in der Aufklärung aufgebrochenen Moderne –, konnten sich Traditionspflege und kritische Forschung explizit oder implizit auf sie berufen und sie durch rekonstruktive Erzählungen mit historischen Mitteln beglaubigen oder in Zweifel ziehen. In dem Maße, wie die materiale Gesamtschau an die Grenze ihrer Leistungsfähigkeit gekommen und die Moderne selbstreflexiv geworden ist, wird eine Geschichtswissenschaft, die sich weiterhin auf sie beruft oder sie zur Materialorganisation heranzieht, redundant und verliert ihre Sinnfunktion. Sinnhaft wäre hingegen, diese Selbstreflexion auf den eigenen Bereich zu beziehen und Fragen zu stellen wie:

Was von den Meistererzählungen – und ihren historischen Derivaten – geblieben ist und warum sie nicht eingetroffen sind oder an unserer Orientierungsnot vorbeigehen; welche Art gesellschaftlicher Orientierung in der Zeit diese theoretische Praxis anleitete und welche Alternativen sie verschüttet hat. Gibt es Vorbilder für fehlerfreundliche historische Orientierungsweisen, die über die ästhetische Wahrnehmung von Vergangenheitsfragmenten hinausgehen und nicht in angemaßtem Weltgeist oder verdinglichten Identitätszuschreibungen enden? Mit anderen Worten: Eine solche Geschichte der Geschichte könnte der traditionalen Beglaubigung einer theoriegeleiteten Historie den Dienst versagen und in der Analyse der Geschichtskultur kritische und konstruktive Theorien über die Dienstbarkeit der Historie ausbilden.

Anmerkung

1 Mittlerweile liegt die Diagnose in Buchform vor (Francis Fukuyama: *The End of History and the Last Man*, New York 1992, dt.: *Das Ende der Geschichte*, München 1992) und hat viel Kritik („Classy but shaky") ausgelöst. Als schwächster Punkt wird meistens die Annahme einer weltweiten Durchsetzung des liberalen Systems hervorgehoben; daneben wird die Abstraktheit der Kojèveschen Anthropologie und der hegelianischen Kategorien überhaupt kritisiert und als dem liberalen Selbstbewußtsein oder dem angelsächsischen Denken fremd zurückgewiesen. Zu einer historischen Kritik der Denkfigur vor ihrer letzten Aktualisierung vgl. Lutz Niethammer (unter Mitarbeit von Dirk van Laak), *Posthistoire. Ist die Geschichte zu Ende?*, Reinbek 1989, zu einer soziologischen Kritik vgl. Thomas Jung, *Vom Ende der Geschichte. Rekonstruktionen zum Posthistoire in kritischer Absicht*, Münster 1989.

Drucknachweise

War die bürgerliche Gesellschaft in Deutschland 1945 am Ende oder am Anfang?
zuerst in: Bürgerliche Gesellschaft in Deutschland. Historische Einblicke, Fragen, Perspektiven, Frankfurt a.M. 1990, S. 515–532

Arbeiterbewegung zwischen Krieg und Kaltem Krieg
zuerst unter dem Titel: Rekonstruktion und Desintegration. Zum Verständnis der deutschen Arbeiterbewegung zwischen Krieg und Kaltem Krieg, in: Geschichte und Gesellschaft, Sonderband 5, 1979, S. 26–43

Die Entnazifizierung als Schule der Anpassung
zuerst in: Spiegel Special Nr. 4/1995: Die Deutschen nach der Stunde Null, S. 90–95

Nach dem Dritten Reich ein neuer Faschismus? Zum Wandel der rechtsextremen Szene in der Geschichte der Bundesrepublik
zuerst in: Paul Lersch (Hg.): Die verkannte Gefahr, Reinbek 1981, S. 105–127

Traditionen und Perspektiven der Nationalstaatlichkeit für die BRD
zuerst in: Deutsche Gesellschaft für auswärtige Politik (Hg.): Außenpolitische Perspektiven des westdeutschen Staates, Bd. 2, München/Wien 1972, S. 13–107

Die SED und „ihre" Menschen. Versuch über das Verhältnis zwischen Partei und Bevölkerung als bestimmendem Moment innerer Staatssicherheit
zuerst in: Siegfried Suckut/Walter Süß (Hg.): Staatspartei und Staatssicherheit. Zum Verhältnis von SED und MfS, Berlin 1997, S. 307–340

Geht der deutsche Sonderweg weiter?
zuerst in: Antonia Grunenberg (Hg.): Welche Geschichte wählen wir? Hamburg 1992, S. 23–54

Faschistische Bewegungen der Zwischenkriegszeit in Europa
zuerst in: Politische Bildung 5 (1972) Heft 1, S. 17–36

Aufbau von unten: Die Antifa-Ausschüsse als Bewegung
zuerst in: Lutz Niethammer/Peter Brandt/Ulrich Borsdorf (Hg.): Arbeiterinitiative 1945. Antifaschistische Ausschüsse und Reorganisation der Arbeiterbewegung in Deutschland, Wuppertal 1976, S. 699–717

Alliierte Internierungslager in Deutschland nach 1945. Vergleich und offene Fragen
zuerst in: Lutz Niethammer/Christian Jansen/Bernd Weisbrod (Hg.): Von der Aufgabe der Freiheit. Politische Verantwortung und bürgerliche Gesellschaft im 19. und 20. Jahrhundert. Festschrift für Hans Mommsen zum 5. November 1995, Berlin 1995, S. 469–492

Strukturreform und Wachstumspakt. Westeuropäische Bedingungen der einheitsgewerkschaftlichen Bewegung nach dem Zusammenbruch des Faschismus
zuerst in: Heinz Oskar Vetter (Hg.): Vom Sozialistengesetz zur Mitbestimmung, Köln 1975, S. 303–358

Defensive Integration. Der Weg zum EGB und die Perspektive einer westeuropäischen Einheitsgewerkschaft
zuerst in: Ulrich Borsdorf u. a. (Hg.): Gewerkschaftliche Politik, Köln 1977, S. 567–596

Zum Verhältnis von Reform und Rekonstruktion in der US-Zone am Beispiel der Neuordnung des öffentlichen Dienstes
zuerst in: Vierteljahrshefte für Zeitgeschichte 21 (1973) S. 177–188

Zeitgeschichte als Notwendigkeit des Unmöglichen? Zu Ernst Noltes „Deutschland und der Kalte Krieg"
zuerst in: Historische Zeitschrift, Bd. 221 (1975), S. 373–389

Zum Wandel der Kontinuitätsdiskussion
zuerst in: Ludolf Herbst (Hg.): Westdeutschland 1945 bis 1955, München 1986, S. 65–84

Über Kontroversen in der Geschichtswissenschaft
zuerst in: Gerhard Schneider (Hg.): Geschichtsbewußtsein und historisch-politisches Lernen, Jahrbuch für Geschichtsdidaktik 1, Pfaffenweiler 1988, S. 205–230

Zur Erforschung der deutschen Nachkriegsmigration
zuerst in: Rainer Schulze u.a. (Hg.): Flüchtlinge und Vertriebene in der deutschen Nachkriegsgeschichte, Hildesheim 1987, S. 316–323

Schwierigkeiten beim Schreiben einer deutschen Nationalgeschichte der Nachkriegszeit
bisher unveröffentlicht (entstanden 1997)

Anmerkungen zur Alltagsgeschichte
zuerst in: Geschichtsdidaktik 5 (1980) S. 231–242

Ein Sessel im KZ
zuerst in: Riskante Bilder, Festschrift Hermann Sturm, hg. von Nobert Bolz u. a., München 1997, S. 27–45

Widerstand des Gesichts. Beobachtungen an dem Filmfragment ‚Der Führer schenkt den Juden eine Stadt'
zuerst in: Hans Bróg/Achim Eschbach (Hg.): Die Tücke des Objekts, Festschrift Hermann Sturm, Aachen 1987, S. 29–52

Bürgerliche Wechseljahre – zur Konjunktur erinnerter Gefühle einer Klasse
zuerst in: Bürgerliche Gesellschaft als Projekt, in: Bürgerliche Gesellschaft in Deutschland. Historische Einblicke, Fragen, Perspektiven, Frankfurt/Main 1990, S. 533–547

Jean Monnet und die Modernisierung Europas
zuerst in: Journal für Geschichte 1979, Heft 2, S. 2–7

Zur Ästhetik des Zitats aus erzählten Lebensgeschichten
zuerst in: Jahrbuch für Ästhetik 1: Das Fremde, hg. von Hermann Sturm, Aachen 1985, S. 191–206

Nachgedanken zu ‚Posthistoire'
zuerst engl. in: History and Memory 1 (1989), Heft 1, S. 27–53

Orte des kollektiven Gedächtnisses
zuerst in: Stefanie Endlich (Hg.): Brandenburgische Gedenkstätten für die Verfolgten des NS-Regimes. Perspektiven, Kontroversen und internationale Vergleiche, Berlin 1992, S. 95–104

Diesseits des „Floating Gap". Das kollektive Gedächtnis und die Konstruktion der Identität im wissenschaftlichen Diskurs
zuerst in: Kristin Platt/Mihran Dabag (Hg.): Generation und Gedächtnis. Erinnerungen und kollektive Identitäten, Opladen 1995, S. 25–50

Erinnerungsgebot und Erfahrungsgeschichte. Institutionalisierungen im kollektiven Gedächtnis
zuerst in: Hanno Loewy (Hg.): Holocaust. Die Grenzen des Verstehens. Eine Debatte über die Besetzung der Geschichte, Reinbek 1992, S. 21–34

Geschichte als Gedächtnis im Zeitalter der Wissenschaft
unter dem Titel „Die postmoderne Herausforderung. Geschichte als Gedächtnis im Zeitalter der Wissenschaft" zuerst in: Wolfgang Küttler/Jörn Rüsen/Ernst Schulin (Hg.): Geschichtsdiskurs, Bd. 1: Grundlagen und Methoden der Historiographiegeschichte, Frankfurt a.M. 1993, S. 31–49

Schriftenverzeichnis

Selbständige Schriften

Angepaßter Faschismus. Politische Praxis der NPD, Frankfurt a. M. 1969

Entnazifizierung in Bayern. Säuberung und Rehabilitierung unter amerikanischer Besatzung, Frankfurt a.M. 1972 (zweite Auflage unter dem Titel: Die Mitläuferfabrik, Berlin/Bonn 1982)

Walter L. Dorn – Inspektionsreisen in der US-Zone, Stuttgart 1973 (*Hg.*)

Arbeiterinitiative 1945. Antifaschistische Ausschüsse und Reorganisation der Arbeiterbewegung in Deutschland, Wuppertal 1976 (*Mit-Hg. Peter Brandt und Ulrich Borsdorf*)

Zwischen Befreiung und Besatzung. Analysen des US-Geheimdienstes über Positionen und Strukturen deutscher Politik 1945, Wuppertal 1977 (*Mit-Hg. Ulrich Borsdorf*, zweite Auflage Weinheim 1995)

Umständliche Erläuterung der seelischen Störung eines Communalbaumeisters in Preußens größtem Industriedorf. Die Unfähigkeit zur Stadtentwicklung, (*mit grafischen Anmerkungen von Hermann Sturm*) Frankfurt a. M. 1979 (geringfügig geändert zuvor in Ulrich Engelhardt/Volker Sellin/Horst Stuke (Hg.): Soziale Bewegung und politische Verfassung. Festschrift für Werner Conze, Stuttgart 1976, S. 432–471)

Wohnen im Wandel. Beiträge zur Geschichte des Alltags in der bürgerlichen Gesellschaft, Wuppertal 1979 (*Hg.*)

Lebenserfahrung und kollektives Gedächtnis. Die Praxis der Oral History, Frankfurt a. M. 1980 (*Hg. unter Mitarbeit von Werner Trapp*, Taschenbuchausgabe 1985)

Lebensgeschichte und Sozialkultur im Ruhrgebiet 1930–1960 (*Hg.*):
Bd. 1 „Die Jahre weiß man nicht, wo man die heute hinsetzen soll". Faschismuserfahrungen im Ruhrgebiet, Berlin/Bonn 1983
Bd. 2 „Hinterher merkt man, daß es richtig war, daß es schiefgegangen ist". Nachkriegserfahrungen im Ruhrgebiet, Berlin/Bonn 1984
Bd. 3 „Wir kriegen jetzt andere Zeiten". Auf der Suche nach der Erfahrung des Volkes in nachfaschistischen Ländern, Berlin/Bonn 1985 (*Mit-Hg. Alexander von Plato*)

„Die Menschen machen ihre Geschichte nicht aus freien Stücken, aber sie machen sie selbst". Einladung zu einer Geschichte des Volkes in NRW, Berlin/Bonn 1984 (*Mit-Hg. Ulrich Borsdorf, Bodo Hombach und Tilman Fichter*, 2. Aufl. 1985)

Geschichte in der Bundesrepublik Deutschland. Ein Studienführer, hg. vom DAAD, Bonn 1986 (*zusammen mit Dorothee Wierling*)

Marshallplan und Europäische Linke, Frankfurt a.M. 1986 (*Mit-Hg. Othmar N. Haberl*)

Posthistoire. Ist die Geschichte zu Ende? Reinbek 1989 (*unter Mitarbeit von Dirk van Laak*; engl. Ausgabe 1992, 3. Aufl. 1994)

Bürgerliche Gesellschaft in Deutschland. Historische Einblicke, Fragen, Perspektiven, Frankfurt a. M. 1990 (*Koautor*)

Hans Mommsen: Der Nationalsozialismus und die deutsche Gesellschaft. Ausgewählte Aufsätze, Reinbek 1991 (*Mit-Hg. Bernd Weisbrod*)

Die volkseigene Erfahrung. Eine Archäologie des Lebens in der Industrieprovinz der DDR. 30 biografische Eröffnungen, Berlin 1991 (*zusammen mit Alexander von Plato und Dorothee Wierling*)

Der „gesäuberte" Antifaschismus. Die SED und die roten Kapos von Buchenwald, unter Mitarbeit von Harry Stein und Leonie Wannenmacher, eingeleitet und kommentiert von Karin Hartewig und Lutz Niethammer, Berlin 1994 (*Hg.*)

Von der Aufgabe der Freiheit. Politische Verantwortung und bürgerliche Gesellschaft im 19. und 20. Jahrhundert. Festschrift für Hans Mommsen zum 5.11.1995, Berlin 1995 (*Mit-Hg. Christian Jansen und Bernd Weisbrod*)

Sowjetische Sonderlager in der SBZ. Bd. 1: Studien und Berichte. Bd. 2: Dokumente zur Lagerpolitik. Bd. 3: Dokumente zur Lagerverwaltung, Berlin 1997–99 (*Mit-Hg. Sergej Mironenko, Alexander von Plato u. a.*)

Kollektive Identität. Zu ihren heimlichen Quellen und ihrer unheimlichen Konjunktur (*unter Mitarbeit von Axel Doßmann*), Reinbek (im Erscheinen)

Aufsätze in Auswahl

(zahlreiche politische Beiträge, Polemiken, Rezensionen, Radioessays, „graue" Materialien, Berichte und Konzepte, Vorworte, Diskussionsbeiträge und Einleitungen zu Heften

des „Journal Geschichte" wie auch Studienbriefe der Fernuniversität Hagen sind hier ebensowenig berücksichtigt wie die Aufsätze dieses Bandes)

Die amerikanische Besatzungsmacht zwischen Verwaltungstradition und politischen Parteien in Bayern 1945, in: Vierteljahrshefte für Zeitgeschichte 15 (1967), Heft 2, S. 153-210

Integration und ‚Widerstand'. Die NPD und die Umgruppierung der Rechten, in: Gewerkschaftliche Monatshefte 22 (1971), S. 136-153

Der Wandel der nationalen Frage in der Bundesrepublik Deutschland. Nationalstaat ohne Nationalökonomie? Teil I in: Aus Politik und Zeitgeschichte, B 33 vom 18. August 1973, S. 3-30, Teil II: ebd., B 34 vom 25. August 1973, S. 3-30 (*mit Erich Kitzmüller und Heinz Kuby*)

Aktivität und Grenzen der Antifa-Ausschüsse 1945. Das Beispiel Stuttgart, in: Vierteljahrshefte für Zeitgeschichte 23 (1975), Heft 3, S. 297-331

Das Scheitern der einheitsgewerkschaftlichen Bewegung nach 1945 in Westeuropa, in: Aus Politik und Zeitgeschichte, B 16 vom 19. April 1975, S. 34-63

Probleme der Gewerkschaften im Prozeß der Integration Westeuropas, in: Gewerkschaftliche Monatshefte 27 (1976), Heft 5, S. 279-287

Wie wohnten Arbeiter im Kaiserreich? in: Archiv für Sozialgeschichte 16 (1976), S. 103-154 (*mit Franz Brüggemeier*, gekürzte frz. Übersetzung in: L'haleine des faubourgs, Recherches 29 (1978), S. 103-154)

Der Communalbaumeister von Borbeck, in: Walter Först (Hg.): Raum und Politik, Köln/Berlin 1977, S. 59-84

Bundesrepublik und Nation, in: Politik und Kultur 4 (1977), Heft 2, S. 26-36

Schlafgänger, Schnapskasinos und schwerindustrielle Kolonie. Aspekte der Arbeiterwohnungsfrage im Ruhrgebiet vor dem Ersten Weltkrieg, in: Jürgen Reulecke/Wolfhard Weber (Hg.): Fabrik, Familie, Feierabend, Wuppertal 1978, S. 135-175 (*mit Franz Brüggemeier*, überarbeitet auch in Dieter Langewiesche/ Klaus Schönhoven (Hg.): Arbeiter in Deutschland, Paderborn 1981, S. 139-172; engl. Übersetzung in George Iggers (Hg.): The Social History of Politics, Leamington Spa u. a. 1985, S. 217-258)

Oral History in USA. Zur Entwicklung und Problematik diachroner Befragungen, in: Archiv für Sozialgeschichte 18 (1978), S. 457–501

Die deutsche Stadt im Umbruch 1945 als Forschungsproblem, in: Die Alte Stadt 5 (1978), Heft 2, S. 138–154

Umweltwahrnehmung als Problem moderner Sozialgeschichte. Bemerkungen über proletarische Umwelt und faschistische Selbstinszenierung, in: Hermann Sturm (Hg.): Ästhetik & Umwelt, Tübingen 1979, S. 133–146

Ein langer Marsch durch die Institutionen. Zur Vorgeschichte des preußischen Wohnungsgesetzes von 1918, in: Lutz Niethammer (Hg.): Wohnen im Wandel. Beiträge zur Geschichte des Alltags in der bürgerlichen Gesellschaft, Wuppertal 1979, S. 363–384

Entscheidung für den Westen – Die Gewerkschaften im Nachkriegsdeutschland, in: Heinz Oskar Vetter (Hg.): Aus der Geschichte lernen – die Zukunft gestalten, Köln 1980, S. 224–234

Zwischen Freiheit und Einheit – Über die Gegenwart deutscher Vergangenheit, in: Geschichtsdidaktik 5 (1980), Heft 2, S. 195–204

Entwicklungslinien internationaler Arbeitsteilung und Folgen für die internationale Gewerkschaftspolitik, in: Ruhr-Universität Bochum/Industriegewerkschaft Metall (Hg.): Vereinbarung über Zusammenarbeit. Ringvorlesung 1980/81: Funktion und Probleme der Gewerkschaften in der Industriegesellschaft, Frankfurt/Main 1981, S. 60–74

Some Elements of the Housing Reform Debate in Nineteenth-Century Europe: Or, On the Making of a new Paradigm of Social Control, in: Bruce M. Stave (Hg.): Modern Industrial Cities. History, Policy, and Survival, Beverly Hills/London 1981, S. 129–164

Anti-Fascism in Post-War Germany, in: Raphael Samuel (Hg.): People's History and Socialist Theory, London/Boston 1981, S. 211–214

Oral History as a Channel of Communication between Workers and Historians, in: Paul Thompson (Hg.): Our Common History, London 1982, S. 23–37

Von den Schwierigkeiten der Traditionsbildung in der Bundesrepublik, in: Wolfgang Ruppert (Hg.): Erinnerungsarbeit. Geschichte und demokratische Identität in Deutschland, Opladen 1982, S. 55–69

Heimat und Front. Versuch, zehn Kriegserinnerungen aus der Arbeiterklasse des Ruhrgebietes zu verstehen, in: Lutz Niethammer (Hg.): „Die Jahre weiß man nicht, wo man die heute hinsetzen soll". Faschismuserfahrungen im Ruhrgebiet (Lebensgeschichte und Sozialkultur im Ruhrgebiet 1930–1960, Bd. 1), Berlin/Bonn 1983, S. 163–232

Säuberung und Rehabilitation. Rückblick auf die Entnazifizierung, in: Werner Filmer/Heribert Schwan (Hg.): Was von Hitler blieb. 50 Jahre nach der Machtergreifung, Frankfurt a. M./Berlin/Wien 1983, S. 225–236

Am Ursprung des Wasserlosen Tals. Grenzen des Mäzenatentums beim Bau einer Gartenstadt, in: Der Westdeutsche Impuls 1900–1914. Die Folkwang-Idee des Karl Ernst Osthaus, Hagen 1984, S. 187–232

Privat-Wirtschaft. Erinnerungsfragmente einer anderen Umerziehung, in: Lutz Niethammer (Hg.): „Hinterher merkt man, daß es richtig war, daß es schiefgegangen ist". Nachkriegserfahrungen im Ruhrgebiet (Lebensgeschichte und Sozialkultur im Ruhrgebiet 1930–1960, Bd. 2), Berlin/Bonn 1984, S. 17–105

Nachindustrielle Urbanität im Revier? Für die Wahrnehmung und Nutzung regionaler Erfahrungen, in: Lutz Niethammer/Ulrich Borsdorf/Bodo Hombach/Tilman Fichter (Hg.): „Die Menschen machen ihre Geschichte nicht aus freien Stücken, aber sie machen sie selbst". Einladung zu einer Geschichte des Volkes in NRW, Berlin/Bonn 1984, S. 236–242

Alltagserfahrung und politische Kultur. Beispiele aus dem Ruhrgebiet, in: Kurt Düwell/Wolfgang Köllmann (Hg.): Rheinland-Westfalen im Industriezeitalter, Bd. 3: Vom Ende der Weimarer Republik bis zum Land Nordrhein-Westfalen, Wuppertal 1984, S. 362–379

Das kritische Potential der Alltagsgeschichte, in: Geschichtsdidaktik 10 (1985), Heft 3, S. 245–247 (auch in Ursula A.J. Becher/Klaus Bergmann (Hg.): Geschichte – Nutzen und Nachteil für das Leben, Düsseldorf 1986, S. 60–62)

Wozu taugt Oral History?, in: Prokla 15 (1985), Heft 60, S. 105–124

Fragen – Antworten – Fragen. Methodische Erfahrungen und Erwägungen zur Oral History, in: Lutz Niethammer/Alexander von Plato (Hg.): „Wir kriegen jetzt andere Zeiten". Auf der Suche nach der Erfahrung des Volkes in nachfaschistischen Ländern (Lebensgeschichte und Sozialkultur im Ruhrgebiet 1930–1960, Bd. 3), Berlin/Bonn 1985, S. 392–445

Problematik der Entnazifizierung in der BRD, in: Sebastian Meissl/Klaus-Dieter Mulley/Oliver Rathkolb (Hg.): Verdrängte Schuld, verfehlte Sühne. Entnazifizierung in Österreich 1945–1955, Wien 1986, S. 15–27

Stufen der historischen Selbsterforschung der Bundesrepublik Deutschland. Ein Forschungsessay, in Deutsches Institut für Fernstudien (Hg.): Deutsche Geschichte nach 1945, Teil 1: Nachkriegsjahre und frühe Bundesrepublik, Heft 0, Tübingen 1986, S. 23–34

Stadtgeschichte in einer urbanisierten Gesellschaft, in: Wolfgang Schieder/Volker Sellin (Hg.): Sozialgeschichte in Deutschland, Bd. 2, Göttingen 1986, S. 113–136

Arbeiterbewegung im Kalten Krieg, in: Lutz Niethammer/Othmar N. Haberl (Hg.): Marshallplan und Europäische Linke, Frankfurt a. M. 1986, S. 575–600

Neue Aspekte der Ruhrkultur. Zu einer Sammlung aktueller Fotodokumentationen aus dem Ruhrgebiet, in: Ute Eskildsen/Ulrich Borsdorf (Hg.): Endlich so wie überall? Bilder und Texte aus dem Ruhrgebiet, Essen 1987, S. 6–9

„Normalisierung" im Westen. Erinnerungsspuren in die 50er Jahre, in: Gerhard Brunn (Hg.): Neuland. Nordrhein-Westfalen und seine Anfänge nach 1945/46, Essen 1987, S. 175–206 (überarbeitet auch in Dan Diner (Hg.): Ist der Nationalsozialismus Geschichte? Frankfurt a. M. 1987, S. 153–184)

Selbstgespräche eines Sachwalters. Über einige technische Probleme beim Bau eines Nationalmuseums, in: Geschichtswerkstatt Berlin (Hg.): Die Nation als Ausstellungsstück. Planungen, Kritik und Utopien zu den Museumsgründungen in Bonn und Berlin (Geschichtswerkstatt Nr. 11), Hamburg 1987, S. 29–40

Kein Reichswohnungsgesetz. Zum Ansatz deutscher Wohnungspolitik 1890–1898, in Juan Rodriguez-Lores/Gerhard Fehl (Hg.): Die Kleinwohnungsfrage, Hamburg 1988, S. 52–73

Rückblick auf den Sozialen Wohnungsbau, in: Walter Prigge/Wilfried Kaib (Hg.): Sozialer Wohnungsbau im internationalen Vergleich, Frankfurt a. M. 1988, S. 288–308

Annäherung an den Wandel. Auf der Suche nach der volkseigenen Erfahrung in der Industrieprovinz der DDR, in: BIOS 1 (1988) S. 19–66 (auch in Alf Lüdtke (Hg.): Alltagsgeschichte, Frankfurt a. M./New York 1989, S. 283–345)

Afterthoughts on Posthistoire, in: History and Memory 1 (1989), Heft 1, S. 27–53

Jenninger – Vorzeitiges Exposé zur Erforschung eines ungewöhnlich schnellen Rücktritts, in: Babylon. Beiträge zur jüdischen Gegenwart, Heft 5/1989, S. 40–46

Bürgerliche Gesellschaft als Projekt, in: Bürgerliche Gesellschaft in Deutschland. Historische Einblicke, Fragen, Perspektiven, Frankfurt a. M. 1990, S. 17–38

Juden und Russen im Gedächtnis der Deutschen, in: Walter Pehle (Hg.): Der historische Ort des Nationalsozialismus. Frankfurter Historik-Vorlesungen, Frankfurt a. M. 1990, S. 114–134

Das Volk der DDR und die Revolution. Versuch einer historischen Wahrnehmung der laufenden Ereignisse, Nachwort zu: Charles Schüddekopf (Hg.): „Wir sind das Volk!" Flugschriften, Aufrufe und Texte einer deutschen Revolution, Reinbek 1990, S. 251–279 (nachgedruckt unter dem Titel ‚Das Volk der massenhaften Aufsteiger und ihre Kinder' in: Frankfurter Rundschau v. 6. u. 8.1.1990, S. 12 bzw. 13)

Die biografische Illusion. Kommentar zu Pierre Bourdieu, in: BIOS 3/I (1990) S. 91–93

Volkspartei neuen Typs? Sozialbiografische Voraussetzungen der SED in der Industrieprovinz, in: Prokla 20 (1990) Heft 80, S. 40–70

Was haben Sie am 17. Juni gemacht? Oder die Nische im Gedächtnis, in: Wissenschaftszentrum NRW – Kulturwissenschaftliches Institut: Das Gründungsjahr, Essen 1991, S. 160–178 (gekürzt unter dem Titel ‚Wir wollen keine Sklaven sein, Kollegen reiht Euch ein!' in: Frankfurter Allgemeine Zeitung v. 9.11.1990; engl. Fassung in Intern. Yearbook for Oral History and Life Stories, Bd. 1, Paris/London 1992)

Posthistoire – Zur Wiederkehr der Diagnose, daß die Geschichte zu Ende sei, in: Wohin treibt die Moderne? Vorlesungsreihe an der Ruprecht-Karls-Universität Heidelberg, Wintersemester 1991/92, Heidelberg 1991, S. 9–22

Nun muß zusammenwachsen, was sich auseinanderentwickelt hat. Zur Lage von historischer Orientierung und Geschichtskultur in Deutschland am Ende seiner 40jährigen Teilung, in: Loccumer Protokolle 8/1991: Historische Orientierung und Geschichtskultur im Einigungsprozeß, hg. von Jörg Calliess, S. 21–38

Erfahrungen und Strukturen. Prolegomena zu einer Geschichte der Gesellschaft der DDR, in: Hartmut Kaelble/Jürgen Kocka/Harmut Zwahr (Hg.): Sozialgeschichte der DDR, Stuttgart 1994, S. 95–115 (frz. Übersetzung: Vers une histoire sociale de la RDA, in: XXième siècle Nr. 34 (1992) S. 37–52)

The Structuring and Restructuring of the German Working Classes after 1945 and after 1990, in: The Oral History Review 21 (1993), Heft 2, S. 9–18

Wege aus der sozialen Einheit – Wege zur sozialen Einheit?, in: Gewerkschaftliche Monatshefte, Heft 3/1993, S. 130–149

Was wissen wir über die Internierungs- und Arbeitslager in der US-Zone? in: Renate Knigge-Tesche/Peter Reif-Spirek/Bodo Ritscher (Hg.): Internierungspraxis in Ost- und Westdeutschland nach 1945, Erfurt 1993, S. 43–57

Konjunkturen und Konkurrenzen kollektiver Identität. Ideologie, Infrastruktur und Gedächtnis in der Zeitgeschichte, in: Prokla 24 (1994), S. 378–399 (auch in: Matthias Werner (Hg.): Geschichte und Identität. Jenaer Beiträge zur Geschichte, Weimar 1997, S. 175–203)

Der 17. Juni – vierzig Jahre danach. Podiumsdiskussion mit Lutz Niethammer (Leitung und Berichterstattung), Arnulf Baring, Jochen Cerny, Monika Kaiser, Armin Mitter, Ilse Spittmann, in: Jürgen Kocka/Martin Sabrow (Hg.): Die DDR als Geschichte. Fragen – Hypothesen – Perspektiven, Berlin 1994, S. 40–66

Oral History, in: Ilko-Sascha Kowalczuk (Hg.): Paradigmen deutscher Geschichtswissenschaft. Ringvorlesung an der Humboldt-Universität zu Berlin, Berlin 1994, S. 189–210

„In der Angelegenheit des Genossen Ernst Busse". Zwei Dokumente aus einer SED-Untersuchung von 1946 betr. Beschuldigungen gegen führende deutsche Kommunisten im KZ Buchenwald, in: BIOS 7 (1994), Heft 1, S. 1–45 (*unter Mitarbeit von Karin Hartewig, Harry Stein und Leonie Wannenmacher*)

Erinnerungsakte. Schwierigkeiten beim Schreiben der Wahrheit aus kommunistischen Akten, in: Friedrich-Ebert-Stiftung (Hg.): 5. Bautzen-Forum: Die Akten der kommunistischen Gewaltherrschaft – Schlußstrich oder Aufarbeitung? Leipzig 1994, S. 46–51

Streitgespräch (*mit Kurt Pätzold*) über das Buch „Der ‚gesäuberte' Antifaschismus, in: Berliner Gesellschaft für Faschismus- und Weltkriegsforschung (Hg.): Bulletin Nr. 5 (Berlin 1995), S. 84–112

Die SED und die roten Kapos von Buchenwald, in: Claudia Keller (Hg.): Die Nacht hat zwölf Stunden, dann kommt schon der Tag. Antifaschismus – Geschichte und Neubewertung, Berlin 1996, S. 333–350

Biografie und Biokratie. Nachgedanken zu einem westdeutschen Oral History-Projekt in der DDR fünf Jahre nach der deutschen Vereinigung, in: Mitteilungen aus der kulturwissenschaftlichen Forschung 19, Heft 37, Februar 1996: Vorwärts und nicht vergessen – Nach dem Ende der Gewißheit. 56 Texte für Dietrich Mühlberg zum 60., S. 370–387

Häftlinge und Häftlingsgruppen im Lager, in: Ulrich Herbert/Karin Orth/Christoph Dieckmann (Hg.): Die nationalsozialistischen Konzentrationslager. Entwicklung und Struktur, Bd. 2, Göttingen 1998, S. 1046–1062

Methodische Überlegungen zur deutschen Nachkriegsgeschichte. Doppelgeschichte, Nationalgeschichte oder asymmetrisch verflochtene Parallelgeschichte?, in: Christoph Kleßmann/Hans Misselwitz/Günter Wichert (Hg.): Deutsche Vergangenheiten – eine gemeinsame Herausforderung. Der schwierige Umgang mit der doppelten Nachkriegsgeschichte, Berlin 1999, S. 307–327

Andeutungen und Erfahrungen. Ein Vorwort, in: Vera Neumann: Nicht der Rede wert. Die Privatisierung der Kriegsfolgen in der frühen Bundesrepublik. Lebensgeschichtliche Erinnerungen, Münster 1999, S. 7–13

Curriculum Vitae

1939 in Stuttgart geboren, Eltern Grafiker
1960 Abitur in Stuttgart

Studium der Geschichte, evangelischen Theologie und Sozialwissenschaften in Heidelberg, Bonn, Köln und München (1961–68)
freier Autor beim Südwestfunk, Süddeutschen Rundfunk und bei Radio Bremen
1971 Promotion bei *Werner Conze* in Heidelberg

wissenschaftlicher Assistent von *Hans Mommsen* an der Ruhr-Universität Bochum (1968–72)
Edition des Nachlasses von Walter L. Dorn für das Institut für Zeitgeschichte, München (1970–73)
Mitarbeit bei der Deutschen Gesellschaft für Auswärtige Politik, Bonn (1971–73)
Koordinierung einer Arbeitsgruppe „Antifaschistische Ausschüsse in Deutschland 1945" (1972–76)
Research Fellow am St. Antony's College, Oxford (1972–73)

1973–82 Professor für Neuere Geschichte, Universität Essen Gesamthochschule
Konrektor für Studium und Lehre (1980–82)
Leitung des Forschungsprojekts „Lebensgeschichte und Sozialkultur im Ruhrgebiet 1930–1960" (1980–84)
Gastprofessor am Maison des sciences de l'homme, Paris (1978/79)

1982–93 Professor für Neuere Geschichte an der Fern-Universität in Hagen
Gastdozent der Open University in York (1982)
Gastforscher an der Akademie der Wissenschaften der DDR und Oral History-Erhebung in Industriestädten der DDR (1986–87, mit Alexander von Plato und Dorothee Wierling)
Fellow am Wissenschaftskolleg zu Berlin (1987–88)
nebenamtlicher Lehrauftrag an der Universität Basel (1988/89)

1989–93 Gründungsbeauftragter bzw. Präsident des Kulturwissenschaftlichen Instituts, Essen, im Wissenschaftszentrum Nordrhein-Westfalen

seit 1993 Professor für Neuere und Neueste Geschichte an der Friedrich-Schiller-Universität Jena

Jean Monnet Fellow am European University Institute, Florenz (1998/99)
1998–99 Kanzleramtsberater für die „Stiftungsinitiative deutscher Unternehmen: Erinnerung, Verantwortung und Zukunft" zu Fragen einer Entschädigung von ehemaligen Zwangsarbeitern

Mitherausgeber- und Mitgliedschaften: „Journal für Geschichte" (1979–89), „BIOS", „Social History" (London), „Urban History Yearbook" (Leicester), „urbi" (Paris), „International Journal of Oral History" (New York) und „History & Memory" (Tel Aviv). Mitglied des Präsidiums des Wissenschaftszentrums Nordrhein-Westfalen (1989–93), des „Hans-Böckler-Kreises" beim Vorstand des Deutschen Gewerkschaftsbunds (1975–95), des wissenschaftlichen Beirats des Schülerwettbewerbs Deutsche Geschichte um den Preis des Bundespräsidenten (1976–86) und seiner Bundesjury (dort auch Vertrauensdozent der Studienstiftung des deutschen Volkes), des wissenschaftlichen Beirats der Gesellschaft der Freunde Nordrhein-Westfalens (1983–93), des Aufsichtsrats der Bauhütte Zeche Zollverein in Essen (1989–93), des historischen Beirats der Internationalen Bauausstellung Emscherpark (1990–93) und des wissenschaftlichen Beirats des Zentrums für zeitgeschichtliche Studien, Potsdam (1992–96) und seit 1993 des Kuratoriums der Gedenkstätte Buchenwald. 1991–97 Mitglied des Goethe-Instituts, München. 1980–94 deutscher Vertreter, 1991/92 Vorsitzender der International Oral History Association. Vertrauensdozent der Hans-Böckler-Stiftung

Die Herausgeber

Ulrich Herbert (geb. 1951) ist Professor für Neuere und Neueste Geschichte an der Albert-Ludwigs-Universität Freiburg

Dirk van Laak (geb. 1961), Dr., ist wissenschaftlicher Assistent am Historischen Institut der Friedrich-Schiller-Universität Jena

In Zusammenarbeit mit

Ulrich Borsdorf (geb. 1944), ist Direktor des Ruhrland-Museums in Essen und Professor an der Universität Essen

Franz-Josef Brüggemeier (geb. 1951), ist Professor für Wirtschafts- und Sozialgeschichte an der Albert-Ludwigs-Universität Freiburg

Alexander von Plato (geb. 1942), Dr., ist Leiter des Instituts für Biographie und Geschichte an der Fernuniversität Hagen

Dorothee Wierling (geb. 1950), Dr., ist Visiting Professor for German History an der University of Michigan, Ann Arbor

Michael Zimmermann (geb. 1951), Privatdozent, ist wissenschaftlicher Mitarbeiter am Ruhrland-Museum in Essen